Hümanizma ruhunun ilk anlayış ve duyuş merhalesi, insan varlığının en müşahhas şekilde ifadesi olan sanat eserlerinin benimsenmesiyle başlar. Sanat şubeleri içinde edebiyat, bu ifadenin zihin unsurları en zengin olanıdır. Bunun içindir ki bir milletin, diğer milletler edebiyatını kendi dilinde, daha doğrusu kendi idrakinde tekrar etmesi; zekâ ve anlama kudretini o eserler nispetinde artırması, canlandırması ve yeniden yaratmasıdır. İşte tercüme faaliyetini, biz, bu bakımdan ehemmiyetli ve medeniyet dâvamız için müessir bellemekteyiz. Zekâsının her cephesini bu türlü eserlerin her türlüsüne tevcih edebilmiş milletlerde düşüncenin en silinmez vasıtası olan yazı ve onun mimarisi demek olan edebiyat, bütün kütlenin ruhuna kadar işliyen ve sinen bir tesire sahiptir. Bu tesirdeki fert ve cemiyet ittisali, zamanda ve mekânda bütün hudutları delip aşacak bir sağlamlık ve yaygınlığı gösterir. Hangi milletin kütüpanesi bu yönden zenginse o millet, medeniyet âleminde daha yüksek bir idrak seviyesinde demektir. Bu itibarla tercüme hareketini sistemli ve dikkatli bir surette idare etmek, Türk irfanının en önemli bir cephesini kuvvetlendirmek, onun genişlemesine, ilerlemesine hizmet etmektir. Bu yolda bilgi ve emeklerini esirgemiyen Türk münevverlerine şükranla duyguluyum. Onların himmetleri ile beş sene içinde, hiç değilse, devlet eli ile yüz ciltlik, hususi teşebbüslerin gayreti ve gene devletin yardımı ile, onun dört beş misli fazla olmak üzere zengin bir tercüme kütüpanemiz olacaktır. Bilhassa Türk dilinin, bu emeklerden elde edeceği büyük faydayı düşünüp de şimdiden tercüme faaliyetine yakın ilgi ve sevgi duymamak, hiçbir Türk okuru için mümkün olamıyacaktır.

23 Haziran 1941
Maarif Vekili
Hasan Âli Yücel

HASAN ÂLİ YÜCEL KLASİKLER DİZİSİ

L.N. TOLSTOY
ANNA KARENİNA

ÖZGÜN ADI
Анна Каренина

RUSÇA ASLINDAN ÇEVİREN
AYŞE HACIHASANOĞLU

Sertifika No: 40077

EDİTÖR
KORAY KARASULU

GÖRSEL YÖNETMEN
BİROL BAYRAM

DÜZELTİ
NEBİYE ÇAVUŞ

GRAFİK TASARIM VE UYGULAMA
TÜRKİYE İŞ BANKASI KÜLTÜR YAYINLARI

I. BASIM, EKİM 2011, İSTANBUL
XXI. BASIM, NİSAN 2021, İSTANBUL

ISBN 978-605-360-409-9 (KARTON KAPAKLI)

BASKI
MEGA BASIM YAYIN SANAYİ VE TİC. A.Ş.
CİHANGİR MAH. GÜVERCİN CAD. NO: 3 BAHA İŞ MERKEZİ A. BLOK KAT: 3
HARAMİDERE AVCILAR İSTANBUL
(0212) 412 17 00
SERTİFİKA NO: 44452

TÜRKİYE İŞ BANKASI KÜLTÜR YAYINLARI
İSTİKLAL CADDESİ, MEŞELİK SOKAK NO: 2/4 BEYOĞLU 34433 İSTANBUL
Tel. (0212) 252 39 91
Faks (0212) 252 39 95
www.iskultur.com.tr

HASAN ÂLİ YÜCEL
KLASİKLER DİZİSİ
CLXI

L.N. TOLSTOY
ANNA KARENİNA

RUSÇA ASLINDAN ÇEVİREN:
AYŞE HACIHASANOĞLU

TÜRKİYE İŞ BANKASI
Kültür Yayınları

Öç benimdir, karşılığını ben vereceğim[*]

[*] İncil'den alıntı, Yeni Ahit, Pavlus'un Romalılara Mektubu, Bap 12, ayet 19. Tamamı şöyledir: "Ey sevgililer, kendiniz için öç almayın, fakat Allah'ın gazabına yer verin; çünkü şöyle yazılmıştır: Rab diyor: Öç benimdir, karşılığını ben vereceğim." (ç.n.)

Birinci Bölüm

I

Bütün mutlu aileler birbirine benzer, her mutsuz ailenin mutsuzluğu kendine göredir.

Oblonskiylerin evinde işler karışmıştı. Evin hanımı, eskiden evlerinde çalışan Fransız mürebbiyeyle kocasının ilişkisi olduğunu öğrenmiş ve artık onunla aynı evde yaşayamayacağını bildirmişti. Bu durum üç gündür devam ediyordu ve gerek karıkocayı, gerek ailenin tüm üyelerini, gerekse diğer ev sakinlerini üzüyordu. Ailenin tüm üyeleriyle ev sakinleri, birlikte yaşamalarının bir anlamı olmadığını ve herhangi bir anda rastlantıyla bir araya gelmiş insanlar arasında, onlardan, yani Oblonskiylerin aile üyeleriyle ev sakinlerinden daha sıkı bağlar olduğunu hissediyorlardı. Evin hanımı odasından çıkmıyor, evin beyi üç gündür eve gelmiyordu. Çocuklar evin her yanında başıboş koşturup duruyorlardı; İngiliz kadın, kâhya kadınla bozuşmuş, bir hanım arkadaşına not yazarak kendisine yeni bir yer araştırmasını rica etmişti; aşçı, daha dün, tam yemek saatinde evden ayrılmıştı; aşçı yardımcısı kadınla arabacı paralarını istiyorlardı.

Prens Stepan Arkadyiç Oblonskiy, sosyetedeki adıyla Stiva, tartışmadan üç gün sonra her zamanki saatinde, yani sabahın sekizinde uyandı, ama karısının yatak odasında değil, kendi çalışma odasında, maroken divanda. Şişman ve bakımlı gövdesini divanın yayları üzerinde, tekrar uzun bir uykuya dalmak istercesine döndürdü, sonra sarıldığı yastığa yanağını yapıştırdı; fakat birden sıçradı, divanın üzerinde oturdu ve gözlerini açtı.

"Evet, evet, nasıldı?" diye düşünüyordu gördüğü düşü anımsayarak. "Evet, ne olmuştu? Evet! Alabin, Darmstadt'ta yemek veriyordu; hayır, Darmstadt'ta değil, Amerikanvari bir şeydi. Evet, ama düşteki Darmstadt Amerika'daydı. Evet, Alabin cam masalarda yemek veriyordu ve masalar *Il mio tesoro** diye şarkı söylüyordu. Yoo, *Il mio tesoro* değil, daha güzel bir şeydi. Birtakım küçük sürahiler vardı. Onların da her biri bir kadındı," diye anımsıyordu.

Stepan Arkadyiç'in gözleri neşeyle parladı ve gülümseyerek düşünmeye devam etti. "Evet, çok güzeldi, çok güzel. O kadar güzel şey vardı ki orada, sözcüklerle söyleyemezsin ve hatta gerçek hayatta düşüncelerle bile ifade edemezsin." Sonra çuha perdelerden birinin yanından sızan bir ışık şeridini fark edip, ayaklarını divandan aşağı neşeyle indirdi, karısının diktiği (geçen yılki doğum günü armağanı) altın rengi maroken terlikleri ayaklarıyla yoklayarak aradı ve dokuz yıllık eski bir alışkanlıkla yerinden kalkmadan, yatak odasında sabahlığının asılı olduğu yere elini uzattı. O anda neden karısının yatak odasında değil de kendi çalışma odasında uyuduğunu birden anımsadı; yüzündeki gülümseme kayboldu, alnı kırıştı.

Olanları anımsayarak "Ah, ah, ah! Ah!.." diye homurdanmaya başladı. Karısıyla aralarındaki tartışmanın bütün ayrıntıları, içinde bulunduğu durumun umutsuzluğu ve işlediği suç hepsinden daha çok acı vererek yeniden hayalinde canlandı.

---

* Benim hazinem. (İt.)

"Evet! Affetmeyecek, affedemez de. En korkuncu da bütün bunların sebebi benim, ama suçlusu değilim. Bütün facia da burada," diye düşündü. Bu tartışmanın kendisi için en zor anlarını anımsayarak umutsuzluk içinde "Ah, ah, ah!" deyip duruyordu.

En kötüsü de, elinde karısı için aldığı kocaman bir armutla, neşe ve mutluluk içinde tiyatrodan döndükten sonra karısını oturma odasında bulamadığı o ilk dakikaydı; şaşırtıcı bir şekilde onu çalışma odasında da bulamamış, sonunda yatak odasında elinde her şeyi açığa çıkaran o uğursuz notla görmüştü.

Her zaman üzülecek bir şey bulan, aynı zamanda telaşlı ve Stepan Arkadyiç'in dar kafalı saydığı Dolli, elinde notla hiç kımıldamadan oturuyor, yüzünde dehşet, umutsuzluk ve öfkeyle kocasına bakıyordu.

"Bu ne, bu?" diye soruyordu notu göstererek.

Bu anıda Stepan Arkadyiç'i üzen şey, hep olduğu gibi, olayın kendisinden çok, karısının bu sözlerine verdiği yanıttı.

Bu dakikada başına gelen, beklenmedik bir anda son derece utanç verici bir durumda yakalanan insanların başına gelen şeydi. Suçu ortaya çıktıktan sonra yüz ifadesini karısının karşısında içinde bulunduğu duruma hazır hale getirecek zamanı olmamıştı. Gücenmek, inkâr etmek, kendini haklı göstermeye çalışmak, af dilemek, hatta kayıtsız kalmak yerine –ki bütün bunlar, onun yaptığı şeyden daha iyi olurdu!– yüzüne bir anda tamamen istem dışı olarak (fizyolojiyi seven Stepan Arkadyiç, "beynin refleksleri" diye düşünmüştü) her zamanki iyi ve bu yüzden de aptalca görünen gülümsemesi yayılmıştı.

Bu şekilde aptalca gülümsemiş olmasını bağışlayamıyordu. Dolli, bu gülümsemeyi görünce canı yanıyormuş gibi irkilmiş, her zamanki çabuk öfkelenen haliyle, birbiri ardına sert sözler söyleyerek odadan çıkmıştı. O zamandan beri kocasını görmek istemiyordu.

"Bütün suç o aptal gülümsemede," diye düşündü Stepan Arkadyiç.

"Fakat ne yapacaktım? Ne Yapacaktım?" dedi umutsuzluk içinde kendi kendine ve bir yanıt bulamadı.

II

Stepan Arkadyiç, kendisine karşı dürüst bir adamdı. Kendi kendisini kandıramaz ve yaptığından pişman olduğuna inandıramazdı. Şu anda otuz dört yaşında, yakışıklı, şıpsevdi bir adam olarak ondan yalnızca bir yaş küçük olan, beş sağ ve iki ölü çocuk annesi karısına âşık olmadığı için pişmanlık duyamıyordu. Pişman olduğu tek şey, bunu karısından daha iyi saklayamamasıydı. Fakat içinde bulunduğu durumun zorluğunu hissediyor, karısına, çocuklara ve kendisine acıyordu. Bu haberin karısını bu kadar çok etkileyeceğini tahmin etseydi, belki kabahatlerini karısından daha iyi saklamayı başarırdı. Bu meseleyi açık açık, derinlemesine düşünmüyordu, ama kendisine sadık kalmadığını karısının uzun zaman önce fark ettiğini ve bu duruma göz yumduğunu pek net olmasa da tahmin ediyordu. Hatta artık yıpranmış, yaşlanmış, çirkinleşmiş ve hiçbir fevkaladeliği kalmamış, sadece iyi bir anne olan karısının adalet duygusuyla hareket ederek hoşgörü göstermesi gerektiğini bile düşünüyordu. Tam tersi olmuştu.

"Ah, ne korkunç! Aman, aman, aman, çok korkunç!" diye kendi kendine tekrarladı Stepan Arkadyiç ve bir çözüm bulamadı. "Oysa bu olaydan önce her şey yolundaydı, ne kadar güzel geçinip gidiyorduk! O, halinden hoşnuttu, çocuklarla mutluydu, hiçbir işine karışmıyordum, çocuklarla, evin idaresiyle istediği gibi uğraşmayı ona bırakmıştım. Doğru, *onun*, bizim evde mürebbiyelik yapmış olması iyi bir şey değildi! Evet iyi değildi! Evindeki mürebbiyeye kur yapmanın bayağı ve kaba bir yanı var. Ama ne mürebbiyeydi! (Mlle Roland'ın kapkara, işveli gözlerini ve gülümsemesini heyecanla anımsadı.) Zaten bizim evdeyken hiçbir şey yapmadım ki. En kötüsü de onun artık... Nasıl da kasıtlıymış gibi oldu bütün bunlar! Ay, ay, ay! Ne yapmalıyım, ne?"

Hayatın bütün bu çok zor ve yanıtsız sorularına verdiği ortak yanıtın dışında bir yanıt yoktu. Bu yanıt şuydu: Günün gerektirdiği şekilde yaşamak, yani unutmak. Uyuyarak unutmak artık olanaksızdı, en azından geceye dek, sürahi–kadınların söylediği şarkıya geri dönmek de artık olanaksızdı; bu durumda hayatın düşlerine dalarak unutmak gerekiyordu.

Stepan Arkadyiç, "Bakalım neler olacak," dedi kendi kendine. Ayağa kalkıp, mavi ipek astarlı gri sabahlığını giydi, ellerini ensesinde birleştirdi ve geniş göğüs kafesini bolca havayla doldurup, tombul gövdesini kolaylıkla taşıyan, dışa basan ayaklarının alışkın, çevik adımlarıyla pencereye doğru yürüdü, perdeyi kaldırıp, zili gürültüyle çaldı. Zilin hemen arkasından yaşlı dostu, uşağı Matvey elinde elbise, çizme ve bir telgrafla içeri girdi. Matvey'in ardından da tıraş malzemeleriyle berber geldi.

Telgrafı alıp aynanın karşısına oturan Stepan Arkadyiç:

— Daireden gelen bir şey var mı? –diye sordu.

Matvey:

— Masanın üstünde, –diye yanıtladı, beyine soru sorar gibi merakla baktı ve biraz bekledikten sonra kurnaz bir gülümsemeyle ekledi:

— Araba şirketinin sahibi adam yollamış.

Stepan Arkadyiç hiçbir şey söylemedi, yalnızca aynada Matvey'in yüzüne baktı; aynada karşılaşan bakışlarından birbirlerini ne kadar iyi anladıkları görülüyordu. Stepan Arkadyiç'in bakışı sanki "Bunu niye söylüyorsun? Yoksa bilmiyor musun?" diye soruyordu.

Matvey, ellerini ceketinin ceplerine sokmuş, bir ayağını biraz ayırmış, hiçbir şey demeden, yüzü iyilikle dolu, hafiften gülümseyerek beyine baktı.

Matvey önceden hazırladığı yanıtı vererek:

— Bir dahaki pazar günü gelmelerini söyledim, o zamana kadar sizi de, kendilerini de boşu boşuna huzursuz etmesinler, –dedi.

Stepan Arkadyiç, Matvey'in şaka yapmak ve dikkat çekmek istediğini anlamıştı. Telgrafı açıp, her zamanki gibi eksik yazılmış sözcüklerin doğrusunu tahmin etmeye çalışarak okudu ve yüzü aydınlandı.

Uzun, kıvırcık favorileri arasında pembe bir yol açan berberin parlak, tombul elini bir an durdurup:

— Matvey, yarın kız kardeşim Anna Arkadyevna geliyor, –dedi.

— Çok şükür, –dedi Matvey. Bu yanıtla Anna Arkadyevna'nın gelmesinin taşıdığı önemi, yani Stepan Arkadyiç'in sevgili kız kardeşi Anna Arkadyevna'nın karıkocanın barışmasına yardımcı olabileceğini tıpkı beyi gibi anladığını gösteriyordu.

— Yalnız mı geliyorlar, yoksa eşleriyle mi? –diye sordu Matvey.

Berber üst dudağıyla uğraştığı için Stepan Arkadyiç yanıt veremedi ve bir parmağını yukarı kaldırdı. Matvey, aynada başını eğerek anladığını belirtti.

— Demek yalnız geliyorlar. Yukarıyı hazırlayalım mı?

— Darya Aleksandrovna'ya haber ver, nereyi derse artık.

— Darya Aleksandrovna'ya mı? –diye kuşkuyla yineledi Matvey.

— Evet, haber ver. Şu telgrafı da al, Darya Aleksandrovna'nın ne söylediğini de bana haber ver.

"Şansınızı denemek istiyorsunuz" şeklinde anladı Matvey, ama sadece:

— Başüstüne efendim, –dedi.

Matvey elinde telgraf, ayağında gıcır gıcır ses çıkaran çizmeleri, yavaş adımlarla yürüyerek odaya geri döndüğünde Stepan Arkadyiç, yıkanmış, saçlarını taramış, giyinmeye hazırlanıyordu. Berber artık odada değildi.

Matvey yalnızca gözleriyle gülerek:

— Darya Aleksandrovna, gideceklerini haber vermemi emrettiler. Nasıl isterlerse öyle yapsınlar diyor, –dedi ve ellerini ceplerine sokup, başını yana eğerek gözlerini beye dikti.

Stepan Arkadyiç bir şey söylemedi. Sonra kırmızı yüzünde iyi, biraz da acıklı bir gülümseme görüldü.

Başını sallayarak:

— Demek öyle Matvey? –dedi.

— Önemli değil efendim, hepsi düzelir, –dedi Matvey.

— Düzelir mi?

— Aynen öyle efendim.

— Öyle mi düşünüyorsun? Kim var orda? –diye sordu Stepan Arkadyiç, kapının arkasında bir kadın elbisesinin hışırtısını işiterek.

Kendinden emin ve tatlı bir kadın sesi:

— Benim efendim, –dedi ve kapının arkasından dadı Matryona Filimonovna'nın çiçek bozuğu sert yüzü göründü.

— Ne var, Matryoşa? –diye sordu Stepan Arkadyiç, kapıya doğru giderek.

Stepan Arkadyiç'in karısına karşı tam anlamıyla kabahatli olmasına ve bunu kendisinin de hissetmesine karşın evdekilerin hemen hemen hepsi, hatta Darya Aleksandrovna'nın en birinci arkadaşı olan dadı bile Stepan Arkadyiç'ten yanaydı.

— Ne var? –dedi Stepan Arkadyiç bezgin bir sesle.

— Yanına gidin efendim, bir kez daha özür dileyin. Belki Tanrı yardım eder. Çok acı çekiyorlar, bakışları acı dolu, ayrıca evdeki bütün işler ters gitti. Çocuklara acıyın beyefendi. Özür dileyin, efendim. Başka ne yapacaksınız! Gezip tozmayı bu kadar sevince...

— Kabul etmez ki...

— Siz üzerinize düşeni yapın da. Tanrı bağışlayıcıdır, Tanrı'ya dua edin efendim, Tanrı'ya dua edin.

Stepan Arkadyiç birden kıpkırmızı kesilerek:

— Peki, tamam, hadi git, –dedi.– Giysilerimi ver, –diyerek Matvey'e döndü ve sert bir hareketle sabahlığını çıkarttı.

Matvey, görünmeyen bir şeyi üfleyerek elinde tuttuğu kolalı gömleği belirgin bir memnuniyetle beyinin bakımlı gövdesine giydirdi.

III

Stepan Arkadyiç giyindikten sonra üstüne başına koku sıktı, gömleğinin kolunu düzeltti, sigarasını, cüzdanını, kibritini, çifte zincirli ve madalyonlu saatini alışkın hareketlerle ceplerine sokuşturdu ve mendilini silkeleyip, kendisini temiz, hoş kokulu, sağlıklı ve başına gelen şanssızlığa karşın bedenen rahat hissederek, her bir adımında hafiften sallanarak kahvesinin ve kahvenin yanı sıra mektuplarla daireden gelen belgelerin kendisini beklediği yemek odasına gitti.

Mektupları okudu. Biri hiç hoş değildi. Mektup, karısının topraklarındaki ormanı satın almak isteyen tüccardan geliyordu. Ormanı satması gerekiyordu; ama karısıyla barışana dek artık bu konudan söz edilemezdi. En kötüsü de bu barışma işine maddi çıkar konusunun karışmış olmasıydı. Maddi çıkar düşünerek hareket ettiği, ormanı satabilmek için karısıyla barışma yolları aradığı düşüncesi ağırına gidiyordu.

Stepan Arkadyiç mektupları bitirdikten sonra daireden gelen belgeleri kendine doğru çekti, iki dosyayı hızlı hızlı karıştırdı, büyük bir kurşun kalemle birkaç işaret koydu ve dosyaları bırakıp kahvesini aldı; kahveden sonra henüz mürekkebi kurumamış sabah gazetesini açıp okumaya başladı.

Stepan Arkadyiç aşırı olmayan, ancak çoğunluğun desteklediği liberal bir gazete alır ve okurdu. Aslında ne bilim, ne sanat, ne de politika onu ilgilendirmediği halde, bütün bu konularda çoğunluğun ve çoğunluğun gazetesinin izlediği görüşleri katı bir biçimde destekler ve bu görüşleri ancak çoğunluk değiştirdiğinde değiştirirdi ya da daha doğrusu bu görüşleri değiştirmez, bunlar onun kafasında fark etmeden kendiliğinden değişirdi.

Stepan Arkadyiç hiçbir eğilimi, görüşü seçmiyordu, tıpkı şapkasının ya da ceketinin modelini seçmeyip ayağına getirilenleri aldığı gibi, bu eğilim ve görüşler de ona kendileri geliyorlardı. Oysa genellikle olgun yaşlarda gelişme gösteren bir düşünce etkinliğinin gerekli olduğu belli bir topluluk içinde yaşayan onun gibi birinin görüş sahibi olması, bir şapkasının olması kadar gerekliydi. Liberal çizgiyi, çevresindeki pek çok kişinin izlediği muhafazakâr çizgiye üstün tutmasının bir nedeni varsa bu, liberal görüşü daha akılcı bulması değil, onun yaşam tarzına liberal görüşün daha yakın olmasıydı. Liberal parti Rusya'daki her şeyin kötü olduğunu söylüyordu ve gerçekten de Stepan Arkadyiç'in borçları çok fazlaydı, eline geçen para kesinlikle yetmiyordu. Liberal parti evliliğin ömrü tükenmiş bir müessese olduğunu ve yeniden yapılandırılması gerektiğini söylüyordu, gerçekten de aile yaşamı Stepan Arkadyiç'i çok mutlu etmiyor, onu yalan söylemek ve yapısına çok ters düşecek bir şekilde rol yapmak zorunda bırakıyordu. Liberal parti dinin, halkın barbar kesimi için sadece bir dizgin olduğunu söylüyor ya da daha doğrusu ima ediyordu. Gerçekten de Stepan Arkadyiç, kısacık bir dua süresini bile bacakları ağrımadan geçiremez ve bu dünyada çok neşeli bir hayat sürerken öte dünyayla ilgili bütün o korkunç ve cafcaflı lafların ne işe yaradığını anlayamazdı. Bununla birlikte şaka yapmayı seven Stepan Arkadyiç, eğer bir insan soyuyla övünecekse, bunu Rürik'e kadar getirip orda kalmaması ve ilk atasının maymun olduğunu yadsımaması gerektiğini söyleyerek aklı başında insanları bile arada bir şaşırtmaktan hoşlanırdı. Dolayısıyla liberal çizgi, Stepan Arkadyiç'in bir alışkanlığı haline gelmişti ve gazetesini, tıpkı yemekten sonra içtiği sigarayı, sigaranın kafasının içinde yarattığı hafif dumanı sevdiği gibi seviyordu. Günümüzde radikalizmin tüm muhafazakâr elementleri yutmakla tehdit ettiğinden, hükümetin çok başlı devrim yılanını bastırmak için önlemler almak zorunda olduğundan söz eden, ama aksine "Bizim düşüncemize göre tehlike, sahte devrim yılanından değil, ilerlemeyi frenleyen gelenekçilik ısrarından kaynaklanmaktadır," vs. denilen başyazıyı okudu. Maliyeyle ilgili başka bir yazı okudu. Yazıda Bentham ve Mill'in adları geçiyor ve bakanlık hakkında iğneleyici sözler söyleniyordu. Kimden gelirse gelsin, kime yönelik ve hangi konuda olursa olsun her türden iğneleyici sözün anlamını, kendisine özgü bir düşünme çabukluğuyla kavrardı, bu da onu her zaman mutlu ederdi. Ancak Matryona Filimonovna'nın tavsiyelerini ve evde işlerin kötü gittiğini anımsayınca bugün bu mutluluğuna gölge düşmüştü. Kont Beust'in, alınan haberlere göre, Wiesbaden'e geçtiğine, saçların kırlaşması sorununun artık ortadan kalkacağına, bir binek arabası satışına ve genç bir şahsın teklifine ilişkin haberleri de okudu; fakat bu haberler eskiden olduğu gibi dingin ve alaycı bir mutluluk vermiyordu ona.

Gazeteyi okuyup, bir fincan daha kahve içip, yağlı ekmeğini bitirdikten sonra kalktı, yeleğine dökülen ekmek kırıntılarını silkeledi ve geniş göğsünü şişirip, sevinçle gülümsedi. Bunun nedeni ruhunda özellikle hoş bir şeyin olması değildi. Bu sevinçli gülümsemeyi yaratan sindirim sisteminin iyi çalışmasıydı.

Fakat bu sevinçli gülümseme ona bir anda her şeyi anımsattı ve düşünceye daldı.

Kapının arkasından iki çocuk sesi geliyordu (Stepan Arkadyiç, küçük oğlu Grişa'nın ve büyük kızı Tanya'nın seslerini tanıdı). Bir şey taşıyorlardı ve taşıdıkları şeyi ellerinden düşürmüşlerdi.

— Tepeye yolcu alınmayacağını söylemiştim, –dedi küçük kız İngilizce olarak.– Hadi topla bakalım şimdi!

"Her şey birbirine karıştı, –diye düşündü Stepan Arkadyiç.– Bak işte çocuklar başıboş koşturup duruyorlar." Ve kapıya yaklaşarak çocuklara seslendi. Tren görevi yapan çekmeceyi ellerinden fırlatıp babalarının yanına geldiler.

Babasının gözdesi küçük kız hemen koşup sarıldı. Gülerek, favorilerinden yayılan tanıdık parfüm kokusunu duymaktan mutlu, her zaman yaptığı gibi babasının boynuna asılıp öylece kaldı. Sonunda babasının eğilmekten kıpkırmızı olmuş, tatlı tatlı gülümseyen yüzüne bir öpücük kondurduktan sonra ellerini bırakıp geri koşmak istedi; fakat babası onu yakaladı.

Kızının pürüzsüz, güzel boynunu okşayarak:

— Annen ne yapıyor? –diye sordu, sonra "Günaydın" diyen oğluna gülümseyerek:

— Günaydın, –dedi.

Oğlanı daha az sevdiğinin farkında olsa da çocuklarına her zaman eşit davranmaya çalışıyordu; fakat çocuk bunu hissediyordu, bu yüzden babasının soğuk gülümsemesine gülümseyerek karşılık vermedi.

— Annem mi? Kalktı, –diye yanıtladı kız.

Stepan Arkadyiç iç geçirdi. "Demek yine bütün gece uyumadı," diye düşündü.

— Neşesi yerinde mi peki?

Kız, babasıyla annesi arasında bir tartışma olduğunu, annesinin neşeli olamayacağını, babasının bunu bilmesi gerektiğini, bu soruyu bu kadar kolayca sorarken numara yaptığını biliyordu. Ve küçük kızın babası adına yüzü kızardı. Stepan Arkadyiç bunu hemen anladı, o da kıpkırmızı oldu.

— Bilmiyorum, –dedi kız.– Ders çalış demedi, Miss Hull'le birlikte büyükanneme gitmemi söyledi.

— Hadi git Tanyacığım. Ah evet, dur bir dakika, –dedi ve onu tekrar yakalayıp küçük, sevimli elini okşadı.

Şöminenin üstünden, dün koyduğu yerden şekerleme kutusunu alıp, küçük kızın sevdiği içi çikolatalı ve ezmeli şekerlemelerden iki tane seçip verdi.

Küçük kız çikolatalıyı göstererek:

— Grişa'ya mı? –diye sordu.

— Evet, evet, –dedi ve kızın omzunu bir kez daha okşadıktan sonra saçlarının dibinden ve boynundan öpüp bıraktı.

— Araba hazır, –dedi Matvey.– Bir de sizi görmek isteyen bir hanım bekliyor, –diye ekledi.

— Çok mu oldu geleli? –diye sordu Stepan Arkadyiç.

— Yarım saatçik.

— Sana kaç kez söyledim hemen haber ver diye!

Matvey, kızılması olanaksız, senli benli bir ses tonuyla:

— Hiç olmazsa kahvaltınızı bitirin istedim, –dedi.

— Hadi, çabuk söyle de gelsin, –dedi Oblonskiy, sıkıntıdan suratını buruşturarak.

Kurmay Yüzbaşı Kalinin'in karısı olan hanım, yerine getirilmesi olanaksız, saçma sapan bir şey istiyordu; fakat Stepan Arkadyiç alışkanlığı üzere kadını oturttu, sözünü kesmeden, dikkatle dinledi ve kime, nasıl başvurması gerektiği konusunda ayrıntılı bir tavsiyede bulundu, hatta kadına yardımcı olabilecek kişiye, iri harfli, yayvan, güzel ve düzgün yazısıyla bir not bile yazdı. Stepan Arkadyiç yüzbaşının karısını gönderdikten sonra şapkasını aldı ve bir şey unutup unutmadığını düşünerek durdu. Unutmak istediği tek şeyden, karısından başka hiçbir şeyi unutmadığını anladı.

"Ah evet!" Başını öne eğdi ve güzel yüzü sıkıntılı bir ifade aldı. "Gitmeli mi, gitmemeli mi?" dedi içinden. İç sesi gitmesine gerek olmadığını, bunun ikiyüzlülükten başka bir şey olmayacağını, ilişkilerini düzeltmenin, onarmanın olanaksız olduğunu, çünkü karısını tekrar çekici, aşk duyguları uyandıracak bir kadın yapmanın ya da kendisini artık âşık olamayacak kadar yaşlı bir adam haline getirmenin olanaksız olduğunu söylüyordu. Artık ikiyüzlülük ve yalandan başka bir şey çıkamazdı ortaya; ikiyüzlülük ve yalan ise onun tabiatına aykırıydı.

"Ancak bir gün gerekecek; bu böyle kalamaz ya," dedi, kendisine cesaret vermeye çalışarak. Göğsünü şişirdi, bir sigara çıkarıp yaktı, iki nefes çektikten sonra deniz kabuğundan küllüğe bıraktı, hızlı adımlarla karanlık salondan geçip öbür kapıyı, karısının yatak odasının kapısını açtı.

IV

Darya Aleksandrovna üstünde bol bir bluz, bir zamanlar gür ve güzel olan ama artık seyrelmiş saçlarını örerek firketeyle ensesinde toplamış, avurtları çökmüş, yüzünün zayıflığı nedeniyle iyice ortaya çıkmış gözleri iri ve ürkek, bir şeyler ayırdığı açık şifoniyerin önünde, odaya dağılmış eşyaların ortasında dikiliyordu. Kocasının ayak seslerini duyunca kapıya bakarak ve yüzüne sert, nefret dolu bir ifade vermeye çalışarak durdu. Kocasından ve aralarında geçecek görüşmeden çekindiğini hissediyordu. Biraz önce üç gündür on kez yapmayı denediği şeyi yapmaya, yani annesinin evine götürmek için çocukların ve kendisinin eşyalarını ayırmaya çalışıyordu. Ve bir kez daha bunu yapıp yapmamaya karar verememişti; fakat şimdi de önceki seferlerdeki gibi, bunun böyle kalamayacağını, onu cezalandıracak, rezil edecek, kendisine yaşattığı acının küçücük bir kısmını olsun yaşatarak ondan öç alacak bir şey yapması gerektiğini söyledi kendi kendine. Kocasının yanından ayrılacağını söyleyip duruyordu, ama bunun olanaksız olduğunu hissediyordu; olanaksızdı, çünkü onu kocası olarak görme ve sevme huyundan vazgeçemiyordu. Ayrıca burada, kendi evinde beş çocuğuna zar zor bakabilirken, beşini birden alıp gittiği yerde çocukların durumunun daha da kötü olacağını hissediyordu. Son üç günde bozuk et suyu yedirdikleri için en küçük oğlan hastalanmış, diğerleri ise dün neredeyse ağızlarına bir şey koymamışlardı. Gitmenin olanaksız olduğunu hissediyordu; ama kendini kandırarak yine de eşyaları ayırıyor ve gidecekmiş gibi davranıyordu.

Kocasını görünce sanki bir şey arıyormuş gibi ellerini şifoniyerin çekmecesine soktu ve ancak tam yanına gelince yüzüne baktı. Fakat sert ve kararlı bir ifade vermek istediği yüzü şaşkınlık ve acı ifadesi taşıyordu.

— Dolli! –dedi Stepan Arkadyiç, hafif ve ürkek bir sesle. Başını omuzlarının arasına çekmişti, kendisine zavallı, uysal bir görünüş vermek istiyordu, ama yine de sağlık ve dirilik pırıltıları saçıyordu.

Darya Aleksandrovna, kocasının dirilik ve sağlık pırıltıları saçan bedenine tepeden tırnağa hızlı bir bakış attı. "Evet, gayet mutlu ve halinden memnun!" diye düşündü. "Ya ben?.. Herkesin onu bu kadar çok sevmesine ve övmesine neden olan bu iğrenç iyilik; onun bu iyiliğinden nefret ediyorum." Dudakları büzüldü, solgun ve sinirli yüzünün sağ yanağındaki kaslar titremeye başladı.

— Ne istemiştiniz? –dedi kendisine ait olmayan, hızlı, göğüsten gelen bir sesle.

— Dolli! –diye yineledi Stepan Arkadyiç, titreyen sesiyle.– Anna geliyor bugün.

— Bundan bana ne? Onu kabul edemem! –diye bağırdı Darya Aleksandrovna.

— Ama Dolli...

Darya Aleksandrovna kocasının yüzüne bakmadan:

— Gidin, gidin, gidin! –diye haykırdı fiziksel bir acı duyar gibi.

Stepan Arkadyiç karısını aklından geçirdiğinde içi rahat olabilmiş, Matvey'in ifadesiyle her şeyin *düzeleceğini* umabilmiş, rahat rahat gazetesini okuyabilmiş, kahvesini içebilmişti; fakat onun acı içindeki yüzünü gördüğünde, bu kadere boyun eğmiş, umutsuz sesi duyduğunda soluğu kesilmiş, boğazına bir şey gelip dayanmış ve gözlerinde yaşlar parlamaya başlamıştı.

— Aman Tanrım, ne yaptım ben! Dolli! Tanrı aşkına!.. Aslında... –devam edemiyordu, boğazında bir hıçkırık düğümlenmişti.

Darya Aleksandrovna şifoniyeri küt diye kapatıp kocasının yüzüne baktı.

— Dolli, ne söyleyebilirim?.. Bir tek şey: Bağışla, bağışla beni... Bir düşün, dokuz yıllık bir hayat birkaç dakikacığı bağışlatamaz mı?

Dolli bakışlarını yere çevirmiş, onun ne söyleyeceğini bekleyerek, sanki kendisini inandıracak bir şey söylemesi için yalvararak dinliyordu.

— Birkaç dakikalık heves... –dedi ve devam etmek istedi, ama tam bunları söylerken dudakları acı çekiyormuş gibi yine büzüldü, sağ yanağındaki kas tekrar titremeye başladı.

— Gidin, gidin buradan! –diye bağırdı daha da tiz bir sesle. – Bana heveslerinizden, iğrençliklerinizden de söz etmeyin!

Darya Aleksandrovna çıkıp gitmek istedi, ama sendeledi, dayanmak için sandalyenin arkalığına tutundu. Yüzü genişledi, dudakları şişti, gözleri yaşlarla doldu.

— Dolli! –dedi Stepan Arkadyiç hıçkırarak.– Tanrı aşkına, çocukları düşün, onların suçu yok. Suçlu benim, beni cezalandır, suçumun bedelini bana ödet. Elimden geleni yapmaya hazırım! Suçluyum, ne kadar suçlu olduğumu ifade edecek sözcük bulamıyorum! Ama beni affet Dolli!

Darya Aleksandrovna oturdu. Stepan Arkadyiç karısının ağır ve derin soluk alışlarını duyuyor, anlatılamaz bir şekilde acıyordu ona. Kadın birkaç kez konuşmak istedi, ancak yapamadı. Stepan Arkadyiç bekliyordu.

— Sen çocukları, onlarla oyun oynamak istediğinde hatırlıyorsun, benimse hep aklımdalar ve şu anda perişan bir durumda olduklarını biliyorum, –dedi Darya Aleksandrovna. Son üç gündür kim bilir kaç kez içinden geçirdiği tümcelerden birini söylemişti.

Kocasına "sen" diye hitap etmişti. Stepan Arkadyiç ona minnetle baktı ve elini tutmak için davrandı, ama Darya Aleksandrovna iğreniyormuş gibi geri çekildi.

— Çocuklar hep aklımda. İşte bu yüzden onları kurtarmak için her şeyi yaparım; ama onları nasıl kurtaracağımı ben de bilmiyorum: Babalarının yanından alıp götürsem mi, yoksa ahlaksız babalarıyla, evet ahlaksız babalarıyla mı bıraksam?.. Söyleyin, olup bitenlerden sonra bir arada yaşayabilir miyiz?

Mümkün mü? Söyleyin, mümkün mü böyle bir şey? –diye tekrarladı Darya Aleksandrovna sesini yükselterek.– Kocam, çocuklarımın babası, kendi çocuklarının mürebbiyesiyle aşk ilişkisine girdikten sonra...

Stepan Arkadyiç ne diyeceğini bilemeden, başını gittikçe daha aşağı eğerek acıklı bir sesle:

— Söyle ne yapmalıyım, söyle? –dedi.

Darya Aleksandrovna gitgide daha çok sinirlenerek:

— Benim gözümde adi ve iğrenç bir insansınız! –diye bağırdı. – Gözyaşlarınız sudan başka bir şey değil! Siz beni hiçbir zaman sevmediniz; sizde ne yürek, ne de mertlik var! Siz benim için pis, iğrenç, yabancı, evet tamamen yabancı bir insansınız! –Kendisine korkunç gelen bu *yabancı* sözcüğünü acıyla ve öfkeyle söylemişti.

Stepan Arkadyiç karısına baktı. Karısının yüzüne yansıyan öfke onu hem korkutmuş, hem de şaşırtmıştı. Karısına duyduğu merhametin onu sinirlendirmesine bir anlam veremiyordu. Darya Aleksandrovna, Stepan Arkadyiç'in kendisine karşı aşk değil, merhamet duyduğunu görüyordu. "Hayır, benden nefret ediyor. Bağışlamayacak," diye düşünen Stepan Arkadyiç:

— Korkunç bir şey! Korkunç! –dedi.

Bu arada öbür odada bir çocuk ağlıyordu, galiba düşmüştü; Darya Aleksandrovna kulak kabarttı, yüzü bir anda yumuşadı.

Sanki nerede olduğunun ve ne yaptığının farkında olmadan birkaç saniyeliğine aklı başına gelmiş, hızla ayağa kalkıp kapıya yönelmişti.

Çocuk ağladığında karısının yüzünde meydana gelen değişikliği fark eden Stepan Arkadyiç, "Sevdiği çocuk benim çocuğum aslında, *benim* çocuğum; benden nasıl nefret edebilir ki?" diye geçirdi aklından.

— Bir şey daha diyeceğim Dolli, –dedi karısının peşinden giderek.

— Arkamdan gelecek olursanız hizmetçileri, çocukları çağırırım! Sizin bir alçak olduğunuzu varsın herkes bilsin! Ben bugün gidiyorum, siz de burada sevgilinizle yaşarsınız artık!

Sonra kapıyı çarpıp çıktı.

Stepan Arkadyiç derin bir soluk aldı, yüzünü sıvazlayıp sessiz adımlarla odadan çıktı. "Matvey, her şey düzelir, diyor; ama nasıl? Ben en ufak bir olanak bile görmüyorum. Ah, ne korkunç!" Karısının haykırışını, "alçak" ve "sevgili" sözcüklerini anımsayarak kendi kendine "Nasıl da adice bağırıyordu. Kızlar da duymuşlardır belki! Çok adiceydi, çok." Stepan Arkadyiç birkaç saniye tek başına dikildi, gözlerini sildi, iç geçirdi ve göğsünü şişirip odadan çıktı.

Cuma günüydü ve Alman saatçi yemek odasındaki saati kuruyordu. Stepan Arkadyiç, bu kel kafalı, derli toplu saatçiyle ilgili olarak yaptığı "Alman'ın kendisi de hayatı boyunca saatleri kurmak için kurulmuş," şeklindeki esprisini anımsadı ve gülümsedi. Stepan Arkadyiç iyi esprileri severdi. "Bakarsın işler de düzelir! Güzel bir sözcük: *Düzelir*. Bunu tekrarlamalı," diye düşündü.

— Matvey! –diye seslendi. Matvey gelince,– Anna Arkadyevna için Marya'yla birlikte oturma odasını hazırlayın, –dedi.

— Başüstüne efendim.

Stepan Arkadyiç paltosunu giydi ve kapının önüne çıktı.

Onu uğurlayan Matvey:

— Yemeği evde yemeyecek misiniz? –diye sordu.

— Belli olmaz. Masraflar için şunu al, –dedi cüzdanından bir on ruble çıkararak.– Yeter mi?

Matvey arabanın kapısını hızla kapatıp bir adım gerileyerek:

— Yetse de yetmese de idare edeceğiz, –dedi.

Bu arada Darya Aleksandrovna çocuğu susturmuş, arabanın sesinden kocasının gittiğini anlayınca yatak odasına geri dönmüştü. Dışarı çıkar çıkmaz etrafını saran ev işlerinden tek kaçış yeri burasıydı. Şimdi de, çocuk odasına geçtiği çok kısa süre içinde İngiliz mürebbiyeyle Matryona Filimonovna, geciktirilemeyecek ve sadece onun yanıt verebileceği, gezmeye giderken çocuklara ne giydirelim, süt içirelim mi, başka bir aşçı bulmak için adam salalım mı gibi birkaç soru soracak kadar zaman bulmuşlardı.

— Ah, bırakın, bırakın beni! –dedi ve yatak odasına dönüp, kemikleri fırlamış zayıf parmaklarından düşen yüzükleri sıkıştırarak, kocasıyla konuşurken oturduğu yere tekrar oturdu ve aralarında geçen konuşmayı belleğinde sıraya koymaya çalıştı. "Gitti! Fakat *o kadınla* arasındaki meseleyi nasıl bitirdi? –diye düşündü.– Onu görüyor mu acaba? Neden sormadım? Hayır, hayır, bir arada olamayız. Aynı evde kalsak bile birbirimize yabancı olacağız. Sonsuza dek yabancı olacağız!" –diye kendisine korkunç gelen bu sözcüğü özel bir anlam vererek bir kez daha yineledi. "Oysa ne kadar çok seviyordum, Tanrım, onu ne çok seviyordum!.. Ne kadar çok seviyordum! Şimdi sevmiyor muyum peki? Eskisinden daha fazla sevmiyor muyum onu? Korkunç, asıl önemli olan..." –diye başladı, ama düşüncesini sonlandıramadı, çünkü Matryona Filimonovna kapıdan başını uzatmıştı.

— Hiç değilse emir verin de kardeşime adam göndersinler, gelip yine yemek yapsın; yoksa çocuklar dünkü gibi saat altıya kadar aç kalacak,–dedi Matryona Filimonovna.

— Tamam, şimdi gidip söylerim. Taze süt almaya adam gönderdiniz mi?

Böylece Darya Aleksandrovna günlük işlere gömüldü ve üzüntüsünü bir süreliğine bu işlerin içinde boğdu.

V

Stepan Arkadyiç yetenekleri sayesinde okulda iyi okumuştu, ama tembel ve yaramazdı, bu yüzden de sonunculardan biri olarak mezun oldu. Fakat zevk ve eğlence düşkünü, uçarı hayatına, sahip olduğu küçük unvanlara ve genç yaşına karşın Moskova'daki devlet dairelerinden birinde maaşı yüksek, saygın bir başkanlık görevinde bulunuyordu. Bu görevi kız kardeşi Anna'nın kocası, Aleksey Aleksandroviç Karenin vasıtasıyla elde etmişti. Aleksey Aleksandroviç, onun çalıştığı dairenin bağlı olduğu bakanlıkta en önemli mevkilerden birinde bulunuyordu. Ama Karenin, kayınbiraderini bu göreve tayin ettirmemiş olsa bile, Stiva Oblonskiy, başka yüzlerce kişi, erkek ve kız kardeşler, akrabalar, kuzenler, dayılar, teyzeler aracılığıyla bu görevi veya karısının yeterince malı mülkü olmasına rağmen işleri bozuk olduğu için kendisine gerekli olan altı bin ruble maaşı alabileceği benzer başka bir işi yine de elde edebilirdi.

Moskova ve Petersburg'un yarısı Stepan Arkadyiç'in akrabası ve ahbabıydı. Bu çevrede zaten güçlü olan ve sonradan güçlenen insanlarının yaşadığı bir ortamda doğmuştu. Devlete hizmet eden insanların, kıdemlilerin üçte biri babasının ahbaplarıydı ve bu insanlar onu ta küçüklüğünden tanırdı; diğer üçte biri, onunla "senli benliydi", geri kalan üçte bir ise yakın tanışlarıydı; dolayısıyla mevki, kira, imtiyaz sözleşmesi ve benzeri dünya nimetlerini dağıtanların hepsi ahbabıydı ve kendi adamlarını atlayıp geçmeleri mümkün değildi; sonuç olarak elverişli bir mevki elde etmek için Oblonskiy'in özel bir çaba harcamasına gerek olmamıştı. Tek gerekli olan ricaları geri çevirmemek, başkalarını kıskanmamak, tartışmamak, darılmamaktı. Bunlar da onun kendisine özgü iyiliği nedeniyle hiçbir zaman yapmadığı şeylerdi. Gereksindiği kadar maaşı alabileceği bir görev elde edemeyeceğini söylemiş olsalardı gülerdi buna, ayrıca aşırı bir şey istemiyordu ki; sadece akranlarının aldıklarını talep ediyordu, aynı türden bir görevi başka birinden daha kötü yapması olanaksızdı.

Stepan Arkadyiç'i tanıyanlar, onu sadece neşesi, iyi huyu, kuşku götürmez dürüstlüğü nedeniyle sevmiyorlardı; güzel, pırıl pırıl dış görünüşünde, parlak gözlerinde, kara kaşlarında ve saçlarında, yüzünün beyazlığında, yanağının kırmızısında, karşısına çıkan insanlar üzerinde dostça ve neşeli etki bırakan bir şey vardı. "Vay! Stiva! Oblonskiy! İşte o!" –onunla karşılaşanların sevinçli bir gülümsemeyle söyledikleri söz bu olurdu hemen her zaman. Oblonskiy'le konuştuktan sonra sevinilecek özel bir şey olmadığı anlaşılmış olsa bile ertesi gün, daha ertesi gün insanlar onunla karşılaştıklarında yine aynı şekilde neşelenirdi.

Üç yıldır Moskova'daki dairelerden birinde başkanlık görevinde bulunan Stepan Arkadyiç, iş arkadaşlarının, memurlarının, müdürlerin ve onunla işi olan herkesin sevgisi dışında saygısını da kazanmıştı. Stepan Arkadyiç'e görevinde herkesin saygısını kazandıran en önemli özelliklerinin ilki, kendi kusurlarının farkında olduğu için insanlara gösterdiği aşırı hoşgörü; ikincisi, gazetelerden okuduğu değil, içinde, kanında olan, hangi konumda ve unvanda olursa olsun bütün insanlara karşı son derece eşit ve aynı davranmasını sağlayan tartışılmaz liberalliği, üçüncüsü ve en önemlisi, çalıştığı, ama hiçbir zaman kendini kaptırmadığı için de hata yapmadığı işine karşı son derece kayıtsız olmasıydı.

Çalıştığı yere geldikten sonra saygılı bir kapıcının elinden çantasını alarak eşlik ettiği Stepan Arkadyiç, küçük çalışma odasına geçti, resmi ceketini giyip salona girdi. Yazıcı ve memurların hepsi gülümseyerek ve saygılı bir şekilde eğilerek ayağa kalktı. Stepan Arkadyiç her zamanki gibi süratle yerine geçti, üyelerin ellerini sıkarak oturdu. Nezaketin gerektirdiği kadar şakalaştı ve konuştu. İşlerin tatlı tatlı yürütülmesi için gerekli olan serbestlik, basitlik ve resmiyet sınırını hiç kimse Stepan Arkadyiç'ten daha doğru belirleyemezdi. Stepan Arkadyiç'in dairesindeki herkes gibi güler yüzlü ve saygılı bir şekilde kâğıtları getiren sekreter, Stepan Arkadyiç'in daireye getirdiği teklifsiz ve rahat bir ses tonuyla:

— Penza il yönetiminden bilgileri almış bulunuyoruz. Bakmak isterseniz... –dedi.

Stepan Arkadyiç parmağını kâğıdın üstüne koyarak:

— Sonunda aldık mı? Pekâlâ beyler... –dedi ve böylece oturum başladı.

Raporu dinlerken başını ciddi bir edayla eğmiş, "Başkanlarının yarım saat önce kabahat işlemiş küçük bir çocuk durumunda olduğunu bir bilseler!" diye düşünüyordu. Rapor okunurken gözlerinin içi gülüyordu. İşler saat ikiye kadar aralıksız sürmek zorundaydı, ikide ise yemek arası veriliyordu.

Toplantı salonunun büyük cam kapısı ansızın açılıp, içeri biri girdiğinde henüz saat iki olmamıştı. Kendilerine eğlence çıktığı için sevinen üyelerin hepsi portrenin altından ve üzerinde Büyük Petro'nun fermanlarının yazılı olduğu üçgen prizmanın arkasından kapıya baktı; ancak kapının önünde duran bekçi içeri giren adamı hemen dışarı çıkartıp, cam kapıyı arkasından kapattı.

Dosya okunup bittiğinde Stepan Arkadyiç ayağa kalktı, gerindi, zamanın liberal ruhunun hakkını vererek daha salondayken bir sigara çıkarttı ve çalışma odasına gitti. İki arkadaşı, kıdemli memur Nikitin ve saray görevlisi Grineviç de onunla birlikte çıktılar.

— Yemekten sonra bitiririz, –dedi Stepan Arkadyiç.

— Daha neleri bitiririz! –dedi Nikitin.

— Şu Fomin düzenbazın biri olmalı, –dedi Grineviç, incelendikleri dosyada adı geçen kişilerden biri hakkında.

Stepan Arkadyiç, Grineviç'in sözleri üzerine erken hüküm vermenin yakışıksız olacağını hissettirerek yüzünü ekşitti, ama Grineviç'e karşılık vermedi.

— İçeri giren kimdi? –diye sordu bekçiye.

— Ben arkamı döner dönmez birisi izin falan almadan içeri girdi ekselansları. Sizi soruyorlardı. Ben de üyeler ne zaman çıkarsa o zaman dedim...

— Nerede kendisi?

— Galiba hole çıktı, orada dolaşıyordu. İşte şu, –dedi bekçi, koyun postundan şapkasını başından çıkarmaksızın taş merdivenin aşınmış basamaklarından hızlı ve hafif adımlarla koşarak yukarı çıkan kıvırcık sakallı, geniş omuzlu, güçlü kuvvetli adamı göstererek. Elinde çantasıyla aşağı inen zayıf bir memur durdu, koşan adamın ayaklarına ayıplarcasına baktı ve sonra soru soran bakışlarını Oblonskiy'e çevirdi.

Stepan Arkadyiç, merdivenin üst başında duruyordu. Resmi ceketinin sırmalı yakasından iyilikle ışıldayan yüzü, koşarak gelen adamın kim olduğunu anladığında daha da çok ışıldadı.

Stepan Arkadyiç, yüzünde dostça, ama aynı zamanda alaycı bir gülümsemeyle yanına yaklaşan Levin'e bakarak:

— Gözlerime inanamıyorum! Levin, sonunda geldin demek! İğrenmeden nasıl gelip de beni bu *batakhanede* buldun? –dedi Stepan Arkadyiç ve elini sıkmakla yetinmeyerek arkadaşını öptü.– Çok oldu mu geleli?

— Yeni geldim. Seni görmeyi çok istiyordum, –diye yanıtladı Levin mahcup bir halde. Bu arada sinirli ve huzursuz bir şekilde çevresine bakınıyordu.

Arkadaşının onurlu ve öfkeli sıkılganlığını bilen Stepan Arkadyiç:

— Hadi gel, çalışma odama gidelim, –dedi ve arkadaşının elinden tutup, tehlikelerin arasından geçiriyormuş gibi peşi sıra sürükleyerek götürdü.

Stepan Arkadyiç neredeyse bütün tanıdıklarıyla, altmışlık ihtiyarlarla, yirmilik delikanlılarla, aktörlerle, bakanlarla, tüccarlarla, yaver generallerle "senli benliydi". Öyle ki, onunla "senli benli" olanların pek çoğu toplumsal merdivenin iki uç noktasında bulunuyorlardı. Bu insanlar Oblonskiy vasıtasıyla bir ortak noktaları olduğunu öğrenseler çok şaşırırlardı. Şampanya içtiği herkesle "senli benliydi", ama her önüne gelenle şampanya içtiği için şaka yollu *yüz karası* "senlerim" diye adlandırdığı çoğu arkadaşıyla astlarının önünde karşılaştığı zaman, bu izlenimin astları açısından yaratacağı tatsız durumu kendine özgü nazik davranışıyla azaltmayı çok iyi becerirdi.

Levin, onun yüz karası "senlerinden" değildi, ama Oblonskiy, Levin'in, memurlarının önünde onunla yakınlığını göstermek istemeyebileceği düşüncesine kapıldığını kendine özgü inceliğiyle hissetmişti, bu yüzden de onu çalışma odasına götürmek için acele etmişti.

Levin, Oblonskiy'le hemen hemen aynı yaşlardaydı ve "senli benlilikleri" bir kadeh şampanyadan kaynaklanmıyordu. Levin, onun ilk geçlik yıllarından arkadaşı ve dostuydu. İlk gençlikte bir araya gelmiş arkadaşlar birbirlerini nasıl severse, onlar da kişiliklerinin ve zevklerinin farklı olmasına karşın birbirlerini öyle severdi. Farklı çalışma alanlarını seçmiş insanlar arasında sık sık olduğu gibi, onların da her biri, diğerinin çalışmasını üzerinde uzun uzun düşünerek zihninde haklı görse bile, içinde, ruhunda bu çalışmayı küçümsüyordu. Kendi sürdürdüğü yaşam her birine göre tek gerçek yaşam, arkadaşınınki ise sadece bir hayal, bir görüntüydü. Oblonskiy, Levin'i gördüğünde hafiften alaycı gülümsemesini tutamazdı. Kim bilir kaçıncı defadır köyden Moskova'ya gelen Levin'i görüyordu. Levin köyde bir şeyler yapıyordu, ama Stepan Arkadyiç bunun tam olarak ne olduğunu hiçbir zaman anlayamamıştı, zaten ilgilenmiyordu da. Levin Moskova'ya her zaman heyecanlı, telaşlı, biraz da sıkıntılı gelirdi. Bu sıkıntılı hali ve olaylara son derece yeni ve beklenmedik bir bakış açısına sahip olması nedeniyle de sinirli olurdu. Stepan Arkadyiç bu durumla alay ederdi, ama severdi de aynı zamanda. Levin de aynı şekilde arkadaşının kentli yaşam tarzını, önemsiz saydığı memuriyetini içinden küçümser, alay ederdi. Fakat arada bir fark vardı: Oblonskiy herkesin yaptığını yaparak kendinden emin ve sakin sakin alay ediyor, Levin ise kendine güvenmeyen ve zaman zaman da hırçın bir davranış içine giriyordu.

Stepan Arkadyiç çalışma odasına girip, tehlikelerin burada sona erdiğini göstermek istercesine Levin'in elini bıraktıktan sonra:

— Ne zamandır bekliyorduk, –dedi.– Seni gördüğüme çok, hem de pek çok sevindim, –diye devam etti.– E, ne var ne yok? Nasılsın? Ne zaman geldin?

Levin, Oblonskiy'in iki arkadaşının kendisine tanıdık gelmeyen yüzlerine, özellikle de zarif ve şık Grineviç'in uzun, beyaz parmaklarına, uçları bükülmüş uzun, sarı tırnaklarına ve gömleğinin kocaman, parlak kol düğmelerine bakıyor ve susuyordu. Grineviç'in elleri galiba bütün dikkatini dağıtmış, rahat düşünmesine izin vermiyordu. Oblonskiy bunu hemen fark ederek gülümsedi.

— Ah evet, izninizle tanıştırayım sizi, –dedi.– Arkadaşlarım Filipp İvanıç Nikitin, Mihail Stanislaviç Grineviç. –Sonra Levin'e dönerek,– Yeni yerel yönetim üyesi, beş pudluk* ağırlığı tek eliyle kaldıran jimnastikçi, hayvan yetiştiricisi, avcı ve benim dostum Konstantin Dmitriç Levin, Sergey İvanıç Koznışev'in kardeşi.

— Çok memnun oldum, –dedi ihtiyar adam.

Grineviç, uzun tırnaklı ince elini uzatarak:

— Kardeşiniz Sergey İvanıç'ı tanımak onuruna sahibim, –dedi.

Levin kaşlarını çattı, soğuk bir şekilde tokalaştı ve hemen Oblonskiy'e döndü. Tüm Rusya'nın tanıdığı bir yazar olan ana bir kardeşine büyük saygısı olmasına karşın, kendisine Konstantin Levin olarak değil de ünlü Koznışev'in kardeşi olarak hitap edilmesine katlanamıyordu.

— Hayır, artık yerel yönetim üyesi değilim. Herkesle aram açıldı, artık toplantılara gitmiyorum, –dedi Oblonskiy'e.

— Ne çabuk! –dedi Oblonskiy gülümseyerek.– İyi ama neden?

— Uzun hikâye. Bir gün anlatırım, –dedi Levin, ama hemen anlatmaya başladı.– Kısacası, hiçbir yerel yönetim faaliyetinin olmadığına ve olamayacağına inandım, –diye konuşmaya başladı sanki az önce birisi canını sıkmış gibi,– bir yandan

* Pud, Rusya'da eskiden kullanılan 16,3 kilogramlık bir ağırlık ölçüsü. (ç.n.)

meclistekiler oyuncaklarla oynuyor, oysa ben oyuncaklarla oyalanacak kadar genç de değilim, yaşlı da; öte (bir an duraksamıştı) yandan da bu, taşra coterie'si* için para kazanma aracı oluyor. Önceden vesayet kuruluşları, mahkemeler vardı, şimdi ise yerel yönetim var, para rüşvet olarak değil, haksız elde edilmiş maaş olarak kazanılıyor, –dedi heyecanla, sanki oradakilerden biri düşüncesini çürütmeye çalışıyormuş gibi.

— Vay canına! Görüyorum ki, yeni bir evredesin yine, muhafazakâr olmuşsun, –dedi Stepan Arkadyiç.– Neyse bunları sonra konuşuruz.

— Evet, sonra konuşuruz. Ama benim seni görmem gerekiyordu, –dedi Levin, Grineviç'in eline nefretle bakarak.

Stepan Arkadyiç belli belirsiz gülümsedi.

Levin'in bir Fransız terzinin elinden çıktığı belli olan yeni elbisesine alıcı gözüyle bakarak:

— Bir daha asla Avrupa malı elbise giymeyeceğini söylememiş miydin? –dedi.– Demek öyle! Bakıyorum da yeni bir evreye geçmişsin.

Levin birden kıpkırmızı oldu, ama öyle yetişkin insanların kızardıkları gibi, kendisi de fark etmeyecek kadar hafifçe değil, utangaçlıkları yüzünden gülünç bir duruma düştüklerini hisseden ve bu nedenle daha da çok, neredeyse gözlerinden yaş boşanacak kadar utanan ve kızaran küçük çocuklar gibi. Böylesine çocuksu bir haldeki bu zeki ve erkekçe surata bakmak o kadar garip bir şeydi ki, Oblonskiy ona bakmaktan vazgeçti.

— Peki nerede görüşeceğiz? Seninle konuşmak bilsen ne kadar gerekli benim için, –dedi Levin.

Oblonskiy düşünceye dalmış gibiydi.

— Şöyle yapalım: Gurin'e kahvaltıya gidelim, orada konuşalım. Saat üçe dek boşum.

Levin bir an düşündükten sonra:

---

* Burada çete anlamında. (Fr.)

— Olmaz, bir yere daha gitmem gerekiyor, –diye karşılık verdi.

— Tamam, öğle yemeğini beraber yiyelim o zaman.

— Öğle yemeği mi? Aslında benim konuşacağım önemli bir şey yok, iki kelime konuşmam, daha doğrusu bir soru sormam lazım, sonra da konuşuruz.

— Öyleyse o iki kelimeyi şimdi söyle, öğle yemeğinde de sohbet ederiz.

— İki kelime işte, –dedi Levin,– ama önemli bir şey değil.

Yüzü utangaçlığını bastırma çabasından kaynaklanan öfkeli bir ifade almıştı bir anda.

— Şçerbatskiyler ne yapıyor? Her şey eskisi gibi mi? –dedi Levin.

Levin'in, baldızı Kiti'ye âşık olduğunu uzun zamandır bilen Stepan Arkadyiç belli belirsiz gülümsedi ve gözleri neşeyle parladı.

— Sen iki kelime söyledin, ama ben iki kelimeyle yanıt veremem, çünkü... Bir dakika izin ver...

Sekreter, laubali bir saygı ve bütün sekreterlerde ortak bir özellik olan, işle ilgili konularda müdüründen daha üstün olduğunun bilinciyle içeri girdi, elinde kâğıtlarla Oblonskiy'in yanına gelip, soru sorma bahanesiyle ortaya çıkan bir sorunu açıklamaya koyuldu. Stepan Arkadyiç sonuna kadar dinlemeden elini sevgiyle sekreterin koluna koydu.

— Hayır, size söylediğim gibi yapın, –dedi.– Sözlerindeki çıkışmayı gülümsemesiyle yumuşatarak ve konuyu ne şekilde anladığını kısaca açıklayarak şöyle devam etti.– Böyle yapın lütfen, Zahar Nikitiç.

Sekreter mahcup bir halde dışarı çıktı. Levin, Stepan Arkadyiç sekreterle konuşurken utangaçlığını tamamen üzerinden atarak dirseklerini bir sandalyeye dayamış, ayakta duruyordu ve yüzünde alaycı bir merak vardı.

— Anlamıyorum, hiç anlamıyorum, –dedi.

Oblonskiy aynı neşeli gülümsemeyle cebinden bir sigara çıkartarak:

— Neyi anlamıyorsun? –dedi. Levin'den yine bir münasebetsizlik bekliyordu.

— Yaptığınız şeyi anlamıyorum, –dedi Levin, omuz silkerek.– Bu işi nasıl böyle ciddiyetle yapabiliyorsun?

— Neden?

— Neden olacak, ortada yapacak bir iş olmadığından.

— Sen öyle düşünüyorsun, ama bizim işimiz başımızdan aşkın.

— Kâğıt üzerinde. Tabii ya, bu işlerde yeteneklisindir, –diye ekledi Levin.

— Yani benim bir eksiğim olduğunu mu düşünüyorsun?

— Belki de evet, –dedi Levin. Sonra umutsuz bir çabayla Oblonskiy'in gözlerinin içine bakarak,

— Ama yine de senin şu azametine bayılıyorum ve bu kadar yüce bir dostum olduğu için gurur duyuyorum. Yalnız benim soruma yanıt vermedin, –diye ekledi.

— Tamam, tamam. Biraz daha bekle, sen de bu hale geleceksin. Karazinsk Kazasında üç bin desyatinalık* arazin, böyle kasların, on iki yaşındaki genç kız tazeliğin olması iyi, ama sen de bize döneceksin. Evet, sorduğun soruya gelince, bir değişiklik yok. Fakat uzun süredir gelmemen kötü oldu.

— Ne var, ne oldu? –diye korkuyla sordu Levin.

— Bir şey yok, –dedi Oblonskiy.– Sonra konuşuruz. Sen söyle bakalım, asıl geliş nedenin ne?

— Bunu da sonra konuşuruz, –dedi Levin, yine kulaklarına kadar kızararak.

— Peki, tamam. Anladım, –dedi Stepan Arkadyiç.– Seni eve davet ederdim, ama karım hiç iyi değil. Ama eğer onları görmek istersen, galiba bugün saat dörtten beşe kadar Hayvanat Bahçesi'nde olacaklar. Kiti paten kayıyor. Oraya git, ben de uğrarım, birlikte yemeğe bir yerlere gideriz.

— Çok güzel, şimdilik hoşça kal.

---

* Desyatina, eski Rusya'da 1,09 hektara eşit arazi. (ç.n.)

— Bana bak, seni bilirim, unutursun ya da birden kalkıp köye falan gidersin! –diye bağırdı Stepan Arkadyiç gülerek.

— Hayır, emin olabilirsin.

Oblonskiy'in arkadaşlarıyla vedalaşmayı unuttuğunu anımsadığında Levin çalışma odasından çıkmış, artık kapıya gelmişti bile.

— Herhalde çok enerjik bir bey olmalı, –dedi Grineviç, Levin dışarı çıktığında.

— Evet, azizim, –dedi Stepan Arkadyiç, kafasını sallayarak.– Çok da şanslı! Karazinsk Kazasında üç bin desyatina arazi, yediği önünde yemediği ardında, sağlığı da cabası! Bizim gibi değil.

— Siz niye şikâyet ediyorsunuz ki Stepan Arkadyiç?

Stepan Arkadyiç derin derin iç çekip:

— Çok fena çok, –dedi.

VI

Oblonskiy, Levin'e asıl geliş nedenini sorduğunda, Levin kıpkırmızı olmuş, kızardığı için de kendisine kızmıştı. "Baldızına evlenme teklif etmeye geldim," diyememişti ona, oysa sadece bunun için gelmişti.

Levinler ve Şçerbatskiyler eski, soylu Moskova aileleriydi ve aralarında her zaman yakın ve dostça ilişkiler olmuştu. Bu ilişki Levin'in üniversite öğrenciliği sırasında daha da pekişmişti. Levin, Dolli'yle Kiti'nin erkek kardeşi genç Prens Şçerbatskiy'le birlikte üniversiteye hazırlanmış ve girmişti. Bu sırada Levin, Şçerbatskiylerin evine sık sık gidiyordu ve Şçerbatskiy ailesine âşık olmuştu. Ne kadar tuhaf görünürse görünsün, Konstantin Levin eve, aileye, özellikle de Şçerbatskiy ailesinin kadınlarına hayrandı. Levin kendi annesini hatırlamıyordu, biricik kız kardeşi yaşça ondan büyüktü, dolayısıyla anne ve babasının ölümüyle yoksun kaldığı eski, soylu, eğitimli ve şerefli bir aile ortamını ilk kez Şçerbatskiylerin evinde görmüştü. Bu ailenin bütün üyeleri, özellikle de kadınlardan oluşan yarısı ona gizemli, şiirsel bir perdeyle örtülü gibi geliyordu. Hiçbirinde hiçbir kusur görmemenin ötesinde, onları örten bu şiirsel perdenin altında en yüce duyguların ve türlü türlü erdemlerin olduğunu tahmin ediyordu. Bu üç küçük hanımın neden bir gün Fransızca, bir gün İngilizce konuşmaları gerekiyordu; neden belirli saatlerde sırayla piyano çalıyorlardı (piyanonun sesi üst kattan, öğrencilerin ders çalıştığı erkek kardeşlerinin odasından duyulurdu); bu Fransız edebiyatı, müzik, resim, dans öğretmenleri neden geliyordu; üç küçük hanım, Dolli uzun, Natali daha kısa, Kiti ise sımsıkı kırmızı çoraplar içindeki düzgün bacaklarını herkesin görebileceği kadar kısa atlas paltolarını giyip Mlle Linon'la birlikte belli saatlerde neden faytona binip Tver Bulvarı'na gidiyorlardı; neden Tver Bulvarı'nda onlara şapkasında altın kokart olan bir uşağın eşlik etmesi gerekiyordu? Bütün bunları ve onların gizemli dünyasındaki diğer pek çok şeyi anlamıyordu, ama bu dünyada yapılan her şeyin güzel olduğunu biliyordu ve bunların gizemine hayran kalıyordu.

Üniversite öğrenciliği sırasında neredeyse kızların en büyüğü Dolli'ye âşık oluyordu, ama çok geçmeden Dolli'yi Oblonskiy'le evlendirdiler. Sonra ikinciye âşık olmaya başladı. Sanki kız kardeşlerden birine âşık olması gerekiyormuş gibi hissediyor, yalnız tam olarak hangisine olduğunu bilemiyordu. Fakat Natali de sosyeteye girer girmez diplomat Lvov'la evlenmişti. Levin üniversiteden mezun olduğunda Kiti daha çocuktu. Genç Şçerbatskiy filoya katıldıktan sonra Baltık Denizi'nde boğulmuş ve Levin'in Şçerbatskiylerle ilişkileri, Oblonskiy'le aralarındaki dostluğa karşın azalmıştı. Fakat bu kışın başında Levin, köyde bir yıl geçirdikten sonra Moskova'ya gelip, Şçerbatskiyleri gördüğü zaman üç kız kardeşten hangisinin alnına yazıldığını anlamıştı.

Onun gibi iyi bir soydan gelen, yoksuldan çok zengin denebilecek, otuz iki yaşındaki bir adam için Prenses Şçerbatskaya'ya evlenme teklif etmekten daha basit bir şey olamazmış gibi görünüyordu; büyük olasılıkla onu hemen iyi bir kısmet olarak kabul ederlerdi. Fakat Levin âşıktı. Âşık olduğu için de ona göre Kiti, her bakımdan tam bir kusursuzluğa sahip, yeryüzündeki bütün varlıklardan daha yüce bir varlıktı, kendisi ise öyle aşağılık bir yaratıktı ki, başkalarının ve Kiti'nin onu evlenmeye layık biri olarak kabul edebilecekleri düşüncesi söz konusu bile olamazdı.

Moskova'da rüyadaymış gibi iki ay kalıp, sırf Kiti'yle karşılaşmak için gittiği sosyetede hemen hemen her gün onunla görüşen Levin, birdenbire bu işin olamayacağına karar verip köye dönmüştü.

Levin'in bu işin olamayacağı konusundaki inancı, akrabalarının gözünde güzeller güzeli Kiti için kendisinin uygun, ona layık bir kısmet olmadığı ve Kiti'nin de onu sevemeyeceği düşüncesine dayanıyordu. Otuz iki yaşında olduğu şu anda arkadaşları artık albay, yaver, profesör, banka ve demiryolları müdürü ya da Oblonskiy gibi daire başkanıyken o, Kiti'nin akrabalarının gözünde sosyete içinde alışılmış, belirli bir faaliyete ve konuma sahip değildi; o (başkalarının gözünde nasıl göründüğünü çok iyi biliyordu), inek yetiştirmekle, suçulluğu avlamakla ve inşaat yapmakla uğraşan bir toprak sahibiydi, yani sonuçta hiçbir şey olamayacak ve toplumun değer yargılarına göre işe yaramaz insanların yaptığı şeyleri yapan yeteneksiz bir adamdı.

Güzeller güzeli, gizemli Kiti, bu kadar çirkin bir adamı, ki kendisini öyle görürdü, asıl önemlisi hiçbir üstün özelliği bulunmayan, bu kadar basit bir adamı sevemezdi. Ayrıca Kiti'yle önceki ilişkileri, ağabeyiyle arkadaşlığı yüzünden bir yetişkinin bir çocukla ilişkisi şeklindeydi. Bu da aşkının önünde yeni bir engel olarak görünüyordu ona. Kendisine verdiği sıfatla söylersek, çirkin ve iyi yürekli bir adamın bir arkadaş gibi sevilebileceğini, onun Kiti'ye duyduğuna benzer bir sevgiyle sevilmek için yakışıklı, asıl önemlisi birtakım özellikleri olan bir adam olmak gerektiğini düşünüyordu. Kadınların sıklıkla çirkin, basit erkeklere âşık olduklarını duyuyordu, ama kendisi de sadece güzel, gizemli ve farklı kadınlara âşık olabildiği için buna inanmıyordu.

Fakat iki ay köyde tek başına yaşadıktan sonra bunun ilk gençliğinde başından geçen aşklardan biri olmadığından; bu duygunun ona bir an bile rahat vermediğinden; Kiti onun karısı olacak mı, olmayacak mı sorusunun yanıtını bulmadan yaşayamayacağından ve umutsuzluğunun sadece kendi kuruntularından kaynaklandığından, elinde teklifinin reddedileceğine ilişkin hiçbir kanıt bulunmadığından iyice emin oldu. İşte şimdi evlenme teklif etmek ve kabul edilirse evlenmek üzere kesin bir kararla Moskova'ya gelmişti. Ya da... Teklifini kabul etmeyecek olurlarsa başına ne geleceğini düşünemiyordu.

VII

Sabah treniyle Moskova'ya geldikten sonra anne bir ağabeyi Koznışev'in evine gitti, üzerini değiştirip, geliş nedenini bir an evvel anlatmak ve onun bu konudaki tavsiyelerini almak için ağabeyinin çalışma odasına girdi; fakat ağabeyi yalnız değildi, son derece önemli bir felsefi konuda aralarındaki anlaşmazlığa açıklık kazandırmak amacıyla Harkov'dan kalkıp gelmiş ünlü bir felsefe profesörü oturuyordu yanında. Profesör, materyalistlere karşı ateşli bir tartışmaya girmişti. Sergey Koznışev de bu ateşli tartışmayı ilgiyle izliyordu ve profesörün son makalesini okuyup, karşı çıktığı noktaları bir mektup yazarak belirtmişti; mektubunda materyalistlere çok büyük ödünler verdiği için profesöre sitem etmişti. Profesör konuşup, fikir birliğine varmak için hemen kalkıp gelmişti. Söz konusu olan günün moda sorunlarından biriydi: İnsanın faaliyetinde ruhsal ve fiziksel olaylar arasında bir sınır var mıdır, varsa nerededir?

Sergey İvanoviç kardeşini herkesin alışkın olduğu sevecen, ama soğuk gülümsemesiyle karşılayıp, onu profesörle tanıştırdıktan sonra konuşmaya devam etti.

Dar alınlı, gözlüklü, sarı benizli, ufak tefek adam merhabalaşmak için bir an konuşmayı kesti ve sonra Levin'e dikkat etmeksizin konuşmaya devam etti.

Levin profesörün gitmesini bekleyerek oturdu, ancak konuşulan konuyla da hemen ilgilenmeye başladı.

Levin sözü edilen konuyla ilgili yazılara dergilerde rastlıyor, bunları okuyor ve üniversite bitirmiş bir doğa bilimci olarak bildiği doğa bilim temellerini geliştirmek amacıyla bunlarla ilgileniyordu, ama insanın bir canlı olarak kökeni, refleksler, biyoloji ve sosyoloji konularındaki bilimsel sonuçlarla son zamanlarda sık sık aklına gelen yaşam ve ölümün kendisi için taşıdığı anlam konuları arasında asla bir yakınlık kurmuyordu.

Ağabeyinin profesörle konuşmasını dinlerken bilimsel konuları ruhsal konularla birleştirdiklerini, birkaç kez bu konulara çok yaklaştıklarını, fakat can alıcı noktaya her yaklaşmalarında buradan hemen uzaklaştıklarını ve yeniden ince ayrıntılara, birtakım kayıtlara, imalara, uzmanlardan alıntılara daldıklarını fark ediyor ve konuşulanları zor anlıyordu.

Sergey İvanoviç her zamanki açık, düzgün ifadesi ve güzel diksiyonuyla:

— Dış dünyayla ilgili bütün düşüncelerimin izlenimlerden kaynaklandığı konusunda Keiss'le asla aynı görüşte olamam, –dedi.– En temel *varoluş* kavramını duygularım vasıtasıyla almıyorum, çünkü bu kavramı ifade edecek özel bir organ da yoktur.

— Evet, fakat onlar, Wurst, Knaust ve Pripasov size, var olma bilincinizin tüm duyguların toplamından kaynaklandığı, bu var olma bilincinin duyguların bir sonucu olduğu yanıtını veriyorlar. Hatta Wurst duygular olmayınca varoluş kavramının da olmayacağını açıkça söylüyor.

— Ben tam tersini söyleyeceğim... –diye söze başladı Sergey İvanoviç.

Ama burada tam asıl meseleye yaklaşırken yine uzaklaşıyorlar gibi geldi Levin'e ve profesöre bir soru sormaya karar verdi.

— Şu halde duygularım ortadan kalkacak, bedenim ölecek olursa hiçbir varoluş da olmayacak, öyle mi? –dedi.

Profesör, soru soran ve bir filozoftan çok halatla gemi çeken işçilere benzeyen bu tuhaf adama sıkıntıyla ve konuşmanın kesilmesi yüzünden âdeta zihinsel bir acıyla baktı, buna ne denir diye sorar gibi bakışlarını Sergey İvanoviç'e çevirdi. Ancak profesör gibi büyük bir gayretle ve tek yanlı olarak konuşmayan ve zihninde hem profesöre cevap verecek, hem de sorulan soruyu ortaya çıkaran basit ve doğal görüş açısını anlayacak kadar geniş yer bulunan Sergey İvanoviç gülümseyerek şöyle dedi:

— Henüz bu konuda karar verme hakkına sahip değiliz...

— Elimizde veri yok, –diye doğruladı profesör ve kanıtlarını sıralamayı sürdürdü.– Hayır, –dedi,– Pripasov'un açıkça söylediği gibi duygular da izlenimleri temel alıyorsa o zaman bu iki kavramı kesinlikle ayırmamız gerekir.

Levin artık dinlemiyor ve profesörün gitmesini bekliyordu.

VIII

Profesör gidince Sergey İvanoviç kardeşine:

— Gelmene çok sevindim, –dedi.– Uzun süreliğine mi geldin? Çiftlik ne âlemde?

Levin çiftliğin ağabeyini çok az ilgilendirdiğini, bu soruyu sadece onun gönlünü almak için sorduğunu biliyordu, bu yüzden de bir tek buğday satışı ve para konusunda bilgi verdi.

Levin evlenme niyetini ağabeyine açmak ve bu konuda tavsiyesini almak istiyordu, hatta buna kesin karar vermişti; ama ağabeyini gördüğü, onun profesörle konuşmasını dinlediği, sonra onun kendisine çiftlik işlerini (annelerinin topraklarını paylaşmamışlardı, Levin her ikisinin payını da yönetiyordu) sorarkenki istem dışı koruyucu ses tonunu işittiği zaman nedense evlenme kararını açamayacağını, ağabeyinin bu konuya onun istediği gibi bakmayacağını hissetti.

Yerel yönetimle yakından ilgilenen ve çok fazla önem veren Sergey İvanoviç:

— E, yerel yönetimde işler nasıl? –diye sordu.

— Doğrusunu istersen bilmiyorum...

— Nasıl yani? Üye değil misin?

— Hayır, artık değilim; ayrıldım, –diye yanıtladı Konstantin Levin,– toplantılara da gitmiyorum artık.

— Yazık! –dedi Sergey İvanoviç suratını asarak.

Levin, kendisini haklı çıkarmak için oturduğu kazadaki yerel yönetim toplantılarında olanları anlatmaya koyuldu.

— İşte her zaman böyle oluyor! –diye onun sözünü kesti Sergey İvanoviç.– Biz Ruslar hep böyleyiz. Belki de iyi bir özelliğimizdir bu kendi kusurlarını görebilme yeteneği, ama biz aşırıya kaçıyoruz, her zaman dilimizin ucunda hazır bekleyen alaycılığımızla kendimizi avutuyoruz. Sana, bizim yerel kurumların ellerindeki hakları başka bir Avrupa halkına versen, Almanların ve İngilizlerin bu haklardan özgürlük üreteceğini, bizimse tek yaptığımız şeyin alay etmek olduğunu söyleyeceğim sadece.

Levin suçlu suçlu:

— İyi de ne yapmak gerek? –dedi.– Benim son denememdi bu. Üstelik bütün ruhumla denedim. Yapamıyorum. Yeteneğim yok.

— Yeteneksiz değilsin, –dedi Sergey İvanoviç.– Meseleye farklı bakıyorsun.

Levin, sıkıntılı ve umutsuz bir şekilde:

— Belki de, –dedi.

— Biliyor musun, Nikolay kardeşimiz yine buraya gelmiş.

Nikolay, Konstantin Levin'in öz ağabeyi ve Sergey İvanoviç'in ana bir, baba ayrı kardeşiydi, malının büyük bir bölümünü har vurup harman savurmuş, beş para etmez, çok garip insanlarla düşüp kalkan, kardeşleriyle kavgalı, hiçbir umut vaat etmeyen mahvolmuş bir adamdı.

Levin dehşet içinde:

— Ne diyorsun? –diye bağırdı.– Sen nerden biliyorsun?

— Prokofiy yolda görmüş onu.

— Burada, Moskova'da mı? Nerede oturduğunu biliyor musun? –Levin hemen gidecekmiş gibi oturduğu sandalyeden kalkmıştı.

Sergey İvanıç, küçük kardeşinin heyecanı karşısında başını sallayarak:

— Sana söylediğime pişman oldum, –dedi.– Nerede oturduğunu öğrenmek için adam yolladım. Trubin'e verdiği, ödemesini yaptığım ona ait bir senedi de gönderdim. İşte bana verdiği yanıt.

Sergey İvanoviç kâğıt ağırlığının altından bir not alıp kardeşine uzattı.

Levin bu tanıdık, garip yazıyı okudu: "Beni rahat bırakmanızı rica ediyorum. Aziz kardeşlerimden tek istediğim budur. Nikolay Levin."

Levin bu sözleri okuduktan sonra elinde not, başını kaldırmadan Sergey İvanoviç'in karşısında durdu.

Şu anda talihsiz kardeşini unutma isteğiyle bunun çirkin bir şey olacağı düşüncesi ruhunda çatışıyordu.

Sergey İvanoviç:

— Galiba beni aşağılamak istiyor, –diye devam etti.– Ama beni aşağılayamaz, ben bütün kalbimle ona yardım etmek isterim, ancak bunun olanaksız olduğunu biliyorum.

— Evet, evet, –diye tekrarlıyordu Levin.– Senin ona karşı tavrını anlıyor ve hak veriyorum; ama ben yanına gideceğim.

— İstiyorsan git, ama gitmeni tavsiye etmem, –dedi Sergey İvanoviç.– Yani kendi açımdan korkum yok, ikimizin arasını bozamaz; fakat senin açından bakınca gitmemen daha iyi olur derim. Yardım edemezsin. Yine de nasıl istersen öyle yap.

— Belki yardım edemem, ama içimin rahat etmeyeceğini hissediyorum.

— Bunu anlamıyorum,–dedi Sergey İvanoviç.– Anladığım tek şey, –diye ekledi,– bu, bir alçakgönüllülük dersidir. Kardeşimiz Nikolay bu hale geldikten sonra alçaklık denen şeye daha farklı ve daha hoşgörülü bakmaya başladım. Ne yaptığını biliyorsun...

— Ah, korkunç bir şey, korkunç! –dedi Levin.

Levin, Sergey İvanoviç'in uşağından kardeşinin adresini alıp hemen gidecekti, ama etraflıca düşündükten sonra bu ziyaretini akşama bırakmaya karar verdi. Ruhunun huzur bulması için öncelikle Moskova'ya gelmesine neden olan meseleyi halletmesi gerekiyordu. Levin ağabeyinin evinden çıkıp Oblonskiy'in çalıştığı daireye, Şçerbatskiylerle ilgili bilgi aldıktan sonra da Kiti'yi bulabileceği söylenen yere gitti.

IX

Levin saat dörtte, Hayvanat Bahçesi'nin önünde yüreğinin çarpıntısını hissederek arabadan indi, tepelere ve paten alanına giden yoldan yürüdü, Kiti'yi orada bulacağını biliyordu, çünkü Şçerbatskiylerin faytonunu girişte görmüştü.

Çok soğuk ve güneşli bir gündü. Giriş kapısının önünde sıra sıra faytonlar, kızaklar, jandarmalar duruyordu. Pırıl pırıl güneşin altında şapkaları parlayan temiz giyimli bir kalabalık, girişin önünde ve temizlenmiş patikalarda, oymalarla süslü Rus kulübelerinin aralarında dolaşıyordu; kar yüzünden bütün dalları lüle lüle aşağı sarkmış yaşlı akağaçlar yepyeni tören giysilerine bürünmüş gibiydi.

Paten alanına giden yolda yürüyor ve "Heyecanlanma, sakin ol. Niye heyecanlanıyorsun sanki? Kes sesini aptal," diyordu yüreğine. Sakinleşmeye çalıştıkça soluğu daha çok kesiliyordu. Karşılaştığı bir tanıdığı selam verdi, ama Levin adamın kim olduğunu anımsamadı bile. İnen ve çıkan kızakların zincirlerinin, gürültüyle kayan kızakların ve neşeli insan seslerinin duyulduğu tepelere doğru yürüyordu. Birkaç adım daha attı ve paten alanı karşısına çıktı. Buzda kayanlar arasında onu hemen tanıdı.

Onun burada olduğunu yüreğini kaplayan sevinç ve korkudan anlamıştı. Ayakta duruyor ve paten alanının karşı ucundaki bir hanımla konuşuyordu. Ne giysisinde, ne de duruşunda özel bir şey yoktu; fakat Levin için bu kalabalığın arasında onu tanımak, ısırgan otlarının arasında gül fidanını tanımak kadar kolaydı. Her şey onunla aydınlanıyordu. Çevresine ışık saçan bir gülümsemeydi. "Oraya, buzun üstüne, onun yanına gidebilir miyim acaba?" diye düşündü. Kiti'nin durduğu yer erişilmez, kutsal bir yer gibi göründü ve bir an geldi, neredeyse kaçıp gidiyordu, öylesine korkmuştu. Her çeşit insanın onun etrafında dolaştığına ve kendisinin de patenle kayarak oraya gidebileceğine karar vermesi için epey çaba harcaması gerekti. Güneşe bakmaktan kaçınır gibi Kiti'ye uzun süre bakmaktan kaçınarak aşağıya doğru yürüdü, ama güneşi bakmadan gördüğü gibi onu da bakmadan görüyordu.

Hepsi birbirini tanıyan aynı gruptan insanlar haftanın bu gününde ve günün bu saatinde buzun üstünde toplanmışlardı. Burada hünerleriyle caka satan paten ustaları, bir koltuğa tutunarak ürkek, beceriksiz hareketlerle buzda kaymayı öğrenenler, çocuklar, sağlıklı olmak amacıyla kayan yaşlı insanlar vardı; herkes Levin'e seçilmiş şanslı kişiler olarak görünüyordu, çünkü bu insanlar burada, onun yakınındaydı. Paten kayan herkes, son derece umursamaz bir biçimde onun önüne geçiyor, peşinden gidiyor, hatta onunla konuşuyor, mükemmel buzdan ve güzel havadan yararlanarak ona hiç bağlı olmadan eğleniyordu.

Kiti'nin amcasının oğlu Nikolay Şçerbatskiy'in üstünde kısacık bir ceketle dar bir pantolon vardı, ayaklarında patenleriyle bir sıranın üstünde oturuyordu. Levin'i görünce seslendi:

— A, işte Rusya'nın bir numaralı patencisi! Geleli çok oldu mu? Buz olağanüstü, patenlerinizi taksanıza.

Levin, Kiti'nin yanında bu cesaretin, bu laubaliliğin gösterilmesine şaşarak ve ona bakmasa bile bir saniye olsun onu gözden kaybetmeyerek:

— Patenim yok, –dedi. Güneşin kendisine doğru yaklaştığını hissediyordu. Kiti köşedeydi ve uzun konçlu botlarının içindeki küçük ayaklarını beceriksizce ileri uzatmış, ürkek hareketlerle ona doğru kayıyordu. Sırtında bir Rus giysisi olan, kollarını deli gibi sallayarak yere doğru iki büklüm eğilmiş küçük bir oğlan Kiti'nin önüne geçti. Kiti pek de kendine güvenerek kaymıyordu; ellerini boynuna asılı olan manşonundan çıkartmış, hazırda tutuyor ve uzaktan tanıdığı Levin'e bakarak ona ve kendi korkaklığına gülümsüyordu. Dönemeç sona erdiğinde bacağının esnek bir hareketiyle hızlandı ve Şçerbatskiy'e doğru kaydı; kuzenine tutunduktan sonra gülümseyerek ve başını eğerek Levin'e selam verdi. Levin'in hayal ettiğinden daha güzeldi.

Levin Kiti'yi düşündüğünde, onun her şeyini, özellikle de boylu boslu genç kız omuzlarının üstünde öyle serbestçe duran, çocuksu bir berraklık ve iyilik ifadesi taşıyan bu küçük sarışın kafanın güzelliğini hayalinde canlandırabiliyordu. Yüz ifadesindeki çocuksuluk, endamının ince güzelliğiyle birleşerek Levin'in çok iyi anımsadığı o herkesten farklı güzelliğini oluşturuyordu; fakat onda her zaman insanı birdenbire bir sürpriz gibi etkileyen şey, uysal, sakin ve içtenlikle bakan gözlerinin ifadesi, özellikle de Levin'i, her zaman kendisini çocukluğunun ender günlerindeki gibi duygulanmış ve hafiflemiş hissettiği büyülü bir dünyaya götüren gülümsemesiydi.

Kiti elini uzatarak:

— Çok oldu mu geleli? –dedi.– Levin, manşonunun içinden düşen mendilini yerden alıp verdiğinde,– Teşekkür ederim, –diye ekledi.

Levin heyecandan Kiti'nin sorusunu bir anda anlamayarak:

— Ben mi? Çok olmadı, dün... şey yani bugün geldim, –diye yanıtladı.– Size gelmek istiyordum, –dedi hemen. Kızı hangi niyetle aradığını anımsayınca da utandı, kıpkırmızı oldu.– Paten kaydığınızı bilmiyordum, çok da güzel kayıyorsunuz.

Kiti, onun neden utandığını anlamak istercesine dikkatle yüzüne baktı.

Manşonunun üstüne düşen karları siyah eldivenli küçük eliyle silkelerken:

— Sizin övgünüze değer vermek gerekir. Çok iyi bir buz patencisi olduğunuza ilişkin efsaneler burada hâlâ anlatılıyor, –dedi.

— Evet, bir zamanlar büyük bir tutkuyla kayardım; mükemmelliğe ulaşmak arzusundaydım.

— Galiba her işi tutkuyla yapıyorsunuz, –dedi Kiti gülümseyerek.– Nasıl kaydığınızı görmeyi çok isterim. Paten takın da birlikte kayalım.

"Birlikte kaymak mı! Bu olabilir mi?" diye düşündü Levin Kiti'ye bakarak.

— Hemen takıyorum, –dedi.

Ve paten takmaya gitti.

Patenci, Levin'in ayağını tutup, pateni ayakkabısının ökçesine takarken:

— Uzun zamandır buralarda görünmediniz beyim, –dedi.– Sizden sonra beylerin arasından hiç usta çıkmadı. Böyle iyi mi? –diye sordu kayışı gerdirerek.

Levin elinde olmadan yüzüne yayılan mutluluk gülümsemesini güçlükle tutarak:

— İyi, iyi, çabuk ol, lütfen, –diye yanıtladı "Evet, –diye geçiriyordu aklından,– işte hayat bu, mutluluk bu! *Birlikte* dedi, *birlikte kayalım.* Ona şimdi söylesem mi? Ama şu anda mutlu olduğum için, içimde bir umut doğacak kadar olsun mutlu olduğum için de söylemeye korkuyorum ya zaten... Ya o zaman?.. Ama yapmalıyım! Yapmalıyım, yapmalı! Zayıflığın hiç yeri değil!"

Levin ayağa kalktı, paltosunu çıkartıp kulübenin önündeki pürtüklenmiş buzun üzerinde bir sağa bir sola kayarak düzgün buzun üstüne çıktı ve kendini hiç zorlamadan, sadece istediği zaman hızını artırıp, azaltarak ve yön değiştirerek kaydı. Kiti'nin yanına korkarak yaklaştı, ama genç kızın gülümsemesi onu sakinleştirdi.

Kiti elini ona uzattı, hızlarını artırarak yan yana ilerlediler. Kiti hızlandıkça Levin'in elini daha sıkı tutuyordu.

— Sizinle çalışsam hemen öğrenirdim, nedense size güveniyorum, –dedi Kiti Levin'e.

— Siz koluma yaslandıkça ben de kendime güveniyorum, –dedi, ama aynı anda da söylediği şeyden korkup kızardı. Gerçekten de bu sözleri söyler söylemez güneş nasıl bir anda kara bulutların arkasına kaçarsa, Kiti'nin yüzü de bütün tatlılığını yitirdi ve Levin, yüzünde düşünmeye çalıştığını gösteren tanıdık hareketi gördü: Kızın pürüzsüz alnında bir kırışık belirmişti.

— Canınızı sıkan bir şey yok ya? Bunu sorma hakkına sahip değilim ama, –dedi Levin hemen.

— Nerden çıkardınız?.. Hayır, canımı sıkan bir şey yok, –diye yanıtladı soğuk bir şekilde ve hemen ekledi– Mademoiselle Linon'u gördünüz mü?

— Daha görmedim.

— Yanına gidin, sizi çok sever.

"Bu da ne demek? Onun canını sıktım. Tanrım, bana yardım et!" –diye geçirdi içinden Levin ve bir sıranın üstünde oturan beyaz bukleli yaşlı Fransız kadının yanına doğru gitti. Kadın onu gülümseyerek ve takma dişlerini göstererek eski bir dost gibi karşıladı.

Gözleriyle Kiti'yi işaret ederek:

— İşte böyle büyüyoruz ve yaşlanıyoruz, –dedi.– Tiny bear* artık büyüdü! –diye devam etti Fransız kadın gülerek ve Levin'in bir İngiliz masalındaki üç ayının adlarını üç

---

* Ayıcık. (İng.)

küçük hanıma verişiyle ilgili şakasını anımsattı.– Anımsıyor musunuz, böyle derdiniz?

Levin bunu kesinlikle anımsamıyordu, ama Fransız kadın bu şakaya neredeyse on yıldır güler ve severdi.

— Neyse, hadi siz gidip kayın. Bizim Kiti de iyi kaymaya başladı, öyle değil mi?

Levin tekrar yanına gittiğinde Kiti'nin yüzü artık sert değildi, gözleri aynı şekilde içten ve sevecen bakıyordu, ama Levin'e onun bu sevecenliğinde özel, bilerek verilmiş bir dinginlik varmış gibi geldi. Bu yüzden canı sıkıldı. Kiti yaşlı mürebbiyesinden, onun tuhaflıklarından söz edip, Levin'e hayatının nasıl geçtiğini sordu.

— Kışın köyde kalmak gerçekten sıkıcı gelmiyor mu size? –diye sordu.

— Hayır, sıkıcı gelmiyor, çok işim oluyor, –dedi Levin. Bunu söylerken Kiti'nin onu kendi sakin tavrına uydurduğunu, aynen kışın başında olduğu gibi bu sakinlikten kurtulabilecek güçte olmadığını hissediyordu.

— Uzun süreliğine mi geldiniz? –diye sordu Kiti.

— Bilmiyorum, –dedi Levin, ne dediğini düşünmeksizin. Şayet kızın bu sakin arkadaşlık tavrına boyun eğecek olursa, yine hiçbir şey halletmeden gideceği düşüncesi aklına geldi ve sinirlendi.

— Bilmiyor musunuz?

— Bilmiyorum. Bu size bağlı, –dedi Levin, der demez de kendi sözlerinden dehşete düştü.

Kiti, Levin'in sözlerini ya duymadı ya da duymak istemedi, ama tökezler gibi oldu, ayağını iki kez yere vurduktan sonra hızla Levin'den uzaklaştı. Mlle Linon'a doğru kaydı, ona bir şey söyleyip kadınların patenlerini çıkarttıkları kulübeye yöneldi. "Tanrım, ben ne yaptım! Yüce Tanrım! Bana yardım et, yol göster," –dedi Levin. Dua ediyor, bu arada da sert bir hareket yapmak gerektiğini hissederek, dış ve iç daireler çizerek kayıyordu.

Bu sırada yeni patencilerin en iyilerinden bir genç, ayaklarında patenleri, ağzında sigarası kahvehaneden çıktı, bir süre kaydıktan sonra zıplayarak ve gürültü yaparak patenlerle merdivenden indi. Aşağıya indikten sonra iki yanına bıraktığı kollarının rahat duruşunu bozmadan buzda kaymaya başladı.

— Ah, bu da yeni bir numara! –dedi Levin ve bu yeni numarayı yapmak için hemen yukarı koştu.

Nikolay Şçerbatskiy:

— Bir yerinizi kırmayın, alışkın olmak gerekiyor! –diye bağırdı.

Levin merdivenin başına çıktı, olabildiğince yukarıya doğru kaydı ve alışkın olmadığı bu hareket için kollarının dengesini sağlayarak aşağıya doğru kendini bıraktı. Son basamakta ayağı takılınca eliyle belli belirsiz bir şekilde buza dokunup sert bir hareket yaptıktan sonra doğruldu ve gülerek kaymaya devam etti.

Bu sırada Mlle Linon'la birlikte kulübeden çıkan ve Levin'e, çok sevdiği erkek kardeşine bakar gibi sakin ve tatlı bir gülümsemeyle bakan Kiti, "İyi, sevimli bir adam," diye geçirdi aklından. "Benim suçum mu, ben mi kötü bir şey yaptım acaba? Buna cilve diyorlar. Sevdiğim adamın o olmadığını biliyorum; ama yine de onunla vakit geçirmek beni eğlendiriyor, ayrıca çok iyi biri. Yalnız neden öyle dedi?.." diye düşünüyordu Kiti.

Yaptığı hızlı hareketten sonra kıpkırmızı kesilen Levin, gitmekte olan Kiti'yi ve onu merdivende karşılayan annesini görünce durdu, düşünmeye başladı. Patenleri çıkartıp bahçe kapısında anneyle kıza yetişti.

— Sizi gördüğüme çok sevindim, –dedi prenses.– Konuklarımızı her zaman olduğu gibi perşembeleri kabul ediyoruz.

— Yani bugün mü?

— Sizi görmekten çok mutlu olacağız, –dedi prenses kuru bir şekilde.

Bu kuruluk Kiti'nin canını sıktı ve annesinin yarattığı soğukluğu giderme isteğinden kendini alıkoyamadı. Başını çevirip gülümseyerek:

— Yine görüşelim, –dedi.

Bu sırada Stepan Arkadyiç şapkasını yana yatırmış, yüzü ve gözleri ışıklar saçarak, zafer kazanmış neşeli bir kumandan gibi bahçeye girdi. Ancak kayınvalidesinin yanına yaklaşınca onun Dolli'nin sağlığıyla ilgili sorduğu sorulara üzüntülü ve suçlu bir yüz ifadesiyle yanıt verdi. Kayınvalidesiyle sessiz ve canı sıkılmış bir halde konuştuktan sonra göğsünü ileri çıkartıp Levin'in koluna girdi.

— Ne yapalım, gidelim mi? –diye sordu Stepan Arkadyiç. Levin'in gözlerinin içine anlamlı anlamlı bakarak,– Hep seni düşünüyordum, geldiğine çok, pek çok sevindim, –dedi.

"Yine görüşelim" diyen ses kulaklarında hâlâ çınlayan ve bunu söylerkenki gülümseme gözünün önünden gitmeyen Levin:

— Gidelim, gidelim, –dedi.

— "İngiltere"ye mi, "Ermitaj"a mı?

— Benim için fark etmez.

— Pekâlâ, "İngiltere"ye gidelim, –dedi Stepan Arkadyiç. "İngiltere"yi seçmişti, çünkü bu otele, yani "İngiltere"ye olan borcu, "Ermitaj"a olandan daha fazlaydı. Bu yüzden de bu otele uğramamayı hoş bir şey olarak görmüyordu.– Araban var mı? Tamam, güzel, benimkini göndermiştim.

İki arkadaş yol boyunca hiç konuşmadı. Levin, Kiti'nin yüzündeki bu ifade değişikliğinin ne anlama geldiğini düşünüyor, bazen bir umut olduğuna kendini inandırıyor, bazen de umutsuzluğa düşüyordu. Umudunun çılgınca bir şey olduğunu açıkça görüyor, bununla birlikte kendisini Kiti'nin gülümsemesinden ve *yine görüşelim* sözlerinden önce olduğundan bambaşka biri gibi hissediyordu.

Stepan Arkadyiç yol boyunca akşam yemeği *menüsünü* oluşturdu. Lokantaya yaklaşırken Levin'e:

— Kalkan balığı sever misin? –diye sordu.

— Ne? –diye sordu Levin.– Kalkan balığı mı? Ha evet, *müthiş* severim.

X

Oblonskiy'le birlikte otele girdiğinde, Stepan Arkadyiç'in yüzündeki ve tüm bedenindeki ifadenin biraz farklı olduğunu, sanki göstermemeye çalıştığı bir sevinç ifadesi taşıdığını Levin'in fark etmemesi olanaksızdı. Oblonskiy paltosunu çıkarttı ve başında yana yıkılmış şapkasıyla, çevresini saran fraklı ve kolları peçeteli Tatar garsonlara emirler vererek yemek salonuna geçti. Her yerde olduğu gibi burada da karşısına çıkan ve onu neşeyle karşılayan tanıdıklarına sağa sola eğilerek selam verip büfeye yaklaştı, votka içip balık atıştırdı ve tezgâhın ardında oturan, yüzü gözü boyalı, kurdeleler, danteller içindeki, saçları bukleli Fransız hanıma öyle bir şey söyledi ki, Fransız hanım bile içtenlikle gülmeye başladı. Levin ise takma saçlardan, poudre de riz ve vinaigre de toilette'den* ibaret görünen bu Fransız hanım sırf kendisine onur kırıcı geldiği için votka içmedi. Pis bir yerden kaçar gibi hemen kadının yanından uzaklaştı. Ruhu Kiti'yle ilgili anılarla dolup taşıyordu, gözlerinde bir zafer ve mutluluk gülümsemesi ışıldıyordu.

Peşlerinden hiç ayrılmayan, geniş kalçalı ve bu geniş kalçanın üzerinde frakının etekleri o tarafa bu tarafa gidip gelen, beyaz denecek kadar donuk tenli yaşlı Tatar:

— Lütfen buraya buyurun beyefendi, burada sizi rahatsız etmezler efendim, –dedi. Stepan Arkadyiç'e duyduğu saygının işareti olarak konuğuna da yakınlık göstererek Levin'e de,– Buyurun efendim, –dedi.

Bronz bir apliğin altındaki üzeri saten masa örtüsüyle kaplı yuvarlak bir masaya hemen yeni bir örtü serip kadife kaplı sandalyeleri çekti ve kolunda peçete, elinde listeyle sipariş almak üzere Stepan Arkadyiç'in önünde durdu.

— Beyefendi emir buyururlarsa, ayrı bir oda birazdan boşalacak: Şu anda Prens Golitsın ve bir hanım bulunuyorlar. Taze istiridyemiz de geldi.

---

* Pirinç pudrası ve tuvalet sirkesi. (Fr.)

— A! İstiridye.

Stepan Arkadyiç düşünmeye başladı.

— Planımızı değiştirsek mi acaba Levin? –dedi, parmağını listeye koyarak. Yüzünde ciddi bir tereddüt ifadesi belirdi.– İstiridyeler güzel mi bari? Bana bak, karışmam sonra!

— Flensburg istiridyeleri beyefendi, Ostend istiridyesi yok.

— Flensburgsa Flensburg, taze mi, onu söyle?

— Dün geldi efendim.

— O zaman istiridyeyle başlayıp, sonra planımızı tümden değiştirsek mi? Ha, ne dersin?

— Benim için fark etmez. Bana göre lahana çorbası ve lapa hepsinden daha iyi; ama burada bunlar yoktur zaten.

Tatar, bir dadının bebeğin üzerine eğildiği gibi Levin'e doğru eğilerek:

— Rus usulü lapa emreder misiniz? –dedi.

— Hayır, şaka bir yana, senin seçimin iyidir. Paten kaydım ve acıktım, –dedi Levin. Oblonskiy'in yüzündeki hoşnutsuz ifadeyi fark edip,– Seçimini beğenmediğimi zannetme. Seve seve yerim, –diye devam etti.

— Elbette! Ne dersen de, hayatın mutluluklarından biri de budur, –dedi Stepan Arkadyiç.– Pekâlâ birader, sen şimdi bize yirmi tane, ama bu az gelebilir, otuz tane istiridye ve sebze çorbası getir.

— Printanière, –diye ekledi Tatar. Fakat anlaşılan Stepan Arkadyiç, ona yemeklerin adlarını Fransızca saydırma zevkini vermek istemiyordu.

— Sebze çorbası, anladın mı? Sonra koyu soslu kalkan balığı, sonra... rozbif; ama bak güzel olsun. Kızarmış piliç ve çeşitli konserveler.

Stepan Arkadyiç'in yemekleri Fransızca listeye göre adlandırmama huyunu anımsayan Tatar garson, onun arkasından Fransızca yemek adlarını tekrarlamasa da ısmarlananları not alırken "Soupe Printanière, turbot sauce beau marchais, poularde a l'estragon, macédoine de fruits..." diye Fransızcalarını tekrarlama zevkinden de kendini yoksun bırakmadı. Sonra ciltli listeyi sanki bir yay üzerindeymiş gibi hemen bir kenara bırakıp, bir başka listeyi, şarap listesini alarak Stepan Arkadyiç'e uzattı.

— Ne içelim?

— Sen ne istersen içerim, yalnız biraz şampanya olursa, - dedi Levin.

— Nasıl yani? Şampanyayla mı başlayacağız? Ama aslında olabilir de. Sen beyaz markalıyı mı seversin?

— Cachet blanc, –diye atıldı hemen Tatar garson.

— Tamam, o marka şampanyayı istiridyelerle birlikte getir, sonrasına bakarız.

— Başüstüne efendim. Yemekle hangi şarabı emredersiniz?

— Nuit getir. Hayır, klasik Chablis daha iyi.

— Başüstüne efendim. Peyniri *sizinkinden* mi emredersiniz?

— Evet, parmesan getir. Yoksa sen başka peynir mi seversin?

— Hayır, benim için fark etmez, –dedi Levin gülümsemesine engel olamayarak.

Tatar garson frakının eteklerini dalgalandırarak koştu ve beş dakika sonra elinde sedef kabukları açılmış istiridyelerle dolu bir tabak ve parmaklarının arasında bir şişeyle koşarak geldi.

Stepan Arkadyiç kolalı peçeteyi açtı, bir ucunu yeleğinin içine soktu, kollarını rahatça masaya dayayıp istiridyelere uzandı.

Küçük gümüş bir çatalla kaygan istiridyeleri sedef kabuğundan sıyırıp birbiri ardınca yutarken:

— Fena değil, –diyordu. Nemli ve parlak gözlerini bir Levin'e, bir Tatar garsona çevirerek,– Fena değil, –diye tekrarladı.

Peynirle beyaz ekmek daha çok hoşuna gittiği halde Levin istiridye de yiyordu. Bu arada Oblonskiy'i hayranlıkla seyrediyordu. Hatta şişenin mantarını çıkarıp köpüklü şarabı ince ağızlı, ince kadehlere dolduran Tatar garson bile dudaklarında belirgin bir hoşnutluk gülümsemesiyle beyaz kravatını düzeltirken Stepan Arkadyiç'e bakıyordu.

Kadehini bitiren Stepan Arkadyiç:

— İstiridyeyi çok sevmiyor musun, yoksa canını sıkan bir şey mi var? Ha? –dedi.

Levin'in neşelenmesini istiyordu. Fakat Levin neşesiz olmasa da sıkıntılıydı. Ruhunda olup bitenlerle lokantada, kadınlarla birlikte yemek yenilen odaların arasında, bu koşuşturmanın ve telaşın ortasında kendisini dehşete düşmüş ve rahatsız hissediyordu; bu bronz, ayna, gaz, Tatar, her şey ona aşağılayıcı görünüyordu. Gönlünü dolduran şeyi kirletmekten korkuyordu.

— Ben mi? Evet, canımı sıkan bir şey var; ama onun dışında bütün bunlar da beni sıkıyor, –dedi Levin.– Benim gibi köyde yaşayan biri için bütün bunların, senin odanda gördüğüm beyefendinin tırnakları kadar garip şeyler olduğunu tasavvur edemezsin...

— Evet, zavallı Grineviç'in tırnaklarının ne kadar ilgini çektiğini gördüm, –dedi Stepan Arkadyiç gülerek.

— Elimde değil, –diye yanıtladı Levin.– Kendini benim yerime koyup, köyde yaşayan birinin görüş açısını gözünün önüne getirmeye çalış. Biz köyde ellerimizi çalışırken rahat kullanabileceğimiz bir duruma sokmaya çalışırız; bunun için tırnaklarımızı keseriz, bazen kollarımızı sıvarız. Oysa burada insanlar uzatabildikleri kadar uzatıyor ve elleriyle artık hiçbir şey yapamayacakları için kol düğmesi olarak fincan tabağı takıyorlar.

Stepan Arkadyiç neşeyle gülümsedi.

— Evet bu, kaba el emeğine ihtiyaç duymamalarının işaretidir. Akılları çalışıyor...

— Olabilir. Fakat yine de bana şu an garip gelen bir şey var: Biz köylüler işimizi yapabilecek hale gelmek için bir an önce karnımızı doyurmaya çalışırız, oysa seninle ben yemeği olabildiğince uzatmaya çalışıyoruz, bunun için de istiridye yiyoruz...

— Elbette, –diye atıldı Stepan Arkadyiç.– Ama eğitimin amacı da bu zaten: Her şeyi zevk haline getirmek.

— Eh, eğer amaç buysa o zaman ben yabani kalmak isterim.

— Sen zaten yabanisin. Siz bütün Levinler yabani insanlarsınız.

Levin iç geçirdi. Kardeşi Nikolay'ı anımsadı, utanç ve acı duydu, suratı asıldı; ancak Oblonskiy, onun hemen dikkatini çekiveren bir konudan söz etmeye başlamıştı.

Stepan Arkadyiç üstleri pürtüklü boş kabukları bir kenara iterek, peyniri kendine doğru çekti ve gözlerini anlamlı anlamlı ışıldatarak:

— E, bu akşam bizimkilere geliyor musun, Şçerbatskiylere yani? –dedi.

— Evet, mutlaka geleceğim, –diye yanıtladı Levin.– Gerçi prenses pek istekli çağırmadı gibi geldi bana ama.

— Hadi canım! Ne saçma! Onun tarzı böyle... Birader çorbayı getirsene!.. Bu onun tarzı, grande dame,* –dedi Stepan Arkadyiç.– Ben de geleceğim, ama Kontes Banina'ya, koro provasına gitmem gerekiyor. Nasıl yabani olmazsın? Apansız Moskova'dan kaybolmanı nasıl açıklayacaksın? Şçerbatskiyler durmadan seni soruyorlardı bana, sanki ben bilmek zorundaymışım gibi. Bense tek bir şey biliyorum: Sen her zaman hiç kimsenin yapmadığı şeyi yaparsın.

— Evet, –dedi Levin ağır ve heyecanlı bir şekilde.– Haklısın ben yabaniyim. Ama sadece çekip gitmem değil, şimdi gelmem de yabanilik. Şimdi geldim...

Stepan Arkadyiç, Levin'in gözlerinin içine bakarak:

— Ne şanslı adamsın! –dedi.

— Neden?

— Hızlı atları damgalarından, âşık delikanlıları gözlerinden tanırım, –dedi Stepan Arkadyiç tumturaklı bir sesle.– Senin her şeyin gelecekte.

---

* Hanımefendi. (Fr.)

— Ya seninki, geçmişte mi?

— Hayır, gerçi geçmişte değil, ama senin önünde bir gelecek var, bense şimdiki zamanı yaşıyorum, o da şöyle böyle.

— Bir şey mi var?

— Evet, işler iyi değil. Pekâlâ kendimden söz etmek istemiyorum, ayrıca her şeyi açıklamam mümkün değil, –dedi Stepan Arkadyiç.– Peki, sen Moskova'ya niçin geldin?.. Hey, şunları alsana! –diye Tatar garsona seslendi.

Levin, derinlerine dek pırıl pırıl parlayan gözlerini Stepan Arkadyiç'ten ayırmadan:

— Tahmin ediyor musun? –dedi.

Stepan Arkadyiç, ince bir gülümsemeyle Levin'e bakarak:

— Tahmin ediyorum, ama konuyu açamıyorum. Doğru tahmin edip etmediğimi, bundan da anlayabilirsin, –dedi.

Levin titrek bir sesle ve yüzündeki tüm kasların oynadığını hissederek:

— E, ne diyorsun peki? –dedi.– Bu konuya nasıl bakıyorsun?

Stepan Arkadyiç, bakışlarını Levin'den ayırmadan, ağır ağır içkisini yudumladı.

— Ben mi? –dedi Stepan Arkadyiç.– Bundan başka hiçbir şey istemezdim. Bu, olabilecek en iyi şey.

— Fakat yanılıyor olmayasın? Neden söz ettiğimizi biliyor musun? –dedi Levin, gözlerini Stepan Arkadyiç'e dikerek.– Bunun olabileceğini düşünüyor musun?

— Olabileceğini düşünüyorum. Hem neden olmasın?

— Hayır, sahiden bunun olabileceğini düşünüyor musun? Hayır, ne düşünüyorsan hepsini söyle bana! Ya beni ret cevabı bekliyorsa? Ben eminim ki...

Stepan Arkadyiç, Levin'in heyecanı karşısında gülümseyerek:

— Neden böyle düşünüyorsun? –dedi.

— Zaman zaman bana öyle geliyor. Zaten bu, benim için de onun için de korkunç bir şey olur.

— Ne olursa olsun, bir genç kız için korkunç bir şey yok bunda. Her genç kız evlenme teklifi almaktan gurur duyar.

— Evet, her genç kız, ama o değil.

Stepan Arkadyiç gülümsedi. Levin'in bu duygusunu ve Levin için dünyadaki bütün genç kızların iki türe ayrıldığını öyle iyi biliyordu ki. Bu iki türden biri, dünyada onun dışındaki bütün kızlardı ve bu kızlar insana özgü bütün zayıflıklara sahip çok sıradan kızlardı; diğer tür ise tek başına oydu ve o, hiçbir zayıf yönü olmayan, tüm insanlardan kat kat üstün bir kızdı.

Stepan Arkadyiç, sosu önünden uzaklaştıran Levin'in kolunu tutarak:

— Dur, sos al, –dedi.

Levin ses çıkarmadan yemeğine sos döktü, ama Stepan Arkadyiç'in yemesine fırsat vermedi.

— Hayır, sen dur, –dedi.– Anlasana, bu benim için bir ölüm kalım meselesi. Bu konuyu hiçbir zaman hiç kimseyle konuşmadım. Bunu hiç kimseyle seninle konuştuğum gibi konuşamam. Aslında seninle ben, her bakımdan farklı insanlarız: Zevklerimiz farklı, görüşlerimiz farklı; ama senin beni sevdiğini ve anladığını biliyorum, bu yüzden de seni müthiş seviyorum. Ama Tanrı aşkına benimle konuşurken çok açık yürekli ol.

— Sana düşündüğümü söylüyorum, –dedi Stepan Arkadyiç, gülümseyerek.– Ama daha fazlasını da söyleyeceğim: Benim karım eşsiz bir kadındır... –Stepan Arkadyiç, karısıyla ilişkilerini anımsayıp iç geçirdi ve bir an sustuktan sonra devam etti.– Önsezileri güçlüdür. İnsanların içini okur; ama bu az bile kalır, özellikle evlilikler konusunda ne olacağını önceden bilir. Örneğin, Şahovskaya'nın Brenteln ile evleneceğini önceden söylemişti. Kimse buna inanmak istemedi, ama evlendiler. O da senden yana.

— Yani nasıl?

— Seni sevmesi bir yana, üstelik Kiti'nin mutlaka karın olacağını söylüyor.

Bu sözler üzerine Levin'in yüzü birazdan içli gözyaşları dökecekmiş gibi bir gülümsemeyle aydınlandı birden.

— Böyle diyor ha! –diye haykırdı Levin.– Karının mükemmel bir insan olduğunu her zaman söylemişimdir. Tamam, yeter, bu konuda bu kadarını söylemek yeterli, –dedi Levin yerinden kalkarak.

—İyi ama otursana.

Fakat Levin oturamıyordu. Kare şeklindeki odayı iki kez sert adımlarla boydan boya geçti, gözyaşları görünmesin diye gözlerini kırptı ve ancak ondan sonra tekrar masaya gelip oturdu.

— Bunun sadece aşk olmadığını anla, –dedi.– Daha önce âşık olmuştum, ama bu defaki aynı değil. Bu, benim duygum değil de sanki bir dış güç beni eline geçirdi. Bunun gerçekleşemeyeceğine, yeryüzünde mutluluk diye bir şeyin var olamayacağına karar verdiğim için buradan gitmiştim zaten; ama kendimle mücadele ettim ve gördüm ki, bu olmadan hayat da olmayacak. Ve karar vermem gerekti...

— Neden gitmiştin ki?

— Ah, dur dur! Ah, ne kadar çok düşünce var kafamda! Ne kadar çok soru sormam gerek! Dinle. Aslında biraz önce söylediğin şeyle benim için neler yaptığını tasavvur bile edemezsin. Öyle mutluyum ki, hatta kötü bir insan bile oldum; her şeyi unutuverdim... Ağabeyim Nikolay'ın... onu tanırsın... burada olduğunu bugün öğrendim... Onu bile unuttum. Onun da mutlu olduğunu sanıyorum. Delilik gibi bir şey bu. Yalnız beni dehşete düşüren bir şey var... Sen evlendin, bu duyguyu bilirsin... Korkunç olan, geçmişi sevgiyle değil... günahlarla dolu bizim gibi yaşını başını almış adamların bir anda tertemiz, masum bir varlığa yaklaşması; iğrenç bir şey bu ve işte bu yüzden ahlaksız biri gibi hissetmemek mümkün değil.

— Senin günahın çok değildir.

— Ah, olsun, yine de, –dedi Levin,– "yaşamımı iğrenerek okurken tir tir titriyor, lanetler okuyorum ve acıyla sızlanıyorum..." Evet.

— Ne yaparsın dünya böyle kurulmuş, –dedi Stepan Arkadyiç.

— Tek tesellim, her zaman sevdiğim bu duadaki gibi, beni yaptıklarıma göre değil, merhametine göre bağışla demek. O da ancak böyle bağışlayabilir.

XI

Levin içkisini bitirdi ve bir süre hiç konuşmadılar.

— Sana bir şey daha söylemem gerek. Vronskiy'i tanıyor musun? –diye sordu Stepan Arkadyiç, Levin'e.

— Hayır, tanımıyorum. Neden soruyorsun?

Stepan Arkadyiç, kadehleri doldurmuş olan ve gerekmediği halde çevrelerinde dolanıp duran Tatar garsona:

— Bir tane daha getir, –dedi.

— Vronskiy'i neden tanımam gerekiyor?

— Rakiplerinden biri olduğu için Vronskiy'i tanıman gerekiyor.

— Kimmiş bu Vronskiy? –dedi Levin. Oblonskiy'in biraz önce hayranlıkla seyrettiği çocuksu bir heyecanla dolu yüzü bir anda hırçın ve çirkin bir hale gelmişti.

— Vronskiy, Kont Kirill İvanoviç Vronskiy'in oğullarından ve altın yaldızlı Petersburg gençliğinin en iyi örneklerinden biri. Tver'de çalıştığım sıralar tanıdım onu, acemi birliğine gelmişti. Müthiş zengin, yakışıklı, önemli kişilerle ilişkileri olan bir saray yaveri. Üstelik çok sevimli ve çok iyi bir çocuk. Ayrıca iyi bir çocuk olmanın da ötesinde, tanıdığım kadarıyla hem iyi bir eğitim görmüş, hem de çok zeki, çabuk ilerleyecek biri.

Levin kaşlarını çatmış, konuşmuyordu.

— Evet efendim, senden kısa bir süre sonra buraya geldi ve anladığıma göre, Kiti'ye abayı yaktı. Anlarsın ya, Kiti'nin annesi...

— Kusura bakma, ama hiçbir şey anlamıyorum, –dedi Levin, iyice suratını asarak. O anda da ağabeyi Nikolay'ı ve kendisinin de ağabeyini aklından çıkarabilecek kadar aşağılık biri olduğunu anımsadı.

Stepan Arkadyiç gülümseyerek Levin'in koluna dokundu:

— Dur, dur bir dakika, -dedi.- Ben sana bildiklerimi söylüyorum, ince ve nazik bir konuda artık ne kadar tahmin yürütülebilirse, bence şansın senden yana olduğunu yineliyorum.

Levin sandalyenin arkalığına yaslandı, yüzü sararmıştı.

Oblonskiy, Levin'in kadehini doldururken:

— Yalnız bu işi bir an önce halletmeni tavsiye ederim, -diye devam etti.

Levin kadehini geri çekerek:

— Hayır, teşekkür ederim, daha fazla içemem, -dedi ve herhalde konuyu değiştirme isteğiyle- Sarhoş olurum sonra... E, sen nasılsın bakalım? -diye devam etti.

— Bir şey daha var: Ne olursa olsun meseleyi hemen halletmeni tavsiye ederim. Bugün konuşma derim, -dedi Stepan Arkadyiç.- Yarın sabah git, klasik biçimde teklifini yap. Tanrı yardımcın olsun...

— Hâlâ benimle ava gitmek istiyor musun? İlkbaharda gelsene, -dedi Levin.

Stepan Arkadyiç'e bu konuyu açtığı için şimdi bütün ruhuyla pişmandı. Onun *özel* duygusu, Petersburglu bir subayın rekabetine ilişkin bir konuşmayla, Stepan Arkadyiç'in önerileriyle ve tavsiyeleriyle kirlenmişti.

Stepan Arkadyiç gülümsedi. Levin'in ruhunda olup bitenleri anlıyordu.

— Bir gün gelirim, -dedi.- Evet kardeşim, kadın, her şeyin üzerinde dönen bir vidadır. Benim işim de kötü, hem de çok kötü. Hepsi kadınlardan kaynaklanıyor, -dedi ve bir eliyle kadehini tutarken öbür eliyle bir sigara çıkarıp şöyle devam etti.- Bana açıkça söyle, bana bir akıl ver.

— Hangi konuda?

— Şu konuda: Diyelim ki evlisin, karını seviyorsun, ama aynı zamanda başka bir kadına da gönül vermişsin...

— Kusura bakma, ama bunu kesinlikle anlamıyorum. Sanki... karnım tokken fırının yanından geçmiş ve ekmek aşırmış gibi...

Stepan Arkadyiç'in gözleri her zamankinden daha çok parladı.

— Neden peki? Ekmek bazen öyle güzel kokar ki kendini tutamazsın.

Himmlisch ist's wenn ich bezwungen
Meine irdische Begier;
Aber noch wenn's nicht gelungen,
Hatte ich auch recht hübsch Plaisír![*]

Stepan Arkadyiç bunu söylerken zarif bir şekilde gülümsüyordu. Levin de gülümsemesine engel olamadı.

— Evet, şaka bir yana, –diye devam etti Oblonskiy,– sevimli, uysal, sevgi dolu bir varlık olan kadının zavallı ve yalnız olduğunu, herkes için kendini feda ettiğini düşün. Şimdi, bir iş olup bitmişken, bir düşün, onu terk edebilir misin? Diyelim, aile hayatını bozmamak için ayrılmak gerekiyor; fakat ona acımamak, düzenini sürdürmesi için bir şeyler yapmamak, yumuşatmamak mümkün mü?

— Kusura bakma, ama biliyorsun, benim için kadınlar ikiye ayrılır... yani hayır... daha doğrusu, kadınlar vardır, bir de... Pek fazla güzel ve ahlaksız kadın görmedim, görmeyeceğim de, büfedeki saçları bukleli, boyalı Fransız kadını gibileri ise benim için aşağılık tiplerdir ve bütün ahlaksız kadınlar aynıdır.

— Peki ya İncil'deki?

— Aman bırak! İsa, kötüye kullanılacağını bilse o sözleri söylemezdi. Bütün İncil'in içinden bir tek bu sözler anımsanıyor.

---

* Görkemli bir şey olur yenebilsem
Dünyevi tutkularımı;
Ama bunu başaramasam bile
Yine de mutluluk duyardım! (Alm.)

Bununla birlikte ben düşündüğümü değil, hissettiğimi söylüyorum. Ahlaksız kadınlardan iğreniyorum. Sen örümcekten korkuyorsun, ben de bu aşağılık kadınlardan. Herhalde sen örümcekleri incelemedin ve huylarını bilmiyorsun: Ben de öyle.

— Senin için böyle konuşmak kolay; bütün zor sorunları sol eliyle sağ omzunun üstünden teker teker fırlatıp atan Dickens kahramanı bir beyefendi olarak senin açından bir şey fark etmiyor. Ama gerçeği yadsımak yanıt değildir. Ne yapmam gerek, sen onu söyle bana? Karın yaşlanıyor, sense hayat dolusun. Ne kadar saygı duyarsan duy, karını artık aşkla sevemeyeceğini hissederken etrafına bakacak fırsat bulamıyorsun. Tam o anda birden karşına aşk çıkıyor ve mahvoldun artık sen! –dedi Stepan Arkadyiç umutsuzluk içinde.

Levin güldü.

— Evet, mahvoldun, –diye devam etti Oblonskiy.– Peki ama ne yapmak gerek?

— Ekmek aşırmamak gerek.

Stepan Arkadyiç kahkahalarla güldü.

— Vay ahlakçı! Ama düşün ki, iki kadın var, biri sadece kendi hakları için direniyor ve bu haklar, senin ona veremediğin aşktan ibaret; diğeri ise her şeyini sana feda ediyor ve hiçbir şey istemiyor. Ne yaparsın? Nasıl davranırsın? Korkunç bir dram söz konusu burada.

— Benim bununla ilgili düşüncemi istiyorsan, o zaman sana burada bir dram olduğuna inanmadığımı söyleyeceğim. Neden dersen, bence aşk... anımsarsın, Platon'un "Şölen"inde tanımladığı her iki aşk da insanlar için denektaşıdır. Bazı insanlar bunlardan sadece birini, diğerleri de diğerini anlıyor. Ve sadece Platon'un kastetmediği aşkı anlayanlar dramdan boşu boşuna söz ediyorlar. Böyle bir aşkta hiçbir dram olamaz. "Verdiğiniz mutluluk için size çok müteşekkirim efendim," ve işte bütün dram. Platon'un kastettiği aşk içinse dram söz konusu olamaz, çünkü böyle bir aşkta her şey açık ve saftır, çünkü...

Tam bu anda Levin, kendi günahlarını ve yaşadığı iç mücadeleyi anımsadı. Birden şunları ekledi:

— Bununla birlikte belki sen de haklı olabilirsin. Gayet mümkün... Ama ben bilmiyorum, kesin olarak bilmiyorum.

— İşte gördün mü, –dedi Stepan Arkadyiç,– sen katışıksız, saf bir insansın. Bu, senin hem üstün bir niteliğin, hem de kusurun. Sen katışıksız bir karaktersin ve bütün hayatın da katışıksız şeylerden oluşmasını istiyorsun, ama öyle olmuyor. Bak işte memuriyeti küçümsüyorsun, çünkü sen işin her zaman amaca uygun olmasını istiyorsun, ama öyle olmuyor. Sen aynı zamanda bir insanın çalışmasının her zaman bir amacı olmasını, aşkla evlilik hayatının her zaman bir olmasını istiyorsun. Ama öyle olmuyor. Hayatın bütün çeşitliliği, bütün çekiciliği bütün güzelliği gölge ve ışıktan meydana geliyor.

Levin iç çekti, hiçbir şey söylemedi. Kendi kafasındakileri düşünüyor, Oblonskiy'i dinlemiyordu.

Arkadaş oldukları, birlikte yemek yedikleri ve daha da yakınlaşmalarını sağlayacak şarap içtikleri halde her birinin sadece kendi kafasındakini düşündüğünü, birinin diğeriyle ilgisi olmadığını bir anda her ikisi de hissetmişti. Oblonskiy, bu yakınlaşma yerine yemekten sonra ortaya çıkan aşırı derecede uzaklaşmayı kaçıncı defadır yaşıyordu ve böyle durumlarda ne yapması gerektiğini biliyordu.

— Hesap! –diye seslendi, sonra yandaki salona geçip hemen tanıdık bir yaverle karşılaştı, bir aktris ve bu aktrisin hamisi hakkında onunla konuşmaya başladı. Oblonskiy yaverle konuşmaya başlayınca bir hafifleme hissetmiş, her zaman çok büyük bir zihinsel ve ruhsal gerginliğe girmesine neden olan Levin'le konuşmasına böylece ara vermişti.

Tatar garson yirmi altı ruble, bilmem ne kadar kapiklik hesap ve votka takviyesiyle geldiğinde başka bir zaman olsa, köyde yaşayan biri olarak, payına düşen on dört rublelik hesaptan dehşete düşecek olan Levin buna hiç dikkat etmemiş, borcunu ödemiş ve üstünü değiştirip kaderinin belirleneceği Şçerbatskiylere gitmek üzere eve yollanmıştı.

XII

Prenses Kiti Şçerbatskaya on sekiz yaşındaydı. Sosyeteye bu kış ilk kez girmişti. Sosyetedeki başarıları iki ablasının başarılarından, hatta anne prensesin beklediğinden daha büyüktü. Üstelik Moskova balolarında dans eden delikanlıların hemen hemen hepsi Kiti'ye âşıktı, daha ilk kış mevsiminde iki ciddi kısmet çıkmıştı: Levin ve onun gidişinden hemen sonra Kont Vronskiy.

Kışın başlarında Levin'in ortaya çıkması, sık sık ziyarete gelmesi ve Kiti'ye karşı açıkça ortaya koyduğu aşkı, ana baba arasında Kiti'nin geleceğiyle ilgili ilk ciddi konuşmalara ve tartışmalara neden olmuştu. Prens, Levin'den yanaydı, Kiti için bundan daha iyi bir şey istemediğini söylüyordu. Prenses ise kadınlara özgü, konunun etrafından dolaşma alışkanlığıyla Kiti'nin çok genç olduğunu, Levin'in ciddi niyetler beslediğini gösterecek hiçbir şey yapmadığını, Kiti'nin ona karşı ilgisi olmadığı söylüyor, başka bahaneler ileri sürüyordu; ama asıl konuyu, kendisinin kızı için en iyi kısmeti beklediğini, Levin'den hoşlanmadığını ve Levin'i anlamadığını söylemiyordu. Levin aniden çekip gittiğinde prenses sevinmiş ve sanki büyük bir zafer kazanmış gibi kocasına "Bak gördün mü, ben haklı çıktım," demişti. Vronskiy ortaya çıktığında ise Kiti'nin sadece iyi değil, üstelik parlak bir kısmet bulduğu düşüncesini iyice pekiştirip daha da çok sevinmişti.

Anne için Vronskiy ve Levin arasında hiçbir karşılaştırma olamazdı. Levin'in tuhaf ve keskin düşünceleri, sosyeteye girdiğinde gösterdiği ve prensesin düşüncesine göre gururundan kaynaklanan sıkılganlık, yine prensesin düşüncesine göre köyde hayvanlarla ve köylülerle uğraşarak geçirdiği hayat, bir anne olarak hoşuna gitmiyordu; kızına âşık olan Levin'in bir buçuk ay evlerine gelip gitmesi, âdeta bir şey beklemesi, çevresini incelemesi, evlenme teklif edecek olursa büyük bir onur verip vermeyeceğinden korkuyormuş gibi davranması, gelinlik bir kızın bulunduğu eve girip çıkarken bir açıklama yapmak gerektiğini anlamaması ve birdenbire hiçbir açıklama yapmadan çekip gitmesi de hiç hoşuna gitmiyordu. "Neyse ki çekici biri değil de Kiti ona gönlünü kaptırmadı," diye düşündü prenses.

Vronskiy, annenin bütün isteklerine uygundu. Çok zengin, akıllı, soylu, parlak bir askeri saray kariyeri yolunda ilerleyen büyüleyici bir insandı. Bundan daha iyisi istenemezdi.

Vronskiy balolarda Kiti'ye açık açık kur yapıyor, onunla dans ediyor, evlerine geliyordu, dolayısıyla niyetinin ciddiliğinden kuşku duyulamazdı. Ancak buna rağmen prenses bütün bir kışı korkunç bir huzursuzluk ve heyecan içinde geçirmişti.

Prenses bundan otuz yıl önce teyzesinin aracılığıyla evlenmişti. Hakkında her şeyin önceden bilindiği damat adayı gelmiş, kızı görmüş, onlar da damat adayını görmüşlerdi; dünürcü teyze karşılıklı izlenimleri öğrenmiş ve her iki tarafa da aktarmıştı; izlenimler iyiydi; daha sonra belirlenen bir gün beklenen teklif ana babaya yapılmış ve kabul edilmişti. Her şey çabucak, çok kolay olmuştu. En azından prensese öyle gelmişti. Fakat sıradan bir işmiş gibi görünen kız evlendirmenin öyle kolay ve sıradan bir iş olmadığını kendi kızlarını evlendirirken görmüştü. Ne büyük korkular yaşanmış, kaç kez fikir değiştirilmiş, ne kadar çok para harcanmış, iki büyük kızını, Darya ve Natali'yi evlendirirken kocasıyla aralarında ne çok kavga çıkmıştı! Şimdi küçük kızlarını verirken yine aynı korkuları, aynı kuşkuları ve büyük kızlar yüzünden kocasıyla arasında çıkan tartışmalardan daha büyüklerini yaşıyordu. Yaşlı prens bütün babalar gibi, kızlarının onuru ve kusursuzluğu konusunda özellikle çok titizdi; kızlarına karşı, özellikle de en sevdiği kızı Kiti'ye karşı hiç akıl kârı olmayacak bir şekilde kıskançtı ve kızının itibarına gölge düşürüyor diye prensese her adımda bir zorluk çıkarıyordu. Prenses büyük kızlarından buna alışmıştı, ama şimdi prensin titizlenmesi için daha fazla neden olduğunu hissediyordu. Son zamanlarda toplumdaki pek çok şeyin değiştiğini, annelerin görevlerinin daha da zorlaştığını görüyordu. Kiti'nin yaşıtı kızların birtakım topluluklar oluşturduklarını, bazı kurslara gittiklerini, erkeklerle serbestçe görüştüklerini, sokaklarda tek başına dolaştıklarını, pek çoklarının dizlerini bükerek selam vermediklerini, en önemlisi de kocalarını seçmenin anne babalarının değil, kendilerinin işi olduğuna hepsinin kesin olarak inandıklarını görüyordu. Bütün bu genç kızların ve hatta yaşlıların hepsi "Kızlar şimdi artık öyle eskisi gibi evlendirilmiyor," diye düşünüyor ve konuşuyorlardı. Ancak prenses kızların günümüzde nasıl evlendirildiğini de hiç kimseden öğrenememişti. Çocuklarının kaderini belirleme kararını ana babaya veren Fransız geleneği kabul edilmiyor, ayıplanıyordu. Kızlara tam bir özgürlük tanıyan İngiliz geleneği de kabul görmüyordu, ayrıca Rus toplumunda zaten olanaksızdı bu. Rus dünürcülük geleneği çirkin bir şey sayılıyordu, herkes, hatta prensesin kendisi de bu gelenekle alay ediyordu. Ancak kızları nasıl yetiştirmek ve evlendirmek gerektiğini hiç kimse bilmiyordu. Prensesin bu konuda konuşma fırsatı bulduğu herkes tek bir şey söylüyordu: "Rica ederim, günümüzde artık bu eski şeyleri bırakın. Evlenecek olan analar babalar değil ki, gençler; öyleyse bırakalım gençler bildikleri gibi yapsın." Fakat kızı olmayanlar için böyle konuşmak kolaydı; prenses ise bir yakınlaşma halinde kızının âşık olabileceğini ve evlenmek istemeyeceği ya da evlenmeye uygun olmayan birine âşık olabileceğini biliyordu. Prensese günümüzde gençlerin kendi geleceklerini kendilerinin belirlemesi gerektiğini ne kadar telkin etmeye çalışırlarsa çalışsınlar, o buna inanamıyordu, tıpkı hangi zamanda olursa olsun beş yaşındaki çocuklar için en iyi oyuncağın dolu bir tabanca olduğuna inanmadığı gibi. İşte bu yüzden de Kiti için büyük kızlarına duyduğu huzursuzluktan daha fazlasını duyuyordu.

Vronskiy'in, kızına sadece kur yapmakla yetinmesinden korkuyordu şimdi. Kızının Vronskiy'e çoktan âşık olduğunu görüyordu, ama onun dürüst bir adam olduğunu, bu yüzden de bunu yapmayacağını düşünerek kendisini avutuyordu.

Bununla birlikte şimdiki davranış serbestliğiyle bir genç kızın başını döndürmenin ne kadar kolay bir iş olduğunu ve erkeklerin bu suçu genellikle hafife aldıklarını da biliyordu. Geçen hafta Kiti, mazurka yaparken Vronskiy'le aralarında geçen konuşmayı annesine anlatmıştı. Bu konuşma prensesi bir parça rahatlatmıştı; ama tam anlamıyla rahatlayamıyordu. Vronskiy, Kiti'ye kendisinin ve erkek kardeşinin her konuda annelerinin sözünü dinlemeye alıştıklarını, annelerine danışmadan hiçbir zaman önemli bir işe girişmeye kalkışmadıklarını söylemişti. "Şimdi de anneciğimin Petersburg'dan gelişini özel bir mutluluk olarak bekliyorum," demişti Vronskiy.

Kiti, bu sözcüklere hiçbir anlam vermeksizin anlatmıştı bunu. Ama annesi farklı anlamıştı. Prenses, yaşlı kadının bugün yarın beklendiğini, oğlunun yaptığı seçimden memnun olacağını biliyordu ve Vronskiy'in, annesini gücendirmek korkusuyla hâlâ evlenme teklif etmemesi garibine gidiyordu; ancak bu evliliği, daha çok da yaşadığı kaygıların son bulmasını öyle çok istiyordu ki, buna inanıyordu. Kocasını terk etmeye niyetlenen en büyük kızı Dolli'nin mutsuzluğunu görmek şimdi prensese ne kadar acı gelirse gelsin, en küçük kızının kaderinin belirlenmesi konusundaki heyecanı bütün duygularını yutup yok ediyordu. Bugün Levin'in gelmesiyle buna yeni bir huzursuzluk daha eklenmişti. Aynı zamanda Levin'e karşı da birtakım duyguları olduğunu tahmin ettiği kızının, aşırı dürüstlüğü yüzünden Vronskiy'i reddetmesinden ve Levin'in gelişinin sonuca bu kadar yaklaşmış bir işi karıştırıp engellemesinden korkuyordu.

Eve döndüklerinde prenses Levin'le ilgili olarak:

— Geleli çok mu olmuş? –dedi.

— Bugün gelmiş, maman.

— Bir şey söylemek istiyorum, –diye söze başladı prenses ve Kiti, onun ciddi ve canlı yüzünden neden söz edeceğini anladı.

Kıpkırmızı kesilip hızla annesine dönerek:

— Anne, –dedi,– lütfen, lütfen bu konuda bir şey söylemeyin. Biliyorum, hepsini biliyorum.

O da annesinin istediği şeyi istiyordu, ama annesinin isteme nedenleri kalbini kırıyordu.

— Ben sadece demek istiyorum ki, birine umut verdikten sonra...

— Anneciğim, canım, Tanrı aşkına söylemeyin. Bundan söz etmek ne kadar korkunç bir şey.

— Söylemeyeceğim, söylemeyeceğim, –dedi prenses, kızının gözlerinde yaşları görünce.– Ama tek bir şey diyeceğim canım: Benden gizlin saklın olmayacağına söz vermiştin. Olmayacak, değil mi?

Kiti kıpkırmızı kesilip, bakışlarını doğruca annesinin yüzüne dikerek:

— Hiçbir zaman anneciğim, hiçbir sırrım olmayacak, –diye yanıtladı.– Ama şu anda size söyleyeceğim bir şey yok. Ben... ben... eğer isteseydim, ne diyeceğimi ve nasıl diyeceğimi bilmiyorum... bilmiyorum...

Prenses, kızının heyecanına ve mutluluğuna gülümserken "Hayır, bu gözlerle yalan söyleyemez," diye geçirdi içinden. Şu anda ruhunda olup bitenlerin zavallı Kiti'ye çok önemli, çok büyük şeyler gibi görünmesi gülümsetiyordu onu.

XIII

Kiti, öğleden sonra ve akşama kadar bir delikanlının muharebe öncesi hissettiğine benzer bir duygu içindeydi. Yüreği hızla çarpıyor, düşünceleri bir noktada duramıyordu.

İkisinin ilk kez buluşacakları bu akşamın kaderinde bir dönüm noktası olacağını hissediyordu. Ve durmaksızın kendilerini hayal ediyordu, kâh ayrı ayrı, kâh ikisini birlikte. Geçmişi düşündüğünde Levin'le ilişkilerine ilişkin anıların üzerinde mutlulukla, tatlılıkla duruyordu. Çocukluk anıları ve Kiti'nin ölen ağabeyiyle Levin'in dostluğuna ilişkin anılar, onun Levin'le ilişkisine apayrı, şiirsel bir güzellik veriyordu. Levin'in Kiti'ye duyduğu ve Kiti'nin emin olduğu sevgi, genç kızın gönlünü okşuyor, onu sevindiriyordu. Levin'i anımsamak içini rahatlatıyordu. En üst derecede bir sosyete adamı ve sakin bir insan olduğu halde Vronskiy'le ilgili anılarına ise rahatsız edici bir şey karışıyordu; sanki bir yapmacıklık vardı. Ama bu yapmacıklık Vronskiy'de değildi, o çok sade, çok sevimli biriydi, yapmacıklık Kiti'nin kendisindeydi. Levin'le bir araya geldikleri zamanlar Kiti kendisini son derece basit ve açık hissediyordu. Bununla birlikte Vronskiy'le geleceğini aklına getirir getirmez önünde pırıl pırıl parlayan bir mutluluk tablosu açılıyordu; Levin'le geleceği ise sisli görünüyordu.

Akşam için giyinmek üzere yukarı çıkıp aynaya bakınca iyi günlerinden birinde olduğunu sevinçle fark etti. Sahip olduğu güçler açısından hiç eksiği yoktu, bu da biraz sonra olacaklar için ona son derece gerekliydi. Dış görünüşünün sakin, hareketlerinin rahat ve zarif olduğunu hissediyordu.

Saat yedi buçukta konuk odasına yeni girmişti ki, uşak Konstantin Dmitriç Levin'in geldiğini haber verdi. Prenses henüz odasındaydı, prens de odasından çıkmamıştı. Kiti "Tamam işte," diye düşündü ve damarlarındaki kanın tamamı yüreğine aktı. Aynaya baktığında yüzünün solgunluğundan korkuya kapıldı.

Levin'in kendisini yalnız yakalamak ve evlenme teklif etmek için erken geldiğini tam olarak biliyordu şimdi. İşte o anda meselenin tümü gözüne ilk kez bambaşka ve yeni bir açıdan göründü. O anda yalnızca sorunun bir tek onunla ilgili olmadığını, yani kiminle mutlu olacağı ve kimi sevdiği konusuyla ilgili olmadığını, şu anda sevdiği adamın kalbini kıracağını da anlamıştı. Hem de çok acımasız bir şekilde kıracağını... Ne için? Sevimli biri olduğu, onu sevdiği ve ona âşık olduğu için. Ama yapacak bir şey yoktu, öyle gerekiyordu, öyle olacaktı.

"Tanrım, bunu ona kendim mi söylemeliyim acaba? – diye düşündü.– Peki ama ne diyeceğim ona? Yoksa onu sevmediğimi mi söylesem? Bu da yalan olacak. Öyleyse ne diyeceğim? Başkasını seviyorum mu desem? Hayır, bu olanaksız. Kaçacağım, kaçacağım."

Levin'in ayak seslerini duyduğu sırada kapıya varmak üzereydi. "Hayır! Doğru olmaz. Korkacak neyim var? Kötü bir şey yapmadım ki. Ne olacaksa olsun! Gerçeği söyleyeceğim. Zaten insan onun yanında kötü bir duruma düşemez ki," diye geçirdi içinden ve Levin'in üzerine diktiği parlak gözleriyle güçlü ama ürkek bedenini görünce "İşte geldi," dedi kendi kendine. Merhamet dilercesine Levin'in yüzüne baktı ve elini uzattı.

Levin, boş salona bir göz atıp:

— Galiba epey erken geldim, –dedi. Umutlarının gerçek olduğunu, Kiti'ye açılmasını engelleyecek hiçbir şeyin bulunmadığını görünce suratı asıldı.

— Yo hayır, –dedi Kiti ve masaya geçip oturdu.

Oturmaksızın ve cesaretini kaybetmemek için Kiti'nin yüzüne bakmaksızın:

— Zaten benim de tek isteğim sizi yalnız yakalamaktı, –diye konuşmaya başladı.

— Annem gelir şimdi. Dün çok yoruldu. Dün...

Dudaklarının ne dediğini kendisi de bilmeden, yalvaran ve sevecen bakışlarını Levin'in üzerinden çekmeden konuşuyordu Kiti.

Levin, Kiti'nin yüzüne baktı; genç kız kıpkırmızı olmuş ve susmuştu.

— Size uzun süreliğine gelip gelmediğimi bilmediğimi söylemiştim... bunun size bağlı olduğunu...

Kiti yaklaşan soruya ne yanıt vereceğini bilmeksizin kafasını eğdikçe eğiyordu.

— Bunun size bağlı olduğunu, –diye yineledi Levin.– Ben demek istemiştim ki... Şunun için gelmiştim ki... Karım olmanızı isteyecektim, –dedi kendisi de ne söylediğini bilmeksizin; ama en korkunç şeyi söylemiş olduğunu hissedip durdu ve Kiti'ye baktı.

Kiti, Levin'in yüzüne bakmadan güçlükle nefes alıyordu. Heyecanlanmıştı. Ruhu mutlulukla dolup taşmıştı. Levin'in aşkını ilan etmesinden böylesine güçlü etkileneceğini hiç beklemiyordu. Ama bu durum sadece bir an sürdü. Vronskiy aklına geldi. Parlak, dürüst bakışlarını Levin'e doğru kaldırdı ve onun umutsuz yüzünü görüp hemen şu yanıtı verdi:

— Bu mümkün değil... beni bağışlayın...

Bir dakika önce Kiti, Levin'e ne kadar yakındı, Levin'in hayatı için ne kadar önemliydi! Şimdi ise bir yabancı olmuştu ve Levin'e ne kadar uzaktı!

— Başka türlü olamazdı zaten, –dedi Levin kızın yüzüne bakmaksızın.

Eğilerek selam verdi ve çıkıp gitmek istedi.

XIV

Fakat tam bu sırada prenses geldi. Onları yalnız ve suratlarını bozuk görünce yüzünde bir korku belirdi. Levin eğilerek prensesi selamladı ve hiçbir şey söylemedi. Kiti de bir şey söylemiyor, gözlerini kaldırmıyordu. "Tanrıya şükür reddetmiş," diye düşündü prenses ve yüzü, perşembe günleri konuklarını karşıladığı her zamanki gülümsemesiyle aydınlandı. Oturdu, Levin'e köyde neler yaptığını sormaya koyuldu. Levin, kimseye fark ettirmeden gidebilmek için tekrar oturup konukların gelmesini bekledi.

Beş dakika sonra Kiti'nin geçen kış evlenen arkadaşı Kontes Nordston içeri girdi.

Bu, zayıf, sarı benizli, parlak kara gözlü, hastalıklı ve sinirli bir kadındı. Kiti'yi severdi ve Kiti'ye olan sevgisi, evli kadınların her zaman genç kızlara duydukları sevgi gibi, Kiti'yi kendi kafasındaki mutluluk idealine uygun bir adamla evlendirme isteğinde ifadesini buluyor ve bu nedenle onu Vronskiy ile evlendirmek istiyordu. Kışın başlarında Şçerbatskiylerde sık sık karşılaştığı Levin, ona her zaman sevimsiz gelmişti. Levin'le karşılaştığında en sevdiği ve hep yaptığı şey, onunla alay etmekti.

Kontes Nordston, Levin için:

— Azametinin tepelerinden bana bakışını seviyorum. Ya ben aptalın biri olduğum için kendi zekice konuşmasını yarıda kesiyor ya da gönül indirip benimle konuşuyor. "Gönül indiriyor!" demek çok hoşuma gidiyor. Bana katlanamamasına çok seviniyorum, –diyordu.

Haklıydı, çünkü gerçekten de Levin ona katlanamıyor, kontesin övündüğü, kendisinde bir üstünlük olarak gördüğü asabiliği ve günlük yaşamın kabalıkları konusunda gösterdiği ince alaycılık yüzünden ondan nefret ediyordu.

Nordston'la Levin arasında sosyete hayatında sık karşılaşılan bir ilişki kurulmuştu. Bu ilişkide iki insan, dışarıdan bakınca dost gibi görünüp, birbirlerine karşı ciddi davranamayacak ve hatta biri diğerinin sözlerinden alınmayacak kadar birbirlerini küçümser.

Kontes Nordston hemen Levin'e doğru ilerledi. Küçük, sarı elini uzatarak ve kışın başında Levin'in söylediği Moskova'nın bir Babil olduğuna ilişkin sözleri anımsatarak:

— A! Konstantin Dmitriç! Demek bizim ahlaksız Babil'imize yine geldiniz, –dedi. Sonra gülümseyerek Kiti'ye bir göz atıp ekledi,– Babil mi düzeldi, yoksa siz mi bozuldunuz?

Toparlanan ve Kontes Nordston'a karşı alışkanlıkla hemen alaycı ve düşmanca tavrını takınan Levin:

— Sözlerimi bu kadar iyi hatırlamanız gönlümü okşadı kontes, –dedi.– Galiba sözlerim sizi çok etkiliyor.

— Ah, hem de nasıl! Hepsini not alıyorum. E, Kiti, paten kaydın mı yine?..

Sonra Kiti'yle konuşmaya başladı. O anda çekip gitmek Levin'e ne kadar çirkin bir davranış olarak görünürse görünsün, yine de bu çirkin davranışı yapmak, bütün gece orada kalıp, arada bir kendisine bakan ve bakışlarını ondan kaçıran Kiti'yi görmekten daha kolaydı. Kalkmak istedi, ama prenses onun hiç konuşmadığını fark edip:

— Moskova'ya uzun süreliğine mi geldiniz? Zaten galiba yerel yönetimde çalışıyorsunuz, uzun süre kalamazsınız, -dedi.

— Hayır prenses, artık yerel yönetim üyesi değilim, –dedi Levin.– Birkaç günlüğüne geldim.

Kontes Nordston, Levin'in sert ve ciddi yüzüne bakarak "Başına önemli bir şey gelmiş olmalı, düşüncelerine kendini vermesine engel olan bir şey. Ama ben şimdi öğrenirim. Kiti'nin önünde onu aptal durumuna düşürmeye bayılıyorum, bunu yapacağım da," diye düşündü.

— Konstantin Dmitriç, –dedi Levin'e,– bizim orada, bir Kaluga köyünde bütün erkeklerle kadınlar ellerinde avuçlarında ne varsa her şeyi yiyip bitirmişler, şimdi bize hiçbir şey ödeyemiyorlar. Bu konuları bilen biri olarak, bunun ne anlama geldiğini lütfen bana anlatır mısınız? Bu ne demektir? Köylüleri her zaman öve öve göklere çıkartırsınız.

Bu sırada odaya bir hanım daha girdi ve Levin ayağa kalktı.

— Bağışlayın beni kontes, ama doğrusu bu konuda hiçbir şey bilmiyorum, size hiçbir şey söyleyemem, –diyerek hanımın arkasından içeri giren subaya baktı.

"Vronskiy olmalı," diye düşündü Levin ve bundan emin olmak için Kiti'ye baktı. Kiti, Vronskiy'e bakmış, aynı anda Levin'e de bir göz atmıştı. Ve Levin, onun elinde olmadan parlayan gözlerinin tek bir bakışından Kiti'nin bu adamı sevdiğini, hem de bunu ona sözcüklerle de ifade etmiş olabileceğini anladı. Peki ama kimdi bu adam?

İyi ya da kötü, artık Levin kalmamazlık edemezdi; Kiti'nin sevdiği adamın nasıl biri olduğunu öğrenmeliydi.

Hangi konuda olursa olsun kendisinden daha şanslı olan rakibiyle karşılaştığında rakibinin bütün iyi özelliklerinden hemen yüz çevirip, sadece kötü tarafını görmeye hazır insanlar vardır; fakat tam tersine bu talihli rakipte, kendilerine karşı zafer kazanmasını sağlayan nitelikleri arayıp bulmak isteyen ve bu rakipteki tek iyiliği yüreği sızlayarak arayan insanlar da vardır. Levin bu tür insanlardandı. Fakat Vronskiy'deki iyi ve çekici yanı bulmak onun için zor olmadı. Bu iyi ve çekici yan hemen gözüne çarptı. Vronskiy boyu fazla uzun olmayan, sağlam yapılı, esmer biriydi. Saf ve güzel, son derece sakin ve çizgileri kesin bir yüzü vardı. Kısa kesilmiş siyah saçlarından ve yeni tıraş edilmiş çenesinden gıcır gıcır yepyeni, geniş üniformasına kadar yüzündeki ve bedenindeki her şey basit ve hepsi birlikte ele alındığında zarifti. Vronskiy içeri giren hanıma yol verip prensesin, sonra da Kiti'nin yanına gitti.

Kiti'nin yanına gittiği sırada Vronskiy'in güzel gözleri çok tatlı pırıltılarla doldu ve zor fark edilen mutlu, alçakgönüllü ve muzaffer (Levin'e öyle gelmişti) bir gülümsemeyle saygılı ve dikkatli bir şekilde genç kıza doğru eğilerek küçük, ama geniş elini uzattı. Herkesle selamlaşıp, birkaç kelime konuştuktan sonra gözlerini kendisinden ayırmayan Levin'e bir kez olsun bakmadan oturdu.

— İzninizle sizi tanıştırayım, –dedi prenses Levin'i göstererek.– Konstantin Dmitriç Levin. Kont Aleksey Kirilloviç Vronskiy. Vronskiy ayağa kalktı ve Levin'in gözlerinin içine dostça bakarak elini sıktı.

— Bu kış galiba sizinle bir yemekte beraberdim, –dedi Vronskiy sade ve açık bir gülümsemeyle,– ama siz ansızın köye gitmiştiniz.

— Konstantin Dmitriç kenti ve biz kentlileri küçümser ve nefret eder, –dedi Kontes Nordston.

— Sözlerim sizi çok etkiliyor olmalı ki, bu kadar iyi anımsıyorsunuz, –dedi Levin ve bunu daha önce de söylediğini anımsayıp kızardı.

Vronskiy, Levin'e ve Kontes Nordston'a bakıp gülümsedi.

— Hep köyde mi yaşıyorsunuz? –diye sordu.– Kışın sıkıcı oluyordur sanırım?

— Uğraşlarınız varsa sıkıcı olmaz, ama uğraşınız olmasa da sıkıcı değildir, –diye sert bir yanıt verdi Levin.

Vronskiy, Levin'in ses tonunu fark ettiği halde etmemiş gibi yaparak:

— Köyü severim, –dedi.

— Ama umuyorum ki, hep köyde yaşamaya razı olmazdınız kont, –dedi Kontes Nordston.

— Bilmiyorum, uzun süre denemedim. Garip bir şey hissetmiştim, –diye devam etti Vronskiy.– Annemle bir kış geçirdiğimiz Nice'teki kadar hiçbir yerde köyü, çarıklarıyla ve mujikleriyle bir Rus köyünü özlemedim. Nice'in kendisi zaten sıkıcıdır, bilirsiniz. Napoli ve Sorrento ise sadece kısa bir süre için güzeldir. İnsan Rusya'yı, özellikle de köyü oralarda çok canlı hatırlıyor. Onlar sanki...

Vronskiy bir Kiti'ye, bir Levin'e bakarak ve sakin, dostça bakışını birinden diğerine geçirerek konuşuyor, galiba o anda aklına geleni söylüyordu.

Kontes Nordston'un bir şey söylemek istediğini fark edip, başladığı sözü tamamlamadan durdu ve dikkatle kontesi dinlemeye başladı.

Konuşmalar bir an olsun durmuyordu. Öyle ki, yaşlı prensesin konu yokluğunda her zaman yedeğinde olan iki ağır silahı, klasik ve gerçekçi eğitimle genel askeri yükümlülük konularını ortaya atmasına gerek kalmadı, Kontes Nordston da Levin'i kızdıramadı.

Levin genel konuşmalara girmek istemiyor, zaten giremiyordu; her an kendi kendine "artık gitmeliyim," dese de gitmiyor, bir şey bekliyordu.

Konuşma dönen masalarla ruhlara gelmişti ve medyumluğa inanan Kontes Nordston, gördüğü bir mucizeyi anlatmaya başlamıştı.

— Ah, kontes, Tanrı aşkına beni mutlaka götürün bu seanslara! Her yerde aradığım halde şimdiye kadar hiç olağanüstü bir şey görmedim, –dedi Vronskiy gülümseyerek.

— Tamam, gelecek cumartesi gidelim, –diye karşılık verdi Kontes Nordston.– Peki siz inanır mısınız Konstantin Dmitriç? –diye sordu Levin'e.

— Bana niye soruyorsunuz ki? Ne diyeceğimi biliyorsunuz zaten.

— Ama sizin düşüncenizi duymak istiyorum.

— Benim tek bir düşüncem var, –diye yanıtladı Levin.– O da bu dönen masaların, eğitimli denen bu toplumun köylülerden daha üstün olmadığını kanıtladığı şeklinde. Onlar nazara, büyüye, sihre inanırlar, bizse...

— Siz inanmıyor musunuz yani?

— İnanmam mümkün değil, kontes.

— Ama ya ben gözlerimle gördüysem?

— Köylü kadınlar da cinleri gözleriyle gördüklerini anlatır.

— Yalan söylediğimi mi düşünüyorsunuz?

Ve kontes sıkıntılı bir şekilde gülmeye başladı.

Levin'in sözlerinden dolayı kıpkırmızı olan Kiti:

— Yo hayır Maşa, Konstantin Dmitriç inanmasının olanaksız olduğunu söylüyor, –dedi. Levin bunu anladı ve daha da çok sinirlenip yanıt vermek istedi, ama neşeli gülümsemesiyle Vronskiy konuşmanın tatsızlaşmaması için hemen yardıma koştu.

— Hiç olanak tanımıyor musunuz? –diye sordu.– Neden peki? Bilmediğimiz elektriğin varlığını mümkün görüyoruz; neden yeni bir güç olmasın, bizim bilmediğimiz ve...

— Elektrik bulunduğunda, –diye hemen Vronskiy'in sözünü kesti Levin,– sadece onun varlığı ortaya çıkarılmıştı, nereden geldiği, ne ürettiği bilinmiyordu, ne işe yaradığını anlamak için asırlar geçti. Medyumlar ise tam tersine önce masaların kendilerine yazı yazdırdığından, ruhların geldiğinden söz ettiler, sonra da bunun bilinmeyen bir güç olduğunu söylemeye başladılar.

Vronskiy her zaman yaptığı gibi, daha çok sözcüklerle ilgilenerek Levin'i dikkatle dinliyordu.

— Evet, ama medyumlar; "Bu gücün ne olduğunu bilmiyoruz, ancak böyle bir güç var ve bazı koşullarda harekete geçiyor. Bu gücün ne olduğunu da artık bilim adamları ortaya çıkartsın," diyorlar. Hayır, bunun neden yeni bir güç olamayacağını anlamıyorum, eğer bu güç...

— Çünkü, –diye yine onun sözünü kesti Levin,– elektrikte, kehribarı yünlü bir kumaşa her sürüşünüzde bilinen olay meydana geliyor, burada ise her defa sonuç alınmıyor, dolayısıyla da doğal bir olay değildir bu.

Herhalde konuşmanın bir konuk odası için son derece ciddi bir nitelik aldığını hisseden Vronskiy karşı çıkmadı, sohbet konusunu değiştirmeye çalışarak neşeyle gülümsedi ve hanımlara döndü.

— Hadi şimdi bir deneme yapalım kontes, –diye konuşmaya başladı; ama Levin düşüncelerini sonuna kadar açıklamak istiyordu.

— Düşünüyorum da, –diye devam etti konuşmaya,– medyumların mucizelerini yeni bir güç gibi açıklama denemesi çok başarısız bir denemedir. Apaçık ruhsal bir güçten söz ediyorlar ve onu maddi bir deneye tabi tutmak istiyorlar.

Herkes, Levin'in konuşmasını bitirmesini bekliyordu. Bunu o da hissediyordu.

— Oysa ben sizin mükemmel bir medyum olacağınızı düşünüyorum, –dedi Kontes Nordston,– sizin içinizde coşup taşan bir şey var.

Levin ağzını açtı, bir şey söylemek istedi, kıpkırmızı kesildi ve hiçbir şey demedi.

— Prenses Kiti, masa denemesini şimdi yapalım lütfen, –dedi Vronskiy.– Prenses hazretleri izin verirler mi?

Vronskiy ayağa kalkıp küçük bir masa bakınmaya başladı.

Kiti masadan kalkıp yanından geçerken Levin'le göz göze geldi. Kiti bütün kalbiyle ona acıyordu, özellikle de kendisinin neden olduğu bu mutsuz durumuna. "Beni affedebilirseniz edin, ben öyle mutluyum ki," diyordu Kiti'nin bakışı.

Levin'in bakışı ise "Herkesten nefret ediyorum, sizden de, kendimden de," diye yanıtlıyordu ve Levin şapkasını eline aldı. Ancak kader gitmesine izin vermiyordu. Tam konuklar masanın çevresine yerleşmeye, Levin'se gitmeye niyetlendiği sırada yaşlı prens içeri girip, hanımlarla selamlaştıktan sonra Levin'e seslendi.

— A! –dedi sevinçle.– Çok oldu mu geleli? Burada olduğunu bilmiyordum. Sizi gördüğüme çok sevindim.

Yaşlı prens, Levin'e bazen "sen" bazen de "siz" diyordu. Levin'i kucakladı. Onunla konuştuğu sırada yerinden kalkıp, prensin kendisiyle konuşmasını sakince bekleyen Vronskiy'i fark etmiyordu.

Kiti, olanlardan sonra babasının gösterdiği nezaketin Levin'e ağır geldiğini hissediyordu. Bu arada babasının Vronskiy'in selamına en sonunda soğuk bir karşılık verdiğini ve Vronskiy'in de, kendisine karşı neden böyle soğuk davranıldığını anlamaya çalışarak ve buna bir anlam veremeyerek içten bir şaşkınlıkla prense baktığını gördü ve kıpkırmızı oldu.

— Prens, izin verin de Konstantin Dmitriç yanımıza gelsin, –dedi Kontes Nordston.– Bir deneme yapmak istiyoruz.

Yaşlı prens, Vronskiy'e bakarak ve bu işin onun başının altından çıktığını tahmin ederek:

— Ne denemesi? Masaları mı döndüreceksiniz? Kusura bakmayın bayanlar, baylar, ama bence halka oyunu oynamak daha eğlenceli olur, –dedi.– Halka oyununun bir anlamı var hiç olmazsa.

Vronskiy prense şaşkınlıkla baktı ve belli belirsiz gülümseyip gelecek hafta yapılacak olan büyük balo hakkında hemen Kontes Nordston'la konuşmaya başladı.

— Umarım siz de gelirsiniz, –dedi Kiti'ye dönerek.

Levin, yaşlı prens kendisini bırakıp başka tarafa döner dönmez kimseye fark ettirmeden dışarı çıktı ve bu akşamdan kalan son izlenimi, Vronskiy'in baloyla ilgili sorusuna yanıt veren Kiti'nin gülümseyen, mutlu yüzü oldu.

XV

Akşam sona erdiğinde Kiti annesine Levin'le arasında geçen konuşmayı anlattı. Levin'e acıdığı halde kendisine *evlenme teklif* edilmiş olması sevindirmişti onu. Gerektiği gibi davrandığından kuşkusu yoktu. Ama yatağına yatınca uzun süre uyuyamadı. Bir izlenim peşini bırakmıyordu. Babasını dinlerken ve bu arada kendisiyle Vronskiy'e bakarken Levin'in çatılmış kaşları ve bu kaşların altından karamsar ve umutsuz bakan iyilik dolu gözleriyle yüzünün aldığı ifadeydi bu izlenim. Levin'e o kadar acımıştı ki, gözlerine yaşlar dolmuştu. Ama hemen o anda onu kime değiştiğini düşündü. O erkekçe, sert yüzü, soylu sakinliği ve her konuda herkese karşı gösterdiği ışık saçan iyiliği capcanlı hatırladı; sevdiği adamın kendisine olan aşkını anımsayınca içinde yine bir sevinç duydu, dudağında bir mutluluk gülümsemesiyle yastığa başını koydu. "Yazık, yazık, ama ne yapmalıydım? Benim bir suçum yok ki," diyordu kendi kendine; ancak iç sesi farklı bir şey söylüyordu. Levin'i baştan çıkartmaktan mı pişmanlık duyuyordu, yoksa reddetmekten mi, bilmiyordu. Ama kuşkularla mutluluğuna gölge düşmüştü. Uykuya dalarken "Tanrım affet, Tanrım affet, Tanrım affet!" diyordu içinden.

Bu sırada aşağıda, prensin küçük çalışma odasında sevgili kızları yüzünden ana baba arasında sık sık yinelenen kavgalardan biri oluyordu.

Prens ellerini sallayarak ve aynı anda yakası sincap kürklü sabahlığının önünü kapatarak:

— Ne mi? İşte bu! –diye bağırıyordu.– Sizde gurur, haysiyet yok, bu alçakça, budalaca evlendirme işiyle kızı rezil ediyor, mahvediyorsunuz!

— Tanrı aşkına insaf edin prens, ben ne yaptım? –dedi prenses, ağladı ağlayacak bir halde.

Kızıyla konuştuktan sonra memnun ve mutlu bir halde, her zaman yaptığı gibi prense iyi geceler dilemeye gelmişti.

Gerçi Levin'in teklifinden ve Kiti'nin bu teklifi reddetmesinden prense söz etmek niyetinde değildi, ama kocasına Vronskiy meselesinin tamamen bitmiş gibi göründüğünü, bu meselenin Vronskiy'in annesi gelir gelmez çözümleneceğini ima etmişti. Prens bu sözler üzerine birden parlamış ve bağıra çağıra ağır sözler söylemeye başlamıştı.

— Ne mi yaptınız? Şunu yaptınız: Birincisi, damat adayının aklını çelmeye çalışıyorsunuz, bütün Moskova bunu konuşacak, hem de haklı olarak. Bir davet veriyorsanız, o zaman seçilmiş damat adaycıklarını değil, herkesi çağırın. Bütün bu *muhallebi çocuklarını* (prens Moskovalı delikanlıları böyle adlandırırdı) çağırıyorsunuz, çalgıcıları da çağırın, dans etsinler, ama bu akşamki gibi, damat adayları çağırıp buluşma ayarlamayın. Görmekten iğreniyorum, sonunda kızcağızın başını döndürmeyi başardınız. Levin bin kat daha iyidir. Bu adam ise şıklık düşkünü bir Petersburglu, bunları makineden çıkarıyorlar, hepsi birbirinin aynısı, hepsi süprüntü. Safkan prens olsaydı bari, benim kızım hiç kimseye muhtaç değil!

— İyi de ben ne yapmışım?

— Şunu yapmışsın... –diye öfkeyle bağırdı prens.

— Biliyorum, –diye onun sözünü kesti prenses,– seni dinleyecek olsak hayatta kızımızı kocaya veremeyeceğiz. Eğer öyle yapacaksak o zaman köye gidelim.

— Gitsek iyi olur.

— Dur bir dakika. Yani ben dalkavukluk mu yapıyorum? Zerre kadar yapmıyorum. Genç adam, çok da iyi, âşık olmuş, üstelik kız da galiba...

— Evet ya size öyle geliyor! Kız ya gerçekten âşıksa, adamsa evlenmeyi ancak benim düşündüğüm kadar düşünüyorsa?.. Ah! Gözlerimle görmesem neyse!.. "Ah, medyumluk, ah Nice, ah baloda..." –Prens karısını taklit ederek söylediği her sözcükten sonra eğilerek reverans yapıyordu.– Katyacık gerçekten bunu kafasına koyarsa onun mutsuzluğuna yol açmış oluruz...

— Peki ama neden öyle düşünüyorsun?

— Düşünmüyorum, biliyorum; bunun için biz erkeklerin gözleri var, ama kadınların yok. Ciddi niyetleri olan bir adam görüyorum, Levin bu adam; bir de keyif çatmaktan başka derdi olmayan, durmadan şakıyan bir bıldırcın görüyorum.

— Sen çoktan kafana koymuşsun...

— Aklın başına gelecek, ama Darya'da olduğu gibi iş işten geçmiş olacak.

Prenses mutsuz Dolli'yi anımsayıp kocasının sözünü kesti:

— Peki tamam, konuşmayalım, -dedi.

— Çok iyi, hoşça kal!

Karıkoca birbirlerini kutsayıp öptükten sonra her biri yine de kendi düşüncesinden vazgeçmediğini hissederek ayrıldılar.

Prenses ilk başta Kiti'nin geleceğinin bu akşam kesin olarak belli olduğundan ve Vronskiy'in niyeti konusunda kuşku duyulamayacağından kesinlikle emindi; ama kocasının sözleri kafasını karıştırmıştı. Odasına döndükten sonra tıpkı Kiti gibi o da geleceğin bilinmezliği karşısında korkuya kapılarak birkaç kez içinden "Tanrım affet, Tanrım affet, Tanrım affet!" diye tekrarladı.

XVI

Vronskiy aile yaşantısı nedir hiç bilmiyordu. Annesi gençliğinde, evli olduğu sırada ve özellikle de evliliğinden sonraki dönemde başından sosyetedeki herkesin bildiği pek çok gönül macerası geçmiş parlak bir sosyete kadınıydı. Babasını hemen hemen hiç hatırlamıyordu ve soyluların çocuklarının okuduğu bir okulda eğitim görmüştü.

Okuldan çok genç ve parlak bir subay olarak çıkan Vronskiy, birdenbire zengin Petersburglu askerlerin hayatına daldı. Petersburg sosyetesine arada sırada katılıyordu, ama bütün aşk maceraları sosyete dışındandı.

Debdebeli ve kaba Petersburg yaşamından sonra kendisine âşık olan sevimli ve saf bir sosyete kızıyla yakınlık kurmanın güzelliğini ilk kez Moskova'da yaşamıştı. Kiti'yle ilişkilerinde herhangi kötü bir şey olabileceği aklına bile gelmiyordu. Balolarda en çok Kiti'yle dans ediyordu; evlerine gidiyordu. Onunla sosyetede her zaman konuşulan şeyleri, her türden saçmalığı konuşuyordu, ama bu saçmalıklara elinde olmadan Kiti için özel bir anlam katıyordu. Ona herkesin yanında söyleyemeyeceği bir şey söylemediği halde Kiti'nin giderek kendisine daha çok bağlandığını hissediyordu ve bu hissin artması hoşuna gidiyor, Kiti'ye karşı duyguları daha tatlı duygular haline geliyordu. Kiti'yle ilgili hareket tarzının belli bir adı olduğunu, buna, evlenme niyeti olmadan genç kızları baştan çıkarmak dendiğini, kendisi gibi parlak gençlerin arasında alışılmış çirkin davranışlardan biri olduğunu bilmiyordu. Bu zevki ilk kendisinin keşfettiğini sanıyordu ve keşfinin tadını çıkarıyordu.

Kiti'nin ana babasının bu gece neler konuştuğunu duyabilseydi, ailenin ne düşündüğünü kafasında canlandırabilseydi ve eğer Kiti'yle evlenmezse kızın mutsuz olacağını öğrenebilseydi, çok şaşırır ve buna inanmazdı. Kendisine ve asıl Kiti'ye bu kadar büyük ve güzel duygular yaşatan şeyin kötü olabileceğine inanamazdı. Evlenmek zorunda olduğuna ise daha da az inanırdı.

Onun için evlilik gerçekleşmesi olanaksız bir şeydi. Aile yaşantısını sevmemesi bir yana, içinde yaşadığı bekârlar dünyasının ortak görüşü doğrultusunda ailede, özellikle de koca kavramında yabancı, düşmanca, dahası gülünç bir şey görüyordu. Ancak Vronskiy, Kiti'nin ana babasının konuştuklarından kuşkulanmasa da bu akşam Şçerbatskiylerden çıkarken kendisiyle Kiti arasındaki gizli manevi bağın artık bir girişimde bulunmayı gerektirecek kadar güçlendiğini hissetmişti. Ama bu girişimin ne olabileceğini, ne olması gerektiğini bilemiyordu.

Şçerbatskiylerden biraz da bütün bir gece boyunca sigara içmemesinden kaynaklanan her zamanki hoş bir saflık ve tazelik duygusuyla, aynı zamanda Kiti'nin kendisine olan aşkı karşısında içini titreten yepyeni bir duyguyla dönerken "İşin en güzel yanı da, ne benim ne de onun tarafından bir tek söz bile edilmediği halde bakışların ve tavırların görünmez konuşmasında birbirimizi o kadar iyi anlamamız, onun beni sevdiğini bu akşam her zamankinden daha açık bir şekilde ifade etmiş olması. Ne kadar sevimli, ne kadar sade ve en önemlisi ne kadar saf! Ben de kendimi daha iyi, daha temiz hissediyorum. Bir yüreğim olduğunu, içimde pek çok iyilik bulunduğunu hissediyorum. O sevimli, âşık gözler! Hele *pek çok...* dediğinde," diye düşünüyordu.

"Peki ne olacak? Hiçbir şey. Benim hoşuma gidiyor, onun da hoşuna gidiyor." Sonra akşamı nerede noktalayacağını düşünmeye koyuldu.

Gidebileceği yerleri hayalinde canlandırdı. "Kulübe mi gitsem? Bir parti bezik oynar, İgnatov'la şampanya içerim. Hayır, gitmeyeyim. Château des fleurs'de Oblonskiy'i bulurum, şarkılar, cancan dansı. Hayır, ondan da bıkkınlık geldi artık. Şçerbatskiyleri sevmemin en önemli nedeni, kendimi onların evinde daha iyi hissetmem. En iyisi eve gideyim." Doğruca Düsso'daki odasına gitti, akşam yemeği siparişi verdi, sonra soyundu ve başını yastığa koyar koymaz her zamanki gibi derin ve sakin bir uykuya daldı.

XVII

Vronskiy ertesi gün sabah on birde annesini karşılamaya Petersburg tren istasyonuna gitti. Büyük merdivenin basamaklarında karşısına çıkan ilk kişi, aynı trenle gelecek olan kız kardeşini bekleyen Oblonskiy oldu.

— A! Kont hazretleri! –diye bağırdı Oblonskiy.– Siz kimi karşılamaya geldiniz?

Vronskiy, Oblonskiy'le karşılaşan herkes gibi gülümseyerek:

— Annemi karşılayacağım, –dedi ve Oblonskiy'in elini sıkarak, onunla birlikte merdiveni çıktı.– Bugün Petersburg'dan gelmesi gerekiyor.

— Ben de seni saat ikiye kadar bekledim. Şçerbatskiylerden sonra nereye gittin?

— Eve, –diye yanıtladı Vronskiy.– İtiraf etmeliyim, dün Şçerbatskiylerden sonra keyfim o kadar yerindeydi ki, canım hiçbir yere gitmek istemedi.

— Hızlı atları damgalarından, âşık delikanlıları gözlerinden tanırım, –dedi Stepan Arkadyiç aynen daha önce Levin'e dediği gibi.

Vronskiy, bunu yadsımadığını gösteren bir tavırla gülümsedi, ama hemen lafı değiştirdi.

— Sen kimi bekliyorsun? –diye sordu.

— Ben mi? Güzel bir kadını, –dedi Oblonskiy.

— Bak sen!

— Honni soit qui mal y pense!* Kız kardeşim Anna'yı bekliyorum.

— A, Karenina'yı mı? –dedi Vronskiy.

— Sahi onu tanıyor musun?

Vronskiy, Karenin adını belli belirsiz bir şekilde kibirli ve can sıkıcı bir şey olarak hayal ederek:

— Galiba tanıyorum. Ya da hayır... Doğrusu anımsamıyorum, –diye yanıtladı dalgın bir şekilde.

— Ama Aleksey Aleksandroviç'i, benim ünlü eniştemi tanırsın herhalde. Onu dünya âlem tanır.

— Yani şöhretini duydum ve sima olarak tanırım. Akıllı, bilgili, hayranlık uyandıran biri olduğunu biliyorum... Ama sen de bilirsin, bu benim... not in my line,** –dedi Vronskiy.

---

* Kötü düşünen utansın! (Fr.)

** İlgi alanımın dışında. (İng.)

— Evet, mükemmel biridir; biraz tutucudur, ama iyi bir insandır, –dedi Stepan Arkadyiç,– evet, iyi bir insandır.

— Onun açısından çok iyi, –dedi Vronskiy gülümseyerek. Annesinin kapının önünde dikilen yaşlı, uzun boylu uşağına dönerek,– A, sen burada mısın, içeri gelsene, –diye seslendi.

Vronskiy şu son zamanlarda herkesin Stepan Arkadyiç'te bulduğu sevimliliğin yanı sıra Kiti'yle kendisini hayalinde birleştirdiği için de ona bağlı hissediyordu kendisini. Gülümseyerek koluna girdiği Stepan Arkadyiç'e:

— Ee, pazar gün şu *diva* için bir akşam yemeği verelim mi? –dedi.

— Mutlaka verelim. Katılacakların listesini ben yaparım. E, dün arkadaşım Levin'le tanıştın mı? –diye sordu Stepan Arkadyiç.

— Elbette. Ama nedense erken gitti.

— Çok iyi bir adam, –diye devam etti Oblonskiy,– değil mi?

— Bilmiyorum, –diye yanıtladı Vronskiy,– bütün Moskovalılarda, tabii ki benim konuştuklarım hariç, –diye ekledi şaka yollu,– nedense sert bir şey var. Hep dikleniyorlar, kızıyorlar, sanki her zaman bir şey hissettirmek istiyorlar...

— Böyle bir şey var, doğru... –dedi Stepan Arkadyiç neşeyle gülerek.

Vronskiy bir memura:

— Gelmesi yakın mı? –diye sordu.

— Tren son istasyondan hareket etti, –diye yanıtladı memur.

İstasyondaki hazırlıkların artmasından, hamalların koşuşturmasından, jandarmalarla memurların ortaya çıkmasından ve karşılayıcıların gelişinden trenin giderek yaklaştığı anlaşılıyordu. Soğuk buharların arasından sırtlarında kısa kürklü ceketleri, ayaklarında yumuşak keçe çizmeleriyle kıvrılıp bükülen rayların üzerinden geçen işçiler görünüyordu. Uzaktan lokomotifin düdüğü ve hareket eden ağır bir şeyin sesi duyuldu.

Vronskiy'e Levin'in Kiti'yle ilgili niyetlerini anlatmaya can atan Stepan Arkadyiç:

— Hayır, sen bizim Levin'i yanlış değerlendirmişsin. Çok sinirli bir adamdır, gerçekten de bazen tatsız biri olabilir, ama bazen de çok sevimlidir. Dürüst, doğru bir yapısı ve altın gibi yüreği vardır. Hem dün özel nedenleri vardı, –diye devam etti Stepan Arkadyiç. Bir gün önce arkadaşına duyduğu içten acımayı tümüyle unutmuş, aynı acımayı şimdi yalnızca Vronskiy için duyuyordu.– Evet, bir nedeni vardı, bu neden yüzünden ya çok mutlu ya da çok mutsuz olabilirdi.

Vronskiy durdu ve sözü dolandırmadan sordu:

— Yani ne? Yoksa dün senin belle soeur'e* evlenme teklifinde mi bulundu?

— Belki, –dedi Stepan Arkadyiç.– Dün bana öyle geldi. Erken gittiyse ve keyfi yerinde değilse demek ki... O kadar uzun zamandır âşık ki, ona çok acıyorum.

— Bak sen!.. Bununla birlikte sanıyorum Kiti daha iyi bir teklif alabilir, –dedi Vronskiy ve göğsünü ileri çıkarıp tekrar yürümeye başladı.– Yine de ben Levin'i hiç tanımıyorum, –diye ekledi.– Evet, zor bir durum! İşte bu yüzden çoğunluk, Klaralarla düşüp kalkmayı yeğliyor. Orada başarısızlık sadece cebindeki paranın yetersiz olduğunu gösterir, burada ise meziyetlerin tartıya dökülür. İşte tren de geliyor.

Gerçekten de lokomotifin düdük sesi duyuluyordu uzaktan. Birkaç dakika sonra peron sarsılmaya başladı ve orta tekerlek üzerindeki yavaş ve ölçülü hareketlerle eğilip bükülen pistonu ve etrafına selam veren, sarınıp bürünmüş, üstü başı kırağı tutmuş makinistiyle lokomotif, soğuk hava yüzünden aşağı çöken buharlarını salarak geçti; kömür vagonunun arkasından içinde bagajların ve cıyak cıyak bağıran bir köpeğin bulunduğu yük vagonu gitgide yavaşlayarak ve peronu daha da fazla sarsarak geçmeye başladı; nihayet, tamamen durmadan önce son kez sarsılarak yolcu vagonları yaklaştı.

---

* Baldız. (Fr.)

Gözü pek bir kondüktör, daha tren hareket halindeyken düdük çalarak aşağı atladı, onun ardından da sabırsız yolcular bir bir inmeye başladı: dimdik duran ve sert bakışlarla çevreye göz gezdiren bir muhafız subayı; elinde çantasıyla yerinde duramayan ve neşeyle gülümseyen bir tüccar; omzuna attığı torbasıyla bir köylü.

Oblonskiy'le yan yana duran Vronskiy, vagonlara ve trenden inenlere göz gezdiriyordu, annesini tümüyle unutmuştu. Kiti hakkında biraz önce işittiği şey, onu heyecanlandırmış ve sevindirmişti. Elinde olmadan göğsü kabarıyor, gözleri parlıyordu. Kendisini zafer kazanmış gibi hissediyordu.

Gözü pek kondüktör Vronskiy'in yanına gelerek:

— Kontes Vronskaya bu bölümde, -dedi.

Kondüktörün sözleri Vronskiy'in aklını başına getirdi, annesini ve onunla biraz sonra buluşacağını hatırlattı. İçinden annesine saygı duymuyor ve nedenini bilmeden annesini sevmiyordu. Gerçi içinde yaşadığı çevrenin değer yargıları ve aldığı eğitim yüzünden annesiyle ilişkisinde son derece uysal ve saygılı davranmaktan başkasını düşünemiyordu. Görünüş olarak daha uysal ve daha saygılı oldukça, içinde annesine karşı beslediği saygı ve sevgi azalıyordu.

XVIII

Vronskiy kondüktörün peşinden vagona doğru yürüdü, içeriden çıkan bir hanıma yol vermek için kompartımanın kapısında durdu. Vronskiy, dış görünüşünden hanımın yüksek sosyeteden biri olduğunu bir sosyete adamı alışkanlığıyla bir bakışta anlamıştı. Özür diledi, tam vagona girecekti ki, ona bir kez daha bakma gereği duydu. Bunun nedeni, kadının çok güzel olması, tüm bedeninde görülen güzellik ve gösterişsiz zarafet değil, Vronskiy'in yanından geçerken sevimli yüzünün ifadesinde özellikle tatlı, hoş bir şeyin olmasıydı. Vronskiy baktığında o da dönüp başını çevirmişti. Gür kirpikleri yüzünden koyu renk gibi görünen parlak gri gözleri, sanki tanıyormuş gibi Vronskiy'in yüzünde dostça ve dikkatlice durdu, aynı anda da bir şey arıyormuş gibi yaklaşan kalabalığa çevrildi. Vronskiy bu kısacık bakışta, kadının yüzünde oynayan ve kırmızı dudaklarını çarpıtan belli belirsiz gülümsemesiyle parlak gözleri arasında uçuşan ölçülü canlılığı fark edebilecek zamanı buldu. Sanki içinde fazla gelen bir şey kadının varlığını öylesine dolduruyordu ki, elinde olmadan kâh bakışlarının pırıltısında, kâh gülümsemesinde ifadesini buluyordu. Gözlerindeki ışığı bilerek ve isteyerek söndürüyordu, ama ışık onun isteği dışında bu kez belli belirsiz gülümsemesinde ortaya çıkıyordu.

Vronskiy vagona girdi. Kara gözlü, saçları bukleli zayıf bir kadın olan annesi, ona bakarken gözlerini kısıyor ve ince dudaklarıyla hafifçe gülümsüyordu. Kanepeden kalkıp, çantasını hizmetçisine verdikten sonra küçük kuru elini oğluna uzattı, sonra oğlunun başını elinin hizasından yukarı kaldırıp, onu yüzünden öptü.

— Telgrafımı aldın mı? İyi misin? Tanrı'ya şükür.

Vronskiy, annesinin yanına oturup kapının arkasından gelen kadın sesine elinde olmadan kulak vererek:

— Rahat geldiniz mi? –dedi. Bu sesin kapıda karşılaştığı kadının sesi olduğunu biliyordu.

— Yine de sizinle aynı fikirde değilim, –diyordu kadın sesi.

— Petersburg görüşü bu hanımefendi.

— Petersburg görüşü değil, sadece kadınlara özgü bir görüş, –diye yanıtlıyordu kadın sesi.

— Pekâlâ, elinizi öpmeme izin verir misiniz efendim?

— Hoşça kalın İvan Petroviç. Bu arada kardeşim burada mı bir bakıp yanıma gönderir misiniz? –dedi kadın tam kapının önünde ve tekrar kompartımana girdi.

— Ne oldu, kardeşinizi buldunuz mu? –dedi Vronskaya kadına.

Vronskiy, kadının Karenina olduğunu o anda anımsadı.

— Kardeşiniz burada, –dedi ayağa kalkarak.– Bağışlayın, sizi tanımadım, zaten tanışıklığımız da öyle kısa sürmüştü ki, –dedi Vronskiy selam vermek için eğilerek,– siz de herhalde beni hatırlamazsınız.

— Yo hayır, –dedi Karenina,– sizi tanıyabilirdim, çünkü annenizle bütün yol boyunca yalnızca sizden söz ettik. Bunu söylerken dışarı taşmak isteyen canlılığının bir gülümsemede kendini göstermesine sonunda izin vermişti.– Kardeşim hâlâ ortalarda yok.

Yaşlı kontes:

— Seslensene Alyoşa, –dedi.

Vronskiy perona çıkıp bağırdı:

— Oblonskiy! Burada!

Ama Karenina kardeşini beklemedi, onu görür görmez kararlı ve hafif adımlarla vagondan indi. Oblonskiy yanına geldiğinde kararlılığı ve zarafetiyle Vronskiy'i etkileyen bir hareketle sol elini uzatıp kardeşinin boynuna sarıldı, hızla onu kendisine çekip kuvvetlice öptü. Vronskiy bakışlarını ayırmadan ona bakıyor, nedenini bilmeden gülümsüyordu. Fakat annesinin beklediğini anımsayınca tekrar içeri girdi.

— Çok sevimli, değil mi? –dedi kontes Karenina için.– Kocası trene binmeme yardım etti, çok memnun oldum. Yol boyunca sohbet ettik. E, sen de dediklerine göre... vous filez le parfait amour. Tant mieux, mon cher, tant mieux.*

— Neden söz ettiğinizi bilmiyorum, maman, –diye yanıtladı Vronskiy soğuk bir şekilde.– Hadi maman gidelim.

Karenina kontesle vedalaşmak için tekrar kompartımana girmişti.

— Kontes, siz oğlunuza, ben de kardeşime kavuştum, –dedi neşeyle.– Zaten bütün hikâyelerim de bitmiş, anlatacak bir şeyim kalmamıştı.

Kontes, Karenina'nın elini tutup:

* Kusursuz aşkın hâlâ devam ediyormuş. Ne iyi, azizim, ne iyi. (Fr.)

— Yo hayır, sizinle dünyayı dolaşsam canım sıkılmaz, -dedi.- Siz hem konuşmaktan, hem de birlikte susmaktan zevk alınabilecek o sevimli kadınlardan birisiniz. Oğlunuzu da biraz aklınızdan çıkarın lütfen: Hiç ayrılmadan yaşamak mümkün değil.

Karenina dimdik bir şekilde kımıldamadan duruyor, gözlerinin içi gülüyordu.

Kontes oğluna açıklamak için:

— Anna Arkadyevna'nın sekiz yaşlarında bir oğlu varmış, galiba şimdiye kadar hiç ayrılmamış ondan, onu bırakıp geldiği için üzülüyor, –dedi.

— Evet, kontesle hep oğullarımızdan söz ettik, –dedi Karenina ve yüzünü yine bir gülümseme aydınlattı, Vronskiy'e yönelik tatlı bir gülümseme.

Vronskiy, onun kendisine attığı cilve topunu havada kaparak:

— Galiba canınız çok sıkılmış, –dedi. Fakat Karenina konuşmayı anlaşılan bu tonda sürdürmek istemedi ve yaşlı kontese:

— Çok teşekkür ederim size. Dün bütün günü nasıl geçirdiğimi anlamadım. Tekrar görüşmek üzere kontes, –dedi.

— Hoşça kalın dostum, –diye karşılık verdi kontes.- Güzel yüzünüzü öpmeme izin verin. İhtiyar kadınlara özgü bir açıksözlülükle size âşık olduğumu söyleyeceğim.

Ne kadar basmakalıp bir tümce olsa da Karenina buna herhalde bütün kalbiyle inanmış ve sevinmişti. Yüzü kızardı, hafifçe eğildi, yüzünü kontesin dudaklarına teslim etti, tekrar doğruldu ve dudaklarıyla gözleri arasında dalgalanan aynı gülümsemeyle Vronskiy'e elini uzattı. Vronskiy uzatılan küçük eli sıktı ve Karenina'nın, elini sımsıkı tutup, cesurca sallayarak sıkmasına çok özel bir şey olmuş gibi sevindi. Karenina oldukça toplu vücudunu çok tuhaf bir hafiflikle taşıyan hızlı yürüyüşüyle dışarı çıktı.

— Çok sevimli, –dedi yaşlı kadın.

Oğlu da aynı şeyi düşünüyordu. Kadının zarif figürü kaybolana kadar gözleriyle onu izlerken yüzündeki gülümseme silinmedi. Pencereden Karenina'nın kardeşinin yanına gittiğini, elini onun elinin üstüne koyduğunu ve besbelli ki kendisiyle, yani Vronskiy'le hiçbir ilgisi olmayan bir şeyi heyecanlı heyecanlı anlatmaya başladığını gördü ve buna canı sıkıldı.

Annesine dönerek:

— E, maman sağlığınız iyi mi? –diye yineledi.

— Her şey çok iyi. Alexandre çok sevimliydi. Marie de çok güzelleşti. Çok ilginç bir kız.

Sonra tekrar kendisini en çok ilgilendiren konudan, yani Petersburg'a gidiş nedeni olan torununun vaftizinden ve hükümdar tarafından büyük oğluna gösterilen özel yakınlıktan söz etmeye koyuldu.

—İşte Lavrentiy de geldi, –dedi Vronskiy pencereden bakarak,– isterseniz artık gidelim.

Kontesle birlikte gelmiş olan yaşlı baş uşak kompartımana gelip, her şeyin hazır olduğunu bildirince kontes gitmek üzere ayağa kalktı.

— Gidelim, artık kalabalık azalmıştır, –dedi Vronskiy.

Hizmetçi kız çantayı ve küçük köpeği, baş uşak ve bir hamal diğer eşyaları aldılar. Vronskiy annesinin koluna girdi; fakat tam vagondan inmişlerdi ki, birden yüzleri korku içindeki birkaç adam koşarak yanlarından geçti. Alışılmıştan farklı renkte bir kasket giymiş olan istasyon şefi de hızla koştu. İnsanlar trenin arkasına doğru koşuyorlardı.

Gelip geçenler arasında:

— Ne oldu? Ne var? Nerede olmuş? Kendini mi atmış!.. Ezilmiş!.. –sesleri duyuluyordu.

Stepan Arkadyiç kız kardeşiyle kol kola, ikisinin de yüzleri korku içinde geri döndüler ve koşarak yanlarından geçenlerden sakınarak vagon kapısının önünde durdular.

Hanımlar vagona girdi, Vronskiy ise Stepan Arkadyiç'le birlikte kalabalığın peşinden kazanın ayrıntılarını öğrenmeye gitti.

Bir bekçi sarhoşluktan mı, yoksa kuvvetli soğuk yüzünden iyice sarınıp büründüğü için mi bilinmez, geri manevra yapan trenin sesini duymamış ve ezilmişti.

Hanımlar bu ayrıntıları daha Vronskiy ve Oblonskiy dönmeden baş uşaktan öğrenmişlerdi.

Oblonskiy ve Vronskiy tanınmayacak hale gelmiş cesedi görmüşlerdi. Görünüşünden Oblonskiy'in çok üzüldüğü anlaşılıyordu. Yüzünü buruşturmuştu, her an ağlamaya hazır görünüyordu.

— Ah, ne dehşet! Ah, Anna, bir görseydin! Ah, çok korkunç! –deyip duruyordu.

Vronskiy susuyordu, güzel yüzü ciddiydi, ama aynı zamanda da son derece sakindi.

— Ah, görseydiniz kontes, –dedi Stepan Arkadyiç.– Karısı da burada... Kadının halini görmek çok korkunç... Cesedin üzerine atıldı. Adamın kalabalık bir aileye tek başına baktığını söylüyorlar. Ne korkunç!

— Kadın için bir şeyler yapılamaz mı? –dedi Karenina heyecanlı bir fısıltıyla.

Vronskiy, ona bir göz atıp hemen vagondan indi. Kapıda başını geri çevirerek:

— Hemen geleceğim maman, –diye de ekledi.

Birkaç dakika sonra geri döndüğünde Stepan Arkadyiç kontese yeni bir şarkıcıdan bahsediyordu, kontes ise sabırsızlıkla kapıya bakarak oğlunu bekliyordu.

— Gidebiliriz artık, –dedi Vronskiy içeri girerken.

Hepsi birlikte vagondan indi. Vronskiy annesiyle birlikte önden yürüyordu. Karenina kardeşiyle arkadan geliyordu. Vronskiy'in peşinden koşarak yetişen istasyon şefi, çıkış kapısında onu yakaladı.

— Yardımcıma iki yüz ruble vermişsiniz. Zahmet olmazsa bu paranın kime verileceğini söyler misiniz?

— Dul kadına, –dedi Vronskiy omuzlarını silkerek.– Bunu neden soruyorsunuz anlamıyorum.

— Siz mi verdiniz? –diye Oblonskiy arkadan seslendi ve kız kardeşinin elini sıkarak ekledi,– Çok güzel, çok güzel! Ne kadar iyi çocuk, değil mi? Saygılar sunarım kontes.

Oblonskiy ve kız kardeşi, durup hizmetçiye bakındılar.

Dışarı çıktıklarında Vronskiylerin arabası hareket etmişti. İstasyondan çıkan insanlar hâlâ kazayı konuşuyordu.

— Ne korkunç bir ölüm! –dedi yanlarından geçen bir beyefendi.– İki parçaya ayrıldığını söylüyorlar.

— Ben tam tersini düşünüyorum, en kolay ölüm, bir anlık, –dedi bir başkası.

— Önlem almadıkları için oluyor, –dedi bir üçüncüsü.

Karenina arabaya bindi ve Stepan Arkadyiç kız kardeşinin dudaklarının titrediğini, gözyaşlarını zor tuttuğunu hayretle gördü.

— Neyin var Anna? –diye sordu araba birkaç yüz sajen* gittikten sonra.

— Kötü bir işaret, –dedi Anna.

— Ne saçma şey! –dedi Stepan Arkadyiç.– Sen geldin ya en önemlisi bu. Sana ne kadar güvendiğimi tasavvur edemezsin.

— Vronskiy'i uzun süredir mi tanıyorsun? –diye sordu Anna.

— Evet. Biliyorsun, onun Kiti'yle evleneceğini umuyoruz.

— Öyle mi? –dedi Anna sessizce. Sanki kendisine engel olan gereksiz bir şeyi uzaklaştırmak istiyormuş gibi başını sallayarak ekledi,– Hadi artık senden, senin işlerinden söz edelim. Mektubunu aldım ve geldim işte.

— Evet, bütün umudum sende, –dedi Stepan Arkadyiç.

— Hadi bana her şeyi anlat.

Stepan Arkadyiç anlatmaya başladı.

Eve geldiklerinde Oblonskiy kız kardeşini arabadan indirdi, derin bir iç çekti, elini sıktıktan sonra çalıştığı daireye gitti.

---

* 2,13 metreye eşit bir Rus uzunluk ölçüsü. (ç.n.)

XIX

Anna içeri girdiği sırada Dolli küçük oturma odasında, daha şimdiden babasına benzeyen, sarı saçlı, tombul bir oğlanla oturmuş, onun Fransızca okuma ödevini dinliyordu. Çocuk, ceketinin gevşemiş düğmesini elinde döndüre döndüre kopartmaya çalışırken bir yandan da okuyordu. Annesi birkaç kez elini çekti, ama tombul oğlan düğmeyi tekrar tuttu. Sonunda anne, düğmeyi kopartıp kendi cebine koydu.

— Ellerin rahat dursun, Grişa, –dedi ve çok eskiden başlanmış, zor anlarında oyalandığı örgü battaniyeyi tekrar eline alıp, parmağını atarak ve ilmekleri sayarak sinirli sinirli örmeye başladı. Gerçi dün kocasına kız kardeşinin gelip gelmemesiyle ilgilenmediğini söylemelerini buyurmuştu, ama görümcesinin gelişinden önce her şeyi hazırlatmış, heyecanla onu bekliyordu.

Dolli kendi derdine düşmüş, boğazına kadar bu derde gömülmüştü. Ancak görümcesi Anna'nın Petersburg'daki en önemli kişilerden birinin karısı ve Petersburglu bir grande dame olduğunu da unutmamıştı. İşte bu nedenle de kocasına söylediği şeyi yapmamış, yani görümcesinin geleceğini aklından çıkarmamıştı. "Nihayetinde Anna'nın hiçbir suçu yok ki, –diye düşündü Dolli.– Onun hakkında en güzel şeyler dışında başka hiçbir şey bilmem, ondan sadece güler yüz ve dostluk görmüşümdür." Aslında Petersburg'da, Kareninlerde edindiği izlenimi anımsayabildiği kadarıyla, ev hoşuna gitmemişti; aile yaşantılarının tüm düzeninde sahte bir şey vardı. "Ama onu neden kabul etmeyeyim? Beni teselli etmeyi aklına koymuş olmasın da! –diye düşündü Dolli.– Bütün avutmaları, öğütleri, bütün Hıristiyanca özürleri bin kez düşündüm, hiçbiri de işe yaramıyor."

Bütün bu günlerde Dolli çocuklarla yalnızdı. Derdinden söz etmek istemiyordu, ruhunda böyle bir acı varken başka konulardan söz edemezdi. Şu veya bu şekilde Anna'ya içini dökeceğini biliyordu ve bu içini dökme düşüncesi onu bazen sevindiriyor, bazen de küçük düştüğü bu durumu, onunla, yani kocasının kız kardeşiyle konuşma ve beylik öğütlerle teselliler duyma zorunluluğu onu öfkelendiriyordu.

Genellikle yaptığı gibi saate bakarak her an Anna'yı bekliyordu. Zili duymadığı için tam konuğun geldiği anı kaçırdı. Kapıda bir elbisenin hışırtısını ve hafif ayak seslerini duyunca etrafına bakındı, bitkin görünen yüzünde elinde olmadan sevinç değil, bir şaşkınlık ifadesi belirdi. Kalkıp görümcesine sarıldı.

— Geldin demek? –dedi görümcesini öperken.

— Dolli, seni gördüğüme ne kadar sevindim!

Dolli hafifçe gülümseyerek ve Anna'nın yüz ifadesinden durumu bilip bilmediğini anlamaya çalışarak:

— Ben de sevindim, –dedi. Anna'nın yüzündeki acıma ifadesini fark edince "Galiba biliyor," diye düşündü ve açıklama anını olabildiğince ileri atmaya çalışarak,– Hadi gel, seni odana götüreyim, –diye devam etti.

— Bu Grişa mı? Aman Tanrım, ne kadar da büyümüş! –dedi Anna. Grişa'yı öptükten sonra gözlerini Dolli'den ayırmaksızın durdu ve yüzü kıpkırmızı oldu.– Hayır, izninle hiçbir yere gitmiyorum.

Eşarbını ve şapkasını çıkartırken kıvır kıvır siyah saçlarından bir tutamı şapkasına takılınca başını sallayarak saçını kurtardı.

— Sen de mutluluk ve sağlıktan pırıl pırıl parlıyorsun, –dedi Dolli neredeyse kıskançlıkla.

— Ben mi? Evet, –dedi Anna ve koşarak gelen kıza seslenerek,– Aman Tanrım, Tanya! Seryoja'mla yaşıt, –diye ekledi. Küçük kızı kucağına alarak öptü.– Ne güzel kız, ne güzel! Bana hepsini göster.

Çocukların adlarını sayıyor, hepsinin sadece adlarını değil, yaşlarını, karakterlerini, hastalıklarını da anımsıyordu. Dolli'nin bunu takdir etmemesi olanaksızdı.

— E hadi, çocukların yanına gidelim, –dedi Dolli.– Vaska uyuyor şu anda ne yazık ki.

Çocuklarla ilgilendikten sonra konuk odasında baş başa, kahve içmeye oturdular. Anna tepsiyi tuttu, sonra itti.

— Dolli, –dedi,– o, benimle konuştu.

Dolli, Anna'ya soğuk bir şekilde baktı. Şimdi yapmacık, merhametli sözler bekliyordu; ama Anna böyle bir şey söylemedi.

— Dolli, canım! –dedi,– sana onun adına hiçbir şey söylemek, teselli etmek istemiyorum; bu mümkün değil. Ama senin için bütün kalbimle üzülüyorum canım!

Sık kirpiklerinin arkasından pırıl pırıl parlayan gözlerinde birden yaşlar belirdi. Yengesine daha yakın bir yere geçip onun elini kendi küçük, güçlü elinin içine aldı. Dolli elini geri çekmedi, ama yüzündeki soğuk ifade de değişmedi.

— Beni teselli edemezsin. Olan bitenden sonra her şey kaybedilmiş, her şey mahvolmuş durumda! –dedi Dolli.

Bunu söyler söylemez de yüzündeki ifade bir anda yumuşadı. Anna, Dolli'nin kuru, zayıf elini kaldırıp öptü ve şöyle dedi:

— Ama Dolli, ne yapmalı peki, ne yapmalı? Bu korkunç durumda yapılacak en iyi şey nedir? Onu düşünmeliyiz.

— Her şey bitti, yapacak bir şey kalmadı, –dedi Dolli.– En kötüsü de onu bırakamıyorum; çocuklar var, elim kolum bağlı. Onunla birlikte yaşamamsa olanaksız, onu görmek benim için bir işkence oluyor.

— Dolli, şekerim, o anlattı, ama ben bir de senden duymak istiyorum, her şeyi anlat bana.

Dolli, ona soru sorar gibi baktı.

Anna'nın yüzünde içten bir ilgi ve sevgi görülüyordu.

— Olur tabii, –dedi birden Dolli.– Ama baştan başlayacağım. Nasıl evlendiğimi biliyorsun. Annemin sıkı eğitimi yüzünden sadece günahsız değil, aptaldım da. Hiçbir şey bilmiyordum. Benim bildiğime göre kocalar, karılarına daha önceki hayatlarını anlatır, fakat Stiva... – hemen düzeltti,– Stepan Arkadyiç bana hiçbir şey söylemedi. İnanmazsın, ama şimdiye dek onun tanıdığı tek kadın olduğumu sanıyordum. Sekiz yıl bu şekilde yaşadım. Bırak sadakatsizliğinden kuşkulanmayı, böyle bir şeyin olanaksız olduğunu düşünürdüm. Bu anlayıştaki birinin bir anda bütün bu dehşeti, bütün bu alçaklığı öğrendiğini tasavvur et... Anla beni. Mutluluğundan tamamen emin yaşarken, birden... –diye devam ediyordu Dolli, hıçkırıklarını tutarak,– eline bir mektup geçiyor... kocanın, sevgilisine, yani evimde mürebbiye olan kadına yazdığı mektup. Hayır, bu çok korkunç bir şey! –Cebinden telaşla mendilini çıkartıp yüzüne örttü.– Gönlünü kaptırmasını anlarım, –diye devam etti bir süre sustuktan sonra,– ama beni kurnazca planlar kurarak aldatmasına ne demeli... hem de kiminle?.. Hem o kadınla birlikte ol, hem de benim kocam olmaya devam et... korkunç bir şey! Sen anlayamazsın...

— Yo hayır, anlıyorum! Anlıyorum, sevgili Dolli, anlıyorum, –dedi Anna, Dolli'nin elini sıkarak.

— İçinde bulunduğum durumun ne kadar korkunç olduğunu o anlıyor mu sanıyorsun? –diye devam etti Dolli.– Zerre kadar anlamıyor! Kendisi mutlu ve hayatından memnun.

— Yo hayır! –diye hızla Dolli'nin sözünü kesti Anna.– Acınacak bir durumda, pişmanlıktan ölüyor...

Dolli görümcesinin yüzüne dikkatle bakarak:

— Pişmanlık duymayı bilir miymiş? –dedi.

— Evet, onu tanırım. Yüzüne acımadan bakamadım. İkimiz de onu tanıyoruz. İyi yüreklidir, ama gururludur, şimdi ise ne kadar küçük düştü. Bana asıl dokunan (Anna, Dolli'ye asıl dokunabilecek şeyi tahmin ediyordu) iki şeyin ona azap vermesi: Çocuklardan utanması ve seni severken... evet, evet, seni dünyadaki her şeyden daha çok severken, –diye itiraz etmek isteyen Dolli'ye hemen engel oldu,– sana acı çektirmesi, seni mahvetmesi. "Hayır, hayır, beni affetmez," diyor sürekli olarak.

Dolli görümcesini dinlerken dalgın dalgın başka tarafa bakıyordu.

— Evet, durumunun korkunç olmasını anlıyorum; suçlu olanın durumu suçsuzunkinden daha kötüdür, –dedi Dolli,– tabii bütün mutsuzlukların nedeninin kendi suçu olduğunu hissediyorsa. Ama nasıl bağışlayabilirim, o kadından sonra nasıl tekrar onun karısı olurum? Artık onunla yaşamak işkence olacak; özellikle de onu bu kadar severken, geçmişte de bu kadar sevmişken, ona olan aşkım...

Dolli'nin sözleri hıçkırıklarla kesildi.

Fakat sanki kasten yapar gibi, her yumuşayışında tekrar kendisini sinirlendiren şeyden söz etmeye başlıyordu.

— O genç, güzel de üstelik, –diye devam ediyordu.– Benim gençliğimi, güzelliğimi kim aldı biliyor musun Anna? O ve onun çocukları. Ona hizmet ettim, her şeyim bu hizmete gitti ve tabii şimdi daha genç, aşağılık bir yaratık hoşuna gidiyor onun. Herhalde kendi aralarında benim hakkımda konuşmuşlardır ya da daha kötüsü susarak geçiştirmişlerdir, anlıyor musun? – Gözleri yine nefretle parlamaya başlamıştı.– Sonra da kalkıp benimle konuşacak... Ne yani, ben de ona inanacak mıyım? Asla. Hayır, her şey bitti artık, emeğimin, acılarımın avuntusu, ödülü olan her şey bitti... İnanır mısın? Biraz önce Grişa'ya ders çalıştırıyordum: Eskiden bu iş bana sevinç verirdi, şimdi ise ıstırap oluyor. Ne için çabalıyorum, ne için çalışıyorum? Neden çocuklarım var? Ruhumun bir anda altüst olması ve ona olan sevgimin ve şefkatin yerini sadece ve sadece hıncın, evet hıncın almış olması ne korkunç. Hatta onu öldürebilirim...

— Canım, Dolliciğim, anlıyorum, ama kendine eziyet etme. O kadar kırılmış, o kadar sinirlenmişsin ki, pek çok şeyi olduğundan farklı görüyorsun.

Dolli yatışmıştı, iki dakika kadar hiç konuşmadılar.

— Ne yapmalıyım, Anna, bir şeyler düşün, yardım et. Tekrar tekrar düşündüm, bir çözüm bulamadım.

Anna bir şey bulamıyordu, ama yüreği yengesinin her sözcüğüne, yüzünün her ifadesine hak veriyordu.

— Bir tek şey söyleyeceğim, –diye başladı Anna,– ben onun kardeşiyim, karakterini, her şeyi, her şeyi unutma yeteneğini (bu sırada alnının önünde bir el hareketi yaptı), kendini tamamen bir şeye kaptırma, ama sonra da tamamen pişmanlık duyma özelliğini bilirim. Yaptığı şeyi nasıl yapabildiğine inanmıyor, anlamıyor şimdi.

— Hayır, anlıyor, anladı! –diye Anna'nın sözünü kesti Dolli.– Ama ben... beni unutuyorsun... benim için kolay mı sanki?

— Dur bir dakika. Bana her şeyi anlattığında, itiraf edeyim ki, senin durumunun çok daha korkunç olduğunu anlamamıştım. Ben o zaman yalnız onu gördüm ve aile düzeninizin bozulduğunu anladım; ona acıdım, ama seninle konuştuktan sonra bir kadın olarak başka bir şey görüyorum; senin çektiğin acıları görüyorum. Sana ne kadar acıdığımı anlatamam! Dolli, canım, acılarını tam olarak anlıyorum, yalnız bir tek şeyi, yüreğinde ona karşı ne kadar sevgi kaldığını bilmiyorum. Bağışlayabilecek kadar sevgi kalıp kalmadığını bir tek sen bilirsin. Eğer varsa, bağışla onu!

— Hayır, –diye söze başladı Dolli; fakat Anna bir kez daha onun elini öperek sözünü kesti.

— Dünyayı senden daha iyi tanırım, –dedi Anna.– Stiva gibi, bu konuya onun gibi bakan insanları tanırım. Stiva'nın *o kadınla* senin hakkında konuştuğunu söylüyorsun. Böyle bir şey olmamıştır. Bu insanlar, sadakatsizlik ederler, ama yuvaları ve eşleri onlar için mukaddestir. Bu kadınlar onların nazarında bir dereceye kadar hor görülür ve aileye engel olamazlar. Bu adamlar, aileyle bunun arasında geçilmez bir tür çizgi çizer. Nedenini anlamıyorum, ama bu böyledir.

— Evet, ama o kadını öpüyordu...

— Dolli, dur canım. Stiva'yı sana âşık olduğu zaman da gördüm. Bana geldiği, senden söz ederken ağladığı günleri anımsıyorum. Sen onun için bir şiirdin, yüksek bir zirveydin ve biliyorum ki, seninle yaşadıkça sen onun için daha da yükseldin. Her sözünün peşine "Dolli, eşsiz bir kadındır" sözlerini eklediği için alay ettiğimiz bile olmuştur. Sen onun gözünde her zaman bir ilaheydin, öyle de kaldın, bu gönül macerası ise onun vicdanıyla bağdaşmaz...

— Ama ya bu macera tekrarlanacak olursa?

— Anladığım kadarıyla olamaz...

— Sen olsan onu affeder misin peki?

— Bilmiyorum, bir şey diyemiyorum... Hayır, edebilirim, –dedi Anna, biraz düşündükten sonra; ve durumu kafasında değerlendirip, iç terazisinde tarttıktan sonra şunu ekledi,– Hayır, affedebilirim, affedebilirim, affedebilirim. Evet, ben olsam affederdim. Aynı kadın olmasam da affederdim, hem de sanki böyle bir şey olmamış, hiç olmamış gibi affederdim.

Dolli, sanki Anna pek çok defa aklından geçirdiği bir şeyi söylemiş gibi hemen onun sözünü kesti:

— Tabii, yoksa bu bir bağışlama olmazdı. Affedeceksen tamamen affedeceksin. Hadi gidelim, seni odana götüreyim, –dedi Dolli ayağa kalkarak ve giderlerken Anna'ya sarıldı.– Canım benim, geldiğine ne kadar sevindim. Rahatladım, çok rahatladım.

XX

Anna o gün bütün gününü evde, yani Oblonskiylerde geçirdi ve gelişini öğrenen tanıdıklarından bazıları aynı gün ziyaretine geldiği halde hiç kimseyi kabul etmedi. Anna bütün sabahı Dolli ve çocuklarla geçirdi. Öğle yemeğine mutlaka eve gelmesi için kardeşine bir not yolladı yalnızca. "Gel, Tanrı merhametlidir," diye yazmıştı. Oblonskiy öğle yemeğini evde yedi; konuşma genel konulardandı ve karısı, daha önce yapmadığı şekilde onunla "sen" diyerek konuştu. Karıkoca ilişkisinde aynı soğukluk devam ediyordu, ama artık ayrılıktan söz edilmiyor ve Stepan Arkadyiç açıklama yapma, barışma olanağı olduğunu görüyordu.

Öğle yemeğinden hemen sonra Kiti geldi. Anna Arkadyevna'yı çok az da olsa tanıyordu ve herkesin bu kadar övdüğü bu Petersburglu sosyete hanımefendisinin kendisini nasıl karşılayacağı konusunda korkarak gelmişti ablasına. Fakat Anna Arkadyevna Kiti'den hoşlanmıştı, Kiti bunu hemen anladı. Anna galiba onun gençliğine, güzelliğine hayran olmuştu ve Kiti daha toparlanamadan kendini sadece Anna'nın etkisi altında hissetmekle kalmamış, genç kızların evli ve kendilerinden büyük hanımlara duydukları türden bir sevgi duymaya da başlamıştı. Anna bir sosyete hanımına ya da sekiz yaşında bir çocuk annesine benzemiyordu; hareketlerinin esnekliği, diriliği ve yüzüne yerleşmiş olan, bazen gülümsemesine, bazen bakışlarına taşan canlılık nedeniyle daha çok yirmi yaşında bir genç kıza benzeyebilirdi. Gözlerindeki ciddi olmasa da zaman zaman kederli ifade Kiti'yi etkiliyor ve kendine çekiyordu. Kiti, Anna'nın son derece sade biri olduğunu, hiçbir şeyini saklamadığını, ama bambaşka, kendisinin akıl erdiremeyeceği karmaşık ve şiirsel bir dünyası olduğunu hissediyordu.

Yemekten sonra Dolli odasına gittiğinde Anna hemen ayağa kalkıp sigara içmekte olan kardeşinin yanına gitti.

Neşeyle göz kırpıp onu kutsayarak ve gözleriyle kapıyı göstererek:

— Stiva, -dedi,- Git, Tanrı yardımcın olsun.

Stepan Arkadyiç, Anna'nın ne demek istediğini anlamıştı, sigarayı bırakıp kapının arkasında kayboldu.

Stepan Arkadyiç gittikten sonra Anna, çocukların arasında oturduğu divana geri döndü. Çocuklar, annelerinin bu halayı sevdiğini gördüklerinden mi, yoksa farklı bir güzelliği olduğunu kendileri de hissettiklerinden mi nedir, iki büyük, onlardan sonra da küçükler, çocukların hep yaptıkları gibi daha öğle yemeğinden önce halalarına yapışmışlar, ondan ayrılmıyorlardı. Halaya olabildiğince yakın oturmak, ona dokunmak, küçük elini tutmak, bu eli öpmek, yüzüğüyle oynamak ya da hiç olmazsa elbisesinin fırfırına dokunmak için aralarında oyun gibi bir şey de ortaya çıkmıştı.

— Pekâlâ, daha önce oturduğumuz gibi oturalım, –dedi Anna Arkadyevna yerine otururken.

Grişa başını yine onun kolunun altına sokup elbisesine yasladı, gurur ve mutlulukla gözleri parladı.

Anna, Kiti'ye:

— Balo ne zaman? –diye sordu.

— Gelecek hafta. Çok güzel bir balo olacak. Her zaman eğlenceli olan balolardan biri.

— Her zaman eğlenceli geçen balo var mı? –dedi Anna hafif alaycı bir edayla.

— Tuhaf ama var. Bobrişçevlerin baloları her zaman eğlencelidir, Nikitinlerin de öyle, ama Mejkovlarınki sıkıcıdır. Fark etmediniz mi?

— Hayır canım, benim için neşeli balo yok artık, –dedi Anna ve Kiti, onun gözlerinde kendisine açık olmayan o özel dünyayı gördü.– Benim için daha az zor ve daha az sıkıcı balolar var.

— Nasıl olur da bir balo *size* sıkıcı gelebilir?

— Neden balo *bana* sıkıcı gelmesin? –diye sordu Anna.

Kiti, Anna'nın bu soruya nasıl bir yanıt geleceğini bildiğini fark etti.

— Çünkü siz her zaman herkesten daha güzelsiniz.

Anna'nın yüzü hemen kızarıverirdi. Yüzü kızardı ve şöyle dedi:

— Birincisi, hiçbir zaman öyle olmadı; ikincisi ise, öyle olsa bile ne işime yarar?

— Bu baloya gelecek misiniz?

— Sanırım, gitmesem olmayacak. İşte bunu al, –dedi beyaz, ince parmağından kolayca çıkan bir yüzüğü çekip çıkarmaya çalışan Tanya'ya.

— Gelirseniz çok sevinirim. Sizi baloda görmeyi ne kadar çok isterim.

— Gitmek gerekirse en azından bunun sizi mutlu edeceği düşüncesiyle avunacağım. Grişa karıştırma lütfen, zaten karmakarışık hepsi, –dedi Grişa'nın oynadığı bir tutam saçı düzelterek.

— Baloda sizi leylak rengi bir elbiseyle hayal ediyorum.

— Neden ille de leylak rengi? –diye sordu Anna gülümseyerek.– Hadi çocuklar gidin, gidin. Duydunuz mu beni? Miss Hull çaya çağırıyor, –dedi çocukları yanından uzaklaştırıp yemek odasına gönderirken.

— Beni baloya neden çağırdığınızı biliyorum. Bu balodan çok şey bekliyorsunuz ve herkesin orada olmasını, herkesin katılmasını istiyorsunuz.

— Nerden bildiniz? Evet.

— Ah! Ne güzel bir yaştasınız, –diye devam etti Anna.– İsviçre dağlarındakine benzeyen o mavi sisi anımsıyor ve biliyorum. Bu sis, çocukluğun bitmek üzere olduğu o kaygısız dönemdeki her şeyin üstünü kaplar ve o çok büyük, mutlu, neşeli dairenin içinden gittikçe daralan bir yol çıkar, ışıklı ve güzel görünse de bu dar yola girmek hem keyifli, hem de müthiş bir şeydir... Bu yoldan kim geçmemiştir ki?

Kiti hiçbir şey söylemeden gülümsüyordu. Anna'nın kocası Aleksey Aleksandroviç'in hiç şiirsel olmayan dış görünüşünü anımsayarak, "O nasıl geçti acaba? Hayat hikâyesini başından sonuna bilmeyi ne kadar isterdim," diye düşündü.

— Bazı şeyler biliyorum. Stiva söyledi, sizi kutlarım. Onu çok beğendim, –diye devam etti Anna,– Vronskiy'e dün istasyonda rastladım.

— A, orada mıydı? –diye sordu Kiti kıpkırmızı kesilerek.– Stiva size ne söyledi ki?

— Stiva bana her şeyi anlattı. Ben de çok sevindim. Dün Vronskiy'in annesiyle birlikte geldim, –diye devam etti Anna,– ve annesi, hiç durmadan bana oğlundan söz etti; annesinin sevgili oğlu; annelerin nasıl taraf tuttuklarını bilirim, ama...

— Neler anlattı annesi size?

— Ah, o kadar çok şey anlattı ki! Annesinin sevgilisi olduğunu biliyorum, ama yine de tam bir şövalye olduğu belli... Örneğin, varını yoğunu kardeşine vermek istediğini, daha çocukken olağanüstü bir şey yaptığını, bir kadını boğulmaktan kurtardığını anlattı annesi. Kısacası bir kahraman, –dedi Anna gülümseyerek ve Vronskiy'in istasyonda verdiği şu iki yüz rubleyi anımsayarak.

Ama bu iki yüz rubleden söz etmedi. Nedense bunu anımsamak hoşuna gitmemişti. Bunda hiç olmaması gereken ve ucu ona dokunan bir şeyler olduğunu hissediyordu.

— Kontes kendisini ziyaret etmemi çok rica etti, –diye devam etti Anna,– ben de yaşlı kadını görmekten mutlu olacağım ve yarın ona gideceğim. –Anna konuyu değiştirerek ve Kiti'nin sezdiği kadarıyla, bir şeyden hoşnutsuzluk duyup ayağa kalkarak,– Neyse çok şükür, Stiva uzunca bir süredir Dolli'nin odasında, –diye ekledi.

Çaylarını içmiş, Anna halalarına doğru koşarak gelen çocuklar:

— Hayır, önce ben! Hayır ben! –diye bağırıyorlardı.

— Hepiniz birlikte! –dedi Anna ve gülerek çocuklara doğru koştu, sevinç çığlıkları atan bu kıpır kıpır çocuk kümesine sarılıp yere yuvarlandı.

XXI

Dolli, büyüklerin çay saatinde odasından çıktı. Stepan Arkadyiç çıkmamıştı. Karısının odasını arka kapıdan terk etmiş olmalıydı.

Dolli, Anna'ya:

— Korkarım yukarısı sana soğuk gelecek, –dedi.– Seni aşağıya taşımak istiyorum, hem daha yakın oluruz.

Anna, Dolli'nin yüzüne bakarak ve barışıp barışmadığını anlamaya çalışarak:

— Ah, lütfen benim için kaygılanma, –dedi.

— Burası sana daha aydınlık gelecek, –dedi yengesi.

— Sana söylüyorum ya, ben her yerde, her zaman mışıl mışıl uyurum.

Çalışma odasından çıkan Stepan Arkadyiç karısına:

— Neden söz ediyorsun? –diye sordu.

Ses tonundan Kiti de, Anna da barıştıklarını hemen anladılar.

— Anna'yı alt kata geçirmek istiyorum, ama perdeleri de taşımak gerekiyor. Hiç kimse bu işi beceremez, kendim yapmalıyım, –diye yanıtladı Dolli kocasına dönerek.

"Tamamen barışıp barışmadıklarını Tanrı bilir," –diye düşündü Anna, Dolli'nin soğuk ve sakin ses tonunu duyunca.

— Ah, yeter Dolli, hep zor işlerle uğraşıyorsun, –dedi Stepan Arkadyiç.– İstersen hepsini ben yaparım...

"Evet, galiba barışmışlar," diye düşündü Anna.

— Nasıl iş yaptığını biliyorum, –diye yanıtladı Dolli,– yapamayacağın şeyleri Matvey'e söylüyorsun, kendin çekip gidiyorsun, o da her şeyi birbirine karıştırıyor, –dedi ve bunu söylediği sırada her zamanki alaycı gülümsemesi Dolli'nin dudaklarının kenarlarını kırıştırdı.

"Tamamen, tamamen barışmışlar, –diye düşündü Anna,– çok şükür!" Bu barışmaya vesile olduğu için sevinen Anna, Dolli'nin yanına gidip onu öptü.

Stepan Arkadyiç karısına dönüp belli belirsiz gülümseyerek:

— Hiç de değil, neden Matvey'le beni bu kadar küçümsüyorsun? –dedi.

Dolli her zamanki gibi bütün gece kocasıyla hafiften alay etti, Stepan Arkadyiç ise halinden memnun ve neşeliydi, ama affedilen biri olarak suçunu unuttuğunu göstermeyecek kadar.

Oblonskiylerin çay masası başındaki neşeli ve hoş aile sohbeti akşam dokuz buçukta görünüşte çok basit olan bir olayla bozuldu, ama bu basit olay nedense herkese garip göründü. Petersburglu ortak tanıdıklarından söz ederken Anna hızla ayağa kalkmıştı.

— O hanımın fotoğrafı albümümde olacak, –dedi ve– hem bu arada Seryoja'mın resmini de gösteririm, –diye bir annenin gururlu gülümsemesiyle ekledi.

Genellikle oğluyla vedalaştığı ve baloya gitmeden önce onu kendi elleriyle yatağına yatırdığı saatte, yani saat ona doğru oğlundan bu kadar uzakta olduğu için hüzünlenmişti; ne konuşurlarsa, hangi konuda konuşurlarsa konuşsunlar Anna'nın aklı kıvırcık saçlı Seryoja'sına gidiyordu. Oğlunun resmine bakmak, ondan söz etmek istiyordu. İlk fırsattan yararlanıp ayağa kalkmış, hafif ve kararlı yürüyüşüyle odasına albümünü almaya gitmişti. Üst kata, kaldığı odaya çıkan merdiven büyük ve sıcacık bir sahanlığa açılıyordu.

Konuk odasından çıktığı sırada antrede bir zil sesi duyuldu.

— Kim olabilir ki? –dedi Dolli.

— Beni almaya geldilerse erken, başkası içinse geç, –dedi Kiti.

— Herhalde belgeler için biri gelmiştir,–diye ekledi Stepan Arkadyiç. Anna merdivenin yanından geçtiği sırada bir uşak, gelen kişiyi bildirmek için koşarak yukarı çıkıyor, gelen ziyaretçi ise lambanın önünde duruyordu. Anna aşağıya bakınca Vronskiy'i hemen tanıdı ve yüreğinde bir anda tuhaf bir mutluluk, aynı zamanda bir korku duygusu kıpırdandı. Vronskiy paltosunu çıkartmadan dikiliyor, cebinden bir şey çıkarıyordu. Anna merdivenin ortasına geldiği anda Vronskiy başını kaldırdı ve onu gördü, yüzünün ifadesinde utangaç ve ürkek bir şey belirdi. Anna başını hafifçe eğip geçti, arkasından Stepan Arkadyiç'in Vronskiy'i bağırarak içeri çağıran sesi ve bu daveti reddeden Vronskiy'in alçak, yumuşak ve sakin sesi duyuldu.

Anna albümü alıp geri döndüğünde Vronskiy gitmişti ve Stepan Arkadyiç, onun, ünlü bir konuk için ertesi gün verecekleri yemekle ilgili bilgi almaya geldiğini anlatıyordu.

— İçeri girmek istemedi. Ne tuhaf çocuk, –diye ekledi Stepan Arkadyiç.

Kiti'nin yüzü kızarmıştı. Onun niçin geldiğini ve neden içeri girmediğini bir tek kendisinin anladığını sanıyordu. "Bize gitti, –diye düşünüyordu,– beni bulamadı ve burada olacağımı düşündü, ama hem geç oldu, hem Anna da burada diye içeri girmedi."

Hiçbir şey söylemeden bakıştılar ve Anna'nın albümüne bakmaya koyuldular.

Bir adamın verilecek bir yemeğin ayrıntılarını öğrenmek için saat dokuz buçukta bir arkadaşına uğramasında ve içeri girmemesinde hiçbir olağanüstülük ve tuhaflık yoktu; ama bu durum herkese garip görünmüştü. En çok da Anna'ya tuhaf ve kötü gelmişti.

XXII

Kiti annesiyle birlikte çiçeklerin ve pudralı, kırmızı kaftanlı uşakların sıra sıra dizildiği, ışıklar içindeki büyük merdivene geldiği sırada balo yeni başlamıştı. Salondan, hareketlerin neden olduğu, arı kovanındaki gibi tekdüze bir hışırtı geliyordu ve onlar sütunlar arasındaki alanda karşılarındaki aynaya bakarak saçlarına ve giysilerine çekidüzen verdikleri sırada salondan ilk valsi çalmaya başlayan orkestra kemanlarının dikkatli ve canlı sesleri duyuldu. Başka bir aynanın önünde kırlaşmış favorilerini düzelten ve etrafa parfüm kokuları saçan sivil giyimli yaşlı bir adam onlarla merdivende karşılaşmış, tanımadığı Kiti'ye hayranlıkla bakarak kenara çekilip yol vermişti. Yaşlı Prens Şçerbatskiy'in *muhallebi çocukları* dediği sosyete delikanlılarından yakası son derece açık bir yelek giymiş, sakalsız bir delikanlı yürürken beyaz kravatını düzelterek onları selamladı ve yanlarından koşarak geçtikten sonra geri dönüp Kiti'yi kadrile davet etti. İlk kadril daha önceden Vronskiy'e söz verilmişti, Kiti bu delikanlıya ikinci kadrili birlikte yapma sözü verdi. Kapının yanında duran bir subay eldivenini ilikliyor ve pembeler içindeki Kiti'yi bıyıklarını sıvazlayarak hayranlıkla seyrediyordu.

Tuvaleti, saçı ve balo hazırlıklarının hepsi Kiti'nin büyük emek harcamasına, uzun uzun kafa yormasına neden olsa da şimdi pembe astarlı özenle hazırlanmış elbisesi içinde baloya o kadar rahat giriyordu ki, sanki bütün bu süs çiçekleri, danteller, tuvaletin bütün ayrıntıları onun ve evdekilerin bir dakikasını bile almamış da Kiti bu tüllerin, dantellerin içindc, bu saç modeliyle, saçının tepesindeki gülle ve iki küçük yaprakla birlikte doğmuştu.

Yaşlı prenses salona girmeden önce bükülmüş olan kemer kurdelesini düzeltmek istediğinde Kiti hafifçe geri kaçmıştı. Üzerindeki her şeyin kendiliğinden düzgün ve güzel olması gerektiğini, düzeltilecek bir şey olmadığını hissediyordu.

Kiti şanslı günlerinden birindeydi. Tuvaletinin hiçbir yeri sıkmıyordu, dantel pelerininin sarkan bir tarafı yoktu, süs çiçekleri ezilmemiş, kopmamıştı; pembe ayakkabılar ayağını sıkmadığı gibi, tersine çok rahattı. Sarı, gür takma saçlar küçük başının üzerinde kendi saçı gibi duruyordu. Kolunu saran uzun eldivenin üzerindeki üç düğmenin üçü de kopmadan iliklenmişti. Madalyonun takılı olduğu siyah kadife kurdele boynunu çok zarif bir şekilde sarıyordu. Bu kadife kurdele bir harikaydı, Kiti evde, aynanın karşısında boynuna bakarken kadife kurdelenin konuştuğunu hissetmişti. Diğer bütün şeylerden kuşku duyulabilirdi, ama kadife kurdele bir harikaydı. Kiti burada, baloda, aynada kadife kurdeleye baktığında da gülümsemişti. Kiti çıplak omuzlarında ve kollarında çok sevdiği bir duygu olan mermer soğukluğunu hissediyordu. Gözleri parlıyordu ve kırmızı dudakları çekiciliğinin farkında olduğu için gülümsemeden duramıyordu. Kiti balo salonuna girmeye ve dansa davet edilmeyi bekleyen kadınların tül-kurdele-dantel-çiçek kalabalığının yanına gitmeye (Kiti hiçbir zaman bu kalabalığın içinde durmazdı) vakit bulamadan valse davet edilmişti bile. Davet eden de balo hiyerarşisine göre baş kavalye olan ünlü balo yöneticisi, baloların protokol görevlisi, yakışıklı, boylu boslu, evli bir adam olan Yegoruşka

Korsunskiy'di. İlk tur valsi birlikte yaptığı Kontes Banina'yı bırakır bırakmaz, işini yaparken, yani dans etmeye başlayan birkaç çifte göz atarken içeri giren Kiti'yi görmüş ve sadece balo yöneticilerine özgü o laubali yürüyüşle Kiti'nin yanına gelmiş, eğilerek selam verdikten sonra dans etmek isteyip istemediğini bile sormadan ince beline sarılmak için kolunu havaya kaldırmıştı. Kiti yelpazesini verecek birini arayarak çevresine bakınınca ev sahibesi gülümseyerek yelpazeyi aldı.

— Tam zamanında gelmekle çok iyi ettiniz, –dedi Korsunskiy, Kiti'nin beline sarılarak,– geç kalmak fena bir davranış.

Kiti sol kolunu hafifçe büküp, Korsunskiy'in omzuna koydu ve pembe ayakkabıları içindeki küçük ayakları, müziğe uyarak kaygan parkenin üzerinde hızlı, hafif ve ölçülü bir şekilde hareket etmeye başladı.

— İnsan sizinle vals yaparken dinleniyor, –dedi Korsunskiy, valsin hızlı olmayan ilk adımlarını atarken.– Harika, bu ne hafiflik, précision,* –dedi Kiti'ye hemen hemen bütün iyi dostlarına söylediği şeyi söyleyerek.

Kiti, Korsunskiy'in bu övgüsü üzerine gülümsedi ve onun omzunun üstünden salonu gözden geçirmeye devam etti. Kiti, balodaki bütün yüzleri büyülü bir tek anıda birleştiren, baloya ilk kez gelmiş biri değildi; balo balo gezen ve bütün yüzleri bıkacak kadar tanıyan kızlardan da değildi; bu ikisinin ortasındaydı, heyecanlıydı, ama etrafını gözlemleyebilecek kadar da kendisine hâkimdi. Salonun sol köşesinde toplumun en kalburüstü kesiminin toplandığını görüyordu. Korsunskiy'in karısı, olağanüstü dekolte giyinmiş güzeller güzeli Lidi oradaydı. Ev sahibi hanım da oradaydı, her zaman toplumun kalburüstü kesiminin yanında olan Krivin'in dazlak kafası da orada parlıyordu; delikanlılar yanlarına yaklaşmayı göze alamayarak uzaktan bu gruba bakıyordu; Stiva'yı gözleriyle arayıp orada buldu, sonra da siyah kadife bir tuvalet giymiş

* Dakiklik, doğruluk. (Fr.)

olan Anna'nın harika bedenini ve güzel başını gördü. O da buradaydı. Kiti, Levin'in teklifini reddettiği akşamdan beri onu görmemişti. Uzağı çok iyi gören gözleriyle onu hemen tanıdı, hatta kendisine baktığını bile fark etti.

— Bir tur daha atalım mı? Yorulmadınız ya? –dedi Korsunskiy hafiften soluğu kesilerek.

— Hayır, teşekkür ederim.

— Sizi ne tarafa götüreyim?

— Karenina burada galiba... onun yanına götürün.

— Nereye emrederseniz.

Ve Korsunskiy, adımlarını hafifleterek ve "Pardon, mesdames, pardon, pardon, mesdames" diyerek salonun sol köşesindeki kalabalığa doğru vals yaparak ilerledi. Dantel, tül ve kurdele denizinde zikzaklar çizerek, ama tek bir tüle bile takılmaksızın damını döndürdü ve bu dönüş sırasında Kiti'nin ajurlu çoraplar içindeki ince bacakları ortaya çıktı, tuvaletinin kuyruğu ise yelpaze gibi açılıp Krivin'in dizlerini örttü. Korsunskiy, eğilip selam verdi, göğsünü ileri çıkarttı ve Kiti'yi Anna Arkadyevna'nın yanına götürmek için kolunu uzattı. Kiti, kıpkırmızı olarak tuvaletinin kuyruğunu Krivin'in dizlerinden kurtardı ve biraz başı dönmüş bir halde etrafına bakınarak Anna'yı aradı. Anna, Kiti'nin ille de giymesini istediği gibi leylak rengi bir elbise değil, eski bir fildişinden yontulmuş gibi görünen dolgun omuzlarını ve göğüslerini, incecik, küçücük elleriyle yumuşacık kollarını açıkta bırakan siyah kadife bir tuvalet giymişti. Tuvaletin her tarafı Venedik güpürüyle kaplıydı. Başında, katışıksız sırf kendisine ait olan siyah saçlarının arasında küçük bir hercai menekşe çelengi vardı ve aynısından bir çelenk de beyaz danteller arasındaki siyah kemer kurdelesinin üzerinde bulunuyordu. Saç modeli dikkat çekici değildi. Sadece keyfince kıvrılarak her zaman ensesinden ve şakaklarından taşan ve onu güzelleştiren küçük kıvırcık bukleler dikkati çekiyordu. Yontulmuş kadar düzgün ve sağlam boynunda bir dizi inci vardı.

Kiti, Anna'yı her gün görüyordu, ona hayrandı ve onu kesin olarak leylak rengi bir elbiseyle hayal ediyordu. Fakat şimdi, onu siyah bir elbiseyle görünce güzelliğinin tümünü anlamadığını hissetti. Şimdi onu kendisi için yepyeni ve hiç beklemediği bir şekilde görüyordu. Artık Anna'nın leylak rengi bir elbise içinde olamayacağını ve güzelliğinin, üzerindeki tuvaletten her zaman daha önde olmasından, üzerindeki tuvaletin hiçbir zaman göze görünmemesinden kaynaklandığını anlamıştı. Kabarık dantelli siyah elbisesi de üzerinde görünmüyordu; bu sadece bir çerçeveydi ve sadece doğal, sade, zarif ve aynı zamanda neşeli ve canlı bir kadın olarak o görünüyordu.

Her zamanki gibi dimdik duruyordu ve Kiti bu grubun yanına geldiğinde başını hafifçe ev sahibi beyden yana çevirmiş, onunla konuşuyordu.

— Hayır, ben taş atmıyorum, –diye ev sahibinin bir sözüne karşılık veriyordu,– her ne kadar anlamasam da, –diye omuzlarını silkerek devam etti ve aynı anda bir koruyucunun tatlı gülümsemesiyle Kiti'ye döndü. Kiti'nin tuvaletine kadınca, hızlı bir bakış attıktan sonra tuvaletini ve güzelliğini takdir ettiğini gösteren, belli belirsiz, ama Kiti'nin anladığı bir hareket yaptı başıyla.– Siz salona bile dans ederek giriyorsunuz, –diye de ekledi.

— Benim en güvenilir yardımcılarımdan biri, –dedi Korsunskiy daha önce görmediği Anna Arkadyevna'nın önünde eğilerek.– Prenses, balonun neşeli ve güzel geçmesine yardımcı oluyor. Bir tur valse ne dersiniz Anna Arkadyevna? –dedi eğilerek.

— Siz tanışıyor musunuz? –diye sordu ev sahibi bey.

— Biz kiminle tanışmıyoruz ki? Karımla ben beyaz kurtlar gibiyiz, herkes bizi tanıyor, –diye yanıtladı Korsunskiy.– Bir tur vals Anna Arkadyevna.

— Dans etmemek mümkünse dans etmiyorum, –dedi Anna.

— Ama şimdi dans etmemek mümkün değil, –dedi Korsunskiy.

Bu sırada Vronskiy yanlarına gelmişti.

Vronskiy'in selam verdiğini fark etmeyen Anna:

— Pekâlâ madem bugün dans etmemek mümkün değilmiş, o zaman dans edelim, –dedi ve hemen elini kaldırıp Korsunskiy'in omzuna koydu.

Vronskiy'in selamına Anna'nın bilerek karşılık vermediğini fark eden Kiti, "Ondan niye hoşlanmıyor?" diye düşündü. Vronskiy, Kiti'ye yaklaştı, ilk kadrili kendisine söz verdiğini hatırlatarak, bu arada onu görmek zevkinden yoksun kaldığını söyledi. Kiti dans eden Anna'ya hayranlıkla bakıyor ve bir yandan da Vronskiy'i dinliyordu. Kendisini valse davet etmesini bekliyordu, ama Vronskiy davet etmeyince şaşkınlıkla onun yüzüne baktı. Vronskiy kıpkırmızı olup hemen valse davet etti, ama tam Kiti'nin ince beline sarılmış ve ilk adımı atmıştı ki, müzik birden durdu. Kiti bu kadar yakınındaki Vronskiy'in yüzüne baktı ve onun karşılık vermediği bu sevgi dolu bakış, yıllar sonra bile Kiti'nin yüreğini hâlâ acı veren bir utançla oymaya devam etti.

Korsunskiy salonun öbür tarafından:

— Pardon, pardon! Vals, vals! –diye bağırdı, sonra karşısına çıkan ilk kıza sarılıp dans etmeye başladı.

XXIII

Vronskiy, Kiti'yle birkaç tur vals yaptı. Valsten sonra Kiti annesinin yanına gitti ve Vronskiy, ilk kadril için yanına gelinceye kadar Nordston'la birkaç kelime konuşacak zaman buldu. Kadril sırasında önemli bir şey konuşulmadı, kâh Vronskiy'in kırk yaşlarında sevimli çocuklar diye çok komik bir şekilde betimlediği karıkoca Korsunskiy'ler, kâh ileride kurulacak olan halk tiyatrosu hakkında kesik kesik konuşmalar oldu ve yalnızca bir kez konuşma, Kiti açısından hassas bir konuya değindi, Vronskiy, Levin'in orada olup olmadığını sorduktan sonra ondan çok hoşlandığını sözlerine ekledi. Ancak Kiti'nin kadrilden beklediği daha fazla bir şey yoktu.

Mazurkayı beklerken yüreği duracak gibiydi. Mazurkada her şey belli olacakmış gibi geliyordu ona. Kadril yaparken Vronskiy'in onu mazurkaya davet etmemesi Kiti'yi endişelendirmemişti. Önceki balolarda olduğu gibi mazurkayı onunla yapacağından emindi ve daha önce verilmiş sözü olduğunu söyleyerek beş kişinin mazurka davetini geri çevirmişti. Son kadrile kadar bütün balo Kiti için sevinç dolu renklerden, seslerden ve hareketlerden oluşan büyülü bir düştü. Sadece kendini aşırı yorgun hissettiği zamanlarda dans etmiyor, dinlenmek istediğini söylüyordu. Ancak son kadrili geri çeviremediği sıkıcı delikanlılardan biriyle yaparken Vronskiy ve Anna'yla vis-à-vis* kalmıştı. Baloya geldiğinden beri Anna'yla karşı karşıya gelmemişti ve birden onu yine yepyeni ve beklenmedik bir halde gördü. Anna'da kendisinin de çok iyi bildiği bir özelliği, başarıdan kaynaklanan coşkuyu görüyordu. Anna'nın onu coşturan hayranlık şarabıyla sarhoş olduğunu görüyordu. Bu duyguyu biliyordu, bu duygunun belirtilerini de biliyordu ve bu belirtileri Anna'da görüyordu: gözlerinde titreyen, alev alev yanan parıltı, mutluluk ve heyecandan dudaklarını elinde olmadan çarpıtan gülümsemesi, zarafeti, hareketlerindeki uyum ve hafiflik.

"Kim bunun nedeni? –diye sordu Kiti kendi kendine.– Herkes mi, yoksa bir kişi mi?" Aralarında geçen konuşmada ipin ucunu kaçırmış, bir türlü toparlayamayan sıkıntı içindeki kavalyesine yardımcı olmaksızın, herkesi bir Grand rond'a,** bir chaîne'e*** çağıran Korsunskiy'in neşeli ve buyurucu çığlıklarına görünüşte ayak uyduruyormuş gibi yapan Kiti çevreyi gözetliyor ve yüreği giderek daha fazla sıkışıyordu. "Hayır, onu sarhoş eden kalabalığın hayranlıkla kendisini seyretmesi değil, tek bir erkeğin hayranlığı. Bu erkek kim

---

* Karşı karşıya. (Fr.)

** Büyük çember. (Fr.)

*** Zincir. (Fr.)

peki? O olmasın sakın?" Vronskiy'le her konuştuğunda Anna'nın gözlerinden bir sevinç ışıltısı geçiyor, bir mutluluk gülümsemesi kırmızı dudaklarını çarpıtıyordu. Bu sevinç işaretlerini göstermemek için sanki kendisiyle savaşıyordu, ama bu işaretler Anna'nın yüzünde kendiliğinden ortaya çıkıyordu. "Peki ya o?" Kiti, Vronskiy'e baktı ve korkuya kapıldı. Anna'nın yüzünde bir ayna misali apaçık gördüğü şeyi, Vronskiy'in yüzünde de görmüştü. Her zamanki rahat, kararlı tavrı ve yüzünün sakin, kaygısız ifadesi nereye gitmişti? Hayır, şimdi Anna'yla konuşurken her defasında sanki onun dizlerinin dibine düşmek istiyormuş gibi, başını hafifçe eğiyordu ve bakışlarında yalnızca bir boyun eğiş ve korku ifadesi görülüyordu. "İncitmek istemiyorum, –her defasında sanki Vronskiy'in bakışı böyle diyordu,– kendimi kurtarmak istiyorum, ama bunu nasıl yapacağımı bilmiyorum." Vronskiy'in yüzünde Kiti'nin daha önce hiç görmediği bir ifade vardı.

Ortak tanıdıklarından konuşuyorlardı, aralarındaki çok önemsiz bir konuşmaydı, ancak ikisinin her söylediği sözcük, onların ve kendisinin kaderini belirliyormuş gibi geliyordu Kiti'ye. Aslında İvan İvanoviç'in Fransızcasının ne kadar komik olduğundan, Yeletskaya için daha iyi bir kısmet bulunabileceğinden söz ettikleri halde, yine de bu konuşmaların onlar için önemli olması ve Kiti'nin hissettiği şeyi onların da hissetmesi garip bir durumdu. Kiti'nin ruhunda her şey, bütün balo, bütün sosyete bir sisle kaplandı. Ancak aldığı sert eğitim onu ayakta tutuyordu ve kendisinden bekleneni yapmak, yani dans etmek, sorulan soruları yanıtlamak, konuşmak, hatta gülümsemek zorunda bırakıyordu. Fakat mazurka başlamadan, artık sandalyeler sıralanmaya başlandığında ve bazı çiftlerin küçük salonlardan büyük salona doğru harekete geçtiği sırada Kiti bir an umutsuzluğa ve korkuya kapıldı. Beş kişinin dans davetini geri çevirmişti ve şimdi mazurkaya katılamıyordu. Sosyetede son derece büyük bir başarıya sahip olduğu ve şu ana kadar dansa davet edilmediği düşüncesi hiç kimsenin aklına gelmediği için de bir davet alma umudu yoktu artık. Annesine hasta olduğunu söylemeli ve eve gitmeliydi, ama bunu yapacak gücü yoktu. Kendisini ezilmiş hissediyordu.

Küçük konuk odasının bir köşesine gidip kendisini bir koltuğa bıraktı. Tuvaletinin çok hafif olan eteği incecik bedeninin çevresinde bir bulut gibi yükseldi; güçsüzce bırakılmış zayıf, çıplak, tatlı genç kız eli pembe jüponun pililerinin arasında kayboldu; öbür elinde bir yelpaze tutuyor ve hızlı, kısa hareketlerle alev alev yanan yüzünü yelpazeliyordu. Ancak incecik bir otun üzerine biraz önce konmuş ve her an havalanmaya, gökkuşağı rengindeki kanatlarını açmaya hazır bu kelebek görünümünün aksine korkunç bir umutsuzluk yüreğini yakıyordu.

"Belki de yanılıyorum, belki öyle bir şey yoktur?"

Sonra gördüğü her şeyi yeniden anımsıyordu.

Yumuşak halının üzerinde ses çıkarmadan yanına gelen Kontes Nordston:

— Kiti, bu nasıl şey böyle? Hiçbir şey anlamıyorum, – dedi.

Kiti'nin alt dudağı titredi, hızla ayağa kalktı.

— Kiti, sen mazurka yapmıyor musun?

— Hayır, hayır, –dedi Kiti gözyaşlarından titreyen bir sesle.

— Benim yanımda onu mazurkaya davet etti, –dedi Nordston, onların kim olduklarını Kiti'nin anlayacağını bilerek.– O da, "Siz Prenses Şçerbatskaya'yla dans etmeyecek misiniz?" diye sordu.

— Ah, benim için fark etmez! –diye karşılık verdi Kiti.

Kendisinden başka hiç kimse onun durumunu anlamaz, dün belki de sevdiği bir adamı reddettiğini ve sırf diğerine güvendiği için reddettiğini hiç kimse bilemezdi.

Kontes Nordston birlikte mazurka yaptığı Korsunskiy'i buldu ve ona Kiti'yi dansa davet etmesini söyledi.

Kiti ilk çiftte dans ediyordu ve Korsunskiy, işiyle ilgili emirler vererek sürekli koşturduğu için neyse ki Kiti'nin konuşması gerekmiyordu. Vronskiy, Anna'yla birlikte Kiti'nin neredeyse karşısında oturuyordu. Uzaktan keskin gözleriyle onları görüyordu, çiftler karşı karşıya geldikleri zaman da onları yakından görüyordu. Onları ne kadar çok görürse başına gelen mutsuzluktan o kadar emin oluyordu. Bu kalabalık salonda kendilerini baş başa gibi hissettiklerini, her zaman o kadar kendinden emin ve bağımsız olan Vronskiy'in yüzünde kendisini etkileyen bir şaşkınlık ve boyun eğme ifadesi görüyordu. Bu ifade kabahat işlemiş akıllı bir köpeğin yüzündeki ifadeyi andırıyordu.

Anna gülümsüyor, gülümsemesi Vronskiy'e bulaşıyordu. Anna dalgınlaşıyor, Vronskiy de ciddileşiyordu. Doğaüstü bir güç Kiti'nin gözlerini Anna'nın yüzüne çekiyordu. Anna, sade, siyah tuvaletinin içinde harikaydı, bileziklerle süslü tombul kolları harikaydı, inci dizisiyle sağlam boynu harikaydı, dağılmış kıvırcık saçları harikaydı, küçük ayaklarının ve ellerinin hafif ve zarif hareketleri harikaydı, tüm canlılığı içinde bu güzel yüz harikaydı; ama onun bu güzelliğinde korkunç ve sert bir şey vardı.

Kiti, ona eskisinden daha çok hayran oluyor ve giderek daha çok acı çekiyordu. Kendisini ezilmiş gibi hissediyor, yüzü de bu ezilmişliği ifade ediyordu. Mazurkada karşı karşıya geldiklerinde Vronskiy onu görünce birden tanıyamadı. Kiti öylesine değişmişti.

Bir şey söylemiş olmak için:

— Harika bir balo! –dedi Vronskiy.

— Evet, –diye yanıtladı Kiti.

Mazurkanın ortalarında Anna, Korsunskiy tarafından yeni uydurulmuş zor bir figürü tekrarlayarak çemberin ortasına çıktı, iki kavalye aldı ve bir hanımla Kiti'yi yanına çağırdı. Kiti, Anna'nın yanına yaklaşırken ona korkuyla bakıyordu. Anna, gözlerini kısıp Kiti'ye baktı ve elini sıkıp gülümsedi. Fakat Kiti'nin yüzünün onun gülümsemesine bir umutsuzluk ve hayret ifadesiyle karşılık verdiğini fark edince arkasını dönerek diğer hanımla neşeli bir şekilde konuşmaya başladı.

"Evet, onda yabancı, şeytanca ve çok güzel bir şey var," – dedi Kiti kendi kendine.

Anna akşam yemeğine kalmak istemiyordu, ama ev sahibi kalması için ısrar etmeye başlamıştı.

Korsunskiy, Anna'nın çıplak kolunu kendi frakının altına alıp:

— Kalın Anna Arkadyevna, –diye konuşmaya başladı. Çok güzel bir cotillon* fikrim var! Un bijou!**

Sonra Anna'nın ilgisini çekmeye çalışarak bir iki hareket yaptı. Ev sahibi takdir ederek gülümsüyordu.

— Hayır, kalmayacağım, –dedi Anna, gülümseyerek; Korsunskiy de, ev sahibi de gülümsemesine karşın kararlı ses tonundan onun yemeğe kalmayacağını anlamışlardı.

Anna, yanında duran Vronskiy'e göz ucuyla bakarak:

— Hayır, Moskova'daki tek bir baloda Petersburg'da bütün kış boyunca dans ettiğimden daha fazla dans ettim. Yola çıkmadan dinlenmem gerek, –dedi.

— Yarın gitmekte kararlı mısınız? –diye sordu Vronskiy.

— Evet, sanırım, –dedi Anna, Vronskiy'in sorduğu sorudaki cüretkârlığa âdeta şaşırarak; ancak Anna bunu söylediğinde gözlerindeki ve gülümsemesindeki titrek pırıltı Vronskiy'i yakıp kavurmuştu.

Anna Arkadyevna yemeğe kalmadı ve gitti.

XXIV

Levin, Şçerbatskiylerden çıkıp yürüyerek ağabeyine giderken, "Evet, bende ters, itici bir şey var, –diye düşünüyordu.– Ayrıca başkalarının işine yaramıyorum. Gurur, diyorlar. Hayır, gururlu da değilim. Gururum olsaydı, kendimi bu duruma düşürmezdim." Akşam düştüğü o korkunç duruma herhalde hiç düşmemiş

---

* Bir tür dans. (ç.n.)

** Çok güzel bir şey! (Fr.)

olan şanslı, iyi, akıllı ve sakin Vronskiy'i gözünün önüne getirdi. "Evet, onu seçmeliydi. Öyle gerekirdi, hiç kimseden, hiçbir şeyden şikâyet etmeye hakkım yok. Kendim suçluyum. Hayatını benimkiyle birleştirmek isteyeceğini düşünme hakkına nasıl sahip olabildim? Ben kimim? Neyim? Hiç kimse için gerekli olmayan önemsiz bir adam." Sonra ağabeyi Nikolay'ı anımsadı ve bu anısının üzerinde sevinçle durdu. "Dünyadaki her şeyin kötü ve iğrenç olduğunu söylerken haksız mı? Ayrıca ağabeyim Nikolay'ı adil bir şekilde yargıladığımızı da sanmıyorum. Elbette onu sırtında yırtık pırtık bir kürkle ve sarhoş halde gören Prokofiy açısından iğrenç bir adamdır; ama ben onu farklı tanıyorum. Ben onun ruhunu tanıyorum ve birbirimize benzediğimizi biliyorum. Ama onu arayıp bulacağıma yemeğe gittim, sonra da buraya geldim." Levin, fenerin yanına gitti, cüzdanındaki adresi çıkarıp okudu ve bir arabacıya seslendi. Uzun yol boyunca Levin, ağabeyi Nikolay'ın hayatından bildiği bütün olayları canlı bir şekilde aklından geçirdi. Ağabeyinin üniversitedeyken ve üniversiteden sonra arkadaşlarının alaylarına karşın bütün dinsel törenleri, ayinleri, perhizleri titizlikle yerine getirerek nasıl bir keşiş gibi yaşadığını ve her türlü zevkten, özellikle de kadınlardan nasıl uzak durduğunu, sonra birden nasıl azıp yoldan çıktığını, en iğrenç adamlarla düşüp kalktığını ve tam bir serseri hayatına daldığını anımsıyordu. Sonra eğitmek için köyden aldığı küçük bir çocukla olan hikâyesini, bir öfke nöbeti sırasında çocuğu dövdüğünü, sakatlığa neden olmak suçundan hakkında dava açıldığını anımsıyordu. Sonra kumar oynarken para kaptırdığı bir dolandırıcıyla olan macerasını anımsıyordu. Adama senet vermiş ve daha sonra bu senede dayanarak kendisini dolandırdığını ileri sürmüş ve şikâyette bulunmuştu. (Sergey İvanıç'ın ödediği bu paraydı.) Sonra rezalet çıkarttığı için karakolda gecelediğini anımsıyordu. Ağabeyi Nikolay'ın, kardeşleri Sergey İvanıç'a karşı annesinin çiftliğinden sözde kendisine düşen payı vermediği için açtığı o yüz kızartıcı davayı anımsıyordu; ve batı illerine çalışmaya gittiğinde amirini dövdüğü için orada mahkemeye verildiği son olayı... Bunların hepsi de son derece çirkin şeylerdi, ama Nikolay Levin'i tanımayan, onun tüm hikâyesini ve yüreğinin içini bilmeyenlerin gözlerinde canlandırdıkları kadar iğrenç gelmiyordu Levin'e.

Levin, Nikolay'ın sofuluk, perhizler, keşişler, kilise ayinleri döneminde olduğu, tutkulu yapısının dizginlerini dinde aradığı dönemde hiç kimsenin ona destek olmadığı gibi, kendisi de dâhil herkesin Nikolay'la alay ettiğini anımsıyordu. Onu kızdırıyorlardı, Nuh diye, keşiş diye ad takıyorlardı; yoldan çıktığında ise hiç kimse ona yardım etmemiş, herkes korkuyla ve tiksintiyle yüz çevirmişti.

Levin, Nikolay ağabeyinin ruhunda, ruhunun en temelinde, yaşamındaki bütün çirkinliğe karşın en az kendisini hor gören insanlar kadar haklı olduğunu hissediyordu. Böyle taşkın bir karakterle ve kıt bir akılla doğmuş olması onun suçu değildi. Ama her zaman iyi bir insan olmak isterdi. Levin, saat on birde adreste belirtilen otele yaklaştığında "Ona her şeyi açık açık söyleyeceğim, onu da açık konuşmaya zorlayacağım ve onu sevdiğimi, bu yüzden de onu anladığımı göstereceğim," diye kendi kendine karar vermişti.

Levin'in sorusu üzerine kapıcı:

— Üst katta on iki ve on üç numara, –diye yanıt verdi.

— Odasında mı?

— Odasında olmalı.

On iki numaralı odanın kapısı yarı açıktı ve buradan bir ışık demeti içinde kötü ve hafif bir tütünün yoğun dumanı dışarı çıkıyor, Levin'in tanımadığı bir ses duyuluyordu; ama Levin, kardeşinin burada olduğunu hemen anlamıştı; onun öksürüğünü işitmişti.

Kapıdan içeri girdiğinde tanıdık olmayan ses şöyle diyordu:

— Her şey, işin ne kadar akıllıca ve bilinçli yapıldığına bağlıdır.

Konstantin Levin kapıdan içeri bir göz attı ve Rus usulü kısa bir palto giymiş, saçları kocaman bir şapka gibi duran genç bir adamın konuştuğunu, kolsuz ve yakasız yünlü bir elbise giymiş, yüzü çiçek bozuğu genç bir kadının da divanın üzerinde oturduğunu gördü. Ağabeyi görünmüyordu. Ağabeyinin ne kadar yabancı insanlar arasında yaşadığı düşüncesi Konstantin'in yüreğini acıyla sıkıştırdı. Hiçbiri geldiğini duymamıştı; Konstantin galoşlarını çıkartırken kısa paltolu beyefendinin söylediklerine kulak kabartıyordu. Genç adam bir işletmeden söz ediyordu.

— Ayrıcalıklı sınıfların hepsinin canı cehenneme, –dedi ağabeyinin sesi öksürerek.– Maşa! Bize akşam yemeği bul ve eğer kaldıysa içki getir, yoksa da aldırt.

Kadın ayağa kalktı, bölmenin ardından çıktı ve Konstantin'i gördü.

— Bir bey gelmiş, Nikolay Dmitriç, –dedi kadın.

— Kimi istiyormuş? –dedi Nikolay Levin'in sesi öfkeyle.

— Benim, –dedi Konstantin Levin ortaya çıkarak.

— *Ben* kim oluyor? –dedi Nikolay'ın sesi daha da öfkeli bir şekilde.

Bir şeye tutunarak hızla ayağa kalktığı duyuldu ve Levin, önündeki kapıda ağabeyinin bu kadar tanıdık, her şeye rağmen yabaniliği ve hastalıklı haliyle insanı etkileyen, gözleri korkudan iri iri açılmış, uzun boylu, zayıf, hafifçe kambur bedenini gördü.

Üç yıl önce Konstantin Levin'in onu son kez gördüğünden daha da zayıftı. Üzerinde kısa bir redingot vardı. Elleri ve parmaklarının geniş kemikleri daha da büyük görünüyordu. Saçları seyrelmişti, dudağının üstünde aynı düz bıyıklar duruyordu, aynı gözler içeri giren adama tuhaf, saf saf bakıyordu.

Kardeşini tanıyınca:

— A, Kostya! –dedi birden ve gözleri sevinçle parladı. Ama aynı anda da genç adama bakıp, sanki boyunbağı sıkıyormuş gibi başıyla ve boynuyla Konstantin'in çok iyi bildiği bir hareket yaptı; zayıf yüzüne bambaşka, yabani, acı çektiğini gösteren sert bir ifade gelip oturdu.

— Sizi tanımadığımı, tanımak da istemediğimi hem size, hem Sergey İvanıç'a yazmıştım. Ne istiyorsun, niye geldin?

Konstantin'in gözünde canlandırdığından çok farklıydı. Konstantin Levin, onu düşündüğünde karakterinin en zor ve en kötü yanını, kendisiyle konuşmayı bu derece zorlaştıran yanını unutmuştu; şimdi, onun yüzünü, özellikle de başını sinirli bir şekilde döndürüşünü gördüğünde bunların hepsini anımsamıştı.

— Gelişimin bir nedeni yok, –diye çekinerek yanıtladı Konstantin Levin.– Sadece seni görmeye geldim.

Kardeşinin çekingenliği Nikolay'ı galiba yumuşatmıştı. Dudakları titredi.

— Demek öyle? –dedi.– Pekâlâ, içeri gir, otur. Yemek yemek ister misin? Maşa, üç porsiyon yemek getir. Hayır, dur. Bu kim biliyor musun? –diye kısa paltolu adamı göstererek kardeşine döndü.– Bu, benim Kiev'den arkadaşım, Bay Kritskiy, mükemmel bir adamdır. Namussuz, adi biri olmadığı için pek tabii ki polis peşinde.

Sonra alışkanlığı gereği odadakilerin hepsine tek tek baktı. Kapıda dikilen kadının öne doğru hamle yaptığını görünce "Sana dur dedim," diye bağırdı. Bir kez daha herkese tek tek bakarak Konstantin Levin'in çok iyi bildiği acemilik ve tutarsızlıkla kardeşine Kritskiy'in hikâyesini, yoksul öğrencilere yardım derneği ve pazar okulları kurduğu için üniversiteden atıldığını, daha sonra bir halk okuluna öğretmen olarak girdiğini, buradan da aynı şekilde atıldığını ve ondan sonra da bir nedenle yargılandığını anlatmaya koyuldu.

Konstantin Levin, ortaya çıkan sıkıntılı sessizlik durumunu bozmak için Kritskiy'e:

— Kiev Üniversitesi'nden misiniz? –dedi.

— Evet, Kiev'dendim, –dedi Kritskiy, kaşlarını çatıp sinirli bir şekilde.

— Bu kadın ise, –diye Kritskiy'in sözünü kesti Nikolay Levin, kadını göstererek,– benim hayat arkadaşım, Marya Nikolayevna. Onu bir genelevden aldım, –bunu söylerken boynu titredi.– Ama onu sever ve sayarım, beni tanımak isteyen herkesten de, –diye kaşlarını çatarak ve sesini yükselterek ekledi,– onu sevip saymasını rica ediyorum. Ne de olsa benim karım sayılır. İşte artık kimlerle birlikte olduğunu biliyorsun. Ve eğer aşağılandığını düşünüyorsan, hemen çekip gidebilirsin.

Sonra gözlerini bir kez daha hepsinin üzerinde gezdirdi.

— Neden aşağılanacakmışım, anlamadım.

— O zaman Maşa, söyle de bize yemek getirsinler: Üç porsiyon, votka ve şarap da... Hayır, dur... Hayır, gerek yok... Git.

XXV

— İşte görüyorsun, –diye devam etti Nikolay Levin. Alnındaki kırışıklık derinleşmiş, tiki artmıştı. Galiba ne söyleyeceğini ve ne yapacağını toparlamakta zorluk çekiyordu.– İşte görüyorsun... –Odanın bir köşesindeki iplerle bağlı birtakım demir çubukları gösterdi.– Şunları görüyor musun? Giriştiğimiz yeni işin başlangıcı onlar. Bir üretim birliği...

Konstantin neredeyse hiç dinlemiyordu. Ağabeyinin veremli yüzüne dikkatle bakıyor, ona gittikçe daha fazla acıyordu, ağabeyinin üretim birliğiyle ilgili anlattıklarını dinlemeye zorlayamıyordu kendini. Bu birliğin onu kendi kendisinden nefret etmekten kurtaracak tek cankurtaran simidi olduğunu düşünüyordu. Nikolay Levin konuşmaya devam ediyordu:

— Sermayenin işçiyi ezdiğini bilirsin. Bizde işin bütün ağırlığını işçiler, köylüler taşır ve öyle bir durumdadırlar ki, ne kadar çalışırlarsa çalışsınlar bu hayvanca durumdan kurtulamazlar. İşçilerin durumlarını düzeltmelerini, kendilerine boş zaman ve dolayısıyla eğitim olanağı sağlayacak iş ücretinden elde edilmiş artı değerlerin hepsi, bütün ücret fazlalıkları kapitalistler tarafından ellerinden alınır. Toplumun öyle bir düzeni var ki, işçiler ne kadar çok çalışırsa tüccarlar ve toprak sahipleri o kadar çok para kazanır, onlarsa her zaman işçi hayvanlar olarak kalır. Bu düzeni değiştirmek gerek, –diye bitirdi ve kardeşinin yüzüne soru sorar gibi baktı.

Konstantin, ağabeyinin çıkık elmacık kemiklerinin altından beliren kırmızılığa bakarak:

— Evet, elbette, –dedi.

— Tüm üretimin, kârın, en önemlisi de üretim araçlarının, her şeyin ortak olacağı bir tesviyeci birliği kuruyoruz.

— Nerede olacak bu birlik? –diye sordu Konstantin Levin.

— Kazan ilinin Vozdremo köyünde.

— İyi de neden köyde? Bence köylerde zaten iş çok. Köyde tesviyeci birliğinin ne işi var?

Nikolay Levin, karşı çıkılmasına sinirlenerek:

— Çünkü köylüler eskiden olduğu gibi şimdi de köledir ve onların bu kölelikten kurtarılmasını istemek sizin ve Sergey İvanıç'ın hoşuna gitmez, –dedi.

Bu sırada Konstantin Levin, karanlık ve kirli odayı gözden geçirerek derin bir iç çekti. Bu iç çekiş galiba Nikolay'ı daha da çok kızdırmıştı.

— Sergey İvanıç'la sizin aristokrat görüşlerinizi biliyorum. Onun bütün zihin gücünü var olan kötülükleri haklı çıkarmak için kullandığını da biliyorum.

— Hayır, hem neden Sergey İvanıç'ın lafını ediyorsun? –dedi Levin gülümseyerek.

— Sergey İvanıç mı? İşte şunun için! –Nikolay Levin, Sergey İvanıç'ın adı geçince birden bir çığlık atmıştı.– İşte şunun için... Aman söyleyince ne olacak? Sadece... Bana niye geldin sen? Bunları küçümsüyorsun, çok güzel, o zaman Tanrı yolunu açık etsin, güle güle git! –diye bağırdı oturduğu sandalyeden kalkarak.– Git, git hadi!

— Hiç de küçümsemiyorum, –dedi Konstantin Levin çekinerek.– Tartışmıyorum bile.

Bu sırada Marya Nikolayevna geri dönmüştü. Nikolay Levin öfkeyle kadına baktı. Marya Nikolayevna hemen onun yanına gelip bir şeyler fısıldadı.

Nikolay Levin biraz sakinleşip, zorlukla nefes alarak:

— Hastayım, sinirli oldum, –dedi.– Sonra da sen bana Sergey İvanıç'tan ve onun makalesinden söz ediyorsun. Bunların hepsi saçma, yalan, kendi kendini aldatma. Adaletin ne olduğunu bilmeyen bir adam adalet hakkında ne yazabilir? Siz onun makalesini okudunuz mu? –diye Kritskiy'e sordu. Tekrar masanın başına geçip oturmuştu, dökülmüş sigaraları yer açmak için masanın ortasına doğru itiyordu.

Kritskiy, herhalde konuşmaya girmek istemediğinden suratını asarak:

— Okumadım, –dedi.

— Neden? –diye şimdi de öfkeyle Kritskiy'e dönmüştü Nikolay Levin.

— Çünkü bunun için zaman kaybetmeyi gerekli görmüyorum.

— Bağışlayın ama zaman kaybedeceğinizi nerden biliyorsunuz? Pek çok kişi bu makaleyi anlayamaz, yani onların anlayabileceğinden daha üstündür. Ama bana gelince, iş farklı, ben onun düşüncelerini baştan sona bilirim, zayıflığının nerden ileri geldiğini de bilirim.

Herkes susmuştu. Kritskiy ağır ağır kalkıp şapkasını aldı.

— Yemek yemek istemiyor musunuz? Pekâlâ, güle güle. Yarın tesviyeciyle birlikte gelin.

Kritskiy çıkar çıkmaz Nikolay Levin gülümsedi ve göz kırptı.

— O da kötü, –dedi.– Görüyorum...

Fakat tam bu sırada Kritskiy, kapıdan ona seslenmişti.

— Daha ne istiyorsun? –diyerek Kritskiy'in yanına, koridora gitti. Marya Nikolayevna'yla yalnız kalan Levin:

— Kardeşimle uzun süredir mi birliktesiniz? –diye sordu.

— Evet, iki yıldır. Sağlıkları çok bozuldu. Çok içiyorlar, –dedi kadın.

— Yani nasıl içiyor?

— Votka içiyorlar, oysa kendilerine zararlı.

— Çok mu içiyor? –diye fısıldadı Levin.

— Evet, –dedi kadın, Nikolay Levin'in göründüğü kapıya ürkek ürkek bakarak.

Nikolay Levin kaşlarını çatarak ve ürkek gözlerini birinden diğerine yönelterek:

— Neden bahsediyordunuz? –dedi.– Ne hakkında konuşuyorsunuz?

— Hiçbir şey, –diye yanıtladı Konstantin şaşırarak.

— Söylemek istemiyorsanız, söylemeyin. Yalnız senin onunla konuşacak hiçbir şeyin yok. O bir sokak kadını, sense bir beysin, –dedi boynunu çevirerek.

— Görüyorum ki, her şeyi anladın ve değerlendirdin. Hatalarım yüzünden bana acıyorsun, –dedi tekrar sesini yükselterek.

Marya Nikolayevna yanına yaklaşarak:

— Nikolay Dmitriç, Nikolay Dmitriç, –diye fısıldadı yeniden.

— Tamam, tamam!.. Yemek nerde kaldı? Ha, işte geldi, –dedi elinde tepsiyle gelen uşağı görünce.– Şuraya bırak, şuraya, –dedi öfkeyle ve hemen votkayı aldı, bir kadehe doldurdu ve açgözlülükle içti.– İçmek ister misin? –diye kardeşine sordu. Bir anda neşelenmişti.– Sergey İvanıç konusunu boş ver. Yine de seni gördüğüme sevindim. Ne konuşursak konuşalım yabancı değiliz. İçsene yahu. –Sonra bir parça ekmeği hırsla çiğneyerek ve kendisine bir kadeh votka daha doldurarak,– E, nasılsın, neler yapıyorsun, anlat bakalım? –diye devam etti.

Konstantin, ağabeyinin büyük bir hırsla içki içmesine ve yemek yemesine korkuyla bakarak ve dikkatini gizlemeye çalışarak:

— Eskiden olduğu gibi köyde tek başıma yaşıyor, çiftlikle uğraşıyorum, –dedi.

— Neden evlenmiyorsun?

— Olmadı işte, –dedi yüzü kızaran Konstantin.

— Neden? Bak benim işim bitti! Hayatımı mahvettim. Benim için gerekli olduğunda payımı vermiş olsalardı, tüm hayatım başka olurdu demiştim ve diyeceğim de.

Konstantin Dmitriç hemen konuyu değiştirdi.

— Senin Vanyuşka'nın Pokrovskoye'de benim yazıhanemde çalıştığını biliyor musun? –dedi.

Nikolay boynunu çevirdi ve düşünceye daldı.

— Anlatsana bana, Pokrovskoye'de ne var ne yok? Ev, akağaçlar, sınıfımız hâlâ duruyor mu? Ya bahçıvan Filipp, hayatta mı? Kameriye ve sedir nasıl da gözümün önünde! Bana bak, evde hiçbir şeyi değiştirme, ama bir an önce evlen ve eski düzeni tekrar kur. Karın iyi biri olursa o zaman sana gelirim.

— Hadi şimdi gel, –dedi Levin.– Ne güzel geçinir giderdik!

— Sergey İvanıç'ı görmeyeceğimi bilsem gelirdim sana.

— Onu görmezsin. Ben ondan tamamen ayrı yaşıyorum.

— Evet, ama ne dersen de onunla benim aramda bir seçim yapmak zorundasın, –dedi kardeşinin gözlerinin içine ürkek ürkek bakarak. Bu ürkeklik Konstantin'e dokundu.

— Eğer bu konudaki itirafımı öğrenmek istiyorsan, Sergey İvanıç'la tartışmanızda iki taraftan birini de tutmadığımı söyleyeceğim sana. İkiniz de haksızsınız. Senin haksızlığın daha çok dıştan, onunki ise içten.

— A, a! Bunu anladın demek? –diye sevinçle bağırdı Nikolay.

— Ama eğer öğrenmek istiyorsan ben şahsen senin dostluğuna daha fazla değer veriyorum, çünkü...

— Neden, neden?

Konstantin, mutsuz biri olduğu ve dostluğa ihtiyacı olduğu için ona daha fazla değer verdiğini söyleyemedi. Ama Nikolay, kardeşinin tam da bunu demek istediğini anlamıştı ve kaşlarını çatıp votka kadehini tekrar eline aldı.

— Yeter, Nikolay Dmitriç! –dedi Marya Nikolayevna, çıplak ve tombul elini şişeye uzatarak.

— Bırak! Karışma! Döverim seni! –diye bağırdı Nikolay Dmitriç.

Marya Nikolayevna'nın yüzüne, Nikolay'a da bulaşan uysal ve tatlı bir gülümseme yayıldı ve votka şişesini aldı.

— Yoksa sen onun hiçbir şey anlamadığını mı sanıyorsun? –dedi Nikolay.– Her şeyi bizden daha iyi anlıyor. Aslında onda iyi ve sevimli bir şey var, öyle değil mi?

Konstantin bir şey söylemiş olmak için:

— Siz Moskova'ya daha önce hiç gelmemiş miydiniz? –dedi Marya Nikolayevna'ya.

— Ona *siz* deme. Bundan korkar. Genelevden çıkmak istediği için yargılandığı sırada sulh yargıcından başka hiç kimse ona *siz* dememiş. Tanrım, dünyada ne saçma sapan şeyler oluyor! –diye birden haykırdı Nikolay Dmitriç.– Bu yeni kurumlar, sulh yargıçları, yerel yönetim, ne çirkin şeyler!

Sonra yeni kurumlarla çatışmalarını anlatmaya başladı. Konstantin Levin onu dinliyordu ve bütün bu kamu kurumlarının anlamsızlığına ilişkin, kendisinin de ağabeyiyle paylaştığı ve sık sık ifade ettiği düşünce şimdi onun ağzından çıktığında hiç hoşuna gitmemişti.

— Bütün bunları öbür dünyada anlayacağız, –dedi şaka yaparak.

— Öbür dünyada mı? Ah, ben o dünyayı sevmiyorum! Sevmiyorum, –dedi ürkek ve vahşi gözlerini kardeşinin yüzüne dikip.– Bütün bu pisliklerden, hem başkalarının hem de kendimin kafa karışıklıklarından kurtulmak iyi olurdu herhalde, ama ben ölümden korkuyorum, çok korkuyorum. –Ürpermişti.– Hadi bir şey iç. Şampanya içmek ister misin? Ya da bir yere gidelim. Çingenelere gidelim! Biliyor musun ben çingeneleri ve Rus şarkılarını her zaman çok sevdim.

Dili dolaşmaya başlamıştı ve bir konudan diğerine atlıyordu. Konstantin, Maşa'nın da yardımıyla onu bir yere gitmemeye ikna etti ve körkütük sarhoş bir halde yatağına yatırdı.

Maşa, gerektiğinde Konstantin'e yazmaya ve Nikolay Levin'i kardeşinin yanına gitmek için ikna etmeye söz verdi.

XXVI

Konstantin Levin sabah Moskova'dan yola çıktı ve akşama doğru evine vardı. Yol boyunca kompartıman komşularıyla politika ve yeni demiryolları hakkında konuşuyor, aynen Moskova'da olduğu gibi kavram kargaşası, kendinden hoşnutsuz olması, bir şeylerden utanması rahatını kaçırıyordu; ancak kendi istasyonunda indikten sonra kaftanının yakasını kaldırmış bekleyen tek gözlü arabacı İgnat'ı tanıdığında, istasyonun pencerelerinden dökülen soluk ışıkta içine halı döşenmiş kendisine ait kızağı, kuyrukları bağlı, halkalı ve püsküllü koşumları takılmış atlarını gördüğünde, daha arabaya yerleşirken arabacı İgnat ona köy haberlerini, müteahhidin geldiğini ve Pava'nın buzağıladığını anlattığında karışıklığın birazcık açıklığa kavuştuğunu, utancın da, kendinden duyduğu hoşnutsuzluğun da geçtiğini hissetti. Bunu daha İgnat'ı ve atları görür görmez hissetmişti; onun için getirilmiş olan gocuğu giydiği, iyice sarınıp kızağa yerleştiği ve ileriki günlerde köyde vereceği emirleri düşünerek ve yana koşulmuş, yaşlanmış ama kıvrak eski bir binek atı olan Don atına ara sıra bakarak yol alırken başına gelen şeyi çok farklı bir biçimde anlamaya başlamıştı. Kendisini kendisi olarak hissediyordu ve başka biri olmak istemiyordu. Artık sadece eskisinden daha iyi olmak istiyordu. Birincisi, bu günden itibaren evliliğin ona getireceğini düşündüğü olağanüstü mutluluğa artık umut bağlamamaya, bunun sonucu olarak da yaşadığı güne saygısızlık etmemeye karar verdi. İkincisi, evlenme teklifi yapmaya hazırlandığı sırada kapıldığı, anımsadığında kendisine bu kadar acı veren o iğrenç tutkuya bir daha asla kendisini kaptırmayacaktı. Sonra Nikolay ağabeyini anımsayarak onu bir daha hiç unutmamaya, izlemeye ve durumu kötüleştiğinde yardımına koşmak için gözden uzak tutmamaya karar verdi. Ağabeyinin durumu yakında kötüleşecekti, bunu hissediyordu. Sonra ağabeyinin o sırada pek hafife aldığı komünizmle ilgili konuşması da şimdi onu düşünmek zorunda bırakmıştı. Ekonomik koşulların yeniden düzenlenmesini saçmalık olarak görürdü, ama halkın yoksulluğuyla karşılaştırınca kendi kazancının haksız bir kazanç olduğunu da hissederdi. Eskiden de çok çalışan ve lüks koşullarda yaşamayan biri olduğu halde şimdi bunun tamamen kendi hakkı olduğunu hissetmek için artık daha da fazla çalışmaya ve lüksünü azaltmaya karar verdi. Kendini bütün bunları yapmaya zorlamak ona o kadar kolay göründü ki, bütün yolu çok hoş hayaller içinde geçirdi. İçinde yeni ve daha güzel bir hayat umuduyla gece saat dokuzda evine vardı.

Evinde kâhyalık yapan yaşlı dadı Agafya Mihaylovna'nın kaldığı odanın pencerelerinden evin önünde bulunan küçük meydandaki karların üzerine ışık düşüyordu. Agafya Mihaylovna daha uyumamıştı. Onun uyandırdığı Kuzma yalınayak, uykulu bir halde kapıya koştu. Dişi av köpeği Laska, Kuzma'nın ayaklarını neredeyse yerden kesiyordu. Köpek zıplıyor, keskin sesler çıkararak Levin'in dizlerini tırmalıyor, tırmanmaya çalışıyor, ön ayaklarını göğsüne koymak istiyor, ama buna cesaret edemiyordu.

— Çabuk döndünüz beyim, –dedi Agafya Mihaylovna.

— Canım sıkıldı Agafya Mihaylovna. Misafirlik iyi, ama ev daha iyi, –diye yanıtlayıp çalışma odasına geçti.

Çalışma odası, getirilen mumla yavaş yavaş aydınlanmaya başlamış, bildik ayrıntılar ortaya çıkmıştı: geyik boynuzları, kitap rafları, hava deliği çoktandır onarılmayı bekleyen sobanın aynası, babasının divanı, büyük masa, masanın üstünde açık bir kitap, kırık bir küllük, yazısının olduğu bir defter. Bütün bunları gördüğünde yol boyunca hayalini kurduğu o yeni hayatı kurma olasılığından bir an kuşkuya kapıldı. Hayatının bütün bu izleri sanki ona sarılmış şöyle diyordu: "Hayır, bizi bırakıp gitmeyeceksin, başka birisi olmayacaksın, nasılsan öyle kalacaksın: Kuşkularınla, kendinden sonsuz hoşnutsuzluğunla, sonuçsuz kalan kendini düzeltme denemelerinle, yaşadığın düşüşlerle ve senin için olanaksız, sana nasip olmayacak sonsuz bir mutluluk beklentisiyle."

Ama bunu eşyaları söylüyordu, içindeki başka bir ses ise geçmişe boyun eğmemesini ve yapabileceği her şeye kendini zorlaması gerektiğini söylüyordu. Bu sese kulak vererek iki pudluk iki güllenin durduğu köşeye yaklaştı ve daha dinç olmaya çalışarak bu gülleleri kaldırmaya, jimnastik yapmaya koyuldu. Kapının arkasından ayak sesleri geldi. Hemen gülleleri elinden bıraktı.

Kâhya içeri girdi ve çok şükür her şeyin yolunda olduğunu söyledi, ama karabuğdayın yeni kurutma makinesinde yandığını da haber verdi. Bu haber Levin'i sinirlendirdi. Yeni kurutma makinesi Levin'in yaptığı ve kısmen de kendi icadı olan bir makineydi. Kâhya bu kurutma makinesine hep karşı çıkmıştı ve şimdi de karabuğdayın yandığını gizli bir zaferle açıklıyordu. Levin ise, karabuğday yandıysa bunun tek nedeninin yüzlerce kere söylediği önlemlerin alınmaması olduğundan kesinlikle emindi. Canı sıkıldı, kâhyayı azarladı. Ama önemli ve sevindirici bir olay vardı: Hayvan panayırından aldığı pahalı ve iyi bir inek olan Pava buzağılamıştı.

— Kuzma, gocuğumu ver. Siz de fener getirmelerini söyleyin, gidip bir bakayım, –dedi kâhyaya.

Pahalı ineklerin bakıldığı ahır hemen evin arkasındaydı. Leylağın önündeki kar yığınının yanından avluyu geçerek ahıra gitti. Donmuş kapı açıldığında içeriden sıcak bir gübre kokusu geldi ve alışkın olmadıkları fener ışığıyla şaşıran inekler taze samanın üzerinde kıpırdanmaya başladı. Hollanda ineğinin alacalı siyah ve geniş sırtı bir an görünüp kayboldu. Berkut adlı boğa burnunda halkasıyla yatıyordu, kalkmak istedi ama sonra vazgeçti ve sadece yanından geçerlerken iki kez pofurdadı. Bir hipopotam kadar iri olan kızıl ve güzel Pava arkasını dönmüş, içeri girenlere karşı bedenini yavrusuna siper etmiş, onu kokluyordu.

Levin bölmeye girdi, Pava'yı inceledi ve alacalı siyah buzağıyı sallanan uzun bacaklarının üzerine kaldırdı. Telaşlanan Pava böğürecekti, ama Levin yavrusunu ona doğru yaklaştırınca sakinleşip, ağır ağır soluk aldıktan sonra pürtüklü diliyle yavrusunu yalamaya başladı. Buzağı memeyi arayarak burnuyla annesinin kasığını itiyor, kuyruğunu sallıyordu.

— Fyodor burayı aydınlat, feneri getir buraya, –dedi Levin buzağıyı gözden geçirirken.– Rengini babasından almış olsa da anasına benziyor! Çok güzel. Uzun ve kasıkları çökük. Güzel değil mi, Vasiliy Fyodoroviç, –dedi kâhyaya. Buzağının yarattığı sevincin etkisiyle karabuğday yüzünden kâhyayı azarladığını tamamen unutmuştu.

— Kime benzeyip de çirkin olacaktı ki? Gittiğinizin ertesi gün müteahhit Semyon geldi. Onunla sözleşme yapmak gerekecek, Konstantin Dmitriç, –dedi kâhya.– Size makine hakkında daha önce bilgi vermiştim.

Tek bu soru Levin'i büyük ve karmaşık çiftlik işlerinin tüm ayrıntısının içine soktu, ahırdan dosdoğru yazıhaneye gitti, kâhyayla ve müteahhit Semyon'la görüşüp eve döndü, doğru üst kattaki salona çıktı.

XXVII

Ev büyük ve eskiydi. Levin tek başına olduğu halde evin her yerini kullanıyor, her yerini ısıtıyordu. Bunun aptalca bir şey olduğunu biliyordu, hatta bunun iyi bir şey olmadığını ve şimdiki yeni planlarına ters düştüğünü de biliyordu, ama bu ev Levin için koca bir dünyaydı. Babasının ve annesinin yaşadıkları ve öldükleri bir dünyaydı bu. Levin'e her bakımdan mükemmellik ideali olarak görünen, kendi karısıyla ve ailesiyle de yeniden canlandırmayı hayal ettiği bir hayat sürmüştü onlar.

Levin annesini zar zor anımsıyordu. Annesini düşünmek onun için kutsal bir şeydi ve kendisi için annesi nasılsa, hayalinde canlandırdığı gelecekteki eşi de aynı güzel ve kutsal kadın idealinin tekrarı olmalıydı.

Bırakın evlilik dışında bir kadını sevebilmeyi düşünmesini, üstelik her şeyden önce kuracağı aileyi, daha sonra ise ona bu aileyi verecek olan kadını tasavvur ediyordu. Bu yüzden de onun evlilik anlayışı, evliliği pek çok sıradan meseleden biri olarak gören çoğu tanıdığının anlayışına benzemiyordu; Levin için hayatın tüm mutluluğunun bağlı olduğu en önemli meselesiydi bu. İşte şimdi bundan vazgeçmesi gerekmişti!

Her zaman çay içtiği küçük salona gidip, eline kitabını alarak bir koltuğa yerleştiği, Agafya Mihaylovna'nınsa ona çay getirip her zamanki gibi "Ben de oturacağım beyim," diyerek pencere kenarındaki sandalyeye oturduğu sırada ne kadar garip olursa olsun hayallerine veda etmediğini ve bu hayaller olmadan yaşayamayacağını hissetmişti. Onunla veya bir başkasıyla bu iş olacaktı. Hiç yorulmadan gevezelik eden Agafya Mihaylovna'yı dinlemek için arada bir durarak kitabını okuyor ve okuduklarını düşünüyordu; bu arada çiftlikten ve gelecekteki aile hayatından birbiriyle bağlantısız çeşitli sahneler hayalinde canlanıyordu. Ruhunun derinlerinde bir şeyin oluştuğunu, dengesini bulduğunu ve yerleştiğini hissediyordu.

Agafya Mihaylovna'nın Prohor'un Tanrı'yı unuttuğuna ve Levin'in at alması için verdiği parayla hiç ayılmadan içki içtiğine, karısını öldüresiye dövdüğüne ilişkin anlattıklarını dinliyordu; bir yandan da kitabını okuyor ve okuduklarının kafasında yarattığı düşünce akışını anımsıyordu. Bu, Tyndall'in ısıyla ilgili bir kitabıydı. Deneylerini yaparken gösterdiği becerikliliği nedeniyle kibirli davranması ve felsefi görüşünün yeterli olmaması yüzünden Tyndall'i eleştirdiğini anımsıyordu. Birden sevinçli bir düşünce parladı kafasında: "İki yıl sonra iki Hollanda ineğim olacak, Pava hâlâ yaşıyor olabilir, Berkut'un da bir düzine dişi yavrusu olursa, onları da bu üçüne ekledim mi, harika bir şey olur!" Sonra yine kitabı alıyordu eline.

"Peki tamam, elektrik ve ısı aynı şey; ama sorunun çözümünü ararken bir niceliği diğerinin yerine koyabilir miyiz? Hayır. O zaman ne olacak? Doğanın bütün güçleri arasındaki ilişki, bir içgüdü olarak hissediliyor... Pava'nın kızının alacalı kızıl bir inek olması ve bu üçünden oluşacak bir sürü çok hoş bir şey... Mükemmel! Karımla ve konuklarımla sürüyü karşılamaya çıkıyoruz... Karım şöyle diyor: 'Kostya'yla beraber bu buzağıyı bebek gibi bakıp büyüttük.' Konuklardan biri 'Bu iş sizi nasıl bu kadar ilgilendirebiliyor?' diyor. Karım, 'Onu ilgilendiren her şey beni de ilgilendirir,' diye yanıtlıyor. Fakat kim benim karım olacak?" Sonra Moskova'da olanları anımsıyordu... "İyi de ne yapmalıydım?.. Benim bir kabahatim yok. Ama artık her şey yepyeni bir yolda yürüyecek. Hayata izin vermemek, geçmişe izin vermemek saçmalık. Daha iyi, çok daha iyi yaşamak için dövüşmek gerek..." Başını kaldırdı ve düşünceye daldı. Sahibinin gelişinin sevincini henüz tam olarak sindiremeyen ve havlamak için avluya koşan yaşlı Laska, kuyruğunu sallayarak ve içeri temiz hava kokusu taşıyarak geri dönmüş, Levin'in yanına gelip, mızıklayarak ve okşamasını bekleyerek kafasını onun elinin altına uzatmıştı.

— Tek konuşması eksik, –dedi Agafya Mihaylovna.– Köpek ama... Sahibinin geldiğini ve canının sıkkın olduğunu anlıyor.

— Neden canım sıkkın olsun?

— Ben sanki görmüyor muyum beyim? Efendimi tanıyacak yaştayım. Çocukluğumdan beri beylerimin yanında büyüdüm. Boş verin beyim. İnsanın sağlığı yerinde, vicdanı da rahat olsun yeter.

Levin, kafasından geçen düşünceyi anlamış olmasına şaşarak Agafya Mihaylovna'ya dikkatle baktı.

— Bir fincan çay daha getireyim mi? –dedi Agafya Mihaylovna ve fincanı alıp gitti.

Laska kafasını hâlâ Levin'in elinin altında tutuyordu. Levin köpeği okşadı. Laska, ileri uzattığı arka ayağının üstüne kafasını dayayıp Levin'in ayaklarının dibine kıvrıldı. Artık her şeyin iyi ve rahat olduğunun bir işareti olarak ağzını hafifçe açtı, dudaklarını şapırdattı ve yapış yapış dudaklarını yaşlı dişlerinin çevresine daha iyi yerleştirip mutlu bir sessizliğe gömüldü. Levin, onun bu son hareketini dikkatle izliyordu.

"Ben de böyle yapacağım! –dedi kendi kendine.– Ben de! Zararı yok... Her şey yoluna girecek."

XXVIII

Anna Arkadyevna balodan sonra sabah erkenden kocasına, Moskova'ya o gün döneceğine ilişkin bir telgraf çekti.

Niyetini değiştirdiğini sanki saymakla bitmeyecek kadar çok işi varmış gibi bir edayla:

— Hayır, gitmem gerekiyor, hayır, bugün gitsem daha iyi olur! –diye açıklıyordu yengesine.

Stepan Arkadyiç öğle yemeğini evde yememişti, ama kız kardeşini yolcu etmek için saat yedide gelmeye söz vermişti.

Kiti de başının ağrıdığını yazdığı bir not göndermiş, gelmemişti. Dolli ve Anna çocuklarla ve İngiliz hanımla baş başa yemeklerini yemişlerdi. Çocuklar maymun iştahlı ya da hassas olduklarından, bugün Anna'nın onu o kadar çok sevdikleri geçen günkü gibi olmadığını, kendileriyle artık ilgilenmediğini hissettikleri için halalarıyla oynadıkları oyuna birdenbire son vermişlerdi ve Anna'nın gidecek olması onları hiç mi hiç ilgilendirmiyordu. Anna bütün sabah yolculuk hazırlıklarıyla uğraştı. Moskovalı tanıdıklarına notlar yazıyor, hesaplarını not alıyor, eşyalarını yerleştiriyordu. Dolli'ye göre, Anna rahat değildi, Dolli'nin de kendisi yaşadığı için iyi bildiği, durup dururken olmayan ve daha çok insanın kendisinden duyduğu hoşnutsuzluğu gizleyen sıkıntılı bir ruh hali içindeydi. Yemekten sonra Anna üstünü değiştirmek için odasına gitti, Dolli de peşinden.

— Bugün ne kadar garipsin! –dedi Dolli, Anna'ya.

— Ben mi? Öyle mi dersin? Garip değilim, ama kötüyüm. Böyle olurum bazen. Canım hep ağlamak ister. Çok aptalca bir şey, ama geçer, –dedi Anna hemen ve kızaran yüzünü, gece başlığıyla patiska mendillerini koyduğu küçük çantasına eğdi. Farklı bir ışıltıyla parlayan gözleri durmadan yaşarıyordu.– Petersburg'dan ayrılmak istemiyordum, şimdi de buradan gitmek istemiyorum.

Dolli, Anna'ya dikkatle bakarak:

— Buraya geldin ve iyi bir iş yaptın, –dedi.

Anna ıslak gözlerle ona baktı.

— Bunun sözünü etme Dolli. Ben hiçbir şey yapmadım, yapamazdım da. Hep şaşarım, insanlar beni şımartmak için neden ağızbirliği ediyorlar diye. Ben ne yaptım, ne yapabilirdim? Affetmek için senin yüreğinde o kadar çok sevgi vardı ki...

— Sen olmasan Tanrı bilir neler olurdu! Ne kadar şanslısın Anna! –dedi Dolli.– Ruhundaki her şey açık ve güzel.

— Herkesin ruhunda İngilizlerin dedikleri gibi kendi skeleton'ları* vardır.

— Senin nasıl skeleton'ların olabilir? Her şeyin o kadar açık ki.

— Var! –dedi Anna birden ve gözyaşlarının ardından hiç beklenmedik bir şekilde kurnaz, alaycı bir gülümsemeyle dudakları büzüldü.

— Senin skeleton'ların insanın içini karartan değil, güldüren şeyler o zaman, –dedi Dolli gülümseyerek.

Anna koltuğa kararlı bir şekilde yaslanarak ve dosdoğru Dolli'nin gözlerinin içine bakarak:

— Hayır, iç karartıcı şeyler. Yarın değil de neden bugün gittiğimi biliyor musun? Beni boğan bir konuda sana itirafta bulunmak istiyorum, –dedi.

Dolli, Anna'nın kulaklarına, ensesindeki kıvırcık siyah saçlarının diplerine kadar kızardığını hayretle gördü.

— Evet, –diye devam ediyordu Anna.– Kiti'nin neden yemeğe gelmediğini biliyor musun? Beni kıskanıyor. Keyfini kaçırdım onun... Bu balonun onun için bir sevinç değil,

---

* Burada sırları. (İng.)

işkence olmasına neden oldum. Ama doğrusu, ben suçlu değilim ya da biraz suçluyum, –dedi Anna "biraz" sözcüğünü ince sesiyle uzatarak.

— A, bunu nasıl da Stiva gibi söyledin! –dedi Dolli gülerek.

Anna gücenmişti.

— Oh hayır, hayır! Ben Stiva değilim, –dedi suratını asarak.– Kendimden bir an bile kuşku duymaya izin vermediğim için bunu sana söylüyorum, –dedi Anna.

Fakat bu sözler ağzından çıktığı anda bunların doğru olmadığını hissediyordu; kendisinden kuşkulanmanın dışında Vronskiy'i düşündüğünde heyecana kapılıyordu ve sırf onunla bir daha karşılaşmamak için istediğinden daha önce gidiyordu.

— Evet, Stiva bana söyledi onunla mazurka yaptığını ve onun...

— Bunun ne kadar komik bir şey olduğunu tasavvur edemezsin. Ben sadece dünürlük etmeyi düşünmüştüm, birden bambaşka bir şey oldu. Belki de istemeden...

Kızarmış ve susmuştu.

— Oh, bu hemen hissedilir! –dedi Dolli.

— Fakat eğer bu konuda Vronskiy tarafından ciddi bir şey olsaydı umutsuzluğa düşerdim, –diyerek Dolli'nin sözünü kesti Anna.– Bütün bunların unutulacağından ve Kiti'nin benden nefret etmekten vazgeçeceğinden eminim.

— Bu arada Anna, Kiti için bu evliliği çok da istemediğimi doğrusu sana söylemek istiyorum. Vronskiy eğer bir günde sana âşık olabildiyse bu iş bozulsun daha iyi.

— Ah, Tanrım, ne budalaca bir şey olurdu bu! –dedi Anna ve zihnini meşgul eden, şimdi ise sözcüklerle ifade edilmiş olan düşünceyi duyunca memnuniyetten yüzü tekrar kıpkırmızı oldu.– İşte böyle, o kadar çok sevdiğim Kiti'yi kendime düşman edip gidiyorum. Ah, ne kadar sevimli bir kız! Ama sen bu durumu düzeltirsin, değil mi Dolli? Ne dersin?

Dolli gülümsemesini zor tutabildi. Anna'yı severdi, ama onun da zayıf yanları olduğunu görmek hoşuna gitmişti.

— Düşman mı? Bu mümkün değil.

— Benim sizi sevdiğim gibi hepinizin de beni sevmenizi o kadar isterdim ki; şimdi sizi daha da çok seviyorum, –dedi gözlerinde yaşlarla.– Ah, bugün ne kadar aptalım!

Mendille yüzünü sildi ve giyinmeye koyuldu.

Gecikmiş olan Stepan Arkadyiç, tam tren hareket etmeden önce kırmızı, neşeli bir yüzle, şarap ve sigara kokuları içinde geldi.

Anna'nın duygusallığı Dolli'ye de geçmişti ve görümcesini son kez kucakladığında şöyle fısıldadı:

— Unutma Anna, benim için yaptıklarını hiçbir zaman unutmayacağım. Unutma, seni iyi bir dost olarak hep sevdim, bundan sonra da seveceğim!

Anna onu öperken gözyaşlarını saklayarak:

— Neden böyle söylediğini anlamıyorum, –dedi.

— Sen beni anladın, anlıyorsun. Güle güle, meleğim!

XXIX

Üçüncü zil çalıncaya kadar vagonun içinde yolu tıkayan kardeşiyle son kez vedalaştığında Anna Arkadyevna'nın aklına gelen ilk düşünce "Çok şükür, hepsi bitti," oldu. Koltuğa, Annuşka'nın yanına oturdu ve kuşetli vagonun yarı aydınlığında çevreye bakındı. "Çok şükür yarın Seryoja'yla Aleksey Aleksandroviç'i göreceğim ve hayatım güzel, eskisi gibi, alıştığım şekilde geçecek."

Gün boyunca içinde bulunduğu kıpır kıpır hali hâlâ devam eden Anna keyifli ve canlı bir şekilde yerine yerleşti; küçük, becerikli elleriyle kırmızı çantasını açtı, küçük yastığını alıp dizlerinin üstüne koydu ve bacaklarını güzelce örtüp rahatça yerine yerleşti. Hasta bir kadın uyumak üzere şimdiden yatmıştı. Diğer iki kadın Anna'yla konuşmaya başlamıştı, şişman yaşlı kadın bacaklarını sımsıkı örtmüş, trenin ısıtma sistemiyle ilgili düşüncelerini söylüyordu. Anna birkaç sözcükle kadınlara yanıt verdi, ama kadınlarla konuşmanın kendisi için ilginç olmayacağını sezerek Annuşka'dan küçük feneri istedi. Feneri koltuğun sapına tutturup çantasından bir kâğıt keseceğiyle İngilizce bir roman çıkarttı. İlk başta okuyamadı; önce gürültüler ve gidip gelmeler engel oluyordu; tren hareket ettiğinde ise seslere kulak vermemek mümkün değildi; sonra sol pencereyi döven ve cama yapışan kar, yanından geçen, sıkı sıkı giyinmiş, bir yanı kar içinde kalmış kondüktörün görünüşü ve şu anda dışarıda korkunç bir kar fırtınası olduğuna ilişkin konuşmalar dikkatini dağıtıyordu. Daha sonra her şey tekdüze oldu; takırtılı sarsıntı aynı, penceredeki kar aynı, buharın sıcaklığından soğuğa, sonra tekrar sıcağa hızlı geçişler aynı, yarı karanlıkta aynı insanların görünüp kaybolmaları aynı, sesler aynıydı ve Anna okumaya, okuduğunu anlamaya başladı. Annuşka, kırmızı çantayı biri delik olan eldivenli geniş elleriyle dizinin üstünde tutarak uyukluyordu. Anna Arkadyevna okuyor ve anlıyordu, ama okumak, yani başka insanların hayatlarından betimlemeleri izlemek hoşuna gitmiyordu. Kendisi bizzat yaşamak istiyordu. Roman kahramanının bir hastaya baktığını mı okudu, hastanın odasında sessiz adımlarla dolaşmak istiyordu; bir parlamento üyesinin konuşma yaptığını mı okudu, bu konuşmayı kendisi yapmak istiyordu; Lady Mary'nin atına atlayıp sürünün peşinden gittiğini ve gelinini kızdırıp, cesaretiyle herkesi kendisine hayran bıraktığını mı okudu, bunu kendisi yapmak istiyordu. Ama yapacak bir şey yoktu ve küçük ellerini kâğıt keseceğinin kaygan yüzeyinde gezdirerek kendini daha çok okumaya veriyordu.

Romanın kahramanı artık İngilizlere özgü bir mutluluğu yakalamaya başlamış, baronluk unvanı elde etmiş ve bir malikâne satın almıştı, Anna da onunla birlikte bu malikâneye gitmek istiyordu. Sonra birden roman kahramanının utanması gerektiğini ve bundan kendisinin de utandığını hissetti. Kahramanın utanacak nesi vardı? "Benim utanacak neyim var?" diye sordu Anna kendi kendine aşağılanmış gibi bir şaşkınlıkla.

Kitabı bıraktı ve kâğıt keseceğini iki elinde sımsıkı tutarak koltuğun arkasına yaslandı. Utanacak bir şeyi yoktu. Moskova anılarını bir bir gözden geçirdi. Hepsi de güzel, hoş anılardı. Baloyu hatırladı, Vronskiy'i hatırladı, Vronskiy'in âşık ve uysal yüzünü hatırladı, onunla aralarında geçenleri hatırladı: Utanacak bir şey yoktu. Bununla birlikte anıların tam burasında utanç duygusu artıyordu, sanki içinden bir ses tam Vronskiy'i hatırladığı anda ona şöyle diyordu: "Sıcak, çok sıcak, yakıcı." Koltukta oturuşunu değiştirerek kararlı bir şekilde "E, ne var?" dedi kendi kendine. "Ne demek oluyor bu? Bu olaya açıkça bakmaktan korkuyor muyum? Ne var? Yoksa genç subayla aramda herhangi bir tanıdığımla aramdakinden farklı bir ilişki mi var?" Küçümser gibi gülümsedi ve tekrar kitabı eline aldı, ama artık okuduğunu kesinlikle anlayamıyordu. Kâğıt keseceğini cama sürdü, sonra keseceğin kaygan soğuk yüzünü yanağına dayadı ve birden durup dururken kapıldığı sevinç yüzünden az kalsın yüksek sesle gülmeye başlayacaktı. Sinirlerinin çiviler arasına bağlanmış teller gibi giderek daha çok gerildiğini hissediyordu. Gözlerinin daha çok açıldığını, el ve ayak parmaklarının sinirli bir şekilde kıpırdadığını, içinde bir şeyin soluğunu kestiğini ve bu tuhaf yarı karanlık içinde bütün şekillerin ve seslerin onu görülmemiş bir parlaklıkla etkilediğini hissediyordu. Sürekli olarak tren ileri mi yoksa geri mi gidiyor ya da duruyor mu kuşkusuna kapılıyordu. Yanındaki Annuşka mı, yoksa bir yabancı mı? "O askıda asılı olan ne, kürk mü, yoksa vahşi bir hayvan mı? Peki ben neden buradayım? Ben, ben miyim yoksa bir başkası mıyım?" Bu kendinden geçme haline kapılmaktan korktu. Ama onu bu durumun içine çeken bir şey vardı ve Anna iradesiyle kendini bırakabilir ya da geri durabilirdi. Kendine gelmek için ayağa kalktı, battaniyeyi üzerinden attı ve kalın elbisesinin pelerinini çıkarttı. Bir an kendine geldi ve sırtında düğmeleri eksik, kaba pamukludan uzun paltosuyla içeri giren zayıf köylünün kalorifer ocakçısı olduğunu, termometreye baktığını, rüzgâr ve karın adamın ardından içeri dolduğunu anladı; fakat sonra yine her şey karıştı... Bu beli uzun köylü duvarın içindeki bir şeyi kurcalamaya koyuldu, yaşlı kadın bacaklarını kompartıman boyunca uzatıp onu bir kara bulut gibi kapladı; sonra bir şey korkunç bir sesle gıcırdamaya başladı, sanki birini parça parça ediyorlardı; sonra kırmızı bir ışık gözleri kör etti ve daha sonra da her şey bir duvarla örtüldü. Anna yuvarlandığını hissetti. Ama bunların hepsi korkunç değil, neşeliydi. Sımsıkı giyinmiş, üstü başı kar içindeki adamın sesi Anna'nın kulağının üstünden bağırarak bir şey söyledi. Anna kalktı ve kendini topladı; bir istasyona geldiklerini ve bu adamın da kondüktör olduğunu anladı. Annuşka'dan biraz önce çıkarttığı pelerinini ve eşarbını istedi, pelerinini omzuna aldı, eşarbını başına bağladı ve kapıya yöneldi.

— Dışarı mı çıkıyorsunuz efendim? –diye sordu Annuşka.

— Evet, biraz hava almak istiyorum. Burası çok sıcak. Kapıyı açtı. Kar fırtınası ve rüzgâr yüzüne hücum edip Anna'yla karşılıklı kapıyı çekiştirmeye başladılar. Bu çekişme eğlenceli geldi Anna'ya. Kapıyı açıp dışarı çıktı. Rüzgârın tek beklediği sanki oydu, neşeyle ıslık çalmaya başladı ve onu kapıp götürmek istedi, ama Anna bir eliyle soğuk direği, öbür eliyle elbisesinin eteğini tutarak perona indi ve vagonun arkasına doğru yürüdü. Rüzgâr merdivende güçlüydü, ama peronda, vagonların arkasında ortalık sütlimandı. Vagonun yanında durarak karlı, soğuk havayı keyifle doya doya içine çekti, perona ve aydınlık istasyona göz gezdirdi.

XXX

Korkunç bir fırtına istasyonun köşesinden hücum ediyor ve tekerleklerin arasında tozu dumana katarak ıslık çalıyordu. Vagonların, direklerin, insanların, görünen her şeyin bir tarafı karla örtülüydü ve bu örtü giderek büyüyordu. Bir an fırtına durdu, fakat daha sonra karşı konulamaz gibi görünen dalgalar halinde tekrar esmeye başladı. Bu arada birtakım insanlar neşeyle konuşarak, peronun tahtalarını gıcırdatarak ve büyük kapıyı durmadan açıp kapatarak koşuşuyordu. Anna'nın ayaklarının altına iki büklüm bir adamın gölgesi düştü ve demire vuran bir çekicin sesi işitildi. Öbür taraftan, fırtınalı karanlığın içinden "Telgraf çek!" diyen öfkeli bir ses duyuldu. Başka sesler "Buraya lütfen! Numara 28!" diye bağırdı ve sıkı sıkı sarınıp bürünmüş, üstleri başları kar içinde insanlar koşarak gitti. Ağızlarında sigaralarıyla iki beyefendi Anna'nın yanından geçti. Anna ciğerlerini havayla doldurmak için bir kez daha derin bir soluk aldı ve tam kapı dikmesine tutunup vagona binmek için elini manşonundan çıkartmıştı ki, yanı başında asker kaputlu bir başka adam fenerin titrek ışığının önüne geçti. Anna çevresine bakındı ve Vronskiy'in yüzünü hemen tanıdı. Vronskiy elini şapkasının siperine koyup, Anna'nın önünde eğildi ve herhangi bir şeye ihtiyacı olup olmadığını, kendisine nasıl bir hizmette bulunabileceğini sordu. Anna oldukça uzun bir süre hiçbir yanıt vermeden onun yüzüne baktı ve Vronskiy'in durduğu yerin gölgede kalmasına karşın yüzündeki ve gözlerindeki ifadeyi gördü ya da gördüğünü sandı. Bu, bir gün önce onu o kadar etkilemiş olan saygı dolu hayranlık ifadesiydi yine. Şu son günlerde ve şu anda da Vronskiy'in, kendisi için her zaman aynı olan ve her yerde karşılaşabileceği genç adamlardan biri olduğunu, hiçbir zaman onu düşünmeyeceğini defalarca söylemişti; ama şimdi onunla karşılaştığı ilk anda sevinçli bir gurur duygusu sarmıştı Anna'yı. Neden burada olduğunu sormaya gerek duymadı. Sanki Vronskiy, sırf o burada olduğu için kendisinin de burada bulunduğunu söylemiş kadar emindi bundan.

— Gittiğinizi bilmiyordum. Petersburg'a neden gidiyorsunuz? –dedi Anna direğe tutunacak elini indirip. Ve engel olmadığı bir sevinç ve canlılıkla yüzü aydınlandı.

Vronskiy dosdoğru Anna'nın gözlerinin içine bakarak:

— Neden gidiyorum? –diye yineledi soruyu.– Sizin olduğunuz yerde olmak için gittiğimi biliyorsunuz, –dedi,– başka türlü yapamam.

Bu sırada rüzgâr önündeki engeli aşmaya çalışırcasına vagonların üstlerinden karları sağa sola saçmış, kopmuş bir demir levhayı sarsmaya başlamıştı. Kar fırtınasının korkunçluğu şimdi Anna'ya daha güzel görünüyordu. Vronskiy, tam gönlünden geçirdiği, ama aklının korktuğu şeyi söylemişti. Hiçbir yanıt vermiyordu ve Vronskiy, Anna'nın içindeki bu mücadeleyi onun yüzünde görüyordu.

— Hoşunuza gitmeyen bir şey söylediysem bağışlayın beni, –dedi Vronskiy uysal bir edayla.

Nazik ve saygılı konuşuyordu, ama konuşması öyle kesin, öyle kararlıydı ki, Anna uzun süre hiçbir yanıt veremedi.

— Söyledikleriniz kötü şeyler, eğer iyi bir insansanız, tıpkı benim gibi, sizin de söylediklerinizi unutmanızı rica ediyorum, –dedi Anna sonunda.

— Sizin hiçbir sözünüzü, hiçbir hareketinizi hiçbir zaman unutmayacağım, unutamam...

Anna, Vronskiy'in büyük bir istekle baktığı yüzüne boş yere ciddi bir ifade vermeye çalışarak:

— Yeter, yeter! –diye bağırdı. Bir eliyle dikmeye tutunarak merdivenden çıktı ve hızla vagonun sahanlığına girdi. Bu küçük sahanlıkta durup olanları hayalinde canlandırdı. Ne kendisinin, ne de onun sözlerini anımsamadan bu bir dakikalık konuşmanın ikisini korkunç şekilde birbirlerine yaklaştırdığını hissetti; bundan hem korkmuş, hem de mutlu olmuştu. Sahanlıkta birkaç dakika durduktan sonra kompartımana girip yerine oturdu. İlk başta ona acı veren o gergin durum, yalnızca yeniden ortaya çıkmakla kalmamış, üstelik artmış ve içinde son derece gergin bir şeyin her an kopmasından korkacak bir hale gelmişti. Bütün gece uyumadı. Fakat bu gerginlikte ve kafasını dolduran bu hayallerde hoşa gitmeyecek, iç karartacak bir şey yoktu; tersine sevindirici, yakıcı ve heyecan verici bir şey vardı. Sabaha karşı Anna oturduğu yerde uyudu. Uyandığında artık ortalık ağarmış, tren Petersburg'a yaklaşmıştı. Hemen eviyle, kocasıyla, oğluyla, o günün ve daha sonraki günlerin işleriyle ilgili düşünceler üşüştü kafasına.

Petersburg'da tren durur durmaz aşağı indi ve dikkatini çeken ilk yüz, kocasının yüzü oldu. Kocasının soğuk ve heybetli görünüşüne, şimdi kendisini özellikle şaşırtmış olan, yuvarlak şapkasının kenarlarına dayanmış kulak kepçelerine bakarak "Ah, Tanrım! Kulakları neden böyle?" –diye düşündü. Aleksey Aleksandroviç, Anna'yı görünce, alışkanlık haline getirdiği alaycı gülümsemesiyle dudaklarını büzüp, iri ve yorgun gözleriyle karısının yüzüne bakarak ona doğru yürüdü. Kocasının dik ve yorgun bakışını gördüğünde sanki başka türlü görmeyi bekliyormuş gibi kötü bir duygu yüreğini sızlattı Anna'nın. Onunla karşılaştığında hissettiği kendinden hoşnut olmama duygusu Anna'yı özellikle etkilemişti. Bu duygu, onun kocasıyla ilişkilerinde hissettiği sahteliğe benzer çok eski ve bildik bir duyguydu; fakat önceden bu duyguyu fark etmiyordu, şimdi ise bunun açıkça ve çok belirgin bir şekilde farkındaydı.

Ağır, ince sesiyle ve karısıyla konuşurken hemen hemen her zaman kullandığı, aslında bu biçimde konuşanlarla alay eden bir tonla:

— Evet, görüyorsun ya evliliğinin ertesi yılındaki kadar sevecen, seni görmek isteğiyle yanıp tutuşan bir koca, –dedi.

— Seryoja iyi mi? –diye sordu Anna.

— Benim ateşliliğimin bütün ödülü bu mu? –dedi kocası.– İyi, iyi...

XXXI

Vronskiy gece boyunca uyumayı denemedi bile. Kâh gözlerini karşıya dikerek, kâh girip çıkanları süzerek koltuğunda oturuyordu. Gerçi eskiden de, hiç bozulmayan sakin görünüşüyle tanımadığı insanları etkilerdi, ama şimdi daha da mağrur ve kendini beğenmiş görünüyordu. İnsanlara bir eşyaya bakar gibi bakıyordu. Karşısında oturan ve bölge mahkemesinde memur olan sinirli genç adam, bu görünüşü yüzünden ona için için kin duymaya başlamıştı. Genç adam sigarasını onun ateşinden yakıyor, onunla konuşuyor, hatta eşya değil bir insan olduğunu hissettirmek için arada bir dürtüyordu, fakat Vronskiy adama hep aynı şekilde, bir fenere bakar gibi bakıyordu, genç adam karşısındakinin kendisini insan olarak görmemesinin baskısıyla soğukkanlılığını yitirdiğini hissederek yüzünü ekşitiyordu.

Vronskiy hiç kimseyi, hiçbir şeyi görmüyordu. Kendisini kral gibi hissediyordu. Bunun nedeni, Anna'yı etkilediğine inanması değil –buna henüz inanmıyordu– Anna'nın onun üzerinde yaptığı etkinin kendisine mutluluk ve gurur vermiş olmasıydı.

Bundan ne çıkacağını bilmiyordu, düşünmüyordu da. Şimdiye dek dağınık ve düzensiz olan gücünün bir noktaya toplandığını ve korkunç bir enerjiyle tek bir mutlu hedefe yöneldiğini hissediyordu. Bundan mutluluk duyuyordu. Sadece ona gerçeği söylediğini, onun olduğu yere geldiğini, hayatın bütün mutluluğunu, hayatın biricik anlamını artık onu görmekte ve sesini duymakta bulduğunu biliyordu. Bogolova İstasyonu'nda soda içmek için trenden inip Anna'yı gördüğünde ilk söz olarak ona ister istemez aklından geçenleri söylemişti. Bunu ona söylemekten, onun da artık bilip düşünmesinden memnundu. Bütün gece uyumadı. Kompartımanına döndükten sonra Anna'yı gördüğü bütün durumları, onun bütün sözlerini hiç durmadan tek tek aklından geçiriyor ve hayalinde kalbini durduracak olası bir geleceğe ait tablolar uçuşuyordu.

Petersburg'da trenden indiğinde, uykusuz bir gecenin ardından soğuk suyla yıkandıktan sonraki gibi canlanmış ve dinç hissediyordu kendini. Kendi vagonunun önünde duruyor, Anna'nın inişini bekliyordu. Elinde olmadan kendi kendine gülümseyerek, "Onu bir kez daha göreceğim, –diyordu,– yürüyüşünü, yüzünü göreceğim; bir şey diyecek, başını çevirecek, bakacak, gülümseyecek belki de." Fakat Anna'yı görmeden önce istasyon şefinin kalabalık arasından nezaketle geçirdiği kocasını gördü. "Ah, evet, kocası!" Kocasının onunla ilgili biri olduğunu Vronskiy ancak şimdi açıkça anlamıştı. Onun bir kocası olduğunu biliyordu, ama bu kocanın varlığına inanmıyordu ve ancak başıyla, omuzlarıyla, siyah bir pantolon içindeki bacaklarıyla onu gördüğü zaman inandı; özellikle de bu kocanın onun elini sahiplik duygusuyla serbestçe tuttuğunu gördüğü zaman.

Petersburglulara özgü taze yüzüyle ve kendinden çok emin haliyle, yuvarlak şapkası, biraz kambur sırtıyla Aleksey Aleksandroviç'i gördükten sonra ona inandı ve susuzluktan içi yanmış, bir su kaynağı bulmuş, ama bu sırada bu kaynaktan su içen ve suyu bulandıran bir köpek, koyun ya da domuz görmüş bir adamın hissettiğine benzer kötü bir duyguya kapıldı. Vronskiy'e en çok dokunan da Aleksey Aleksandroviç'in küt bacaklarıyla kalçalarını oynata oynata yürüyüşüydü. Anna'yı hiçbir kuşkuya yer bırakmayan sevme hakkını sadece kendisine tanıyordu. Ama Anna hep aynıydı; onu fiziksel olarak canlandırıp heyecanlandıran ve ruhunu sevinçle dolduran görünüşü aynıydı. İkinci mevkiden koşarak yanına gelen Alman uşağına eşyaları alıp gitmesini söyledi, kendisi ise Anna'nın yanına gitti. Karıkocanın ilk karşılaşmalarını gördü ve âşık bir adamın sezgisiyle Anna'nın kocasıyla konuşurken hafifçe sıkıldığını fark etti. "Hayır, onu sevmiyor ve sevemez," diye karar verdi kendi kendine.

Vronskiy, daha Anna Arkadyevna'ya arkasından yaklaşırken Anna'nın onun yakınlarda olduğunu hissettiğini ve çevresine bakındığını, onu görünce de tekrar konuşmaya başladığını sevinçle fark etti.

— Geceyi iyi geçirdiniz mi? –dedi Vronskiy, karıkocanın önünde eğilip her ikisini birlikte selamlayarak. Böylece

Aleksey Aleksandroviç'e bu selamı kendi hesabına kabul etme ve işine nasıl gelirse, ister tanıma, ister tanımama hakkını vermiş oldu.

— Teşekkür ederim, çok iyi geçirdim, –diye yanıtladı Anna.

Yüzü yorgun görünüyordu ve bu yüzde kâh gülümsemesinde, kâh bakışlarında dikkati çeken o canlılıktan eser yoktu; fakat Vronskiy'e baktığında bir an için gözlerinde bir şey görünüp kayboldu. Bu ateş çabucak söndüğü halde Vronskiy o an mutlu olmuştu. Vronskiy'i tanıyıp tanımadığını anlamak için kocasına baktı. Aleksey Aleksandroviç, kim olduğunu dalgın dalgın hatırlamaya çalışarak hoşnutsuzlukla bakıyordu Vronskiy'e. Vronskiy'in sakinliği ve kendine güveni burada tırpanın taşa çarpması gibi Aleksey Aleksandroviç'in soğuk kendine güvenine çarpmıştı.

— Kont Vronskiy, –dedi Anna.

Aleksey Aleksandroviç umursamaz bir tavırla elini uzatarak:

— A! Galiba biz tanışıyoruz, –dedi.– Moskova'ya annesiyle gitti, oğluyla geri dönüyor, –dedi ağzından çıkan her sözcükle bir ruble armağan edermişçesine tane tane konuşarak.– Herhalde izinden dönüyorsunuzdur? –dedi ve yanıtı beklemeden karısına dönerek, şakacı konuşma tarzıyla,– E, Moskova'dan ayrılırken gözyaşları sel mi oldu? –dedi.

Karısına bu şekilde hitap ederek Vronskiy'e, yalnız kalmak istediğini hissettiriyordu ve Vronskiy'e dönüp, elini şapkasına götürdü; fakat Vronskiy, Anna Arkadyevna'ya:

— Sizi ziyaret etme onuruna sahip olacağımı umuyorum, –dedi.

Aleksey Aleksandroviç yorgun gözlerle Vronskiy'e baktı.

— Çok memnun oluruz, –dedi soğuk bir şekilde,– pazartesi günleri misafir kabul ediyoruz. –Sonra Vronskiy'i tümden bırakıp karısına,– Seni karşılamak için yarım saatimin olması ve sana inceliğimi gösterebilmem ne kadar iyi, –diye devam etti aynı şakacı edayla.

Anna, arkalarından gelen Vronskiy'in ayak seslerine elinde olmadan kulak kabartarak aynı şakacı edayla:

— Seni takdir etmem için inceliğini aşırı derecede öne sürüyorsun, –dedi. Anna, "Onunla ne ilgim var?" diye düşündü ve kocasına, kendisi yokken Seryoja'nın nasıl vakit geçirdiğini sormaya koyuldu.

— Ah, harika! Mariette, onun çok sevimli olduğunu söylüyor, hem de... seni üzeceğim ama... kocan kadar seni özlemedi. Ama bir gün önce geldiğin için bir kez daha merci, sevgili dostum. Bizim şirin semaverimiz heyecan içinde. (Her zaman, her konuda heyecanlandığı ve sinirlendiği için ünlü Kontes Lidiya İvanovna'yı semaver diye adlandırırdı.) Seni soruyordu. Eğer sana öğüt verme hakkım varsa, bugün onu ziyaret etmeni söylerim. Herkes için yüreği yanar. Şimdi bütün uğraşlarından başka, bir de Oblonskiylerin barışmasıyla ilgileniyor.

Kontes Lidiya İvanovna kocasının arkadaşıydı ve Anna'nın, kocası nedeniyle herkesten daha yakın olduğu Petersburg sosyete çevrelerinden birinin lideri konumunda bulunuyordu.

— Ona yazdım zaten.

— Ama her şeyi ayrıntısıyla öğrenmek istiyor. Yorgun değilsen git canım. Kondratiy sana arabayı getirir, ben de komiteye giderim. Tek başıma yemek yemeyeceğim artık, –diye devam etti Aleksey Aleksandroviç artık şakacı olmayan bir tavırla.– Ne kadar alışmışım, inanmazsın...

Sonra karısının elini uzun uzun sıkarak ve anlamlı bir gülümsemeyle onu arabaya bindirdi.

XXXII

Evde Anna'nın ilk karşısına çıkan kişi Seryoja'ydı. Dadının bağırışına aldırmaksızın annesine doğru merdivenleri atlaya zıplaya indi. Delice bir heyecanla "Anne, anne!" diye bağırıyordu. Annesinin yanına gelince boynuna asıldı.

— Size annemdir demiştim! –diye dadıya bağırıyordu Seryoja.– Biliyordum!

Tıpkı kocası gibi oğlu da Anna'da hayal kırıklığına benzer bir duygu uyandırdı. Hayalinde onu gerçekte olduğundan daha güzel canlandırmıştı. Onu olduğu gibi sevip bundan haz almak için gerçeğe dönmek zorunda kaldı. Ama Seryoja sarı kıvır kıvır saçları, mavi gözleri ve iyice gerilmiş çorapları içindeki tombul düzgün bacaklarıyla olduğu gibi de çok güzeldi. Anna oğlunun yakınlığını ve sevgisini hissettiğinde neredeyse bedensel bir zevk, onun saf, kolayca inanan, sevgi dolu bakışlarıyla karşılaştıkça ve safça sorduğu sorularını işittikçe de ahlaki bir rahatlama duyuyordu. Anna, Dolli'nin çocuklarının gönderdiği armağanları çıkarttı, oğluna Moskova'da Tanya diye küçük bir kız olduğunu, bu Tanya'nın okumayı bildiğini ve hatta öbür çocuklara da öğrettiğini anlattı.

— Ne yani, ben ondan kötü müyüm? –diye sordu Seryoja.

— Benim için dünyadaki herkesten daha iyisin.

— Bunu biliyorum, –dedi Seryoja gülümseyerek.

Anna daha kahvesini içemeden Kontes Lidiya İvanovna'nın geldiğini haber verdiler. Kontes Lidiya İvanovna, yüzü hasta gibi sarı, güzel kara gözleri hülyalı hülyalı bakan, uzun boylu, şişman bir kadındı. Anna onu severdi, ama şimdi sanki ilk kez bütün kusurlarıyla birlikte görmüştü.

— E, dostum, zeytin dalını götürdünüz mü? –diye sordu Kontes Lidiya İvanovna odaya girer girmez.

— Evet, hepsi bitti, ama mesele, bizim düşündüğümüz kadar ciddi de değilmiş, –diye yanıtladı Anna.– Benim belle soeur genelde çok kararlıdır.

Fakat kendisini ilgilendirmeyen konulara pek meraklı olan Kontes Lidiya İvanovna, onu ilgilendiren bir konuyu da hiç dinlememek gibi bir alışkanlığa sahipti; Anna'nın sözünü kesti:

— Evet, dünyada ne çok dert ve kötülük var, ben de bugün çok bitkin durumdayım, –dedi.

Anna gülümsemesini tutmaya çalışarak:

— Ne oldu? –diye sordu.

— Gerçek uğrunda boş yere çabalamaktan yorulmaya başlıyorum ve bazen sinirlerim iyice bozuluyor. Hemşireler işi (hayırsever, dinci-yurtsever bir kuruluştu bu) çok iyi gidiyordu, ama bu beylerle hiçbir şey yapılamıyor, –diye ekledi Kontes Lidiya İvanovna, kaderine alaycı bir şekilde boyun eğerek.– Bu düşünceye sımsıkı sarıldılar, iler tutar tarafını bırakmadılar, sonra da çok sığ ve incir çekirdeğini doldurmayacak yargılara vardılar. Kocanızın da aralarında olduğu iki-üç kişi işin önemini anlıyor, diğerleri ise sadece gözden düşürüyorlar. Dün Pravdin'in bana yazdığına göre...

Pravdin yurt dışında yaşayan tanınmış bir panslavistti ve Kontes Lidiya İvanovna, Pravdin'in yazdığı mektubun içeriğini anlatmaya başlamıştı.

Kontes daha sonra birtakım tatsızlıkları, kiliselerin birleştirilmesine karşı döndürülen dolapları anlattı, sonra o gün hem bir dernekteki, hem de Slav Komitesi'ndeki toplantılara katılmak zorunda olduğu için telaşla gitti.

"Eskiden de bunların hepsi vardı; ama ben neden bunu daha önce fark etmiyordum? –dedi Anna kendi kendisine.– Yoksa bugün çok mu sinirliydi? Aslında komik: İyi bir Hıristiyan ve hayırseverdi ama her şeye kızıyor, sürekli de düşmanları oluyor; hem de Hıristiyanlık ve hayırseverlik adına edindiği düşmanlar."

Kontes Lidiya İvanovna'dan sonra kocası müdür olan bir arkadaşı geldi ve kentteki bütün haberleri anlattı. Saat üçte yemeğe gelmeye söz vererek o da gitti. Aleksey Aleksandroviç bakanlıktaydı. Yalnız kalan Anna, yemekten önceki zamanı oğlu yemek yerken (oğlu ayrı yiyordu yemeğini) yanında olmaya, eşyalarını yerine yerleştirmeye, okumaya, masanın üzerinde birikmiş not ve mektuplara yanıt vermeye harcadı.

Yolculuk sırasında hissettiği nedensiz utanç duygusu ve heyecan tümüyle yok olmuştu. Alışkın olduğu yaşam koşullarında kendisini yeniden sağlam ve kusursuz hissediyordu.

Dünkü durumunu şaşkınlıkla hatırladı. "Ne oldu peki? Hiçbir şey. Vronskiy, kolayca son verilebilecek aptalca bir şey söyledi, ben de gereken yanıtı verdim. Bundan kocama söz etmeme gerek yok, zaten edemem de. Bundan söz etmek, önemi olmayan bir şeye önem vermek demektir." Petersburg'da kocasının emrinde çalışan genç bir memurun kendisine yaptığı aşk itirafına benzer şeyi anlattığını ve Aleksey Aleksandroviç'in sosyetede yaşayan her kadının böyle durumlarla karşılaşabileceğini, ama karısının ölçülü davranacağına tam olarak güvendiğini, hiçbir zaman onu ve kendisini kıskançlık yapacak kadar alçaltmayacağını söylediğini anımsadı. "O zaman söylememe gerek yok demek ki? Evet, çok şükür söyleyecek bir şey de yok," dedi Anna kendi kendine.

XXXIII

Aleksey Aleksandroviç bakanlıktan saat dörtte döndü, ama genellikle yaptığı gibi, karısının yanına gitmedi. Kendisini bekleyen ricacıları kabul etmek ve yöneticinin getirdiği bazı kâğıtları imzalamak için çalışma odasına geçti. Yemek saatine doğru Aleksey Aleksandroviç'in yaşlı kuzini, bir daire başkanıyla karısı, Aleksey Aleksandroviç'e memuriyet için tavsiye edilen bir genç adam geldiler. (Kareninlerin sofrasında her zaman üç-dört konuk olurdu.) Anna gelenlerle ilgilenmek için salona geçti. Bronzdan yapılmış Birinci Petro saati daha beşinci vuruşunu yapmamıştı ki, Aleksey Aleksandroviç, yemekten hemen sonra gitmek zorunda olduğu için beyaz kravatını takmış, iki yıldızlı frakını giymiş olarak geldi. Aleksey Aleksandroviç'in yaşamının her dakikası doluydu ve bir işe ayrılmıştı. Her gün kendisini bekleyen işleri yapabilmek için son derece titiz davranırdı. Parolası "Acele etmeden ve dinlenmeden" şeklindeydi. Salona girdi, herkesle selamlaşıp, karısına gülümseyerek hemen yerine oturdu.

— Evet, yalnızlığım sona erdi. Tek başına yemek yemek ne kadar sıkıcı bir şeymiş (*sıkıcı* sözcüğünün üzerine basarak söylemişti), inanmazsın.

Yemekte karısıyla Moskova'daki işler konusunda konuştu, alaycı bir gülümsemeyle Stepan Arkadyiç'i sordu; ama konuşma daha çok genel konularda, Petersburg'da memuriyetle ve toplumsal işlerle ilgili konularda sürdü. Yemekten sonra yarım saatini konuklarla geçirdi ve dudaklarında yine bir gülümsemeyle karısının elini sıkıp, bir toplantıya gitti. Anna, ne geldiğini öğrenip akşama evine çağıran Prenses Betsi Tverskaya'ya, ne de akşam için özel bir locasının olduğu tiyatroya gitmedi. Gitmemesinin nedeni daha çok giymeyi düşündüğü elbisenin hazır olmamasıydı. Anna konuklar gittikten sonra hazırlanıp süslenirken çok sinirlenmişti. Genellikle çok para harcamadan giyinme ustası olan Anna, Moskova'ya gitmeden önce modelini değiştirtmek üzere üç elbisesini bir modacıya vermişti. Elbiselerin modelinin tanınmayacak şekilde değiştirilmesi ve bundan üç gün önce hazır olması gerekiyordu. İki elbisenin hazır olmadığı, birinin ise Anna'nın istediği gibi yapılmadığı anlaşılmıştı. Modacı açıklama yapmaya gelmiş, bu şekilde daha iyi olacağını ileri sürmüştü, ama Anna öyle sinirlenmişti ki, sonradan hatırlayınca çok utandı. İyice sakinleşebilmek için çocuk odasına gitti ve bütün akşamı oğluyla birlikte geçirdi, onu kendisi yatırdı, kutsadı, üstünü battaniyeyle örttü. Hiçbir yere gitmediğine, akşamı bu kadar güzel geçirdiğine çok memnundu. Trende gelirken kendisine çok önemli gibi görünen şeylerin sosyete hayatının alışılmış, önemsiz olaylarından sadece biri olduğunu, ne kendisine karşı, ne de herhangi bir kimseye karşı utanılacak bir şeyi bulunmadığını açıkça görecek kadar rahatlamış ve hafiflemişti. Eline İngilizce bir roman alıp şöminenin önüne oturmuş, kocasını bekliyordu. Tam saat dokuz buçukta zil çaldı ve kocası içeri girdi.

— Nihayet geldin! –dedi Anna elini kocasına uzatarak.

Aleksey Aleksandroviç karısının elini öptü ve yanına oturdu.

— Gördüğüm kadarıyla yolculuğun başarılı geçmiş, -dedi karısına.

— Evet, çok başarılı, –diye yanıtladı Anna ve her şeyi, Vronskaya'yla yaptığı yolculuğu, Moskova'ya varışını, istasyonda meydana gelen olayı en başından başlayıp anlatmaya koyuldu. Sonra ilk önce kardeşine, daha sonra da Dolli'ye acıdığını anlattı.

— Senin kardeşin bile olsa böyle bir adamın affedilebileceğine hiç ihtimal vermem, –dedi Aleksey Aleksandroviç sert bir ifadeyle.

Anna gülümsedi. Bunu sırf akrabalık ilişkilerinin kafasındaki samimi düşünceyi ortaya koymasına engel olamayacağını göstermek için söylediğini anlamıştı. Kocasının bu özelliğini biliyor ve bunu seviyordu.

— Her şeyin mutlulukla sonuçlanmasına ve senin dönmene sevindim, –diye devam etti Aleksey Aleksandroviç.– E, kurulda yaptığım yenilik hakkında ne diyorlar orada?

Anna bu durumla ilgili olarak hiçbir şey duymamıştı ve kocası için bu kadar önemli bir şeyi kolayca unutabilmiş olmasından utandı.

Aleksey Aleksandroviç kendini beğenmiş bir gülümsemeyle:

— Burada, tam tersine büyük gürültü koptu, –dedi.

Anna, Aleksey Aleksandroviç'in bu konuyla ilgili olarak kendi açısından hoş bir şey söylemek istediğini gördü ve soru sorarak onu anlatmaya teşvik etti. Aleksey Aleksandroviç bu yenilik nedeniyle aldığı alkışları aynı kendini beğenmiş gülümsemeyle anlattı.

— Çok sevindim. Bu da, bizde artık bu konuyla ilgili akılcı ve kesin bir görüşün sonunda yerleşmeye başladığını kanıtlıyor, –dedi.

Aleksey Aleksandroviç, ikinci çayını kaymak ve ekmekle birlikte içip bitirdikten sonra kalkıp çalışma odasına gitti.

— Hiçbir yere gitmemişsin; canını sıkan bir şey mi oldu yoksa? –dedi.

Onun hemen ardından kalkıp, salondan çalışma odasına geçirirken:

— Yo hayır! –diye yanıtladı Anna ve– şimdi ne okuyorsun? –diye sordu.

— Şimdi Duc de Lille, "Poésie des enfers,"* –diye yanıtladı Aleksey Aleksandroviç.– Çok güzel bir kitap.

Anna, insan, sevdiklerinin zayıflıklarına nasıl gülerse öyle gülümsedi ve kocasının elini tutarak onu çalışma odasının kapısına kadar götürdü. Onun bir zorunluluk haline getirdiği akşamları kitap okuma alışkanlığını biliyordu. Kocasının neredeyse bütün zamanını alan memuriyet görevlerine rağmen, zihinsel alanda ortaya çıkan bütün güzel şeyleri izlemeyi bir görev saydığını biliyordu. Aslında siyaset, felsefe, ilahiyat kitaplarının kocasını ilgilendirdiğini, sanatın, yapısı nedeniyle ona son derece yabancı olduğunu, ama buna rağmen ya da daha doğrusu bundan dolayı Aleksey Aleksandroviç'in bu alanda gürültü koparan bir şeyi gözden kaçırmadığını ve her şeyi okumayı görev saydığını da biliyordu. Siyaset, felsefe ve ilahiyat alanında Aleksey Aleksandroviç'in kuşkuları olduğunu ya da araştırma yaptığını biliyordu; fakat sanat ve şiir, özellikle de anlamaktan tamamen yoksun olduğu müzik konularında çok belirgin ve kesin düşüncelere sahipti. Shakespeare'den, Rafael'den, Bethoven'dan, hepsini çok açık bir mantıkla sınıflandırdığı yeni şiir ve müzik okullarının öneminden söz etmeyi severdi.

Anna, koltuğun yanına abajurlu bir mumun ve bir sürahi suyun konduğu çalışma odasının kapısının önünde:

— Hadi Tanrı seninle olsun, –dedi.– Ben de Moskova'ya mektup yazacağım.

---

* Tolstoy burada Leconte de Lisle adını Duc de Lille olarak uyarlamış. "Cehennem Şiiri". (Fr.)

Aleksey Aleksandroviç karısının elini sıktı ve bir kez daha öptü.

Odasına dönen Anna sanki onu suçlayan ve sevmenin olanaksız olduğunu söyleyen birine karşı korurcasına: "Yine de iyi bir insan, dürüst, iyi yürekli ve kendi alanında mükemmel biri, –dedi kendi kendine.– Ama şu kulakları ne tuhaf bir şekilde dışarı fırlıyor! Saçını mı kestirmiş yoksa?"

Tam saat on ikide, Anna'nın Dolli'ye yazdığı mektubu bitirmeye çalışarak hâlâ yazı masasının başında oturduğu sırada, terlik giymiş ayakların düzgün adım sesleri duyuldu ve Aleksey Aleksandroviç, yıkanmış, saçlarını taramış, koltuğunun altında kitabıyla Anna'nın odasına geldi.

— Yatma zamanı geldi, –dedi anlamlı bir gülümsemeyle ve yatak odasına geçti.

Anna, Vronskiy'in Aleksey Aleksandroviç'e bakışını anımsayarak, "Hem ona bu şekilde bakma hakkını nerden buluyor?" diye düşündü.

Üstünü çıkarıp yatak odasına gitti, ama yüzünde Moskova'dayken gözlerinden ve gülümsemesinden fışkıran o canlılıktan eser yoktu, tersine içindeki ateş artık sönmüş ya da uzak bir yere gizlenmiş gibi görünüyordu.

XXXIV

Vronskiy Petersburg'dan ayrılırken Morskaya'daki büyük dairesini dostu ve sevgili arkadaşı Petritskiy'e bırakmıştı.

Petritskiy çok soylu olmayan, bırakın zengin olmayı, boğazına kadar borca batmış, her gün akşama doğru sarhoş olan, gülünç ve pis olaylar yüzünden sık sık askeri hapishaneye düşen; ama hem arkadaşları, hem de komutanları tarafından sevilen genç bir teğmendi. Saat on ikide istasyondan evine gelen Vronskiy, kapının önünde tanıdık bir kupa arabası gördü. Daha zili çalar çalmaz kapının arkasından bir erkek kahkahası, cıvıl cıvıl bir kadın sesi ve Petritskiy'in "Haydutlardan biriyse içeri alma!" diyen bağırışını duydu. Vronskiy emir erine geldiğini haber vermemesini söyledi ve sessizce ilk odaya girdi. Petritskiy'in ahbabı Barones Şilton, leylak rengi atlas elbisesiyle ve kırmızı yanaklı, sarışın, küçük yüzüyle etrafa ışıklar saçarak ve Paris ağzı konuşmasıyla bir kanarya gibi bütün odayı doldurarak yuvarlak masanın önüne oturmuş, kahve pişiriyordu. Petritskiy'in sırtında paltosu, süvari yüzbaşısı Kamerovskiy'in de üniforması vardı, herhalde görevden gelmişti. Barones Şilton'un çevresinde oturuyorlardı.

Petritskiy sandalyeyi gürültüyle iterek ayağa fırladı ve:

— Bravo! Vronskiy! –diye bağırdı.– İşte ev sahibi geldi! Barones yeni cezveden ona da bir kahve. Beklemiyorduk! Umarım odanın süsünden memnunsundur, –dedi baronesi göstererek.– Siz tanışıyor musunuz?

Vronskiy neşeyle gülümseyip baronesin küçük elini sıkarak:

— Elbette! –dedi.– Nasıl tanışmayız! Eski dostuz.

— Yoldan geldiniz, –dedi barones,– ben de kaçayım. Ah, size engel oluyorsam hemen şu dakikada giderim.

— Siz nerede olsanız evinizde gibisinizdir, barones, –dedi Vronskiy. Kamerovskiy'in elini soğuk bir şekilde sıkarak,– Merhaba Kamerovskiy, –diye ekledi.

Barones, Petritskiy'e dönerek:

— Siz böyle güzel şeyler söylemeyi beceremiyorsunuz, –dedi.

— Yo, neden? Yemekten sonra ben de kötü şeyler söylemeyeceğim.

— Ama yemekten sonra bir faydası yok! Size de bir kahve vereyim, gidip elinizi yüzünüzü yıkar, kendinize çekidüzen verirsiniz bu arada, –dedi barones, tekrar oturup yeni cezvenin düğmesini dikkatlice çevirerek.– Piyer kahveyi verin, –dedi Petritskiy'e. Petritskiy soyadından dolayı ona Piyer diyor ve ilişkisini saklamıyordu.– İlave yapacağım.

— Kahvenin tadını bozacaksınız.

— Hayır, bozmam! E, karınız nasıl? –dedi barones birden Vronskiy'in arkadaşıyla konuşmasını keserek.– Biz sizi evlendirdik burada. Karınızı getirdiniz mi?

— Hayır barones. Ben çingene olarak doğdum, çingene olarak öleceğim.

— Daha iyi, daha iyi. Elinizi verin.

Barones, Vronskiy'i bırakmayıp, yaşamıyla ilgili son planlarını bol bol şaka yaparak anlatmaya, tavsiyelerini sormaya koyuldu.

— O, hâlâ benden ayrılmaya yanaşmıyor. Ne yapmam gerekir? (O, baronesin kocasıydı.) Artık dava açmak istiyorum. Siz ne yapmamı tavsiye edersiniz? Kamerovskiy, kahveye bakın, taşıyor; görüyorsunuz, ben meşgulüm! Dava açmak istiyorum, çünkü bana ait malları kurtarmam gerekiyor. Bu saçmalığı anlıyor musunuz, sözde ben ona sadık değilmişim, –bunu küçümseyerek söylemişti,– bu yüzden benim malımdan yararlanmak istiyor.

Vronskiy, güzel bir kadının neşeli cıvıltısını keyifle dinliyor, söylediklerini onaylıyor, yarı şaka yarı ciddi tavsiyeler veriyordu. Bu türden kadınlarla konuşurken alışkın olduğu tavrı takınmıştı hemen. Vronskiy'in Petersburg dünyasında insanlar, tamamen birbirine karşıt iki cinse ayrılıyordu. Birincisi aşağı cinsti: Kaba, ahmak, ama asıl bir erkeğin nikâhlandığı tek kadınla yaşaması gerektiğine, bir genç kızın bakire, kadının utangaç, erkeğin mert, ölçülü ve kararlı olması, çocuklarını yetiştirmesi, ekmeğini kazanması, borçlarını ödemesi gerektiğine ve buna benzer saçmalıklara inanan gülünç insanlar. Modası geçmiş ve gülünç insanlar türüydü bu. Ama diğer tür gerçek insanlardan oluşuyordu. Kendileri de bu türe aittiler. Bu türden olanların seçkin, güzel, gönlü yüce, cesur, neşeli olması, hiç yüzü kızarmadan kendini her türlü tutkuya teslim etmesi ve geri kalan herkesle alay etmesi gerekiyordu.

Vronskiy, Moskova'dan getirdiği bambaşka bir dünyanın izlenimlerinden sonra sadece ilk dakikada afallamıştı; ancak hemen, sanki ayaklarını eski terliklerine sokuyormuş gibi, eski, neşeli ve hoş dünyasına girivermişti.

Böylece kahve pişirilememiş, herkesin üstüne başına sıçramış, taşmış, ama tam da gerekli olan şeyi yapmış, yani gürültü ve kahkaha için bahane olmuş, pahalı halıya ve baronesin elbisesine dökülmüştü.

— Hadi, artık ben gideyim, yoksa siz hiçbir zaman gidip elinizi yüzünüzü yıkayamayacaksınız ve düzgün bir adamın pis kalması gibi çok ağır bir suç vicdanıma yük olacak. Demek boğazına bıçak dayamamı tavsiye ediyorsunuz?

— Ne yapıp edip elinizi de onun dudaklarına yakın tutun ki, elinizi öpsün ve her şey tatlıya bağlansın, -diye yanıtladı Vronskiy.

— Öyleyse bugün Fransız Tiyatrosu'nda! -dedi barones ve elbisesini hışırdatarak ortadan kayboldu.

Kamerovskiy de kalkmıştı, Vronskiy ise onun elini sıkıp, çıkmasını beklemeden tuvalete gitti. O elini yüzünü yıkarken Petritskiy de ana hatlarıyla durumunu, Vronskiy gittikten sonra durumunun ne kadar değiştiğini anlattı. Hiç parası yoktu. Babası para vermeyeceğini ve borçlarını ödemeyeceğini söylemişti. Terzi hapse attırmak istiyor, başka biri daha mutlaka hapse attıracağını söylüyordu. Alay komutanı bu rezaletler sona ermeyecek olursa alaydan ayrılması gerekeceğini söylemişti. Barones, sürekli para verme isteğiyle bıktırmıştı; ama başka bir kadın vardı. O kadını Vronskiy'e gösterecekti, harika, çok güzel, doğu tarzında, "Köle Rebeka türünden, anlarsın ya," diyordu. Dün Berkoşev'le kavga etmişti, Berkoşev düello tanıklarını göndermek istemişti, ama pek tabii ki bundan bir şey çıkmayacaktı. Genel olarak her şey mükemmel ve son derece neşeliydi. Arkadaşının kendi durumunun ayrıntılarına dalmasına izin vermeyen Petritskiy, bütün ilginç haberleri anlatmaya girişti. Vronskiy, üç yıllık dairesinin tanıdık ortamında Petritskiy'in çok iyi bildiği hikâyelerini dinlerken alışkın olduğu, gamsız Petersburg yaşamına dönmekten kaynaklanan hoş bir duyguya kapılmıştı.

Kırmızı, sağlam boynunu yıkadığı lavabonun pedalını bırakıp:

— Olamaz! –diye bağırdı. Lora'nın Mileyev'le birlikte olduğu ve Fertingof'u terk ettiği haberini duyunca da,– Olamaz! Hâlâ öyle aptal ve halinden memnun mu? Peki ya Buzulukov?

— Ah, Buzulukov'un başına gelenler bir âlem! –diye bağırdı Petritskiy.– Onun tutkusu balolardır ya, saraydaki bir tek baloyu bile kaçırmaz. Yeni miğferleri gördün mü? Çok güzel, daha hafif. Sadece biraz pahalı... Ama dinle bak...

— Dinliyorum, –diye karşılık verdi Vronskiy, havluyla kurulanırken.

— Bir grandüşes, bir elçiyle birlikte yürüyor. Şansa bak, grandüşesle elçinin arasında yeni miğferlerle ilgili bir konuşma geçiyormuş. Grandüşes yeni bir miğfer göstermek istiyor. Bakıyorlar bizimki orda duruyor. (Petritskiy, onun miğferiyle nasıl durduğunu gösteriyordu.) Grandüşes miğferi kendisine vermesini istiyor, o vermiyor. Bu da ne demek oluyor? Bizimkine kaş göz işareti yapıyorlar, kaşlarını çatıyorlar. Ver. Vermiyor. Kımıldamadan duruyor. Düşünebiliyor musun?.. Ancak hani şu... adı neydi... bizimkinden miğferi almak istiyor... o yine vermiyor!.. Adam çekip alıyor ve grandüşese uzatıyor. "İşte yeni miğfer," diyor grandüşes. Miğferi çeviriyor ve tasavvur edebiliyor musun, içinden pat diye bir armutla iki funt şekerleme düşüyor!.. Adam bunları toplamış!

Vronskiy kahkahadan kırılıyordu. Uzun zaman sonra da başka bir şeyden söz ederken bile, miğfer aklına gelince sağlam ve düzgün dişlerini göstererek yine katıla katıla gülüyordu.

Vronskiy bütün haberleri aldıktan sonra uşağın yardımıyla üniformasını giyip, geldiğini bildirmeye gitti. Bu işi yaptıktan sonra kardeşine ve Betsi'ye gitmek, Karenina'yla karşılaşabileceği sosyete grubuna girmeyi sağlayacak birkaç ziyaret yapmak niyetindeydi. Petersburg'da her zaman olduğu gibi gece geç vakitlerde dönmek üzere evden çıktı.

İkinci Bölüm

I

Kışın sonunda Şçerbatskiylerin evinde, Kiti'nin sağlığının ne durumda olduğuna ve zayıflayan gücünü yeniden kazandırmak için ne yapılması gerektiğine karar verilecek bir konsültasyon yapıldı. Kiti hastaydı ve ilkbaharın yaklaşmasıyla birlikte sağlığı daha da kötüleşiyordu. Aile doktoru ona önce balıkyağı, sonra demir, daha sonra da yakı verdi, ama ne birincisi, ne ikincisi, ne de üçüncüsü bir işe yaramadığından ve doktor ilkbaharda yurtdışına gitmesini tavsiye ettiğinden ünlü bir doktor çağrıldı. Henüz genç ve son derece yakışıklı bir adam olan ünlü doktor, hastayı muayene etmek istedi. Doktor, genç kızların utangaçlığının yalnızca bir barbarlık kalıntısı olduğunu ve henüz yaşlı olmayan bir erkeğin çıplak bir genç kızı elle muayene etmesinden daha doğal bir şey olmadığını özel bir zevkle ileri sürüyor gibiydi. Bunu her gün yaptığı, yaparken de hiçbir şey hissetmediği, kendince kötü bir şey düşünmediği için bunu doğal buluyordu, bu yüzden de genç bir kızın utangaçlığını sadece bir barbarlık kalıntısı değil, aynı zamanda kendisine bir hakaret sayıyordu.

Boyun eğmek gerekiyordu, çünkü bütün doktorların aynı okulda, aynı kitaplarla okumalarına, aynı bilgileri bilmelerine ve bazı kişilerin bu ünlü doktorun kötü bir doktor olduğunu söylemesine karşın prensesin evinde ve çevresinde her nedense bir tek bu ünlü doktorun özel bir şey bildiği ve bir tek onun Kiti'yi kurtarabileceği kabul ediliyordu. Ünlü doktor, utancından şaşkına dönmüş hastayı dikkatle muayene edip, sırtına tık tık vurduktan sonra ellerini iyice yıkayıp konuk odasında prensle konuştu. Prens doktoru dinlerken öksürerek kaşlarını çattı. Aptal ya da hasta olmayan, deneyimli prens tıbba inanmıyordu ve Kiti'nin hastalığının nedenini bir tek o tam olarak anladığı için de oynanan bu komediye için için kızıyordu. Prens, kızının hastalığının belirtileri konusunda ünlü doktorun gevezeliklerini dinlerken "boşa havlayan köpek" diye düşündü. Avcılık sözlüğünden aldığı bu ifadenin ünlü doktor için uygun olacağını düşündü. Bu arada doktor, bu yaşlı beyzadeye karşı hissettiği küçümsemeyi belli etmemek için kendini zor tutuyor ve onun anlayabileceği düzeye zor iniyordu. Yaşlı adamla bir şey konuşulamayacağını, bu evin reisinin anne olduğunu anlıyordu. İncilerini onun önüne dökmeye niyetleniyordu. Bu sırada prenses aile doktoruyla birlikte konuk odasına girdi. Prens bu komediye ne kadar güldüğünü fark ettirmemeye çalışarak oradan uzaklaştı. Prenses şaşkındı ve ne yapacağını bilmiyordu. Kiti'ye karşı kendisini suçlu hissediyordu.

— Doktor, alınyazımızı belirleyin, –dedi prenses.– Her şeyi söyleyin bana. –"Umut var mı?" demek istiyordu, ama dudakları titremeye başlamıştı, bu soruyu soramadı.– Evet, doktor?..

— Prenses, meslektaşımla konuştuktan sonra size düşüncemi söylemekten onur duyacağım.

— Yani sizi yalnız mı bırakalım?

— Nasıl isterseniz.

Prenses derin bir iç çekip çıktı.

Doktorlar baş başa kaldıklarında aile doktoru, hastada verem başlangıcı olduğu yolundaki düşüncesini çekinerek açıkladı. Ünlü doktor onun konuşmasını dinledi ve konuşmanın ortasında büyük altın saatini çıkarıp baktı.

— Öyle, ama... –dedi ünlü doktor.

Aile doktoru konuşmasının ortasında saygıyla durdu.

— Bildiğiniz gibi biz verem başlangıcını teşhis edemeyiz; kavernler* ortaya çıkmadan önce belirgin bir şey yoktur. Ama kuşkulanabiliriz. İşaretler var zaten: kötü beslenme, sinirlilik vesaire. Sorun şu: Veremden kuşkulanıldığında beslenmeye destek olmak için ne yapmak gerekiyor?

Aile doktoru ince bir gülümsemeyle:

— Ama siz de bilirsiniz ki, bu hastalığın arkasında her zaman manevi ve ruhsal nedenler gizlidir, –diye ekledi.

Ünlü doktor tekrar saatine bakıp:

— Evet, tabii, –diye yanıtladı. Pardon, Yauza Köprüsü yapıldı mı acaba? Yoksa hâlâ dolaşmak mı gerekiyor? A, yapıldı demek. O zaman yirmi dakikada gidebilirim. Beslenmeye destek olmak ve sinirleri düzeltmek diyorduk. Biri diğeriyle bağlantılı, her iki yandan da çalışmak gerek.

— Peki, yurtdışına gitmesine ne dersiniz? –diye sordu aile doktoru.

— Ben yurtdışı gezilerinin düşmanıyım. Eğer verem başlangıcı söz konusuysa, ki bunu biz bilemiyoruz, o zaman yurtdışına gitmesinin bir faydası olmaz. Beslenmeye destek olacak zararsız bir ilaç gerekli.

Ünlü doktor Soden sularıyla tedavi planını açıkladı. Bu suları önermesinin asıl amacı bunların zararsız sular olmasıydı.

Aile doktoru dikkatle ve saygıyla dinliyordu.

— Fakat alışkanlıkların değiştirilmesi ve anıları canlandıran koşullardan uzaklaşmak açısından yurtdışına gitmenin faydalı olacağını söyleyebilirim, –dedi.

— Ya! Gitsinler o zaman; yalnız şu Alman şarlatanlar zarar verir... Sözümüzü dinlemeleri gerek. Ne yapalım, gitsinler o zaman.

Tekrar saatine göz attı.

— O! Gitme zamanı gelmiş, –dedi ve kapıya yöneldi.

---

* Hastalık nedeniyle organlarda meydana gelen oyuklar. (ç.n.)

Ünlü doktor, yaşlı prensese hastayı bir kez daha görmesi gerektiğini söyledi (Nezaket duygusu bunu söyletmiş olmalıydı).

— Nasıl! Bir kez daha mı muayene edeceksiniz! –diye haykırdı prenses korkuyla.

— Oh hayır, bazı ayrıntıları öğrenmem gerekiyor prenses.

— Lütfen buyurun.

Ve anne, doktorun eşliğinde Kiti'nin olduğu konuk odasına girdi. İğne ipliğe dönmüş, biraz önce duyduğu utanç yüzünden yanakları kızarmış, gözlerinde özel bir parıltıyla odanın ortasında dikiliyordu. Doktor girdiğinde kıpkırmızı oldu ve gözleri yaşla doldu. Hastalığı ve bu hastalığın tedavisi ona ne kadar aptalca ve gülünç bir şey olarak görünüyordu! Tedavisi, kırık bir vazonun parçalarının yeniden birleştirilmesi kadar gülünç geliyordu. Kalbi kırılmıştı. Ne yani onu haplarla, tozlarla mı iyileştirmek istiyorlardı? Ama bu işte kendisini suçlu olarak gördüğü için annesini kıramıyordu.

— Zahmet olmazsa oturun, –dedi ünlü doktor.

Kendisi de gülümseyerek kızın karşısına oturdu, nabzını saydı ve yine sıkıcı sorular sormaya başladı. Kiti ona cevap verirken bir anda sinirlenip ayağa kalktı.

— Bağışlayın beni doktor, ama doğrusu bu hiçbir işe yaramaz. Üçüncü defadır bana aynı soruları soruyorsunuz.

Ünlü doktor kızmadı.

Kiti dışarı çıktığında prensese:

— Hastalığın neden olduğu sinirlilik hali, –dedi.– Zaten bitirmiştim...

Sonra doktor, son derece akıllı bir kadına anlatıyormuş gibi prensese kızının durumunu bilimsel olarak anlattı ve hiç gerekli olmayan suların nasıl içileceği konusunda talimatlar vererek sözlerini bitirdi. Yurtdışına gitmek konusundaki soru üzerine doktor, çok zor bir sorunun yanıtını arıyormuş gibi uzun uzun düşündü. Sonunda kararını açıkladı: Gidebilirlerdi, ama şarlatanlara inanmamalıydılar, her konuda da kendisine başvurmalıydılar.

Doktor gittikten sonra sanki neşeli bir şey oldu. Kızının yanına dönen prenses neşelenmişti, Kiti de neşelenmiş gibi yapıyordu. Artık sık sık, hatta hemen hemen her zaman rol yapmak zorunda kalıyordu.

— Doğrusu ben iyiyim maman. Ama eğer siz gitmek istiyorsanız, gidelim! –dedi ve bu yolculukla ilgilendiğini göstermeye çalışarak yol hazırlıklarından söz etmeye koyuldu.

II

Doktorun arkasından Dolli geldi. O gün konsültasyon olacağını biliyordu ve doğumdan yeni kalktığı (kış sonunda bir kız doğurmuştu), başında pek çok dert ve iş olduğu halde bebeğini ve hasta kızını bırakıp Kiti'nin o gün belli olacak durumunu öğrenmek için uğramıştı.

Konuk odasına girerken daha şapkasını çıkarmadan:

— E, ne oldu? –dedi.– Hepiniz neşelisiniz. Gerçekten iyi mi?

Doktorun söylediklerini anlatmaya çalıştılar, ama doktor uzun uzun ve derli toplu konuştuğu halde söylediklerini hiçbir şekilde aktaramayacakları anlaşıldı. Bir tek yurtdışına gitme kararı verilmiş olması ilginçti.

Dolli elinde olmadan derin bir iç çekti. En iyi dostu, kız kardeşi gidiyordu. Onun hayatı ise hiç eğlenceli değildi. Barıştıktan sonra Stepan Arkadyiç'le ilişkileri aşağılayıcı bir hale gelmişti. Anna'nın yaptığı lehim sağlam çıkmamıştı ve aile düzeni yine aynı yerden kırılmıştı. Belli bir şey yoktu, ama Stepan Arkadyiç hemen hemen hiçbir zaman evde olmuyordu, para da neredeyse hiç yoktu. İhanet kuşkuları Dolli'yi sürekli olarak üzüyor ve daha önce yaşadığı kıskançlık acısından korkarak bu kuşkuları artık kendisinden uzaklaştırıyordu. Bir kez yaşadığı ilk kıskançlık patlaması artık tekrarlanamazdı, hatta bir ihanetin ortaya çıkması bile onu ilkinde olduğu kadar etkileyemezdi. Böyle bir ihanetin ortaya çıkması, şimdi onu yalnızca aile alışkanlıklarından yoksun bırakırdı ve bu zayıflık yüzünden ondan, daha da çok kendisinden nefret ederek kendi kendisini aldatıyordu. Bunların ötesinde büyük bir ailenin işleri onu sürekli üzüyordu; kâh bebek yeterince emzirilemiyor, kâh dadı gidiyor, kâh şimdi olduğu gibi çocuklardan biri hastalanıyordu.

— E, seninkiler nasıl? –diye sordu annesi.

— Ah, maman, sizin derdiniz zaten çok. Lili hastalandı, kızıl olmasından korkuyorum. Sizin durumunuzu öğrenmek için geldim, Tanrı korusun eğer bir de kızılsa, hiç evden çıkamayacağım.

Yaşlı prens de doktorun gidişinden sonra çalışma odasından çıktı ve yanağını Dolli'ye uzatıp onunla biraz konuştuktan sonra karısına şöyle dedi:

— Karar verdiniz mi, gidiyor musunuz? Benimle ilgili ne yapmak istiyorsunuz?

— Senin kalman gerektiğini düşünüyorum Aleksandr Andreiç, –dedi karısı.

— Nasıl isterseniz.

— Maman, babam neden bizimle gelmiyor? –dedi Kiti.– Onun için de, bizim için de eğlenceli olur.

Yaşlı prens kalktı ve elini Kiti'nin saçlarında gezdirdi. Kiti yüzünü kaldırdı ve zoraki gülümseyerek babasına baktı. Onunla çok az konuştuğu halde babasının kendisini ailedeki herkesten daha iyi anladığını düşünürdü her zaman. En küçük kızı olarak babasının gözdesiydi ve babasının kendisine olan sevgisinin onu anlayışlı yaptığını sanıyordu. Bakışları yüzüne dikkatle bakan babasının açık mavi, iyilik dolu gözleriyle karşılaştığında, sanki babası içini okuyormuş, içinde olup biten bütün kötü şeyleri anlıyormuş gibi geldi Kiti'ye. Yüzü kızardı, öpücük bekleyerek yanağını babasına uzattı, ama o, sadece saçlarını okşayıp şöyle dedi:

— Ah bu saçma topuzlar! Kendi kızına bile dokunamıyorsun, ölmüş kadınların saçlarını okşuyorsun. E, Dolinka, –diye büyük kızına dönerek,– senin iskambil kozu ne yapıyor? –dedi.

Dolli kocasından söz edildiğini anlayarak:

— Hiçbir şey baba, –diye yanıtladı.– Dolaşıp duruyor işte, hemen hemen hiç görmüyorum, –diye alaycı bir gülümsemeyle eklemeden de duramadı.

— Ormanı satmak için hâlâ köye gitmedi mi yani?

— Hayır, hâlâ hazırlık yapıyor.

— Demek öyle! Ben de mi hazırlansam acaba? –dedi prens. Oturduğu yerden karısına döndü,– Emredersiniz, efendim, –dedi. Sonra küçük kızına bakarak,– Sana gelince Katya, –diye ekledi,– güzel bir gün uyanacaksın ve kendi kendine ben zaten çok iyiyim ve neşeliyim, babamla yine sabahın ayazında gezmeye gideceğim, diyeceksin, ha?

Babasının söylediği çok basit bir şeydi, ama Kiti bu sözlere bozuldu ve suçüstü yakalanmış bir suçlu gibi şaşırdı. "Evet, her şeyi biliyor, her şeyi anlıyor ve bu sözlerle bana utansan da utancının üstesinden gelmelisin diyor." Babasına cevap vermek için bir türlü kendini toplayamıyordu. Tam cevap verecekti ki, birden ağlamaya başladı ve koşarak odadan çıktı.

— Ah senin bu şakaların! –diye kocasına çıkıştı prenses.– Sen her zaman... –diye sitemlerini sıralamaya başladı.

Prens, karısının sitemlerini oldukça uzun bir zaman dinledi ve hiçbir şey söylemedi, ama yüzü giderek daha çok asılıyordu.

— Öyle acınacak durumda ki zavallıcık, sense buna neden olan şeyin ima edilmesinden onun ne kadar acı çektiğini anlamıyorsun. Ah! İnsanlar hakkında böylesine yanılmak! –dedi prenses. Dolli'yle prens, onun ses tonunun değişmesinden Vronskiy'den söz ettiğini anladılar.– Bu iğrenç, aşağılık adamlara karşı neden bir yasa yok anlamıyorum.

Prens koltuktan kalkıp gitmeye davranırken kapıda durdu ve asık bir yüzle:

— Ah, keşke dinlemeseydim! dedi. Yasalar var valide hanım, mademki beni buna zorladın, her şeyin suçlusu kim sana söyleyeyim: Sen, sen, sadece sen. Bu heriflere karşı yasalar her zaman vardı ve olacaktır! Evet efendim, eğer olmaması gereken şeyler olmasaydı, ben bu yaşlı halimde o züppenin önüne engeli koyardım. Hadi, şimdi tedavi ettirin, bu şarlatanları evinize taşıyıp durun bakalım.

Prens galiba daha çok şey söyleyecekti, ama prenses onun bu ses tonunu duyar duymaz, ciddi sorunlarda her zaman olduğu gibi hemen yelkenleri indirip pişmanlığını dile getirmeye başladı.

Kocasına doğru giderken:

— Alexandre, Alexandre, –diye fısıldadı ve ağlamaya başladı.

O ağlamaya başlayınca prens de sustu. Karısının yanına geldi.

— Peki, tamam, tamam! Senin için de zor, biliyorum. Ne yapalım? Ortada büyük bir felaket yok. Tanrı merhametlidir... şükret... –dedi. Elinin üzerinde hissettiği karısının ıslak öpücüğüne karşılık olarak kendisi de ne dediğini bilmeden konuşuyordu artık. Sonra odadan çıktı. Kiti gözyaşları içinde odadan çıkar çıkmaz Dolli, analık ve aile alışkanlığıyla burada bir kadın işinin söz konusu olduğunu hemen gördü ve bu işi yapmaya hazırlandı. Şapkasını çıkarttı ve manevi anlamda kollarını sıvayıp harekete geçmeye hazırlandı. Annesinin babasına çıkışması sırasında, bir kız evladın saygısının izin verdiği ölçüde annesini durdurmaya çalışmıştı. Prensin sinirlenip patladığı anda susmuştu; annesi için utanç ve hemen yumuşayıveren babasına karşı da şefkat duyuyordu; ama babası çıktığı sırada yapılması gereken en önemli şeyi yapmaya, yani Kiti'nin yanına gidip onu yatıştırmaya hazırlanmıştı.

— Maman, size uzun zamandır söylemek istiyordum: Levin'in son kez buraya geldiğinde Kiti'ye evlenme teklifi yapmak istediğini biliyor musunuz siz? Stiva'ya söylemiş.

— E, ne olmuş? Bir şey anlamıyorum...

— Kiti onu geri çevirmiş olabilir mi?.. Size söylemedi mi?

— Hayır, ne onun için, ne de öbürü için bir şey demedi; son derece gururludur. Ama ben biliyorum, bütün bunların nedeni...

— Evet, düşünün, eğer Levin'in teklifini reddettiyse... Öbürü olmasaydı Levin'i geri çevirmezdi, biliyorum... Sonra da kızı ne korkunç bir şekilde aldattı.

Prenses için kızına karşı ne kadar suçlu olduğunu düşünmek son derece korkunç bir şeydi, bu yüzden öfkelendi.

— Ah, artık hiçbir şey anlamıyorum! Artık herkes kendi kafasına göre yaşamak istiyor, anneye bir şey söylenmiyor, sonra da...

— Maman, ben onun yanına gidiyorum.

— Git. Sana engel olan mı var? –dedi prenses.

III

Dolli, Kiti'nin tıpkı bundan daha iki ay önceki gepgenç, pespembe ve neşeli hali gibi güzel, pembe ve vieux saxe* bebeklerle süslü küçük odasına girerken, geçen yıl bu küçük odayı birlikte nasıl neşe ve sevgiyle dekore ettiklerini anımsadı. Kapıya yakın alçak bir sandalyede oturan, hareketsiz gözlerini halının köşesine dikmiş Kiti'yi görünce Dolli'nin yüreği üşüdü. Kiti ablasına baktı, yüzündeki soğuk ve biraz sert ifade değişmedi.

Darya Aleksandrovna, Kiti'nin yanına oturarak:

— Şimdi gideceğim ve eve kapanıp kalacağım, sen de bana gelemeyeceksin. Seninle konuşmak istiyorum, –dedi.

Kiti başını ürkekçe yukarı kaldırıp çabucak sordu:

— Hangi konuda?

— Senin üzüntünden başka hangi konuda olabilir?

— Benim üzüntüm yok.

---

* Eski Saksonya porseleni. (Fr.)

— Yeter Kiti. Benim bilmediğimi mi sanıyorsun? Her şeyi biliyorum. Hem inan bana, bu öyle önemli bir şey değil... Hepimiz geçirdik bunları.

Kiti susuyordu ve yüzünde sert bir ifade vardı.

Darya Aleksandrovna lafı dolandırmadan konuya girerek:

— Acı çekmene değmeyecek biri o, –diye devam etti.

— Evet, çünkü beni küçük düşürdü, –dedi Kiti titreyen sesiyle.– Konuşma! Lütfen konuşma!

— Ama sana bunu söyleyen oldu mu? Hiç kimse bunu söylemedi. Onun sana âşık olduğundan ve âşık kaldığından eminim, ama...

— Ah, bu teselli sözleri bana her şeyden daha korkunç geliyor! –diye haykırdı Kiti, aniden sinirlenip. Sandalyede arkasını döndü, kıpkırmızı oldu ve kemerinin tokasını kâh bir eliyle, kâh öbür eliyle sıkarak parmaklarını hızla hareket ettirmeye başladı. Dolli, kardeşinin kızdığı zamanlar bu şekilde elleriyle bir şeyi tutup bu hareketi yaptığını biliyordu; Dolli, Kiti'nin bir kızgınlık anında kendini kaybedip, gereksiz ve çirkin pek çok şey söyleyebileceğini biliyor, onu sakinleştirmek istiyordu; ama artık geç kalmıştı.

— Bana ne hissettirmek istiyorsun, ne? –dedi Kiti hızlı hızlı.– Beni tanımak istemeyen bir adama tutulduğumu mu, ona olan aşkımdan öldüğümü mü? Hem de bunu bana ablam söylüyor... beni teselli ettiğini sanan ablam!.. Bu tesellileri, bu yalanları istemiyorum!

— Kiti, haksızsın.

— Neden bana acı çektiriyorsun?

— Ama ben tam tersine... Üzüldüğünü görüyorum...

Ancak Kiti öfkesinden onu dinlemiyordu.

— Üzülecek ve teselli edilecek bir şeyim yok. Beni sevmeyen bir adamı hiçbir zaman sevmeyecek kadar gururlu bir insanım.

Darya Aleksandrovna kardeşinin elini tutup şöyle dedi:

— Ben de öyle bir şey demiyorum ki... Yalnız, bana doğruyu söyle, Levin sana bir şey dedi mi?.. Levin adının geçmesi, Kiti'yi iyice çileden çıkarttı; sandalyeden fırladı ve kemer tokasını yere atıp, elleriyle hızlı hızlı hareketler yaparak konuşmaya başladı:

— Neden bir de Levin'den söz ediyorsun? Anlamıyorum, niçin bana acı çektirme gereği duyuyorsun? Gururlu bir kız olduğumu daha önce söyledim, bir daha tekrarlıyorum, ben hiçbir zaman, *hiçbir zaman*, senin yaptığını yapmam, bana ihanet eden, başka bir kadını seven bir adama geri dönmem. Bunu anlamıyorum, anlamıyorum! Sen yapabilirsin, ama ben yapamam!

Bu sözleri söyledikten sonra ablasına bakan ve Dolli'nin başını mahzun mahzun yere eğip sustuğunu gören Kiti, niyetlendiği gibi odadan çıkıp gitmek yerine, kapının yanına oturdu ve yüzüne mendilini örtüp, başını yere eğdi.

Sessizlik iki dakika kadar sürdü. Dolli kendi durumunu düşünüyordu. Her zaman hissettiği aşağılanma, kız kardeşi anımsattığında iyice içini yakmıştı. Kardeşinden bu kadar acımasız bir davranış beklemiyordu, ona kızmıştı. Fakat birden bir elbise hışırtısı ve bu hışırtıyla birlikte bastırılmaya çalışılan ve artık bastırılamayan bir hıçkırık sesi duydu, birinin kolları aşağıdan Dolli'nin boynuna dolandı. Kiti, önünde diz çökmüştü.

— Dolinka, ben öyle mutsuzum ki! –diye fısıldadı Kiti suçlu suçlu.

Ve gözyaşlarıyla kaplanan o sevimli yüz Darya Aleksandrovna'nın elbisesinin eteğine saklandı.

Sanki gözyaşları, iki kardeş arasındaki karşılıklı ilişki makinesinin başarıyla çalışması için gerekli bir yağdı. Kız kardeşler, gözyaşlarından sonra onları ilgilendiren şeylerden konuşmadılar; ama başka konulardan konuşurken de birbirlerini anladılar. Kiti öfkeyle söylediği, kocasının ihaneti ve onun aşağılanmasıyla ilgili sözlerinin zavallı ablasını yüreğinin derinlerine kadar etkilediğini, ama kendisini affettiğini anlamıştı. Dolli de kendi adına bilmek istediği her şeyi anlamıştı; tahminlerinin doğru olduğunu, Kiti'nin geçmeyen üzüntüsünün Levin'in yaptığı evlenme teklifini reddetmesinden, Vronskiy'in ise onu aldatmasından kaynaklandığından ve Kiti'nin Levin'i sevmeye ve Vronskiy'den nefret etmeye hazır olduğundan emindi. Kiti bu konuda tek söz etmemişti; sadece ruhsal durumu hakkında konuşmuştu.

Sakinleştikten sonra Kiti:

— Benim hiçbir derdim yok, –dedi,– ama en başta kendim olmak üzere her şeyin bana ne kadar iğrenç, itici ve kaba geldiğini anlayamazsın. Kendimle ilgili ne kadar iğrenç düşüncelerim olduğunu tasavvur edemezsin.

— Ama senin nasıl iğrenç düşüncelerin olabilir? –diye sordu Dolli gülümseyerek.

— En iğrenç ve en kaba düşünceler; sana söyleyemem. Bu, üzüntü de değil, sıkıntı da, çok daha kötü bir şey. Sanki içimdeki iyi şeylerin hepsi saklanmış, geriye tek bir iğrenç şey kalmış gibi. Sana nasıl anlatsam? –diye devam etti Kiti, ablasının gözlerindeki şaşkınlığı görerek.– Biraz önce babam benimle konuşmaya başladı... babamın tek düşüncesi benim evlenmemmiş gibi geliyor bana. Annem beni baloya götürüyor: Sanıyorum ki bunun tek nedeni, bir an önce evlendirip benden kurtulmak istemesi. Bunların doğru olmadığını biliyorum, ama bu düşünceleri kafamdan atamıyorum. Damat adayı diye gelenleri görmeye katlanamıyorum. Sanki ölçümü alıyorlarmış gibi geliyor. Eskiden balo elbisesiyle bir yere gitmek benim için bir zevkti, kendime hayrandım; şimdi utanıyorum, rahatsız oluyorum. Artık ne dersen! Doktor... Ne bileyim işte...

Kiti duraklamıştı; daha konuşmak, kendisinde bu değişiklik olduğundan beri Stepan Arkadyiç'in ona tahammül edilemez derecede iğrenç biri olarak göründüğünü, onu görünce en kaba ve en çirkin düşünceleri aklına getirmeden yapamadığını da söylemek istiyordu.

— Evet, her şey bana en kaba ve çirkin biçimde görünüyor, –diye devam etti.– Bu, benim hastalığım. Belki de geçer...

— Sen de düşünme onları...

— Yapamıyorum. Sadece çocuklarla birlikteyken, sadece senin yanında iyi oluyorum.

— Yazık, bana gelemeyeceksin.

— Hayır, geleceğim. Kızıl geçirmiştim ben, anneme sorarım.

Kiti isteğinde inat etti, ablasının evine taşındı ve gerçekten de kızıl olduğu anlaşılan hastalık boyunca çocuklara baktı. İki kardeş, altı çocuğun altısını da iyileştirdi, ama Kiti'nin sağlığı düzelmedi ve büyük perhizde Şçerbatskiyler yurtdışına gitti.

IV

Petersburg'un yüksek çevresi aslında tektir; herkes birbirini tanır, hatta birbirlerine gider gelirler. Fakat bu büyük çevrenin kendi alt çevreleri vardır. Anna Arkadyevna Karenina'nın üç farklı çevreden dostları ve bu üç farklı çevreyle sıkı ilişkileri vardı. Bu çevrelerden biri, kocasının toplumsal koşullar içinde çok çeşitli ve çok kaprisli bir şekilde birbirlerine bağlanan ve birbirlerinden ayrılan iş arkadaşlarından ve memurlarından oluşan resmi, memuriyet çevresiydi. Anna ilk zamanlar bu insanlara gösterdiği neredeyse dindarca saygıyı şimdi zor anımsayabiliyordu. Artık bu insanların hepsini bir taşra kentinde herkesin birbirini tanıdığı gibi tanıyordu; kimin hangi alışkanlıklarının ve zaaflarının olduğunu, kimin hangi ayakkabısının sıktığını biliyordu; onların birbirleriyle ve grubun başıyla ilişkilerini biliyordu; kimin kimden yana olduğunu ve kimin kiminle nasıl ve hangi konuda aynı ya da farklı düşüncede olduğunu biliyordu; fakat hükümet ve erkek çıkarlarını yansıtan bu çevre, Kontes Lidiya İvanovna'nın telkinlerine karşın Anna'nın ilgisini çekememişti ve Anna bu çevreden kaçıyordu.

Anna'nın yakın olduğu diğer bir çevre, Aleksey Aleksandroviç'in kariyerini yapmasını sağlayan çevreydi. Bu grubun başı Kontes Lidiya İvanovna'ydı. Bu grup, yaşlı, çirkin, hayırsever ve dindar kadınlardan ve zeki, bilgili, ikbalperest erkeklerden oluşuyordu. Bu gruba dâhil zeki insanlardan biri, grubu "Petersburg toplumunun vicdanı" diye adlandırıyordu. Aleksey Aleksandroviç bu çevreye çok değer verirdi ve herkesle dost olmayı beceren Anna, Petersburg'daki hayatının ilk zamanlarında kendisine bu çevreden de dostlar bulmuştu. Şimdi, Moskova'dan döndüğünde ise onun için katlanılmaz olmuştu bu çevre. Ona öyle geliyordu ki, kendisi de, gruptakilerin hepsi de rol yapıyordu. Bu topluluğun içinde olmak ona o derece sıkıcı ve rahatsız edici geliyordu ki, Kontes Lidiya İvanovna'nın evine mümkün olduğu kadar az gitmeye başlamıştı.

İlişkide olduğu üçüncü ve son çevre, sosyetenin ta kendisiydi. Baloların, ziyafetlerin, parlak tuvaletlerin boy gösterdiği bir çevreydi, üyeleri küçümsedikleri orta sosyeteye inmemek için bir elleriyle saraya tutunmuş, zevkleri benzeşmekle kalmayıp bir ve aynı olan bir gruptu. Bu çevreyle ilişkisini kuzeninin karısı olan Prenses Betsi Tverskaya aracılığıyla sürdürüyordu. Prenses Betsi Tverskaya yüz yirmi binlik geliri olan ve Anna'nın sosyetede görünmeye başlamasından beri onu çok seven, el üstünde tutan ve Kontes Lidiya İvanovna'nın grubuyla alay ederek Anna'yı kendi çevresine çeken biriydi.

— Yaşlanıp çirkinleştiğimde onun gibi yapacağım, – diyordu Betsi,– ama sizin gibi genç ve güzel bir kadının bu güçsüzler yurduna girmesi için henüz vakit erken.

Anna, maddi olanaklarının üstünde masraf gerektirdiği için ilk zamanlar Prenses Tverskaya'nın grubundan olabildiğince uzak duruyordu, ayrıca da gönlü birinci gruptan yanaydı; ama Moskova yolculuğundan sonra tam tersi oldu. İyi ahlaklı dostlarından uzaklaşıyor, büyük sosyeteye gidiyordu. Burada Vronskiy'le karşılaşıyor ve bu karşılaşmalardan heyecanlı bir sevinç duyuyordu. Özellikle de kızlığında Vronskaya soyadını taşıyan ve Vronskiy'in kuzini olan Betsi'nin evinde sık sık rastlıyordu ona. Vronskiy, Anna'yla karşılaşabileceği her yere gidiyor, eline fırsat geçtikçe ona aşkını ilan ediyordu. Anna, Vronskiy'e hiç yüz vermiyordu, ama onunla her karşılaştığında o gün, onu ilk kez trende gördüğünde hissettiği canlılık duygusu ruhunda tutuşmaya başlıyordu. Onu görünce gözlerinde sevinç ışıkları parladığını ve dudaklarının gülümsediğini kendisi de hissediyor, bu sevinç ifadesini bastıramıyordu.

Anna, ilk zamanlar Vronskiy'in peşine düşmesinden memnun olmadığına içtenlikle inanıyordu; ama Moskova'dan döndükten kısa bir süre sonra onu göreceğini düşündüğü bir gece toplantısına gidip de Vronskiy'in olmadığını görünce üzerine çöken hüzünden kendisini kandırmakta olduğunu, Vronskiy'in onun peşinden koşmasından hoşlanmanın yanı sıra hayatının tek ilgi konusu olduğunu açıkça anlamıştı.

***

Ünlü bir kadın şarkıcı ikinci kez konser veriyordu ve bütün büyük sosyete tiyatrodaydı. Birinci sıradaki koltuğundan kuzinini gören Vronskiy, perde arasını beklemeden onun locasına gitti.

— Yemeğe neden gelmediniz? –dedi Betsi, Vronskiy'e.– Âşıkların bu önsezisine şaşıyorum, –diye ekledi gülümseyerek ve sadece onun duyabileceği bir şekilde,– *O yoktu.* Ama operadan sonra gelin, –dedi.

Vronskiy soru sorar gibi kuzininin yüzüne baktı. Betsi başını eğdi. Vronskiy bir gülümsemeyle teşekkür etti ve yanına oturdu.

Bu tutkunun başarı kazandığını izlemekten özel bir mutluluk duyan Prenses Betsi:

— Alaylarınızı anımsıyorum da! –diye devam etti.–Nereye gitti hepsi! Tutuldunuz, azizim.

Vronskiy sakin ve yumuşak gülümsemesiyle:

— Ben de sadece tutulmak istiyordum, –diye yanıtladı.– Yakınacağım tek şey, gerçeği söylemek gerekirse son derece az tutulmuş olmam. Umudumu yitirmeye başlıyorum.

Arkadaşı adına aşağılanmış olan Betsi:

— Siz nasıl bir umut besleyebilirsiniz? Entendons nous...* –dedi. Ama gözlerinde Vronskiy'in hangi umuda sahip olabileceğini tıpkı onun gibi çok açık bir biçimde anladığını ifade eden kıvılcımlar uçuşuyordu.

Vronskiy inci gibi dişlerini göstere göstere gülerek:

— Hiçbir umut, –dedi.– Affedersin, –diyerek Prenses Betsi'nin elinden dürbünü aldı, onun çıplak omzu üzerinden karşı sıradaki localara bakarken,– Gülünç olmaktan korkarım, –diye ekledi.

Betsi'nin ve sosyeteden diğer herkesin gözünde gülünç olma tehlikesine girmediğini çok iyi biliyordu. Bu insanların gözünde bir genç kızın ve serbest bir kadının talihsiz âşığı rolünün gülünç olabileceğini çok iyi biliyordu; ama evli bir kadının peşine düşen ve bu kadını baştan çıkarmak için hayatını bile ortaya koyan bir adam rolünün güzel ve büyük bir yanı vardı ve hiçbir zaman gülünç olamazdı, bu yüzden Vronskiy bıyıklarının altında oynaşan gururlu ve neşeli gülümsemesiyle dürbünü indirdi ve kuzininin yüzüne baktı.

Prenses Betsi, ona hayran hayran bakarak:

— Peki neden yemeğe gelmediniz? –dedi.

— Bunu size anlatmam gerek. Meşguldüm, hem de neyle? Sizinle bire yüz, bire bin bahse girerim tahmin edemezsiniz. Bir kocayı, kendisine hakaret eden karısıyla barıştırdım. Evet, gerçekten!

— E, barıştırdınız mı bari?

— Aşağı yukarı.

— Bunu bana anlatmalısınız, –dedi Betsi ayağa kalkarak.– Bu perde arasında gelin.

— Olanaksız; Fransız Tiyatrosu'na gideceğim.

Nilson'u** herhangi bir koro üyesinden hiçbir şekilde ayıramayacak olan Betsi dehşetle:

---

* Birbirimizi anlayalım... (Fr.)

** Christine Nilson (1843-1921), 1873-1885 yıllarında Bolşoy ve Mariinskiy Tiyatrolarında büyük başarı kazanmış ünlü bir şarkıcı. (ç.n.)

— Nilson'u bırakıp gidecek misiniz yani? –dedi.

— Ne yapayım? Fransız Tiyatrosu'nda randevum var, şu barıştırma işiyle ilgili.

Betsi, birinden duyduğu benzer bir şeyi anımsayarak:

— Ne mutlu dargınları barıştıran insanlara, onlar kurtulacaklardır,–dedi.– Öyleyse oturun da ne olup bittiğini anlatın bakalım.

Ve Betsi tekrar yerine oturdu.

V

— Biraz edepsizce, ama o kadar sevimli bir şey ki, korkunç bir anlatma isteği duyuyorum, –dedi Vronskiy, gülen gözleriyle Betsi'ye bakarak.– Soyadlarını söylemeyeceğim.

— Ama ben tahmin ederim, daha iyi.

— O zaman dinleyin: İki neşeli delikanlı arabayla gidiyorlar...

— Sizin alayın subayları tabii ki?

— Ben subay demiyorum, sadece kahvaltılarını bitirmiş iki delikanlı...

— İçkilerini içmiş, diye çevirin.

— Olabilir. Son derece neşeli bir ruh hali içinde bir arkadaşlarına öğle yemeğine gidiyorlar. Bir de ne görsünler, güzel bir kadın arabayla yanlarından geçiyor, etrafına bakınıyor ve delikanlılara en azından başıyla selam vermiş ve gülmüş gibi geliyor. Onlar da tabii ki kadının peşine takılıyorlar. Dörtnala gidiyorlar. Şaşırarak görüyorlar ki, güzel kadın tam da onların gittiği evin önünde duruyor. Kadın koşarak üst kata çıkıyor. Yüzündeki kısa tülün altından sadece kırmızı dudaklarını ve küçük, güzel ayaklarını görüyorlar.

— Öyle anlatıyorsunuz ki, iki delikanlıdan birinin siz olduğunuzu düşünüyorum.

— Biraz önce bana ne demiştiniz? Neyse delikanlılar arkadaşlarının evine giriyorlar, bir veda yemeği var. Bütün veda yemeklerinde olduğu gibi burada da çok içki içiliyor. Yemek sırasında üst katta kimin oturduğunu soruyorlar. Hiç kimse bilmiyor, ancak ev sahibinin uşağı, onların üst katta *mamzel*'ler mi oturuyor sorusuna, burada onlardan pek çok olduğu yanıtını veriyor. Yemekten sonra delikanlılar ev sahibinin çalışma odasına gidiyorlar ve meçhul güzele mektup yazıyorlar. Ateşli bir mektup yazmışlar, bir aşk ilanı ve mektupta tam olarak anlaşılmayan yerler olursa açıklamak için de kendi elleriyle üst kata götürmüşler.

— Bu iğrenç şeyleri bana neden anlatıyorsunuz? E, sonra?

— Kapıyı çalıyorlar. Bir kız çıkıyor, mektubu veriyorlar ve ikisinin de hemen şimdi kapının önünde ölecek kadar âşık olduklarını söyleyip yeminler ediyorlar. Kız şaşkınlık içinde delikanlılarla görüşüyor. Aniden yengeç gibi kırmızı suratlı, sucuk gibi favorileri olan bir adam beliriyor ve evde karısından başka kimsenin oturmadığını söyleyip ikisini de kovuyor.

— Adamın sucuk gibi favorileri olduğunu siz nereden biliyorsunuz peki?

— Dinlesenize. Bugün onları barıştırmaya gittim.

— Peki ne oldu?

— En ilginç yeri de burası. Bunların dokuzuncu dereceden bir devlet memuruyla karısından oluşan mutlu bir çift oldukları anlaşılmış. Devlet memuru şikâyet dilekçesi veriyor, ben de arabulucu oluyorum, hem de nasıl bir arabulucu! İnanın, Talleyrand benim yanımda hiç kalır.

— Zorluk neresinde bunun?

— Dinleyin... Gerektiği şekilde özür diledik: "Çok üzüldük, bu talihsiz yanlışlık için affınızı rica ederiz," falan. Sucuk favorili memur yumuşamaya başlıyor, ancak bu arada duygularını da ifade etmek istiyor, duygularını ifade etmeye başlar başlamaz da sinirlenmeye ve kaba sözler etmeye başlıyor, ben de diplomatik yeteneklerimin hepsini tekrar devreye sokmak zorunda kalıyorum. "Arkadaşların davranışlarının kötü bir davranış olduğunu kabul ediyorum, ama sizden bir yanlışlık olduğunu, gençliklerini dikkate almanızı rica ediyorum; hem sonra delikanlılar olaydan az önce yemek yemişler. Anlarsınız işte. Bütün kalpleriyle pişmanlık duyuyorlar, suçlarını bağışlamanızı rica ediyorlar." Memur tekrar yumuşuyor: "Ben kabul ediyorum, kont, affetmeye de hazırım, ama siz de benim karımın, namuslu bir kadın olan karımın bir serseri tarafından takip edildiğini, kabalıklara ve küstahlıklara maruz bırakıldığını anlayın..." Delikanlının da orada olduğunu ve onları barıştırma işinin yine bana düştüğünü anlarsınız. Yine devreye diplomasiyi sokuyorum ve tam mesele kapanacakken bizim devlet memuru sinirleniyor, kızarıyor, sucuk favorileri yukarı kalkıyor ve ben tekrar diplomatik incelikler döktürüyorum.

Betsi locasına giren bir hanıma gülerek:

— Ah, bunu size de anlatmalı! –dedi.– Beni öyle güldürdü ki.

Sonra yelpaze tutan elinin boş kalan parmağını Vronskiy'e uzatarak ve locanın önüne doğru çıktığı zaman gaz lambasının ışığında, herkesin gözüne tamamen çıplak görünmek için elbisesinin yukarı kalkmış olan korsajını omzunun bir hareketiyle indirerek:

— E hadi, bonne chance,* –diye ekledi.

Vronskiy, üç gündür kendisini oyalayan ve eğlendiren arabuluculuk işiyle ilgili görüşmek amacıyla Fransız Tiyatrosu'ndaki hiçbir temsili kaçırmayan alay komutanını görmesi gereken yere, Fransız Tiyatrosu'na gitti. Vronskiy'in sevgili arkadaşı Petritskiy ve bir de alaya yakın zaman önce gelmiş, mükemmel bir arkadaş ve iyi bir delikanlı olan genç Prens Kedrov bu işe bulaşmıştı. Asıl önemlisi alay çıkarlarının da bu işe karışmış olmasıydı.

Her ikisi de Vronskiy'in bölüğündeydiler. Dokuzuncu dereceden devlet memuru Venden, karısını küçük düşüren subaylardan şikâyetçi olmak için alay komutanına gelmiş. Ven-

---

* İyi şanslar. (Fr.)

den'in anlattığına göre, genç karısı –altı aydır evliydi Venden,– anneciğiyle birlikte kilisedeymiş, sonra birden malum durum nedeniyle kendini kötü hissedince daha fazla duramamış ve ilk rastladığı faytonla eve gelmiş. Subaylar peşine düşmüşler, kadın korkmuş ve hastalığı daha da artmış, merdivenleri koşarak çıkıp eve gelmiş. Çalıştığı daireden dönmüş olan Venden zil sesi ve birtakım başka sesler duymuş, dışarı çıkmış ve ellerinde mektupla sarhoş subayları görünce onları kovmuş. Sert bir şekilde cezalandırılmalarını istiyormuş.

Alay komutanı, Vronskiy'i yanına çağırıp:

— Yo, siz ne derseniz deyin, Petritskiy artık çekilmez bir hale geliyor, –dedi.– Hafta geçmiyor ki olay çıkartmış olmasın. Bu memur işin peşini bırakmayacak, daha da ileri gidecek.

Vronskiy, olayın ne kadar çirkin olduğunu, bir düellonun söz konusu olamayacağını, bu memuru yumuşatmak ve davanın önünü almak için elden gelen her şeyi yapmak gerektiğini görüyordu. Alay komutanı, Vronskiy'i mert ve zeki, özellikle de alayın şerefine değer veren bir insan olarak tanıdığı için onu çağırmıştı. Konuşmuşlar ve Petristkiy'le Kedrov'un Vronskiy'le birlikte bu devlet memuruna gidip özür dilemeleri gerektiğine karar vermişlerdi. Alay komutanı da, Vronskiy de Vronskiy adının ve çarlık yaveri kordonunun devlet memurunun yumuşamasında çok etkili olacağını biliyorlardı. Gerçekten de bu iki şey kısmen etkili oldu; fakat barışmanın sonucu, Vronskiy'in de anlattığı gibi belirsiz kalmıştı.

Vronskiy Fransız Tiyatrosu'na gittiğinde alay komutanıyla fuayede bir köşeye çekilip, ona başarısını ya da başarısızlığını anlattı. Alay komutanı her şeyi enine boyuna düşündükten sonra meseleyi bu şekilde sonuçsuz bırakmaya karar verdi, ama sonra zevk için Vronskiy'e görüşmesiyle ilgili ayrıntıları sormaya başladı ve Vronskiy'in sakinleşen memurun, olayın ayrıntılarını anımsayınca birdenbire nasıl sinirlendiğine ve yarım yamalak barışma sözü üzerine Vronskiy'in nasıl manevra yapıp, Petritskiy'i öne iterek geri çekildiğine ilişkin hikâyesini dinlerken kahkahalarını tutamıyordu.

— Berbat bir hikâye, ama insanı güldürüyor. Kedrov da bu bayla dövüşemez ya! Demek çok sinirlendi? –diye bir kez daha sordu gülerek.– Peki Claire nasıl bugün? Harika! –dedi alay komutanı yeni Fransız aktris için.– Ne kadar çok izlemiş olursan ol, her gün yepyeni bir kadın. Bunu sadece Fransızlar yapabilir.

VI

Prenses Betsi son perdenin sonunu beklemeden tiyatrodan ayrıldı. Tuvalet odasına girip, soluk, uzun yüzünü silip pudralamış, saç tuvaletini düzeltmiş ve büyük konuk odasına çay götürmelerini söylemişti ki, Bolşaya Morskaya'daki konağına birbiri arkasına arabalar gelmeye başladı. Konuklar, geniş giriş kapısının önünde arabalarından iniyorlardı ve sabahları gelip geçene ibret olsun diye cam kapının arkasında gazete okuyan şişman kapıcı bu çok büyük kapıyı sessizce açıp, gelenleri içeri buyur ediyordu.

Bir kapıdan yenilenmiş saç tuvaleti ve tazelenmiş yüzüyle ev sahibesi, öbür kapıdansa konuklar hemen hemen aynı anda koyu renk duvarlı, yerleri yumuşak tüylü halılarla kaplı ve mum ışıklarının altında masa örtüsünün beyazlığı, semaverin gümüşü ve çay takımının incecik porseleniyle pırıl pırıl ışıklara boğulmuş bir masanın olduğu büyük salona girdiler.

Ev sahibesi semaverin başına oturdu ve eldivenlerini çıkarttı. Konuklar varlıkları fark edilmeyen uşakların yardımıyla sandalyeleri çekerek yerleşti. Ev sahibesiyle semaverin başında ve salonun karşı köşesinde, bir ortaelçinin karısı olan siyah kadife elbiseli ve siyah ince kaşlı güzel bir hanımın çevresinde olmak üzere ikiye ayrılmışlardı. Her iki grupta da konuşma, ilk dakikalarda her zaman olduğu gibi yeni gelenleri karşılamakla, merhabalaşmakla, çay ikramıyla bölünüyor, sanki üzerinde durmaya değer bir konu aranıyormuş gibi duraksıyordu.

Elçinin karısının grubundaki bir diplomat:

— Bir aktris olarak son derece iyi; Kaulbach'ı[*] incelediği belli, nasıl düştüğünü fark ettiniz mi?.. –dedi.

Eski ipek elbiseli, kırmızı yüzlü, kaşı ve takma topuzu olmayan sarışın, şişman bir hanım:

— Ah, lütfen Nilson'dan konuşmayalım! Onunla ilgili söylenecek yeni bir şey yok, –dedi. Basitliğiyle, kaba konuşmasıyla tanınan ve enfant terrible[**] lakabıyla anılan Prenses Myagkaya'ydı. Prenses Myagkaya iki grubun ortasında oturuyordu ve her iki tarafa da kulak vererek bir o tarafa, bir öbür tarafa laf yetiştiriyordu.– Bugün Kaulbach hakkında üç kişi bana sözleşmiş gibi aynı cümleyi söyledi. Nesini beğenmişler bilmiyorum, ama bu cümle çok hoşlarına gitmişti, –dedi.

Konuşma, bu yorumla kesildi ve yeni bir konu bulmaları gerekti.

İngilizce smalltalk denilen güzel konuşmanın büyük bir ustası olan elçinin karısı, hangi konudan başlayacağını kendisi de bilmeyen diplomata dönerek:

— Bize eğlenceli bir şeyler anlatın, ama iğneleyici olmasın, –dedi.

— Bunun çok zor bir iş olduğunu, sadece iğneleyici şeylerin gülünç olduğunu söylerler, –diye gülümseyerek söze başladı diplomat.– Ama deneyeceğim. Siz konuyu verin. Bütün iş konuda. Konu verilirse onu işlemek kolay olur. Sık sık geçen asrın ünlü lafebelerinin şimdi olsa zekice söz söylemekte zorlanacaklarını düşünürüm. Bütün bu zekice sözler öylesine bıkkınlık verdi ki...

Elçinin karısı gülerek:

— Bu daha önce de söylendi, –diyerek diplomatın sözünü kesti.

Konuşma hoş başlamıştı, ama sırf çok hoş bir konuşma olduğu için tekrar durmuştu. Hiçbir zaman yarı yolda bırakmayan güvenilir bir konuya, dedikoduya başvurmak gerekiyordu.

---

* Kaulbach (1805-1874), ünlü bir Alman ressam. (ç.n.)

** Burada "şirret kadın" anlamında. (Fr.)

Diplomat, masanın yanında ayakta duran yakışıklı, sarışın genç adamı gözleriyle işaret ederek:

— Tuşkeviç'te XV. Louis'vari bir şey görmüyor musunuz? –dedi.

— Ah evet! Salonla aynı zevkte, bu yüzden buraya bu kadar sık geliyor.

Bu konuşma, bu salonda konuşulması olanaksız bir şeye, yani Tuşkeviç'in ev sahibesiyle ilişkisine göndermelerle yapıldığı için devam etti.

Semaverin ve ev sahibesinin çevresindeki konuşma da bir zamandır aynı şekilde kaçınılmaz üç konu arasında, yani son toplumsal yenilikler, tiyatro ve yakın çevrenin kınanması arasında gidip geliyordu ve o da son konuda, yani dedikoduda karar kılmıştı.

— Duydunuz mu, Maltişçeva, ama kız değil, annesi, kendisine diable rose* bir elbise diktiriyormuş.

— Olamaz! Ama hayır, bu harika!

— Hayret ediyorum, o akılla, – aptal değildir kendisi,– ne kadar gülünç olduğunu nasıl görmüyor.

Herkesin talihsiz Maltişçeva'yı kınayacak ve alay edecek bir lafı vardı ve konuşma, tutuşan odunlar gibi neşeyle çıtırdamaya başlamıştı.

Prenses Betsi'nin, hırslı bir gravür koleksiyoncusu ve iyi yürekli şişman bir adam olan kocası, prensesin konukları olduğunu öğrenince kulübe gitmeden önce salona uğramıştı. Yumuşak halının üzerinde hiç ses çıkartmadan Prenses Myagkaya'nın yanına geldi.

— Nilson hoşunuza gitti mi? –diye sordu.

— Ah, hiç böyle sinsi sinsi yaklaşmak olur mu? Beni ne kadar korkuttunuz, –dedi Prenses Myagkaya.– Lütfen benimle opera konusunda konuşmayın, müzikten hiç anlamıyorsunuz. En iyisi ben sizin düzeyinize ineyim de, sizinle çinilerinizi ve

---

* Gözalıcı pembe. (Fr.)

gravürlerinizi konuşayım. Anlatın bakalım, geçen gün bitpazarından hangi hazineyi satın aldınız?

— İster misiniz, göstereyim mi size? Ama siz bu işten anlamazsınız ki.

— Gösterin. Neydi adları... şu bankerlerden bir şeyler öğrendim... çok güzel gravürler var onlarda. Bize göstermişlerdi.

— Nasıl yani Şütsburglara mı gittiniz? –diye sordu ev sahibesi semaverin başından.

Prenses Myagkaya, herkesin kendisini dinlediğini hissederek yüksek sesle:

— Gittik, ma chère, –dedi.– Kocamla beni öğle yemeğine çağırmışlardı ve bana, o yemekte kullandıkları sosun bin rubleye mal olduğunu söylemişlerdi. Çok iğrenç bir sostu, yeşil bir şey. Bizim de onları çağırmamız gerekiyordu. Ben de seksen beş kapiklik bir sos yaptım, herkes çok beğendi. Öyle bin rublelik soslar falan yapamam.

— O bir tanedir! –dedi ev sahibesi.

— Harikadır! –dedi başka birisi.

Prenses Myagkaya'nın konuşmalarının yaptığı etki her zaman aynı olurdu. Prensesin bıraktığı etkinin sırrı, şimdiki gibi tam söylemek istediği şey olmasa da bir anlam taşıyan basit şeyler konuşmasından kaynaklanıyordu. Prensesin yaşadığı toplumda bu türden sözler espri etkisi yapıyordu. Prenses Myagkaya, neden böyle bir etki yaptığını anlayamıyordu, ama etki yaptığını biliyordu ve bundan yararlanıyordu. Prenses Myagkaya konuşurken herkes onu dinlediği ve elçinin karısının çevresindeki konuşma kesildiği için ev sahibesi konukları bir araya toplamak istedi ve elçinin karısına:

— Çay istemediğinizden emin misiniz? Yanımıza gelsenize, –dedi.

— Hayır, burada çok iyiyiz, –diye yanıtladı elçinin karısı gülümseyerek ve başladığı konuşmayı sürdürdü.

Konuşmanın konusu çok hoştu. Karıkoca Kareninleri çekiştiriyorlardı.

Anna'nın bir hanım arkadaşı:

— Moskova yolculuğundan beri Anna çok değişti. Tuhaf bir şey var onda, –dedi.

— En önemli değişiklik, peşinden Aleksey Vronskiy'in gölgesini de getirmiş olması, –dedi elçinin karısı.

— Ne var bunda? Grimm'in bir masalı vardır: gölgesiz adam ya da gölgesi olmayan adam. Bir nedenden ötürü ona verilmiş bir cezaymış bu. Cezanın ne olduğunu hiçbir zaman anlayamadım. Ama bir kadın için gölgesiz olmak hoş bir şey olmamalı.

— Evet, ama gölgesi olan kadınların sonları genellikle kötü oluyor, –dedi Anna'nın arkadaşı.

Bu sözleri duyan Prenses Myagkaya birden:

— Ağzınızdan yel alsın, –dedi.– Karenina çok güzel bir kadın. Kocasını sevmem, ama onu çok severim.

— Kocasını neden sevmiyorsunuz? Ne kadar mükemmel bir insandır, –dedi elçinin karısı.– Kocam, Avrupa'da böylesi devlet adamlarının az olduğunu söylüyor.

— Benim kocam da aynı şeyi söylüyor, ama ben inanmıyorum, –dedi Prenses Myagkaya.– Kocalarımız bunu söylemeselerdi, biz de olanı görürdük, bence Aleksey Aleksandroviç aptalın biridir. Bunu fısıltıyla söylüyorum... Her şeyin apaçık yapıldığı doğru değil mi? Eskiden onu akıllı bir adam olarak görmem söylendiğinde bakıyordum da, onun aklını göremediğim için kendimi aptal buluyordum; ama *o aptaldır* der demez, ama fısıltıyla tabii, her şey öylesine aydınlandı ki, doğru değil mi?

— Bugün ne kadar sivri dillisiniz!

— Hiç değil. Çıkarttığım başka bir sonuç da yok. İkimizden biri aptal. Siz de biliyorsunuz ki, kendim için bunu asla söyleyemem.

Diplomat, Fransızca bir dize okuyarak:

— Hiç kimse durumundan hoşnut değil, ama herkes aklından hoşnut, –dedi.

— İşte tam da bu, –dedi telaşla ona dönen Prenses Myagkaya.– Ama mesele şu ki, Anna'yı elinize teslim etmem. Ne kadar güzel, ne kadar sevimlidir. Herkes ona âşık oluyorsa, gölge gibi peşinden geliyorsa o ne yapsın?

— Ben de zaten kınamak niyetinde değilim, –diyerek kendini haklı çıkartmaya çalıştı Anna'nın arkadaşı.

— Eğer peşimizden hiç kimse gölge gibi gelmiyorsa, bu bizim ayıplama hakkına sahip olduğumuzu göstermez.

Prenses Myagkaya, Anna'nın arkadaşına gereken biçimde ağzının payını verdikten sonra ayağa kalktı ve elçinin karısıyla birlikte Prusya Kralı hakkında genel bir konuşmanın yapıldığı masaya katıldı.

— Kimi çekiştiriyordunuz öyle? –diye sordu Betsi.

Elçinin karısı gülümseyerek masaya geçerken:

— Kareninleri, –dedi.– Prenses, Aleksey Aleksandroviç'in niteliklerinden söz ediyordu.

Ev sahibesi giriş kapısına bir göz atarak:

— Yazık, biz duyamadık, –dedi.– A, sonunda geldiniz! –dedi içeri giren Vronskiy'e gülümseyerek.

Vronskiy herkesle tanıdık olmanın ötesinde, burada karşılaştığı konukların hepsini her gün görüyordu ve bu yüzden de biraz önce vedalaştığı insanların yanına geliyormuş gibi rahat bir tavırla salona girmişti.

Elçinin karısının sorduğu soruya:

— Nereden mi geliyorum? –diye karşılık verdi.– Ne yapayım, itiraf edeyim bari. Buff'tan* geliyorum. Herhalde yüz kez gitmişimdir ve hep aynı zevkle izlemişimdir. Harika! Bunun utanç verici olduğunu biliyorum; ama operada uyuyorum, Buff'larda ise son dakikaya kadar kalıyorum ve çok eğleniyorum. Bugün...

Bir Fransız aktrisin adını söyledi ve onunla ilgili bir şey anlatmak istedi; fakat elçinin karısı şakacıktan bir korkuyla Vronskiy'in sözünü kesti:

---

* Komedi tiyatrosu. (ç.n.)

— Lütfen, o korkunç şeyi anlatmayın.

— Tamam, anlatmam, ayrıca bu korkunç şeyleri herkes biliyor.

— Opera gibi makbul bir şey olsaydı herkes giderdi oraya da, –diye lafa karıştı Prenses Myagkaya.

VII

Giriş kapısının önünde ayak sesleri duyuldu ve Prenses Betsi, gelen kişinin Karenina olduğunu bilerek Vronskiy'e bir göz attı. Vronskiy kapıya baktı, yüzü yeni bir ifade aldı. İçeri giren kişiye sevinçle, dikkatle, bu arada ürkekçe bakıyor ve yavaş yavaş ayağa kalkıyordu. Salona Anna girdi. Her zamanki gibi dimdik, onu diğer sosyete kadınlarının yürüyüşünden farklı kılan hızlı, kararlı ve hafif adımlarıyla ve bakışlarının yönünü değiştirmeden kendisini ev sahibesinden ayıran birkaç adımlık mesafeyi geçti, ev sahibesinin elini sıktı, gülümsedi ve aynı gülümsemeyle Vronskiy'e baktı. Vronskiy yerlere kadar eğildi ve ona bir sandalye uzattı.

Anna yalnızca başını eğerek karşılık verdi, kızardı ve kaşlarını çattı. Ama hemen yine başıyla tanıdıklarını selamlayarak, uzatılan elleri sıkarak ev sahibesine döndü:

— Prenses Lidiya'daydım, daha erken gelmek istiyordum, ama oturup kaldım. Sir John oradaydı. Çok ilginç biri.

— Ah, şu misyoner mi?

— Evet, Hindistan'daki yaşamla ilgili çok ilginç şeyler anlatıyordu.

Anna'nın gelişiyle kesilen konuşma, üflenen bir lambanın ateşi gibi bir o yana bir bu yana sallanmaya başladı.

— Sir John! Evet, Sir John. Onu gördüm. Güzel konuşuyor. Vlasyeva ona iyiden iyiye gönlünü kaptırmış.

— Peki, Küçük Vlasyeva'nın Topov'la evleneceği doğru mu?

— Evet, kesin olarak söz kesilmiş diyorlar.

— Annesine ve babasına şaşıyorum. Aşk evliliği olduğunu söylüyorlar.

— Aşk evliliği mi? Tarih öncesinden kalma düşünceleriniz var! Artık aşk evliliğinden söz eden kaldı mı? –dedi elçinin karısı.

— Ne yapalım? Bu eski, aptalca moda henüz ortadan kalmadı, –dedi Vronskiy.

— Bu modayı izleyenler açısından durum daha da kötü. Benim bildiğime göre, mutlu evlilikler sadece mantık evlilikleridir.

— Evet, ama bu mantık evliliklerinde mutluluk sırf itiraf edilmemiş bir aşk ortaya çıktığı için toz gibi dağılıyor, –dedi Vronskiy.

— Ama biz, iki insanın da artık aklının başına geldiği evlilikleri mantık evliliği diye adlandırıyoruz. Bu, kızıl hastalığı gibi geçirilmesi gereken bir şeydir.

— O zaman çiçek aşısı gibi yapay olarak aşk aşısı yapmayı öğrenmek gerek.

— Ben gençliğimde bir papaz çömezine âşık olmuştum, –dedi Prenses Myagkaya.– Bana bir yararı oldu mu, bilmiyorum.

— Hayır, sanıyorum, şaka bir yana, aşkı öğrenmek için yanlış yapmak ve sonra da bu yanlışı düzeltmek gerekiyor, –dedi Prenses Betsi.

— Evlendikten sonra da mı? –diye sordu elçinin karısı şaka yollu.

— Pişman olmak için asla geç değildir, –dedi diplomat bir İngiliz atasözünü tekrarlayarak.

— İşte tam olarak böyle, –diye araya girdi Prenses Betsi,– hata yapmak ve sonra düzeltmek gerek. Siz bu konuda ne düşünüyorsunuz? –diye dudaklarında belli belirsiz sert bir gülümsemeyle bu konuşmayı sessizce dinleyen Anna'ya sordu.

Anna çıkartıp eline aldığı eldivenle oynayarak:

— Bence... bence ne kadar baş varsa o kadar da akıl olduğuna göre, ne kadar kalp varsa bir o kadar da aşk türü vardır, –dedi.

Vronskiy, Anna'ya bakıyor ve onun ne diyeceğini beklerken yüreği duracakmış gibi oluyordu. Anna bu sözleri söyleyince bir tehlikeyi atlatmış gibi derin bir soluk aldı Vronskiy.

Anna birden Vronskiy'e:

— Ben de Moskova'dan bir mektup aldım, –dedi.– Kiti Şçerbatskaya'nın çok hasta olduğunu yazıyorlar.

— Öyle mi? –dedi Vronskiy suratını asıp.

Anna, Vronskiy'e sert sert baktı.

— Sizi ilgilendirmiyor mu bu?

— Tam tersine çok ilgilendiriyor. Tam olarak ne yazdıklarını öğrenebilir miyim? –diye sordu Vronskiy.

Anna ayağa kalktı ve Betsi'nin yanına gitti. Betsi'nin sandalyesinin arkasında durarak:

— Bana bir fincan çay verir misiniz? –dedi.

Prenses Betsi çay doldururken, Vronskiy Anna'nın yanına gelmişti.

— Ne yazmışlar size? –diye sorusunu yineledi Vronskiy.

Anna onun bu sorusuna yanıt vermeyerek:

— Erkeklerin neyin bayağı olduğunu anlamadıklarını, ama her zaman bundan söz ettiklerini düşünürüm sık sık, –dedi.– Çoktandır size söylemek istediğim bir şey var, –diye ekledi ve birkaç adım yürüyüp albümlerin olduğu köşedeki masanın yanına oturdu.

Vronskiy çayını uzatarak:

— Bu sözlerinize hiç anlam veremiyorum, –dedi.

Anna yanındaki sedire baktı ve Vronskiy hemen oturdu.

— Evet, size söylemek istediğim bir şey var, –dedi, Vronskiy'e bakmadan.– Davranışınız kötüydü, kötü, hem de çok kötü.

— Kötü davrandığımı ben bilmiyor muyum sanki? Ama böyle davranmama kim neden oldu?

Anna ona sert sert bakarak:

— Bunu bana niçin söylüyorsunuz? –dedi.

Vronskiy bakışlarını Anna'nın bakışlarından kaçırmaksızın cesaret ve sevinçle:

— Nedenini biliyorsunuz, –diye yanıtladı.

Vronskiy değil, ama Anna şaşırmıştı.

— Bu sadece sizin kalbinizin olmadığını gösteriyor, –dedi Anna. Ancak bakışı, kalbinin olduğunu bildiğini ve bu yüzden de ondan korktuğunu söylüyordu.

— Biraz önce sözünü ettiğiniz şey bir hata idi, aşk değil.

— Unuttunuz mu, bu iğrenç sözcüğü ağzınıza almayı yasaklamıştım, –dedi Anna irkilerek; fakat aynı zamanda tek bir sözcükle, *yasaklamıştım* sözcüğüyle kendi adına onun üzerinde belli haklara sahip olduğunu gösterdiğini ve böylece onu aşk hakkında konuşmaya teşvik ettiğini hissetmişti. Anna kararlı bir şekilde Vronskiy'in gözlerine bakarak ve yanakları alev alev yanarak,– Bunu çoktandır size söylemek istiyordum, –diye devam ediyordu.– Bugün de burada sizinle karşılaşacağımı bilerek mahsus geldim. Size bu işin sona ermesi gerektiğini söylemeye geldim. Benim yüzüm hiç kimsenin önünde kızarmadı, ama siz kendimi bir şekilde suçlu hissetmeme neden oluyorsunuz.

Vronskiy, Anna'ya baktı ve onun bu yeni manevi güzelliğine hayran kaldı.

Açık ve ciddi bir şekilde:

— Benden istediğiniz nedir? –dedi Vronskiy.

— Moskova'ya gitmenizi ve Kiti'den özür dilemenizi istiyorum, –dedi Anna.

— İstediğiniz bu değil, –dedi Vronskiy.

Anna'nın istediği şeyi değil, söylemek zorunda hissettiği şeyi söylediğini görüyordu.

— Dediğiniz gibi beni seviyorsanız, –diye fısıldadı Anna,– o zaman içimin rahat etmesi için bunu yaparsınız.

Vronskiy'in yüzü aydınlandı.

— Benim için yaşamın ta kendisi olduğunuzu bilmiyorsunuz sanki; ama ben rahatlık nedir bilmem ve size de veremem. Bütün benliğimi, sevgimi... evet. Sizi ve kendimi ayrı olarak düşünemiyorum. Siz ve ben, benim için biriz. Ve bundan böyle ne kendim, ne de sizin için rahat olma olasılığı görmüyorum. Umutsuzluk, mutsuzluk olasılığı görüyorum... ya da mutluluk olasılığı görüyorum, hem de ne mutluluk!.. Mutluluk olanaksız mı yoksa? –diye ekledi sadece dudaklarını oynatarak; ama Anna duymuştu.

Söylenmesi gereken sözleri söylemek için Anna zihnini bütün gücüyle zorladı; ama bunun yerine sevgi dolu bakışını Vronskiy'in üzerinde durdurdu ve hiçbir şey söylemedi.

"İşte! –diye düşündü Vronskiy heyecanla.– Tam artık umutsuzluğa kapıldığım, bu işin sonunun olmadığını düşündüğüm bir anda, işte aşk! Beni seviyor. Bunu kabul ediyor."

— Öyleyse bunu benim için yapın, bana bu sözleri bir daha hiç söylemeyin ve iyi birer dost olalım, –dedi Anna sözcüklerle; ama bakışı bambaşka bir şey söylüyordu.

— Biz dost olamayız, bunu siz de biliyorsunuz. Ama en mutlu insanlar mı, yoksa en mutsuz insanlar mı olacağız, bu sizin elinizde.

Anna bir şey söylemek istedi, ama Vronskiy onun sözünü kesti.

— Aslında sizden tek bir şey rica ediyorum, umut etme ve şimdi olduğu gibi acı çekme hakkı istiyorum; ama eğer bu da olanaksızsa bana yok olmamı emredin, yok olayım. Varlığım sizi sıkıyorsa bir daha beni görmezsiniz.

— Sizi kovmak istemiyorum.

— Hiçbir şeyi değiştirmeyin yeter. Her şeyi olduğu gibi bırakın, –dedi Vronskiy titreyen bir sesle.– İşte kocanız da geldi.

Gerçekten de tam o anda Aleksey Aleksandroviç sakin, hantal yürüyüşüyle salona giriyordu.

Karısına ve Vronskiy'e bir göz atıp ev sahibesinin yanına gitti, bir fincan çay alıp oturduktan sonra acele etmeyen, her zaman duyulabilen sesiyle, birisine takılarak her zamanki şakacı tavrıyla konuşmaya başladı.

Konuklara bakarak:

— Rambouillet'iniz* tam kadro, güzel hanımlar ve ilham perileri burada, –dedi.

Fakat Prenses Betsi, kendi deyimiyle Aleksey Aleksandroviç'in bu sneering** tavrına tahammül edemiyordu ve zeki bir ev sahibesi olarak onu hemen genel bir konuda, askerlik yükümlülüğü konusunda ciddi bir konuşmaya yöneltti. Aleksey Aleksandroviç bu konuyla hemen ilgilendi ve kendisine saldırıya geçmiş olan Prenses Betsi'nin karşısında yeni kararnameyi ciddi bir şekilde savunmaya koyuldu.

Vronskiy'le Anna küçük masanın başında oturmaya devam ediyorlardı.

Bir hanım gözleriyle Karenina'yı, Vronskiy'i ve Karenina'nın kocasını göstererek:

— Hiç yakışık almıyor, –diye fısıldadı.

Anna'nın arkadaşı olan hanım:

— Ben size ne demiştim? –diye karşılık verdi.

Fakat sadece bu hanımlar değil, salonda bulunan hemen hemen herkes, hatta Prenses Myagkaya ve Betsi de topluluktan uzaklaşan Anna ve Vronskiy'e, sanki bu durum kendilerini rahatsız ediyormuş gibi, kaçıncı defadır bakıyordu. Bir tek Aleksey Aleksandroviç bir kez bile o tarafa bakmadı ve başlamış olan konuşmadan kopmadı.

Prenses Betsi, herkeste kötü bir izlenim oluştuğunu fark edince Aleksey Aleksandroviç'i dinlemesi için yerine başka birini bırakıp Anna'nın yanına gitti.

— Kocanızın sözlerindeki açıklık ve doğruluk beni her zaman hayran bırakıyor, –dedi Prenses Betsi.– O konuştuğu zaman en anlaşılmaz kavramları bile anlıyorum.

---

* Marquise de Rambouillet (1588-1665) edebiyat zevkinin ve kamuoyunun şekillendiği ilk edebiyat salonunu açmıştı. (ç.n.)

** Alaycı. (İng.)

Anna mutluluktan gülümseyerek ve Betsi'nin kendisine söylediği şeyin tek sözcüğünü bile anlamaksızın:

— Ah evet! –dedi ve büyük masaya geçip genel konuşmaya katıldı.

Aleksey Aleksandroviç yarım saat oturduktan sonra karısının yanına geldi ve birlikte eve gitmeyi önerdi; ancak Anna, kocasının yüzüne bakmaksızın akşam yemeğine kalacağını söyledi. Aleksey Aleksandroviç başını eğerek selam verip çıktı.

***

Karenina'nın parlak deri ceketli, yaşlı ve şişman Tatar arabacısı, soğuk yüzünden huysuzlanıp kapının önünde şaha kalkan soldaki kır atı zor zaptediyordu. Uşak arabanın kapısını açmış dikiliyordu. Kapıcı dış kapıyı tutarak bekliyordu. Anna Arkadyevna, kürkünün kopçasına takılan kol dantelini küçük elinin hızlı hareketiyle takıldığı yerden kurtarmaya çalışıyor ve kendisini uğurlayan Vronskiy'in söylediklerini başını eğmiş, hayranlıkla dinliyordu.

— Hiçbir şey demediniz; diyelim ki ben hiçbir şey istemiyorum, –diyordu Vronskiy,– ama siz benim için dostluğun gerekli olmadığını biliyorsunuz, benim için hayatta bir tek mutluluk olabilir, şu sizin sevmediğiniz söz... evet, aşk...

Anna içinden gelen bir sesle, yavaş yavaş:

— Aşk... –diye tekrarladı ve tam danteli kopçadan kurtardığı anda birden,– Benim açımdan, sizin anlayabildiğinizden çok daha fazla anlama geldiği için bu sözcüğü sevmiyorum, –diye ekleyip Vronskiy'in yüzüne baktı.– Tekrar görüşmek üzere!

Vronskiy'e elini uzattı, esnek ve hızlı adımlarla kapıcının yanından geçerek arabaya binip gözden kayboldu.

Anna'nın bakışı, eline dokunması Vronskiy'i yakıp kavurmuştu. Avcunun içini, Anna'nın dokunduğu yeri öptü ve son iki aya göre o akşam amacına ulaşmaya biraz daha yaklaştığını bilmenin verdiği mutlulukla evine gitti.

VIII

Aleksey Aleksandroviç, karısının Vronskiy'le birlikte ayrı bir masada oturmasında ve ateşli ateşli bir şeyler konuşmasında hiçbir fevkaladelik ve münasebetsizlik görmemişti; ancak salondaki diğer insanlara bunun fevkalade ve münasebetsiz bir şey olarak göründüğünü fark etmiş, dolayısıyla bu durum ona da yakışıksız gelmişti. Bu durumu karısına söylemesi gerektiğine karar verdi.

Aleksey Aleksandroviç eve döndükten sonra her zaman yaptığı gibi çalışma odasına geçti ve Papizm'le* ilgili bir kitabın kâğıt keseceğini koyduğu yerini açıp, her zamanki gibi saat bire kadar okudu; sadece arada bir yüksek alnını ovuşturuyor ve sanki bir şey kovuyormuş gibi başını sallıyordu. Alışılmış saatinde kalktı, gece tuvaletini yaptı. Anna Arkadyevna henüz yoktu. Koltuğunun altında kitabıyla üst kata çıktı; fakat işlerle ilgili her zamanki düşüncelerinin yerine bu akşam düşünceleri karısıyla ve karısının başına gelen tatsız şeyle doluydu. Alışkanlığının aksine yatağına yatmadı, ellerini arkasında kavuşturup odalarda bir aşağı bir yukarı dolaşmaya başladı. Her şeyden önce yeni ortaya çıkan durumu etraflıca düşünmesi gerektiğini hissederek yatamıyordu.

Aleksey Aleksandroviç, karısıyla konuşması gerektiğine karar verdiğinde çok kolay ve basit bir iş olarak görünmüştü bu; ama şimdi yeni ortaya çıkan durumu etraflıca düşünmeye başladığında çok karmaşık ve zor geldi.

Aleksey Aleksandroviç kıskanç değildi. Ona göre, bir adamın kıskançlık göstermesi karısına hakaret olurdu ve karısına güvenmeliydi. Neden güvenmeliydi, yani genç karısının onu daima seveceğinden neden tam olarak emin olmalıydı sorusunu kendi kendisine sormuyordu; fakat güvendiği ve kendi

---

* Papizm, Papa'nın politik egemenlik kurmasını savunan ve bunun propagandasını yapan gerici akım. (ç.n.)

kendisine de güven duymak gerektiğini söylediği için güvensizlik duymuyordu. Şimdi ise, kıskançlığın utanılacak bir duygu olduğu ve güvenmek gerektiği inancı değişmediği halde mantıksız ve anlamsız bir şeyle yüz yüze bulunduğunu hissediyordu ve ne yapması gerektiğini bilmiyordu. Aleksey Aleksandroviç yaşamla, karısının kendisinden başka birine âşık olması olasılığıyla yüz yüze bulunuyordu ve bu da ona yaşamın ta kendisi olması nedeniyle çok anlamsız ve anlaşılmaz geliyordu. Aleksey Aleksandroviç ömrü boyunca hayatın yansımalarıyla ilgisi olan memuriyet çevrelerinde yaşamış ve çalışmıştı. Hayatın kendisiyle her karşılaştığında ondan kaçmıştı. Şimdi uçurumun üstündeki bir köprüden sakin sakin geçerken birden köprünün kaldırılmış olduğunu ve orada bir girdap bulunduğunu gören bir adamın hissettiğine benzer bir duygu içindeydi. Girdap gerçek hayat, köprü ise Aleksey Aleksandroviç'in yaşadığı yapay hayattı. Karısının birini sevme olasılığı ilk kez aklına geliyor ve bundan korkuyordu.

Üstünü çıkartmamıştı; tek bir masa lambasının aydınlattığı yemek odasının gıcırdayan parkelerinde, ışığın bir tek geçenlerde yapılıp kanepenin üzerine asılmış kendi portresine yansıdığı, karanlık salonun halısında ve iki mumun Anna'nın akrabalarıyla arkadaşlarının resimlerini, yazı masasının üzerinde duran, çok uzun zamandır gayet iyi bildiği güzel biblolarını aydınlattığı Anna'nın çalışma odasında, ölçülü adımlarıyla bir ileri bir geri dolaşıyordu. Anna'nın odasından geçererek yatak odasının kapısına kadar gidiyor, sonra geri dönüyordu.

Her yürüyüşünde, daha çok aydınlık yemek odasının parkeleri üzerinde duruyor ve kendi kendisine: "Evet, bu konuda kararımı verip, kesip atmalı ve görüşümü belirtmeliyim," diyordu. Sonra geri dönüyordu. "Ama ne söyleyeceğim? Hangi kararımı bildireceğim?" –diyordu salonda kendi kendisine ve yanıt bulamıyordu. Çalışma odasına doğru dönmeden önce soruyordu kendi kendisine: "Hem, sonuçta olup biten nedir?

Hiçbir şey. Anna onunla uzunca bir süre konuşmuş. Ne var bunda? Sosyetede bir kadının konuştuğu kim bilir ne kadar çok erkek vardır. Hem sonra kıskanmak hem kendini, hem de onu küçük düşürmek demektir," –diyordu kendi kendine Anna'nın odasına girerken; fakat önceden kendisi için öylesine ağırlığı olan bu yargının şimdi hiçbir ağırlığı ve önemi yoktu. Sonra yatak odasının kapısından tekrar salona dönüyordu; ancak karanlık salona döner dönmez bir ses ona öyle olmadığını ve eğer başkaları bunu fark etmişse bunda bir şey olduğu anlamına geldiğini söylüyordu. Yemek odasında tekrar kendi kendine "Evet, kararımı verip, kesip atmalı ve görüşümü belirtmeliyim..." –diyordu. Sonra geri dönmeden önce yine salonda kendi kendine "Ne karar vermeli?" –diye soruyordu. Sonra yine kendi kendine "Ne oldu?" –diye soruyordu. "Hiçbir şey," –diye yanıtlıyor ve kıskançlığın karısını aşağılayacak bir duygu olduğunu düşünüyor, ama salona gelince bir şeyler olduğuna tekrar inanıyordu. Düşünceleri, tıpkı bedeni gibi yeni hiçbir şeye rastlamadan tam bir daire çizmişti. Bunu fark etmişti, alnını ovuşturdu ve Anna'nın odasında oturdu.

Burada, üzerinde yeşil bakır taşından tutacağı olan kâğıt kurutmacına ve yazılmaya başlanmış bir nota bakarken Aleksey Aleksandroviç'in düşünceleri birden değişti. Anna'yı, onun ne düşündüğünü ve ne hissettiğini düşünmeye başladı. Özel hayatını, düşüncelerini, isteklerini ilk kez bu kadar canlı olarak gözünün önüne getirmişti, onun da kendine ait bir özel yaşamı olabileceği ve olması gerektiği düşüncesi hemen o anda kafasından uzaklaştıracak kadar korkunç gelmişti. İşte bu, bakmaya korktuğu o girdaptı. Düşünce ve duygu bakımından başka bir varlığın yerine geçmek, Aleksey Aleksandroviç'e yabancı bir ruhsal davranıştı. Bu ruhsal davranışı zararlı ve tehlikeli bir hayalperestlik sayardı.

"En korkuncu da, –diye düşünüyordu,– tam da elimdeki işin sona ermek üzere olduğu (şu anda yürüttüğü bir proje gelmişti aklına), tam bir huzura ve ruh gücüne gerek duyduğum bir sırada bu anlamsız endişenin üzerime çullanması. Ama ne yapabilirim? Ben o huzursuzluğu ve endişeleri kaldırabilen ve onlarla yüzleşme gücü olmayan insanlardan değilim."

— Enine boyuna düşünüp, karar vermeli ve kesip atmalıyım, –dedi yüksek sesle.

"Onun duyguları, ruhunda neler olduğu ve olabileceği konuları benim değil, onun vicdanının işi ve dinle ilgili bir konu," –dedi kendi kendine ve ortaya çıkan durumu oturtabilecek bir dayanak bulmuş olmanın bilinciyle bir hafifleme hissetti.

"Dolayısıyla, –dedi içinden Aleksey Aleksandroviç,– onun duyguları vesaire, onun vicdanıyla ilgili, beni ilgilendirmeyebilecek konulardır. Benim görevim apaçık ortada. Ailenin reisi, onu yöneten kişi ve kısmen de sorumlu bir kişi olarak gördüğüm tehlikeyi göstermek, bu konuda uyarmak ve hatta otoritemi kullanmak zorundayım. Ona söylemeliyim."

Ve Aleksey Aleksandroviç'in kafasında birazdan karısına söyleyeceği şeyler açık seçik oluştu. Ne söyleyeceğini etraflıca düşünürken evdeki sorunlar için farkında olmadan ne kadar çok zamanını ve aklını harcamak zorunda kaldığına acıdı; ama buna karşın, yapacağı konuşmanın biçimi ve sırası bir rapor gibi kafasında açık ve net bir şekilde oluştu. "Şunları söylemeli ve anlatmalıyım: Birincisi, toplumun düşüncesinin ve terbiye kurallarının önemini açıklamak; ikincisi, evliliğin önemini dinsel olarak açıklamak; üçüncüsü, eğer gerekirse, oğlumuz için çok büyük bir mutsuzluk olacağına dikkati çekmek; dördüncüsü, kendisinin de mutsuz olacağına dikkat çekmek olmalı." Aleksey Aleksandroviç, avucunun içi aşağı gelecek şekilde parmaklarını birbirine kenetleyip gerindi ve parmaklarını çıtırdattı.

Bu kötü alışkanlık, yani ellerini kenetleyip, parmaklarını çıtırdatma hareketi onu her zaman rahatlatır ve şu anda kendisi için o kadar gerekli olan düzgün ruh haline sokardı. Kapının önünden yaklaşmakta olan bir arabanın sesi geldi. Aleksey Aleksandroviç salonun ortasında durdu.

Merdivenden bir kadının ayak sesleri duyuldu. Aleksey Aleksandroviç konuşmasını yapmaya hazır bir halde, birbirine kenetlediği parmaklarını sıkarak ve hangisinin çıtırdayacağını bekleyerek dikiliyordu. Bir eklemi çıtırdadı.

Merdivendeki hafif ayak seslerinden karısının geldiğini hissetmişti ve hazırladığı konuşmadan memnun olsa bile, yapacağı açıklama yüzünden korkuya kapılıyordu...

IX

Anna başını eğmiş, başlığının püskülleriyle oynayarak yürüyordu. Yüzü parlıyordu; ama bu, neşeli bir parıltı değildi, karanlık gecenin ortasında bir yangının korkunç parıltısını anımsatıyordu. Anna kocasını görünce başını kaldırdı ve sanki uykudan uyanmış gibi gülümsedi.

— Sen yatmadın mı daha? Hayret! –dedi, başlığını çıkarttı ve duraksamadan tuvalet odasına doğru yürüdü.– Yatma zamanı Aleksey Aleksandroviç, –diye seslendi kapının arkasından.

— Anna seninle konuşmam gerek.

— Benimle mi? –dedi Anna hayretle, tuvalet odasından çıktı ve kocasının yüzüne baktı.– Ne oldu? Ne var? –diye sordu bir yere oturarak.– Madem gerekiyor, konuşalım o zaman. Uyusak daha iyi olurdu.

Anna aklına geleni söylüyordu ve kendi söylediklerini dinlerken yalan söyleme yeteneğine kendisi de hayret ediyordu. Söylediği sözler, tıpkı uyuma isteği gibi ne kadar basit ve doğaldı! Kendisini hiçbir şey geçirmeyen bir yalan zırhı giymiş gibi hissediyordu. Görünmez bir gücün ona yardım ettiğini, ona destek olduğunu hissediyordu.

— Anna, seni uyarmak zorundayım, –dedi Aleksey Aleksandroviç.

— Uyarmak mı? –dedi Anna.– Hangi konuda?

Öyle doğal, öyle neşeli bakıyordu ki, onu kocası kadar tanımayan biri, söylediği sözcüklerin tınısında da, anlamında da yapay hiçbir şey fark edemezdi. Ama onu tanıyan, beş dakika geç yatsa bunu fark ettiğini ve nedenini sorduğunu bilen, her türlü sevincini, neşesini, üzüntüsünü anında kendisine anlattığını bilen biri olarak Aleksey Aleksandroviç için şimdi Anna'nın onun durumunu fark etmek istemediğini, kendinden tek kelime söz etmek istemediğini görmek pek çok şey ifade ediyordu. Aleksey Aleksandroviç, karısının daha önce her zaman kendisine açık olan ruhunun derinliklerinin şimdi ona kapandığını görüyordu. Dahası, karısının halinden, tavrından onun bundan utanmadığını, sanki açıkça ona, evet kapalı ve böyle olması gerekiyor, ileride de böyle olacak dediğini görüyordu. Şimdi evine dönen ve evinin kapısını kilitli bulan bir adamın hissettiğine benzer bir şey hissediyordu. "Ama belki de anahtar hâlâ bulunabilir," –diye düşündü Aleksey Aleksandroviç.

— Seni uyarmak istediğim konu, –dedi alçak sesle,– dikkatsiz ve düşüncesiz davranarak sosyetede hakkında dedikodu çıkarılmasına vesile yaratman. Bugün Kont Vronskiy'le (bu ismi üstüne basarak ve sakin bir şekilde kısa bir ara vererek söylemişti) aranızdaki çok hararetli konuşma dikkatleri üzerine çekti.

Aleksey Aleksandroviç konuşurken Anna'nın gülen ve en ufak bir sır vermediği için şimdi kendisine korkunç gelen gözlerine bakıyordu. Konuşurken sözlerinin yararsızlığını ve anlamsızlığını hissediyordu.

Anna, sanki onun söylediklerini hiç anlamıyormuş ve bütün söylediklerinden kasıtlı olarak sadece son söylediğini anlıyormuş gibi:

— Sen her zaman böylesin, –diye karşılık verdi.– Bazen benim sıkılmamdan hoşlanmazsın, bazen de neşelenmemden. Bu akşam sıkılmadım. Bu mu senin canını sıkıyor?

Aleksey Aleksandroviç irkildi ve çıtlatmak için ellerini kenetledi.

— Ah, lütfen çıtlatma, bundan hiç hoşlanmıyorum, –dedi Anna.

Aleksey Aleksandroviç kendine hâkim olmaya ve ellerinin hareketini engellemeye çalışarak:

— Anna, bu sen misin? –dedi.

— Peki ama ne oluyor böyle? –dedi Anna içinden gelen gülünç bir şaşkınlıkla.– Benden ne istiyorsun?

Aleksey Aleksandroviç bir an sustu, eliyle alnını ve gözlerini ovuşturdu. Yapmak istediği şeyin yerine, yani karısını sosyetenin nazarında bir hata yapmaktan korumak yerine, onun vicdanını ilgilendiren bir konuda elinde olmadan endişelenmiş ve hayalinde yarattığı bir tür duvarla mücadele ettiğini görmüştü.

— Söylemek istediğim şey, –diye soğuk ve sakin bir tavırla devam ediyordu,– beni dinlemeni rica ediyorum. Senin de bildiğin gibi, kıskançlığın insanı aşağılayan ve küçük düşüren bir duygu olduğunu kabul ederim ve hiçbir zaman bu duyguya kendimi kaptırmam; fakat ceza görmeden çiğnenmesi mümkün olmayan malum terbiye kuralları vardır. Bu akşam ben fark etmedim, ama oradakilerin üzerinde bıraktığı izlenime göre, senin hiç de istenildiği gibi davranmadığını ve kendine hâkim olamadığını herkes fark etti.

— Kesinlikle bir şey anlamıyorum, –dedi Anna omuz silkerek. "Ona göre hava hoş, –diye düşündü Anna.– Ancak onu endişelendiren bu durumun toplum içinde fark edilmiş olması." – Sen hastasın Aleksey Aleksandroviç, –diye ekledi Anna, ayağa kalktı ve kapıya doğru gitmek istedi; fakat Aleksey Aleksandroviç, onu durdurmak ister gibi öne doğru bir adım attı.

Aleksey Aleksandroviç'in yüzü, Anna'nın hiçbir zaman görmediği kadar çirkin ve asıktı. Anna durdu ve başını geriye, yana doğru eğerek elinin hızlı hareketleriyle saçındaki firketeleri çıkartmaya başladı.

— Başüstüne efendim, sizi dinliyorum, –dedi Anna sakin ve alaycı bir şekilde.– Hem de merakla dinliyorum, çünkü meselenin ne olduğunu anlamak istiyorum.

Anna konuşuyordu ve konuşurken takındığı doğal, sakin ve kendinden emin tavra, kullandığı sözcüklerin seçimine hayret ediyordu.

— Senin duygularına bütün ayrıntısıyla girme hakkına sahip değilim, zaten bunu yararsız, hatta zararlı sayarım, – diye başladı Aleksey Aleksandroviç.– Ruhumuzu kurcaladığımızda sıklıkla orada fark edilmeden yatan bir şey bulup çıkarırız. Senin duyguların senin vicdanını ilgilendiren bir meseledir; ancak ben de senin, kendimin ve Tanrı'nın önünde görevlerini sana anımsatmak zorundayım. Bizim hayatımız birleştirildi, hem de insanlar tarafından değil, Tanrı tarafından birleştirildi. Bu birleşmeyi bozmak, sadece ve sadece suç işlemektir ve bu tür bir suç ardından ağır bir cezayı getirir.

Anna eliyle saçlarını hızlı hızlı karıştırıp, kalan firketeleri ararken:

— Hiçbir şey anlamıyorum. Aman Tanrım, aksi gibi nasıl da uykum var! –dedi.

— Anna, Tanrı aşkına, böyle konuşma, –dedi Aleksey Aleksandroviç sakin bir şekilde.– Belki de yanılıyorum, ama söylediğim şeye inan, senin iyiliğin için olduğu kadar kendi iyiliğim için de konuşuyorum. Ben senin kocanım ve seni seviyorum.

Anna'nın yüzü bir an gevşedi ve bakışlarındaki alaycı kıvılcım söndü; fakat "seviyorum" sözü onu yine sinirlendirmişti. "Seviyor mu? O sevebilir mi? Sevgi diye bir sözcüğün varlığını duymamış olsaydı, hiçbir zaman bu sözcüğü kullanmazdı. Sevginin ne olduğunu bile bilmez."

— Aleksey Aleksandroviç sahiden anlamıyorum, –dedi Anna.– Ne bulduğunu açıkla bana...

— İzin ver, sözümü bitireyim. Seni seviyorum. Ama kendimden söz etmiyorum; burada başlıca kişiler oğlumuz ve sensin. Yineliyorum, sözlerim sana büyük olasılıkla son derece anlamsız ve yersiz gelebilir; belki de bunlar benim yanılgımın sonucudur. Böyleyse beni bağışlamanı rica ederim senden. Ama eğer sözlerimi doğrulayacak ufacık da olsa bir temel olduğunu kendin de hissediyorsan, biraz düşünmeni ve eğer yüreğin söylemeni istiyorsa, bana anlatmanı rica ediyorum.

Aleksey Aleksandroviç, kendisi de hiç farkında olmadan, hazırladığından çok faklı bir konuşma yapıyordu.

— Söyleyecek bir şeyim yok. Hem... –dedi birden Anna, gülümsemesini zor tutarak.– Sahiden uykum var benim.

Aleksey Aleksandroviç derin bir iç geçirdi ve başka bir şey söylemeden yatak odasına yöneldi.

Anna yatak odasına girdiğinde o yatmıştı. Dudakları sımsıkı kapalıydı ve gözleri Anna'ya bakmıyordu. Anna kendi yatağına yattı, her an onun yeniden kendisiyle konuşmasını bekledi. Tekrar konuşmaya başlamasından hem korkuyor, hem de bunu istiyordu. Ama o susuyordu. Anna uzun zaman hareket etmeden bekledi, sonra onu unuttu. Öbürünü düşünüyordu, onu görüyor ve onu düşündüğünde yüreğinin nasıl bir heyecanla, suçlu bir sevinçle dolduğunu hissediyordu. Birden burundan gelen düzgün ve sakin bir ıslık sesi duydu. Aleksey Aleksandroviç ilk anda sanki kendi ıslığından ürkmüş gibi duraksadı; ama ıslık, iki soluk süresi kadar bekleyip yeni ve sakin bir şekilde yeniden duyuldu.

— Geç, geç, artık çok geç, –diye fısıldadı Anna gülümseyerek. Karanlıkta pırıltısını kendisi de görüyormuş gibi hissettiği gözleri açık, kımıldamadan yattı uzunca bir zaman.

X

O akşamdan sonra Aleksey Aleksandroviç için de, karısı için de yeni bir hayat başladı. Aslında farklı bir şey yok gibiydi. Anna her zamanki gibi sosyete toplantılarına katılıyor, özellikle Prenses Betsi'nin evine sık sık gidiyor ve her yerde Vronskiy'le karşılaşıyordu. Aleksey Aleksandroviç bunu görüyordu, ama hiçbir şey yapamıyordu. Karısını bir açıklama yapmaya çağırma denemeleri üzerine Anna, karşısına bir tür aşılmaz, neşeli bir şaşkınlık duvarı örüyordu. Dışarıdan bakınca aynıydı, ama iç ilişkileri tamamen değişmişti. Devlet işlerinde o kadar güçlü biri olan Aleksey Aleksandroviç, bu konuda kendisini zayıf hissediyordu. Uysal bir öküz gibi başını eğmiş, tepesinde kalktığını hissettiği baltanın inmesini bekliyordu. Bu konuyu her düşünmeye başladığında bir kez daha denemek gerektiğini, iyilikle, tatlılıkla ikna ederek onu kurtarma, kendine getirme umudu olduğunu hissediyordu ve onunla her gün konuşmaya niyetleniyordu. Fakat karısıyla konuşmaya her başladığında Anna'yı eline geçirmiş olan o kötülük ve aldatma ruhunun kendisini de ele geçirmekte olduğunu hissediyor ve karısıyla konuşmak istediği tavırla değil, bambaşka bir şekilde konuşuyordu. Elinde olmadan alışkanlık haline getirdiği, kiminle konuşursa konuşsun takındığı o alaycı tavırla konuşuyordu karısıyla da. Oysa karısına söylemek istediklerini bu şekilde söylemesi olanaksızdı.

XI

Vronskiy için daha önceki bütün isteklerinin yerini alarak hemen hemen bütün bir yıl boyunca hayatının tek isteğini oluşturan; Anna için olanaksız, korkunç, daha önemlisi büyüleyici bir mutluluk hayali olan istek gerçekleşmişti. Benzi atmış Vronskiy, alt çenesi titreyerek Anna'nın başında duruyor ve nasıl, ne şekilde olacağını kendisi de bilmeden sakinleşmesi için yalvarıyordu:

— Anna! Anna! – diyordu titreyen sesiyle.– Anna, Tanrı rızası için!..

Ancak o bu sözleri daha yüksek sesle söyledikçe Anna bir zamanlar gururlu, neşeli, şimdiyse utanç içinde olan başını daha çok aşağı eğiyordu, sonunda iki büklüm oturduğu koltuktan yere, Vronskiy'in ayaklarının dibine yığıldı; Vronskiy tutmasaydı halının üzerine düşecekti.

Hıçkırıklar içinde Vronskiy'in ellerini göğsüne bastırarak:
— Tanrım! Bağışla beni! –diyordu. Kendisini o kadar suçlu ve kabahatli hissediyordu ki, alçalmak ve bağışlanmayı dilemekten başka yapabileceği bir şey kalmamıştı geriye; artık Anna'nın hayatında Vronskiy'den başka kimse olmadığından bağışlanmak için ona yalvarıyordu. Vronskiy'e bakarken ne kadar alçaldığını fiziksel olarak hissediyor ve başka bir şey söyleyemiyordu. Vronskiy de hayatına son verdiği insanın cesedini gören bir katilin hissetmesi gereken şeyi hissediyordu. Onun tarafından yaşamaktan yoksun bırakılan bu ceset ikisinin aşkıydı, aşklarının ilk dönemiydi. Utancın bu korkunç bedeliyle ödenmiş olan şeyi anımsamanın dehşet verici, iğrenç bir yanı vardı. Anna'nın ruhsal olarak çırılçıplak kaldığı için duyduğu utanç onu eziyor ve bu utanç Vronskiy'e de bulaşıyordu. Ancak katilin ceset karşısında korkuya kapılmasına karşın, onu parçalara ayırıp saklaması, cinayetle elde ettiği şeyden yararlanması da gerekiyordu.

Katil tutkuya benzeyen bir hırsla bu cesedin üzerine atılıyor, sürüklüyor, parçalıyor; Vronskiy de Anna'nın yüzünü ve omuzlarını öpücüklere boğuyordu. Anna onun elini tutuyor, kımıldamıyordu. Evet, bu öpücükler, bu utanç pahasına satın alınmıştı. Evet, her zaman benim olacak olan bu el, benim suç ortağımın eli. Bu eli yukarı kaldırdı ve öptü. Vronskiy diz çöktü, onun yüzünü görmek istedi; ama Anna yüzünü saklıyor, hiçbir şey söylemiyordu. Sonunda kendini toplar gibi olunca ayağa kalktı ve Vronskiy'i itti. Anna'nın yüzü yine güzeldi, ama daha çok acınacak haldeydi.

— Her şey bitti, –dedi Anna.– Senden başka hiçbir şeyim yok. Bunu unutma.

— Hayatım demek olan bir şeyi unutamam. Bu mutluluk anı için...

Anna nefret ve korkuyla:

— Ne mutluluk ama! –dedi ve bu korku ister istemez Vronskiy'e de bulaştı.– Tanrı rızası için bir kelime daha etme.

Anna hızla kalktı ve Vronskiy'den uzaklaştı.

— Bir kelime daha etme, –diye yineledi ve yüzünde Vronskiy'e tuhaf gelen soğuk bir umutsuzluk ifadesiyle vedalaştı. Yeni bir hayatın eşiğinde kapıldığı bu utanç, sevinç ve korku duygusunu o anda sözcüklerle ifade edemeyeceğini hissediyor ve bu konuda konuşmak, bu duyguyu yanlış sözcüklerle bayağılaştırmak istemiyordu. Ama sonra ertesi gün de, daha ertesi gün de bu duygulardaki karmaşıklığı ifade edebileceği sözcükleri bulamadığı gibi, ruhunda olanları enine boyuna düşünemiyordu bile.

"Hayır, şimdi bunu düşünemiyorum; sonra sakinleştiğimde düşünürüm," –diyordu kendi kendisine. Ama düşünmek için o sakinliğe hiçbir zaman ulaşamıyordu; ne yaptığını, sonunun ne olacağını, ne yapması gerektiğini her düşündüğünde üzerine bir korku çöküyor ve bu düşünceleri aklından kovuyordu.

— Sonra, sonra, – diyordu,– sakinleştiğimde düşünürüm.

Buna karşılık, durumu uykuda, düşüncelerine hâkim olamadığı sırada bütün çıplaklığıyla görünüyordu kendisine. Hemen hemen her gece aynı rüya yokluyordu onu. Her iki erkeğin de kocası olduğunu, her ikisinin de onu okşamalara boğduğunu görüyordu rüyasında. Aleksey Aleksandroviç onun ellerini öperken ağlıyor ve "Ah, şimdi ne kadar iyi!" – diyordu. Aleksey Vronskiy de oradaydı ve o da kocasıydı. Önceleri bunun kendisine olanaksız bir şey olarak görünmesine hayret ederek, bunun çok basit olduğunu, şimdi her ikisinin de mutlu ve memnun olduğunu gülerek onlara açıklıyordu. Fakat bu rüya bir karabasan gibi onu boğuyordu ve korku içinde uyanıyordu uykudan.

XII

Levin, Moskova'dan döndükten sonra teklifinin reddedilmesi yüzünden ilk zamanlar yaşadığı utancı her anımsayışında irkiliyor, yüzü kızarıyor ve kendi kendisine şöyle diyordu: "Fizikten bir alıp ikinci sınıfta kaldığım zaman da her şeyin mahvolduğunu düşünerek aynı böyle irkilip kızarıyordum; kız kardeşimin bana emanet edilen işini bozduktan sonra da kendimi aynen bu şekilde mahvolmuş biri olarak görmüştüm. Ne oldu? Şimdi, aradan bir yıl geçtikten sonra bunu anımsıyorum ve beni nasıl böylesine üzebildiğine hayret ediyorum. Bu üzüntüm için de aynı şey olacak. Zaman geçecek ve ben buna aldırmayacağım bile."

Üç ay geçmişti ama o, hem buna aldırmamazlık edemiyor, hem de bu konuyu anımsadığında aynen ilk günlerdeki gibi acı duyuyordu. Aile yaşamını bu kadar uzun zamandır hayal eden, kendisini artık bir aile kuracak olgunlukta hisseden biri olarak hâlâ evli olmadığı ve evlilikten her zamankinden daha uzak bulunduğu için bir türlü sakinleşemiyordu. Onun yaşında bir adamın tek başına yaşamasının hoş bir şey olmadığını çevresindeki herkes gibi kendisi de içi acıyarak hissediyordu. Sohbet etmeyi sevdiği saf bir köylü olan sığırtmaç Nikolay'a, Moskova'ya gitmeden önce bir gün "E, Nikolay, evlenmek istiyorum," dediğini ve Nikolay'ın da hiçbir kuşku götürmeyen bu konuda hemen "Zamanı çoktan geldi Konstantin Dmitriç," diye cevabı yapıştırdığını anımsıyordu. Ama evlilik şimdi ona herhangi bir zamankinden daha uzaktı. Gönlündeki yer kapılmıştı ve şimdi hayalinde bu yere tanıdığı kızlardan birini koyduğu zaman bunun tümden olanaksız olduğunu hissediyordu. Ayrıca teklifinin geri çevrilmesini ve bundaki rolünü anımsamak onu utanç içinde bırakıyordu. Bu konuda bir kabahati olmadığını kendi kendisine istediği kadar söylesin bu anı, aynı türden diğer utanç verici anılarıyla eşit düzeyde irkilmek ve kızarmak zorunda bırakıyordu onu. Geçmişinde her insanın olduğu gibi onun da vicdanını sızlatan, bilerek yaptığı kötü davranışlar vardı; ancak bu kötü davranışları anımsamak onu bu çok önemsiz, ama utanç verici anılar kadar üzmüyordu. Bu yaralar hiçbir zaman kapanmıyordu. Teklifinin reddedilmesi ve o akşam başkalarının gözünde düştüğü acınacak durum da şimdi bu anılarla aynı düzeyde bulunuyordu. Fakat zaman ve iş, üzerine düşeni yapıyordu. Acı anılar, köy yaşamının onun gözüne görünmeyen, ama önemli olan olaylarıyla giderek siliniyordu. Her geçen haftayla birlikte Kiti'yi daha az anımsıyordu. Kiti'nin evlendiği ya da o günlerde evleneceği haberini sabırsızlıkla bekliyor ve bu haberin, çürük bir dişin çekilmesi gibi, onu temelli iyileştireceğini umut ediyordu.

Bu arada güzel, cana yakın, beklentilerden ve aldatmalardan uzak bir ilkbahar, bitkilerin, hayvanların ve insanların hep birlikte sevindiği ender ilkbaharlardan biri gelmişti. Bu harika bahar Levin'i daha da çok uyandırdı ve kararlı ve bağımsız bir şekilde tek başına bir yaşam kurmak için bütün önceki planlarından vazgeçme niyetini pekiştirdi. Köye dönerken kafasında olan bu planların pek çoğunu gerçekleştirememiş olsa da en önemlisi olan, temiz bir yaşam sürme planını yerine getiriyordu. Bir düşüşten sonra onu genellikle üzen o utancı hissetmiyordu ve insanların gözlerinin içine cesaretle bakabiliyordu. Daha şubat ayında Mariya Nikolayevna'dan Nikolay ağabeyinin sağlığının daha da bozulduğunu, ama tedavi olmak istemediğini anlatan bir mektup almış, bu mektup üzerine Moskova'ya, ağabeyine gitmiş, onu doktorla konuşmaya ve yurtdışındaki şifalı sulara gitmeye ikna etmişti. Ağabeyini kızdırmadan ikna etmeyi ve ona yolculuk için borç para vermeyi, bu konuda kendisinden memnun olacak kadar iyi başarmıştı. Levin, ilkbaharda özel bir dikkatle yapılması gereken çiftlik işlerinin ve okumanın dışında bu kış çiftlikle ilgili bir kitap yazmaya başlamıştı. Kitabın planına göre, çiftçilikte işçinin karakteri, iklim ve toprak gibi mutlak bir veri olarak kabul ediliyor, dolayısıyla çiftçilik biliminin tüm tezleri sadece toprak ve iklim verilerine değil, aynı zamanda toprak, iklim ve işçinin bilinen, değişmez karakteriyle ilgili verilere dayandırılıyordu. Böylece yalnız yaşamasına ya da yalnız yaşamanın getirdiği sonuca rağmen Levin'in yaşamı aşırı derecede doluydu ve kafasında dolaşan düşünceleri Agafya Mihaylovna dışında birine anlatmak için ancak arada sırada tatmin edilmemiş bir istek duyuyordu. Gerçi Agafya Mihaylovna'yla fizik, çiftçilik teorisi ve özellikle de felsefe konusunda sık sık konuştukları oluyordu; felsefe Agafya Mihaylovna'nın en sevdiği konuydu.

İlkbahar gelmekte biraz gecikmişti. Perhizin son haftalarında hava açık ve soğuktu. Gündüz güneşte buzlar eriyor, gece ise sıcaklık sıfırın altında yedi dereceye kadar düşüyordu; yerdeki karın yüzeyi, arabayla yoldan gidilemeyecek kadar buz tutuyordu. Paskalya karlıydı. Sonra Paskalya'nın ikinci günü birdenbire ılık bir rüzgâr esti, yağmur bulutları geldi ve üç gün üç gece fırtınayla birlikte ılık bir yağmur yağdı. Perşembe günü rüzgâr durdu, doğada meydana gelen değişikliklerin sırlarını saklarcasına koyu, gri bir sis çöktü. Sisin içinde sular akıyor, buzlar çatırdıyor, hareket ediyor, köpük köpük bulanık sel suları hızla akıyordu. Akşam Krasnaya Gorka'nın tam üzerinde sis dağıldı, bulutlar ak koyunlar gibi sağa sola dağıldı, hava açıldı ve gerçek ilkbahar geldi. Ertesi sabah yükselen parlak güneş, suyun üstündeki ince buz tabakasını hızla yiyip bitirdi ve ılık hava yaşlı topraktan çıkıp, içini dolduran buharlarla titremeye başladı. Eski çimenler ve iğne iğne süren yeni çimenler yeşermeye başladı, kartopu, frenküzümü ve akağaçların tomurcukları kabardı, altın rengine boyanmış söğüdün üstünde kovanından atılmış bir arı vızıldadı. Kadifeyi andıran yeşilliklerin ve buz tutmuş anızların üstünde görünmez tarlakuşları şarkı söylüyor, kızkuşları fırtınada suyla dolmuş ve henüz suları çekilmemiş çukurların ve bataklıkların üstünde ağlaşıyor ve turnalarla yaban kazları neşeli bir bağırışla yüksekten uçarak geçiyordu. Otlaklarda tüyleri dökülmüş, henüz yer yer yeni tüyleri çıkmamış hayvanlar böğürmeye, çarpık bacaklı kuzular, tüyleri dökülmüş, meleyen annelerinin çevresinde sıçramaya, ayağına çabuk çocuklar kurumuş patikalarda çıplak ayaklarının izlerini bırakarak koşmaya, gölette kaba ketenden giysilerini yıkayan köylü kadınlarını neşeli sesleri duyulmaya, avlulardan sabanlarını ve tırmıklarını onaran köy erkeklerinin balta sesleri gelmeye başlamıştı. Gerçek ilkbahar gelmişti.

XIII

Levin kocaman çizmelerini ayaklarına geçirmiş, ilk kez kürkünü değil çuha kaftanını giymiş, güneşte parlayarak gözleri kamaştıran dereciklerin üstünden atlayarak, kâh bir buza, kâh yapışkan çamura basarak çiftlikte dolaşıyordu.

İlkbahar, planların ve niyetlerin zamanıdır. İlkbaharda tıpkı bir ağacın genç sürgünlerini ve kabarmış tomurcukların içinde hapsolmuş dallarını nereye ve nasıl uzatacağını bilmediği gibi Levin de dışarı çıkarken gözbebeği çiftliğinde şimdi ne gibi girişimlerde bulunabileceğini iyi bilmiyordu, ama kafasının çok güzel planlarla ve niyetlerle dolu olduğunu hissediyordu. Önce hayvanları görmeye gitti. Sığırlar ağıla çıkarılmıştı ve güneşte ısınırken yeni çıkan tüyleri pırıl pırıl parlayan hayvanlar, çayıra çıkmak için yalvarır gibi böğürüyordu. En küçük ayrıntılarına kadar bildiği sığırlarını hayran hayran seyreden Levin, hayvanları çayıra salmalarını ve ağıla buzağıları çıkartmalarını söyledi. Çoban, hayvanları çayıra çıkarma hazırlıklarını yapmak için neşeyle koştu. Sığır bakıcısı köylü kadınlar, ev dokuması kumaştan eteklerini toplayarak, güneşten yanmadığı için henüz beyaz olan çıplak ayaklarıyla çamurlara basa basa, ilkbahar sevincinden şaşkına dönmüş, böğüren buzağıları ellerindeki çalı çırpıyla ağıla sürmeye çalışarak koşuşuyorlardı.

Levin, bu yılın olağanüstü iyi olan buzağılarını hayranlıkla seyrettikten sonra –erken doğan buzağılar bir köylü ineği kadar büyümüş, Pava'nın üç aylık dişi yavrusu bir yaşında buzağı kadar olmuştu– hayvanların yem teknelerini dışarı çıkarıp, parmaklıkların arkasından kuru ot vermelerini söyledi. Fakat, sonbaharda yapılmış parmaklıkların kışın kullanılmayan bu ağılda kırıldığı ortaya çıktı. Verdiği emre göre harman makinesiyle ilgilenmesi gereken marangoza haber yolladı. Ama marangozun, maslenitsa'dan* önce onarılması gereken

* Slavların kış mevsimini uğurlamak için kutladıkları eski bir bayram. (ç.n.)

tırmıkları onardığı anlaşıldı. Bu durum Levin'in çok canını sıktı. Onca yıldır bütün gücüyle mücadele ettiği çiftliğine karşı bu ezeli özensizlik bir kez daha tekrarlandığı için canı sıkılmıştı. Öğrendiğine göre, kışın gerekli olmayan bu parmaklıklar işçilere ait ahıra taşınmış ve buzağılar için hafif malzemeden yapıldığı için de kırılmıştı. Bu arada kışın gözden geçirilmesi ve onarılması söylendiği, bu iş için bilerek üç marangoz tutulduğu halde tırmıkların ve diğer tarım aletlerinin onarılmadığı, tırmıkların ancak tırmık yapmaya gidilirken onarıldığı da ortaya çıkmış oldu. Levin, kâhyaya adam gönderdi, ama hemen arkasından kâhyayı aramaya kendisi gitti. Kâhya kenarları şeritli kuzu kürkünden gocuğunun içinde, o gün her şey gibi pırıl pırıl, elindeki saman çöpüyle oynayarak harman yerinden geliyordu.

— Marangoz neden harman makinesinin başında değil?

— Ha evet, tırmıkları onarmak gerektiğini dün size söyleyecektim. Nerdeyse toprağı sürmeye başlayacağız.

— Peki kışın ne yaptınız?

— Marangoz size ne için gerekiyordu?

— Buzağıların avlusundaki parmaklıklar nerede?

— Yerine taşınmasını söyledim. Bu millete ne yapmamı emredersiniz! –dedi kâhya elini sallayarak.

— Bu millete değil, bu kâhyaya ne yapmalı! –dedi Levin birden parlayarak.– Sizi niye tutuyorum! –diye bağırıyordu ki, bunun bir işe yaramayacağını anımsayıp lafının yarısında durdu ve sadece derin bir soluk aldı.– Peki ekim yapılabilir mi? –diye sordu kısa bir süre sustuktan sonra.

— Yarın ya da öbür gün Turkino'nun gerisinde yapılabilir.

— Peki ya yonca?

— Mişka'yla Vasiliy'i yolladım, ekiyorlar. Yalnız bilemiyorum, tarlaya girebildiler mi, çok çamurlu olabilir.

— Kaç desyatina?

— Altı.

— Neden hepsi değil? –diye bağırdı Levin.

Yirmi değil de sadece altı desyatinalık alana yonca ekilmesi daha da çok canını sıkmıştı. Teoriye ve kendi deneyimine göre, yonca ekimi ancak olabildiğince erken, neredeyse kar kalkmadan yapılırsa iyi olurdu. Levin bunu hiçbir zaman başaramıyordu.

— Millet ortada yok. Bunlara ne yapmamı emredersiniz? Üç kişi gelmedi. Semyon da...

— Samanı bıraktırsaydınız.

— Bıraktırdım zaten.

— Peki nerde bu adamlar?

— Beşi kompot* yapıyor. Dördü yulafı havalandırıyor; bozulmasa bari Konstantin Dmitriç.

Levin, "Bozulmasa bari" sözlerinin tohumluk İngiliz yulafının çoktan bozulduğu anlamına geldiğini çok iyi biliyordu. Yine dediğini yapmamışlardı.

— Daha büyük perhizde baca yapın demiştim!... –diye bağırdı.

— Merak etmeyin, her şeyi zamanında yapacağız.

Levin öfkeyle elini salladı, yulafa bakmak üzere ambara gitti ve at ahırına geri döndü. Yulaf daha bozulmamıştı. Fakat işçiler yulafı doğrudan alt ambara boşaltabilecekken, küreklerle havalandırıyorlardı. Alt ambara boşaltmalarını emrettikten ve yonca ekimi için buradaki iki işçiyi ayırdıktan sonra kâhyasına kızgınlığı geçti. Ayrıca hiçbir şeye kızılamayacak kadar güzel bir gündü.

Kollarını sıvamış, kuyunun başında faytonu yıkayan arabacıya seslendi:

— İgnat! Bana bir at eyerle...

— Hangisini emredersiniz?

— Hadi Kolpika olsun.

— Başüstüne efendim.

---

* Kâhya burada toprakla karışık gübre anlamına gelen "kompost " sözcüğünün yerine komposto anlamına gelen "kompot" sözcüğünü kullanıyor. (ç.n.)

Levin, at eyerlenirken ortalıkta dolanıp duran kâhyayı gönlünü almak için tekrar yanına çağırdı, ona ilkbaharda yapılacak işlerden ve çiftlikle ilgili planlardan söz etmeye koyuldu.

İlk biçimden önce her şeyin bitmiş olması için gübrenin taşınmasına erken başlamak gerekiyordu. Daha uzak tarlalar pullukla aralıksız sürülmeliydi, böylece toprağın nadasa kalması sağlanabilirdi. Biçilen otlar hep ortakçı tarafından değil, işçiler tarafından toplanmalıydı.

Kâhya dikkatle dinliyor ve görünüşe bakılırsa patronunun önerilerini beğeniyormuş gibi yapmaya çalışıyordu; fakat yine de Levin'in o kadar iyi bildiği ve her zaman sinirlendiği umutsuz ve bezgin bir görünüşü vardı. Bu görünüş, bunların hepsi iyi de bakalım Tanrı ne gösterecek, diyordu sanki.

Bu tavır kadar Levin'i sinirlendiren başka bir şey yoktu. Ancak ne kadar kâhyası olduysa hepsinin ortak özelliğiydi bu. Levin'in önerilerine karşı hepsinin tavrı aynıydı, bu yüzden Levin artık sinirlenmiyordu, ama üzülüyordu ve kendisini, "bakalım Tanrı ne gösterecek"ten başka ad veremediği, sürekli olarak karşısına çıkan bu içgüdüsel güçle mücadele etmek için daha da coşkulu hissediyordu.

— Nasıl başaracağız Konstantin Dmitriç? –dedi kâhya.

— Neden başaramayacakmışsınız?

— Ne yapıp edip on beş kadar adam daha tutmalıyız. Görüyorsunuz işte gelmiyorlar. Şimdi gelenler yazın çalışmak için yetmişer ruble para istiyor. Levin sustu. Yine o güç karşısına çıkmıştı. Bu gündelikle otuz yedi, otuz sekiz, taş çatlasa kırktan fazla işçi tutamadıklarını biliyordu; kırk işçi tutmuşlardı, daha fazla değil. Ama yine de mücadele etmeden bu işin peşini bırakamazdı.

— Gelmezlerse Suri'ye, Çefirovka'ya haber salın. Adam bulmak gerekir.

— Göndermesine gönderirim, –dedi Vasiliy Fyodoroviç bezgin bir şekilde.– Ama atlar da zayıf düştü.

— Birkaç tane daha satın alırız, –dedi Levin ve gülerek ekledi,– Yapılabilecek şeyin hep daha azını ve daha kötüsünü yaptığınızı biliyorum; ama bu yıl artık kendi başınıza iş yapmanıza izin vermeyeceğim. Her şeyi kendim yapacağım.

— Galiba az uyuyorsunuz. Patronumuzun gözünün önünde olmak bizim hoşumuza gider...

— Demek Beryozıy Dol'un ötesinde yonca ekiyorlar. Gidip bakacağım, –dedi Levin arabacının getirdiği küçük kula ata binerken.

Arabacı:

— Dereden geçmeyin Konstantin Dmitriç, –diye bağırdı.

— Tamam, ormandan giderim.

Levin, tavlada iyi dinlenmiş, su birikintilerinin üzerinden geçerken hızlı hızlı soluyan ve dizginlerin gevşek bırakılmasını isteyen çevik atıyla avlunun çamurundan geçerek kapıdan çıktı ve tarlaya doğru yola koyuldu.

Sığır ahırında ve tahıl ambarlarında neşesi yerinde olan Levin, kırlara çıkınca daha da neşelenmişti. Rahvan atının üzerinde ölçülü bir şekilde iki yana sallanarak, karın ve havanın ılık kokusunu bütün tazeliğiyle içine çekerek, ormanın şurasında burasında kalmış toz halindeki karların arasından geçerken kabuğunun üzerinde yeni canlanmış yosunuyla ve kabarmış tomurcuklarıyla her bir ağaç onu sevindiriyordu. Ormandan çıktığında önünde açılan geniş alana dümdüz bir kadife halıyı andıran yeşillikler bir tek boş ve sulu yer bırakmamacasına serilmişti. Sadece dar hendeklerin içindeki eriyen karın artıkları leke leke görünüyordu. Onu ne otlarını çiğneyen bir köylü atıyla tayının görünüşü (karşılaştığı köylüye bunları kovalamasını söylemişti), ne de karşısına çıkan ve "E, İpat, yakında ekinleri eker miyiz?" sorusuna "Önce tarlayı sürmek gerek Konstantin Dmitriç," diyen köylü İpat'ın alaycı ve budalaca yanıtı sinirlendirmedi. İlerledikçe neşesi artıyordu ve çiftlikle ilgili planlarının her biri diğerinden daha iyi gözünde canlanıyordu: Bütün tarlaların kenarlarına altlarında kar kalmaması için güneşin dik düşeceği çizgiler üzerinde söğüt fidanları dikecekti; gübreli tarlaları altıya ve yemlik ot ekmek için ayırdığı tarlaları üçe bölecek, tarlanın bir ucuna ahır yapacak, bir havuz kazdıracak, gübrelerinden yararlanmak amacıyla sığırlar için taşınabilir çitler yaptıracaktı. Bu takdirde üç yüz desyatina toprağa buğday, yüz desyatinaya patates ve yüz elli desyatinaya yonca ekmiş ve bir desyatinalık toprağı bile zayıf düşmemiş olacaktı.

Kafasında bu hayallerle, otlarını ezmemek için atını tarla sınırlarından dikkatle döndürerek yonca eken işçilerin yanına vardı. Tohumların olduğu araba kenarda değil, sürülmüş tarlada duruyordu, arabanın tekerlekleri güzün ekilmiş buğdayı delik deşik etmiş, at ayaklarıyla toprağı eşmişti. İşçilerin ikisi de tarlanın kenarında oturmuş tek bir pipoyu tüttürüyordu. Arabadaki tohumla karışık toprak ufalanmamıştı, uzun süre durduğu ya da donduğu için topak topak olmuştu. İşçi Vasiliy, patronu görünce arabaya doğru gitti, Mişka ise ekim işine koyuldu. Bu hoş bir şey değildi, fakat Levin işçilere ender olarak kızardı. Vasiliy yanına geldiğinde Levin ona atı tarlanın kenarına götürmesini söyledi.

— İşe yaramaz beyim, yine girer, –dedi Vasiliy.

— Lütfen itiraz etme, –dedi Levin,– denileni yap.

— Başüstüne efendim, –dedi Vasiliy ve atı başından tuttu. Patronuna yaranmaya çalışarak,– Ekin de birinci sınıf Konstantin Dmitriç, –dedi.– Yalnız yürümek çok zor! İnsanın ayağına bir pud çamur yapışıyor.

— Toprağı neden elemediniz? –dedi Levin.

Vasiliy tohumla karışık toprağı alıp avucunun içinde ufalayarak:

— Böyle ufalıyoruz, –dedi.

Elenmemiş toprak verdikleri için Vasiliy suçlu değildi, ama yine de can sıkıcı bir şeydi bu.

Levin şimdi de sıkıntısını gidermek ve kendisine kötü gelen bir şeyi yeniden güzel bir hale getirmek için bildiği ve pek çok kez yararını gördüğü yöntemi kullandı. Mişka'nın her adım atışında ayaklarına yapışan kocaman toprakları yerinden kımıldatmaya çalışarak nasıl yürüdüğüne baktı, attan indi, Vasiliy'in elinden tohumları aldı ve ekmeye başladı.

— Nerede kalmıştın?

Vasiliy ayağıyla kaldığı yeri gösterdi ve Levin, becerebildiği kadar tohumları toprağa ekmeye koyuldu. Yürümek bataklıktaki kadar zordu ve Levin bir sıra geçtikten sonra terledi, durup tohumları verdi.

— Beyim, yaz gelince bu sıra için sakın beni azarlamayın, –dedi Vasiliy.

Levin kullandığı yöntemin etkisini hissederek neşeyle:

— Ne olmuş? –dedi.

— Yazın görürsünüz, anında fark edilecektir. Geçen ilkbahar benim ektiğim yerlere bir baksanıza. Nasıl güzel yerleştirmişim! Zaten öz babama çalışır gibi gayret ediyorum Konstantin Dmitriç. Kendim işi kötü yapmayı sevmem, başkalarına da yaptırtmam. Efendimiz için iyi olursa bizim için de iyi olur. Şuna baksana, –dedi Vasiliy tarlayı göstererek,– insanın kalbi sevinç doluyor.

— Hani bahar da esaslı Vasiliy.

— İhtiyarlar böyle bir bahar hatırlamıyor. Geçenlerde eve gitmiştim, bizim ihtiyar da üç ölçek buğday ekmiş. Çavdardan ayıramazsın diyor.

— Buğday ekmeye başlayalı çok oldu mu?

— Evvelki yıl siz öğretmiştiniz; hem de bana iki ölçü buğday vermiştiniz. Dörtte birini sattık, üçünü de ektik.

— Bana bak, topakları iyice ufalayın ha, –dedi Levin atına doğru giderken,– Mişka'ya da göz kulak ol. Filizler iyi olursa sana desyatina başına elli kapik vereceğim.

— Çok müteşekkiriz efendim. Biz sizden böyle de çok memnunuz.

Levin atına bindi ve geçen yılın yonca tarlasıyla yazlık buğday ekilmek üzere pullukla sürülen tarlaya görmeye gitti.

Anızlı tarladaki yonca filizleri harikaydı. Artık iyice boy atmıştı bu filizler ve geçen yıldan kalan kırık buğday saplarının arasından sert sert yeşermişti. At bileklerine kadar çamura batıyor, her bir ayağı buzları yarı çözülmüş topraktan çıkarken şapur şupur sesler çıkarıyordu. Pullukla sürülmüş yerlerden geçmek tümden olanaksızdı: Sadece buz parçalarının olduğu yerlerde tutunabiliyor, buzların erimiş olduğu pulluk izlerinde atın ayağı bileklerini de geçecek şekilde çamura batıyordu. Toprak mükemmel sürülmüştü; iki gün sonra tırmıklanabilir ve ekilebilirdi. Her şey çok güzel, her şey neşeliydi. Levin geriye dönerken suyun alçaldığını umut ederek dereden geçti. Gerçekten de dereden geçebildi, bu arada iki tane ördek ürküttü. "Çulluk da olmalı," diye düşündü ve tam evine yakın dönemeçte çulluklarla ilgili varsayımını doğrulayan orman bekçisiyle karşılaştı.

Levin öğle yemeğine yetişmek ve tüfeğini akşama hazırlamak için atını eve doğru tırısa kaldırdı.

XIV

Levin çok neşeli bir ruh hali içinde eve yaklaşırken, evin ana giriş kapısından gelen bir araba çanının sesini duydu.

"Evet, trenle gelen biri olmalı, –diye düşündü,– tam da Moskova treninin geliş saati... Kim acaba? Nikolay ağabeyim olabilir mi? Belki şifalı sulara giderim, belki de sana gelirim demişti ya." Nikolay ağabeyinin varlığıyla bu ilkbahar neşesinin bozulacağını düşünerek ilk anda korkuya kapıldı ve keyfi kaçtı. Fakat bu duygusu yüzünden utanarak hemen o anda âdeta manevi kucağını açtı. Gelen kişinin ağabeyi olmasını şimdi sevinçle bekliyor, bütün kalbiyle istiyordu. Atına ayağıyla dokunup, akasya ağacının arkasından çıkınca tren istasyonundan gelen ve yaklaşmakta olan kiralık troykayı ve kürklü beyefendiyi gördü. Ağabeyi değildi. "Ah keşke bir iki laf edilebilecek hoş biri olsa," diye düşündü.

Stepan Arkadyiç'i tanıyınca iki elini birden havaya kaldırıp:

— A! İşte neşeli bir konuk! Seni gördüğüme nasıl sevindim! –diye bağırdı Levin.

"Kiti evlendi mi ya da ne zaman evlenecek, sorar öğrenirim," diye geçirdi içinden.

Ve bu güzel ilkbahar gününde Kiti'yle ilgili anıların hiç canını acıtmadığını hissetti. Burnunun kökünde, yanağında ve kaşlarında çamur topaklarıyla kızaktan inen, ama sağlıktan ve neşeden pırıl pırıl parlayan Stepan Arkadyiç:

— Ne var, beklemiyor muydun? –dedi.– Seni görmeye geldim, bir, –sarılıp Levin'i öperek,– avlanmaya geldim, iki, Yerguşovo'daki ormanı satmaya geldim, üç.

— Harika! Bahar nasıl ama? Kızakla nasıl geldin?

— Faytonla gelmek daha kötü olurdu Konstantin Dmitriç, –dedi tanıdık arabacı.

Levin dudaklarında sevinçli, içten, çocukça bir gülümsemeyle:

— Seni gördüğüme çok, ama pek çok sevindim, –dedi.

Levin konuğunu konuklar için ayrılmış odaya götürdü. Stepan Arkadyiç'in bir torbadan, kılıfının içinde bir tüfekten ve bir puro kutusundan ibaret eşyaları da bu odaya taşınmıştı. Levin, onu yıkanıp temizlenmek ve üstünü değiştirmek için yalnız bıraktıktan sonra tarlaların sürülmesi ve yoncayla ilgili bir şey söylemek üzere yazıhaneye geçti. Her zaman evin onuruna çok özen gösteren Agafya Mihaylovna, onu antrede öğle yemeğiyle ilgili sorularla karşıladı.

— Ne isterseniz onu yapın, ama çabuk olsun, –dedi ve kâhyanın yanına gitti. Geri döndüğünde Stepan Arkadyiç yıkanmış, taranmış, yüzünde bir gülümsemeyle odasından çıktı ve birlikte üst kata gittiler.

Stepan Arkadyiç, burada ilkbaharın ve şimdiki gibi pırıl pırıl günlerin her zaman olmadığını unutarak:

— Yanına geldiğime ne kadar sevindim! –dedi.– Burada gizli gizli neler yaptığını artık anlayabileceğim. Ama hayır, doğrusu sana imreniyorum. Ne hoş bir ev, her şey ne kadar güzel! Aydınlık, neşeli! Dadın da çok hoş! Bir de beyaz önlüklü güzel bir hizmetçi isterdi; ama senin keşişliğini ve sert tarzını düşünürsek bu çok daha iyi.

Stepan Arkadyiç, pek çok ilginç haberin yanı sıra Levin için özellikle ilginç olan ağabeyi Sergey İvanoviç'in bu yaz köye, Levin'in yanına geleceği haberini de verdi.

Stepan Arkadyiç, Kiti'yle ve genel olarak Şçerbatskiylerle ilgili tek söz etmedi, sadece karısının selamını iletti. Levin, Stepan Arkadyiç'in nezaketinden dolayı müteşekkirdi ve gelişine çok sevinmişti. Her zaman olduğu gibi yalnız yaşadığı dönemde çevresine aktaramadığı yığınla düşünce ve duygu birikmişti, şimdi Stepan Arkadyiç'e bunları, baharın yarattığı şairane sevinci, çiftlikteki başarısızlıklarını ve planlarını, okuduğu kitaplarla ilgili düşüncelerini, özellikle de kendisi farkında olmasa da temelini çiftçilikle ilgili bütün eski kitapların eleştirisinin oluşturduğu kitap yazma düşüncesini anlatıyordu. Her zaman sevimli, leb demeden leblebiyi anlayan Stepan Arkadyiç bu gelişinde çok daha sevimliydi ve Levin, onda kendisini pohpohlayan, saygı ve kendisine karşı âdeta sevecenlikle dolu yeni bir özellik olduğunu fark etti.

Yemeğin çok güzel olması için Agafya Mihaylovna'nın ve aşçının harcadıkları çabalar, sadece karnı acıkan iki arkadaşın mezelerin başına oturup tıka basa yağlı ekmek, tütsülenmiş et ve mantar tuzlaması yemeleri sonucunu verdi ve Levin, aşçının, konuğu hayran bırakmak istediği börekleri beklemeden çorbayı getirmelerini emretti. Ancak Stepan Arkadyiç başka tür yemeklere alışkın olmasına karşın, likörü, ekmeği, yağı, özellikle tütsülenmiş eti, mantarı, ısırganotu çorbasını, beyaz soslu tavuğu ve beyaz Kırım şarabını, yani önüne konan bütün yemekleri mükemmel buldu, her şey çok güzeldi, harikaydı.

Sıcak yemekten sonra kalın bir puro yakarak:

— Mükemmel, mükemmel, –dedi.– Senin yanına gelince sanki gürültülü ve sarsıntılı bir gemiden sakin bir kıyıya çıkmış gibi oldum. Demek sen işçi unsurunun incelenmesi ve tarım yöntemlerinin seçiminde yol göstermesi gerektiğini söylüyorsun. Ben bu konunun yabancısıyım; ama bana öyle geliyor ki, teori ve bu teorinin uygulanması işçi üzerinde de etkili olacaktır.

— Evet ama dur bakalım: Ben ekonomi-politikten değil, tarım biliminden söz ediyorum. Tarım biliminin doğa bilimleri gibi olması, olaylarla ilgili verileri, ekonomik ve etnografik yönleriyle işçiyi gözlemlemesi gerekir...

Bu sırada elinde reçel tabağıyla Agafya Mihaylovna içeri girdi.

Stepan Arkadyiç, tombul parmaklarının uçlarını birleştirip öperek:

— Agafya Mihaylovna, tütsülenmiş etiniz de, likörünüz de müthiş!.. –dedi.– E, vakit gelmedi mi Kostya? –diye ekledi.

Levin pencereden ormanın çıplak tepelerinin ardına inen güneşe baktı.

— Gelmiş, gelmiş. Kuzma, arabayı hazırlasınlar! –dedi Levin ve koşarak aşağı indi.

Stepan Arkadyiç, aşağı inerek cilalı kutunun kaba keten bezinden kılıfını özenle çıkarttı, kutuyu açıp yeni model, pahalı tüfeğini hazırlamaya koyuldu. Esaslı bir bahşiş alacağını hisseden Kuzma, Stepan Arkadyiç'in yanından ayrılmıyor, çoraplarını ve çizmelerini giydiriyordu. Stepan Arkadyiç, bunu yapmasına seve seve izin veriyordu.

— Kostya, tüccar Ryabinin gelecek olursa, ki bugün gelmesini söylemiştim ona, buyur etmelerini ve bekletmelerini söyle...

— Yoksa ormanı Ryabinin'e mi satıyorsun?

— Evet, onu tanır mısın?

— Nasıl tanımam. Onunla "olumlu ve kesin" işlerim oldu.

Stepan Arkadyiç gülmeye başladı. "Kesin ve olumlu" sözleri, tüccarın sevdiği sözlerdi.

— Evet, şaşırtıcı derecede komik konuşuyor,–dedi ve ince sesler çıkararak Levin'in etrafında dönüp duran, kâh elini, kâh çizmelerini ve tüfeğini yalayan Laska'yı okşayıp,– Bak, sahibinin nereye gittiğini anladı! –diye ekledi.

Dışarı çıktıklarında araba kapıda hazır bekliyordu.

— Gideceğimiz yer uzak olmasa da arabayı hazırlamalarını söylemiştim; yürüsek mi yoksa?

Stepan Arkadyiç arabaya yaklaşarak:

— Hayır, arabayla gidelim daha iyi, –dedi. Oturdu, bacaklarını kaplan postu battaniyeyle sarıp sarmaladı ve bir puro yaktı.– Sen nasıl oluyor da sigara içmiyorsun! Puro zevk değil, zevkin doruğu ve belirtisidir. İşte hayat bu! Ne kadar güzel! Tam da yaşamak istediğim hayat!

— E, kim sana engel oluyor? –dedi Levin gülümseyerek.

— Hayır, sen şanslı bir adamsın. Sevdiğin her şeye sahipsin. Atları seviyorsun, var; köpekleri seviyorsun, var; avcılığı seviyorsun, var; çiftçiliği seviyorsun, var.

— Belki de elimde olanlara sevinmem ve olmayanların hasretini çekmemem yüzündendir, –dedi Levin, Kiti'yi anımsayıp.

Stepan Arkadyiç anlamıştı, Levin'e baktı, ama bir şey demedi.

Levin, Oblonskiy'in, onun Şçerbatskiyler konusunda konuşmaktan korktuğunu fark edip, her zamanki nezaketiyle onlarla ilgili hiçbir şey söylememesine minnettardı; Levin kendisini bu kadar çok üzen bir şeyi artık öğrenmek istiyordu, ama konuyu açmaya cesaret edemiyordu.

Levin sadece kendini düşünmenin hoş bir şey olmadığını akıl edip:

— E, senin işlerin nasıl? –dedi.

Stepan Arkadyiç'in gözleri neşeyle parladı.

— Sen insanın kendi tayını varken francala sevebileceğini kabul etmiyorsun zaten, sana göre bu bir suç oluyor; oysa ben aşksız bir hayatı kabul etmem, –dedi Levin'in sorusunu kendine göre anlayıp.– Ne yapayım, ben böyle yaratılmışım. Doğrusu, bununla başkasına yaptığın kötülük pek az, ama kendine sağladığın zevk ne kadar çok...

— Ne o, yeni bir şey mi var yoksa? –diye sordu Levin.

— Var birader! Ossian* tipi kadınları bilirsin... hani şu rüyada görülen kadınlar... Bu kadınlar gerçekte de var... ve müthişler. Kadın öyle bir şeydir ki, sen onu ne kadar incelersen incele, hep yepyenidir.

— O zaman en iyisi incelememek.

— Hayır. Bir matematikçi, zevk, gerçeği ortaya çıkarmakta değil, onu aramaktadır, demiş.

Levin bir şey söylemeden dinliyordu, ancak bütün çabalarına karşın arkadaşının ruh dünyasına bir türlü giremiyor, onun duygularını, böylesi kadınları incelemenin güzelliğini anlayamıyordu.

XV

Avlanma yeri, yakındaki bir derenin üstünde, küçük kavak ormanının içindeydi. Ormana varınca Levin arabadan indi ve Oblonskiy'i artık kardan temizlenmiş olan yosunlu ve çamurlu açıklığın köşesine götürdü. Kendisi diğer kenara, çifte akağaçların yanına döndü ve tüfeğini kurumuş alt dalın çatalına dayayıp kaftanını çıkarttı, kemerini tekrar bağladı ve kollarının rahat hareket edip etmediğini kontrol etti.

Peşinden gelen yaşlı, tüyleri ağarmış Laska, dikkatlice karşısına oturup kulaklarını dikti. Güneş büyük ormanın arkasında batıyordu; kavaklıkta orada burada yetişmiş akağaçlar, sarkık dallarında kabarmış, patlamaya hazır tomurcuklarıyla batan güneşin ışıkları içinde açık seçik görünüyordu.

Karın henüz kalkmadığı sık ormandan duyulur duyulmaz bir sesle kıvrım kıvrım dar derecikler halinde su akıyordu. Küçük kuşlar cıvıldıyor, arada sırada bir ağaçtan diğerine uçuyordu. Derin sessizliğin bozulduğu anlarda eriyen toprağın

---

* İskoçyalı şair J.Macpherson'un "Ossian'ın Şarkıları" romantik şiirlerinin kahramanı. Ossian, sadık ve fedakâr kadınları övüyordu. (ç.n.)

ve büyüyen otların etkisiyle yerinden oynayan geçen yılki yaprakların hışırtısı duyuluyordu.

İğne gibi çıkmış taze bir otun yanı başında hareket eden arduvaz rengi ıslak bir kavak yaprağını fark eden Levin, "Vay canına! Otun büyüdüğünü kulaklarınla duyuyor, gözlerinle görüyorsun!" dedi kendi kendine. Ayakta duruyor, çevreyi dinliyor, aşağıya, bir yosunlu ıslak toprağa, bir kulaklarını dikmiş olan Laska'ya, bir önünde, tepenin eteklerine serilmiş tepeleri çıplak ağaç denizine, bir beyaz bulut şeritleriyle örtülmüş donuk gökyüzüne bakıyordu. Bir atmaca kanatlarını ağır ağır çırparak uzaktaki ormanın üstünden uçtu; bir başka atmaca da aynı şekilde, aynı yöne doğru uçup gözden kayboldu. Kuşlar ormanın sıklaştığı yerde daha yüksek sesle, daha telaşlı cıvıldıyordu. Yakınlarda bir yerde bir puhukuşu ötmeye başladı, Laska irkilerek dikkatlice birkaç adım attı ve başını yana eğip kulak kabartmaya devam etti. Derenin ötesinden bir gugukkuşunun sesi geliyordu. Kuş, iki kere alışılmış çığlığını attı, sonra hırıltı gibi kesik kesik bir ses çıkarttı, acele edince şaşırdı.

Çalının arkasından çıkan Stepan Arkadyiç:

— Vay canına! Gugukkuşu şimdiden çıkmış ortaya! –dedi.

Levin kendisine bile hoş gelmeyen bir sesle ve gönülsüzce sessizliği bozarak:

— Evet, duyuyorum, –diye yanıtladı.– Artık erken çıkıyorlar ortaya.

Stepan Arkadyiç tekrar çalıların arkasına girdi ve Levin sadece kibritin parlak alevini, ardından da onun yerini alan puronun kırmızı koruyla mavi dumanını gördü.

Çıt! Çıt! –diye Stepan Arkadyiç'in tüfeğinin tetiğini kurduğu duyuldu.

Oblonskiy, ince sesiyle yaramaz bir tayın kişnemesini andıran tekdüze sese Levin'in dikkatini çekerek:

— Ne bağırıyor böyle? –diye sordu.

— Bilmiyor musun? Bir erkek tavşan bu. Hadi artık konuşmayalım! Dinle bak, bir kuş uçuyor! –diye neredeyse bir çığlık attı Levin tüfeğini kurarak.

Uzaktan ince bir ıslık sesi ve tam avcıların çok iyi bildikleri bir aradan sonra, yani iki saniye sonra ikinci, üçüncü ıslıklar ve üçüncü ıslıktan sonra artık boğuk bir hırıltı duyuldu.

Levin sağa, sola göz attı. İşte önünde, donuk mavi gökyüzünde, kavakların çıplak tepelerindeki taze sürgünlerin üzerinde bir kuş uçuyordu. Kuş tam Levin'e doğru geliyordu: Gergin bir kumaşın düzgün yırtılma sesini andıran hırıltı sesleri yaklaşmış, tam kulağının dibine gelmişti; kuşun uzun gagasıyla boynu görünüyordu artık. Tam Levin'in nişan alacağı anda Oblonskiy'in durduğu çalının ardından kırmızı bir şimşek çaktı; kuş ok gibi aşağı doğru inip sonra tekrar yukarı yükseldi. Yine bir kızıl şimşek çaktı, bir silah sesi duyuldu; kanatları titreyen kuş havada durmaya çalışır gibi öylece kaldı, bir an durdu ve ağır ağır çamurlu toprağa düştü.

Dumanların ardından bir şey göremeyen Stepan Arkadyiç:

— Iskaladım mı yoksa? –diye bağırdı.

Levin, bir kulağını dikmiş, kuyruğunun tüylü ucunu yukarı kaldırıp sallayarak ve zevk anlarını uzatmak istercesine ağır adımlarla, gülümser gibi yürüyerek ölü kuşu sahibine getiren Laska'yı göstererek:

— İşte geldi! –dedi.– Senin vurmana sevindim, –diye ekledi. Bununla birlikte çulluğu kendisi vuramadığı için kıskançlık duygusuna kapılmaktan da kendini alamamıştı.

— Sağ namludan atış karavanaydı, –diye yanıtladı Stepan Arkadyiç tüfeğini doldururken.– Sus... bir tane daha uçuyor.

Gerçekten de hızla birbirini izleyen keskin ıslık sesleri duyuluyordu. İki tane çulluk oynaşarak, birbirini kovalayarak ve hırıldamadan sadece ıslık çalarak avcıların tam kafalarının üstünden uçtu. Dört atış sesi duyuldu ve çulluklar kırlangıç gibi hızlı bir dönüş yapıp gözden kayboldu.

***

Av güzeldi. Stepan Arkadyiç iki kuş daha vurdu, Levin de iki tane vurdu, ama bunlardan birini bulamadı. Hava kararmaya başlamıştı. Batıda alçaklarda, gümüş renkli Çobanyıldızı akağaçların arkasından tatlı tatlı ışıldıyor, doğuda, yükseklerde karanlık Arkturus yıldızı kızıl ışıklarını döküyordu. Levin başının üstünde Büyük Ayı yıldızlarını görüp kaybetti. Çulluklar artık uçmuyordu; ama Levin, akağacın çatal dalının altından gördüğü Çobanyıldızı dalın üstüne yükselinceye ve Büyük Ayı yıldızları her taraftan parlak bir şekilde görülünceye dek beklemeye karar verdi. Çobanyıldızı artık dalın üstüne geçmiş, Büyük Ayı'nın arabası, okuyla birlikte koyu mavi gökyüzünde tümüyle görünür olmuştu, ama o hâlâ bekliyordu.

— Gitme zamanı gelmedi mi? –dedi Stepan Arkadyiç.

Orman artık sessizleşmişti ve tek bir kuş bile yerinden kıpırdamıyordu.

— Biraz daha duralım, –diye yanıtladı Levin.

— Nasıl istersen.

Şimdi birbirlerinden on beş adım kadar uzakta duruyorlardı.

Levin birden:

— Stiva! –dedi.– Baldızının evlendiğini ya da ne zaman evleneceğini bana niye söylemiyorsun?

Levin kendisini o kadar sağlam ve o kadar sakin hissediyordu ki, hiçbir yanıtın onu heyecanlandıramayacağını düşünüyordu. Ancak Stepan Arkadyiç'in verdiği yanıtı da hiç beklemiyordu.

— Evlenmeyi düşünmedi ve düşünmüyor, ayrıca çok hasta, doktorlar onu yurtdışına gönderdi. Hatta hayatından endişe ediyorlar.

— Ne diyorsun! –diye haykırdı Levin.– Çok mu hasta? Nesi var? Nasıl?..

Onlar bunu konuşurken Laska kulaklarını dikmiş, yukarıya, gökyüzüne ve sitemli sitemli onlara bakıyordu.

"Tam konuşacak zamanı buldular, –diye düşünüyordu Laska,– İşte bir tane geliyor... İşte o, ta kendisi. Kaçıracaklar..."

Fakat tam o anda ikisi birden sanki kulaklarını delen tiz bir ıslık duyup tüfeklerine sarıldı, iki şimşek çaktı, aynı anda iki silah sesi duyuldu. Yüksekten uçan bir çulluk o anda kanatlarını topladı ve ince filizleri eğerek ağaçların sık olduğu bir yere düştü.

Levin:

— Mükemmel! İkimiz birden vurduk! –diye bağırdı ve Laska'yla birlikte çulluğu aramaya ormanın sık yerine koştu.– Ah evet, canımı sıkan neydi? –diye aklından geçiriyordu.– Evet, Kiti hasta... Ne yapılabilir, çok yazık," diye düşündü.

Laska'nın ağzından henüz sıcak olan kuşu alıp, neredeyse ağzına kadar dolu av çantasına koyarken:

— Buldu! Akıllı köpek, –dedi Levin.– Buldum, Stiva! –diye bağırdı.

XVI

Levin öğrendiği şeyin hoşuna gittiğini itiraf etmekten utansa da, Kiti'nin hastalığının bütün ayrıntılarını ve Şçerbatskiylerin planlarını eve dönerken ince ince sordu. Hoşuna gitmişti, çünkü daha umut var demekti, daha da çok hoşuna giden şey ise, ona o kadar acı çektirmiş olan insanın da acı çekmesiydi. Fakat Stepan Arkadyiç, Kiti'nin hastalığının nedenlerini anlatmaya başlayıp, Vronskiy'in adını ettiğinde Levin sözünü kesti:

— Aile ayrıntılarını bilmeye hiç hakkım yok, doğrusunu söylemek gerekirse, hiç merakım da yok.

Stepan Arkadyiç, bir dakika önce o kadar neşeliyken şimdi somurtan Levin'in yüzündeki yabancısı olmadığı o bir anlık değişikliği fark edip belli belirsiz gülümsedi.

— Ryabinin'le orman işini tamamen bitirdin mi? –diye sordu Levin.

— Evet, bitirdim. Fiyat güzel, otuz sekiz bin. Sekiz bini peşin, kalanı altı yılda. Bu işle epey uğraştım. Daha fazla veren çıkmadı.

— Ormanı bedavaya verdin demektir bu, –dedi Levin suratını asarak.

Stepan Arkadyiç, şu anda Levin'e her şeyin kötü geleceğini bilerek sevecen bir gülümsemeyle:

— İyi de neden bedava olsun ki? –dedi.

— Çünkü ormanın en azından desyatinası beş yüz ruble eder, –diye yanıtladı Levin.

— Ah, bu çiftlik sahipleri! –dedi Stepan Arkadyiç şakacı bir tavırla.– Biz kentlilere karşı sizin şu küçümseyici tavrınız yok mu!.. Oysa iş yapmaya gelince biz her zaman daha iyi yaparız. İnan, her şeyi hesapladım ben, –dedi,– orman çok kazançlı bir fiyata satıldı, öyle iyi fiyat ki, adam cayacak diye ödüm kopuyor. Zaten elverişli bir orman değil, –dedi Stepan Arkadyiç, *elverişli* sözüyle Levin'i kuşkularının doğru olmadığına inandırmak isteyerek,– daha çok odunu işe yarar. Ve desyatina başına otuz sajen'den fazla odun alınmaz, oysa o bana desyatina başına iki yüz ruble verdi.

Levin küçümser gibi gülümsedi. "Sadece onun değil, on yılda bir-iki kez köye gelip, iki-üç köy lakırdısı ezberleyip, her şeyi bildiklerinden kesinlikle emin olarak bu lakırdıları yerli yersiz kullanan bütün kentlilerin bu tavrını iyi bilirim ben, –diye aklından geçirdi Levin.– *Elverişsiz, otuz sajen eder.* Lafları söylüyor, ama kendisi de bir şey anlamıyor."

— Çalıştığın dairede ne yazacağını sana öğretecek değilim, –dedi Levin,– gerekirse sana sorar, akıl danışırım. Oysa sen ormanla ilgili her şeyi bildiğinden öyle eminsin ki. Zor iştir. Ağaçları saydın mı?

Stepan Arkadyiç arkadaşını keyifsiz ruh halinden çıkartmak isteğiyle gülerek:

— Ağaç nasıl sayılır? –dedi.– Ama kumları, gezegenlerin ışınlarını sayabilecek yüksek zekâlı biri çıkabilir belki de...

— Evet çıkabilir, ama Ryabinin'in yüksek zekâsı da bunu yapabilir. Ve eğer senin gibi eline bedavaya vermemişlerse tek bir tüccar bile ağaçları saymadan ormanı almaz. Senin ormanı ben biliyorum. Her yıl oraya ava giderim, senin orman peşin parayla beş yüz ruble eder, oysa o sana vadeli olarak iki yüz vermiş. Demek ki sen ona otuz bin ruble armağan etmiş oluyorsun.

— Yeter bu kadar kendini kaptırdığın, –dedi Stepan Arkadyiç dokunaklı bir şekilde,– o zaman neden hiç kimse bu parayı vermedi?

— Çünkü adamın diğer tüccarlarla anlaşmaları vardır; cayma tazminatı vermiştir. Onların hepsiyle işim oldu, tanırım hepsini. Zaten bunlar tüccar değil, vurguncu. Ryabinin yüzde on, on beş kâr getirecek işe girmez, bir rublelik malı yirmi kapiğe almak için bekler.

— Tamam yeter! Senin keyfin yerinde değil.

Eve yaklaştıkları sırada Levin kaşlarını çatarak:

— Hiç de değil, –dedi.

Kapının önünde demir ve deriyle kaplı, besili bir atın geniş dizginlerle koşulu olduğu bir araba duruyordu. Arabada Ryabinin'in arabacılığını yapan, belini bir kemerle iyice sıkmış, yanağından kan damlayan kâhyası oturuyordu. Ryabinin içeri girmişti ve iki arkadaşı antrede karşıladı. Ryabinin orta yaşlı, zayıfça, uzun boylu, bıyıklı, çıkık çenesi tıraşlı, patlak donuk gözlü biriydi. Sırtına arka alt kısmında düğmeler olan uzun etekli mavi bir redingot, ayaklarına bilek kısımları körüklü, baldır kısımları düz, uzun konçlu çizme giymiş, çizmelerin üstüne de büyük galoşlar geçirmişti. Mendiliyle hafifçe yüzünü sildi, kapatmadan da çok güzel durduğu halde redingotunun önünü kapattı, dudaklarında bir gülümsemeyle sanki bir şey yakalamak istiyormuş gibi Stepan Arkadyiç'e elini uzatarak gelenleri karşıladı.

Stepan Arkadyiç de elini uzatarak:

— Demek geldiniz, –dedi,– Harika.

— Yol çok kötü olsa da, ekselanslarının emirlerini yerine getirmemek haddim olmazdı. Yolun tamamını yürüdüm, ama vaktinde geldim. Konstantin Dmitriç, saygılarımı sunarım, –diyerek ve elini tutmaya çalışarak Levin'e döndü. Fakat kaşlarını çatmış olan Levin, adamın elini fark etmiyormuş gibi yaparak çullukları çıkarıyordu.– Avda eğlendiniz mi efendim? Bu ne kuşu oluyor? –diye ekledi Ryabinin çulluklara nefretle bakarak.– Tadı iyidir herhalde. –Sonra bunu pişirmeye değeceğinden kuşku duyuyormuş gibi olumsuz olumsuz başını salladı.

Levin suratını iyice asarak Stepan Arkadyiç'e Fransızca:

— Çalışma odasına geçmek ister misin? –dedi.– Çalışma odasına geçin, orada konuşun.

Ryabinin, başkalarının kime, nasıl davranacağı konusunda zorlukları olabileceğini, ama onun bu konuda hiçbir zaman hiçbir zorluğu olmadığını hissettirmek istercesine küçümser bir tavırla:

— Nereye isterseniz olabilir efendim, –dedi.

Ryabinin çalışma odasına girerken etrafta bir ikona arar gibi alışkanlıkla sağına soluna bakındı, ama ikonayı bulduğunda haç çıkartmadı. Dolaplara ve kitap raflarına çulluklar konusunda gösterdiği kuşkuyla baktı, küçümser gibi gülümsedi ve bunlar için de hiçbir şekilde eziyete girilmeye değmeyeceğini düşünerek olumsuz bir şekilde başını salladı.

— Parayı getirdiniz mi? –diye sordu Oblonskiy.– Oturun.

— Biz parayı esirgemeyiz. Görüşmek, konuşmak için geldim.

— Hangi konuda görüşeceğiz? Otursanıza.

Ryabinin oturdu ve en rahatsız edici şekilde dirseklerini koltuğun arkasına dayayarak:

— Oturayım, –dedi.– Fiyatta indirim yapmalısınız prens. Benim zararıma olacak. Paraya gelince son kapiğine kadar kesinlikle hazır. Para konusunda bir gecikme olmaz.

Levin, bu arada tüfeği dolaba koyup tam kapıdan çıkıyordu ki, tüccarın sözlerini işitince durdu.

— Ormanı zaten yok pahasına aldınız, –dedi Levin.– Bana gelmekte geç kaldı, yoksa fiyatı ben belirlerdim.

Ryabinin ayağa kalktı, gülümseyerek ve hiçbir şey demeden Levin'i tepeden tırnağa süzdü.

Gülümseyerek Stepan Arkadyiç'e:

— Konstantin Dmitriç'in elisıkıdır, –dedi.– Kesinlikle hiçbir şey alamazsın ondan. Buğday satıyordu, iyi para verdim.

— Malımı neden size yok pahasına vereyim? Ben de yerde bulmadım ya da çalmadım ya.

— Aman efendim, zamanımızda kesinlikle hırsızlık yapılamaz. Zamanımızda her şey artık kesinlikle açık mahkemelerde görülüyor, her şey efendice, dürüstçe yapılıyor; nerde kalmış çalıp çırpmak. Biz dürüstçe konuştuk. Ormana para yatırmak pahalı iştir, hesabı tutturamazsın. Az da olsa fiyatta indirim yapmanızı rica ediyorum.

— İyi de işi bitirdiniz mi, bitirmediniz mi? Eğer bitirdiyseniz pazarlık edecek bir şey yok, yok eğer bitirmediyseniz ormanı ben satın alacağım, –dedi Levin.

Ryabinin'in yüzündeki gülümseme bir anda kayboldu. Onun yerini yırtıcı, sert bir ifade aldı. Zayıf parmaklarının hızlı hareketleriyle redingotunun düğmelerini açtı, uzun gömleği, yeleğinin bakır düğmeleri ve saatinin zinciri ortaya çıktı.

Hızla kalın ve eski bir cüzdan çıkarttı. Hemen haç çıkarıp elini uzatarak:

— Buyurun efendim, orman benim, –dedi. Suratını asarak ve cüzdanı elinde sallayarak,– Alın paranızı, orman benimdir. Ryabinin işte böyle alışveriş yapar, kapik hesabı yapmaz, –dedi.

— Senin yerinde olsam acele etmezdim, –dedi Levin.

— İnsaf et, –dedi Oblonskiy hayretle, söz verdim.

Levin kapıyı çarpıp odadan çıktı. Ryabinin kapıya bakarken gülümseyerek başını salladı.

— Bunların hepsi gençlikten, kesinlikle çocukluktan ileri geliyor. Sizi namusumla temin ederim, zaten sırf şan olsun diye, Oblonskiy'in korusunu başkası değil de, Ryabinin aldı desinler diye alıyorum. Tanrı yardım etse de hesapların içinden çıkabilsem. Tanrıya inanın. Lütfen sözleşmeyi imzalayalım efendim.

Bir saat sonra tüccar, cübbesinin önünü iyice kapatmış, redingotunun kopçalarını iliklemiş, cebinde sözleşmeyle sıkı sıkı kapalı arabasına binmiş evine gidiyordu.

— Ah bu beyler! –dedi kâhyasına,– hep aynı şey.

Kâhya, dizginleri onun eline verip, deri tenteyi bağlarken:

— Öyledir, –dedi.– Alışveriş nasıl geçti Mihail İgnatyiç?

— Eh işte...

XVII

Stepan Arkadyiç, cebi tüccarın kendisine verdiği üç ay vadeli bonolarla şişmiş bir halde üst kata çıktı. Orman meselesi bitmiş, paralar cebe girmiş, av güzel geçmişti ve Stepan Arkadyiç çok neşeli bir ruh hali içindeydi, bu yüzden de Levin'in üzerindeki keyifsizliği dağıtmak, günü, akşam yemeğinde, başladığı gibi hoş bir şekilde bitirmek istiyordu.

Gerçekten de Levin neşesizdi, sevgili konuğuna güler yüzlü ve nazik davranmak istemesine karşın kendine hâkim olamıyordu. Kiti'nin evlenmediği haberinin verdiği sarhoşluk hafiften etkilemeye başlamıştı Levin'i.

Kiti evlenmemişti ve hastaydı, onu ciddiye almayan bir adama olan aşkından hastalanmıştı. Bu aşağılama sanki ona yapılmış gibiydi. Vronskiy Kiti'yi aşağılamış, Kiti de Levin'i aşağılamıştı. Dolayısıyla Vronskiy, Levin'i aşağılama hakkına sahip olmuştu, bu yüzden de Levin'in düşmanıydı. Ama Levin bunları düşünmüyordu. Bu işte kendisi açısından aşağılayıcı bir şey olduğunu belli belirsiz hissediyordu ve şimdi onu sinirlendiren şeye kızmıyor, karşısına çıkan her şeye yerli yersiz çatıyordu. Ormanın budalaca satılması, Oblonskiy'in aldatılması ve bu aldatılma olayının onun evinde olması Levin'i sinirlendiriyordu.

Üst katta Stepan Arkadyiç'i karşılarken:

— E, bitti mi? –dedi.– Akşam yemeği yemek ister misin?

— Evet, geri çevirmem. Köyde iştahım nasıl açılıyor, hayret! Ryabinin'e neden yemek yemeyi önermedin?

— Canı cehenneme!

— Ona nasıl davranıyorsun öyle! –dedi Oblonskiy.– Elini bile vermedin. Niye elini vermedin?

— Uşaklara elimi vermem de ondan, uşak ondan yüz kat daha iyidir.

— Amma da gericisin! Nerde kaldı sınıfların kaynaşması? –dedi Oblonskiy.

— Kaynaşmak kimin hoşuna gidiyorsa buyursun, bana iğrenç geliyor.

— Görüyorum ki, tam bir gericisin.

— Doğrusu ne olduğumu hiç düşünmedim. Ben, Konstantin Levin'im, başka bir şey değil.

— Hiç neşesi olmayan Konstantin Levin'sin, –dedi Stepan Arkadyiç gülümseyerek.

— Evet, neşem yok, neden biliyor musun? Kusura bakma, ama senin yaptığın şu aptalca satış yüzünden...

Stepan Arkadyiç, suçsuz yere kalbi kırılan ve kızdırılan bir adam gibi tatlı tatlı yüzünü buruşturdu.

— Tamam, yeter! –dedi.– Birisi bir şey sattığı zaman satışın hemen ardından "Daha fazla etmez miydi?" demezler mi hep? Oysa satmaya kalkınca kimse fazla para vermez... Yo, görüyorum, sen bu zavallı Ryabinin'e *diş* biliyorsun.

— Belki de. Peki nedenini biliyor musun? Yine gerici olduğumu ya da daha korkunç bir şey söyleyeceksin; ama benim de ait olduğum, hem de sınıfların kaynaşmasına karşın ait olmaktan sevinç duyduğum soyluların her bakımdan yoksullaştığını görmek yine de canımı sıkıyor, beni üzüyor. Bu yoksullaşma lüks yaşamanın bir sonucu olsa önemli olmazdı; bey gibi yaşamak soyluların yapabileceği bir iştir, bunu sadece soylular becerebilir. Şimdi çevremizdeki köylülerin toprak alması da beni üzmüyor. Bey hiçbir şey yapmıyor, köylü ise çalışıyor ve boş gezip çalışmayanı yerinden ediyor. Öyle olması gerekiyor zaten. Ben köylü adına çok memnunum. Bilmiyorum ne demeliyim, ama saflıkları yüzünden soyluların yoksullaştığını görmek de beni üzüyor. Burada Polonyalı bir kiracı, Nice'te yaşayan soylu bir hanımın şahane çiftliğini yarı fiyatına aldı. Burada değeri on ruble olan bir desyatina toprağı bir rubleden tüccara kiraya veriyorlar. Burada sen de hiçbir neden yokken bu düzenbaz herife otuz bin ruble armağan ettin.

— Ne yapsaydım yani, tek tek ağaçları mı saysaydım?

— Mutlaka saymak gerekirdi. Bak işte sen saymadın, ama Ryabinin saymıştır. Ryabinin'in çocuklarının yaşamak ve okumak için paraları olacak, ama seninkilerin belki de olmayacak!

— Kusura bakma, ama bu sayma işinde bir bayağılık var. Bizim kendi işimiz, onların da kendi işleri var, hem onların kâr etmeleri gerekiyor. Neyse iş yapıldı, bitti. Şu sahanda yumurtaya bak, en sevdiğim yumurta çeşidi. Hem Agafya Mihaylovna bize o harika liköründen de ikram eder.

Stepan Arkadyiç masaya geçip oturdu, uzun zamandır böyle bir öğle ve akşam yemeği yemediğine Agafya Mihaylovna'yı inandırarak onunla şakalaşmaya başladı.

— Siz hiç olmazsa övüyorsunuz, –dedi Agafya Mihaylovna,– Konstantin Dmitriç ise ne verirsen ver, istersen ekmek kabuğu ver, yer ve çeker gider.

Levin kendine ne kadar engel olmaya çalışırsa çalışsın suratı asık ve suskundu. Stepan Arkadyiç'e bir soru sorması gerekiyordu, ama sormaya karar veremiyor, nasıl ve ne zaman soracağını bilemiyordu. Stepan Arkadyiç alt kattaki odasına gitmiş, üstünü çıkartmış, tekrar elini yüzünü yıkamış, pijamasını giyip yatmıştı, Levin ise sormak istediği soruyu soracak gücü kendinde bulamayarak ve çeşitli basit şeylerden söz ederek odada kalmaya devam ediyordu.

Agafya Mihaylovna'nın konuk için getirdiği, ama Oblonskiy'in kullanmadığı kokulu sabunu inceleyip kâğıdından çıkararak:

— Ne harika sabunlar yapıyorlar, –dedi.– Baksana, sanat eseri gibi.

— Evet, artık her şeyde bir mükemmelleşme var, –dedi Stepan Arkadyiç tatlı tatlı esneyerek.– Örneğin tiyatrolar, şu eğlence yerleri... a-a-a! –diye esnedi.– Her yerde elektrik ışığı var... a-a!

— Evet, elektrik ışığı, –dedi Levin. Birden sabunu elinden bırakıp,– Evet. Peki Vronskiy nerede şimdi? –diye sordu.

Esnemeyi bırakan Stepan Arkadyiç:

— Vronskiy mi? –dedi.– Petersburg'da. Senden kısa bir süre sonra gitti, bir daha da Moskova'ya gelmedi. Dirseklerini masaya dayayıp, baygın bakışlı, uykulu gözlerinin yıldız gibi parladığı pembe güzel yüzünü eline yaslayarak devam etti.– Kendi suçun. Rakibinden korktun. O zaman da sana dediğim gibi, şansın kimden yana olduğunu bilmiyorum. Neden saldırıya geçmedin? Ben sana o zaman da söylemiştim... – Stepan Arkadyiç ağzını açmadan sırf çeneleriyle esnedi.

"Evlenme teklif ettiğimi biliyor mu, bilmiyor mu? –diye düşündü Levin Stepan Arkadyiç'e bakarak.– Evet, yüzünde kurnaz, diplomatik bir ifade var," ve kızardığını hissederek sessizce Stepan Arkadyiç'in gözlerinin içine baktı.

— O zamanlar kız tarafından bir şey varsa da bu görünüşte bir ilgiydi, –diye devam ediyordu Oblonskiy.– Biliyor musun, bu eksiksiz aristokratlık ve ileride sosyetede elde edeceği konum, kızı değil, annesini etkilemişti.

Levin kaşlarını çattı. Teklifinin geri çevrilmesiyle uğradığı aşağılanma sanki biraz önce alınmış taze bir yara gibi yüreğini yaktı. Evindeydi, evinin duvarları insana yardım eder.

Oblonskiy'in sözünü keserek:

— Dur, dur, –dedi,– aristokratlık diyorsun da. Vronskiy'in veya herhangi birinin aristokratlığı nedir, beni aşağılayabilen bu aristokratlık nasıl bir şeydir, sana sorabilir miyim? Sen Vronskiy'i aristokrat sayıyorsun, ama ben saymıyorum. Babası hilelerle hiç yoktan yükselmiş, annesi önüne gelenle düşüp kalkan biri... Hayır, kusura bakma ama ben kendimi ve ailelerinin geçmişlerinde en yüksek eğitim düzeyinde bulunan (yetenek ve zekâ ayrı konudur) ve babam gibi, dedem gibi bir yaşam sürmüş, hiçbir zaman hiç kimsenin karşısında alçalmamış, hiçbir zaman hiç kimseye muhtaç olmamış namuslu üç-dört nesil gösterebilen benim gibi kişileri aristokrat sayarım. Böyle çok aile tanırım. Ormandaki ağaçları saymak sana aşağılık bir iş olarak görünüyor, oysa sen Ryabinin'e otuz bin ruble bağışlıyorsun; ama sen kira ve daha bilmem neler alacaksın, bense bunları almayacağım, bu yüzden de babamdan kalanların ve kendi emeğimle kazandıklarımın değerini biliyorum... Bu dünyanın güçlülerinden aldıkları sadakalarla varlıklarını sürdürebilen ve yirmi kapiğe satın alınabilen kişiler değil, asıl biz aristokratız.

Stepan Arkadyiç, Levin'in yirmi kapiğe satın alınabilen derken onu da kastettiğini hissetse de:

— İyi ama sen kime kızıyorsun? Ben seninle aynı fikirdeyim, –dedi içtenlikli ve neşeli bir tavırla. Levin'in canlanması gerçekten hoşuna gitmişti.– Kime kızıyorsun? Gerçi Vronskiy'le ilgili söylediklerinin çoğu da doğru değil, ama ben ondan söz etmiyorum. Ben sana açıkça diyorum ki, ben senin yerinde olsam, benimle birlikte Moskova'ya gelirdim ve...

— Hayır, haberin var mı yok mu bilmiyorum, ama benim için fark etmiyor artık. Sana da söyleyeceğim, ben evlenme teklifi yaptım ve teklifim kabul edilmedi. Katerina Aleksandrovna benim için acı ve utanç verici bir anı oldu artık.

— Nedenmiş? Ne saçma şey!

— Konuşmayalım artık. Sana bir kabalık ettiysem lütfen beni bağışla, –dedi Levin. Şimdi her şeyi söyledikten sonra yeniden sabahki haline dönmüştü.– Bana kızmadın, değil mi Stiva? Lütfen kızma, –dedi ve gülümseyerek Stepan Arkadyiç'in elini tuttu.

— Yok canım, hiç kızmadım, zaten kızacak bir şey de yok. Birbirimizi anladığımıza sevindim. Biliyor musun, sabah avlanmak güzel olur. Gitsek mi, ne dersin? Ben de hiç uyumadan avdan doğruca istasyona giderim.

— Çok iyi olur.

XVIII

Vronskiy'in iç dünyası tamamen tutkuyla dolu olduğu halde görünürdeki yaşantısı, alışkın olduğu önceki sosyete ve alay ilişkileriyle çıkarlarının rayları üzerinde hiç değişmeden ve zaptolunmaz bir şekilde kayıp gidiyordu. Alayla ilgili konular Vronskiy'in yaşamında önemli bir yer işgal ediyordu. Bunun nedeni alayını sevmesi, daha çok da alaydakilerin onu sevmeleriydi. Alayda Vronskiy'i sadece sevmekle kalmıyorlar, aynı zamanda ona saygı gösteriyorlar, onunla gurur duyuyorlar, çok iyi bir eğitime ve yeteneklere sahip, her tür başarı, yükselme ve şöhret için yolu açık olan bu çok zengin adamın bunların hiçbirini önemsememesinden, alayın ve alaydaki arkadaşlarının çıkarlarını hayattaki bütün çıkarlardan yüreğine daha yakın tutmasından gurur duyuyorlardı. Vronskiy, arkadaşlarının kendisiyle ilgili görüşünün farkındaydı, ayrıca da bu yaşamı seviyor ve kendisiyle ilgili olarak yerleşmiş görüşü sürdürmekle yükümlü olduğunu hissediyordu.

Pek tabii ki, hiç kimseye aşkından söz etmiyordu, en hızlı içki âlemlerinde bile ağzından tek sözcük kaçırmıyor (bununla birlikte hiçbir zaman kendini kaybedecek kadar sarhoş olmazdı) ve ona ilişkisini ima etmeye çalışan düşüncesiz arkadaşlarının laflarını da ağızlarına tıkıyordu. Ancak aşkının bütün kent tarafından bilinmesine rağmen –herkes onun Karenina'yla ilişkisini az ya da çok doğru tahmin ediyordu,– gençlerin çoğu, özellikle de aşkının karşısındaki zorluk nedeniyle, yani Karenin'in yüksek mevkide bulunması yüzünden bunun sosyetenin çok gözünün önünde bir ilişki olması nedeniyle ona gıpta ediyorlardı.

Anna'ya imrenen, onun *doğrucu diye adlandırılmasından* uzun zamandır bıkmış olan genç kadınların çoğu, tahminlerinin doğru çıkmasına seviniyor ve Anna'ya nefretlerinin tüm ağırlığıyla saldırmak için sadece toplumdaki düşünce değişikliğinin doğrulanmasını bekliyorlardı. Zamanı gelince Anna'ya atacakları çamur topaklarını şimdiden hazırlıyorlardı. Yaşlıların çoğu ve yüksek mevkilerdeki insanlar, hazırlanmakta olan bu sosyete rezaletinden hoşnut değildi.

Annesi, Vronskiy'in ilişkisini öğrenince ilk başta memnun olmuştu, çünkü onun anlayışına göre, yüksek sosyetedeki bir ilişki kadar hiçbir şey, parlak bir delikanlıya son şeklini kazandıramazdı, çünkü o kadar hoşuna gitmiş olan, oğlundan o kadar çok söz eden Karenina, Kontes Vronskaya'nın düşüncesine göre yine de bütün güzel ve namuslu kadınlar gibiydi. Ancak kontes son zamanlarda oğlunun kendisine önerilen ve kariyeri için önemli olan bir görevi, sırf kendisine Karenina'yla görüşebilme olanağı veriyor diye alayda kalmak için geri çevirdiğini, yüksek mevkilerdeki kişilerin bu yüzden oğlundan hoşnut olmadıklarını öğrenmiş ve düşüncesini değiştirmişti. Bu ilişki hakkında öğrendiği şeylere bakılırsa bunun, kontesin onaylayabileceği cinsten parlak, hoş bir sosyete ilişkisi değil, kendisine anlatıldığına göre, oğlunu birtakım aptallıklara sürüklemiş bir tür Werther'vari, umutsuz bir aşk olması da hoşuna gitmiyordu. Kontes, ansızın Moskova'dan ayrıldığından beri oğlunu görmemiş ve büyük oğlu aracılığıyla yanına gelmesini istemişti.

Büyük oğul da kardeşinden memnun değildi. Bunun nasıl bir aşk olduğunu, büyük ya da küçük, tutkulu ya da tutkusuz, utanılacak ya da utanılmayacak bir aşk olup olmadığını anlamamıştı (Kendisi de çocuk sahibi birisi olduğu halde dansçı bir metresi vardı ve bu yüzden de bu konuda hoşgörülü davranıyordu); fakat bunun, hoşuna gitmesi gerekenlerin hoşlanmadıkları bir aşk olduğunu biliyordu, bu yüzden de kardeşinin davranışını onaylamıyordu.

Vronskiy'in görevi ve sosyete yaşamı dışında bir uğraşı daha vardı: Tutku derecesinde meraklı olduğu atlar.

O yıl subaylar arasında engelli at yarışları yapılacaktı. Vronskiy yarışlara kaydını yaptırmış, safkan bir İngiliz kısrağı satın almıştı ve aşkına rağmen, ölçülü olmakla birlikte bu yarışlarla tutkulu bir şekilde ilgileniyordu.

Bu iki tutku birbirini engellemiyordu. Tersine, canlanıp tazeleneceği ve kendisini aşırı derecede heyecanlandıran etkilerden kurtarıp dinlendirecek, aşkıyla ilgisi olmayan bir uğraş ve merak gerekiyordu ona.

XIX

Krasnoye Selo yarışlarının yapıldığı gün Vronskiy, her zamankinden daha erken bir saatte biftek yemek için alayın yemekhanesine gelmişti. Kilosu, kararlaştırılmış ağırlık olan dört buçuk puda tam tamına eşit olduğu için kendisine çok sıkı bir şekilde dikkat etmesi gerekmiyordu; fakat kilo almamalıydı ve bu nedenle de unlu gıdalarla tatlılardan kaçınıyordu. Beyaz yeleğinin üstüne giydiği redingotunun düğmelerini açmış, iki kolunu masaya dayamış oturuyor ve ısmarladığı bifteğin gelmesini beklerken tabağın üzerinde duran Fransızca romana bakıyordu. Kitaba bakmasının tek nedeni girip çıkan subaylarla konuşmamak ve düşünmekti.

Anna'nın ona bugün yarışlardan sonra verdiği randevuyu düşünüyordu. Ancak üç gündür Anna'yı görmemişti, kocasının yurtdışından dönmüş olması yüzünden bugün bu randevunun mümkün olup olmayacağını bilmiyordu, bunu nasıl öğreneceğini de bilmiyordu. Anna'yla son kez kuzini Betsi'nin yazlığında görüşmüştü. Kareninlerin yazlığına olabildiğince az gidiyordu. Şimdi oraya gitmek istiyordu ve bunu nasıl yapabileceğini düşünüyordu.

Başını kitaptan kaldırarak, "Elbette, yarışlara gelip gelmeyeceğini sormak için Betsi'nin beni gönderdiğini söyleyeceğim. Elbette gideceğim," –diye kendi kendine karar verdi. Onu görme mutluluğunu gözünde canlandırınca yüzü aydınlandı.

Sıcak gümüş bir tabakta bifteğini getiren uşağa:

— Hemen troykayı hazırlamaları için eve bir adam yolla, –dedi ve tabağı önüne çekip yemeye başladı.

Yandaki bilardo salonundan topların birbirine vuruşu, konuşmalar ve kahkahalar duyuluyordu. Giriş kapısında iki subay göründü: Daha genci, asillerin gittiği askeri okuldan geçenlerde onların alayına gelen zayıf, ince yüzlü bir subaydı; şişman olan diğeri, kolunda bir bilezik takılı, küçük gözleri şişmiş yaşlı bir subaydı.

Vronskiy onlara baktı, suratını astı ve sanki fark etmemiş gibi kitabın üzerine eğilerek bir yandan yemeye, bir yandan da okumaya başladı.

Şişman subay Vronskiy'in yanına oturarak:

— Ne o, çalışmak için güç mü topluyorsun? –dedi.

Vronskiy kaşlarını çatıp, ağzını silerken subayın yüzüne bakmaksızın:

— Görüyorsun ya, –dedi.

Beriki, genç subay için bir sandalye çevirerek:

— Kilo almaktan korkmuyor musun? –dedi.

Vronskiy tiksiniyormuş gibi bir yüz ifadesi takınarak ve inci dişlerini göstererek öfkeyle:

— Ne? –dedi.

— Kilo almaktan korkmuyor musun?

Vronskiy soruya yanıt vermeden:

— Garson, Heres* getir! –dedi ve kitabını tabağın öbür tarafına koyup okumaya devam etti.

Şişman subay şarap listesini aldı, genç subaya dönüp, listeyi uzattı ve yüzüne bakarak:

— İçeceğimiz şarabı sen seç! –dedi.

Genç subay yan gözle Vronskiy'e ürkek ürkek bakarak ve yeni terlemiş bıyıklarını parmaklarıyla tutmaya çalışarak:

— Ren şarabı olabilir, –dedi. Vronskiy'in başını çevirmediğini gören genç subay ayağa kalktı:

— Bilardo salonuna gidelim, –dedi.

Şişman subay uysalca kalktı ve ikisi birden kapıya yöneldi.

---

* İspanya'da üretilen sert bir şarap. (ç.n.)

Bu sırada boylu boslu bir süvari yüzbaşısı olan Yaşvin içeri girdi, başını yukarı kaldırıp bu iki subaya küçümser gibi bir selam vererek Vronskiy'in yanına geldi.

İri eliyle Vronskiy'in apoletine kuvvetlice vurup:

— A! Buradaymış! –diye bağırdı. Vronskiy sinirli sinirli dönüp arkasına baktı, fakat yüzü hemen o kendine özgü sakin ve kesin yumuşaklıkla aydınlandı.

Süvari yüzbaşısı yüksek bariton sesiyle:

— Aferin, Alyoşa, –dedi.– Yemeğini yer, üzerine bir kadehçik de içki içersin.

— Ama canım yemek istemiyor.

Yaşvin, bu sırada odadan çıkmakta olan iki subaya alaycı bir tavırla bakarak:

— Ahbap çavuşlar, –diye ekledi. Sonra sandalyenin yüksekliğine göre çok uzun olan dar külot pantolon içindeki bacaklarını dar açı oluşturacak şekilde büküp Vronskiy'in yanına oturdu.– E, dün akşam Krasnenskiy Tiyatrosu'na niye gelmedin? Numerova hiç fena değildi. Neredeydin?

— Tverskiylerde oturup kaldım, –diye yanıtladı Vronskiy.

— Ya! –diye karşılık verdi Yaşvin.

Kumarbaz ve zevk düşkünü, hiçbir kural tanımamasının yanı sıra ahlak dışı kuralları olan Yaşvin, Vronskiy'in alaydaki en iyi arkadaşıydı. Vronskiy, fıçı gibi içki içip, hiç sızmadan hep aynı durumda kalarak büyük ölçüde ortaya koyduğu olağanüstü fiziksel gücü yüzünden de, komutanlarıyla ve arkadaşlarıyla ilişkilerinde ve o kadar içki içmesine karşın İngiliz kulübünde on binlerce rublelik oyunu birinci sınıf bir kumarbaz sayılacak derecede ince ve sağlam bir şekilde oynadığı kumarda, kendisine karşı bir korku ve saygı uyandırarak gösterdiği büyük manevi güç yüzünden de Yaşvin'i severdi. Vronskiy, kendisini adından ve zenginliğinden dolayı değil, sırf kendisi olduğu için sevdiğini hissettiğinden Yaşvin'i özellikle sever ve sayardı. Hem Vronskiy, aşkını o kadar insanın arasından bir tek onunla konuşmak isteyebilirdi.

Vronskiy, şimdi tüm hayatını dolduran bu güçlü tutkuyu, her türlü duyguyu küçümsüyormuş gibi görünmesine karşın bir tek Yaşvin'in anlayabileceğini sanıyordu. Ayrıca Yaşvin'in artık dedikodu ve rezaletlerden kesinlikle keyif almadığından, bu duyguyu gerektiği gibi anlayacağından, yani bu aşkın bir şaka, bir eğlence değil, ciddi ve önemli bir şey olduğunu bildiğinden ve buna inandığından emindi.

Vronskiy aşkından söz etmemişti, ama Yaşvin'in her şeyi bildiğini, her şeyi gerektiği gibi anladığını biliyordu ve bunu onun gözlerinden okumak hoşuna gidiyordu.

Yaşvin, Vronskiy'in Tverskiylerde olmasına:

— Ha, evet! –demiş ve kara gözlerinden ışıklar saçarak bıyığının sol ucunu tutup, kötü bir alışkanlıkla ağzına sokmaya başlamıştı.

— E, sen ne yaptın dün? Kazandın mı? –diye sordu Vronskiy.

— Sekiz bin kazandım. Ama üç bini işe yaramaz, parayı vereceğini sanmıyorum.

— E, o zaman benim yüzümden de kaybedebilirsin, -dedi Vronskiy gülerek. (Yaşvin, Vronskiy için büyük bir bahse girmişti.)

— Hiçbir şey kaybetmeyeceğim. Bir tek Mahotin tehlikeli.

Ve konuşma Vronskiy'in artık düşünebileceği tek konu olan bugünkü yarıştan beklentiler konusuna atladı.

— Gidelim, bitirdim, –dedi Vronskiy ve ayağa kalkıp kapıya doğru yürüdü. Yaşvin de kocaman bacaklarını ve uzun sırtını gererek kalktı.

— Öğle yemeğim için henüz erken, ama içki içmem gerek. Şimdi gelirim. Hey, şarap getirin! –diye bağırdı camları titreten, komutanlıkta ün salmış gür sesiyle.– Yo, getirmeyin, –diye bağırdı ardından da.– Eve gideceksen ben de seninle geleyim.

Ve Vronskiy'le birlikte çıktılar.

XX

Vronskiy, ikiye bölünmüş, geniş ve temiz bir Fin köy evinde oturuyordu. Petritskiy, ordugâhta da onunla birlikte kalıyordu. Vronskiy ve Yaşvin kulübeye girdiklerinde Petritskiy uyuyordu.

Yaşvin, bölmenin arkasına geçip burnunu yastığa gömmüş, saçları karmakarışık olan Petritskiy'i omzundan dürterek:

— Kalk, yeter uyuduğun, –dedi.

Petritskiy birden dizlerinin üstüne sıçradı ve çevresine bakındı.

— Kardeşin buradaydı, –dedi Vronskiy'e.– Beni uyandırdı, şeytan alasıca, tekrar geleceğini söyledi. –Sonra battaniyeyi çekerek kendini tekrar yastığın üzerine attı. Üzerinden battaniyeyi çeken Yaşvin'e sinirlenerek,– Bıraksana Yaşvin, bırak! –dedi. Yüzünü dönüp gözlerini açtı.– Sen en iyisi bana ne içmem gerektiğini söyle; ağzımın içi berbat...

— Votka hepsinden iyidir, –dedi Yaşvin kalın sesiyle.–Tereşçenko! Efendine votka ve hıyar turşusu getir, –diye bağırdı. Görünüşe bakılırsa kendi sesini duymaktan hoşlanıyordu.

Petritskiy yüzünü buruşturarak ve gözlerini ovuşturarak:

— Votka mı diyorsun yani? –diye sordu. Sonra ayağa kalkıp, kaplan postundan battaniyeye kollarının altından sarınarak,– Sen içecek misin? Beraber içelim o zaman! Vronskiy, sen de içiyor musun? –dedi Petritskiy.

Bölmenin kapısına çıktı, ellerini kaldırdı ve "Thule'de bir kral vardı" diye Fransızca şarkı tutturdu.– Vronskiy, içecek misin?

Uşağın uzattığı redingotu giyen Vronskiy:

— Git başımdan, –dedi.

Yaşvin:

— Nereye böyle? –diye sordu Vronskiy'e ve yaklaşmakta olan arabayı görünce,– İşte araban geldi, –diye de ekledi.

— Tavlaya gideceğim, atlarla ilgili olarak Bryanskiy'e uğramam gerekiyor, –dedi Vronskiy.

Vronskiy, Peterhof'tan on verst ötedeki Bryanskiy'e gitmeye, ona atların parasını götürmeye gerçekten söz vermişti ve oraya yetişmek istiyordu. Ama arkadaşları sadece oraya gitmeyeceğini hemen anlamışlardı.

Petritskiy şarkı söylemeye devam ederek göz kırptı ve sanki bunun hangi Bryanskiy olduğunu biliyoruz der gibi dudaklarını şişirdi.

— Bana bak, sakın geç kalma! –dedi Yaşvin ve konuyu değiştirmek için pencereden yana bakarak,– Nasıl benim doru at iyi hizmet ediyor mu? –diye sordu kendi sattığı atı kastederek.

Petritskiy çıkmak üzere olan Vronskiy'e:

— Dur, –diye bağırdı.– Kardeşin sana bir mektupla, not bırakmıştı. Dur, nerde onlar?

Vronskiy durmuştu.

— Nerde peki mektupla not?

— Nerde? İşte mesele bu! –dedi Petritskiy işaret parmağını burnundan yukarı doğru götürerek.

Vronskiy gülümseyerek:

— Söylesene hadi, saçmalama! –dedi.

— Ocağı yakmadım daha. Buralarda bir yerdedir.

— Kes palavrayı! Nerede mektup?

— Hayır, doğru söylüyorum, unuttum. Yoksa rüyamda mı görmüştüm? Dur, dur! Niye sinirleniyorsun ki! Sen de benim gibi dün adam başı dört şişe içmiş olsaydın, nerde yattığını bile unuturdun. Dur, şimdi hatırlayacağım!

Petritskiy bölmenin arkasına geçip yatağına yattı.

— Tamam! Ben böyle yatıyordum, o da orada duruyordu. Evet, evet, evet... İşte mektup! –Ve Petritskiy, mektubu gizlediği şiltenin altından çıkarttı.

Vronskiy kardeşinin mektubunu ve notunu aldı. Bunlar beklediği şeylerdi: Yanına gitmediği için annesinin sitemlerle dolu mektubu ve kardeşinin konuşmaları gerektiğini belirten notu. Vronskiy, ikisinin de aynı konuda olduğunu biliyordu. "Bundan onlara ne!" diye düşündü ve mektupla notu buruşturup, yolda dikkatlice okumak için redingotunun düğmelerinin arasından içeri soktu. Kulübenin girişinde iki subayla karşılaştı: Biri onların alayından, öbürü başka bir alaydandı.

Vronskiy'in evi, her zaman bütün subayların sığınağıydı.

— Nereye?

— Peterhof'a gitmem gerekiyor.

— Tsarskoye'den at geldi mi?

— Geldi, ama ben daha görmedim.

— Mahotin'in Gladyatör'ünün topallamaya başladığını söylüyorlar.

— Saçma! Yalnız bu çamurda siz nasıl yarışacaksınız? –diye sordu öbür subay.

Karşısında elindeki tepside votka ve hıyar turşusuyla emir eri duran Petritskiy, içeri girenleri görünce:

— İşte benim kurtarıcılarım! –diye bağırdı.– Yaşvin ayılmam için içki içmemi söylüyor.

Gelenlerden biri:

— Dün canımıza okudunuz zaten, –dedi.– Bütün gece uyutmadınız.

— Yo, ama nasıl bitirdik! –diye anlatıyordu Petritskiy.– Volkov çatıya çıkmıştı ve efkârlandığını söylüyordu. Ben "Müzik çalın, cenaze marşı çalın!" diyordum. Volkov da çatıda cenaze marşıyla uyuyakaldı.

Yaşvin, Petritskiy'in tepesinde dikilerek, çocuğunu ilaç yutmaya zorlayan bir anne gibi:

— Mutlaka önce votka, ardından soda ve bol miktarda limon, daha sonra da birazcık, şöyle bir şişecik falan şampanya iç, –diyordu.

— İşte bu akıllıca. Dur, Vronskiy, birlikte içelim.

— Hayır, hoşça kalın beyler, ben bugün içki içmiyorum.

— Ne olur, ağırlaşır mısın? Eh, o zaman biz de yalnız içeriz. Soda ve limon getir.

Tam kapının önüne çıkarken birisi arkasından:

— Vronskiy, –diye seslendi.

— Ne var?

— Saçlarını kestirsen iyi olur, yoksa bu saçlar sana ağırlık verecek, özellikle de dazlak yerlerdekiler.

Vronskiy'in saçları gerçekten de erken dökülmeye başlamıştı. İnci gibi dişlerini göstererek neşeyle güldü, şapkasını saçlarının döküldüğü yere doğru indirip dışarı çıktı ve arabasına bindi.

— Tavlaya! –dedi ve okumak üzere mektubu çıkarttı, ama sonra atı incelemeden önce dikkatini dağıtmamak için mektubu okumaktan vazgeçti, "Sonra!.." dedi.

XXI

Derme çatma tahta bir baraka olan geçici tavla, tam koşu alanının yanına yapılmıştı ve Vronskiy'in atı dün buraya getirilmiş olmalıydı. Atı henüz görmemişti. Şu son günlerde kendisi atla dolaşmamış, bu görevi jokeyine bırakmıştı ve şimdi atının ne durumda geldiğini, nasıl olduğunu kesin olarak bilmiyordu. Tam arabadan indiği sırada onu uzaktan tanıyan seyisi, jokeye seslendi. Ayaklarına uzun konçlu çizmeler, sırtına kısa bir ceket giymiş, sadece çenesinin altında bir tutam sakal bırakmış kupkuru İngiliz, jokeylere özgü beceriksiz bir yürüyüşle dirseklerini iki yana açarak ve sallanarak geldi.

— E, Fru-Fru nasıl? –diye sordu Vronskiy İngilizce olarak.

— All right sir, her şey yolunda efendim, –dedi İngiliz'in sesi boğazının içinde bir yerden. Şapkasını çıkartırken,– Yanına gitmeseniz daha iyi olur, –diye ekledi.– Ağızlık taktım, huylandı. Gitmeseniz daha iyi, atı sinirlendiriyor bu.

— Hayır, gideceğim. Görmek istiyorum.

İngiliz yine ağzını açmadan, kaşlarını çatıp:

— Gidelim, –dedi ve dirseklerini iki yana sallayarak gevşek yürüyüşüyle öne geçti.

Barakanın önündeki küçük avluya girdiler. Orada nöbet tutan, temiz bir ceket giymiş, şık görünümlü delikanlı elinde süpürge, gelenleri karşılayıp arkalarından yürüdü. Barakanın içindeki bölmelerde beş at vardı ve Vronskiy, en büyük rakibi Mahotin'in al donlu atı Gladyatör'ün de o gün getirilmiş olması gerektiğini biliyordu. Vronskiy kendi atından çok, daha önce hiç görmediği Gladyatör'ü görmek istiyordu; ancak at yarışlarının nezaket kurallarına göre, sadece atı görmesinin olanaksız olduğunu değil, aynı zamanda atla ilgili soru sormasının yakışıksız bir davranış olacağını da biliyordu. Koridorda yürüdüğü sırada delikanlı soldaki ikinci bölmenin kapısını açtı ve Vronskiy, al donlu iri atı ve beyaz ayaklarını gördü. Bunun Gladyatör olduğunu biliyordu, ama bir mektubu açıp da başkasına ait olduğunu görünce başını çeviren bir insanın duygularıyla başını çevirip Fru-Fru'nun bölmesine yaklaştı.

İngiliz, tırnağı kir içindeki parmağıyla Gladyatör'ün bölmesini omzunun üstünden göstererek:

— Ma-k... Mak... ın atı burada... bu adı da hiç söyleyemiyorum, –dedi.

— Mahotin'in mi? Evet, tek ciddi rakibim, –dedi Vronskiy.

— O ata siz binmiş olsaydınız, –dedi İngiliz,– sizin üzerinize bahse girerdim.

Vronskiy biniciliğinin övülmesinden memnun gülümseyerek:

— Fru-Fru daha heyecanlı, Gladyatör daha güçlü, –dedi.

— Engeller konusunda bütün mesele binicilikte ve pluck'ta, –dedi İngiliz.

Vronskiy sadece kendisinde yeterince pluck, yani enerji ve cesaret hissetmekle kalmıyordu, üstelik çok daha önemlisi, dünyada ondan başka hiç kimsede daha fazla pluck olamayacağından kesinlikle emindi.

— *Aşırı terletmenin* gereksiz olduğunu biliyorsunuz herhalde?

— Gerekmez, –diye yanıtladı İngiliz. Önünde durdukları ve içeriden samanların üzerinde atın ayak seslerinin duyulduğu kapalı bölmeyi başıyla işaret ederek,– Lütfen yüksek sesle konuşmayın. At huylanıyor, –diye ekledi.

Kapıyı açtı ve Vronskiy küçücük bir pencereden gelen ışıkla pek az aydınlanan bölmeye girdi. Bölmede ağızlık takılmış, taze samanların üzerinde ayak değiştiren doru bir at duruyordu. Vronskiy, bölmenin yarı aydınlığında etrafına bakınınca sevgili atının vücut yapısının bütün özelliklerini tek bakışta kavradı. Fru-Fru orta boylu, vücut yapısına bakınca kusursuz denemeyecek bir attı. Kemikleri inceydi; göğüs tahtası kemiğinin epeyce ileri çıkmış olmasına karşın göğsü dardı. Sağrısı biraz sarkık, ön ayaklarında, özellikle de arka ayaklarında büyük ölçüde içe doğru eğrilik vardı. Arka ve ön bacak kasları çok iri değildi; ama at, kolanlıyken o kadar genişti ki, şimdi, atın beslenme rejiminde bulunduğu ve karnının içeri çekik olduğu bir sırada bile bu durum insanı çok şaşırtıyordu. Dizlerinin alt kısmında bacak kemiklerinin görünüşü önden bakınca parmaktan daha kalın değildi, ama yandan bakınca olağanüstü genişti. Kaburgaları dışında tüm gövdesi sanki iki yandan basılmış ve içe çekilmişti. Fakat bütün kusurlarını unutturan bir niteliği vardı atın; bu nitelik, *kan*'dı, İngilizlerin deyimiyle *kendini gösteren* kandı. İnce, kıpır kıpır ve atlas gibi pürüzsüz derisinin içinde ağ gibi yayılmış damarlarının altından sert çıkıntılar yapan kasları, kemikleri kadar sağlam görünüyordu. Fırlak ve parlak neşeli gözleriyle zayıf kafası, her soluk verişinde zarı kanla dolu çıkık burun deliklerine doğru genişliyordu. Tüm bedeninde, özellikle de kafasında çok belirgin canlı ve aynı zamanda tatlı bir ifade vardı. Herhalde sırf ağızlarının mekanik yapısı izin vermediği için konuşamayan hayvanlardan biriydi.

En azından Vronskiy'e, şimdi ona bakarken hissettiği her şeyi anlamış gibi gelmişti.

Vronskiy içeri girer girmez, hayvan derin bir soluk aldı ve ağızlığı arada bir silkeleyerek, esnek hareketlerle ayak değiştirerek fırlak gözünü aklarına kan dolacak kadar yana çevirip, içeri girenlere ters taraftan baktı.

— Ne kadar heyecanlı görüyorsunuz işte, –dedi İngiliz.

Vronskiy atın yanına yaklaşıp sakinleştirmeye çalışarak:

— Ah, canım! –dedi.

Fakat o yaklaştıkta hayvan daha çok huysuzlanıyordu. Vronskiy kafasına yaklaşınca birden sakinleşti ve ince, yumuşacık derisinin altından kasları oynamaya başladı. Vronskiy atın güçlü boynunu okşadı, omuzlarının arasında, öbür tarafa dökülmüş bir tutam yeleyi düzeltti ve yüzünü, atın yarasa kanadı gibi açılmış, ince burun deliklerine yaklaştırdı. At, sesli bir şekilde içine çektiği havayı gergin burun deliklerinden yine sesli bir şekilde bıraktı, irkilerek sivri kulağını kıstı ve kara, güçlü dudağını kolundan yakalamak istiyormuş gibi Vronskiy'e doğru uzattı. Fakat ağzındaki ağızlığı anımsayıp kafasını salladı, sonra tekrar yontulmuş gibi duran ayaklarının bir birini, bir öbürünü hareket ettirmeye başladı.

Vronskiy atın sağrısını eliyle bir kez daha okşarken:

— Sakin ol canım, sakin ol! –dedi ve atın çok iyi durumda olduğunu görmenin sevinciyle bölmeden çıktı.

Atın heyecanı Vronskiy'e de bulaşmıştı; bütün kanının yüreğine hücum ettiğini ve tıpkı at gibi kendisinin de hareket etmek, bir şeyleri ısırmak istediğini hissediyordu; bu hem korkunç, hem de keyifli bir şeydi.

— Pekâlâ, size güveniyorum, –dedi İngiliz'e,– altı buçukta koşu yerinde görüşürüz.

— Her şey yolunda, –dedi İngiliz. Hemen hemen hiçbir zaman kullanmadığı my Lord hitabını kullanarak,– Siz nereye gidiyorsunuz milord? –diye sordu.

Vronskiy, İngiliz'in sorduğu sorudaki cesarete şaşırarak başını kaldırdı ve iyi becerdiği bir şeyi yaparak İngiliz'in gözlerine değil, alnına baktı. Fakat İngiliz'in bu soruyu sorarken kendisine patron olarak değil, binici olarak baktığını anlayınca ona şu yanıtı verdi:

— Bryanskiy'e gitmem gerek, bir saat sonra evde olacağım.

"Bugün kaçıncı defadır bana bu soruyu soruyorlar!" –dedi kendi kendine ve çok az başına gelen bir şey oldu, yüzü kızardı. İngiliz ona dikkatle baktı. Sonra Vronskiy'in gideceği yeri sanki biliyormuş gibi ekledi:

— En önemli mesele, koşudan önce sakin olmaktır, keyfiniz yerinde olsun ve sinirlenmeyin.

Vronskiy gülümseyerek:

— All right, –diye yanıtladı ve arabaya atlayıp arabacıya Peterhof'a gitmesini söyledi.

Daha birkaç adım gitmişlerdi ki, sabahtan beri yağmur tehdidi taşıyan bir bulut iyice yaklaştı ve sağanak yağmur başladı.

"Fena! –diye düşündü Vronskiy arabanın körüğünü indirirken.– Zaten çamurluydu, şimdi iyice bataklık olacak." Kapalı arabada yalnızken annesinin mektubunu ve kardeşinin notunu çıkarıp okudu.

Evet, hep aynı şeylerdi. Herkes, annesi, kardeşi, herkes onun gönül işlerine karışmayı gerekli görüyordu. Bu karışma, ender olarak hissettiği bir duygu uyandırıyor, onu öfkelendiriyordu. "Onlara ne? Neden herkes beni düşünmeyi görev sayıyor? Niye bana musallat oluyorlar? Çünkü bunun anlayamadıkları bir şey olduğunu görüyorlar. Bu, sıradan, bayağı bir sosyete ilişkisi olsaydı, beni rahat bırakırlardı. Başka bir şey olduğunu, bir oyuncak olmadığını, benim için bu kadının hayatımdan daha değerli olduğunu hissediyorlar. Bunu akılları almıyor, bu yüzden de canları sıkılıyor. Alınyazımız neyse ve nasıl olacaksa olsun, onu biz yazdık ve ondan şikâyet etmiyoruz, –dedi *biz* sözcüğünde kendisiyle Anna'yı birleştirerek.– Ama hayır, bize nasıl yaşayacağımızı öğretmeleri gerekiyor. Mutluluğun ne olduğu hakkında fikirleri yok, bu aşk olmadan bizim için mutluluğun da, mutsuzluğun da, yaşamın da olmayacağını bilmiyorlar.

İşine karıştıkları için hepsine kızıyordu, çünkü haklı olduklarını kendisi de içinden hissediyordu. Onu Anna'ya bağlayan aşkın, her iki tarafın da hayatlarında iyi ya da kötü anılardan başka iz bırakmadan geçip giden sosyete ilişkileri gibi gelip gidecek bir heves olmadığını hissediyordu. İçinde bulundukları sosyetenin gözlerinin önündeyken aşklarını gizlemenin, yalan söylemenin, insanları kandırmanın, kurnazlık etmenin yani kendisinin ve onun tüm sıkıntılarını, onları birleştiren tutku, her ikisine aşklarının dışındaki her şeyi unutturacak kadar güçlü olduğu bir sırada sürekli başkalarını düşünmenin zorluğunu hissediyordu.

Yapısına çok aykırı olan yalana dolana başvurmayı gerektiren ve giderek daha sık tekrarlanan olaylar çok canlı bir biçimde gözünün önüne geldi; özellikle Anna'da kim bilir kaç kez fark ettiği, yalana dolana başvurması gerektiği için hissettiği utanç duygusunu çok canlı olarak anımsadı. Ve Anna'yla ilişkisi başladığından bu yana zaman zaman hissettiği o tuhaf duyguyu yine hissetti. Bu, bir iğrenme duygusuydu: Aleksey Aleksandroviç'ten mi, kendisinden mi, dünyadaki her şeyden mi, iyi bilmiyordu. Fakat bu tuhaf duyguyu hep kendinden uzaklaştırıyordu. Şimdi de silkinip kendini toplayarak düşüncelerinin akışını sürdürdü.

"Evet, Anna eskiden mutsuzdu, ama gururlu ve huzurluydu; oysa artık belli etmese bile huzurlu ve saygın biri olamaz. Evet, buna bir son vermek gerek," –diye karar verdi.

Bu yalana bir an önce son vermek gerektiği konusunda ilk kez açık bir düşünce gelmişti aklına. "O da, ben de her şeyi terk edip aşkımızla baş başa kalacağımız bir yere gitmeliyiz," –dedi kendi kendine.

XXII

Sağanak uzun sürmedi. Vronskiy, çamurun içinde artık dizginsiz bir şekilde yandaki atları sürükleyen ortadaki atın tırısıyla eve yaklaştığı sırada güneş tekrar açmış ve yazlık evlerin çatıları, anacaddenin her iki yanındaki bahçelerin yaşlı ıhlamur ağaçları ıslak bir parıltıyla kaplanmıştı, dallardan damla damla, çatılardan oluk oluk su akıyordu. Bu sağanağın hipodromu nasıl bozacağını artık düşünmüyordu, ama geçenlerde kaplıcalardan dönen Aleksey Aleksandroviç'in Petersburg'dan buraya gelmediğini bildiğinden, şimdi bu yağmur sayesinde Anna'yı büyük olasılıkla evde yalnız bulacağı için seviniyordu.

Onu yalnız bulmayı umut eden Vronskiy, daha az dikkat çekmek için her zaman yaptığı gibi, köprüden geçmeden önce arabadan indi ve yürüyerek gitti. Sokağa açılan ön kapıya gitmeyip, bahçeye girdi.

— Beyefendi geldi mi? –diye sordu bahçıvana.

— Hayır gelmedi. Hanımefendi evde. Ön kapıdan buyurun lütfen; orada birileri vardır, kapıyı açarlar, –diye yanıtladı bahçıvan.

— Hayır, bahçeden geçeceğim.

Vronskiy, Anna'nın yalnız olduğundan emin olarak ve o gün gelmeye söz vermediği, Anna da yarışlardan önce geleceğini herhalde aklına getirmeyeceği için onu habersiz yakalama isteğiyle bahçeye açılan terasa giden, iki yanı çiçekli kum yolda dikkatli adımlarla ve kılıcını tutarak yürüdü. Vronskiy, yol boyunca içinde bulunduğu durumun zorluğuyla ilgili olarak düşündüğü her şeyi şimdi unutmuştu. Düşündüğü tek şey, birazdan onu sadece hayalinde değil, kanlı canlı, gerçekten olduğu gibi görecek olmasıydı. Gürültü yapmamak için eğimli basamaklara bütün tabanıyla basarak tam terasa giriyordu ki, birden her zaman unuttuğu, Anna'yla ilişkisinin en üzücü yanını oluşturan şeyi, soru soran ve kendisinden iğrendiğini düşündürten bakışıyla Anna'nın oğlunu anımsadı.

Bu çocuk, ilişkilerinde başkalarından daha büyük bir engeldi. O burada olduğu zamanlar ne Vronskiy, ne de Anna, bırakın herkesin yanında tekrarlayamadıkları bir şeyi söylemeyi, çocuğun anlamayacağı herhangi bir şeyi ima yoluyla olsun konuşmuyorlardı. Bu konuda aralarında bir anlaşma yoktu, bu durum kendiliğinden oluşmuştu. Bu çocuğu aldatmayı, kendi kendilerine hakaret etmek olarak görüyorlardı. Onun yanında kendi aralarında iki tanıdık gibi konuşuyorlardı.

Ancak gösterdikleri bu ihtiyatlılığa karşın Vronskiy, sık sık çocuğun, üzerine dikilmiş dikkatli ve şaşkın bakışını, kendisine karşı tuhaf ürkekliğini, davranışlarında kâh bir tatlılık, kâh bir soğukluk olarak ortaya çıkan kararsızlığı ve utangaçlığı görüyordu. Sanki çocuk bu adamla annesi arasında ne anlama geldiğini bilemeği önemli bir ilişki olduğunu hissediyordu.

Gerçekten de çocuk bu ilişkiyi anlayamayacağını hissediyor, anlamak için çabalıyordu ve bu adama karşı nasıl bir duygu beslemesi gerektiğini kestiremiyordu. Babasının, mürebbiyesinin ve dadısının hakkında hiçbir şey konuşmasalar da Vronskiy'i sevmek şöyle dursun, ona tiksinerek ve korkuyla baktıklarını, annesinin ise Vronskiy'e en iyi arkadaşı gibi baktığını çocuklara özgü bir duyarlılıkla görüyordu.

"Bu ne demek? Kim o? Onu nasıl sevmeliyim? Anlamıyorsam benim suçum, ben ya aptal ya da kötü bir çocuğum," –diye düşünüyordu çocuk; onun inceleyen, soru soran, kısmen kötücül bakışı da, Vronskiy'i böylesine rahatsız eden ürkekliği ve kararsızlığı da bundan kaynaklanıyordu. Bu çocuğun varlığı, Vronskiy'de son zamanlarda hissettiği o tuhaf ve nedensiz iğrenme duygusunu uyandırıyordu hep. Bu çocuğun varlığı Vronskiy'de ve Anna'da, pusulasına bakıp, hızla ilerlediği yönün gitmesi gereken yönden çok farklı olduğunu, ama bu gidişi durdurabilecek güçte olmadığını, geçen her dakikanın onu asıl izlemesi gereken yönden daha çok uzaklaştırdığını ve doğru yoldan ayrıldığını kabul etmenin, ölümü kabul etmekten farksız olduğunu gören bir denizcinin hissettiğine benzer bir duygu uyandırıyordu.

Hayata saf gözlerle bakan bu çocuk, bildikleri, ama bilmek istemedikleri bir şeyden ne derece saptıklarını onlara gösteren bir pusulaydı.

Bu kez Seryoja evde değildi, Anna tek başına terasta oturuyor, dolaşmaya çıkan ve yağmura yakalanan oğlunu bekliyordu. Onu aramaları için bir uşakla bir hizmetçi kız göndermiş, oturmuş bekliyordu. Üzerinde geniş kesimli beyaz bir elbiseyle terasın bir köşesinde, çiçeklerin ardında oturuyordu. Vronskiy'in geldiğini duymamıştı. Siyah kıvırcık saçlı kafasını öne eğmiş, alnını parmaklıkların üzerinde duran soğuk bahçıvan kovasına dayamış, Vronskiy'in çok iyi bildiği yüzüklerle süslü olağanüstü güzel elleriyle bahçıvan kovasını tutuyordu. Bedeninin, başının, boynunun, ellerinin güzelliği her defasında Vronskiy'i bir sürprizle karşılaşmış gibi etkiliyordu. Vronskiy ona hayranlıkla bakarak duruyordu. Fakat tam yanına gitmek için adım atmak istediğinde Anna onun yaklaştığını artık hissetmiş, bahçıvan kovasını itmiş ve alev alev yanan yüzünü ona çevirmişti.

Vronskiy ona yaklaşırken Fransızca:

— Neyiniz var? Hasta mısınız? –dedi. Anna'nın yanına gitmek istiyordu; ama birilerinin olabileceğini anımsayıp balkon kapısına baktı, kızardı. Çekinmek ve etrafı kollamak zorunda olduğunu hissederek her defasında böyle kızarıyordu.

Anna ayağa kalkıp, onun elini sıkarak:

— Hayır, iyiyim, –dedi. Seni... beklemiyordum.

— Aman Tanrım! Ne soğuk eller! –dedi Vronskiy.

— Beni korkuttun, –dedi Anna.– Yalnızım ve Seryoja'yı bekliyorum, dolaşmaya çıkmıştı; bu taraftan gelecekler.

Ancak sakin olmaya çalıştığı halde Anna'nın dudakları titriyordu.

Vronskiy aralarında kullanılması hem olanaksız, hem de soğuk olan Rusça *siz* ve tehlikeli *sen* sözcüklerini kullanmaktan kaçınarak her zaman konuştuğu şekilde Fransızca devam etti:

— Geldiğim için bağışlayın beni, ama sizi görmeden günü geçiremezdim.

— Bağışlanacak ne var? Öyle sevindim ki!

Vronskiy elini bırakmaksızın Anna'ya doğru eğilerek:

— Fakat siz ya hastasınız ya da üzgünsünüz, –diye devam etti.

— Hep aynı şey, –dedi Anna gülümseyerek.

Doğru söylüyordu. Ona ne düşündüğünü sorduğunuz her an hiç yanılmadan aynı yanıtı verebilirdi: Aynı şeyi, mutluluğunu ve aynı zamanda mutsuzluğunu. Şimdi onu orada o halde bulduğu anda da şunu düşünüyordu: Başkaları için, örneğin Betsi için (Anna, Betsi'nin Tuşkeviç'le sosyeteden gizlediği bir ilişkisi olduğunu biliyordu) bütün bunlar neden çok kolay oluyordu da ona gelince bu kadar acı veriyordu? Bu düşünce bazı bakımlardan o gün onu özellikle üzüyordu. Vronskiy'e yarışları sordu. Vronskiy, heyecanlı olduğunu görüp, onu eğlendirmeye çalışarak yarış hazırlıklarının ayrıntılarını en basit şekilde anlatmaya koyuldu.

"Söylesem mi, söylemesem mi? –diye düşündü Anna, Vronskiy'in sakin ve şefkatli gözlerine bakarak.– Öyle mutlu, yarışlarla öyle meşgul ki, bu olayın bizim için taşıdığı önemi gerektiği şekilde anlamayacak."

Vronskiy anlattığı hikâyeyi yarıda keserek:

— Ama siz geldiğim sırada ne düşündüğünüzü söylemediniz, lütfen söyleyin! –dedi.

Anna yanıt vermedi ve hafifçe başını eğip, uzun kirpiklerinin altından pırıl pırıl parlayan gözleriyle soru sorar gibi yan yan baktı. Kopmuş bir yaprakla oynayan eli titriyordu. Vronskiy bunu gördü ve yüzünde Anna'yı baştan çıkartmış olan o boyun eğme, kölece bağlılık ifadesi belirdi.

— Bir şey olduğunu görüyorum. Paylaşmadığım bir üzüntünüz olduğunu bilerek bir an bile huzurlu olabilir miyim ben? Tanrı aşkına söyleyin! –diye yineledi yalvarırcasına.

Anna, Vronskiy'e hep aynı şekilde bakarak ve yaprağı tutan elinin giderek daha çok titrediğini hissederek, "Evet, bunun önemini anlamayacak olursa onu affetmem. En iyisi söylememek, neden deneyeyim ki?" diye düşündü.

— Tanrı aşkına! –diye yineledi Vronskiy Anna'nın elini tutarak.

— Söyleyeyim mi?

— Evet, evet, evet...

— Hamileyim, –dedi sesizce ve ağır ağır.

Elindeki yaprak daha da çok titriyordu, ama Vronskiy'in bunu nasıl karşılayacağını görmek için gözlerini ondan ayırmıyordu. Vronskiy'in yüzü bembeyaz oldu, bir şey söylemek istedi ama durdu, Anna'nın elini bıraktı, başını eğdi. "Evet, bu olayın önemini anladı," diye geçirdi içinden Anna ve minnetle Vronskiy'in elini sıktı.

Ancak Anna, onun bu haberin önemini, kendisinin, yani bir kadının anladığı şekilde anladığı konusunda yanılıyordu. Vronskiy bu haberi duyunca birilerine karşı hissettiği o tuhaf iğrenme duygusunu on kat daha güçlü hissetmişti; bununla birlikte istediği krizin gelip çattığını, bu durumun Anna'nın kocasından daha fazla saklanamayacağını, bu anormal duruma şu veya bu şekilde bir an önce son vermek gerektiğini anlamıştı. Ancak Anna'nın heyecanı fiziksel olarak ona da bulaşmıştı. Anna'ya duygulu, boynu bükük baktı, elini öptü, ayağa kalktı ve hiçbir şey söylemeden terasta bir uçtan bir uca dolaşmaya başladı.

Kararlı bir şekilde Anna'nın yanına yaklaşarak:

— Evet, –dedi.– Ne siz, ne de ben ilişkimize bir oyun olarak bakmadık, şimdi ise alınyazımız belli oldu. –Sonra çevresine bir göz atarak,– Yaşadığımız bu yalana son vermemiz gerek, –dedi.

— Son vermek mi? Nasıl son vereceğiz Aleksey? –dedi Anna sessizce. Artık sakinleşmişti, yüzü tatlı bir gülümsemeyle parlıyordu.

— Kocanı bırakacaksın ve hayatımızı birleştireceğiz.

— Böyle de hayatımız birleşik, –dedi Anna zor duyulur bir sesle.

— Evet, ama tam olarak birleştireceğiz.

— Ama nasıl, Aleksey, anlat bana, nasıl? –dedi Anna durumunun çaresizliğiyle acı acı alay ederek.– Bu durumdan çıkış yolu var mı? Ben kocamın karısı değil miyim?

— Her durumdan bir çıkış yolu vardır. Yeter ki karar verilsin, –dedi Vronskiy.– Her şey, senin içinde yaşadığın durumdan daha iyidir. Her konuda, sosyeteyle, oğlunla, kocanla ilgili nasıl acı çektiğini görüyorum.

— Ah, bir tek kocam acı vermiyor, –dedi alaylı bir gülümsemeyle.– Onu tanımıyorum, onu düşünmüyorum. O yok.

— İçten konuşmuyorsun. Seni tanıyorum. Kocan konusunda da acı çekiyorsun.

— Evet, o da bilmiyor, –dedi Anna ve bir anda yüzü kıpkırmızı oldu; yanakları, alnı, boynu kızardı ve gözlerine utanç gözyaşları doldu.– Hem, ondan söz etmeyelim.

XXIII

Vronskiy, şimdiki kadar kararlı olmasa da daha önce birkaç kez Anna'yı içinde bulunduğu durumu düşünmesi için yönlendirmeyi denemiş ve her seferinde biraz önceki çağrısına gösterdiği yüzeysellik ve hafiflikle karşılaşmıştı. Sanki bunda Anna'nın anlayamadığı ya da anlamak istemediği bir şey vardı, sanki bundan söz etmeye başlar başlamaz gerçek Anna kendi içinde bir yere kaçıyor ve Vronskiy'e yabancı, onun sevmediği, korktuğu, ona karşı koyan bambaşka, tuhaf bir kadın ortaya çıkıyordu. Ama Vronskiy bugün her şeyi söylemeye karar vermişti.

Vronskiy her zamanki kararlı ve sakin ses tonuyla:

— Onun bilip bilmemesi bizi ilgilendirmez. Biz... yani siz özellikle şimdi bu halde kalamazsınız.

— Sizce ne yapmalıyım? –diye sordu Anna aynı alaycılıkla. Vronskiy'in, hamileliğini kolayca kabullenmeyeceğinden korkan Anna'nın, şimdi onun bundan bir şeyler yapmak gerektiği sonucunu çıkartmasına canı sıkılmıştı.

— Ona her şeyi açıklayıp, ayrılmalısınız.

— Çok güzel; bunu yaptım diyelim, –dedi Anna.– Bundan ne çıkacağını biliyor musunuz? Ben size peşin peşin anlatayım, –

dedi ve bir dakika önce tatlı tatlı bakan gözlerinde kötü bir ışık parladı.– "Yaa, bir başkasını seviyorsunuz ve onunla suç sayılacak bir ilişkiye girdiniz demek? (Anna kocasını taklit ederek, tıpkı Aleksey Aleksandroviç'in yaptığı gibi, *suç* sözcüğünün üzerine basarak söylemişti bunu.) Sizi din, toplum ve aile ilişkileri açısından bunun doğuracağı sonuçlar konusunda uyarmıştım. Beni dinlemediniz. Şimdi ben adıma... –ve oğlumun adına demek istiyordu Anna, ama oğlunu alay konusu yapamazdı,– evet adıma leke sürdürtemem," ve bu türden başka şeyler söyleyecektir, –diye ekledi. Genel olarak kendi resmi tavrıyla beni serbest bırakamayacağını, ama bir rezaleti durdurmak için kendisine bağlı önlemleri alacağını da açık ve net olarak söyleyecektir. Dediğini de sükûnetle ve kelimesi kelimesine yapacaktır. İşte bunlar olacak. –Anna, Aleksey Aleksandroviç'in vücut hatlarının, konuşma tarzı ve karakterinin bütün ayrıntılarını gözünün önüne getirerek ve kocasına karşı korkunç bir suç işlediği için kocasında sadece kötü şeyler bularak ve bütün bu kötü şeyleri onun suçu sayarak,– O, insan değil, bir makinedir, kızdığı zaman ise kin dolu bir makinedir, –diye ekledi.

Vronskiy yumuşak, inandırıcı sesiyle Anna'yı sakinleştirmeye çalışarak:

— Ama Anna, yine de ona söylemek, sonra da onun davranışına göre hareket etmek gerek.

— Yani kaçalım mı?

— Neden kaçmayalım? Bunu sürdürme olanağı görmüyorum ben. Hem kendim için değil, sizin acı çektiğinizi görüyorum.

— Evet, kaçalım ve ben sizin metresiniz olayım, öyle mi? –dedi Anna hırsla.

— Anna! –dedi Vronskiy tatlı bir sitemle.

— Evet, –diye devam etti,– sizin metresiniz olmak ve her şeyi mahvetmek...

Yine "oğlumu" demek istedi, ama bu sözcüğü söyleyemedi.

Vronskiy, güçlü ve dürüst tabiatıyla onun yalan dolanla dolu bu duruma nasıl katlanabildiğini, bu durumdan neden kurtulmak istemediğini anlayamıyordu; fakat bunun başlıca nedeninin Anna'nın bir türlü söyleyemediği *oğul* sözcüğü olduğunu tahmin edemiyordu. Anna, oğlunu ve onun, babasını terk etmiş olan annesine karşı ileride takınacağı tavrı gözünün önüne getirdiğinde yaptığı şeyden öylesine korkunç bir dehşete kapılıyordu ki, hiçbir şey düşünmüyor, bir kadın olarak her şeyin eskisi gibi kalması ve oğlunun ne olacağına ilişkin o korkunç soruyu unutabilmek için, sadece ve sadece kendisini birtakım yalan düşüncelerle ve sözlerle rahatlatmaya çalışıyordu.

Birden Vronskiy'in elini tutup, bambaşka, içten ve tatlı bir ses tonuyla:

— Senden rica ediyorum, sana yalvarıyorum, benimle bu konuyu bir daha asla konuşma! –dedi.

— Ama Anna...

— Asla. Beni kendi halime bırak. Durumumun bütün alçaklığını, bütün korkunçluğunu biliyorum; ama bu, öyle senin sandığın kadar kolay çözümlenecek bir şey değil. Beni kendi halime bırak ve sözümü dinle. Benimle bu konuyu bir daha hiç konuşma. Bana söz veriyor musun?.. Yo, yo, söz ver!..

— Hepsine söz veriyorum, ama özellikle söylediğin şeyden sonra rahat olamam. Sen rahat olmadığın zaman ben de rahat olamam...

— Ben! –diye tekrarladı Anna.– Evet, ben bazen acı çekiyorum; ama eğer benimle bu konuyu bir daha hiçbir zaman konuşmayacak olursan, bu acılar geçecektir. Benimle bunu konuştuğun zaman beni üzersin sadece.

— Anlamıyorum, –dedi Vronskiy.

— Yalan söylemenin senin dürüst yapına ne kadar ağır geldiğini biliyorum, –diye onun sözünü kesti Anna,– ve sana acıyorum. Sık sık benim için hayatını mahvettiğini düşünüyorum.

— Şimdi ben de aynı şeyi düşünüyordum, –dedi Vronskiy.– Benim yüzümden her şeyi nasıl feda ettin. Mutsuz olduğun için kendimi affedemiyorum.

Anna, Vronskiy'e yaklaşarak ve heyecanlı bir aşk gülümsemesiyle ona bakarak:

— Ben mi mutsuzum? –dedi.– Ben, kendisine yiyecek verilen aç bir insan gibiyim. Üşüyordur, giysileri yırtık pırtıktır, utanıyordur belki, ama mutsuz değildir. Ben mutsuz muyum? Hayır, işte benim mutluluğum...

Dönmekte olan oğlunun sesini duymuştu. Terasa hızlı bir bakış atıp, birden ayağa kalktı. Bakışları, Vronskiy'in iyi bildiği ateşle tutuştu, hızlı bir hareketle yüzüklerle süslü güzel ellerini kaldırdı, genç adamın başını tuttu, uzun uzun yüzüne baktı ve aralık dudaklarıyla gülümseyen kendi yüzünü yaklaştırıp onu ağzından ve iki gözünden çabucak öptükten sonra kendinden uzaklaştırdı. Gitmek istedi, ama Vronskiy onu bırakmadı.

Heyecanla Anna'nın yüzüne bakarak fısıltıyla:

— Ne zaman? –dedi.

— Bugün, saat birde, –diye fısıldadı Anna ve ağır ağır iç çekip, hafif, hızlı adımlarla oğlunu karşılamaya gitti.

Seryoja yağmura büyük bahçede yakalanmıştı ve dadısıyla birlikte kameriyede oturmuşlardı.

— Pekâlâ, görüşmek üzere, –dedi Vronskiy'e.– Şimdi hemen yarışlara gitmeniz gerek. Betsi gelip beni almaya söz vermişti.

Vronskiy saatine göz atıp, hızla uzaklaştı.

XXIV

Vronskiy, Kareninlerin balkonunda saatine baktığında öylesine heyecanlı ve düşünceleriyle o kadar meşguldü ki, saatin kadranı üzerindeki akrep ve yelkovanı görmüş, ama saatin kaç olduğunu anlayamamıştı. Şoseye çıktı, çamurlara dikkatle basarak arabasına doğru yürümeye başladı. İçi Anna'ya karşı öyle duygularla dolup taşıyordu ki, saatin kaç olduğunu, Bryanskiy'e gidecek zamanı kalıp kalmadığını düşünmemişti. Sık sık görülen bir şey olmuş, belleğinin neden sonra neyin yapılması gerektiğini gösteren dış yeteneği kalmıştı ancak. Gür yapraklı bir ıhlamur ağacının artık yana kaymış gölgesinde, arabacı yerinde uyuklayan arabacının yanına yaklaştı, terli atların üzerinde dönüp duran sinek sürülerine hayran hayran baktı ve arabacıyı uyandırıp, arabaya atladı, Bryanskiy'e gitmesini emretti. Ancak yedi verst kadar yol aldıktan sonra saatine bakacak kadar aklı başına gelmiş, saatin beş buçuk olduğunu ve geç kaldığını anlamıştı.

O gün muhafızların yarışı, sonra subayların iki verstlik ve dört verstlik yarışlarıyla, Vronskiy'in katılacağı yarış olmak üzere birkaç yarış yapılacaktı. Kendi yarışına yetişebilirdi, ama eğer Bryanskiy'e gidecek olursa ucu ucuna yetişebilecek, o gittiğinde tüm saray ileri gelenleri yerlerini almış olacaklardı. Bu iyi bir şey değildi. Ama Bryanskiy'e geleceğini söylemişti ve arabacıya atlara acımamasını emredip, yoluna devam etmeye karar verdi.

Bryanskiy'in evine gitti, beş dakika kaldı ve hızla geri döndü. Bu hızlı yolculuk onu yatıştırmıştı. Anna'yla ilişkilerindeki güçlükler, konuşmalarından sonra devam eden belirsizlik, bütün her şey kafasından çıkıp gitmişti; şimdi zevkle ve heyecanla yarışı, her şeye rağmen yarışa yetişeceğini düşünüyor ve o geceki buluşmanın verdiği mutluluk umudu ara sıra hayalinde parlak bir ışık halinde parlıyordu.

Yazlık evleri ve Petersburg'dan yarışlara giden arabaları geride bıraktıkça yarış atmosferine daha çok giriyor, biraz sonraki koşunun heyecanı onu iyiden iyiye sarıyordu.

Evinde kimse kalmamıştı; hepsi yarışlara gitmişti, uşağı da onu kapıda bekliyordu. Vronskiy üstünü değiştirirken uşak, ikinci koşuların başladığını, çok sayıda beyefendinin onu sorduğunu ve tavladan iki kez bir çocuğun koşa koşa geldiğini bildirdi.

Acele etmeden (hiçbir zaman acele etmez ve soğukkanlılığını yitirmezdi) üstünü değiştiren Vronskiy, arabacıya barakalara doğru sürmesini emretti. Barakaların oradan yarış alanının çevresini saran araba, yaya, asker denizini ve insanların kaynaştığı pavyonları görebiliyordu. Galiba ikinci koşu yapılıyordu, çünkü barakaya girdiği sırada bir kampana sesi duymuştu. Tavlaya yaklaşırken Mahotin'in mavi şeritlerle kulaklarını kocaman gösteren mavili turuncu bir çulla yarış alanına götürülen ak ayaklı al atı Gladyatör'ü gördü.

— Cord nerede? –diye sordu seyise.

— Tavlada, atı eyerliyor.

Fru-Fru kapısı açık duran bölmesinde eyerlenmiş durumdaydı. Atı götürmeye hazırlanıyorlardı.

— Geç mi kaldım?

— All right! All right! Her şey yolunda, her şey yolunda, –dedi İngiliz,– heyecanlanmayın.

Vronskiy, bütün gövdesiyle titreyen sevgili güzel atına bir kez daha göz attı ve bu güzel manzaradan zorla ayrılarak barakadan çıktı. Hiç kimsenin dikkatini üzerine çekmeyecek en uygun anda pavyonlara gitti. İki verstlik koşu henüz bitmişti ve bütün gözler, atlarını var güçleriyle süren ve direğe yaklaşmakta olan öndeki hassa süvari subayıyla onun arkasındaki muhafız subayına dikilmişti. Çemberin ortasından ve dışından herkes direğe doğru sıkışıyordu ve hassa süvari grubundan askerlerle, subaylar, arkadaşlarının beklenen zaferinin yarattığı sevinci yüksek sesle ifade ediyorlardı. Vronskiy, tam koşunun bittiğini haber veren kampananın çalındığı ve birinci gelen, çamura bulanmış ve eyerin üzerine yığılmış uzun boylu hassa süvari subayının terden rengi kararmış, zorlukla soluk alan gri aygırının dizginlerini elinden bıraktığı anda kimseye fark ettirmeden kalabalığın arasına karıştı.

Adım atmakta zorlanan aygır, uzun bedeninin hızlı yürüyüşünü yavaşlattı ve hassa süvari subayı derin uykudan uyanmış bir adam gibi çevresine bakındı, zorla gülümsedi. Arkadaşlarından ve başkalarından oluşan bir kalabalık subayın çevresini sardı.

Vronskiy, pavyonların önünde ölçülü ve rahat bir şekilde dolaşıp, sohbet eden seçkin, yüksek sosyete kalabalığından bilerek uzak duruyordu. Kalabalığın arasında Karenina'yı, Betsi'yi, kardeşinin karısını gördü ve oyalanmamak için yanlarına gitmedi. Fakat karşılaştığı tanıdıklar sürekli onu durduruyor, önceki koşuların ayrıntılarını anlatıyor ve neden geç kaldığını soruyorlardı.

Yarışa katılanların ödüllerini almak üzere pavyona çağrıldıkları ve herkesin o tarafa döndüğü sırada Vronskiy'in yanına ağabeyi Aleksandr geldi. Aleksandr Vronskiy orta boylu, tıpkı Aleksey gibi tıknaz, ama ondan daha yakışıklı ve pembe yanaklı, sarhoşlara özgü kırmızı burunlu, yüz ifadesi samimi, kordonlu albay rütbesinde biriydi.

— Notumu aldın mı? –dedi Aleksandr Vronskiy.– Seni bulmak mümkün değil.

Aleksandr Vronskiy, eğlence düşkünü, özellikle de ün kazandığı sarhoş yaşantısına karşın tam bir saray adamıydı.

Şimdi kardeşiyle, onun için hiç hoş olmayan bir konuda konuşurken, pek çok kişinin gözlerinin üzerlerinde olabileceğini bilerek sanki kardeşiyle önemsiz bir konuda şakalaşıyormuş gibi gülümseyen bir yüz ifadesi takınmıştı.

— Notunu aldım, *sen* neden endişeleniyorsun, doğrusu anlamıyorum, –dedi Aleksey.

— Biraz önce burada olmadığını fark ettiğim ve pazartesi günü de seni Peterhof'da görenler olduğu için endişeleniyorum.

— Sadece doğrudan ilgili kişilerin konuşacağı konular vardır, senin endişelendiğin konu da işte böyle bir konu...

— Evet, ama o zaman da görevlerini yapmamış olurlar...

— Senden karışmamanı rica ediyorum, hepsi bu.

Aleksey Vronskiy'in asık suratı bembeyaz oldu ve öne doğru çıkık alt çenesi titredi. Ender olarak böyle bir şey olurdu. Çok iyi yürekli bir insan olarak pek seyrek öfkelenirdi, ama öfkelendiği ve alt çenesi titrediği zaman da tehlikeli biri haline gelirdi. Bunu iyi bilen Aleksandr Vronskiy neşeyle gülümsedi.

— Sadece annemin mektubunu vermek istemiştim. Ona yanıt ver ve koşu öncesinde canını sıkma. Bonne chance, –diye ekledi gülümseyerek ve kardeşinin yanından uzaklaştı.

Ancak hemen onun arkasından yine dostça bir selam Vronskiy'i durdurdu.

— Dostlarını tanımak istemiyorsun! Merhaba, mon cher! –dedi Stepan Arkadyiç. Burada, Moskova'dakinden geri kalmayan bu Petersburg şatafatı içinde pespembe yüzüyle ve taranmış briyantinli favorileriyle pırıl pırıl parlıyordu.– Dün geldim, senin zaferini göreceğim için de çok memnunum. Ne zaman görüşeceğiz?

— Yarın subay lokaline uğra, –dedi Vronskiy, sonra Stepan Arkadyiç'in pardösüsünün kolundan tutup özür dileyerek engelli büyük yarışlar için atların getirildiği koşu alanının ortasına doğru uzaklaştı.

Yarış sonunda ter içinde kalmış, bitkin düşmüş atlar seyisleri tarafından yerlerine götürülüyor ve bir sonraki yarış için başlıklarıyla, sıkıştırılmış karınlarıyla kocaman garip kuşları andıran yeni, büyük bölümü İngiliz olan dinç atlar birbiri ardına ortaya çıkıyordu. Esnek ve oldukça uzun bileklerinin üzerinde yaylıymış gibi yürüyen güzeller güzeli narin Fru-Fru'yu sağ tarafa götürüyorlardı. Onun biraz ötesinde uzun kulaklı Gladyatör'ün çulunu alıyorlardı üstünden. Aygırın olağanüstü sağrısı ve son derece kısa, toynaklarının üzerine oturmuş gibi duran bilekleriyle iri, güzel ve son derece düzgün hatları Vronskiy'in dikkatini ister istemez üzerine çekiyordu. Vronskiy atının yanına gitmek istiyordu, ama bir tanıdığı onu durdurmuştu yine.

Tanıdığı, tam konuşurlarken:

— A, bak Karenin! –dedi.– Karısını arıyor, ama karısı pavyonun orta kısmında. Onu görmediniz mi?

— Hayır, görmedim, –diye yanıtladı Vronskiy ve Karenina'nın olduğu söylenen pavyona hiç bakmadan atının yanına gitti.

Yarışmacılar, numaralarını çekmek ve başlangıç yerlerini belirlemek için pavyona çağrıldıklarından Vronskiy, eyerini gözden geçirmesi ve eyeriyle ilgili emir vermesi gerektiği halde buna vakit bulamadı. On yedi subay, ciddi, sert ve pek çoğu keten gibi solgun yüzleriyle pavyona gelip numaralarını çektiler. Vronskiy'e yedi numara çıkmıştı. "At bin!" komutu duyuldu.

Diğer yarışçılarla birlikte bütün gözlerin dikildiği bir merkez olduğunu hisseden Vronskiy, gergin bir halde atının yanına gitti. Böyle gergin hallerde genellikle yavaş ve sakin hareket ederdi. Cord, yarışların şerefine tören giysisini giymişti: düğmeli, siyah bir redingot, yanaklarına dayanmış, kaskatı kolalı yakalık, yuvarlak siyah bir şapka ve uzun süvari çizmeleri. Her zamanki gibi sakin ve ciddiydi, atın önünde durmuş, iki dizginini de kendisi tutuyordu. Fru-Fru sıtma nöbeti geçiriyormuş gibi titremeye devam ediyordu. Alev saçan gözü yanına yaklaşmakta olan Vronskiy'den yana eğildi. Vronskiy parmağını kolanın altına soktu. At, daha çok yan bakmaya başladı, dişlerini gösterdi ve kulağını kıstı. İngiliz, at eyerleme şeklinin gözden geçirilmesine güldüğünü belirtmek isteğiyle dudaklarını büzdü.

— Bininiz, daha az heyecanlanırsınız.

Vronskiy rakiplerine son defa göz attı. Yarış sırasında artık onları görmeyeceğini biliyordu. İki kişi şimdiden öne, başlamaları gereken yere geçmişlerdi. Tehlikeli rakiplerden biri ve Vronskiy'in arkadaşı olan Galtsin, binmesine izin vermeyen doru aygırın çevresinde dönüp duruyordu. Dapdaracık pantolon giymiş ufak tefek bir hassa subayı, İngilizlere öykünme isteğiyle atının sağrısı üzerinde kedi gibi sırtını kabartmış, dörtnala gidiyordu. Prens Kuzovlev, Grabovskiy harasından alınma safkan kısrağının üzerinde solgun bir yüzle oturuyordu. Kısrağın dizginlerini bir İngiliz tutuyordu. Vronskiy ve bütün arkadaşları Kuzovlev'i tanıyor, sinirlerinin "zayıflığını" ve onuruna korkunç şekilde düşkün olduğunu biliyorlardı. Her şeyden korktuğunu, eğitilmiş ata bile binmekten korktuğunu da biliyorlardı; fakat şimdi Kuzovlev, sırf korkunç bir yarış olduğu için, insanlar boyunlarını kırdıkları, her engelin yanında bir doktor, üzerinde haçıyla ve hemşiresiyle bir hasta arabası durduğu için bu yarışa katılmaya karar vermişti. Göz göze geldiler, Vronskiy ona dostça ve takdir edercesine göz kırptı. Yalnız birini, en büyük rakibini, Gladyatör'e binen Mahotin'i göremiyordu.

Cord, Vronskiy'e:

— Acele etmeyin, –dedi,– bir tek şeyi aklınızdan çıkarmayın: Engellerin önünde atı dizginlemeyin de, sürmeyin de, bırakın istediğini kendi seçsin.

Vronskiy dizginleri aldıktan sonra:

— Tamam, tamam, –dedi.

— Eğer yapabilirseniz, öne geçip yarışı yönetin; arkada kalırsanız da son dakikaya dek umutsuzluğa kapılmayın.

Vronskiy, esnek ve güçlü bir hareketle çentikli çelik üzengiye ayağını basarken, tıknaz gövdesini kolayca ve sert bir şekilde eyerin gıcırdayan derisinin üzerine yerleştirirken kısrak kımıldayacak zaman bulamadı. Sağ ayağını üzengiye geçirip, dizginlerin iki ucunu alışkın bir hareketle parmakları arasında dengeledi ve Cord ellerini bıraktı. Fru-Fru sanki önce hangi ayağını atacağını bilmeksizin uzun boynuyla dizginleri gererek ve esnek sırtında binicisini sarsarak yaylanır gibi harekete geçti. Cord adımlarını hızlandırarak arkalarından yürüyordu. Huylanan kısrak binicisini aldatmaya çalışarak dizginlere bir o taraftan, bir bu taraftan asılıyordu, Vronskiy ise sesiyle ve eliyle boşuna onu sakinleştirmeye çalışıyordu.

Yönlerini yarışa başlayacakları yere çevirerek bir bentle önü kesilmiş olan dereye yaklaşıyorlardı. Yarışçıların bir kısmı önde, bir kısmı da arkadaydı. Vronskiy bir anda arkasında yolun çamuru içinde dörtnala koşan bir atın ayak seslerini duydu ve ak ayaklı, uzun kulaklı Gladyatör'ünün sırtında Mahotin yanından geçip gitti. Mahotin uzun dişlerini göstererek gülümsedi, Vronskiy ise ona öfkeyle baktı. Vronskiy,

Mahotin'i sevmezdi, şimdi de onu en tehlikeli rakibi olarak görüyordu ve yanından dörtnala geçerek atını heyecanlandırması Vronskiy'in canını sıkmıştı. Fru-Fru sol ayağıyla dörtnala kalktı ve iki kere sıçradı, sonra gergin dizginlere sinirlenerek binicisini zıplatan bir tırısa geçti. Cord da suratını asmış, Vronskiy'in ardından âdeta koşuyordu.

XXV

Toplam on yedi subay yarışıyordu. Yarış, pavyonun önündeki dört verstlik elips biçimindeki büyük bir alanda yapılacaktı. Bu alanda dokuz tane engel kurulmuştu: bir dere, tam pavyonun önünde iki arşınlık büyük yekpare bir engel, kuru bir hendek, sulu bir hendek, dik bir yamaç ve en zor engellerden biri, İrlanda tabyası denilen engel. Bu engel, içine çalı çırpı doldurulmuş, arkasında atların göremediği bir hendek daha bulunan, bu yüzden atın her iki engeli de aşmak zorunda olduğu ya da düşüp sakatlanacağı bir engeldi; sonra iki sulu ve bir kuru hendek daha vardı ve yarışın bitiş noktası pavyonun karşısıydı. Fakat yarış, alanın içinden değil, yüz sajen dışından başlıyordu ve bu mesafede bir tek engel vardı: binicilerin isterlerse üzerinden atlayabilecekleri ya da atı yürüterek geçebilecekleri üç arşın genişliğinde, önü bentle kapatılmış bir dere.

Biniciler üç kez hizaya girdi, ama her seferinde içlerinden birinin atı hizayı bozdu ve yeniden hizaya girmeleri gerekti. Yarışı yöneten Albay Sestrin artık kızmaya başlamıştı, sonunda dördüncü kez "Marş! Marş!" diye bağırdı ve biniciler ileri atıldı.

Biniciler hizaya girdikleri sırada bütün gözler, bütün dürbünler alacalı bulacalı bu kümeye yönelmişti.

Bekleme sırasındaki sessizlikten sonra her yandan "Çıktılar! Yarış başladı!" sesleri duyuldu.

Gerek gruplar halinde, gerekse tek tek insanlar daha iyi görebilmek için oradan oraya koşuşmaya başladı. İlk anda toplu halde olan yarışçılar birbirlerinden koptu ve birbiri ardından dereye doğru ikişer, üçer yaklaştıkları görüldü. İzleyicilere hepsi bir arada koşuyormuş gibi görünüyordu; ama biniciler için aralarında kendi açılarından büyük önem taşıyan saniyelik farklar vardı.

Heyecanlı ve son derece sinirli olan Fru-Fru ilk fırsatı kaçırmış, atlardan birkaçı önüne geçmişti. Ancak Vronskiy, dizginlere asılmış olan atı bütün gücüyle tutarak daha dereye gelmeden atların üçünü kolayca geçti ve önünde sadece Vronskiy'in burnunun dibinde sağrısı düzgün ve rahat bir hareketle sallanan Mahotin'in al atı Gladyatör ve en önde de sağ mı ölü mü belli olmayan Kuzovlev'i taşıyan güzel Diana kaldı.

İlk anlarda Vronskiy henüz ne kendisine, ne de atına hâkim değildi. İlk engel olan dereye gelmeden önce atın hareketlerini yönetemiyordu.

Gladyatör'le Diana birlikte ve hemen hemen aynı anda yaklaşıp, aynı anda derenin üzerinde yükseldiler ve öbür tarafa âdeta uçarak geçtiler; onların arkasından Fru-Fru hiç fark ettirmeden uçarcasına yükseldi, fakat Vronskiy'in tam kendisini havada hissettiği sırada birden hemen hemen atının ayaklarının altında, derenin öbür kıyısında Diana'yla birlikte yerde debelenen Kuzovlev'i gördü (Kuzovlev, atladıktan sonra dizginleri bırakmıştı ve at onunla birlikte tepetaklak uçmuştu). Vronskiy bu ayrıntıları sonradan öğrenmişti, şimdi ise gördüğü tek şey, tam ayaklarının altında, Fru-Fru'nun ayaklarını basması gereken yerde Diana'nın ayağının ya da kafasının olabileceğiydi. Fakat Fru-Fru yere düşen bir kedi gibi, atlarken ayaklarıyla ve sırtıyla çabalayarak yerdeki atı geçip daha ileride bir yere bastı.

"Ah, canım!" diye geçirdi içinden Vronskiy.

Vronskiy, dereden sonra ata tamamen hâkim oldu ve büyük engeli Mahotin'in ardından atlamak ve bir sonraki, iki yüz sajen kadar uzunluktaki engelsiz alanda onu geçmek niyetiyle atını tutmaya başladı. Büyük engel, tam çar pavyonunun önündeydi. Tüm saray erkânıyla halkın oluşturduğu kalabalık, şeytana (yekpare engele böyle diyorlardı) yaklaştıkları sırada ikisine, yani ona ve bir at boyu önünde giden Mahotin'e bakıyordu. Vronskiy her yönden üzerine dikilmiş gözleri hissediyordu. Ancak kısrağının kulaklarından ve boynundan, altında ters yönde giden topraktan, Gladyatör'ün önünde hep aynı mesafede, hızla sallanan sağrısından ve beyaz ayaklarından başka bir şey görmüyordu. Gladyatör hiçbir yere çarpmadan yükseldi, kısa kuyruğunu salladı ve Vronskiy'in gözlerinin önünden kayboldu.

— Bravo! –diye bağırdı bir ses.

Aynı anda Vronskiy'in tam önünde engelin tahtaları görünüp kayboldu. Kısrak, hareketinde en ufak bir değişiklik olmadan yükseldi; tahtalar gözden kayboldu ve sadece arkadan bir çarpma sesi duyuldu. Önünde koşan Gladyatör'e sinirlenen kısrak, engele geldiğinde çok erken yükselmiş ve arka toynağını engele çarpmıştı. Fakat koşması değişmemişti, Vronskiy ise yüzüne bir topak çamur sıçrayınca, Gladyatör'le aralarında yine aynı mesafe olduğunu anlamıştı. Gladyatör'ün sağrısını, kısa kuyruğunu ve hızla koşan, ama arayı açamayan beyaz ayaklarını yine önünde görüyordu.

Tam Vronskiy'in artık Mahotin'i geçmesi gerektiğini düşündüğü anda Fru-Fru, sanki aklından geçeni anlamış gibi hiçbir isteklendirme olmaksızın iyice hızlandı ve en uygun taraftan, ipin gerili olduğu taraftan Mahotin'e yaklaşmaya başladı. Mahotin ip tarafını bırakmıyordu. Vronskiy, dıştan dolaşarak da geçilebileceğini düşünür düşünmez Fru-Fru ayak değiştirdi ve tam da bu şekilde koşmaya başladı. Fru-Fru'nun artık terden iyice koyulaşmaya başlamış olan omzu Gladyatör'ün sağrısıyla aynı hizaya gelmişti. Birkaç adım sonra yan yanaydılar. Fakat Vronskiy, yaklaştıkları engelin önünde geniş bir daire çizmemek için dizginlerle oynamaya başladı ve tam dik yamaçta Mahotin'i hızla geçti. Bir an Mahotin'in çamura bulanmış yüzünü gördü. Hatta Mahotin ona gülümsüyormuş gibi geldi. Vronskiy Mahotin'i geçmişti, fakat şimdi onu tam arkasında hissediyordu, Gladyatör'ün düzgün koşusunu ve burnundan kesik kesik, ancak hâlâ son derece canlı çıkan soluğunu sürekli ensesinde duyuyordu. Daha sonraki iki engel, hendek ve set kolayca geçilmişti, ama Vronskiy, Gladyatör'ün soluğunu ve ayak seslerini daha yakından duymaya başlamıştı. Atını sürdü ve onun kolayca hızlandığını sevinçle hissetti, Gladyatör'ün ayak sesi önceki mesafeden tekrar duyuldu.

Vronskiy, kendi istediği ve Cord'un ona öğütlediği şeyi yapmış, başa geçmişti, artık başarısından emindi. Heyecanı, sevinci ve Fru-Fru'ya olan sevgisi gitgide artıyordu. Başını çevirip geriye bakmak istedi, ama bunu yapamadı. Kendisini sakinleştirmeye ve Gladyatör'de kaldığını hissettiği kadar gücün kendi atında da kalması için onu fazla zorlamamaya çalışıyordu. Bir tek en zor engel kalmıştı; eğer bu engeli diğerlerinden önde geçerse birinci gelecekti. Atını İrlanda tabyasına doğru sürdü. Fru-Fru'yla birlikte bu engeli daha uzaktan görmüştü ve her ikisi de, kendisi de, atı da bir anlık bir kuşkuya kapıldılar. Atın kararsızlığını kulaklarından anlamış ve kamçısını havaya kaldırmıştı, ama hemen o anda kuşku falan olmadığını hissetti: At ne yapması gerektiğini biliyordu. Hızını artırdı, ölçülü ve Vronskiy'in tahmin ettiği doğrulukta yükseldi, yerden uzaklaşıp kendini hendeğin epey ötesine götürecek atalet gücüne bıraktı ve Fru-Fru, yine aynı tempoyla, hiç fazla çaba harcamadan, yine aynı ayağıyla koşusuna devam etti.

— Bravo Vronskiy! –sesleri geldi kulağına. Alayının ve arkadaşlarının bu engelin yanında durduklarını biliyordu; Yaşvin'in sesini tanımamasına olanak yoktu; ama onu görmüyordu.

Arkasında olanlara kulak vererek "Ah, benim güzelim!" –diye Fru-Fru'yu düşündü. Arkadan Gladyatör'ün atlayışını işitip "Atladı!" –diye geçirdi içinden. Geriye iki arşın genişliğinde, içi su dolu son hendek kalıyordu sadece. Vronskiy bu engele bakmıyordu bile, ama birinci olmak isteğiyle koşuya uygun şekilde atın başını kaldırıp indirerek dizginlerle dairesel biçimde oynamaya başladı. Kısrağın kalan son gücüyle koştuğunu hissediyordu; hayvanın yalnız boynu ve omuzları terli değildi, iki omzunun arası, kafası, sivri kulakları boncuk boncuk terlemişti, sert, kısa kısa soluyordu. Ancak Vronskiy, atın gücünün kalan iki yüz sajeni koşmaya fazlasıyla yeteceğinin farkındaydı, çünkü kendisini yere daha yakın hissediyordu ve hareketinin yumuşaklığından atının hızını ne kadar artırdığını biliyordu. Hendeğin üzerinden farkına varmadan atladı. Hendeği kuş gibi uçarak geçmişti; fakat Vronskiy, tam o anda atın hareketine yetişemeyerek, kendisi de nasıl olduğunu anlamadan eyerin üzerine çöküp, çok kötü, bağışlanmaz bir hareket yaptığını hissetti korku içinde. Bir anda durumu değişmiş, korkunç bir şey olduğunu anlamıştı. Daha ne olduğunun bilincine varamadan al aygırın beyaz ayakları tam yanında görünüp kaybolmuş ve Mahotin dörtnala geçip gitmişti. Vronskiy'in bir ayağı yere değiyordu ve kısrağı bu ayağın üzerine yıkılıyordu. Ayağını zar zor kurtarmıştı ki, hayvan ağır ağır hırıldayarak ve ayağa kalkmak için terli, ince boynuyla boş yere çaba harcayarak bir yanına devrildi, yerde Vronskiy'in ayaklarının dibinde vurulmuş bir kuş gibi çırpınmaya başladı. Vronskiy'in yaptığı beceriksizce hareket hayvanın belini kırmıştı. Ama Vronskiy bunu çok daha sonra anladı. Şimdi ise sadece Mahotin'in hızla uzaklaştığını, kendisinin yalpalayarak tek başına çamurlu toprağın üstünde dikildiğini, önünde Fru-Fru'nun ağır ağır soluyarak yattığını ve başını ona çevirmiş, güzel gözleriyle kendisine baktığını görüyordu. Vronskiy, ne olduğunu henüz anlamadan atı dizginlerinden çekti. Hayvan eyerin kanatlarını gıcırdatarak tekrar balık gibi çırpınmaya başladı, ön ayaklarının üzerinde kalkmak istedi, ama sağrısını kaldıracak gücü yoktu, hemen yoruldu ve yine yana devrildi. Vronskiy, hırstan yüzü çirkinleşmiş, benzi atmış ve alt çenesi titreyerek ökçesiyle hayvanın karnına vurdu ve tekrar dizginleri çekmeye başladı. Fakat at hareket etmiyor, burnunu toprağa sokmuş, konuşan bakışlarını sahibine dikmişti.

Başını ellerinin arasına alan Vronskiy:

— Ah! –diye bağırdı.– Ah! Ben ne yaptım! Yarışı kaybettim! Hem de kendi yaptığım, utanılacak, bağışlanmayacak bir hata yüzünden! Ya bu talihsiz, mahvolmuş kısrak! Ah! Ben ne yaptım!

Seyirciler, doktor, sağlık memuru, Vronskiy'in alayından subaylar yanına koşuyorlardı. Sapasağlam olduğu ve yaralanmadığı için üzülüyordu. Atın beli kırılmıştı ve vurulmasına karar verildi. Vronskiy sorulara yanıt veremiyor, hiç kimseyle konuşamıyordu. Başından fırlayıp düşen kasketini almadan arkasını döndü, nereye gittiğini bilmeden koşu alanından uzaklaştı. Kendisini mutsuz hissediyordu. Hayatında ilk kez başına çok ağır bir felaket gelmişti, onarılması mümkün olmayan ve kendisinin suçlu olduğu bir felaket.

Elinde kasketle Yaşvin arkasından yetişip onu eve götürdü. Vronskiy yarım saat sonra kendine geldi. Ancak bu yarışın anısı, hayatının en ağır ve en acı anısı olarak uzun süre içinde yaşadı.

XXVI

Aleksey Aleksandroviç'in karısıyla görünürdeki ilişkileri eskisi gibiydi. Tek fark, eskisine göre işlerinin daha fazla olmasıydı. Eski yıllarda olduğu gibi, kışın fazla çalışmaktan bozulan sağlığını düzeltmek için bahar gelir gelmez yurtdışında bir kaplıcaya gitmiş ve her zamanki gibi temmuzda dönüp hemen artan enerjisiyle her zamanki işine sarılmıştı. Her zaman olduğu gibi karısı yazlığa taşınmış, Aleksey Aleksandroviç ise Petersburg'da kalmıştı.

Prenses Tverskaya'nın verdiği akşam davetinden sonraki konuşmalarından bu yana Aleksey Aleksandroviç, duyduğu kuşkular ve kıskançlık konusunda bir daha Anna'yla konuşmamıştı ve her zamanki, alışılmış davranış tarzı, karısına karşı şimdiki ilişkileri açısından çok işe yaramıştı. Anna'ya biraz daha soğuk davranıyordu. O ilk gece karısının üzerine alınmadığı konuşma yüzünden ona karşı sadece ufak bir hoşnutsuzluk duyuyor gibiydi. Karısıyla ilişkilerinde bir gücenme söz konusuydu, hepsi o kadar. Sanki zihninden karısına hitap ederek "Benimle konuşmak istememen, senin için daha kötü oldu. Artık sen benimle konuşmak isteyeceksin, ama bu kez *ben* konuşmayacağım. Senin için daha kötü olacak," –diyordu; zihninden, bir yangını söndürmek için boş çabalar harcayan bir adamın boşuna uğraştığı için sinirlenip, "Öyleyse al sana! İşte böyle yanarsın!" demesi gibi.

Onun gibi işinde akıllı ve ince bir adam, karısına karşı davranışının çılgınlığını anlamıyordu. Bunu anlamıyordu, çünkü içinde bulunduğu durumu anlamak onu dehşete düşürüyordu ve ruhunda, ailesine, yani karısına ve oğluna karşı duygularının bulunduğu çekmeceyi kapatmış, kilitlemiş, mühürlemişti. Onun gibi dikkatli bir baba, bu kışın sonundan beri oğluna karşı çok soğuktu, ona karşı da karısına olduğu gibi alaycı bir davranış içindeydi. "Vay, delikanlı!" –diye hitap ediyordu oğluna.

Aleksey Aleksandroviç, daha önce hiçbir zaman bu yılki kadar işi olmadığını düşünüyor ve söylüyordu; ancak bu yılki işleri kendisinin icat ettiğinin, bunun, karısına ve ailesine beslediği duygu ve düşüncelerin bulunduğu çekmeceyi açmama yollarından biri olduğunun, bu duygu ve düşüncelerin orada durdukça daha da korkunç hale geldiğinin bilincinde değildi. Eğer biri çıkıp da Aleksey Aleksandroviç'e karısının hareketleri hakkında ne düşündüğünü sorabilseydi, uysal, sakin Aleksey Aleksandroviç hiçbir yanıt vermez, ama kendisine bu soruyu soran adama çok sinirlenirdi. Karısının sağlığını sorduklarında Aleksey Aleksandroviç'in yüzünde beliren gururlu ve sert ifade de bundan kaynaklanıyordu. Aleksey Aleksandroviç karısının hareketleri ve duygularıyla ilgili hiçbir şey düşünmek istemiyor, gerçekten de bu konuda hiçbir şey düşünmüyordu.

Aleksey Aleksandroviç'in daimi yazlık evi Peterhof'daydı. Kontes Lidiya İvanovna da genellikle yazın onlara komşu oturur ve Anna'yla sürekli ilişki içinde olurdu. Bu yıl Kontes Lidiya İvanovna Peterhof'a gelmekten vazgeçmiş, bir kere bile Anna Arkadyevna'ya uğramamış ve Aleksey Aleksandroviç'e Anna'nın, Betsi ve Vronskiy'le yakınlaşmasının uygunsuz bir durum olduğunu ima etmişti. Aleksey Aleksandroviç, karısının her türlü kuşkunun üstünde olduğu düşüncesini söyleyip, kontesi sert bir şekilde susturmuş ve o günden sonra da Kontes Lidiya İvanovna'dan kaçmaya başlamıştı. Sosyetede pek çok kişinin karısına yan gözle baktığını görmek istemiyor ve görmüyor, karısının neden Betsi'nin oturduğu ve Vronskiy'in alayının ordugâhına yakın olan Tsarskoye'ye gitmek için bu kadar ısrar ettiğini anlamak istemiyor ve anlamıyordu. Kendine bunları düşünme izni vermiyor ve düşünmüyordu; fakat kendisine itiraf etmese ve bu konuda kanıt şöyle dursun, herhangi bir kuşkusu dahi olmasa bile ruhunun derinlerinde yine de aldatılmış bir koca olduğunu kesinlikle biliyordu ve bundan büyük bir mutsuzluk duyuyordu.

Aleksey Aleksandroviç, karısıyla birlikte geçirdiği sekiz yıllık mutlu yaşamı sırasında sadakatsiz kadınlara ve aldatılmış kocalara bakarak kendi kendisine kim bilir kaç kez "Buna nasıl izin veriyorlar? Bu çirkin duruma neden son vermiyorlar?" demişti. Fakat şimdi felaket kendi başına geldiğinde sadece bu duruma son vermeyi düşünmemekle kalmıyor, üstelik bu durumu bilmeyi hiç istemiyordu. Bilmek istemiyordu, çünkü bu çok korkunç, çok anormal bir durumdu.

Aleksey Aleksandroviç yazlık eve yurtdışından döndüğünden beri iki kez gitmişti. Bir keresinde öğle yemeği yemiş, diğerinde konuklarla bir akşam geçirmiş, ama hiçbirinde de önceki yıllarda bir alışkanlık haline getirdiği şeyi yapmamış, gece kalmamıştı.

Yarış günü, Aleksey Aleksandroviç'in işinin çok olduğu bir gündü; ancak daha sabahtan kendisine bir program yapıp, öğle yemeğini erken bir saatte yedikten hemen sonra karısının yanına, yazlık eve, oradan da tüm saray erkânının geleceği, kendisinin de gitmesi gereken yarışlara gitmeye karar vermişti. Karısına uğramasının nedeni ise, haftada bir kez nezaketen yanına gitmeye karar vermiş olmasıydı. Ayrıca aynı gün, yani kurulu düzenlerine göre ayın on beşinde masraflar için karısına para vermesi gerekiyordu.

Her zamanki düşünce hâkimiyetiyle karısı hakkında bütün bunları etraflıca düşündükten sonra onunla ilgili düşüncelerinin daha fazla yayılmasına izin vermemişti.

Sabah Aleksey Aleksandroviç'in çok işi vardı. Bir gün önce Kontes Lidiya İvanovna, Çin'e yaptığı yolculukla tanınan, şimdi ise Petersburg'da bulunan ünlü bir gezginin broşürünü, çeşitli açılardan son derece ilginç ve gerekli bir adam olan bu gezgini kabul etmesini de rica eden bir mektupla birlikte Aleksey Aleksandroviç'e göndermişti. Aleksey Aleksandroviç akşam broşürü sonuna kadar okuyacak zaman bulamamış, ancak sabah okuyup bitirebilmişti. Sonra ricası olan insanlar gelmiş, raporlar, kabuller, atamalar, görevden uzaklaştırmalar, ödüllerin, emekli maaşlarının dağıtılması, maaşlar, yazışmalar, yani o kadar çok zamanını elinden alan ve Aleksey Aleksandroviç'in "günlük işler" dediği işler birbirini izlemişti. Sonra da özel bir iş, doktorun ve işlerini yürüten kâhyanın ziyareti. Kâhya çok zamanını almamıştı, Aleksey Aleksandroviç için gerekli olan bir miktar parayı getirmiş ve bu yıl özel seyahatler nedeniyle daha çok harcama yapıldığı için hesapların açık vermesi yüzünden işlerin pek de iyi olmayan durumu hakkında kısa bir rapor vermişti. Fakat Aleksey Aleksandroviç'le arkadaşlık ilişkileri içinde olan Petersburglu ünlü doktor çok zamanını almıştı. Aleksey Aleksandroviç onu bugün beklemiyordu ve doktorun gelişine, üstelik durumunu büyük bir dikkatle sorup soruşturmasına, göğsünü dinlemesine, karaciğerini muayene etmesine şaşırmıştı. Aleksey Aleksandroviç, sağlığının bu yıl iyi olmadığını arkadaşı Lidiya İvanovna'nın fark edip, doktora hastayı muayene etmesi için ricada bulunduğunu bilmiyordu. Kontes Lidiya İvanovna doktora "Bunu benim için yapınız," demişti.

— Bunu Rusya için yapacağım kontes, –diye karşılık vermişti doktor.

— Harika bir adamsınız! –demişti Kontes Lidiya İvanovna.

Doktor, Aleksey Aleksandroviç'in durumundan hiç memnun kalmamıştı. Karaciğerini önemli ölçüde büyümüş, beslenmesini yetersiz, kaplıca tedavisini ise tümüyle etkisiz bulmuştu. Olabildiğince fazla fiziksel hareket ve olabildiğince az zihinsel gerilim, en önemlisi de her türlü üzüntüden uzak olmasını, yani tam da Aleksey Aleksandroviç için soluk almamak kadar olanaksız olan bir şeyi tavsiye etmişti ve Aleksey Aleksandroviç'te, kötü bir şey olduğu ve bunun iyileştirilemeyeceği gibi kötü bir duygu bırakıp gitmişti.

Doktor, Aleksey Aleksandroviç'in yanından çıkarken kapıda Aleksey Aleksandroviç'in özel kalem müdürü, kendisinin de çok iyi tanıdığı Slüdin'le karşılaştı. Üniversiteden arkadaştılar, ender görüşseler de birbirlerine saygı duyarlardı ve iyi dosttular, bu yüzden doktor, hastayla ilgili samimi düşüncesini hiç kimseye Slüdin'e söylediği kadar açık söyleyemezdi.

— Gelip onu gördüğünüze çok sevindim, –dedi Slüdin.– İyi değil; bana öyle geliyor ki... E, nesi var?

Doktor, Slüdin'in başının üzerinden arabacısına gelmesi için işaret ederken:

— Nesi mi var? –dedi ve güderi eldiveninin bir parmağını beyaz elleriyle tutup gerdi.– Telleri germeden koparmayı denerseniz çok zordur; ama iyice gererseniz ve parmağınızın ağırlığıyla gergin tele dokunursanız kopacaktır. Aleksey Aleksandroviç de uzun süre çalıştığı ve işine karşı titiz olduğu için son noktaya kadar gerilmiş durumda; ayrıca dışarıdan da bir baskı var, hem de ağır bir baskı, –diye kaşlarını anlamlı anlamlı yukarı kaldırıp sözünü bağladı doktor. Yaklaşan arabasına doğru giderken,– Yarışlara gelecek misiniz? –diye ekledi. Slüdin'in söylediği ve kendisinin anlayamadığı bir şeye doktor,– Evet, evet, elbette çok zaman alır, –diye yanıt verdi.

Bu kadar çok zamanını alan doktordan sonra da ünlü gezgin geldi. Aleksey Aleksandroviç biraz önce okuduğu broşürden ve bu konuda daha önce edindiği bilgilerden yararlanarak bilgisinin derinliğiyle ve görüşlerinin genişliğiyle gezgini hayran bıraktı.

Gezginle birlikte Petersburg'da bulunan ve görüşmek zorunda olduğu bir il yöneticisinin geldiğini de haber vermişlerdi. İl yöneticisi gittikten sonra özel kalem müdürüyle birlikte günlük işleri bitirmesi, ayrıca ciddi ve önemli bir konuda önemli bir kişiyi ziyaret etmesi gerekiyordu. Aleksey Aleksandroviç yemek saati olan beşe doğru ancak dönebildi ve özel kalem müdürüyle birlikte yemek yiyip, onu yazlığa ve yarışlara çağırdı.

Aleksey Aleksandroviç, şimdi kendisi de bilincinde olmadan, karısıyla görüşmelerinde bir üçüncü kişinin bulunması için fırsat arıyordu.

XXVII

Kapının önünde çakıltaşlarını ezen tekerlek seslerini duyduğunda Anna üst katta aynanın önünde dikilmiş, Annuşka'nın yardımıyla elbisesinin son fiyongunu tutturuyordu.

"Betsi için erken henüz," –diye düşündü ve pencereden bakınca arabayı ve arabadan dışarı uzanan siyah şapkayla Aleksey Aleksandroviç'in kendisine çok tanıdık gelen kulaklarını gördü. "Ne terslik, gece kalacak mı acaba?" –diye düşündü ve bunun yaratabileceği sonuçlar o kadar korkunç göründü ki, bir an bile düşünmeden neşeli ve parlayan bir yüzle onu karşılamaya çıktı. Artık tanıdık bir şey halini almış olan yalan ve aldatma ruhunun varlığını içinde hissederek bu ruha kendini hemen teslim etti ve ne söyleyeceğini kendisi de bilmeksizin konuşmaya başladı.

Kocasına elini uzatarak ve aile dostu Slüdin'e bir gülümsemeyle selam vererek:

— Ah ne hoş! –dedi.– Gece kalırsın, umarım? –Aldatma ruhunun ona fısıldadığı ilk söz buydu,– artık birlikte gideriz. Yalnız yazık ki, Betsi'ye söz vermiştim. Bana uğrayacaktı.

Aleksey Aleksandroviç, Betsi'nin adını duyunca yüzünü buruşturdu.

— Oo, birbirinden ayrılmayanları ben ayıracak değilim, –dedi her zamanki şakacı tavrıyla.– Biz Mihail Vasilyeviç'le gideriz. Doktorlar da yürümemi söylüyor. Yürürken de kaplıcalarda olduğumu hayal ederim.

— Aceleye gerek yok, –dedi Anna.– Çay içmek ister misiniz? –Zili çaldı.

— Çay yapın, Seryoja'ya da Aleksey Aleksandroviç'in geldiğini söyleyin. E, sağlığın nasıl? Mihail Vasilyeviç, siz bana hiç gelmediniz; bakın, balkonum ne kadar güzel oldu, –diyordu bir ona, bir öbürüne hitap ederek.

Çok basit ve çok doğal, ancak son derece fazla ve son derece hızlı konuşuyordu. Bunu kendisi de hissediyordu, ayrıca Mihail Vasilyeviç'in meraklı bakışında onun kendisini incelediğini fark etmişti.

Mihail Vasilyeviç hemen terasa çıktı.

Anna kocasının yanına oturdu.

— Hiç iyi görünmüyorsun, –dedi Anna.

— Evet, –dedi Aleksey Aleksandroviç,– bugün doktor uğradı ve bir saatimi aldı. Onu dostlarımdan birinin yolladığını hissediyorum, sağlığıma çok değer veren birinin...

— Ne dedi peki?

Anna kocasının sağlığını ve işlerini soruyor, dinlenmesi ve yanına gelmesi için ikna etmeye çalışıyordu.

Bütün bunları neşeli, hızlı bir şekilde ve gözlerinde özel bir pırıltıyla söylüyordu; fakat Aleksey Aleksandroviç şu anda karısının bu tavrına hiçbir anlam vermiyordu. Yalnızca söylediği sözleri dinliyor ve bu sözlere yalnızca sahip oldukları dolaysız anlamı veriyordu. Kendisi de karısına, alaycı da olsa basit yanıtlar veriyordu. Bu konuşmada özel hiçbir şey yoktu, ama oynanan bu kısa oyunu daha sonradan utancın o can yakıcı acısını duymadan hatırlayamadı Anna.

Seryoja mürebbiyesinin önünden içeri girdi. Eğer Aleksey Aleksandroviç gözlemiş olsaydı, Seryoja'nın babasına, sonra da annesine nasıl ürkek, nasıl şaşkın bir şekilde baktığını fark ederdi. Ama o, hiçbir şey görmek istemiyor ve görmüyordu.

— Vay, delikanlı! Ne kadar büyümüş. Doğrusu, gerçek bir erkek oluyor. Merhaba, genç adam.

Sonra elini korku içindeki Seryoja'ya uzattı.

Babasına karşı eskiden de ürkek olan Seryoja, Aleksey Aleksandroviç onu "genç adam" diye çağırmaya başladığından ve Vronskiy'in dost mu düşman mı olduğu bilmecesi aklına takıldığından beri babasından çekiniyordu. Kendisini korumasını ister gibi bakışlarını annesine çevirdi. Bir tek annesiyle birlikte olmak hoşuna gidiyordu. Bu arada mürebbiyeyle konuşmasını bitiren Aleksey Aleksandroviç, oğlunu omzundan tuttu. Seryoja bundan o kadar rahatsız olmuştu ki, Anna onun ağlamak üzere olduğunu gördü.

Oğlu içeri girdiği anda kıpkırmızı kesilen Anna, Seryoja'nın rahatsız olduğunu fark edince hemen kalktı, Aleksey Aleksandroviç'in elini oğlunun omzundan kaldırdı ve oğlunu öpüp, terasa çıkarttıktan sonra hemen geri döndü.

— Vakit geldi, –dedi saatine bakıp,– ama Betsi hâlâ ortada yok!

— Evet, –dedi Aleksey Aleksandroviç, sonra ayağa kalkıp ellerini kavuşturdu ve parmaklarını çıtırdattı.– Bülbüller masalla beslenmeyeceğinden ayrıca sana para bırakmak için de uğramıştım, –dedi.– İhtiyacın olduğunu sanıyorum.

— Hayır, ihtiyacım yok... evet, var, –dedi Anna kocasının yüzüne bakmadan. Bu arada saçlarının dibine kadar kızarmıştı.– Eh, herhalde yarışlardan sonra uğrarsın buraya.

— A, evet! –diye yanıtladı Aleksey Aleksandroviç.– Pencereye bakıp, yaklaşmakta olan oturulacak bölümü aşırı derecede yükseğe konmuş İngiliz tarzı arabayı görünce,– İşte Peterhof güzeli, Prenses Tverskaya geldi, –diye ekledi.– Bu ne şıklık, ne güzellik! E, biz de gidelim o zaman.

Prenses Tverskaya arabadan inmedi, sadece ayağında potinleri, üstünde pelerini ve başında siyah şapkasıyla prensesin uşağı kapının önünde arabadan atladı.

— Ben gidiyorum, hoşça kalın! –dedi Anna ve oğlunu öpüp, Aleksey Aleksandroviç'e yaklaştı, ona elini uzattı.– Gelmekle çok iyi ettin.

Aleksey Aleksandroviç karısının elini öptü.

— Görüşmek üzere. Çay içmek için uğrayacaksın demek, çok güzel! –dedi Anna ve pırıl pırıl parlayarak, neşe içinde çıktı. Fakat kocasını görmekten kurtulur kurtulmaz elinin üstünde onun dudaklarının değdiği yeri hissetti ve tiksinerek irkildi.

XXVIII

Aleksey Aleksandroviç yarışlara gittiğinde Anna, bütün yüksek sosyetenin toplandığı pavyonda Betsi'yle yan yana oturuyordu. Daha uzaktan kocasını gördü. İki erkek, kocası ve sevgilisi, onun için hayatın iki merkeziydi ve onların yakınlığını görmeden de hissediyordu. Kocasının yaklaştığını daha uzaktan hissetmişti, aralarında hareket ettiği kalabalık dalgalarının içinde elinde olmadan onu izliyordu. Onun kâh dalkavukça selamlara hoşgörüyle karşılık vererek, kâh kendisiyle eşit düzeydekilerle dalgın dalgın dostça selamlaşarak, kâh güçlüler dünyasından bakışları özenle kollayarak ve kulaklarının uçlarına dayanan yuvarlak büyük şapkasını çıkararak pavyona yaklaştığını görüyordu. Anna bütün bu hareketleri biliyordu ve hepsinden iğreniyordu. "Yalnızca yükselme hırsı, yalnızca başarı kazanma isteği. İşte onun ruhunda sadece bunlar var, –diye düşündü,– yüksek düşünceler, eğitim aşkı, din ise yalnızca başarı kazanmak için birer araç."

Onun kadınların bulunduğu pavyona bakışlarından Anna kendisini aradığını anladı (Aleksey Aleksandroviç doğruca ona bakıyordu, ama şifon, kurdele, tüy, şemsiye ve çiçek denizi içinde karısını tanıyamamıştı) ama mahsus onu fark etmemiş gibi yaptı.

— Aleksey Aleksandroviç, –diye bağırdı Prenses Betsi,– galiba karınızı görmüyorsunuz; işte burada!

Aleksey Aleksandroviç'in yüzünde o soğuk gülümsemesi belirdi.

— Burada her şey o kadar parlak ki, insanın gözleri kamaşıyor, –dedi Aleksey Aleksandroviç ve pavyona girdi. Biraz önce görüştüğü karısıyla tekrar karşılaştığında bir koca nasıl gülümserse, o da karısına öyle gülümsedi, prensesle ve diğer tanıdıklarıyla selamlaştı. Herkese hak ettiğini verdi, yani hanımlarla şakalaştı, beylerle karşılıklı selamlaştı. Pavyonun yanında aşağıda Aleksey Aleksandroviç'in çok saygı duyduğu, zekâsıyla ve eğitimiyle tanınmış bir yaver general duruyordu. Aleksey Aleksandroviç generalle konuşmaya başladı.

Yarış arası olduğundan konuşmaya engel bir şey yoktu. General yarışları kınıyordu. Aleksey Aleksandroviç ise karşı çıkıyor, yarışları savunuyordu. Anna kocasının ince, tekdüze sesini bir sözcüğünü bile kaçırmadan dinliyor, her sözü yapmacık geliyor, kulağını tırmalıyordu.

Dört verstlik engelli yarış başladığında Anna öne doğru eğilmişti, gözünü ayırmadan, atının yanına giden ve atına binen Vronskiy'e bakıyordu, aynı anda da kocasının o iğrenç, susmak bilmeyen sesini duyuyordu. Vronskiy için duyduğu korku yüzünden acı çekiyordu, kocasının tonlamalarını çok iyi bildiği, hiç susmayacakmış gibi gelen incecik sesinin verdiği acı daha büyüktü.

"Ben kötü bir kadınım, mahvolmuş bir kadınım, –diye düşünüyordu,– ama yalan söylemeyi sevmiyorum, yalana katlanamıyorum, oysa *onun* (yani kocasının) gıdasıdır yalan. O her şeyi bilir, her şeyi görür; bu kadar sakin konuşabildiğine göre ne hissediyor? Beni öldürse, Vronskiy'i öldürse ona saygı duyardım. Ama hayır, onun için gerekli olan tek şey yalan ve nezaket," diyordu Anna kendi kendine. Bunları, kocasından ne istediğini, onu nasıl görmek istediğini düşünmeksizin söylüyordu. Aleksey Aleksandroviç'in Anna'yı bu kadar kızdıran bugünkü bu konuşkanlığının sadece içinde hissettiği endişe ve rahatsızlığın bir ifadesi olduğunu da anlamıyordu. Bir yerini inciten bir çocuk, canının acısını dindirmek için nasıl hoplayıp zıplayarak kaslarını harekete geçirirse, Aleksey Aleksandroviç için de karısının ve Vronskiy'in bulunduğu bir ortamda, Vronskiy adı sürekli tekrarlanırken karısıyla ilgili dikkat çekici düşünceleri dağıtmak amacıyla zihninin çalışması aynı şekilde gerekliydi. Bir çocuğun hoplayıp zıplaması nasıl doğal bir şeyse, onun güzel ve zekice konuşması da aynı şekilde doğaldı. Şöyle diyordu:

— Askeri at yarışlarında tehlike, bu yarışların gerekli koşuludur. Eğer İngiltere, askeri tarihinde süvarilerinin gerçekleştirdiği en parlak işlerden söz edebiliyorsa bu, sadece İngiltere'nin hayvanların ve insanların bu gücünü tarihsel bakımdan bünyesinde geliştirmiş olması sayesindedir. Benim düşünceme göre sporun büyük önemi vardır, oysa biz her zamanki gibi, sadece en yüzeysel olanı görüyoruz.

— Yüzeysel değil, –dedi Prenses Tverskaya.– Bir subayın iki kaburgasının kırıldığını söylüyorlar.

Aleksey Aleksandroviç'in yüzünde sadece dişlerini ortaya çıkaran, ama başka hiçbir anlamı olmayan gülümsemesi belirdi.

— Prenses, bu yüzeysel değil, içsel bir şeydir diyelim, –dedi Aleksey Aleksandroviç.– Ama mesele bu değil, –diyerek tekrar ciddi bir şekilde konuştuğu generale döndü,– unutmayınız ki, bunu iş olarak seçmiş olan askerler yarışıyor ve kabul ediniz ki, her işte bir de madalyonun öbür yüzü vardır. Bu bir askerin doğrudan görevleri arasına giriyor. Çirkin yumruk dövüşü ya da İspanya'nın boğa güreşleri barbarlık belirtisidir. Ancak uzmanlaşmış spor, gelişmenin işaretidir.

— Yo, ben bir daha gelmeyeceğim; beni çok heyecanlandırıyor, –dedi Prenses Betsi.– Doğru değil mi Anna?

— Heyecanlandırıyor, ama gözünü ayıramıyorsun, –dedi başka bir hanım.– Romalı bir kadın olsaydım, arenadaki hiçbir yarışı kaçırmazdım.

Anna hiçbir şey söylemiyor, dürbününü indirmeden tek bir yere bakıyordu.

Bu sırada uzun boylu bir general pavyondan geçiyordu. Aleksey Aleksandroviç konuşmasını kesip hızlı, ama saygılı bir şekilde ayağa kalktı ve yerlere kadar eğilerek generali selamladı.

— Siz yarışmıyor musunuz? –diye şaka yaptı general.

— Benim yarışım daha zor, –diye saygılı bir yanıt verdi Aleksey Aleksandroviç.

Bu yanıtın hiçbir anlamı olmasa da general, zeki bir adamdan zekice bir söz duymuş ve la pointe de la sauce'u* tam olarak anlamış gibi yapmıştı.

— İki taraf var, –diye yeniden konuşmasına devam etti Aleksey Aleksandroviç,– oyuncular ve izleyiciler; bu seyirliklere duyulan sevgi, seyirciler açısından düşük gelişme düzeyinin en doğru göstergesidir, kabul ederim ama...

Aşağıdan Betsi'ye seslenen Stepan Arkadyiç'in sesi duyuldu:

— Prenses, bahse girelim! Siz kimi tutuyorsunuz?

— Biz Anna'yla birlikte Prens Kuzovlev'i tutuyoruz, –diye yanıtladı Betsi.

— Ben Vronskiy'i tutuyorum. Bir çift eldivenine.

— Olur!

— Ne kadar güzel, değil mi?

---

* İnceliğini. (Fr.)

Yanında konuşulurken susmuş olan Aleksey Aleksandroviç, hemen tekrar konuşmaya başladı.

— Kabul ederim, ama erkekçe oyunlar... –diye devam edecekti.

Ama bu sırada binicilere start verildi ve konuşmalar kesildi. Aleksey Aleksandroviç de sustu, herkes ayağa kalktı ve dereye doğru baktı. Aleksey Aleksandroviç yarışlarla ilgilenmiyordu, bu yüzden de yarışçılara bakmıyordu, yorgun gözlerini dalgın dalgın izleyicilerin üzerinde dolaştırmaya başlamıştı. Bakışları Anna'nın üzerinde durdu.

Anna'nın yüzü solgun ve sertti. Görünüşüne bakılırsa tek bir kişiden başka hiç kimseyi ve hiçbir şeyi görmüyordu. Elindeki yelpazeyi sımsıkı tutuyor, soluk bile almıyordu. Aleksey Aleksandroviç, Anna'ya baktı ve hemen başını çevirip, başka yüzleri incelemeye koyuldu.

"Şu hanım ve ötekiler de çok heyecanlılar; bu çok doğal bir durum," –dedi Aleksey Aleksandroviç kendi kendine. Karısına bakmak istemiyordu, ama bakışları ister istemez ona kayıyordu. Bu yüzde o kadar açık bir şekilde yazılı olan şeyi okumamaya çalışarak tekrar ona bakıyor ve isteğinin tersine bilmek istemediği şeyi korkuyla okuyordu karısının yüzünde.

Kuzovlev'in derede ilk düşüşü herkesi heyecanlandırmıştı, ama Aleksey Aleksandroviç, Anna'nın solgun, muzaffer yüzünde, onun baktığı kişinin düşmediğini açıkça gördü. Mahotin ve Vronskiy'in büyük engeli atlamalarından sonra onların arkasından gelen subay orada tepe üstü düşüp ölümcül şekilde yaralandığında ve seyirciler arasında bir korku fısıltısı dolaştığında Aleksey Aleksandroviç, Anna'nın bunu fark bile etmediğini ve çevredekilerin neden söz ettiklerini güçlükle anladığını gördü. Ama giderek daha sık ve daha büyük bir ısrarla Anna'ya bakıyordu. Vronskiy'i izlemeye kendini tümüyle kaptırmış olan Anna, kocasının soğuk gözlerinin yandan üzerine dikilmiş bakışını hissetti.

Anna bir an çevresine göz attı, soru sorar gibi kocasına baktı ve hafifçe kaşlarını çatıp tekrar başını çevirdi.

Kocasına sanki "Aman, bana vız gelir," dedi ve bir daha kocasına hiç bakmadı.

Yarışlar ters gitmiş, on yedi kişinin yarısından fazlası düşmüş ve sakatlanmıştı. Yarışın sonuna doğru hükümdarın hoşnutsuzluğu yüzünden daha da artan bir heyecan içindeydi herkes.

XXIX

Herkes beğenmediğini yüksek sesle belirtiyor, birisinin söylediği "Sadece arslanlı sirk eksik," sözlerini tekrarlayıp duruyordu. Vronskiy düştüğü sırada Anna'nın yüksek sesle "Ah" demesinde hiçbir olağanüstülük görmeyecek kadar dehşete kapılmıştı herkes. Fakat bunun ardından Anna'nın yüzünde artık hiç yakışık almayan bir değişiklik oldu. Tamamen kendini kaybetti. Yakalanmış bir kuş gibi çırpınmaya başladı: Kâh kalkmak ve bir yere gitmek istiyor, kâh Betsi'ye bir şey söylüyordu.

— Gidelim, gidelim, –diyordu.

Ama Betsi onu duymuyordu. Aşağıya eğilmiş kendisine doğru gelen bir generalle konuşuyordu.

Aleksey Aleksandroviç, Anna'nın yanına gelip nezaketle elini uzattı.

— Gidelim isterseniz, –dedi Fransızca olarak; fakat Anna generalin söylediklerine kulak vermişti, kocasını fark etmedi.

— O da ayağını kırmış, dediklerine göre, –diyordu general.– Hiçbir şeye benzemez bu.

Anna, kocasına yanıt vermeksizin dürbününü yukarı kaldırdı ve Vronskiy'in düştüğü yere baktı; ancak o kadar uzaktı ve öyle bir kalabalık toplanmıştı ki, hiçbir şey anlamak mümkün değildi. Dürbünü indirip gitmeye niyetlendi; ama bu sırada bir subay dörtnala gelmiş, hükümdara bir şey söylüyordu. Anna ileri doğru uzanıp dinledi.

— Stiva! Stiva! –diye kardeşine seslendi.

Fakat kardeşi onu duymuyordu. Tekrar gitmeye niyetlendi.

Aleksey Aleksandroviç, Anna'nın koluna dokunarak:

— Gitmek istiyorsanız, size bir kez daha kolumu uzatıyorum, –dedi.

Anna tiksintiyle geri çekildi ve kocasının yüzüne bakıp:

— Hayır, hayır, bırakın beni, burada kalacağım, –dedi.

Şimdi Vronskiy'in düştüğü yerden bir subayın yarış alanını koşarak geçip pavyona geldiğini görüyordu. Betsi subaya mendilini sallayarak işaret ediyordu.

Subay, binicinin yaralanmadığı, ama atın belinin kırıldığı haberini getirmişti. Anna bunu duyunca hemen oturdu ve yelpazesiyle yüzünü örttü. Aleksey Aleksandroviç, onun ağladığını, sadece gözyaşlarını değil, göğsünü kaldırıp indiren hıçkırıklarını da tutamadığını görüyordu. Aleksey Aleksandroviç toparlanacak zaman vermek için bedenini ona siper etti.

Bir süre sonra Anna'ya:

— Size koluma girmenizi üçüncü kez öneriyorum, –dedi. Anna ona bakıyor ve ne söyleyeceğini bilmiyordu. Prenses Betsi Anna'nın yardımına koştu.

— Hayır, Aleksey Aleksandroviç, Anna'yı ben getirdim, geri götürmeye de söz verdim, –diyerek müdahale etti Betsi.

Aleksey Aleksandroviç, kibarca gülümseyerek, ama bir yandan da Betsi'nin gözlerinin içine sert sert bakarak:

— Özür dilerim prenses, ama Anna'nın hiç iyi olmadığını görüyorum ve benimle gelmesini istiyorum, –dedi.

Anna korkuyla etrafa bakındı, uysalca kalktı ve kocasının koluna girdi.

Betsi, Anna'nın kulağına:

— Ona birini gönderir, durumu öğrenirim, sana da haber yollarım, –diye fısıldadı. Pavyondan çıkarken Aleksey Aleksandroviç her zamanki gibi karşılaştığı kişilerle konuşuyordu, Anna da her zaman olduğu gibi sorulara yanıt vermek, konuşmak zorunda kalıyordu; ama kendinde değildi ve kocasının kolunda uykuda gibi yürüyordu.

"Yaralandı mı, yaralanmadı mı? Yaralanmadığı doğru mu? Gelecek mi, gelmeyecek mi? Bugün onu görecek miyim?" diye düşünüyordu.

Hiçbir şey söylemeden Aleksey Aleksandroviç'in arabasına bindi ve araba kalabalığının arasından geçerlerken de konuşmadı. Aleksey Aleksandroviç, gördüklerine karşın yine de karısının şu anki durumu hakkında düşünme izni vermiyordu kendisine. Sadece dış işaretleri görmüştü. Karısının yakışıksız davrandığını görmüş ve bunu ona söylemeyi görev bilmişti. Ancak daha fazlasını değil, sadece bunu söylemek bile ona çok zor geliyordu. Uygunsuz davrandığını söylemek için ağzını açtı, ama elinde olmadan bambaşka bir şey söyledi.

— Bu sert seyirliklere ne kadar da meraklıyız hepimiz, -dedi.– Bakıyorum da...

— Ne? Anlamıyorum, –dedi Anna küçümseyen bir tavırla.

Aleksey Aleksandroviç'in gururu kırılmıştı ve hemen söylemek istediği şeyi söylemeye girişti.

— Size söylemek zorundayım ki, –dedi.

"İşte açıklama başlıyor," –diye düşündü Anna ve korkuya kapıldı.

Aleksey Aleksandroviç Fransızca olarak:

— Bugün yakışıksız davrandığınızı söylemek zorundayım, –dedi.

Anna başını hızla ondan yana çevirerek ve dosdoğru gözlerinin içine bakarak, ama artık bir şeyleri saklamaya çalışan önceki neşesiyle değil, duyduğu korkuyu zorlukla gizleyebildiği kararlı bir görünüşle ve yüksek sesle:

— Ne yaptım da yakışıksız davrandım? –dedi.

Aleksey Aleksandroviç, arabacıya bakan açık pencereyi göstererek:

— Unutmayın, –dedi.

Doğruldu ve camı yukarı kaldırdı.

— Neyi yakışıksız buldunuz? –diye yineledi Anna.

— Binicilerden biri düştüğünde gizlemeyi beceremediğiniz umutsuzluğu.

Karısının karşı çıkmasını bekliyordu; ama o önüne bakarak susuyordu.

— Sosyetede kötü dillerin bile aleyhinizde bir şey söyleyemeyecekleri şekilde davranmanızı sizden daha önce rica etmiştim. İç ilişkilerden söz ettiğim bir zamandı; şimdi sözünü ettiğim o ilişkiler değil. Şimdi dış ilişkilerden söz ediyorum. Yakışıksız davrandınız ve ben bunun bir daha tekrarlanmamasını isterdim.

Anna kocasının sözlerini yarım yamalak duyuyor, ondan korkuyor ve Vronskiy'in yaralanmadığı haberi doğru mu diye düşünüyordu. O yaralanmadı, atı belini kırdı derken ondan mı söz ediyorlardı? Kocası konuşmayı bitirdiğinde sadece yapmacık ve alaycı bir şekilde gülümsedi, söylediklerini duymadığı için de hiçbir karşılık vermedi. Aleksey Aleksandroviç konuşmaya cesaretle başlamıştı, ama ağzından çıkan sözlerin neyle ilgili olduğunu apaçık anladığında Anna'nın hissettiği korku ona da bulaştı. Anna'nın bu gülümsemesini gördü ve tuhaf bir yanılgıya düştü.

"Kuşkularıma gülüyor. Evet, şimdi geçen defa bana söylediği şeyi, kuşkularımın temelinin olmadığını, bunun gülünç bir şey olduğunu söyleyecek."

Her şeyin ortaya çıkma olasılığının tepelerinde asılı durduğu şu anda, Anna'nın önceki gibi kendisine alaycı bir yanıt vermesinden, kuşkularının gülünç ve temelsiz olduğunu söylemesinden daha fazla istediği bir şey yoktu. Bildiği şey o kadar korkunçtu ki, şu anda her şeye inanmaya hazırdı. Fakat Anna'nın ürkek ve asık yüz ifadesi şimdi bir yanılma bile vaat etmiyordu.

— Belki de ben yanılıyorum, –dedi Aleksey Aleksandroviç.– Eğer öyleyse beni bağışlamanızı rica ediyorum.

Anna kocasının soğuk yüzüne umutsuzca bakıp, ağır ağır:

— Hayır, yanılmadınız, –dedi.– Yanılmadınız. Umutsuzluk içindeyim, olmamam da olanaksız. Sizi dinliyorum ve onu düşünüyorum. Onu seviyorum, onun sevgilisiyim, tahammül edemiyorum, korkuyorum, sizden nefret ediyorum... Bana istediğinizi yapın.

Arabanın köşesine dayanıp, elleriyle yüzünü kapayarak hıçkıra hıçkıra ağlamaya başladı. Aleksey Aleksandroviç yerinden kımıldamadı ve önüne diktiği bakışlarının yönünü değiştirmedi. Fakat yüzü ansızın bir ölünün muzaffer hareketsizliğini aldı ve bu ifade yazlığa gidene dek değişmedi. Eve yaklaşırken başını yine aynı ifadeyle karısına doğru çevirdi.

— Demek öyle! Ama onurumu koruyacak önlemleri alana ve onları size bildirene dek, –burada sesi titredi,– dışarıya karşı nezaket kurallarını gözetmenizi bekliyorum, –dedi.

Arabadan önce kendisi indi ve Anna'nın inmesine yardım etti. Hizmetkârların önünde hiçbir şey söylemeden karısının elini sıktı, arabasına binip Petersburg'a gitti.

Onun arkasından Prenses Betsi'nin yolladığı uşak geldi ve Anna'ya şu notu getirdi:

"Sağlık durumunu öğrenmek için Aleksey'e adam yolladım, bana sağ salim, ancak çok üzgün olduğunu yazıyor."

"Öyleyse *o* gelecek! –diye düşündü Anna.– Aleksey Aleksandroviç'e her şeyi söylemekle ne kadar iyi yaptım."

Saate bir göz attı. Daha üç saat vardı ve son buluşmalarının ayrıntılarıyla ilgili anılar kanını tutuşturdu.

"Tanrım, ne kadar aydınlık! Bu korkunç bir şey, ama ben onun yüzünü görmeyi seviyorum, bu fantastik ışığı da seviyorum... Kocam! Ah, evet... Çok şükür onunla ilgili her şey sona erdi."

XXX

İnsanların bir araya toplandığı her yerde olduğu gibi, Şçerbatskiylerin geldikleri küçük Alman kaplıca kasabasında da her üyesine değişmez, belli bir yer belirleyen o her zamanki bildiğimiz toplum kristalleşmesi olmuştu. Bir su zerresi soğukta nasıl belli ve değişmez bir şekilde kar kristali halini alırsa, kaplıcaya gelen her yeni yüz de aynı şekilde kendisine özgü bir yere yerleşiveriyordu hemen.

Fürst Şçerbatskiy *sammt Gemahlin und Tochter*,* hem tuttukları daireye, hem adlarına, hem de orada buldukları dostlara göre, onlar için öngörülen konumlarında kristalleştiler.

Bu yıl kaplıcada gerçek bir Alman prensesi bulunuyordu ve onun bulunuşu nedeniyle toplumdaki kristalleşme daha enerjik oluyordu. Prenses Şçerbatskaya, kızını bu prensese mutlaka takdim etmek istiyordu. Bu tanışma töreni geldiklerinin ikinci günü gerçekleşti. Kiti, Paris'ten ısmarlanmış olan *çok sade*, yani çok şık yazlık elbisesi içinde zarif bir reverans yaptı. Alman Prenses "Umarım, bu güzel yüzde yine güller açar," – dedi ve Şçerbatskiyler için artık bir daha ayrılamayacakları yaşam tarzı kesin olarak belirlenmiş oldu. Şçerbatskiyler bir İngiliz leydisinin ailesiyle, bir Alman kontesiyle, bu kontesin son savaşta yaralanmış olan oğluyla, İsveçli bir bilginle, M.Canut ve kız kardeşiyle tanıştılar. Ancak Şçerbatskiylerin asıl grubu, Moskovalı Marya Yevgenyevna Rtişçeva ve bu kadının, tıpkı kendisi gibi aşk acısından hasta olduğu için Kiti'nin hoşlanmadığı kızıyla, Kiti'nin çocukluğundan beri üniformalı ve apoletli gördüğü, küçük gözleri ve renkli bir kravat bağladığı çıplak boynuyla olağanüstü gülünç ve atlatması olanaksız olduğu için de olağanüstü can sıkıcı olan Moskovalı bir albaydan oluşuyordu. Bütün bu ilişkiler iyice yerleşince Kiti çok sıkılmaya başlamıştı. Üstelik prens de Karlsbad'a gitmiş, Kiti annesiyle yalnız kalmıştı. Artık yeni bir şey bulamayacağını hissederek tanıdığı kimselerle ilgilenmiyordu. Şimdi Kiti'nin kaplıcalardaki en önemli ilgi konusu, tanımadığı insanları gözlemlemek ve onlar hakkında tahminlerde bulunmaktı. Kiti, karakterinin özelliği nedeniyle insanlarda, özellikle de tanımadığı insanlarda her zaman her şeyin en gü-

---

* Prens Şçerbatskiy, karısı ve kızıyla birlikte. (Alm.)

zelinin olduğunu sanırdı. Şimdi de kim kimdir, aralarında ne gibi ilişkiler vardır, nasıl insanlardır diye tahminler yaparken, hayalinde en şaşırtıcı ve en güzel karakterleri yaratıyor, bunların kanıtını da yaptığı gözlemlerde buluyordu.

Bu kişiler içinde onu en çok ilgilendiren, herkesin Madam Ştal dediği hasta bir Rus hanımla birlikte kaplıcalara gelmiş olan bir Rus kızıydı. Madam Ştal yüksek sosyeteden biriydi, ama yürüyemeyecek kadar hastaydı ve ancak havanın güzel olduğu ender günlerde küçük arabasıyla kaplıcada görünürdü. Fakat Madam Ştal hastalığından ziyade, prensesin ifadesiyle, kibri yüzünden Rusların hiçbiriyle arkadaşlık etmiyordu. Rus kızı, Madam Ştal'e bakıyordu, ayrıca Kiti'nin saptadığına göre, kaplıcada sayıları pek fazla olan ağır hastaların hepsiyle de görüşüyor, onlarla en doğal şekilde ilgileniyordu. Kiti'nin gözlemlerine göre bu Rus kızı, Madam Ştal'in akrabası değildi, bununla birlikte parayla tutulmuş bir yardımcı da değildi. Madam Ştal, onu Varenka diye, başkaları ise "Mlle Varenka" diye çağırıyordu. Bu genç kızın Bayan Ştal'le ve tanımadığı başka insanlarla arasındaki ilişkilere dair gözlemlerin Kiti'nin ilgisini çektiğini bir yana bırakırsak, sık sık olduğu gibi Kiti, bu Mlle Varenka'ya karşı açıklanmaz bir sempati duyuyor ve göz göze geldiklerinde onun da kendisinden hoşlandığını hissediyordu.

Mlle Varenka yaşını başını almış biri değildi, gençliği olmayan biri gibiydi: Ona on dokuzunda da denebilirdi, otuzunda da. Kızın hatları tek tek incelenecek olsa yüzünün hastalıklı rengine karşın çirkinden çok güzel sayılırdı. Bedeni aşırı derecede zayıf ve başı orta boyuna göre orantısız olmasaydı vücudu güzel de denebilirdi; ama erkekler için çekici biri olmamalıydı. Henüz üzerinde taçyaprakları dursa da artık solmuş, kokusuz güzel bir çiçeğe benziyordu. Bundan başka erkekler için çekici olamamasının bir nedeni de, Kiti'de son derece fazla olan hayat ateşinin ve çekiciliğinin farkında olma özelliğinin onda yeterince bulunmamasıydı.

Her zaman kesinlikle işiyle meşgul göründüğü için başka hiçbir şeyle ilgilenemiyor gibiydi. Bu çelişki yüzünden Kiti'nin dikkatini özellikle üzerine çekiyordu. Kiti, şimdi acı içinde aradığı şeyin bir örneğini, kendisine alıcı bekleyen bir malın sergilenmesi gibi iğrenç gelen, kızların erkeklerle sosyete ilişkileri dışında bir örneğini onda, onun yaşam tarzında bulacağını hissediyordu. Kiti meçhul dostunu ne kadar çok gözlemlerse bu kızın, kendisinin de düşündüğü gibi mükemmel bir insan olduğuna o kadar çok inanıyordu ve onunla tanışmayı daha çok istiyordu.

İki genç kız günde birkaç kez karşılaşıyor ve her karşılaşmalarında Kiti'nin gözleri şöyle diyordu: "Siz kimsiniz? Nesiniz? Gerçekten hayalimde canlandırdığım o çok güzel insan mısınız? Ama Tanrı aşkına, –diye ekliyordu Kiti'nin bakışları,– ille de arkadaş olmaya çalıştığımı düşünmeyin. Ben sadece size hayranım ve sizi seviyorum." – "Ben de sizi seviyorum, siz de çok sevimlisiniz. Zamanım olsaydı sizi daha da çok sevebilirdim," –diye yanıtlıyordu meçhul kızın bakışları. Gerçekten de Kiti onun her zaman meşgul olduğunu görüyordu: Ya bir Rus ailenin çocuklarını kaplıcadan getiriyor, ya bir battaniye getirip hasta bir kadını sarıp sarmalıyor, ya sinirli bir hastayı oyalamaya çalışıyor, ya birisi için kahvenin yanına bisküvi alıyordu.

Şçerbatskiylerin gelişinden hemen sonra sabah banyolarında herkesin pek de dostça olmayan bir şekilde dikkatini çeken iki kişi daha ortaya çıkmıştı. Bunlar, boyuna göre kısa ve eski bir palto giymiş, elleri kocaman, kara gözleri saf, ama aynı zamanda korkunç, çok uzun boylu, sırtı hafifçe kambur bir adamla çok çirkin ve zevksiz giyinmiş, çiçek bozuğu yüzü sevimli bir kadındı. Kiti bu kişilerin Rus olduklarını kabul edip, kafasında onlarla ilgili güzel ve dokunaklı bir roman yazmaya başlamıştı bile. Ancak prenses, Kurliste'den* adamın

* Kaplıca listesi. (Alm.)

Nikolay Levin, kadının da Marya Nikolayevna olduğunu öğrendikten sonra Kiti'ye bu Levin'in ne kadar kötü biri olduğunu söylemiş ve bu iki kişiyle ilgili bütün hayalleri yok olmuştu. Annesinin anlattıklarından çok, bu adamın Konstantin'in ağabeyi olması yüzünden birden Kiti'ye son derece kötü görünmüşlerdi. Nikolay Levin, başını oynatma tiki yüzünden Kiti'de dayanılmaz bir iğrenme duygusu uyandırmıştı.

Levin'in kendisini ısrarla izleyen iri ve korkunç gözlerinde bir nefret, bir alay duygusu varmış gibi geliyordu Kiti'ye ve onunla karşılaşmamaya çalışıyordu.

XXXI

Havanın kötü olduğu bir gündü, sabahtan beri yağmur yağıyordu, hastalar ellerinde şemsiyeleriyle galeride toplanmıştı.

Kiti, annesiyle ve Frankfurt'tan satın alınmış, Avrupa malı, hazır redingotunun içinde neşeyle caka satan Moskovalı albayla birlikte yürüyordu. Galerinin öbür tarafından yürümekte olan Levin'e görünmemeye çalışarak diğer yandan gidiyorlardı. Koyu renk elbisesi ve kenarları aşağı inik siyah şapkasıyla Varenka, kör bir Fransız kadınla galeri boyunca yürüyordu ve Kiti'yle her karşılaşmalarında dostça bakışıyorlardı.

Meçhul dostunu izleyen, onun kaynağa doğru gittiğini ve kaynağın yanında buluşabileceklerini fark eden Kiti:

— Anneciğim, onunla konuşabilir miyim? –dedi.

— Madem o kadar istiyorsun, önce onun hakkında bilgi edinip ben gideyim yanına, –diye yanıtladı annesi.– Ne gibi bir özellik buldun bu kızda? Ona buna eşlik eden biri olmalı. Eğer istiyorsan Madam Ştal'le tanışayım. Onun belle soeur'ünü tanıyorum, –diye ekledi prenses gururla başını kaldırarak.

Kiti, prensesin Madam Ştal kendisiyle tanışmaktan kaçınıyormuş gibi davrandığı için kırıldığını biliyordu. Bu yüzden ısrar etmedi.

Bu sırada Fransız kadına bir bardak su veren Varenka'ya bakarak:

— Harika, ne kadar sevimli! –dedi Kiti.– Baksanıza, her şeyi sade, her şeyi sevimli.

— Senin bu engoument'ların* bana gülünç geliyor, –dedi prenses, sonra Levin'in yanında hanımı ve yüksek sesle, sinirli sinirli bir şey seyler söylediği Alman doktorla birlikte onlara doğru geldiğini fark edip,– olamaz, iyisi mi geri dönelim, –diye ekledi.

Geri dönmeye davrandıklarında ansızın yüksek sesli bir konuşma değil, bir çığlık duymuşlardı. Levin durmuş bağırıyordu, doktor da sinirlenmişti. İnsanlar çevrelerinde toplanıyordu. Kiti'yle prenses hemen uzaklaştı, albay ise ne olduğunu öğrenmek için kalabalığın arasına karıştı.

Birkaç dakika sonra albay onlara yetişmişti.

— Ne olmuş orada? –diye sordu prenses.

— Yüzkarası, rezil bir şey! –diye yanıtladı albay.– Bir tek şeyden, yurtdışında Ruslarla karşılaşmaktan korkacaksın. Şu uzun boylu bay, doktorla ağız kavgası etti, doktor kendisini doğru dürüst tedavi etmiyor diye ağza alınmayacak sözler söyledi ve bastonuyla üzerine yürüdü. Düpedüz rezalet!

— Ah, ne tatsızlık! –dedi prenses.– Peki nasıl sonuçlandı mesele?

— Neyse ki, şu... şu mantar şapkalı kız müdahale etti. Galiba o da bir Rus, –dedi albay.

— Mademoiselle Varenka mı? –diye neşeyle sordu Kiti.

— Evet, evet. Herkesten önce bir çözüm buldu da bu bayın koluna girip götürdü.

— Gördünüz mü anneciğim, –dedi Kiti, annesine,– bir de ona hayran oluyorum diye şaşıyorsunuz.

---

* Hayranlık. (Fr.)

Ertesi günden itibaren Kiti, meçhul dostunu gözlemlerken Mlle Varenka'nın, Levin'le ve yanındaki kadınla diğer *protégé*'leriyle* aynı ilişkiler içinde olduğunu fark etti. Varenka onların yanına gidiyor, sohbet ediyor, hiç yabancı dil bilmeyen bir kadına çevirmenlik yapıyordu.

Kiti, Varenka'yla tanışmasına izin vermesi için annesine daha çok yalvarmaya başladı. Kibirli Bayan Ştal'le tanışma konusunda ilk adımı atıyormuş gibi olmak prensesin hiç hoşuna gitmese de, Varenka hakkında bilgi topladı ve kızla ilgili olarak bu tanışmada iyi şeyler az da olsa kötü hiçbir şeyin olmayacağı sonucunu ortaya koyan ayrıntıları öğrendikten sonra Varenka'ya önce kendisi gitti ve onunla tanıştı.

Prenses, kızının kaynağa gittiği, Varenka'nınsa ekmek fırınının karşısında durduğu bir zamanı seçip, Varenka'nın yanına yaklaştı.

— Sizinle tanışmama izin veriniz, –dedi saygılı gülümsemesiyle.– Kızım size âşık. Belki beni tanımazsınız. Ben...

— Kalp kalbe karşı olmaktan da öte bir şey bu prenses, –dedi hemen Varenka.

— Dün zavallı bir yurttaşımıza ne kadar büyük bir iyilik yapmışsınız! –dedi prenses.

Varenka kıpkırmızı oldu.

— Anımsamıyorum, sanırım hiçbir şey yapmadım, –dedi Varenka.

— Nasıl olur, şu Levin'i tatsız bir durumdan kurtarmışsınız ya.

— Evet, sa compagne** beni yanına çağırdı, ben de onu sakinleştirmeye çalıştım: Adam çok hasta ve doktorundan hoşnut değil. Benim de bu hastalara bakma alışkanlığım var.

— Evet, teyzenizle, Madame Ştal'le Menton'da yaşadığınızı duydum. Ben onun belle soeur'ünü tanırım.

---

* Birisinin koruyuculuğu altında bulunan kimse. (Fr.)

** Hanım arkadaşı. (Fr.)

— Hayır, benim teyzem değil. Ben ona maman diyorum, ama onun öz kızı değilim; yetiştirmesiyim, –diye karşılık verdi Varenka yine kıpkırmızı olarak.

Bu o kadar basit bir şekilde söylenmişti ve yüzünün dürüst, açık ifadesi o kadar sevimliydi ki, prenses, Kiti'sinin Varenka'yı neden sevdiğini anlamıştı.

— Peki, Levin ne olacak? –diye sordu prenses.

— Gidiyor, –dedi Varenka.

Bu sırada kaynaktan dönen Kiti, meçhul dostuyla annesinin tanıştığını görmüş, sevinçten yüzü parlayarak yanlarına geliyordu.

— Kiti, bak işte tanışmaya can attığın mademoiselle...

Varenka gülümseyerek:

— Varenka, –dedi yavaşça.– Bana herkes böyle der.

Kiti sevinçten kıpkırmızı oldu, uzun süre hiçbir şey söylemeden yeni dostunun elini sıktı. Varenka, Kiti'nin el sıkışına karşılık vermedi, ama elini onun elinden de çekmedi. Eli, bu el sıkışına karşılık vermiyordu, ama Mlle Varenka'nın yüzü, büyük ama çok güzel dişlerini ortaya çıkartan sakin, birazcık hüzünlü de olsa sevinçli bir gülümsemeyle parlıyordu.

— Ben de bunu uzun zamandır istiyordum, –dedi Varenka.

— Ama öyle meşgulsünüz ki...

— Ah, aksine hiçbir meşguliyetim yok, –dedi Varenka, ama tam bu anda hasta bir Rus'un küçük kızları koşarak yanına geldikleri için yeni dostlarından ayrılmak zorunda kaldı.

— Varenka, annem çağırıyor! –diye seslendi küçük kızlar.

Varenka da peşlerinden gitti.

XXXII

Varenka'nın geçmişi, Madam Ştal'le ilişkileri ve Madam Ştal hakkında prensesin öğrendiği ayrıntılar şöyleydi:

Bazılarının kocasını üzdüğünü, bazılarının ise ahlaksız davranışlarıyla kocasının onu üzdüğünü söyledikleri Madam

Ştal, hep hastalıklı ve aşırı davranışları olan bir kadındı. Kocasından ayrıldığı sırada ilk çocuğunu doğurmuş, bu çocuk doğar doğmaz ölmüş ve Bayan Ştal'in akrabaları, onun duygusallığını bildiklerinden ve bu haberin onu öldüreceğinden korktuklarından bebeğinin yerine aynı gece, Petersburg'da aynı evde doğan saray aşçısının kızını gizlice getirip koymuşlardı. Bu kız Varenka'ydı. Madam Ştal, Varenka'nın kendi kızı olmadığını sonradan öğrenmiş, ama onu büyütmeye devam etmişti. Zaten bundan çok kısa bir süre sonra Varenka'nın yakınlarından hiç kimse hayatta kalmamıştı.

Madam Ştal on yıldan fazla süredir, yurduna geri dönmeksizin ve yataktan hiç kalkmaksızın yurtdışında, güneyde yaşıyordu. Bazıları, Madam Ştal'in hayırsever ve çok dindar bir kadın olarak toplumda yer edindiğini söylüyordu; bazıları ise onun kendini tanıttığı gibi, sadece yakınlarının iyiliği için yaşayan çok yüksek ahlaklı bir insan olduğunu söylüyordu. Katolik mi, Protestan mı, yoksa Ortodoks mu, hangi dinden olduğunu kimse bilmiyordu; ama kuşku duyulmayacak bir şey vardı, bütün kiliselerin ve bütün dinlerin en yüksek şahsiyetleriyle dostça ilişkiler içinde bulunuyordu.

Varenka onunla birlikte sürekli olarak yurt dışında yaşıyordu ve Madam Ştal'i tanıyan herkes, herkesin onu çağırdığı adıyla Mlle Varenka'yı da tanıyor ve seviyordu.

Prenses bütün bunları öğrendikten sonra kızının Varenka'yla yakınlaşmasında hiçbir kötülük görmedi. Üstelik Varenka'nın hareketleri de, eğitimi de çok iyiydi: Mükemmel Fransızca ve İngilizce konuşuyordu, asıl önemlisi de Bayan Ştal'den hastalığı yüzünden prensesle tanışma mutluluğundan yoksun kaldığını bildiren bir mesaj getirmişti.

Kiti, Varenka'yla tanıştıktan sonra arkadaşına gitgide daha çok hayran olmuş ve her geçen gün onda yeni yeni üstün nitelikler bulmuştu.

Varenka'nın çok güzel şarkı söylediğini duymuş olan prenses, akşam onlara gelip şarkı söylemesini rica etmişti.

— Kiti piyano çalar, piyanomuz var. Pek iyi değil aslında, ama bize büyük bir mutluluk verirsiniz, –dedi prenses yapmacık gülümsemesiyle. Bu gülümseme, Varenka'nın şarkı söylemek istemediğini fark ettiği için Kiti'nin şu anda özellikle hoşuna gitmemişti. Ancak Varenka akşam geldi ve yanında nota defterini de getirdi. Prenses, Marya Yevgenyevna'yla kızını ve albayı da çağırmıştı.

Varenka tanımadığı insanların yanında son derece rahattı, hemen piyanonun başına gitti. Piyanoyla kendisine eşlik etmeyi bilmiyordu, ama çok güzel şarkı söylüyordu. İyi piyano çalan Kiti ona eşlik etti.

Varenka'nın birinci parçayı mükemmel bir şekilde söylemesinden sonra prenses ona:

— Olağanüstü bir yeteneğiniz var, –dedi.

Marya Yevgenyevna ve kızı teşekkür ettiler ve Varenka'yı övdüler.

Albay pencereden bakarak:

— Baksanıza, –dedi,– sizi dinlemek için nasıl bir kalabalık toplanmış. Gerçekten de pencerelerin altlarında oldukça büyük bir kalabalık toplanmıştı.

— Sizi memnun edebildiysem çok sevinirim, –diye basit bir yanıt verdi Varenka.

Kiti dostuna gururla bakıyordu. Varenka'nın sanatından da, sesinden de, yüzünden de büyülenmişti, ama daha da çok Varenka'nın tavırlarına, şarkı söylemesi hakkında kendisinin hiçbir şey düşünmemesine ve övgülere son derece ilgisiz kalmasına hayran olmuştu; sanki sadece daha şarkı söylemem gerekir mi, yoksa yeter mi, diye soruyordu.

"Ben olsaydım, –diye düşünüyordu Kiti kendi kendisine,– nasıl gurur duyardım bundan! Pencerelerin altındaki şu kalabalığa bakıp nasıl sevinirdim! Oysa onun umurunda bile değil. Sadece *maman*'ın isteğini kırmamak, onun gönlünü hoş etmek için yapıyor. Nasıl bir özellik var onda? Bu her şeye boş verme, bu derece sakin olma gücünü ona veren nedir? Bunu bilmeyi ve ondan öğrenmeyi ne çok isterdim," –diye düşünüyordu Kiti bu sakin yüze bakarak. Prenses, Varenka'dan bir şarkı daha söylemesini rica etti ve Varenka, diğer parçayı da aynı şekilde düzgün, tane tane ve güzel bir şekilde, piyanonun yanında dimdik durarak ve zayıf, esmer eliyle piyanonun üzerinde tempo tutarak söyledi.

Defterindeki bir sonraki parça bir İtalyan şarkısıydı. Kiti prelüdü çaldı ve Varenka'ya bir göz attı.

Varenka kıpkırmızı olup:

— Bunu atlayalım, –dedi.

Kiti gözlerini korkuyla ve soru sorar gibi Varenka'nın yüzünde durdurdu.

Bu parçayla bağlantılı bir şey olduğunu hemen anlayıp, sayfaları çevirerek:

— Tamam, başka bir tane, –dedi hemen.

Varenka elini notaların üzerine koyup, gülümseyerek:

— Hayır, –dedi,– hayır, bunu söyleyelim. –Bu parçayı da aynen önceki gibi sakin, soğuk ve güzel biçimde söyledi.

Bitirdiğinde yine herkes teşekkür edip, çay içmeye gitti. Varenka'yla Kiti evin yanındaki küçük bahçeye çıktılar.

— Sahiden bu parçayla ilgili bir anınız var mı? –dedi Kiti.– Anlatmayın, –diye ekledi hemen,– sadece söyleyin bu doğru mu?

— Yo, neden? Söyleyeceğim, –dedi Varenka ve yanıtı beklemeden devam etti.– Evet, bunun bir anısı var, hem de bir zamanlar ağır bir anısı vardı. Bir adama âşık olmuştum ve bu parçayı ona söylerdim.

Kiti faltaşı gibi açılmış gözleriyle, hiçbir şey söylemeden, duygulu bir şekilde Varenka'ya bakıyordu.

— Onu seviyordum, o da beni seviyordu; fakat annesi istemiyordu ve başkasıyla evlendi. Şimdi bize yakın oturuyor ve arada bir görüyorum onu. Benim de bir aşk hikâyem olabileceğini hiç düşünmediniz mi? –dedi Varenka. Kiti, onun güzel yüzünde bir zamanlar onu tepeden tırnağa aydınlatmış olan ışığın az da olsa yandığını hissetti.

— Nasıl düşünmem? Ben erkek olsaydım, sizi tanıdıktan sonra hiç kimseyi sevemezdim. Yalnız annesinin hatırını kırmayıp sizi nasıl unutabildiğini, sizi nasıl mutsuz edebildiğini anlamıyorum; kalpsizin biriymiş.

— Hayır, çok iyi bir insandır, ben de mutsuz değilim; aksine çok mutluyum. Bugün başka şarkı söyleyecek miyiz? –diye ekledi eve yönelirken.

— Ne kadar iyisiniz, ne kadar iyisiniz! –diye haykırdı Kiti ve onu durdurup öptü.– Birazcık olsun size benzeyebilseydim!

Varenka, uysal ve yorgun gülümsemesiyle:

— Neden birine benzeyeceksiniz ki? Siz bu halinizle iyisiniz, –dedi.

— Hayır, hiç iyi değilim. Söyleyin bana... Durun, oturalım, –dedi Kiti, onu tekrar kanepeye, yanına oturtarak.– Bir adamın sizin aşkınızı küçümsediğini, sizi istemediğini gururunuz kırılmadan düşünebilir misiniz?..

— Ama o küçümsemedi; onun beni sevdiğine, ama söz dinleyen bir evlat olduğuna inanıyorum.

— Evet, ama eğer annesinin isteğine göre değil de kendi isteğine göre hareket etseydi?.. –dedi Kiti ve sırrını ele verdiğini, utançtan alev alev yanan yüzünün bu sırrı ifşa ettiğini hissetti.

Artık kendisinin değil, Kiti'nin söz konusu olduğunu anlayan Varenka:

— O zaman kötü davranmış olurdu, ben de onu savunmazdım, –diye karşılık verdi.

— Peki ya aşağılanma? Aşağılanma unutulamaz, –dedi Kiti, son baloda müziğin durduğu andaki bakışını anımsayarak.

— Aşağılanma neresinde bunun? Siz zaten kötü bir şey yapmadınız herhalde?

— Kötüden de beter, utanılacak bir şey.

Varenka kafasını salladı ve elini Kiti'nin elinin üstüne koydu.

— Evet, nedir utanılacak şey? –dedi Varenka.– Herhalde size karşı ilgisiz kalan bir adama onu sevdiğinizi söyleyemezdiniz?

— Elbette söyleyemezdim; ben hiçbir zaman tek kelime bile söylemedim, ama o biliyordu. Hayır, hayır, bakışlar, davranışlar vardır. Yüz yıl yaşasam unutmam.

— Ne olmuş peki? Anlamıyorum. Onu hâlâ seviyor musunuz, sevmiyor musunuz? Mesele bunda, –dedi Varenka.

— Ondan nefret ediyorum; kendimi affedemiyorum.

— Peki ne var bunda?

— Utanç, aşağılanma.

— Ah, keşke herkes sizin gibi böyle duygulu olsaydı, –dedi Varenka.– Bunu yaşamamış kız yoktur. O kadar da önemli şeyler değildir bunlar.

Kiti, Varenka'nın yüzüne meraklı bir şaşkınlıkla bakarak:

— Peki önemli olan nedir? –diye sordu.

— Ah, pek çok önemli şey vardır, –dedi Varenka gülümseyerek.

— Ama nedir?

— Ah, işte pek çok önemli şey, –dedi Varenka ne söyleyeceğini bilemeyerek. Fakat bu sırada pencereden prensesin sesi duyulmuştu:

— Kiti, hava serin! Ya şalını al, ya da içeri gir.

— Doğru, gitme zamanı geldi! –dedi Varenka ayağa kalkarak.– Daha Madame Berthe'e uğramam gerekiyor; benden rica etmişti.

Kiti kızın elini tutuyor, tutkulu bir merakla ve yalvaran bakışlarıyla "Böylesine bir sakinliği veren nedir? Nedir? Biliyorsanız söyleyin bana!" –diye soruyordu ona. Ama Varenka Kiti'nin bakışlarının ne sorduğunu anlamıyordu bile. Onun aklında şimdi yalnızca bugün Mme Berthe'e de uğraması ve saat on ikiden önce eve, annesiyle çay içmeye yetişmesi gerektiği vardı. İçeri girdi, notalarını topladı ve herkesle vedalaşıp gitmeye hazırlandı.

— İzin verirseniz size eşlik edeyim, –dedi albay.

— Evet, gecenin bu saatinde tek başına nasıl gideceksiniz? –diye onayladı prenses.– Hiç olmazsa Paraşa'yı yanınıza vereyim.

Kiti, birinin ona eşlik etmesi gerektiği söylendiğinde Varenka'nın gülümsemesini güç tuttuğunu gördü.

Şapkasını alıp:

— Hayır, ben her zaman tek başına giderim, başıma da bir şey gelmez, –dedi. Kiti'yi bir kez daha öpüp, neyin önemli olduğunu söylemeden, kolunun altında notaları, neyin önemli olduğu ve ona bu gıpta edilecek sakinliği ve erdemi neyin verdiği sırrını beraberinde götürerek çevik adımlarla yaz gecesinin yarı karanlığı içinde gözden kayboldu.

XXXIII

Kiti, Bayan Ştal'le de tanıştı. Bu tanışma, Varenka'ya beslediği dostlukla birlikte sadece üzerinde güçlü bir etki yapmakla kalmamış, aynı zamanda acısını da dindirmişti. Bu tanışıklık sayesinde önünde geçmişiyle hiçbir ortak yanı olmayan yepyeni bir dünyanın, tepelerinden bu geçmişe sakin sakin bakılabilen yüce, güzel bir dünyanın açılmış olmasıyla da avunuyordu. Kiti, şimdiye dek kendini teslim ettiği içgüdüsel yaşamdan başka manevi bir yaşam olduğunu keşfetmişti. Bu yaşam dinle, ama Kiti'nin çocukluğundan beri bildiği ve bir sabah ayininde, tanıdıklara rastlanılabilecek Dullar Evi'ndeki akşam duasında ve rahiple birlikte Slav metinlerini ezberlemekte ifadesini bulan dinle ortak hiçbir yönü olmayan bir dinle ortaya çıkıyordu; bu, yüce, gizemli, bir dizi güzel düşünceyle ve duyguyla bağlantılı, sadece öyle buyurulduğu için inanılabilecek değil, aynı zamanda sevilebilecek bir dindi.

Kiti bütün bunları sözcüklerden öğrenmedi. Madam Ştal, kendi gençliğini anımsattığı için hayranlıkla seyrettiği sevimli bir çocukla konuşur gibi konuşuyordu Kiti'yle ve insanların tüm acılarını ancak sevginin ve inancın avutabileceğini, İsa'nın bizlere gösterdiği merhamet açısından önemsiz acı diye bir şey olmadığını sadece bir kez söylemiş ve hemen başka bir konuya geçmişti. Fakat Kiti, onun her hareketinden, her sözünden, kendi ifadesiyle ilahi bakışından, özellikle de Varenka vasıtasıyla öğrendiği tüm yaşam öyküsünden "önemli olan" ve kendisinin şimdiye dek bilmediği o şeyi öğreniyordu.

Ancak Madam Ştal'in karakteri ne kadar yüksek, hikâyesi ne kadar dokunaklı, konuşması ne kadar ulvi ve tatlı olursa olsun Kiti, elinde olmadan onda kendisini şaşırtan özellikler fark ediyordu. Madam Ştal'in ona annesiyle babasını sorarken Hıristiyan iyi yürekliliğine ters düşecek şekilde küçümseyerek gülümsediğini fark etmişti. Evinde bir Katolik papazı gördüğünde Madam Ştal'in yüzünü abajurun gölgesine saklamaya çalıştığını ve özellikle gülümsediğini de fark etmişti. Her ikisi de ne kadar önemsiz şeyler olursa olsun onu şaşırtmış ve Madam Ştal konusunda kuşkuya düşürmüştü. Fakat anasız babasız, arkadaşsız, yapayalnız, derin bir hayal kırıklığına uğramış, hiçbir şey istemeyen, hiçbir şeye yazıklanmayan Varenka, Kiti'nin hayal edebileceği mükemmelliğin ta kendisiydi. Sadece kendini unutmak ve başkalarını sevmek gerektiğini ve o zaman huzurlu, mutlu ve güzel olabileceğini Varenka'ya bakarak anlamıştı. Kiti de öyle olmak istiyordu. *En önemli şeyin* ne olduğunu artık açıkça anladıktan sonra Kiti buna hayran olmakla yetinmeyip, bütün ruhuyla kendisini önünde açılan bu yeni hayata bırakmıştı. Kiti, Varenka'nın, Madam Ştal ve adını saydığı başka kişilerin yaptıkları şeyleri anlatan hikâyelerine göre gelecekteki yaşamının planını yapıyordu artık. Varenka'nın hakkında pek çok şey anlattığı Bayan Ştal'in yeğeni Aline gibi Kiti de nerede yaşarsa yaşasın mutsuz insanları arayıp bulacak, onlara elinden geldiğince yardım edecek, İncil dağıtacak, hastalara, suçlulara, ölüm döşeğindekilere İncil okuyacaktı. Aline'in yaptığı gibi suçlulara İncil okuma düşüncesi Kiti'yi özellikle büyülemişti. Ancak bunların hepsi, Kiti'nin ne annesine, ne de Varenka'ya söylemediği gizli hayalleriydi.

Planlarını geniş çapta gerçekleştirme zamanını bekleyen Kiti, şimdi de bu kadar çok hasta ve bu kadar mutsuz insanın bulunduğu kaplıcalarda Varenka'ya öykünerek yeni kurallarını uygulama fırsatını kolayca buluyordu.

Prenses önceleri Kiti'nin Bayan Ştal'e, özellikle de Varenka'ya kendi deyimiyle engouement'ının güçlü etkisi altında bulunduğunu fark ediyordu. Kiti'nin sadece Varenka'nın yaptığı işlere öykünmekle kalmayıp, elinde olmadan onun yürüyüşünü, konuşmasını ve gözlerini kırpmasını da taklit ettiğini görüyordu. Ancak daha sonra prenses, bu hayranlıktan bağımsız olarak kızında bir tür ciddi ruhsal değişim olduğunu fark etti.

Prenses, Kiti'nin daha önce yapmadığı bir şey yaptığını, akşamları Bayan Ştal'in ona armağan ettiği Fransızca İncil'i okuduğunu; sosyetedeki tanıdıklarından kaçtığını ve Varenka'nın koruması altında bulunan hastalarla, özellikle de hasta ressam Petrov'un yoksul ailesiyle dostluk kurduğunu görüyordu. Kiti'nin bu ailede hemşirelik görevi yapmaktan gurur duyduğu gözle görülüyordu. Bunların hepsi güzel şeylerdi ve prenses hiçbirine karşı değildi, üstelik Petrov'un karısı son derece düzgün bir kadındı ve Kiti'nin yaptıklarını fark etmiş olan Alman prensesi, avutucu-melek diyerek onu övüyordu. Aşırıya kaçmasaydı bunların hepsi de çok güzel şeylerdi. Ama prenses, kızının aşırıya kaçtığını görüyordu.

— Il ne faut jamais rien outrer,*– diyordu kızına.

Fakat kızı hiçbir şey söylemiyordu ona; sadece Hıristiyanlık meselesinde aşırılıktan söz edilemeyeceğini düşünüyordu. Bir yanağına vurdukları zaman öbürünü çevirmeyi, sırtından kaftanını çıkarıp aldıklarında gömleğini vermeyi buyuran bir öğretinin izlenmesinde hangi aşırılıktan söz edilebilirdi? Fakat prenses bu aşırılıktan hoşlanmıyordu ve dahası Kiti'nin ona içini açmak istemediğini hissetmek de hoşuna gitmiyordu. Gerçekten de Kiti yeni görüşlerini ve duygularını annesinden saklıyordu. Bunları saklamasının nedeni, annesine saygı duymaması, onu sevmemesi değil, onun annesi olmasıydı. Bunları annesinden başka herkese daha kolay açabilirdi.

Bir keresinde prenses, Petrova'dan söz ederek:

---

* Hiçbir zaman hiçbir konuda aşırıya kaçmamak gerekir. (Fr.)

— Anna Pavlovna uzun zamandır nedense bize gelmedi, -dedi.– Onu çağırmıştım. Sanki bir şeyden memnun değil gibi.

Kıpkırmızı olan Kiti:

— Yo, ben fark etmedim, maman, –dedi.

— Onlara gitmeyeli çok mu oldu?

— Yarın dağlarda bir gezinti yapmayı düşünüyoruz, -diye yanıtladı Kiti.

Prenses, kızının mahcup yüzüne bakarak ve utanmasının nedenini tahmin etmeye çalışarak:

— Gidin tabii, –dedi.

Aynı gün Varenka öğle yemeğine geldi ve Anna Pavlovna'nın ertesi gün dağ gezisine gitmekten vazgeçtiğini haber verdi. Ve prenses, Kiti'nin yine kıpkırmızı kesildiğini fark etti.

Yalnız kaldıklarında:

— Kiti, Petrovlarla aranda bir tatsızlık mı oldu? –dedi prenses.– Petrova neden artık bize gelmiyor, çocukları da göndermiyor?

Kiti, aralarında hiçbir şey olmadığını ve Anna Pavlovna'nın neden ondan hoşnut olmadığını kesinlikle anlamadığını söyledi. Kiti tam olarak gerçeği söylemişti. Anna Pavlovna'nın kendisine karşı davranışlarındaki değişimin nedenlerini bilmiyordu, ama tahmin ediyordu. Annesine söyleyemeyeceği, kendisine bile söylemediği bir şeydi tahmin ettiği. Bildiğin, ama kendi kendine bile söyleyemediğin şeylerden biriydi bu; öyle ki yanılmak korkunç ve utanç verici olurdu.

Bu aileyle bütün ilişkilerini tekrar tekrar belleğinde gözden geçiriyordu. Karşılaştıklarında Anna Pavlovna'nın iyilik dolu yuvarlak yüzünde beliren çocuksu sevinci anımsıyordu; hastayla ilgili gizli görüşmelerini, onu, kendisine yasaklanmış olan çalışmaktan uzaklaştırmak ve gezmeye götürmek için hazırladıkları komploları; ona "Benim Kiti'm" diyen ve onsuz uykuya yatmak istemeyen küçük oğlanın kendisine düşkünlüğünü anımsıyordu. Hepsi ne kadar güzeldi! Sonra kahverengi redingotu içindeki uzun boynuyla Petrov'un çok zayıf bedenini; seyrek kıvırcık saçlarını, soru sorar gibi bakan ve ilk zamanlar

Kiti'ye korkunç gelen mavi gözlerini, onun yanında dinç ve canlı görünme çabalarını anımsadı. İlk zamanlar bütün veremlilere karşı olduğu gibi ona karşı hissettiği tiksintiyi yenmek için ve söyleyecek bir şeyler bulabilmek için gösterdiği çabayı anımsıyordu. Onun bu ürkek, duygulu bakışını, kendisinin tuhaf acıma duygusunu ve hissettiği rahatsızlığı, sonra da yaptığı iyiliğin kendisini mutlu ettiğini anımsıyordu. Bütün bunlar ne kadar güzeldi! Ama bunların hepsi ilk zamanlardaydı. Şimdi ise, bundan birkaç gün önce her şey birdenbire bozulmuştu. Anna Pavlovna Kiti'yi yapmacık bir nezaketle karşılıyor ve gözünü ayırmadan onu ve kocasını gözlüyordu.

Anna Pavlovna'nın soğuk davranmasının nedeni acaba adamcağızın Kiti'nin yanında duyduğu bu dokunaklı sevinç miydi?

"Evet, –diye anımsıyordu Kiti,– iki gün önce sıkıntıyla 'Sizi bekliyordu, çok zayıf düşmesine karşın siz gelmeden kahvesini içmek istemedi,' dediğinde Anna Pavlovna'da doğal olmayan ve onun iyiliğine hiç yakışmayan bir şey vardı."

"Evet, belki de ona battaniye vermem Anna Pavlovna'nın hoşuna gitmedi. Bunların hepsi çok basit şeyler ama o, bunu öyle sıkıntılı bir şekilde karşıladı, öyle uzun süre teşekkür etti ki, ben de rahatsız oldum. Sonra şu, çok güzel yaptığı portrem. En önemlisi de o utangaç ve tatlı bakış! Evet, evet, öyle! –diye korkuyla kendi kendine tekrarladı Kiti. Ardından da,– Hayır, bu olamaz, olmamalı! O, ne kadar acınacak halde!" dedi kendi kendine.

Bu kuşku yeni yaşamının güzelliğini bozuyordu.

XXXIV

Karlsbad'dan sonra Baden ve Kissingen'e, kendi ifadesiyle Rus ruhu almak için Rus tanıdıklarının yanına giden Prens Şçerbatskiy, kaplıca kürünün bitiminden önce ailesinin yanına dönmüştü.

Prens ve prensesin yurtdışındaki yaşantıyla ilgili görüşleri birbirine tamamen zıttı. Prenses her şeyi çok güzel buluyor, Rus toplumunda sahip olduğu sağlam yere rağmen yurtdışında bir Avrupalı hanımefendi gibi olmaya çalışıyor, ama olamıyordu, çünkü kendisi bir Rus hanımefendisiydi ve yapay davranışlarıyla zaman zaman zor duruma düşüyordu. Prens ise tam tersine yurtdışındaki her şeyi iğrenç buluyor, Avrupa'daki yaşantıdan sıkılıyor, kendi Rus alışkanlıklarını sürdürüyor ve yurtdışında kendisini mahsus gerçekte olduğundan daha az Avrupalı göstermeye çalışıyordu.

Prens biraz zayıflamış, yanaklarının derileri torbalar halinde sarkmış olarak, ama çok neşeli bir ruh hali içinde döndü. Bu neşeli hali Kiti'nin tamamen iyileştiğini görünce daha da arttı. Kiti'nin Bayan Ştal ve Varenka'yla arkadaş olduğu haberi ve Kiti'de meydana gelen değişimle ilgili olarak prensesin aktardığı gözlemler, prensi şaşırtmış, kızının kendisi dışında ilgisini çeken her şeye karşı her zaman hissettiği kıskançlık duygusunu ve kızının onun etkisinden çıkıp, kendisinin erişemeyeceği yerlere gideceği korkusunu doğurmuştu. Fakat bu tatsız haberler prenste her zaman var olan ve Karlsbad'ın şifalı sularıyla iyice güçlenen iyilik ve neşe denizinde boğulup gitti.

Gelişinin ertesi günü prens, sırtında uzun pardösüsü, yüzünde Ruslara özgü kırışıklıklar ve kolalı yakasının yukarı doğru ittiği hafif şişkin yanaklarıyla, en neşeli ruh hali içinde kızıyla suların kaynağına doğru yürüyordu.

Çok güzel bir sabahtı; küçük bahçeli, tertemiz, neşeli evler, kırmızı yüzlü, kırmızı elli, bira içmiş, neşeyle çalışan Alman hizmetçi kızlarının görüntüsü ve parlak güneş yüreklere keyif veriyordu; ancak kaynağa yaklaştıkça daha çok hastayla karşılaşıyorlardı ve hastaların görüntüsü, rahat Alman hayatının alışılmış koşulları içinde daha da acıklı görünüyordu. Bu çelişki Kiti'yi artık etkilemiyordu. Pırıl pırıl güneş, yeşilliklerin neşeli ışıltısı, müzik sesleri, bütün bu tanıdığı insanların ve kendisinin de izlemekte olduğu iyiye ya da kötüye gidişlerinin doğal bir çerçevesiydi Kiti için; fakat bu haziran sabahının ışığı ve parıltısı, günün modası neşeli bir vals çalmakta olan orkestranın sesleri, özellikle de yanağından kan damlayan hizmetçi kızların görüntüsü prens için Avrupa'nın dört köşesinden gelip burada toplanmış, umutsuzca devinen bu canlı cenazelerle birleşince uygunsuz ve çirkin görünüyordu.

Sevgili kızıyla kol kola yürürken hissettiği gurura ve gençleşme duygusuna karşın güçlü yürüyüşünden, iri ve yağlı uzuvlarından rahatsız oluyor, utanıyordu. Topluluk içinde çıplak kalmış bir insan gibi hissediyordu neredeyse kendisini.

Dirseğiyle kızının koluna dürterek:

— Beni yeni dostlarınla tanıştırsana, –dedi.– Sana bu kadar iyi geldiği için senin bu iğrenç Soden'ini bile sevdim. Yalnız keder var burada keder. Peki bu kim?

Kiti, karşılarına çıkan tanıştığı ve tanışmadığı kişilerin adlarını sayıyordu. Tam parkın giriş kapısının önünde kör Mme Berthe ve refakatçisi kızla karşılaştılar. Prens, yaşlı Fransız kadının Kiti'nin sesini duyunca yüzünde beliren duygulu ifadeye memnun oldu. Yaşlı kadın hemen Fransızlara özgü aşırı bir kibarlık göstererek prensle konuşmaya, böyle harika bir kızı olduğu için övmeye, Kiti'yi bir hazine, bir inci ve bir avutucu melek diye adlandırarak göklere çıkarmaya koyuldu.

— O ikinci melek bu durumda, –dedi prens gülümseyerek.– Birinci meleğin mademoiselle Varenka olduğunu söylüyor kendisi.

— Oh! Mademoiselle Varenka, gerçek bir melektir, allez, –dedi Mme Berthe.

Galeride Varenka'ya da rastladılar. Elinde çok şık kırmızı bir çantayla hızlı hızlı yürüyerek tam karşılarından geliyordu.

— Bakın babam da geldi! –dedi Kiti, Varenka'ya.

Varenka, her zamanki basit ve doğal haliyle eğilerek selam vermekle, dizini kırıp reverans yapmak arası bir hareket yaptı ve hemen herkesle konuştuğu gibi çekinmeden, basit bir şekilde prensle konuşmaya başladı.

— Elbette sizi tanıyorum, hem de çok iyi tanıyorum, -dedi prens gülümseyerek. Kiti, bu gülümseme üzerine babasının, arkadaşından hoşlandığını anlayarak sevindi.– Böyle acele acele nereye gidiyorsunuz?

— Maman burada, –dedi Varenka Kiti'ye dönerek,– Bütün gece uyumadı, doktor dışarı çıkartmamızı tavsiye etti. Elişini götürüyorum.

Varenka gidince prens:

— Demek bir numaralı melek bu! –dedi.

Kiti, babasının Varenka'yla alay etmek istediğini, ama Varenka'dan hoşlandığı için bunu yapamadığını görüyordu.

— Bütün dostlarını görelim bakalım, –diye ekledi prens,– Madam Ştal'i de, tabii eğer beni tanımak şerefini bağışlarsa.

Madam Ştal'in adı geçince prensin gözlerinde tutuşan alaycı ışığı fark eden Kiti korkuyla:

— Yoksa onu tanıyor musun baba? –diye sordu.

— Kocasını tanırdım, kendisini de daha piyetist[*] olmadan önce tanımıştım.

Kiti, Bayan Ştal'e bu kadar büyük değer vermesine neden olan şeyin bir adı olmasından korkarak:

— Piyetist ne demek baba? –diye sordu.

— Ben de pek iyi bilmiyorum. Sadece onun her şey için, her türlü felaket için, kocası öldüğü için Tanrı'ya şükrettiğini biliyorum. İyi geçinemedikleri için biraz gülünç geliyor insana.

Bir bankın üzerinde oturan, kahverengi bir pardösü ve bacaklarının etten yoksun kemikleri üzerinde tuhaf kıvrımlar yapan beyaz bir pantolon giymiş, orta boylu bir hastayı fark eden prens:

— Bu kim? Ne kadar zavallı bir yüzü var! –dedi.

---

* Piyetizm, bir Protestan tarikatıdır. Dinsel yaşamda reform amaçlayan bu akım, özellikle mistik bir anlayış geliştirmiş ve kişisel duyguyu dindarlığın temel ögesi sayarak kişisel ahlakı güçlendirmeye çalışmıştır. Dogmacılık ve kilise baskısına karşı çıkan bir öğretidir. (ç.n.)

Bu bay, seyrek kıvırcık saçlarının üstünden hasır şapkasını hafifçe kaldırıp, şapka sıktığı için kızarmış olan alnını ortaya çıkardı.

Kiti kıpkırmızı kesilip:

— Bu ressam Petrov, –diye yanıtladı. Tam onlar yaklaştıkları sırada mahsus yapıyormuş gibi, patikada koşarak kaçan çocuğun peşinden giden Anna Pavlovna'yı göstererek,– Şu da onun karısı, –diye ekledi.

— Ne kadar zavallı ve ne kadar da sevimli bir yüzü var! –dedi prens.– Sen niye yanına gitmedin? Sana bir şey söylemek istiyordu galiba.

Kiti kararlı bir şekilde geri dönerek:

— Gidelim yanına öyleyse, –dedi.– Bugün sağlığınız nasıl? –diye sordu Petrov'a.

Petrov bastonuna dayanarak ayağa kalktı ve ürkek bir şekilde prense baktı.

— Bu, benim kızım, –dedi prens.– İzninizle tanışalım.

Ressam eğilerek selam verdi ve garip bir şekilde parlayan beyaz dişlerini göstererek gülümsedi.

— Dün sizi bekledik prenses, –dedi Kiti'ye.

Bunu söylerken birazcık sallandı ve bu hareketi tekrarlayarak bilerek yaptığını göstermeye çalıştı.

— Gelmek istiyordum, ama Varenka, Anna Pavlovna'nın gitmeyeceğinizi söylemek için kendisini gönderdiğini söyledi.

Kıpkırmızı olup, hemen öksürmeye başlayan Petrov, bir yandan da gözleriyle karısını arayarak:

— Nasıl gitmeyecekmişiz? –dedi.– Aneta, Aneta! –diye seslendi ve ip gibi incecik beyaz boynundaki kalın damarlar gerildi.

Anna Pavlovna geldi.

Petrov'un sesi kısıldı, öfkeli bir biçimde:

— Nasıl oluyor da prensese gelmeyeceğiz diye haber gönderiyorsun! –dedi fısıltıyla.

Anna Pavlovna eski davranışlarına benzemeyen yapmacık bir gülümsemeyle:

— Merhaba prenses! –dedi. Prense dönerek,– Tanıştığımıza çok memnun oldum, –dedi.– Sizi uzun zamandır bekliyorduk prens.

Ressam galiba sesinin değişmesine ve konuşmasını istediği şekilde yapamamasına daha da çok kızarak tekrar ve daha öfkeli bir sesle:

— Nasıl oluyor da prensese gelmiyoruz diye haber gönderiyorsun? –diye hırıltıyla fısıldadı.

Karısı sıkıntılı bir şekilde:

— Ah, Tanrım! Ben gitmeyeceğimizi sanmıştım, –diye karşılık verdi.

— Nasıl olur, o zaman... –Petrov öksürmeye başladı ve elini salladı.

Prens şapkasını hafifçe kaldırdı ve kızıyla birlikte uzaklaştı.

— Of, of! –diye derin bir iç çekti prens.– Of, zavallılar!

— Evet, baba, –dedi Kiti.– Ama üç çocuklarının olduğunu, hizmetlerini gören birinin ve hemen hemen hiç paralarının bulunmadığını da bilmelisiniz. Yalnızca Akademi'den bir şeyler alıyor, –diye Anna Pavlovna'nın kendisine karşı davranışında meydana gelen garip değişiklikten ötürü artan heyecanını bastırmaya çalışarak hararetli hararetli anlatıyordu.

Kiti, şemsiyenin altında sağına soluna yastıklar konulmuş, gri ve mavi örtülere sarınmış birinin oturduğu tekerlekli sandalyeyi göstererek:

— A, işte Madam Ştal, –dedi.

Bu, Bayan Ştal'di. Arkasında onu gezdiren asık suratlı, sağlam yapılı Alman uşak duruyordu. Yanında Kiti'nin ismen tanıdığı sarışın İsveçli kont dikiliyordu. Bazı hastalar, tekerlekli sandalyenin yanından geçerken bu hanımefendiye olağanüstü bir şeye bakar gibi bakarak yavaşlıyorlardı.

Prens kadının yanına yaklaştı. Kiti hemen o anda babasının gözlerinde kendisini şaşırtan o alaycı ışığı fark etti. Prens, Madam Ştal'in yanına gitti ve artık pek az kişinin konuştuğu mükemmel bir Fransızcayla aşırı derecede saygılı ve sevimli bir şekilde konuşmaya başladı.

Şapkasını çıkarıp tekrar giymeksizin:

— Bilmiyorum, beni anımsar mısınız, ama kızıma yaptığınız iyilik nedeniyle size teşekkür etmek için kendimi anımsatmak zorundayım, –dedi.

Madam Ştal, Kiti'nin bir hoşnutsuzluk gördüğü gök mavisi gözlerini prense doğru kaldırarak:

— Prens Aleksandr Şçerbatskiy, –dedi.– Çok memnun oldum. Kızınızı çok sevdim.

— Sağlığınız hâlâ kötü mü?

— Evet, artık alıştım, –dedi Madam Ştal ve prensi İsveçli kontla tanıştırdı.

— Ama siz pek az değişmişsiniz, –dedi prens Madam Ştal'e.– On ya da on bir yıldır sizi görmek onurundan yoksun kaldım.

— Evet, Tanrı derdi veriyor, ona dayanma gücünü de veriyor. Sık sık bu hayat neden böyle uzuyor diye hayret ediyorsun... –Bu sırada ayaklarını battaniyeyle yanlış taraftan örten Varenka'ya sıkıntıyla,– Öbür taraftan! –dedi.

— İyilik yapmak için olsa gerek, –dedi prens gözleriyle gülerek.

Bayan Ştal prensin yüzündeki ifadeyi fark edip:

— Bu konuda hüküm vermek bize düşmez, –dedi.– O zaman bana o kitabı yollar mısınız azizim kont? Size çok teşekkür ederim, –dedi genç İsveçliye.

Prens yanında duran Moskovalı albayı görünce:

— A! –diye bağırdı ve Bayan Ştal'e eğilerek selam verip, kızıyla ve onlara katılan Moskovalı albayla birlikte uzaklaştı.

Kendisiyle tanışmadığı için Bayan Ştal'den şikâyetçi olan Moskovalı albay, alay etme isteğiyle:

— İşte bizim aristokrasimiz prens! –dedi.

— Hep aynı, –diye karşılık verdi prens.

— Siz onu hastalanmadan önce de tanır mıydınız prens, yani yatağa düşmeden önce?

— Evet. Tam tanıdığım sıralarda yatağa düşmüştü, –dedi prens.

— Dediklerine göre on yıldır ayağa kalkmıyormuş.

— Kalkmıyor, çünkü bir bacağı kısa, ayrıca vücut yapısı da çok çirkinmiş...

— Baba, olamaz! –diye haykırdı Kiti.

— Kötü diller böyle söylüyor küçük dostum. Senin Varenka da epey azar işitiyordur, –diye ekledi prens.– Ah, bu hasta hanımefendiler!

— Ah hayır baba! –diye şiddetle karşı çıktı Kiti.– Varenka ona tapıyor. Hem sonra kadıncağız o kadar iyilik yapıyor! Kime istersen sor! Onu ve Aline Ştal'i herkes tanır.

— Olabilir, –dedi prens dirseğini Kiti'nin koluna bastırarak.– Ama kime sorarsan sor, yaptığı iyilikleri hiç kimsenin bilmemesi daha iyi olurdu.

Kiti sustu, ama bunun nedeni söyleyecek bir şey bulamaması değildi; gizli düşüncelerini babasına da açmak istemiyordu. Ancak tuhaf iş, babasının görüşüne bağlı olmamak ve onun kutsal konularına girmesine izin vermemek için kendisini o kadar hazırladığı halde, koskoca bir ay boyunca ruhunda taşıdığı ilahi Bayan Ştal tasvirinin bir daha geri dönmeyecek şekilde kaybolduğunu hissetmişti. Bu aynı çıkarılıp atılmış bir elbiseyi, hayalimizde bir figüre benzetmemize ve bu figürün sadece fırlatılmış bir elbise olduğunu anlamamızla bir daha dönmeyecek şekilde ortadan kaybolmasına benziyordu. Geriye sadece vücudu çirkin olduğu için yataktan çıkmayan ve battaniyeyi istediği gibi örtmedi diye yumuşak başlı Varenka'ya eziyet eden bir bacağı kısa bir kadın kaldı. Hayal gücünün bütün çabaları, eski Madam Ştal'i bir daha geri getiremedi.

XXXV

Prens neşesini ev halkına, tanıdıklarına, hatta Şçerbatskiylerin kaldıkları evin Alman sahibine de geçirmişti.

Kiti'yle şifalı sulardan dönen, albayı, Marya Yevgenyevna'yı ve Varenka'yı kahve içmeye evine çağıran prens, masayı ve koltukları küçük bahçeye, kestane ağacının altına çıkarmalarını ve bir kahvaltı sofrası hazırlamalarını emretti. Ev sahibi de, hizmetçiler de prensin neşeli halinin etkisiyle canlanmıştı. Cömetliğini bilirlerdi ve yarım saat sonra üst katta oturan Hamburglu hasta doktor, kestane ağacının altında toplanmış sağlıklı insanlardan oluşan bu neşeli Rus grubuna pencereden gıptayla bakıyordu. Yaprakların daireler halinde titreşen gölgeleri altında, üzerine beyaz bir örtü örtülmüş, kahvelik, ekmek, tereyağı, peynir, soğuk av eti konmuş masanın başında leylak rengi kurdeleli dantel başlığıyla prenses oturmuş, fincanları ve küçük tereyağlı ekmekleri dağıtıyordu. Masanın öbür ucunda prens oturuyor, büyük bir iştahla yiyor, yüksek sesle ve neşe içinde bir şeyler anlatıyordu. Prens aldığı eşyaları, oymalı küçük sandıkları, küçük oyuncakları, gittiği her kaplıcadan yığınla satın aldığı her türden kâğıt bıçağını yanına sıralamış, bunları uşak Lieschen ve gülünç şekilde kötü Almancasıyla şakalaştığı, Kiti'yi şifalı suların değil, onun mükemmel yemeklerinin, özellikle de erik kurusu çorbasının iyileştirdiğini söylediği ev sahibi de dâhil herkese armağan ediyordu. Prenses, Rus alışkanlıklarından ötürü kocasıyla alay ediyordu, ama kaplıcalarda geçirdiği sürece hiç olmadığı kadar canlı ve neşeliydi. Albay her zamanki gibi prensin şakalarına gülüyordu; ancak dikkatle incelediği Avrupa konusunda prensesin tarafını tutuyordu. İyi yürekli Marya Yevgenyevna prensin anlattığı komik şeylere gülmekten katılıyordu, Varenka da Kiti'nin daha önce hiç görmediği şekilde prensin şakalarının neden olduğu zayıf, ama bulaşıcı gülüş yüzünden gevşemişti.

Bütün bunlar Kiti'yi neşelendiriyordu, ama düşüncelerinden kurtulamıyordu. Dostları ve bu kadar çok sevdiği yaşam üzerine babasının neşeli bakışıyla istemeden ortaya attığı meseleyi çözemiyordu. Buna artık bu kadar açık ve tatsız bir şekilde ortaya çıkmış olan Petrovlarla ilişkilerindeki değişiklik eklenmişti bir de. Herkes neşeliydi, ama Kiti neşelenemiyordu. Bu da onu daha fazla üzüyordu. Çocukluğunda ceza olarak odasına kapatıldığı zaman ablalarının neşeli kahkahalarını duyduğunda hissettiği gibi bir duyguya kapılıyordu.

Prenses gülümseyerek ve kocasına bir fincan kahve uzatarak:

— Bu kadar çok şeyi niye aldın ki? –dedi.

— Dolaşmaya çıkıyorsun, bir dükkâna yaklaşıyorsun, "Erlaucht, Excellenz, Durchlaucht"* diye bir şeyler almamı istiyorlar. E, "Durchlaucht" deyince dayanamıyorum: On taler gidiyor cepten.

— Sırf can sıkıntısından, –dedi prenses.

— Elbette can sıkıntısından. Öyle bir sıkıntı ki azizim, nereye gideceğini bilemiyorsun.

— Nasıl sıkılabiliyorsunuz prens? Şimdi Almanya'da o kadar çok ilginç şey var ki, –dedi Marya Yevgenyevna.

— Evet, bütün ilginç şeyleri biliyorum, kuru erik çorbasını, sucuklu nohutu biliyorum. Hepsini biliyorum.

— Hayır, ama prens, ne derseniz deyin, ilginç kurumları var, –dedi albay.

— Neleri ilginç? Hepsi de hallerinden memnunlar, herkesi yenmişler. Ben neden mutlu olayım? Hiç kimseyi yenmedim, sadece çizmelerini kendin çıkart, bir de onları kapının arkasına kendin koy. Sabah kalk, hemen üstünü giyin, çay salonuna berbat bir çay içmeye git. Bizde böyle mi bu işler! Acele etmeden yataktan kalkarsın, bir şeylere kızarsın, biraz dırdır edersin, iyice kendine gelirsin, her şeyi etraflıca düşünür, acele etmezsin.

— Ama vakit nakittir, bunu unutuyorsunuz, –dedi albay.

— Hangi vakit! Öyle zaman olur, koca bir ayını elli kapiğe verirsin; öyle zaman olur, bir yarım saati kaç para versen alamazsın. Öyle değil mi Katenka? Sen niye böyle keyifsizsin?

— Bir şeyim yok.

Prens, Varenka'ya:

---

* Ekselansları, zatıâlileri. (Alm.)

— Nereye gidiyorsunuz? Biraz daha oturun, –dedi.

Varenka ayağa kalkarak:

— Eve gitmeliyim, –dedi ve tekrar kahkahaları koyuverdi. Kendini toparladıktan sonra vedalaştı ve şapkasını almak için içeri girdi. Kiti de arkasından gitti. Şimdi Varenka bile ona farklı görünüyordu. Daha kötü değildi, ama daha önce hayalinde canlandırdığından farklıydı.

Varenka şemsiyesini ve çantasını alırken:

— Ah, çoktandır bu kadar gülmemiştim! –dedi.– Babanız ne kadar sevimli!

Kiti bir şey demedi.

— Ne zaman görüşürüz? –diye sordu Varenka.

— Maman, Petrovlara uğramak istiyordu. Siz onlara gitmeyecek misiniz? –dedi Kiti Varenka'yı denemek için.

— Gideceğim, –diye yanıtladı Varenka.– Gitmeye hazırlanıyorlar, eşyalarını toplarken yardım edeceğime söz vermiştim.

— O zaman ben de geleyim.

— Hayır, siz ne yapacaksınız?

Kiti, Varenka'nın gitmesine izin vermemek için şemsiyesinden tutmuş, gözlerini iri iri açarak:

— Neden, neden? Neden? –diyordu.– Hayır, durun, neden?

— Öylesine işte; babanız geldi, hem sonra onlar sizden çekiniyor.

— Hayır, Petrovlara sık sık gitmemi neden istemiyorsunuz, söyleyin bana. Siz de gitmemi istemiyorsunuz, değil mi? Neden?

— Ben öyle demedim, –dedi Varenka sakin bir şekilde.

— Hayır, lütfen söyleyin!

— Her şeyi mi söyleyeyim? –diye sordu Varenka.

— Her şeyi, her şeyi! –diye atıldı Kiti.

— Aslında önemli bir şey yok, yalnız Mihail Alekseyeviç (ressamın adı buydu) önceden daha erken gitmeye niyetlenirken, şimdi gitmek istemiyor, –dedi Varenka gülümseyerek.

Kiti, Varenka'ya asık bir suratla bakarak:

— Hadi! Hadi! –diye Varenka'yı acele ettiriyordu.

— Nedense Anna Pavlovna onun siz burada olduğunuz için gitmek istemediğini söyledi. Elbette bu pek yersiz bir şey, ama bu yüzden, yani sizin yüzünüzden aralarında tartışma çıkmış. Bu hastaların ne kadar sinirli olduğunu siz de bilirsiniz.

Kiti, suratını gittikçe daha fazla asarak hiçbir şey söylemiyor, yalnız Varenka konuşuyor, onu yumuşatmaya, yatıştırmaya çalışıyor ve gözyaşı patlaması mı, yoksa söz patlaması mı bilmediği bir patlamanın yaklaştığını görüyordu.

— Bu durumda gitmeseniz daha iyi olur... Anlarsınız işte, kalbiniz kırılmasın...

Kiti, Varenka'nın elinden şemsiyesini aldı ve arkadaşının yüzüne bakmadan:

— Oh olsun bana, oh olsun! –dedi çabuk çabuk.

Varenka arkadaşının çocuksu öfkesine bakarak gülümsemek istiyordu, ama onu gücendirmekten korkuyordu.

— Nasıl oh olsun? Anlamıyorum, –dedi Varenka.

— Bütün bunlar yapmacık olduğu, hepsi uydurma olduğu, yürekten olmadığı için oh olsun. Elin adamıyla ne işim vardı benim? İşte sonunda bir tartışmaya neden oldum ve kimsenin benden istemediği bir şey yaptım. Hepsi sahtelikten! Yapmacıklıktan! Yapmacıklıktan!..

— İyi ama bu yapmacık davranışların amacı neydi? –dedi sessizce Varenka.

— Ah, ne kadar aptalca, ne kadar alçakça! Bunları yapmama hiç gerek yoktu... Hepsi yapmacık! –dedi şemsiyeyi bir açıp bir kapayarak.

— Ama hangi amaçla yaptınız?

— İnsanlara karşı, kendime karşı, Tanrı'ya karşı daha iyi görünmek, herkesi kandırmak için. Hayır, artık buna kendimi kaptırmayacağım! Kötü olurum, ama hiç olmazsa yalancı, aldatıcı olmam!

— Kimmiş aldatıcı? –dedi Varenka sitemli sitemli.– Öyle konuşuyorsunuz ki, sanki...

Ama Kiti bir öfke nöbeti içindeydi. Varenka'nın sözünü tamamlamasına izin vermedi.

— Sizden söz etmiyorum, hiç söz etmiyorum. Siz mükemmelsiniz. Sizin her bakımdan mükemmel olduğunuzu biliyorum; ama ben kötüysem ne yapayım? Kötü olmasaydım bunlar olmazdı. Varsın olduğum gibi kalayım, ama başkası gibi davranmayayım. Bana ne Anna Pavlovna'dan! Varsın onlar istedikleri gibi yaşasın, ben de istediğim gibi. Farklı biri olamam ben... Bunların hiçbiri o şey değil, değil!..

— Olmayan ne? –dedi Varenka anlamayarak.

— Hiçbiri o şey değil. Ben yüreğimin sesine göre yaşıyorum, başka türlü yaşayamam, siz ise kurallara göre yaşıyorsunuz. Ben sizi sevmiş olmak için sevdim, siz ise sırf beni kurtarmak, bana bir şeyler öğretmek için!

— Haksızsınız, –dedi Varenka.

— Başkaları hakkında hiçbir şey demiyorum, kendimden söz ediyorum.

Annesinin sesi duyuldu:

— Kiti! Buraya gel, babana mercanlarını göster.

Kiti arkadaşıyla barışmaksızın, gururlu bir edayla masanın üstünden küçük bir kutudaki mercanları aldı ve annesinin yanına gitti.

— Neyin var senin? Niye bu kadar kızardın? –dediler annesi ve babası bir ağızdan.

— Bir şeyim yok, –diye yanıtladı Kiti,– hemen geliyorum, –koşarak geri döndü.

"Hâlâ burada! –dedi içinden.– Ne diyeceğim ona, Tanrım! Ben ne yaptım, neler söyledim! Neden onu üzdüm? Ne yapmalıyım? Ona ne demeliyim?" –diye düşünüyordu Kiti ve kapının önünde duruyordu.

Varenka şapkasını giymiş, elinde şemsiyesiyle masanın yanında oturuyor, Kiti'nin kırdığı şemsiye yayını inceliyordu. Başını kaldırdı.

— Varenka, bağışlayın beni, bağışlayın! –diye fısıldadı Kiti Varenka'nın yanına yaklaşarak.– Ne söylediğimi anımsamıyorum. Ben...

— Doğrusu ben sizi üzmek istememiştim, –dedi Varenka gülümseyerek.

***

Barış imzalanmıştı. Ama babasının gelişiyle birlikte içinde yaşadığı dünya Kiti için tümden değişmişti. Öğrendiklerini yadsımıyordu, ama olmak istediği gibi olabileceğini düşünerek kendini kandırdığını anlamıştı. Sanki uykudan uyanmıştı; çıkmak istediği tepede yapmacıksız ve övüngen olmadan tutunmanın zorluklarını hissetmişti; bundan başka içinde yaşadığı bu acı, hastalık ve ölmek üzere olan insanlar dünyasının tüm ağırlığını hissetmişti; bu dünyayı sevmek için kendi üzerinde harcadığı çabalar ona çok acı gelmişti ve bir an önce temiz havaya çıkmak, Rusya'da, ablası Dolli'nin çocuklarıyla birlikte gittiğini mektuptan öğrendiği Yerguşovo'da olmak istiyordu.

Fakat Varenka'ya olan sevgisi azalmamıştı. Kiti, vedalaşırken Rusya'ya, onlara gelmesi için Varenka'ya yalvarıyordu.

— Evlendiğiniz zaman gelirim, –dedi Varenka.

— Ben hiçbir zaman evlenmeyeceğim.

— Tamam, o zaman ben de hiçbir zaman gelmeyeceğim.

— Öyleyse ben de sırf bunun için evleneceğim. Bakın, ama sözünüzü unutmayın! –dedi Kiti.

Doktorun tahminleri doğru çıkmıştı. Kiti Rusya'ya, evine iyileşmiş olarak döndü. Eskisi kadar kaygısız ve neşeli değildi, ama huzurluydu. Moskova'da yaşadığı acılar birer anı olmuştu artık.

Üçüncü Bölüm

I

Sergey İvanoviç Koznışev, zihinsel çalışmadan yorulan kafasını dinlendirmek istemiş ve her zamanki gibi yurtdışına gitmek yerine mayısın sonunda köye, kardeşinin yanına gelmişti. Ona göre en güzel yaşam köydeki yaşamdı. Şimdi bu yaşamın tadını çıkartmak için kardeşine gelmişti. Konstantin Levin çok sevinmişti, üstelik Nikolay ağabeyini de bu yaz artık beklemiyordu. Ancak Konstantin Levin, Sergey İvanoviç'i sevmesine ve saymasına rağmen köyde ağabeyi yanındayken huzursuz oluyordu. Sergey İvanoviç'in köyle ilgili düşünceleri onu huzursuz ediyor, hatta hoşuna gitmiyordu. Konstantin Levin için köy, yaşam yeriydi, yani sevinçlerin, acıların, çalışmanın yeriydi; Sergey İvanoviç için köy, bir yandan çalışmaktan yorulup dinlenmek, diğer yandan ahlak bozukluğuna karşı, memnuniyetle ve yararlarını bilerek aldığı faydalı bir panzehir demekti. Konstantin Levin için köy, yararları tartışılmaz bir çalışma alanı olduğu için iyiydi; Sergey İvanoviç için köy, özellikle orada hiçbir şey yapamadığı ve yapmak zorunda olmadığı için iyiydi. Bundan başka Sergey İvanoviç'in köy halkına karşı davranışları da Konstantin'in biraz kalbini kırıyordu. Sergey İvanoviç halkı sevdiğini ve tanıdığını söyler, köylülerle sık sık sohbet eder, bunu yapmacığa kaçmadan, kendini naza çekmeden gayet iyi becerirdi ve böyle her sohbetten halkın yararına ve halkı tanıdığının kanıtı olarak genel bilgiler çıkarırdı. Halka bu şekilde davranılması Konstantin Levin'in hoşuna gitmiyordu. Konstantin için halk sadece ortak emeğin en önemli katılımcısıydı. Köylüye duyduğu saygıya ve kendi deyimiyle köylü sütninesinden sütle birlikte emdiği bir tür akraba sevgisine karşın, köylülerle birlikte ortak çalışmaya katılan ve zaman zaman bu insanların kuvvetinden, yumuşak başlılığından, adaletli tavrından hayrete düşen biri olarak, ortak işte başka nitelikler gerektiğinde düşüncesizliği, şapşallığı, sarhoşluğu, yalancılığı yüzünden halka kızardı. Konstantin Levin'e halkı sevip sevmediğini sorsalardı, ne yanıt vereceğini kesin olarak bilmezdi. Genellikle insanları olduğu gibi halkı da hem sever, hem sevmezdi. Elbette iyi bir insan olarak insanları, dolayısıyla halkı sevmemekten çok sevmesi söz konusuydu. Fakat halkı özel bir şey olarak sevmesi ya da sevmemesi olanaksızdı, çünkü yalnızca halkla birlikte yaşamakla, tüm çıkarları halka bağlantılı olmakla kalmıyor, aynı zamanda kendisini halkın bir parçası sayıyor, kendisinde ve halkta hiçbir özel nitelik ve kusur görmüyor, kendisini halkla kıyaslamıyordu. Ayrıca patron, aracı, asıl önemlisi akıl hocası olarak (köylüler ona inanır ve kırk verst öteden akıl danışmaya gelirlerdi) köylülerle uzun yıllar en yakın ilişkiler içinde yaşadığı halde halkla ilgili belli bir yargısı yoktu ve halkı tanıyıp tanımadığı sorusu üzerine tıpkı halkı sevip sevmediği sorusuna yanıt verirken çektiği zorluğu çekebilirdi. Halkı tanıdığını söylemek, onun için insanları tanıdığını söylemekle aynı şeydi. İyi ve ilginç insanlar olarak gördüğü köylüler de dâhil her türlü insanı sürekli gözlemler, tanımaya çalışır ve bu insanlarda hep yeni özellikler görür, onlarla ilgili önceki düşüncelerini değiştirir, yenilerini oluştururdu. Sergey İvanoviç ise tam tersi bir davranış içindeydi. Tıpkı köy yaşamını, sevmediği bir yaşamın karşıtı olarak sevdiği ve övdüğü gibi, halkı da sevmediği insan sınıfının karşıtı olarak seviyor ve genel anlamda insanların karşıtı bir şey olarak tanıyordu.

Onun metodik aklında halk yaşamının belirli kalıpları açık şekilde oluşmuştu. Bu kalıplar kısmen halkın yaşamından, ama daha çok karşıtlıktan kaynaklanıyordu. Sergey İvanoviç, halk konusundaki düşüncesini ve ona karşı merhametli davranışlarını asla değiştirmezdi.

Halk konusunu konuşurken kardeşler arasında çıkan anlaşmazlıklarda, halkla, halkın karakteriyle, özellikleri ve zevkleriyle ilgili belli görüşleri olduğu için Sergey İvanoviç her zaman kardeşine üstün gelirdi; Konstantin Levin'in ise belirli ve değişmez hiçbir görüşü yoktu, bu yüzden Konstantin bu tartışmalarda her zaman kendisiyle çelişkiye düşerdi.

Sergey İvanoviç için küçük kardeşi iyi yürekli, mert (bunu Fransızca söylüyordu), ama oldukça işlek bir zekâya sahip olduğu halde, bir anlık izlenimlere kendini kaptırıp çelişkilere düşen bir çocuktu. Bir ağabey hoşgörüsüyle bazen ona olayların anlamını açıklardı, ama son derece kolay yendiği için onunla tartışmaktan keyif alamazdı.

Konstantin Levin, ağabeyine çok akıllı ve eğitimli, bu sözcüğün en yüksek anlamında soylu ve toplumun iyiliği için üstün bir çalışma yeteneğine sahip bir adam gözüyle bakardı. Fakat yaşlandıkça ve ağabeyini daha yakından tanıdıkça, kendisinde hiç bulunmadığını hissettiği bu çalışma yeteneğinin belki de iyi bir nitelik değil, tam tersine bir şeylerin, ama iyi, dürüst, soylu istek ve zevklerin değil de, adına yürek denen yaşama gücünün, insanı önüne çıkan sayısız yaşam yollarından birini seçmek ve yalnız bu yolu arzulamak zorunda bırakan isteğin eksikliği olduğunu ruhunun derinlerinde giderek daha çok düşünüyordu. Ağabeyini daha fazla tanıdıkça, Sergey İvanoviç'in de, toplum yararına çalışan pek çok başka insanın da toplum yararına gösterdikleri bu sevgiye yürekleriyle yönelmediklerini, ama bununla uğraşmanın iyi bir şey olduğuna akıllarıyla hükmettiklerini ve sırf bu nedenle bu işle uğraştıklarını daha fazla fark ediyordu. Ağabeyinin toplum yararı ve ruhun ölümsüzlüğü gibi meseleleri bir satranç partisinden ya da yeni bir makinenin çok zekice tasarlanmış yapısından birazcık daha fazla yüreğine yakın hissetmediğini fark etmesi de Levin'in bu hipotezini doğruluyordu.

Konstantin Levin'in köyde ağabeyi yanındayken huzursuz olmasının bir başka nedeni de, özellikle yazın köyde Levin'in çiftlik işleriyle sürekli meşgul olması ve yapılması gereken işlerin hepsini yetiştirebilmek için uzun yaz günlerinin bile yetmemesi, Sergey İvanoviç'in ise dinleniyor olmasıydı. Ancak Sergey İvanoviç, şimdi dinleniyor, yani eseri üzerinde çalışmıyor olsa da zihinsel çalışmaya o kadar alışkındı ki, aklına gelen düşünceleri kısa ve güzel bir şekilde ifade etmeyi ve bu düşünceleri dinleyecek birinin yanında olmasını severdi. En alışılmış ve doğal dinleyicisi kardeşiydi. Dolayısıyla ilişkilerinin teklifsizliğine karşın ağabeyini yalnız bırakmak Konstantin'i huzursuz ediyordu. Sergey İvanoviç otların üstüne uzanıp güneşlenmeyi, bir yandan da tembel tembel çene çalmayı severdi.

— Bu tembellik benim için ne büyük bir zevk inanmazsın, –diyordu kardeşine.– Kafamda tek bir düşünce yok, bomboş.

Fakat Konstantin Levin'e oturup onu dinlemek, özellikle kendisi başında olmadan gübreyi sürülmemiş bir tarlaya götüreceklerini, Tanrı bilir nereye yığacaklarını, pulluğun dişlerini sıkıştırmayıp çıkaracaklarını, sonra da pulluğun uyduruk bir şey olduğunu, karasabanın daha çok işe yaradığını falan söyleyeceklerini bildiği için sıkıcı geliyordu.

— Sıcakta gidip geldiğin yeter, –diyordu Sergey İvanoviç kardeşine.

— Hayır, sadece bir dakikalığına yazıhaneye gideceğim, –diyordu Levin ve koşup tarlaya gidiyordu.

II

Haziranın ilk günlerinde aynı zamanda kâhya olan dadı Agafya Mihaylovna, yeni tuzladığı mantarlarla dolu kavanozu mahzene götürürken ayağı kayıp düşmüş, elini burkmuştu.

Yerel yönetimin okulu yeni bitirmiş, konuşkan, genç hekimi geldi. Eli muayene etti, çıkık olmadığını söyledi, kompres koydu ve öğle yemeğine kalıp, ünlü Sergey İvanoviç Koznışev'le sohbetin tadını çıkarttı, kültürlü birinin görüşlerine sahip olduğunu göstermek için Sergey İvanoviç'e yerel yönetim işlerinin kötü durumundan yakınarak bütün ilçe dedikodularını anlattı. Sergey İvanoviç dikkatle dinledi, soru sordu ve yeni bir dinleyici bulmanın heyecanıyla lafa dalıp genç doktorun saygıyla takdir ettiği birkaç isabetli ve önemli düşünce ileri sürdü, kardeşinin iyi bildiği, parlak ve canlı bir konuşmadan sonra genellikle girdiği o canlı ruhsal durumuna girdi. Doktorun gidişinden sonra Sergey İvanoviç oltasını alıp nehir kıyısına gitmek istedi. Balık avlamayı sever ve böyle aptalca bir uğraşı sevebildiği için kendisiyle âdeta gurur duyardı.

Tarlaya ve çayıra gitmesi gereken Konstantin Levin, ağabeyini kabrioletle* götürmeyi teklif etti.

Yıllık ürünün artık belli olduğu, gelecek yılın ekimi için telaşın başladığı ve ot biçme işinin yaklaştığı, çavdarın iyice başak tuttuğu, gri-yeşil renkte, henüz dolgunlaşmamış hafif başakların rüzgârda dalgalandığı, yeşil yulafların üzerlerinde oraya buraya dağılmış sarı ot kümeleriyle birlikte düzensiz bir şekilde boy attığı, erken yetişen karabuğdayın artık toprağı örterek büyüdüğü, hayvanların yürüye yürüye taşlaştırdığı, karasabanın işlemediği nadasa bırakılmış tarlaların yarı yarıya sürüldüğü, kurumuş gübre yığınlarının şafak vakti oğulotlarıyla birlikte koktuğu ve aşağılarda kararmış kümeler halindeki yaprakları toplanmış kuzukulağı saplarıyla çayırların biçilmeyi bekleyerek koca bir deniz gibi göründüğü yaza geçiş zamanıydı.

Köy işlerinde her yıl yinelenen ve her yıl halkın bütün gücünü harcamasına neden olan hasattan önceki son kısa soluklanma zamanıydı. Ürün çok iyiydi, gündüzler açık ve sıcak geçiyordu, kısa yaz gecelerinde ise her yer çiyle örtülüyordu.

---

* Arabacı yeri olmayan iki tekerlekli at arabası. (ç.n.)

İki kardeş çayırlığa gitmek için ormandan geçmek zorundaydı. Sergey İvanoviç, kardeşine kâh gölge tarafı koyu, sarı tomurcuklarıyla alacalı, çiçek açmaya hazırlanan yaşlı ıhlamur ağacını, kâh zümrüt gibi parlayan bu yılın genç sürgünlerini göstererek yaprağa boğulmuş ormanın güzelliğini hayranlıkla seyrediyordu. Konstantin Levin doğanın güzelliğiyle ilgili söz söylemeyi ve dinlemeyi sevmezdi. Onun açısından sözler gözüyle gördüğü güzelliği yok ediyordu. Ağabeyinin söylediklerini onaylıyordu, ama elinde olmadan başka şeyler düşünüyordu. Ormandan geçince bütün dikkatini küçük bir tepenin üstünde toprakları basılmaktan kafes kafes bölünmüş, otları sararmış ve küme küme yığılmış, nadasa bırakılmış bir tarlanın görünüşü çekti. Tarlada bir sıra halinde arabalar ilerliyordu. Levin arabaları saydı, gerekli olan her şeyin getirilmesinden memnun kaldı, çayırları görünce düşünceleri ot biçme işine kaydı. Kuru otlar toplanırken her zaman canlanma gibi bir şey hissederdi. Çayıra varınca Levin arabayı durdurdu.

Sabah çiyi, otların sık olan alt kısımlarında henüz duruyordu ve Sergey İvanoviç, ayaklarını ıslatmamak için çayırlıktan arabayla geçirip, tatlı su levreği yakalayabileceği söğütlüğe kadar götürmesini rica etti. Çayırlarını ezmek Konstantin Levin'in canını sıktıysa da çayırlığa girdi. Yüksek otlar, tohumlarını tekerleklerin ıslak parmaklarında ve poyralarında bırakarak yumuşak bir şekilde tekerleklere ve atın ayaklarına dolanıyordu.

Ağabeyi oltasını alıp, söğüt çalılarının altına oturdu, Levin ise arabayı kenara çekip atı bağladı ve rüzgârla hareket etmeyen, gri-yeşil çok büyük çayır denizine girdi. Olgunlaşmış tohumlarıyla ipek gibi görünen otlar, suların bastığı yerlerde neredeyse bele kadar geliyordu.

Çayırı enlemesine geçen Konstantin Levin yola çıktı ve arı dolu bir sepet taşıyan, bir gözü şişmiş yaşlı bir adama rastladı.

— Nedir o? Yakaladın mı yoksa Fomiç? –diye sordu Levin.

— Ne yakalaması Konstantin Mitriç! Benimkileri koruyabilsem. İkinci kez kaçtı... Sağ olsun çocuklar atlarına atlayıp yetiştiler. Sizin tarlada çift sürüyorlarmış. Atların koşumlarını çıkarıp yetiştiler...

— E, ne dersin Fomiç, otları biçmeli mi, beklemeli mi yoksa?

— Ne bileyim ben! Bizde Petrov Günü'ne kadar beklenir. Ama siz her zaman daha erken biçiyorsunuz. Neyse Tanrı'ya şükür otlar iyi. Hayvanlar ferahlayacak.

— Peki havaya ne dersin?

— Tanrı'nın işi. Hava da iyi olabilir.

Levin ağabeyinin yanına gitti. Sergey İvanoviç balık yakalamamıştı, ama canı da sıkılmamıştı, görünüşüne bakılırsa çok neşeliydi. Levin, doktorla yaptığı sohbetle galeyana gelen ağabeyinin konuşmak istediğini görüyordu. Levin ise tam tersine, ertesi güne biçicileri çağırmak için emir vermek üzere bir an önce eve dönmek ve kafasını bu kadar yoğun şekilde meşgul eden ot biçme işiyle ilgili kuşkularını gidermek istiyordu.

— Hadi gidelim, –dedi.

— Ne acelen var? Oturalım. Amma da ıslanmışsın! Balık yakalamasan da güzel. Doğayla baş başa kaldığın için her av iyidir. Şu çelik gibi suyun güzelliğine bak! –dedi Sergey İvanoviç.– Bu çayırlı kıyılar, –diye devam etti,– bana her zaman bir bilmeceyi anımsatır, bilir misin? Otlar suya, biz sallanıyoruz, sallanıyoruz dermiş.

— Bu bilmeceyi bilmiyorum, –diye yanıtladı Levin bezgin bir halde.

III

— Biliyor musun, seni düşünüyordum, –dedi Sergey İvanoviç.– Şu doktorun bana anlattığına göre sizin ilçede olanlar pek iyi değilmiş; hiç aptal bir çocuk değil. Sana söylemiştim, şimdi de söylüyorum: Toplantılara gitmemen ve yerel yönetimden ayrılman iyi değil. Namuslu insanlar ayrılacak olursa işler Tanrı bilir nasıl gidecek. Para ödüyoruz, bu paralar maaş ödemeye gidiyor ama okul, sağlık memuru, ebe, eczane, hiçbir şey yok.

Levin sessiz ve isteksiz:

— Ama ben denedim, –dedi.– Yapamıyorum! Ne yapayım yani!

— Neyi yapamıyorsun? İtiraf edeyim, anlamıyorum. Umursamazlığı, acemiliği kabul etmem; yoksa sadece tembellik mi?

— Ne o, ne öbürü, ne de üçüncüsü. Denedim ve hiçbir şey yapamadığımı gördüm, –dedi Levin.

Ağabeyinin dediklerini anlamaya çalıştığı pek söylenemezdi. Nehrin ötesindeki sürülmüş tarlaya bakarken siyah bir şey gördü, ama at mı, yoksa ata binmiş kâhya mı olduğunu anlayamadı.

— Neden hiçbir şey yapamıyorsun? Denedin ve sana göre başaramadın, pes ediyorsun. Onurun yok mu senin?

Ağabeyinin sözleriyle bamteline basılan Levin:

— Onuru anlamıyorum, –dedi.– Üniversitedeyken bana başkalarının integral hesaplarından anladıklarını söyleselerdi, bense anlamasaydım, onurdan söz edebilirdim. Ama burada öncelikle bu işler için belli yeteneklere sahip olmak gerektiğinden ve asıl önemlisi, bütün bunların çok önemli işler olduğundan emin olmak gerekir.

Kardeşinin onun ilgilendiği şeyleri önemsiz bulması ve özellikle de kendisini hemen hemen hiç dinlemediğini fark etmesiyle damarına basılan Sergey İvanoviç:

— Demek öyle! Bu önemli değil demek? –dedi.

Gördüğü şeyin kâhya olduğunu ve köylüler sabanları döndürdüklerine göre kâhyanın çift süren köylüleri herhalde serbest bırakmış olduğunu anlayan Levin:

— Bana önemli gelmiyor, sarmıyor beni, ne yapmamı istiyorsun yani?.. –diye karşılık verdi. “Çift sürme işini bitirdiler mi acaba?” diye geçirdi içinden.

Ağabeyi zeki ve güzel yüzünü asıp:

— Pekâlâ dinle beni, –dedi,– her şeyin bir sınırı var. Tuhaf ve samimi bir adam olmak ve yalan dolan sevmemek çok iyidir, bunu biliyorum; ama şu senin söylediğin şeyin ya bir anlamı yok ya da çok kötü bir anlamı var. Sevdiğine inandırdığın bu halkın...

"Ben hiçbir zaman inandırmadım," diye düşündü Konstantin Levin.

— ... yardımsız kalıp ölmesini nasıl önemsiz bulursun? Cahil ebeler bebeklerin canına okuyor, halk cehalete saplanmış durumda, herhangi bir yazıcının eline bakıyor, senin eline ise bunlara yardımcı olma aracı verilmiş; sen de önemli bulmadığın için yardım etmiyorsun.

Sergey İvanoviç, kardeşinin önüne iki şık koydu: Ya her şeyi görebilecek, yapabilecek kadar gelişmemişsin ya da bunu yapmak için rahatından, kendini beğenmişliğinden, ne bileyim işte bir şeylerden fedakârlık etmek istemiyorsun.

Konstantin Levin kendisine kalan tek şeyin pes etmek veya toplum işlerini yeterince sevmediğini itiraf etmek olduğunu hissediyordu. Bu da onu küçük düşürüyor ve üzüyordu.

— Hem o, hem öbürü, –dedi kararlı bir şekilde.– Bunların olabileceğini sanmıyorum...

— Nasıl yani? Parayı iyi yerlere yatırdıktan sonra sağlık yardımı yapılamaz mı?

— Bana kalırsa yapılamaz... Karların altında biriken sularıyla, kar fırtınalarıyla, iş zamanıyla dört bin verst karelik ilçemizde her yerde sağlık yardımı verme olanağı görmüyorum. Zaten genel anlamda tıbba da inanmıyorum.

— İzninle, bu kadarı haksızlık artık... Sana binlerce örnek sayabilirim... Peki ya okullar?

— Okullar ne işe yarayacak?

— Sen ne diyorsun? Eğitimin yararından kuşku duyulabilir mi? Eğitim senin için iyiyse, herkes için de iyidir.

Konstantin Levin kendisini manevi olarak köşeye sıkıştırılmış hissediyordu, bu yüzden sinirlendi ve toplum işlerine ilgisizliğinin asıl nedenini elinde olmadan söyledi.

— Bunların hepsi iyi olabilir; ama hiçbir zaman yararlanmayacağım sağlık merkezlerinin, çocuklarımı göndermeyeceğim, köylülerin de çocuklarını göndermek istemedikleri, benim de henüz çocukları göndermek gerektiğine kesin olarak inanmadığım okulların kurulması için ben neden uğraşacağım ki? –dedi.

Bu beklenmedik görüş Sergey İvanoviç'i bir an şaşırttı; ama hemen yeni bir hücum planı yaptı.

Kısa bir süre sustu, oltalardan birini çekti, yeniden attı ve gülümseyerek kardeşine şöyle dedi:

— Ama izninle... Birincisi, sağlık merkezi gerekli oldu. Bak işte biz Agafya Mihaylovna için yerel yönetimin doktorunu çağırdık.

— Sanırım eli çarpık kalacak.

— Bu henüz belli değil... Sonra okuryazar köylü, işçi senin için daha gerekli, daha değerli.

— Yo, kime istersen sor, –dedi Konstantin Levin kesin bir ifadeyle,– okuryazar biri işçi olarak çok daha az işe yarar. Yol onarımı yaptıramazsın; köprüyü yapar yapmaz, hemen tahtalarını çalarlar.

Çelişkileri, özellikle de sürekli bir konudan diğerine atlayan ve aralarında herhangi bir bağlantı olmaksızın yeni kanıtlar ileri süren, bilinmesi de yanıtlanması da olanaksız cinsten çelişkileri sevmeyen Sergey İvanoviç kaşlarını çatıp:

— Bununla birlikte, sorun bu değil, –dedi.– İzninle. Eğitimin halk için yararlı olduğunu kabul ediyor musun?

— Kabul ediyorum, –dedi Levin ister istemez ve aynı anda da söylediği şeyin aklından geçen şey olmadığını düşündü. Bunu kabul edecek olursa hiçbir anlamı olmayan boş sözler söylediğinin kendisine kanıtlanmış olacağını hissediyordu. Nasıl kanıtlanacağını bilmiyordu, ama bunun kesin olarak mantık yoluyla kanıtlanacağını biliyordu ve bu kanıtı bekliyordu.

Konstantin Levin'in beklediğinden çok basit bir kanıt çıktı ortaya.

— Bunun yararlı olduğunu kabul ediyorsan eğer, –dedi Sergey İvanoviç,– dürüst bir insan olarak böyle bir işi sevmemen ve bu işle ilgilenmemen, dolayısıyla onun için çalışmak istememen olanaksızdır.

— Ama ben bu işin iyi olduğunu henüz kabul etmiyorum, –dedi Konstantin Levin kızararak.

— Nasıl? Daha demin dedin ki...

— Yani bu işi ne iyi, ne de gerçekleşebilecek bir iş olarak görmüyorum.

— Çaba harcamadan bunu bilemezsin.

Levin, hiç de öyle sanmamasına karşın:

— Pekâlâ, –dedi,– öyle olduğunu farz edelim; ama ben yine de bu konuda neden çaba harcamam gerektiğini anlamıyorum.

— Nasıl yani?

— Yo, mademki konuşmaya başladık, o zaman bana felsefi açıdan bir açıklama yap, –dedi Levin.

— Burada felsefenin ne işi var, anlamıyorum, –dedi Sergey İvanoviç. Sanki bunu, kardeşinin felsefe üzerine düşünme hakkı olduğunu kabul etmeyen bir tavırla söylemiş gibi geldi Levin'e. Bu da onu kızdırdı.

— Felsefenin şu işi var! –dedi Levin öfkeyle.– Bütün eylemlerimizin motorunun yine de kişisel mutluluğumuz olduğunu düşünüyorum. Bir soylu olarak yerel yönetim kurumlarında benim refahımı etkileyebilecek hiçbir şey görmüyorum artık. Yollar iyi değil, iyi olmayabilir; atlarım beni kötü yollarda da taşıyor. Doktor ve sağlık merkezi benim için gerekli değil, sulh yargıcı da gerekli değil bana. Hiçbir zaman sulh yargıcına başvurmadım ve başvurmayacağım. Okulların benim için bırak gerekli olmasını, üstelik sana söylediğim gibi zararlı bile. Benim için yerel yönetim kurumları desyatina başına on sekiz kapik para ödemek, kente gitmek, geceyi tahtakurularıyla geçirmek, türlü türlü saçmalık ve alçaklık dinlemek görevinden başka bir şey değil, kişisel çıkar ise beni hiç mi hiç teşvik etmiyor.

— İzninle, -diye gülümseyerek kardeşinin sözünü kesti Sergey İvanoviç,- kişisel çıkar, bizi, köylülerin kurtuluşu için çalışmaya teşvik etmiyordu, ama çalışıyorduk.

Konstantin daha da çok sinirlenerek ağabeyinin sözünü kesti:

— Yo! Köylülerin kurtuluşu ayrı bir konu. Burada sözünü ettiğimiz kişisel çıkar. İstenen, bizi, tüm iyi insanları ezen bu boyunduruğu üzerimizden atmaktı. Ama seçilmiş yerel yönetim üyesi olmak, kaç tane lağım temizleyicisi gerektiğine ve yaşamadığım bir kentte boruların nasıl döşeneceğine karar vermek; jüri üyesi olmak ve jambon çalan bir köylüyü yargılamak, avukatların ve savcıların her türlü zırvasını ve mahkeme başkanının bizim aptal ihtiyar Alyoşka'ya sorduğu "Bay sanık, jambon hırsızlığını kabul ediyor musunuz?" ve aldığı "Buyur?" yanıtını altı saat dinlemek başka bir şey.

Konstantin Levin konudan sapmış, mahkeme başkanını ve aptal Alyoşa'yı anlatmaya başlamıştı; ona göre bütün bunları anlatmak işe yarayacaktı.

Ama Sergey İvanoviç omuz silkti.

— Peki, ne demek istiyorsun?

— Sadece şunu demek istiyorum: Beni... benim çıkarımı ilgilendiren hakları her zaman bütün gücümle koruyacağım; üniversite öğrencisiyken jandarmalar arama yapıp, mektuplarımızı okuduğu zaman bu hakları, öğrenim ve özgürlük haklarımı bütün gücümle korumaya hazırdım. Çocuklarımın, kardeşlerimin ve benim geleceğimizi ilgilendiren askerlik görevini anlıyorum; beni ilgilendiren bir şeyi tartışmaya hazırım; ama yerel yönetimin kırk bin rublesinin nasıl paylaştırılacağına karar vermeyi ya da aptal Alyoşa'yı yargılamayı anlamıyorum, daha doğrusu anlayamıyorum.

Konstantin Levin sözlerinin önündeki set yarılmışçasına konuşuyordu. Sergey İvanoviç gülümsedi.

— Yarın yargılanacak olsan, seni eski ceza mahkemesinde yargılamaları hoşuna gider miydi?

— Benim hiç davam olmayacak. Hiçbir zaman hiç kimseyi boğazlamayacağım ve buna gerek duymayacağım. –Yine hiç ilgisi olmayan bir konuya atlayarak konuşmaya devam etti.– Bizim yerel yönetim kurumları ve bunların hepsi, Avrupa'da kendiliğinden yetişen ormanlara benzesin diye Hamsin Yortusu'nda diktiğimiz akağaçları andırıyor ve ben bunları içimden gelerek sulayamıyor, onlara güvenemiyorum!

Sergey İvanoviç sadece omzunu silkti. Kardeşinin ne demek istediğini hemen anladığı halde, aralarındaki tartışmada bu akağaçların durup dururken nereden çıktığına şaşırdığını ifade etmek isteğiyle bu hareketi yapmıştı.

— İzninle, bu şekilde bir karara varılamaz, –dedi Sergey İvanoviç.

Fakat Konstantin Levin, kendisinin de bildiği, toplum yararına karşı umursamazlık kusuru konusunda haklı çıkmak istiyor ve konuşmaya devam ediyordu.

— Sanırım, –dedi Konstantin,– temelini kişisel çıkardan almıyorsa, hiçbir çalışma sağlam olamaz. Bu, genel bir gerçektir, felsefi bir gerçektir, –dedi, sanki herkes gibi kendisinin de felsefeden söz etme hakkı olduğunu göstermek istiyormuş gibi *felsefi* sözcüğünü kararlı bir şekilde yineleyerek.

Sergey İvanoviç bir kez daha gülümsedi. "Onun da kendi eğilimlerine hizmet eden kendine özgü bir felsefesi var," –diye düşündü.

— Şu felsefeyi bırak artık, –dedi.– Yüzyıllardır felsefenin başlıca görevi, kişisel çıkarla toplum çıkarı arasında var olan zorunlu ilişkiyi bulmaktır. Ama konumuzla ilgili olan bu değil, sadece senin karşılaştırmanı düzeltmek zorunda olmam. Akağaçlar toprağa sokulmamıştır, bir kısmı dikilmiş, bir kısmı da ekilmiştir ve onlara daha dikkatli davranmak gerekir. Sadece ve sadece kurumlarındaki önemli şeyleri sezebilen, bunlara değer veren ulusların geleceği vardır ve ancak bu uluslardan tarihsel ulus olarak söz edilebilir.

Ve Sergey İvanoviç, konuyu Konstantin Levin'in anlamadığı tarih felsefesi alanına taşıyıp ona görüşünün ne kadar haksız olduğunu gösterdi.

— Bunun hoşuna gitmemesi meselesine gelince, bağışla beni, bu bizim Ruslara özgü tembellik ve kibrimizden ileri geliyor, ben bunun sende geçici bir yanılgı olduğundan ve geçeceğinden eminim.

Konstantin susuyordu. Her yönden bozguna uğradığını hissediyordu, bununla birlikte söylemek istediği şeyin ağabeyi tarafından anlaşılmadığını da hissediyordu. Neden anlaşılmadığını bilmiyordu yalnızca: Söylemek istediği şeyi açık açık söylemeyi beceremediği için mi, ağabeyi anlamak istemediği için mi, yoksa onu anlayamadığı için mi?

Ancak bu düşüncelere daha fazla kafa yormadı ve ağabeyine karşı çıkmayarak kendisini ilgilendiren bambaşka bir işi düşünmeye koyuldu.

Sergey İvanoviç son oltayı da sardı, atı çözdü ve yola çıktılar.

IV

Ağabeyiyle konuşurken Levin'in kafasını meşgul eden özel iş şuydu: Geçen yıl, bir gün ot biçilen çayıra gelip kâhyaya sinirlenen Levin, kendine özgü bir sakinleşme yöntemine başvurmuş, bir köylünün elindeki tırpanı alıp ot biçmeye başlamıştı.

Bu iş o kadar hoşuna gitmişti ki, birkaç kez daha ot biçme işine girişmişti; evin önündeki çayırın tamamını biçmiş ve bu yıl ilkbahardan başlayarak kendisine bütün gün köylülerle ot biçme planı yapmıştı. Ağabeyi geldiğinden beri ot biçmeye gitmekle gitmemek arasında kararsız kalmıştı. Onu gün boyunca yalnız bırakmaya içi elvermiyordu ve ot biçtiği için kendisiyle alay etmesinden korkuyordu. Fakat çayırdan geçerken ot biçmeyle ilgili anılarını anımsayınca bu işi yapmaya artık neredeyse kesin kararını vermişti. Ağabeyiyle yaptığı, kendisini kızdıran konuşmadan sonra ise bu niyetini tekrar anımsadı.

"Fiziksel olarak hareket etmem gerek, yoksa karakterim kesin olarak bozulacak," diye düşündü ve ağabeyiyle diğer insanların gözünde ne kadar uygunsuz olursa olsun ot biçmeye karar verdi.

Konstantin Levin akşamdan yazıhaneye gitti, işlerle ilgili emirlerini verdi ve ertesi gün en büyük, en iyi çayır olan Kalinovıy çayırını biçtirmek amacıyla biçici bulmak için köylere adam gönderdi.

— Benim tırpanı lütfen Tit'e gönderin, bileyip yarın getirsin; belki ben de ot biçerim, –dedi utanmamaya çalışarak.

Kâhya gülümsedi ve:

— Başüstüne, efendim, –dedi.

Akşamleyin çay içerken Levin, bunu ağabeyine de söyledi.

— Galiba hava düzeldi, –dedi.– Yarın otları biçmeye başlayacağım.

— Bu işi çok severim, –dedi Sergey İvanoviç.

— Ben de çok seviyorum. Kendim de arada bir köylülerle birlikte ot biçerim, yarın da bütün gün ot biçmek istiyorum.

Sergey İvanoviç başını kaldırdı ve merakla kardeşine baktı.

— Nasıl yani? Köylülerle yan yana, bütün gün mü?

— Evet, çok hoş bir şey, –dedi Levin.

Sergey İvanoviç hiçbir şekilde alay etmeksizin:

— Fiziksel alıştırma olarak çok iyi, yalnız senin bunu kaldırabileceğini sanmam, –dedi.

— Denedim. İlk başta ağır geliyor, sonra alışıyorsun. Geride kalmayacağımı sanıyorum...

— Bak sen! Ama söyler misin, köylüler bu işe nasıl bakacak? Beyleri tuhaf şeyler yapıyor diye alay edeceklerdir.

— Hayır, sanmıyorum; zaten bu iş, düşünmelerine zaman kalmayacak kadar eğlenceli ve aynı zamanda da zor bir iş.

— Peki öğle yemeğini onlarla birlikte nasıl yiyeceksin? Oraya bir şişe Chateau Lafite ve kızarmış hindi göndermek uygun olmaz.

— Yo, onların öğle tatiliyle aynı anda ben eve gelirim.

Ertesi gün Konstantin Levin her zamankinden erken kalktı, ama çiftlikle ilgili emirler zamanını aldı, ot biçmeye gittiğinde biçiciler ikinci sıraya geçmişti artık.

Daha tepenin üstündeyken, tepenin eteğinde boz renkli sıralarla ve biçicilerin üzerlerinden çıkarıp birinci sıraya bıraktıkları kaftanlarından oluşan siyah kümelerle çayırın biçilmiş olan gölgeli kısmı görünmüştü.

Yaklaştıkça uzun bir sıra halinde birbirinin ardından ilerleyen ve tırpanlarını farklı şekillerde sallayan, kimi kaftanlı, kimi sadece gömlek giymiş köylüler görünüyordu. Tırpancıları kırk iki olarak saydı.

Eski su bendinin bulunduğu çayırlığın engebeli olan aşağı kısmında ağır ağır hareket ediyorlardı. Levin kimilerini tanıdı. Tırpanı sallarken eğilen, çok uzun beyaz gömlekli ihtiyar Yermil buradaydı; Levin'in yanında eskiden arabacı olan, her sırayı bir sallayışta biçen genç Vaska buradaydı. Ot biçmede Levin'in öğretmeni olan ufak tefek, zayıf ihtiyar Tit de buradaydı. Eğilmeden, tırpanla oynar gibi geniş sırasını biçerek önde yürüyordu.

Levin attan inip, onu yolun kenarında bir yere bağladı, çalıların arasından öbür tırpanı çıkarıp kendisine veren Tit'le karşılaştı.

Gülümseyerek şapkasını çıkaran Tit tırpanını uzatırken:

— Hazırdır beyim; ustura gibi tıraş ediyor, kendi kendine kesiyor, –dedi.

Levin tırpanı aldı ve denemeye koyuldu. Kendi sıralarını tamamlayan terli ve neşeli biçiciler birbiri arkasına yola çıkıp gülerek beyle selamlaştılar. Hepsi ona bakıyordu, ama yola çıkan köylülerden koyun postundan kısa ceket giymiş, sakalsız yüzü kırışıklarla kaplı uzun boylu, yaşlı bir adam beyle konuşana dek hiç kimse hiçbir şey söylemedi.

Yaşlı adam:

— Bak bey, bir kere işe giriştin mi geri kalmak yok! –dedi ve Levin, biçicilerin tutmaya çalıştıkları gülüşmelerini duydu.

Tit'in arkasında durup başlama zamanını beklerken:

— Geri kalmamaya çalışırım, –dedi.

— Karışmam ona göre, –diye tekrarladı yaşlı adam.

Tit yer açtı ve Levin onun arkasından yürüdü. Otlar kısaydı ve yolun kenarındaydı. Uzun zamandır ot biçmemiş olan ve üzerine dikilen bakışlardan utanan Levin ilk dakikalarda tırpanı kuvvetlice sallamasına karşın iyi biçemiyordu. Arkasından sesler duyuldu:

— Tırpan iyi takılmamış, sapı yüksek, bak nasıl eğiliyor, –dedi biri.

— Topuklarına daha sıkı bas, –dedi öbürü.

— Fena değil, tamam, güzel biçiyor, –diye devam etti yaşlı adam.– Bak oldu işte ... Sıranı geniş tutuyorsun, pestilin çıkacak... Patron, ama olmaz ki, kendi işin için çalışıyorsun! Bak, kenardaki otları uzun bırakmışsın! Böyle yapsak sırtımıza yumruğu yerdik eskiden.

Otlar yumuşuyordu ve Levin söylenenleri dinleyerek, ama karşılık vermeksizin, elinden geldiğince iyi ot biçmeye çalışarak Tit'in arkasından yürüyordu. Yüz adım ilerlemişlerdi. Tit durmaksızın ve en ufak bir yorgunluk belirtisi göstermeksizin ilerliyordu; fakat Levin artık dayanamayacağından korkuyordu, çok yorulmuştu.

Tırpanı son gücüyle salladığını hissediyordu, Tit'ten durmasını isteyecekti. Ama tam o sırada Tit kendiliğinden durdu, eğilip eline biraz ot alarak tırpanını sildi ve bilemeye başladı. Levin doğruldu, derin bir soluk alıp çevresine bakındı. Arkasından bir köylü geliyordu, daha Levin'e yetişmeden durduğuna ve tırpanını bilemeye koyulduğuna göre anlaşılan o da yorulmuştu. Tit kendi tırpanını ve Levin'in tırpanını biledikten sonra tekrar yürümeye başladılar.

İkinci kez işe koyulduklarında da aynı şey oldu. Tit durmadan ve yorulmadan arka arkaya tırpanını sallayarak ilerliyordu. Levin de geri kalmamaya çalışarak onun peşinden gidiyor, gittikçe de daha çok zorlanıyordu: Artık gücünün tükendiğini hissettiği bir an geldi, ama tam o anda Tit durdu ve tırpanını biledi.

Birinci sırayı bu şekilde bitirdiler. Bu uzun sıra Levin'e çok zor geldi. Fakat sıra bitip de, Tit'in, tırpanını omzuna atarak biçtiği yerde ayakkabılarının bıraktığı izlere basarak ağır ağır yürüdüğü, Levin'in de aynı şekilde kendi biçtiği yerlerdeki izlerine basarak yürüdüğü anda, yüzünden ter akmasına, burnundan ter damlamasına ve sırtı suya girmiş gibi sırılsıklam olmasına rağmen kendini çok iyi hissetti. Onu en çok sevindiren de artık buna dayanacağını bilmesiydi.

Mutluluğunu tek gölgeleyen şey biçtiği sıranın pek iyi olmamasıydı. Tit'in ip gibi düzgün biçilmiş sırasını kendisinin dağınık ve pek düzgün olmayan sırasıyla karşılaştırıp, "Kolumu daha az, gövdemi daha çok kullanayım," diye düşündü.

Levin'in fark ettiğine göre Tit, herhalde beyi deneme isteğiyle birinci sırayı özellikle hızlı geçmişti, ayrıca da uzun bir sıra denk gelmişti. Sonraki sıralar daha kolaydı, ama Levin yine de köylülerden geri kalmamak için bütün gücünü ortaya koymak zorundaydı.

Köylülerden geri kalmamak ve elinden geldiğince iyi çalışmaktan başka bir şey düşünmüyor ve istemiyordu. Sadece tırpanların çıkarttığı sesi duyuyor, önünde ilerleyen Tit'in dik gövdesini, biçilen yerin yarım daire şeklindeki eğrisini, dalgalanarak eğilen otları, tırpanının ağzına yakın çiçeklerin başlarını ve ileride mola verilecek olan sıra sonunu görüyordu.

Çalışmanın ortalarında tere batmış alev alev yanan omuzlarında birden ne olduğunu, nereden geldiğini anlamadığı hoş bir serinlik hissetti. Tırpan bilenirken göğe baktı. Alçak, ağır bir bulut hızla geçiyor, iri damlalar halinde yağmur yağıyordu. Bazı köylüler koşup kaftanlarını giydi; diğerleri, tıpkı Levin gibi bu hoş serinliğin altında sadece sevinçle omuzlarını kaldırdı.

Bir sıra, bir sıra daha geçtiler. Uzun, kısa, otu iyi, otu kötü sıralar geçiyorlardı. Levin her türlü zaman bilincini kaybetmişti ve şu anda vaktin geç mi, erken mi olduğunu bilmiyordu. Çalışmasında ona çok büyük bir keyif veren bir değişiklik olmaya başlamıştı artık. Çalışırken ne yaptığını unuttuğu, kendini çok hafif hissettiği anlar oluyordu ve işte bu anlarda onun sırası da neredeyse Tit'inkiyle aynı düzgünlükte ve güzellikte çıkıyordu. Ama yaptığı işi anımsar anımsamaz ve daha iyi yapmaya çalışır çalışmaz işin bütün ağırlığını hemen hissediyor ve sırası da kötü oluyordu.

Bir sırayı daha bitirerek tekrar dönmek istedi. Ama Tit durdu ve yaşlı köylünün yanına giderek ona sessizce bir şey söyledi. İkisi birden güneşe baktı. Köylülerin ara vermeden en az dört saattir ot biçtiklerini ve kahvaltı zamanının geldiğini aklına getirmeyen Levin, "Ne konuşuyorlar, Tit neden yeni sıraya geçmiyor?" –diye düşündü.

— Kahvaltı zamanı bey, –dedi yaşlı adam.

— Sahiden vakit geldi mi? Peki, kahvaltı edelim.

Levin tırpanı Tit'e verdi ve ekmeklerini almak için kaftanlarının olduğu yere doğru yürüyen köylülerle birlikte yağmurun hafifçe ıslattığı, uzun sıralar halindeki biçilmiş alandan geçerek atının yanına geldi. Havayı doğru tahmin edemediğini ve yağmurun kuru otlarını ıslattığını ancak o anda anlamıştı.

— Otlar çürüyecek, –dedi.

— Bir şey olmaz bey, yağmurda biç, güneşli havada topla! –dedi yaşlı adam.

Levin atı çözüp kahve içmeye eve gitti.

Sergey İvanoviç yeni kalkmıştı. Levin kahvesini içip, daha Sergey İvanoviç üstünü giyinip yemek odasına gelmeden tekrar ot biçmeye gitti.

V

Kahvaltıdan sonra Levin önceki yerine değil, onu yanına çağıran şakacı ihtiyarla sonbaharda evlenen ve ilk kez bu yaz ot biçmeye gelen genç bir köylünün arasındaki sıraya düştü.

İhtiyar çarpık bacaklarının düzgün ve geniş adımlarıyla dimdik bir şekilde önden yürüyordu ve görünüşüne bakılırsa, yürürken kollarını sallamaktan daha fazla emek harcamasını gerektirmeyen doğru ve düzgün bir hareketle sanki dans eder gibi, uzun sırayı arkasında bırakıyordu. Sanki o bir şey yapmıyor, sadece keskin tırpan kendiliğinden sulu otları biçiyordu.

Genç Mişka, Levin'in arkasından yürüyordu. Saçlarının üzerinden taze ottan yapılmış bir ip bağladığı sevimli, genç yüzü, çok çaba harcadığı için hep hareket halindeydi; ama birisi yüzüne bakar bakmaz gülümsüyordu. Galiba işin zor geldiğini itiraf etmektense ölmeye hazırdı.

Levin ikisinin arasından yürüyordu. Günün en sıcak zamanında ot biçmek ona o kadar zor görünmüyordu. Her yanını kaplayan ter biraz serinletiyordu, sırtını, başını ve dirseğine kadar sıvanmış kolunu yakan güneş ise çalışmada sağlamlık ve direngenlik kazandırıyordu; artık ne yaptığını düşünmeden çalışabiliyordu. Tırpan sanki kendi kendine kesiyordu. Mutlu dakikalardı bunlar. Sıraların gidip dayandığı nehre yaklaşınca ihtiyarın tırpanını ıslak, gür otlarla sildiği, nehrin soğuk suyunda tırpanın çeliğini yıkadığı, beline asılı teneke maşrapayı suya daldırıp Levin'e ikram ettiği anlar, daha da sevinçli anlardı.

— Buyurun, bu da benim kvasım![*] Güzel mi? –dedi ihtiyar göz kırparak.

Gerçekten de Levin, içinde yüzen otların ve teneke maşrapanın paslı tadını alan bu ılık su gibi bir içeceği hayatında hiç içmemişti. Bunun hemen ardından eli tırpanda keyifli ve yavaş bir gezinti başladı. Bu gezinti sırasında akan terini silmek, derin bir soluk almak, uzayıp giden biçiciler sırasına ve çevrede, ormanda, tarlada ne olup bittiğine göz atmak mümkündü.

Levin ne kadar uzun süre ot biçerse, kendinden geçme anları da o kadar sıklaşıyordu. Bu anlarda artık tırpanı

---

[*] Kvas, bozaya benzeyen bir Rus içeceğidir. (ç.n.)

ellerinin sallamadığını, tırpanın bu hayat dolu ve kendisinin her zaman farkında olan bedeni peşi sıra sürüklediğini ve yapılan işin, âdeta büyücülük gibi düşünmeden, kendiliğinden yapılan doğru ve açık bir iş olduğunu hissediyordu. Bunlar, en keyifli anlardı.

Ancak farkında olmadan yapılan bu harekete ara vermek ve düşünmek, bir tümseğin ya da bir kuzukulağı öbeğinin çevresindeki otları biçmek gerektiğinde zor oluyordu. İhtiyar bunu kolayca yapıyordu. Karşısına bir tümsek çıkınca hareketini değiştiriyordu ve kâh ayakkabısının tabanıyla, kâh tırpanın ucuyla tümseği her iki yanından kısa kısa vuruşlarla ufaltıyordu. Bunu yaparken de önüne çıkan her şeye dikkatle bakıyor ve gözlüyordu; kâh bir yabani meyve koparıp yiyor ya da Levin'e ikram ediyor, kâh tırpanın ucuyla bir dalı kaldırıp kenara atıyor, kâh tırpanın altından dişisi uçan bir bıldırcın yuvası görüyor, kâh yoluna çıkan bir yılanı çatalla tutar gibi tırpanla kaldırıp Levin'e gösteriyor ve fırlatıp kenara atıyordu.

İhtiyarın hareketlerindeki bu değişiklikler Levin'e de, arkasındaki genç köylüye de zor geliyordu. Her ikisi de bir hareket tutturup kendilerini çalışmanın heyecanına kaptırıyordu ve hem hareketlerini değiştirip, hem de önlerinde ne olduğuna bakamıyorlardı.

Levin zamanın nasıl geçtiğini anlamıyordu. Ne kadar zamandır ot biçtiğini sorsalardı, yarım saattir derdi, oysa ki vakit öğlene yaklaşmıştı. İhtiyar sırayı dönerken, Levin'in dikkatini, uzun otların arasından ve yoldan çeşitli yönlerden biçicilere doğru gelen, belli belirsiz görünen kız ve erkek çocukları çekti. Çocuklar ellerinde küçük kollarını aşağı doğru geren ekmek çıkınları ve ağızlarına bez tıkanmış kvas testileri taşıyorlardı.

İhtiyar çocukları göstererek:

— Bak sen, böcekler geliyor! –dedi ve elini gözüne siper ederek güneşe baktı.

İki sıra daha bitirdiklerinde ihtiyar durdu.

— E, beyim, yemek vakti! –dedi ihtiyar kararlı bir ses tonuyla. Nehre kadar gelen biçiciler biçtikleri sıralardan geçerek kaftanlarının olduğu yere doğru gidiyordu. Yemek getiren çocuklar burada oturmuş onları bekliyordu. Uzaktan gelen köylüler arabalarının, yakından gelenler üzerini otla örttükleri söğüt çalılarının altına toplandı.

Levin yanlarına oturdu; eve gitmek istemiyordu.

Beyin yanında her türlü utanıp sıkılma çoktan yok olmuştu. Köylüler yemek hazırlığındaydı. Bazıları elini yüzünü yıkıyor, gençler nehirde yüzüyor, diğerleri dinlenmek için yer hazırlıyor, ekmek çıkınlarını çözüyorlar, kvas testilerinin ağzını açıyorlardı. İhtiyar bir tasın içine ekmek doğradı, ekmeği kaşığın sapıyla ezdi, belindeki teneke maşrapayla su döktü, biraz daha ekmek kesti, üzerine tuz döktükten sonra, doğuya doğru dönerek dua etmeye koyuldu.

Tasın önünde diz çökerek:

— E, beyim, buyur benim yemekten ye, –dedi ihtiyar.

Yemek öyle lezzetliydi ki, Levin öğle yemeğine eve gitmekten vazgeçti. İhtiyarla yemek yedi, onun ev işleri konusunda sohbet etti. İhtiyarın ev işleriyle çok yakından ilgilendi ve ona kendi işlerini, ihtiyarı ilgilendirebilecek her şeyi anlattı. Kendisini bu adama ağabeyinden daha yakın hissediyordu ve duyduğu yakınlık yüzünden elinde olmadan gülümsüyordu. İhtiyar tekrar ayağa kalktı, dua etti ve başının altına bir tutam ot koyup hemen oracıkta, çalının altında uyuduğunda Levin de aynı şeyi yaptı, terli yüzünü ve gövdesini gıdıklayan yapışkan, güneşe dirençli sinek ve böceklere karşın hemen uykuya daldı, güneş ancak çalının öbür tarafına geçip üzerine düştüğünde uyandı. İhtiyar çoktan uyanmıştı ve oturmuş gençlerin tırpanlarını biliyordu.

Levin çevresine bakındı ve nerede olduğunu anlayamadı: Her şey öylesine değişmişti. Koca bir çayırlık alan biçilmişti ve güneşin eğik akşam ışıklarında yeni, ayrı bir pırıltıyla parlıyor, biçilmiş sıralardan güzel kokular yayılıyordu. Nehir kıyısında çevresindeki otlar kesilmiş çalılar da, önceden görünmeyen, ama şimdi kavisli yerlerinde çelik gibi parlayan nehir de, hareket eden, ayağa kalkan insanlar da, çayırın biçilmemiş kısmındaki dimdik ot duvarı da, çıplak çayırın üstünde dolanıp duran aladoğanlar da son derece yeni şeylerdi. Levin kendine gelince ne kadar yerin biçildiğini, bugün ne kadar daha biçilebileceğini kafasında canlandırmaya çalıştı.

Kırk iki kişiyle çok fazla iş yapılmıştı. Angarya* döneminde otuz tırpanın iki günde biçtiği koskoca çayır biçilmiş durumdaydı. Kısa sıralar halindeki köşeler kalmıştı sadece biçilmemiş olarak. Fakat Levin, bugün olabildiğince fazla ot biçilmesini istiyordu ve bu kadar çabuk çekildiği için güneşe kızıyordu. Hiç yorgunluk hissetmiyordu; tek istediği daha hızlı, daha fazla çalışmaktı.

— Ne dersin, Maşka Tepesi'ni de biçelim mi? –dedi ihtiyara.

— Tanrı bilir, güneş yüksek değil. Çocuklara biraz votka versek mi?

Tekrar oturdukları ve tiryakilerin sigara içtikleri ikindi vakti ihtiyar gençlere "Maşka Tepesi biçilirse votka var," dedi.

— Neden biçmeyecekmişiz! Hadi Tit! Çabucak yapıverelim! Gece yersin yemeğini. Yürü! –sesleri duyuldu ve biçiciler ekmeklerini bitirerek tekrar işe başladı.

— Hadi dayanın çocuklar! –dedi Tit ve neredeyse koşarak önden yürüdü.

Tit'in peşinden gidip, onu kolayca geçen ihtiyar:

— Yürü, yürü! –dedi.– Seni de biçerim ha! Dikkatli ol!

Gençler de, yaşlılar da yarışırcasına ot biçiyordu. Ama ne kadar acele iş yaparlarsa yapsınlar, otlara zarar vermiyor, arkalarında aynı şekilde temiz ve düzgün bir sıra bırakıyorlardı. Köşede kalan yer beş dakikada biçilmişti. Önden yürüyen biçiciler kaftanlarını omuzlarına alıp, yolu geçerek Maşka

* Toprak köleliği zamanında köylülerin toprak sahibi yararına çalışma yükümlülüğü. (ç.n.)

Tepesi'ne doğru gittiklerinde son biçiciler de sıraların sonuna gelmişti.

Onlar bellerindeki teneke maşrapaları tıkırdatarak Maşka Tepesi'nin ormanlık çukuruna girdikleri sırada güneş artık ağaçlara doğru iniyordu. Otlar vadinin ortasında bele kadar geliyordu, yumuşak, geniş yapraklıydı, ormanın bazı yerleri sarı renkli çiçeklerle alacalanmıştı.

Boyuna mı, yoksa enine mi gidilmesi gerektiği konusunda yapılan kısa bir konuşmadan sonra yine ünlü bir biçici olan, esmer, iriyarı köylü Prohor Yermilin önden yürümeye başladı. Sırayı önde bitirdi, geri dönüp kenara çekildi, herkes tepenin eteğindeki çukur boyunca ve ormanın tam kenarında tepeye doğru onun arkasında hizaya geçti. Güneş ormanın arkasına girmişti. Şimdiden çiy düşmüştü ve sadece tepedeki biçiciler güneşteydi, bir buharın yükseldiği aşağıdaki ve öbür taraftaki biçiciler ise, serin ve nemli gölgede çalışıyordu. İş hiç durmadan devam ediyordu.

Sulu bir ses çıkararak biçilen ve keskin kokular yayan otlar yüksek sıralar halinde yatıyordu. Kısa sıralarda her yönden sıkışan biçiciler, teneke maşrapalarının tıkırtıları ve kâh birbirine çarpan tırpanların, kâh bilenen tırpanda bileğitaşının çıkarttığı seslerin, kâh neşeli çığlıkların arasında birbirlerini sıkıştırıyorlardı.

Levin yine delikanlıyla ihtiyarın arasındaydı. Sırtına koyun postundan ceketini giymiş olan ihtiyar yine neşeli, şakacıydı, yine çok rahat hareket ediyordu. Ormanda otların arasında sürekli olarak tırpanların kestiği tombul kayın mantarları çıkıyordu karşılarına. Ama ihtiyar, her mantar görüşünde eğilip alıyor ve koynuna sokuyordu. "Kocakarıya bir armağan daha," –diyordu.

Islak ve zayıf otu biçmek ne kadar kolay olsa da, çukurun dimdik yamaçlarını inip çıkmak zordu. Ama ihtiyarı bu da engellemiyordu. Tırpanı aynı şekilde sallayarak, ağaç kabuğundan örülmüş büyük çarıklar giydiği ayaklarının küçük, sert adımlarıyla dik yamaca ağır ağır tırmanıyor, bütün vücudunun ve gömleğinin altından torba gibi sarkan pantolonunun sallanmasına karşın yoluna çıkan bir tek otu, bir tek mantarı kaçırmıyor, bir yandan da köylülerle ve Levin'le şakalaşıyordu. Levin onun arkasından yürüyor, tırpansız bile tırmanması çok zor olan bu kadar dik bir tepeye elinde tırpanla tırmanırken kesinlikle düşeceğini düşünüyordu; ama tırmanıyor ve yapması gerekeni yapıyordu. Dışarıdan bir gücün kendisini hareket ettirdiğini hissediyordu.

VI

Maşka Tepesi'ndeki otları biçtiler, son sıraları da bitirdiler, kaftanlarını giydiler ve neşe içinde evlerine gittiler. Levin atına bindi, köylülerden üzülerek ayrılıp evine yollandı. Tepeden çevreye baktı; aşağıdan yükselen sisin içinde köylüler görünmüyordu; yalnızca kaba, neşeli sesler, kahkaha ve birbiriyle çarpışan tırpanların sesi duyuluyordu.

Levin, saçları karmakarışık ve terden alnına yapışmış, sırtı ve göğsü ıslak bir halde neşeli bir konuşmayla ansızın ağabeyinin odasına girdiğinde Sergey İvanoviç, öğle yemeğini çoktan yemiş, postadan yeni çıkan gazetelere ve dergilere bakarak limonlu, buzlu su içiyordu.

Bir gün önceki tatsız konuşmayı tamamen unutmuş olan Levin:

— Biz de bütün çayırı biçtik! –dedi.– Ah o kadar güzel, o kadar harikaydı ki! Sen nasılsın?

Sergey İvanoviç ilk anda kardeşine hoşnutsuz bir şekilde bakarak:

— Aman Tanrım! Neye benzemişsin! –dedi.– Kapıyı kapat, kapıyı! –diye bağırdı.– Herhalde içeri beş on sinek sokmuşsundur.

Sergey İvanoviç sineklere katlanamıyordu, odasının pencerelerini ancak gece açıyor, kapının kapalı olmasına dikkat ediyordu.

— Gerçekten bir tane bile girmedi. Girmişse de ben yakalarım. Nasıl bir keyif olduğuna inanamazsın! Sen nasıl geçirdin günü?

— Güzel vakit geçirdim. Yoksa bütün gün ot mu biçtin? Sanırım kurt gibi acıkmışsındır. Kuzma senin için her şeyi hazırladı.

— Hayır, canım yemek istemiyor. Orada yedim. Ama gidip yıkanayım.

Sergey İvanoviç başını sallayarak ve kardeşine bakarak:

— Hadi, git, git, birazdan yanına gelirim, –dedi.– Git, hadi çabuk git, –diye ekledi gülümseyerek ve kitaplarını toplayıp gitmeye hazırlandı. Birden neşelenmişti ve kardeşinden ayrılmak istemiyordu.– E, yağmur yağarken neredeydin?

— Ne yağmuru? Birkaç damla düştü. Hemen gelirim. Demek günün iyi geçti? Çok iyi, çok iyi. –Ve Levin üstünü değiştirmeye gitti.

Beş dakika sonra iki kardeş yemek odasında buluştu. Levin'e canı yemek istemiyormuş gibi gelse de, sırf Kuzma'yı gücendirmemek için sofraya oturdu, ama başlayınca yemek son derece lezzetli geldi. Sergey İvanoviç kardeşine gülümseyerek bakıyordu.

— Ah sahi, sana bir mektup var, –dedi.– Lütfen aşağıdan getiriver Kuzma. Ama dikkat et, kapıyı kapat.

Mektup Oblonskiy'dendi. Levin yüksek sesle okudu mektubu. Oblonskiy Petersburg'dan yazıyordu: "Dolli'den bir mektup aldım. Kendisi Yerguşovo'da ve işleri yolunda gitmiyor. Yanına gidiver lütfen, ona öğütlerinle yardım et, her şeyi biliyorsun. Seni gördüğüne çok sevinir. Yapayalnız zavallıcık. Kayınvalidem tüm takımıyla birlikte hâlâ yurtdışında."

— İşte bu çok iyi! Mutlaka onlara gideceğim, –dedi Levin.– Ya da birlikte gidelim. Çok iyi bir kadındır. Öyle değil mi?

— Buraya yakın mı yerleri?

— Aşağı yukarı otuz verst. Belki de kırktır. Ama yol çok güzel. Rahat gideriz.

Sergey İvanoviç gülümsemeye devam ederek:

— Seve seve, –dedi.

Küçük kardeşinin görünüşü onu neşelendiriyordu.

Tabağın üzerine eğilmiş güneş yanığı kahverengiye çalan kırmızı yüzüne ve boynuna bakarak:

— E, iştahın da yerindeymiş! –dedi.

— Mükemmel! Bu rejimin her türlü aptallığa karşı ne kadar yararlı olduğuna inanmazsın. Tıbbı yeni bir terimle zenginleştirmek istiyorum: Arbeitscur.*

— Senin için pek gerekli değil galiba.

— Evet, ama çeşitli sinir hastaları için gerekli.

— Evet, bunu denemeli. Ben de sana bakmak için ot biçtiğiniz yere gelmek istedim, ama sıcak o kadar dayanılmazdı ki, ormanın ötesine geçemedim. Ormanda biraz oturdum, oradan köye geçtim, sütninene rastladım. Köylülerin seninle ilgili ne düşündüklerini öğrenmek için sütninenin ağzını aradım. Anladığıma göre köylüler yaptığını doğru bulmuyor. Sütninen "Beylere göre iş değil," dedi. Bana öyle geliyor ki, halkın zihninde, onların deyimiyle "beylerin" yapacakları işlerle ilgili beklentiler çok kesin çizgilerle belirlenmiş. Ve beylerin, onların zihninde çizilmiş çerçevenin dışına çıkmasına izin vermezler.

— Olabilir; ama bu hayatımda hiç tatmadığım bir zevkti. Ayrıca bunda kötü bir şey yok. Öyle değil mi? –dedi Levin.– Hoşlarına gitmiyorsa ben ne yapayım? Bununla birlikte bir zararı olmadığını düşünüyorum. Öyle değil mi?

— Gördüğüm kadarıyla geçirdiğin günden memnunsun, –diye devam etti Sergey İvanoviç.

— Çok memnunum. Bütün çayırı biçtik. Hem orada öyle bir ihtiyarla dost oldum ki! Ne mükemmel biri olduğunu tahmin edemezsin!

— Sen geçirdiğin günden memnunsun. Ben de memnunum. Birincisi, iki satranç problemini çözdüm, biri çok hoş, piyonla açılıyor. Sana gösteririm. Sonra dünkü konuşmamızı düşündüm.

* İşle tedavi. (Alm.)

Bitirdiği yemeğin üzerine keyifle gözlerini kısan, puflayıp duran ve dünkü konuşmanın nasıl bir konuşma olduğunu anımsayacak gücü kendinde kesinlikle bulamayan Levin:

— Ne? Dünkü konuşma mı? –dedi.

— Seni kısmen haklı buluyorum. Aramızdaki anlaşmazlık, senin kişisel çıkarı insanı harekete geçiren güç olarak görmenden, benimse belirli bir eğitim düzeyindeki her insanda toplum çıkarının bulunması gerektiğini düşünmemden kaynaklanıyor. Maddi çıkarları olan bir çalışmanın daha istenilir bir şey olduğunu söylerken belki de haklısın. Sen genellikle Fransızların dedikleri gibi son derece primesautière'sin;* tutkulu, enerjik bir çalışma istiyorsun ya da hiç istemiyorsun.

Levin ağabeyini dinliyor, ama kesinlikle hiçbir şey anlamıyor, anlamak da istemiyordu. Sadece ağabeyinin, hiçbir şey dinlemediğini ortaya çıkaracak bir soru sormasından korkuyordu.

Sergey İvanoviç, Levin'in omzuna dokunarak:

— İşte böyle dostum, –dedi.

— Evet, elbette. Ne olacak işte! Ben de düşüncelerimde ısrar etmiyorum, –diye karşılık verdi Levin. Yüzünde çocuksu, suçlu bir gülümseme vardı. "Acaba ne konuda tartışmıştık? –diye düşünüyordu.– Elbette, ben de haklıyım, o da haklı, hepsi çok güzel. Sadece yazıhaneye gidip emirleri vermem gerekiyor." Gerinerek ve gülümseyerek ayağa kalktı.

Sergey İvanoviç de gülümsedi.

Çevresine böylesine tazelik ve canlılık yayan kardeşinden ayrılmak istemeyerek:

— Gezmek istiyorsan, birlikte gidelim, –dedi.– Yazıhaneye uğraman gerekiyorsa uğrayalım.

Levin:

— Aman Tanrım! –diye öyle yüksek sesle bağırdı ki, Sergey İvanoviç korktu.

---

* Aklına geleni yapan, ani karar veren, aceleci. (Fr.)

— Ne oldu?

Levin alnına vurarak:

— Agafya Mihaylovna'nın eli nasıl oldu? -dedi.- Onu da unuttum.

— Çok daha iyi.

— Yine de bir koşu yanına gidip geleyim. Sen şapkanı giymeden dönerim.

Merdivenlerden koşarak inerken ayakkabısının ökçeleri kaynana zırıltısı gibi sesler çıkarıyordu.

VII

Stepan Arkadyiç memur olmayanlar için bir anlam taşımasa da memur olan herkesin bildiği, doğal ve gerekli bir görevi, yerine getirilmemesi halinde memuriyet yapma olanağının olamayacağı, bakanlıkta kendini hatırlatma görevini yerine getirmek için Petersburg'a gidip evdeki paranın neredeyse tamamıyla bu görevi yerine getirmek üzere at yarışlarında ve yazlıklarda neşeli, hoş vakit geçirirken, Dolli giderleri olabildiğince azaltmak için çocuklarla birlikte köye gitmişti. Kendisine çeyiz olarak verilmiş olan, ilkbaharda ormanı satılan ve Levin'in Pokrovskoye'sine elli verst uzaklıkta bulunan Yerguşovo Köyü'ne taşınmıştı.

Yerguşovo'daki büyük ev çoktan yıkılmıştı. Avludaki ek bina daha prensin zamanında onarılmış ve büyütülmüştü. Bu bina bundan yirmi yıl önce, Dolli çocukken, bütün ek binalar gibi iki yanı ağaçlı giriş yolunun ve güney cephesinin bir yanında kalmakla birlikte geniş ve rahattı. Ama şimdi bu ev eskimiş ve çürümüştü. Stepan Arkadyiç ilkbaharda ormanı satmak için geldiğinde Dolli ondan evi gözden geçirmesini ve gerekli onarımlar için emir vermesini rica etmişti. Kabahat işlemiş bütün kocalar gibi karısının rahatına çok büyük bir özen gösteren Stepan Arkadyiç, evi bizzat gözden geçirmiş ve gerekli gördüğü her konuda emirler vermişti. Ona göre bütün mobilyaların kreton kumaşla kaplanması, perdelerin asılması, bahçenin temizlenmesi, havuzun yanına küçük bir köprü yapılması ve çiçek dikilmesi gerekiyordu; ancak daha sonra eksiklikleri yüzünden Darya Aleksandrovna'nın sıkıntı çektiği başka gerekli şeylerin çoğunu unutmuştu.

Stepan Arkadyiç özenli bir baba ve koca olmaya ne kadar çalışırsa çalışsın, bir karısı ve çocukları olduğunu bir türlü aklına getiremiyordu. Bekâr bir adamın zevklerine sahipti ve tek düşündüğü bu zevklerdi. Moskova'ya döndükten sonra karısına her şeyin tamam olduğunu, evin kutu gibi olacağını gururla açıklamış ve oraya gitmesini şiddetle tavsiye etmişti. Karısının köye gitmesi, Stepan Arkadyiç'in her bakımdan çok hoşuna gidecekti: Çocukların sağlığı düzelir, giderler azalır, kendisi de daha serbest kalırdı. Darya Aleksandrovna ise hem çocuklar için, özellikle de kızıl hastalığından sonra bir türlü toparlanamayan küçük kız için, hem de onu üzen ve küçük düşüren oduncuya, balıkçıya, ayakkabıcıya olan ufak tefek borçlardan kurtulmak için yazın köye taşınmayı gerekli görüyordu. Ayrıca köye gitmek, kaplıcaya gitmesi tavsiye edilen ve yazın ortalarında yurtdışından dönmesi gereken kız kardeşi Kiti'yi de köye, yanına getirmeyi hayal ettiğinde daha da çok hoşuna gidiyordu. Kiti kaplıcalardan yazdığı mektupta, hiçbir şeyin yaz mevsimini Dolli'yle birlikte her ikisinin de çocukluk anılarıyla dolu olan Yerguşovo'da geçirmek kadar yüzünü güldürmeyeceğini yazıyordu.

İlk zamanlar köy yaşamı Dolli'ye çok zor geldi. Çocukluğu köyde geçmişti ve köyün kentteki bütün tatsızlıkların çaresi olduğuna, köydeki hayatın güzel olmasa da (Dolli bunu kolayca kabul ediyordu) ucuz ve rahat olduğuna ilişkin bir izlenim edinmişti. Köyde her şey vardı, her şey ucuzdu, her şey alınabilirdi ve çocuklar için de iyi olacaktı. Ama şimdi köye bir ev kadını olarak gelince, bütün bunların hiç de onun düşündüğü gibi olmadığını görmüştü.

Geldiklerinin ertesi günü sağanak yağmur yağmış, gece koridora ve çocuk odasına su akmış, yatakları konuk odasına taşımışlardı. Aşçı yoktu; sığırtmaç kadının söylediğine göre dokuz ineğin kimisi besiliydi, kimisi ilk buzağısını doğurmuştu, kimisi yaşlıydı, kimisi de besiliydi, ama süt vermiyordu; ne yağ, ne de süt çocuklara bile yetmiyordu. Yumurta yoktu. Tavuk bulmak olanaksızdı; kart horozları kızartıyor ve haşlıyorlardı. Yerleri sildirecek kadın bulunamıyordu, hepsi patates toplamaya gitmişti. Arabayla gezmek olanaksızdı, çünkü atlardan biri aksilik ediyor ve arabaya koşulamıyordu. Yüzecek yer yoktu, nehrin kıyısı baştan sona hayvanlar tarafından çiğnenip çamur içinde bırakılmıştı, ayrıca yoldan da görülüyordu; yürüyerek dolaşmak bile olanaksızdı, çünkü hayvanlar kırık çitten bahçeye giriyordu, böğürüp duran azgın bir boğa vardı ve galiba insanlara da saldırıyordu. Elbise dolabı yoktu. Olanlar da kapanmıyor, daha yanından geçerken kendiliğinden kapısı açılıyordu. Demir ve toprak kap kacak yoktu; çamaşırhane için çamaşır teknesi ve hatta hizmetçi odasında ütü yapacak ütü tahtası bile yoktu.

İlk günler huzur içinde dinlenmek yerine kendisi açısından korkunç olan bu dertlere düşen Darya Aleksandrovna umutsuzluğa kapılmıştı: Var gücüyle uğraşıyordu, durumun çaresizliğini hissediyordu ve her an gözlerine dolan yaşları tutuyordu. Eski bir süvari başçavuşu olan, güzel ve saygılı dış görünüşü yüzünden Stepan Arkadyiç'in sevip kapıcılar arasından seçtiği kâhya, Darya Aleksandrovna'nın dertlerine hiçbir şekilde ortak olmuyor, saygılı bir biçimde "İmkânı yok, adamlar öyle kötü ki," diyor ve hiçbir işte ona yardım etmiyordu.

Durum çaresiz görünüyordu. Fakat bütün aile evlerinde olduğu gibi Oblonskiylerin evinde de göze çarpmayan, ama çok önemli ve faydalı bir kişi vardı: Matryona Filimonovna. Hanımını yatıştırıyor, onu her şeyin *düzeleceğine* (bu onun sözüydü ve Matvey ondan alıp kendine mal etmişti) inandırıyordu, kendisi de acele etmeden ve heyecanlanmadan çalışıyordu.

Kâhyanın karısıyla hemen dost oldu, daha ilk günden kadınla ve kâhyayla birlikte akasyaların altında çay içti ve yapılacak işleri görüştü. Kısa bir süre sonra akasyaların altında bir Matryona Filimonovna kulübü kuruldu ve kâhyanın karısı, muhtar ve sekreterden oluşan bu kulüp aracılığıyla hayatın güçlükleri birazcık aşılmaya başlandı, bir hafta sonra da gerçekten her şey *düzeldi*. Çatı onarıldı, muhtarın vaftiz anası olan bir aşçı bulundu, tavuk satın alındı, inekler süt vermeye başladı, bahçe sırıklarla çevrildi, marangoz tahtadan çamaşır silindiri yaptı, dolaplara çengel takıldı ve böylece kendi keyiflerine göre açılmaları önlenmiş oldu. Asker çuhasıyla kaplanan ütü tahtası, koltuğun sapından komodine kadar uzanıyordu ve hizmetçi odasından ütü kokuları geliyordu.

— Görüyorsunuz işte! Bir de umutsuzluğa kapılıyordunuz, –dedi Matryona Filimonovna tahtayı göstererek.

Hatta hasırdan bir nehir hamamı bile yapıldı. Lili suya girmeye başladı, Darya Aleksandrovna için sakin olmamakla birlikte rahat köy hayatı beklentileri kısmen de olsa gerçekleşmiş oldu. Darya Aleksandrovna altı çocukla rahat olamıyordu. Biri hastalanıyordu, öbürü de hasta olabilirdi, üçüncüsünün bir şeyi eksik oluyor, dördüncüsü kötü huylar çıkarıyordu vs. vs. Kısa sakin dönemler çok enderdi. Ama bu koşuşturmalar ve huzursuzluklar Darya Aleksandrovna için tek mutluluktu. Bu mutluluk olmasaydı onu sevmeyen kocası hakkındaki düşünceleriyle baş başa kalacaktı. Ancak hastalık korkusu, hastalığın kendisi ve çocuklarda kötü huyların ortaya çıkması bir anne için ne kadar zor olursa olsun, çocuklar çektiği sıkıntının bedelini artık küçük sevinçlerle ona ödüyorlardı. Bu sevinçler öylesine küçüktü ki, kumların arasındaki altın tozu kadar belirsiz şeylerdi ve kötü anlarda sadece üzüntüyü, sadece kumu görüyordu; ama sadece sevinçleri, sadece altın tozunu gördüğü güzel anlar da vardı.

Şimdi köyün yalnızlığında bu sevinçleri giderek daha sık fark ediyordu. Çocuklarına bakarak sık sık yanıldığına, bir anne olarak çocuklarına aşırı düşkün olduğuna kendini inandırmak için her türlü çabayı harcıyordu; yine de çok güzel çocukları olduğunu, altısının da birbirinden farklı, ama ender bulunan çocuklar olduğunu söylemekten kendini alamıyor, onlarla mutlu oluyor, gurur duyuyordu.

VIII

Mayısın sonunda, işler artık az ya da çok yoluna girdiğinde Darya Aleksandrovna, köydeki aksiliklerle ilgili yakınmalarına kocasından bir yanıt aldı. Stepan Arkadyiç yazdığı mektupta her şeyi ayrıntısıyla düşünmediği için özür diliyor ve ilk fırsatta geleceğine söz veriyordu. Böyle bir fırsat olmadı ve haziranın başına dek Darya Aleksandrovna köyde yalnız kaldı.

Aziz Pyotr gününden önceki büyük perhiz sırasında, bir pazar gün Darya Aleksandrovna çocuklarını kutsal şarap ve ekmek ayinine katılmaları için kiliseye götürdü. Darya Aleksandrovna kız kardeşiyle, annesiyle, arkadaşlarıyla yaptığı samimi, felsefi konuşmalarda onları sık sık din konusundaki serbest düşünceleriyle şaşırtırdı. Kilise inaklarına çok az önem vererek katı bir şekilde inandığı, ruh göçünü esas alan kendine ait tuhaf bir dini vardı. Fakat kilisenin bütün taleplerini aile içinde, hem de sadece örnek olmak için değil, bütün kalbiyle harfi harfine yerine getirirdi. Aynı zamanda çocukların yaklaşık bir yıldır kutsal şarapla ekmek törenine katılmamış olmaları da onu çok rahatsız ediyordu ve Matryona Filimonovna'nın tam onayıyla bu işi şimdi, bu yaz gerçekleştirmeye karar vermişti.

Darya Aleksandrovna çocukların ne giyeceklerini birkaç gün öncesinden etraflıca düşündü. Elbiseler dikildi, modelleri değiştirildi, yıkandı, kasan dikişler ve farbalalar düzeltildi, düğmeler dikildi ve kurdeleler hazırlandı. İngiliz dadının dikmeyi üstlendiği Tanya'nın elbisesi Darya Aleksandrovna'nın çok canını sıktı. İngiliz dadı pensleri yanlış yere koymuş, kol yerlerini çok oymuş ve elbiseyi tam anlamıyla berbat etmişti. Elbise Tanya'nın omuzlarını o kadar sıkıyordu ki, görmek bile insana acı veriyordu. Ama Matryona Filimonovna üçgen parçalar eklemeyi ve küçük bir pelerin yapmayı akıl etti. Sorun çözümlendi, ama İngiliz dadıyla neredeyse tartışma gibi bir şey yaşanmış oldu. Ancak ertesi sabah her şey yoluna girdi ve saat dokuza doğru, yani papazdan ayin için beklemesini rica ettikleri saate doğru yüzleri sevinçle parlayan, giyinmiş kuşanmış çocuklar kapıda, faytonun önünde dikilmiş, annelerini bekliyorlardı.

Faytona huysuzluk eden Kuzgun'un yerine Matryona Filimonovna'nın araya girmesiyle kâhyanın Kula'sı koşuldu ve süslenmekle çok uğraştığı için geciken Darya Aleksandrovna sırtında incecik beyaz elbisesiyle arabaya binmek üzere dışarı çıktı.

Darya Aleksandrovna özenle ve heyecanla saçlarını taramış ve giyinmişti. Eskiden kendisi için, güzel görünmek ve hoşa gitmek için giyinirdi; sonraları yaşlandıkça giyinmek hoşuna gitmemeye başladı; ne kadar çirkinleştiğini fark ediyordu. Ama şimdi yine istekli ve heyecanlı giyinmişti. Artık kendisi için, güzel görünmek için değil, bu güzel çocukların annesi olarak bırakacakları genel izlenimi bozmamak için giyiniyordu. Aynaya son kez bakıp görünüşünü beğendi. Güzeldi. Bir zamanlar bir baloya gittiğinde olmak istediği gibi değil, ama şimdi önüne koyduğu amaç açısından bakınca güzeldi.

Kilisede köylülerden, kapıcılardan ve onların karılarından başka kimse yoktu. Ama Darya Aleksandrovna çocuklarının ve kendisinin uyandırdığı bir hayranlık gördü ya da gördüğünü sandı. Çocuklar şık elbiseleriyle güzel olmanın ötesinde terbiyeli davranışlarıyla da sevimliydi. Aslında Alyoşa pek uslu durmuyordu: İkide bir arkasına dönüyor ve ceketinin arkasını görmek istiyordu; ama yine de olağanüstü sevimliydi. Tanya büyük adam gibi duruyor ve küçüklere göz kulak oluyordu. Ancak en küçük Lili, her şeye karşı masum şaşkınlığıyla çok güzeldi ve kutsal şarapla ekmeği aldıktan sonra "Please, some more,"* dediğinde gülümsememek elde değildi.

---

* Lütfen biraz daha. (İng.)

Eve dönerken çocuklar önemli bir şey olduğunu hissediyorlardı ve çok usluydular.

Evde de her şey yolundaydı; fakat kahvaltı sofrasında Grişa ıslık çalmaya başlamış, en kötüsü de İngiliz dadıyı dinlemediği için ona pasta verilmemişti. Darya Aleksandrovna orada olsaydı böyle bir günde işi ceza vermeye kadar vardırmazdı; ama İngiliz dadının emrini desteklemek gerekiyordu ve onun Grişa'ya pasta verilmemesi kararını onayladı. Bu olay herkesin biraz neşesini kaçırdı.

Grişa, Nikolenka'nın da ıslık çaldığını, ama onun cezalandırılmadığını söyleyerek ağlıyordu ve pasta için ağlamadığını, pastanın umurunda olmadığını, ama kendisine haksızlık yapıldığı için ağladığını söylüyordu.

Bu son derece üzücü bir durumdu ve Darya Aleksandrovna, İngiliz dadıyla görüşüp Grişa'yı affetmeye karar verdi ve dadının yanına gitti. Fakat salondan geçerken yüreğini, gözlerini yaşartacak kadar sevinçle dolduran bir şey gördü ve suçluyu dadıya sormadan kendisi affetti.

Cezalı çocuk salonda köşe penceresine oturmuştu; yanında elinde bir tabakla Tanya ayakta duruyordu. Bebeklerine yemek alma bahanesiyle İngiliz dadıdan kendi pastasını çocuk odasına götürme izni almış ve çocuk odasına götürmek yerine kardeşine getirmişti. Kendisine verilen cezanın haksızlığı yüzünden ağlamaya devam eden Grişa pastayı yiyor ve hıçkırıklar arasında "Sen de ye, birlikte yiyelim... birlikte," deyip duruyordu.

Önce Grişa'ya duyduğu merhamet, sonra da yaptığı şeyin iyi yürekli bir davranış olduğunu anlaması Tanya'yı etkilemiş ve onun da gözlerinde yaşlar belirmişti; ama kendi payından vazgeçmeyip yiyordu.

Annelerini görünce korktular, ama onun yüzüne bakınca iyi bir şey yaptıklarına hükmederek gülmeye başladılar. Ağızları pastayla doluyken gülümseyen dudaklarını elleriyle silmeye çalıştılar, neşeyle parlayan yüzlerini gözyaşlarına ve reçele buladılar.

Anneleri bir yandan elbiseleri kurtarmaya çalışırken, bir yandan da gözlerinde yaşlarla mutluluk ve hayranlıkla gülümseyerek:

— Aman Tanrım! Yepyeni beyaz elbiseler! Tanya! Grişa! –diyordu.

Yeni elbiseler çıkartıldı, kızlara bluz, oğlanlara eski ceketlerini giymeleri söylendi, mantar toplamaya ve nehirde yıkanmaya gitmek için kâhyayı üzse de Kula atın arabaya koşulması emredildi. Çocuk odasından yükselen heyecanlı çığlıklar nehre gitmek için yola çıkıncaya kadar devam etti.

Koca bir sepet mantar topladılar, hatta Lili bile bir kayın mantarı buldu. Eskiden Miss Hull mantarı bulur, Lili'ye gösterirdi; şimdi ise Lili kocaman bir kayın mantarı bulmuş ve "Lili kayın mantarı buldu!" diye heyecanlı bir çığlık kopmuştu hepsinden.

Daha sonra nehre geldiler, arabayı akağaçların altına bırakıp yıkanmaya gittiler. Arabacı Terentiy, atsineklerini kovmaya çalışan atları bir ağaca bağlayıp, bir akağacın gölgesine, otların üzerine uzanarak tütün içti. Nehirden hiç susmayan neşeli çocuk çığlıkları Terentiy'in kulağına kadar geliyordu.

Çocukların hepsini gözetmek, yaramazlık yapmalarına engel olmak insanı çok uğraştıran bir iş olsa da, bütün bu minicik çorapların, pantolonların, çeşit çeşit ayakkabıların hangisine ait olduğunu aklında tutmak ve karıştırmamak, bağcıkları çözmek ve bağlamak, düğmeleri açmak ve iliklemek ne kadar zor olsa da, kendisi de nehre girmeyi her zaman sevmiş olan ve bunun çocuklar için yararlı olduğunu düşünen Darya Aleksandrovna, çocuklarla birlikte nehre girip yıkanmak kadar başka hiçbir şeyden zevk almazdı. Çoraplarını giydirirken bütün bu tombul ayaklara bir bir dokunmak, bu çıplak vücutları tutup suya daldırmak, kâh sevinçli, kâh ürkek çığlıklarını işitmek; etrafa su sıçratan meleklerinin soluk soluğa, gözleri kocaman açılmış, ürkek ve neşeli yüzlerini görmek, onun için zevklerin en büyüğüydü.

Çocukların yarısının üstleri giydirilmişken ısırgan ve sütleğen toplamaya giden şık giyimli köylü kadınlar nehir hamamının yanına geldiler ve çekingen bir şekilde durdular. Matryona Filimonovna, suya düşen bir çarşafla gömleği alıp kurutması için kadınlardan birine seslendi. Darya Aleksandrovna da köylü kadınlarla konuşmaya başladı. İlk başta elleriyle ağızlarını kapatarak gülen ve meseleyi anlamayan kadınlar kısa sürede cesaretlerini topladılar ve ortaya koydukları içten çocuk sevgisiyle Darya Aleksandrovna'nın hemen kalbini kazanıp sohbete koyuldular.

Bir tanesi, Tanya'ya hayran hayran bakıp başını sallayarak:

— Aman sen ne güzelsin, öyle bembeyaz, şeker gibi, – dedi.– Ama zayıfsın...

— Hastaydı, ondan.

— Hele bak, bunu da mı suya soktunuz? –dedi öbür kadın, memedeki bebeği göstererek.

— Hayır, o daha topu topu üç aylık, –diye yanıtladı Darya Aleksandrovna gururla.

— Ya!

— Peki senin çocukların var mı?

— Dört taneydi, ikisi kaldı: bir oğlan, bir kız. Geçen yıl Noel'de memeden kestim.

— Kız kaç yaşında?

— İkisinde.

— Niye bu kadar uzun süre emzirdin?

— Âdetimiz böyle, üç perhiz dönemi emziririz...

Sonra Darya Aleksandrovna için en ilginç konuşma başladı: Doğumları nasıl oluyordu? Hastalığı neydi? Kocası neredeydi? Sık sık geliyor muydu?

Darya Aleksandrovna kadınların yanından ayrılmak istemiyordu, onlarla konuşmak çok ilgisini çekmişti, ilgilendikleri konular birbirinin tamamen aynısıydı. Darya Aleksandrovna'nın en çok hoşuna giden de, kadınların her şeyden çok onun bu kadar çok ve bu kadar güzel çocuğu olmasına hayran kalışlarını görmekti. Kadınlar, Darya Aleksandrovna'yı güldürdüler, bu gülüşmelere kendisinin neden olduğunu anlamayan İngiliz dadıyı ise kızdırdılar. Genç köylü kadınlardan biri herkesten sonra giyinmiş olan İngiliz dadıya dikkatle bakmış ve dadı üçüncü eteği üzerine geçirdiğinde kendini tutamayıp: "Hele şuna bak, sarınmaya doymadı!" –demiş ve bir kahkaha kopmuştu.

IX

Başına bir eşarp bağlamış olan Darya Aleksandrovna, hepsi de yıkanmış, kafaları ıslak çocuklarla çevresi sarılı bir halde eve yaklaşırken arabacı:

— Bir bey geliyor, galiba Pokrovskoye'nin sahibi, –dedi.

Darya Aleksandrovna ileriye doğru baktı ve gri şapkası, gri pardösüsüyle karşılarından gelen Levin'in tanıdık görüntüsünü görünce sevindi. Onu görmekten her zaman sevinç duyardı, ama şimdi Levin'in kendisini gurur duyduğu çocuklarının arasında görmesinden özellikle sevinç duymuştu. Levin'den başka hiç kimse onun büyüklüğünü anlayamazdı.

Levin, Darya Aleksandrovna'yı görünce, gelecekteki aile yaşantısıyla ilgili olarak hayalinde yarattığı tablolardan birinin önünde buldu kendini.

— Civcivlerini peşine takmış tavuk gibisiniz Darya Aleksandrovna.

— Ah, çok sevindim! –dedi Darya Aleksandrovna elini Levin'e uzatarak.

— Sevindiniz, ama haber bile vermediniz. Ağabeyim bende kalıyor. Stiva'dan bir mektup aldım, burada olduğunuzu ondan öğrendim.

— Stiva'dan mı? –diye hayretle sordu Darya Aleksandrovna.

— Evet, buraya geldiğinizi yazıyor ve size herhangi bir yardımda bulunmama izin vereceğinizi düşünüyor, –dedi Levin. Bunu söyledikten sonra birden utanıp sustu, ıhlamur filizleri koparıp çiğneyerek arabanın yanından sessizce yürümeye devam etti. Kocasının yapması gereken bir işte yabancı birinin yardımından Darya Aleksandrovna'nın hoşlanmayacağını düşündüğü için utanmıştı. Gerçekten de Darya Aleksandrovna Stepan Arkadyiç'in kendi ailevi işlerini yabancılara emanet etmesinden hoşlanmazdı. Levin'in bunu anladığını hemen fark etti. Bu anlayış inceliği, bu nezaketi nedeniyle de Darya Aleksandrovna Levin'i severdi.

— Tabii ki, –dedi Levin,– bunun sadece beni görmek istediğiniz anlamına geldiğini anladım ve çok sevindim. Tabii ki, kentli bir hanım olarak size buranın yabani bir yer olarak görüneceğini sanıyorum ve eğer gerekirse her zaman hizmetinizdeyim.

— Oh hayır! –dedi Dolli. Kendisinden söz edildiğini anlayan ve Levin'e neşeyle, dostça gülümseyen Matryona Filimonovna'yı göstererek,– İlk zamanlar rahat değildik, ama şimdi yaşlı dadım sayesinde artık her şey yoluna girdi, –diye ekledi. Matryona Filimonovna, Levin'i tanıyordu, onun küçük hanıma iyi bir koca olacağını biliyor ve işlerin düzelmesini istiyordu.

— Buyurun siz de binin, biraz sıkışabiliriz, –dedi Levin'e.

— Yo, ben yürüyeceğim. Çocuklar, kim benimle gelip atlarla yarışır?

Çocuklar Levin'i çok az tanıyorlardı, onu ne zaman gördüklerini anımsamıyorlardı, ama çocukların genellikle yapmacık davranan yetişkin insanlara karşı duydukları ve bu yüzden ciddi şekilde papara yedikleri o garip utangaçlık ve tiksinme duygusunu Levin'e göstermiyorlardı. Yapmacıklık, ne şekilde olursa olsun en akıllı, en sağgörülü adamı bile kandırabilir; ama yapmacıklık ne kadar büyük bir ustalıkla gizlenirse gizlensin en kıt anlayışlı çocuk bile onu anlar ve tiksinir. Levin'in ne kadar kusuru olursa olsun zerre kadar yapmacıklığı yoktu, bu yüzden de çocuklar ona annelerinin yüzünde gördükleri dostluğun aynısını gösterdiler. Levin'in çağrısı üzerine çocuklardan en büyük olan ikisi hemen arabadan atladılar ve sanki dadıyla, Miss Hull'le ya da anneleriyle koşuyormuş gibi onunla koşmaya başladılar. Lili de Levin'le gitmek istiyordu. Annesi onu Levin'e uzattı; Levin küçük kızı omzuna oturttu ve o şekilde koşmaya başladı.

Anneye neşeyle gülerek:

— Korkmayın, korkmayın Darya Aleksandrovna! –diyordu.– Düşürmem ya da bir yerine zarar vermem olanaksız.

Levin'in becerikli, güçlü, dikkatli ve son derece enerjik hareketlerini gören anne rahatladı, neşe ve takdirle gülümsedi.

Burada, köyde, çocuklarla ve cana yakın bulduğu Darya Aleksandrovna'yla birlikte olmak, onu Darya Aleksandrovna'nın da özellikle sevdiği, o sık sık kapıldığı neşeli, çocuksu ruh haline soktu. Çocuklarla birlikte koşarken onlara jimnastik hareketleri öğretiyor, kötü İngilizcesiyle Miss Hull'ü güldürüyor ve Darya Aleksandrovna'ya köydeki uğraşlarını anlatıyordu.

Öğle yemeğinden sonra balkonda onunla yalnız kalan Darya Aleksandrovna sözü Kiti'ye getirdi.

— Biliyor musunuz? Kiti buraya gelecek ve yazı benimle birlikte geçirecek.

Levin kıpkırmızı kesilip:

— Doğru mu? –dedi ve hemen sözü değiştirerek,– O halde size iki inek göndereyim? –dedi.– İçiniz rahat etmeyecekse, ille de parasını ödemek isterseniz ayda beşer rubleden ödersiniz.

— Hayır, teşekkür ederim. İşlerimiz yoluna girdi.

— Öyleyse ineklerinizi gözden geçireyim, eğer izin verirseniz, nasıl beslemeleri gerektiğini anlatayım. Bütün mesele beslenmededir.

Ve Levin, sırf konuşma konusunu değiştirmek için ineğin sadece yemi süte dönüştüren bir makine olduğuna dayanan süt üretme teorisini Darya Aleksandrovna'ya anlattı.

Bunu anlatırken bir yandan da Kiti'yle ilgili bütün ayrıntıları duymayı şiddetle istiyor, ama duymaktan da korkuyordu. Bu kadar büyük bir güçlükle elde ettiği huzurun bozulmasından korkuyordu.

— Evet, ama bunların hepsini izlemek gerekir, kim yapacak bu işi? –diye isteksiz bir yanıt verdi Darya Aleksandrovna.

Matryona Filimonovna vasıtasıyla çiftliğin işlerini artık düzene sokmuştu, hiçbir şeyi değiştirmek istemiyordu; ayrıca Levin'in tarımla ilgili bilgisine de güvenmiyordu. İneğin süt makinesi olduğuna ilişkin düşünceler kendisine kuşkulu görünmüştü. Ona göre bu tür düşünceler ancak işleri bozardı. Matryona Filimonovna'nın anlattığı gibi, sadece Alaca'yla Akkarın'a daha fazla yemle yal vermek ve aşçının mutfaktan yemek artıklarını çamaşırcı kadının ineğine taşımasına engel olmak Darya Aleksandrovna'ya çok daha basit geliyordu. Bu çok açıktı. Oysa yalla ve otla ilgili düşünceler kuşkulu ve belirsizdi. Asıl önemlisi, Darya Aleksandrovna Kiti'den söz etmek istiyordu.

X

Bir sessizlikten sonra Dolli:

— Kiti bana, yalnızlık ve huzurdan başka bir şey istemediğini yazıyor.

— Sağlığı nasıl, daha iyi mi? –diye heyecanla sordu Levin.

— Çok şükür tamamen düzeldi. Verem olduğuna hiçbir zaman inanmamıştım zaten.

— Ah, çok sevindim! –dedi Levin. Bunu söylerken yüzünde dokunaklı, çaresiz bir şey varmış gibi geldi Dolli'ye ve Levin sessizce Dolli'ye baktı.

Darya Aleksandrovna iyilik dolu, biraz da alaycı gülümsemesiyle:

— Konstantin Dmitriç, –dedi,– Kiti'ye neden kızıyorsunuz?

— Ben mi? Kızmıyorum ki, –dedi Levin.

— Hayır, kızıyorsunuz. Moskova'dayken bize de, onlara da niçin hiç uğramadınız?

Levin saçlarının dibine kadar kızararak:

— Darya Aleksandrovna, –dedi,– bu kadar iyi yürekli bir insan olarak bunu hissetmemenize hayret ediyorum. Bana hiç acımıyorsunuz, biliyorsunuz ki...

— Neyi biliyorum?

— Evlenme teklif ettiğimi ve reddedildiğimi biliyorsunuz, –dedi Levin ve bir dakika önce Kiti'ye karşı hissettiği şefkatin yerini uğradığı hakaretten dolayı öfke almıştı.

— Niçin bildiğimi düşünüyorsunuz?

— Çünkü herkes biliyor.

— İşte bu konuda yanılıyorsunuz; tahmin etsem de bilmiyordum bunu.

— Ya! Pekâlâ artık biliyorsunuz.

— Ben sadece onu korkunç derecede üzen bir şey olduğunu ve benden hiçbir zaman bu konudan söz etmememi istediğini biliyordum. Bana söylemediğine göre başka kimseye de söylememiştir. Peki ama aranızda ne oldu? Söyleyin bana.

— Ne olduğunu söyledim size.

— Ne zaman?

— Size son gelişimde.

— Biliyor musunuz, ne diyeceğim size, –dedi Darya Aleksandrovna,– ona çok acıyorum. Siz sırf gururunuz yüzünden acı çekiyorsunuz...

— Olabilir, –dedi Levin,– ama...

Darya Aleksandrovna Levin'in sözünü kesti:

— Fakat zavallıcığa müthiş acıyorum, müthiş. Şimdi her şeyi anlıyorum.

Levin ayağa kalkarak:

— Darya Aleksandrovna, beni bağışlayın, –dedi.– Hoşça kalın Darya Aleksandrovna, tekrar görüşmek üzere.

— Hayır, durun, –dedi Darya Aleksandrovna Levin'in kolundan tutarak.– Durun, oturun.

Levin oturdu ve bu arada yüreğinde artık gömüldüğünü sandığı umudun canlandığını ve kımıldadığını hissederek:

— Lütfen, lütfen bundan söz etmeyelim, –dedi.

— Sizi sevmeseydim, –dedi Darya Aleksandrovna ve gözlerine yaşlar doldu,– sizi şu tanıdığım kadar tanımasaydım...

Öldü sandığı duygu giderek canlanıyor, kabarıyor ve Levin'in yüreğini ele geçirmeye başlıyordu.

— Evet, şimdi her şeyi anladım, –diye devam etti Darya Aleksandrovna.– Siz bunu anlayamazsınız; seçimi kendi yapan ve özgür olan siz erkekler kimi sevdiğinizi her zaman açıkça bilirsiniz. Ama kadınca, genç kızlara özgü bir utanç içinde bekleme durumunda olan, siz erkekleri uzaktan gören, her şeyi söylenen sözlerden çıkaran bir kızın ne söyleyeceğini bilememek gibi bir duygusu olabilir.

— Evet, eğer yüreği söylemiyorsa...

— Hayır, yüreği söyler, ama bir düşünün: Siz erkekler bir kıza göz koyarsınız, evine gidersiniz, yakınlaşırsınız, sevdiğiniz o mu, değil mi gözlemlersiniz, beklersiniz, sevdiğinizden emin olduğunuz zaman da evlenme teklif edersiniz...

— Ama her zaman öyle olmaz.

— Olsun, sevginiz olgunlaştığında ya da seçtiğiniz iki kişiden biri üstün geldiğinde teklif yaparsınız. Oysa bir kıza sormazlar. Seçimi onun yapmasını isterler, ama bir seçim yapamaz, sadece evet ya da hayır diye yanıt verir.

"Evet, benimle Vronskiy arasındaki seçim," –diye içinden geçirdi Levin ve ruhunda dirilmiş olan ölü, yüreğini acıyla sıkıştırarak bir kez daha öldü.

— Darya Aleksandrovna, –dedi Levin,– bu şekilde elbise ya da ne bileyim başka bir şey seçilir, aşk değil. Seçim yapılmış durumda, hem de iyi bir şekilde... Ve tekrar yapılamaz.

Darya Aleksandrovna, sadece kadınların bildiği başka bir duyguyla karşılaştırdığında bu duygunun alçaklığı yüzünden Levin'i âdeta küçümseyerek:

— Ah, gurur, gurur! –dedi.– Siz evlenme teklif ettiğiniz sırada Kiti tam bir yanıt veremeyecek durumdaydı. Kararsızdı:

Siz mi, yoksa Vronskiy mi? Vronskiy'i her gün görüyordu, sizi uzun zamandır görmemişti. Diyelim, eğer yaşça daha büyük olsaydı, örneğin onun yerinde ben olsaydım kararsız kalmayabilirdim. Vronskiy bana her zaman itici gelmiştir, işte bitti zaten.

Levin, Kiti'nin yanıtını anımsadı: *Hayır, bu mümkün değil...*

— Darya Aleksandrovna, –dedi Levin soğuk bir şekilde,– bana olan güveninize değer veriyorum; yanıldığınızı düşünüyorum. Ama ben haklı olayım ya da olmayayım, küçümsediğiniz bu gurur, Katerina Aleksandrovna'yla ilgili her düşünceyi benim açımdan olanaksız kılıyor, anlıyor musunuz, tamamen olanaksız.

— Size tek bir şey daha söyleyeceğim, çocuklarım kadar sevdiğim bir kız kardeşten söz ettiğimi anlıyorsunuzdur. Onun sizi sevdiğini söylemiyorum, ama onun o anda teklifinizi reddetmesinin hiçbir şeyi göstermediğini söylemek istiyorum.

Levin yerinden fırlayarak:

— Bilmiyorum! –dedi.– Bana nasıl acı çektirdiğinizi bilseydiniz! Bu, çocuğunuzun ölmesi ve birilerinin size gelip, işte o şöyle olsaydı, böyle olsaydı, yaşayabilseydi, siz de ona sevinirdiniz demeleri gibi bir şey. Oysa o öldü, öldü, öldü...

Levin'in heyecanına karşın Darya Aleksandrovna hüzünlü bir gülümsemeyle:

— Ne kadar gülünçsünüz, –dedi.– Evet şimdi giderek daha iyi anlıyorum, –diye devam etti düşünceli bir şekilde.– Bu durumda Kiti buraya geldiğinde bize gelmeyecek misiniz?

— Hayır, gelmeyeceğim. Elbette Katerina Aleksandrovna'dan kaçamayacağım, ama elimden geldiğince varlığımın yaratacağı tatsızlıklardan onu kurtarmaya çalışacağım.

— Çok, ama çok gülünçsünüz, –diye yineledi Darya Aleksandrovna Levin'in yüzüne şefkatle bakarak.– Neyse, bundan hiç söz etmemiş olalım. Sen niye geldin Tanya? –dedi Darya Aleksandrovna içeri giren küçük kıza Fransızca olarak.

— Küreğim nerde anne?

— Ben Fransızca konuşuyorum, sen de öyle söyle.

Küçük kız söylemek istedi, ama küreğin Fransızcasını hatırlayamadı; annesi yavaşça fısıldadı ve sonra küreğini nerede araması gerektiğini yine Fransızca söyledi. Bu durum da Levin'in hoşuna gitmedi.

Darya Aleksandrovna'nın evindeki ve çocuklarındaki her şey ona eskisi gibi sevimli gelmiyordu artık.

"Çocuklarla neden Fransızca konuşuyor? –diye düşündü. Darya Aleksandrovna'nın da bunu yirmi kez düşündüğünü ve içtenlik zarar görse de çocuklarına bu yolla Fransızca öğretmeyi gerekli bulduğunu bilmeden,– Doğal olmayan, yapmacık bir şey! Çocuklar da bunu hissediyorlar. Fransızca öğretiyorlar ve içtenliği unutturuyorlar," –diye düşündü kendi kendine.

— Nereye gidiyorsunuz? Oturun.

Levin çay saatine kadar kaldı, ama neşesi kaçmış, canı sıkılmıştı.

***

Levin, çaydan sonra atları koşmalarını söylemek için antreye çıktı ve geri döndüğünde Darya Aleksandrovna'yı heyecanlı, yüzü allak bullak olmuş, gözleri yaşlarla dolu buldu. Levin dışarı çıktığı sırada Darya Aleksandrovna için bugünkü mutluluğunu ve çocuklarıyla duyduğu gururu bir anda yerle bir eden bir olay olmuştu. Grişa ve Tanya bir top yüzünden kavga etmişlerdi. Darya Aleksandrovna çocuk odasından gelen çığlıkları duyunca koşup gitmiş ve çocukları korkunç bir durumda görmüştü. Tanya, Grişa'yı saçlarından tutmuştu, yüzü öfkeden çirkinleşen Grişa ise Tanya'ya neresi denk gelirse yumruk atıyordu. Bunu görünce Darya Aleksandrovna'nın yüreğinde bir şey kopmuştu. Sanki hayatı kararmıştı. O kadar gurur duyduğu çocuklarının sadece en sıradan çocuklar değil, kaba, canavarca eğilimler gösteren iyi terbiye verilmemiş, kötü çocuklar olduğunu anlamıştı.

Başka hiçbir şey söyleyemiyor, düşünemiyordu, mutsuzluğunu Levin'e anlatmaktan kendini alıkoyamadı.

Levin, Darya Aleksandrovna'nın mutsuz olduğunu gördü, bunun ortada kötü bir şey olduğunu göstermediğini, bütün çocukların kavga ettiklerini söyleyerek onu teselli etmeye çalıştı; ancak bunları söylerken Levin içinden de şöyle düşünüyordu: "Hayır, ben kırılıp dökülmeyeceğim, çocuklarımla Fransızca konuşmayacağım, ama benim çocuklarım zaten böyle olmayacak: Sadece çocukların terbiyesini bozmamak, onları çirkinleştirmemek gerek, o zaman çocuklar mükemmel olur. Evet, benim böyle çocuklarım olmayacak."

Levin veda edip gitti, Darya Aleksandrovna da kalması için ısrar etmedi.

XI

Temmuz ayının ortalarında ablasının Pokrovskoye'den yirmi verst uzakta bulunan köyünün muhtarı, işlerin durumu ve ot kesimi hakkında rapor vermek için Levin'in yanına geldi. Ablasının yurtluğundan sağlanan başlıca gelir sulak çayırlardan elde ediliyordu. Eski yıllarda çayırlar köylüler tarafından desyatinası yirmi rubleden kiralanıyordu. Levin, yurtluğu kendi yönetimine aldığında çayırları inceleyip daha fazla edeceklerini düşündü ve fiyatı desyatina başına yirmi beş ruble olarak belirledi. Köylüler bu fiyatı vermedi ve Levin'in işkillendiği gibi diğer alıcıları da kaçırdı. O zaman Levin kendisi oraya gidip çayırın bir kısmının parayla işçi tutarak, bir kısmının da yarıcı yöntemiyle toplanmasını emretmişti. Kendi köylüleri her yola başvurarak bu yeniliğe engel olmaya çalışıyordu, ama işler görüldü ve ilk yıl çayırdan elde edilen gelir hemen hemen iki katına çıktı. Üçüncü yıl ve geçen yıl köylülerin direnişi yine devam etti, ot toplama işi ise aynı düzende sürdü. Bu yıl köylüler üçte bir pay alarak bütün çayırları biçmişti ve şimdi muhtar biçilen otların toplandığını, yağmur yağmasından korkarak kâtibi çağırdığını, onun yanında otu paylaştırdığını ve beye ait on bir tınaz otun artık atıldığını bildirmeye gelmişti. Levin, muhtarın en büyük çayırdan ne kadar ot alındığı sorusuna verdiği belirsiz yanıttan, izin almadan otu paylaştırmakta acele etmesinden ve tüm davranışlarından bu ot paylaştırma işinde bir hile olduğunu anladı ve kendisi gidip işi denetlemeye karar verdi.

Öğleyin köye gelen ve ağabeyinin sütninesinin kocası ve kendisinin de dostu olan bir ihtiyarın evine atını bırakan Levin, bu ot toplama işiyle ilgili ayrıntıları öğrenmek için ihtiyarın yanına, arı kovanlarının olduğu yere girdi. Çok konuşkan ve yakışıklı bir ihtiyar olan Parmenıç, Levin'i sevinçle karşıladı, ona bütün işletmesini gösterdi, arılarla ve bu yıl aldığı arı oğullarıyla ilgili bütün ayrıntıları anlattı; ancak Levin'in ot kesimine ilişkin sorularına kaçamak ve isteksiz yanıtlar verdi. Bu durum, Levin'in tahminlerini daha da güçlendirdi. Çayıra gidip ot yığınlarını gözden geçirdi. Bu yığınlarda ellişer araba ot olması olanaksızdı ve köylüleri suçüstü yakalamak için ot taşıyan arabaları hemen çağırmalarını, bir ot yığınını kaldırıp ambara götürmelerini emretti. Yığından sadece otuz iki araba yükü çıktı. Muhtarın otların kabarık olduğuna ve yığın haline getirildiğinde zamanla basıldığına, her şeyin makul olduğuna ilişkin yeminlerine karşın Levin, otun kendisi emir vermeden paylaştırıldığı ve bu yüzden bu otu bir yığında elli araba yükü olarak kabul etmeyeceği konularında ısrar etti. Uzun tartışmalardan sonra mesele, köylülerin kendi paylarını ellişer araba yükünden on bir yığın olarak kabul etmeleri ve beyin payının yeni baştan ayrılmasıyla halledildi. Bu görüşmeler ve otların paylaşılması ikindi kahvaltısına dek sürdü. Son ot da paylaşıldığında Levin, kalan işlerin gözetimini kâtibe bıraktıktan sonra sarısalkım çiçeğiyle işaretlenmiş bir ot yığınının üstüne oturup, çayırda kaynaşmakta olan insanları hayranlıkla seyretmeye koyuldu.

Önünde, nehrin kıvrıldığı yerde, küçük bataklığın ötesinde neşeli kahkahalarıyla ortalığı çınlatan alaca bulaca giysili, sıra sıra dizilmiş kadınlar sürekli hareket halindeydi; kesilmiş otların açık yeşil köklerinin üstünde dağınık otlardan oluşan kıvrımlı gri dalgalar hızla yükseliyordu. Kadınların ardından ellerinde yabalarla erkekler yürüyor ve ot dalgalarından geniş, yüksek, kabarık yığınlar oluşturuyorlardı. Solda, otların toplandığı çayırda arabalar gürültü yapıyor, dev ot yığınları birbiri arkasına kayboluyor, onların yerini atların arkasına takılmış, ıtırlı otla dolu ağır arabalar alıyordu.

Levin'in yanına oturan ihtiyar adam:

— Tam ot toplama havası! Ot iyi kuruyacak! –dedi.– Ot değil, çay sanki! Ördeklere darı diye serpsen nasıl kapışırlar! –diye ekledi ot yığınlarını göstererek.– Öğle yemeğinden beri yarısını çektiler. Araba kasasının ön tarafında ayakta durmuş, kendirden yapılmış dizginlerin uçlarını sallayarak yanlarından geçen delikanlıya:

— Sonuncu mu? –diye seslendi.

Delikanlı atı yavaşlatarak:

— Sonuncu, baba! –diye bağırdı ve gülümseyerek arabanın kasasında oturan ve neşeyle gülen kadına bakıp, arabayı sürdü.

— Kim bu? Oğlun mu? –diye sordu Levin.

— En küçüğüm, –dedi ihtiyar tatlı bir gülümsemeyle.

— Ne yiğit delikanlı!

— Fena değildir.

— Evli mi?

— Evet, Aziz Filip yortusunda evleneli üç yıl oldu.

— E, çocuğu var mı?

— Ne çocuğu! Koca bir yıl hiçbir şey anlamadı, utanıp sıkıldı, –diye yanıtladı ihtiyar ve sözü değiştirme isteğiyle,– Ama ne ot! Gerçek çay! –diye yineledi.

Levin, Vanka Parmenov ve karısına daha dikkatli baktı. Karıkoca ondan biraz uzakta arabaya ot yüklüyordu. İvan Parmenov arabada ayakta duruyor, genç ve güzel karısının önce kollarıyla, daha sonra ise yabayla becerikli bir şekilde kendisine uzattığı büyük ot demetlerini alıyor, ayağıyla ezerek düzeltiyordu. Genç kadın rahat, neşeli ve becerikli bir şekilde çalışıyordu. Tıkızlaşmış büyük otlar bir anda yabaya gelmiyordu. Kadın önce bunları dağıtarak düzleştiriyor, yabayı içine sokuyor, sonra esnek ve hızlı bir hareketle otların üzerine gövdesinin bütün ağırlığıyla abanıyor, hemen kırmızı bir kuşakla bağlı belini büküp doğruluyor ve beyaz bir gömleğin içinden dolgun göğüslerini ileri çıkartarak becerikli bir el hareketiyle yabayı tutup, otları yukarıya, arabaya atıyordu. İvan, galiba karısını fazla emek harcamaktan kurtarmaya çalışarak hemen kollarını genişçe açıp uzatılan ot demetini yakalıyor ve arabaya yayıyordu. Kadın, en son kalan otları da tırmıkla topladıktan sonra boynuna yapışan ot kırıntılarını silkeledi ve güneşte yanmamış ak alnının üzerine düşen kırmızı başörtüsünü düzeltip, yükü bağlamak için arabanın altına girdi. İvan ona arabanın ön ve arka dingilini birleştiren sırığa ipi nasıl bağlayacağını öğretiyor ve karısının söylediği bir şeye kahkahalarla gülüyordu. İkisinin de yüz ifadelerinde güçlü, genç, yeni uyanan bir aşk görülüyordu.

XII

Yük bağlandı. İvan yere atladı ve besili, güzel atı dizgininden tuttu. Kadın tırmığı yükün üstüne attı ve canlı adımlarla, kollarını sallayarak toplanıp bir halka oluşturmuş kadınların yanına doğru yürüdü. Parlak renkli giysiler içindeki kadınlar tırmıklar omuzlarında, neşeli seslerle arabaların ardından şarkı söyleyerek yürüyorlardı. Kaba, yabanıl bir kadın sesi şarkıyı uzattı, nakarata kadar söyledi ve sonra elli kadar farklı, kalın ve ince, sağlıklı ses aynı şarkıyı en başından tekrar hep birlikte söylemeye başladı.

Kadınlar şarkı söyleyerek Levin'e doğru yaklaşıyorlardı. Neşe tufanı taşıyan bir bulutun üzerine doğru geldiğini zannetti. Bulut üzerine atıldı, onu, üzerinde yattığı ot yığınını, diğer ot yığınlarını ve arabaları, uzak tarlalarla tüm çayırı kapladı, her şey bu çığlıklı, ıslıklı, ahlı, ohlu, pek neşeli yabanıl şarkının ölçüsüne uygun olarak hareket etmeye, sallanmaya başladı. Levin bu sağlıklı neşeye imreniyor, bu yaşam sevincinin ifadesine katılmak istiyordu. Ama hiçbir şey yapamıyordu, yatmalı, bakmalı ve dinlemeliydi. Köylüler şarkıyla birlikte gözden kaybolup, şarkılar duyulmaz olduğunda Levin'i yalnızlığının, bedensel tembelliğinin, bu dünyaya karşı düşmanlığının verdiği ağır bir hüzün kapladı.

Ot yüzünden kendisiyle en çok tartışan, kalplerini kırdığı ya da onu aldatmak isteyen köylülerin bazıları neşeyle selam veriyordu. Görünüşe bakılırsa kendisine karşı hiçbir öfke duymuyor ya da onu aldatmak istedikleri için bırakın pişmanlık duymayı, bunu anımsamıyorlardı bile. Bütün bunlar neşe içinde ortaklaşa çalışma denizine batmış gitmişti. Tanrı günü vermiş, gücü de vermişti. Gün de, güç de çalışmaya verilmiş, ödülü de yine çalışmadaydı. Ama çalışma kimin içindi? Çalışmanın meyveleri nasıl olacaktı? Bu düşünceler ilgisiz ve önemsiz düşüncelerdi.

Levin sık sık bu hayatı hayranlıkla seyreder, bu hayatı süren insanlara gıpta ederdi, ama kendi yaşadığı bu derece acı veren, başıboş, yapmacıklı ve şahsi hayatı, bu çalışkan, saf ve ortak bir güzellik taşıyan hayatla değiştirmenin kendisine bağlı olduğu düşüncesi şimdi ilk kez, özellikle de İvan Parmenov'un genç karısıyla ilişkisinde gördüklerinin etkisiyle Levin'in aklına böylesine açık bir şekilde geliyordu.

Onunla birlikte oturan ihtiyar çoktan evine gitmişti; herkes dağılmıştı. Yakın köylerden gelenler evlerine gitmiş, uzaktan gelenler akşam yemeği yemek ve çayırda konaklamak için toplanmıştı. Köylülerin fark etmediği Levin, ot yığınının üstünde yatmaya, etrafa bakmaya, dinlemeye ve düşünmeye devam ediyordu. Geceyi çayırda geçirmek üzere kalanlar, kısa yaz gecesi boyunca neredeyse hiç uyumadı. Önce ortak, neşeli bir konuşma ve yemek sırasında kahkahalar, sonra yine şarkılar ve gülüşler.

Uzun çalışma günü köylülerde neşeden başka bir iz bırakmamıştı. Şafaktan önce her şey sustu. Sadece bataklıkta hiç susmayan kurbağaların ve gün doğmadan yükselen sisin içinde çayırda burunlarından gürültülü soluklar veren atların sesleri duyuluyordu. Kendine gelen Levin ot yığınından kalktı ve yıldızlara bakıp gecenin bitmekte olduğunu anladı.

Bu kısa gecede düşündüğü ve hissettiği şeyleri kendisi için ifade etmeye çalışarak "Peki, ben ne yapacağım? Nasıl yapacağım?" –dedi kendi kendine. Düşündüğü ve hissettiği şeyler üç ayrı düşünceye ayrılıyordu. Biri, eski hayatından, yararsız bilgilerinden, hiçbir şey için gerekli olmayan eğitiminden vazgeçmekti. Bu vazgeçiş ona zevk veriyordu, onun için kolay ve basit bir şeydi. Diğer düşünce ve tasarılar, şimdi yaşamak istediği hayatla ilgiliydi. Bu hayatın basitliğini, saflığını, kurallara uygunluğunu açıkça hissediyordu ve yokluğunu bunca acı duyarak hissettiği doyumu, huzuru ve onuru bu hayatta bulacağından emindi. Fakat üçüncü düşünce dizisi, eski yaşamdan bu yeni yaşama geçişi nasıl yapacağı konusu üzerinde dönüp duruyordu. Bu konuda hiçbir şey ona açık gelmiyordu. "Evlenmek mi gerekir? Bir işe mi sahip olmalı, bir iş gerekli mi? Pokrovskoye'yi bırakıp gitmeli mi? Toprak mı almalı? Bir derneğe üye mi olmalı? Bir köylü kadınla mı evlenmeli? Bunu nasıl yapacağım? –diye tekrar kendisine soruyor ve yanıtı bulamıyordu.– Bütün gece uyumadım, ama kendime açık bir yanıt veremiyorum, –dedi kendi kendine.– Sonra düşünürüm. Doğru olan tek şey, bu gecenin benim yazgımı belirlemiş olması. Aile yaşantısıyla ilgili önceki hayallerimin hepsi saçmalıkmış, –dedi kendi kendine.– Bunlar çok daha basit, çok daha iyi..."

Gökyüzünün ortasında, tam başının üstünde duran ve tuhaf bir sedef kabuğa benzeyen beyaz bulutlara bakarak, "Ne kadar güzel! –diye düşündü.– Bu harika gecede her şey ne harika! Bu sedef kabuğu ne zaman oluşuverdi? Daha demin göğe baktım, iki beyaz çizgiden başka bir şey yoktu. Evet, işte benim hayat görüşüm de aynı böyle farkına varmadan değişti!"

Çayırdan çıktı ve büyük yoldan köye doğru yürüdü. Hafif bir rüzgâr çıkıyor, ortalık gri, karamsar bir renge bürünüyordu. Aydınlığın karanlığa karşı kesin zaferi olan şafaktan önceki o sıkıntılı an gelmişti.

Soğuktan büzülen Levin yere bakarak hızlı hızlı yürüyordu. Çıngırak sesi duyunca "Bu da ne? Bir araba mı geliyor?" – diye düşündü ve başını kaldırdı. Yürüdüğü büyük, çimenli yolda, kırk adım ötesinde karşıdan dört atlı bir araba geliyordu. Arabanın okuna yakın olan atlar tekerlek izinden çıkıp oka doğru sıkışıyor, ama yan oturmuş usta arabacı, oku izlerin doğrultusunda tutuyor, böylelikle tekerlekler düzgün yerden geçiyordu.

Levin bir tek bunu fark etti ve kimin gelebileceğini düşünmeden dalgın bir şekilde arabaya baktı.

Arabanın bir köşesinde yaşlı bir kadın uyukluyor, pencerenin yanında ise galiba henüz uykudan uyanmış genç bir kız, beyaz başlığının kurdelerini iki eliyle tutmuş oturuyordu. Levin'e yabancı gelen, aydınlık ve düşünceli, zarif ve karmaşık bir iç dünyası olan kız, Levin'in başının üzerinden doğan güneşe bakıyordu.

Tam bu görüntü kaybolduğu an o dürüst gözler Levin'e baktı. Kız onu tanımıştı ve şaşkın bir sevinç yüzünü aydınlattı.

Levin'in yanılması olanaksızdı. Bu gözler dünyada tekti. Dünyada Levin için hayatın ışığını ve anlamını toplayabilecek bir tek varlık vardı. Bu oydu. Bu Kiti'ydi. Onun tren istasyonundan Yerguşovo'ya geldiğini anladı. Ve bu uykusuz gecede Levin'i heyecanlandıran her şey, aldığı bütün kararlar bir anda kayboldu. Bir köylü kızıyla evlenme hayallerini nefretle anımsadı. Son zamanlarda onu bu kadar üzen hayat bilmecesinin çözüm olanağı, sadece ve sadece hızla uzaklaşan ve yolun öbür tarafına geçen bu arabadaydı.

Kız bir daha bakmadı. Araba yaylarının sesi kesilmişti, çıngıraklar çok az duyuluyordu. Köpeklerin havlaması, arabanın köyden geçtiğini gösteriyordu, çevresinde sadece boş tarlalar kalmıştı, köy ilerideydi ve o, yalnız, her şeye yabancı, ıssız büyük yolda tek başına yürüyordu.

Hayran olduğu, onun için bu geceki düşüncelerinin ve duygularının akışını simgeleyen sedef kabuğu bulmayı umut ederek göğe baktı. Gökyüzünde sedef kabuğa benzer bir şey yoktu artık. Orada, erişilmez bir yükseklikte gizemli bir değişiklik olmuştu. Sedef kabuğun izi yoktu, küçüldükçe küçülen bulutlardan oluşan düzgün ve göğün yarısına yayılmış bir halı vardı. Gök mavileşmiş, aydınlanmıştı ve aynı tatlılıkla, ama aynı erişilmezlikle onun soru soran bakışlarına yanıt veriyordu.

"Hayır, –dedi kendi kendine,– ne kadar güzel, basit ve emekle, işle dolu olursa olsun bu yaşama dönemem. Ben *onu* seviyorum."

XIII

Aleksey Aleksandroviç'e en yakın kişiler dışında hiç kimse, dış görünüş olarak bu çok soğukkanlı ve aklı başında adamın karakterinin genel yapısına ters düşen bir özelliği olduğunu bilmezdi. Bu özellik zayıflıktı. Aleksey Aleksandroviç çocukların ve kadınların ağlamalarını duymaya ve görmeye katlanamazdı. Gözyaşları onu şaşkına çevirirdi, düşünme yetisini tümden yitirirdi. Bürosunun yöneticisiyle sekreteri bunu bilirler ve ricada bulunmaya gelen kadınları, eğer işlerinin bozulmasını istemiyorlarsa kesinlikle hiç gözyaşı dökmemeleri konusunda önceden uyarırlardı. "Sinirlenir ve sizi dinlemez," –derlerdi. Gerçekten de bu durumlarda gözyaşlarının Aleksey Aleksandroviç'te yarattığı ruhsal bozukluk, hemen bir öfke nöbeti şeklinde ifadesini bulurdu. "Yapamam, hiçbir şey yapamam. Lütfen dışarı çıkın!" –diye bağırırdı genellikle.

Yarışlardan dönerken Anna ona Vronskiy'le ilişkisini açıklayıp, hemen ardından elleriyle yüzünü kapatıp ağlamaya başladığında Aleksey Aleksandroviç, içinde ona karşı uyanan öfkeye karşın, gözyaşlarının kendisi üzerinde her zaman yaptığı ruhsal bozukluk etkisini de hissetmişti aynı zamanda. Bunu ve o dakikada duygularını ifade etmesinin duruma uygun düşmeyeceğini bilerek içindeki her türlü hayat belirtisini engellemeye çalışmış ve bu yüzden kımıldamamış, Anna'ya bakmamıştı. Anna'yı o kadar etkileyen yüzündeki o tuhaf ölü ifadesi de bundan kaynaklanıyordu.

Eve geldiklerinde Anna'yı arabadan indirmiş, kendisine hâkim olmaya çalışarak her zamanki nezaketiyle karısına veda etmiş, kendisi için hiçbir şekilde bağlayıcı olmayan sözler söylemiş ve ertesi gün kararını bildireceğini belirtmişti.

Kafasındaki kötü kuşkularla ilgili olarak karısının söylediği sözler Aleksey Aleksandroviç'in yüreğinde çok şiddetli bir acıya neden olmuştu. Bu acı, Anna'nın gözyaşlarının onun üzerinde yarattığı tuhaf bir fiziksel acıma duygusuyla daha da artmıştı. Fakat Aleksey Aleksandroviç arabada yalnız kaldıktan sonra bu acıma duygusundan da, son zamanlarda onu üzen kuşkulardan da, kıskançlık acılarından da tam anlamıyla kurtulduğunu kendisini de şaşırtan ve sevindiren bir şekilde hissetmişti.

Uzun zamandır ağrıyan dişini çektirmiş bir adamın duygularını hissediyordu. Hasta, çektiği korkunç ağrıdan ve kafasından daha büyük bir şeyin çenesinden çıkartıldığını hissettikten sonra yaşadığı mutluluğa hâlâ inanamayarak, hayatını bunca zamandır zehir etmiş ve bütün dikkatini üzerine toplamış olan şeyin birdenbire artık var olmadığını, yeniden yaşayabileceğini, düşünebileceğini ve ilgilendiği tek şeyin diş ağrısı olmayacağını hisseder. Aleksey Aleksandroviç işte bu duyguyu hissetmişti. Çektiği acı tuhaf ve korkunçtu, ama artık geçmişti; tekrar yaşayabileceğini ve düşündüğü tek şeyin karısı olmayacağını hissediyordu.

"Onursuz, kalpsiz, dinsiz, ahlaksız kadın! Ona acıdığım için kendimi kandırmaya çalışsam da, bunu hep biliyordum ve görüyordum," –dedi kendi kendine. Gerçekten de bunu hep görmüş gibi geliyordu ona; önceleri nedense gözüne kötü görünmeyen geçmiş yıllarının ayrıntılarını anımsıyordu. Şimdi bu ayrıntılar onun her zaman ahlaksız bir kadın olduğunu açıkça gösteriyordu. "Hayatımı onunla birleştirmekle hata ettim; ama yaptığım bu hatada kötü bir şey yok, bu yüzden mutsuz olamam. Kabahatli olan ben değilim, o," –dedi kendi kendisine. Ama benim onunla işim yok. Benim için artık o yok..."

Karısının ve tıpkı karısına karşı olduğu gibi hakkındaki duygularının değiştiği oğlunun başına gelecekler onu ilgilendirmiyordu. Artık onu ilgilendiren tek şey, karısının düşerken üzerine sıçrattığı çamuru kendisi için en iyi, en edepli, en uygun ve en haklı şekilde silkelemek ve kendi faal, şerefli ve faydalı hayat yolunda yürümeye devam etmekti.

"İğrenç kadın suç işledi diye ben mutsuz olamam; beni düşürdüğü bu zor durumdan en iyi çıkış yolunu bulmak zorundayım yalnızca. Bu yolu bulacağım da, –diyordu kendi kendisine ve giderek suratını daha çok asıyordu.– İlk değilim, son da değilim." Ve herkesin belleğinde canlılığını koruyan Menelaos'un *Güzel Helen*'inden başlayarak tarihteki örnekleri katmazsak, günümüzde yüksek sosyete kadınlarının kocalarına sadakatsizlikleri bir dizi halinde Aleksey Aleksandroviç'in kafasında sıralandı. "Daryalov, Poltavskiy, Prens Karibanov, Kont Paskudin, Dram... Evet, Dram... ne dürüst, ne akıllı bir adamdır... Semyonov, Çagin, Sigonin, –diye aklından geçiriyordu Aleksey Aleksandroviç. –Diyelim bu insanların payına akıl dışı bir ridicule* düşmüştür, ama ben bunda hiçbir zaman mutsuzluktan başka bir şey görmedim ve her zaman onlara acıdım," –dedi Aleksey Aleksandroviç kendi kendine. Gerçi bu doğru değildi, böyle talihsiz insanlara hiçbir zaman acımıyor, kocalarını aldatan kadın örnekleri arttıkça kendisini daha çok takdir ediyordu. "Bu, herkesin başına gelebilecek bir talihsizlik. Benim de başıma geldi. Mesele sadece bu duruma en iyi nasıl katlanılacağı meselesidir." Onunla aynı durumdaki insanların hareket tarzlarının ayrıntılarını gözden geçirmeye koyuldu.

---

* Gülünç durum. (Fr.)

"Daryalov düello yapmıştı..."

Düello, Aleksey Aleksandroviç'in gençlik yıllarında özellikle dikkatini çekerdi. Bunun tek nedeni fiziksel olarak korkak olması ve bunu iyi bilmesiydi. Aleksey Aleksandroviç tabancayı aklından geçirse dehşete kapılırdı, hayatında hiçbir zaman hiçbir silah kullanmamıştı. Bu korku gençliğinden beri onu düello konusunda düşünmeye ve hayatının tehlikede olacağı bir durumda ne yapacağını sınamaya zorluyordu. Hayatta başarıya ve sağlam bir yere eriştikten sonra bu duyguyu unutalı çok zaman olmuştu; ama duygu alışkanlığı kendini göstermiş ve korkaklığı yüzünden duyduğu dehşet o kadar güçlü görünmüştü ki, Aleksey Aleksandroviç hiçbir şekilde düello yapmayacağını önceden bildiği halde düello konusunu uzun uzun ve her yönden düşünüyordu ve bu düşünce hoşuna gidiyordu.

"Kuşkusuz, toplumumuz henüz o kadar barbar ki, İngiltere'deki gibi değil, pek çok kişi, –bu pek çok kişi arasında Aleksey Aleksandroviç'in düşüncesine özellikle değer verdiği kişiler de vardı,– düelloya iyi tarafından bakıyor; ama nasıl bir sonuç çıkar? Diyelim ki, düelloya çağırdım, –diye devam etti Aleksey Aleksandroviç kendi kendine ve düelloya çağırdıktan sonraki gece ne durumda olacağını, kendisine doğrultulmuş tabancayı hemen gözünün önüne getirip irkildi ve bunu hiçbir zaman yapamayacağını anladı,– Diyelim ki, onu düelloya çağırdım. Diyelim ki, bana tabancayı nasıl tutacağımı öğrettiler, –diye düşünmeye devam etti,– tetiği çektim, –dedi kendi kendine, gözlerini kapatarak,– ve onu öldürdüğüm anlaşılıyor, –dedi Aleksey Aleksandroviç ve bu aptalca düşünceleri kovmak için başını salladı.– Suç işlemiş bir kadınla ve oğlunla ilişkini belirlemek için bir adamı öldürmenin ne anlamı var? Aynı zamanda karımla ilgili ne yapmam gerektiğine de karar vermek zorunda kalacağım. Ama benim ölecek ya da yaralanacak olmam daha olası, hatta kesin bir şey. Masum bir insan, bir kurban olan ben öldürüleceğim ya da yaralanacağım. Bu daha da saçma bir şey. Ama dahası da var; tarafımdan yapılacak bir düello çağrısı şerefsiz bir davranış olacak. Dostlarımın, benim işi düelloya kadar vardırmama izin vermeyeceklerini, Rusya için gerekli bir devlet adamının hayatının tehlikeye atılmasına göz yummayacaklarını en başından bilmiyor muyum? Ne olacak peki? İşin tehlikeli bir hale varmayacağını baştan bilerek bu düello çağrısıyla sadece kendime bir ölçüde yalancı bir ün kazandırmak istemiş olacağım. Bu namussuzca, yapmacık bir şey, başkalarını ve kendini kandırmak. Düello akla uygun değil, hem hiç kimse benden düello etmemi beklemiyor. Benim amacım, işlerimi hiçbir zorlukla karşılaşmadan sürdürebilmem için gerekli olan şöhretimi korumaktan ibaret." Aleksey Aleksandroviç'in gözünde önceden de büyük bir öneme sahip olan devlet işleri, şimdi ona çok daha önemli görünüyordu.

Aleksey Aleksandroviç, düello konusunu iyice düşünüp vazgeçtikten sonra anımsadığı aldatılmış kocalardan bazılarının seçtiği başka bir çözüm yolu olan boşanma konusuna dikkatini çevirdi. Bütün ünlü boşanma olaylarını belleğinde gözden geçiren (bu olaylar onun iyi tanıdığı yüksek sosyetede çok fazlaydı) Aleksey Aleksandroviç, kendisinin göz önünde tuttuğu boşanma amacının asıl amaç olduğu bir tek olay bulamadı. Bu olayların hepsinde koca ya kendisini aldatan karısını bırakıyor ya da satıyordu. İşlediği suç yüzünden nikâhlanma hakkına sahip olmayan taraf, yeni kocasıyla yasal gibi gösterilen sahte ilişkilere giriyordu. Aleksey Aleksandroviç kendi durumunda yasal bir boşanmanın, yani sadece suçlu kadının reddedilebildiği bir boşanmanın olanaksız olduğunu görüyordu. İçinde bulunduğu karmaşık yaşam koşullarının karısının suçunu açığa çıkarmak için yasanın gerektirdiği kaba kanıtları gösterme olasılığına izin vermediğini görüyordu; bu kanıtlar var olsa bile bu yaşamın bilinen inceliğinin bunların kullanılmasına da izin vermediğini ve bu kanıtların kullanılmasının toplum içinde kendisini karısından daha kötü bir duruma düşürebileceğini de görüyordu.

Boşanma denemesi sadece düşmanları için, ifitira atmak ve sosyetedeki yüksek konumunu alçaltmak için tam bir fırsat olabilecek bir rezalete yol açabilirdi. Asıl amaç ise, yani durumun en az üzüntüye neden olacak şekilde belirlenmesi ise boşanma yoluyla da sağlanamıyordu. Ayrıca boşanmada hatta boşanma denemesinde kadının kocasıyla ilişkisini koparttığı ve sevgilisiyle bir araya geldiği açıktı. Oysa şu anda karısına karşı hissettiğini sandığı küçümseyici kayıtsızlığa karşın Aleksey Aleksandroviç'in ruhunda ona karşı tek bir duygu kalıyordu, karısının hiçbir engelle karşılaşmaksızın Vronskiy'le birleşmesini, işlediği suçun karısı için bir kazanç haline gelmesini istemiyordu. Tek başına bu düşünce Aleksey Aleksandroviç'i o kadar öfkelendirmişti ki, bunu aklına getirir getirmez içindeki acıyla oflamaya başlamış, doğrulup arabanın içinde başka bir yere geçmiş, bundan uzun bir süre sonra suratını asarak, soğuktan üşüyen kemikli bacaklarına yumuşak İskoç battaniyesini sarmıştı.

Sakinleştikten sonra "Resmen boşanmak dışında Karibanov, Paskudin ve şu iyi yürekli Dram gibi de yapılabilir, yani ayrı yaşanabilir," –diye düşünmeye devam ediyordu; fakat bu yöntem de tıpkı boşanmadaki gibi, bir rezalet çıkma rahatsızlığını ortaya koyardı ve asıl önemlisi, tıpkı resmi boşanmada olduğu gibi bu da karısını Vronskiy'in kollarına atardı. Battaniyeyi tekrar sarmaya koyulurken "Hayır, bu mümkün değil, mümkün değil! –dedi yüksek sesle.– Ben mutsuz olamam, ama onlar, ikisi de mutlu olmamalı."

Durumu bilmediği dönemde onu üzen kıskançlık duygusu, acılar içinde karısının sözleriyle dişinin çekildiği anda geçmişti. Ancak bu duygu yerini başka bir duyguya, karısının sadece zafer kazanmaması değil, aynı zamanda işlediği suçun cezasını çekmesi isteğine bırakmıştı. Bu duyguyu açıkça itiraf etmiyordu, ama ruhunun derinlerinde huzurunu bozduğu ve onuruyla oynadığı için Anna'nın acı çekmesini istiyordu. Düello, boşanma ve ayrı yaşama koşullarını bir kez daha gözden geçirip, bir kez daha bunları reddettikten sonra Aleksey Aleksandroviç, bir tek çıkış yolu olduğuna, bunun da olan biteni sosyeteden gizleyerek ilişkisini engellemek, asıl önemlisi, kendi kendisine itiraf etmese de onu cezalandırmak için her yola başvurarak karısını yanında alıkoymak olduğuna inandı. "Kararımı açıklamalıyım, ailemizi soktuğu bu zor durumu iyice düşünüp taşındıktan sonra diğer bütün çözüm yollarının status quo'ya* göre her iki taraf için de daha kötü olacağını ve ancak benim isteğimin yerine getirilmesi, yani sevgilisiyle ilişkisini kesmesi koşuluyla böyle bir şeyi kabul etmeye razı olduğumu açıklamalıyım." Bu kararı artık kesin olarak kabul ettiği sırada bunun doğru bir karar olduğunu kanıtlamak için Aleksey Aleksandroviç'in aklına daha da önemli bir düşünce geldi. "Ancak böyle bir karar verirsem dine uygun davranmış olurum, –dedi kendi kendine,– ancak ve ancak bu kararla suç işlemiş bir kadını kendimden uzaklaştırmamış, ona düzelme fırsatı vermiş ve hatta benim için çok zor bir şey de olsa gücümün bir kısmını onun düzelmesine ve kurtulmasına adamış olurum." Aleksey Aleksandroviç karısının üzerinde manevi bir etkiye sahip olamadığını, karısını ıslah etme denemesinden yalandan başka bir şey çıkmayacağını bildiği, bu zor anları yaşarken bir kez bile çözümü dinde aramayı düşünmediği halde, şimdi verdiği kararın dinin gereklerine uygun düştüğünü gördüğünde, kararının dinsel yönden uygunluğu ona tam bir memnuniyet vermiş, kısmen de rahatlamasını sağlamıştı. Bu kadar yaşamsal önemi olan bir konuda hiç kimsenin çıkıp, dine karşı bu genel soğukluk ve ilgisizlik ortamında onun her zaman bayrağını yukarıda tuttuğu dinin kurallarına uygun davranmadığını söyleyecek bir durumda olmayacağını düşünmek de onu sevindiriyordu. Gelecekte ortaya çıkabilecek ayrıntıları enine boyuna düşünen Aleksey Aleksandroviç, karısıyla ilişkilerinin neden aşağı yukarı eskisi gibi olamayacağını bile göremedi.

---

* Önceki durum. (Lat.)

Kuşkusuz hiçbir zaman ona eskiden duyduğu saygıyı tekrar gösterecek durumda olmayacaktı; ancak karısının kötü ve sadakatsiz bir kadın olması yüzünden hayatını altüst etmek ve acı çekmek için hiçbir nedeni yoktu, olamazdı da. "Evet, aradan her şeyi düzene sokan zaman geçecek ve eski ilişkiler yeniden kurulacaktır, –dedi Aleksey Aleksandroviç kendi kendine,– yani hayatımın akışında bir düzensizlik hissetmeyeceğim ölçüde yeniden kurulacaktır. O mutsuz olmalı, ama benim bir suçum yok ve bu yüzden mutsuz olamam."

XIV

Aleksey Aleksandroviç arabasıyla Petersburg'a yaklaşırken sadece bu karar üzerinde durmamış, bir yandan da karısına yazacağı mektubu kafasında tasarlamıştı. Kapıcı odasına giren Aleksey Aleksandroviç bakanlıktan gelen mektuplarla belgelere göz attı ve bunları çalışma odasına götürmelerini emretti.

— Atları çözsünler, hiç kimseyi içeri almasınlar, –dedi kapıcının sorusuna yanıt verirken. Yüzünde keyifli olduğunu gösteren bir hoşnutluk vardı ve "içeri almasınlar" sözlerini üzerine basa basa söylemişti.

Aleksey Aleksandroviç çalışma odasını iki kez boydan boya yürüdü, üzerinde daha önce içeri giren uşak tarafından yakılmış altı mumun bulunduğu çok büyük yazı masasının önünde durdu, parmaklarını çıtırdattı ve yazı takımını alarak oturdu. Dirseklerini masaya dayayıp başını yana eğdi, bir an düşündü ve bir saniye bile ara vermeden yazmaya başladı. Mektubu, karısına herhangi bir hitap koymadan, Fransızca olarak ve Fransızcada Rusçadaki kadar soğuk bir karaktere sahip olmayan "siz" adılını kullanarak yazıyordu.

"Son görüşmemizde o konuşmanın konusuyla ilgili kararımı size bildirmek niyetimi ifade etmiştim. Her şeyi dikkatlice düşündükten sonra şimdi sözümü yerine getirmek amacıyla bu mektubu yazıyorum. Kararım şu şekildedir: Sizin davranışlarınız ne olursa olsun yüce bir gücün bizi birleştirdiği bağları koparma hakkını kendimde görmüyorum. Bir aile eşlerden birinin kaprisi, keyfi davranışı ya da işlediği bir suç yüzünden dağılamaz, bizim hayatımız da eskisi gibi yürümelidir. Bu, benim için, sizin için ve oğlumuz için gereklidir. Bu mektubun yazılmasına neden olan davranışınızdan pişmanlık duyduğunuzdan ve duyacağınızdan, anlaşmazlığımızın nedenini kökünden kopartıp atmak ve geçmişi unutmak konusunda bana yardımcı olacağınızdan tamamen eminim. Aksi halde sizi ve oğlunuzu nelerin beklediğini siz de tahmin edebilirsiniz. Baş başa bir görüşmede bunların hepsini daha ayrıntılı konuşmayı umuyorum. Yazlık mevsimi bitmekte olduğuna göre salıdan geç olmamak üzere, olabildiğince yakın bir zamanda Petersburg'a gelmenizi rica ediyorum. Taşınmanız için gerekli emirler verilecektir. Bu ricamın yerine getirilmesine özellikle önem verdiğimi dikkate almanızı rica ederim.

A. Karenin.

Not. Masraflarınız için gerekebilecek para mektubun içindedir."

Mektubu okudu ve para koymayı akıl ettiği için özellikle memnun oldu; tek bir sert söz, tek bir serzeniş yoktu, ama hoşgörü de yoktu. En önemlisi, geri dönüş için bir altın köprü vardı. Mektubu katladı, tek parça fildişinden büyük bir kâğıt keseceğiyle bastırarak düzledikten sonra paralarla birlikte zarfa koyup, güzel yazı takımını her kullanışında içinde uyanan mutlulukla zile bastı.

— Yarın yazlıkta Anna Arkadyevna'ya teslim edilmek üzere kuryeye verin, –dedi ve ayağa kalktı.

— Başüstüne ekselansları, çalışma odanıza çay emreder misiniz?

Aleksey Aleksandroviç çalışma odasına çay getirmelerini emretti ve kâğıt keseceğiyle oynayarak yanında hazır durumda bir lambanın ve okunmaya başlanmış Fransızca "Les Tables Eugubies"* kitabının bulunduğu koltuğa doğru gitti. Koltuğun üstünde Anna'nın ünlü bir ressam tarafından çok güzel yapılmış, oval, altın çerçeve içinde bir resmi asılıydı. Aleksey Aleksandroviç resme bir göz attı. Kapkara gözler, tıpkı açıklama yaptığı son akşamki gibi alaycı ve küstahça ona bakıyordu. Ressamın mükemmel resmettiği başındaki siyah dantelin, siyah saçlarının ve yüzük parmağı yüzüklerle dolu güzel beyaz elinin görünüşü Aleksey Aleksandroviç üzerinde dayanılmaz şekilde küstah ve meydan okuyan bir etki yaptı. Bir an resme bakan Aleksey Aleksandroviç öyle irkildi ki, dudakları titredi, ağzından "brr" diye bir ses çıktı ve arkasını döndü. Hemen koltuğa oturup kitabı açtı. Okumaya çalıştı, ama daha önce Eugubbium Yazıtları'na duyduğu son derece büyük ilgiyi hiçbir şekilde gösteremiyordu. Kitaba bakıyor, ama başka bir şey düşünüyordu. Karısını değil, son zamanlarda devlet görevinde ortaya çıkmış olan ve şu sıralarda görevinin başlıca ilgi konusunu oluşturan bir karışıklığı düşünüyordu. Bu karışıklığı her zamankinden daha derinlemesine düşündüğünü, daha iyi anladığını ve kafasında bu meseleyi çözecek, memuriyet kariyerinde onu yükseltecek, düşmanlarını gözden düşürecek ve dolayısıyla devlete en büyük faydayı sağlayacak çok önemli bir düşünce doğduğunu –bunu, kendini ham hayallere kaptırmadan söyleyebilirdi,– hissediyordu. Çay getiren uşak dışarı çıkar çıkmaz Aleksey Aleksandroviç ayağa kalktı ve yazı masasına gitti. Günlük işlerle dolu çantasını ortaya çekip, kendinden hoşnut olduğunu gösteren belli belirsiz bir gülümsemeyle kalemlikten bir kurşun kalem aldı ve ileride daha da

* Eugubbium Yazıtları. Ortaçağda Eugubbium diye adlandırılan Gubbio (İtalya) kentinde 1444 yılında bulunmuş Umbrio lehçesinde yazılmış tabletler. 1874 yılında "Revue de deux Mondes" gazetesinde Michel Bréal'in "Les Tables Eugubies" adlı makalesi yayınlanmıştır. (ç.n.)

karışmadan istettiği bu karışık dava dosyasını okumaya daldı. Söz konusu olan şöyle bir karışıklıktı: Öne çıkmış her memur gibi bir devlet adamı olarak Aleksey Aleksandroviç'in de kendine özgü bir özelliği vardı. Hırslı yükselme düşkünlüğüyle, ölçülülüğüyle, dürüstlüğüyle ve özgüveniyle birlikte kariyerini meydana getiren bu özellik, resmi kâğıtları önemsememesi, yazışmaları azaltması, bir konuya olabildiğince doğrudan yaklaşması ve tutumlu olmasıydı. Ünlü 2 Haziran Komisyonu'nda, Zaraysk ilindeki tarlaların sulanması konulu Aleksey Aleksandroviç'in bakanlığının elinde bulunan ve yapılan masrafların verimsizliği ve davaya kâğıt üzerinden yaklaşım açısından çok keskin bir örnek oluşturan bir dosya ortaya konulmuştu. Aleksey Aleksandroviç bunun haklı bir dava olduğunu biliyordu. Zaraysk ilindeki tarlaların sulanması işi Aleksey Aleksandroviç'in selefinin selefi tarafından başlatılmıştı. Gerçekten de bu işe çok fazla miktarda para, son derece verimsiz bir şekilde harcanmıştı ve harcanmaya da devam ediyordu. İşin hiçbir sonuca varamadığı belliydi. Aleksey Aleksandroviç göreve başladıktan sonra bunu hemen anlamış ve işe el koymak istemişti; fakat kendini henüz pek güvende hissetmediği ilk zamanlar, bu işin son derece fazla sayıda kişinin çıkarına dokunduğunu ve akılsızca bir şey olacağını biliyordu; daha sonra başka işlerle uğraşırken de unutup gitmişti. Bu dava da bütün davalar gibi kendi kendine, süredurumun gücüyle yürüyordu. (Pek çok insan bu işten nasipleniyordu,* bunların arasında kızlarının hepsi telli çalgılar çalan çok dürüst müzisyen bir aile vardı. Aleksey Aleksandroviç bu aileyi tanıyordu ve büyük kızlardan birinin nikâhında tanık olarak bulunmuştu.) Bu meselenin düşman bir bakanlık tarafından ortaya atılması, Aleksey Aleksandroviç'e göre dürüst olmayan bir davranıştı, çünkü her bakanlıkta bilinen memuriyet

* 1873 yılındaki kıtlıktan sonra çok sayıda sulama projesi ortaya çıkmıştı. Bu projeler para yardımı alma olanağı veriyor ve kolay zenginleşme yolu olarak görülüyordu. (ç.n.)

terbiyesi uyarınca hiç kimsenin dillendirmediği daha kötü meseleler vardı. Şimdi ise bu eldiven onun yüzüne fırlatıldığına göre cesaretle konuyu ortaya atıyor ve Zaraysk ilindeki tarlaların sulanmasıyla ilgili komisyonun yaptığı çalışmaların incelenmesi ve denetlenmesi için özel bir komisyon kurulmasını talep ediyordu; bu bayların yaptıklarını artık hiçbir şekilde yanlarına bırakmayacaktı. Azınlıklarla ilgili özel bir komisyonun kurulmasını da istemişti. Azınlıklar meselesi* bir rastlantıyla 2 Haziran Komisyonu'nda ortaya atılmış ve azınlıkların acıklı durumu ertelenmeye gelmez bir iş olarak Aleksey Aleksandroviç tarafından hararetle desteklenmişti. Komisyonda bu mesele birkaç bakanlığın tartışmasına neden olmuştu. Aleksey Aleksandroviç'e düşman olan bakanlık, azınlıkların durumunun son derece ilerlemiş olduğunu ve önerilen yeni düzenlemenin onların gelişmesini bozabileceğini, eğer ortada kötü bir şey varsa bunun sadece yasayla emredilen önlemlerin Aleksey Aleksandroviç'in bakanlığı tarafından yerine getirilmemesinden kaynaklandığını ileri sürüyordu. Şimdi Aleksey Aleksandroviç, birincisi, azınlıkların durumunu yerinde inceleme görevinin verileceği yeni bir komisyon kurulmasını; ikincisi, eğer azınlıkların durumunun komisyonun elindeki resmi verilerdeki gibi olduğu ortaya çıkarsa, bu kez azınlıkların bu acıklı durumunun nedenlerini a) politik, b) yönetimsel, c) ekonomik, d) etnografik, e) maddi ve f) dinsel açılardan incelemek için başka, yeni bir bilimsel komisyon kurulmasını; üçüncüsü, şu anda azınlıkların içinde bulunduğu elverişsiz koşulların ortadan

* "Azınlıklar meselesi" daha 1860'larda başlamıştı. Ufa ve Orenburg illerinde Başkırlar on bir milyon desyatina büyüklüğünde topraklara sahipti. Hükümet, bölgenin "Ruslaştırılması" amacıyla Başkır topraklarının Rusya'nın merkez illerinden gelen yeni yerleşimciler tarafından kiralanmasını teşvik ediyordu. Araziler genellikle suistimallere çok açık koşullarda kiralanıyordu. 1871 yılında boş toprakların avantajlı koşullarda satılmasıyla ilgili özel yasalar kabul edildi ve bundan sonra Başkırlara ve hazineye ait topraklar yağmalanmaya başlandı. Bu yağmacılığa Orenburg valisinin emrindeki memurlar da açık açık katılıyorlardu. (ç.n.)

kaldırılması için son on yılda düşman bakanlık tarafından alınmış olan önlemlerle ilgili bilgilerin bu bakanlıktan istenmesini ve son olarak dördüncüsü, komisyona teslim edilen 5 Aralık 1863 tarihli 17015 No.lu ve 7 Haziran 1864 tarihli 18308 No.lu belgelerden anlaşıldığına göre, bakanlığın neden temel yasanın anlamına, 18. maddeye ve 36. maddenin şerhine düpedüz aykırı hareket ettiği konusunda bakanlıktan açıklama talep etmek niyetindeydi. Bu düşüncelerin özetini hızlı hızlı yazdığı sırada Aleksey Aleksandroviç'in yüzünü heyecandan bir kırmızılık kaplamıştı. Bir sayfa yazdıktan sonra ayağa kalktı, zile bastı ve kendisine gerekli bilgilerin sağlanmasıyla ilgili bir notu kalem müdürüne verdi. Ayağa kalkıp odanın bir ucundan öbür ucuna yürürken Anna'nın resmine bir kez daha baktı, suratını astı ve nefretle gülümsedi. Aleksey Aleksandroviç, Eugubbium Yazıtları kitabını biraz daha okuyup, ilgisini tazeledikten sonra saat on birde yatmaya gitti. Yatağında yatarken karısıyla arasında geçen olayı anımsayınca bu olay artık ona hiç de iç karartıcı gelmedi.

XV

Anna, Vronskiy kendisine içinde bulunduğu durumun katlanılmaz olduğunu söylediğinde ve her şeyi kocasına açması için ikna etmeye çalıştığında inat ve kızgınlıkla karşı çıktığı halde yalanlarla dolu, onursuz bir durumda olduğunu ruhunun derinlerinde kabul ediyor ve bütün ruhuyla bu durumu değiştirmek istiyordu. Kocasıyla birlikte yarışlardan dönerken heyecanlı bir anında ona her şeyi söylemişti; bunu yaparken acı duymuş olsa da yaptığından memnundu. Kocası onu bıraktıktan sonra kendi kendisine sürekli olarak mutlu olduğunu, artık her şeyin açıklık kazandığını, hiç değilse yalan ve aldatmalara yer olmayacağını söyleyip duruyordu. Durumunun artık iyice açıklık kazanacağından kuşku duymuyordu. Bu yeni durum belki kötü ama açık olacak, yalan dolan, belirsizlik bulunmayacaktı. Bu sözleri söyleyerek kendisine ve kocasına verdiği acının şimdi her şeyin açığa çıkmasıyla ödüllendirilmiş olacağını düşünüyordu. Aynı akşam Vronskiy'le görüşmüştü, ama durumun açıklık kazanması için söylemesi gerektiği halde kocasıyla arasında geçenlerden ona söz etmemişti.

Ertesi sabah uyandığında ilk aklına gelen şey kocasına söylediği sözlerdi ve bu sözler ona o kadar korkunç gelmişti ki, bu tuhaf, kaba sözleri nasıl olup da söyleyebildiğini şimdi anlayamıyor, bundan nasıl bir sonuç çıkacağını düşünemiyordu. Ancak sözler söylenmiş ve Aleksey Aleksandroviç hiçbir şey demeden gitmişti. "Vronskiy'i gördüm ve ona söylemedim. Tam giderken onu geri döndürmek ve söylemek istedim, ama ilk anda söylemediğim için tuhaf kaçacağını düşünüp söylemekten vazgeçtim. Neden söylemek istediğim halde ona söylemedim?" Bu sorunun yanıtı olarak yüzüne utancın verdiği ateşli bir kızıllık yayıldı. Onu bundan neyin alıkoyduğunu anlamıştı; neden utandığını anlamıştı. Dün akşam aydınlanmış görünen durumu şimdi birden aydınlanmış olmak bir yana, içinden çıkılmaz bir durum olarak görünüyordu. Daha önce düşünmediği bu yüz kızartıcı durumdan korkuya kapıldı. Kocasının ne yapacağını düşünür düşünmez aklına en korkunç düşünceler geldi. Onu evden atmak için birazdan kâhyanın geleceği, yüz kızartıcı durumunun bütün dünyaya ilan edilmiş olacağı düşüncesi geldi aklına. Evden kovulduğunda nereye gideceğini soruyordu kendisine ve yanıt bulamıyordu.

Vronskiy'i düşündüğünde, onun kendisini sevmediğini, artık kendisini bir yük olarak görmeye başladığını, ona kendisinin evlenme teklif edemeyeceğini sanıyor ve bu yüzden Vronskiy'e karşı düşmanlık duyuyordu. Kocasına söylediği ve belleğinde durmadan yinelediği sözleri herkese söylemiş ve herkes bu sözleri işitmiş gibi geliyordu. Birlikte yaşadığı insanların gözlerinin içine bakmaya cesaret edemiyordu. Hizmetçi kızı çağırmaya, dahası aşağıya inmeye ve oğluyla mürebbiyeyi görmeye cesaret edemiyordu.

Uzun zamandır kapının önünde içeriye kulak kabartan hizmetçi kız, Anna'nın odasına kendiliğinden girdi. Anna kızın gözlerine soru sorar gibi baktı ve korkudan kıpkırmızı oldu. Çağrıldığını sanıp geldiğini söyleyen hizmetçi kız özür diledi. Elbisesini ve bir de not getirmişti. Not Betsi'dendi. Betsi ona bu sabah Liza Merkalova ve Barones Ştolts'un hayranları Kalujskiy ve ihtiyar Stremov'la kroket oynamaya geleceklerini hatırlatıyordu. "Gelin, hiç değilse ahlak incelemesi yapmış olursunuz. Sizi bekliyorum," –diye bitiriyordu notu.

Anna notu okudu ve ağır ağır iç çekti.

Tuvalet masasının üstündeki şişeleri ve fırçaları yerleştiren Annuşka'ya:

— Hiçbir şey gerekli değil, –dedi.– Sen git, hemen giyinip geleceğim. Hiçbir şey gerekli değil.

Annuşka çıktı, ama Anna giyinmiyor, aynı durumda, başını öne eğmiş, kollarını sarkıtmış oturuyordu, arada bir sanki bir hareket yapmak, bir şey söylemek istiyormuş gibi tüm vücudu ürperiyor ve tekrar öylece kalıyordu. Hiç durmadan "Aman Tanrım! Aman Tanrım!" diye tekrarlıyordu. Ama ne "aman", ne de "Tanrım" sözcüklerinin onun için hiçbir anlamı yoktu. Yetiştirildiği dinden hiçbir zaman kuşku duymasa da içinde bulunduğu duruma dinden yardım arama düşüncesi, onun için tıpkı Aleksey Aleksandroviç'ten yardım istemek gibi yabancı gelen bir şeydi. Dinin yardımının kendisi için hayatın tüm anlamını oluşturan şeylerden vazgeçmesi koşuluyla mümkün olduğunu baştan biliyordu. Yeni, hiçbir zaman yaşamadığı bir ruh hali ona sadece zor gelmiyor, aynı zamanda bu ruh hali karşısında korku duymaya başlıyordu. Yorulan gözlerin bazen nesneleri çift gördüğü gibi, ruhundaki her şeyin çiftleşmeye başladığını hissediyordu. Bazen neden korktuğunu, ne istediğini bilmiyordu. Olanlardan ya da olacaklardan korkuyor mu, bunları istiyor mu, tam olarak ne istiyor, bilmiyordu.

Bir anda başının iki yanında ağrı hissederek "Ah, ben ne yapıyorum!" –diye mırıldandı. Kendini toparladığında şakaklarındaki saçları iki eliyle tutup çektiğini fark etti. Yerinden fırlayıp yürümeye başladı.

Geri gelen ve Anna'yı yine aynı durumda bulan Annuşka:

— Kahve hazır, Seryoja'yla *mamzel* sizi bekliyorlar, –dedi.

Anna sabahtan beri ilk kez oğlunun varlığını anımsayıp, birden canlanarak:

— Seryoja mı? Seryoja'ya ne oldu? –diye sordu.

— Galiba bir kabahat işlemiş, –diye yanıtladı Annuşka gülümseyerek.

— Ne kabahat işlemiş?

— Şeftalileriniz köşe odada duruyordu; galiba gizlice bir tanesini yemiş.

Oğlunu anımsamak, Anna'yı içinde bulunduğu çaresiz durumdan bir anda çıkarttı. Son yıllarda üstlendiği, çok abartılı da olsa bir dereceye kadar samimi, oğlu için yaşayan anne rolünü anımsadı ve içinde bulunduğu durumda, kocasına ve Vronskiy'e karşı kendi konumundan bağımsız bir dayanağı olduğunu sevinçle hissetti. Bu dayanak, oğluydu. Ne durumda olursa olsun oğlunu bırakıp gidemezdi. Varsın kocası onu rezil etsin, kovsun, varsın Vronskiy ona karşı soğuk davransın ve kendi başına buyruk hayatını yaşamaya devam etsin (onu yine hınç ve sitemle düşünüyordu), oğlunu bırakamazdı. Hayatının bir amacı vardı. Ve oğluyla bu durumunu korumak, onu elinden almamalarını sağlamak için harekete geçmesi gerekiyordu. Hatta oğlunu elinden almamaları için olabildiğince çabuk harekete geçmesi gerekiyordu. Onu alıp gitmeliydi. İşte şimdi yapması gereken tek şey buydu. Sakinleşmesi ve bu acı verici durumdan kurtulması gerekiyordu. Doğrudan oğlunu ilgilendiren, onunla birlikte hemen bir yerlere gitme düşüncesi bu sakinleşmeyi sağladı ona.

Çabucak giyindi, aşağı indi ve kararlı adımlarla her zamanki gibi kahvesinin, mürebbiyeyle Seryoja'nın kendisini beklediği konuk odasına girdi. Seryoja tepeden tırnağa beyazlar giymiş, aynanın önündeki masanın yanında ayakta duruyordu, kamburunu çıkartmış, başını eğmiş, Anna'nın iyi tanıdığı ve babasına benzeyen gergin bir ifadeyle getirdiği çiçeklerle bir şey yapıyordu. Mürebbiyenin çok sert bir görünüşü vardı. Seryoja çoğu zaman yaptığı gibi tiz bir sesle "A, anneciğim!" –diye bağırdı ve çiçekleri bir kenara atıp annesinin yanına gidip selamlaşmakla, yaptığı küçük çelengi bitirip çelenkle gitmek arasında kararsız kalarak durdu.

Mürebbiye, Anna'yla selamlaştıktan sonra Seryoja'nın işlediği kabahati uzun uzun, ince ince anlatmaya koyuldu, ama Anna onu dinlemiyordu; Anna mürebbiyeyi de yanına alıp almamayı düşünüyordu. "Hayır, almayacağım, –diye kararını verdi.– Oğlumla yalnız gideceğim."

— Evet, bu çok fena bir şey, –dedi Anna ve oğlunu omzundan tutup, sert değil, küçük çocuğu şaşırtan ve sevindiren ürkek bir bakışla öptü.– Onu bana bırakın, –dedi şaşıran mürebbiyeye ve oğlunun ellerini bırakmadan hazır kahve masasına oturdu.

Seryoja, şeftali yüzünden kendisini neyin beklediğini annesinin yüz ifadesinden anlamaya çalışarak:

— Anne! Ben... ben... –dedi.

Mürebbiye odadan çıkar çıkmaz:

— Seryoja, bu kötü bir şey, –dedi,– ama bir daha yapmayacaksın, değil mi? Beni seviyor musun?

Gözlerine yaşlar dolduğunu hissediyordu. Oğlunun ürkek, aynı zamanda sevinçli bakışından anlam çıkartmaya çalışarak "Onu sevmemem mümkün mü? –dedi kendi kendine.– Acaba beni cezalandırmak için babasıyla birlik mi olur? Bana acımaz mı acaba?" Yaşlar artık yüzünden akıyordu ve onları saklamak için birden ayağa kalkıp koşarcasına terasa çıktı.

Son günlerin fırtınalı yağmurlarının ardından açık ve soğuk bir hava gelmişti. Yağmurla yıkanmış yaprakların arasından süzülen parlak güneşe karşın hava soğuktu.

Soğuktan ve temiz havada onu yeni bir güçle sarmış olan içindeki korkudan titredi.

Arkasından gelmiş olan Seryoja'ya:

— Hadi sen Mariette'in yanına git, –dedi ve terasın hasır halısı üzerinde yürümeye başladı. "Acaba beni affetmeyecek, bütün bunların başka türlü olamayacağını anlamayacaklar mı?" –dedi kendi kendine.

Durup, yaprakları yağmurla yıkanmış, soğuk güneşte pırıl pırıl parlayan kavak ağacının sallanan üst dallarına baktıktan sonra affetmeyeceklerini, her şeyin ve herkesin ona karşı bu gökyüzü, bu yeşillik gibi acımasız olacağını anladı. Ruhunda ikiye bölünmenin başladığını yine hissetti. "Düşünmemeliyim, –dedi kendi kendine.– Hazırlanmalıyım. Nereye? Ne zaman? Yanıma kimi almalıyım? Evet, akşam treniyle Moskova'ya. Annuşka'yla Seryoja ve yalnızca en gerekli eşyalar. Ama önce her ikisine de yazıp bildirmem gerek." Hemen eve girdi, çalışma odasına gidip masanın başına oturdu ve kocasına şunları yazdı:

"Olanlardan sonra artık sizin evinizde kalamam. Gidiyorum ve oğlumu da yanıma alıyorum. Yasaları bilmiyorum, bu yüzden çocuğun ana babadan hangisiyle kalması gerektiğini de bilmiyorum; ama onsuz yaşayamayacağım için onu yanımda götürüyorum. Büyüklük gösterin, onu bana bırakın."

Buraya kadar hızlı hızlı ve doğal bir şekilde yazmıştı, fakat kocasından, onda hiç tanık olmadığı bir büyüklük göstermesini isteme ve mektubu dokunaklı bir şekilde bitirme gerekliliği onu durdurmuştu.

"Suç işlediğimi ve pişman olduğumu söyleyemem, çünkü..."

Düşünceleri arasında bir bağlantı kuramayarak tekrar durdu. "Hayır, –dedi kendi kendine,– hiçbir şeye gerek yok," –ve mektubu yırtıp büyüklük sözünü çıkartarak yeniden yazdı ve mühürledi.

Diğer mektubu Vronskiy'e yazması gerekiyordu. "Kocama açıkladım," –diye yazdı ve devamını yazacak gücü kendinde bulamadığı için uzun süre oturdu. Bu ifade kaba ve erkeksi olmuştu. "Hem sonra ona ne yazabilirim ki?" –dedi kendi kendine. Yüzü utançtan yine kıpkırmızı oldu, Vronskiy'in ne kadar telaşsız olduğunu anımsadı ve ona karşı hissettiği gücenme duygusu, tek tümce yazılmış olan sayfayı yırtıp parça parça ettirdi. "Hiçbir şeye gerek yok," –diye mırıldandı ve kâğıt dosyasını kapatıp, yukarı çıktı, mürebbiyeye ve hizmetçilere bugün Moskova'ya gideceğini söyleyip, hemen eşyalarını yerleştirmeye koyuldu.

XVI

Yazlığın bütün odalarında eşya taşıyan kapıcılar, bahçıvanlar ve uşaklar dolaşıyordu; dolaplar ve komodinler açılmıştı; ip için iki kez dükkâna adam yollanmıştı; gazete kâğıtları yerlerde sürünüyordu. İki sandık, torbalar ve bağlanmış battaniyeler antreye indirilmişti. Kapalı bir yolcu arabasıyla iki yük arabası kapının önünde duruyordu. Eşya toplarken içindeki kaygıyı unutmuş olan Anna, Annuşka'nın bir arabanın yaklaştığını haber verdiği sırada odasındaki masanın önünde dikilmiş yol çantasını hazırlıyordu. Anna pencereden bir göz attı ve giriş kapısını çalan Aleksey Aleksandroviç'in kuryesini gördü.

— Git öğren bakalım, ne varmış, –dedi Anna ve her şeye karşı sakin bir hazırlık içinde ellerini dizlerine koyup koltuğa oturdu. Uşak, üzeri Aleksey Aleksandroviç'in el yazısıyla yazılmış kalın bir zarf getirdi.

— Kuryeye yanıtı beklemesi söylenmiş, –dedi uşak.

— Tamam, –dedi Anna ve adam çıkar çıkmaz titreyen parmaklarıyla mektubu açtı. Mektubun içinden bir bantla sarılmış bir deste kâğıt para düştü. Mektubu çıkartıp okumaya sonundan başladı. "Taşınmanız için gerekli emirler verilecektir. Bu ricamın yerine getirilmesine özellikle önem verdiğimi dikkate almanızı rica ederim," –diye okudu. Okumaya devam etti, geri döndü, hepsini okudu, sonra bir kez daha başından sonuna kadar okudu. Bitirdiğinde üşüdüğünü ve beklemediği, korkunç bir felakete uğradığını hissetti.

Kocasına söylediklerinden sabah pişman olmuştu ve tek istediği, bu sözlerin söylenmemiş olmasıydı. İşte bu mektup da o sözleri söylenmemiş kabul ediyor ve isteği yerine gelmiş oluyordu. Ama şimdi bu mektup ona düşünebileceği her şeyden daha korkunç görünüyordu.

"Haklı! Haklı! –diye söyleniyordu.– Elbette, o her zaman haklıdır, o Hıristiyandır, o yüce gönüllüdür! Evet, alçak, iğrenç adam! Benden başka hiç kimse bunu anlamaz ve anlamayacaktır; ben de kimseye anlatamam. Dindar, iyi ahlaklı, namuslu, akıllı bir adam diyorlar; ama onlar benim gördüğümü görmüyor. Sekiz yıldır hayatımı nasıl mahvettiğini, içimde canlı olan her şeyi nasıl boğduğunu, benim aşka gereksinimi olan capcanlı bir kadın olduğumu bir kez bile düşünmediğini bilmiyorlar. Her adımda beni nasıl aşağıladığını ve yaptığı şeyden hoşnut olduğunu bilmiyorlar. Yaşadığım hayatı haklı çıkartmak için bütün gücümle çabalamadım mı? Onu sevmeye, kocamı sevmek olanaksız olunca oğlumu sevmeye çalışmadım mı? Ama zaman geçti, artık kendimi aldatamayacağımı, dipdiri bir kadın olduğumu, bunda benim suçumun olmadığını, Tanrı'nın beni böyle yarattığını, benim için sevmenin ve yaşamanın gerekli olduğunu anladım. Şimdi ne olacak? Beni öldürseydi, onu öldürseydi, hepsine katlanır, hepsini bağışlardım, ama hayır, o..."

"Ne yapacağını nasıl oldu da tahmin edemedim? Alçak kişiliğine uygun düşeni yapacak. O yine haklı olacak, mahvettiği beni ise daha kötü, daha aşağılık bir duruma sokacak, daha çok mahvedecek..." "Sizi ve oğlunuzu nelerin beklediğini siz de tahmin edebilirsiniz," –sözlerini anımsadı mektuptan. "Oğlumu elimden alacağına ilişkin bir tehdit bu ve galiba onların aptal yasasına göre olabilecek bir şey. Bunu neden söylediğini bilmiyor muyum sanki? Oğlumu sevdiğime inanmıyor ya da (her zaman alay ettiği gibi) bu sevgimi küçümsüyor, ama oğlumu bırakmayacağımı, bırakamayacağımı, oğlum olmadan sevdiğim adamla bile yaşayamayacağımı biliyor, oğlumu terk edip ondan ayrılırsam en aşağılık, en iğrenç bir kadın gibi davranmış olacağımı biliyor. Bunu biliyor ve bunu yapacak gücümün olmadığını da biliyor."

"Bizim hayatımız da eskisi gibi yürümelidir," –Anna mektubun başka bir tümcesini anımsadı. "Bu hayat eskiden de acı veriyordu, son zamanlarda korkunç oldu. Şimdi ne olacak? Bütün bunları o da biliyor, soluk aldığım için, âşık olduğum için pişman olamayacağımı biliyor; bundan, yalan dolandan başka bir şey çıkmayacağını biliyor; ama bana yaptığı eziyeti sürdürmesi gerekiyor. Onu tanıyorum, balığın suda yüzdüğü gibi onun da yalan içinde yüzdüğünü ve bundan zevk aldığını biliyorum. Ama hayır, bu zevki ona vermeyeceğim, beni düşürmek istediği bu yalan ağını parçalayacağım; ne olacaksa olsun. Her şey yalan söylemekten, aldatmaktan daha iyidir!"

"Ama nasıl? Aman Tanrım! Aman Tanrım! Benim kadar mutsuz bir kadın olmuş mudur?.."

Yerinden fırlayıp, gözyaşlarını tutarak:

— Hayır, yırtıp atacağım, yırtıp atacağım! –diye bağırdı. Kocasına yeni bir mektup yazmak için yazı masasına doğru gitti. Fakat ruhunun derinlerinde hiçbir şeyi yırtıp atacak, ne kadar yapmacık, ne kadar namussuzca olursa olsun eski durumundan kurtulacak gücünün olmadığını hissediyordu.

Yazı masasının başına oturdu, ama yazmak yerine ellerini masaya koyup, başını da ellerine dayayıp çocuklar gibi içini çekerek, göğsü sarsılarak ağlamaya başladı. Durumunun açıklık kazanmasıyla, belli olmasıyla ilgili hayalinin sonsuza dek yıkılmış olmasına ağlıyordu. Her şeyin eskisi gibi kalacağını, hatta eskisinden daha kötü olacağını biliyordu. Sosyetede işgal ettiği ve sabah kendisine o kadar önemsiz görünen konumunun kendisi için değerli olduğunu, bu konumu kocasını ve oğlunu bırakıp âşığıyla birleşen bir kadının yüz kızartıcı konumuna yeğleyemeyeceğini, ne kadar çalışırsa çalışsın olduğundan daha güçlü olamayacağını hissediyordu. Hiçbir zaman sevme özgürlüğünü yaşayamayacak, tersine yaptıkları her an ortaya dökülme tehdidi altında olan, hayatını birleştiremeyeceği başına buyruk, yabancı bir adamla yüz kızartıcı bir ilişki kurmak için kocasını aldatan suçlu bir kadın olarak kalacaktı. Bunun böyle olacağını biliyordu. Bununla birlikte bu öyle korkunç bir şeydi ki, nasıl sonuçlanacağını tasavvur bile edemiyor ve kendini tutamayarak cezalı çocuklar gibi ağlıyordu.

Uşağın yaklaşan ayak sesleri üzerine kendini toparlamak zorunda kaldı ve yüzünü ondan gizleyerek yazıyormuş gibi yaptı.

— Kurye yanıtı bekliyor, –dedi uşak.

— Yanıt mı? Ha, evet, –dedi Anna.– Beklesin biraz. Ben çağırırım.

"Ne yazabilirim? –diye düşündü.– Tek başıma ne karar verebilirim? Ne biliyorum? Ne istiyorum? Ne seviyorum?" Ruhunda yine bir ikiye bölünme hissetti. Bu duygudan yine korktu ve kendini, kendisiyle ilgili düşüncelerden uzaklaştırabilecek ilk aklına gelen bahaneye sarıldı. "Aleksey'i (Vronskiy'e içinden böyle diyordu) görmeliyim, ne yapmam gerektiğini bir tek o söyleyebilir bana. Betsi'ye gideyim: Belki onu orada görürüm." –dedi kendi kendine. Daha dün Vronskiy'e Prenses Tverskaya'ya gitmeyeceğini söylediğinde onun da gelmeyeceğini söylediğini tamamen unutmuştu. Masaya gitti ve kocasına "Mektubunuzu aldım. A." yazdı ve zile basıp, notu uşağa verdi.

İçeri giren Annuşka'ya:

— Gitmiyoruz, –dedi.

— Hiç mi gitmiyoruz?

— Hayır, yarına kadar eşyaları yerine yerleştirmeyin, araba da beklesin. Prensese gidiyorum.

— Hangi elbiseyi emredersiniz?

XVII

Prenses Tverskaya'nın Anna'yı çağırdığı kroket partisindeki grup, iki hanım ve hayranlarından oluşuyordu. Bu iki hanım, Petersburg'un yeni ve seçkin bir grubunun bir şeyin taklidinin taklidi olarak les sept merveilles du monde[*] diye adlandırılan en önemli temsilcileriydiler. Hanımlar gerçekten yüksek, ama Anna'nın gittiği gruba tamamen düşman bir gruba üyeydiler. Ayrıca Petersburg'un itibarlı kişilerinden biri olan yaşlı Stremov, memuriyet yaşamında Aleksey Aleksandroviç'in düşmanıydı. Bütün bunlar yüzünden Anna gitmek istememişti, Prenses Tverskaya'nın notundaki bazı imalar da onun bu çağrıyı reddetmesine neden olmuştu. Şimdi ise Vronskiy'i görmek umuduyla gitmek istiyordu.

Anna, Prenses Tverskaya'nın evine diğer konuklardan önce geldi.

Anna tam içeri girerken Vronskiy'in, favorileri taranmış, saraylı bir subayı andıran uşağı da içeri giriyordu. Uşak kapının önünde durdu ve kasketini çıkarıp Anna'ya yol verdi. Anna onu tanıdı ve Vronskiy'in bir gün önce gelmeyeceğini söylediğini hemen anımsadı. Herhalde bununla ilgili bir pusula göndermişti.

Anna, antrede üstündeki pardösüyü çıkarırken *r*'leri bile saraylı subaylar gibi söyleyen uşağın "Kont'tan Prenses'e" dediğini duydu ve bir not verdiğini gördü.

Ona efendisinin nerede olduğunu sormak istiyordu. Geri dönmek ve Vronskiy'in ona gelmesi veya kendisinin Vronskiy'e gitmesi için bir mektup yollamak istiyordu. Fakat bunların hiçbirini yapamadı: Artık geldiğini haber veren çıngırak sesi duyuluyordu ve Prenses Tverskaya'nın uşağı, Anna'nın iç odalara geçmesini bekleyerek açık kapının yanında yarı dönük bir durumda dikiliyordu.

Öbür odadaki başka bir uşak:

— Prenses bahçedeler, hemen haber verecekler. Bahçeye buyurmak istemez misiniz? –dedi.

Kararsızlık ve belirsizlik durumu hâlâ evdeki gibiydi; hiçbir girişimde bulunamayacağı, Vronskiy'i göremeyeceği, burada,

---

[*] Dünyanın yedi harikası. (Fr.)

yabancı ve ruhsal durumuna bu kadar ters bir grupla birlikte bulunması gerektiği için durum daha da kötüydü; ancak üzerinde kendisine yakıştığını bildiği bir tuvalet vardı; yalnız değildi, çevresinde alışkın olduğu görkemli, başıboş hava vardı ve burada evdekinden daha rahattı; ne yapacağını düşünmek zorunda değildi. Her şey kendi kendine oluyordu. Sırtında şıklığıyla onu hayran bırakan beyaz tuvaletiyle kendisine doğru gelen Betsi'yi görünce Anna her zamanki gibi gülümsedi. Prenses, Tuşkeviç'le ve yazı ünlü bir prensesin yanında geçirdiği için taşralı ana babasını çok büyük sevince boğan akrabadan bir küçük hanımla birlikteydi.

Betsi'nin hemen fark ettiğine bakılırsa Anna'da herhalde özel bir şey vardı.

Anna, karşılarından gelen ve Vronskiy'den bir not getirdiğini sandığı uşağa bakarak:

— İyi uyuyamadım, –diye yanıtladı.

— Gelmenize çok sevindim, –dedi Betsi.– Yoruldum, onlar gelene kadar hemen bir fincan çay içmek istedim. – Tuşkeviç'e dönerek,– Maşa'yla birlikte gidip, çimenlerin kesildiği yerdeki kroket-ground'u deneyebilirsiniz, –dedi. Sonra Anna'nın şemsiye tutan elini sıkarak ve gülümseyerek,– Biz de sizinle çayımızı içerken gönlümüzce sohbet ederiz, we'll have a cosy chat,* değil mi? –dedi.

— Yanınızda çok kalamayacağım, yaşlı bayan Vrede'ye gitmem gerekiyor. Ne zamandır söz verip duruyorum, –dedi Anna. Yapısına yabancı olan yalan, sadece toplum içinde söylenebilecek basit ve doğal bir şey olmaktan öte zevk aldığı bir şey haline gelmişti.

Bir saniye önce aklından bile geçirmediği bir şeyi niçin söylemişti, hiçbir şekilde açıklayamazdı. Bunu sırf Vronskiy gelmeyeceğine göre buradan kurtulup onu bir şekilde görmesi gerektiği düşüncesiyle söylemişti. Fakat niçin pek çok kişi

---

* Tatlı tatlı gevezelik ederiz. (İng.)

arasından yaşlı bayan Vrede'nin adını söylediğini açıklayamıyordu, bununla birlikte daha sonra anlaşıldığına göre, Vronskiy'le buluşmak için en kurnazca yolları düşünürken daha iyi bir şey bulamamıştı.

Betsi, Anna'nın yüzüne dikkatle bakarak:

— Asla bırakmam, –dedi.– Doğrusu, sizi sevmeseydim kırılırdım. Sanki topluluğumuzun sizi lekeyebileceğinden korkuyorsunuz. Lütfen küçük salona çay getirin bize, –dedi ve her zamanki gibi uşağa seslenirken gözlerini süzdü. Uşaktan notu alıp okudu.– Aleksey bizi atlattı, –dedi Fransızca,– gelemeyeceğini yazıyor, –diye de ekledi. Bunu sanki Vronskiy'in Anna için bir kroket oyuncusu olmaktan öte bir önemi olduğunu hiç düşünmemiş gibi doğal ve sade bir şekilde söylemişti.

Anna, Betsi'nin her şeyden haberi olduğunu biliyordu, ama Betsi'nin onun yanında Vronskiy'le ilgili söylediklerini dinlerken bir an hiçbir şey bilmediğine inanırdı hep.

Anna sanki bu konuyla çok ilgileniyormuş gibi yaparak kayıtsız bir şekilde:

— A! –dedi ve gülümseyerek,– topluluğunuz insanı nasıl lekeyebilirmiş? –diye devam etti. Bu sözcük oyununun ve sırları gizlemenin bütün kadınlar gibi Anna için de büyük bir güzelliği vardı. Bir sırrı gizleme gereği ya da gizlenmeyi gerektiren amacı değil, gizleme sürecinin kendisiydi onun ilgisini çeken.– Ben Papa'dan daha Katolik olamam, –dedi.– Stremov ve Liza Merkalova, bunlar sosyetenin kaymağının da kaymağıdırlar. Bu yüzden her yerde kabul görürler ve *ben*, *–ben* 'i üzerine basa basa söylemişti,– hiçbir zaman sert ve çekilmez biri olmadım. Sadece zamanım yok.

— Hayır, belki Stremov'la karşılaşmak istemezsiniz? Varsın onlar Aleksey Aleksandroviç'le kozlarını komitede paylaşsınlar, bu bizi ilgilendirmez. Ama sosyetede benim tanıdığım en nazik insan ve hırslı bir kroket oyuncusudur. Şimdi göreceksiniz. Liza'nın yaşlı âşığı olmak gibi gülünç bir durumu olmasına karşın bu gülünç durumdan nasıl kurtulduğunu görmek gerekir! Çok sevimli adamdır. Safo Ştolts'u tanımıyor musunuz? Yeni, son derece yeni bir tarzı var.

Betsi bunları anlatırken, Anna onun neşeli ve zeki bakışlarından durumunu biraz anladığını ve bir şeyler yapacağını hissediyordu. Küçük çalışma odasındaydılar.

Betsi:

— Aleksey'e bir şey yazmam gerek, –dedi ve masaya geçip oturdu, birkaç satır yazıp, notu zarfa koydu.– Öğle yemeğine gelmesini yazdım. Öğle yemeğinde bir hanım kavalyesiz kalıyor. Bir bakın bakalım, inandırıcı olmuş mu? Özür dilerim, sizi bir dakika yalnız bırakacağım. Lütfen siz mühürleyin ve gönderin, –dedi kapıdan,– benim bazı emirler vermem gerek.

Anna bir an bile düşünmeden masaya, Betsi'nin mektubunun başına geçti ve okumadan, altına "Sizi görmem gerekiyor. Vrede'nin bahçesine gelin. Saat altıda orada olacağım," diye ekledi. Zarfı kapattı ve geri dönen Betsi onun yanında mektubu gönderdi.

Konuklar gelmeden önce Prenses Tverskaya'nın sözünü ettiği a cosy chat, küçük, serin salona servis masasıyla getirilen çayı içerlerken gerçekten de başlamıştı. Bekledikleri kişileri çekiştiriyorlardı ve konuşma Liza Merkalova üzerinde yoğunlaştı.

— Çok sevimli biri, bana her zaman cana yakın gelmiştir, –dedi Anna.

— Onu sevmelisiniz. Sizi sayıklayıp duruyor. Dün yarışlardan sonra geldi ve sizi bulamadığı için üzüldü. Gerçek bir roman kahramanı olduğunuzu ve erkek olsa, sizin için binlerce saçmalık yapabileceğini söylüyor. Stremov ise, ona bu haliyle de saçmalık yaptığını söylüyor.

Anna bir süre sustuktan sonra gereksiz bir soru sormadığını, ama sorduğu şeyin onun için gerektiğinden daha önemli olduğunu açıkça gösteren bir ses tonuyla:

— Lütfen söyler misiniz, onun Mişka denen Prens Kalujskiy'le nasıl bir ilişkisi var? Onlarla çok az karşılaştım. Nasıl bir ilişki bu?

Betsi gözleriyle gülümsedi ve Anna'ya dikkatle baktı.

— Yeni bir tarz, –dedi. Onların hepsi bu tarzı seçtiler. Başlıklarını değirmenin arkasına attılar.* Ama bunun da bir yolu var.

— Evet, ama Kalujskiy'le nasıl bir ilişkileri var?

Betsi kendini tutamayarak bir anda neşeyle gülmeye başladı. Bu çok ender yaptığı bir şeydi.

— Prenses Myagkaya'nın alanına tecavüz ediyorsunuz. Haylaz çocuğun sorusu oldu bu, –Betsi, gülmesini tutmak istiyor ama tutamıyor, seyrek gülen insanların bulaşıcı gülme krizi içinde kahkahalar patlatıyordu. Gülmekten gözlerinden akan yaşlar arasında,– Onlara sormak gerek, –dedi.

Betsi'nin gülüşü elinde olmadan kendisine de bulaşan Anna:

— Hayır, gülüyorsunuz, –dedi,– ama benim hiçbir zaman anlayamadığım bir şey var. Burada kocanın rolünü anlamıyorum.

— Koca mı? Liza Merkalova'nın kocası onun arkasından battaniyeleri taşır ve her zaman emre amadedir. Daha ötesini kimse bilmek istemez. Bilirsiniz, iyi bir toplumda bazı tuvalet ayrıntılarından söz edilmez, hatta bunlar düşünülmez bile. Bu da öyle bir şey.

Anna sözü değiştirmek için:

— Rolandaki'nin törenine gidecek misiniz? –diye sordu.

— Sanmıyorum, –diye yanıtladı Betsi ve arkadaşına bakmadan küçük cam fincanlara dikkatle kokulu çay doldurmaya koyuldu. Fincanı Anna'ya doğru itip, bir sigara aldı, gümüş bir ağızlığa takarak içmeye başladı.

Çayını eline alıp, artık gülmeden:

— İşte görüyorsunuz, ben mutlu bir durumdayım, –dedi. Sizi de, Liza'yı da anlıyorum. Liza, çocuklar gibi neyin iyi,

---

* Tolstoy burada Fransız atasözü "Jeter son bonnet par-dessus les moulins" in sözcüğü sözcüğüne Rusça çevirisini kullanıyor. Bu atasözü toplum düşüncesine aldırış etmeyen, başına buyruk yaşayan kadınlar için kullanılıyor. (ç.n.)

neyin kötü olduğunu anlamayan saf tabiatlı insanlardan biridir. Çok gençken anlamıyordu. Şimdi ise anlamamanın ona yakıştığını biliyor. Belki de mahsus anlamıyor artık, -dedi Betsi ince bir gülümsemeyle.- Ama yine de ona yakışıyor. Görüyorsunuz, aynı şeye hem trajik açıdan bakmak ve ondan bir ıstırap çıkartmak, hem de basit, hatta neşeli açıdan bakmak mümkün. Belki de siz olaylara aşırı derecede trajik açıdan bakmaya eğilimlisiniz.

— Başkalarını, kendimi tanıdığım kadar tanımayı ne kadar isterdim, -dedi Anna ciddi ve düşünceli bir halde.- Başkalarından daha kötü müyüm, yoksa iyi miyim? Kötü olduğumu sanıyorum.

— Haylaz çocuk, haylaz! -diye yineledi Betsi.- Ha işte geldiler.

XVIII

Ayak sesleri, bir erkek sesi, daha sonra bir kadın sesi ve gülüşmeler duyuldu, ardından da beklenen konuklar geldi: Safo Ştolts ve Vaska adındaki yanağından kan damlayan genç adam. Kanlı biftek, mantar ve Burgonya şarabıyla beslenmenin yaradığı belliydi. Vaska eğilerek hanımlara selam verdi, onlara baktı, ama bu bakış sadece bir saniye sürdü. Safo'nun peşinden konuk odasına girip konuk odasını onun ardından, sanki ona iple bağlıymış gibi yürüyerek geçti. Pırıl pırıl parlayan gözlerini, yiyecekmiş gibi Safo'dan hiç ayırmıyordu. Safo Ştolts kara gözlü sarışın bir kadındı. Yüksek ökçeli ayakkabılarının üzerinde küçük, canlı adımlarla içeri girdi ve hanımların elini erkek gibi sağlam bir şekilde sıktı.

Anna bu yeni ünlüyle daha önce hiç karşılaşmamıştı, onun güzelliğinden de, aşırıya kaçan tuvaletinden de, hareketlerinin cesurluğundan da etkilendi. Başında kendisinin ve başkalarının altın sarısı saçlarından yapılmış öyle bir saç tuvaleti vardı ki, başı, düzgün bir şekilde ileri çıkmıştı ve çok açık olan göğsüyle büyüklük bakımından eşitti. O kadar çevikti ki, her hareketinde elbisesinin altından dizkapaklarının ve bacaklarının üst kısmının biçimi ortaya çıkıyor ve ister istemez üst tarafı bu kadar açık, arkadan ve alttan bu kadar gizli olan küçük ve düzgün vücudunun aslında arkadan eklenmiş bu dalgalı etek dağının neresinde bittiğini anlama sorunu yaratıyordu.

Betsi onu hemen Anna'yla tanıştırdı.

— Düşünebiliyor musunuz, neredeyse iki askeri çiğniyorduk, –diye göz kırparak, gülümseyerek ve birden bir yana attığı tuvaletinin kuyruğunu geriye doğru toplayarak hemen anlatmaya başlamıştı.– Vaska'yla arabada gidiyorduk... Ah evet, siz tanışmıyorsunuz. –Genç adamın soyadını söyleyip tanıştırdı ve yaptığı hata yüzünden, yani onu tanımadığı bir hanıma Vaska diye tanıştırdığı için biraz yüzü kızardı ve sesli sesli gülmeye başladı.

Vaska, Anna'yı bir kez daha selamladı, ancak hiçbir şey söylemedi. Safo'ya:

— Bahsi kaybettiniz. Biz daha önce geldik. Paraları ödeyin bakalım, –dedi gülümseyerek.

Safo daha da neşeli gülmeye başladı.

— Şimdi değil, –dedi.

— Fark etmez, sonra alırım.

— Tamam, tamam. Ah evet! –diye birden ev sahibine döndü.– Ben de iyiyim... Unutup gittim... Size bir konuk getirmiştim. İşte o.

Safo'nun getirdiği ve unuttuğu beklenmedik konuk, öyle önemli bir konuktu ki, genç olmasına karşın iki hanım da onu karşılarken ayağa kalktılar.

Bu Safo'nun yeni hayranıydı. O da şimdi Vaska gibi Safo'nun peşinden gidiyordu. Kısa bir süre sonra Prens Kalujskiy ve Stremov'la Liza Merkalova geldiler. Liza Merkalova, doğululara özgü durgun bir yüz ifadesi olan, herkesin söylediğine göre sözle anlatılması olanaksız, güzel gözlere sahip zayıf, esmer bir kadındı. Koyu renk tuvaletinin havası (Anna hemen fark etmiş ve beğenmişti) güzelliğine son derece uygundu. Safo ne kadar sert ve düzenli ise, Liza da o kadar yumuşak ve dağınıktı.

Ama Liza, Anna'nın zevkine göre çok daha çekiciydi. Betsi, Anna'ya onun cahil bir çocuk tavrı takındığını söylüyordu, ama Anna, Liza'yı görünce bunun doğru olmadığını hissetti. Doğrusu cahil, şımarık, ama sevimli ve yumuşak başlı bir kadındı. Aslında tavrı Safo'nun tavrıyla aynıydı; aynen Safo gibi onun da peşinden yapışıkmış gibi ayrılmıyor ve biri genç, biri yaşlı iki hayran gözleriyle onu yiyorlardu; ama onda çevresini saranlardan daha yüksek bir şey, cam kırıkları arasında parlayan bir pırlantanın ışıltısı vardı. Bu ışıltı, onun güzel, gerçekten de sözle anlatılmaz gözlerinden yayılıyordu. Koyu renk bir halkayla çevrili bu gözlerin yorgun ve aynı zamanda tutkulu bakışı, içtenliğiyle insanı etkiliyordu. Her kim bu gözlere baksa onu tam olarak tanıdığını düşünür, tanıyınca da sevmeden edemezdi. Anna'yı görünce yüzü birden sevinçli bir gülümsemeyle aydınlandı.

Anna'nın yanına gelirken:

— Ah, sizi gördüğüme ne kadar sevindim! –dedi.– Dün yarışlarda tam yanınıza gelmeye niyetlendiğimde siz gitmiştiniz. Sizi görmeyi ne kadar çok istiyordum, –dedi. İnsana bütün ruhunu ortaya koyuyormuş gibi gelen o bakışını Anna'ya dikerek,– Ne korkunçtu değil mi? –diye ekledi.

— Evet, bu kadar heyecanlanacağımı hiç beklemiyordum, –dedi Anna kızararak.

Grup bu sırada bahçeye çıkmak üzere kalktı.

Liza gülümseyerek Anna'nın yanına oturdu ve:

— Ben gitmeyeceğim, –dedi.– Siz de gitmiyorsunuz, değil mi? Kroket oynamaktan ne anlıyorlarsa!

— Yo, ben seviyorum, –dedi Anna.

— Sıkılmamak için ne yapıyorsunuz? Size bakınca neşeleniyor insan. Siz yaşıyorsunuz, bense sıkılıyorum.

— Nasıl sıkılıyorsunuz? Ama Petersburg'un en neşeli grubusunuz, –dedi Anna.

— Belki bizim gruptan olmayanlar daha çok sıkılıyordur; ama biz, daha doğrusu ben neşeli değilim, tersine müthiş sıkılıyorum.

Safo sigarasını içip bitirdikten sonra iki genç adamla birlikte bahçeye çıktı. Betsi ve Stremov çay masasının başında kaldılar.

— Nasıl sıkılırsınız? –dedi Betsi.– Safo, dün sizde çok eğlendiklerini söylüyor.

— Ah hem de nasıl sıkıcıydı! –dedi Liza Merkalova.– Yarışlardan sonra bana gittik hep birlikte. Hep aynı şey, hep aynı şey! Her şey aynı. Bütün geceyi sedirlerde oturarak geçirdik. Bunun neresi eğlenceli? Yo, canınızın sıkılmaması için siz ne yapıyorsunuz? –diye tekrar sordu Anna'ya.– Size bakınca insan, işte mutlu olabilecek bir kadın mutsuz durumda, ama canı sıkılmıyor der. Bunu nasıl yaptığınızı bana da öğretir misiniz?

Anna bu ısrarlı sorulardan kıpkırmızı kesilerek:

— Hiçbir şey yapmıyorum, –diye yanıtladı.

— İşte en iyi yol, –diye lafa karıştı Stremov.

Stremov, elli yaşlarında, saçları yarı yarıya kırlaşmış, henüz genç gösteren çok çirkin bir adamdı, ama kendine özgü zeki bir yüzü vardı. Liza Merkalova, karısının yeğeniydi ve Stremov, bütün boş zamanlarını onunla geçiriyordu. Memuriyetten Aleksey Aleksandroviç'in düşmanı olan Stremov, Anna Karenina'yla karşılaşınca, zeki bir sosyete adamı olarak düşmanının karısına özellikle nazik davranmaya çalıştı.

— "Hiçbir şey" demek, –diye lafa girdi ince ince gülümseyerek,– en iyi yol budur. Ne zamandır söylüyorum size, –dedi Liza Merkalova'ya,– insanın sıkılmaması için sıkılacağını aklına getirmemesi gerekir. Bu tıpkı uykusuzluktan korksan bile uykuya dalamayacağından korkmana gerek olmaması gibi bir şeydir. Anna Arkadyevna'nın da size söylediği bu işte.

— Bunu söylemiş olsaydım çok sevinirdim, çünkü bu sadece akıllıca bir şey değil, aynı zamanda gerçeğin ta kendisi, –dedi Anna gülümseyerek.

— Hayır, uyumanın ve sıkılmamanın neden mümkün olmadığını bana söyleyin.

— Uyumak için az da olsa çalışmak gerekir, neşelenmek için de yine çalışmak gerekir.

— Benim çalışmamın kimseye bir yararı yoksa neden çalışayım? Çalışıyormuş gibi yapmayı beceremiyorum ve yapmak da istemiyorum.

Stremov, Liza'ya bakmadan:

— Siz ıslah olmazsınız, –dedi ve tekrar Anna'ya döndü.

Anna'yla seyrek karşılaşan Stremov, ona sıradan yavan sözlerden başka bir şey söyleyemezdi, ama Anna'nın Petersburg'a ne zaman döneceği, Kontes Lidiya İvanovna'nın onu ne kadar çok sevdiği konusunda sıradan sözleri bütün ruhuyla Anna'nın hoşuna gitmek, saygısını, hatta daha fazlasını göstermek isteğini ortaya koyan bir ifadeyle söyledi.

Tuşkeviç geldi ve bütün grubun kroket oyuncularını beklediğini söyledi.

Anna'nın gideceğini öğrenen Liza Merkalova:

— Hayır, gitmeyin lütfen, –diye rica etti. Stremov da ona katıldı.

— Son derece büyük bir çelişki, –dedi Stremov Anna'ya,– bu topluluktan sonra yaşlı Vrede'ye gitmek. Hem sonra onun için dedikodu fırsatı olacaksınız, burada ise sadece bambaşka, dedikodunun tam tersine en güzel duyguları uyandıracaksınız.

Anna bir an kararsızlık içinde düşündü. Bu zeki adamın iltifatları, Liza Merkalova'nın kendisine karşı saf, çocuksu yakınlığı ve bütün bu alışkın olduğu sosyete ortamı ne kadar kolayına giden şeylerdi. Oysa onu öyle zor bir durum bekliyordu ki, burada kalmakla o zor açıklama anını daha ileriye atmak arasında bir an kararsız kalmıştı. Ancak iki eliyle saçlarını tutup çektiği o korkunç anı gözlerinin önüne getirip, herhangi bir karar almayacak olursa evde yalnız kaldığında onu neyin beklediğini anımsayarak özür diledi ve çıktı.

XIX

Vronskiy, görünüşteki düşüncesiz sosyete yaşantısına karşın düzensizlikten nefret eden biriydi. Daha gençliğinde, askeri lisedeyken ipin ucunu kaçırıp borç para istediğinde reddedilmenin alçaltıcı bir şey olduğunu hissetmiş ve o günden sonra bir kez bile kendini öyle bir duruma sokmamıştı.

İşlerini her zaman belli bir düzen içinde yapmak üzere duruma göre daha sık, daha seyrek, yılda beş kez kadar yalnız kalır ve bütün işlerine açıklık getirirdi. Buna hesaplaşma ya da faire la lessive* derdi.

Yarışların ertesi günü geç uyanan Vronskiy, tıraş olmadan ve yıkanmadan asker ceketini sırtına geçirdi, paraları, hesapları, mektupları masanın üzerine dizip işe girişti. Böyle durumlarda onun sinirli olduğunu bilen Petritskiy uyanıp, arkadaşını yazı masasının başında görünce sessizce giyindi ve ona hiç seslenmeden dışarı çıktı.

Çevresini saran koşulların karmaşıklığını en küçük ayrıntılarına dek bilen her insan, ister istemez bu koşulların karmaşıklığının ve bunlara açıklık getirme zorluğunun sadece kendisinin kişisel, rastlantısal bir özelliği olduğunu sanır ve başkalarının da tıpkı kendisi gibi karmaşık kişisel sorunlarla kuşatılmış olduğunu hiç aklına getirmez. Vronskiy de öyle sanıyordu. İçinden haklı bir gurur duyarak, aynı koşullarda bir başkasının, ipin ucunu kaçırıp kötü davranmak zorunda kalabileceğini düşünüyordu. Vronskiy ise ipin ucunu kaçırmamak için içinde bulunduğu durumu etraflıca ve açıkça gözden geçirmesi gerektiğini hissediyordu.

En kolay iş olarak en önce para işini ele aldı Vronskiy. Bir mektup kâğıdına ince yazısıyla bütün borçlarını yazıp toplamını çıkarttı ve daha kolay olması için küsuratı attıktan sonra on yedi bin ruble borcu olduğunu gördü. Paraları sayıp, banka

---

* Temizlik yapmak. (Fr.)

cüzdanını gözden geçirince bin sekiz yüz rublesi kaldığını ve yılbaşına dek herhangi bir para beklemediğini gördü. Borç listesini tekrar okuyan Vronskiy, listeyi üçe ayırıp yeniden yazdı. Birinci sıraya hemen ödenmesi gereken ya da istenmesi halinde bir dakika bile geciktirmemek için her türlü durumda hazır para bulundurulması gereken borçları koydu. Bu borçlar yaklaşık dört bin rubleydi: Bin beşyüz ruble at için ve iki bin beş yüz ruble de Vronskiy'in yanında bir dolandırıcıya para kaptıran genç arkadaşı Venevskiy için verdiği kefaletti. Vronskiy parayı o zaman ödemek istemişti (o sırada parası vardı), ama Venevskiy ve Yaşvin, kumar oynamayan Vronskiy'in değil, kendilerinin ödeyeceği konusunda ısrar etmişlerdi. Bunların hepsi güzeldi de, Vronskiy, sadece Venevskiy'in kefaletini sözle üzerine alarak girmiş olduğu bu pis işte düzenbazın suratına fırlatmak ve bir daha hiçbir şekilde muhatap olmamak için bu iki bin beş yüz rubleye sahip olması gerektiğini biliyordu. Böylece bu en önemli ilk bölüme dört bin ruble gerekiyordu. İkinci bölümdeki sekiz bin ruble daha az önemli borçlardı. Bunlar daha çok at ahırıyla ilgili, yulaf ve ot temin eden adama, İngiliz'e, saraca olan borçlardı. Tam anlamıyla rahat olabilmek için bu borçlara da iki bin ruble kadar para ayırmak gerekiyordu. Borçların son bölümü mağazalara, otellere ve terziye olan, üzerinde düşünülmeyecek kadar önemsiz borçlardı. Bu durumda mevcut giderler için en azından altı bin ruble gerekiyordu, ama topu topu bin sekiz yüz ruble vardı. Herkesin Vronskiy'in maddi durumu için tahmin ettiği gibi, yüz bin ruble geliri olan bir adam için bu tür borçlar, insanı dara düşürecek borçlar olarak görünmüyordu; ama işin aslı, onun yüz binlik bir geliri yoktu. Yılda tek başına iki yüz bin ruble kadar gelir getiren, babasından kalma büyük mülk iki erkek kardeş arasında bölünemiyordu. Ağabeyi bir yığın borç yaparak, hiçbir mal varlığı olmayan bir Dekabrist'in kızı Prenses Varya Çirkova'yla evlendiği sırada Aleksey kendisine yılda yalnızca yirmi beş bin rublenin yeteceğini söyleyip, babasının mülkünden gelen gelirin tamamını ağabeyine bırakmıştı. Aleksey o zaman ağabeyine evlenmediği sürece bu paranın kendisine yeteceğini, zaten hiçbir zaman da evlenmeyeceğini söylemişti. En pahalı alaylardan birine komuta eden ve yeni evlenmiş ağabeyinin bu armağanı geri çevirmesi olanaksızdı. Sözü geçen yirmi beş bin ruble dışında kendisine ait ayrı mülkü olan annesi, Aleksey'e her yıl yaklaşık yirmi bin ruble daha veriyordu ve Aleksey bunların hepsini harcıyordu. Son zamanlarda yaşadığı ilişki ve Moskova'dan ayrılması yüzünden kendisiyle tartışan annesi para yollamayı kesmişti. Kırk beş bin rublelik bir yaşantıyı alışkanlık haline getirmiş olan ve bu yıl eline yalnızca yirmi beş bin ruble geçen Vronskiy bu yüzden zor durumda bulunuyordu. Bu zor durumdan çıkmak için annesinden para isteyemezdi. Bir gün önce annesinden aldığı, toplum önünde rezalet çıkaran bir hayat için değil, ama sosyetede ve görevinde başarılı olması için ona yardım etmeye hazır olduğu üzerine imalara yer veren mektup Vronskiy'i çok kızdırmıştı. Annesinin onu satın alma isteği ruhunu en derinden yaralamış ve annesine karşı daha da soğutmuştu. Fakat şimdi Karenina'yla ilişkisinde olabilecek bazı olayları önceden bulanık da olsa kestirerek ağabeyine verdiği sözün düşüncesizce söylenmiş bir söz olduğunu ve bu yüz bin rublelik gelirin hepsinin kendisine bekârken de gerekebileceğini hissetmesine karşın verdiği sözden dönemiyordu. Dönmesi olanaksızdı. Ağabeyinin karısını hatırlaması, sevimli, iyi kalpli Varya'nın, verilen şeylerin geri alınamayacağını anlatmak için her fırsatta cömertliğini unutmadığını ve ona değer verdiğini hatırlattığını aklına getirmesi yeterliydi. Bu, bir kadını dövmek, hırsızlık yapmak ya da yalan söylemek kadar olmayacak bir şeydi. Olabilecek ve olması gereken, Vronskiy'in de bir an tereddüt etmeden karar verdiği tek bir şey vardı: Hiçbir zorluk çekmeden alabileceği on bin rubleyi tefeciden almak, genel anlamda giderlerini kısmak ve yarış atlarını satmak. Buna karar verince atını satın almak için kendisine birkaç kez teklifte bulunmuş olan Rolandaki'ye hemen bir not yazdı. Sonra İngiliz'e ve tefeciye adam yolladı, elindeki paraları hesaplara böldü. Bu işleri bitirdikten sonra annesinin mektubuna soğuk ve sert bir yanıt yazdı. Sonra cüzdanından Anna'dan gelen üç notu çıkarttı, bunları okuyup yaktıktan sonra dün onunla yaptığı konuşmayı anımsayıp düşünceye daldı.

XX

Yapması ve yapmaması gereken her şeyi kesin çizgilerle belirleyen kuralları olduğu için Vronskiy'in hayatı özellikle mutluydu. Bu kurallar çok dar bir koşullar çemberini kapsıyordu, ama kurallar kesindi ve bu çemberin içinden hiçbir zaman çıkmayan Vronskiy, gerekenin yapılmasında bir an bile kararsız kalmazdı. Bu kurallar dolandırıcıya para ödemek gerektiğini, terziye ise gerekmediğini, erkeklere yalan söylememek gerektiğini, ama kadınlara söylenebileceğini, hiç kimsenin aldatılamayacağını, ama kocaların aldatılabileceğini, hakaretlerin bağışlanamayacağını, ama hakaret edilebileceğini vs. kesin olarak belirliyordu. Bütün bu kurallar akla aykırı, kötü olabilirdi, ama kesindi ve Vronskiy bunları yerine getirerek kendisini huzurlu hissediyor, başını dik tutabiliyordu. Ancak Vronskiy, kurallarının son zamanlarda Anna'yla ilişkileri konusunda tüm davranış koşullarını tam olarak belirlemediğini, gelecekte karşısına nasıl hareket edeceğini şimdiden kestiremediği zorluklar ve kuşkular çıkacağını hissetmeye başlıyordu.

Anna'ya ve Anna'nın kocasına karşı şimdiki tavrı kendisi açısından basit ve açıktı. Bu tavır, davranışlarına yön veren kuralların içinde açık ve net olarak belirlenmişti. Anna, ona sevgisini armağan eden namuslu bir kadındı ve onu seviyordu, bu yüzden de Anna onun için yasal karısı gibi, hatta daha da fazla saygıyı hak eden bir kadındı. Bırakın onu sözle, imayla aşağılamayı, ona bir kadının bekleyebileceği saygıyı göstermemektense elinin kesilmesine razı olurdu.

Topluma karşı tavrı da belliydi. Herkes bu durumu bilebilir, kuşkulanabilirdi, ama hiç kimse bu konuda konuşmaya kalkışmamalıydı. Aksi takdirde konuşanları susturmaya ve sevdiği kadının olmayan şerefine saygı göstermek zorunda bırakmaya hazırdı.

Kocaya karşı tavrı hepsinden daha açıktı. Anna'nın Vronskiy'e âşık olduğu andan itibaren kendisini Anna'nın üzerinde tek vazgeçilmez hak sahibi olarak görüyordu. Anna'nın kocası yalnızca gereksiz ve engelleyici bir kişiydi. Kuşkusuz acınacak bir durumdaydı, ama elden ne gelirdi? Kocanın sahip olduğu tek hak, elinde silahla duygularının tatminini istemekti ve Vronskiy buna ilk dakikadan beri hazırdı.

Fakat son zamanlarda Vronskiy'le Anna arasında belirsizliğiyle Vronskiy'i korkutan iç ilişkiler ortaya çıkmıştı. Daha dün Anna hamile olduğunu kendisine açıklamıştı. Vronskiy bu haberin ve Anna'nın ondan beklediği şeyin, hayatta kılavuz edindiği kurallar içinde tam olarak tanımlanmamış bir şeyler gerektirdiğini hissetmişti. Gerçekten de gafil avlanmıştı ve Anna'nın durumunu açıkladığı ilk anda yüreği ona Anna'dan kocasını bırakmasını istemesini söylemişti. Bunu söylemişti, ama şimdi enine boyuna düşündüğünde böyle bir şey yapmasaydı daha iyi olacağını açıkça görüyordu ve içinden bunu söylerken bunun da kötü bir şey olmasından korkuyordu.

"Kocasını bırakmasını söylediysem, benimle birleşmesi demektir bu. Peki ben buna hazır mıyım? Şu anda param yokken onu nasıl alıp götürürüm? Diyelim, bu işi hallettim... Ama görevde olduğum bir sırada onu nasıl götürürüm? Bunu söylediysem, buna hazır olmam, yani para bulmam ve istifa etmem gerekir."

Ve düşünceye daldı. İstifa etmek ya da etmemek sorunu onu başka, bir tek kendisinin bildiği, tüm hayatının gizli de olsa neredeyse en önemli konusuna götürdü.

Yükselmek, çocukluğunun ve gençliğinin, kendisine bile itiraf etmediği, ama şimdi aşkıyla savaşacak kadar güçlü olan eski bir hayaliydi. Sosyetedeki ve görevindeki ilk adımları başarılı olmuştu, ama bundan iki yıl önce kaba bir hata yapmıştı. Bağımsız biri olduğunu göstermek ve ilerlemek isteğiyle kendisine önerilen bir görevi geri çevirmiş, bu görevi reddetmenin ona büyük bir itibar kazandıracağını ummuştu; fakat aşırı cesur olduğu anlaşılmış ve onu yalnız bırakmışlardı ve isteyerek ya da istemeden bağımsız bir adam konumuna gelince son derece ince ve zekice davranarak, sanki hiç kimseye kızmamış gibi yaparak, kendisini hiçbir şekilde hakarete uğramış saymayarak ve keyfi yerinde olduğu için sadece onu rahat bırakmalarını isteyerek bu konumu sürdürdü. Aslında daha geçen yıl Moskova'ya gittiğinden beri keyfi kaçmıştı. Her şeyi yapabilecek, ama hiçbir şey istemeyen bir insanın bu bağımsız konumunun artık silinmeye yüz tuttuğunu, pek çok kişinin onun dürüst ve iyi bir genç olmak dışında hiçbir şey yapamadığını düşünmeye başladığını hissediyordu. Bu kadar gürültü koparan ve herkesin dikkatini çeken Karenina'yla ilişkisi ona yeni bir parlaklık verip, içini kemiren hırs kurdunu bir süre sakinleştirmişti, ama bir hafta önce bu kurt yeni bir güçle uyanmıştı. Çocukluğundan, aynı çevreden, aynı topluluktan arkadaşı, askeri okuldan aynı dönem mezun olduğu, sınıfta, jimnastikte, çapkınlıkta, yükselme hayallerinde yarıştığı Serpuhovskoy iki rütbe yükselerek ve bu kadar genç yaştaki generallere ender verilen bir nişan alarak o günlerde Orta Asya'dan geri dönmüştü.

Petersburg'a gelir gelmez Serpuhovskoy'dan yeni yükselen en parlak yıldız olarak söz etmeye başlamışlardı. Vronskiy'in yaşıtı ve okul arkadaşı bir generaldi ve devlet işlerinin akışını etkileyebilecek bir görev almayı bekliyordu, Vronskiy ise bağımsız, parlak, güzel bir kadın tarafından sevilen biri de olsa sadece istediği kadar bağımsız kalmasına izin verilmiş bir süvari yüzbaşısıydı. "Elbette Serpuhovskoy'u kıskanmıyorum, kıskanmam da mümkün değil, ama onun yükselmesi, bana zamanını beklemek gerektiğini ve benim gibi bir adamın çok kısa bir sürede yükselebileceğini gösteriyor. Bundan üç yıl önce Serpuhovskoy, benim şu andaki durumumda bulunuyordu. İstifa edersem gemilerimi yakmış olacağım. Görevde kalarak hiçbir şey yitirmemiş olurum. Durumunu değiştirmek istemediğini Anna kendisi de söyledi. Yüreğimde onun aşkıyla Serpuhovskoy'u kıskanmam mümkün değil." Yavaş bir hareketle bıyıklarını burarak masadan kalktı ve odada gezindi. Gözleri pırıl pırıl parlıyordu ve durumuna açıklık kazandırdıktan sonra hep hissettiği kararlı, sakin ve sevinçli ruh haline kavuşmuştu. Her şey, önceki hesaplardan sonra olduğu gibi, temiz ve açıktı. Tıraş oldu, soğuk suyla yıkandı, giyindi ve çıktı.

XXI

— Ben de seni almaya geliyordum. Bugün temizlik işin uzun sürdü, –dedi Petritskiy.– E, ne oldu, bitti mi bari?

Vronskiy sadece gözleriyle gülümseyerek ve bıyıklarının uçlarını sanki işlerinin girdiği düzenden sonra her türlü cesur ve hızlı hareket bu düzeni bozabilecekmiş gibi dikkatle bükerek:

— Bitti, –diye yanıtladı.

— Bu işten sonra hep hamamdan çıkmış gibi oluyorsun, –dedi Petritskiy.– Gritski'nin (alay komutanına bu adı takmışlardı) yanından geliyorum, seni bekliyorlar.

Vronskiy başka bir şey düşünerek ve yanıt vermeksizin arkadaşına baktı.

Boruların çaldığı, kulağına kadar gelen tanıdık polka ve valslerin bas seslerini dinleyerek:

— Müzik oradan mı geliyor? –dedi.– Ne var, bayram falan mı?

— Serpuhovskoy geldi.

— Aa! –dedi Vronskiy,– bilmiyordum.

Gözlerinin gülümsemesi daha da canlanmıştı.

Bir kere aşkıyla mutlu olduğuna karar verdikten sonra yükselme hırsını aşkına feda etmişti. En azından bu rolü üzerine aldıktan sonra Vronskiy artık Serpuhovskoy'u ne kıskanabilir, ne de alaya geldikten sonra ilk ona uğramadı diye ona küsebilirdi. Serpuhovskoy iyi arkadaşıydı ve geldiğine sevinmişti.

— A, çok sevindim.

Alay komutanı Demin büyük bir çiftlik evinde oturuyordu. Bütün topluluk geniş alt balkondaydı. Avluda Vronskiy'in gözüne ilk çarpan, votka fıçısının yanında dikilen askeri ceket giymiş şarkıcılar ve çevresi subaylarla çevrili, sağlıklı, neşeli alay komutanıydı; komutan, balkonun ilk basamağına çıkarak mızıkanın çaldığı Offenbach'ın bir kadrilini bastırarak bir şey söylüyor ve yan taraftaki erlere elleriyle işaret ediyordu. Bir grup er, süvari başçavuşu ve birkaç erbaş Vronskiy'le birlikte balkona yaklaştı. Alay komutanı masaya geri döndükten sonra elinde kadehiyle tekrar balkonun merdivenine çıktı ve "Eski arkadaşımız, gözüpek General Prens Serpuhovskoy'un sağlığına. Hurra!" diyerek kadehini kaldırdı.

Alay komutanının ardından Serpuhovskoy da elinde kadehiyle gülümseyerek çıktı.

Önünde dikilen ve ikinci askerliğini yapan genç görünümlü, kırmızı yanaklı süvari başçavuşuna seslenerek:

— Gittikçe gençleşiyorsun Bondarenko, –dedi.

Vronskiy Serpuhovskoy'u üç yıldır görmemişti. Favorilerini uzatmış, olgun bir görünüm almıştı, ama yakışıklılığından çok yüzünün sevecenliği ve soyluluğu etkiliyordu. Vronskiy'in fark ettiği tek değişiklik, başarı kazanmış ve bu başarının herkes tarafından kabul edildiğinden emin insanların yüzüne yerleşen dingin, sürekli parıltıydı. Vronskiy bu parıltıyı biliyordu ve Serpuhovskoy'un yüzünde de hemen fark etmişti.

Merdivenden inen Serpuhovskoy, Vronskiy'i gördü. Serpuhovskoy'un yüzü sevinçli bir gülümsemeyle aydınlandı. Başını yukarı kaldırarak selam verdi, kadehini havaya kaldırdı. Bu hareketiyle öpmek için dudaklarını uzatmış olan süvari başçavuşunun yanına gitmemezlik edemeyeceğini göstermiş oldu.

— Hah, işte o! –diye bağırdı alay komutanı.– Yaşvin, karamsarlık içinde olduğunu söylemişti bana.

Serpuhovskoy, babayiğit süvari başçavuşunu ıslak ve taze dudaklarından öptü ve ağzını mendiliyle silerek Vronskiy'in yanına geldi.

Vronskiy'in elini sıkarak onu kenara çekti ve:

— Bilsen ne kadar sevindim! –dedi.

Alay komutanı, Vronskiy'i göstererek Yaşvin'e:

— Onunla ilgilenin! –diye bağırdı ve aşağıya erlerin yanına indi.

Vronskiy Serpuhovskoy'a bir göz atarak:

— Dün neden yarışlara gelmedin? Seni orada göreceğimi sanıyordum, –dedi.

— Geldim, ama geç vakitte. Kabahatliyim, –diye ekledi ve yavere döndü,– lütfen adam başına ne düşerse benim adıma dağıtmalarını söyleyin.

Telaşla cüzdanından üç tane yüz rublelik çıkarttı ve kıpkırmızı oldu.

— Vronskiy! Bir şey yemek ya da içmek ister misin? –diye sordu Yaşvin.– Hey, konta yiyecek bir şeyler getirin buraya! Al bunu iç.

Alay komutanının evinde içki âlemi uzun sürdü.

Çok içki içildi. Serpuhovskoy'u kollarından bacaklarından tutup havaya kaldırdılar, atıp tuttular. Sonra alay komutanını da havaya kaldırdılar. Daha sonra alay komutanı Petritskiy'le birlikte şarkıcıların önünde dans etti. Sonra artık biraz gevşemiş olan alay komutanı avluda bir sıraya oturdu ve Yaşvin'e Prusya'ya karşı Rusya'nın özellikle süvari hücumunda üstün olduğunu kanıtlamaya çalıştı ve içki âlemi bir an duruldu. Serpuhovskoy içeriye, ellerini yıkamak için tuvalete gitti ve orada Vronskiy'i gördü; Vronskiy yüzüne su çarpıyordu. Ceketini çıkartmış, kıllı, kırmızı boynunu akan suyun altına sokmuş elleriyle ensesini ve başını ovalıyordu. Vronskiy yıkanmasını bitirip, Serpuhovskoy'un yanına ilişti. Oradaki küçük kanepeye oturmuşlardı. Aralarında her ikisi için de ilginç bir konuşma başladı.

— Seninle ilgili bütün haberleri karımdan öğrendim, -dedi Serpuhovskoy.– Onu sık sık gidip görmene sevindim.

— Karınla Varya iyi arkadaşlar ve Petersburg'da görmekten hoşlandığım biricik kadınlar, –diye yanıtladı Vronskiy gülümseyerek. Gülümsüyordu, çünkü konuşmanın hangi konuya döneceğini sezmişti ve bu da onun hoşuna gitmişti.

— Biricik mi? diye tekrar sordu Serpuhovskoy gülümseyerek.

— Evet, ben de seninle ilgili haberleri öğreniyordum, ama sadece karından değil, –dedi Vronskiy sert bir yüz ifadesiyle bu imayı engelleyerek.– Başarına çok sevindim, ama zerre kadar şaşırmadım. Ben daha fazlasını bekliyordum.

Serpuhovskoy gülümsedi. Hakkında böyle düşünülmesi belli ki hoşuna gidiyordu ve bunu saklamaya gerek duymuyordu.

— Açıkça itiraf edeyim, ben tam tersine daha azını bekliyordum. Ama çok sevinçliyim, çok. İhtiraslı biriyim, benim zayıf yönüm bu ve bunu itiraf ediyorum.

— Başarı kazanmasaydın belki de itiraf etmezdin, –dedi Vronskiy.

— Sanmıyorum, –dedi Serpuhovskoy yine gülümseyerek.– İhtiras olmadan yaşanmayacağını söylemeyeceğim, ama hayat sıkıcı olurdu. Tabii, belki yanılıyorum, ama bana öyle geliyor ki, seçtiğim çalışma alanına uygun bazı yeteneklerim var ve elimde ne türden olursa olsun iktidar olması, tanıdığım pek çok kişinin elinde iktidar olmasından daha iyi olacaktır, –dedi Serpuhovskoy başarısının farkında olmanın sevinciyle.– Bu yüzden de buna yaklaştıkça memnuniyetim artıyor.

— Belki de bu herkes için değil, senin açından öyledir. Ben de öyle düşünüyordum, ama işte yaşıyorum ve sadece bunun için yaşamaya değmeyeceğini düşünüyorum, –dedi Vronskiy.

— İşte bu! İşte bu! –dedi Serpuhovskoy gülerek.– Ben de seninle ilgili haberleri, görevi geri çevirmeni duyduğumu başta söylemiştim. Elbette seni takdir ettim. Ama her şeyin bir yolu var. Ben hareketin doğru olduğunu, ama senin bu hareketi yapılması gerektiği gibi yapmadığını düşünüyorum.

— Yapılmış bir şey yapılmıştır, sen de bilirsin ki, hiçbir zaman yaptığım bir şeyden geri adım atmam. Hem sonra ben böyle çok iyiyim.

— Bir süreliğine çok iyisin. Ama sen bununla yetinmezsin. Ağabeyin için aynı şeyi söylemem. Ağabeyin, tıpkı ev sahibimiz gibi sevimli bir çocuktur. İşte o! –diye ekledi, "Hurra" bağırışlarına kulak kabartarak,– Onun neşesi yerinde, ama sen bununla yetinmezsin.

— Yetineceğimi söylemiyorum.

— Hem yalnız bu da değil. Senin gibi insanlar gereklidir.

— Kime?

— Kime mi? Topluma. Rusya'ya insanlar gerekli, parti gerekli, yoksa her şey köpeklerin eline geçecek.

— Yani ne? Rus komünistlerine karşı Bertenev'in partisi mi?

Serpuhovskoy, böyle aptalca bir şey düşünmesinden kuşkulanıldığı için gücenerek suratını buruşturdu ve:

— Tout ça est une blague.* Bu her zaman olmuştur ve olacaktır. Komünist diye bir şey yok. Ama düzenbaz insanların her zaman zararlı, tehlikeli bir parti uydurmaları gerekir. Eski bir oyundur bu. Hayır, senin ve benim gibi bağımsız insanların oluşturacakları bir iktidar partisi gereklidir.

— Ama neden? –Vronskiy iktidar sahibi birkaç kişinin adını saydı.– Ama neden onlar bağımsız değil?

— Sadece doğuştan maddi bağımsızlıkları, adları sanları bulunmadığı ve bizim doğduğumuz güneşe yakın olmadıkları için. Parayla da, güzel sözlerle de satın alınmaları mümkündür. Tutunmaları için kendilerine bir yön bulmaları gerekir. Onlar ken-

---

* Bunların hepsi saçma. (Fr.)

dilerinin de inanmadığı, kötülük doğuran bir düşünceyi sürdürür; ve bütün bu yönelim, sadece devlet malı bir ev ve bilmem ne kadar maaş alma aracıdır. Onların kartlarına baktığın zaman görürsün ki, cela n'est pas plus fin que ça.* Belki de ben onlardan daha kötü, daha aptalım. Gerçi neden onlardan daha kötü olmam gerektiğini de bilmiyorum ya. Ama benim ve senin galiba önemli bir üstünlüğümüz var: Bizim satın alınmamız daha zor. Ve bu tip insanlar her zamankinden daha gerekli.

Vronskiy dikkatle dinliyordu, ama kendisi için sözcüklerin içeriğinden çok iktidarla savaşmayı düşünen ve bu dünyada artık kendi sempatileri ve antipatileri olan Serpuhovskoy'un meseleye yaklaşımı onu ilgilendiriyordu. Oysa kendisi için yaptığı görevde sadece süvari bölüğünün çıkarları söz konusuydu. Vronskiy, Serpuhovskoy'un kuşku götürmez düşünme ve anlama yeteneğiyle, zekâsı ve içinde yaşadığı bu ortamda çok ender görülen konuşma yeteneğiyle ne kadar güçlü olabildiğini de anlamıştı. Bu onu ne kadar utandırırsa utandırsın, yine de kıskanmaktan kendini alamadı.

— Yine de bunun için en önemli şey olan iktidar isteğine yeterince sahip değilim, –diye yanıtladı Vronskiy.– Eskiden vardı, ama artık kalmadı.

— Bağışla beni, ama bu doğru değil, –dedi Serpuhovskoy gülerek.

— Yo, doğru, doğru!.. şimdi, –diye ekledi Vronskiy samimi olmak için.

— Eh, *şimdi* doğru ise bu başka bir şey; ama bu *şimdi* hep böyle gitmeyecek demektir.

— Belki, –diye yanıtladı Vronskiy.

— *Belki* diyorsun, –diye devam etti Serpuhovskoy, sanki Vronskiy'in düşüncelerini tahmin etmiş gibi,– ben de sana *mutlaka* diyorum. Bunun için de seni görmek istedim. Sen olması gerektiği gibi davrandın. Bunu anlıyorum, ama bu

* Her şey o kadar zekice değildir. (Fr.)

düşüncede *ısrarcı olmak* zorunda değilsin. Ben senden sadece carte blanche* istiyorum. Seni korumam altına almıyorum... Gerçi seni neden korumam altına almayayım? Sen bana kaç kere arka çıktın! Dostluğumuzun bundan üstün olduğunu umuyorum. Evet, –dedi Serpuhovskoy, bir kadın gibi tatlı tatlı Vronskiy'e gülümseyerek.– Bana carte blanche ver, alaydan ayrıl, fark ettirmeden ben seni sürüklerim.

— Ama anlasana, –dedi Vronskiy,– her şeyin olduğu gibi kalmasından başka hiçbir şeye ihtiyacım yok benim.

Serpuhovskoy ayağa kalktı ve Vronskiy'in karşısına dikildi.

— Her şey olduğu gibi kalsın dedin. Bunun ne anlama geldiğini anlıyorum. Ama bak, biz yaşıtız; belki sen benden daha fazla sayıda kadın tanıdın. –Serpuhovskoy'un gülümsemesi ve hareketleri Vronskiy'in korkmaması gerektiğini, hasta noktaya yavaşça ve dikkatle dokunacağını söylüyordu.– Ama ben evliyim ve inan ki, binlerce kadını tanımaktansa bir tek sevdiğin kadını, kendi karını tanıdığında bütün kadınları daha iyi tanımış olursun.

Vronskiy, odaya bir göz atıp onları alay komutanının yanına çağıran subaya:

— Hemen geliyoruz! –diye seslendi.

Vronskiy şimdi onu sonuna kadar dinlemek ve ne söyleyeceğini öğrenmek istiyordu.

— İşte benim düşüncem. Kadınlar, bir adamın iş hayatında en büyük engeldir. Bir kadına âşık olmak ve bir şeyler yapmak zordur. Rahatça, engelsiz sevmenin tek yolu evlenmektir. Düşündüğümü sana nasıl anlatsam? –dedi Serpuhovskoy. Karşılaştırma yapmayı sevdiği için sözlerini şöyle sürdürdü.– Evet, bir fardeau** taşırken bir yandan da ellerinle bir şey yapabilmen için fardeau'nun sırtına bağlı olması

---

* Tam yetki. (Fr.)

** Yük. (Fr.)

gerekir, işte evlilik budur. Bunu evlenince hissetmiştim. Ellerim birden boş kalmıştı. Ama bu fardeau'yu evlenmeden arkanda taşımaya gelince, ellerin o kadar dolu oluyor ki, hiçbir şey yapamıyorsun. Mazankov'a, Krupov'a bak. Geleceklerini kadınlar yüzünden mahvettiler.

Adı geçen iki adamın ilişki kurdukları Fransız hanımı ve aktrisi anımsayan Vronskiy:

— Ama ne kadınlar! –dedi.

— Kadının sosyete içindeki durumu ne kadar güçlüyse o kadar kötü. Bu artık fardeau'yu ellerinde taşımakla değil, onu başkasından koparıp almakla aynı şey.

Vronskiy önüne bakarak ve Anna'yı düşünerek:

— Sen hiç sevmemişsin, –dedi alçak sesle.

— Belki. Ama sana söylediğim şeyi unutma. Bir şey daha: Bütün kadınlar erkeklerden daha maddecidir. Biz aşktan muazzam bir şey yaparız, onlarsa her zaman terre-à-terre.*

İçeri giren uşağa:

— Şimdi, şimdi! –dedi. Ama uşak, Vronskiy'in sandığı gibi onları çağırmaya gelmemiş, Vronskiy'e bir not getirmişti.

— Bir adam Prenses Tverskaya'dan size bir mektup getirdi.

Vronskiy mektubu açtı ve kıpkırmızı oldu.

Serpuhovskoy'a:

— Başım ağrıyor, eve gideceğim, –dedi.

— Pekâlâ, güle güle. Carte blanche veriyor musun?

— Sonra konuşuruz, seni Petersburg'da bulurum.

XXII

Saat altı olmuştu ve Vronskiy, vaktinde yetişmek, aynı zamanda da herkesin tanıdığı kendi atlarıyla gitmemek için Yaşvin'in kupa arabasına bindi ve arabacıya olabildiğince

---

* Sıradan, bayağı şeyler. (Fr.)

hızlı gitmesini söyledi. Dört kişilik eski kupa arabası genişti. Köşeye oturdu, ayaklarını öndeki oturma yerine uzatıp düşüncelere daldı.

İşlerinin açıklık kazandığını belli belirsiz bilmek, onu gerekli bir adam olarak gören Serpuhovskoy'un dostluğunu ve iltifatlarını belli belirsiz anımsamak ve asıl önemlisi buluşma umudu. Bunların hepsi ortak bir yaşama sevincinde birleşmişti. Bu duygu o kadar güçlüydü ki, elinde olmadan gülümsüyordu. Ayaklarını indirdi, bacak bacak üstüne atıp, bir gün önce düştüğünde incinen esnek baldırını elledi ve arkaya yaslanarak bütün göğsüyle birkaç kez derin derin iç çekti.

"İyi, çok iyi!" –dedi kendi kendine. Daha önce de bedenini sevinçle hissetmişti, ama kendini ve bedenini hiçbir zaman şimdiki kadar sevmemişti. Güçlü bacağındaki bu hafif ağrıyı hissetmek hoşuna gidiyordu, soluk alırken göğüs kaslarının hareketini hissetmek hoşuna gidiyordu. Anna'yı o kadar umutsuzca etkilemiş olan bu çok açık ve serin ağustos günü ona canlandırıcı gelmiş, soğuk suyla yıkadığı için kızarmış olan yüzünü ve boynunu serinletmişti. Bıyıklarından yayılan briyantin kokusu, bu temiz havada özellikle hoş gelmişti. Arabanın penceresinden gördüğü her şey, bu serin ve temiz havadaki, günbatımının soluk ışığındaki her şey onun gibi taze, onun gibi neşeli ve güçlüydü: evlerin batan güneşin ışıkları içinde parlayan çatıları, çitlerin ve bina köşelerinin keskin çizgileri, arada bir karşılarına çıkan yayalar ve arabalar, ağaçların ve otların hareketsiz yeşili, düzgün açılmış patates evlekleriyle tarlalar, evlerden, ağaçlardan, çalılardan, patates evleklerinden düşen eğik gölgeler. Her şey, biraz önce bitmiş ve verniklenmiş iyi bir manzara resmi kadar güzeldi.

Vronskiy pencereden başını uzatıp:

— Daha hızlı, daha hızlı, –dedi ve cebinden üç rublelik bir banknot çıkararak başını arkaya çevirip bakan arabacının eline tutuşturdu. Arabacının eli fenerin yanındaki bir şeye dokundu, bir kamçı ıslığı duyuldu ve araba düz yolda hızla ilerledi.

Pencerelerin arasındaki kemikten zil düğmesine bakarak ve Anna'yı son gördüğü haliyle hayal ederek "Bana bu mutluluktan başka hiçbir şey lazım değil, hiçbir şey, –diye aklından geçirdi.– Gün geçtikçe onu daha çok seviyorum. İşte Vrede'nin yazlığının bahçesi. Anna bahçenin neresinde acaba? Nerede? Nasıl? Neden burada randevu verdi ve neden bunu Betsi'nin mektubuna yazdı?" –Bunu ancak şimdi düşünüyordu; ama artık düşünecek zamanı yoktu. Arabacıyı iki yanı ağaçlı yola gelmeden durdurdu, arabanın kapısını açıp daha hareket halindeyken arabadan atladı ve eve giden ağaçlıklı yolda yürümeye başladı. Yolda kimse yoktu; ama sağa doğru bakınca onu gördü. Yüzü tülle örtülüydü, ama ona özgü yürüyüşünü, omuzlarının yuvarlaklığını ve başının dik duruşunu sevinçli bir bakışla sardı ve o anda sanki bedeninden bir elektrik akımı geçti. Bacaklarının esnek hareketlerinden soluk alırken ciğerlerinin hareketine kadar kendisini yeni bir güçle hissetti ve dudaklarını bir şey gıdıkladı.

Anna, Vronskiy yanına gelince elini sımsıkı sıktı.

— Çağırdığım için kızmadın ya? Seni görmem gerekiyordu, –dedi; tülün altından gördüğü dudaklarının ciddi ve sert duruşu bir anda Vronskiy'in ruhsal durumunu değiştirdi.

— Ben mi kızıyorum? Sen nasıl geldin buraya, kime geldin?

Anna kolunu Vronskiy'in kolunun üzerine koyarak:

— Önemli değil, –dedi.– Gidelim, konuşmamız gerek.

Vronskiy bir şey olduğunu ve bunun sevindirici bir buluşma olmayacağını anlamıştı. Anna'nın yanında iradesine sahip olamıyordu: Onun endişesinin nedenlerini bilmeden aynı endişenin elinde olmaksızın kendisine de bulaştığını hissediyordu artık.

Vronskiy dirseğiyle Anna'nın kolunu sıkarak ve aklından geçenleri yüzünden okumaya çalışarak:

— Ne var? Ne oldu? –diye sordu.

Anna gücünü toplamaya çalışarak bir şey söylemeden birkaç adım attı ve birden durdu.

— Dün sana söylemedim, –diye başladı hızlı ve derin bir soluk alarak.– Aleksey Aleksandroviç'le eve dönerken ona her şeyi anlattım... onun karısı olarak kalamayacağımı ve... her şeyi söyledim.

Vronskiy, Anna'nın durumunun ağırlığını hafifletmek istermiş gibi elinde olmadan bütün bedeniyle eğilerek dinliyordu. Ama Anna bunu söyler söylemez birden doğruldu ve yüzü gururlu, sert bir ifade aldı.

— Evet, evet, bu daha iyi, bin kere daha iyi! Bunun ne kadar zor olduğunu anlıyorum, –dedi Vronskiy.

Fakat Anna onun sözlerini dinlemiyor, yüzünün ifadesinden düşüncelerini okuyordu. Yüzünün ifadesinin Vronskiy'in aklına ilk gelen düşünceyle, düellonun artık kaçınılmaz olduğu düşüncesiyle ilgili olduğunu bilemezdi. Düello düşüncesi hiçbir zaman Anna'nın aklına gelmemişti, bu yüzden bir anlık sert ifadeyi bambaşka bir anlama çekti.

Kocasının mektubunu aldıktan sonra her şeyin eskisi gibi kalacağını, durumunu önemsemeyecek, oğlunu bırakacak ve sevgilisiyle birleşecek güçte olmadığını ruhunun en derinlerinde biliyordu artık. Prenses Tverskaya'nın evinde geçirdiği sabah da onu buna daha çok inandırmıştı. Ama bu buluşma Anna için yine de son derece önemliydi. Bu buluşmanın durumlarını değiştireceğini ve kendisini kurtaracağını umuyordu. Eğer Vronskiy bu haberi duyduğunda kesin olarak, ihtirasla, bir an bile düşünmeden ona "Her şeyi bırak benimle kaç!" diyecek olsaydı, oğlunu bırakacak ve onunla gidecekti. Ama bu haber Vronskiy'de Anna'nın beklediği etkiyi yapmamıştı: Vronskiy sadece hakarete uğramış gibiydi.

— Benim için hiç zor olmadı. Kendiliğinden oldu, –dedi Anna sinirli bir şekilde.– Ve işte bu... –diyerek eldiveninin içinden kocasının mektubunu çıkarttı.

Vronskiy mektubu aldı, ama okumadı. Anna'yı sakinleştirmeye çalışarak:

— Anlıyorum, anlıyorum, –dedi.– İstediğim, dilediğim tek şey, hayatımı senin mutluluğuna adamak için bu durumu kesip atmaktır.

— Bunu bana neden söylüyorsun? –dedi Anna.– Bundan kuşku duyabilir miyim hiç? Kuşkulanmış olsaydım...

Vronskiy, karşıdan gelen iki hanımı göstererek:

— Şu gelenler kim? –dedi birden.– Bizi tanıyorlardır belki. –Anna'yı da kendisiyle birlikte sürükleyerek hemen yandaki yola saptı.

— Ah, benim için fark etmez! –dedi Anna. Dudakları titremeye başladı. Anna'nın gözleri tülün altından ona tuhaf bir kinle bakıyormuş gibi geldi Vronskiy'e.– Sana söylüyorum, mesele bu değil, bundan kuşku duymuyorum; ama bak o bana ne yazıyor. Oku. –Anna yine durdu.

Vronskiy, mektubu okurken kocasından ayrıldığı haberini duyduğu ilk andaki gibi, hakarete uğramış bir kocaya karşı takınılacak tavrın kendisinde yarattığı o doğal izlenime elinde olmadan tekrar kaptırdı kendini. Şimdi o kocanın mektubunu elinde tutarken büyük olasılıkla bugün ya da yarın alacağı çağrıyı ve düelloyu ister istemez gözünde canlandırıyordu. Düello sırasında şimdi yüzünde olan en soğuk ve gururlu ifadeyle havaya ateş edip, hakarete uğramış kocanın ateş etmesini bekleyecekti. O anda aklına biraz önce Serpuhovskoy'un ona söylediği ve sabahtan kendisinin de düşündüğü, kendini bağlamamanın daha iyi olacağı düşüncesi geldi, ama bu düşünceyi Anna'ya söyleyemeyeceğini biliyordu.

Mektubu okurken gözlerini Anna'ya doğru kaldırdı. Vronskiy'in bakışlarında bir kesinlik yoktu. Anna, onun bu konuyu daha önce düşünmüş olduğunu hemen anladı. Vronskiy'in ne söylerse söylesin, aklından geçenlerin hepsini söylemeyeceğini biliyordu. Son umudunda da yanıldığını anlamıştı. Bu, onun beklediği şey değildi.

— Nasıl bir adam olduğunu görüyorsun, –dedi titreyen bir sesle,– o...

— Bağışla beni, ama buna seviniyorum, –diye Anna'nın sözünü kesti Vronskiy. Sözlerini tamamlayacak zaman vermesi için ona bakışlarıyla yalvararak,– Tanrı aşkına izin ver de sözümü bitireyim, –diye ekledi.– Seviniyorum, çünkü bu, onun tahmin ettiği gibi olamaz, asla öyle kalamaz.

Anna gözyaşlarını tutarak:

— Neden olamazmış? –dedi. Besbelli ki, artık Vronskiy'in söylediği şeylere hiç önem vermiyordu. Kaderinin belli olduğunu hissediyordu.

Vronskiy, kendi düşüncesine göre kaçınılmaz olan düellodan sonra bunun böyle devam edemeyeceğini söylemek istiyordu, ama başka bir şey söyledi.

— Devam edemez. Artık onu terk edeceğini umuyorum. Umarım, –utandı ve kıpkırmızı kesildi,– yaşantımızı kurmam ve her şeyi düşünmem için bana izin verirsin. Yarın... –diye devam edecekti konuşmaya.

Anna sözünü tamamlamasına izin vermedi.

— Ya oğlum? –diye haykırdı.– Ne yazdığını görüyor musun? Onu bırakmam gerektiğini yazıyor, ben bunu yapamam, yapmak da istemiyorum.

— Ama Tanrı aşkına, daha iyi bir yol var mı? Oğlunu bırakmak mı, yoksa bu aşağılayıcı durumu sürdürmek mi?

— Kimin için aşağılayıcı durum bu?

— Herkes için, en çok da senin için.

— Aşağılayıcı diyorsun... bunu söyleme. Bu sözlerin benim için bir anlamı yok, –dedi Anna titreyen sesiyle. Artık onun yalan söylemesini istemiyordu. Bir tek onun aşkı kalmıştı ve onu sevmek istiyordu.– Anla beni, sana âşık olduğum günden beri benim için her şey değişti. Benim için tek bir şey var, senin aşkın. Eğer bu aşk benim ise kendimi öyle yükseklerde, öyle sağlam hissederim ki, hiçbir şey benim için aşağılayıcı olamaz. Durumumdan gurur duyarım, çünkü... gururumun nedeni... gurur... –Neden gurur duyduğunu söyleyemedi. Utanç ve umutsuzluk dolu gözyaşları sesini boğmuştu. Durdu ve hüngür hüngür ağlamaya başladı. Vronskiy de boğazına doğru bir şeyin yükseldiğini, burnunu yaktığını ve hayatında ilk kez ağlamak üzere olduğunu hissetti. Ona bu kadar dokunan şeyin ne olduğunu söyleyemezdi; Anna'ya acıyor ve ona yardım edemeyeceğini hissediyordu, aynı zamanda Anna'nın mutsuz olmasına kendisinin neden olduğunu, kötü bir şey yaptığını da biliyordu.

— Boşanman mümkün değil mi? –dedi zayıf bir sesle. Anna yanıt vermeden başını salladı.– Oğlunu yanına almak ve onu terk etmek olanaksız mı?

— Evet; ama bunların hepsi ona bağlı. Şimdi onun yanına gitmek zorundayım, –dedi Anna soğuk bir şekilde. Her şeyin eskisi gibi kalacağı konusundaki önsezisi onu yanıltmamıştı.

— Salı gün Petersburg'da olacağım ve bunların hepsi çözümlenecek.

— Evet, –dedi Anna.– Ama artık bu konudan söz etmeyelim.

Anna'nın yolladığı ve Vrede'nin bahçe parmaklığının önüne gelmesini söylediği arabası gelmişti. Anna, Vronskiy'le vedalaştı ve evin yolunu tuttu.

XXIII

Pazartesi gün 2 Haziran Komisyonu'nun olağan toplantısı vardı. Aleksey Aleksandroviç toplantı salonuna girdi, üyelerle ve başkanla her zamanki gibi selamlaştı, önünde hazır durumdaki kâğıtların üstüne elini koyup yerine oturdu. Bu kâğıtların arasında kendisine gerekli olan raporlar ve yapmaya niyetlendiği açıklamanın taslak halindeki özeti de bulunuyordu. Bununla birlikte raporlar gerekli değildi onun için. Her şeyi anımsıyordu ve söyleyeceği şeyleri belleğinde yinelemeyi gereksiz görüyordu. Zamanı gelince ve karşısında düşmanının ilgisiz bir ifade vermeye çalıştığı yüzünü görünce konuşmasının kendiliğinden, şimdi hazırlanabileceğinden daha iyi akıp gideceğini biliyordu. Konuşmasının içeriğinin her bir sözcüğü bir anlam taşıyacak kadar önemli olduğunu hissediyordu. Bu arada olağan raporu dinlerken en masum, en zararsız bir görünüşe büründü. Uzun parmaklarıyla önünde duran beyaz kâğıdın iki kenarını hafif hafif kıvıran, damarları şişmiş ak ellerine ve yorgun bir ifadeyle yana eğilmiş başına bakan hiç kimse, birazdan ağzından korkunç bir fırtına etkisi yapacak, üyeleri birbirinin sözünü keserek bağırmak ve başkanı düzenin sağlanmasını talep etmek zorunda bırakacak sözlerin döküleceğini düşünmezdi. Rapor okunup bittiğinde Aleksey Aleksandroviç ince, hafif sesiyle yabancıların yerleştirilmesi konusuyla ilgili bazı düşüncelerini belirteceğini açıkladı. Dikkatler ona çevrilmişti. Aleksey Aleksandroviç öksürdü ve düşmanına bakmadan, ama konuşurken her zaman yaptığı gibi önünde oturan ilk kişiyi seçip –ki bu, komisyonda hiçbir zaman hiçbir düşüncesi olmayan sessiz, sakin, ufak tefek bir ihtiyardı,– düşüncelerini açıklamaya girişti. Konu en önemli yasaya gelince düşmanı ayağa fırladı ve itiraz etmeye başladı. Komisyon üyesi olan ve bam teline basılan Stremov da kendini haklı göstermeye çalışıyordu. Toplantı genel olarak gürültü patırtı içinde geçti; fakat Aleksey Aleksandroviç galip geldi ve önerisi kabul edildi; üç yeni komisyon kuruldu ve ertesi gün Petersburg'un belli çevrelerinde tek konuşulan konu bu toplantı oldu. Aleksey Aleksandroviç'in başarısı beklediğinden de büyüktü.

Ertesi gün, yani salı günü, Aleksey Aleksandroviç uyandığında bir gün önceki zaferini sevinçle anımsadı ve büro şefi gözüne girme isteğiyle komisyonda olanlarla ilgili kulağına gelen haberleri ilettiğinde umurunda değilmiş gibi görünmek istese de gülümsemekten kendini alamadı.

Büro şefiyle meşgul olan Aleksey Aleksandroviç, bugünün salı olduğunu, Anna Arkadyevna'nın dönüşü için belirlediği gün olduğunu tamamen unutmuştu ve bir uşak karısının geldiğini bildirdiğinde şaşırdı, keyfi kaçtı.

Anna, Petersburg'a sabah erken gelmişti; çektiği telgraf üzerine onun için bir araba gönderilmişti, dolayısıyla Aleksey Aleksandroviç karısının geleceğini biliyordu. Fakat Anna geldiğinde onu karşılamaya çıkmamıştı. Anna'ya Aleksey Aleksandroviç'in henüz işe gitmediğini, büro şefiyle çalışmakta olduğunu söylediler. Geldiğini kocasına bildirmelerini emretti, kendi odasına geçti ve kocasının gelmesini beklerken eşyalarını yerleştirmekle uğraştı. Ancak bir saat geçmiş, Aleksey Aleksandroviç gelmemişti. Emir vermek bahanesiyle yemek odasına gitti ve kocasının buraya gelmesini bekleyerek mahsus yüksek sesle konuştu; Anna, büro yöneticisini uğurlarken kapıya kadar geldiğini duyduğu halde Aleksey Aleksandroviç yemek odasına da gelmedi. Her zamanki gibi çok geçmeden işe gideceğini biliyordu ve ilişkilerinin ne olacağının belli olması amacıyla gitmeden önce onu görmek istiyordu.

Salondan geçti ve kararlı adımlarla Aleksey Aleksandroviç'in odasına yöneldi. İçeri girdiğinde kocası üniformasını giymiş, gitmeye hazır bir halde, dirseklerini dayadığı küçük masasının başında oturuyor ve üzgün bir ifadeyle önüne bakıyordu. Anna kocası kendisini görmeden önce onu görmüş ve kendisini düşündüğünü anlamıştı.

Aleksey Aleksandroviç karısını görünce ayağa kalkmak istedi, vazgeçti, sonra Anna'nın daha önce hiç görmediği şekilde yüzü kıpkırmızı oldu ve hızla ayağa kalktı, gözlerine değil, daha yukarı, alnına ve saçlarına bakarak karısına doğru yürüdü. Yanına gitti, elini tuttu ve oturmasını rica etti.

Yanına oturarak:

— Geldiğinize çok sevindim, -dedi ve bir şey söylemek istiyormuş gibi duraksadı. Birkaç kez konuşmaya başlamak istedi, ama başlayamadı. Anna bu buluşmaya hazırlanırken kendi kendisine ondan nefret etmeyi ve onu suçlamayı öğretmiş olsa da kocasına ne diyeceğini bilmiyor ve ona acıyordu. Sessizlik oldukça uzun bir süre böyle devam etti.– Seryoja iyi mi? -dedi Aleksey Aleksandroviç ve yanıtı beklemeden ekledi.– Bugün öğle yemeğini evde yemeyeceğim, hemen gitmem gerekiyor.

— Ben Moskova'ya gitmek istiyorum, –dedi Anna.

— Hayır, gelmekle çok çok iyi yaptınız, dedi Aleksey Aleksandroviç ve yine sustu.

Anna, kocasının konuşmaya başlayacak gücü bulamadığını görerek kendisi başladı.

Kocasına bakarak ve onun saçlarına diktiği bakışları altında gözlerini indirmeyerek:

— Aleksey Aleksandroviç, ben suçlu bir kadınım, kötü bir kadınım, –dedi,– ama nasılsam yine öyleyim, size o zaman söylediğim gibiyim ve size hiçbir şeyimi değiştiremeyeceğimi söylemeye geldim.

Aleksey Aleksandroviç birden kararlı bir şekilde ve karısının gözlerinin içine nefretle bakarak:

— Bunu size sormadım, –dedi.– Böyle olacağını tahmin ediyordum.– Anlaşılan öfkenin etkisiyle bütün yeteneklerini yeniden tam olarak kazanmıştı.– Ancak o zaman size söylediğim ve yazdığım gibi, –diye kulak tırmalayan ince bir sesle konuşmaya başladı,– bunu bilmek zorunda olmadığımı bir kez daha tekrarlıyorum. Bunu görmezden geliyorum. Kadınların hepsi, sizin gibi bu kadar *hoş* bir haberi kocalarına hemen verecek kadar iyi değiller. –"Hoş" sözcüğünü üzerine basa basa söylemişti.– Sosyete bunu bilmediği sürece, adım kirlenmediği sürece bunu görmezden geleceğim. Bundan dolayı da sizi sadece ilişkilerimizin her zamanki gibi olması gerektiği ve ancak sizin kendinizi *lekelemeniz* halinde onurumu korumak için gerekli önlemleri almak zorunda kalacağım konusunda uyarıyorum.

Anna kocasına korkuyla bakarak:

— Ama ilişkilerimiz her zamanki gibi kalamaz, –dedi ürkek bir sesle.

Bu rahat hareketleri gördüğünde, bu çocuksu, tiz ve alaycı sesi duyduğunda kocasına olan nefreti, biraz önceki acıma duygusunu yok etmişti ve tek hissettiği korkuydu, ama ne olursa olsun durumuna açıklık kazandırmak istiyordu.

— Sizin karınız olamam, ben... –diye söze başlamıştı.

Aleksey Aleksandroviç kindar ve soğuk bir şekilde güldü.

— Seçtiğiniz yaşam türü kavramlarınıza da yansımış olmalı. Geçmişinize ne kadar saygı duyuyorum ya da ne kadar küçümsüyorum, aslında her ikisi de... Geçmişinize saygı duyuyorum ve şimdiki halinizi küçümsüyorum... benim sözlerime verdiğiniz anlamdan öyle uzağım ki.

Anna içini çekti ve başını öne eğdi.

— Bununla birlikte, sizdeki bu bağımsızlığı, –diye devam etti heyecanlanarak,– kocasına ihanet ettiğini açık açık söyleyen ve bunda utanılacak bir şey görmeyen bir kadının, kocasına karşı karılık görevlerini yerine getirmeyi ayıp saymasını anlamıyorum.

— Aleksey Aleksandroviç! Benden ne istiyorsunuz?

— O adamla burada karşılaşmamayı, ne *sosyetenin*, ne *hizmetçilerin* sizi suçlayamayacakları şekilde davranmanızı... onu görmemenizi istiyorum. Herhalde çok fazla bir şey değil. Bunun karşılığında görevlerinizi yerine getirmeseniz de şerefli bir eşin haklarından yararlanacaksınız. Size söyleyeceklerim bu kadar. Gitme vaktim geldi. Öğle yemeğini evde yemeyeceğim.

Ayağa kalktı ve kapıya yöneldi. Anna da ayağa kalktı. Aleksey Aleksandroviç hiçbir şey söylemeden eğilerek karısını selamladı, Anna'ya dışarı çıkması için yol verdi.

XXIV

Levin'in ot yığını üzerinde geçirdiği gece kendi açısından boşa gitmemişti; yürüttüğü çiftlik işi kabak tadı vermeye başlamış, onun için her türlü önemini yitirmişti. Mükemmel bir ürün alınmasına karşın, bu kadar çok başarısızlık ve köylülerle arasında hiçbir zaman bu yılki kadar düşmanca ilişkiler olmamıştı ya da en azından ona öyle geliyordu. Başarısızlıkların ve bu düşmanlığın nedenini şimdi iyice anlamıştı. Çalışırken hissettiği güzellik, bunun sonucunda köylülerle yakınlaşması, köylülere ve onların yaşamına duyduğu imrenme bu gece artık bir hayal olmaktan çıkıp nasıl gerçekleştireceğini ayrıntılarıyla düşündüğü bir niyet haline gelen bu yaşama geçme isteği... Bütün bunlar onun çiftlikle ilgili görüşlerini öylesine değiştirmişti ki, önceden gösterdiği ilgiyi artık asla bulamıyor ve meselenin temelini oluşturan, işçilere karşı tatsız davranışını görmezden gelemiyordu. Pava gibi, iyileştirilmiş ineklerden oluşan bir sürü, hepsi gübrelenmiş, pulluklarla sürülmüş toprak, çevresi söğüt dallarıyla çevrilmiş dokuz düz tarla, doksan desyatina derin sürülmüş ve gübrelenmiş toprak, sıradan tohum ekme makineleri vs. Bütün bunlar sadece kendisi ya da ona ilgi gösteren arkadaşları tarafından yapılırsa çok güzeldi. Ancak şimdi açıkça görüyordu ki (tarımın baş elementinin işçi olduğunu ileri sürdüğü tarımla ilgili kitabı üzerindeki çalışması bu konuda ona çok yardımcı olmuştu), evet şimdi açıkça görüyordu ki, yönettiği çiftlik, kendisiyle işçiler arasında, onun bulunduğu yanda sürekli ve ısrarlı bir şekilde en iyi sayılan örneğe göre düzeni değiştirme isteğinin, diğer yanda ise doğal bir düzenin olduğu sert ve inatçı bir mücadeleden başka bir şey değildi. Kendisinin çok büyük çaba harcadığı, diğer tarafın ise hiçbir çabasının, hatta niyetinin bile olmadığı bu mücadelede çiftliğin zarar etmesinden, güzelim aletlerin, güzelim hayvanların ve toprakların boşu boşuna telef olmasından başka bir şey elde edilmediğini görüyordu. En önemlisi de bu işe harcanan enerjinin tamamen boşa gitmesi bir yana, çiftliğin onun için taşıdığı anlamın ortaya çıktığı şu anda harcadığı enerjinin amacının da değersiz olduğunu hissetmemesi olanaksızdı. Aslında mücadelenin özü neydi? O her bir kuruşu için mücadele ediyordu (etmemesi mümkün değildi, çünkü enerjisi azalıyordu ve işçilerin hesabını öderken parası yetmiyordu), işçilerse sadece rahat ve sakin, yani alıştıkları gibi bir çalışmanın peşindeydiler. Her bir işçinin daha fazla çalışması, ayrıca kalbur makinelerini, tırmıkları, harman makinelerini ihmal etmemesi, kırmamaya, bozmamaya çalışması, yaptığı işi enine boyuna düşünmesi Levin'in çıkarınaydı; işçi ise olabildiğince rahat, dinlene dinlene, asıl önemlisi de gamsız, umursamadan ve düşünmeden çalışmak istiyordu. Bu yaz Levin her adımda bunu görüyordu. Kurutmak amacıyla otların ve pelinlerin büyüdüğü, tohuma elverişsiz kötü yerleri seçip, yonca biçtirmeye adam gönderiyordu, en iyi tohumluk alanları biçiyorlar, kâhyanın böyle söylediğini ileri sürerek kendilerini haklı çıkarıyorlar ve bu yıl kuru otun mükemmel olacağını söyleyip onu teselli ediyorlardı; fakat Levin, bu tarlaları biçmek daha kolay olduğu için bunu yaptıklarını biliyordu. Ot kurutma makinesi gönderiyordu, daha ilk sırada makineyi bozuyorlardı, çünkü tepesinde kanatları dönen bir makinenin sürücü yerinde oturmak köylüye sıkıcı geliyordu. Levin'e "Merak etmeyin, kadınlar bu işi daha çabuk yapar," diyorlardı. Pulluklar işe yaramaz durumdaydı, çünkü işçinin aklına yukarı kalkan bıçağı indirmek gelmiyordu ve pulluğu hareket ettirmek için kuvvet kullandığından atların canını çıkarıyor ve toprağı bozuyordu; sonra da ondan sakin olmasını istiyorlardı. Atların buğday tarlasına girmesine göz yumuyorlardı, çünkü bir tek işçi bile gece bekçisi olmak istememişti ve öyle yapılmaması emredildiği halde işçiler gece nöbetini sıraya koymuşlardı, bütün gün çalışan Vanka da uyuyakalmış ve suçunu itiraf edip, "Emir sizin," demişti. En iyi üç buzağı fazla yemekten telef olmuştu, çünkü buzağıları su vermeden yoncalığa salıvermişlerdi ve buzağıların yedikleri yonca yüzünden şiştiklerine hiçbir şekilde inanmak istemiyorlar, teselli etmek için de komşunun yüz on iki baş hayvanının üç gün içinde telef olduğunu söylüyorlardı. Birinin Levin'e ya da Levin'in çiftliğine kötülük etmek istemesi yüzünden olmuyordu bütün bunlar; tersine Levin, kendisini sevdiklerini, alçakgönüllü bir bey (bu, en büyük övgüydü) saydıklarını biliyordu; ama bunu sadece keyifli ve tasasız çalışmak istedikleri ve Levin'in çıkarlarının onlarınkine yabancı ve anlaşılmaz olmasının yanı sıra onların en haklı çıkarlarıyla kaçınılmaz şekilde çeliştiği için yapıyorlardı. Levin uzun zamandır çiftlikle ilgili tavrından hoşnutsuzluk duyuyordu. Kayığının su aldığını görüyordu, ama suyun girdiği yeri bulmuyor, belki de kendisini kandırarak aramıyordu. Ama artık kendisini daha fazla kandıramazdı. Yönettiği çiftlik, bırakın ilginç olmayı, tersine iğrenç geliyor ve artık onunla uğraşamıyordu.

Buna bir de görmek istediği, ama göremediği Kiti Şçerbatskaya'nın ondan otuz verst uzakta olması da eklenmişti. Darya Aleksandrovna Oblonskaya, evine gittiğinde onu, kız kardeşine yaptığı teklifi yeniden yapması için davet etmiş, artık Kiti'nin bu teklifi kabul edeceğini hissettirmişti. Levin, Kiti Şçerbatskaya'yı görünce onu sevmekten vazgeçmediğini anlamıştı; fakat Kiti'nin orada olduğunu bile bile Oblonskiylere gidemiyordu. Evlenme teklif etmesi ve onun bu teklifi reddetmesi aralarına aşılmaz bir engel koymuştu. "Sırf istediği adamın karısı olamadığı için benim karım olmasını isteyemem ondan," –diyordu kendi kendine. Bu düşünce onu Kiti'ye karşı soğuk ve düşman bir hale getiriyordu. "Onunla sitem etmeden konuşamayacak, yüzüne kızmadan bakamayacağım, o da olması gerekenden daha fazla nefret edecek benden. Hem Darya Aleksandrovna'nın söylediği şeyden sonra onlara nasıl gidebilirim? Bana söylediği şeyi bildiğimi belli etmemem mümkün mü? Yüce gönüllülük gösterip onu bağışlamaya gideceğim. Bağışlayan ve onu aşkıyla onurlandıran bir adam rolünde olacağım karşısında!.. Darya Aleksandrovna bana bunu niçin söyledi sanki? Rastlantıyla onu görebilirdim ve o zaman her şey kendiliğinden olurdu, ama şimdi mümkün değil, mümkün değil!"

Darya Aleksandrovna ona bir not yollamış ve Kiti için bir kadın eyeri istemişti. "Bana bir eyeriniz olduğunu söylediler, –diye yazıyordu Levin'e.– Onu bizzat getireceğinizi umuyorum."

Artık bu kadarına katlanamazdı. Akıllı, zarif bir kadın kız kardeşini ne kadar küçük düşürüyordu! On kere not yazdı, ama hepsini yırtıp attı ve eyeri hiçbir yanıt yazmadan gönderdi. Gideceğini yazması olanaksızdı, çünkü gidemezdi; bir engel çıktığı ya da başka bir yere gideceği için gelemeyeceğini de yazamazdı, bu daha da kötü olurdu. Eyeri hiçbir yanıt yazmadan ve ayıp ettiğini bile bile gönderdi, ertesi gün de bıkıp usandığı çiftliği kâhyaya teslim edip, çevresinde suçulluğu avlanabilecek çok güzel sazlıklar olan uzak bir ilçeye, geçenlerde kendisine çok önceden verdiği sözü yerine getirip, ziyarete gelmesini rica eden arkadaşı Sviyajskiy'e gitti. Surov ilçesindeki sazlıklar çoktandır Levin'in ilgisini çekiyordu, fakat çiftlikteki işleri yüzünden bu ziyareti hep erteliyordu. Şimdi ise hem Şçerbatskiylerin komşuluğundan, hem de en önemlisi çiftlikten uzaklaşıp bütün sıkıntılarında ona en iyi avuntu olan ava gitmekten memnundu.

XXV

Surov ilçesine ne tren, ne de posta arabası gidiyordu. Bu yüzden Levin kendi atlarının koşulu olduğu kapalı bir arabayla gitti.

Yolun yarısında zengin bir köylünün evinde atları yemlemek için durdu. Arabaya yol vermek için kapının pervazına dayanmış, dazlak kafalı, yanak kısmı ağarmış geniş sarı sakallı, dinç görünüşlü bir ihtiyar kapıyı açtı. Arabacıya güneşte yanmış karasabanların durduğu, büyük, temiz ve düzenli yeni avludaki çardağın altında yer gösteren ihtiyar, Levin'e konuk odasına geçmesini rica etti. Temiz giyimli, çıplak ayaklarında lastik olan genç bir kadın eğilmiş, yeni giriş bölümündeki döşemeyi siliyordu. Levin'in peşinden koşan köpeği görünce korkup bir çığlık attı, ama köpeğin bir şey yapmayacağını öğrenince hemen kendi korkusuna gülmeye başladı. Sıvanmış koluyla Levin'e konuk odasını gösterdikten sonra eğilip güzel yüzünü gizledi ve yerleri silmeye devam etti.

— Semaveri hazırlayayım mı?

— Evet, lütfen.

Bir Hollanda sobasıyla odayı ikiye bölen bir bölmenin olduğu konuk odası büyüktü. İkonaların altında desenlerle süslü bir masa, bir peyke ve iki sandalye vardı. Giriş kapısının yanında kap kacak dolabı duruyordu. Pencerelerin dış kanatları kapalıydı, sinek azdı ve içerisi öyle temizdi ki, Levin, yol boyunca koşmuş ve su birikintilerinde yıkanmış olan Laska'nın yerlere basıp kirletmesinden kaygılanarak köpeğe kapının yanında, köşede bir yer gösterdi. Levin odayı gözden geçirip arka avluya çıktı. Ayakları lastikli güzel genç kadın, bir sırığa asılı boş kovaları sallayarak Levin'in önünden su almak için kuyuya doğru koştu.

İhtiyar adam genç kadına:

— Hadi canlan biraz! –diye neşeyle bağırdı ve Levin'in yanına geldi.– Nikolay İvanoviç Sviyajskiy'e mi gidiyorsunuz beyim? O da bize uğrar, –diye gevezeliğe başladı merdiven tırabzanına dirseklerini dayayarak.

İhtiyarın Sviyajskiy'le tanışıklığını anlatan hikâyenin ortasında kapı tekrar gıcırdadı ve avluya karasabanları ve tırmıklarıyla tarladan gelen işçiler girdi. Sabanlara koşulu atlar besili ve iriydi. İşçiler galiba ailedendi: İkisi gençti, basma gömlek ve kasket giymişlerdi, diğer ikisi gündelikçiydi, kendirden gömlek giymişlerdi, biri yaşlı, diğeri gençti. Merdivenden uzaklaşan ihtiyar atların yanına gitti ve koşumlarını çıkartmaya koyuldu.

— Nereyi sürdünüz? –diye sordu Levin.

— Patates tarlasını sürdük. Bir parça toprak kiralamıştık da. Hey sen, Fedot, beygiri bırakma, yalağa götür, başka birini koşarız.

Herhalde ihtiyarın oğlu olan, uzun boylu, sağlam yapılı bir delikanlı:

— Baba, saban demiri ısmarlamıştım, getiren oldu mu? –diye sordu.

Çıkardığı koşumları yuvarlak şekilde sararak yere atan ihtiyar:

— Orda... kızağın içinde, –diye yanıtladı.– Onlar yemeklerini yiyene kadar sen hallediver.

Güzel yüzlü genç kadın, omuzlarını gerdiren su dolu kovalarla sofaya geçti. Bir yerlerden gençleri güzel, orta yaşlıları ve yaşlıları çirkin, çocuklu, çocuksuz başka kadınlar ortaya çıktı.

Semaver, bacasından sesler çıkartmaya başladı; atları çözmüş olan işçiler ve aile üyeleri yemeğe gittiler. Levin arabasından yiyeceklerini aldı, ihtiyarı çay içmeye çağırdı.

— Biraz önce içmiştik ama neyse, –dedi ihtiyar gözle görülür bir memnuniyetle bu çağrıyı kabul ederek.– Hadi size arkadaşlık edeyim.

Levin çay içerken ihtiyarın çiftliğinin bütün hikâyesini öğrendi. İhtiyar bundan on yıl önce toprak sahibi bir kadından yüz yirmi desyatina toprak kiralamıştı, geçen yıl ise bu toprakları satın almıştı, komşu toprak sahibinden de üç yüz desyatina daha kiralıyordu. Bu toprağın en kötü olan küçük bir kısmını kiraya veriyordu, kırk desyatina kadarını ailesi ve iki gündelikçi işçisiyle beraber kendisi sürüyordu. İhtiyar işlerin kötü gittiğinden yakınıyordu. Ama Levin, onun sırf nezaketinden böyle yakındığını, çiftliğinin büyüdüğünü anlıyordu. Kötü gitseydi, beş yüz rubleden toprak satın almaz, üç oğlunu ve yeğenini evlendirmez, yangınlardan sonra iki kez daha güzel evler yapamazdı. İhtiyarın yakınmalarına karşın halinin vaktinin yerinde olmasından, oğullarından, yeğeninden, gelinlerinden, atlarından, ineklerinden, özellikle de bütün bu çiftliğe sahip olmaktan haklı bir gurur duyduğu belliydi. Levin, ihtiyarla konuşmasından onun yeniliklere karşı olmadığını anladı. Çok fazla patates ekmişti ve gelirken Levin'in gördüğü patatesler çoktan çiçek açmış, etlenmeye başlamıştı. Oysa Levin'in patatesleri daha yeni çiçek açıyordu. Patates tarlasını dediğine göre bir toprak sahibinden aldığı pullukla sürmüştü. Buğday ekiyordu. İhtiyarın çavdarları yolarak atlarına yedirdiğine ilişkin bir küçük ayrıntı Levin'i çok etkilemişti. Bu güzel yemin ziyan olduğunu gören Levin, kim bilir kaç kez bu yolunan çavdarı toplamak istemişti; ama hiç birinde becerememişti. İhtiyar ise bunu yapmıştı ve bu yemi öve öve bitiremiyordu.

— Kadınların işi ne? Yığınla toplayıp yola çıkarıyorlar, araba gelip alıyor.

Levin ihtiyara bir bardak çay daha vererek:

— Biz toprak sahiplerinin de işçilerle işleri yolunda gitmiyor, –dedi.

— Teşekkür ederim, –diyerek bardağı aldı ihtiyar, ama dişiyle böldüğü şeker parçasını göstererek şekeri geri çevirdi.– İşçilerle işlerin yürüdüğü nerede görülmüş? –dedi.– Yıkımdır. İşte alın Sviyajskiy'i. Toprağının nasıl olduğunu biz biliriz, lokum gibidir, ama ürünüyle pek de övünemez. Hep ihmal yüzünden!

— Ama sen de işçilerle uğraşmıyor musun?

— Bizimki köylü işi. Her işe kendimiz koşarız. İşçi kötüyse hemen atarız işten; kendi işimizin üstesinden kendimiz geliriz.

İçeri giren ayakları lastikli köylü kadın:

— Baba, Finogen katran göndermenizi söylemiş, –dedi.

İhtiyar ayağa kalkarak:

— İşte böyle efendim! –dedi, uzun uzun haç çıkardı, Levin'e teşekkür etti ve dışarı çıktı.

Levin, arabacısını çağırmak için ocağın olduğu odaya girdiğinde ailenin tüm erkeklerini masa başında gördü. Kadınlar ayakta hizmet ediyordu. Sağlam yapılı genç oğul, ağzı lapayla dolu, komik bir şey anlatıyordu ve hepsi kahkahalarla gülüyordu, en neşelileri de bir tasa lahana çorbası dolduran lastik ayakkabılı köylü kadındı.

Bu köy evinin Levin'in üzerinde bıraktığı huzur ve rahatlık izlenimini lastik ayakkabılı kadının güzel yüzü çok etkilemiş olabilirdi, ama bu izlenim o kadar güçlüydü ki, Levin onu bir türlü aklından çıkaramıyordu. İhtiyarın evinden Sviyajskiy'e kadar bütün yol boyunca sanki bu izlenimde onun dikkatini özellikle çeken bir şey varmış gibi ikide bir bu çiftliği anımsadı.

XXVI

Sviyajskiy yaşadığı ilçede yöneticiydi. Levin'den beş yaş büyüktü ve uzun zamandır evliydi. Levin'e çok sempatik gelen genç baldızı da onun evinde kalıyordu. Levin, Sviyajskiy ve karısının kendisini bu kızla evlendirmeyi çok istediklerini biliyordu. Bunu, damat denilen genç insanların hiçbir zaman hiç kimseye söylemeye cesaret edemeseler de her zaman bildikleri kadar kesin biliyordu. Evlenmek istemesine rağmen ve aldığı bilgilere göre bu son derece çekici kız kendisine güzel bir eş olabileceği halde, Kiti Şçerbatskaya'ya âşık olmasa bile bu kızla evlenme olasılığının kendisi için havada uçmak kadar az olduğunu da biliyordu. Bunu bilmek, Sviyajskiy'i ziyaretten umduğu memnuniyeti de zehirliyordu.

Levin, Sviyajskiy'in ava davet eden mektubunu alır almaz bunu düşünmüştü, ama buna karşın Sviyajskiy'in onunla ilgili niyetlerinin sadece kendisine ait, hiçbir temeli olmayan bir tahminden ibaret olduğuna ve her şeye rağmen gitmeye karar verdi. Ayrıca ruhunun derinlerinde bu kıza karşı kendini bir kez daha ölçme isteği vardı. Sviyajskiylerin ev yaşantısı çok hoştu ve Levin'in tanıdığı en iyi yerel yönetici tipi olan Sviyajskiy, Levin için her zaman son derece ilginç biriydi.

Levin için Sviyajskiy, hiçbir zaman bağımsız olmasa da gayet tutarlı düşünceleriyle kendi yolunda yürüyüp giden, son derece belirli ve kesin bir doğrultu izleyen yaşamı ise düşüncelerinden bağımsız olarak ve hemen hemen her zaman düşüncelerine ters düşecek şekilde ilerleyen şaşırtıcı insanlardan biriydi. Sviyajskiy aşırı liberal bir adamdı. Soylulardan nefret eder ve soyluların çoğunu, sırf korkuları yüzünden kendilerini belli etmeyen gizli toprak köleliği yandaşları sayardı. Rusya'yı Osmanlı İmparatorluğu gibi mahvolmuş bir ülke olarak görürdü. Rusya Hükümeti'ni, eylemlerini hiçbir zaman ciddi biçimde eleştirmeye bile tenezzül etmeyeceği kadar kötü bir hükümet sayardı, ama yine de görevini yerine getiren, örnek bir soylu yöneticiydi ve dışarıda her zaman kokartlı, kırmızı şeritli bir kasket giyerdi. İnsanca bir yaşamın, ancak ilk fırsatta kalmaya gideceği yurtdışında mümkün olduğunu düşünürdü. Bununla birlikte Rusya'da çok karmaşık ve mükemmel bir çiftlik yönetir, Rusya'da olup biten her şeyi son derece büyük bir ilgiyle izler ve bilirdi. Rus köylüsünü gelişme açısından maymundan insana geçiş basamağında sayardı, bununla birlikte yerel yönetim seçimlerinde köylülerin ellerini herkesten daha hevesle sıkar, düşüncelerini can kulağıyla dinlerdi. Hiçbir inancı yoktu, ama din adamlarının yaşantısının iyileştirilmesi ve kilise yönetimlerinin küçültülmesi konusuyla yakından ilgilenir, üstelik kendi köyündeki kilisenin kalması için büyük çaba harcardı.

Kadın sorununda kadın özgürlüğünün, özellikle de kadınların çalışma hakkına aşırı taraftar olanların yanındaydı, ama karısıyla çocuksuz, dostça, herkesi hayran bırakan bir yaşam sürerdi. Karısının hayatını öyle bir düzene sokmuştu ki, kadın, kocasıyla ortak ilgi konuları olan zamanlarını nasıl daha iyi ve daha neşeli geçirilebilecekleri konusundan başka hiçbir şeyle ilgilenmiyor, daha doğrusu ilgilenemiyordu.

Levin insanları en iyi yanıyla görme özelliğine sahip biri olmasaydı, Sviyajskiy'in karakteri onun açısından hiçbir zorluk ve sorun oluşturmazdı; aptal ya da alçak diyebilirdi içinden ve her şey açıklığa kavuşurdu. Ancak *aptal* diyemezdi, çünkü Sviyajskiy kesinlikle çok akıllı biri olduğu gibi aynı zamanda çok kültürlü ve bu kültürü olağanüstü basit bir şekilde taşıyan bir adamdı. Bilmediği konu yoktu; ama bilgisini ancak zorunlu kaldığında gösterirdi. Levin onun alçak biri olduğunu daha da az söyleyebilirdi, çünkü Sviyajskiy, çevresindeki herkes tarafından büyük değer verilen bir işi neşeyle, enerjiyle ve azimle yapan ve bilinçli olarak kötü bir şey yapamayacak, kesinlikle dürüst, iyi, zeki bir adamdı.

Levin anlamaya çalışır, hiçbir zaman anlamazdı, ona ve onun yaşantısına canlı bir bilmeceye bakar gibi bakardı.

Arkadaştılar ve bu yüzden Levin, Sviyajskiy'i anlamaya, onun yaşam görüşünü temellerine kadar öğrenmeye çalışıyordu; ama çabaları her zaman boşa gidiyordu. Levin, Sviyajskiy'in aklının bekleme odalarının herkese açık kapılarından içeri daha fazla girmeye çalıştığı her defa Sviyajskiy'in hafifçe şaşırdığını fark ediyordu; bakışlarında sanki Levin'in kendisini yakalayacağından ürkmüş gibi belli belirsiz bir korku ifadesi oluyor, iyi yürekli ve neşeli bir direnç gösteriyordu.

Sviyajskiy'i ziyaret etmek şimdi, çiftlik işlerindeki hayal kırıklığından sonra Levin'in çok hoşuna gidiyordu. Bu mutlu, kendilerinden ve her şeyden hoşnut kumruların ve rahat yuvalarının Levin'in üzerinde neşeli bir etki yapması bir yana, hayatından hiç memnun olmadığı şu sıra, Sviyajskiy'e yaşantısında böylesine bir açıklık, belirlilik ve neşe veren sırrı öğrenmek istiyordu. Ayrıca Levin, Sviyajskiy'in evinde komşu toprak sahiplerini de göreceğini biliyordu ve çok adi konular olarak kabul edildiğini bildiği, ama şu anda Levin'e tek önemli konu olarak görünen ürünle, işçi tutmayla vs. ilgili konuşmak ve bu konuşmaları dinlemek özellikle ilgisini çekiyordu. "Belki bu durum toprak köleliği hukukunda önemli değildi ya da İngiltere'de önemli değildir. Her iki durumda da koşullar bellidir; fakat şu anda her şeyin altüst olduğu ve yeni yeni toparlandığı bir sırada bu koşulların nasıl olacağı konusu Rusya'daki tek önemli konudur," – diye düşünüyordu Levin.

Av Levin'in beklediğinden daha kötü geçti. Sazlık kurumuştu ve suçulluğu nerdeyse hiç yoktu. Koca bir gün geçirmiş, ancak üç tane çullukla dönmüştü. Ama avdan her zamanki gibi korkunç bir iştahla, mükemmel bir ruh haliyle ve güçlü fiziksel durumuna hep eşlik etmiş olan canlı zihinsel durumla da dönmüştü. Avda hiçbir şey düşünmediğini sandığı anlarda ikide bir ailesiyle birlikte ihtiyar adam aklına geliyordu ve bu izlenim sanki sadece dikkati üzerine çekmekle kalmıyor, aynı zamanda onunla ilgili bir şeyin çözümünü de istiyordu.

Akşam, çay sofrasında, bazı vasilik işleri için gelmiş olan toprak sahiplerinin yanında Levin'in beklediği çok ilginç bir konuşma başladı.

Levin çay masasında ev sahibi hanımın yanında oturuyor, onunla ve karşısında oturan baldızla konuşmak zorunda kalıyordu. Ev sahibesi yuvarlak yüzlü, sarışın, orta boylu, gülünce gamzeleri çıkan bir kadındı. Levin, bu kadının kocası tarafından ortaya konmuş, kendisi için önemli bilmeceyi kadının ağzını arayarak çözmeye çalışıyordu; fakat acı verecek kadar sıkıntılı bir durumda olduğu için tam bir düşünce serbestliğine sahip değildi. Sıkıntılıydı, çünkü kendisi için giydiğini düşündüğü, beyaz göğsünü ortada bırakan çok açık elbisesiyle baldız tam karşısında oturuyordu; bu dört köşe açık yaka, kızın göğsünün çok beyaz olmasına rağmen ya da kızın kendisinin çok beyaz olması yüzünden Levin'i düşünme özgürlüğünden yoksun bırakıyordu. Bu dekoltenin herhalde kendisi için yapılmadığını ve ona bakma hakkı olmadığını düşünüyor, bakmamaya çalışıyordu; fakat bu yakanın bu şekilde açılmasının sırf kendi suçu olduğunu hissediyordu. Levin'e sanki birini aldatıyormuş, bir şey açıklaması gerekiyormuş, ama bunu açıklaması olanaksızmış gibi geliyordu ve bu yüzden sürekli kızarıyor, kendisini rahatsız, sıkıntılı hissediyordu. Levin'in sıkılganlığı güzel baldıza da bulaşmıştı. Ancak ev sahibi hanım galiba bunu fark etmiyor ve kızı konuşmaya dâhil etmeye çalışıyordu.

— Siz, Rusya'ya özgü şeylerin kocamı ilgilendiremeyeceğini söylüyorsunuz, –dedi başladığı konuşmayı sürdürerek.– Tam tersine, yurtdışında olmaktan keyif alıyor, ama hiçbir zaman buradaki kadar değil. Burada kendisini kendi çevresinde hissediyor. Ne kadar çok işi var ve hepsiyle ilgilenecek yeteneğe sahip. Ah, bizim okulu görmediniz, değil mi?

— Gördüm... Şu sarmaşıklı küçük ev mi?

— Evet, Nastya'nın işi, –dedi kız kardeşini göstererek.

Levin dekolteye bakmamaya çalışarak, ancak nereye bakarsa baksın dekolteyi göreceğini hissederek:

— Siz mi ders veriyorsunuz? –diye sordu.

— Evet, ben ders verdim, halen de veriyorum, ama çok iyi bir hanım öğretmenimiz var. Beden eğitimi dersi de koyduk.

— Hayır, teşekkür ederim, artık çay istemiyorum, –dedi Levin. Saygısızlık ettiğini hissetse de bu konuşmayı daha fazla sürdürebilecek gücü kendinde bulamayarak kıpkırmızı oldu ve ayağa kalktı.– Çok ilginç bir konuşma duyuyorum, –diye ekledi ve ev sahibinin iki toprak sahibiyle birlikte oturduğu masanın öbür ucuna gitti. Sviyajskiy masaya yan oturmuş, masaya dayadığı eliyle çay bardağını döndürüyor, öbürüyle sakalını avucunun içinde topluyor, kokluyormuş gibi burnuna götürüp bırakıyordu. Parlak siyah gözleriyle dosdoğru kır bıyıklı ve öfkeli toprak sahibine bakıyor, belli ki onun sözlerini eğlenceli buluyordu. Toprak sahibi halktan yakınıyordu. Levin, Sviyajskiy'in toprak sahibinin bu yakınmasına verilecek ve adamın konuşmasının tüm anlamını bir anda yok edecek yanıtı bildiğinin, ancak konumu yüzünden bu yanıtı veremeyeceğinin ve toprak sahibinin konuşmasını memnuniyetle dinlediğinin farkındaydı.

Kır bıyıklı toprak sahibi, görünüşe bakılırsa köklü bir toprak köleliği yandaşı ve köyün yerlisi, hırslı bir çiftçiydi. Levin bunun işaretlerini, adamın giymeye çok alışkın olmadığı anlaşılan eski moda yıpranmış redingotunda, zeki, somurtkan gözlerinde, Rusçayı düzgün bir şekilde konuşmasında, uzun yılların deneyimiyle kazandığı buyurucu ses tonunda, yüzük parmağında eski bir nişan halkası bulunan güneş yanığı, büyük ve güzel ellerinin kararlı hareketlerinde de görüyordu.

XXVII

Toprak sahibi, zeki, yaşlı yüzünü aydınlatan tatlı bir gülümsemeyle:

— Çok büyük emek vererek yaptığım şeyleri bırakmaya acımasam... her şeye elimi sallar, her şeyi satar, Nikolay İvanıç gibi... *Yelena*'yı dinlemeye giderdim, –dedi.

— Ama işte bırakmıyorsunuz, –dedi Nikolay İvanoviç Sviyajskiy,– demek ki, çıkarınız var.

— Tek çıkarım, satın almadığım, kira ödemediğim bir evde oturmamdır. Dahası, halkın aklını başına toplayacağını umuyorsun. Yoksa bu sarhoşluk, bu eğlence düşkünlüğü inanılır gibi değil! Her şeyi bölüşmüşler, ne at, ne inek kalmış. Açlıktan ölür, siz onu işçi olarak tutmaya kalkın, zarar vermeye çalışır, dahası sizi sulh yargıcına gitmek zorunda bırakır.

— Öyleyse siz de sulh yargıcına şikâyet edin, –dedi Sviyajskiy.

— Şikâyet mi edeyim? Dünyada etmem! Öyle laflar ederler ki, şikâyet ettiğine sevinemezsin! İşte fabrikada avansları alıp gittiler. Sulh yargıcı ne yaptı? Beraat ettirdi. Bir tek bucak mahkemesiyle muhtar bunlara engel olur. Eski usulde hakkından gelirler. Bu olmazsa at gitsin her şeyi! Dünyanın öbür ucuna çek git!

Toprak sahibi komşu, belli ki Sviyajskiy'i kızdırmaya çalışıyordu, ama Sviyajskiy bırakın öfkelenmeyi, görünüşe bakılırsa eğleniyordu bile.

— Ama biz işlerimizi bu yollara başvurmadan yürütüyoruz, –dedi gülümseyerek,– ben, Levin, onlar.

Öteki toprak sahibini gösterdi.

— Evet, Mihail Petroviç'in işleri yürüyor, ama bir de ona sorun bakalım nasıl? Rasyonel bir işletme mi? –dedi toprak sahibi. "Rasyonel" sözcüğünü kullanarak çalım satmak istemişti herhalde.

— Benim işletmem basit bir işletme, –dedi Mihail Petroviç. Tanrıya şükür. Benim işletmem, sonbaharda vergi ödeyecek parayı çıkaracak kadar. Köylüler gelirler: Baba kurtar bizi! Hepsi komşundur, acırsın. Vergilerinin ilk üçte birlik kısmını verirsin, ama "Çocuklar, unutmayın, ben size yardım ettim, siz de gerektiğinde yulaf ekimine, ot toplamaya, ekin biçmeye yardım edersiniz," der, iş hayvanı başına şu kadardan diye söylersin. İçlerinde vicdansızlar da vardır doğrusu.

Bu ataerkil yöntemleri eskiden beri bilen Levin, Sviyajskiy'le göz göze geldi ve tekrar kır bıyıklı toprak sahibine hitap ederek Mihail Petroviç'in sözünü kesti.

— Siz ne düşünüyorsunuz? –diye sordu.– Şu anda çiftlik işlerini nasıl yürütmek gerekir?

— Mihail Petroviç gibi: Ya yarıcıya vermek, ya da köylülere kiralamak; bu olabilir, ama bu şekilde sadece devletin ortak zenginliği yok oluyor. Benim toprağım, toprak köleliği zamanında ve iyi bir çalışmayla bire dokuz verirdi, yarıcıya verince bire üç getiriyor. Özgürlük Rusya'yı mahvetti!

Sviyajskiy gülümseyen gözlerle Levin'e baktı ve hatta ona belli belirsiz alaycı bir işaret yaptı; fakat Levin toprak sahibinin sözlerini komik bulmuyor, bu sözleri Sviyajskiy'i anladığından daha iyi anlıyordu. Toprak sahibinin özgürlükle neden mahvolduğunu kanıtlamak için daha sonra söylediği sözlerin pek çoğu ona çok doğru, yeni ve çürütülmez sözler gibi gelmişti. Toprak sahibinin belli ki kendi düşüncesini, ama aklını bir şeyle meşgul etme isteğiyle değil, köyünde, kendi köşesinde oturup her şeyi ayrıntılı olarak düşündüğü yaşam koşullarından boy vermiş düşüncesini ifade ediyordu.

Herhalde eğitimsiz biri olmadığını gösterme isteğiyle:

— Siz de bilirsiniz ki, mesele, her ilerlemenin ancak iktidar gücüyle gerçekleşmesindedir, –dedi. Petro'nun, Yekaterina'nın, Aleksandr'ın reformlarını alın. Avrupa tarihini alın. Ayrıca tarımsal yaşamdaki ilerlemeyi düşünün. Hatta patatesi ele alalım, patates bile ülkemize zor kullanılarak sokulmuştur. Zaten toprak da her zaman sabanla sürülmüyordu. O da prenslikler döneminde zorla sokulmuş olabilir. Şimdi, günümüzde biz toprak sahipleri toprak köleliği düzeni varken işlerimizi yenilikleri kullanarak yürütüyorduk; ekin kurutma makinesi, kalbur makinesi, gübre taşınması ve bütün aletleri kendi gücümüzle, kendi iktidarımızla devreye soktuk, köylüler ilk başta karşı çıktılar, ama sonradan bizi taklit ettiler. Efendim, toprak köleliği düzeninin ortadan kaldırıldığı günümüzde gücümüz elimizden alınmıştır ve yüksek bir düzeye çıkmış olan işletmemiz en kaba, en ilkel duruma düşecektir. Ben konuyu böyle anlıyorum.

— Ama neden? Eğer rasyonel bir işletmeyse işlerinizi kiralık işçi tutarak yürütebilirsiniz, –dedi Sviyajskiy.

— Elimizde güç yok efendim. İşleri kiminle yürüteceğim? Sorarım size.

Levin, "İşte yine o, tarımın en önemli elementi olan işgücü," –diye düşündü.

— İşçilerle.

— İşçiler doğru dürüst çalışmak, iyi araçlarla çalışmak istemiyor. Bizim işçimiz bir tek şeyi, domuzlar gibi içmeyi bilir, sarhoş olup eline verdiğiniz her şeyi bozar. Atlara fazla su içirir, güzelim koşumları koparır, tekerlek lastiklerini satıp parasını yer, harman makinesini kırmak için içine tel sokar. Ona göre olmayan her şey midesini bulandırır. Bu yüzden ekonominin düzeyi düştü. Topraklar ihmal edildi, her yanını pelinler sardı ya da köylülere dağıtıldı, eskiden milyon üretirken şimdi üretim yüz binlere düştü; ortak zenginlik azaldı. Bunları hiç olmazsa hesaplı kitaplı yapmış olsalar...

Ve bu düzensizliklerin ortadan kaldırılmasını sağlayacak kendisine ait kurtuluş planını anlatmaya başladı.

Bu konu Levin'i ilgilendirmiyordu, ama toprak sahibi sözünü bitirdiğinde Levin, onun ilk ileri sürdüğü düşünceye geri döndü, Sviyajskiy'e hitap ederek ve bu konuda ciddi olarak ne düşündüğünü söyletmeye çalışarak:

— Tarımın düzeyinin düştüğü ve işçilerle aramızdaki bu ilişkiler içinde rasyonel bir işletmeyi kâr getirecek şekilde yürütme olanağı bulunmadığı son derece doğru, –dedi.

— Ben öyle düşünmüyorum, –diye ciddi bir şekilde karşı çıktı Sviyajskiy,– sadece tarımı beceremediğimizi görüyorum, hem toprak köleliği düzeninde tarımın yüksek değil, tam tersine çok düşük olduğu görüşündeyim. Ne makinemiz, ne kaliteli iş hayvanımız, ne gerçek bir yönetimimiz var, ne de hesap yapmayı biliyoruz. Bir çiftlik sahibine sorun, neyin kendisi için kazançlı, neyin kazançsız olduğunu bilmez.

Toprak sahibi alaycı bir şekilde:

— İtalyan muhasebesi, –dedi.– Bu muhasebede nasıl hesap yaparsanız yapın her şeyinizi bozarlar, kârınız olmaz.

— Neden bozsunlar? Sizin atlı, Rus işi, külüstür harman makinenizi bozarlar, ama benim buharlı makinemi bozmazlar. Hani şu adı neydi, yürütmek için kuyruğundan çekilen atın canına okurlar, ama Percheron cinsi at ya da Rus kadanası kullanırsanız bir şey yapamazlar. İşte hepsi bu. Çiftçiliğimizi yükseltmemiz gerekiyor.

— İyi de nasıl, Nikolay İvanıç! Size göre hava hoş, ama ben bir oğlumu üniversitede okutuyorum, küçükleri de lisede, dolayısıyla Percheron atı alacak param yok.

— Bankalar bu iş için.

— Son kalanları da haraç mezat satsınlar diye mi? Hayır, teşekkür ederim!

— Çiftçilik düzeyini yükseltmek gerektiğine ve bunun yapılabileceğine ilişkin görüşünüzü kabul etmiyorum, –dedi Levin.– Ben bu işle uğraşıyorum, param da var, ama hiçbir şey yapamadım. Bankaların kime faydası olduğunu bilmiyorum. Çiftliğimde neye para harcadıysam zarar ettim: hayvanda zarar, makinede zarar.

Kır bıyıklı toprak sahibi duyduğu memnuniyet yüzünden gülümseyerek:

— İşte bu doğru, –diye onayladı.

— Hem bir tek ben değilim, –diye devam etti Levin.– İşlerini rasyonel şekilde yürüten bütün toprak sahipleriyle aynı durumdayım; ender istisnalar dışında hepsi zararına iş yapıyor. Sizin işletmenizin kâr ettiğini söyleyebilir misiniz? –dedi Levin ve aynı anda da Sviyajskiy'in bakışında, aklının bekleme odalarına daha fazla girmek istediğinde fark ettiği o bir anlık korku ifadesini gördü.

Ayrıca Levin tarafından sorulan bu soru iyi niyetli bir soru değildi. Biraz önce ev sahibi hanım çay masasında ona bu yaz

Moskova'dan muhasebe bilen bir Alman'ı davet ettiklerini, Alman'ın beş yüz ruble karşılığında hesapları incelediğini ve işletmenin üç bin küsur ruble zarar ettiğini ortaya çıkarttığını söylemişti. Ev sahibesi tam olarak rakamı anımsamıyordu, ama galiba Alman çeyrek kapiğe kadar hesaplamıştı.

Sviyajskiy'in çiftliğinin kârından söz edilince toprak sahibi, başkan komşusunun kârının ne kadar olabileceğini bildiği için gülümsedi.

— Belki de kâr etmiyor, –diye yanıtladı Sviyajskiy.– Bu sadece benim kötü bir işletmeci olduğumu ya da sermayeyi rantımı artırmak için harcadığımı gösterir.

— Ah, rant! –diye dehşetle bağırdı Levin.– Belki üzerinde emek harcanan toprağın daha iyi olduğu Avrupa'da ranttan söz edilebilir, oysa bizim topraklarımız üzerinde çalışınca daha kötü oluyor, yani toprağın verimliliğini azaltıyorlar.

— Nasıl rant olmaz? Bu bir yasadır.

— O zaman biz yasanın dışındayız: Bizim için rant hiçbir şey ifade etmiyor, tam tersine işi karıştırıyor. Hayır, siz söyleyin, rant öğretisi nasıl oluyor da...

Sviyajskiy karısına:

— Yoğurt ister misiniz? Maşa, bize yoğurt ya da ahududu getirsinler, –dedi.– Artık ahududu mevsimi olağanüstü uzun sürüyor.

Sviyajskiy, herhalde konuşmanın bittiğini düşünerek keyifle ayağa kalktı ve uzaklaştı. Levin'e ise konuşma daha yeni başlamış gibi geliyordu.

Sohbet arkadaşından yoksun kalan Levin, konuşmayı toprak sahibiyle sürdürdü, ona bütün zorlukların işçinin özelliklerini, alışkanlıklarını bilmek istememekten kaynaklandığını kanıtlamaya çalıştı; fakat toprak sahibi, bütün kendine özgü ve köşesine çekilip tek başına düşünen insanlar gibi başkasının düşüncesini anlamakta zorluk çekiyordu, özellikle kendi düşüncesi konusunda taraflı davranıyordu. Rus köylüsünün domuz olduğunu, domuzluğu sevdiğini, zor kullanmak gerektiğini, ama bunun olmadığını, sopanın gerektiğini, ama bin yıllık sopanın yerine bir anda avukatları ve beş para etmez, iğrenç kokulu köylülerin güzel bir çorbayla beslendiği ve kaç metre küplük havaya gerek duyduklarının hesaplandığı hapishaneleri koyacak kadar liberal olduğumuz üzerinde ısrar ediyordu.

Levin konuya geri dönmeye çalışarak:

— Yapılan işin verimli olabileceği bir işgücüyle ilişki kurma yolu bulunamayacağını düşünmenizin nedeni nedir? –diye sordu.

— Bunu Rus halkıyla hiçbir zaman yapamazsınız! Elde güç yok, –diye yanıtladı toprak sahibi.

Sviyajskiy biraz yoğurt yiyip, bir sigara içtikten sonra tekrar Levin'le toprak sahibinin yanına gelerek:

— Yeni koşullar nasıl bulunabilir? –dedi.– İşgücüyle olabilecek bütün ilişkiler belirlenmiş ve incelenmiştir. Barbarlığın kalıntısı, kolektif sorumluluk sahibi ilkel toplum kendiliğinden dağılıyor, toprak köleliği ortadan kalktı, geriye yalnızca özgür emek kaldı. Onun da biçimleri belli ve hazır, onları almak gerek. Irgat, gündelikçi, yarıcının dışına çıkamazsınız.

— Ama Avrupa bunlardan hoşnut değil.

— Hoşnut değil ve yenilerini arıyor. Bulacak da herhalde.

— Ben de bundan söz ediyorum, –dedi Levin.– Biz neden kendi adımıza aramıyoruz?

— Çünkü bu, demiryolu yapımı için yeni yöntemler bulmakla birdir. Bu yöntemler bulunmuş, hazır durumdadır.

— Peki, ya onlar bize uygun değilse, aptalca yöntemlerse? –dedi Levin.

Ve Sviyajskiy'in gözlerinde yine o korku ifadesini fark etti.

— Evet, Avrupa'nın aradığı şeyi biz bulduk diye şapkalarımızı havaya fırlatacağız! Bunların hepsini biliyorum, bağışlayın beni, Avrupa'da işçilerle ilgili yapılan her şeyi biliyor musu nuz?

— Hayır, çok az biliyorum.

— Bu sorun şimdi Avrupa'da en iyi beyinleri meşgul ediyor. Schulze-Delitzsch* akımı... Sonra işçi sorunuyla, en liberal Lasalle** akımıyla ilgili yığınla kitap... Mühlhausen*** kuruluşu, artık bir gerçek, herhalde biliyorsunuzdur.

— Bilgim var, ama çok bulanık.

— Hayır, mahsus böyle söylüyorsunuz; aslında bunların hepsini en az benim kadar biliyorsunuz. Elbette ben bir sosyal bilimler profesörü değilim, ama bu konu ilgimi çekti ve doğrusu sizi de ilgilendiriyorsa uğraşmanızı öneririm.

— Peki, ne gibi bir sonuca vardılar?

— Affedersiniz...

Toprak sahipleri kalktı ve Sviyajskiy, Levin'in pek hoş olmayan, aklının bekleme odalarının arkasına bakma alışkanlığına bir kez daha engel olup, konuklarını uğurlamaya gitti.

XXVIII

O akşam hanımlarla vakit geçirmek Levin'e dayanılmaz şekilde sıkıcı geldi: Şimdi işletmesinden duyduğu hoşnutsuzluğun sadece onunla ilgili bir durum değil, Rusya'da işlerin içinde bulunduğu genel bir koşul olduğu, nerede çalışırlarsa çalışsınlar işçilerle yolda gelirken karşılaştığı köylü gibi bir ilişki kurmanın bir hayal değil, yapılması gereken bir görev olduğu düşüncesi onu her zamankinden daha çok heyecanlandırdı. Bu görevin yerine getirilebileceğini ve bunu denemek gerektiğini düşündü.

---

* Schulze-Delitzsch, Alman ekonomist ve politikacı, 1850 yıllarının başlarında bağımsız kooperatiflerin ve tasarruf ve ikrâzât bankalarının kurulması programını ileri sürmüş, bu programın işçilerin ve patronların sınıfsal çıkarlarını uzlaştıracağını savunmuştur. (ç.n.)

** Ferdinand Lassalle, Alman politikacısı ve "Almanya İşçi Birliği"nin kurucusu. Schulze-Delitzsch'in kooperatiflerine karşı devletten destek alan üretim birliğini ileri sürmüştür. (ç.n.)

*** Almanya'nın Mühlhausen kentinde işçilerin yaşam koşullarını düzeltmek için bir fabrikatör tarafından kurulmuş olan dernek, bedelini işçilerin yavaş yavaş ödediği evler yapıyordu. (ç.n.)

Levin, hanımlarla vedalaşıp, onlarla birlikte hazineye ait ormandaki ilginç harabeyi atla gidip görmek amacıyla ertesi gün de kalmaya söz verdikten sonra Sviyajskiy'in işçi sorunu konusunda kendisine okumasını önerdiği kitapları almak için ev sahibinin çalışma odasına uğradı. Sviyajskiy'in çalışma odası kitap dolaplarının ve iki masanın bulunduğu çok büyük bir odaydı. Masalardan odanın ortasında duran biri masif bir yazı masası, diğeri, üzerindeki lambanın çevresine yıldız şeklinde yerleştirilmiş çeşitli dillerdeki gazete ve dergilerin son sayıları bulunan yuvarlak bir masaydı. Yazı masasının yanında altın yaldızlı etiketler yapıştırılmış çeşitli dosyaların bulunduğu bir etajer vardı.

Sviyajskiy kitapları aldı ve sallanır koltuğa oturdu. Yuvarlak masanın yanında durmuş, dergilere göz atan Levin'e:

— O baktığınız nedir? –dedi.

Levin'in elinde tuttuğu dergiyle ilgili olarak Sviyajskiy:

— Ah evet, çok ilginç bir yazı var orada, –dedi. Sonra neşeli bir canlılıkla,– Meğerse Polonya'nın parçalanmasının baş suçlusu Friedrich değilmiş. Meğerse... –diye ekledi.

Sonra bu yeni, çok önemli ve ilginç buluşları kendisine özgü açıklıkla kısaca anlattı. Levin, şu anda onu en çok ilgilendiren şeyin tarım düşüncesi olmasına karşın ev sahibini dinlerken bir yandan da kendi kendine "Bu adamın içinde ne var? Polonya'nın bölünmesi neden ilgisini çekiyor?" diye soruyordu. Sviyajskiy anlatmayı bitirdiğinde Levin elinde olmayarak "E, ne olmuş yani?" diye sordu. Hiçbir şey olmamıştı. İlginç olan tek şey "meğer"di. Ama Sviyajskiy bunun ona neden ilginç geldiğini açıklamadı, açıklamayı gerekli de görmedi.

Levin derin bir iç geçirip:

— Ama öfkeli toprak sahibi benim ilgimi çekti, –dedi.– Akıllı bir adam ve söylediği pek çok şey doğru.

— Ah, yok canım! Diğer hepsi gibi o da müzmin ve gizli bir kölelik yanlısı! –dedi Sviyajskiy.

— Siz de onların başkanısınız...

— Evet, yalnız ben onları başka bir yöne götürüyorum, -dedi Sviyajskiy gülerek.

— Bakın beni en çok ne ilgilendiriyor? –dedi Levin.– Bizim işimizin, yani rasyonel tarımın yürümediğini, şu sessiz toprak sahibinin yaptığı gibi sadece tefeciliğin yürüdüğünü söylerken adam haklı. Bu kimin suçu?

— Elbette kendimizin. Hem sonra rasyonel tarımın yürümediği de doğru değil. Vasilçikov'unkiler yürüyor.

— Fabrika...

— Ama sizi hayrete düşüren şeyin ne olduğunu yine de bilmiyorum. Halk o kadar düşük bir maddi ve manevi gelişme düzeyinde bulunuyor ki, kendisine yabancı olan her şeye karşı çıkmak zorunda kalıyor. Avrupa'da halk eğitimli olduğu için rasyonel tarım yürüyor; demek ki, bizim de halkı eğitmemiz gerekiyor, bütün mesele bu.

— Peki halkı nasıl eğiteceğiz?

— Halkı eğitmek için üç şey gerekli: Okullar, okullar, okullar.

— Fakat halkın düşük bir maddi gelişme düzeyinde olduğunu kendiniz söylediniz. Okullar burada ne işe yarayacak?

— Biliyor musunuz, bana bir hastaya yapılan şu tavsiyeyi anımsatıyorsunuz: "Müshil deneseydiniz." – "Verdiler, daha kötü oldu." – "Sülük deneyin." – "Denediler, daha kötü oldu." – "E, o zaman yapacağınız tek şey Tanrı'ya dua etmek." – "Denediler, daha kötü oldu." Biz de sizinle işte bu durumdayız. Ben diyorum ekonomi-politik, siz diyorsunuz daha kötü. Ben diyorum sosyalizm, siz diyorsunuz daha kötü. Eğitim – daha kötü.

— İyi de okulların ne yararı olacak?

— Halk için başka gereksinmeler yaratır.

— Bunu da hiçbir zaman anlamış değilim, –diye karşı çıktı Levin heyecanla.– Maddi durumunu iyileştirmesinde okullar halka ne şekilde yardım edebilir? Siz diyorsunuz ki, okullar ve eğitim halk için yeni gereksinimler yaratacak. Bu gereksinimlerini karşılayacak gücü bulunmadığı için daha da kötü olacak. Toplama, çıkarma ve din bilgileri kitabını bilmenin onun maddi durumunu iyileştirmesine nasıl yardım edeceğini doğrusu asla anlayamadım. Evvelki gün akşamleyin kucağında bebeğiyle bir köylü kadına rastladım ve nereye gittiğini sordum: Bana "Ebeye gittim, bebek durmadan ağlıyordu, iyileştirsin diye götürdüm," dedi. Ebenin ağlamayı nasıl iyileştirdiğini sordum. "Bebeği tavukların tüneğine oturtuyor ve bir şeyler mırıldanıyor," diye yanıtladı.

— İşte bakın, siz kendiniz söylüyorsunuz! Kadının bebeğini tüneğe oturtup, ağlamayı iyileştirmek üzere götürmemesi için gerekli... –dedi Sviyajskiy neşeyle gülümseyerek.

Levin sıkıntıyla:

— Ah, hayır! –dedi.– Bu tedavi benim için halkın okullarla iyileştirilmesine bir benzetme sadece. Halk yoksul ve cahil. Bebek durmadan ağladığı için kadının bu ağlama hastalığını gördüğü gibi biz de bunu doğru görüyoruz. Fakat tünekteki tavukların ağlama hastalığına iyi gelmesi ne kadar anlamsızsa, bu felaketten, yani halkı yoksulluk ve cahillikten okulların kurtarması da aynı ölçüde anlamsızdır. Yoksulluğunun nedenini bulup düzeltmek gerekir.

— Eh, en azından bu konuda pek sevmediğiniz Spencer'la aynı düşünüyorsunuz; o da eğitimin, okuma ve hesap yapabilme becerisinin değil, büyük bir refahın ve rahat koşulların, sık sık yıkanmanın sonucu olabileceğini söylüyor.

— Bakın, Spencer'la aynı düşüncede olmaktan çok memnunum ya da tam tersine hiç memnun değilim; yalnız bunu uzun zamandır biliyorum. Okulların bir yardımı olmaz, ama halkın daha zengin olacağı, boş zamanının daha fazla olacağı bir ekonomik düzen yardımcı olabilir, o zaman okullar da olacaktır.

— Yalnız Avrupa'nın her yerinde şu anda okullar zorunlu.

— Peki bu konuda siz Spencer'la aynı düşüncede misiniz? –diye sordu Levin.

Ancak Sviyajskiy'in gözlerinde bir an korku ifadesi görünüp kayboldu ve gülümseyerek şöyle dedi:

— Hayır, şu ağlama hastalığı harikaydı! Sahiden böyle bir şey duydunuz mu?

Levin, bu adamın yaşamıyla düşüncelerinin ilişkisini bu şekilde bulamayacağını görüyordu. Görünüşe bakılırsa düşüncesinin götürdüğü yer hiç umurunda değildi; onun için tek gerekli olan düşünme süreciydi. Ve düşünme süreci onu bir çıkmaz sokağa soktuğu zaman hoşuna gitmiyordu. Bundan hoşlanmıyor ve konuşmayı neşeli ve hoş bir konuya kaydırarak kaçıyordu.

Yolda yaşlı köylüyle ilgili olan ve o günkü izlenim ve düşüncelerinin âdeta temelini oluşturan izleniminden başlayarak o günün bütün izlenimleri Levin'i çok heyecanlandırıyordu. Kafasında sadece toplumsal kullanım için düşünceler bulunduran ve Levin için gizli birtakım başka yaşam kuralları bulunan, bununla birlikte adına lejyon denen bir grupla kendisine yabancı düşüncelerle kamuoyunu yönlendiren bu sevimli Sviyajskiy; bu, hayattan didine didine koparttığı düşüncelerinde son derece haklı, ama koca bir sınıfa, Rusya'nın en iyi sınıfına karşı gösterdiği öfke konusunda haksız olan hırçın toprak sahibi; kendi işlerinden duyduğu kişisel hoşnutsuzluk ve bütün bunları düzeltmek için beslediği belli belirsiz umut. İşte bunların hepsi bir iç kaygıda, çözümün yakın olduğuna ilişkin beklentide birleşiyor, birbiriyle kaynaşıyordu.

Kendisine ayrılmış bir odada kalan, elinin ve ayağının her hareketinde birdenbire havaya hoplatan yaylı bir yatakta yatan Levin uzun süre uyuyamadı. Sviyajskiy'le yaptığı hiçbir konuşma, Sviyajskiy akıllıca pek çok şey söylemiş olduğu halde Levin'i ilgilendirmiyordu; ancak toprak sahibinin ileri sürdüğü kanıtlar incelenmeyi gerektiriyordu. Levin onun bütün sözlerini elinde olmadan anımsıyor ve ona verdiği yanıtları hayalinde düzeltiyordu.

"Evet, ona demeliydim ki, siz köylünün her türlü yenilikten nefret etmesi yüzünden tarımımızın yürümediğini ve bu yenilikleri devreye sokmak için zora başvurmak gerektiğini söylüyorsunuz; eğer tarım bu yenilikler olmadan hiç yürümeseydi o zaman siz haklı olurdunuz; ama yürüyor ve sadece işçinin kendi alışkanlıklarına göre hareket ettiği yerlerde yürüyor, tıpkı yolda uğradığım köylünün işlerinde olduğu gibi. Sizin ve bizim tarımdan ortak hoşnutsuzluğumuz, bizim ya da işçilerin suçlu olduğunu gösteriyor. Uzun zamandır işgücümüzün özelliklerini sorgulamaksızın kendi düşüncelerimize göre, Avrupa'ya göre hareket ederek zor kullanıyoruz. İşgücünü ideal bir *işgücü* değil, içgüdüleriyle birlikte *Rus köylüsü* olarak kabul etmeyi deneyelim ve tarım sistemini buna göre kuralım. Tasavvur edin, –demeliydim ona,– ihtiyar adamın işleri gibi sizin işleriniz de yürüyor, işin başarıya ulaşmasına işçilerin ilgisini çekecek bir yöntem ve yeniliklerle ilgili olarak onların kabul edecekleri bir orta yol bulmuşsunuz ve toprağı zayıflatmadan eskisine göre iki kat, üç kat fazla ürün alıyorsunuz. İkiye bölün, yarısını işgücüne verin; size kalacak olan bölüm daha fazla olacak ve işgücünün payına da daha fazla düşecektir. Bunu yapmak içinse tarım düzeyini daha aşağıya indirmek ve işçilerin ilgisini işletmenin başarısına çekebilmek gereklidir. Bu nasıl yapılabilir, bu bir ayrıntıdır, ama kuşkusuz yapılabilir."

Bu düşünce Levin'i büyük bir heyecana sürükledi. Düşüncesini uygulamaya geçirmek için ayrıntıları enine boyuna düşünerek gecenin yarısını uykusuz geçirdi. Ertesi gün gitmek niyetinde değildi, ama şimdi sabah erkenden evine gitmeye karar vermişti. Ayrıca dekolte elbiseli baldız da, onda kötü bir hareket yapmış gibi utanca ve pişmanlığa benzer bir duygu uyandırıyordu. En önemlisi de, vakit kaybetmeden gitmesi, ekimi yeni esaslara göre yapmak için kışlık ekini ekmeden önce köylülere yeni projesini önermesi gerekiyordu. Çiftliğinin eski düzenini tümden değiştirmeye karar vermişti.

XXIX

Levin'in planının gerçekleştirilmesi pek çok zorluk ortaya koyuyordu; ama var gücüyle çalışıp çırpındı ve istediği olmasa da kendini aldatmaksızın bu işin çalışmaya değer olduğuna inanabileceği noktaya ulaştı. En önemli zorluklardan biri, işletmenin çalışır durumda bulunması, her şeyi durdurup baştan başlamanın olanaksız olmasıydı, makine çalışırken değişiklik yapılması gerekiyordu.

Eve geldiğinin akşamı kâhyaya planlarından söz ettiğinde, kâhya konuşmanın şimdiye dek yapılan her şeyin saçma ve kazançsız olduğunu gösteren kısmını gözle görülür bir hoşnutlukla karşıladı. Kâhya kendisinin de bunu uzun zamandır söylediğini, ama sözlerine kulak verilmek istenmediğini söyledi. Levin'in yaptığı işletmeye işçilerle birlikte ortak olarak katılma önerisine gelince kâhya, bu konuda sadece büyük bir sıkıntı ifadesi takınarak açık hiçbir düşünce belirtmedi, ama ertesi gün kalan çavdar demetlerinin taşınması ve tarlaların ikinci kez sürülmesi gerektiğini söyledi, böylece Levin şimdilik bu planı için erken olduğunu hissetti.

Aynı konuyu köylülerle konuşurken ve onlara yeni koşullarda toprak vermeyi önerirken de yine o büyük zorlukla karşılaşıyordu. Köylüler günlük işleriyle o kadar meşguldüler ki, işletmenin kazançlı mı, kazançsız mı olduğunu ayrıntılı olarak düşünecek zamanları yoktu.

Hayvan bakıcısı, saf köylü İvan, Levin'in hayvan sürüsünün kazancına ailesiyle birlikte katılma önerisini tam olarak anlamış ve bu işletmeyi tam olarak onaylamış görünüyordu. Ama Levin ona gelecekte eline geçecek kazançlardan söz ettiğinde İvan'ın yüzünde bu sözleri sonuna kadar dinleyemeyeceğini gösteren bir endişe ve acıma ifadesi beliriyor ve hemen kendisine ertelenemeyecek bir iş bahanesi buluyordu: Ya ahır bölmesinden kuru ot atmak için yabayı eline alıyor, ya su doldurmaya ya da gübre temizlemeye koşuyordu.

Bir diğer zorluk da toprak sahibinin onları elinden geldiğince soymak dışında başka bir amacının olabileceği konusunda köylülerin yenilmez güvensizliğiydi. Gerçek amacının (Levin onlara ne söylerse söylesin) her zaman onlara söylemeyeceği bir şey olduğundan kesinlikle emindiler. Kendileri de görüşlerini belirtirken pek çok şeyden söz eder, ama gerçek amaçlarının ne olduğunu asla söylemezlerdi. Ayrıca (Levin bu konuda öfkeli toprak sahibinin haklı olduğunu hissediyordu) köylüler hangi sözleşme olursa olsun ilk ve değişmez koşul olarak her türlü yeni yöntemi uygulamaya ve yeni aletleri kullanmaya zorlanmama koşulunu ileri sürerlerdi. Pulluğun toprağı daha iyi sürdüğünü, makinenin çalışmasının daha başarılı olduğunu kabul ederlerdi, ama ne onu, ne de öbürünü neden kullanamayacakları konusunda bin tane bahane bulurlardı. Kendisi de işletme düzeyinin düşürülmesi gerektiğine inanmasına karşın kazanç getireceği bu kadar belli olan yeniliklerden vazgeçmeye acıyordu. Ancak bütün bu zorluklara karşın istediğini elde etmiş ve sonbahara doğru işler yoluna girmiş ya da en azından ona öyle gelmişti.

Levin ilk başta yeni ortaklık koşullarıyla işletmenin tamamını olduğu gibi köylülere, işçilere ve kâhyaya vermeyi düşünüyordu, ama çok kısa bir sürede bunun olanaksız bir şey olduğuna inanıp işletmeyi parçalara ayırmaya karar verdi. İnek ahırı, bahçe, bostan, çayırlar, birkaç parçaya bölünmüş tarlalar, ayrı ayrı maddeler oluşturmalıydı. Levin'e göre işi herkesten daha iyi anlamış olan hayvan bakıcısı saf İvan, daha çok aile üyelerinden bir grup oluşturup inek sürüsünün ortağı oldu. Sekiz yıldır nadasa bırakılmış uzak bir tarla akıllı dülger Fyodor Rezunov'un yardımıyla yeni ortaklık koşullarında altı köylü ailesi tarafından alındı ve köylü Şurayev bütün bostanları aynı koşullarla kiraladı. Geri kalanlar henüz eskisi gibiydi, ama bu üç madde yeni düzenin temeli olmuştu ve Levin'in tüm zamanını alıyordu.

Doğrusu inek sürüsüyle ilgili işler hâlâ eskisinden daha iyi değildi ve İvan, ineklerin soğukta daha az yeme gereksindiğini ve kaymaktan tereyağı yapılmasının tartışmalı olduğunu ileri sürerek ineklerin sıcak yere konmasına ve sütten tereyağı çıkarılmasına şiddetle karşı koyuyor ve eskiden olduğu gibi maaş istiyordu, aldığı paranın maaş değil, kazanç payına mahsuben verilen avans olduğunu hiç hesaba katmıyordu.

Gerçi Fyodor Rezunov'un grubu zamanın dar olduğunu ileri sürerek, sözleşildiği gibi toprağı pullukla ikinci kez sürmemişti. Gerçi bu gruptan köylüler, bu işi yeni koşullara göre yapmaya söz vermiş olsalar da bu toprağı ortak toprak değil, yarıcı toprağı diye adlandırıyorlardı ve köylüler de, Rezunov'un kendisi de Levin'e birkaç kez "Toprak için para alsaydınız, siz de biz de daha rahat ederdik," demişlerdi. Ayrıca bu köylüler kendileriyle konuşulup kararlaştırılmış, bu toprak üzerinde bir hayvan ahırı ve ekin demetlerini kurutma ambarı yapımını çeşitli bahanelerle sürekli erteleyip, kışa kadar geciktirmişlerdi.

Gerçi Şurayev, kiraladığı bostanları küçük parçalar halinde köylülere dağıtmak istiyordu. Toprağın kendisine kiraya verildiği koşulları galiba tamamen ters, görünüşe göre kasıtlı olarak ters anlamıştı.

Gerçi Levin, köylülerle konuşurken ve onlara bu girişimin yararlarını anlatırken köylülerin onun sesini şarkı dinler gibi dinlediklerini, ne söylerse söylesin kanmayacaklarından kesinlikle emin olduklarını hissediyordu. Bunu özellikle köylülerin en akıllısı olan Rezunov'la konuştuğunda hissediyordu ve Rezunov'un gözlerinde Levin'le alay ettiğini ve aldanacak biri varsa, onun hiçbir zaman Rezunov olmayacağına kesin güvenini gösteren parıltıyı da fark ediyordu.

Ancak bütün bunlara karşın Levin işin yürüdüğünü ve hesapları çok sıkı bir şekilde yaparak ve dediğinde direnerek onlara böyle bir düzenin gelecekte kâr edeceğini kanıtlayacağını, o zaman da işin kendiliğinden ilerleyeceğini düşünüyordu.

Yaz boyunca bu işler, çiftliğin elinde kalan kısmıyla ve kitabıyla ilgili masa başı çalışmasıyla birlikte Levin'in öyle çok zamanını aldı ki, neredeyse ava bile hiç gidemedi. Ağustosun sonunda eyeri geri getiren adamlarından Oblonskiylerin Moskova'ya gittiğini öğrendi. Utançtan yüzü kızarmadan anımsayamadığı kabalığıyla Darya Aleksandrovna'nın mektubuna yanıt vermeyip bütün gemileri yaktığını ve artık onlara hiç gitmeyeceğini hissediyordu. Vedalaşmaksızın evinden ayrılarak Sviyajskiy'e de aynı şekilde davranmıştı. Ama ona da bir daha hiç gitmeyecekti. Şu anda hiçbir şey umurunda değildi. İşletmesine yeni bir düzen kazandırma işi daha önce hayatında hiçbir şeyin almadığı kadar zamanını alıyordu. Sviyajskiy'in verdiği kitapları bir kez daha okudu, kendinde olmayan kitapları getirtip, bu konudaki ekonomi-politik kitaplarıyla sosyalist kitapları yeniden okudu ve beklediği gibi, giriştiği işle ilgili hiçbir şey bulamadı. Ekonomi-politik kitaplarında, örneğin kendisini ilgilendiren sorunların çözümünü her an bulabilme umudu içinde büyük bir hevesle ilk olarak okuduğu Mill'de Avrupa'nın zirai durumundan çıkarılmış yasalar buldu; ama Rusya'ya uygulanamayan bu yasaların neden genel yasalar olması gerektiğini hiç anlayamıyordu. Sosyalist kitaplarda da aynı şeyi görüyordu: Bunlar ya güzel ama onun daha öğrenciyken ilgisini çeken uygulanması olanaksız hayallerdi ya da Avrupa'nın içinde bulunduğu durumda yapılan ve Rusya'daki tarımla hiçbir ortak yönü olmayan düzeltmeler ve birtakım iyileştirmelerdi. Ekonomi-politik, geçmişte ve günümüzde Avrupa zenginliğinin gelişmesini sağlayan yasaların genel ve kesin yasalar olduğunu söylüyordu. Sosyalist öğreti, bu yasalara göre gelişmenin yıkıma götüreceğini belirtiyordu. Ne o, ne de öbürü Levin'e ve bütün Rus köylüleriyle toprak sahiplerine sahip oldukları milyonlarca elle ve desyatinalarca toprakla toplumun refahı için bu toprakları en verimli hale getirmek amacıyla ne yapmaları gerektiği sorusuna bırakın yanıt vermeyi, en küçük bir imada bile bulunmuyordu.

Artık bir kere bu işe başladıktan sonra kendi konusuyla ilgili her şeyi iyi niyetle yeniden okuyor ve çeşitli konularda sık sık başına gelen şeyin bu konuda gelmemesi için işi bir kez de yerinde incelemek amacıyla sonbaharda yurtdışına gitmeye niyetleniyordu. Tam konuştuğu kişinin düşüncesini anlamaya ve kendi görüşünü anlatmaya başlıyordu ki, hemen ona "Peki ya Kauffman, ya Jones, ya Dubois, ya Michelli? Siz onları okumadınız. Okuyun; onlar bu konuyu işledi."

Kauffman ve Michelli'nin ona söyleyecek hiçbir şeyleri olmadığını şimdi çok açık olarak görüyordu. Ne istediğini biliyordu. Rusya'nın mükemmel toprakları, mükemmel işçileri olduğunu, yolda uğradığı köylüdeki gibi bazı durumlarda işçilerin ve toprağın çok fazla üretim yaptığını, sermayenin Avrupa usulü yatırıldığı çoğu durumlarda ise az üretim yaptığını ve bunun, işçilerin sadece kendi yöntemleriyle çalışmak istemelerinden ve bu şekilde iyi çalışmalarından kaynaklandığını, bu direnişin rastlantısal bir direniş değil, temelleri halkın ruhunda bulunan sürekli bir direniş olduğunu görüyordu. Levin, el değilmemiş çok geniş topraklara gidip yerleşmeye ve bu topraklar işgal edilmeden önce onları bilinçli bir şekilde işlemeye eğilimli olan Rus halkının bunun için gerekli yöntemleri izlediğini, bu yöntemlerin genellikle sanıldığı gibi hiç de kötü yöntemler olmadığını düşünüyordu. Bu durumu kitabında kuramsal olarak, çiftliğinde de eylemsel olarak kanıtlamak istiyordu.

XXX

Eylülün sonunda kooperatife verilmiş olan toprakta ahır yapılması için kereste getirilmiş, ineklerden elde edilen yağ satılmış ve kazanç paylaşılmıştı. Çiftlikte pratikte işler mükemmel gidiyordu ya da en azından Levin'e öyle geliyordu. İşin tamamını kuramsal olarak açıklamak ve Levin'in hayallerine göre, ekonomi-politikte bir devrim yapmanın ötesinde bu bilimi tümden ortadan kaldıracak ve yeni bir bilime, halkın toprakla ilişkisini konu alan bir bilime temel atacak olan yapıtını bitirmek için tek yapması gereken yurtdışına gidip, bu doğrultuda orada yapılanların hepsini yerinde incelemek ve yapılan şeylerin aslında gerekli olmadığına ilişkin inandırıcı kanıtlar bulmaktı. Levin, paraları almak ve yurtdışına gitmek için sadece buğdayın teslimini bekliyordu. Ancak tarlada kalan ekinin ve patatesin toplanmasına izin vermeyen yağmurlar başlamış ve bütün işleri, hatta buğday teslimatını durdurmuştu. Yollar çamurdan geçilmez haldeydi; iki değirmen nehrin taşmasıyla yıkılmıştı ve hava giderek daha kötüleşiyordu.

30 Eylül'de güneş sabahtan yüzünü gösterdi ve havanın düzeleceğini uman Levin, kesin olarak yolculuk hazırlıklarına başladı. Buğdayın çuvallara doldurulmasını emretti, para almak üzere kâhyayı tüccara gönderdi, kendisi de gitmeden önce son emirleri vermek için çiftliği dolaştı.

Levin bütün işleri bitirip, kâh meşin ceketinden ensesine, kâh çizmesinin koncundan içeri akan sulardan sırılsıklam, fakat en dinç ve coşkulu ruh haliyle ancak akşama doğru eve döndü. Akşama doğru hava daha da kötüleşmişti, bulgur gibi ince ince dökülen sert kar taneleri, sırılsıklam olmuş, kulaklarını ve başını silkeleyip duran atın canını o kadar yakıyordu ki, hayvan yan yan yürüyordu; kafasında başlık olan Levin'in keyfi yerindeydi, kâh tekerlek izlerinden hızla akan bulanık dereciklere, kâh her bir çıplak budağın üzerinde asılı duran damlalara, kâh köprünün tahtaları üzerindeki erimemiş karların oluşturduğu beyaz lekeye, kâh çıplak karaağacın çevresinde kalın bir tabaka halinde yığılmış olan sulu, etli yapraklara neşeyle bakıyordu. Çevresindeki doğanın iç karartıcı görünüşüne karşın Levin kendisini çok heyecanlı hissediyordu. Uzak bir köydeki köylülerle yaptığı konuşmalar, onların yeni koşullara alışmaya başladıklarını gösteriyordu. Üstünü kurutmak için uğradığı yaşlı bekçi, Levin'in planını gözle görülür bir şekilde onaylıyordu ve kendisi de hayvan alımında ortaklık öneriyordu.

"Yapılması gereken tek şey, hedefe doğru inatla yürümek, o zaman hedefime ulaşırım, –diye düşünüyordu Levin,– çalışmanın ve harcanan emeğin bir amacı olur. Bu, benim kişisel işim değil, burada söz konusu olan ortak refahtır. Tüm tarım, asıl önemlisi halkın tamamının durumu tümden değişmek zorunda. Yoksulluğun yerini genel bir zenginlik ve bolluk, düşmanlığın yerini uzlaşma ve çıkar birliği almalı. Tek kelimeyle kansız bir devrim, ama çok büyük bir devrim, ilkin ilçemizin küçük çevresinde, sonra ilde, Rusya'da ve bütün dünyada. Çünkü doğru bir düşüncenin verimli sonuçlar vermemesi olanaksızdır. Evet, uğrunda çalışılması gereken amaç budur. Hem benim siyah kravat takıp baloya giden, evlenme teklifi Şçerbatskaya tarafından reddedilen, kendisi için de zavallı ve önemsiz biri olan Kostya Levin olmam da hiçbir şeyi kanıtlamaz. Franklin'in de kendisini önemsiz biri saydığından ve aynı şekilde kendisini her şeyiyle gözünde canlandırdığında kendine güvenmediğinden eminim. Bu, hiçbir anlama gelmez. Onun da güvenip planlarını anlattığı bir Agafya Mihaylovna'sı vardır herhalde."

Levin kafasında bu düşüncelerle eve geldiğinde artık hava kararmıştı.

Tüccara giden kâhya geri dönmüş ve buğday parasının bir kısmını getirmişti. Bekçiyle sözleşme yapılmıştı ve kâhya yolda gelirken ekinin her yerde tarlalarda kaldığını öğrenmişti, dolayısıyla kendilerinin henüz toplanmamış yüz altmış tınaz ekini, başkalarınınkine kıyasla hiçbir şey değildi.

Levin, yemeğini yedikten sonra her zamanki gibi eline kitabını alıp koltuğuna oturdu ve bir yandan okurken, bir yandan da kitabıyla ilgili olarak yapacağı geziyi düşünmeye devam etti. Yaptığı işin önemi şimdi gözünde çok daha açık bir şekilde canlanıyordu ve düşüncelerinin özünü ifade eden tüm aşamalar zihninde kendiliğinden oluşuyordu. "Bunu yazmak gerek, –diye düşündü.– Daha önce gereksiz gördüğüm kısa bir giriş bölümü yazmalı." Yazı masasına gitmek için ayağa kalktı, ayaklarının dibinde yatan Laska da gerinerek ayağa kalktı ve nereye gittiğini sorarcasına sahibine baktı. Ama Levin, vardiya başları görevlerini öğrenmek için geldiklerinden yazacak zaman bulamadı ve antreye, onların yanına gitti.

Görevlerini bildirdikten, yani ertesi günün işleriyle ilgili emirleri verdikten ve kendisiyle işi olan bütün köylülerle görüştükten sonra Levin, masasına gitti ve çalışmak üzere oturdu. Laska masanın altına girip yattı; Agafya Mihaylovna da elinde çorap örgüsüyle yerine oturdu.

Levin bir süre yazdıktan sonra birdenbire olağanüstü bir canlılıkla Kiti'yi, onun evlenme teklifini reddedişini ve son görüşmelerini anımsadı. Ayağa kalkıp odada dolaşmaya başladı.

— Canınızı sıkacak bir şey yok, –dedi Agafya Mihaylovna.– Neden evde oturup duruyorsunuz? Kaplıcalara gitseniz, iyi gelirdi.

— Öbür gün gideceğim zaten Agafya Mihaylovna. İşleri bitirmem gerek.

— Ne işiniz var ki! Köylüleri az mı ödüllendirdiniz? Beyiniz çardan lütuf görecek bu yüzden diyorlar. Hem hayret, köylüleri neden bu kadar çok düşünüyorsunuz ki?

— Onları düşünmüyorum, kendim için yapıyorum.

Agafya Mihaylovna, Levin'in çiftlikle ilgili planlarının bütün ayrıntılarını biliyordu. Levin düşüncelerini ona sık sık bütün inceliğiyle açıklar ve onunla tartışır, Agafya Mihaylovna'nın açıklamalarını kabul etmezdi. Fakat şimdi Agafya Mihaylovna Levin'in kendisine söylediği şeyi tamamen farklı anlamıştı.

— Herkesten çok kendi ruhunu düşünmek gerek, –dedi Agafya Mihaylovna derin bir soluk alarak.– İşte Parfyon Denisıç, cahildi, ama Tanrı herkese onunki gibi bir ölüm nasip etsin, –dedi yakın zaman önce ölen bekçiden söz ederek.– Ayini yapıldı, dualar okundu.

— Ben ondan söz etmiyorum, –dedi Levin.– Ben kendi çıkarım için yaptığımı söylüyorum. Köylülerin daha iyi çalışması benim yararıma.

— Ama siz ne yaparsanız yapın, o tembel olduktan sonra her işi baştan savma yapar. Vicdanı varsa çalışır, yoksa hiçbir şey yapmaz.

— Yalnız İvan'ın hayvanlara daha iyi bakmaya başladığını kendiniz de söylüyorsunuz.

Söyledikleri rastlantıyla söylenmiş sözler değil, bir düşüncenin mantıklı sonucu olan Agafya Mihaylovna:

— Ben bir tek şey söylüyorum, –dedi,– sizin evlenmeniz gerek, o kadar!

Biraz önce aklından geçen şeyi Agafya Mihaylovna'nın anımsatması onu üzmüş ve incitmişti. Levin suratını astı, Agafya Mihaylovna'ya yanıt vermeksizin ve bu çalışmanın önemi konusunda düşündüğü her şeyi içinden tekrarlayıp, tekrar çalışmasının başına oturdu. Sessizlikte yalnızca arada bir Agafya Mihaylovna'nın şişlerinin sesine kulak kabartıyordu ve anımsamak istemediği şeyi anımsayarak yine yüzünü buruşturuyordu.

Saat dokuzda bir arabanın çıngırak sesi ve çamurda ilerlerken çıkarttığı boğuk ses duyuldu.

Agafya Mihaylovna ayağa kalkıp kapıya doğru giderken:

— Bakın işte konuklarınız geldi, canınız sıkılmayacak, –dedi. Ama Levin ondan önce gitmişti bile. Yaptığı çalışma artık ilerlemiyordu, gelen konuk her kim olursa olsun sevinmişti.

XXXI

Merdivenin ortasına kadar koşan Levin, antrede tanıdık bir öksürük sesi duydu; ancak kendi ayak sesleri yüzünden bu sesi tam duyamıyordu ve yanıldığını umuyordu; sonra upuzun, bir deri bir kemik, tanıdık bedeni de gördü, artık yanılması olanaksızdı, ama o hâlâ yanıldığını, kürkünü çıkaran ve öksürüp duran bu uzun boylu adamın ağabeyi Nikolay olmadığını umut ediyordu.

Levin ağabeyini severdi, ama onunla bir arada olmak her zaman bir ıstıraptı. Aklına gelen düşüncenin ve Agafya Mihaylovna'nın yaptığı anımsatmanın etkisiyle kafasının karışık olduğu şu anda ona ağabeyiyle karşılaşmak özellikle zor geliyordu. İçinde bulunduğu ruhsal belirsizlikte onu oyalayacağını umduğu neşeli, sağlıklı, yabancı bir konuğun yerine onu her bakımdan tanıyan, en mahrem düşüncelerini ortaya çıkarabilecek, her şeyi söylemek zorunda bırakabilecek ağabeyiyle görüşmek zorundaydı. Oysa istediği bu değildi.

Levin bu çirkin duygu yüzünden kendi kendisine kızarak antreye koştu. Ağabeyini yakından görür görmez bu hayal kırıklığı duygusu hemen kayboldu ve yerini acıma duygusu aldı. Geçen görüşünde Nikolay ağabeyi zayıflığıyla ve hastalıklı haliyle ne kadar korkunç olsa da, şimdi daha bir zayıflamış, daha bir halsizleşmişti. Deriyle kaplı bir iskeletti âdeta.

Antrede durmuş, uzun, zayıf boynunu geriye doğru atarak ve boynundaki eşarbı çıkartarak tuhaf bir kederle gülümsüyordu. Levin, bu tevekküllü ve sakin gülümsemeyi görünce boğazının kasılarak sıkıldığını hissetti.

Nikolay gözlerini bir saniye bile kardeşinden ayırmadan boğuk bir sesle:

— İşte yanına geldim, –dedi.– Çoktandır istiyordum, ama hep rahatsızdım. Şimdi ise çok iyiyim,–dedi zayıf, büyük elleriyle sakalını sıvazlayarak.

— Evet, evet! –diye yanıtladı Levin. Ağabeyini öperken bedeninin kuruluğunu dudaklarında hissettiğinde ve tuhaf bir şekilde parlayan iri gözlerini yakından gördüğünde daha da çok dehşete kapıldı.

Bundan birkaç hafta önce Levin, ağabeyine paylaşılmamış küçük bir toprağın satışından payına düşen yaklaşık iki bin rubleyi alabileceğini yazmıştı.

Nikolay şimdi bu parayı almaya, en önemlisi de baba ocağında kalmaya, bundan sonraki çalışmaları için güç toplamak amacıyla kahramanlar gibi toprağa dokunmaya geldiğini söyledi. Artan kamburluğuna, boyuna oranla aşırı zayıflığına karşın hareketleri her zamanki gibi hızlı ve sertti. Levin onu çalışma odasına götürdü.

Ağabeyi daha önce hiç yapmadığı şekilde özene bezene üstünü değiştirdi, seyrek düz saçlarını taradı ve gülümseyerek yukarı çıktı.

Levin'in onu çocukluğundan anımsadığı en tatlı ve neşeli ruh hali içindeydi. Hatta Sergey İvanoviç'ten bile kızmadan söz etti. Agafya Mihaylovna'yı görünce şakalaştı ve eski hizmetçileri sordu. Parfyon Denisıç'in ölüm haberi üzerinde kötü bir etki yaptı. Yüzünde bir korku ifadesi belirdi; ama hemen toparlandı.

— Yaşlıydı zaten, –dedi ve lafı değiştirdi.– Evet, bir iki ay sende kalacağım, sonra da Moskova'ya gideceğim. Biliyor musun, Myagkov bana bir iş sözü verdi, işe gireceğim. Artık yaşantımı bambaşka bir şekle sokuyorum, –diye devam etti.– Biliyor musun, o kadını da kovdum.

— Marya Nikolayevna'yı mı? Neden?

— Ah, iğrenç bir kadındı! Bana bir yığın tatsız şey yaptı. – Fakat bu tatsız şeylerin neler olduğunu anlatmadı. Marya Nikolayevna'yı çayı demsiz yaptığı, asıl kendisine bir hasta gözüyle baktığı için kovduğunu söyleyemezdi.– Bundan sonra yaşantımı tamamen değiştirmek istiyorum. Herkes gibi ben de aptallıklar yaptım tabii, ama mal mülk meselesi en son iş, ona acımıyorum. Sağlığım iyi olsun yeter, sağlığım da çok şükür düzeldi.

Levin dinliyor ve ne söyleyeceğini düşünüyor, ama bulamıyordu. Herhalde Nikolay da bunu hissetmişti; kardeşine işlerinin durumunu sormaya koyuldu; Levin, konuşurken rol yapamadığı için kendisinden söz etmekten memnundu. Ağabeyine planlarını ve çalışmalarını anlattı.

Ağabeyi dinliyordu, ama galiba bunlarla ilgilenmiyordu.

Bu iki insan birbirlerine o kadar yakın, o kadar benzerdi ki, en ufak bir hareket, bir ses tonu her ikisi için de sözle söylenebilecek şeylerden daha fazlasını ifade ederdi.

Şimdi ikisinin de aklında geri kalan her şeyi bastıran tek bir düşünce vardı: Nikolay'ın hastalığı ve ölümünün yakınlaşması. Fakat ikisi de bu konuyu açmaya cesaret edemiyordu, zihinlerini meşgul eden şeyi belirtmeksizin söyledikleri her söz yalandı. Akşamın bitmesine ve yatma zamanının gelmesine Levin hiçbir zaman bu kadar sevinmemişti. Bir yabancıyla konuşurken, bir resmi ziyarette hiçbir zaman şimdiki kadar yapay ve yapmacık olmamıştı. Bu yapaylığın farkında olması ve bundan pişmanlık duyması daha da yapay davranmasına neden oluyordu. Ölmekte olan sevgili ağabeyi için ağlamak istiyordu, ama onun bundan sonra nasıl yaşayacağına ilişkin konuşmasını dinlemek ve dediklerine arka çıkmak zorundaydı.

Ev rutubetli olduğundan ve sadece bir oda ısıtıldığından Levin, ağabeyi için kendi odasında bölmenin arkasına bir yatak hazırlattı.

Ağabeyi yattı ve uyudu ya da uyumadı, ama hasta olduğu için yatağında dönüp duruyor, öksürüyor, boğazını temizleyemediği zamanlar bir şeyler homurdanıyordu. Zor soluk aldığı anlarda "Ah, Tanrım!" diyordu. Rutubet soluk almasını güçleştirdiği zamanlar kızarak "Ah! Şeytan!" sözleri ağzından dökülüyordu. Levin ona kulak vererek uzun bir süre uyuyamadı. Levin'in düşünceleri çok çeşitliydi, ama bütün düşüncelerin sonu aynıydı: Ölüm.

Her şeyin kaçınılmaz sonu olan ölüm ilk kez karşı konulmaz bir şekilde gözünde canlanıyordu. Burada, yarı uyur yarı uyanık inleyen ve alışkanlıkla hangisi olduğunu umursamadan kâh Tanrıya, kâh şeytana seslenen sevgili ağabeyinde ölüm, ona hiç de eskiden göründüğü kadar uzak değildi. Ölüm kendisinin de içindeydi, bunu hissediyordu. Bugün olmazsa yarın, yarın olmazsa otuz yıl sonra, hepsi bir değil miydi? Oysa kaçınılmaz ölümün nasıl bir şey olduğunu bilmemenin, hiçbir zaman düşünmemiş olmanın ötesinde bunu düşünemiyor ve düşünmeye cesaret edemiyordu.

"Çalışıyorum, bir şeyler yapmak istiyorum, ama her şeyin biteceğini, ölümü aklımdan çıkartmışım."

Karanlıkta büzülüp dizlerine sarılarak yatağın üstünde oturmuş, düşüncelerinin gerginliği yüzünden soluğunu tutarak düşünüyordu. Zihni çalıştıkça bunun kesinlikle böyle olduğunu, gerçekten de ölümü unuttuğunu, hayatta ufacık bir ayrıntıyı, ölümün geleceğini ve her şeyin böylece sona ereceğini, bir işe girişmeye hiç değmeyeceğini ve bunun hiç çaresi olmadığını gözden kaçırdığını daha açık anlıyordu sadece. Evet, korkunç bir şeydi, ama öyleydi.

"Ama henüz hayattayım. Peki şimdi ne yapmalıyım, ne yapmalı?" diyordu umutsuzlukla. Mumu yaktı, dikkatlice kalktı, aynaya doğru gitti ve yüzüne, saçlarına bakmaya başladı. Evet, şakaklarında beyazlar vardı. Ağzını açtı. Arka dişleri çürümeye başlıyordu. Kaslı kollarını sıvadı. Evet, çok güçlüydü. Ama ciğerlerinin kalıntılarıyla orada soluk alıp veren Nikolenka'nın da sağlam bir bedeni vardı. Birden çocukken birlikte yattıkları ve yastık savaşı yapmak, kahkahalarla gülmek için Fyodor Bogdanıç'ın odadan çıkmasını beklediklerini anımsadı. Öyle karşı konulmaz kahkahalar atarlardı ki, Fyodor Bogdanıç korkusu bile bu kabına sığmayan, taşıp köpüren yaşama sevincini durduramazdı. "Şimdiyse bu içine çökmüş boş göğüs... ve başıma neler geleceğini bilmeyen ben..."

— Öhö! Öhö! Kör olası şeytan! Ne kımıldanıp duruyorsun, niye uyumuyorsun? –diyen ağabeyinin sesi Levin'i kendine getirdi.

— Bilmiyorum, uykum kaçtı.

— Ben iyi uyudum, hem artık terlemiyorum da. Bak, gömleğimi elle. Terlemiş miyim?

Levin gömleği yokladı, bölmenin arkasından çıktı, mumu söndürdü, ama uzun bir süre daha uyuyamadı. Tam nasıl yaşayacağı meselesi birazcık açıklık kazanmışken karşısına çözümü olanaksız yeni bir mesele çıkmıştı: Ölüm.

"O ölüyor, bahara doğru ölecek, ona nasıl yardım edebilirim? Ona ne diyebilirim? Bu konuda ne biliyorum? Bunun varlığını bile unutmuşum."

XXXII

Levin, gereksiz yumuşaklıkları ve uysallıklarıyla can sıkıcı olan insanların aşırı titizlikleri ve alıngalıklarıyla çok kısa bir sürede çekilmez hale geldikleri sonucuna varalı çok olmuştu.

Ağabeyiyle ilgili olarak da aynı şeyin olacağını hissediyordu. Gerçekten de Nikolay ağabeyinin yumuşak başlılığı uzun sürmedi. Ertesi sabah alıngan biri olup çıkmış ve kardeşinin en hassas noktalarına dokunarak ona durmadan çıkışmaya başlamıştı.

Levin kendisini suçlu hissediyor ve bu durumu düzeltemiyordu. İkisi de rol yapmayıp, samimi konuşma denilen şeyi yapsalar, yani sadece tam olarak düşündüklerini ve hissettiklerini birbirlerinin gözlerinin içine bakarak söyleselerdi ve Konstantin yalnızca "Ölüyorsun, ölüyorsun, ölüyorsun!" diyebilseydi, Nikolay ise yalnızca "Biliyorum, öleceğim; ama korkuyorum, korkuyorum, korkuyorum!" yanıtını verebilseydi keşke. İçtenlikle konuşmuş olsalar başka bir şey söylemezlerdi. Fakat bu şekilde yaşamak olanaksızdı. Konstantin bu yüzden hayatı boyunca yapmaya çalıştığı, ama yapamadığı bir şeyi, gözlemlerine göre çoğu insanın pek güzel becerdiği, yapılmadığı takdirde yaşamın olanaksız olduğu bir şeyi yapmaya, düşündüğünden farklı bir şey söylemeye çalışıyordu ve sürekli olarak bunun ikiyüzlülük olduğunu, ağabeyinin bunu anlayacağını ve kızacağını hissediyordu.

Üçüncü gün Nikolay, planlarını anlatması için kardeşini yanına çağırdı ve onu sadece yermekle kalmadı, kasıtlı olarak bu planı komünizme benzetti.

— Tek yaptığın başkasına ait bir düşünceyi almak, ama onu bozmak olmuş. Bu düşünceyi uygulanamayacak yerlere uygulamak istiyorsun.

— Ama bunun ortak bir yönü olmadığını söylüyorum sana. Onlar mülkiyetin, sermayenin, mirasın haklılığını reddediyorlar, bense bu en önemli stimule edici etkeni reddetmeksizin (bu tür sözcükler kullanmak Levin'e çok ters gelirdi, ama eserine başladığından beri elinde olmadan bu tip Rusça olmayan sözcükleri giderek daha sık kullanmaya başlamıştı) sadece emeği düzene sokmak istiyorum.

Nikolay kravatını sinirli bir şekilde çekiştirerek:

— Zaten mesele bu ya, sen başkasına ait bir düşünceyi alıp, bu düşüncenin gücünü oluşturan her şeyi ondan ayırmışsın ve bunun yeni bir şey olduğuna inandırmak istiyorsun, –dedi.

— Ama benim düşüncemin bununla ortak bir yanı yok...

Nikolay Levin gözlerinde öfkeli bir parıltı ve alaycı bir gülümsemeyle:

— Orada en azından, nasıl derler geometrik bir güzellik, bir açıklık, bir belirginlik var. Belki bu bir ütopyadır. Ama bütün geçmişten bir tabula rasa* çıkarılabilir diyelim: Mülkiyet yok, aile yok, o zaman emek de düzene girer. Ama senin düşüncende böyle bir şey yok...

— Neden karıştırıyorsun? Ben hiçbir zaman komünist olmadım.

— Bense bunu erken, ama akıllıca ve ilk dönemlerdeki Hıristiyanlık gibi geleceğe sahip bir öğreti olarak görüyorum.

— Ben sadece işgücünü doğa bilimcinin bakış açısından ele almak gerektiğini düşünüyorum, yani onu incelemek, özelliklerini tanımak ve...

— Ama son derece yararsız bir şey. Bu güç, belli çalışma biçimini geliştiği ölçüde kendi başına bulur. Her yerde köleler, sonra da metayer'ler** vardı; bizde de yarıcılık işi var, kiralama var, ırgatlık var, senin aradığın ne?

Levin bu sözler üzerine birden sinirlendi, çünkü ruhunun derinlerinde bunun gerçek olduğuna ilişkin bir korku vardı, komünizmle belli çalışma biçimleri arasında bir denge oluşturmak istediği ve bunun pek de mümkün olmadığı gerçeği onu korkutuyordu.

— Hem kendim için, hem de işçiler için verimli çalışma yöntemleri arıyorum. –diye yanıtladı Levin heyecanla.– Düzenlemek istediğim...

— Sen hiçbir şeyi düzenlemek istemiyorsun; sen sadece hayatın boyunca yaptığın gibi ayrıksı davranmak istiyorsun,

---

* Temiz tahta, yani bütün geçmişi silmek anlamında. (Lat.)

** Yarıcı. (İng)

köylüleri öyle basit bir şekilde değil de, bir düşünceyle sömürüyorsun.

Levin sol yanağındaki kasların engelleyemediği bir şekilde oynadığını hissederek:

— Demek böyle düşünüyorsun, bırak o zaman! –diye yanıtladı.

— Senin bir inancın olmadı, şimdi de yok, senin için önemli olan gururunun okşanmasıdır.

— Tamam, güzel, beni rahat bırak o zaman!

— Bırakırım tabii! Zaten çoktan zamanı gelmişti, cehenneme kadar yolun var! Geldiğime çok pişmanım!

Daha sonra Levin ağabeyini ne kadar sakinleştirmeye çalışırsa çalışsın, Nikolay hiçbir şey duymak istemedi, gitmesinin çok daha iyi olacağını söyledi ve Konstantin, yaşamın ağabeyi için dayanılmaz bir hal almış olduğunu gördü.

Konstantin tekrar yanına gelip, onu kırdıysa kendisini bağışlamasını doğal olmayan bir şekilde rica ettiğinde Nikolay gitmek için bütün hazırlıklarını yapmıştı.

— Yüce gönüllülük ha! –dedi Nikolay ve gülümsedi.– Eğer haklı olmak istiyorsan bu mutluluğu sana verebilirim. Sen haklısın, ama ben yine de gidiyorum!

Nikolay gitmeden önce onunla öpüştü ve birden kardeşine son derece ciddi bir şekilde bakıp:

— Yine de beni kötü biri olarak anımsama Kostya! –dedi ve sesi titredi.

Bunlar içtenlikle söylenmiş biricik sözlerdi. Bu sözlerin altında yatanın "Ne kadar kötü durumda olduğumu görüyor, biliyorsun, belki bir daha görüşemeyiz," sözleri olduğunu anlamıştı. Levin bunu anlamıştı ve gözlerinden yaşlar boşanmıştı. Ağabeyini bir kez daha öptü, ama ona hiçbir şey diyemedi.

Ağabeyinin gidişinin üçüncü günü Levin de yurtdışına gitti. Trende Kiti'nin kuzeni Şçerbatskiy'le karşılaşan Levin, asık suratıyla onu çok şaşırtmıştı.

— Neyin var? –diye sordu Şçerbatskiy.

— Bir şeyim yok, dünyada gülecek o kadar az şey var ki.

— Ne demek az şey var? Mulhouse yerine birlikte Paris'e gidelim. Bakın nasıl eğleniyoruz!

— Hayır, ben artık bittim. Ölme zamanım geldi.

— Demek öyle! –dedi Şçerbatskiy gülerek.– Bense yaşamaya daha yeni başladım.

— Ben de kısa süre öncesine kadar öyle düşünüyordum, ama yakında öleceğimi artık biliyorum.

Levin şu son zamanlarda gerçekten düşündüklerini söylüyordu. Her şeyde sadece ölümü ya da ölümün yakınlığını görüyordu. Yalnızca giriştiği iş onu meşgul ediyordu. Ölüm gelmediği sürece hayatı bir şekilde yaşamak gerekiyordu. Onun için her şeyi bir karanlık kaplamıştı; fakat tam da bu karanlık sayesinde, karanlıkta ona tek yol gösteren kılavuzun yaptığı iş olduğunu hissediyordu ve gücünün son damlalarını kullanarak işine sarılıyor, tutunuyordu.

Dördüncü Bölüm

I

Karıkoca Kareninler aynı evde yaşamaya devam ediyor ve her gün karşılaşıyorlardı, ama birbirlerine tamamen yabancıydılar. Aleksey Aleksandroviç, hizmetçilerin tahminlerde bulunma hakkına sahip olmaması için her gün karısını görmeyi âdet haline getirmişti, ama öğle yemeklerini evde yemekten kaçınıyordu. Vronskiy, Aleksey Aleksandroviç'in evine hiç gelmiyordu, ama Anna onu ev dışında görüyor, kocası da bunu biliyordu.

Üçü için de durum acı vericiydi. Bu üzücü durumun değişeceğini, geçip gideceğini beklemeselerdi, hiçbiri bir gün bile bu halde yaşayamazdı. Aleksey Aleksandroviç, bu ihtirasın her şey gibi geçmesini, herkesin bunu unutmasını ve adının lekelenmeden kalmasını bekliyordu. Bu duruma neden olan ve herkesten çok acı çeken Anna, her şeyin çok kısa bir sürede çözümlenmesini ve açıklığa kavuşmasını beklemenin de ötesinde bundan kesinlikle emin olduğu için bu duruma katlanıyordu. Bu durumu neyin çözümleyeceğini kesin olarak bilmiyordu, ama artık çok yakında bir şey olacağından emindi. Elinde olmaksızın Anna'ya boyun eğen Vronskiy de kendisine bağlı olmayan ve bütün zorlukları çözecek bir şey bekliyordu.

Kışın ortalarında Vronskiy çok sıkıcı bir hafta geçirdi. Petersburg'a gelen yabancı bir prensin emrine verilmişti ve ona Petersburg'un görülmeye değer yerlerini göstermek zorundaydı. Vronskiy gösterişli biriydi, ayrıca saygılı ve kibar davranma sanatına hâkimdi ve bu tür kişilerle temasta bulunma alışkanlığına sahipti; bu yüzden prensin emrine verilmişti. Fakat verilen görev ona çok ağır gelmişti. Prens, memleketine döndüğünde Rusya'da görüp görmediğini soracakları hiçbir şeyi gözden kaçırmak istemiyordu; Rusların eğlencelerinden kendisi de olabildiğince yararlanmak istiyordu. Vronskiy her iki konuda da ona rehberlik etmekle görevliydi. Sabahları görülmeye değer yerleri görmeye gidiyor, akşamları ulusal eğlencelere katılıyorlardı. Prens, prenslerin arasında bile alışılmamış derecede sağlıklı biriydi; hem jimnastikle, hem de vücuduna iyi bakarak öyle bir güce erişmişti ki, eğlencelerde kendini kaptırdığı aşırılıklara rağmen parlak yeşil büyük bir Hollanda hıyarı gibi tazeydi. Prens çok seyahat ediyordu ve şimdiki ulaşım kolaylıklarının en önemli yararlarından birinin ülkelerin eğlencelerini tanıma olanağı vermesi olduğunu düşünüyordu. İspanya'ya gitmiş, orada serenatlar yapmış ve mandolin çalan bir İspanyol kadınıyla yakınlık kurmuştu. İsviçre'de *gemse** vurmuş, İngiltere'de kırmızı frak giyerek çitlerden atlamış ve bahse girerek iki yüz sülün vurmuştu. Türkiye'de hareme girmiş, Hindistan'da file binmişti, şimdi de Rusya'da Rusların özel zevklerinin hepsinin tadına bakmak istiyordu.

Türlü kişiler tarafından prense önerilen bütün Rus eğlencelerini sıraya sokmak, prensin yanında âdeta bir baş protokolcü konumunda olan Vronskiy'in çok büyük emek harcamasına neden oluyordu. Bu eğlenceler arasında at gezileri, Rus gözlemeleri, ayı avları, troykalar, çingeneler, Rus usulü kadehlerin kırıldığı içki âlemleri vardı. Ve prens, Rus ruhunu olağanüstü bir kolaylıkla benimsemişti, tepsiler dolusu kadeh kırıyor,

---

* Alplerde yaşayan bir tür dağ keçisi. (ç.n.)

çingene kızlarını kucağına oturtuyor ve "Daha başka ne var, yoksa Rus ruhunun hepsi bu kadar mı?" diye soruyordu.

Aslında bütün Rus eğlencelerinin içinde prensin en çok hoşuna gideni, Fransız aktrisler, bir balerin ve beyaz mühürlü şampanyaydı. Vronskiy prenslere alışkındı, ama son zamanlarda değişmiş olmasından mı, yoksa bu prensle aralarında aşırı bir benzerlik olmasından mı nedir, bu hafta ona korkunç zor gelmişti. Hafta boyunca hiç aralıksız tehlikeli bir delinin emrine verilmiş, deliden korkan, bununla birlikte ona yakın olduğu için kendi aklından da korkan bir adamınkine benzer bir duyguya kapılmıştı. Vronskiy, prens tarafından küçük düşürülmemek için çok sıkı bir şekilde takındığı resmi ve saygılı tavrını bir an bile azaltmaması gerektiğini sürekli olarak hissediyordu. Prense Rus zevklerini tattırmak için Vronskiy'i hayrete düşürerek kendini paralayan kimselere karşı prensin davranışı küçümseyiciydi. Tanımak istediği Rus kadınları hakkındaki yargıları Vronskiy'i kim bilir kaç kez öfkeden kıpkırmızı etmişti. Prensin Vronskiy'e özellikle sevimsiz gelmesinin başlıca nedeni ise Vronskiy'in bu adamda ister istemez kendisini görmesiydi. Ve bu aynada gördüğü şey gururunu okşamıyordu. Hem çok aptal, hem çok kendine güvenen, hem çok sağlıklı, hem çok temiz bir adamdı bu, başka bir şey değil. Bir centilmendi, bu doğruydu ve Vronskiy de bunu yadsıyamazdı. Kendinden yükseklere eşit davranan ve lütuf beklemeyen biriydi, kendisiyle aynı düzeydekilere karşı davranışı rahat ve basitti, kendinden daha aşağıdakilere karşıysa küçümseyici bir iyilik içindeydi. Vronskiy de aynı böyleydi ve bunu büyük bir erdem sayardı; ama prensten daha aşağı düzeyde bulunuyordu ve prensin kendisine karşı küçümseyici iyi yürekli davranışı onu çileden çıkarıyordu.

"Aptal öküzün biri! Ben de öyle miyim acaba?" –diye düşünüyordu.

Yedinci gün prensin Moskova'ya hareket etmeden önce onunla vedalaşıp teşekkür ettiği sırada ne olursa olsun bu rahatsız edici durumdan ve hoşuna gitmeyen aynadan kurtulduğu için mutluydu. Tam bir Rus kabadayılık gösterisinin yaşandığı gece boyunca süren ayı avı partisinden döndüklerinde prensle istasyonda vedalaştılar.

II

Vronskiy eve döndüğünde Anna'dan gelmiş bir not buldu. Şöyle yazıyordu notta: "Hastayım ve mutsuzum. Dışarı çıkamıyorum, ama sizi görmeden daha fazla duramayacağım. Akşam gelin. Aleksey Aleksandroviç saat yedide kurula gidecek ve ona kadar orada olacak." Kocasının onunla evde görüşmesini istememesine karşın Anna'nın kendisini doğrudan eve çağırmasının tuhaflığını bir an düşündükten sonra gitmeye karar verdi.

Vronskiy o kış albaylığa yükseltilmiş, alaydan ayrılmış, tek başına yaşıyordu. Kahvaltısını ettikten sonra hemen sedire uzandı ve son günlerde gördüğü çirkin sahnelerle ilgili anıları beş dakika içinde Anna'yla ve ayı avında ayının çevresini sarmak suretiyle önemli bir rol oynayan köylüyle ilgili düşünceleriyle birbirine karışıp birleşti ve Vronskiy uykuya daldı. Karanlıkta, korkudan titreyerek uyandı ve hemen mumu yaktı. "Bu neydi böyle? Düşümde gördüğüm o korkunç şey neydi? Evet, evet. Ayı avındaki sakalı karmakarışık, ufak tefek, pis köylü eğilmiş bir şey yapıyordu, sonra birden Fransızca tuhaf sözler söylemeye başladı. Evet, düşümde bundan başka bir şey yoktu, –dedi kendi kendine.– Ama neden bu kadar korkunç geldi?"

Köylüyü ve onun ağzından çıkan anlaşılmaz Fransızca sözleri tekrar canlı bir şekilde anımsayınca korkudan sırtı ürperdi.

Vronskiy, "Ne saçma!" –diye düşündü ve saate baktı.

Saat sekiz buçuk olmuştu. Uşağını çağırdı, acele giyindi ve gördüğü düşü tamamen unutup, sadece geç kaldığına üzülerek kapının önüne çıktı. Kareninlerin kapısına yaklaşırken saatine bir göz attı ve dokuza on kala olduğunu gördü. Bir çift gri at koşulmuş yüksek, dar bir araba kapının önünde duruyordu. Anna'nın arabasını tanıdı. "Bana geliyor," –diye düşündü Vronskiy, "daha iyi olur. Benim bu eve girmem hoş bir şey değil. Ama fark etmez; saklanamam," –dedi kendi kendine ve hiçbir şeyden utanmayan bir adamın çocukluktan edindiği hareketlerle arabasından indi, kapıya doğru yürüdü. Kapı açıldı ve elinde bir İskoç battaniyesiyle kapıcı arabayı çağırdı. Ayrıntıları fark etmeye alışkın olmayan Vronskiy, şimdi kapıcının kendisine bakarken takındığı şaşkın ifadeyi fark etmişti. Vronskiy, kapıda Aleksey Aleksandroviç'le neredeyse çarpışıyordu. Gaz lambasının ışığı, siyah şapkanın altındaki avurtları çökmüş solgun yüzü ve kunduz kürkü paltonun içinden parlayan beyaz kravatı aydınlatıyordu. Karenin'in hareketsiz, donuk gözleri Vronskiy'in yüzüne dikildi. Vronskiy selam verdi ve dudaklarını ısıran Aleksey Aleksandroviç elini şapkasına götürerek yanından geçip gitti. Vronskiy, onun etrafa bakmaksızın arabaya bindiğini, battaniyeyi ve dürbünü pencereden alıp gözden kaybolduğunu gördü. Vronskiy antreye girdi. Kaşları çatılmıştı, gözlerinden öfkeli ve gururlu bir pırıltı saçılıyordu.

"Şu hale bak! –diye düşündü.– Onuru için savaşmış, onurunu korumuş olsaydı ben de bir şeyler yapabilir, duygularımı ifade edebilirdim; ama bu zayıflık ya da alçaklık... Beni ihanet eden bir adam durumuna sokuyor, oysa ben öyle biri olmak istemedim ve istemiyorum."

Vrede'nin bahçesinde Anna'yla konuştukları günden bu yana Vronskiy'in düşünceleri çok değişmişti. Kendini tümden ona bırakmış ve geleceğiyle ilgili kararları sadece ondan bekleyen Anna'nın zayıflığına elinde olmaksızın boyun eğerek, daha doğrusu her şeye peşinen boyun eğerek çoktandır bu ilişkinin kendisi istediğinde bitebileceğini düşünmekten vazgeçmişti. Yükselme planları yine geriye çekilmişti ve Vronskiy, her şeyin belli, tanımlanmış olduğu iş çevresinden çıktığını hissederek kendini tümden duygularına teslim etmişti. Bu duygular onu Anna'ya giderek daha güçlü bir şekilde bağlıyordu.

Daha antrede Anna'nın uzaklaşan ayak seslerini işitti. Onun kendisini beklediğini, seslere kulak verdiğini ve şimdi salona geri döndüğünü anladı.

Anna onu görünce:

— Hayır! –diye bağırdı ve daha ağzını açar açmaz gözlerine yaşlar doldu.– Hayır, eğer bu böyle devam edecekse, o şey çok daha önce olacak!

— Ne oldu canım?

— Ne mi oldu? Bekliyorum, acı çekiyorum, bir saat, iki saat... Hayır, yapmayacağım!.. Seninle kavga edemem. Herhalde gelemedin. Hayır, kavga etmeyeceğim!

Anna iki elini de Vronskiy'in omuzlarına koydu ve hayranlık dolu, aynı zamanda da inceleyen derin bakışlarıyla uzun uzun Vronskiy'e baktı. Onu görmediği süre için yüzünü doya doya inceledi. Her buluşmalarında olduğu gibi Vronskiy'in hayalindeki haliyle (ki bu hali, gerçekte olamayacak, kıyaslanmaz ölçüde daha iyiydi) gerçekteki halini birleştiriyordu.

III

Masanın başına, lambanın altına oturduklarında Anna:

— Onunla karşılaştın mı? –diye sordu.– Al işte sana geç kalmanın cezası.

— Karşılaştım, ama nasıl oldu bu? Kurulda olması gerekmiyor muydu?

— Kuruldaydı, geri geldi ve tekrar bir yere gitti. Neyse önemli değil. Bundan söz etme. Sen neredeydin? Hep prensle birlikte miydin?

Anna onun yaşantısının bütün ayrıntılarını biliyordu. Vronskiy, bütün gece uyumadığını, bu yüzden uyuyakaldığını söylemek istiyordu, ama Anna'nın heyecanlı ve mutlu yüzüne bakınca utandı, prensin gidişiyle ilgili rapor vermeye gitmesi gerektiğini söyledi.

— Artık bitti mi? Prens gitti mi?

— Çok şükür bitti. Benim için ne katlanılmaz bir şeydi, inanmazsın.

Anna kaşlarını çatıp:

— Neden? Siz genç erkeklerin hepinizin günlük yaşantısı değil mi bu zaten? –dedi ve masanın üzerinde duran örgüsünü alıp Vronskiy'e bakmadan örgünün içinden şişi çıkarmaya koyuldu.

Vronskiy, Anna'nın yüz ifadesindeki değişikliğe şaşırarak ve bu değişikliğin ne anlama geldiğini anlamaya çalışarak:

— Ben bu yaşantıyı bırakalı çok oldu, –dedi. Düzgün beyaz dişlerini ortaya çıkaran bir gülümsemeyle,– İtiraf edeyim, bu hafta bu yaşantıya aynada kendime bakar gibi baktım ve hiç hoşuma gitmedi.

Anna örgüsünü elinde tutuyor, ama örmüyor, garip, pırıl pırıl ve pek dostça olmayan bir bakışla Vronskiy'e bakıyordu.

— Bu sabah Liza uğradı bana, Kontes Lidiya İvanovna'ya rağmen bana gelmekten çekinmiyorlar hâlâ, –diye ekledi,– ve Atina gecenizi anlattı. Ne iğrençlik!

— Ben de anlatmak istiyordum...

Anna, onun sözünü kesti:

— Daha önceden tanıdığın Thérèse miydi o?

— Söylemek istiyordum ki...

Anna giderek daha fazla kızarak ve böylece kızgınlığının nedenini Vronskiy'e göstererek:

— Siz erkekler ne kadar iğrençsiniz! –dedi.– Bir kadının bunu unutamayacağını nasıl aklınıza getiremezsiniz? Hem de senin yaşantını bilemeyen bir kadının. Ben ne biliyorum? Ne biliyordum? –dedi Anna.– Senin bana söylediklerini. Hem bana doğru söylediğini nerden bileyim?

— Anna! Bana hakaret ediyorsun. Bana inanmıyor musun? Sana açmadığım bir düşüncem olmadığını söylemedim mi?

Anna kıskançlık düşüncelerini kafasından atmaya çalışarak:

— Evet, evet, –dedi.– Yalnız benim için ne kadar zor olduğunu bilseydin! İnanıyorum, sana inanıyorum... Sen ne diyordun?

Ancak Vronskiy, söylemek istediği şeyi hemen anımsayamadı. Son zamanlarda Anna'nın giderek daha sık geçirdiği bu kıskançlık nöbetleri Vronskiy'i korkutuyordu, bu kıskançlığın nedeninin Anna'nın kendisine duyduğu aşk olduğunu bildiği halde ne kadar gizlemeye çalışırsa çalışsın onu Anna'dan soğutuyordu. Anna'nın aşkının mutluluk olduğunu kaç kez söylemişti kendi kendine; işte Anna onu, aşkı hayattaki bütün nimetlerden üstün gören bir kadının sevebileceği gibi seviyordu, ama o, Anna'nın peşinden Moskova'dan geldiği sıradaki mutlu halinden çok uzaktı. O zaman kendini mutsuz biri sayıyordu, ama mutluluk ilerideydi; şimdi ise mutluluğun geride kaldığını hissediyordu. Anna ilk gördüğü zamanlardaki gibi değildi hiç. Manevi olarak da, fiziksel olarak da kötüye doğru bir değişim gösteriyordu. Şişmanlamıştı ve aktristen söz ederken yüzünde onu çirkinleştiren kötü bir ifade vardı. Vronskiy, Anna'ya kopardığı ve soldurduğu bir çiçeğe bakan, ama onu koparmasına ve öldürmesine neden olan güzelliği pek zor tanıyan biri gibi bakıyordu. Buna karşın, aşkının daha güçlü olduğu günlerde kuvvetle istemiş olsaydı bu aşkı yüreğinden söküp atabileceğini hissediyordu, ama şimdi, Anna'ya karşı yüreğinde aşk hissetmediğini düşündüğü şu anda Anna'yla ilişkisinin kopamayacağını biliyordu.

— E, bana prensle ilgili olarak ne söylemek istiyordun? Şeytanı kovdum artık, –diye ekledi. Kıskançlığı kendi aralarında şeytan diye adlandırıyorlardı.– Evet, prens hakkında bir şey söylüyordun. Neden o kadar zor geldi bu iş sana?

Vronskiy, dağılan düşüncelerinin ucunu yakalamaya çalışarak:

— Ah, dayanılmazdı! –dedi.– İnsanın onunla yakınlık kurmaktan bir kazancı olmaz. Onu tanımlamak gerekirse, panayırlarda birincilik madalyaları alan besili bir hayvandan başka bir şey olmadığını söyleyebiliriz, –dedi Vronskiy sıkıntıyla. Anna'nın ilgisini çekmişti bu.

— Nasıl olur? –diye itiraz etti Anna.– Çok şey görmüş, kültürlü biri değil mi?

— Bambaşka bir kültür, onların kültürü. Hayvansal zevkler dışındaki her şeyi küçümsedikleri gibi o da galiba sırf kültürü küçümseme hakkına sahip olmak için okumuş, eğitim görmüş.

— Aslında bu hayvansal zevkleri hepiniz seviyorsunuz, –dedi Anna ve Vronskiy, kendisinden kaçan o karamsar bakışı yine fark etti.

Vronskiy gülümseyerek:

— Onu neden bu kadar koruyorsun? –dedi.

— Korumuyorum, benim için hiç fark etmez; ama düşünüyorum da, eğer sen bu zevklerden hoşlanmasaydın reddedebilirdin. Ama Thérèse'i Havva kılığında seyretmek senin de hoşuna gidiyor...

Vronskiy, Anna'nın masanın üzerine koyduğu elini tutup öperek:

— İşte yine şeytan, yine şeytan! –dedi.

— Evet, ama elimde değil! Seni beklerken ne kadar acı çektiğimi bilmiyorsun ki! Kıskanç olmadığımı düşünüyorum. Kıskanç değilim; burada, benimle birlikte olduğun zaman sana inanıyorum; ama tek başına bir yerlerde benim akıl erdiremediğim bir yaşam sürdüğünde...

Geri çekilip Vronskiy'den uzaklaştı, sonunda örgünün içinden şişi çıkartıp, lambanın ışığı altında parlayan beyaz yünden işaret parmağının yardımıyla birbiri arkasına hızlı hızlı ilmekler atmaya, işlemeli yeninin içindeki ince bileği de sinirli bir şekilde hızlı hızlı hareket etmeye başladı.

Birden sesi doğal olmayan bir şekilde çınladı:

— E, nasıl oldu? Aleksey Aleksandroviç'le nerede karşılaştın?

— Kapıda burun buruna geldik.

— Ve sana şöyle bir selam verdi, değil mi?

Anna yüzünü uzattı, gözlerini hafifçe kapatıp çabucak yüz ifadesini değiştirdi, kollarını kavuşturdu ve Vronskiy, Anna'nın güzel yüzünde birden Aleksey Aleksandroviç'in kendisine selam verirkenki yüz ifadesinin aynısını gördü. Vronskiy gülümsedi, Anna ise en önemli güzelliklerinden biri olan içten gelen sevimli kahkahasıyla neşe içinde gülmeye başladı.

— Onu kesinlikle anlamıyorum, –dedi Vronskiy.– Yazlıktaki açıklamandan sonra seninle ilişkisini koparsaydı, beni düelloya çağırsaydı... ama bunu anlamıyorum. Böyle bir duruma nasıl katlanabiliyor? Acı çektiği besbelli.

— O mu? –dedi Anna alaycı bir gülümsemeyle.–Halinden çok memnun.

— Her şey o kadar iyi olabilecekken neden hepimiz de acı çekiyoruz?

— O acı filan çekmiyor. Onu, onun iliklerine işlemiş yalancılığını bilmiyor muyum ben?.. Bir şeyler hisseden bir insan, onun benimle yaşadığı gibi yaşayabilir mi? Hiçbir şey anlamıyor, hiçbir şey hissetmiyor. Bir şey hisseden insan *suç işleyen* karısıyla aynı evde yaşayabilir mi? Onunla konuşabilir mi? Karısına *sen* diyebilir mi?

Sonra yine elinde olmadan onu taklit etti. "Sen, ma chère, sen Anna!"

— Bir erkek, bir insan değil, bir kukla! Hiç kimse bilmiyor, ama ben biliyorum. Oo, onun yerinde ben olsaydım, "Sen, ma chère, Anna," demez, benim gibi bir kadını çoktan öldürmüş, parça parça etmiş olurdum. Bir insan değil, bakanlık makinesi. Benim senin karın olduğumu, kendisinin yabancı ve gereksiz biri olduğunu anlamıyor... Konuşmayalım, konuşmayalım artık!..

Vronskiy, Anna'yı yatıştırmaya çalışarak:

— Haksızsın, haksızsın canım, –dedi.– Ama fark etmez, ondan söz etmeyelim. Sen neler yaptın, anlat bana. Neyin var? Hastalığın neymiş, doktor ne dedi?

Anna ona alaycı bir sevinçle bakıyordu. Herhalde kocasında gülünç ve çirkin başka yönler de bulmuştu ve bunları söyleyeceği zamanı bekliyordu.

Ancak Vronskiy konuşmaya devam ediyordu:

— Bunun bir hastalık değil, durumundan kaynaklanan bir şey olduğunu tahmin ediyorum. Ne zaman olacak?

Anna'nın gözlerindeki alaycı parıltı söndü, ama başka bir gülümseme, Vronskiy'in bilmediği bir şeyi bilmenin ve sessiz bir hüznün verdiği bir gülümseme önceki yüz ifadesinin yerini aldı.

— Yakında yakında. Durumumuzun acı verici olduğunu, bu durumu çözmek gerektiğini söylüyordun. Bu durumun bana ne kadar ağır geldiğini, seni özgürce ve korkusuzca sevebilmek için neler verebileceğimi bilseydin! Acı çekmezdim, kıskançlığımla sana da acı çektirmezdim... Yakında olacak, ama bizim düşündüğümüz gibi değil.

Anna bunun nasıl olacağı düşüncesini aklına getirince kendisine o kadar acıdı ki, gözlerine yaşlar doldu ve konuşmaya devam edemedi. Lambanın altında yüzükleri ve beyazlığıyla parlayan elini Vronskiy'in koluna koydu.

— Bizim düşündüğümüz gibi olmayacak. Sana bunu söylemek istemiyordum, ama beni mecbur bıraktın. Yakında, çok yakında her şey hallolacak ve hepimiz rahatlayacağız ve daha fazla acı çekmeyeceğiz.

Vronskiy, Anna'nın ne demek istediğini anladığı halde:

— Anlamıyorum, –dedi.

— Ne zaman diye soruyordun. Yakında. Ve ben bunu görmeyeceğim. Sözümü kesme! – Anna konuşmakta acele ediyordu.– Bunu biliyorum, hem de doğru biliyorum. Öleceğim, öleceğim ve kendimi de, sizleri de kurtaracağım için çok sevinçliyim.

Gözlerinden yaşlar akmaya başladı; Vronskiy, Anna'nın eline doğru eğildi ve hiçbir temeli olmadığını bildiği, ama engel olamadığı heyecanını gizlemeye çalışarak öpmeye başladı.

Anna güçlü bir hareketle Vronskiy'in elini sıkarak:

— İşte böyle, bu daha iyi, –dedi.– İşte bize bir tek bu kaldı.

Vronskiy kendine geldi ve başını kaldırdı.

— Ne saçma! Ne anlamsız şeyler söylüyorsun!

— Hayır, doğru bu.

— Doğru olan ne?

— Benim öleceğim. Bir düş gördüm.

— Düş mü? –diye yineledi Vronskiy ve hemen kendi düşündeki köylüyü anımsadı.

— Evet, düş, –dedi Anna.– Çok oldu bu düşü göreli. Koşarak yatak odama gittiğimi, oradan bir şey almam, bir şey öğrenmem gerektiğini gördüm; bunun düşte nasıl bir şey olduğunu bilirsin, –dedi Anna korkudan gözlerini iri iri açarak,– yatak odasında, köşede bir şey duruyordu.

— Ah, ne saçma! Nasıl inanılabilirsin ki...

Ancak Anna, sözünün kesilmesine izin vermedi. Söylediği şey kendisi için son derece önemliydi.

— Sonra o şey döndü, bir de ne göreyim, karmakarışık sakallı, ufak tefek, korkunç bir köylü. Kaçmak istedim, ama köylü bir çuvalın üstüne eğilmiş elleriyle orada bir şey arıyordu...

Köylünün çuvalın içini nasıl karıştırdığını gösteriyordu. Yüzünde korku vardı. Vronskiy de kendi düşünü anımsayarak içini dolduran aynı korkuyu duyuyordu.

— Çuvalı karıştırıyor ve r'leri g gibi telaffuz ederek hızlı hızlı Fransızca "Il faut le battre le fer, le broyer, le pétrir..."* diyordu. Bense korkudan gözlerimi açmak, uyanmak istiyordum, uyandım... ama düşümde uyandım. Bunun ne anlama geldiğini kendime sormaya başladım. Korney bana, "Doğum yaparken öleceksiniz, anacığım, doğum yaparken..." diyor. Sonra uyandım...

— Çok saçma! –dedi Vronskiy, ama sesinde hiçbir inandırıcılık olmadığını kendisi de hissediyordu.

---

* Demiri dövmek, ezmek, yoğurmak gerek... (Fr.)

— Ama bundan söz etmeyelim. Zili çalar mısın, çay getirmelerini söyleyeceğim. Evet bekle, artık çok geçmeden ben...

Fakat ansızın durdu. Yüzünün ifadesi bir anda değişti. Korku ve heyecan bir anda yerini sakin, ciddi ve mutlu bir dikkat ifadesine bıraktı. Vronskiy bu değişikliğin anlamını kavrayamazdı. Anna içindeki yeni hayatın hareketini dinliyordu.

IV

Aleksey Aleksandroviç, evinin kapısında Vronskiy'le karşılaştıktan sonra daha önce niyetlendiği gibi bir İtalyan operasına gitti. İki perde boyunca operada kaldı ve görmesi gereken herkesi gördü. Eve döndüğünde portmantoya dikkatle baktı ve asker paltosunun olmadığını görünce her zamanki gibi odasına geçti. Ancak her zaman yaptığının aksine yatmadı ve gece saat üçe dek çalışma odasında bir aşağı bir yukarı dolaştı. Terbiye kurallarına uymak ve kendisinden beklenen tek koşulu, yani âşığıyla evinde görüşmeme koşulunu yerine getirmek istemeyen karısına duyduğu öfke Aleksey Aleksandroviç'e rahat vermiyordu. Karısı onun isteklerini yerine getirmemişti, o da karısını cezalandırmalı, boşanma ve oğlunu elinden alma tehdidini yerine getirmeliydi. Bu işle ilgili zorlukların hepsini biliyordu, ama bunu yapacağını söylemişti, şimdi tehdidini yerine getirmek zorundaydı. Kontes Lidiya İvanovna ona bunun içinde bulunduğu durumdan en iyi çıkış yolu olduğunu ve son zamanlarda boşanmalarla ilgili uygulamanın mükemmelleştiğini ima etmişti. Aleksey Aleksandroviç de resmi zorlukları aşma olanakları olduğunu görmüştü. Ayrıca felaket tek başına gelmez, azınlıkların yerleştirilmesi ve Zaraysk ilindeki tarlaların sulanması davaları da işinde Aleksey Aleksandroviç'in başına öyle tatsızlıklar getirmişti ki, son zamanlarda aşırı sinirli olmuştu.

Bütün gece uyumadı ve öfkesi iyice artarak sabaha doğru son haddine ulaştı. Hemen üstünü giyindi, sanki elinde ağzına kadar dolu bir öfke kâsesi taşıyarak ve bu kâseyi çalkalayıp dökmekten, öfkeyle birlikte karısıyla konuşmak için gereken enerjiyi kaybetmekten korkarak biraz önce kalktığını öğrendiği karısının odasına girdi.

Kocasını çok iyi tanıdığını düşünen Anna, onun odasına girdiği andaki görünüşüne şaşırdı. Alnı kırışmıştı, bakışlarını Anna'dan kaçırarak karamsar bir şekilde önüne bakıyordu; ağzı sert ve küçümseyici bir biçimde büzülmüştü. Yürüyüşünde, hareketlerinde, sesinde Anna'nın daha önce hiç görmediği bir kararlılık ve sertlik vardı. Odaya girdi, Anna'ya günaydın demeden doğruca yazı masasına gitti ve anahtarları alıp çekmeceyi açtı.

Anna:

— Ne istiyorsunuz? –diye bağırdı.

— Âşığınızın mektuplarını, –dedi Aleksey Aleksandroviç.

— Burada mektup falan yok, –dedi Anna çekmeceyi kapatarak; ancak Aleksey Aleksandroviç, bu hareketten tahmininin doğru olduğunu anlamış ve kaba bir şekilde Anna'nın elini itip, içine Anna'nın en gerekli belgeleri koyduğunu bildiği çantayı hemen kapmıştı. Anna çantayı elinden almak istedi, ama Aleksey Aleksandroviç onu itti.

— Oturun! Sizinle konuşmam gerek, –dedi. Çantayı kolunun altına koymuş ve dirseğiyle öyle sıkıştırmıştı ki, omzu yukarı kalkmıştı.

Anna hayret ve korku içinde bir şey demeden ona bakıyordu.

— Sevgilinizi evimde kabul etmenize izin vermeyeceğimi söylemiştim size.

— Onu görmem gerekiyordu, şey için...

Anna hiçbir yalan bulamayarak durdu.

— Bir kadının neden sevgilisini görmesi gerektiği konusunun ayrıntılarına girmeyeceğim.

Anna kıpkırmızı olup:

— Ben sadece istiyordum ki... –dedi. Aleksey Aleksandroviç'in bu kabalığı onu sinirlendirmiş ve cesaretlendirmişti.–

Bana ne kadar kolay hakaret ettiğinizi hissetmiyor musunuz acaba? –dedi.

— Namuslu bir adama ve namuslu bir kadına hakaret edilebilir, ama hırsıza hırsız olduğunu söylemek sadece la constatation d'un fait'dir.*

— Bu yeni özelliğinizden, gaddarlığınızdan haberim yoktu.

— Bir kocanın sadece terbiye kurallarına uyması koşuluyla karısına onurlu adını vererek serbest bırakmasına gaddarlık diyorsunuz demek. Bu mu gaddarlık?

Anna bir öfke patlamasıyla:

— Bu, gaddarlıktan daha kötü, eğer bilmek istiyorsanız bu alçaklık! –diye bağırdı ve gitmek istedi.

Aleksey Aleksandroviç şimdi her zamankinden daha çok yükselttiği tiz sesiyle:

— Hayır! –diye bağırdı ve iri parmaklarıyla Anna'nın kolunu bileziğinin kırmızı izleri kalacak kadar kuvvetle sıkıp, zorla yerine oturttu.– Alçaklık mı? Eğer bu sözcüğü kullanmak istiyorsanız, alçaklık, âşığı için kocasını ve oğlunu terk etmektir ve kocasının ekmeğini yemektir!

Anna başını eğdi. Bir gün önce sevgilisine söylediği, asıl kocasının *o* olduğu, kocasının ise gereksiz biri olduğu sözlerini söylememekle kalmadı, bunu düşünmedi bile. Kocasının sözlerindeki haklılığı hissediyordu ve sadece sessizce şöyle dedi:

— Benim durumumu benim anladığımdan daha kötü tarif edemezsiniz, ama bunları neden söylüyorsunuz?

— Bunu neden mi söylüyorum? –diye aynı öfkeyle devam ediyordu Aleksey Aleksandroviç.– Terbiye kurallarına uyma isteğimi yerine getirmediğinizden bu duruma son verecek önlemleri alacağımı bilmeniz için.

— Yakında, çok yakında sona erecek bu durum, –dedi Anna ve şimdi arzu ettiği, o yakın ölüm düşüncesi aklına gelince yine gözleri yaşla doldu.

---

* Bir olgunun saptanması. (Fr.)

— Sevgilinizle birlikte planladığınızdan daha çabuk sona erecek! Sizin tek istediğiniz hayvani isteklerinizin tatmini...

— Aleksey Aleksandroviç! Yere düşen birine vurmanın büyüklük olmadığını söylemiyorum, ama bu namusluluk da değildir.

— Evet, siz yalnız kendinizi düşünüyorsunuz, ama kocanızın çektiği acılar sizi ilgilendirmiyor. Onun bütün hayatı mahvolmuş, ac... aç... açı çekiyormuş sizin umurunuzda değil.

Aleksey Aleksandroviç o kadar hızlı konuşuyordu ki, dili dolaştı ve bu sözcüğü bir türlü söyleyemedi. Sonunda *açı çekmek* şeklinde söyleyebildi. Bu durum Anna'ya gülünç geldi ve böyle bir anda, bir şeyin ona gülünç gelebilmesinden utandı. İlk kez, bir an için onu anladı, kendini onun yerine koydu ve kocasına acıdı. Fakat ne söyleyebilir ya da ne yapabilirdi? Başını eğdi ve hiçbir şey söylemedi. Aleksey Aleksandroviç de kısa bir süre sustu, sonra artık daha az tiz ve soğuk bir sesle, keyfine göre seçtiği, hiçbir özel önemi olmayan sözcükleri vurgulayarak konuşmaya başladı.

— Size söylemek istediğim şey... –dedi Aleksey Aleksandroviç.

Anna ona baktı. *Açı çekmek* derkenki yüz ifadesini anımsayarak "Hayır, bana öyle gelmiş, hayır, bir insan bu donuk gözlerle, kendini beğenmiş sakinlikle bir şey hissedebilir mi?"

— Hiçbir şeyi değiştiremem, –diye fısıldadı Anna.

— Size yarın Moskova'ya gideceğimi, bir daha bu eve dönmeyeceğimi ve kararımı, boşanma davasını vereceğim avukat vasıtasıyla öğreneceğinizi söylemeye geldim. Oğlum da kız kardeşime gidecek, –dedi Aleksey Aleksandroviç oğluyla ilgili söylemek istediği şeyi güçlükle anımsayarak.

— Seryoja'ya bana acı çektirmek için gerek duyuyorsunuz, –dedi Anna, yan gözle Aleksey Aleksandroviç'e bakarak.– Onu sevmiyorsunuz... Seryoja'yı rahat bırakın!

— Evet, oğluma olan sevgimi bile kaybettim, çünkü sizden duyduğum tiksinti gidip ona bağlanıyor. Ama yine de onu alacağım. Elveda!

Aleksey Aleksandroviç gitmek istedi, ama şimdi de Anna onu durdurmuştu.

— Aleksey Aleksandroviç Seryoja'yı almayın! –diye fısıldadı bir kez daha.– Başka söyleyecek bir şeyim yok. Seryoja'yı bırakın... Yakında doğum yapacağım, onu almayın!

Aleksey Aleksandroviç kızardı ve kolunu karısının elinden kurtarıp, hiçbir şey söylemeden odadan çıktı.

V

Petersburglu ünlü avukatın bekleme salonu Aleksey Aleksandroviç içeri girdiğinde doluydu. Biri yaşlı, biri genç, biri de bir tüccar karısı olmak üzere üç kadın, biri parmağında yüzük olan bankacı bir Alman, diğeri sakallı bir tüccar ve üçüncüsü boynunda haç nişanı taşıyan, üniforma giymiş, sinirli bir memur olmak üzere üç erkek, anlaşılan uzun zamandır bekliyorlardı. Avukatın iki yardımcısı masalarında kalemlerini gıcırdatarak yazı yazıyordu. Aleksey Aleksandroviç'in meraklısı olduğu yazı takımları olağanüstü güzeldi. Aleksey Aleksandroviç'in bunu fark etmemesine olanak yoktu. Yardımcılardan biri ayağa kalkmadan, gözlerini süzerek, sinirli bir şekilde Aleksey Aleksandroviç'e:

— Ne istemiştiniz? –diye sordu.

— Avukatla işim var.

Yardımcı, kalemiyle bekleyenleri göstererek:

— Avukat meşgul, –diye sert bir yanıt verdi ve yazmaya devam etti.

— Zaman ayıramaz mı? –dedi Aleksey Aleksandroviç.

— Boş zamanı yok, her zaman meşguldür. Buyurun bekleyin.

Aleksey Aleksandroviç kendini tanıtma gereği duyarak:

— Zahmet olmazsa kartımı iletebilir misiniz? –dedi.

Yardımcı kartı aldı ve herhalde kartın içeriğini beğenmeyerek kapıdan içeri girdi.

Aleksey Aleksandroviç açık mahkemeleri ilke olarak onaylardı, ama yüksek düzeyde bir memur olarak iyi bildiği ilişkiler yüzünden bu mahkemelerin bizdeki bazı uygulama ayrıntılarını tam olarak beğenmez, bu ayrıntıları en yüksek derecede onaylanmış bir kararı ne kadar eleştirebilirse o kadar eleştirirdi. Bütün hayatı yöneticilik görevinde geçmişti, bu nedenle herhangi bir şeyi onaylamadığı zaman her işte hatalar ve bu hataları düzeltme olanakları olabileceğini kabul ederek durumu yumuşatırdı. Yeni mahkemelerde avukatların içinde bulunduğu koşulları doğru bulmuyordu. Ancak şimdiye dek avukata işi düşmemişti ve dolayısıyla doğru bulmaması sadece kuramsal yöndendi; şimdi ise bu düşüncesi avukatın bekleme salonunda edindiği tatsız izlenimle daha da güçlenmişti.

— Şimdi çıkıyorlar, –dedi yardımcı; gerçekten de iki dakika sonra avukatla görüşmeye gelmiş olan uzun boylu, yaşlı bir hukukçuyla avukat kapıda göründü.

Avukat kara-kızıl sakallı, açık renk uzun kaşlı, çıkık alınlı, ufak tefek, tıknaz, dazlak bir adamdı. Kravatından ve çifte saat köstеğinden cilalı ayakkabılarına kadar bir damat gibi giyinmişti. Yüzünde zeki bir köylü ifadesi vardı, giyimi ise züppece ve zevksizdi.

Avukat, Aleksey Aleksandroviç'e:

— Buyurun, –dedi ve asık bir suratla Karenin'e yol verip kapıyı kapattı.

— Buyurmaz mısınız? –Kâğıtlarla dolu yazı masasının önündeki koltuğu gösterdi ve kendisi de başını yana eğip, beyaz tüylerle örtülü kısa parmaklı küçük ellerini ovuşturarak masanın başına geçip oturdu. Ama tam bu pozu aldığında masanın üstünden bir güve uçtu. Avukat kendisinden beklenmeyecek bir hızla ellerini açtı, güveyi yakaladı ve tekrar önceki pozunu aldı.

Aleksey Aleksandroviç avukatın hareketini şaşkınlık içinde gözleriyle izleyip:

— Davamla ilgili olarak konuşmaya başlamadan önce sizinle konuşmak istediğim konunun gizli kalması gerektiğini belirtmeliyim, –dedi.

Belli belirsiz bir gülümseme avukatın kızıla çalan sarkık bıyıklarını araladı.

— Bana verilen sırları saklayamasaydım avukat olmazdım. Ama eğer bunu kanıtlamamı istiyorsanız...

Aleksey Aleksandroviç avukatın yüzüne baktı ve gri, zeki gözlerin güldüğünü ve sanki her şeyi biliyormuş gibi baktığını gördü.

— Adımı biliyor musunuz? –diye devam etti Aleksey Aleksandroviç.

— Sizi ve yararlı çalışmalarınızı, –tekrar bir güve yakaladı,– her Rus gibi biliyorum, –dedi avukat eğilerek.

Aleksey Aleksandroviç cesaretini toplamaya çalışarak derin bir soluk aldı. Ama bir kez karar verdikten sonra da artık o tiz sesiyle çekinmeden, duraksamadan ve bazı sözcüklerin üzerine basarak devam etti.

— Başımda bir dert var, –diye söze başladı Aleksey Aleksandroviç,– aldatılmış bir koca durumundayım ve karımla ilişkilerimi yasal olarak kopartmak, yani ayrılmak, ama oğlumun annesiyle kalmayacağı bir şekilde ayrılmak istiyorum.

Avukatın gri gözleri gülmemeye çalışıyordu, ama bu gözler önüne geçilmez bir sevinç yüzünden yerinde duramıyordu ve Aleksey Aleksandroviç, bunda sadece kârlı bir iş almış bir adamın sevincini görmüyordu, burada zafer ve heyecan vardı, karısının gözlerinde gördüğü o kötü parıltı vardı.

— Boşanmanın gerçekleşmesi için yardım etmemi mi istiyorsunuz?

— Evet, bunu istiyorum, ama sizi önceden uyarmalıyım, gösterdiğiniz ilgiyi kötüye kullanma riskine girebilirim. Ben size yalnızca bir ön danışma için geldim. Boşanmak istiyorum, ama boşanmanın mümkün olacağı formaliteler benim için önemli. Formaliteler benim isteklerime uymazsa, büyük olasılıkla yasal arayışlardan vazgeçeceğim.

— Hep öyledir –dedi avukat,– her zaman size bağlıdır.

Avukat, önüne geçemediği sevincinin müşterisinin kalbini kırabileceğini hissederek bakışlarını Aleksey Aleksandroviç'in ayaklarına indirdi. Burnunun dibinden uçan güveye baktı ve ellerini kaldırdı, ama Aleksey Aleksandroviç'in durumuna duyduğu saygı yüzünden güveyi yakalamadı.

— Bu konuyla ilgili yasa hükümlerimizi ana hatlarıyla bilsem de, –diye devam etti Aleksey Aleksandroviç,– bu tür bir davanın uygulamada genel olarak ne gibi formalitelerle gerçekleştiğini öğrenmek isterim.

Avukat müşterisinin konuşma tonuna memnuniyetle girerek ve gözlerini kaldırmaksızın:

— İsteğinizin yerine getirilebileceği yolları size anlatmamı istiyorsunuz, –dedi.

Ve Aleksey Aleksandroviç'in başını eğerek onaylamasından sonra arada sırada onun leke leke kızarmış yüzüne kaçamak bir bakış atarak devam etti.

— Yasalarımıza göre boşanma, –dedi yasalarımızı beğenmediğini hafiften belirterek,– bildiğiniz gibi şu durumlarda olabilir... –Kapıdan başını uzatan yardımcısına– Bekle! –dedi, ama yine de kalktı, birkaç şey söyledi ve tekrar yerine oturdu.– Evet şu durumlarda: Eşlerin bedensel kusurları, sonra habersiz olarak beş yıl ortadan kaybolma, –dedi kıllarla kaplı küt parmağını bükerek,– sonra zina (bu sözcüğü belirgin bir memnuniyetle söylemişti). Yan durumlar şöyle (Durumlarla yan durumlar birlikte sınıflandırılamayacağı halde kalın parmaklarını bükmeye devam ediyordu): Kocanın ya da karının bedensel kusurları, sonra kocanın ya da karının zina yapması. –Bütün parmakları kapanmıştı, hepsini açtı ve devam etti.– Bu kuramsal bir görüş, ama sanırım siz uygulama kısmını öğrenmek için bana başvurmak onurunu bağışladınız. Bu yüzden geçmişteki örneklere bakarak size bütün boşanma olaylarının şu yola döküldüğünü söylemeliyim: Bedensel kusur yok, anlayabildiğime göre habersiz ortadan kaybolmak da?..

Aleksey Aleksandroviç onaylayarak başını eğdi.

— Durum şuna gelip dayanıyor: Eşlerden birinin zina yapması ve karşılıklı anlaşmayla suçlu tarafın suçunun ortaya çıkarılması. Böyle bir anlaşma yoksa da suçüstü yapılabilir. Uygulamada bu sonuncu duruma ender olarak rastlandığını söylemek zorundayım, –dedi avukat ve Aleksey Aleksandroviç'e kaçamak bir bakış atıp, şu ya da bu silahın üstünlüklerini anlatıp alıcının seçimini bekleyen bir silah satıcısı gibi sustu. Fakat Aleksey Aleksandroviç bir şey söylemiyordu, bu yüzden avukat devam etti.– Ben, en alışılmış, en basit ve en akıllıca olanın, karşılıklı anlaşmaya dayanan zina olduğu görüşündeyim. Cahil biriyle konuşurken böyle demezdim, –dedi avukat,– ama sanırım sizin için anlaşılır bir şeydir bu.

Ancak Aleksey Aleksandroviç o kadar şaşırmıştı ki, karşılıklı anlaşmaya dayanan zinanın akıllıca bir şey olduğunu birden anlamadı ve anlamadığını bakışlarıyla belli etti; ama avukat hemen onun yardımına koştu:

— İnsanlar artık bir arada yaşayamıyor, bu bir gerçek. Eğer her ikisi de bu konuda uzlaşıyorsa, ayrıntılar ve formaliteler onlar için fark etmiyor. Ayrıca bu en basit ve en güvenilir yöntemdir.

Aleksey Aleksandroviç şimdi tam olarak anlamıştı. Ancak bu yönteme izin vermesini engelleyen dinsel kuralları vardı onun.

— Bu olayda bu durum konu dışı, –dedi Aleksey Aleksandroviç.– Burada bir tek şey yapılabilir, elimdeki mektuplarla kanıtlanan zina ortaya çıkarılabilir.

Mektuplardan söz edilince avukat dudaklarını büktü ve acıyan, küçümseyen ince bir ses çıkarttı.

— Bildiğiniz gibi bu tür işlere dinsel makamlar bakıyor, –diye söze başladı avukat.– Pederler de, papazlar da bu tür işlerin en küçük ayrıntılarına girmeye pek meraklıdır, –dedi papazların zevkini beğendiğini gösteren bir gülümsemeyle.– Mektuplar işi kısmen doğrulayabilir; ama kanıtların doğrudan yani görgü tanıkları tarafından elde edilmesi zorunludur. Eğer bana güvenmek lütfunda bulunursanız, kullanılacak yöntemlerin seçimini de bana bırakınız. Sonuç almak isteyen insan, yöntemleri de hoş görür.

Aleksey Aleksandroviç birden sararıp:

— Öyleyse... –diye konuşmaya başladı, ama o sırada avukat ayağa kalktı ve kapıya, konuşmalarını kesen yardımcısına doğru gitti.

— Ucuz mal satmadığımızı söyleyin o kadına! –dedi ve Aleksey Aleksandroviç'in yanına döndü.

Yerine dönerken sezdirmeden bir güve daha yakaladı. Kaşlarını çatarak "Yaza kadar bizim koltukların kumaşı hapı yutacak!" –diye geçirdi içinden.

— Evet, diyordunuz ki... –dedi.

Aleksey Aleksandroviç ayağa kalkarak:

— Kararımı size yazılı olarak bildireceğim, –dedi ve masaya dayandı. Kısa bir süre bir şey söylemeden durduktan sonra şöyle dedi.– Sözlerinizden boşanmanın mümkün olduğu sonucunu çıkarabiliyorum. Sizden ayrıca koşullarınızı bana bildirmenizi de rica edeceğim.

Avukat soruya yanıt vermeksizin:

— Bana tam bir hareket serbestliği verirseniz her şey mümkündür, –dedi. Hem gözleri, hem de cilalı çizmeleri parlayarak kapıya yöneldi,– Sizden ne zaman haber alabilirim? –diye sordu.

— Bir hafta sonra. Bu davayı alıp almayacağınıza ve koşullarınıza ilişkin yanıtınızı bildirmenizi rica ederim.

— Çok güzel efendim.

Avukat saygıyla eğilerek selam verdi, müşterisini kapıdan uğurladı ve yalnız kaldıktan sonra kendini bir sevinç duygusuna kaptırdı. O kadar neşelenmişti ki, kurallarına aykırı olarak pazarlık eden bir hanıma indirim yaptı ve gelecek kıştan önce Sigonin'inki gibi mobilyalara kadife kaplatmak gerektiğine kesin karar verip güve yakalamaktan vazgeçti.

VI

Aleksey Aleksandroviç komisyonun 17 Ağustos toplantısında parlak bir zafer kazanmış, ama bu zafer onun için can sıkıcı sonuçlar doğurmuştu. Azınlıkların yaşantısını her bakımdan incelemek amacıyla yeni bir komisyon oluşturulmuş ve Aleksey Aleksandroviç'i şaşırtan olağanüstü bir çabukluk ve canlılıkla yerinde incelemeler yapmaya gönderilmişti. Üç ay sonra bir rapor sunuldu. Azınlıkların yaşantısı siyasi, idari, ekonomik, etnografik, maddi ve dini bakımlardan incelenmişti. Bütün soruların yanıtları mükemmel bir şekilde verilmişti. Bunlar her zaman hatalara açık insan düşüncesinin değil, memuriyet çalışmalarının bir sonucu olduğu için kuşkuya yer bırakmayacak yanıtlardı. Bunların hepsi, bucak yönetimlerinin ve köy papazlarının raporlarına dayanarak, ilçe yöneticilerinin ve ruhani meclislerin hazırladığı raporları esas alarak valilerin ve piskoposların verdikleri resmi bilgilerin ve düzenledikleri raporların sonuçlarıydı; bu yüzden de hepsi hiçbir kuşkuya yer bırakmayacak yanıtlardı. Örneğin neden kıtlık oluyor, neden insanlar inançlarına bağlı kalıyor vb. gibi memuriyet mekanizması kolaylık göstermeden yüzyıllarca çözümlenemeyecek sorunların hepsi açık ve kesin çözüme ulaşmıştı. Çözüm Aleksey Aleksandroviç'in düşündüğü gibiydi. Fakat son toplantıda damarına basıldığını hisseden Stremov, komisyon raporları gelince Aleksey Aleksandroviç'in hiç beklemediği bir taktik uyguladı. Stremov, diğer bazı üyeleri de peşinden sürükleyerek birden Aleksey Aleksandroviç'in tarafına geçti ve Karenin tarafından önerilen önlemlerin yürürlüğe sokulmasını ateşli bir şekilde savunmakla kalmadı, aynı anlamda başka aşırı önlemler önerdi. Aleksey Aleksandroviç'in ana düşüncesine karşı daha da güçlenen bu önlemler kabul edildi ve Stremov'un taktiği işte o zaman anlaşıldı. Aşırıya kaçan bu önlemler bir anda öyle aptalca göründü ki, devlet adamları, kamuoyu, akıllı kadınlar ve gazeteler öfkelerini ve hem bu önlemlere, hem de onların babası olarak kabul edilen Aleksey Aleksandroviç'e karşı olduklarını belirterek aynı anda hep birden önlemleri topa tuttular. Stremov ise, tek yaptığı şeyin Karenin'in hazırladığı planı körü körüne izlemek olduğu ve şimdi yapılanlardan kendisinin de şaşkınlığa düştüğü görüntüsü yaratarak bir kenara çekildi. Bu durum Aleksey Aleksandroviç'i zora soktu. Ancak sağlığının bozulmasına, ailevi dertlerine karşın Aleksey Aleksandroviç pes etmedi. Komisyon ikiye bölündü. Başta Stremov olmak üzere bazı üyeler, Aleksey Aleksandroviç'in yönettiği denetleme komisyonunun verdiği bilgilere güvenmekle hata ettiklerini ve komisyon raporunun saçmasapan bir kâğıt parçası olduğunu söyleyerek kendilerini temize çıkarıyorlardı. Aleksey Aleksandroviç belgelere karşı bu türden devrimci bir tavrın tehlikesini gören bir grup insanla birlikte denetleme komisyonu tarafından verilen bilgileri desteklemeyi sürdürüyordu. Bunun sonucunda en yüksek çevrelerde ve hatta toplumda her şey birbirine karıştı ve herkesi son derece ilgilendirdiği halde hiç kimse azınlıklar gerçekten yoksullaşıyor mu, yoksa refah düzeyleri yükseliyor mu anlayamadı. Bunun ve kısmen de karısının sadakatsizliği yüzünden üzerine kuşku düşmesi sonucunda Aleksey Aleksandroviç'in konumu epeyce sarsıldı. Bu durumda Aleksey Aleksandroviç önemli bir karar aldı. Komisyonu şaşkınlığa düşürerek konuyu yerinde incelemek üzere bizzat gitmek için izin isteyeceğini açıkladı. Ve Aleksey Aleksandroviç izni alıp, uzak illere doğru yola çıktı.

Aleksey Aleksandroviç'in gidişi, hele tam yola çıkarken gideceği yere kadar on iki posta atı için kendisine verilen yol parasını resmi bir yazıyla geri çevirmesi büyük gürültü kopardı.

Betsi, Prenses Myagkaya'yla konuşurken bununla ilgili olarak:

— Bu davranışı çok soylu buluyorum, –diyordu.– Artık her yerde demiryolu olduğunu herkes bilirken, posta atı için para vermek de ne oluyor?

Ancak Prenses Myagkaya aynı görüşte değildi; üstelik Prenses Tverskaya'nın düşüncesi kızdırmıştı onu.

— Bilmem kaç milyonunuz varken söylemesi kolay sizin için, –dedi Prenses Myagkaya,– oysa ben kocamın yazın teftişe gitmesinden çok memnunum. Gezmek ona iyi geliyor, hem de hoşuna gidiyor, bu paralarla arabanın ve arabacının masrafını ödemeye alıştım artık.

Aleksey Aleksandroviç uzak illere giderken üç gün Moskova'da kaldı.

Moskova'ya gelişinin ertesi günü genel valiyi ziyarete gitti. Her zaman özel ve kiralık arabaların toplandığı Gazetnıy Sokağı'nın kavşağında Aleksey Aleksandroviç birden öyle yüksek ve neşeli bir sesle adının seslenildiğini duydu ki, çevresine bakmaktan kendini alıkoyamadı. Kaldırımın köşesinde, sırtında son moda kısa bir palto, başında yana yıkılmış son moda alçak bir şapkayla neşeli, genç Stepan Arkadyiç gülümserken kırmızı dudakları arasından pırıl pırıl beyaz dişlerini göstererek dikiliyor, kararlı ve ısrarlı bir şekilde bağırarak durmasını istiyordu. Bir eliyle köşede duran ve içinden kadife şapkalı bir kadın başıyla iki küçük çocuk başının göründüğü bir arabanın penceresini tutuyor ve gülümseyerek eniştesine el sallıyordu. Kadın da tatlı bir gülümsemeyle Aleksey Aleksandroviç'e el sallıyordu. Dolli'yle çocuklardı bunlar.

Aleksey Aleksandroviç Moskova'da kimseyi, hele hele karısının erkek kardeşini görmeyi hiç istemiyordu. Şapkasını kaldırdı ve geçip gitmek istedi, ama Stepan Arkadyiç, Aleksey Aleksandroviç'in arabacısına durmasını söyleyip karların üstünden koşarak yanına geldi.

— Geldiğini haber vermemen ne kadar ayıp! Çok oldu mu geleli? Dün Düsso'daydım ve tahtada "Karenin" adını gördüm, ama senin olacağın aklıma gelmedi! –dedi Stepan Arkadyiç arabanın penceresinden içeri başını uzatarak.– Yoksa uğrardım. Seni gördüğüme ne kadar sevindim! –dedi karları silkelemek için bir ayağını diğerine vurarak.– Haber vermemen ne ayıp! –diye yineledi.

— Zamanım olmadı, çok işim var, –diye sert bir yanıt verdi Aleksey Aleksandroviç.

— Karımın yanına gidelim, seni çok görmek istiyor.

Aleksey Aleksandroviç üşüyen bacaklarına sardığı battaniyeyi kaldırdı, arabadan inerek karların üstünden Darya Aleksandrovna'ya doğru yürüdü.

— Ne o Aleksey Aleksandroviç, neden bizi çiğneyip geçiyorsunuz? –dedi Dolli gülümseyerek.

— Çok meşguldüm. Sizi gördüğüme çok sevindim, –dedi Aleksey Aleksandroviç buna üzüldüğünü açıkça gösteren bir ses tonuyla.– Nasılsınız?

— Sevgili Anna'm nasıl?

Aleksey Aleksandroviç bir şeyler mırıldandı ve gitmeye niyetlendi. Fakat Stepan Arkadyiç onu durdurdu.

— Bak, yarın şöyle yapalım. Dolli onu yemeğe çağırsana! Ona Moskovalı aydınları tanıtmak için Koznışev ve Pestsov'u da çağıralım.

— Tamam, lütfen gelin, –dedi Dolli,– eğer isterseniz sizi beş-altı civarında bekleriz. E, benim sevgili Anna'm nasıl? Ne zamandır...

Aleksey Aleksandroviç suratını asarak:

— İyi, –diye mırıldandı.– Çok memnun oldum! –dedi ve kendi arabasına yöneldi.

— Gelecek misiniz? –diye seslendi Dolli.

Aleksey Aleksandroviç, hareket eden arabaların gürültüsü içinde Dolli'nin duyamadığı bir şeyler söyledi.

Stepan Arkadyiç:

— Yarın uğrarım! –diye bağırdı.

Aleksey Aleksandroviç arabaya bindi, görmemek ve görülmemek için iyice gömüldü.

Stepan Arkadyiç karısına:

— Tuhaf adam! –dedi ve saatine bir göz atıp, yüzünün önünde eliyle karısına ve çocuklara sevgisini gösteren bir hareket yaptıktan sonra kaldırımda fiyakalı fiyakalı yürüdü.

Dolli kıpkırmızı olmuş:

— Stiva! Stiva! diye bağırıyordu.

Stepan Arkadyiç başını çevirdi.

— Grişa'yla Tanya'ya palto almam gerek. Bana para ver!

— Boş ver, benim sonra vereceğimi söyle, –dedi ve yoldan geçen bir tanıdığına başıyla neşeli bir selam verip, gözden kayboldu.

VII

Ertesi gün pazardı. Stepan Arkadyiç, Bolşoy Tiyatrosu'ndaki bale provasına uğradı ve onun himayesiyle baleye yeni giren güzel Maşa Çibisova'ya bir gün önce söz verdiği mercan kolyeyi verip, kuliste, tiyatronun gündüz karanlığında genç balerinin aldığı armağan nedeniyle aydınlanan küçük, güzel yüzünü öpmeyi başardı. Armağanı vermenin dışında baleden sonra buluşmak üzere kızla sözleşmesi gerekiyordu. Kıza bale başlamadan gelmesinin olanaksız olduğunu açıklayıp, son perdeye doğru geleceğine ve onu akşam yemeğine götüreceğine söz verdi. Stepan Arkadyiç tiyatrodan çıktıktan sonra Ohotnıy Pazarı'na uğrayıp, öğle yemeği için balığı ve kuşkonmazı kendi elleriyle seçti, saat on ikide artık Düsso Oteli'ndeydi. Şansına görüşmesi gereken üç kişi de burada kalıyordu: Geçenlerde yurtdışından dönen Levin, bu çok yüksek göreve yeni yükseltilmiş ve Moskova'yı denetlemeye gelmiş olan yeni amiri ve yemeğe götürmeye kesin kararlı olduğu eniştesi Karenin.

Stepan Arkadyiç yemek yemeyi severdi, ama asıl sevdiği, küçük, ancak hem yiyecek, hem içecek, hem de konukların seçimi bakımından zarif yemekler vermekti. Bu yemeğin programı çok hoşuna gitmişti: canlı canlı tatlısu levreği, kuşkonmaz ve la pièce de résistance* olarak harika ama basit bir rozbif ve bunlarla iyi gidecek şaraplar. Yiyecek ve içecekler bunlardı. Konuklar ise Kiti ve Levin, ikisinin bir arada oluşunu maskelemek için bir kuziniyle genç Şçerbatskiy ve konuklardan la pièce de ré-

* Ana yemek. (Fr.)

sistance olarak da Sergey Koznışev ve Aleksey Aleksandroviç olacaktı. Sergey İvanoviç bir filozoftu ve Moskovalıydı, Aleksey Aleksandroviç ise Petersburglu ve bir icracıydı; Koznışev ve Karenin'e sos ve garnitür olarak da tuhaflığı ve heyecanıyla tanınmış, liberal, geveze, müzisyen, tarihçi ve elli yaşında çok sevimli bir delikanlı olan Pestsov'u çağıracaktı. Pestsov, Koznışev'le Karenin'i kızdıracak ve birbirine düşürecekti.

Ormanın ikinci taksidi tüccardan alınmış ve henüz harcanmamıştı. Dolli son zamanlarda çok sevimli, çok iyiydi ve bu yemek düşüncesi Stepan Arkadyiç'i her bakımdan sevindiriyordu. Çok neşeli bir ruh hali içindeydi. Birazcık tatsız olan iki durum vardı; fakat Stepan Arkadyiç'in ruhunda dalgalanmakta olan neşe denizinde her ikisi de boğulup gitmişti. Bu iki tatsız durumdan birincisi, dün sokakta Aleksey Aleksandroviç'le karşılaştığında onun kendisine karşı soğuk ve sert davrandığını fark etmesi ve Aleksey Aleksandroviç'in yüzündeki bu ifadeyi, kendilerine gelmeyişini ve geldiğini haber vermeyişini Anna ve Vronskiy hakkında duyduklarıyla birleştiren Stepan Arkadyiç'in karıkoca arasında yolunda gitmeyen bir şeyler olduğunu tahmin etmesiydi.

Tatsızlıklardan biri buydu. Diğer tatsızlık ise yeni amirin, bütün yeni amirler gibi sabahın altısında kalkıp at gibi çalışan ve emrindekilerden de aynı çalışmayı bekleyen korkunç bir adam ününe sahip olmasıydı. Ayrıca bu yeni amir davranışlarında ayı ününe sahipti ve dedikodulara göre önceki amirin benimsediği ve Stepan Arkadyiç'in de hâlâ bağlı olduğu politik görüşe taban tabana zıt bir adamdı. Stepan Arkadyiç bir gün önce işe resmi giysisiyle gitmişti ve yeni amir Oblonskiy'e çok nazik davranmış, onunla bir arkadaş gibi konuşmuştu; bu yüzden Stepan Arkadyiç sivil ceketiyle onu ziyaret etmeyi bir görev bilmişti. Yeni amirin bunu hoş karşılamayabileceği düşüncesi diğer tatsız konuydu. Fakat Stepan Arkadyiç her şeyin *yolunda gideceğini* içgüdüsel olarak hissediyordu. Otele girerken "Bütün insanlar, hepimiz gibi günahkârdır, neden kızıp tartışmalı?" diye düşünüyordu.

Şapkasını yana yatırmış koridordan geçerken tanıdığı bir uşağa:

— Merhaba Vasiliy, –dedi,– favori mi bıraktın? Levin yedi numarada kalıyor değil mi? Yolu göster lütfen. Bir de Kont Aniçkin'in (yeni amirin adı buydu) ziyaretçi kabul edip etmeyeceğini öğreniver.

Vasiliy gülümseyerek:

— Emredersiniz efendim, –diye yanıtladı.– Uzun zamandır teşrif buyurmamıştınız.

— Dün geldim, ama öbür kapıdan. Yedi bu mu?

Stepan Arkadyiç içeri girdiğinde Levin, Tverli bir köylüyle odanın ortasında duruyor ve yeni yüzülmüş bir ayı postunu arşınla ölçüyordu.

— Demek vurdunuz? –diye bağırdı Stepan Arkadyiç.– Çok güzel bir parça! Dişi mi? Merhaba Arhip!

Köylünün elini sıktı ve paltosuyla şapkasını çıkartmadan bir sandalyeye ilişti.

Levin, başından şapkasını alarak:

— Üstünü çıkart da otur! dedi.

— Yo, zamanım yok, bir saniyeliğine uğradım, –dedi Stepan Arkadyiç. Paltosunun önünü açtı, ama daha sonra paltoyu çıkarıp Levin'le avdan, çok özel konulardan konuşarak tam bir saat oturdu.

Köylü dışarı çıkınca Stepan Arkadyiç:

— E, anlat lütfen, yurtdışında neler yaptın? Nerelere gittin? –dedi.

— Almanya'ya, Prusya'ya, Fransa'ya, İngiltere'ye gittim, ama başkentlerine değil, fabrika kentlerine, pek çok yenilik gördüm. Gittiğime memnunum.

— Evet, işçilerin durumuyla ilgili düşünceni biliyorum.

— Hiç bilmiyorsun: Rusya'da işçi sorunu olamaz. Rusya'da çalışan halkın toprakla ilişkisi sorunu var; bu sorun oralarda da var, ama oralarda bu, bozuk olanın onarılması, bizde ise...

Stepan Arkadyiç, Levin'i dikkatle dinliyordu.

— Evet, evet! –dedi.– Çok haklı olabilirsin. Ama moralinin iyi olduğuna sevindim; hem ayıların peşinde koşuyorsun, hem çalışıyorsun, hem de eğleniyorsun. Oysa Şçerbatskiy, seninle karşılaştığını, senin bir tür bezginlik içinde olduğunu, sürekli ölümden söz ettiğini söylemişti bana...

— Evet, ölümü düşünmekten vazgeçmedim ki, –dedi Levin.– Aslında ölmenin tam zamanı. Neyse bunların hepsi saçma. Sana doğrusunu söyleyeyim: Düşüncelerime ve çalışmalarıma müthiş bir değer veriyorum, ama aslında sen bunu, tüm dünyamızın ufacık bir gezegenin üzerine yapışmış küçük bir küf tanesinden başka bir şey olmadığı şeklinde düşün. Biz ise düşünceler, işler gibi çok yüce bir şeyimiz olabileceğini düşünüyoruz. Birer kum tanesi bunların hepsi.

— İyi de dünyamız kadar eski şeyler bunlar kardeşim!

— Eski, ama bunu açıkça anladığın zaman her şeyin bir hiç olacağını biliyorsun. Bugün yarın öleceğini ve geriye hiçbir şey kalmayacağını anladığın zaman her şey ne kadar önemsiz oluyor! Ve ben düşüncemi çok önemli sayıyorum, oysa bu düşünceyi gerçekleştirmiş olsam bile bu, ayıyı avlamak kadar önemsiz bir şey. Avla, işle oyalanarak hayatını sürdürüyorsun, sırf ölümü düşünmemek için.

Stepan Arkadyiç Levin'i dinlerken kibarca, tatlı tatlı gülümsüyordu.

— Elbette! İşte sen de bana benzedin. Hatırlıyor musun, hayatta hep zevk peşinde koştuğum için bana saldırıyordun.

Bu kadar sert olma ey ahlakçı!..

— Hayır, yine de hayatta iyi olan bir şey var ki... –Levin şaşırmıştı.– Aman bilmiyorum. Sadece yakında öleceğimi biliyorum.

— Niçin yakında?

— Hem bilirsin, ölümü düşündüğün zaman hayatın güzellikleri azalır, ama daha sakin olursun.

— Tam tersine son günlerini daha neşeli geçirirsin, –dedi Stepan Arkadyiç onuncu kez ayağa kalkarak.

Levin onu tutarak:

— Olmaz, biraz daha otur! –dedi. Bir daha ne zaman görüşeceğiz? Yarın gideceğim.

— Ben de iyiyim yani! Aslında ne için gelmiştim... Bugün mutlaka bana öğle yemeğine gel. Ağabeyin gelecek, eniştem Karenin de gelecek.

— O burada mı? –dedi Levin ve Kiti'yi sormak istedi. Kışın başında Kiti'nin Petersburg'da bir diplomatla evli olan ablasında olduğunu duymuştu ve dönüp dönmediğini bilmiyordu, ama sormaktan vazgeçti. "Olsa da olmasa da ne fark eder."

— Gelirsin değil mi?

— Elbette gelirim.

— O zaman saat beşte redingotla.

Stepan Arkadyiç kalktı ve yeni amirini ziyaret için aşağı indi. İçgüdüleri Stepan Arkadyiç'i yanıltmadı. Korkunç denilen yeni amir son derece nazik ve saygılı bir adam çıktı. Stepan Arkadyiç onunla kahvaltı etti ve o kadar çok oturdu ki, Aleksey Aleksandroviç'in yanına ancak saat dörtte gidebildi.

VIII

Aleksey Aleksandroviç ayinden döndükten sonra bütün sabahı evde geçirdi. Sabah iki işi vardı: Birincisi, Petersburg'a giden ve şimdi Moskova'da bulunan azınlıklar heyetini kabul etmek ve göndermek; ikincisi, avukata söz verdiği mektubu yazmak. Bu heyet, Aleksey Aleksandroviç'in girişimiyle çağrılmış olsa da pek çok rahatsız edici, hatta tehlikeli duruma neden olabilirdi ve Aleksey Aleksandroviç heyeti Moskova'da yakaladığına çok sevinmişti. Bu heyetin üyeleri, üzerlerine düşen rol ve görevleri konusunda en küçük bir bilgiye sahip değildi. İşlerinin hükümetten yardım isteyerek gereksinimlerini ve işlerin şimdiki durumunu bildirmek olduğuna saflıkla inanıyorlar ve bazı açıklamalarıyla ve isteklerinin muhalif partiye destek olduğunu, dolayısıyla bütün işlerini berbat ettiğini kesinlikle anlamıyorlardı. Aleksey Aleksandroviç onlarla uzun süre uğraştı, dışına hiç çıkmamaları gereken bir program hazırladı, onları gönderdikten sonra da heyetin yönlendirilmesi için Petersburg'a çeşitli mektuplar yazdı. Bu işte en büyük yardımcısı Kontes Lidiya İvanovna olmak zorundaydı. Heyetlerin işinde uzmandı ve hiç kimse heyetlerin işini abartmayı ve onlara yön vermeyi onun kadar beceremezdi. Aleksey Aleksandroviç bu işi bitirdikten sonra avukata da mektup yazdı. En küçük bir kararsızlık göstermeden avukata istediği gibi hareket etme izni verdi. Zorla aldığı dosyada bulunan, Vronskiy'in Anna'ya yazdığı üç tane notu da mektubun içine koydu.

Aleksey Aleksandroviç geri dönmemek niyetiyle evinden çıktığından ve avukata gittikten, bir tek kişiye de olsa niyetinden söz ettikten, özellikle de bu yaşamsal meseleyi resmi bir işe dönüştürdükten bu yana gerçekleştirmek istediği niyete giderek daha fazla alışıyor ve bunu gerçekleştirme olanağını şimdi açıkça görüyordu.

Stepan Arkadyiç'in gürültülü konuşmalarını duyduğu sırada avukatın mektubunu kapatıyordu. Stepan Arkadyiç, Aleksey Aleksandroviç'in uşağıyla tartışıyor ve geldiğini haber vermesi için ısrar ediyordu.

"Fark etmez, –diye düşündü Aleksey Aleksandroviç,– daha bile iyi: Kız kardeşiyle ilişkimizdeki durumumu ve neden onunla yemeğe gidemeyeceğimi şimdi açıklarım."

Kâğıtlarını toplayıp bir dosyaya koyarken:

— İçeri al! –diye seslendi.

Stepan Arkadyiç kendisini içeri bırakmayan uşağa:

— Gördün mü, yalan söylüyormuşsun, içerideymiş! –dedi ve yürürken paltosunu çıkartarak içeri girdi.– Seni bulduğuma çok sevindim! Öyle umuyordum ki... –diye neşeli bir şekilde konuşmaya başladı.

Aleksey Aleksandroviç, kendisi ayakta durarak, konuğunu da oturtmaksızın, soğuk bir tavırla:

— Ben gelemem, –dedi.

Aleksey Aleksandroviç, aleyhinde boşanma davası açtığı karısının erkek kardeşiyle arasında olması gereken soğuk ilişkilere hemen girmeyi düşünüyordu; fakat Stepan Arkadyiç'in ruhundaki kıyılardan dökülen iyi yüreklilik denizini hesaba katmamıştı.

Stepan Arkadyiç parlak gözlerini geniş geniş açtı.

— Neden gelemiyorsun? Ne demek istiyorsun? –dedi şaşkınlıkla Fransızca olarak.– Hayır, söz vermiştin. Hepimiz de senin sözüne güveniriz.

— Aramızdaki akrabalık ilişkileri sona ermek zorunda olduğu için gelemeyeceğimi söylemek istiyorum.

— Nasıl? Yani ne demek bu? Niçin? –dedi Stepan Arkadyiç gülümseyerek.

— Çünkü kız kardeşinize, yani karıma karşı boşanma davası açıyorum. Ben mecburen...

Ancak Aleksey Aleksandroviç daha sözünü bitirmemişti ki, Stepan Arkadyiç hiç onun beklemediği bir davranışta bulundu. Stepan Arkadyiç oflayarak bir koltuğa oturdu.

— Hayır, Aleksey Aleksandroviç sen ne diyorsun? –diye haykırdı Oblonskiy ve yüzünde bir acı ifadesi belirdi.

— Öyle işte.

— Bağışla beni, buna inanamıyorum, inanamıyorum...

Aleksey Aleksandroviç, sözlerinin beklediği etkiyi yapmadığını, daha fazla açıklama yapması gerektiğini ve neyi açıklarsa açıklasın kayınbiraderine karşı ilişkilerinin aynı kalacağını hissederek oturdu.

— Evet, boşanma talebinde bulunmak gibi ağır bir gereklilikle karşı karşıya bırakıldım, –dedi Aleksey Aleksandroviç.

— Bir tek şey söyleyeceğim Aleksey Aleksandroviç. Seni mükemmel, adil bir adam olarak, Anna'yı da, kusura bakma onunla ilgili düşüncelerimi değiştiremem, güzel, mükemmel bir kadın olarak tanırım ve bu yüzden, bağışla beni buna inanamıyorum. Burada bir yanlışlık var, –dedi Stepan Arkadyiç.

— Keşke sadece bir yanlışlık olsaydı...

— İzninle, anlıyorum, –diye onun sözünü kesti Stepan Arkadyiç.– Ama, elbette... Bir şey var: Acele etmemek gerek. Aceleye gerek yok, yok!

Aleksey Aleksandroviç soğuk bir şekilde:

— Ben acele etmedim, ama böyle bir meselede hiç kimseye danışamıyor insan. Kesin kararımı verdim.

Stepan Arkadyiç derin bir iç geçirip:

— Bu korkunç bir şey! –dedi.– Ben olsam bir tek şey yapardım Aleksey Aleksandroviç. Sana yalvarıyorum, bunu yap! –dedi.– Anladığım kadarıyla dava henüz başlamamış. Davayı açmadan önce karımla görüş, onunla konuş. O, Anna'yı kardeşi gibi sever, seni de sever, hem olağanüstü bir kadındır. Tanrı aşkına onunla bir konuş! Bana bu dostluğu yap, sana yalvarıyorum!

Aleksey Aleksandroviç düşünmeye başlamıştı ve Stepan Arkadyiç, onun sessizliğini bozmadan merakla yüzüne bakıyordu.

— Onu görmeye gideceksin, değil mi?

— Bilmiyorum. Bu yüzden size gelmemiştim. İlişkilerimizin değişmek zorunda olduğunu düşünüyorum.

— Neden ki? Ben öyle düşünmüyorum. Akrabalık ilişkilerimizin dışında senin bana karşı, biraz da olsa benim her zaman sana karşı beslediğim dostluk duygularına sahip olduğunu düşünmeme izin ver. Ve gerçek bir saygıya... –dedi Stepan Arkadyiç Aleksey Aleksandroviç'in elini sıkarak.– Senin kötü tahminlerin haklı bile olsa ben şu veya bu tarafı yargılama sorumluluğunu üzerime almam ve ilişkilerimizin değişmesi için de bir neden görmüyorum. Ama şimdi şu dediğimi yap, karımı görmeye gel.

Aleksey Aleksandroviç soğuk bir şekilde:

— Pekâlâ, biz bu meseleye farklı bakıyoruz, –dedi.– Neyse bu konuda konuşmayalım artık.

— Hayır, neden gelmeyeceksin ki? Niçin bugün gelip bir öğle yemeği yemiyorsun? Karım seni bekliyor. Lütfen gel.

Asıl önemlisi, onunla bir konuş. Olağanüstü bir kadındır. Tanrı aşkına, diz çöküp yalvarıyorum sana!

— Bu kadar çok istiyorsanız, gelirim, –dedi Aleksey Aleksandroviç derin bir iç çekip.

Sonra konuşmayı değiştirmek için her ikisini de ilgilendiren bir konuyu, Stepan Arkadyiç'in henüz yaşını başını almadan birdenbire böyle yüksek bir göreve getirilen yeni amirini sordu.

Aleksey Aleksandroviç eskiden de Kont Aniçkin'i sevmezdi ve her zaman onunla görüşleri farklı olurdu, ancak şimdi görevinde yenilgiye uğramış bir adamın terfi etmiş birine karşı duyduğu, memurların çok iyi anlayabileceği nefret duygusundan kendini alamıyordu.

Aleksey Aleksandroviç kinayeli bir gülüşle:

— E, gördün mü onu? –diye sordu.

— Nasıl görmem, dün daireye geldi. Galiba işi çok iyi biliyor ve çok çalışkan biri.

— Evet ama çalışmaları hangi yönde? –dedi Aleksey Aleksandroviç.– İş yapmaya mı, yoksa yapılmış bir işi yeniden yapmaya mı? Onun değerli bir temsilcisi olduğu kırtasiyeci yönetim, devletimizin bir şanssızlığıdır.

— Doğrusu, onu kınamak mümkün müdür bilmiyorum. Düşüncelerini de bilmiyorum, ama sadece iyi bir adam olduğunu biliyorum, –diye karşılık verdi Stepan Arkadyiç.– Biraz önce yanındaydım, doğrusu mükemmel bir adam. Birlikte kahvaltı ettik ve ben ona portakallı şarap yapmayı öğrettim. Çok serinletici bir içkidir. Şaşılacak şey, bundan haberi yokmuş. Çok hoşuna gitti. Hayır, doğrusu çok iyi bir adam.

Stepan Arkadyiç saatine bir göz attı.

— Ah, azizim, saat beş olmuş, ben daha Dolgovuşin'e gideceğim! Bak, lütfen yemeğe gel. Beni ve karımı ne kadar üzeceğini tasavvur edemezsin.

Aleksey Aleksandroviç, kayınbiraderini buyur ettiği biçimde uğurlamaktan çok uzaktı artık.

— Söz verdim ve geleceğim, –diye yanıtladı bezgin bir sesle.

Stepan Arkadyiç gülümseyerek:

— Bu hareketine değer verdiğime inan. Pişman olmayacağını umuyorum, –diye karşılık verdi.

Bir yandan yürürken paltosunu giydi, eliyle uşağın başına dokundu, gülmeye başladı ve dışarı çıktı.

Kapıya doğru dönerek:

— Saat beşte, redingotlu lütfen! –diye bir kez daha seslendi.

IX

Ev sahibi geldiğinde saat altı olmuştu ve bazı konuklar gelmişti. Ev sahibi, kapının önünde karşılaşmış olan Sergey İvanoviç Koznışev ve Pestsov'la birlikte içeri girdi. Bunlar, Oblonskiy'in deyimiyle Moskovalı aydınların en önemli iki temsilcisiydi. Her ikisi de karakter bakımından da, zekâ bakımından da saygın insanlardı. Birbirlerine saygı gösterirlerdi, ama kendi aralarında hemen hemen her konuda tam ve uzlaşmaz bir fikir ayrılığı içindeydiler. Bunun nedeni, karşıt eğilimlerde değil, aynı kampta olmaları (düşmanları onları tek bir adam olarak görüyordu), ancak bu kampta her birinin kendi görüş farkının olmasıydı. Yarı soyut konulardaki düşünce ayrılığı kadar uzlaşmaya yardım etmeyen bir başka şey olmadığı için asla aynı görüşte birleşemezlerdi, ama birbirlerinin düzeltilmesi olanaksız yanlışlarına da bıyık altından, hiç sinirlenmeden gülmeye epeydir alışmışlardı.

Stepan Arkadyiç peşlerinden yetiştiğinde havadan sudan konuşarak kapıdan içeri giriyorlardı. Oblonskiy'in kayınpederi, Prens Aleksandr Dmitriyeviç, genç Şçerbatskiy, Turovtsın, Kiti ve Karenin konuk salonunda oturuyordu.

Stepan Arkadyiç, kendisi yokken konuk salonunda işlerin iyi gitmediğini hemen anladı. Gri ipekten bayramlık elbisesini giymiş olan Darya Aleksandrovna besbelli ki hem yemeklerini çocuk odasında yalnız başlarına yemek zorunda olan çocukları, hem de kocasının henüz ortada olmaması yüzünden kaygılanıyor, bütün bu topluluğu kocası olmadan birbiriyle kaynaştıramıyordu. Herkes misafirliğe gitmiş papaz kızları gibi (yaşlı prens böyle diyordu) buraya neden geldiğine hayret ederek ve susmamak için bir iki laf geveleyerek oturuyordu. İyi yürekli Turovtsın galiba kendisini yabancı bir ortamda hissediyordu ve Stepan Arkadyiç'i görünce kalın dudaklarında beliren gülümseme, "E, kardeşim, bu akıllıların arasında bıraktın beni! Bir iki kadeh içsek, Château des fleurs'e gitsek, anlarım," diyordu. Yaşlı prens, parlak gözleriyle yandan Karenin'e bakarak sesini çıkarmadan oturuyordu, Stepan Arkadyiç kayınpederinin, çığa balığı gibi konukların önüne çıkarmak için çağrılan bu devlet adamının mührünü söküp içini ortaya çıkaracak isabetli sözü bulduğunu anlamıştı. Kiti, Konstantin Levin içeri girdiğinde kıpkırmızı olmamak için gücünü toplayarak kapıya bakıyordu. Karenin'le tanıştırılmayan genç Şçerbatskiy, bunun onu zerre kadar rahatsız etmediğini göstermeye çalışıyordu. Karenin, Petersburg alışkanlığıyla hanımların olduğu bir yemeğe frak giyerek ve beyaz kravat takarak gelmişti. Stepan Arkadyiç, onun yüz ifadesinden sırf verdiği sözü tutmak için geldiğini ve bu topluluk içinde bulunarak zor bir görevi yerine getirdiğini anlamıştı. Stepan Arkadyiç gelmeden önce konukların hepsini donduran soğuk havanın başlıca suçlusu da Karenin'di.

Stepan Arkadyiç salona girerken özür diledi, bütün gecikmelerinin her zamanki bahanesi olan prensin kendisini alıkoyduğunu söyledi ve hemen herkesi tanıştırdı, Aleksey Aleksandroviç'i Sergey Koznışev'le bir araya getirerek her ikisini de Pestsov'la birlikte bir anda saran Polonya'nın Ruslaştırılması konusunu önlerine attı. Turovtsın'ın omzunu okşayıp, ona gülünç bir şeyler fısıldadı ve karısıyla prensin yanına oturttu. Sonra Kiti'ye bugün çok güzel olduğunu söyledi ve Şçerbatskiy'i Karenin'le tanıştırdı. Bu topluluk hamurunu bir anda öyle bir yoğurdu ki, salonda herkesin keyfi yerine geldi ve sesler canlandı. Bir tek Konstantin Levin yoktu. Ama iyi olmuştu, çünkü Stepan Arkadyiç yemek salonuna girerken Porto ve Heres şarabının Leve'den değil, Depre'den alındığını dehşetle görmüş ve arabacının bir an evvel Leve'ye yollanmasını emretmiş, sonra tekrar konuk salonuna yönelmişti.

Yemek salonunda karşısına Konstantin Levin çıktı.

— Geç kalmadım ya?

— Sen geç kalmadan edebilir misin? –dedi Stepan Arkadyiç Levin'in koluna girerek.

Levin eldiveniyle şapkasındaki karları silkelerken, elinde olmadan kıpkırmızı kesilerek:

— İçerisi kalabalık mı? Kimler var? –diye sordu.

— Hepsi bizden. Kiti burada. Gidelim, seni Karenin'le tanıştırayım.

Stepan Arkadyiç liberalliğine karşın Karenin'le tanışmanın gurur okşayıcı bir şey olduğunu biliyor ve bu yüzden en iyi dostlarına bu ikramı yapıyordu. Ancak Konstantin Levin o anda bu tanışıklıktan memnuniyet duyacak halde değildi. Anayolda arabada gördüğü dakikayı saymazsak, Vronskiy'le karşılaştığı ve belleğinde yer eden o akşamdan sonra Kiti'yi görmemişti. Onu bugün burada göreceğini ruhunun derinlerinden biliyordu. Ancak kafasını rahatlatmak için kendini bunu bilmediğine inandırmaya çalışıyordu. Şimdi onun burada olduğunu duyduğunda ise birden öyle bir sevinç ve aynı zamanda öyle bir korku duymuştu ki, soluğu kesildi ve söylemek istediği şeyi söyleyemedi.

"O nasıl, nasıl acaba? Eskisi gibi mi, yoksa arabadaki gibi mi? Ya Darya Aleksandrovna doğru söylediyse? Hem neden doğru olmasın?" –diye düşünüyordu.

— Ah, lütfen beni Karenin'le tanıştır, –dedi güçlükle ve umutsuz bir kararlılıkla konuk salonuna girdiğinde Kiti'yi gördü.

Kiti ne eskisi gibiydi, ne de arabadaki gibi; bambaşkaydı.

Ürkek, çekingen, utangaç ve bu yüzden daha da güzeldi. Kiti, Levin'i salona girdiği anda gördü. Onu bekliyordu.

Sevinmiş ve sevincinden öyle utanmıştı ki, Levin'in ev sahibesinin yanına gidip, ona tekrar bir göz attığı dakikada kendisine de, Levin'e de, her şeyi gören Dolli'ye de sanki Kiti gözyaşlarını tutamayıp ağlamaya başlayacak gibi gelmişti. Kızarmış, bembeyaz olmuş, sonra yine kızarmış ve Levin'i beklerken belli belirsiz dudakları titreyerek donup kalmıştı. Levin, Kiti'nin yanına geldi, eğilerek selam verdi ve hiçbir şey demeden elini uzattı. Eğer dudaklarının hafiften titremesi ve gözlerini kaplayan, onlara parlaklık veren ıslaklık olmasaydı şu sözleri söylediğinde gülümsemesi oldukça sakin sayılırdı:

— Görüşmeyeli ne kadar çok zaman oldu! –ve buz gibi elini uzatıp umutsuz bir kararlılıkla Levin'in elini sıktı.

Levin mutluluktan pırıl pırıl bir gülümsemeyle:

— Siz beni görmediniz, ama ben sizi gördüm, –dedi.– İstasyondan Yerguşovo'ya gelirken gördüm sizi.

— Ne zaman? –diye sordu Kiti hayretle.

Ruhunu dolduran mutluluktan boğulacağını hisseden Levin:

— Arabayla Yerguşovo'ya gidiyordunuz, –dedi. İçinden de "Masum olmayan bir düşünceyi bu duyarlı varlıkla bağdaştırmaya nasıl cüret ettim? Evet, galiba Darya Aleksandrovna'nın söylediği şey doğru," –diye düşünüyordu.

Stepan Arkadyiç, Levin'in elinden tuttu ve Karenin'nin yanına götürdü.

— İzin verirseniz sizi tanıştırayım. –İkisinin de adlarını söyledi.

Aleksey Aleksandroviç, Levin'in elini sıkarak soğuk bir şekilde:

— Sizinle tekrar karşılaşmak çok hoş, –dedi.

— Siz tanışıyor musunuz? –diye hayretle sordu Stepan Arkadyiç.

Levin gülümseyerek:

— Bir vagonda birlikte üç saat geçirmiştik, –dedi,– ama bir maskeli balodan çıkar gibi merak içinde ayrılmıştık, en azından ben öyleydim.

Stepan Arkadyiç yemek salonunu göstererek:

— Demek öyle! Lütfen buyurunuz, –dedi.

Erkekler yemek salonuna geçti, üzerinde altı çeşit votka, gümüş kaşıklı ve kaşıksız bir o kadar peynir çeşidi, havyar, ringa balığı, çeşitli konserveler ve incecik dilimlenmiş tabak tabak Fransız ekmeğinin olduğu meze masasına yaklaştılar.

Erkekler kokulu votkaların ve mezelerin çevresinde ayakta duruyordu. Polonya'nın Ruslaştırılmasıyla ilgili Sergey İvanoviç Koznışev, Karenin ve Pestsov arasındaki konuşma yemek servisini beklerken durmuştu.

En soyut ve ciddi bir tartışmayı bitirmek için beklenmedik bir anda ince, zekice bir espri yapmayı herkesten daha iyi bilen Sergey İvanoviç şimdi de bunu yapmıştı.

Aleksey Aleksandroviç, Polonya'nın Ruslaştırılmasının ancak Rus yönetimince ortaya konacak yüksek ilkeler sonucunda gerçekleşebileceğini ileri sürüyordu.

Pestsov, bir halkın diğer bir halkı ancak yoğun bir nüfusa sahip olduğunda etkisi altına alacağı düşüncesinde ısrar ediyordu.

Koznışev ikisini de kabul ediyordu, ama bazı sınırlamalarla. Konuk salonundan çıktıkları sırada konuşmayı bitirmek için Koznışev gülümseyerek:

— Bu yüzden azınlıkların Ruslaştırılması için bir tek yol vardır, olabildiğince çok çocuk yapmak. Kardeşimle ben bu konuda herkesten daha az etkili oluruz. Oysa siz evli beyler, özellikle de siz Stepan Arkadyiç, çok yurtseverce davranıyorsunuz, –dedi. Sonra ev sahibine tatlı tatlı gülümseyerek ve küçük bir kadehi uzatarak,– Kaç çocuğunuz vardı? –diye sordu.

Herkes gülmeye başladı, özellikle Stepan Arkadyiç çok neşeliydi.

Ağzındaki peyniri çiğneyerek ve uzatılan kadehe özel bir cins votka doldurarak:

— Evet, işte en iyi yöntem! –dedi Stepan Arkadyiç. Konuşma gerçekten de bir espriyle bitmişti.

— Bu peynir fena değil. Emreder misiniz? –dedi ev sahibi. Levin'e dönüp, sol eliyle onun pazusunu yoklayarak.– Yine jimnastik mi yaptın? –diye sordu. Levin gülümsedi, kolunu büktü ve Stepan Arkadyiç'in parmaklarının arasında, ince ceket kumaşının altından yuvarlak bir peynir gibi çelik bir tepecik yükseldi.

— Pazuya bak! Samson!

Av konusunda son derece belirsiz bilgilere sahip olan Aleksey Aleksandroviç, üzerine peynir sürerken örümcek ağı gibi incecik bir ekmek dilimini delerek:

— Ayı avlamak için sanırım büyük bir güce sahip olmak gerekir, –dedi.

Levin gülümsedi, ev sahibesiyle birlikte meze masasına doğru gelen hanımların önünde hafifçe eğilerek kenara çekildi ve:

— Hiç değil. Tam tersine, bir çocuk bile ayıyı öldürebilir, –dedi.

Kaygan ve inatçı bir mantarı çatalıyla yakalamaya çalışan ve arasından beyaz elinin göründüğü dantelleri sallayan Kiti:

— Bana söylediklerine göre bir ayı vurmuşsunuz, –dedi. Güzel başını hafifçe ona doğru çevirip gülümseyerek,– Sizin oralarda ayı var mı sahi? –diye sordu.

Kiti'nin söylediğinde olağanüstü hiçbir şey yoktu, ama bunu söylerken kızın dudakları, gözleri, elinin her hareketi, ağzından çıkan her ses Levin için sözlerle ifade edilemeyecek bir anlam taşıyordu. Aynı zamanda bir bağışlanma ricası, Levin'e karşı güven, bir okşama, tatlı, ürkek bir okşama, bir söz verme, bir umut ve inanmaması mümkün olmayan ve onu mutluluğa boğan bir aşk da vardı.

— Hayır, Tver iline gittik. Oradan dönerken trende eniştenizle ya da eniştenizin eniştesiyle karşılaştım, –dedi gülümseyerek.– Gülünç bir karşılaşmaydı.

Sonra neşeli ve eğlenceli bir şekilde nasıl bütün gece uyumayıp, sırtında gocukla Aleksey Aleksandroviç'in kompartımanına girdiğini anlattı.

— Kondüktör, atasözünün aksine, giysilerim yüzünden beni dışarı çıkartmak istedi; ama ben o arada yüksek bir üslupla konuşmaya başladım, siz de, –dedi adını unutup Karenin'e dönerek,– ilk başta gocuğuma bakıp beni kovmak istemiştiniz, ama daha sonra arka çıktınız bana. Bunun için size minnettarım.

Aleksey Aleksandroviç peçeteyle parmaklarının ucunu silerken:

— Yolcuların yer seçme hakları genellikle son derece belirsiz, –dedi.

Levin saf bir gülümsemeyle:

— Benimle ilgili olarak kararsız kaldığınızı gördüm, –dedi,– ama gocuğumun etkisini hafifletmek için hemen akıllıca bir konuşmaya giriştim.

Sergey İvanoviç ev sahibesiyle konuşmaya devam ederken, bir kulağıyla da kardeşini dinleyerek yan gözle ona baktı. "Ona bugün ne olmuş? Zafer kazanmış gibi," –diye geçirdi içinden. Levin'in kendini kanatlanmış gibi hissettiğini bilmiyordu. Levin, söylediği sözleri Kiti'nin duyduğunu ve kendisini dinlemekten hoşlandığını biliyordu. Onu ilgilendiren tek şey de buydu. Sadece bu odada değil, bütün dünyada kendisi için çok büyük anlam ve önem kazanmış olan Levin ve Kiti vardı yalnızca. Başını döndüren bir yükseklikte durduğunu hissediyordu ve bütün bu iyi insanlar, ünlü Kareninler, Oblonskiyler ve bütün dünya aşağıda, uzaklarda bir yerdeydi.

Stepan Arkadyiç ikisine de bakmadan ve hiç fark ettirmeden, sanki başka oturtacak yer kalmamış gibi Levin'le Kiti'yi masada yan yana oturttu.

— Hadi sen de şuraya oturuver, –dedi Levin'e.

Yemek Stepan Arkadyiç'in meraklısı olduğu servis takımları kadar güzeldi. Marie-Louise çorbası güzel yapılmıştı; ağızda eriyen minik börekler kusursuzdu. Beyaz kravatlı iki uşak ve Matvey yemek ve şarap servislerini fark ettirmeden, sessiz ve hızlı bir şekilde yapıyorlardı. Yemek maddi yönden başarılıydı;

manevi yönden de en az o kadar başarılıydı. Kâh genel, kâh özel devam eden konuşma durmamıştı ve yemeğin sonuna doğru o kadar canlanmıştı ki, erkekler konuşmaya ara vermeksizin masadan kalktı. Aleksey Aleksandroviç bile canlanmıştı.

X

Pestsov sonuna dek tartışmayı severdi ve Sergey İvanoviç'in sözlerinden hoşnut olmamıştı. Bu arada kendi düşüncesinin haksız olduğunu da hissetmişti.

Çorba içerken Aleksey Aleksandroviç'e hitaben:

— Ben hiçbir zaman tek başına nüfus yoğunluğunu kastetmedim, ama bu yoğunluğun ilkelerle değil, esaslarla birleşmesini kastettim, –dedi.

Aleksey Aleksandroviç acele etmeden ve isteksizce:

— Bana kalırsa, ikisi de aynı şey, –dedi.– Bence başka bir halkı ancak yüksek bir gelişime sahip olan bir halk etkileyebilir...

Her zaman konuşmakta acele eden ve söylediği şeye her zaman âdeta bütün ruhunu katan Pestsov kalın sesiyle Aleksey Aleksandroviç'in sözünü kesti:

— Ama mesele de bu zaten, –dedi,– yüksek gelişimden ne anlıyoruz? İngilizler, Fransızlar, Almanlar, en yüksek gelişim düzeyinde bulunan hangisi? Kim bir başkasını ulusallaştıracak? Ren'in Fransızlaştırıldığını görüyoruz, ama Almanlar daha aşağıda bulunmuyor ki! –dedi yüksek sesle.– Burada başka bir kural var!

Aleksey Aleksandroviç kaşlarını hafifçe kaldırarak:

— Bana kalırsa gerçek kültür her zaman etkili olur, –dedi.

— Fakat gerçek kültürün işaretlerini nerede görmeliyiz? –dedi Pestsov.

— Sanırım, bu işaretler bellidir, –dedi Aleksey Aleksandroviç.

— Tam olarak belli mi? –diye ince bir gülümsemeyle lafa karıştı Sergey İvanoviç.– Artık gerçek kültürün ancak saf klasik kültür olduğu kabul ediliyor; ama biz iki tarafın sert tartışmalarını görüyoruz ve düşman kampın kendi lehine güçlü kanıtlara sahip olmadığını da yadsıyamayız.

— Siz klasiksiniz Sergey İvanoviç. Kırmızı şarap emreder misiniz? –dedi Stepan Arkadyiç.

Sergey İvanoviç, yüzünde bir çocuğa gülümsüyormuş gibi hoşgörülü bir gülümsemeyle bardağını masaya koyarak:

— Her iki kültür için de düşüncemi belirtmiyorum, ben yalnız iki tarafın da güçlü kanıtlara sahip olduğunu söylüyorum, –diye devam etti Aleksey Aleksandroviç'e dönerek.– Ben klasik öğrenim gördüm, ama bu tartışmada şahsen kendime yer bulamıyorum. Modern bilimler karşısında klasik bilimlere neden üstünlük verildiği konusunda açık kanıtlar görmüyorum.

— Doğa bilimlerinin o kadar çok öğretici-geliştirici etkisi var ki, –diye atıldı Pestsov.– Alın astronomiyi, botaniği, genel yasalar sistemiyle birlikte zoolojiyi!

— Buna tümüyle katılamam, –diye yanıtladı Aleksey Aleksandroviç.– Bana kalırsa, dillerin biçimlerini inceleme süreci manevi gelişmeyi özellikle olumlu etkiliyor. Ayrıca klasik yazarların etkisinin en yüksek derecede ahlaki bir etki olduğunu yadsımak olanaksızdır, oysa günümüzün yarasını oluşturan zararlı ve yalanlarla dolu öğretiler ne yazık ki doğa bilimleri eğitimiyle birleşiyor.

Sergey İvanoviç bir şey söylemek istiyordu, ama Pestsov kalın sesiyle onun sözünü kesti. Pestsov hararetle bu düşüncenin haksızlığını kanıtlamaya girişti. Sergey İvanoviç karşısındakini mat etmeye hazır bir görünüşle sakin sakin söylenenleri dinliyordu.

Sergey İvanoviç hafifçe gülümseyerek Karenin'e döndü ve:

— Fakat, –dedi,– şu veya bu bilimlerin yararlarını ve zararlarını tam olarak tartmanın zor olduğu ve şayet biraz önce sözünü ettiğiniz ahlaki üstünlük, disons le mot* antinihilist etki, klasik eğitim tarafında değilse bu bilimlerden hangilerinin yeğleneceği sorununun öyle kısa bir sürede ve kesin olarak çözümlenemeyeceğini kabul etmemek de elde değildir.

— Kuşkusuz.

— Eğer bu antinihilist etki üstünlüğü klasik bilimlerden yana olmasaydı, daha fazla düşünür, her iki tarafın kanıtlarını daha fazla ölçüp biçerdik, her iki eğilime de geniş bir alan verirdik, –dedi Sergey İvanoviç ince bir gülümsemeyle.– Ancak şimdi bu klasik eğitim haplarında antinihilizmin iyileştirici gücünün olduğunu biliyoruz ve hastalarımıza bunları cesaretle öneriyoruz... Ya iyileştirici gücü olmasaydı? –diyerek sözünü bir espriyle tamamladı.

Sergey İvanoviç'in haplarına herkes gülmeye başlamıştı, özellikle de konuşmayı dinlerken sadece gülünç şeyler söylenmesini bekleyen ve sonunda muradına eren Turovtsın yüksek sesle ve neşeyle gülüyordu.

Stepan Arkadyiç Pestsov'u çağırmakla hata etmemişti. Pestsov'la yapılan akıllı bir konuşmanın bir an bile durması mümkün değildi.

Sergey İvanoviç konuşmasını espriyle bitirir bitirmez, Pestsov hemen yeni bir konuşma başlattı.

— Hükümetin böyle bir amacı olduğunu kabul etmek de mümkün değil, –dedi Pestsov.– Görünüşe bakılırsa hükümet, alınan önlemlerin yapabileceği etkilere karşı ilgisiz kalarak genel düşüncelerle hareket ediyor. Örneğin kadınların eğitim görmesi sorunu zararlı sayılmalıydı, ama hükümet kadınlar için kurslar ve üniversiteler açıyor.

Ve konuşma hemen yeni bir konuya, kadınların öğrenim görmesi konusuna atladı.

Aleksey Aleksandroviç, kadınların eğitim görmesi düşüncesinin kadın özgürlüğü sorunuyla karıştığını ve bu nedenle zararlı sayılabileceğini ifade etti.

---

* Açık söyleyelim. (Fr.)

— Ben tam tersine, bu iki sorunun kopmaz bağlarla birbirine bağlı olduğunu düşünüyorum, –dedi Pestsov.– Bu bir kısır döngüdür. Kadın eğitim eksikliği yüzünden haklarından yoksundur, eğitim eksikliği ise hakların yoksunluğundan kaynaklanmaktadır. Unutmamak gerekir, kadınların köleleştirilmesi o kadar büyük ve eski bir konudur ki, onları bizden ayıran uçurumu genellikle anlamak istemeyiz, –dedi Pestsov.

Pestsov'un susmasını bekleyen Sergey İvanoviç:

— Haklar dediniz, jüri üyesi, belediye meclis üyesi, meclis başkanı, memur, parlamento üyesi olma hakkı... –dedi.

— Elbette.

— Ancak az görülen bir istisna olarak kadınlar bu yerleri işgal edebilseler bile "haklar" deyimini bence siz yanlış kullandınız. Görevler demek daha doğru olurdu. Jüri üyeliği, belediye meclis üyeliği, telgraf memurluğu görevlerini yerine getirirken bir görev yerine getirdiğimiz duygusu içinde olduğumuzu herkes kabul eder. İşte bu yüzden kadınların kendilerine görev aradıklarını, bunun da son derece haklı olduğunu söylemek daha doğru olur. Onların bu genel erkek emeğine yardım etme isteklerine sadece anlayış gösterilebilir.

— Son derece doğru, –diye onayladı Aleksey Aleksandroviç.– Sanırım, sorun sadece kadınların bu görevleri yapabilecek yetenekte olup olmadıklarında.

Stepan Arkadyiç:

— Kadınlar arasında eğitim yaygınlaştığı zaman herhalde çok yetenekli oldukları görülecektir, –dedi.– Bunu görüyoruz...

Uzun süredir konuşmaya kulak kabartan prens, alaycı, küçük gözleri pırıl pırıl parlayarak:

— Ya atasözü? –dedi.– Kızlarımın yanında söyleyebilirim: Saçı uzun...

— Özgürleşmeden önce zenciler hakkında da tam tamına aynı şey düşünülüyordu, –dedi Pestsov öfkeli bir şekilde.

— Ne yazık ki, biz erkeklerin genellikle görevden kaçtığını görürken, –dedi Sergey İvanoviç,– kadınların kendilerine yeni görevler aramalarını sadece garip bulurum.

— Görevler haklara bağlıdır: güç, para, şeref. Kadınlar işte bunları arıyorlar, –dedi Pestsov.

— Benim sütnine olma hakkını aramam ve kadınlara para ödenirken bana para vermek istememelerine kızmamla aynı şey, –dedi yaşlı prens.

Turovtsın gürültülü bir kahkaha patlattı ve Sergey İvanoviç bunu söyleyenin kendisi olmadığına üzüldü. Aleksey Aleksandroviç bile gülümsemişti.

— İyi de bir erkek emziremez ki, –dedi Pestsov,– oysa kadın...

Kızlarının yanında rahatça konuşmakta herhangi bir sakınca görmeyen yaşlı prens:

— Yo, bir İngiliz erkeği gemide bebeğini emzirmişti, –dedi.

— Bu erkeklerin sayısı ne kadarsa, memur olacak kadınların sayısı da o kadardır, –dedi Sergey İvanoviç.

Hep göz önünde tuttuğu Çibisova'yı anımsayan Stepan Arkadyiç, Pestsov'a yakınlık duyarak ve onu destekleyerek:

— Evet ama ailesi olmayan bir kız ne yapsın? –dedi.

Darya Aleksandrovna, Stepan Arkadyiç'in hangi kızı kastettiğini galiba tahmin ederek bir anda konuşmaya girip, sinirli bir şekilde:

— Bu kızın hikâyesini iyice inceleyecek olursanız, kendi ailesini ya da yanında bir kadın işi bulabileceği kız kardeşinin ailesini terk ettiğini görürsünüz, –dedi.

— Ama biz bir ilkeyi, bir ideali savunuyoruz! –diye Pestsov kalın sesiyle itiraz etti.– Kadın, bağımsız ve eğitimli olma hakkını istiyor. Bunun olanaksızlığıyla rahatsız oluyor, eziliyor.

Yaşlı prens, gülmekten kalın uçlu bir kuşkonmazı sosun içine düşüren Turovtsın'ı çok memnun ederek:

— Ben de beni bakımevine sütnine olarak almıyorlar diye rahatsız oluyor ve eziliyorum, –dedi.

XI

Kiti ve Levin dışında herkes genel konuşmaya katılıyordu. İlk başta bir halkın diğeri üzerinde sahip olduğu etki konuşulduğunda Levin'in aklına elinde olmadan bu konuda söyleyecek şeyleri olduğu gelmişti; fakat eskiden onun için çok önemli olan bu düşünceler kafasında sanki düş görüyormuş gibi bir görünüp bir kayboluyor ve artık birazcık da olsa ilgisini çekmiyordu. Hatta hiç kimse için gerekli olmayan bir konuda konuşmaya bu kadar çaba harcamaları da tuhafına gidiyordu. Kiti için de aynı şekilde kadınların haklarından ve eğitiminden söz etmeleri ilginç olabilirdi. Yurtdışındaki arkadaşı Varenka'yı, onun ağır bağımlılık halini anımsayarak bu konuyu, kendisini, evlenmeyecek olursa ne yapacağını kaç kez düşünmüş ve ablasıyla kaç kez konuşmuştu! Fakat şimdi bu konu onu zerre kadar ilgilendirmiyordu. Levin'le aralarında bir konuşma, konuşma da değil, her geçen dakika onları birbirine daha yakınlaştıran ve her ikisinde de içine girdikleri bilinmezlik karşısında sevinçli bir korku uyandıran bir tür gizemli görüşme vardı.

Önce Levin, Kiti'nin geçen yıl onu arabanın içinde nasıl olup da görebildiği sorusuna karşılık anayolda ot biçmekten gelirken gördüğünü anlattı.

— Sabah çok erkendi. Galiba siz yeni uyanmıştınız. Anneniz çekildiği köşede uyuyordu. Büyüleyici bir sabahtı. Yürüyor ve düşünüyordum, kim bu dört atlı arabayla gelen diye. Çıngıraklı çok güzel bir araba ve siz bir an görünüp kayboldunuz. Pencereye baktım, işte böyle iki elinizle başlığınızın bağcıklarını tutarak oturuyordunuz ve düşüncelere dalmıştınız, –dedi gülümseyerek.– O sırada ne düşündüğünüzü öğrenmek isterdim. Önemli bir şey miydi?

"Saçım başım dağınık mıydı acaba?" –diye düşündü Kiti; ama Levin'in belleğinde bu anıları canlandıran hayranlık dolu gülümsemeyi görünce, tersine, bıraktığı izlenimin çok iyi olduğunu hissetti. Yüzü kızardı ve sevinçle güldü.

— Doğrusu, anımsamıyorum.

Levin, Turovtsın'ın ıslak gözlerine ve sarsılan gövdesine hayranlıkla bakarak:

— Turovtsın ne kadar güzel gülüyor! –dedi.

— Onu uzun zamandır mı tanıyorsunuz? –diye sordu Kiti.

— Kim tanımaz ki onu?

— Sanırım, onun kötü biri olduğunu düşünüyorsunuz.

— Kötü değil de önemsiz biri.

— Doğru değil! Böyle düşünmekten bir an önce vazgeçin! –dedi Kiti.– Benim de onunla ilgili düşüncelerim çok iyi değildi, ama çok sevimli ve şaşılacak kadar iyi bir adamdır. Altın gibi yüreği vardır.

— Yüreğinin nasıl olduğunu nereden öğrendiniz?

— Onunla çok yakın dostuz. Onu çok iyi tanıyorum. Geçen kış, bize gelmenizden kısa bir süre sonra... –dedi suçlu ve aynı zamanda saf bir gülümsemeyle,– Dolli'nin çocuklarının hepsi birden kızıl olmuştu, o da her nasılsa Dolli'ye uğramıştı. Ve düşünebiliyor musunuz, –fısıltıyla konuşuyordu,– Dolli'ye öyle acımıştı ki, kalıp çocukların bakımına yardımcı olmuştu. Evet, üç hafta onların evinde kaldı ve bir dadı gibi çocuklara baktı.

Kiti ablasına doğru eğilerek:

— Konstantin Dmitriç'e, kızıl hastalığı sırasında Turovtsın'ın yaptıklarını anlatıyorum, –dedi.

Dolli, kendisinden söz edildiğini hisseden Turovtsın'e bakarak ve tatlı tatlı gülümseyerek:

— Evet, şaşırtıcı, çok güzel! –dedi. Levin Turovtsın'e bir kez daha baktı ve bu adamdaki güzelliği daha önce nasıl olup da anlamadığına şaşırdı.

Hissettiği şeyi içtenlikle ifade ederek neşeyle:

— Suçluyum, suçlu, bundan böyle insanlar hakkında kötü düşünmeyeceğim! –dedi.

XII

Kadınların haklarıyla ilgili başlayan konuşmada, evlilikte hak eşitsizliği gibi hanımların yanında konuşulması nazik konular vardı. Pestsov yemek sırasında birkaç kez bu konuların üstüne atlamıştı, ama Sergey İvanoviç ve Stepan Arkadyiç, onu dikkatle bu konulardan uzaklaştırmıştı.

Kadınlar da masadan kalkıp yemek salonundan çıktıklarında Pestsov onların peşinden gitmeyerek Aleksey Aleksandroviç'le konuşmaya, eşitsizliğin en önemli nedenini anlatmaya girişti. Pestsov'un düşüncesine göre karıkoca arasındaki eşitsizlik, kadının sadakatsizliğiyle erkeğin sadakatsizliğinin hem yasa tarafından, hem de toplum tarafından eşit cezalandırılmamasındaydı.

Stepan Arkadyiç hemen Aleksey Aleksandroviç'in yanına gelip, sigara içmeyi önerdi.

— Hayır, ben sigara içmiyorum, –diye sakince yanıtladı Aleksey Aleksandroviç ve bu konuşmadan korkmadığını göstermek istercesine dudaklarında soğuk bir gülümsemeyle Pestsov'la konuşmaya başladı.

— Sanırım, böyle bir görüşün temelleri olayların kendinde yatmaktadır, –dedi ve konuk salonuna geçmek istedi; fakat tam o anda Turovtsın, Aleksey Aleksandroviç'le konuşmaya başladı.

İçtiği şampanyayla canlanmış olan ve uzayıp giden sessizliğini bozacak fırsatı epeydir bekleyen Turovtsın, Aleksey Aleksandroviç'e dönerek:

— Pryaçnikov meselesini duydunuz mu? –dedi. Daha ziyade en önemli konuk olan Aleksey Aleksandroviç'e hitap ederek, ıslak ve kırmızı dudaklarının iyilik dolu gülümsemesiyle– Vasya Pryaçnikov, –diye devam etti,– bugün bana anlattıklarına göre Tver'de Kvıtskiy'le düello yapmış ve onu öldürmüş.

Nasıl insan mahsus yapıyormuş gibi gidip, hep tam da ağrıyan yerini çarpıp daha çok acıttığını düşünürse, Stepan

Arkadyiç de ne yazık ki, bugün konuşmanın her dakika Aleksey Aleksandroviç'in ağrıyan yerine dokunduğunu hissediyordu. Eniştesini tekrar uzaklaştırmak istedi, ama Aleksey Aleksandroviç merakla sordu:

— Pryaçnikov niçin düello etmiş?

— Karısı yüzünden. Erkekçe davranmış! Düelloya davet etmiş ve öldürmüş!

Aleksey Aleksandroviç ilgisiz bir şekilde:

— Ya! –dedi ve kaşlarını kaldırıp konuk salonuna geçti.

Salona geçilen odada onu karşılayan Dolli çekingen bir gülümsemeyle:

— Geldiğinize ne kadar sevindim, –dedi,– sizinle konuşmam gerek. Şuraya oturalım...

Aleksey Aleksandroviç yukarı kaldırdığı kaşlarının verdiği aynı ilgisiz ifadeyle Darya Aleksandrovna'nın yanına oturdu ve yapmacık bir şekilde gülümsedi.

— Oysa ben sizden özür dileyip, hemen veda etmek istiyordum, –dedi.– Yarın yola çıkmam gerekiyor.

Darya Aleksandrovna, Anna'nın suçsuzluğundan kesinlikle emindi ve onun masum arkadaşını böylesine sakin bir şekilde mahvetmeye niyetlenen bu soğuk ve duygusuz adama hıncından benzinin attığını ve dudaklarının titrediğini hissediyordu.

Aleksey Aleksandroviç'in gözlerine umutsuz bir kararlılıkla bakarak:

— Aleksey Aleksandroviç, –dedi Dolli.– Size Anna'yı sordum, ama bana yanıt vermediniz. Nasıl Anna?

Aleksey Aleksandroviç Dolli'nin yüzüne bakmadan:

— Herhalde iyidir Darya Aleksandrovna, –diye yanıtladı.

— Aleksey Aleksandroviç, bağışlayın beni, buna hakkım yok... ama ben Anna'yı kardeş gibi sever ve sayarım; aranızda ne varsa bana anlatmanızı rica ediyor, size yalvarıyorum. Onu neyle suçluyorsunuz?

Aleksey Aleksandroviç yüzünü ekşitti ve gözlerini neredeyse tamamen kapatıp, başını yere eğdi.

Dolli'nin gözlerine bakmadan, konuk odasına geçen Şçerbatskiy'e ise hoşnutsuzca bir göz atarak:

— Anna Arkadyevna'ya karşı neden eski ilişkilerimi değiştirme gereği duyduğumu kocanız sanırım size anlatmıştır, –dedi.

— İnanmıyorum, inanmıyorum, buna inanamam! – Dolli kemikli ellerini önünde kavuşturarak enerjik bir hareketle konuşuyordu. Hızla ayağa kalktı ve elini Aleksey Aleksandroviç'in koluna koydu.– Burada bizi rahatsız ediyorlar. Şuraya gidelim lütfen.

Dolli'nin heyecanı Aleksey Aleksandroviç'i etkilemişti. Ayağa kalktı ve uysal uysal Dolli'nin peşinden çocukların ders odasına gitti. Çakıyla çizilmiş bir muşambanın örtülü olduğu masanın başına oturdular.

Dolli Aleksey Aleksandroviç'in kendisinden kaçırdığı bakışını yakalamaya çalışarak:

— İnanmıyorum, buna inanmıyorum! –dedi.

— Gerçeklere inanmamak olanaksızdır Darya Aleksandrovna, –dedi. *Gerçekler* sözcüğünü üzerine basa basa söylemişti.

— İyi ama Anna ne yaptı? –dedi Darya Aleksandrovna.– Tam olarak ne yaptı?

— Görevlerini önemsemedi ve kocasına ihanet etti. İşte bunu yaptı, –dedi Aleksey Aleksandroviç.

Dolli elleriyle şakaklarına dokunarak ve gözlerini kapatarak:

— Hayır, hayır, olamaz! Hayır, Tanrı aşkına, yanılmışsınızdır! –diyordu.

Aleksey Aleksandroviç düşüncesinin kesinliğini Dolli'ye de, kendisine de göstermek isteyerek sadece dudaklarıyla soğuk bir şekilde gülümsedi; ancak bu ateşli savunma düşüncesini değiştirmese de yarasını tazelemişti. Aleksey Aleksandroviç büyük bir canlılıkla konuşmaya başladı.

— Kadın bunu kocasına kendisi söylemişse yanılmak son derece zordur. Hayatının sekiz yılının ve oğlunun bir yanlışlık olduğunu, hayata yeniden başlamak istediğini söylüyor, –

dedi Aleksey Aleksandroviç öfkeli bir şekilde burnundan sesli sesli soluyarak.

— Anna ve kötülük, ikisini bağdaştıramıyorum, buna inanamıyorum.

Aleksey Aleksandroviç, artık Dolli'nin heyecanlı ve iyilik dolu yüzüne dosdoğru bakarak ve dilinin elinde olmadan çözüldüğünü hissederek:

— Darya Aleksandrovna! –dedi.– Hâlâ kuşku edebilmek için neler vermezdim. Kuşkulandığım zamanlar benim için zordu, ama şimdikinden daha kolay geliyordu. Kuşkulandığım sıralar bir umut vardı; ama artık umut yok ve yine de her şeyden kuşkulanıyorum. Oğlumdan nefret edecek ve zaman zaman onun benim oğlum olduğuna inanmayacak kadar her şeyden kuşku duyuyorum. Çok mutsuzum.

Bunu söylemesine gerek yoktu. Darya Aleksandrovna, Aleksey Aleksandroviç onun yüzüne bakar bakmaz bunu anlamıştı; hem ona acımış, hem de arkadaşının suçsuzluğuna olan inancı sarsılmıştı.

— Ah! Korkunç bir şey bu, korkunç! Boşanmaya karar verdiğiniz doğru mu?

— Son çare olarak karar verdim. Yapabilecek başka bir şey kalmadı.

— Başka bir şey kalmadı, başka bir şey kalmadı... –diyordu Dolli gözlerinde yaşlarla.– Hayır, başka bir şey kalmadı değil! –dedi.

Aleksey Aleksandroviç sanki Dolli'nin düşüncesini tahmin etmiş gibi:

— Bu tür bir acının en korkunç yanı da, bir kayıp ya da ölümde olduğu gibi acıyı içine atamamak ve gerekeni yapmak ya zaten, –dedi.– İçine sokulduğun bu aşağılayıcı durumdan kurtulmak gerekiyor, üç kişi bir arada yaşanmaz ya...

— Anlıyorum, bunu çok iyi anlıyorum, –dedi Dolli ve başını önüne eğdi. Kendisini, kendi ailesindeki üzüntüyü düşünerek bir an sustu, sonra birden hızlı bir hareketle başını kaldırdı ve elleriyle yalvarır gibi bir hareket yaparak,– Ama durun! Siz Hıristiyansınız. Onu düşünün! Siz terk ederseniz ona ne olacak?

— Düşündüm Darya Aleksandrovna, hem de çok düşündüm, –dedi Aleksey Aleksandroviç. Yüzü leke leke kızarmıştı ve donuk gözlerini Dolli'nin yüzüne dikmişti. Darya Aleksandrovna artık ona bütün kalbiyle acıyordu.– Yüzkarası durumumu bana kendi ağzıyla açıkladıktan sonra yaptım bunu; her şeyi eskisi gibi bıraktım. Düzelmesi için fırsat tanıdım, onu kurtarmaya çalıştım. Ne mi oldu? Çok kolay bir isteği, nezaket kurallarına uyma isteğimi yerine getirmedi,–dedi Aleksey Aleksandroviç heyecanlanarak.– Mahvolmak istemeyen insan kurtarılabilir; ama eğer ahlakı, ölümü kurtuluş olarak görecek kadar bozulmuşsa ne yapılabilir?

— Boşanma hariç her şey! –diye yanıtladı Darya Aleksandrovna.

— Her şeyle neyi kastediyorsunuz?

— Hayır, bu korkunç bir şey. Hiç kimsenin karısı olmayacak, mahvolacak!

Aleksey Aleksandroviç omuzlarını ve kaşlarını kaldırıp:

— Ne yapabilirim ki? –dedi. Karısının son kabahatini hatırlamak onu öyle sinirlendirdi ki, konuşmanın başındaki soğuk halini aldı tekrar.– İlginiz için size çok teşekkür ederim, ama gitmem gerek, –dedi ayağa kalkarak.

— Hayır, durun! Onu mahvetmemelisiniz. Durun, size kendimden söz edeceğim. Evlendim, kocam beni aldatıyordu; öfke ve kıskançlık içinde her şeyi bırakmak istedim, hatta kendimi... Ama sonra aklım başıma geldi; kim yaptı bunu? Anna kurtardı beni. Ve işte yaşıyorum. Çocuklar büyüyor, kocam yuvasına dönüyor ve yanlış yaptığını hissediyor, daha temiz, daha iyi oluyor ve ben yaşıyorum... Ben affettim, siz de affetmelisiniz!

Aleksey Aleksandroviç dinliyordu, ama Dolli'nin sözleri onu artık etkilemiyordu. Boşanmaya karar verdiği gün hissettiği öfke ruhunda yeniden kabarmıştı. Silkindi, tiz ve yüksek bir sesle konuşmaya başladı:

— Affedemem, hem istemem, hem de haksızlık sayarım. Ben bu kadın için her şeyi yaptım ve o, her şeyi kendi pisliğine bulaştırdı. Ben kötü kalpli biri değilim, hiçbir zaman hiç kimseden nefret etmedim, ama ondan ruhumun bütün gücüyle nefret ediyorum ve bana yaptığı kötülük yüzünden o kadar nefret ediyorum ki, onu affedemiyorum! –dedi Aleksey Aleksandroviç. Sesinde öfke gözyaşları vardı.

Darya Aleksandrovna utana sıkıla:

— Sizden nefret edenleri seviniz... –diye mırıldandı.

Aleksey Aleksandroviç küçümser gibi gülümsedi. Bunu çok eskiden beri biliyordu, ama onun durumuna uygulanamazdı.

— Sizden nefret edenleri seviniz, ama nefret ettiğiniz insanları sevemezsiniz. Canınızı sıktığım için bağışlayın. Herkesin derdi kendine yeter! –Ve Aleksey Aleksandroviç kendini toparlayıp, sakin bir şekilde vedalaşarak gitti.

XIII

Masadan kalktıklarında Levin Kiti'nin peşinden konuk salonuna gitmek istiyordu; ama ona bu kadar açık kur yapmasından Kiti'nin hoşlanmayacağından korktu. Erkeklerin yanında kalıp, genel konuşmaya katıldı. Hareketlerini, bakışlarını, konuk salonunda bulunduğu yeri Kiti'ye bakmaksızın hissediyordu.

Kiti'ye verdiği, bütün insanlar hakkında her zaman iyi düşünmek ve her zaman herkesi sevmek sözünü en ufak bir çaba harcamadan yerine getiriyordu. Konuşma dönüp dolaşıp, Pestsov'un koro esası adını verdiği ve bir tür özel temel olarak gördüğü köy cemaatlerine gelmişti. Levin, ne Pestsov'la, ne de Rus köy cemaatlerinin önemini kendi görüşüne göre hem kabul eden, hem de etmeyen ağabeyiyle aynı düşüncede değildi. Ama onlarla konuşurken tek çabası ikisini uzlaştırmak ve itirazlarını yumuşatmaktı. Kendi ağzından çıkanlarla ilgilenmiyor hatta onların söyledikleriyle hiç ilgilenmiyordu, tek istediği onların da, herkesin de iyi, memnun olmasıydı. Şu anda bir tek şeyin önemli olduğunu biliyordu. Bu tek önemli şey önce orada, konuk salonundaydı, sonra harekete geçmişti ve kapının yanında duruyordu. Üzerine dikilmiş bakışı ve gülümsemeyi dönüp arkasına bakmaksızın hissetti ve elinde olmaksızın döndü. Kiti, Şçerbatskiy'le birlikte kapıda durmuş, ona bakıyordu.

Kiti'nin yanına giderek:

— Piyanoya doğru gittiğinizi sanmıştım, –dedi.– Köyde tek eksiğim müzik.

— Hayır, biz sadece sizi davet etmek için gelmiştik, –dedi ona bir armağan verir gibi gülümseyerek,– geldiğiniz için teşekkür ederim. Tartışmaktan ne zevk alıyorlar? Hiçbir zaman biri öbürünü ikna edemeyecek.

— Evet, gerçekten de, –dedi Levin,– sırf karşındakinin neyi kanıtlamak istediğini anlayamadığın için hararetle tartıştığın durumlar çok olur.

Levin, en zeki insanlar arasındaki tartışmalarda bile tartışan kişilerin harcadıkları çok büyük çabaların, çok sayıda mantık ve sözcük inceliklerinin ardından uzun süredir birbirlerine kanıtlamak için çarpışıp durdukları şeyin tartışmanın en başından beri bildikleri bir şey olduğunu sonunda anladıklarını, ama farklı şeyleri sevdiklerini, bu yüzden de yenik düşmemek için sevdikleri şeyi söylemek istemediklerini çok görmüştü. Tartışma sırasında zaman zaman karşındakinin ne sevdiğini anladığını, birden aynı şeyi sevdiğini ve hemen uzlaştığını, o zaman da kanıtlara gerek kalmayıp çürüdüğünü sık sık hissetmişti; ama bazen de tam tersini hissediyordu: Sonunda sevdiğin ve kanıt uydurmaya çalıştığın şeyi sen söylüyorsun, eğer bunu güzel ve samimi bir şekilde anlatmışsan karşındaki bir anda senin düşünceni kabul ediyor ve tartışma bitiyordu. Onun söylemek istediği de işte buydu.

Kiti anlamaya çalışarak alnını kırıştırdı. Ancak Levin açıklamaya giriştiğinde o ne demek istediğini anlamıştı.

— Anlıyorum: Ne için tartışıyor, ne seviyor bilmek gerekiyor o zaman...

Levin'in iyi ifade edemediği düşünceyi Kiti tam olarak anlamış ve ifade etmişti. Levin sevinçle gülümsedi: Pestsov'la ve ağabeyiyle yaptığı karmakarışık, laf kalabalığı bir tartışmadan en karmaşık düşüncelerin hemen hemen hiçbir söz söylemeden bu kadar özlü ve açık bir şekilde ifadesine geçmek onu çok etkilemişti.

Şçerbatskiy yanlarından uzaklaştı ve Kiti oyun masasına gidip oturdu, eline bir tebeşir alıp yepyeni yeşil çuhanın üstüne gelişigüzel daireler çizmeye başladı.

Kadınların özgürlüğü ve çalışmaları üzerine yemek sırasında yaptıkları konuşmaya yeniden döndüler. Levin, Darya Aleksandrovna'nın evlenmeyen bir genç kızın kendisine bir aile yanında kadınlara uygun bir iş bulacağı düşüncesine katılıyordu. Hiçbir ailenin yardımcı bir kadın almadan işlerin üstesinden gelemeyeceğini, her yoksul ve zengin ailede dadıların, ücretli işçilerin ya da akrabaların olduğunu ve olması gerektiğini söyleyerek bu düşünceyi doğruluyordu.

Kıpkırmızı olan, ama dürüst gözleriyle Levin'e daha cesur bakan Kiti:

— Hayır, –dedi,– kız öyle bir duruma sokulmuş olabilir ki, küçük düşmeden bir ailenin yanına giremeyebilir, kendisi de...

Levin onun sözlerindeki imayı anlamıştı.

— Ah, evet! –dedi.– Evet, evet siz haklısınız, siz haklısınız!

Öğle yemeğinde Pestsov'un kadın özgürlüğü konusunda söylediği her şeyi, ancak Kiti'nin yüreğinde bu genç kızlık ve küçük düşme korkusunu görünce anladı. Kiti'yi seven biri olarak bu korkuyu ve küçük düşmeyi kendisi de hissetti ve birtakım kanıtlar ileri sürmekten hemen vazgeçti.

Bir sessizlik olmuştu. Kiti hâlâ masaya tebeşirle daireler çiziyordu. Gözleri sakin bir pırıltı saçıyordu. Kiti'nin ruh haline uyan Levin, bütün benliğinde gittikçe artan bir mutluluk hissediyordu.

— Ah! Masayı berbat ettim! –dedi Kiti ve tebeşiri bırakıp kalkmak istiyormuş gibi bir hareket yaptı.

"Onsuz tek başıma nasıl kalabilirim?" –diye düşündü Levin korkuyla ve tebeşiri eline aldı.– Durun, –dedi masaya oturarak.– Uzun zamandır size bir şey sormak istiyordum.

Dosdoğru Kiti'nin ürkek, ama sevgi dolu gözlerine baktı.

— Buyurun sorun.

— İşte, –dedi ve baş harflerini yazmaya başladı: b, b, o, d, y, v, b, h, z, m, y, o, z, m, o? Bu harfler şu anlama geliyordu: "Bana bu olamaz diye yanıt verdiğinizde bu hiçbir zaman mı yoksa o zaman mı olamaz," anlamındaydı? Kiti'nin bu karışık tümceyi anlama olasılığı hiç yoktu; fakat Levin Kiti'ye hayatı onun bu sözleri anlamasına bağlıymış gibi bakmıştı.

Kiti, Levin'e ciddi ciddi baktı, sonra kırışan alnını eline dayadı ve okumaya başladı. Arada bir "Düşündüğüm şey mi bu?" diye bakışlarıyla sorarak Levin'e bakıyordu.

Kıpkırmızı olup:

— Anladım, –dedi Kiti.

Levin *hiçbir zaman* anlamına gelen h ve z harflerini göstererek:

— Bu hangi sözcük? –dedi.

— Bu *hiçbir zaman* demek, –dedi Kiti,– ama bu doğru değil!

Levin yazdıklarını çabucak sildi, tebeşiri Kiti'ye verdi ve ayağa kalktı. Kiti şu harfleri yazdı: o, z, b, y, v.

Dolli, ikisini görünce Aleksey Aleksandroviç'le yaptığı konuşmanın verdiği acıyı tamamen unutmuştu. Kiti elinde tebeşir, yüzünde ürkek ve mutlu bir gülümsemeyle yukarı, Levin'e doğru bakıyordu. Levin ise masanın üstüne eğilmiş, alev alev yanan gözlerini kâh masaya, kâh Kiti'ye dikiyordu. Birden yüzü aydınlandı: Anlamıştı. Bu "O zaman başka yanıt veremezdim," demekti.

Kiti'ye soru sorar gibi ürkek ürkek baktı.

— Sadece o zaman mı?

— Evet, –diye yanıtladı Kiti'nin gülümsemesi.

— Ya şim... Ya şimdi? –diye sordu Levin.

— Hadi, o zaman okuyun. İstediğim bir şeyi söyleyeceğim. Çok istediğim bir şeyi! –Baş harflerini yazdı: o, u, v, b, b. Bu harfler "Olanları unutabilmenizi ve beni bağışlayabilmenizi," anlamına geliyordu.

Levin gerilmiş, titreyen parmaklarıyla tebeşiri aldı, ikiye bölüp "Unutacağım ve bağışlayacağım bir şey yok, sizi sevmekten vazgeçmedim," sözlerinin baş harflerini yazdı.

Kiti yüzünde silinmeyen gülümsemesiyle ona baktı.

— Anladım, –dedi fısıltıyla.

Levin oturdu ve uzun bir tümce yazdı. Kiti hepsini anladı ve öyle mi diye sormadan tebeşiri aldı, hemen yanıtladı.

Levin, onun yazdığı şeyi uzun zaman anlayamadı ve sık sık kızın gözlerine baktı. Mutluluktan aklı karışmıştı. Kiti'nin kastettiği sözcükleri hiçbir şekilde çıkaramıyordu, fakat mutluluktan parlayan güzel gözlerinden bilmesi gereken her şeyi anlamıştı. Ve Levin üç harf yazdı. Ama o daha yazmayı bitirmeden Kiti hemen okumuş ve "Evet," diye yanıtı yazmıştı.

Yaşlı prens yanlarına gelerek:

— Kâtipçilik mi oynuyorsunuz? –dedi.– Tiyatroya yetişmek istiyorsan gidelim artık.

Levin ayağa kalktı ve Kiti'yi kapıya kadar geçirdi.

Aralarındaki konuşmada her şey söylenmişti; Kiti'nin onu sevdiği ve Levin'in yarın sabahtan geleceğini annesiyle babasına haber vereceği söylenmişti.

XIV

Levin, Kiti gidip de yalnız kaldığında onsuz öyle büyük bir huzursuzluk, onu tekrar göreceği ve sonsuza dek birleşeceği ertesi sabaha bir an evvel varmak için öyle sabırsızca bir istek duydu ki, Kiti'siz geçirmek zorunda olduğu bu on dört saatten ölümden korkar gibi korktu. Yalnız kalmamak ve zaman geçirmek için birisiyle birlikte olması ve konuşması gerekiyordu. Stepan Arkadyiç onun için en hoş arkadaştı, ama söylediği gibi akşam gerçekten de baleye gidiyordu. Levin ona ancak mutlu olduğunu ve onu sevdiğini, onun kendisi için yaptıklarını asla, asla unutmayacağını söyleyebilmişti. Stepan Arkadyiç'in bakışı ve gülümsemesi Levin'e onun bu duyguyu gerektiği gibi anladığını göstermişti.

Stepan Arkadyiç duygulu bir şekilde Levin'in elini sıkarken:

— Hayrola, ölme zamanı gelmemiş miydi? –dedi.

— Haayır! –dedi Levin.

Darya Aleksandrovna Levin'le vedalaşırken âdeta kutlar gibi şu sözleri söylemişti:

— Kiti'yle yeniden görüştüğünüze ne kadar sevindim, eski dostlukların kadrini bilmek gerek.

Ancak Darya Aleksandrovna'nın bu sözleri Levin'in hoşuna gitmedi. Darya Aleksandrovna bunların ne kadar yüksek ve aklının ermeyeceği şeyler olduğunu anlayamazdı ve bundan söz etmeye kalkışmamalıydı.

Levin onlarla vedalaştı, ama yalnız kalmamak için ağabeyinin peşine takıldı.

— Sen nereye gidiyorsun?

— Toplantıya.

— Ben de seninle geleceğim. Olur mu?

— Neden olmasın? Hadi gidelim, –dedi Sergey İvanoviç gülümseyerek.– Bugün ne oldu sana?

— Bana mı? Mutluyum! –dedi Levin bindikleri arabanın camını indirerek.– Sana zararı yok ya? Boğulacağım yoksa. Mutluyum! Sen neden hiç evlenmedin?

Sergey İvanoviç gülümsedi.

— Çok sevindim, galiba iyi bir kız... diye söze başlamıştı Sergey İvanoviç.

Levin, iki eliyle ağabeyinin kürkünün yakasından tutup kapatarak:

— Söyleme, söyleme, söyleme! –diye bağırıyordu. "İyi bir kız" sözleri, onun duygularına hiç uygun düşmeyen basit, bayağı sözlerdi.

Sergey İvanoviç pek yapmadığı bir şey yaptı, neşeli kahkahalar atarak gülmeye başladı.

— Yine de buna çok sevindiğimi söyleyebilirim.

— Yarın söyleyebilirsin, yarın, artık bir şey deme! Hiçbir şey, hiçbir şey, sessizlik! –dedi Levin ve ağabeyinin kürkünün önünü bir kez daha örterken ekledi.– Seni çok seviyorum! Ne dersin, toplantıya gelebilir miyim?

— Elbette gelebilirsin.

— Bugün ne konuşulacak toplantınızda? –diye sordu Levin gülümsemeye devam ederek.

Toplantıya gittiler. Levin, kâtibin belli ki kendisinin de pek anlamadığı bir tutanağı dura dura okumasını dinledi; fakat Levin, kâtibin yüzüne bakınca onun ne kadar sevimli, iyi bir insan olduğunu gördü. Bu, tutanağı okurken şaşırmasından ve utanmasından anlaşılıyordu. Sonra konuşmalar başladı. Birtakım ödeneklerin ayrılmasını ve birtakım boruların döşenmesini tartışıyorlardı. Sergey İvanoviç iki üyeyi azarladı ve muzaffer bir edayla uzun süre konuştu; başka bir üye bir kâğıda bir şeyler yazıp önce çekingen çekingen konuştu, fakat sonra ona çok kinayeli ve sevimli bir şekilde yanıt verdi. Daha sonra Sviyajskiy de (o da buradaydı) çok güzel ve efendice bir şeyler söyledi. Levin onları dinliyor ve ne ayrılan ödeneklerin, ne boruların, hiçbir şeyin olmadığını ve onların hiç sinirlenmediklerini, hepsinin iyi insanlar olduğunu, aralarında her şeyin yolunda ve efendice yürüdüğünü görüyordu. Hiç kimseye karışmıyorlardı ve herkes memnundu. Şimdi hepsinin içinin dışının Levin için görünür olması ve her birinin ruhunu küçük, daha önceden fark etmediği işaretlerden tanımayıp, hepsinin iyi insanlar olduğunu açıkça görmesi harika bir şeydi. Şimdi hepsi de özellikle onu, Levin'i çok seviyordu. Onunla konuşmalarından, tanımadığı insanların bile ona şefkatle ve sevgiyle bakmalarından belliydi bu.

Sergey İvanoviç Levin'e:

— E, nasıl, memnun musun? –diye sordu.

— Çok. Bu kadar ilginç olacağını asla düşünmemiştim. Harika, çok güzel!

Sviyajskiy Levin'in yanına geldi ve onu evine, çay içmeye çağırdı. Levin, Sviyajskiy'den neden memnun olmadığını, onda ne aradığını hiç anlayamadı ve anımsayamadı. Sviyajskiy zeki ve şaşırtıcı derecede iyi bir insandı.

— Çok sevinirim, –dedi ve karısıyla baldızını sordu. Sviyajskiy'in baldızıyla ilgili düşüncesini hayalinde evlilikle bağladığı için kafasındaki düşüncelerin tuhaf dizilişine göre mutluluğunu Sviyajskiy'in karısından ve baldızından başka hiç kimseye daha iyi anlatamazmış gibi geldi ve onlara gitmekten çok memnun oldu.

Sviyajskiy her zamanki gibi Avrupa'da bulunmamış bir şeyin Rusya'da hiç bulunamayacağını ileri sürerek Levin'e köydeki işleri hakkında sorular soruyordu ve şimdi bunlar Levin'i zerre kadar kızdırmıyordu. Tam tersine Sviyajskiy'in haklı olduğunu, bunların önemsiz işler olduğunu hissediyor ve haklı olduğunu söylemekten kaçınırken Sviyajskiy'in takındığı olağanüstü yumuşaklığı ve tatlılığı görüyordu. Sviyajskiy'in karısı ve baldızı çok sevimliydi. Her şeyi biliyor ve sevincini paylaşıyorlarmış, ama sırf nezaketlerinden konuşmuyorlarmış gibi geliyordu Levin'e. Levin, Sviyajskiylerde çeşitli konular üzerine sohbet ederek bir, iki, üç saat oturdu, ama ruhunu dolduran bir tek şeyi düşünüyor, onları korkunç derecede bıktırdığını, uyku saatlerinin çoktan geldiğini fark etmiyordu. Sviyajskiy esneyerek ve arkadaşının içinde bulunduğu bu garip duruma şaşırarak onu antreye kadar geçirdi. Saat ikiydi. Levin otele döndü ve şimdi kalan on saati tek başına sabırsızlık içinde nasıl geçireceğini düşünerek korktu. Uyumamış olan nöbetçi uşak, mumları yakıp gitmek istedi, ama Levin onu durdurdu. Levin'in daha önce dikkatini çekmeyen Yegor adındaki bu uşağın çok akıllı ve asıl önemlisi iyi bir insan olduğu ortaya çıktı.

— E, Yegor, uykusuz kalmak zor oluyor mu?

— Ne yaparsınız? İşimiz bu. Beylerin evlerinde iş daha rahat; ama burada da kazanç daha fazla.

Yegor'un karısı, üç oğlu ve terzilik yapan bir kızı olduğu, kızını saraç dükkânında çalışan bir tezgâhtarla evlendirmek istediği anlaşıldı.

Levin bunun üzerine Yegor'a evlilikte en önemli şeyin sevgi olduğuna ve sevgi varsa insanın her zaman mutlu olacağına, çünkü mutluluğun sadece insanın içinde olduğuna ilişkin kendi düşüncesini söyledi.

Yegor dikkatle dinledi, görünüşe bakılırsa Levin'in düşüncesini tam olarak anlamış gibiydi, ancak bu düşünceyi doğrulamak için Levin'in hiç beklemediği, iyi beylerin yanında çalıştığı zamanlarda hep beylerinden memnun olduğuna, şimdi de Fransız olmasına karşın efendisinden tamamen memnun olduğuna ilişkin sözler söyledi.

"Olağanüstü iyi bir insan," –diye düşündü Levin.

— Peki sen ne zaman evlendin Yegor, karını sevdin mi?

— Nasıl sevmem? –diye yanıtladı Yegor.

Levin Yegor'un da heyecan içinde olduğunu ve bütün içten duygularını ifade etmek istediğini gördü.

Esnemenin bir insandan diğerine bulaştığı gibi Levin'in heyecanı bulaşan Yegor, gözleri pırıl pırıl:

— Benim hayatım da olağanüstüdür. Çocukluğumdan beri... –diye söze başladı.

Fakat tam bu sırada bir zil sesi duyuldu; Yegor gitti ve Levin yalnız kaldı. Öğle yemeğinde hemen hemen hiçbir şey yememişti, Sviyajskiylerde de çay içmeyi ve akşam yemeği yemeyi reddetmişti, zaten akşam yemeğini düşünebilecek durumda değildi. Dün gece uyumamıştı, ama uykuyu düşünecek durumda da değildi. Odası serindi, fakat o sıcaktan boğuluyordu. Her iki vasistası da açtı ve vasistasların karşısındaki masanın üzerine oturdu. Karla kaplı çatının arkasından zincir oymalı bir haç ve ondan daha yukarıda da sarı sarı parlayan Kapella yıldızıyla Arabacı takımyıldızının üçgeni görünüyordu. Levin kâh haça, kâh yıldıza bakıyor, düzgün bir şekilde odanın içine giren buz gibi soğuk havayı içine çekiyor ve hayalinde canlanan yüzleri, anıları izliyordu. Saat dörtte koridorda ayak sesleri duydu ve kapıyı aralayıp baktı. Tanıdık kumarbaz Myaskin kulüpten dönüyordu. Kaşlarını çatmış, öksürerek yürüyordu. "Zavallı, talihsiz adam!" –diye düşündü Levin ve bu adama duyduğu sevgi ve acıma yüzünden gözlerine yaşlar doldu. Onunla konuşmak, onu teselli etmek istedi; ama üstünde sadece gömlek olduğunu anımsayıp vazgeçti. Soğuk hava banyosu yapmak ve garip bir biçimde suskun, ama onun için anlam dolu haça ve yükselen parlak sarı yıldıza bakmak üzere tekrar vasistasın karşısına oturdu. Saat yedide tahta cilalayanların gürültüleri başladı, bir kilisenin ayini haber veren çanları çaldı ve Levin üşümeye başladığını hissetti. Vasistası kapattı, elini yüzünü yıkadı, giyindi ve sokağa çıktı.

XV

Sokaklar henüz boştu. Levin Şçerbatskiylerin evine doğru yürüdü. Ana kapı kapalıydı ve herkes uyuyordu. Geri döndü, tekrar odasına geldi ve kahve istedi. Gündüz uşağı artık Yegor değildi, kahvesini getirdi. Levin sohbet etmek istedi, ama uşağı çağırdılar, o da gitti. Levin kahveden bir yudum içmeyi ve çöreği ağzına atmayı denedi, ama ağzı, çöreği ne yapacağını kesinlikle bilmiyordu. Levin çöreği ağzından çıkardı, paltosunu giydi ve tekrar dolaşmaya çıktı. Şçerbatskiylerin kapısına ikinci kez geldiğinde saat on olmuştu. Evdekiler yeni kalkmıştı ve aşçı erzak almaya gidiyordu. En azından iki saat daha oyalanmak gerekiyordu.

Levin bütün geceyi ve sabahı tamamen bilinçsiz geçirmişti ve kendini maddi hayat koşullarının son derece dışında hissediyordu. Bütün bir gün yemek yememiş, iki gece uyumamış, birkaç saatini ayazda soyunuk olarak geçirmişti ve kendini sadece her zamankinden daha dinç, daha sağlıklı hissetmekle kalmıyor, aynı zamanda bedeninden son derece bağımsız da hissediyordu: Kasları çaba harcamadan hareket ediyordu ve her şeyi yapabileceğini hissediyordu. Gerekirse havaya uçabileceğinden, evi köşesinden tutup itebileceğinden emindi. Kalan zamanı durmadan saatine göz atarak ve etrafına bakınarak sokaklarda geçirdi.

İşte o sırada sonradan bir daha hiç görmeyeceği bir şey gördü. Özellikle okula giden çocuklar, çatıdan kaldırıma uçan mavimsi kır güvercinler ve görünmeyen bir elin ortaya koyduğu üzerine un dökülmüş küçük francalalar onu çok duygulandırdı. Bu francalalar, güvercinler ve iki erkek çocuk başka bir dünyanın varlıklarıydı. Her şey bir anda olmuştu: Çocuklardan biri güvercine doğru koşmuş ve gülümseyerek Levin'e bakmıştı; güvercin kanatlarını çırpmış ve güneşte, havada titreşen kar tozları arasında parlayarak havalanmış, küçük bir pencereden taze ekmek kokusu gelmiş ve francalalar ortaya çıkmıştı. Bunların hepsi bir arada öylesine alışılmamış bir güzellikteydi ki, Levin sevinçten gülmeye ve ağlamaya başlamıştı. Gazetnıy Sokağı'nda ve Kislovka'da büyük bir daire çizdikten sonra yine otele döndü ve saati önüne koyup, on iki olmasını bekleyerek oturdu. Yan odada makinelerle ve aldatmayla ilgili bir şeyler konuşuyorlardı ve sabah öksürükleri duyuluyordu. Akrebin on ikiye yaklaştığını bilmiyorlardı. Akrep on ikiye geldi. Levin kapının önüne çıktı. Arabacılar herhalde her şeyi biliyordu. Aralarında tartışarak ve hizmet etmeyi teklif ederek mutlu yüzleriyle Levin'in çevresini sardılar. Diğer arabacıları gücendirmemeye çalışarak ve diğerlerine de binme sözü vererek bir araba tuttu ve Şçerbatskiylere gitmesini söyledi. Arabacı kaftanının içinden dışarı çıkmış, dolgun, güçlü, kırmızı boynunu gergin bir şekilde saran beyaz gömlek yakasıyla çok hoştu. Bu arabacının kızağı o kadar yüksek ve rahattı ki, Levin daha sonra böyle bir kızağa hiç binemeyeceğini düşündü. Atı da iyiydi ve koşmaya çalışıyor, ama yerinden oynamıyordu. Arabacı Şçerbatskiylerin evini biliyordu, müşterisine saygılı davranarak kollarını göğsünde birleştirdi ve "Hop" diye atı kapının önünde durdurdu. Şçerbatskiylerin kapıcısı galiba her şeyi biliyordu. Gözlerinin gülümsemesinden ve:

— Çoktandır gelmediniz Konstantin Dmitriç! –demesinden belliydi.

Sadece her şeyi bilmekle kalmıyor, aynı zamanda seviniyor ve sevincini saklamak için çaba harcıyordu. Kapıcının yaşlı, sevimli gözlerine bakan Levin, içindeki mutlulukta yeni bir şey daha fark etti.

— Kalktılar mı?

— Buyurun efendim!

Levin şapkasını almak için geri dönmek istediğinde gülümseyerek:

— Burada bırakın, –dedi. Bunun da bir anlamı vardı.

— Kime haber vermemi emredersiniz? –diye sordu uşak.

Uşak hem genç, hem de yeni uşaklardan şık giyimli biri olsa da çok iyi bir adamdı ve o da her şeyi anlıyordu.

Levin:

— Prenses... Prense... Genç prensese... –dedi.

İlk gördüğü kişi Mademoiselle Linon'du. Salondan geçiyordu, bukleleri de, yüzü de parlıyordu. Levin onunla konuşmaya başlar başlamaz kapının ardından bir elbise hışırtısı işitildi. Mademoiselle Linon, Levin'in gözlerinden hemen silindi ve mutluluğuna yakın olmanın sevinçli korkusu sardı Levin'i. Mademoiselle Linon acele ediyordu, onu bırakıp öbür kapıya yöneldi. Mademoiselle çıkar çıkmaz parkelerin üstünde hızlı hızlı yürüyen hafif ayakların sesi duyuldu ve Levin'in mutluluğu, hayatı, kendisi, kendisinden de daha iyi birisi, bu kadar uzun zamandır aradığı ve istediği şey hızlı

hızlı ona doğru yaklaştı. Kiti yürümüyor, sanki görünmeyen bir güç tarafından ona getiriliyordu.

Levin sadece onun parlak, dürüst, kendisinin de yüreğini dolduran aşk sevincinden ürkmüş gözlerini görüyordu. Bu gözler aşk ışığıyla Levin'in gözlerini kamaştırarak yaklaştıkça yaklaşıyordu. Tam yanında ona değerek durdu. Elleri havaya kalktı ve Levin'in omuzlarına kondu.

Kiti yapabildiği her şeyi yapmış, ona koşmuş, korkarak ve sevinerek tümüyle kendini ona vermişti. Levin Kiti'ye sarıldı ve öpücüğünü arayan dudaklarıyla kendi dudaklarını birleştirdi.

Kiti de bütün gece uyumamıştı ve sabahtan beri onu bekliyordu. Annesiyle babası tartışmasız bir şekilde anlaşmış ve Kiti'nin mutluluğu onları mutlu etmişti. Kiti onu bekliyordu. Kendisinin ve Levin'in mutluluğunu ilk kendisi söylemek istiyordu ona. Levin'i yalnız karşılamaya hazırlanmış ve bu düşünceden hem sevinç duymuş, hem ürkmüş, hem utanmış, hem de ne yapacağını bilememişti. Levin'in ayak seslerini ve sesini duymuş, kapının arkasında Mademoiselle Linon'un gitmesini beklemişti. Mademoiselle Linon gitmişti. Nasıl ve ne olduğunu düşünmeden, kendi kendisine sormadan Levin'in yanına gelmiş ve deminki hareketi yapmıştı.

Levin'in elini tutup:

— Annemin yanına gidelim! –dedi. Levin uzun süre hiçbir şey diyemedi. Bunun nedeni bir sözle duygularının yüceliğini bozmaktan korkmasından çok, bir şey söylemek istediği her defasında sözcüklerin yerine mutluluk gözyaşlarının kopmak üzere olduğunu hissetmesiydi. Kiti'nin elini tutup öptü.

Sonunda boğuk bir sesle:

— Gerçek mi bu? –dedi.– Senin beni sevdiğine inanamıyorum!

Kiti bu "sen" sözüne ve Levin'in kendisine bakışındaki ürkekliğe gülümsedi.

— Evet! –dedi Kiti ciddi ve ağır bir şekilde.– Öyle mutluyum ki!

Levin'in elini bırakmaksızın konuk odasına girdi. Onları görünce prensesin soluğu sıklaştı, hemen ağlamaya, sonra da gülmeye başladı ve Levin'in beklemediği kadar canlı adımlarla yanlarına koşup, Levin'in başına sarılarak onu öptü, gözyaşlarıyla yanaklarını ıslattı.

— Her şey oldu bitti demek! Çok sevindim. Onu sev. Çok mutluyum... Kiti!

Yaşlı prens ilgisiz görünmeye çalışarak:

— İşi çabuk hallettiniz! –dedi; ama Levin prensin gözlerinin kendisiyle konuştuğu sırada ıslak olduğunu fark etti.

Levin'in elini tutup, onu kendisine doğru çekerken:

— Uzun zamandır hep bunu istiyordum! –dedi.– Daha bu havai kızın aklına esip...

— Baba! –diye bağırdı Kiti ve elleriyle babasının ağzını kapattı.

— Tamam, söylemeyeceğim! –dedi prens.– Ben çok, çok... mut... Ah ne budalayım...

Prens, Kiti'ye sarıldı, yüzünü, elini, sonra yine yüzünü öptü ve haç çıkararak onu kutsadı.

Kiti'nin, babasının tombul elini uzun uzun, tatlı tatlı öpüşüne baktığı sırada daha önce yabancı olan bu yaşlı prense karşı yeni bir sevgi sarmıştı Levin'i.

XVI

Prenses koltukta sessizce oturmuş gülümsüyordu; prens de onun yanına oturmuştu. Kiti babasının koltuğunun yanında hâlâ elini tutarak ayakta duruyordu. Herkes susuyordu.

İlk defa prenses her şeyi söze döktü, bütün düşünceleri ve duyguları hayat konularına çevirdi. İlk anda bu hepsine de aynı şekilde garip ve can yakıcı geldi.

— Ne zaman olacak? Duasını yapmak ve ilan etmek gerek. Düğün ne zaman olacak? Sen ne diyorsun Aleksandr?

Yaşlı prens, Levin'i göstererek:

— İşte o, –dedi,– bu işin en önemli kişisi o.

— Ne zaman? –dedi Levin kızararak.– Yarın. Bana sorarsanız, bence bugün duasını yapalım, yarın da düğünü.

— Bırak saçmalamayı mon cher!

— O zaman bir hafta sonra.

— Delirmiş sanki.

— Olmaz mı, neden?

Bu aceleciliğe sevinçle gülümseyen prenses:

— Ama insaf et! –dedi.– Ya çeyiz ne olacak?

"Çeyiz ve bütün bunlar olacak mı? –diye düşündü Levin korkuyla.– Bununla birlikte çeyiz, söz duası, bütün bunlar benim mutluluğumu bozabilir mi? Hiçbir şey bozamaz!" Kiti'ye baktı ve çeyiz düşüncesinin onu zerre kadar incitmediğini fark etti. "Demek ki gerekli," –diye düşündü.

— Aslında ben bir şey bilmiyorum, sadece isteğimi söyledim, –dedi özür dileyerek.

— Öyleyse biz karar verelim. Şimdi söz duasını yapabilir ve ilan edebiliriz. Bu şekilde olur.

Prenses kocasına yaklaştı ve onu öptü, gitmek istedi; fakat prens karısını durdurdu, sarıldı genç bir âşık gibi, gülümseyerek onu birkaç kez öptü. İhtiyarlar anlaşılan bir anlığına şaşırmışlardı ve onlar mı yeniden âşık olmuşlardı, yoksa kızları mı pek iyi bilmiyorlardı. Prensle prenses çıktıktan sonra Levin nişanlısının yanına geldi ve elini tuttu. Artık kendisine hâkim olabiliyor, konuşabiliyordu. Kiti'ye söylemesi gereken pek çok şeyi vardı. Ama söylemesi gerekenlerden çok farklı şeyler söyledi.

— Bunun böyle olacağını nasıl da biliyordum! Hiçbir zaman umutlanmadım; ama içimden her zaman emindim, –dedi Levin.– Alnıma böyle yazıldığına inanıyorum.

— Ya ben? –dedi Kiti.– O zaman bile... –Durdu ve dürüst gözleriyle Levin'e kararlı bir şekilde bakarak devam etti,– mutluluğu elimle itip kendimden uzaklaştırdığım o zaman bile. Ben hep sizi sevdim, ama kendimi kaptırmıştım. Söylemek zorundayım... Bunu unutabilir misiniz?

— Belki böylesi daha iyi oldu. Siz beni pek çok konuda affetmelisiniz. Size söylemek zorunda olduğum...

Bu, onun Kiti'ye söylemeye karar verdiği şeylerden biriydi. Daha ilk günden ona iki şey söylemeye karar vermişti: Biri, kendisinin Kiti kadar temiz olmadığı ve öbürü, dinsiz olduğuydu. Bu acı veren bir şeydi, ama her ikisini de söylemek zorunda olduğunu düşünüyordu.

— Hayır, şimdi değil, sonra! –dedi Levin.

— İyi, sonra olsun, ama mutlaka söyleyin. Ben hiçbir şeyden korkmuyorum. Her şeyi bilmem gerek. Şimdi bu konu kapandı.

Levin sözünü şöyle bitirdi:

— Nasıl olursam olayım beni kabul edeceğiniz, benden yüz çevirmeyeceğiniz anlamında mı kapandı konu?

— Evet öyle.

Yapmacık olsa da tatlı bir gülümsemeyle sevgili öğrencisini kutlamaya gelen Mademoiselle Linon tarafından konuşmaları kesildi. O daha çıkmadan hizmetçiler kutlamaya geldi. Sonra akrabalar geldi ve Levin'in düğünün ertesi gününe dek içinden çıkamadığı mutlu bir karışıklık başladı. Levin sürekli olarak kendisini rahatsız ve sıkıntılı hissediyordu, ama mutluluk gerilimi gittikçe artıyordu. Sürekli olarak kendisinden bilmediği pek çok şey istendiğini hissediyordu ve söylenen her şeyi yapıyordu, bunların hepsi ona mutluluk veriyordu. Nişanlılığının başkalarınınkine benzer bir yanı olmadığını, alışılmış nişanlılık koşullarının onun özel mutluluğunu bozacağını düşünüyordu; ancak sonuçta o da başkalarının yaptığını yapıyordu ve mutluluğu sadece artıyor, daha özel, benzeri olmayan bir hal alıyordu.

Mademoiselle Linon:

— Şimdi şekerleme yiyeceğiz, –diyordu ve Levin şekerleme almaya gidiyordu.

— Çok sevindim, –demişti Sviyajskiy.– Çiçekleri Fomin'den almanızı tavsiye ederim.

— Gerekli mi? –demiş ve Fomin'e yollanmıştı.

Ağabeyi ona masrafların çok olacağını, armağanlar alması gerektiğini, bunun için borç alması gerektiğini söylüyordu.

— Armağan gerekir mi? –diyor ve mücevherci Fulde'ye koşuyordu.

Şekercide de, Fomin'de de, Fulde'de de kendisini beklediklerini, onu görmekten memnun olduklarını ve bu günlerde karşılaştığı herkes gibi mutluluğuna sevindiklerini görüyordu. Herkesin onu sevmekle kalmayıp, aynı zamanda daha önce yakınlık göstermeyen, soğuk ve ilgisiz davranan herkesin hayran olarak her konuda ona boyun eğmeleri, duygularına saygı göstermeleri ve nişanlısı mükemmelin ötesinde bir insan olduğu için dünyanın en mutlu insanı olduğu yolundaki inancını paylaşmaları olağanüstü bir şeydi. Kiti de aynı şeyi hissediyordu. Kontes Nordston onun için daha iyi bir kısmet dilediğini ima ettiğinde öyle kızmış, dünyada Levin'den daha iyi hiçbir şey olmadığını öyle inandırıcı bir şekilde kanıtlamıştı ki, Kontes Nordston, bunu kabul etmek zorunda kalmıştı ve Kiti'nin yanında artık Levin'i yüzünde bir hayranlık gülümsemesi olmadan karşılamıyordu.

Levin'in söz verdiği açıklama o günlerin tek üzücü olayıydı. Yaşlı prense akıl danıştı ve onun iznini aldıktan sonra günlüğünü Kiti'ye verdi. Günlükte, kendisine acı veren şeyleri dile getirmişti ve bu günlüğü müstakbel nişanlısını göz önünde bulundurarak yazmıştı. Ona acı veren iki şey vardı: Geçmişinin temiz olmaması ve Tanrı'ya inanmaması. İnançsızlık itirafı fark edilmeden geçmişti. Kiti dindar bir insandı ve dinin gerçeklerinden hiçbir zaman kuşku duymazdı, ama Levin'in bu görünürdeki dinsizliği onu zerre kadar ilgilendirmedi. Levin'in ruhunu sevgisinin aracılığıyla biliyordu, onun ruhunda görmek istediği şeyi görüyordu, böyle bir ruh halinin dinsizlik olarak adlandırılması ise onu ilgilendirmiyordu. Diğer itiraf ise onu acı acı ağlattı.

Levin günlüğünü ona bir iç mücadeleden sonra vermişti. İkisinin arasında bir sır olamayacağını ve olmaması gerektiğini biliyordu, bu yüzden böyle olması gerektiğine karar vermişti; fakat bunun nasıl bir etki yapabileceğini bilememiş, kendisini onun yerine koyamamıştı. Ancak bu akşam, tiyatrodan önce onlara gittiğinde Kiti'nin odasına girip, kendisinin neden olduğu düzeltilmesi olanaksız acı yüzünden ağlamış, mutsuz, zavallı ve sevimli yüzünü görünce kendi yüz kızartıcı geçmişiyle Kiti'nin saflığını birbirinden ayıran uçurumu anlamış ve yaptığı şeyden dehşete kapılmıştı.

Kiti önündeki masanın üstünde duran defterleri iterek:

— Alın, alın bu korkunç defterleri! –dedi.– Neden verdiniz onları bana!.. –Levin'in umutsuzluğa kapılmış yüzüne acıyarak bakıp,– Hayır, yine de daha iyi oldu, –diye ekledi.– Ama korkunç bir şey bu, korkunç!

Levin başını eğdi ve sustu. Hiçbir şey söyleyemiyordu.

— Beni bağışlamıyorsunuz, –diye fısıldadı Levin.

— Hayır, bağışladım, ama bu korkunç!

Ancak Levin'in mutluluğu o kadar büyüktü ki, bu itiraf keyfini kaçırmamış, sadece ona yeni bir renk katmıştı. Kiti onu affetmişti; ama o günden sonra kendisini Kiti'ye daha az layık görmüş, Kiti'nin karşısında ahlaki bakımdan başı daha öne eğilmiş ve hak etmediği mutluluğuna daha fazla değer vermişti.

XVII

Aleksey Aleksandroviç, yemek sırasında ve yemekten sonra yapılan konuşmalardan kalan izlenimleri elinde olmadan belleğinde tek tek gözden geçirerek yalnız başına kaldığı otel odasına geri dönüyordu. Darya Aleksandrovna'nın bağışlama konusundaki sözleri Aleksey Aleksandroviç'in sadece canını sıkmıştı. Kendi olayına Hıristiyanlık kuralının uygulanması ya da uygulanmaması, hakkında kolayca konuşulamayacak son derece zor bir sorundu ve bu sorun Aleksey Aleksandroviç tarafından uzun bir zaman önce olumsuz bir karara bağlanmıştı. Söylenen bütün sözlerden belleğine en çok işleyen iyi yürekli budala Turovtsın'ın *erkekçe davranmış; düelloya çağırmış ve öldürmüş* sözleriydi. Nezaket gereği bir şey söylemeseler de, besbelli ki herkes bunu onaylıyordu.

Aleksey Aleksandroviç "Zaten bu konu kapandı, bununla ilgili düşünecek bir şey yok," dedi kendi kendine. Yalnızca birkaç gün sonra yapacağı yolculuğu ve teftiş meselesini düşünerek odasına girdi, peşinden gelen kapıcıya uşağının nerede olduğunu sordu; kapıcı, uşağın biraz önce çıktığını söyledi. Aleksey Aleksandroviç, kendisine çay getirmelerini emretti, masasına geçip oturdu ve eline Froom'u* alıp, yolculuğu sırasında izleyeceği yolu belirlemeye koyuldu.

Geri dönmüş olan uşak odaya girerken:

— İki telgraf var, –dedi.– Özür dilerim ekselansları, biraz önce çıkmıştım.

Aleksey Aleksandroviç telgrafları alıp açtı. Birinci telgraf, Karenin'nin geçmek istediği yere Stremov'un atanmasıyla ilgili bir haberdi. Aleksey Aleksandroviç telgrafı fırlatıp attı ve kıpkırmızı kesilip ayağa kalktı, odada dolaşmaya başladı. "Quos vult perdere dementat"** dedi, quos sözüyle bu atamaya yardım edenleri kastederek. Bu yeri elde edemediğine, onu atlatmış olmalarına canı sıkılmakla kalmamış, aynı zamanda o geveze, laf ebesi Stremov'un bu görev için herhangi birinden daha az yetenekli olduğunu görmemelerine şaşmıştı. Bu atamayla kendilerini, kendi prestige'lerini*** mahvettiklerini nasıl da görmüyorlardı!

İkinci telgrafı hınçla açarken "Bu cins bir şey daha," dedi kendi kendine. Telgraf karısındandı. Karısının mavi kalemle attığı imza "Anna" ilk gözüne çarpan şeydi. "Ölüyorum, gelmeni rica ediyorum, yalvarıyorum. Beni affedersen daha kolay öleceğim," sözlerini okudu. Nefretle gülümsedi ve

---

* Rusya ve Avrupa'daki tren ve vapur yollarını gösteren rehber ("Froom's Railway Guide for Russia & the Continent of Europe", 1870). (ç.n.)

** Tanrı kimi mahvetmek isterse onun aklını alır. (Lat.)

*** Saygınlık. (Fr.)

telgrafı fırlatıp attı. İlk andaki kanısına göre bunda bir aldatmaca, bir kurnazlık olduğundan hiç kuşku yoktu.

"Kalkışmayacağı sahtekârlık yoktur onun. Doğum yapacak. Belki bir doğum hastalığıdır. Peki ama amaçları ne? Bebeği yasallaştırıp, beni lekelemek ve boşanmayı engellemek, –diye düşündü.– Ama telgrafta ölüyorum diyordu..." Telgrafı yeniden okudu; telgrafta söylenen şeyin açık anlamı bir anda onu şaşırtmıştı. "Ya doğruysa? –dedi kendi kendine.– Acılar içinde ölümü beklerken içtenlikle nedamet getireceği doğruysa ve ben bunun bir aldatmaca olduğunu düşünerek gitmeyi reddedersem? Bu, sadece acımasızca bir şey olmakla, herkesin beni ayıplamasına yol açmakla kalmaz, aynı zamanda benim açımdan da aptalca bir şey olur."

— Pyotr, araba çağırt. Petersburg'a gideceğim, –dedi uşağa.

Aleksey Aleksandroviç Petersburg'a gitmeye ve karısını görmeye karar vermişti. Eğer hastalığı bir numaraysa hiçbir şey söylemeyecek ve çekip gidecekti. Eğer gerçekten hastaysa, ölüm döşeğindeyse ve ölmeden önce Aleksey Aleksandroviç'i görmek istiyorsa, o zaman ölmeden yetişebilirse onu bağışlayacak, çok geç kalmış olursa da son görevini yerine getirecekti.

Ne yapması gerektiğini yol boyunca daha fazla düşünmedi.

Aleksey Aleksandroviç, trende geçirdiği gecenin verdiği yorgunluk ve kirlilik duygusuyla Petersburg'un erken sabah sisinde bomboş Nevskiy Caddesi'nden arabayla geçiyor ve kendisini neyin beklediğini düşünmeksizin önüne bakıyordu. Bunu düşünemiyordu, çünkü neler olacağını tasavvur ederken karısının ölümüyle içinde bulunduğu zorlukların bir anda çözümleneceği varsayımını kafasından atamıyordu. Ekmekçiler, gece arabacıları, kaldırımları süpüren kapıcılar gözüne bir görünüp kayboluyordu. Bütün bunları kendisini bekleyen, istemeye cesaret edemediği ama yine de istediği şeyle ilgili düşünceyi içinde susturmaya çalışarak seyrediyordu. Kapısının önüne yaklaştı. Kapıda kiralık bir araba ve arabacısı uyuklayan bir kupa arabası duruyordu. Aleksey Aleksandroviç antreye girerken âdeta beyninin uzak bir köşesinden çekip çıkarttığı bir karar aldı: "Eğer bu bir numaraysa sakin bir küçümsemeyle çeker giderim. Eğer doğruysa nezaket kuralları ne gerektiriyorsa onu yaparım."

Aleksey Aleksandroviç daha zili çalmadan kapıcı kapıyı açmıştı. Kapıcı Petrov, diğer adıyla Kapitonıç, kravatsız, sırtında eski redingotu, ayaklarında terliklerle tuhaf bir görünüşe sahipti.

— Hanımefendinin nesi var?

— Dün selametle doğurdular efendim.

Aleksey Aleksandroviç durdu, bembeyaz oldu. Karısının ölümünü ne kadar çok istediğini şimdi apaçık anlamıştı.

— Peki sağlığı nasıl?

Korney üstünde sabah önlüğüyle merdivenden koşarak indi.

— Çok kötüler, –diye yanıtladı Korney.– Dün konsültasyon yapıldı, şimdi de doktor burada.

— Eşyaları al, –dedi Aleksey Aleksandroviç ve ölüm umudunun yine de olduğu haberiyle bir parça rahatlayarak hole girdi.

Askıda bir asker paltosu asılıydı. Aleksey Aleksandroviç bunu fark etti ve sordu:

— Kim var?

— Doktor, ebe ve Kont Vronskiy.

Aleksey Aleksandroviç iç odalara geçti.

Konuk odasında kimse yoktu; Aleksey Aleksandroviç'in ayak sesleri üzerine Anna'nın odasından başında leylak rengi kurdeleli başlığıyla ebe çıktı.

Aleksey Aleksandroviç'in yanına geldi ve ölümün yakınlığının verdiği bir teklifsizlikle elinden tutup yatak odasına götürdü.

— Tanrıya şükür geldiniz! Sadece sizi sayıklıyor, –dedi ebe.

Yatak odasından doktorun buyurucu sesi duyuldu:

— Hemen buz getirin!

Aleksey Aleksandroviç karısının çalışma odasına geçti. Anna'nın yazı masasının başında alçak bir sandalyenin arkalığına yan dönmüş bir halde Vronskiy oturuyor, yüzünü elleriyle örtmüş ağlıyordu. Vronskiy doktorun sesiyle yerinden fırladı, ellerini yüzünden çekti ve Aleksey Aleksandroviç'i gördü. Anna'nın kocasını görünce öyle şaşırdı ki, bir yerlere kaybolmak istercesine başını omuzlarının arasına sokarak tekrar oturdu; fakat kendini zorlayarak ayağa kalktı ve:

— O ölüyor, –dedi.– Doktorlar umut olmadığını söyledi. Tamamen emrinizdeyim, ama burada kalmama izin verirseniz... Bununla birlikte siz ne derseniz, ben...

Aleksey Aleksandroviç Vronskiy'in gözyaşlarını görünce başka insanların acı çeken görüntülerinin kendisinde yarattığı o ruhsal bozukluğun içinde kabardığını hissetti ve Vronskiy'in sözlerini sonuna kadar dinlemeden yüzünü çevirip hızlı hızlı kapıya doğru yürüdü. Yatak odasından Anna'nın bir şeyler söyleyen sesi geliyordu. Anna'nın sesi neşeli, canlı, aşırı derecede kesin tonlamalarla doluydu. Aleksey Aleksandroviç yatak odasına girdi, yatağa doğru yürüdü. Anna yüzünü ona doğru çevirmiş yatıyordu. Yanakları kızarmıştı, gözleri parlıyordu, geceliğinin kolundan çıkan küçük beyaz elleri battaniyenin köşesini kıvırarak oynuyordu. Sanki sadece sağlıklı ve taze değil, aynı zamanda çok iyi bir ruh hali içinde gibi görünüyordu. Hızlı hızlı, çınlayan bir sesle ve olağanüstü doğru, heyecanlı tonlamalarla konuşuyordu.

— Çünkü Aleksey, Aleksey Aleksandroviç'ten söz ediyorum (ikisinin de adının Aleksey olması ne garip, ne korkunç bir yazgı, değil mi?) Aleksey benim isteğimi geri çevirmezdi. Ben unuturdum, o bağışlardı... Peki neden gelmiyor o zaman? O iyi yüreklidir, iyi yürekli olduğunu kendisi bilmez. Ah! Tanrım, ne büyük bir sıkıntı! Bana hemen su verin! Ah, bu ona, küçük kızıma zarar verecek! Tamam, o zaman onu bir sütnineye verin. Ben razıyım, hatta daha iyi olur. O gelecek, bebeği görmek onu üzecek. Bebeği verin.

Ebe, Anna'nın dikkatini Aleksey Aleksandroviç'e çekmeye çalışarak:

— Anna Arkadyevna o geldi. İşte burada! –diyordu.

— Ah, ne saçma! –diye devam ediyordu Anna kocasını görmeksizin.– Verin onu bana, kızımı verin! O daha gelmedi. Affetmeyeceğini söylüyorsunuz, çünkü onu tanımıyorsunuz. Hiç kimse tanımadı. Bir tek ben tanıdım, bana ağır gelen de bu oldu. Onun gözlerini tanımak gerekir, Seryoja'nın gözleriyle aynıdır, bu yüzden bu gözlere bakamıyorum. Seryoja'nın öğle yemeğini verdiniz mi? Bilirim zaten, her şeyi unuturlar. O olsa unutmazdı. Seryoja'yı köşedeki odaya geçirmek, Mariette'den de onunla yatmasını rica etmek gerek.

Anna birden büzüldü, sustu ve korkuyla, sanki yüzüne bir yumruk inmesini bekliyormuş, sanki kendini savunuyormuş gibi ellerini yüzüne doğru kaldırdı. Kocasını gördü.

— Hayır, hayır, –diye tekrar konuşmaya başladı,– ben ondan korkmuyorum, ölümden korkuyorum. Aleksey buraya gel. Zamanım kalmadığı için, yaşayacak çok az zamanım olduğu için acele ediyorum, birazdan ateşim yükselecek ve artık hiçbir şey anlamayacağım. Şimdi anlıyorum, hem de her şeyi anlıyorum, her şeyi görüyorum.

Aleksey Aleksandroviç'in buruşuk yüzü acı çeken bir ifade aldı; Anna'nın elini tuttu ve bir şey demek istedi, ancak hiçbir şey söyleyemedi; alt dudağı tiriyordu, ama yine de heyecanıyla mücadele ediyor ve arada bir Anna'ya göz atıyordu. Ve her göz atışında Anna'nın daha önce hiçbir zaman görmediği bir dokunaklılıkla ve hayranlık dolu bir tatlılıkla kendisine bakan gözlerini görüyordu.

— Bekle, sen bilmiyorsun... Durun, durun... –Anna, düşüncelerini toplamak istiyormuş gibi duruyordu.– Evet, –diye tekrar başlıyordu.– Evet, evet, evet. Söylemek istediğim şey şuydu. Bana şaşırma. Ben hep aynıyım... Ama içimde başkası var, ben ondan korkuyorum. Onu seven oydu. Ben hem senden nefret etmek istedim, hem de eski Anna'yı unutamadım. O ben değilim. Şu anda her şeyimle gerçeğim. Ölüyorum, öleceğimi biliyorum, ona sor. Ellerimin, ayaklarımın, parmaklarımın üstünde kilolarca ağırlık hissediyorum şu anda. Bak, parmaklarım ne kadar büyük! Ama bunların hepsi yakında bitecek... Bir tek şey gerekli benim için: Beni affet, tamamen affet! Ben korkunç biriyim, ama dadı bana, o çilekeş azizenin –adı neydi onun?– benden daha kötü olduğunu söyledi. Hem ben Roma'ya gideceğim, orası bir inziva yeri, o zaman hiç kimseyi rahatsız etmemiş olacağım, sadece Seryoja'yı ve küçük kızı alacağım... Hayır, sen affedemezsin! Biliyorum, bunu bağışlamak olanaksız! Hayır, hayır, git, sen çok iyi bir insansın! –Bir eliyle Aleksey Aleksandroviç'in alev alev yanan elini tutuyor, öbür eliyle de onu geri itiyordu.

Aleksey Aleksandroviç'in sinirleri giderek daha çok bozuluyordu ve artık bununla savaşmaktan vazgeçecek noktaya gelmişti; birden ruhsal bozukluk olarak gördüğü şeyin tam tersine ona bir anda yeni, daha önce hiç hissetmediği bir mutluluk veren mutlu bir ruh hali olduğunu hissetti. Hayatı boyunca uymak istediği Hıristiyanlık yasasının ona düşmanlarını bağışlamasını ve sevmesini emrettiğini düşünmüyordu; fakat ruhunu sevinçli bir duygu, düşmanlarını sevme ve onları bağışlama duygusu dolduruyordu. Diz çökmüştü ve başını, Anna'nın geceliğin içinden bile ateşiyle onu yakan elinin oynak yerine koymuş, bir çocuk gibi hıçkıra hıçkıra ağlıyordu. Anna kocasının dazlak kafasına sarıldı, ona yaklaştı ve meydan okuyan bir gururla gözlerini yukarı kaldırdı.

— İşte o, biliyordum! Artık hepinize elveda, elveda!.. Yine onlar geldi, neden gitmiyorlar?.. Üstümden şu kürkleri alın!

Doktor Anna'nın ellerini indirdi, başını dikkatlice yastığa koydu ve omuzlarını örttü. Sırtüstü sakin sakin yatıyor ve parlayan bakışlarıyla önüne bakıyordu.

— Bir tek şeyi, benim için bağışlanmanın gerekli olduğunu, başka hiçbir şey istemediğimi unutma... O neden gelmiyor? – diye konuşmaya başladı kapıda duran Vronskiy'e dönerek.– Yaklaş, yaklaş! Ona elini ver.

Vronskiy yatağın yanına geldi ve Anna'yı görünce tekrar elleriyle yüzünü kapattı.

— Aç yüzünü, ona bak. O bir azizdir, –dedi Anna.– Hadi aç, aç yüzünü! –dedi bu kez öfkeyle.– Aleksey Aleksandroviç, açın onun yüzünü! Onu görmek istiyorum.

Aleksey Aleksandroviç Vronskiy'in ellerini tuttu, acıdan ve utançtan korkunç bir haldeki yüzünden çekti.

— Ona elini uzat. Bağışla onu.

Aleksey Aleksandroviç gözlerinden dökülen yaşları tutamayarak Vronskiy'e elini uzattı.

— Tanrıya şükür, Tanrıya şükür, –dedi Anna,– artık her şey hazır. Yalnız birazcık ayaklarımı uzatmalıyım. İşte böyle, çok güzel. Şu çiçekler ne kadar da zevksiz yapılmış, menekşeye hiç benzemiyor, –dedi duvar kâğıtlarını göstererek.– Tanrım, Tanrım! Bu ne zaman bitecek? Bana morfin verin! Doktor! Bana morfin verin. Aman Tanrım, aman Tanrım!

Ve yatakta çırpınmaya başladı.

***

Aile doktoru ve diğer doktorlar, bunun yüzde doksan dokuz ölümle sonuçlanan loğusa humması olduğunu söylediler. Bütün günü ateşler içinde sayıklayarak ve baygın bir halde geçirdi. Gece yarısına doğru hasta hissiz yatıyor, nabzı neredeyse atmıyordu.

Her an ölümünü bekliyorlardı.

Vronskiy evine gitmişti, ama sabah durumu öğrenmeye geldi ve Aleksey Aleksandroviç onu antrede karşılayıp:

— Kalın, belki sizi sorar, –dedi ve Vronskiy'i karısının çalışma odasına kadar kendisi götürdü.

Sabaha karşı heyecan, canlılık, düşüncelerinde ve konuşmalarında çabukluk tekrar başladı ve yine kendinden geçerek bitti. Ertesi gün aynı durumdaydı ve doktorlar bir umut olduğunu söylediler. Aynı gün Aleksey Aleksandroviç Vronskiy'in oturduğu çalışma odasına gitti ve kapıyı kapatıp Vronskiy'in karşısına oturdu.

Bir açıklamanın yaklaşmakta olduğunu hisseden Vronskiy:

— Aleksey Aleksandroviç, –dedi,– konuşamıyorum, anlayamıyorum. Merhamet edin bana! Sizin için ne kadar zorsa, inanın benim için daha da korkunç bir durum.

Kalkmak istedi. Ama Aleksey Aleksandroviç onun elini tutup şöyle dedi:

— Sizden beni dinlemenizi rica ediyorum, öyle gerekiyor. Benimle ilgili olarak yanılmamanız için beni yönlendiren ve yönlendirecek olan duygularımı size açıklamak zorundayım. Boşanmaya karar verdiğimi ve hatta bu işi başlattığımı biliyorsunuz. Davayı açarken kararsızlık içinde olduğumu, acı çektiğimi sizden saklamayacağım; sizden ve ondan öç alma isteğinin peşimi bırakmadığını size itiraf ediyorum. Telgrafı aldığım zaman buraya da aynı duygularla geldim. Daha fazlasını söyleyeceğim, onun ölümünü arzu ettim. Fakat... – duygularını Vronskiy'e açıp açmamak konusunda düşünerek bir an sustu.– Fakat onu gördüm ve affettim. Affetme mutluluğu bana ödevimi hatırlattı. Tamamen affettim. Öbür yanağımı uzatmak, kaftanımı aldıklarında gömleğimi de vermek istiyorum ve sadece benden bağışlama mutluluğunu almaması için Tanrı'ya dua ediyorum! –Gözlerinde yaşlar vardı ve parlak, dingin bakışı Vronskiy'i etkilemişti.– İşte benim durumum bu. Beni çamura sürükleyebilir, beni sosyeteye maskara edebilirsiniz, onu bırakmayacağım ve size hiçbir zaman sitem etmeyeceğim, –diye devam etti.– Benim ödevim, kendi açımdan açıkça çizilmiş durumda: Onunla kalmak zorundayım ve kalacağım. Sizi görmek isterse size haber vereceğim, ama şimdi sanırım gitmeniz daha iyi olacak.

Aleksey Aleksandroviç ayağa kalktı. Hıçkırıklar konuşmasını bölüyordu. Vronskiy de kalkmıştı ve eğilmiş, doğrulamamış bir halde yan gözle ona bakıyordu. Aleksey Aleksandroviç'in duygularını anlamıyordu. Ama bunun yüce, hatta kendisinin dünya görüşündeki birinin anlayamayacağı bir şey olduğunu hissediyordu.

XVIII

Vronskiy Aleksey Aleksandroviç'le konuşmasından sonra Kareninlerin evinin kapısına çıkmış, nerede olduğunu, yürüyerek ya da arabayla nereye gitmesi gerektiğini zorlukla anımsayarak dikiliyordu. Kendini utandırılmış, aşağılanmış, suçlu duruma düşürülmüş ve uğradığı hakaretten kurtulma olanağından yoksun hissediyordu. Kendini şimdiye dek gururla ve kolayca yürüdüğü yoldan çıkarılmış hissediyordu. Yaşamının o kadar katı görünen tüm alışkanlıklarının ve kurallarının bir anda yanlış ve uygulanamaz şeyler olduğu ortaya çıkmıştı. Şimdiye dek acınacak bir yaratık, mutluluğunun rastgele ve biraz da gülünç bir engeli olarak görünen aldatılmış koca, bir anda bizzat karısı tarafından çağrılmış, önünde yerlere kadar eğilme hissi uyandıran bir yüksekliğe çıkarılmış ve bu koca bu yükseklikte kötü, iğreti ve gülünç değil, iyi, basit ve heybetli biri olmuştu. Vronskiy'in bunu hissetmemesi mümkün değildi. Roller bir anda değişivermişti. Vronskiy, onun yüksekliğini ve kendi alçaklığını, onun haklılığını ve kendi haksızlığını hissediyordu. Kocanın kendi acısı içinde gönlünün yüce olduğunu, kendisinin ise kendi ihaneti içinde alçak ve küçücük olduğunu hissetmişti. Ancak haksız yere küçümsediği bir adamın önünde alçaldığını bilmesi, acısının yalnızca küçük bir kısmını oluşturuyordu. Anna'ya karşı son zamanlarda azaldığını sandığı tutkusunun şimdi, onu sonsuza dek kaybedeceğini öğrendiği bir anda herhangi bir zamandan daha güçlü bir hale gelmesi yüzünden kendini anlatılamayacak kadar mutsuz hissediyordu. Tüm hastalığı süresince onu görmüş, ruhunu tanımıştı ve şimdiye dek onu hiçbir zaman sevmediğini sanmıştı. Ve şimdi, Anna'yı tanıdığı, sevmek gerektiği gibi sevdiği bir anda onun önünde aşağılanmış ve kendisiyle ilgili olarak sadece utanç verici bir anı bırakıp, onu sonsuza dek kaybetmişti. Aleksey Aleksandroviç'in, ellerini utanç içindeki yüzünden çektiği andaki gülünç ve rezil durumu hepsinden daha da korkunçtu. Kareninlerin evinin kapısında şaşkın bir halde duruyor, ne yapacağını bilmiyordu.

Kapıcı:

— Araba emreder misiniz? –diye sordu.

— Evet, isterim.

Uykusuz geçen üç geceden sonra evine dönen Vronskiy, üstünü çıkartmadan, kollarını kavuşturup, başını kollarına dayayarak yüzükoyun kanepeye uzandı. Başında bir ağırlık vardı. En tuhaf hayaller, anılar ve düşünceler aşırı bir hız ve açıklıkla birbirinin yerini alıyordu: Kâh hastaya vermek için kaşığa koyarken döktüğü ilaç, kâh ebenin beyaz elleri, kâh Aleksey Aleksandroviç'in yatağın önündeki garip duruşu geliyordu gözünün önüne.

Sağlıklı bir insanın eğer yorulmuşsa ve uyumak istiyorsa hemen uyuyabileceğine olan inancıyla "Uyumalıyım! Unutmalıyım!" diyordu kendi kendine. Gerçekten de aynı anda kafasının içindekiler birbirine karışmaya ve kendisi de unutma uçurumuna yuvarlanmaya başlamıştı. Bilinçsiz yaşam denizinin dalgaları artık tepesine çıkmaya başladığı bir anda sanki içinde çok güçlü bir elektrik yükü boşalmış gibi kanepenin yayları üstünde bütün gövdesiyle sıçradı ve ellerini iki yana dayayarak dizlerinin üzerinde korkuyla doğruldu. Gözleri hiç uyumamış gibi geniş geniş açılmıştı. Bir dakika önce başında hissettiği ağırlık, kollarındaki ve bacaklarındaki gevşeklik bir anda yok olmuştu.

Aleksey Aleksandroviç'in "Çamura sürükleyebilirsiniz," sözlerini duyuyor ve onu karşısında görüyordu. Anna'nın yanakları al al, gözleri pırıl pırıl, şefkatle ve sevgiyle kendisine değil, Aleksey Aleksandroviç'e bakan yüzünü de görüyordu; Aleksey Aleksandroviç'in, ellerini yüzünden çektiği andaki, kendisine aptalca ve gülünç gelen halini de görüyordu. Bacaklarını tekrar uzatıp, önceki pozunda kendini kanepenin üstüne attı ve gözlerini yumdu.

"Uyumalıyım! Uyumalıyım!" –diye kendi kendine tekrarladı. Fakat gözleri kapalıyken Anna'nın yüzünü yarışlardan bir gece önce belleğine kazınan haliyle çok daha açık görüyordu.

— Yok böyle bir şey, olmayacak da; hem o da bunu belleğinden silmek istiyor. Oysa ben bu olmadan yaşayamam. Nasıl barışacağız, nasıl? –dedi yüksek sesle ve bilinçsiz bir şekilde bu sözleri yinelemeye başladı. Sözcüklerin bu şekilde yinelenmesi, kafasında toplandığını hissettiği yeni hayallerin ve anıların ortaya çıkmasına engel oluyordu. Ancak sözcüklerin yinelenmesi hayal gücünü uzun süre engelleyemedi. En güzel anlar, bu güzel anlarla birlikte çok yakın zamandaki küçük düşme olayı, son derece büyük bir hızla yeniden birbiri ardına gözünün önünde canlanmaya başladı. Anna'nın sesi "Ellerini çek," diyordu. Ellerini çekiyor ve yüzündeki utanmış, aptal ifadeyi hissediyordu.

En ufak bir umut olmadığını bildiği halde uyumaya çalışarak yatmaya devam ediyor ve yeni hayallerin ortaya çıkmasını önlemek isteğiyle herhangi bir düşünceye ait rastgele sözcükleri fısıltıyla yineliyordu. Yinelediği sözcüklere kulak veriyor ve tuhaf, deli gibi bir fısıltıyla söylediği şu sözleri duyuyordu: "Değerini bilmedim, yararlanmayı beceremedim; değerini bilmedim, yararlanmayı beceremedim."

"Nedir bu? Yoksa aklımı mı kaçırıyorum? –dedi kendi kendine.– Belki de. İnsanlar neden akıllarını kaçırır, neden kendilerini vurur zaten?" –diye kendi kendine yanıtladı soruyu ve gözlerini açıp başının yanında kardeşinin karısı Varya'nın işlediği yastığı hayretle gördü. Yastığın püskülüne dokundu ve Varya'yı, onu en son ne zaman gördüğünü anımsamaya çalıştı. Ama başka bir şey düşünmek acı vericiydi. "Hayır, uyumam gerek!" Yastığı çekti ve başının altına koydu, ama gözlerini kapalı tutmak için çaba harcaması gerekiyordu. Birden kalkıp oturdu. "Benim için bitmiştir bu iş, –dedi kendi kendine.– Ne yapacağımı etraflıca düşünmeliyim. Ne kaldı yapılacak?" Zihni, Anna'ya olan aşkının dışında kalan yaşamı hızla dolaştı.

"Yükselme hırsı mı? Serpuhovskoy mu? Sosyete mi? Saray mı?" Hiçbirinin üzerinde duramıyordu. Eskiden hepsinin anlamı vardı, ama şimdi bunların hiçbiri yoktu. Kanepeden kalktı, ceketini çıkarttı, kemerini gevşetti ve daha rahat soluk almak için kıllı göğsünü açıp odada dolaşmaya başladı. "İnsanlar akıllarını böyle kaçırır, –diye yineledi,– kendilerini böyle vurur... utanç içinde yaşamamak için," –diye yavaşça ekledi.

Kapıya gitti ve kapıyı kapattı; sonra sabit bir bakışla ve dişlerini sımsıkı sıkarak masaya gitti, tabancasını eline aldı, gözden geçirdi, dolu gövdeyi döndürdü ve düşünceye daldı. İki dakika yüzünde gergin bir düşünme ifadesiyle başını öne eğip, elinde tabancayla hiç kımıldamadan durdu. "Elbette," –dedi kendi kendine, sanki düşüncelerinin mantıklı, sürekli ve açık akışı onu kesin bir sonuca götürmüştü. Gerçekte ise kendisi için inandırıcı olan bu "elbette" sözcüğü, şu bir saat içinde artık onlarca kez üstünden geçtiği anılar ve hayaller dairesinin yinelenmesinin bir sonucuydu sadece. Bunlar sonsuza dek yitirilmiş bir mutluluğun aynı anılarıydı, hayatta karşısına çıkacak her şeyin anlamsızlığının aynı şekilde gözünün önüne gelmesiydi, aşağılandığının hep aynı şekilde bilincinde olmasıydı. Bu hayallerin ve duyguların sürekliliği de aynıydı.

Düşünceleri onu üçüncü kez yine aynı anılar ve düşünceler kısırdöngüsüne yönelttiğinde "Elbette," –diye yineledi ve tabancayı göğsünün sol tarafına dayayıp, elini bir anda yumruk yaparak güçlü bir şekilde kabzaya yapışıp tetiğe asıldı. Atış sesini duymadı, ama göğsüne inen güçlü bir darbe ayaklarını yerden kesti. Masanın kenarına tutunmak istedi, tabancayı elinden düşürdü, sendeledi ve hayretle çevresine bakarak yere oturdu. Masanın kemerli bacaklarına, kâğıt sepetine ve kaplan postuna aşağıdan bakarken kendi odasını tanımıyordu. Konuk odasında dolaşan uşağın gıcırtılı ve hızlı adımları onu toparlanmak zorunda bıraktı. Düşünmeye çabaladı ve yerde olduğunu, kaplan postunun üstündeki ve elindeki kanı görünce kendini vurduğunu anladı.

— Ne aptalca! İsabet ettirememişim, –diye mırıldandı eliyle tabancayı arayarak. Tabanca yanındaydı, o daha öteyi arıyordu. Aramaya devam ederken öbür tarafa uzandı, dengesini koruyacak gücü bulamadı ve kanlar içinde yere düştü.

Tanıdıklarına sinirlerinin zayıflığından defalarca yakınmış olan uzun favorili, şık giyimli uşak yerde yatan efendisini görünce öyle korktu ki, onu kanlar içinde bırakıp yardım aramaya koştu. Bir saat sonra kardeşinin karısı Varya gelmiş, her yana haber yollayıp çağırdığı ve aynı anda gelmiş olan üç doktorun yardımıyla yaralıyı yatağına yatırmış ve ona bakmak için yanında kalmıştı.

XIX

Aleksey Aleksandroviç'in karısıyla buluşmaya hazırlanırken pişmanlığının samimi olacağı, kendisinin onu affedeceği ve Anna'nın ölmeyeceği olasılığını düşünmemiş olmasından kaynaklanan hatası, Moskova'dan dönüşünden iki ay sonra bütün gücüyle gözlerinin önüne serilmişti. Ancak yaptığı bu hata, sadece bu olasılığı düşünmemiş olmasından değil, aynı zamanda ölüm döşeğindeki karısıyla bu buluşma gününden önce kendi kalbini tanımamasından da kaynaklanıyordu. Hasta karısının yatağının yanında hayatında ilk kez başka insanların acılarının kendisinde uyandırdığı ve daha önceden zararlı bir zayıflık olarak utandığı acıma duygusuna kapılmıştı; hem karısına duyduğu merhamet, hem karısının ölümünü istediğini itiraf etmiş olması ve en önemlisi, bağışlamanın verdiği sevinç, bir anda acılarının dinmesinin yanı sıra daha önce hiç hissetmediği bir ruhsal dinginlik duymasını sağlamıştı. Acılarının kaynağı olan şeyin manevi sevincinin kaynağı olduğunu, ayıpladığı, kınadığı ve nefret ettiği zamanlarda çözümlenemez görünen şeyin, bağışladığında ve sevdiğinde basit ve açık bir şey olduğunu hissetmişti birden.

Karısını affetmişti, çektiği acılar ve pişmanlığı nedeniyle ona acıyordu. Vronskiy'i affetmişti, özellikle o umutsuz davranışıyla ilgili söylentiler kulağına geldikten sonra acımıştı ona. Oğluna eskisinden daha fazla acıyordu ve onunla çok az ilgilendiği için şimdi kendisini ayıplıyordu. Fakat yeni doğan küçük kıza karşı sadece merhamet değil, şefkat de duyuyordu. Onun kızı olmayan ve annesinin hastalığı sırasında bir kenara atılmış olan bu yeni doğmuş, zayıf bebekle ilk başta sadece acıdığı için ilgilenmişti. Eğer o ilgilenmeseydi bebek herhalde ölürdü. Bu küçük kızı ne kadar çok sevdiğini kendisi de fark etmemişti. Günde birkaç kez çocuk odasına gidiyor ve uzunca bir süre orada oturuyordu. Öyle ki, ilkin çekinen sütnine ve dadı artık ona alışmışlardı. Arada bir uyuyan bebeğin kırmızımsı safran rengi, yumuşacık ve buruşuk minnacık yüzüne yarım saat sessizce bakıyor ve kırışan alnının hareketlerini, kıvrık parmaklı tombul ellerinin tersiyle gözlerini, burnunun kökünü ovuşturmasını izliyordu. Bu dakikalarda Aleksey Aleksandroviç kendini özellikle son derece sakin ve kendisiyle barışık hissediyor, durumunda olağandışı bir şey, değiştirilmesi gereken bir şey görmüyordu. Ancak zaman geçtikçe şimdi onun için ne kadar normal olursa olsun bu durumda kalmasına izin vermeyeceklerini daha açık bir şekilde görüyordu. Ruhuna yön veren iyi manevi güç dışında hayatını yönlendiren kaba, bir o kadar ya da daha fazla buyurucu başka bir gücün olduğunu ve bu gücün ona arzu ettiği huzuru vermeyeceğini hissediyordu. Herkesin ona soru soran bir şaşkınlıkla baktığını, onu anlamadığını ve ondan bir şey beklediğini hissediyordu. Özellikle karısıyla ilişkilerinin sağlam ve doğal ilişkiler olmadığını hissediyordu.

Ölümle burun buruna gelmenin Anna'da yarattığı yumuşama geçtiğinde Aleksey Aleksandroviç, Anna'nın kendisinden korktuğunu, yanında rahatsız olduğunu ve gözlerinin içine bakamadığını fark etmeye başlamıştı. Anna sanki bir şey istiyordu ve bunu ona söylemeye cesaret edemiyor, ilişkilerinin süremeyeceği içine doğmuş gibi kocasından bir şeyler bekliyordu.

Şubatın sonunda Anna'nın yeni doğan ve Anna adını taşıyan bebeği hastalandı. Aleksey Aleksandroviç sabah çocuk odasına uğradı ve doktor çağırmalarını söyleyip bakanlığa gitti. İşlerini bitirip saat dörtte eve döndü. Antreye girerken şeritli ve ayı derisinden pelerinli, kolunda Amerikan köpeği derisinden bir yelek tutan yakışıklı uşağı gördü.

— Kim var? –diye sordu Aleksey Aleksandroviç.

— Prenses Yelizaveta Fyodorovna Tverskaya, –diye yanıtladı uşak. Bunu söylerken uşak gülümsüyormuş gibi geldi Aleksey Aleksandroviç'e.

Bütün bu zor zamanlarda Aleksey Aleksandroviç, sosyeteden tanıdıklarının, özellikle de kadınların kendisine ve karısına özel bir ilgi gösterdiğini fark ediyordu. Bu tanıdıklarının hepsinde, avukatın ve biraz önce uşağın gözlerinde gördüğü zor gizlenen bir sevinç olduğunu fark ediyordu. Hepsi de sanki heyecan içindeydi, sanki kız evlendiriyorlardı. Aleksey Aleksandroviç'le karşılaştıklarında zar zor sakladıkları bir sevinçle karısının sağlığını soruyorlardı.

Prenses Tverskaya'nın evde oluşu, hem prensesle ilgili anıları yüzünden, hem de prensesi genel olarak sevmediği için Aleksey Aleksandroviç'in hoşuna gitmedi ve doğruca çocuk odasına geçti. Birinci çocuk odasında Seryoja, masaya abanmış, ayakları sandalyenin üstünde neşeli neşeli bir şeyler anlatarak resim çiziyordu. Anna'nın hastalığı sırasında Fransız mürebbiyenin yerini alan ve elinde danteliyle çocuğun yanında oturan İngiliz mürebbiye hemen ayağa kalktı, reverans yaptı ve Seryoja'yı dürttü.

Aleksey Aleksandroviç oğlunun saçlarını okşadı, karısının sağlığıyla ilgili olarak mürebbiyenin sorduğu soruyu yanıtladı ve baby* için doktorun ne dediğini sordu.

— Doktor tehlikeli bir şey olmadığını söyledi ve şifalı su tavsiye etti efendim.

Yan odadaki bebeğin ağlamasına kulak kabartan Aleksey Aleksandroviç:

---

* Bebek. (İng.)

— Ama hâlâ sıkıntısı var, –dedi.

— Sanırım sütninenin sütü yetmiyor efendim, –dedi İngiliz mürebbiye kesin bir ifadeyle.

Aleksey Aleksandroviç duraklayarak:

— Neden öyle sanıyorsunuz? –dedi.

— Kontes Pol'de de böyle olmuştu efendim. Bebeği tedavi etmeye çalıştılar, ama bebeğin sadece aç olduğu anlaşıldı: Sütninenin sütü yoktu, efendim.

Aleksey Aleksandroviç bir an düşündü ve birkaç dakika durduktan sonra öbür odaya girdi. Küçük kız sütninenin kucağında başını geriye atarak, kıvranarak yatıyordu ve ne verilen tombul memeyi almak, ne de üzerine eğilmiş olan dadının ve sütninenin birlikte yaptıkları pışpışlara rağmen susmak istiyordu.

— Hâlâ düzelmedi mi? –dedi Aleksey Aleksandroviç.

— Çok huzursuz efendim, –diye yanıtladı dadı fısıltıyla.

— Miss Edward belki de sütninenin sütü yoktur diyor, –dedi Aleksey Aleksandroviç.

— Ben de öyle sanıyorum Aleksey Aleksandroviç.

— Niçin söylemiyorsunuz o zaman?

— Kime söyleyeceğim? Anna Arkadyevna hâlâ hasta, –dedi dadı hoşnutsuz bir şekilde.

Dadı evin emektarlarındandı. Onun bu basit sözlerinde bile kendi durumuna bir sitem olduğunu düşündü Aleksey Aleksandroviç.

Bebek katılarak ve hırıldayarak daha da yüksek bir sesle ağlıyordu. Dadı elini sallayıp bebeğin yanına yaklaştı, onu sütninenin kucağından aldı ve dolaşarak sallamaya koyuldu.

Aleksey Aleksandroviç:

— Doktordan sütnineyi muayene etmesini istemeli, –dedi.

Görünüşte sağlıklı, şık giyimli sütnine işten atmalarından korkup kendi kendine bir şeyler mırıldandı, iri memesini kapatıp sütüyle ilgili kuşkuları küçümseyerek gülümsedi. Aleksey Aleksandroviç, bu gülümsemede de kendi durumuyla ilgili bir alay sezdi.

Dadı bebeği pışpışlayarak:

— Talihsiz bebek! –dedi ve dolaşmaya devam etti.

Aleksey Aleksandroviç sandalyeye oturmuş, bir aşağı bir yukarı dolaşan dadıya acı ve umutsuzluk dolu bir yüzle bakıyordu.

Sonunda susan bebeği mavi karyolasına yatırdıkları ve dadı yastığı düzeltip yanından uzaklaştığı sırada Aleksey Aleksandroviç ayağa kalktı ve zorlukla parmaklarının ucuna basarak bebeğin yanına gitti. Bir an sustu ve aynı umutsuz yüzle bebeğe baktı; ama birden yüzüne saçlarını ve alnının derisini harekete geçiren bir gülümseme yayıldı ve aynı şekilde sessizce odadan çıktı.

Yemek odasındaki zili çalıp, gelen uşağa doktoru tekrar çağırmalarını söyledi. Karısının bu güzeller güzeli bebekle ilgilenmemesine canı sıkıldı ve bu sıkıntıyla karısının odasına gitmek, hem de Prenses Betsi'yi görmek istemedi; ancak karısı, her zamanki gibi yanına uğramamasına şaşırabilirdi, bu yüzden kendini zorlayıp yatak odasına gitti. Yumuşak halının üstünde kapıya doğru yürürken duymak istemediği bir konuşmayı elinde olmadan duyuyordu.

— Buradan gitmeyecek olsaydı, sizin olmaz demenizi anlardım, onun da tabii. Ancak kocanız bunların üstünde olmalıdır, – diyordu Betsi.

— Kocam için değil, kendim içim istemiyorum. Bundan söz etmeyin! –diye yanıtlıyordu Anna'nın heyecanlı sesi.

— Evet, ama sizin yüzünüzden kendini vuran bir adamla vedalaşmak istememeniz mümkün değil...

— Ben de bu yüzden istemiyorum ya.

Aleksey Aleksandroviç ürkek ve suçlu bir ifadeyle durakladı ve fark ettirmeden geri dönmek istedi. Fakat bunun yakışık almayacağını düşünüp tekrar döndü ve öksürerek yatak odasına doğru yürüdü. Sesler sustu ve Aleksey Aleksandroviç içeri girdi.

Anna üstünde gri sabahlığı, yuvarlak başında kısacık kesilmiş, sık bir fırça gibi uzamış siyah saçlarıyla kanepede oturuyordu. Her zamanki gibi kocasını görünce yüzündeki canlılık bir anda yok olmuştu; başını önüne eğmiş, huzursuzca Betsi'ye bakıyordu. Son modaya uygun olarak giyinmiş, başının üstünde bir yerde lamba abajuru gibi bir şapka bulunan Betsi, korsajında verev çizgileri, eteğinde ise ters yönde verev çizgileri olan açık mavi elbisesiyle yassı, uzun bedenini dimdik tutarak Anna'nın yanında oturuyordu, Aleksey Aleksandroviç'i başını eğip alaycı bir gülümsemeyle karşıladı.

— A! –dedi şaşırmış gibi.– Evde olduğunuza çok sevindim. Hiçbir yere gitmiyorsunuz, ben de sizi Anna'nın hastalığından beri görmedim. Harcadığınız çabaları hep duyuyordum. Evet, siz eşi bulunmaz bir kocasınız! –dedi Betsi. Sanki karısına karşı davranışlarından dolayı ona yüce gönüllülük nişanı bahşediyormuş gibi ciddi ve sevecen bir tavır takınmıştı.

Aleksey Aleksandroviç soğuk bir selam verdi ve karısının elini öpüp sağlığını sordu.

Anna bakışlarını ondan kaçırarak:

— Sanırım daha iyi, –dedi.

— Fakat yüzünüzün rengi humma geçiriyormuşsunuz gibi, –dedi Aleksey Aleksandroviç "humma" sözcüğünün üzerine basa basa.

— Çok fazla konuştuk, –dedi Betsi,– bencillik ettiğimi hissediyorum ve gidiyorum.

Ayağa kalktı, ama Anna bir anda kıpkırmızı kesilip hemen Betsi'nin eline yapıştı.

— Hayır, kalın lütfen. Size bir şey söyleyeceğim, yok hayır size, –diyerek Aleksey Aleksandroviç'e döndü ve yüzündeki kırmızılık boynuna ve alnına yayıldı.– Sizden hiçbir şeyi gizlemek istemiyorum, gizleyemem de zaten, –dedi.

Aleksey Aleksandroviç parmaklarını çıtırdatıp başını eğdi.

— Betsi, Kont Vronskiy'in Taşkent'e gitmeden önce vedalaşmak için bize gelmek istediğini söylüyordu. –Anna kocasının yüzüne bakmıyordu ve galiba kendisi için ne kadar zor olsa da her şeyi söylemekte acele ediyordu.– Onu kabul edemeyeceğimi söyledim.

— Siz, bunun Aleksey Aleksandroviç'e bağlı olduğunu söylediniz dostum, –diye onun sözlerini düzeltti Betsi.

— Yo hayır, onu kabul edemem ve bu hiçbir şeyi... –Anna birden durdu ve soru sorar gibi kocasına bir göz attı (Kocası ona bakmıyordu).– Tek kelimeyle istemiyorum...

Aleksey Aleksandroviç yaklaştı ve karısının elini tutmak istedi.

Anna'nın ilk hareketi, elini, onu arayan kocasının nemli, damarları şişmiş elinden çekmek oldu; ama kendini zorlayıp Aleksey Aleksandroviç'in elini sıktı.

Aleksey Aleksandroviç, kendi başına kolayca ve açıkça karar verebileceği bir şeyi, sosyetenin gözünde hayatına yön verecek olan ve kendini aşk ve bağışlama duygusuna teslim etmesini engelleyen kaba gücün simgesi olarak gördüğü Prenses Tverskaya'nın yanında konuşamayacağını şaşkınlık ve sıkıntıyla hissederek:

— Bana gösterdiğiniz güvene çok teşekkür ederim, ama... –dedi. Prenses Tverskaya'ya bakarak durdu.

Prenses ayağa kalkarak:

— Hoşça kalın güzelim, –dedi. Anna'yı öptü ve dışarı çıktı. Aleksey Aleksandroviç onu geçirdi.

Betsi, küçük konuk odasında durup, Aleksey Aleksandroviç'in elini bir kez daha özellikle çok sıkı bir şekilde sıkarak:

— Aleksey Aleksandroviç! –dedi.– Sizi gerçekten yüce gönüllü biri olarak tanıyorum. Ben yabancı biriyim, ama onu öyle çok seviyor ve size de o kadar büyük saygı duyuyorum ki, bir tavsiyede bulunmaktan kendimi alamayacağım. Onu kabul edin. Aleksey Vronskiy bir onur timsalidir ve Taşkent'e gidiyor.

— İlginize ve tavsiyelerinize teşekkür ederim prenses. Ancak birini kabul edip edemeyeceğine karım kendisi karar verir.

Aleksey Aleksandroviç bunu vakarlı bir alışkanlıkla kaşlarını yukarı kaldırarak söylemişti ve aynı anda da sözler nasıl olursa olsun içinde bulunduğu durumda bir vakar olmadığını düşündü. Bunu söylediği sözlerden sonra kendisine bakarken Betsi'nin engel olmaya çalıştığı kötü ve alaycı gülümsemede de görmüştü.

XX

Aleksey Aleksandroviç salonda Betsi'ye eğilerek selam verdi ve karısının yanına gitti. Anna yatıyordu, ama onun ayak seslerini duyunca hemen kalkıp önceki gibi oturdu ve korkuyla kocasına baktı. Aleksey Aleksandroviç karısının ağladığını gördü.

— Bana gösterdiğiniz güvene çok teşekkür ederim. – Aleksey Aleksandroviç, Betsi'nin yanında Fransızca söylediği tümceyi yumuşak bir ses tonuyla Rusça olarak yineledi ve Anna'nın yanına oturdu. Rusça konuştuğunda ve "sen" dediğinde bu "sen" sözcüğü Anna'yı korkunç şekilde sinirlendiriyordu.– Kararın için de çok minnettarım. Buradan gideceğine göre Kont Vronskiy'in buraya gelmesine hiç gerek olmadığını düşünüyorum ben de. Bununla birlikte...

— Evet, ben de söyledim zaten, tekrarlamanın ne anlamı var? –diye engelleyemediği bir öfkeyle Anna birden kocasının sözünü kesti. "Sevdiği, uğrunda ölmek istediği, kendini mahvettiği ve onsuz yaşayamayan kadınla vedalaşmak isteyen bir adamın gelmesine hiç gerek yokmuş!" –diye düşündü Anna. Dudaklarını büzdü ve pırıl pırıl parlayan gözlerini kocasının damarları şişmiş, yavaş yavaş birbirini ovuşturan ellerine dikti.

Sonra daha sakin bir şekilde:

— Bir daha bundan hiç söz etmeyelim, –diye ekledi.

Aleksey Aleksandroviç:

— Bu konuda kararı sana bıraktım ve büyük bir sevinçle görüyorum ki... –diye söze başlamıştı, ancak onun bu kadar yavaş konuşmasına sinirlenen, bu arada söyleyeceği her şeyi önceden bilen Anna:

— Benim isteğim de sizinkiyle birleşiyor, –diye yarım kalan tümceyi çabucak tamamladı.

— Evet, –diye doğruladı Aleksey Aleksandroviç,– ve Prenses Tverskaya en zor aile meselelerine son derece yersiz bir biçimde karışıyor. Özellikle o...

— Onun hakkında söylenen hiçbir şeye inanmıyorum, –dedi Anna çabuk çabuk.– Beni içtenlikle sevdiğini biliyorum.

Aleksey Aleksandroviç iç çekti ve sustu. Anna, kocasının dış görünüşünden duyduğu, kendisine sitem ettiği, ama aşmayı başaramadığı acı veren tiksinti duygusuyla ona bakarken kaygılı bir şekilde sabahlığının püskülleriyle oynuyordu. Şu anda bir tek şey istiyordu: Onun iğrenç varlığından kurtulmak.

— Ben de biraz önce doktora haber gönderdim, –dedi Aleksey Aleksandroviç.

— Ben iyiyim, doktoru ne yapacağım?

— Hayır, bebek ağlayıp duruyor ve sütninenin sütünün az olduğunu söylüyorlar.

— Bunun için yalvardığımda neden emzirmeme izin vermedin o zaman? Olsun fark etmez (Aleksey Aleksandroviç bu "olsun fark etmez"in ne anlama geldiğini anlamıştı), o bir bebek, onu öldürürler. –Zili çaldı ve bebeği getirmelerini emretti.– Emzirmek istedim, izin vermediler, şimdi de bana sitem ediyorlar.

— Ben sitem etmiyorum...

— Hayır, ediyorsunuz! Tanrım! Neden ölmedim sanki! –ve Anna hüngür hüngür ağlamaya başladı.– Affet beni, sinirlendim, haksızım, –dedi kendini toparlayarak.– Ama gidin...

Aleksey Aleksandroviç, karısının yanından çıkarken kararlı bir şekilde "Hayır, bu böyle kalamaz," –diyordu kendi kendine.

Sosyetenin gözünde içinde bulunduğu durumun olanaksızlığı, karısının ondan nefret etmesi ve ruhsal durumuna ters düşerek hayatına yön veren ve buyruğunun yerine getirilmesini, karısıyla arasındaki ilişkileri değiştirmesini isteyen o kaba ve gizli gücün ne kadar büyük olduğunu daha önce hiçbir zaman şimdiki kadar açıklıkla görmemişti. Tüm sosyetenin ve karısının ondan, ne olduğunu tam olarak anlayamadığı bir şey beklediğini açıkça görüyordu. Bu yüzden ruhunda, huzurunu bozan ve yaptığı kahramanlığın değerini azaltan bir öfke kabarıyordu. Vronskiy'le ilişkisini kesmenin Anna için daha iyi olacağını düşünüyordu, ama eğer hâlâ bunun olanaksız olduğu görüşündeyseler, ancak çocukları ele güne rezil etmeden, onlardan yoksun kalmadan ve kendi durumunu değiştirmeden bu ilişkiye yeniden göz yummaya bile hazırdı. Bu ne kadar kötü bir şey olursa olsun yine de Anna'nın içinden çıkılmaz, yüzkarası bir duruma düşeceği, kendisininse sevdiği her şeyden yoksun kalacağı bir ayrılıktan daha iyiydi. Fakat kendini güçsüz hissediyordu; herkesin ona karşı olduğunu, şu anda kendisine o kadar doğal ve iyi görünen bir şeyi yapmasına izin vermeyeceklerini, aksine kötü olan, ama kendilerine göre yapılması gerekeni yapmaya zorlayacaklarını peşin peşin biliyordu.

XXI

Betsi henüz salondan çıkmamıştı ki, taze istiridye aldığı Yeliseyev'den biraz önce gelen Stepan Arkadyiç kapıda ona rastladı.

— A! Prenses! Ne hoş bir rastlantı! –dedi Stepan Arkadyiç.– Ben de size gitmiştim.

Betsi gülümseyerek ve eldivenini giyerek:

— Bir dakika görüşebilirim, çünkü gidiyorum, –dedi.

— Durun, eldiveninizi giymeyin prenses, elinizi öpmeme izin verin. El öpmek gibi eski modaların geri dönmesi kadar hiçbir şeye bu kadar teşekkür etmem. –Betsi'nin elini öptü.– Ne zaman görüşebiliriz?

— Buna değmezsiniz, –diye yanıtladı Betsi gülümseyerek.

— Hayır, hem de nasıl değerim, çünkü ben çok ciddi bir adamım. Sadece kendi aile meselelerimi değil, başkalarının meselelerini de hallediyorum, –dedi ciddi bir yüz ifadesiyle.

Onun Anna'dan söz ettiğini hemen anlayan Betsi:

— Ah, çok sevindim! –diye karşılık verdi. Salona geri dönüp bir köşeye çekildiler.– Bu adam, Anna'yı öldürecek, –dedi Betsi anlamlı bir fısıltıyla.– Bu olmaz, olamaz...

Stepan Arkadyiç yüzünde ciddi ve acı çeken duygulu bir ifadeyle başını sallayarak:

— Böyle düşündüğünüze çok sevindim, –dedi.– Ben de bunun için Petersburg'a geldim.

— Bütün kent bunu konuşuyor, –dedi Betsi.– Korkunç bir durum. Anna eridikçe eriyor. Adam, Anna'nın duygularıyla oynamaya izin veremeyecek kadınlardan biri olduğunu anlamıyor. İkisinden biri: Ya çabuk davranıp onu alıp götürecek ya da boşanacak. Bu durum Anna'yı boğuyor.

— Evet, evet... tam öyle... –diyordu Oblonskiy içini çekerek.– Ben de bunun için geldim. Yani sırf bunun için değil... Beni mabeyinci yaptılar da, teşekkür etmem gerekiyor. Ama asıl bu işi halletmem gerekiyor.

— E, o zaman Tanrı yardımcınız olsun! –dedi Betsi.

Stepan Arkadyiç, Prenses Betsi'yi kapıya kadar geçirip, elini bir kez daha eldiveninin üstünde kalan, nabzının attığı yerden öptükten ve Betsi'nin kızsın mı, gülsün mü bilemediği yakışıksız bir saçmalık daha söyledikten sonra kız kardeşinin yanına gitti. Onu gözyaşları içinde buldu.

Stepan Arkadyiç içinde bulunduğu, etrafa neşe saçan ruh haline rağmen hemen Anna'nın ruh durumuna uygun merhametli, şairane, heyecanlı havaya doğal bir şekilde giriverdi. Kardeşinin sağlığını, sabahı nasıl geçirdiğini sordu.

— Çok, çok kötü. Gündüz de, sabah da, geçen günler de, gelecek günler de, –dedi Anna.

— Bana öyle geliyor ki, karamsarlığa kapılıyorsun. Silkinmek, dosdoğru hayata bakmak gerek. Biliyorum zor ama...

— Kadınların, kusurları yüzünden bile erkekleri sevdiklerini duymuştum, –dedi birden Anna,– ama ben iyiliği yüzünden ondan nefret ediyorum. Onunla birlikte yaşayamam. Anla beni, görünüşü fiziksel olarak etkiliyor beni, çileden çıkıyorum. Yapamam, onunla birlikte yaşayamam. Ne yapmalıyım? Mutsuzdum ve daha mutsuz olunamayacağını düşünürdüm, ama şimdi başıma gelen bu korkunç durumu tasavvur edemezdim. İnanır mısın, onun iyi, mükemmel bir adam olduğunu, onun tırnağı bile olamayacağımı biliyorum, yine de ondan nefret ediyorum. Yüce gönüllülüğü yüzünden ondan nefret ediyorum. Ve bana yapacak bir şey kalmıyor, bir tek...

Anna ölüm demek istiyordu, ama Stepan Arkadyiç sözünü bitirmesine izin vermedi.

— Hasta ve sinirlisin, –dedi Stepan Arkadyiç,– inan ki, meseleyi çok büyütüyorsun. Bunda öyle korkunç bir şey yok ki.

Stepan Arkadyiç gülümsedi. Stepan Arkadyiç'in yerinde kim olursa olsun böyle üzücü bir işle uğraşırken gülümsemezdi (gülümseme kaba kaçardı), ancak onun gülümsemesinde o kadar çok iyilik ve neredeyse bir kadın sevecenliği vardı ki, gülümsemesi incitici gelmiyor, tersine yumuşatıyor, sakinleştiriyordu. Sakin, yatıştırıcı sözleri ve gülümsemesi bademyağı gibi yumuşatıcı, rahatlatıcı bir etki yapıyordu. Anna da bunu kısa sürede hissetmişti.

— Hayır, Stiva, –dedi Anna.– Ben mahvoldum, mahvoldum! Mahvolmaktan da kötü. Henüz mahvolmadım, her şeyin bittiğini söyleyemiyorum, tam tersine bitmediğini hissediyorum. Kopması gereken gergin bir tel gibiyim. Ama henüz bitmedi... ve çok korkunç bitecek.

— Bir şey olmaz, tel yavaş yavaş gevşetilebilir. İçinden çıkılamayacak bir durum yok.

— Ben düşündüm taşındım. Tek çıkar yol...

Stepan Arkadyiç Anna'nın ürkek bakışından bu tek çıkar yolun ona göre ölüm olduğunu anladı ve sözünü bitirmesine fırsat vermedi.

— Hiç değil, –dedi.– İzin ver. Kendi durumunu benim gibi göremezsin. Düşüncemi açıkça söylememe izin ver. –Yine dikkatli bir şekilde bademyağı gülümsemesiyle güldü.– Baştan başlıyorum:

Senden yirmi yaş büyük bir adamla evlendin. Âşık olmadan ya da aşkı tanımadan evlendin. Bu bir hataydı diyelim.

— Korkunç bir hata! –dedi Anna.

— Ama tekrarlıyorum: Bu olmuş bitmiş bir şey. Sonra diyelim ki kocandan başka birini sevme mutsuzluğunu yaşadın. Bu bir mutsuzluktu; ama o da oldu bitti. Kocan bunu kabul etti ve seni affetti. –Her tümceden sonra Anna'nın karşı çıkmasını bekleyerek duruyordu, ama Anna hiçbir şey söylemiyordu.– Bu da böyle. Şimdi mesele şu: Kocanla yaşamaya devam edebilir misin? Bunu istiyor musun? O da bunu istiyor mu?

— Hiçbir şey, hiçbir şey bilmiyorum.

— Ama ona katlanamadığını sen kendin söyledin.

— Hayır, söylemedim. Reddediyorum. Hiçbir şey bilmiyorum ve hiçbir şey anlamıyorum.

— İyi ama, ama izin ver...

— Sen anlayamazsın. Bir uçuruma doğru baş aşağı uçtuğumu hissediyorum, ama kurtulmamalıyım. Kurtulamam da.

— Boş ver, altına bir şey serer, seni tutarız. Seni anlıyorum, isteklerini, duygularını söylemeyi üzerine alamadığını anlıyorum.

— Ben hiçbir şey, hiçbir şey istemiyorum... sadece her şeyin bitmesini istiyorum.

— Ama o bunu görüyor ve biliyor. Hem bu durumdan senden daha az rahatsız olduğunu mu sanıyorsun? Sen acı çekiyorsun, o acı çekiyor, bu durumdan nasıl çıkılabilir? Oysa ki boşanma her şeyi çözebilir. –Stepan Arkadyiç, kendini zorlayarak asıl düşüncesini söyledi ve anlamlı bir şekilde Anna'ya baktı.

Anna hiçbir şey söylemiyor ve kısa saçlı başını olumsuz anlamda sallıyordu. Ancak Stepan Arkadyiç, Anna'nın bir anda eski güzelliğiyle parlayan yüzünün ifadesinden bunu sadece gerçekleşemeyecek bir mutluluk olarak gördüğü için istemediğini anlamıştı.

Stepan Arkadyiç artık daha cesur gülümseyerek:

— Size çok acıyorum! Bu durumu düzeltebilsem ne kadar mutlu olurdum! –dedi.– Söyleme, hiçbir şey söyleme! Keşke Tanrı bana sadece hissettiğim gibi konuşma olanağı verseydi. Onun yanına gidiyorum.

Anna pırıl pırıl parlayan dalgın gözlerle kardeşine baktı ve hiçbir şey söylemedi.

XXII

Stepan Arkadyiç, çalıştığı dairedeki başkanlık koltuğuna oturduğu zamanki biraz resmi bir yüz ifadesiyle Aleksey Aleksandroviç'in çalışma odasına girdi. Aleksey Aleksandroviç ellerini arkasında birleştirmiş odada dolaşıyor ve Stepan Arkadyiç'le karısının neler konuştuklarını düşünüyordu.

Stepan Arkadyiç eniştesini görünce birden alışkın olmadığı bir mahcubiyet hissederek:

— Size engel olmuyorum ya? –dedi. Bu mahcubiyeti gizlemek için yeni aldığı, yeni bir yöntemle açılan sigara kutusunu cebinden çıkardı, derisini koklayıp içinden bir sigara aldı.

— Hayır, bir şey mi istemiştin? –diye isteksizce yanıt verdi Aleksey Aleksandroviç.

Stepan Arkadyiç alışkın olmadığı bir çekingenlik gösterdiğini hayretle hissederek:

— Evet, ben istiyordum ki... benim ko... evet, benim konuşmam gerekiyor, –dedi.

Bu duygu o kadar beklenmedik, o kadar tuhaftı ki, Stepan Arkadyiç bunun, yapmaya niyetlendiği şeyin kötü bir şey olduğunu söyleyen vicdanının sesi olduğuna inanmadı. Kendisini zorladı ve üzerine çöken ürkekliği yendi.

— Umarım, kız kardeşimi sevdiğime, sana olan içten bağlılığıma ve saygıma inanıyorsundur, –dedi.

Aleksey Aleksandroviç durdu, hiçbir şey söylemedi, ama boyun eğmiş bir kurban ifadesi taşıyan yüzü Stepan Arkadyiç'i şaşırtmıştı.

Alışkın olmadığı sıkılganlıkla mücadeleyi hâlâ sürdürmekte olan Stepan Arkadyiç:

— Kardeşimle ve sizin karşılıklı durumunuzla ilgili konuşmak niyet ve isteğindeydim, –dedi.

Aleksey Aleksandroviç kederli bir şekilde gülümsedi, kayınbiraderine baktı ve yanıt vermeden masaya yaklaştı, masadan yazılmaya başlanmış bir mektup alıp kayınbiraderine uzattı.

— Ben de aynı konuyu durmaksızın düşünüyorum. Yazılı olarak daha iyi anlatacağımı ve varlığımın onu öfkelendirdiğini düşünerek işte bunu yazmaya başladım, –dedi mektubu uzatırken.

Stepan Arkadyiç mektubu aldı, üzerine dikilmiş olan donuk gözlere şaşkınlıkla baktı ve okumaya koyuldu.

"Varlığımın sizi rahatsız ettiğini görüyorum. Benim için buna inanmak ne kadar ağır olursa olsun bunun böyle olduğunu ve başka türlü olamayacağını biliyorum. Sizi suçlamıyorum, Tanrı şahidimdir, hastalığınız sırasında sizi görünce aramızdaki her şeyi unutmaya ve yeni bir hayata başlamaya bütün ruhumla karar vermiştim. Yaptığımdan pişmanlık duymuyorum, hiçbir zaman da duymam; ama ben sadece sizin iyiliğinizi, ruhunuzun huzur bulmasını istiyordum ve şimdi görüyorum ki bunu başaramamışım. Size gerçek mutluluğu ve ruhunuza huzuru neyin vereceğini siz söyleyin bana. Sizin iradenize ve adalet duygunuza tamamen boyun eğeceğim."

Stepan Arkadyiç mektubu geri verdi ve ne diyeceğini bilmeksizin aynı şaşkınlıkla eniştesine bakmaya devam etti. Bu suskunluk her ikisini de o kadar zor bir durumda bırakmıştı ki, gözlerini Karenin'in yüzünden ayırmadan sessizce durduğu sırada Stepan Arkadyiç'in dudaklarında hastalıklı bir titreme belirmişti.

Aleksey Aleksandroviç arkasını dönüp:

— İşte ona söylemek istediklerim bunlar, –dedi.

— Evet, evet... –dedi Stepan Arkadyiç. Gözyaşları boğazında düğümlendiği için yanıt verecek güçte değildi. Sonunda,– Evet, evet. Sizi anlıyorum, –diyebildi.

— Onun ne istediğini bilmek arzusundayım, –dedi Aleksey Aleksandroviç.

— Korkarım, içinde bulunduğu durumu kendisi de anlamıyor. Kendisi hakkında hüküm veremez, –dedi Stepan Arkadyiç toparlanarak.– Ezilmiş durumda, özellikle senin iyiliğin altında ezilmiş durumda. Bu mektubu okuyacak olsa hiçbir şey söyleyemeyecek, sadece başını daha aşağı eğecek.

— İyi ama bu durumda ne yapılabilir? Nasıl açıklanır?.. ne istediği nasıl öğrenilebilir?

— Eğer kendi düşüncemi söylememe izin verirsen, ben bu duruma son vermek için gerekli gördüğün kesin önlemleri göstermenin sana bağlı olduğunu düşünüyorum.

— Yani bu duruma son vermek gerektiğini mi düşünüyorsun? –diye onun sözünü kesti Aleksey Aleksandroviç.– Ama nasıl? –diye ekledi gözlerinin önünde alışkın olmadığı bir hareket yaparak.– Hiçbir çıkış yolu görmüyorum.

Ayağa kalkan ve canlanan Stepan Arkadyiç:

— Her durumun bir çıkış yolu vardır, –dedi.– Bu işi bitirmek istediğin zamanlar oldu... Eğer şimdi karşılıklı mutlu olamayacağınızdan eminsen...

— Mutluluk farklı farklı anlaşılabilir. Ama diyelim ki, ben her şeye razıyım, hiçbir şey istemiyorum. Bizim durumumuzun nasıl bir çıkış yolu olabilir?

— Benim düşüncemi öğrenmek istersen, –dedi Stepan Arkadyiç. Yüzünde Anna'yla konuşurkenki yumuşatıcı, tatlı, bademyağı gülümsemesi vardı. İyilik dolu bu gülümseme o kadar inandırıcıydı ki, zayıflığını hisseden ve bu gülümsemeye elinde olmadan kendini kaptıran Aleksey Aleksandroviç, Stepan Arkadyiç'in söyleyeceği şeye inanmaya hazırdı.– Anna bunu hiçbir zaman söylemeyecektir. Ama bir tek şey olabilir, bir tek şey isteyebilir, –diye devam etti Stepan Arkadyiç,– ilişkileri ve bu ilişkilerle ilgili bütün anıları sona erdirmek. Bence sizin durumunuzda yeni ilişkilerin açıklığa kavuşturulması gerekiyor. Ve bu ilişkiler ancak her iki tarafın da özgür olmasıyla kurulabilir.

— Boşanma, –dedi Aleksey Aleksanrdoviç tiksinir gibi.

— Evet, sanırım boşanma. Evet, boşanma, –diye yineledi Stepan Arkadyiç kızararak.– Sizinki gibi ilişkiler içinde bulunan karıkocalar için en akıllıca çözüm yolu budur. Karıkoca birlikte yaşamayı olanaksız görüyorlarsa başka ne yapılabilir ki? Bu her zaman olabilir. –Aleksey Aleksandroviç ağır ağır iç çekti ve gözlerini kapattı. Stepan Arkadyiç ise gitgide sıkılganlığından daha çok kurtularak,– Burada sadece bir tek düşünce, karıkocadan birinin başka bir evlilik yapma isteği olup olmaması önemlidir. Eğer yoksa, o zaman iş çok kolaylaşır, –dedi.

Heyecandan yüzünü buruşturan Aleksey Aleksandroviç, kendi kendine bir şeyler mırıldanıyor, hiçbir yanıt vermiyordu. Stepan Arkadyiç için çok basit görünen şeyleri Aleksey Aleksandroviç binlerce ve binlerce kez etraflıca düşünmüştü. Bunların hepsi ona bırakın çok basit şeyler olmayı, tümüyle olanaksız görünüyordu. Ayrıntılarını artık bildiği boşanma şimdi ona olanaksız görünüyordu, çünkü izzetinefsi ve dine olan saygısı karısını düzmece bir zinayla suçlamayı üstlenmesine, hele affettiği ve sevdiği karısının suçlu duruma düşmesine, lekelenmesine hiç izin vermiyordu. Boşanma daha da önemli başka nedenler yüzünden de olanaksız görünüyordu.

Boşanma durumunda oğlu ne olacaktı? Onu annesine bırakmak mümkün değildi. Boşanan annenin ailesi yasadışı olacak, bu aile içindeki üvey evlat konumu ve çocuğun eğitimi büyük olasılıkla kötü olacaktı. Oğlunu kendisi alsa? Bunun kendi adına öç almak olduğunu biliyordu ve bunu istemiyordu. Fakat bundan başka Aleksey Aleksandroviç için boşanma her şeyden daha olanaksız görünüyordu, çünkü boşanmayı kabul edince Anna'yı mahvetmiş olacaktı. Moskova'da Darya Aleksandrovna'nın boşanmaya karar verirken sadece kendisini düşündüğüne, bu şekilde Anna'nın geri dönülemeyecek bir şekilde mahvolmasına yol açacağını aklına hiç getirmediğine ilişkin sözleri yüreğine işlemişti. Ve bu sözleri Anna'yı affetmesiyle, çocuklara olan düşkünlüğüyle birleştirip şimdi kendine göre bir anlam veriyordu. Boşanmaya razı olmak, Anna'ya özgürlüğünü vermek, onun anladığına göre sevgi duyduğu çocukların hayatıyla kendisinin son bağını koparıp atmak, Anna'nın elinden ise iyilik yolundaki son dayanağını almak ve mahvolmasına neden olmak demekti. Anna'nın boşanmış bir kadın olarak Vronskiy'le birleşeceğini ve kilise yasasına göre kocası hayatta olduğu sürece evlenemeyeceği için bu ilişkinin yasadışı bir ilişki ve bir suç olacağını biliyordu. "Vronskiy'le birleşir ve bir-iki yıl sonra ya adam onu terk eder, ya da Anna yeni bir ilişkiye girer, –diye düşünüyordu Aleksey Aleksandroviç.– Ben de yasal olmayan bir boşanmaya razı olduğum için onun mahvolmasının suçlusu olacağım." Bunların hepsini yüzlerce kez enine boyuna düşünmüştü ve boşanma işinin kayınbiraderinin söylediği gibi çok basit bir iş olmamanın ötesinde tümüyle olanaksız olduğundan emindi. Stepan Arkadyiç'in söylediği tek bir sözcüğe bile inanmamıştı, her sözcüğü çürütülebilirdi, ama söylediği sözlerin hayatını yönlendiren ve boyun eğmek zorunda olduğu o çok büyük kaba gücü ifade ettiğini hissederek Stepan Arkadyiç'i dinlemişti.

— Sorun yalnızca senin boşanmayı nasıl, hangi koşullarda kabul edeceğinle ilgili. Anna hiçbir şey istemiyor, senden bir şey istemeye cesaret edemiyor, her şeyi senin yüce gönüllülüğüne bırakıyor.

Aleksey Aleksandroviç kocanın suçu üstlendiği boşanma tipinin ayrıntılarını anımsayınca "Aman Tanrım! Aman Tanrım! Neden?" –diye düşündü ve Vronskiy'in elleriyle yüzünü örttüğü gibi bir hareketle utancından yüzünü kapattı.

— Heyecanlısın, bunu anlıyorum. Ama eğer iyice düşünürsen...

"Sağ yanağına vurana sol yanağını uzat ve kaftanını alana gömleğini ver," –diye düşündü Aleksey Aleksandroviç.

— Evet, evet! –diye bağırdı ciyak ciyak sesiyle,– ben rezaleti üstüme alacağım, hatta oğlumu vereceğim, ama... ama bu konuyu bıraksak daha iyi değil mi? Yine de ne istiyorsan yap...

Kayınbiraderinin kendisini göremeyeceği bir şekilde arkasını dönüp, pencerenin yanındaki sandalyeye oturdu. Acı ve utanç içindeydi; ancak bu acı ve utançla birlikte gösterdiği tevekkülün yüksekliği karşısında sevinmiş ve duygulanmıştı.

Stepan Arkadyiç de duygulanmıştı. Bir süre konuşmadı. Sonra:

— Aleksey Aleksandroviç, inan bana, Anna senin yüce gönüllülüğünü takdir edecektir, –dedi.– Ama Tanrı'nın iradesi bu anlaşılan, –diye ekledi ve söyledikten sonra bunun aptalca olduğunu hissetti, kendi aptallığı karşısında gülümsemesini zor tuttu.

Aleksey Aleksandroviç bir yanıt vermek istedi, ama gözyaşları ona engel oldu.

— Bu korkunç bir mutsuzluk, ama kabul etmek gerekiyor. Ben bu mutsuzluğu olmuş bitmiş bir şey olarak kabul ediyorum ve hem ona, hem de sana yardım etmeye çalışıyorum, –dedi Stepan Arkadyiç.

Stepan Arkadyiç eniştesinin odasından çıktığında duygulanmıştı, ama bu durum, onun başarılı bir şekilde işi hallettiği için sevinmesine engel olmamıştı. Seviniyordu, çünkü Aleksey Aleksandroviç'in sözünden dönmeyeceğinden emindi. Bu memnuniyetine başka bir şey daha ekleniyordu. Bu iş hallolduğunda karısına ve yakın dostlarına şu soruyu sormayı düşünüyordu: "Benimle hükümdar arasında nasıl bir fark var? Hükümdar teftiş yapıyor ve bunun hiç kimseye yararı olmuyor, oysa ben bir boşanma* gerçekleştirdim, üç kişiye faydası dokundu... Ya da: Benimle hükümdar arasında ne benzerlik var? Neyse daha iyi bir şey düşüneyim," –dedi kendi kendine gülümseyerek.

---

* Tolstoy burada hem teftiş, hem de boşanma anlamlarına gelen "razvod" sözcüğünü kullanarak sözcük oyunu yapıyor. (ç.n.)

XXIII

Kurşun kalbinin yanından geçmiş olsa da Vronskiy'in yarası tehlikeliydi. Ve birkaç gün yaşamla ölüm arasında kaldı. İlk kez konuşacak duruma geldiğinde odasında bir tek kardeşinin karısı Varya vardı.

— Varya! –dedi Vronskiy sert sert ona bakarak.– Kazayla kendimi vurdum. Lütfen bundan kimseye söz etme ve herkese böyle söyle. Yoksa son derece aptalca bir duruma düşerim!

Varya onun bu sözlerine karşılık vermeksizin üzerine eğilerek Vronskiy'in yüzüne sevinçli bir gülümsemeyle baktı. Gözleri ateşli değil, parlaktı, ama ifadesi sertti.

— Tanrı'ya şükür! –dedi Varya.– Ağrın var mı?

— Şurada biraz var. –Göğsünü gösterdi Vronskiy.

— İzin ver de sargını değiştireyim.

Varya sargısını değiştirirken Vronskiy geniş elmacık kemiklerini sıkmış, hiçbir şey söylemeden ona bakıyordu. Varya işini bitirdiğinde Vronskiy şöyle dedi:

— Sayıklamıyorum; kendimi bilerek vurduğuma ilişkin birtakım konuşmalar olmaması için elinden geleni yap lütfen.

— Kimse konuşmuyor. Yalnız umarım bir daha kazara kendini vurmazsın, –dedi Varya soru sorar gibi bir gülümsemeyle.

— Herhalde vurmam, ama iyi olurdu...

Sonra karamsar bir şekilde gülümsedi.

Varya'yı çok korkutan bu sözlere ve gülümsemeye karşın, Vronskiy, iltihap geçtiğinde ve iyileşmeye başladığında, acısının bir kısmından tamamen kurtulduğunu hissetti. Bu davranışıyla sanki daha önce hissettiği utancı ve aşağılanma duygusunu üzerinden silip atmıştı. Artık Aleksey Aleksandroviç'i rahatça düşünebilirdi. Onun iyi yürekliliğini kabul ediyordu ve artık kendini aşağılanmış hissetmiyordu. Ayrıca hayatı tekrar önceki yoluna girmişti. İnsanların gözlerinin içine utanmadan bakma olanağını görmüştü ve alışkanlıklarına uygun yaşayabiliyordu. Aralıksız mücadele ettiği halde yüreğinden koparıp atamadığı tek şey, umutsuzluk derecesine varmış olan Anna'yı sonsuza dek yitirmiş olma üzüntüsüydü. Şimdi kocasına karşı kefaretini ödeyip, Anna'dan vazgeçmek ve bir daha hiçbir zaman pişmanlık içindeki Anna'yla kocası arasına girmemek zorunda olması yüreğinde kesin bir karara bağlanmıştı; ama Anna'nın aşkını yitirme üzüntüsünü yüreğinden söküp atamıyor, Anna'yla tanıdığı, o zamanlar pek az değer verdiği, şimdi bütün güzelliğiyle kendisini izleyen mutluluk dakikalarını belleğinden silemiyordu.

Serpuhovskoy, ona Taşkent'te bir görev uydurmuş, Vronskiy de en küçük bir kararsızlık göstermeden bu öneriyi kabul etmişti. Ancak gitme zamanı yaklaştıkça yapmak zorunda olduğunu hissettiği bu fedakârlık ona daha ağır gelmeye başlıyordu.

Yarası iyileşmişti ve Taşkent'e gitmek üzere gerekli hazırlıkları yapmak için dışarı çıkıyordu.

"Onu bir kere görsem ve sonra ortadan kaybolsam, ölsem," –diye düşünüyordu ve veda ziyaretleri yaparken bu düşüncesini Betsi'ye söylemişti. Betsi bu elçilik göreviyle Anna'ya gitmiş ve Vronskiy'e olumsuz yanıt getirmişti.

Vronskiy bu haberi alınca "Daha iyi oldu, –diye düşündü.– Bu, benim son gücümü de yok edebilecek bir zayıflıktı."

Ertesi sabah Betsi ona geldi ve Oblonskiy aracılığıyla olumlu bir haber aldığını, Aleksey Aleksandroviç'in boşanma davası açtığını, dolayısıyla Anna'yı görebileceğini söyledi.

Vronskiy bütün kararlarını unutup, ne zaman gidebileceğini, Anna'nın kocasının nerede olduğunu sormadan, hatta Betsi'yi uğurlamayı bile düşünmeksizin hemen Kareninlere gitti. Hiç kimseyi ve hiçbir şeyi görmeden merdivenleri koşarak çıktı, koşmaktan kendini zor alıkoyarak hızlı adımlarla Anna'nın odasına girdi. Odada birinin olup olmadığını düşünmeden ve fark etmeden Anna'ya sarıldı, yüzünü, ellerini, boynunu öpücüklere boğdu.

Anna bu buluşmaya hazırlanıyor, ona ne söyleyeceğini düşünüyordu, ama hiçbirini söyleyecek zaman bulamadı: Vronskiy'in tutkusu onu da sarmıştı. Onu da, kendisini de sakinleştirmek istiyordu, ama artık çok geçti. Vronskiy'in duyguları ona da bulaşmıştı. Anna'nın dudakları öyle titriyordu ki, uzun bir süre hiçbir şey söyleyemedi.

Sonunda Vronskiy'in elini göğsüne bastırarak:

— Evet, beni elde ettin, ben seninim, –dedi.

— Öyle olması gerekiyordu! –dedi Vronskiy.– Biz yaşadıkça öyle olması gerekiyor. Artık bunu biliyorum.

Anna gitgide daha çok sararararak ve Vronskiy'in başına sarılarak:

— Doğru, –dedi.– Bütün bu olanlardan sonra yine de korkunç bir şey var bunda.

Vronskiy başını kaldırıp bir gülümsemeyle pırıl pırıl dişlerini göstererek:

— Hepsi geçecek, hepsi geçecek, öyle mutlu olacağız ki! Aşkımız güçlenebildiyse bu aşkta korkunç bir şeyin olması sayesinde güçlendi, –dedi.

Anna'nın ona bir gülümsemeyle karşılık vermemesi mümkün değildi. Bu gülümseme Vronskiy'in sözlerine değil, sevgi dolu gözlerineydi. Vronskiy'in elini tuttu, soğuk yanaklarında, kesik saçlarında gezdirdi.

— Bu kısa saçlarla seni tanıyamıyorum. Ne kadar güzelleşmişsin. Oğlan çocuğu gibi. Yalnız çok solgunsun!

— Evet, çok zayıfım, –dedi Anna gülümseyerek. Ve dudakları tekrar titremeye başladı.

— İtalya'ya gideriz, toparlanırsın, –dedi Vronskiy.

Anna onun gözlerine yakından bakarak:

— Karıkoca gibi, tek başımıza, seninle bir aile olarak gidebilir miyiz sahiden? –dedi.

— Beni şaşırtan tek şey, bunun bir zamanlar nasıl başka türlü olabildiği.

Anna düşünceli bir şekilde Vronskiy'in yüzünün yanından ileri bakarak:

— Stiva, *onun* her şeye razı olduğunu söylüyor, ama ben *onun* gösterdiği yüce gönüllülüğü kabul edemiyorum, –dedi.– Boşanmak istemiyorum, artık benim için hepsi bir. Yalnız onun Seryoja hakkında ne karar verdiğini bilmiyorum.

Vronskiy, Anna'nın bu buluşma anında oğlunu ve boşanma konusunu nasıl düşünebildiğini ve aklına getirebildiğini hiçbir şekilde anlayamadı. Artık bir şey fark eder miydi?

Anna'nın elini kendi elinin içine alıp çevirerek ve onun dikkatini kendine çekmeye çalışarak:

— Bundan söz etme, düşünme, –dedi Vronskiy; ama Anna hâlâ ona bakmıyordu.

— Ah, neden ölmedim, ölseydim daha iyiydi! –dedi ve yanaklarından usulca yaşlar aktı; ancak Vronskiy'i üzmemek için gülümsemeye çalışıyordu.

Gurur verici ve tehlikeli Taşkent görevinden vazgeçmek, Vronskiy'in eski anlayışına göre ayıp ve olmayacak bir şeydi. Ama şimdi bir an bile düşünmeden bu görevden vazgeçmişti ve yüksek makamların bu davranışı onaylamadığını fark edince hemen istifa etti.

Bir ay sonra Aleksey Aleksandroviç evinde oğluyla yalnız kalmış, Anna ise boşanmadan ve kesinlikle boşanmayı reddederek Vronskiy'le birlikte yurtdışına gitmişti.

Beşinci Bölüm

I

Prenses Şçerbatskaya, topu topu beş hafta kalmış olan perhizden önce düğün yapmayı olanaksız görüyordu, çünkü o zamana kadar çeyizin yarısı bile yetişmezdi; ama Prens Şçerbatskiy'in yaşlı teyzesi çok hasta olduğu, yakın bir zamanda ölebileceği ve bu defa da yas dönemi düğünü geciktirebileceği için perhizden sonra da artık çok geç olacağı konusunda Levin'e hak vermeden edemiyordu. Prenses bu yüzden çeyizi büyük çeyiz ve küçük çeyiz olmak üzere ikiye ayırmaya karar verip, düğünün perhizden önce yapılmasını kabul etti. Çeyizin küçük kısmını şimdi hazırlamaya, büyük kısmını ise sonra göndermeye karar verdi ve bunu kabul edip etmediğine ilişkin soruya hiçbir ciddi yanıt veremeyen Levin'e çok sinirlendi. Bu düşünce çok daha uygundu, çünkü gençler düğünden hemen sonra büyük çeyizdeki eşyalara gerek duymayacakları köye gideceklerdi.

Levin, kendisinin ve mutluluğunun dünyadaki tüm varoluşun en önemli ve biricik amacı olduğunu, artık hiçbir şey düşünmesine, hiçbir şey için uğraşmasına gerek bulunmadığını, her şeyin başkaları tarafından onun için yapıldığını varsaydığı o çılgın ruh hali içindeydi hâlâ. Hatta gelecekteki yaşantısı için hiçbir planı, hiçbir amacı yoktu; her şeyin kusursuz olacağını bildiği için bu kararı da başkalarına bırakmıştı. Ağabeyi Sergey

İvanoviç, Stepan Arkadyiç ve prenses ne yapması gerektiği konusunda onu yönlendiriyorlardı. Önerilen her şeyi olduğu gibi kabul etmek kalıyordu kendisine yalnızca. Ağabeyi onun için borç para bulmuştu, prenses düğünden sonra Moskova'dan gitmelerini öğütlüyordu. Stepan Arkadyiç ise yurtdışına gitmelerini tavsiye ediyordu. Hepsini kabul ediyordu. "Sizi eğlendiriyorsa, istediğinizi yapın. Ben mutluyum ve siz ne yaparsanız yapın mutluluğum ne çoğalır, ne de azalır," –diye düşünüyordu. Stepan Arkadyiç'in yurtdışına gitme tavsiyesini Kiti'ye anlattığında Kiti'nin bunu kabul etmemesine, gelecekteki hayatları için belli beklentileri olmasına çok şaşırmıştı. Kiti, Levin'in köyde yapmaktan hoşlandığı bir işi olduğunu biliyordu. Levin'in de gördüğü gibi, Kiti bu işi anlamamakla kalmıyor anlamak da istemiyordu. Ancak bu durum, onun bu işi çok önemli saymasına engel olmuyordu. Bu yüzden de evlerinin köyde olacağını biliyordu ve yaşamaktan hoşlanmayacağı yabancı memleketlere değil, evlerinin olduğu yere gitmek istiyordu. Açıkça belirtilmiş olan bu niyet Levin'i şaşırtmıştı. Fakat Levin için hiç fark etmediğinden hemen Stepan Arkadyiç'ten, sanki bu onun göreviymiş gibi, köye gitmesini ve köydeki her şeyi ince zevkiyle bildiği gibi düzenlemesini rica etmişti.

Stepan Arkadyiç, gençler gelmeden önce bütün işleri yoluna koyarak köyden dönünce:

— Yalnız bana bak, –dedi,– günah çıkarttığını gösteren bir belgen var mı senin?

— Hayır. Niye?

— O olmadan evlenemezsin.

— Ay, ay, ay! –diye bağırdı Levin.– Galiba dokuz yıl kadar oldu ben perhiz yapıp, kiliseye gitmeyeli. Bu hiç aklıma gelmemişti.

— Güzel! –dedi Stepan Arkadyiç gülerek.– Bir de bana nihilist dersin! Yalnız bu olmadan olmaz. Perhiz yapıp, kiliseye gitmen gerek.

— Ne zaman? Dört gün kaldı.

Stepan Arkadyiç bunu da halletti. Ve Levin perhiz yapıp, kiliseye gitmeye başladı. İnancı olmayan, bununla birlikte başkalarının inancına saygı gösteren her insan gibi Levin için de her türlü kilise ayininde bulunmak ve bunlara katılmak çok zor bir şeydi. Şimdi, her şeye duyarlı, yumuşak bir ruh hali içinde bulunduğu bir sırada bu rol yapma gerekliliği Levin'e zor gelmenin ötesinde tamamen olanaksız bir şey olarak göründü. Şimdi tam da keyfinin yerinde olduğu, yüzünde güllerin açtığı bir sırada ya yalan söylemek ya da dini küçümsemek zorunda kalacaktı. Ne onu, ne de öbürünü yapamayacak durumda hissediyordu kendini. Ancak Stepan Arkadyiç'e perhiz yapıp, kiliseye gitmeden belge alınıp alınamayacağını kaç kez sorduysa da, Stepan Arkadyiç bunun olanaksız olduğunu söylemişti.

— Ne olur yani iki gününe mal olsa? Hem papaz da çok sevimli, akıllı bir ihtiyarcık. Dişini öyle bir çeker ki, ruhun bile duymaz.

Levin, katıldığı ilk ayinde ayakta dururken on altı-on yedi yaşlarında yaşadığı güçlü din duygusuyla ilgili gençlik anılarını belleğinde canlandırmaya çalıştı. Ama bunun kendisi için tamamen olanaksız bir şey olduğuna hemen inandı. Bütün bunlara, ziyarete gitme göreneğine benzeyen anlamsız bir görenek olarak bakmaya çalıştı; ancak bunu da hiçbir şekilde yapamadığını hissetti. Levin din konusunda çağdaşlarının çoğu gibi çok belirsiz bir konumda bulunuyordu. Dine inanmıyordu, bununla birlikte bütün bunların yanlış olduğundan da kesin olarak emin değildi. İşte bu nedenle yaptığı şeyin önemine inanacak durumda olmadığı ve bu olaya boş bir formalite olarak kayıtsızca bakmadığı için bütün ayin boyunca anlamadığı, bu yüzden de iç sesinin sahte ve kötü dediği bir şeyi yaparken kendini rahatsız ve utanç içinde hissediyordu.

Ayin sırasında kâh kendi görüşleriyle çelişmeyecek bir anlam vermeye çalışarak duaları dinliyor, kâh bu duaları anlayamadığını ve onları yargılamak zorunda kaldığını hissederek dinlememeye çalışıyor, kilisedeki bu boş boş dikilişi sırasında aşırı bir canlılıkla kafasında dolaşan düşünceleriyle, gözlemleriyle ve anılarıyla ilgileniyordu.

Gündüz ve akşam ayinlerini, akşam dualarını ayakta dinledi ve ertesi gün her zamankinden erken kalkıp çay falan içmeden, sabahın sekizinde sabah dualarını dinlemek ve günah çıkartmak için kiliseye gitti.

Kilisede yoksul bir askerden, iki yaşlı kadından ve kilise görevlilerinden başka kimse yoktu.

Onu ince cübbesinin altından uzun sırtının iki yanı keskin çizgilerle ortaya çıkan genç bir papaz çömezi karşıladı ve hemen duvarın önündeki küçük masaya doğru giderek duaları okumaya başladı. Okuma devam ettiği sürece, özellikle "Tanrım bağışla" sözcükleri sık sık ve hızlı hızlı yinelendikçe Levin zihninin kapatıldığını ve mühürlendiğini, artık ona dokunmamak ve yerinden oynatmamak gerektiğini, aksi takdirde bir karışıklık çıkacağını hissediyordu, bu yüzden de okuduklarını dinlemeden ve anlamaya çalışmadan papaz çömezinin arkasında dururken kendi düşüncelerine dalmıştı. Dün Kiti'yle köşedeki masanın yanına oturduklarını anımsayarak "Şaşırtıcı derecede anlamlı elleri var," –diye düşündü. Son zamanlarda hep olduğu gibi konuşacak bir şey bulamamışlardı. Kiti, elini masaya koymuş, açıp kapatıyordu ve elinin hareketine bakıp gülüyordu. Bu eli öptüğünü ve sonra pembe avucunun içinde birbiriyle kesişen çizgileri incelediğini anımsadı. Levin, haç çıkararak, eğilerek ve eğilen papaz çömezinin sırtının esnek hareketine bakarak "Yine Tanrım bağışla" –diye geçirdi içinden. "Sonra o benim elimi tuttu ve çizgileri inceledi.– Çok güzel bir elin var, –dedi." Levin, kendi eline ve çömezin küt eline baktı. "Evet, birazdan biter artık. Yo, galiba tekrar başladı, –diye düşündü dualara kulak vererek.– Hayır, bitiyor; işte artık yerlere kadar eğiliyor. Her zaman sonunda bunu yaparlar."

Papaz çömezi, pliseli kol kapağının örttüğü eliyle kâğıt üç rubleliği fark ettirmeden alıp, not edeceğini söyledi ve boş kilisenin döşeme taşları üzerinde yeni çizmelerini gıcırdatarak mihrap kısmına geçti. Bir dakika sonra oradan başını uzattı ve işaret ederek Levin'i çağırdı. Levin'in hâlâ kapalı olan düşünceleri kafasının içinde kımıldamaya başlamıştı, ama hemen düşüncelerini uzaklaştırdı. "Bir şekilde yoluna girecek bu iş," diye düşündü ve vaiz kürsüsüne doğru yürüdü. Basamakları çıktı ve sağa dönünce papazı gördü. İhtiyar papaz, yarı ağarmış seyrek sakalı, iyilik dolu yorgun gözleriyle rahlenin yanında duruyor ve dua kitabının sayfalarını çeviriyordu. Hafifçe eğilerek Levin'i selamladıktan sonra hemen alışkın bir sesle duaları okumaya başladı. Okumayı bitirince yere kadar eğildi ve yüzünü Levin'e çevirdi.

Haçı göstererek:

— İsa burada kendini göstermeden itiraflarınızı kabul edecektir, –dedi.– Kutsal havari kilisemizin tüm öğretilerine inanıyor musunuz? –diye gözlerini Levin'den başka tarafa çevirerek ve ellerini ayinde taktığı boyun atkısının altına sokarak devam etti.

Levin, kendisinin de hoşuna gitmeyen bir sesle:

— Kuşku duyardım, şimdi de her şeyden kuşkuluyum, –diye mırıldandı ve sustu.

Papaz, onun bir şey daha söyleyip söylemeyeceğini birkaç saniye bekledi ve gözlerini kapatıp Vladimir ilinin hızlı şivesiyle "o"ları bastıra bastıra şöyle dedi:

— Kuşkular insanoğlunun zayıflığına özgüdür, ama bizler merhametli rabbimizin bize güç vermesi için dua etmeliyiz. –Zaman yitirmekten korkuyormuş gibi en küçük bir ara vermeksizin,– En büyük günahlarınız nedir? –diye ekledi.

— Benim en büyük günahım kuşku duymaktır. Her şeyden kuşku duyuyorum ve çoğunlukla kuşku içinde bulunuyorum.

— Kuşku, insanoğlunun zayıflığına özgüdür, –diye aynı sözleri yineledi papaz.– En çok neden kuşku duyuyorsunuz?

Levin elinde olmadan:

— Her şeyden kuşku duyuyorum. Hatta bazen Tanrı'nın varlığından bile kuşkulanıyorum, –dedi ve söylediği şeyin münasebetsizliğinden dehşete kapıldı. Ancak Levin'in sözleri papazı etkilememiş gibiydi.

Papaz, zor fark edilen bir gülümsemeyle çabuk çabuk:

— Tanrı'nın varlığı konusunda ne gibi kuşkular olabilir ki? –dedi.

Levin bir şey söylemedi.

— Tanrı'nın yarattıklarını gözünüzle görürken ondan nasıl kuşkulanabilirsiniz? –diye devam etti papaz hızlı ve alışılmış konuşmasıyla.– Gökkubbeyi yıldızlarla kim donattı? Yeryüzünü kim güzelliğe boğdu? Bir yaratan olmadan bunlar nasıl olabilir? –dedi Levin'e soru sorar gibi baktıktan sonra.

Levin, bir papazla felsefi tartışmaya girmenin hoş kaçmayabileceğini hissediyordu, bu yüzden sadece kendisine sorulmuş olan soruya yanıt verdi.

— Bilmiyorum, –dedi.

— Bilmiyor musunuz? O zaman her şeyi Tanrı'nın yarattığından nasıl kuşkulanıyorsunuz? –dedi papaz neşeli bir şaşkınlıkla.

Levin kıpkırmızı kesilip, sözlerinin ahmakça olduğunu ve böyle bir durumda aksinin de olanaksızlığını hissederek:

— Hiçbir şey anlamıyorum, –dedi.

— Tanrı'ya dua ediniz ve ona yalvarınız. Papalar bile kuşkuya düşmüş ve inançlarını güçlendirmesi için Tanrı'ya yalvarmışlardır. Şeytanın gücü çok büyüktür ve bizler ona kanmamalıyız. Tanrı'ya dua ediniz, ona yalvarınız. Tanrı'ya dua ediniz, –diye acele acele tekrarladı.

Papaz bir şey düşünüyormuş gibi biraz durdu.

— Duyduğuma göre cemaatimden, manevi oğlum Prens Şçerbatskiy'in kızıyla evlenmeye hazırlanıyormuşsunuz, öyle mi? –diye gülümseyerek ekledi.– Çok güzel bir kız!

Levin, papazın yerine kızararak:

— Evet, dedi. "Günah çıkartırken bunu sormasına ne gerek var?" –diye geçirdi aklından.

Papaz, sanki onun bu düşüncesine yanıt verir gibi:

— Evlenmeye hazırlanıyorsunuz ve Tanrı belki de sizi evlatlar vererek ödüllendirecek, değil mi? Sizi inançsızlığa sürükleyen şeytanın isteğini içinizde yenemezseniz, çocuklarınızı nasıl eğitebilirsiniz? –dedi hafif bir sitemle.– Yavrunuzu seviyorsanız, iyi bir baba olarak ona sadece mal mülk, bolluk, şan şeref dilemeyeceksiniz; onun günahlarından kurtulmasını, gerçeğin ışığıyla ruhunun aydınlanmasını da isteyeceksiniz. Öyle değil mi? Yavrunuz size "Babacığım! Beni bu dünyada hayran bırakan bütün bu toprağı, suyu, güneşi, çiçekleri, otları kim yaratmış?" diye sorduğunda ona ne yanıt vereceksiniz? "Bilmiyorum," mu diyeceksiniz ona? Yüce Tanrımız o çok büyük merhametiyle bunu sizin önünüze açtığına göre bilmemeniz mümkün değildir. Ya da evladınız "Ahrette beni neler bekliyor?" diye soracaktır. Siz hiçbir şey bilmezken ona ne diyeceksiniz? Ona ne yanıt vereceksiniz? Onu dünyanın ve şeytanın cazibesine teslim mi edeceksiniz? İyi bir şey olmaz! –dedi ve başını yana eğip, iyilik dolu, uysal bakışlarını Levin'e dikerek durdu.

Levin artık hiçbir şey söylemiyordu. Bunun nedeni papazla tartışmaya girmek istememesi değil, hiç kimsenin ona böyle sorular sormamasıydı; çocukları bu soruları sorana kadar ne yanıt vereceğini düşünebilecek zamanı vardı daha.

— Yaşantınızda bir yol seçmeniz ve o yolu izlemeniz gereken yeni bir döneme giriyorsunuz, –diye devam etti papaz.– İyiliğiyle size yardım etmesi için Tanrı'ya dua ediniz ve ondan af dileyiniz, –dedi.– "Yüce rabbimiz İsa Mesih insanlara olan sevgisinin bolluğu ve cömertliğiyle seni de, yavrunu da bağışlayacaktır..." Ve günah çıkartma duasını bitiren papaz Levin'i takdis edip gönderdi.

Levin o gün eve döndükten sonra bu rahatsız edici durumun bitmesine, hem de yalan söylemek zorunda kalmadan bitmesine seviniyordu. Ayrıca bu iyi yürekli ve sevimli ihtiyarcığın söylediklerinin ilk başta göründüğü kadar budalaca olmadığına ve burada açıklanması gereken bir şey bulunduğuna ilişkin belli belirsiz bir anı kalmıştı geriye.

"Tabii, şimdi değil, –diye düşündü Levin, ama daha sonra bir gün." Levin, ruhunda açık ve saf olmayan bir şey olduğunu ve dine karşı başkalarında açıkça gördüğü ve sevmediği, arkadaşı Sviyajskiy'i ayıplamasına neden olan bir konumda bulunduğunu şimdi eskisinden çok daha fazla hissediyordu.

O akşamı sözlüsüyle birlikte Dolli'nin evinde geçiren Levin çok neşeliydi ve Stepan Arkadyiç'e içinde bulunduğu heyecanlı durumu anlatırken, çemberden atlamayı öğrenen ve sonunda kendisinden bekleneni anlayıp bunu yerine getirdikten sonra keskin çığlıklar atan ve heyecandan kuyruk sallayarak masalara, pencerelere zıplayan bir köpek kadar neşeli olduğunu söyledi.

II

Geleneğe göre (prenses ve Darya Aleksandrovna bütün geleneklerin yerine getirilmesinde ısrar etmişlerdi) düğün günü Levin sözlüsünü görmedi ve oteldeki odasında, rastlantıyla bir araya gelmiş olan üç bekâr adamla öğle yemeği yedi. Bu üç adam Sergey İvanoviç, Levin'in sokakta karşılaşıp otel odasına sürüklediği üniversiteden arkadaşı, şimdi doğa bilimleri profesörü Katavasov ve Levin'in ayı avından arkadaşı ve sağdıcı, Moskova sulh yargıcı Çirikov'du. Yemek çok neşeli geçiyordu. Sergey İvanoviç'in keyfi yerindeydi ve Katavasov'un tuhaflıklarıyla eğleniyordu. Katavasov tuhaflıklarının takdir gördüğünü ve anlaşıldığını hissederek, bunlarla böbürleniyordu. Çirikov her konuşmayı neşeyle ve sakin sakin destekliyordu.

Katavasov ders verirken edindiği alışkanlıkla sözcükleri uzata uzata:

— Dostumuz Konstantin Dmitriç ne yetenekli delikanlıydı bir zamanlar, –dedi.– Sözünü ettiğim, şu anda burada bulunan Konstantin Dmitriç değil, çünkü artık o eski Konstantin Dmitriç yok. O zamanlar, üniversiteden çıktığında bilimi seviyordu ve insanca ilgi konuları vardı; şimdi ise yeteneklerinin bir yarısını kendini kandırmaya, diğer yarısını da bu kandırmacayı haklı göstermeye adamış.

— Sizin kadar kararlı bir evlilik düşmanı görmedim, – dedi Sergey İvanoviç.

— Yo, ben düşman değilim. Ben iş bölümünün dostuyum. Ellerinden hiçbir şey gelmeyen insanlar, yeni insanlar yapmalı, geri kalanlar ise bu yeni insanların eğitimine ve mutluluğuna yardım etmelidir. İşte benim anlayışım bu şekilde. Bu iki zanaatı karıştırmak heveslilerin yapacağı hatadır, ama ben onlardan değilim.

— Sizin âşık olduğunuzu gördüğüm zaman ne kadar mutlu olacağım! –dedi Levin.– Beni düğününüze çağırın lütfen.

— Âşık oldum bile.

— Evet, mürekkepbalığına. Biliyor musun, –dedi Levin ağabeyine,– Mihail Semyonıç kitap yazıyor, beslenmeyle ilgili ve...

— Hadi hadi, lafı değiştirmeyin! Ne konuda olduğunun ne önemi var? Mesele, benim mürekkepbalığını gerçekten sevmemde.

— Ama mürekkepbalığı karınızı sevmenizi engellemez ki.

— O engellemez de, karınız engeller.

— Neden?

— Siz de göreceksiniz. Çiftlik işleriyle uğraşmayı, avlanmayı seviyorsunuz, bakalım neler göreceksiniz?

— Bugün Arhip gelmişti, Prudno'da sürüyle geyik ve iki de ayı olduğunu söyledi, –dedi Çirikov.

— Eh artık onları bensiz avlarsınız.

— İşte işin gerçeği bu, –dedi Sergey İvanoviç.– İleride ayı avına da veda edersin artık, karın izin vermez!

Levin gülümsedi. Karısının izin vermeyeceği düşüncesi o kadar hoşuna gitmişti ki, ayı görmek mutluluğundan sonsuza dek vazgeçmeye hazırdı.

— Ama yine de bu iki ayının sizsiz avlanacak olması yazık. Hapilovo'daki son avı anımsıyor musunuz? Bu da harika bir av olurdu, –dedi Çirikov.

Levin, Kiti olmadan herhangi bir yerde, herhangi bir şeyin iyi olabileceği konusunda onu hayal kırıklığına uğratmak istemedi, bu yüzden de bir şey söylemedi.

— Bu bekârlık yaşamına veda geleneği boşuna yaratılmamış, –dedi Sergey İvanoviç.– Ne kadar mutlu olursan ol, yine de özgürlüğüne yazık oluyor.

— Gogol'ün pencereden atlamak isteyen damat tipi gibi bir duyguya kapıldığınızı itiraf edin hadi.

— Galiba öyle bir duygu içinde, ama itiraf edemiyor! – dedi Katavasov ve gürültülü kahkahalar atmaya başladı.

— E pencere açık zaten... Hadi Tver'e gidelim hemen! Ayının biri dişi, inine kadar gidebiliriz. Sahiden, beş treniyle gidelim! Buradakiler de istediklerini yapsınlar, –dedi Çirikov gülümseyerek.

— Çok şükür, –dedi Levin gülümseyerek,– ruhumda özgürlüğüme yazıklanmak gibi bir duygu bulamıyorum!

— Evet, şu anda ruhunuzda öyle bir karmaşa var ki, hiçbir şey bulamazsınız, –dedi Katavasov.– Hele bekleyin, biraz bir şeyler anlayınca bulursunuz!

— Hayır, içimdeki duygudan (onun yanında aşk demek istemiyordu)... ve mutluluktan başka çok az şey hissetmeme karşın özgürlüğümü yitirmenin yine de kötü olduğunu birazcık da olsa hissederdim. Tam tersine özgürlüğümü bu şekilde yitirmekten memnunum bile.

— Kötü! Umutsuz vaka! –dedi Katavasov.– Hadi, onun şifa bulması için içelim ya da ona sadece hayallerinin yüzde birinin olsun gerçekleşmesini dileyelim. Bu bile dünyada görülmemiş bir mutluluk olur!

Öğle yemeğinden kısa süre sonra konuklar düğün için hazırlanmak üzere gitti.

Tek başına kalan ve bu bekâr adamların konuşmalarını anımsayan Levin bir kez daha ruhunda o sözünü ettikleri özgürlüğünü yitirme üzüntüsü var mı, yok mu diye kendisine sordu. Bu soruya gülümsedi. "Özgürlük mü? Ne için özgürlük?

Mutluluk yalnızca sevmek, onun istediklerini istemek, onun düşündüklerini düşünmektir, yani hiçbir şekilde özgür olmamaktır. İşte mutluluk da budur!"

"Peki onun düşüncelerini, isteklerini, duygularını biliyor muyum ben?" –diye birden bir ses kulağına fısıldadı. Yüzündeki gülümseme kayboldu ve düşünmeye başladı. Üzerine bir korku ve kuşku, her şeye karşı bir kuşku çöktü.

"Ya beni sevmiyorsa? Ya sadece evlenmiş olmak için benimle evleniyorsa? Ya ne yaptığını bilmiyorsa? –diye kendi kendine soruyordu.– Evlendikten sonra aklı başına gelebilir ve beni sevmediğini, sevemediğini anlar." Aklına Kiti'yle ilgili garip ve çok kötü düşünceler gelmeye başladı. Bir yıl önceki gibi, Kiti'yi Vronskiy'le birlikte gördüğü o gün sanki dünmüş gibi Kiti'yi Vronskiy'den kıskanıyordu. Kiti'nin kendisine her şeyi söylemediğinden kuşkulanıyordu.

Hızla yerinden fırladı. "Hayır, bu böyle olamaz! –dedi umutsuzlukla kendi kendine.– Ona gideceğim, son kez soracağım ve biz serbestiz, serbest kalmamız daha iyi değil mi diyeceğim. Ebediyen mutsuz olmaktan, rezil rüsva olmaktan, sadakatsizlikten daha iyidir!" Yüreğinde umutsuzlukla ve tüm insanlara, kendine ve Kiti'ye öfkelenerek otelden çıkıp Kiti'ye gitti.

Onu arka odalarda buldu. Bir sandığın üstüne oturmuş, sandalyelerin arkalarına ve yere atılmış rengârenk elbise yığınını karıştırarak hizmetçi kıza emirler veriyordu.

Levin'i görünce sevinçten pırıl pırıl parlayarak:

— Ah! –diye bağırdı.– Nasıl oldu sen, yani siz (bu son güne kadar Levin'e kâh "sen", kâh "siz" diyordu)... Hiç beklemiyordum! Ben de kime ne verebilirim diye kızlık giysilerimi ayırıyordum...

Levin kaşlarını çatıp hizmetçi kıza bakarak:

— Ah! Bu çok iyi! –dedi.

— Sen çık Dunyaşa, sonra çağırırım, –dedi Kiti. Hizmetçi kız çıkar çıkmaz da kararlı bir şekilde "sen" diye hitap ederek,– Neyin var? –diye sordu. Levin'in heyecan içindeki, çatık kaşlı, tuhaf yüzünü görmüş ve korkuya kapılmıştı.

Levin sesinde bir umutsuzlukla Kiti'nin karşısında durup, gözlerinin içine yalvarır gibi bakarak:

— Kiti! Ben acı çekiyorum. Bu acıya tek başıma katlanamıyorum, –dedi. Kiti'nin sevgi dolu, dürüst yüzünde söylemek niyetinde olduğu şeyden hiçbir sonuç çıkmayacağını görmüştü, ama yine de aklına koyduğu düşünceden onu Kiti'nin caydırması gerekiyordu.– Hâlâ vaktin geçmediğini söylemeye geldim. Bu işi durdurabilir ve yanlışı düzeltebiliriz.

— Ne? Hiçbir şey anlamıyorum. Senin neyin var?

— Binlerce kez söylediğim ve düşünmekten kendimi alamadığım bir şey... sana layık olmayışım. Sen benimle evlenmeyi kabul edemezdin. Bir daha düşün. Hata yapmış olabilirsin. İyi düşün. Sen beni sevemezsin... Eğer öyleyse... sen söyle daha iyi, –dedi Kiti'ye bakmadan.– Mutsuz olacağım. Varsın herkes istediğini söylesin; her şey mutsuzluktan daha iyidir... Şu anda, daha zaman varken, daha iyi...

— Anlamıyorum, –dedi Kiti korku içinde.– yani vazgeçmek mi istiyorsun, gereksiz mi görüyorsun?

— Evet, eğer beni sevmiyorsan.

Kiti öfkeden kıpkırmızı bir halde:

— Sen aklını kaçırmışsın! –diye haykırdı.

Fakat Levin'in yüzü öyle acınacak durumdaydı ki, Kiti öfkesine hâkim oldu ve elbiseleri koltuğun üzerinden atıp Levin'in yanına oturdu.

— Ne düşünüyorsun? Söyle hepsini.

— Senin beni sevemeyeceğini düşünüyorum. Beni niye seveceksin ki?

— Tanrım! Ne yapabilirim ki?.. –dedi ve ağlamaya başladı Kiti.

Levin:

— Ah, ben ne yaptım! –diye bağırdı ve Kiti'nin önünde diz çöküp ellerini öpmeye başladı.

Beş dakika sonra prenses odaya girdiğinde onları artık tamamen barışmış bir halde buldu. Kiti, Levin'i sadece sevdiğine inandırmakla kalmamış, üstelik onu ne için sevdiği sorusuna bile yanıt vermişti. Kiti Levin'e onu her şeyiyle anladığı için, onun neleri sevmesi gerektiğini ve sevdiği her şeyin iyi olduğunu bildiği için sevdiğini söylemişti. Bu da Levin'e çok açık gelmişti. Prenses içeri girdiğinde sandığın üstünde yan yana oturmuş, elbiseleri ayırıyor ve Levin evlenme teklif ettiğinde sırtında olan kahverengi elbiseyi Kiti'nin Dunyaşa'ya vermek istemesini tartışıyorlardı; Levin bu elbisenin hiç kimseye verilmemesinde, Dunyaşa'ya mavi elbisenin verilmesinde ısrar ediyordu.

— Nasıl anlamazsın? Dunyaşa esmer, ona yakışmaz... Her şeyi düşündüm ben.

Prenses, Levin'in geliş nedenini öğrenince yarı şaka yarı ciddi çıkıştı, üstünü giyinmesi ve biraz sonra berber Şarl geleceğinden Kiti'nin saçının yapılmasına engel olmaması için onu eve gönderdi.

— Şu günlerde hiçbir şey yemediği için kötüledi zaten, sen de saçmalıklarınla kızın keyfini daha da kaçırıyorsun, –dedi prenses.– Hadi git, hadi canım.

Levin, suçlu ve utanmış, ama içi rahatlamış olarak oteline döndü. Ağabeyi, Darya Aleksandrovna ve Stepan Arkadyiç, hepsi de giyinip kuşanmışlar, ikonayla takdis etmek için onu bekliyorlardı. Ağırdan alacak zaman değildi. Darya Aleksandrovna'nın, gelinin yanında ikona taşıyacak olan saçları pudralanmış ve kıvrılmış oğlunu almak üzere eve uğraması gerekiyordu. Sonra arabalardan birini sağdıcı almaya yollamak, Sergey İvanoviç'i götüren diğer arabayı ise geri göndermek gerekiyordu. Özetle düşünülmesi gereken pek çok karmaşık iş vardı. Kesin olan tek şey ise gecikmemek gerektiğiydi, çünkü saat altı buçuk olmuştu.

İkonayla takdis töreninde önemli bir şey olmadı. Karısının yanında gülünç, resmi bir pozda duran Stepan Arkadyiç ikonayı aldı ve Levin'e yere eğilmesini söyleyip, iyilik dolu, alaycı gülümsemesiyle onu takdis edip üç kez öptü; aynı şeyleri

Darya Aleksandrovna da yaptı, hemen gitme telaşına kapıldı ve yine arabaların gidiş gelişi konusunda kafası karıştı.

— Peki o zaman şöyle yapalım: Sen bizim arabayla onu almaya git, Sergey İvanoviç de lütfedip daha erken gider, sonra da arabayı gönderir.

— Neden olmasın, memnuniyetle.

— Biz de onunla geliriz hemen. Eşyalar gönderildi mi? - dedi Stepan Arkadyiç.

— Gönderildi, -diye yanıtladı Levin ve Kuzma'ya giyinmesi için yardımcı olmasını söyledi.

III

Düğün için aydınlatılmış olan kilisenin çevresini özellikle kadınlardan oluşan bir kalabalık sarmıştı. Ön tarafa giremeyenler pencerelerin çevresinde toplanmış, itişip kakışarak, tartışarak pencere parmaklıklarının arasından içeri bakıyorlardı.

Cadde boyunca yirmiden fazla kupa arabası jandarmalar tarafından sıraya sokulmuştu. Bir polis amiri, pırıl pırıl üniformasıyla ayazı umursamadan kapının önünde dikiliyordu. Durmadan başka arabalar geliyordu ve kâh elbiselerinin kuyruklarını yukarı kaldırarak çiçekler içinde hanımefendiler, kâh kasketlerini ya da siyah şapkalarını çıkartarak erkekler kiliseye giriyordu. Kilisenin içinde iki avize ve ikonaların önündeki bütün mumlar yakılmıştı. İkona bölmesinin kırmızı fonu üzerindeki altın ışıltı ve ikonaların altın nakışları, avize ve şamdanların gümüşü, zeminin döşeme taşları, halılar, koro yerinin üstündeki sancaklar, vaiz kürsününün basamakları, kararmış eski kitaplar, papazların ve papaz yardımcılarının cübbeleri, her şey ışık içindeydi. Sıcacık kilisenin sağ tarafında frakların ve beyaz kravatların, üniformaların, kadifelerin, atlasların, saçların, çiçeklerin, çıplak omuz ve kolların, uzun eldivenlerin kalabalığı içinde yüksek kubbede garip bir şekilde yankılanan ölçülü ve canlı bir konuşma sürüyordu. Kapının gıcırtıyla her açılışında kalabalık arasındaki konuşma duruyor, herkes damatla gelinin gelişini görmek için çevresine bakınıyordu. Ancak kapı on kereden fazla açılıp kapanmıştı ve her seferinde içeri giren ya sağ taraftaki çağrılılar grubuna katılan gecikmiş bir konuk ya da konuklar, ya polis amirini kandırarak ya da yalvarıp yakararak içeri girip soldaki yabancı kalabalığına katılan meraklı bir kadın oluyordu. Akrabalar da, yabancılar da artık bütün bekleme aşamalarından geçmişti.

İlk başta bu gecikmeyi hiç önemsemeyerek gelinle damadın hemen geleceğini düşünüyorlardı. Sonra yoksa bir şey mi oldu diye konuşarak kapıya daha sık bakmaya başlamışlardı. Daha sonra ise bu gecikme rahatsız edici bir hale gelmişti, gerek akrabalar gerekse konuklar gelinle damadı düşünmeyip, kendi sohbetlerine dalmış gibi görünmeye çalışıyorlardı.

Baş papaz yardımcısı zamanının değerli olduğunu anımsatır gibi pencerelerdeki camları titreterek sabırsızca öksürüyordu. Koro kısmında sıkılan şarkıcıların kâh ses denemeleri, kâh sümkürmeleri duyuluyordu. Papaz, damadın gelip gelmediğini öğrenmek için ikide bir ya bir papaz yardımcısını ya da başka bir kilise görevlisini gönderiyor, kendisi ise sırtında eflatun cübbesi, belinde işlemeli kemeriyle sık sık yan kapılara gidip damadı bekliyordu. Sonunda hanımefendilerden biri saatine bakıp, "Bu çok garip ama!" dedi ve tüm konuklar endişelenerek hayretlerini ve hoşnutsuzluklarını yüksek sesle ifade etmeye başladı. Sağdıçlardan biri ne olduğunu öğrenmeye gitti. Bu sırada Kiti çoktan hazırlanmış, beyaz gelinliği, uzun duvağı ve turunç çiçeklerinden tacıyla düğünde kendisine annelik yapacak bir kadınla ve ablası Lvova'yla Şçerbatskiylerin evinin salonunda dikiliyor ve yarım saatten fazla süredir sağdıcın gelip damadın kiliseye geldiğini haber vermesini bekleyerek pencereden bakıyordu.

Bu arada Levin de pantolonunu giymiş ancak yeleksiz ve fraksız bir şekilde odasında bir aşağı bir yukarı dolaşıyor, durmadan kapıdan başını uzatarak koridora bakıyordu.

Ancak beklediği kişi koridorda görünmeyince umutsuzlukla geri dönüp kollarını sallayarak sakin sakin sigarasını tüttürmekte olan Stepan Arkadyiç'e:

— Hiç bu kadar korkunç, bu kadar ahmakça duruma düşmüş bir adam var mıdır? –dedi.

Stepan Arkadyiç yumuşacık bir gülümsemeyle:

— Evet, ahmakça, –diye onayladı. Sen sakin ol, şimdi getirirler.

Levin öfkesine engel olmaya çalışarak:

— Hayır, zaten ne yapabilirim ki! Ah bu aptal önü açık yelekler! Olamaz böyle bir şey! –dedi, gömleğinin önündeki kırışıklığı düzeltmeye çalışarak.– Ya eşyaları istasyona götürdülerse! –diye umutsuzlukla bağırdı.

— O zaman benimkini giyersin.

— Çoktan yapmalıydım bunu.

— Gülünç bir durumda gitmek iyi olmaz... Bekle! *Düzelir hepsi.*

Mesele şuydu: Levin üstünü giyinmek istediğinde yaşlı uşağı Kuzma frakı, yeleği ve gerekli her şeyi getirmişti.

— Ya gömlek! –diye bağırmıştı Levin.

— Gömlek üstünüzde, –diye sakin bir gülümsemeyle yanıtlamıştı Kuzma.

Kuzma temiz bir gömlek bırakmayı akıl etmemiş ve her şeyi toparlayıp, gençlerin bu akşam yola çıkacakları yer olan Şçerbatskiylerin evine götürme emrini alınca o da frak takımı dışında her şeyi toplayarak bu emri yerine getirmişti. Sabahtan beri sırtında olan gömlek buruşmuştu ve modaya uygun önü açık bir yelekle giyilmesine olanak yoktu. Adam yollamak için Şçerbatskiylerin evi uzaktı. Uşağı gömlek almaya göndermişlerdi. Uşak, bugün pazar, her yer kapalı diye geri gelmişti. Stepan Arkadyiç'in evine yollamışlar, gömlek getirtmişlerdi; bu gömlek de çok bol ve kısa gelmişti. Sonunda Şçerbatskiylere uşağı gönderip, denkleri açtırmışlardı. Kilisede damadı bekliyorlardı, o ise kafese kapatılmış vahşi hayvan gibi odada dolanıp duruyor, koridora bakıyor, Kiti'ye söylediklerini korku ve umutsuzlukla anımsıyor, Kiti'nin aklından kim bilir neler geçtiğini düşünüyordu.

Suçlu Kuzma sonunda elinde gömlekle soluk soluğa uçarcasına içeri girdi.

— Ucu ucuna yetiştim. Arabaya yüklüyorlardı eşyayı, - dedi Kuzma.

Üç dakika sonra Levin, yarasını deşmemek için saate hiç bakmadan koridorda koşar adım yürüyordu.

Stepan Arkadyiç, Levin'in peşinden acele etmeden yürürken yüzünde bir gülümsemeyle:

— Artık koşarak bir şey halledemezsin, - diyordu.- *Hepsi düzelir, hepsi düzelir...* diyorum sana.

IV

Levin gelini kapıda karşılayıp onunla birlikte kiliseye girerken kalabalığın içinde şu konuşmalar başlamıştı:

— Geldiler! - İşte damat! - Hangisi? - Şu daha genç olan mı? - Ya geline ne demeli, vah anacığım, yarı ölü yarı diri halde zavallıcık!

Stepan Arkadyiç karısına gecikmenin nedenini anlatıyor, konuklar da kendi aralarında gülümseyerek fısıldaşıyorlardı. Levin hiçbir şeyi ve hiç kimseyi fark etmiyordu; gözünü ayırmadan nişanlısına bakıyordu. Herkes gelinin son günlerde çok zayıfladığını ve gelin tacının altında bile her zamanki güzelliğinden uzak olduğunu söylüyordu; ama Levin aynı görüşte değildi. Uzun beyaz bir duvağın ve beyaz çiçeklerin takılı olduğu yüksek saç modeline, özellikle boynunu bir bâkire havası vererek yanlardan kapalı ve gerdan kısmı açık bırakan yüksek, büzgülü yakasına, şaşılacak kadar ince beline bakıyordu ve Kiti ona herhangi bir zamandan daha güzel görünüyordu. Bunun nedeni bu çiçeklerin, bu duvağın, Paris'ten ısmarlanmış bu gelinliğin Kiti'nin güzelliğine bir şeyler katmış olması değil, bu özene bezene hazırlanmış giyime ve süse karşın sevimli yüzündeki, bakışlarındaki, dudaklarındaki ifadenin hâlâ onun masum dürüstlüğünün özel ifadesi olmasıydı.

— Kaçmaya niyetlendiğini düşünüyordum artık, –dedi ve Levin'e gülümsedi.

Levin kızararak:

— Başıma öyle aptalca bir şey geldi ki, anlatmaya utanıyorum! –dedi ve yanına gelen Sergey İvanoviç'le konuşma gereği duydu.

Sergey İvanoviç başını sallayarak ve gülümseyerek:

— Gömlek hikâyen güzel doğrusu! –dedi.

Levin ne söylendiğini anlamaksızın:

— Evet, evet, –diye yanıt verdi.

Stepan Arkadyiç korkmuş numarası yaparak:

— E, Kostya, önemli bir konuda karar vermen gerekiyor şimdi, –dedi.– Tam da şimdi bu konunun önemini değerlendirecek durumdasın. Bana soruyorlar, kullanılmış mum mu, yoksa kullanılmamış mum mu yakmak isterler diye. Farkı on ruble, –diye ekledi ve dudaklarını büzerek gülümsedi.– Kararı ben verdim, ama rıza göstermezsin diye korkuyorum.

Levin bunun bir şaka olduğunu anlamıştı, ama gülümseyemedi.

— Nasıl olacak? Yeni mum mu, yoksa daha önce yakılmış mum mu? İşte sorun bu.

— Evet, evet! Kullanılmamış mum.

Stepan Arkadyiç gülümseyerek:

— Tamam, çok sevindim. Sorun çözüldü! –dedi. Levin'in şaşkın şaşkın kendisine bakarak geline doğru ilerlediği sırada Çirikov'a,– Böyle durumlarda insanlar ne kadar da aptallaşıyor, –dedi.

Kontes Nordston yaklaşarak:

— Bana bak Kiti, halıya ilk sen bas, –dedi. Sonra Levin'e dönerek,– Siz de yakışıklısınız! –dedi.

Yaşlı hala Marya Dmitriyevna Kiti'ye:

— Korkmuyorsun ya? –diye sordu.

Kiti'nin ablası Lvova:

— Serin gelmedi mi sana? Rengin solmuş. Dur, eğil bakayım! –dedi ve tombul güzel kollarını kaldırıp gülümseyerek Kiti'nin başındaki çiçekleri düzeltti.

Dolli yanlarına geldi, bir şey söylemek istedi, ama söyleyemedi, ağlamaya, sonra da doğal olmayan bir şekilde gülmeye başladı.

Kiti, tıpkı Levin gibi herkese kayıtsız gözlerle bakıyordu. Söylenen her söze şu an kendisine çok doğal gelen bir mutluluk gülümsemesiyle karşılık verebiliyordu sadece.

Bu arada kilise görevlileri kıyafetlerini giymişti, papaz yardımcısıyla papaz kilisenin girişindeki kürsüye doğru ilerledi. Papaz, Levin'e bir şey söyledi. Levin papazın söylediği şeyi duymadı.

Sağdıcı Levin'e:

— Gelinin elinden tutup götürün, –dedi.

Levin kendisinden ne istendiğini uzun süre anlayamadı. Epey bir zaman ne yapacağını anlatmaya çalıştılar –çünkü hep yanlış elini kullanıyordu ya da Kiti'nin yanlış elini tutuyordu,– sonunda sağ eliyle gelinin sağ elini, durumunu değiştirmeden tutması gerektiğini anladığında artık vazgeçmek üzereydiler. Nihayet gelinin elini gerektiği şekilde tuttuğunda papaz onlardan birkaç adım öne geçti ve kürsünün önünde durdu. Akraba ve tanıdık kalabalığı, konuşmalarının uğultusuyla, eteklerinin hışırtısıyla peşlerinden ilerledi. Birisi eğilerek gelinin eteğini düzeltti. Kilise öylesine sessizleşmişti ki, yere mum damlasa sesi duyulurdu.

Başında papaz başlığı, kulaklarının arkasında ikiye ayrılmış gümüş gibi parlayan tutam tutam ak saçlarıyla yaşlı papaz, sırtında altın haç olan gümüş rengi ağır papaz cübbesinin içinden küçük, yaşlı ellerini uzatmış kürsünün yanında bir şeyleri elliyordu.

Stepan Arkadyiç dikkatle papazın yanına yaklaştı, bir şey fısıldadı ve Levin'e göz kırpıp tekrar geriye çekildi.

Papaz, süslenmiş iki mumu, eriyen mumlar ağır ağır damlayacak şekilde sol elinde eğik tutarak yaktı ve yüzünü genç çifte döndü. Papaz, Levin'e günah çıkarttıran papazın ta kendisiydi. Yorgun ve kederli bir şekilde damada ve geline baktı, derin bir soluk aldı ve sağ elini cübbesinin içinden çıkartıp damadı kutsadı, aynı şekilde, ancak dikkatli bir sevecenlikle birleştirdiği parmakları Kiti'nin eğik başına dokundu. Sonra mumları onlara verdi ve buhurdanı alıp, yavaşça yanlarından uzaklaştı.

"Bu gerçek mi acaba?" –diye düşündü Levin ve geline baktı. Onu biraz yukarıdan ve yandan görüyordu. Dudaklarının ve kirpiklerinin zor fark edilen hareketinden Kiti'nin onun bakışını hissettiğini biliyordu. Kiti çevresine bakmıyordu, ama gelinliğinin yüksek büzgülü yakası pembe küçük kulağına kadar yükselerek kımıldadı. Levin, onun tam iç çekerken soluğunu tuttuğunu ve uzun bir eldiven giydiği, mum tutan küçük elinin titremeye başladığını görüyordu.

Bütün o gömlek telaşı, gecikme, arkadaşlarla, akrabalarla konuşma, onların hoşnutsuzlukları, düştüğü gülünç durum, hepsi bir anda kaybolmuş ve Levin hem sevinmiş, hem de korkuya kapılmıştı.

İki yana taranmış kıvırcık saçları ve sırtında gümüş rengi giysisiyle yakışıklı, uzun boylu baş papaz yardımcısı ileri doğru hızlı bir adım atıp, işlemeli uzun şalını iki parmağının alışkın bir hareketiyle hafifçe kaldırarak papazın önünde durdu.

Birbiri arkasına "Rabbin adı mübarek olsun!" sesleri havayı dalgalandırarak yayıldı.

Yaşlı papaz kürsünün üzerindeki bir şeylere dokunmaya devam ederek yumuşak ve şarkı söyler gibi bir sesle "Tanrımız her zaman mübarektir, şimdi, daima ve ezelden beri," –diye karşılık verdi. Ve görünmeyen bir koronun sesi, ikonalardan kemerlere dek tüm kiliseyi doldurarak düzgün bir şekilde, genişleyerek yükseldi, güçlendi, bir an durdu ve ağır ağır kesildi.

Her zamanki gibi öbür dünya ve ruhun kurtuluşu için, Sinod için, çar için dua edildi; ve şimdi evlilik yemini eden Tanrı'nın kulları Konstantin ve Yekaterina için dua edildi.

"Onlara mükemmel bir sevgi, huzur ve yardımını ihsan eyle Tanrım, sana yalvarıyoruz," – bütün kilise âdeta baş papaz yardımcısının sesiyle soluk alıyordu.

Levin bu sözleri dinledi ve onlardan etkilendi.

Son zamanlardaki korkularını ve kuşkularını anımsayarak "Yardıma gerek duyduğumu nasıl da tahmin ettiler?" –diye düşündü.– Ben ne biliyorum? Bu korkunç işte yardımsız ne yapabilirim? İşte tam şu anda bana yardım gerek."

Papaz yardımcısı dilek dualarını bitirdiğinde papaz, elindeki kitaptan gençlere sakin, şarkı söyler gibi bir sesle şunları okudu:

— Ayrı olanları sonsuza dek birleştiren ve onlara yıkılmaz sevgi birliğini veren yüce Tanrı; İshak ve Rebekka'yı, onların soyundan gelenleri kutsayan yüce Tanrı, kulların Konstantin ve Yekaterina'yı da kutsa, onları doğru yoldan ayırma. Çünkü sen, bağışlayan ve kullarını seven bir Tanrısın, sana, Baba, Oğul ve Kutsal Ruh'a hamdolsun, şimdi, daima ve ezelden beri." – "Âmin!" – görünmeyen korodan yükselen ses yine havada dağıldı.

"Ayrı olanları birleştiren ve yıkılmaz sevgi birliğini veren," – Bu sözler ne kadar derin bir anlam taşıyor ve şu anda hissettiğime ne kadar uygun düşüyor! –diye düşündü Levin.– O da benim hissettiklerimi hissediyor mu?"

Başını çevirip baktığında Kiti'nin bakışıyla karşılaştı.

Bu bakıştaki ifadeden onun da kendisiyle aynı şeyleri anladığı sonucuna vardı. Fakat bu doğru değildi; Kiti, ayin sırasında söylenenleri hemen hemen hiç anlamıyor, hatta dinlemiyordu da. Bu sözleri dinlemesine ve anlamasına olanak yoktu: İçini dolduran duygu çok güçlüydü ve giderek daha da güçleniyordu. Bu, bir buçuk aydır ruhunda olan ve altı hafta boyunca onu hem sevindiren, hem üzen şeyin tam olarak gerçekleşmesinin verdiği sevinçti. Üstünde kahverengi elbisesiyle Arbat'taki evin salonunda sessizce Levin'in yanına gittiği ve kendini ona teslim ettiği o gün, evet o gün ve o saat ruhunda eski hayatıyla tam bir kopma olmuş ve bambaşka, yeni, hiç bilmediği bir hayat başlamıştı, gerçekte ise eski hayatı devam ediyordu. Bu altı hafta Kiti için en mutlu ve en acı zamanlardı. Tüm hayatı, tüm istekleri ve umutları kendisi için henüz anlaşılmaz bir adamın üstünde toplanmıştı. Bu adamın kendisinden daha da anlaşılmaz olan ve kâh çeken, kâh iten bir duygu onu bu adama bağlıyor, bununla birlikte Kiti eski yaşam koşullarında yaşamaya devam ediyordu. Eski hayatını yaşarken kendisinden, geçmişine karşı aşılması tamamen olanaksız ilgisizliğinden korkuyordu. Eşyalara, alışkanlıklara, sevdiği ve onu seven insanlara, bu ilgisizliğinden üzüntüye kapılan annesine, eskiden dünyadaki herkesten fazla sevdiği babasına karşı ilgisizdi. Bazen bu ilgisizlikten korkuyor, bazen de onu bu ilgisizliğe iten şeye seviniyordu. Bu adamla birlikte geçireceği yaşam dışında ne bir şey düşünebiliyor, ne de dileyebiliyordu; ancak bu yaşam henüz ortada yoktu ve o da bunu açıkça gözünün önünde canlandıramıyordu bile. Bir tek beklenti vardı: Yeni ve bilinmeyen bir şeyin verdiği korku ve sevinç. İşte şimdi bu bekleme durumu, hem bilinmezlik, hem de önceki hayatından vazgeçmenin verdiği pişmanlık bitiyor ve yeni bir hayat başlıyordu. Bu yeni yaşamın bilinmezlik açısından korkunç olmaması mümkün değildi; ancak korkunç olsa da olmasa da altı hafta önceden ruhunda gerçeklik kazanmıştı; şimdi de ruhunda artık çoktan olup bitmiş bir şey aydınlanıyordu. Tekrar kürsüye doğru dönen papaz, Kiti'nin küçük yüzüğünü zorlukla tuttu ve Levin'den elini uzatmasını isteyip, yüzüğü parmağının birinci boğumuna kadar geçirdi. "Tanrı'nın kulu Konstantin, Tanrı'nın kulu Yekaterina'ya sadakat yemini ediyor." Papaz daha sonra büyük yüzüğü Kiti'nin pembe, küçük, acınacak kadar zayıf parmağına geçirip aynı sözleri tekrarladı.

Genç çift, ne yapmaları gerektiğini birkaç kez tahmin etmeye çalışsa da her defasında yanıldı ve papaz fısıldayarak yanlışlarını düzeltti. Sonunda papaz gerekenleri yapıp, onları yüzüklerle yeniden kutsadıktan sonra büyük yüzüğü tekrar Kiti'ye, küçüğü de Levin'e verdi; yine karıştırdılar, yüzükler iki kez elden ele geçti, yine de olması gerektiği gibi olmadı.

Dolli, Çirikov ve Stepan Arkadyiç yanlışlığı düzeltmek için öne çıktılar. Bir şaşkınlık, fısıldaşmalar ve gülümsemeler oldu, ama genç çiftin yüzlerindeki ciddi ve duygulu ifade değişmedi; tam tersine ellerini şaşırırken öncekinden daha ciddi, daha resmi bakıyorlardı ve artık ikisinin de kendi yüzüklerini takmalarını fısıldayan Stepan Arkadyiç'in gülümsemesi elinde olmadan dudaklarında donup kaldı. Her türlü gülümsemenin onlara hakaret olacağını hissediyordu.

— "Sen en baştan erkek ve kadın cinsini yarattın, –diye okuyordu papaz yüzüklerin değişiminden sonra,– insan soyunu sürdürsün ve yardım etsin diye kadını erkeğe eş yaptın. Yüce Tanrımız, kulun Konstantin'i ve kulun Yekaterina'yı koru ve evliliklerini imanla, fikir birliğiyle, gerçekle ve sevgiyle pekiştir..."

Levin, evlilikle ilgili düşüncelerinin, hayatını nasıl kuracağına ilişkin hayallerinin çocukluk olduğunu ve bunun şimdiye dek anlamadığı, şimdi de başına geldiği halde daha az anladığı bir şey olduğunu giderek daha fazla hissediyordu; göğsündeki sarsıntılar daha yukarılara yükseldi ve gözleri tutamadığı yaşlarla doldu.

V

Akrabalar, tanıdıklar, bütün Moskova kilisedeydi. Ve evlilik töreni sırasında pırıl pırıl aydınlatılmış olan kilisede, özene bezene giyinmiş kadınların ve kızların, beyaz kravatlı, fraklı ve üniformalı erkeklerin arasında kadınlar kendilerine her zaman son derece dokunaklı gelen dini törenin bütün ayrıntılarını izlemeye kapılmışken daha çok erkeklerin giriştiği kibar ve sessiz bir konuşma kesilmeden sürüyordu.

Gelinin en yakınında iki kız kardeşi vardı: Dolli ve yurtdışından gelmiş olan en büyükleri, sakin, güzel Lvova.

— Ne o öyle, Mari neden mor giymiş, âdeta siyaha bürünmüş, – diyordu Korsunskaya.

— Yüzünün rengini tek bu kurtarır... –diye yanıtlıyordu Drubetskaya.– Düğünü neden akşam yaptıklarına şaşıyorum doğrusu. Tüccarlar gibi...

— Daha güzel. Benim düğünüm de akşam olmuştu, –diye yanıtladı Korsunskaya ve o gün kendisinin ne kadar güzel, kocasının gülünecek derecede âşık, şimdiyse her şeyin farklı olduğunu anımsayıp, derin derin iç çekti.

Kont Sinyavin, kendisinde gözü olan güzel Prenses Çarskaya'ya:

— On kereden fazla sağdıçlık yapan evlenmez derler; kendimi güvenceye almak için onuncu kez sağdıç olmak istedim, ama geç kalmışım, –diyordu.

Çarskaya ona gülümsemeyle karşılık veriyordu. Kont Sinyavin'le birlikte ne zaman ve nasıl Kiti'nin durumunda olacağını ve biraz önceki esprisini ona nasıl anımsatacağını düşünerek Kiti'ye bakıyordu.

Şçerbatskiy, hiç evlenmemiş, yaşlı bayan Nikolayeva'ya, tacı şans getirmesi için Kiti'nin takma topuzunun üstüne koymak niyetinde olduğunu söylüyordu. Eğer yakaladığı yaşlı dul onunla evlenecek olursa düğünü en basit şekilde yapmayı çoktan kafasına koymuş olan Nikolayeva:

— Takma saça gerek yoktu, –dedi.– Ben böyle gösterişli şeyleri sevmiyorum.

Sergey İvanoviç Darya Dmitriyevna'yla konuşuyor, yeni evlenen gençlerin her zaman biraz sıkılgan olmaları nedeniyle düğünden sonra bir yerlere gitme geleneğinin yayıldığına inandırmaya çalışıyordu.

— Kardeşiniz gurur duyabilir. Kiti bir harika. Sanırım, kardeşinize imreniyorsunuzdur?

Sergey İvanoviç:

— Artık benden geçti Darya Dmitriyevna, –dedi ve yüzü bir anda hüzünlü, ciddi bir ifade aldı.

Stepan Arkadyiç baldızına boşanma konusundaki sözcük oyununu anlatıyordu.

Baldızı ise onu dinlemeyerek:

— Tacı düzeltmek gerek, –diyordu.

Kontes Nordston, Lvova'ya:

— Vah yazık, ne kadar da zayıflamış, –diyordu.– Ama yine de adam onun küçük parmağı olamaz. Doğru değil mi?

— Yo, benim çok hoşuma gidiyor. Müstakbel beau-frère'im* olduğu için değil, –diyordu Lvova.– Davranışları ne kadar güzel! Oysa bu durumda güzel davranmak, gülünç olmamak ne kadar zordur. Gülünç değil, yapmacık değil, belli ki duygulanmış.

— Herhalde bekliyordunuz bunu?

— Hemen hemen. Kiti onu hep severdi.

— Bakalım halıya hangisi önce basacak, göreceğiz. Ben Kiti'ye tembih ettim.

— Fark etmez, –diye karşılık verdi Lvova.– Hepimiz de kocalarımızın sözünden çıkmayan kadınlarız, yapımız böyle.

— Bense mahsus Vasiliy'den önce basmıştım. Ya siz Dolli?

Dolli yanlarında duruyor, onları dinliyor, ama yanıt vermiyordu. Duygulanmıştı. Gözlerinde yaşlar vardı ve ağlamadan bir şey söyleyebilecek durumda değildi. Kiti ve Levin için seviniyordu; kendi düğününü düşünürken pırıl pırıl parlayan Stepan Arkadyiç'e bakıyor, şimdiyi unutuyor ve yalnızca ilk masum aşkını anımsıyordu. Bir tek kendini değil, yakını ve tanıdığı tüm kadınları anımsıyordu; hayatlarının tek tören anında tıpkı Kiti gibi tacın altında geçmişten koparak ve gizemli bir geleceğe adım atarak yüreklerinde aşkla, umutla ve korkuyla dikildiklerini anımsıyordu. Aklına gelen bütün bu gelinlerin arasında olası boşanmasıyla ilgili ayrıntıları yakın zaman önce duyduğu güzel

---

* Enişte. (Fr.)

Anna'yı da anımsıyordu. O da başında turunç çiçekleri ve duvağıyla tertemiz duruyordu. Oysa ya şimdi?

— Çok garip, –diye mırıldandı.

Dini törenin bütün ayrıntılarını izleyenler, sadece kız kardeşler, hanım arkadaşlar ve akrabalar değildi; yabancı kadınlar, kadın seyirciler de damadın ve gelinin her hareketini, yüzlerinin ifadesini kaçırmaktan korkarak heyecanla, soluklarını tutarak izliyor ve şaka ya da ilgisiz yorumlar yapan erkeklerin sorularına kızarak yanıt vermiyor, konuşmalarını da dinlemiyorlardı.

— Niye böyle ağlamaklı? Yoksa zorla mı evleniyor?

— Böyle bir babayiğitle istemeden evlenilir mi hiç? Prens midir, nedir?

— Şu beyaz atlas elbiseli kız kardeşi mi? Dinle bak şimdi papaz yardımcısı "Kocanızdan korkun," diye nasıl gürleyecek.

— Çudovskiy Korosu mu bu?

— Sinod Korosu.

— Uşağa sordum. Gelini hemen kendi çiftliğine götürecekmiş damat. Dediklerine göre müthiş zenginmiş. Kızı o yüzden vermişler zaten.

— Hayır, güzel bir çift.

— Siz geniş eteklerin biraz ileriden elle tutulduğunu ileri sürüyordunuz Marya Vlasyevna. Bakın, şu elçi hanımı olduğu söylenen kızıl kahverengi elbiseli kadına, nasıl bir seçim yapmış... Bir o yana, bir bu yana.

— Ne sevimli bir gelin, süslü bir kuzu gibi! Siz ne derseniz deyin, biz acırız kızlara.

Hızla kilisenin kapısına çıkmayı başarmış olan seyirci kadınlar kalabalığı içinde bunlar konuşuluyordu.

VI

Evlenme töreni sona erdiğinde kilise görevlisi kilisenin ortasındaki kürsünün önüne pembe bir ipek parçası serdi, koro bas ve tenorun karşılıklı olarak sırayla okudukları zor ve ustalık isteyen bir ilahi söylemeye başladı ve papaz dönüp yeni evlilere yere serilen pembe kumaş parçasını işaret etti. Her ikisi de halıya ilk kim basarsa ailede onun sözünün geçeceğini ne kadar sık ve çok duymuş olsalar da ne Levin, ne de Kiti bu birkaç adımı attıkları sırada bunu anımsayamıyorlardı. Bazılarının gördüğüne göre önce Levin'in bastığı, diğerlerine göre ikisinin birlikte bastıkları yolundaki yüksek sesle yapılan tartışmaları ve ileri sürülen fikirleri de duymuyorlardı.

Alışılmış evlenmek isteyip istemedikleri, başkalarına söz verip vermedikleri sorularından ve kendilerine çok garip gelen yanıtlarından sonra yeni bir ayin başladı. Kiti, anlamlarını kavrayabilmek isteğiyle duaların sözlerini dinliyor, ama anlayamıyordu. Tören ilerledikçe ruhunu bir coşku ve pırıl pırıl sevinç duygusu giderek daha çok dolduruyor ve dikkatini vermesini engelliyordu.

"Onlara dürüstlük ve iyi evlatlar ver, oğullarını ve kızlarını görme keyfini yaşat," diye dua ettiler. Tanrı'nın kadını Âdem'in kaburgasından yarattığını ve "bunun için insanın babasını ve anasını bırakacağını ve kadına yapışacağını, ikisinin tek vücut olacağını" ve "bu sırrın büyük bir sır" olduğunu söylediler; Tanrı'nın onlara da İshak ve Rebekka gibi, Yusuf, Musa ve Sippor gibi bereket ve hayır dua nasip etmesi için, oğullarının oğullarını görmeleri için yakardılar. Kiti bu sözleri dinlerken "Bunların hepsi çok güzel, başka türlü de olamaz zaten," –diye düşünüyordu ve ona bakan herkese ister istemez bulaşan bir sevinç gülümsemesi aydınlık yüzünde parlıyordu.

Papaz taçları başlarına koyduğu ve Şçerbatskiy'in üç düğmeli eldiven giydiği elinin titreyerek tacı Kiti'nin başının üstünde yüksekte tuttuğu sırada:

— Tacı iyice geçirin! sesleri duyuluyordu.

— Hadi koyun! –diye fısıldadı Kiti gülümseyerek. Levin etrafına baktı ve Kiti'nin yüzündeki sevinç ışıltısından etkilendi ve bu duygu elinde olmadan ona da bulaştı. O da tıpkı Kiti gibi mutlu ve neşeliydi.

İncil'deki mektuplardan okunan duaları ve baş papaz yardımcısının tanıdıklar dışındaki izleyiciler tarafından sabırsızlıkla beklenen son ayetteki gürlemesini neşeyle dinlediler. Yassı bir tastan suyla karışık kırmızı şarap içmek de neşelerini artırdı, papaz omuzlarından sarkan atkıları geriye atıp ikisinin ellerini eline alıp, onları "Sevin ey İşaya" ilahisini okuyan bas sesin dalgaları arasında kürsünün çevresinde döndürdüğü sırada daha da neşelendiler. Gelinle damadın başları üzerinde taçları tutan Şçerbatskiy ve Çirikov, gelinin uzun eteğine dolanarak, bir şeye gülümseyip sevinerek kâh arkada kalıyorlar, kâh papazın durduğu anlarda yeni evlilere tosluyorlardı. Kiti'nin içinde tutuşan sevinç kıvılcımı kilisede bulunan herkese bulaşmış gibiydi. Levin'e sanki papaz da, papaz yardımcısı da tıpkı onun gibi gülmek istiyorlarmış gibi geldi.

Taçları gelinle damadın başından alan papaz, sonuncu duayı okudu ve gençleri kutladı. Levin Kiti'ye baktı, onu şimdiye dek hiç böyle görmemişti. Kiti yüzündeki yeni mutluluk ışıltısıyla çok güzeldi. Levin ona bir şey söylemek istedi, ama törenin bitip bitmediğini bilmiyordu. Papaz onu bu zor durumdan kurtardı. Dudaklarında iyilik dolu bir gülümsemeyle ve alçak sesle:

— Karınızı öpün, siz de kocanızı öpün, -dedi ve ellerindeki mumları aldı.

Levin Kiti'nin gülümseyen dudaklarını yavaşça öptü, ona kolunu uzattı ve yeni, tuhaf bir yakınlık hissederek kiliseden çıktı. Bunun gerçek olduğuna inanmıyor, inanamıyordu. Ancak ikisinin şaşkın ve ürkek bakışları buluştuğunda inandı, çünkü artık ikisinin bir olduklarını hissediyordu.

O gece yemekten sonra gençler köye gitti.

VII

Vronskiy'le Anna üç aydır Avrupa'da dolaşıyorlardı. Venedik'i, Roma'yı, Napoli'yi gezmişler ve bir süreliğine yerleşmek istedikleri küçük bir İtalyan kentine yeni gelmişlerdi.

Gür pomatlı saçlarının ayırım çizgisi ensesinden başlayan, fraklı ve gömleğinin geniş göğüs kısmı beyaz patiskadan, yuvarlak şiş göbeğinin üstünde bir deste madalyon olan yakışıklı bir başgarson, ellerini ceplerine sokmuş, küçümser bir şekilde gözlerini süzerek karşısında duran adama sert sert bir şeyler söylüyordu. Başgarson girişin öbür yanından merdivene çıkmakta olan ayak seslerini duyunca döndü ve en iyi odalarını işgal eden Rus kontunu görüp ellerini saygıyla ceplerinden çıkarttı, eğilerek selam verip, hademenin geldiğini ve palazzo kiralama işinin çözümlendiğini, başkâhyanın sözleşmeyi imzalamaya hazır olduğunu bildirdi.

— A! çok sevindim, –dedi Vronskiy.– Peki hanımefendi evdeler mi?

— Dolaşmaya çıkmışlardı, ama biraz önce döndüler, – diye yanıtladı garson.

Vronskiy geniş kenarlı yumuşak şapkasını başından çıkartıp, terli alnını, kulaklarının yarısına kadar inmiş, geriye doğru taranmış ve kelini örtmüş olan saçlarını mendille sildi. Hâlâ orada dikilen ve kendisini dikkatle süzmeye devam eden bir beyefendiye dalgın dalgın bakıp geçmek istedi.

— Bu beyefendi Rus'muş, sizi soruyordu, –dedi başgarson.

Vronskiy, önce biraz geri çekilip tekrar durmuş olan adama tanıdıklardan bir yere kaçamamanın verdiği sıkıntı ve yaşamının tekdüzeliğinden biraz olsun kurtulup eğlenme isteğinin birbirine karıştığı bir duyguyla bir kez daha baktı; aynı anda her ikisinin de gözleri parladı.

— Golenişçev!

— Vronskiy!

Gerçekten de bu, Vronskiy'in Pajeskiy askeri okulundan arkadaşı Golenişçev'di. Golenişçev okuldayken liberal partiye mensuptu, sivil rütbeyle okuldan çıkmış ve hiçbir yerde çalışmamıştı. Okuldan ayrıldıktan sonra arkadaşlar birbirlerinden tamamen kopmuşlar ve daha sonra sadece bir kez karşılaşmışlardı.

Vronskiy bu görüşmede Golenişçev'in çok zekice liberal bir faaliyet seçtiğini ve bu yüzden Vronskiy'in işini ve unvanını küçümsemek niyetinde olduğunu anlamıştı. Bu nedenle Vronskiy, Golenişçev'le karşılaştığında insanlara karşı göstermeyi çok iyi becerdiği ve "Yaşam tarzım, sizin hoşunuza gidebilir ya da gitmeyebilir, ama benim için hiç fark etmez, beni tanımak istiyorsanız saygı göstermek zorundasınız" anlamı taşıyan soğuk ve mağrur bir tavır takınmıştı. Golenişçev ise Vronskiy'in tavrına karşı küçümseme derecesinde kayıtsızdı. Bu karşılaşma, onları birbirinden daha da uzaklaştırmış olmalıydı. Şimdi ise birbirlerini görünce yüzleri gülmüş, sevinçten çığlık atmışlardı. Vronskiy Golenişçev'i gördüğüne bu kadar sevineceğini hiç beklemiyordu, ama galiba ne kadar sıkıldığını kendisi de bilmiyordu. Son görüşmelerinin tatsız izlenimini unutmuştu ve sevinçli bir yüz ifadesiyle eski arkadaşına elini uzatmıştı. Golenişçev'in daha önceki kaygılı yüz ifadesinin yerini de böyle bir sevinç ifadesi almıştı.

Vronskiy dostça bir gülümsemeyle sağlam beyaz dişlerini ortaya çıkararak:

— Seninle karşılaştığıma ne kadar sevindim! –dedi.

— Ben de Vronskiy adını duyuyordum, ama hangi Vronskiy olduğunu bilmiyordum. Çok sevindim, çok!

— İçeri girelim. E, sen ne yapıyorsun?

— İki yıldır burada yaşıyorum. Çalışıyorum.

— A! –dedi Vronskiy ilgiyle.– Girelim.

Ve Rusların uşaklardan gizlemek istedikleri bir şey olduğunda hep yaptıkları gibi Rusça konuşmak yerine Fransızca konuşmaya başladı.

— Karenina'yla tanışıyor musun? Birlikte seyahat ediyoruz. Ona gidiyorum, –dedi Fransızca ve Golenişçev'in yüzüne dikkatle baktı.

— A! Bilmiyordum (oysa ki biliyordu), –diye karşılık verdi Golenişçev ilgisiz bir şekilde.– Geleli çok oldu mu? –diye ekledi.

Vronskiy arkadaşının yüzüne dikkatle bakarak:

— Ben mi? Dört gün oldu, –diye yanıtladı.

Vronskiy, Golenişçev'in yüzündeki ifadenin ve lafı değiştirmesinin ne anlama geldiğini anlayıp kendi kendine "Evet, o dürüst bir insan ve meseleye bakılması gerektiği gibi bakıyor, –dedi.– Onu Anna'yla tanıştırabilirim, meseleye gerektiği gibi bakıyor."

Vronskiy Anna'yla yurtdışında geçirdiği bu üç ay içinde yeni insanlarla karşılaştığında hep kendisine bu kişinin onun Anna'yla ilişkisine nasıl baktığı sorusunu soruyor ve çoğunlukla erkeklerin *gereken* anlayışı gösterdiklerini görüyordu. Ama eğer ona ve "gerektiği gibi" anlayanlara bu anlayışın ne olduğunu sorsalardı ne o, ne de öbürleri büyük bir sıkıntıya düşerlerdi.

Vronskiy'e göre meseleyi "gerektiği gibi" anlamış olanlar, aslında hiç de anlamıyor, ama genellikle iyi bir eğitim almış insanların yaşamı her yanından kuşatan bütün karmaşık ve çözümlenemez sorunlar konusunda davrandıkları gibi davranıyor, imalı sözlerden ve tatsız sorulardan kaçınarak terbiye sınırları içinde kalıyorlardı. Durumun önemini ve anlamını tam olarak anladıkları görüntüsü yaratıyorlar, bu durumu kabul ve hatta takdir ediyorlar, ama bütün bunları açıklamayı yersiz ve gereksiz sayıyorlardı.

Vronskiy, Golenişçev'in bunlardan biri olduğunu hemen fark etmiş, bu yüzden onu gördüğüne iki kat fazla sevinmişti. Golenişçev, Karenina'nın yanına girdiğinde ona karşı sadece Vronskiy'in isteyebileceği bir davranış göstermişti. Görünüşe bakılırsa kötü bir duruma düşürebilecek tüm konuşmalardan en küçük bir zorlama olmaksızın kaçınıyordu.

Anna'yı önceden tanımıyordu ve güzelliğinden, ama asıl durumunu kabullenmesindeki basitlikten etkilenmişti. Vronskiy, Golenişçev'i takdim ettiğinde Anna kızarmıştı ve güzel yüzünü kaplayan bu çocuksu kızarıklık Golenişçev'in çok hoşuna gitmişti. Fakat asıl hoşuna giden, yabancı bir adamın yanında herhangi bir yanlış anlama olmaması için Anna'nın Vronskiy'e

Aleksey diye hitap etmiş ve burada palazzo diye adlandırılan yeni kiraladıkları bir eve taşınacaklarını söylemesi olmuştu. İçinde bulunduğu durumla ilgili bu doğrudan ve basit yaklaşım Golenişçev'in hoşuna gitmişti. Aleksey Aleksandroviç'i ve Vronskiy'i tanıyan Golenişçev, Anna'nın sevecen, neşeli ve enerjik hareketlerine bakarken onu tam olarak anladığını düşünmüştü. Anna'nın asla anlamadığı bir şeyi, kocasını mutsuz edip, kocasını ve oğlunu bırakıp, iyi şöhretini kaybedip kendini nasıl enerjik, neşeli ve mutlu hissedebildiğini anladığını düşünüyordu.

Golenişçev Vronskiy'in kiraladığı bu palazzodan söz ederek:

— Rehberde var, –dedi.– Orada çok güzel bir Tintoretto var. Son döneminden.

Vronskiy Anna'ya:

— Ne yapalım biliyor musunuz? Hava çok güzel, oraya gidelim ve bir kez daha bakalım, –dedi.

Anna kapının önünde durup Vronskiy'e soru soran gözlerle bakarak:

— Çok sevinirim, hemen gidip şapkamı giyeyim. Ne dersiniz, hava çok mu sıcak? –dedi ve o parlak kırmızılık yüzünü yine kapladı.

Vronskiy, Anna'nın bakışından onun, yani Vronskiy'in Golenişçev'le ne tür bir ilişki içinde olmak istediğini bilmediğini ve onun istediği gibi davranıp davranmadığından korktuğunu anlamıştı.

Anna'ya tatlı bir bakışla uzun uzun baktı.

— Hayır, çok sıcak değil, –dedi Vronskiy.

Anna da her şeyi, en önemlisi de onun kendisinden memnun olduğunu anladığını düşündü; Vronskiy'e gülümseyip hızlı adımlarla kapıdan çıktı.

İki arkadaş birbirlerine baktı ve her ikisinin yüzünde de sanki Anna'ya hayran kalan Golenişçev onunla ilgili olarak bir şey söylemek istemiş, ama söyleyeceği şeyi bulamamış,

Vronskiy ise bunu yapmasını hem istemiş, hem de bundan korkmuş gibi bir şaşkınlık belirmişti.

Vronskiy bir konuşma konusu açmak için:

— Demek öyle, –dedi. Golenişçev'in bir şeyler yazdığını anımsayarak,– Demek buraya yerleştin? Hâlâ aynı işle mi uğraşıyorsun? –diye devam etti.

Bu soru üzerine sevinçten gözleri parlayan Golenişçev:

— Evet, "İki İlke"nin ikinci bölümünü yazıyorum, –dedi,– yani doğru söylemek gerekirse henüz yazmıyorum, ama hazırlık yapıyor, belge topluyorum. Çok geniş olacak ve hemen hemen bütün sorunları kapsayacak. Bizim Rusya'da, Bizans'ın mirasçıları olduğumuzu anlamak istemiyorlar, –diye uzun, ateşli bir açıklamaya girişti.

Vronskiy, "İki İlke"nin, yazarın bilinen, ün kazanmış bir şey diye sözünü ettiği birinci bölümünü bile bilmediği için ilk başta utanmıştı. Ama sonra Golenişçev düşüncelerini anlatmaya başlayıp da Vronskiy "İki İlke"yi bilmeden de bu düşünceleri izleyebildiğini görünce, ayrıca Golenişçev güzel konuştuğu için ilgiyle dinliyordu. Fakat Golenişçev'in ilgilendiği konudan söz ederken gösterdiği öfkeli heyecan Vronskiy'i şaşırtmış ve üzmüştü. Konuştukça gözleri parlıyor, hayali düşmanlarına daha hızlı itiraz ediyor, yüzünün ifadesi daha kaygılı ve daha kırgın bir hal alıyordu. Golenişçev'i askeri lisede her zaman birinci olan zayıf, canlı, iyi yürekli ve mert bir çocuk olarak anımsayan Vronskiy, bu öfkenin nedenlerini anlayamıyor ve doğru bulmuyordu. Özellikle iyi bir çevreden gelen Golenişçev'in onu sinirlendiren ve kendisinin de kızdığı birtakım yazar bozuntularıyla kendini bir tutması hoşuna gitmiyordu Vronskiy'in. Buna değer miydi? Bu durum Vronskiy'in hoşuna gitmiyordu, ama Golenişçev'in mutsuz olduğunu hissettiği halde ona acıyordu da. Anna'nın dışarı çıktığını bile fark etmeksizin düşüncelerini telaşla ve hararetli bir şekilde anlatmayı sürdürdüğü sırada bu hareketli ve oldukça yakışıklı yüzde bir mutsuzluk, neredeyse bir delilik okunuyordu.

Anna başında şapkası, sırtında peleriniyle, güzel elinin hızlı bir hareketiyle şemsiyesini döndürerek gelip yanında durduğu anda Vronskiy rahatlayarak Golenişçev'in, üzerine dikilmiş şikâyetçi gözlerinden kendini kurtardı, hayat ve sevinç dolu güzel sevgilisine yeni bir aşkla baktı. Golenişçev güçlükle kendini toplayarak ilk başta bezgin ve karamsar davrandı, ama herkese karşı sevecen olan (o sıra öyleydi) Anna sade ve çok neşeli davranışlarıyla onu canlandırdı. Çeşitli konularda konuşmaya çalıştıktan sonra sözü, Golenişçev'in çok güzel konuştuğu bir konuya, resim konusuna getirdi ve onu dikkatle dinlemeye koyuldu. Tuttukları eve yürüyerek gidip evi gezdiler.

Geri döndüklerinde Anna, Golenişçev'e:

— Bir şeye çok seviniyorum, –dedi.– Aleksey'in güzel bir *atelier*'si olacak. –İkisinin birlikte geçecek bundan sonraki yaşamlarında Golenişçev'in yakın bir insan olacağını ve ondan bir şey gizlemenin gereksizliğini anladığı için Vronskiy'e *sen* diyerek ve Rusça olarak– O odayı mutlaka sen almalısın, –dedi.

Golenişçev hemen Vronskiy'e dönerek:

— Yoksa resim mi yapıyorsun? –dedi.

— Evet, uzun zaman önce ilgilenmiştim, şimdi de ufak ufak başladım, –dedi Vronskiy kızararak.

Anna sevinçli bir gülümsemeyle:

— Büyük bir yeteneği var, –dedi.– Ben elbette hüküm veremem! Ama bilenler öyle söyledi.

VIII

Anna, serbest kaldığı ve hızla iyileştiği bu ilk dönemde kendini bağışlanmaz şekilde mutlu ve yaşama sevinciyle dolu hissediyordu. Kocasının mutsuz olduğunu anımsamak onun mutluluğunu bozmuyordu. Bunu anımsamak bir yandan onu düşünmek açısından çok korkunç bir şeydi. Diğer yandan kocasının mutsuzluğu ona pişmanlık duymayacak kadar büyük bir mutluluk veriyordu. Hastalandıktan sonra başına gelenleri, kocasıyla barışmasını, ayrılmasını, Vronskiy'in yaralanma haberini, Vronskiy'in gelmesini, boşanma hazırlığını, kocasının evinden ayrılmasını, oğluyla vedalaşmasını anımsamak yurtdışında Vronskiy'le yalnız uyandığı bir karabasan gibi geliyordu ona. Kocasının başına gelen kötülüğü anımsamak, onda tiksinmeye ve boğulmak üzereyken kendisine tutunan bir adamı silkip atan birinin hissettiğine benzer bir duygu uyandırıyordu. Silkip atılan adam boğulmuştu. Elbette bu kötü bir şeydi, ama tek kurtuluş buydu ve en iyisi bu korkunç ayrıntıları anımsamamaktı.

Davranışıyla ilgili tek avutucu düşünce Anna'nın aklına, kocasından ayrıldığı ilk dakikada gelmişti ve şimdi geçmişte olanları anımsadığında bu düşünceyi de anımsıyordu. "Onu kaçınılmaz şekilde mutsuz ettim, –diye düşünüyordu,– ama bu mutsuzluktan yararlanmak istemiyorum; ben de acı çekiyorum, çekeceğim de; her şeyden çok değer verdiğim şeylerden, onurlu bir addan ve oğlumdan yoksunum. Kötü bir şey yaptım, bu yüzden mutlu olmak istemiyorum, boşanmak istemiyorum, bu yüzkarası durumun ve oğlumdan ayrılmanın acısını çekeceğim." Ancak Anna acı çekmeyi ne kadar içten isterse istesin, acı çekmiyordu. Yüzkarası olacak bir şey de yoktu. Her ikisinde bol miktarda bulunan sezgi gücüyle yurtdışında Rus kadınlardan kaçarak hiçbir zaman kendilerini yapmacık bir duruma sokmuyorlar ve her yerde aralarındaki durumu kendi anladıklarından çok daha iyi anlıyormuş gibi davranan insanlara rastlıyorlardı. Çok sevdiği oğlundan ayrılmak da ilk zaman onu üzmemişti. *Onun* çocuğu, küçük kız öyle sevimliydi ve elinde bir tek bu küçük kızın kaldığı günden beri öylesine kendine bağlamıştı ki, Anna oğlunu pek seyrek anımsıyordu.

İyileştikçe artan yaşama isteği o kadar güçlü ve yaşam koşulları o kadar yeniydi ki, Anna kendini bağışlanmayacak kadar mutlu hissediyordu. Vronskiy'i tanıdıkça daha çok seviyordu. Vronskiy'i o olduğu için ve kendisini sevdiği için seviyordu. Ona tamamen sahip olması Anna için sürekli bir sevinç kaynağıydı. Vronskiy'in yakınında olması her zaman hoşuna gidiyordu. Vronskiy'in karakterinde giderek daha fazla tanıdığı özellikler, Anna için anlatılamayacak kadar sevimli özelliklerdi. Vronskiy'in sivil giysiler içinde değişen dış görünüşü Anna'ya âşık bir genç kız gibi çekici geliyordu. Vronskiy'in söylediği, düşündüğü, yaptığı her şeyde soylu ve üstün bir şey görüyordu. Vronskiy'e duyduğu hayranlık sık sık kendisini korkutuyordu: Vronskiy'de güzel olmayan bir şey arıyor ve hiçbir şey bulamıyordu. Onun karşısında kendisinin bir hiç olduğunu Vronskiy'e göstermeye cesaret edemiyordu. Vronskiy bunu bilirse onu sevmekten vazgeçebilirmiş gibi geliyordu; böyle düşünecek bir nedeni olmadığı halde şimdi hiçbir şeyden onun sevgisini kaybetmek kadar korkmuyordu. Ancak kendisine karşı davranışı için ona minnet duymaktan ve ne kadar değer verdiğini göstermekten de kendini alamıyordu. Anna'ya göre, önemli rol oynayabileceği bir devlet görevi için belli bir yeteneğe sahip olan Vronskiy, yükselme isteğinden asla en küçük bir pişmanlık göstermeksizin onun için vazgeçmişti. Anna'ya karşı eskisinden daha fazla sevgi ve saygı doluydu, ona durumundan hiçbir zaman rahatsızlık hissettirmeme düşüncesi bir an bile aklından çıkmıyordu. Son derece erkek tabiatlı olan Vronskiy Anna'ya hiç karşı çıkmadığı gibi, kendi iradesi yokmuş gibi davranıyor ve Anna'nın isteklerini daha o söylemeden tahmin etmeye çalışıyormuş gibi görünüyordu. Vronskiy'in bütün dikkatini ona çevirmesi, onu içine hapsettiği bu ilgi ortamı zaman zaman Anna'yı rahatsız etse de, bunları takdir etmekten kendini alamıyordu.

Bu arada Vronskiy, çok uzun zamandır istediği şeyin tümüyle gerçekleşmiş olmasına karşın tam anlamıyla mutlu değildi. İsteğinin gerçekleşmesinin, ona beklediği mutluluk dağından sadece bir kum tanesi verdiğini çok kısa bir süre sonra hissetti. İsteğinin gerçekleşmesi, insanların mutluluk duygusunu isteklerin gerçekleşmesi olarak tasavvur etmekle yaptıkları ezeli bir hatayı göstermişti ona. Anna'yla birleştikten ve sırtına sivil giysileri giydikten sonraki ilk günlerde daha önceden tanımadığı genel anlamıyla özgürlüğün ve aşkta özgürlüğün tüm güzelliğini hissetmiş ve mutlu olmuştu. Ama bu mutluluk uzun sürmedi. Kısa bir süre sonra ruhunda isteme isteğinin, yani can sıkıntısının arttığını hissetti. Elinde olmadan her geçici hevesi istek ve amaç gibi görerek kendini bunlara kaptırmaya başladı. Yurtdışında mükemmel bir özgürlük ortamında, Petersburg'dayken çok zamanlarını alan sosyete yaşamının kurallar çemberi dışında yaşadıkları için günün on altı saati bir şeyle uğraşmak gerekiyordu. Eskiden yurtdışı gezilerinde Vronskiy'i ilgilendiren bekârlık yaşamının nimetlerini düşünmesi artık olanaksızdı, çünkü bu konudaki bir deneme, arkadaşlarla geç saatte yenen bir akşam yemeği Anna'da beklenmedik ve ölçüsüz bir karamsarlık yaratmıştı. Durumlarının belirsizliği nedeniyle yerel sosyeteyle ve Rus sosyetesiyle de ilişkileri olamazdı. Görülmeye değer yerleri gezmek, hepsinin çoktan gezilip görülmüş olması bir yana, herhangi zeki bir Rus gibi Vronskiy için de, bu konuya bir İngiliz'in atfettiği, o tarifi olanaksız anlamı taşımıyordu tabii.

Aç bir hayvanın yiyecek bulma umuduyla önüne gelene saldırması gibi, Vronskiy de son derece bilinçsiz olarak kâh politikaya, kâh yeni kitaplara, kâh tablolara sarılıyordu.

Gençliğinden beri resme yetenekli olduğu ve paralarını nereye harcayacağını bilmediğinden gravür koleksiyonu yapmaya başladığı için resimde karar kıldı, resimle uğraşmaya başladı ve yerine getirilmeyi bekleyen boş istek listesini buna yöneltti.

Sanatı anlama, sanatı doğru bir şekilde, belli bir zevkle taklit etme yeteneği vardı ve bir ressam için gerekli olan şeyin kendisinde olduğunu düşünmüş, kısa bir süre hangi resim türünü, dinsel mi, tarihsel mi, günlük yaşamla ilgili resimleri mi, yoksa gerçekçi türü mü seçmek konusunda kararsız kaldıktan sonra resim yapmaya girişmişti. Bütün resim türlerinden anlıyordu ve kâh birinden, kâh öbüründen esinlenebiliyordu;

ancak hangi resim türlerinin olduğunu hiç bilmeden, yaptığı resmin bilinen hangi türe ait olacağına aldırmadan, doğrudan doğruya kendi ruhundaki bir şeyden esinlenmenin mümkün olduğunu düşünemiyordu. Bunu bilmediği ve yaşamdan dolaysız değil, dolaylı olarak, yani sanat tarafından canlandırılmış yaşamdan esinlendiği için esin perisi çok çabuk ve kolay geliyor, aynı çabukluk ve kolaylıkla yaptığı resmin taklit etmek istediği türe çok benzemesini sağlıyordu.

Diğer bütün türlerin arasında en beğendiği zarif ve çarpıcı Fransız türüydü. İtalyan giysisiyle Anna'nın bu türde bir portresini yapmaya başlamıştı. Bu portre, ona da, gören herkese de çok başarılı bir resim gibi görünüyordu.

IX

Kabartma resimli yüksek tavanları ve duvarlarında freskleri, mozaik yer döşemeleri, yüksek pencerelerinde ağır, sarı damasko perdeleri, konsolların ve şöminelerin üzerindeki vazoları, oymalı kapıları, karanlık salonları, duvarlara asılı tablolarıyla bu eski ve bakımsız palazzo, buraya taşınmalarından sonra dış görünüşüyle Vronskiy'i içine düşürdüğü, kendisinin bir Rus toprak sahibinden, görevsiz bir subaydan çok, eğitimli bir sanatsever ve sanat koruyucusu, sevdiği kadın için sosyeteden, ilişkilerinden, yükselme arzusundan vazgeçmiş basit bir ressam olduğu yanılgısını artırıyordu.

Palazzoya taşındıktan sonra Vronskiy'in seçtiği rol son derece başarılı oldu ve Golenişçev'in aracılığıyla bazı ilginç kişilerle tanıştıktan sonra ilk zamanlar kendisini huzurlu hissetti. Bir İtalyan profesörün rehberliğinde doğayı konu alan resim etüdleri yapıyor ve ortaçağ İtalyan yaşantısıyla ilgileniyordu. Ortaçağ İtalyan yaşantısı son zamanlarda Vronskiy'i öylesine büyülemişti ki, kendisine çok yakışan ortaçağ stili bir şapka ve pelerin kullanmaya başlamıştı.

Vronskiy, sabah sabah evlerine gelen Golenişçev'e:

— Yaşıyoruz, ama hiçbir şey bilmiyoruz, –dedi. Biraz önce gelen Rus gazetesini uzatarak ve onlarla aynı kentte yaşayan, bir tablosu hakkında uzun zamandır söylentiler dolaşan ve daha bitmeden satın alınan bu tablosunu tamamlamış olan Rus ressamla ilgili yazıyı göstererek,– Mihaylov'un tablosunu gördün mü sen? –diye sordu. Yazıda harika bir ressamın teşvikten ve yardımdan yoksun kalması nedeniyle hükümete ve Akademi'ye yönelik sitemler yer alıyordu.

— Gördüm, –diye yanıtladı Golenişçev.– Yetenekten yoksun değil elbette, ama son derece hatalı bir yolda. İsa'ya ve dinsel resme karşı yine de İvanov-Strauss-Renan tavrı içinde.

— Tablo hangi konuda? –diye sordu Anna.

— İsa, Pilatus'un önünde. İsa, yeni ekolün tüm gerçekçiliğiyle Yahudi olarak resmedilmiş.

Tablonun içeriği konusundaki bu soruyla en sevdiği konulardan birini yakalamış olan Golenişçev anlatmaya başladı:

— Nasıl bu kadar gözle görülür bir hata yapabildiklerini anlamıyorum. İsa büyük ustaların sanatında artık belirli bir simgeye sahiptir. Şu halde eğer Tanrı değil, bir devrimci ya da bir bilge tasvir etmek istiyorlarsa, o zaman tarihten sadece İsa'yı değil, Sokrat'ı, Franklin'i, Charlotte Corday'i alsınlar. Sanat açısından alınması olanaksız bir yüzü alıyorlar, sonra da...

Bir Rus sanat koruyucusu olarak tablosunun güzel mi, çirkin mi olduğuna bakmaksızın bir ressama yardım etmesi gerektiğini düşünen Vronskiy:

— Peki, bu Mihaylov'un yoksulluk içinde olduğu doğru mu? –diye sordu.

— Sanmam. Olağanüstü bir portre ressamı. Onun Vasilçikova portresini gördünüz mü? Ama galiba artık portre yapmak istemiyor, bu yüzden belki de gerçekten para sıkıntısı içinde olabilir. Ben diyorum ki...

— Ondan Anna Arkadyevna'nın portresini yapmasını rica edemez miyiz? –dedi Vronskiy.

— Niye benim portrem? –dedi Anna.– Seninkinden sonra hiç kimsenin yaptığı portreyi istemem. Ani'ninkini (kızını bu adla çağırıyordu) yapsın daha iyi. Bebeği bahçeye çıkarmış olan güzel İtalyan sütanneye pencereden bakıp, aynı anda da fark ettirmeden Vronskiy'e bir göz atıp,– İşte Ani, –diye ekledi. Vronskiy'in bir tablosu için başının resmini yaptığı güzel sütanne, Anna'nın yaşamındaki tek gizli üzüntüydü. Vronskiy kadının resmini yaptıktan sonra güzelliğine ve ortaçağ havasına hayran kalmıştı. Anna, bu sütanneyi kıskanmaktan korktuğunu kendisine itiraf edemiyordu, bu nedenle hem kadına, hem de kadının küçük oğluna özellikle sevgi gösteriyor ve şımartıyordu.

Vronskiy de pencereye ve Anna'nın gözlerine bakıp hemen Golenişçev'e dönerek:

— Peki bu Mihaylov'u tanıyor musun? –dedi.

— Onunla karşılaşmışlığım var. Fakat hiçbir eğitimi olmayan tuhaf bir adam. Bilirsiniz işte, şimdi sık karşılaşılan şu yeni yabani insanlardan biri; güvensizlik, yadsıma ve materyalizm anlayışlarına uygun olarak d'emblée* yetiştirilmiş serbest düşüncelilerden biri. –Golenişçev, Anna'nın ve Vronskiy'in de konuşmak istediklerini fark etmeyerek ya da fark etmek istemeyerek,– Eskiden serbest düşünceli insan, din, yasa, ahlak anlayışlarına uygun yetişen ve serbest düşünceye kendi mücadelesiyle ve emeğiyle ulaşan insandı; ama şimdi ahlak ve din yasaları olduğunu, otoriteler olduğunu bile duymadan, her şeyi yadsıma anlayışına göre yetişen yeni tip anadan doğma serbest düşünceliler, yani yabaniler ortaya çıkıyor. İşte o da böyle biri. Sanırım, Moskovalı bir saray uşağının oğlu ve hiçbir eğitim görmemiş. Akademi'ye girdiğinde ve adını duyurduğunda akıllı bir insan olarak eğitim görmek istemiş. Eğitim kaynağı olarak gördüğü dergilere başvurmuş. Bilirsiniz, eskiden eğitim görmek isteyen biri, örneğin bir Fransız, bütün klasikleri, ilahiyatçıları, tragedya yazarlarını, tarihçileri, filozofları ve kendisinden önceki bütün kafa emeğini incelemeye koyulurdu. Ancak bizde şimdi serbest düşünceli

* Bir anda, birden. (Fr.)

biri, inkârcı edebiyatın doğruca içine giriyor, inkârcı bilimin özetini çok hızlı bir şekilde özümsüyor ve hazır oluveriyor. Üstelik de yirmi yıl kadar önce bu adam, bu edebiyatta otoritelerle, asırlık anlayışlarla mücadelenin belirtilerini bulabilir, ortada bu mücadeleden daha başka bir şey olduğunu anlayabilirdi; ama şimdi eski görüşlerin tartışmaya bile değer görülmediği, sadece évolution,* seçim, var olma mücadelesi gibi sözlerle yetinilen bir anlayışa düşüyorlar. Ben makalemde...

Uzunca bir süredir Vronskiy'le birkaç kez göz göze gelen ve Vronskiy'i ilgilendiren şeyin, bu ressamın eğitimi değil, sadece ona yardım etme ve bir portre ısmarlama düşüncesi olduğunu bilen Anna, konuşmasını sürdüren Golenişçev'in sözünü kararlı bir şekilde keserek:

— Ne yapalım biliyor musunuz, –dedi,– o ressama gidelim!

Golenişçev toparlandı ve memnuniyetle kabul etti. Fakat ressam uzak bir mahallede oturduğu için bir fayton tutmaya karar verdiler.

Bir saat sonra Anna, yanında oturan Golenişçev ve faytonun önünde oturan Vronskiy uzak bir mahalledeki yeni yapılmış çirkin bir eve yaklaştılar. Onları karşılayan kapıcının karısından Mihaylov'un stüdyosuna girilmesine izin verdiğini, ama şu anda iki adım ötedeki evinde olduğunu öğrenip, tablolarını görmelerine izin vermesi için kartvizitlerini de eline tutuşturup, kadını ressama yolladılar.

X

Ressam Mihaylov, Kont Vronskiy ve Golenişçev'in kartvizitlerini getirdiklerinde her zamanki gibi işinin başındaydı. Sabah stüdyoda büyük bir tablo üzerinde çalışıyordu. Eve geldiğinde para isteyen ev sahibini atlatamadığı için karısına sinirlenmişti.

---

* Evrim. (Fr.)

— Yirmi kez söyledim sana, açıklamaya girişme diye. O kadar aptalsın ki, bir de İtalyanca açıklama yapmaya kalkışıyorsun, üç misli aptallık etmiş oluyorsun, –dedi uzun bir tartışmadan sonra.

— O zaman sen de ödemeyi geciktirme, benim bir suçum yok. Benim param olsaydı...

Mihaylov ağlamaklı bir sesle:

— Tanrı aşkına beni rahat bırak! –diye bağırdı ve kulaklarını tıkayıp bir bölmenin ardındaki çalışma odasına gidip arkasından kapıyı kilitledi. "Kafasız kadın!" –dedi kendi kendine, masanın başına geçip oturdu ve dosyayı açıp daha önce başlanmış bir resmi büyük bir hevesle tamamlamaya koyuldu.

Hayatının kötü gittiği, özellikle de karısıyla kavga ettiği zamanlar hiç böyle hevesli ve başarılı çalışmamıştı. Çalışmaya devam ederken "Ah, keşke bir yerlere kaçabilsem!" –diye düşündü. Öfke nöbeti geçiren bir insan resmi yapıyordu. Bu resmi daha önce de yapmıştı, ama tatmin olmamıştı. "Hayır, öbürü daha güzeldi... Nerede o?" Karısının yanına gitti ve suratını asıp, karısının yüzüne bakmaksızın büyük kızına onlara verdiği kâğıdın nerede olduğunu sordu. Üzerinde atılan resmin olduğu kâğıt bulundu, ama kirlenmiş ve stearinle lekelenmişti. Yine de resmi aldı, masasına koydu ve resimden uzaklaşıp, gözlerini kısarak resme bakmaya başladı. Birden gülümsedi ve sevinçle ellerini salladı.

— Tabii, tabii! –dedi ve hemen kurşun kalemi alıp hızlı hızlı çizmeye başladı. Stearin lekesi resimdeki adama yeni bir poz veriyordu.

Bu yeni pozu çiziyordu ki, birden aklına puro satın aldığı tüccarın çenesi ileri doğru çıkık, canlı yüzü geldi ve resimdeki adama bu yüzü, bu çeneyi koydu. Sevinçten gülmeye başladı. Figür bir anda ölü ve uydurma olmaktan çıkmış, canlı ve artık değiştirilmesi olanaksız bir hale gelmişti. Canlı bir figürdü, açık ve kesin bir şekilde belirlenmişti. Resim, bu figürün gerektirdiği şekilde düzeltilebilirdi, bacakları başka şekilde konabilir, sol elinin duruşu tamamen değiştirilebilir, saçları yana atılabilirdi ve bunlar yapılmalıydı. Ancak bu düzeltmeleri yaparken figürü değiştirmiyor, yalnızca figürü gizleyen şeyi atıyordu. Sanki figürün tamamen görünmesine engel olan örtüleri üzerinden kaldırıyordu; her yeni çizgi, sadece figürü bütün enerjik gücüyle, stearinin yaptığı leke yüzünden bir anda ona göründüğü haliyle ortaya çıkarıyordu. Kartvizitleri getirdiklerinde figürü dikkatle tamamlıyordu.

— Hemen, hemen geliyorum!

Karısının odasına geçti.

Ürkek ve tatlı bir şekilde gülümseyerek karısına:

— Tamam Saşa, kızma! –dedi.– Sen suçluydun. Ben de suçluydum. Her şeyi yoluna koyacağım. –Karısıyla barıştıktan sonra küçük kadife yakalı zeytin yeşili pardösüsünü ve şapkasını giydi, stüdyoya gitti. Başarılı bir sonuç veren figürü unutmuştu bile. Şimdi onu sevindiren ve heyecanlandıran, faytonla gelen bu önemli Rus vatandaşlarının stüdyosunu ziyaret etmeleriydi.

Şu anda resim sehpasında duran resim hakkında ruhunun derinlerinde bir tek yargı vardı, o da böyle bir resmi hiçbir zaman hiç kimsenin yapmamış olmasıydı. Tablosunun Rafael'in tüm resimlerinden daha iyi olduğunu düşünmüyordu, ama bu tabloda vermek istediği ve verdiği şeyi hiç kimsenin hiçbir zaman veremediğini biliyordu. Bunu kesinlikle ve çok uzun zamandır, resmi yapmaya başladığı andan beri biliyordu; ancak insanların düşünceleri nasıl olursa olsun onun için yine de çok büyük öneme sahipti ve ruhunun derinlerine dek heyecanlandırıyordu onu. Resmi hakkında hüküm verenlerin bu tabloda onun gördüğü şeyin küçük bir kısmını olsun gördüğünü gösteren her düşünce, en önemsizi bile, ruhunun derinlerine kadar heyecanlandırıyordu. Resimleri hakkında hüküm verenlerin her zaman onun sahip olduğundan daha derin bir anlayışa sahip olduklarını düşünüyor ve onlardan her zaman kendi tablosunda görmediği bir şeyi görmelerini bekliyordu. Resimlerini görenlerin düşüncelerinde bunu bulduğunu sanıyordu.

Stüdyosunun kapısına hızlı adımlarla yaklaştı, girişte gölgelik bir yerde dikilen ve Golenişçev'in hararetle anlattığı şeyi dinleyen, bu arada yanlarına yaklaşmakta olan ressamı görmek isteyen Anna'nın yumuşak bir ışıkla aydınlanmış figürü tüm heyecanına karşın onu etkilemişti. Yanlarına yaklaşırken bu izlenimi de tıpkı puro satın aldığı tüccarın çenesi gibi kaptığını ve yuttuğunu, sonra da gerektiğinde çıkaracağı yere sakladığını kendisi de fark etmemişti. Golenişçev'in ressamla ilgili olarak daha önce anlattıklarından hayal kırıklığına uğramış olan ziyaretçiler, ressamın dış görünüşünden daha da büyük bir hayal kırıklığına uğradılar. Orta boylu, sağlam yapılı, çevik yürüyüşlü Mihaylov, kahverengi şapkası, zeytin yeşili pardösüsü ve artık uzun zamandır geniş pantolonlar giyildiği halde dar pantolonu içinde, özellikle de geniş yüzünün sıradanlığıyla ve ürkeklikle onurunu koruma isteğini birleştiren yüz ifadesiyle pek hoş olmayan bir izlenim bıraktı.

Umursamaz bir görünüm takınmaya çalışarak:

— Buyurun rica ederim, –dedi ve hole girerek cebinden anahtarı çıkarıp kapıyı açtı.

XI

Ressam Mihaylov stüdyoya girerken konuklara bir kez daha baktı ve Vronskiy'in yüz ifadesini, özellikle de elmacık kemiklerini belleğine bir daha yazdı. Ressamlık duygusunun ara vermeden çalışmasına, eseriyle ilgili hüküm verme anının yaklaşması yüzünden heyecanının giderek artmasına karşın bu üç kişi hakkında önemsiz işaretlerden kendisi için hızlı ve ustaca bir kavram oluşturdu. Şu adam (Golenişçev) burada yaşayan bir Rus'tu. Mihaylov onun ne adını, ne de nerede karşılaştığını ve ne konuştuğunu anımsıyordu. Gördüğü bütün yüzleri anımsadığı gibi onun da sadece yüzünü anımsıyordu, ancak bu yüzün, belleğinde yapay bir önem taşıyan ve ifade yoksulları bölümüne atılmış yüzlerden biri olduğunu da anımsıyordu. Uzun saçlar ve çok açık alın, bir tek dar burun kökünün üstünde toplanmış, çocuklara özgü, küçük huzursuz bir ifade olan yüzüne görünürde ciddiyet veriyordu. Mihaylov'un düşüncesine göre, Vronskiy ve Karenina bütün zengin Ruslar gibi sanattan hiçbir şey anlamayan, ama kendilerini sanatsever ve sanatın değerini bilen insanlar olarak gösteren soylu ve zengin Ruslardı. "Herhalde eskilerin hepsini görmüşler ve şimdi de yenilerin, şarlatan bir Alman'ın ve Pre-Raphaelite* budala bir İngiliz'in stüdyolarını dolaşıyorlar, bana da sadece gezilerini tamamlamak için geldiler," –diye düşünüyordu Mihaylov. Yüzeysel bilgi sahibi kişilerin (bu kişiler ne kadar akıllı olurlarsa o kadar kötü olurlar) çağdaş sanatçıların stüdyolarını sadece sanatın zayıfladığını, yenilere baktıkça eski büyük ustaların ne kadar taklit edilemez kaldıklarını söyleme hakkına sahip olmak amacıyla gezdiklerini çok iyi biliyordu. Bunu bekliyordu, bunların hepsini onların yüzlerinde, kendi aralarında konuşurken, manken ve büstlere bakarken ve resmi açmasını bekledikleri sırada rahat rahat dolaşırken gösterdikleri umursamazlık ve özensizlikte görüyordu. Fakat buna karşın, etüdlerini gösterirken, perdeleri kaldırırken ve resmin üstündeki örtüyü alırken büyük bir heyecanla birlikte bütün soylu ve zengin Rusların onun anlayışına göre birer hayvan ve birer aptal olması gerektiği halde Vronskiy'den, özellikle de Anna'dan hoşlandığını hissediyordu.

Çevik yürüyüşüyle kenara çekilip resmi işaret ederek:

— Buyurun, işte burada, –dedi.– Pilatus'a Öğüt. Matta, Bap XXVII, –dedi heyecandan dudaklarının titremeye başladığını hissederek. Geri çekildi ve arkalarında durdu.

Konukların sessizce tabloya baktıkları birkaç saniye içinde Mihaylov da tabloya baktı, hem de kayıtsız, yabancı bir gözle baktı. Bu birkaç saniyede en yüce, en adil yargının bir dakika önce o kadar küçümsediği bu konuklar tarafından verileceğine inandı. Daha önce, bu tabloyu yaptığı üç yıl

* İngiliz şiir ve resim sanatında XIX. yüzyılın ikinci yarısında görülen bir akım. (ç.n.)

boyunca tablosu hakkında düşündüğü her şeyi unuttu; tablonun onun açısından kuşku taşımayan üstün niteliklerinin tümünü unuttu, tabloyu, konukların kayıtsız, yabancı, yeni bakışıyla gördü ve bu tabloda güzel olan hiçbir şey bulamadı. Birinci planda Pilatus'un küskün yüzünü ve İsa'nın sakin yüzünü, ikinci planda Pilatus'un uşaklarının figürlerini ve Yuhanna'nın olup bitenlere bakan yüzünü gördü. Bu kadar arayışla, bu kadar hatayla, düzeltmeyle kendi özel karakteriyle içinde boy veren her bir yüz, ona bu kadar acı ve sevinç vermiş olan her yüz, bütünlüğü gözetmek için kim bilir kaç kez değiştirdiği bütün bu yüzler, böylesine zorlukla elde ettiği bütün renk ve ton ayırtıları, konukların gözüyle bakınca şimdi hepsi birlikte bayağı, binlerce kez yinelenmiş bir şey olarak görünüyordu. Ona en değerli gelen, tablonun merkezini oluşturan, ilk kez bulduğunda öylesine büyük heyecan vermiş olan İsa'nın yüzü, tabloya konukların gözüyle baktığında onun açısından her şeyini yitirmişti. Tiziano'nun, Rafael'in, Rubens'in sayısız İsa'larının ve Pilatus'la askerlerinin güzel yapılmış (hatta güzel de değildi, şimdi bir yığın kusuru açıkça fark ediyordu) bir tekrarını görüyordu. Bunların hepsi bayağı ve eski, hatta kötü resmedilmişti, karışık ve zayıftı. Ressamın yanında yalandan nazik sözler söylerken, yalnız kaldıklarında ona acımakta, onunla alay etmekte haklı olacaklardı.

Bu suskunluk (bir dakikadan fazla sürmese de) çok zor geldi ona. Sessizliği bozmak ve heyecanlanmadığını göstermek için kendisine hâkim olup, Golenişçev'e döndü. Yüzlerindeki bir tek çizgiyi bile kaçırmamak için huzursuzca bir Anna'ya, bir Vronskiy'e bakarak Golenişçev'e:

— Galiba sizinle görüşme zevkine sahip olmuştum, –dedi.

Golenişçev bakışlarını en ufak bir üzüntü duymadan tablodan çekerek ve ressama dönerek:

— Elbette! Rossi'de görüşmüştük, anımsarsanız, şu İtalyan hanımefendi, yeni Raşel'in şiir okuduğu gece, –diye rahat bir şekilde konuşmaya başladı.

Ancak Mihaylov'un tabloyla ilgili düşüncelerini beklediğini fark edip şöyle dedi:

— Tablonuz, son gördüğümden bu yana çok ilerlemiş. Pilatus figürü gerek o zaman, gerekse şimdi benim için aşırı derecede etkileyici. Ruhunun derinlerine kadar bir memur, ne yaptığını bilmeyen iyi ve yiğit adam. Onu öyle iyi anlıyorsun ki. Ama bana kalırsa...

Mihaylov'un hep hareketli olan yüzü birden aydınlandı, gözleri parlamaya başladı. Bir şey söylemek istedi, ama heyecandan söyleyemedi ve öksürük tutmuş gibi yaptı. Golenişçev'in sanattan anlama yeteneğini ne kadar zayıf bulsa da, Pilatus'un bir memurunkini andıran yüz ifadesinin doğruluğu konusundaki haklı düşüncesi ne kadar önemsiz olsa da, asıl konular dururken böylesine incir çekirdeğini doldurmayacak bir düşüncenin ilk ağızda ifade edilmesi ona ne kadar üzücü görünse de Mihaylov bu yorumdan büyülenmişti. Pilatus figürü hakkında kendisi de Golenişçev'in söylediği şeyi düşünüyordu. Bu düşüncenin Mihaylov'un kesin olarak bildiği gibi hepsi de doğru olan diğer milyonlarca düşünceden biri olması, Golenişçev'in yorumunun önemini kendisi açısından azaltmıyordu. Bu yorumu nedeniyle Golenişçev'i sevmişti ve bir anda bezginlik durumundan coşku durumuna geçmişti. Tablosu bir anda bütün canlıların anlatılmaz karmaşıklığıyla önünde canlandı. Mihaylov, Pilatus'u böyle anladığını bir kez daha söylemeye çalıştı; ama dudaklarının titremesine engel olamadığı için söyleyemedi. Vronskiy ve Anna da biraz ressamı incitmemek, biraz da genellikle resim sergilerinde sanattan söz ederken kolaylıkla söylenebilecek aptalca bir şeyi yüksek sesle söylememek için sessizce bir şeyler söylediler. Mihaylov'a tablo onları da etkilemiş gibi geldi. Yanlarına gitti.

— İsa'nın ifadesi ne harika! –dedi Anna. Gördükleri içinde en çok bu ifade hoşuna gitmişti ve tablonun merkezinin bu olduğunu, bu yüzden bunu övmenin ressamın hoşuna gideceğini hissediyordu.– İsa'nın Pilatus'a acıdığı görülüyor.

Bu da yine onun tablosunda ve İsa figüründe bulunabilecek milyon tane doğru düşünceden biriydi. Anna, İsa'nın Pilatus'a acıdığını söylemişti. İsa'nın yüzünde acıma ifadesi olmalıydı, çünkü onda sevgi, semavi huzur, ölüme hazırlık ifadesi ve sözcüklerin boşluğunun bilincinde olduğunu gösteren bir ifade de vardı. Birisi bedensel, diğeri ruhsal hayatın timsali olduğuna göre pek tabii ki, Pilatus'ta memur ifadesi, İsa'da ise acıma ifadesi vardı. Bütün bunlar ve daha pek çok şey Mihaylov'un aklından geçti. Yüzü yine heyecanla aydınlandı.

Golenişçev figürün içeriğini ve düşüncesini doğru bulmadığını göstermek için:

— Evet, bu figür nasıl yapılmış, ne kadar boşluk bırakılmış, çevresini dolaşabilirsin, –dedi.

— Evet, olağanüstü bir ustalık, –dedi Vronskiy.– Arka plandaki şu figürler nasıl da kendini gösteriyor! İşte teknik budur! –dedi Golenişçev'e dönerek ve bu sözleriyle Vronskiy'in bu tekniği edinme konusunda umutsuzluğa kapıldığına ilişkin daha önce aralarında geçmiş bir konuşmayı ima etti.

— Evet, evet, olağanüstü! –diye onayladılar Golenişçev ve Anna. İçinde bulunduğu coşkulu duruma karşın teknikle ilgili yorum Mihaylov'un yüreğini acıttı ve öfkeyle Vronskiy'e bakıp, birden suratını astı. Bu *teknik* sözünü sık sık duyuyordu ve bununla ne demek istediklerini kesinlikle anlamıyordu. Bu sözcükten kastedilenin mekanik, içerikten tamamen bağımsız bir çizim ve resim yeteneği olduğunu biliyordu. Biraz önceki övgüde olduğu gibi sanki kötü olan bir şeyi güzel resmetmek mümkünmüş gibi içten gelen yeteneğin karşısına tekniğin konulduğunu sık sık görüyordu. Örtüleri kaldırırken esere zarar vermemek ve bütün örtüleri kaldırmak için çok dikkat ve özen göstermek gerektiğini biliyordu; ancak burada resim sanatı, resim tekniği diye hiçbir şey yoktu. Kendisinin gördüğü şeyi küçük bir çocuk ya da yanında çalışan aşçı kadın görecek olsa, aşçı kadın da gördüğü şeyin kabuğunu soyup içini çıkarabilirdi. Tekniği sağlam, en deneyimli ve usta bir ressam bile içeriğin sınırlarını önceden bilmeden mekanik yeteneğiyle hiçbir şey çizemezdi. Ayrıca eğer teknikten söz edilecekse, onu bu konuda övmenin olanaksız olduğunu biliyordu. Yaptığı her resimde gözüne batan, örtüleri kaldırırken yaptığı dikkatsizlikten ileri gelen ve eserin tümünü bozmadan artık düzeltemeyeceği kusurlar görüyordu. Ve hemen hemen bütün figürlerde ve yüzlerde tabloyu bozan, tam olarak kaldırılmamış örtülerin kalıntılarını hâlâ görüyordu.

— İzin verirseniz bir şey söylemek istiyorum, –dedi Golenişçev.

— Ah, çok sevinirim, buyurun lütfen, –dedi Mihaylov zoraki bir gülümsemeyle.

— İsa sizin resminizde Tanrı-insan değil, insan-Tanrı olarak görünüyor. Bununla birlikte sizin de bunu yapmak istediğinizi biliyorum.

— İçimde, ruhumda olmayan bir İsa çizemezdim, –dedi Mihaylov kaşlarını çatarak.

— Evet, ama eğer düşüncemi söylememe izin verirseniz... Tablonuz o kadar güzel ki, benim yorumum ona zarar veremez, hem sonra bu benim kişisel düşüncem. Sizin düşünceniz farklı. Sizi harekete geçiren şey farklı. Ama İvanov'u alalım. İsa eğer tarihsel bir kişi derecesine indirilmişse, sanırım İvanov'un başka, yeni, el değilmemiş bir tarihsel konu seçmesi daha iyi olurdu.

— Ama ya bu, sanata kendini tanıtan en yüce konuysa?

— Aranırsa başka konular da bulunur. Ancak mesele, sanatın tartışmaya ve irdelemeye katlanamamasıdır. Oysa İvanov'un tablosunda inançlı insan ve inançsız insan açısından Tanrı bu mu, değil mi sorusu ortaya çıkıyor ve izlenim birliğini yıkıyor.

— Niçin öyle olsun? Bence eğitimli insanlar için artık tartışma diye bir şey var olamaz, –dedi Mihaylov.

Golenişçev bunu kabul etmedi ve sanat için gerekli olan izlenim birliğiyle ilgili ilk düşüncesinde ısrar ederek Mihaylov'un düşüncesini çürüttü.

Mihaylov heyecanlanmıştı, ama düşüncesini savunacak hiçbir şey söyleyemedi.

XII

Vronskiy'le Anna dostlarının yaptığı zekice gevezelikten sıkılarak uzun zamandır bakışıyorlardı ve sonunda Vronskiy ev sahibini beklemeden diğer, küçük tabloya geçti.

— Ah, bu ne güzellik, ne güzellik! Harika! Çok güzel! – dediler hep bir ağızdan.

"Bu kadar çok hoşlarına giden ne acaba?" –diye düşündü Mihaylov. Üç yıl önce yaptığı bu tabloyu unutmuştu bile. Birkaç ay boyunca tek başına inatla gecesini gündüzünü almış olan bu tabloyu yaparken yaşadığı tüm acıları ve heyecanları unutmuştu, bitmiş tabloları her zaman unuttuğu gibi bunu da unutmuştu. Ona bakmayı bile sevmiyordu, tabloyu sadece satın almak isteyen İngiliz'i beklediği için ortaya çıkartmıştı.

— Eski bir çalışma, –dedi.

Tablonun güzelliğine kapıldığı görülen Golenişçev:

— Ne kadar güzel! –dedi.

İki küçük çocuk, söğüt ağacının gölgesinde oltayla balık tutuyorlardı. Büyük olanı oltasını yeni atmış, oltanın mantarını takıldığı çalının arkasından büyük bir gayretle çıkartmaya çalışıyordu, kendini bu işe tamamen kaptırmış durumdaydı; daha küçük olan diğeri, karmakarışık sarı saçlı başını ellerine dayamış otların üstünde yatıyor ve dalgın mavi gözlerle suya bakıyordu. Ne düşünüyordu?

Bu tablosunun önünde gösterilen hayranlık Mihaylov'un içinde önceki heyecanı kımıldatmıştı, ama korkuyordu ve geçmişe dönük bu anlamsız duyguyu sevmiyordu. Bu yüzden bu övgüler onu sevindirse de, konukların dikkatini üçüncü tabloya çekmek istiyordu.

Fakat Vronskiy tablonun satılıp satılmadığını sordu. Şu anda konukların gelişiyle heyecanlanmış olan Mihaylov için paradan söz etmek son derece tatsız bir şeydi.

— Satılmak üzere sergileniyor, –diye yanıtladı soruyu suratını iyice asarak.

Konuklar gidince Mihaylov, Pilatus ve İsa tablosunun karşısına oturdu ve konuklar tarafından söylenenleri ve söylenmese de kastedilenleri bir kez daha aklından geçirdi. Garipti: Konuklar buradayken ve kendisi de düşünce olarak onların görüş noktasına geçmişken o kadar ağırlık kazanmış olan şey, onun için bir anda her türlü önemini yitirmişti. Kendi dolu dolu ressam bakışıyla tablosuna bakmaya koyuldu ve eserinin mükemmeliğinden, dolayısıyla öneminden emin olduğu bir havaya girdi. Bu havaya girmesi, diğer bütün gerilimleri ortadan kaldırmak için gerekliydi, ancak bu ortamda çalışabilirdi.

İsa'nın ayağı perspektife göre yine de olmamıştı. paletini aldı ve çalışmaya koyuldu. Ayağı düzeltirken durmadan geri plandaki, konukların fark etmediği, ama kendisinin mükemmelliğin doruğuna çıktığını bildiği Yuhanna figürüne bakıyordu. Ayağı bitirdikten sonra bu figürü ele almak istiyordu, ama bunun için kendisini son derece heyecanlı hissetti. Duygusuz olduğu zaman da, son derece duygulu olduğu ve her şeyi görebildiği zaman da aynı şekilde çalışamazdı. Duygusuzluktan çalışabileceği esin ortamına geçmesi için sadece bir basamak vardı. Oysa şu anda son derece heyecanlıydı. Tablonun üstünü örtmek istedi, ama durdu, örtüyü eliyle tutarken sakin bir gülümsemeyle uzun uzun Yuhanna figürüne baktı. Sonunda sanki üzülerek ayrılıyormuş gibi örtüyü indirdi ve yorgun, ama mutlu evine gitti.

Vronskiy, Anna ve Golenişçev eve dönerken çok canlı ve neşeliydiler. Mihaylov'dan ve tablolarından söz ediyorlardı. Doğuştan gelen, neredeyse akla ve yüreğe bağlı olmayan fiziksel bir beceri olarak gördükleri, özellikle ressamın yaşadığı her şeyi adlandırmak istedikleri *yetenek* sözcüğü, hiçbir fikre sahip olmadıkları, fakat söylemek istedikleri bir şeyi adlandırmak için gerekli olduğundan konuşmalarında özellikle çok sık geçiyordu. Mihaylov'un yeteneğini yadsımanın olanaksız olduğunu, ancak ressamın yeteneğinin bizim Rus ressamlarının ortak talihsizliği olan eğitim eksikliği yüzünden gelişemediğini söylüyorlardı. Ancak küçük çocuklar tablosu, belleklerine kazınmıştı ve durup durup o tabloya dönüyorlardı.

— Ne güzellik ama! Bunu nasıl başarmış, hem de ne kadar basit bir şekilde! Ne kadar güzel olduğunu da anlamıyor. Evet, o tabloyu kaçırmayıp satın almak gerek, –diyordu Vronskiy.

XIII

Mihaylov tablosunu Vronskiy'e sattı ve Anna'nın portresini yapmayı kabul etti. Kararlaştırdıkları gün evlerine geldi, çalışmaya başladı.

Beşinci seanstan itibaren portre herkesi, özellikle de Vronskiy'i sadece benzerliğiyle değil, farklı güzelliğiyle de etkiledi. Mihaylov'un, Anna'nın kendine özgü güzelliğini yakalayabilmiş olması garipti. "Anna'daki bu sevimli ve samimi ifadeyi yakalamak için onu benim kadar tanımak ve sevmek gerekir," –diye düşünüyordu Vronskiy. Gerçi Anna'nın yüzündeki bu sevimli ve samimi ifadeyi daha yeni bu portreden öğrenmişti. Ancak öylesine gerçek bir ifadeydi ki, ona da başkalarına da uzun süredir bunu biliyorlarmış gibi geliyordu.

Kendi yaptığı portreyle ilgili olarak:

— Ne kadar zamandır çırpınıp duruyorum, ama hiçbir şey çıkaramadım ortaya, –diyordu.– O ise şöyle bir baktı ve yapıverdi resmi. İşte teknik bu demek.

Vronskiy'in yeteneğinin, asıl önemlisi sanata yüksek bir bakış açısı kazandıran eğitiminin olduğunu düşünen Golenişçev:

— O zamanlar da gelecek, –diye onu avutuyordu. Golenişçev'in Vronskiy'in yeteneğine duyduğu inancı hâlâ sürdürmesinin bir nedeni de yazılarına ve düşüncelerine karşı Vronskiy'in ilgi ve övgüsünün kendisi için gerekli olmasıydı. Bu övgülerin ve desteğin karşılıklı olması gerektiğini hissediyordu.

Mihaylov, başkasının evinde, özellikle de Vronskiy'in palazzo'sunda kendi stüdyosunda olduğundan tamamen farklı bir insandı. Saygı duymadığı insanlarla samimi olmaktan korkuyormuş gibi soğuk bir saygı gösteriyordu. Vronskiy'e "ekselansları" diye hitap ediyordu ve Anna'yla Vronskiy'in davetlerine karşın hiçbir zaman öğle yemeğine kalmıyor, seanslar dışında da gelmiyordu. Anna, ona karşı başkalarına olduğundan daha güleryüzlü ve portresi için de minnettardı. Vronskiy ona çok nazik davranıyor ve görünüşe bakılırsa kendi resimleriyle ilgili olarak ressamın düşüncesini öğrenmek istiyordu. Golenişçev Mihaylov'a gerçek sanat anlayışları aşılamak için hiçbir fırsatı kaçırmıyordu. Ancak Mihaylov, hepsine karşı aynı şekilde soğuk davranıyordu. Anna, bakışlarından, onun kendisine bakmaktan hoşlandığını hissediyordu; fakat Mihaylov, Anna'yla konuşmaktan kaçınıyordu. Onun resmiyle ilgili olarak Vronskiy'in yaptığı konuşmalar üzerine inatla susuyor ve Vronskiy'in bir tablosu kendisine gösterildiğinde de aynı inatla hiçbir şey söylemiyordu. Golenişçev'in konuşmalarından sıkıldığı belliydi, ama karşı da çıkmıyordu.

Kendini tutan, sevimsiz, âdeta düşmanca davranışıyla Mihaylov, onu daha yakından tanıdıklarında genel anlamda çok hoşlarına gitmemişti. Seansların bitmesine, ellerinde çok güzel bir portre resmi kalmasına ve onun bir daha gelmeyecek olmasına sevindiler.

Hepsinin de aklına gelen bir düşünceyi, Mihaylov'un Vronskiy'i kıskandığı düşüncesini ilk dile getiren Golenişçev oldu.

— Kendisinin *yeteneği* olduğu için diyelim ki kıskanmıyor; ama saraya mensup ve zengin bir adamın, dahası bir kontun (zaten bütün bunlardan nefret eder onlar), onun hayatını adadığı bir işi ondan daha iyi olmasa da özel bir emek harcamadan yapıyor olması canını sıkıyor. En önemlisi onun eğitiminin olmaması.

Vronskiy, Mihaylov'u savunuyordu, ama ruhunun derinlerinde o da buna inanıyordu, çünkü ona göre, farklı, daha aşağı dünyadan bir insan elbette onu kıskanacaktı.

Vronskiy'in ve Mihaylov'un aynı modele bakarak yaptıkları Anna'nın portresi, Vronskiy'e kendisiyle Mihaylov arasındaki farkı göstermeliydi; ancak o, bu farkı görmüyordu. Mihaylov'dan sonra tek yaptığı, artık gereksiz olduğuna karar verip Anna'nın portresini yapmaktan vazgeçmesiydi. Ortaçağ yaşantısıyla ilgili resmine devam ediyordu. Kendisi, Golenişçev ve özellikle Anna, tabloyu, Mihaylov'un tablosuna göre ünlü tablolara çok daha fazla benzediği için çok güzel buluyorlardı.

Bu arada Mihaylov, Anna'nın portresine gönlünü kaptırmasına karşın seansların bittiğine onlardan daha fazla sevinmişti, artık Golenişçev'in sanat dedikodularını dinlemesi gerekmeyecek, Vronskiy'in resmini aklından çıkarabilecekti. Vronskiy'in resimle oyalanmasını yasaklamanın mümkün olmadığını biliyordu; Vronskiy'in ve bütün amatörlerin istedikleri gibi resim yapmaya hakları olduğunu biliyordu, ama bundan hoşlanmıyordu. Bir adamın kendisine balmumundan büyük bir bebek yapmasını ve onu öpmesini yasaklamak olanaksızdı. Ama bu adam bebeğini alıp gelir ve âşık birinin karşısına geçip oturur, âşığın sevgilisini okşadığı gibi bebeğini okşamaya başlarsa bu âşık olanın hoşuna gitmezdi. Mihaylov, Vronskiy'in resmini gördüğünde böyle tatsız bir duyguya kapılıyordu; hem gülünç, hem sıkıcı, hem zavallı, hem de kırıcı geliyordu.

Vronskiy'in resim ve ortaçağ merakı uzun sürmedi. Tablosunu tamamlayamayacak kadar resim zevkine sahipti. Tablo kaldı. İlk zamanlar pek az fark ettiği kusurların, devam edecek olursa iyice dikkati çekecek hale geleceğini hisseder gibiydi. Söyleyecek bir şeyi olmadığını hisseden ve düşüncesinin henüz yeterince olgunlaşmadığı, onu olgunlaştırmaya çalıştığı, bu amaçla malzeme hazırladığı bahanesiyle sürekli kendini kandıran Golenişçev'in durumuna düşmüştü o da. Ancak bu durum Golenişçev'i sinirlendiriyor ve üzüyordu, Vronskiy ise kendini aldatamaz, üzemez, dolayısıyla da sinirlenmezdi. Kendine özgü kararlılığıyla hiçbir açıklama yapmadan ve kendini haklı çıkarmaya çalışmadan resimle uğraşmayı bıraktı.

Ancak bu uğraş olmadan bir İtalyan kentinde geçirecekleri yaşam, Vronskiy'e ve Vronskiy'in resim konusunda hayal kırıklığına uğramasına şaşıp kalan Anna'ya o kadar sıkıcı geldi, palazzo birden çok eski ve pis, perdelerdeki lekeler, yer taşlarındaki çatlaklar, kornişlerdeki dökülmüş sıvalar o kadar çirkin göründü, hep aynı Golenişçev, İtalyan profesör ve Alman gezgin o kadar can sıkıcı geldi ki, yaşamlarını değiştirmeleri gerekti. Rusya'ya dönüp, köye gitmeye karar verdiler. Vronskiy, Petersburg'da ağabeyiyle malları paylaşmak, Anna ise oğlunu görmek niyetindeydi. Yaz mevsimini de Vronskiy'in aileden kalma büyük yurtluğunda geçirmeye niyetleniyorlardı.

XIV

Levin üç aydır evliydi. Mutluydu, ama hiç de beklediği gibi değildi. Her adımda önceki hayallerinde bir hayal kırıklığı ve yeni beklenmedik, büyüleyici bir güç buluyordu. Levin mutluydu, ama aile hayatına girdikten sonra her adımda bunun hayal ettiği şey olmadığını görüyordu. Her adımda gölde bir sandalın süzüle süzüle, mutlu bir şekilde gidişine hayran olan bir adamın bu sandala bindikten sonra hissedebileceği şeyi hissediyordu. Sallanmadan düzgün bir şekilde oturmanın yetmediği, nereye doğru gittiğini bir an bile aklından çıkartmadan ayaklarının altında su olduğunu düşünmek ve kürek çekmek gerektiğini, alışkın olmayan ellerinin kürek çekerken acıdığını, bu işin sadece dışarıdan bakınca kolay olduğunu, yapmaya gelince, çok mutlu edici olsa bile aynı zamanda çok da zor olduğunu görüyordu.

Bekârlığında başkalarının evlilik hayatına baktığında tek yaptığı şey, gördüğü ufak tefek dertlere, kavgalara, kıskançlıklara içinden küçümseyerek gülümsemekti. Ona göre, ilerideki evlilik hayatında buna benzer bir şey olmaması bir yana, dış görünüşleri bile başkalarınınkine hiçbir şekilde benzemeyecekti. Oysa bunun yerine şimdi karısıyla birlikte sürdüğü yaşam, sadece özel bir yaşam olmamakla kalmamış, tam tersine daha önceleri o kadar küçümsediği, şimdi ise onun iradesi dışında olağanüstü ve reddedilemeyecek bir önem kazanan çok küçük şeylerden oluşuyordu. Ve Levin bu önemsiz şeyleri bir düzene sokmanın hiç de öyle eskiden düşündüğü kadar kolay olmadığını görüyordu. Levin, aile hayatı üzerine en doğru düşüncelere sahip olduğunu sanmasına karşın, bütün erkekler gibi, aile hayatını yalnızca aşkın tadını çıkarmak olarak gözünde canlandırıyor, hiçbir şeyin aşka engel olmaması gerektiğini, incir çekirdeğini doldurmayacak sorunların aşktan uzaklaştırmaması gerektiğini düşünüyordu. Onun anlayışına göre, işini yapacak, işten kalan zamanında da aşkın mutluluğunu duyarak dinlenecekti. Kiti yalnızca sevilmekle yetinecekti. Ama Levin diğer bütün erkekler gibi, karısının da çalışması gerektiğini unutuyordu. Ve romantik, güzeller güzeli Kiti'nin evlilik hayatının bırakın ilk haftalarını, daha ilk günlerinde masa örtülerini, mobilyaları, konukların yataklarını, tepsiyi, aşçıyı, öğle yemeğini vs. düşünebilmesine, aklına getirebilmesine ve bunlar için emek harcayabilmesine şaşıyordu. Kiti'nin daha nişanlıyken yurtdışına gitmeyi reddettiği, sanki neyin gerekli olduğunu biliyormuş, aşkından başka şeyleri de düşünebiliyormuş gibi köye gitmeye karar verdiği zaman takındığı kararlı tavra da şaşmıştı. O zaman bu onu incitmişti, şimdi de Kiti'nin önemsiz telaşları ve tasaları birkaç defadır canını sıkıyordu. Ancak bunların Kiti için gerekli şeyler olduğunu görüyordu. Kiti'yi sevdiği için nedenini anlamasa da, Kiti'nin bu tasalarıyla alay etse de onlara hayran kalmaktan kendini alamıyordu. Moskova'dan getirilen mobilyaları yerleştirmesiyle, kendisinin ve Levin'in odasına yeni bir düzen vermesiyle, perdeleri asmasıyla, konukların, Dolli'nin kalacakları yeri ayarlamasıyla, yeni hizmetçisine yer hazırlamasıyla, yaşlı aşçıya yemek listesi vermesiyle, erzak işlerinden uzaklaştırdığı Agafya Mihaylovna'yla tartışmaya girmesiyle alay ediyordu. Yaşlı aşçının Kiti'ye hayran hayran bakarak gülümsediğini, onun acemice ve yapılması olanaksız emirlerini dinlediğini görüyordu; kilerde Agafya Mihaylovna'nın genç hanımın yeni emirlerine düşünceli ve sevecen bir şekilde başını salladığını görüyordu; hizmetçi kız Maşa'nın kendisini hep küçük hanım olarak görmeye alıştığını, bu yüzden de sözlerini hiç kimsenin dinlemediğini hem gülüp hem ağlayarak anlatmaya geldiğinde Kiti'nin olağanüstü sevimli olduğunu görüyordu. Bu ona tatlı, ama garip geliyordu, böyle olmasa daha iyi olurdu, diye düşünüyordu.

Kiti'nin babaevinde canı kvaslı lahana ya da şekerleme istediğinde ikisini de yiyemezken, şimdi istediği her şeyi ısmarlayabildiği, yığınla şekerleme alabildiği, istediği kadar para harcayabildiği ve istediği pastayı yaptırabildiği için bir değişiklik duygusu hissettiğini bilmiyordu.

Kiti şimdi Dolli'nin çocuklarla birlikte onlara gelişini sevinçle hayal ediyor, çocukların her birinin en çok sevdiği pastayı ısmarlayacağı için, Dolli'ninse evde yaptığı yeni düzenlemeyi beğeneceğini umduğu için buna özellikle seviniyordu. Neden ve ne için olduğunu kendisi de bilmiyordu, ama ev işleri onu karşı konulmaz bir şekilde çekiyordu. İlkbaharın yaklaştığını içgüdüsel olarak hissederek, yağmurlu günlerin geleceğini bilerek elinden geldiğince yuvasını kuruyordu ve aynı anda hem yuvasını kurma, hem de bunu nasıl yapacağını öğrenme telaşına kapılıyordu.

Kiti'nin, Levin'in ilk günlerde mutluluğun doruğuna çıkma düşüncesine o derece ters düşecek biçimde bu ufak tefek şeyler için kaygılanması, duyduğu hayal kırıklıklarından biriydi ve Levin'in anlamını bilmediği, ancak sevmekten kendini alamadığı Kiti'nin bu sevimli kaygısı aynı zamanda yeni sürprizlerden biriydi.

Bir başka hayal kırıklığı ve sürpriz aralarındaki tartışmalardı. Levin karısıyla arasında nazik, saygı ve sevgi dolu ilişkilerden başka bir şey olabileceğini hiçbir zaman tasavvur edemezdi. Daha ilk günlerde kavga etmişlerdi, Kiti, Levin'e, onun karısını sevmediğini, sadece kendini sevdiğini söyleyip ağlamaya ve ellerini kollarını sallamaya başlamıştı.

Bu ilk kavgaları, Levin'in yeni çiftliğe gitmesi ve kestirmeden gelmek isteyip yolunu kaybettiği için yarım saat gecikmesi yüzünden çıkmıştı. Levin sadece karısını, onun sevgisini, yaşadığı mutluluğu düşünerek eve gelmişti ve yaklaştıkça Kiti'ye duyduğu şefkat daha da artıyordu. Evlenme teklif etmek için Şçerbatskiylere gittiği günden daha da güçlü bir duyguyla odaya koşmuştu. Oysa birden Kiti'de hiçbir zaman görmediği somurtkan bir ifade karşılamıştı onu. Karısını öpmek istemiş, Kiti onu itmişti.

— Neyin var?

Kiti hem sakin görünmek, hem de onu iğnelemek isteğiyle:

— Senin keyfin yerinde... –diye söze başlamıştı.

Ancak ağzını açar açmaz anlamsız bir kıskançlığın sitemleri, pencerenin önünde oturarak hiç kımıldamadan geçirdiği bu yarım saatte onu üzen ne varsa hepsi dışarı fırlamıştı. Düğünden sonra Kiti'yi kiliseden çıkarırken anlamadığı şeyi şimdi, şu anda ilk kez açıkça anlamıştı. Kiti'nin ona sadece yakın olmadığını, aynı zamanda Kiti'nin nerede, kendisinin nerede başladığını artık bilmediğini anlamıştı. Bunu, o anda hissettiği acı veren ikiye bölünme duygusundan anlamıştı. İlk anda gücenmişti, ama hemen o saniyede Kiti tarafından incitilemeyeceğini, Kiti'nin onun ta kendisi olduğunu hissetmişti. İlk anda birdenbire sırtına güçlü bir yumruk yiyip, suçluyu bulmak için öfkeyle ve öç alma isteğiyle başını arkaya çeviren ve kazara kendi kendisine vurduğuna, ortada kızacak kimse olmadığına, buna katlanmak ve acısını azaltmak gerektiğine inanan bir adamın hissettiğine benzer bir duyguya kapılmıştı.

Bunu daha sonraları hiçbir zaman bu güçle hissetmedi, ama bu ilkinde uzun süre kendine gelemedi. Doğal bir duygu ondan kendini aklamasını, suçun Kiti'de olduğunu kanıtlamasını bekliyordu; fakat Kiti'nin suçunu kanıtlamak onu daha da çok kızdırmak ve bütün bu acının nedeni olan bu anlaşmazlığı daha da büyütmek demekti. Alışılmış bir duygu, suçu kendi üstünden Kiti'ye atmaya sürüklüyordu onu; başka, daha güçlü bir duygu ise meydana gelen anlaşmazlığın büyümesine izin vermeyerek bu durumu olabildiğince çabuk düzeltmeye sürüklüyordu. Bu şekilde haksız yere suçlanmak üzücüydü, ama kendini temize çıkartıp ona acı vermek daha da kötüydü. Yarı uyur bir halde, ağrısı olan bir insan gibi ağrıyan yeri koparıp atmak istiyor ve uyandıktan sonra ağrıyan yerin bizzat kendisi olduğunu hissediyordu. Ağrıyan yere yapılması gereken tek şey, bu acıya dayanması için yardım etmekti, o da bunu yapmaya çalıştı.

Barıştılar. Kiti suçunu anlamış, ancak bunu söze dökmeden Levin'e karşı daha yumuşak davranmaya başlamıştı ve aşkın yeni, ikiye katlanmış mutluluğunu hissediyorlardı. Ancak bu durum, bu çatışmaların en beklenmedik ve önemsiz bahanelerle, üstelik daha da sık çıkmasına engel olmadı. Bu kavgalar sık sık da birbirleri için neyin önemli olduğunu henüz bilmediklerinden, ilk zamanlarda her ikisinin de çoğunlukla kötü bir ruhsal durumda bulunmalarından çıkıyordu. Biri iyiyken öbürü kötü olduğunda barış bozulmuyordu, ama ikisi de kötü olursa niçin tartıştıklarını daha sonra asla anımsayamadıkları sudan ve saçma nedenler yüzünden kavga çıkıyordu. Aslında ikisi de iyi olduğunda yaşam sevinçleri ikiye katlanıyordu. Ama yine de bu ilk günler onlar için zor bir dönemdi.

İlk zamanlar onları bağlayan zincirin bir o tarafa bir bu tarafa çekilmesi gibi bir gerginlik çok canlı bir şekilde hissediliyordu. Balayı, yani Levin'in duyduklarına bakarak pek çok şey beklediği düğünden sonraki ay, bırakın balayı olmayı, ikisinin de belleğinde yaşamlarının en zor, en aşağılayıcı dönemi olarak kaldı. Daha sonraki yaşamlarında ikisinin de ender olarak normal bir ruh hali içinde oldukları, ender olarak kendileri oldukları bu sağlıksız dönemin bütün çirkin, utanç verici olaylarını aynı şekilde unutmaya çalıştılar.

Ancak evliliklerinin üçüncü ayında, bir aylığına gittikleri Moskova'dan döndükten sonra yaşamları düzene girdi.

XV

Moskova'dan yeni gelmişlerdi ve yalnız kaldıklarına memnundular. Levin çalışma odasında yazı masasının başına oturmuş yazı yazıyordu. Kiti, evliliklerinin ilk günlerinde giydiği, Levin'in özellikle aklında kalan ve beğendiği koyu leylak rengi elbisesi sırtında, her zaman Levin'in dedesinin ve babasının çalışma odasında duran eski deri kanepeye oturmuş broderie anglaise* işliyordu. Levin Kiti'nin orada olduğuna sevinerek düşünüyor ve yazıyordu. Gerek çiftlikle, gerekse yeni bir tarım sisteminin temellerinin anlatılacağı kitabıyla ilgili çalışmaları bırakmamıştı; ancak daha önce bu çalışmalar ve düşünceler tüm hayatını kaplayan karanlıkla karşılaştırıldığında ona önemsiz ve küçük şeyler gibi gelirken, şimdi mutluluğun parlak ışığıyla aydınlanan önündeki yaşamla kıyaslandığında da aynı derecede küçük ve önemsiz geliyordu. Çalışmalarına devam ediyordu, ama şimdi dikkatinin ağırlık merkezinin yer değiştirdiğini, bunun sonucunda da meseleye bambaşka bir açıdan ve daha açık baktığını hissediyordu. Eskiden bu iş onu yaşamdan kurtaran bir şeydi. Eskiden bu iş olmasa hayatının son derece karanlık olacağını hissederdi. Şimdi ise bu çalışmalar, hayatın tekdüze bir aydınlık içinde olmaması için gerekliydi ona. Müsveddeleri yeniden eline alıp, yazdıklarını bir kez daha okurken yaptığı işin üzerinde uğraşılmaya değer bir iş olduğunu memnuniyetle gördü. Yeni ve yararlı bir işti. Eski düşüncelerinin birçoğu gereksiz ve aşırı geldi, ama konunun tümünü zihninde tazelediği zaman gözünden kaçan pek çok boşluğu da gördü. Şimdi Rusya'da tarımın elverişsiz durumunun nedenleri üzerine yeni bir bölüm yazıyordu. Rusya'nın yoksulluğunun sadece toprak varlığının yanlış dağılımından ve yanlış yönetilmesinden kaynaklanmadığını, son zamanlarda Rusya'ya anormal şekilde dışarıdan aşılanan uygarlığın, özellikle nüfusun kentlerde yo-

* İngiliz nakışı (Fr.)

ğunlaşmasını, lüks artışını, bunun sonucunda da sanayinin, kredinin ve onun can yoldaşı borsa oyununun tarıma zarar verecek bir şekilde gelişmesini peşi sıra getirecek olan ulaşım yollarının, demiryollarının da buna katkıda bulunduğunu kanıtlıyordu. Ona göre bütün bu olgular, bir devletin zenginliğinde normal bir artış olurken tarıma çok büyük emek verildiğinde, tarım doğru bir biçimde, en azından belli koşullarda yapıldığında gerçekleşebilecekti; ülkenin zenginliği düzgün bir şekilde, özellikle diğer zenginlik dallarının tarımı geride bırakmayacağı bir şekilde artmalıydı; tarımın bilinen durumu göz önüne alınarak ulaşım yolları da ona uygun olmalıydı ve toprağı doğru kullanmadığımız koşullarda ekonomik değil, politik gerekçelerle ortaya çıkan demiryolları için henüz vakit erkendi ve tarıma beklenen yardımı yapmak yerine onu geri bırakıp, sanayinin ve kredinin gelişmesi sonucunu yaratarak tarımı durdurmuştu, bir canlının bir organının tek yanlı ve vakitsiz gelişimi bu canlının genel gelişimine nasıl engel olursa, Rusya'da zenginliğin genel gelişimi açısından da aynı şey söz konusuydu, yani Avrupa'da kesinlikle gerekli ve zamanı gelmiş olan kredi, ulaşım yolları, sanayinin gelişmesi konuları bizde sırada bekleyen en önemli sorun olan tarımın düzenlenmesi sorununu bir yana iterek sadece zarar veriyordu.

Levin yazılarını yazdığı sırada Kiti, Moskova'dan hareket etmeden bir gün önce kendisine çok patavatsızca iltifatlar eden genç Prens Çarskiy'e kocasının hiç doğal olmayan bir şekilde mültefit davrandığını düşünüyordu. "Beni kıskanıyor, Tanrım! Ne kadar sevimli ve ne kadar aptal. Beni kıskanıyor! Onların hepsinin benim için aşçı Pyotr'dan farklı olmadığını bir bilse, –diye düşünüyor ve kendisine garip gelen bir sahiplenme duygusuyla kocasının ensesine ve kırmızı boynuna bakıyordu.– Onu işinden kopartmak yazık olsa da (olsun o yetiştirir!) yüzüne bakmalıyım; ona baktığımı hissediyor mu, görmeliyim. Dönmesini istiyorum... İstiyorum, hadi!" –Ve bakışlarının etkisini artırma isteğiyle gözlerini iri iri açtı.

Levin yazmayı bırakıp:

— Evet, bütün özsuları kendilerine çekiyorlar ve sahte bir pırıltı veriyorlar, –diye mırıldandı, karısının kendisine baktığını ve gülümsediğini hissederek etrafına bakındı.

Gülümseyerek ve ayağa kalkarak:

— Ne var? –diye sordu.

"Baktı," –diye içinden geçirdi Kiti.

Kiti kocasına bakarak ve işinden kopardığı için kendisine kızgın olup olmadığını anlamaya çalışarak:

— Bir şey yok, senin bakmanı istemiştim, –dedi.

Levin Kiti'nin yanına giderek ve mutlu bir gülümsemeyle yüzü pırıl pırıl parlayarak:

— Baş başa olmamız ne kadar güzel! Yani benim için, –dedi.

— Benim için de çok güzel! Bir daha hiçbir yere, özellikle de Moskova'ya gitmeyeceğim.

— Ne düşünüyordun peki?

— Ben mi? Şey düşünüyorum... Hayır, hayır, git yazını yaz, oyalanma, –dedi dudaklarını büzerek.– Benim de şu küçük delikleri açmam gerekiyor, görüyor musun?

Makası aldı ve kesmeye başladı.

Levin karısının yanına oturup küçük makasın dairesel hareketlerini izlerken:

— Hayır, söyle ne düşünüyordun? –diye sordu.

— Ah, ne mi düşünüyordum? Moskova'yı, senin enseni düşünüyordum.

— Böyle bir mutluluk nasıl oluyor da bana nasip oluyor? Doğal değil bu. Son derece güzel bir şey, –dedi Levin Kiti'nin elini öperek.

— Bence tam tersine güzelleştikçe daha doğal geliyor bana.

Kiti'nin başını dikkatle çevirerek:

— Şuranda bir bukle var, –dedi Levin.– Küçücük bir bukle. Görüyorsun ya işte şurada. Yo, yo işimizle uğraşıyoruz biz.

İş artık devam etmiyordu ve Kuzma çayın hazır olduğunu haber vermek için içeri girdiğinde kabahat işlemiş gibi birbirlerinden uzaklaştılar.

— Kasabadan gelen oldu mu? –diye sordu Levin Kuzma'ya.

— Biraz önce geldiler, paketleri açıyorlar.

Kiti çalışma odasından çıkarken:

— Çabuk gel, –dedi,– yoksa mektupları sensiz okurum. Hem dört el piyano çalalım birlikte.

Yalnız kaldıktan ve defterlerini Kiti'nin aldığı yeni çantaya koyduktan sonra, hepsi Kiti'nin gelişiyle ortaya çıkmış olan yeni, şık eşyaların üzerinde durduğu yeni lavaboda ellerini yıkamaya koyuldu. Levin aklından geçirdiği düşüncelere gülümsüyor ve bunlara olumsuz anlamda başını sallıyordu; pişmanlığa benzer bir duygu içini kemiriyordu. Şimdiki yaşamında utanç verici, çıtkırıldım insanlara özgü, kendi kendine Capua'vari* diye adlandırdığı bir şey vardı. "Böyle yaşamak o kadar güzel değil, –diye düşünüyordu.– Yakında üç ay olacak, oysa ben hemen hemen hiçbir şey yapmıyorum. Şimdi neredeyse ilk kez bir işe ciddi şekilde sarılmıştım, ne oldu? Başlar başlamaz bıraktım. Alışılmış işlerimi bile neredeyse terk ettim. Çiftliği ne atla, ne de yürüyerek hemen hemen hiç dolaşmıyorum. Ya Kiti'yi yalnız bırakmaya kıyamıyorum, ya da onu sıkıntılı görüyorum. Evlenmeden önce şöyle böyle nasılsa geçecek bir hayatın ciddiye alınmayacağını, asıl hayatın evlendikten sonra başlayacağını düşünüyordum. Yakında üç ay olacak, ama zamanımı hiç bu kadar boş ve yararsız geçirmemiştim. Hayır, bu olamaz, işe başlamam gerek. Elbette onun bir suçu yok. Ona hiçbir konuda sitem etmiyorum. Ben daha kararlı olmalıydım, sahip olduğum erkek bağımsızlığını korumalıydım. Yoksa kendimi de onu da böyle yaşamaya alıştıracağım... Elbette onun bir kabahati yok," –diyordu kendi kendine.

Ancak halinden hoşnut olmayan bir insanın başka birine, özellikle de kendisine en yakın kişiye hoşnut olmadığı konuda sitem etmemesi zordur. Levin'in de aklına Kiti'nin kabahatli olmadığı (onun hiçbir kabahati olamazdı), ancak son derece

* Capua, Güney İtalya'da zengin ve eğlence düşkünü bir kent. (ç.n.)

yüzeysel ve hafif olan yetiştirilme tarzının ("şu aptal Çarskiy, biliyorum, Kiti ona engel olmak istedi, ama başaramadı,") kabahatli olduğu geldi belli belirsiz bir şekilde. "Evet, ev işlerine ilgisinden (bu ilgi vardı Kiti'de), tuvaletinden ve broderie anglaise'den başka ciddi bir merakı yok. Ne benim işime, ne çiftliğe, ne köylülere, ne epey iyi bildiği müziğe, ne de okumaya ilgisi var. Hiçbir şey yapmıyor ve halinden tamamen hoşnut." Levin bu durumu içinden kınıyor ve Kiti'nin ileride mutlaka gelecek olan, hem kocasına karılık edeceği, hem evinin hanımı olacağı, çocuklarını karnında taşıyacağı, emzireceği ve yetiştireceği bir çalışma dönemine hazırlandığını henüz anlamıyordu. Kiti'nin bunu önsezileriyle bildiğini ve bir yandan bu korkunç çalışma dönemine hazırlanırken, bir yandan da gelecekteki yuvasını neşe içinde kurduğu şu sırada tasasız ve mutlu aşk dakikalarının tadını çıkararak kendi kendisine sitem etmediğini anlamıyordu.

XVI

Levin üst kata çıktığında karısı yeni çay takımının arkasında duran gümüş semaverin yanında oturmuş, küçük masanın yanına oturtuğu yaşlı Agafya Mihaylovna'ya da bir fincan çay doldurmuş, sürekli olarak ve sık sık yazıştıkları Dolli'den aldığı mektubu okuyordu.

Agafya Mihaylovna Kiti'ye dostça gülümseyerek:

— Görüyorsunuz, hanımınız beni buraya oturttu, onunla oturmamı emretti, –dedi.

Levin, Agafya Mihaylovna'nın bu sözlerinden son zamanlarda Agafya Mihaylovna'yla Kiti arasında oynanan dramın sonucunu okuyordu. Levin, Kiti'nin evin yeni hanımı olarak dizginleri elinden alıp, Agafya Mihaylovna'da yarattığı üzüntüye karşın yine de onu yendiğini ve kendisini sevdirdiğini görüyordu.

— Senin mektubunu da okudum, –dedi Kiti, kargacık burgacık yazılı bir mektubu ona uzatarak.– Galiba şu kadından, hani ağabeyinin... –dedi.– Hayır, hayır okumadım. Bunlar ise benimkilerden ve Dolli'den. Düşünsene! Dolli, Grişa ve Tanya'yı Sarmatskiylerin çocuk balosuna götürmüş; Tanya markiz olmuş.

Fakat Levin onu dinlemiyordu; Nikolay ağabeyinin eski metresi Marya Nikolayevna'dan gelen mektubu kıpkırmızı olarak almış, okumaya başlamıştı. Marya Nikolayevna'dan gelen ikinci mektuptu bu. Marya Nikolayevna birinci mektubunda, hiçbir suçu olmadığı halde ağabeyinin onu yanından kovduğunu yazıyor ve dokunaklı bir saflıkla tekrar yoksul düşmüş olsa da hiçbir şey istemediğini, sadece Nikolay Dmitriyeviç'in sağlığının bozuk olması yüzünden onsuz daha da kötüleşeceği düşüncesinin kendisini mahvettiğini ekliyor ve ağabeyiyle ilgilenmesini rica ediyordu. Şimdi başka bir mektup yazmıştı. Marya Nikolayevna, Nikolay Dmitriyeviç'i bulmuş, Moskova'da onunla yeniden bir araya gelmiş ve Nikolay Dmitriyeviç'in bir memuriyet bulduğu taşra kentine onunla birlikte gitmişti. Fakat Nikolay Dmitriyeviç'in gittiği yerde amiriyle tartıştığını ve Moskova'ya geri döndüklerini, ancak yolda çok hastalandığını, bir daha ayağa kalkmasının kuşkulu olduğunu yazıyordu Marya Nikolayevna. "Hep sizin sözünüzü ediyor, ayrıca parası da kalmadı artık."

Kiti gülümseyerek:

— Al oku, Dolli senden söz ediyor, –diyecek oldu, ama birden kocasının yüz ifadesinin değiştiğini fark edip durdu.

— Neyin var? Ne oldu?

— Ağabeyim Nikolay'ın ölüm döşeğinde olduğunu yazıyor. Yanına gideceğim.

Kiti'nin yüzü birden değişti. Tanya'nın markiz olması, Dolli, her şey silindi.

— Ne zaman gidiyorsun? –dedi Kiti.

— Yarın.

— Ben de seninle gelebilir miyim? –dedi Kiti.

— Kiti! Ne diyorsun sen? –dedi sitemle Levin.

— Ne demek ne diyorsun? –Kiti, önerisinin Levin tarafından âdeta isteksiz ve kızarak karşılanmasından alınmıştı.– Neden gelmeyecekmişim? Sana engel olmam. Ben...

— Ben kardeşim ölmek üzere olduğu için gidiyorum, dedi Levin.– Sen ne için...

— Ne için? Sen ne için gidiyorsan onun için.

"Benim için bu kadar önemli bir anda tek başına kalırsa sıkılacağını düşünüyor sadece," –diye geçirdi aklından Levin. Ve bu kadar önemli bir işte bu bahane tepesini attırdı.

— Olmaz, –dedi sert biçimde.

Agafya Mihaylovna işin tartışmaya varacağını anlayarak yavaşça fincanı bırakıp dışarı çıktı. Kiti onu fark etmedi bile. Kocasının son sözleri söylerkenki ses tonu, en çok da Kiti'nin söylediklerine inanmadığını ortaya koyduğu için gücendirmişti onu.

— Ben de sana sen gidersen, ben de seninle beraber geleceğim diyorum, mutlaka geleceğim, –dedi Kiti hızlı hızlı ve öfkeli bir şekilde.– Neden olmazmış? Neden olmaz diyorsun?

Levin soğukkanlı olmaya çalışarak:

— Çünkü Tanrı bilir nereye, ne biçim yollardan, ne biçim otellere gitmem gerekecek. Sen bana ayak bağı olacaksın, –dedi.

— Hiç de değil. Hiçbir şeye gerek duymam. Sen neredeysen, ben de orada...

— Peki öyleyse, tek bir neden yüzünden, orada yakınlık kuramayacağın o kadın olduğu için gidemezsin.

— Orada kim olduğunu, ne olduğunu hiç bilmiyorum, bilmek de istemiyorum. Kocamın ağabeyinin ölmek üzere olduğunu ve kocamın ona gideceğini bilerek ben de kocamla gideceğim...

— Kiti! Kızma. Yalnız biraz düşün, bu iş öyle önemli ki, zayıflık duygusuyla yalnız kalmak istemeyişini birbirine karıştırdığını düşünmek bana acı veriyor. Yalnız başına canın sıkılacaksa Moskova'ya git.

— İşte kötü, adi düşünceleri *hep* bana atfedersin, –dedi Kiti. Kalbi kırıldığı ve hırslandığı için gözyaşlarına boğulmuştu.– Benim hiçbir şeyim yok, ne zayıflık, ne bir şey... Görevimin, kocam acı içindeyken onun yanında olmak olduğunu hissediyorum, ama sen bilerek beni üzmek istiyorsun, mahsus beni anlamıyorsun...

Levin ayağa kalkarak ve öfkesine daha fazla engel olamayarak:

— Hayır, bu korkunç bir şey! Bir tür köle olmak bu! –diye bağırdı. Ama aynı anda da kendi kendine vurduğunu hissetti.

— O zaman niye evlendin? Serbest kalabilirdin. Madem pişman olacaktın, niye evlendin? –dedi Kiti, yerinden fırladı ve koşarak konuk odasına gitti.

Levin arkasından gittiğinde Kiti hıçkırıklara boğulmuştu. Onu vazgeçirebilecek değil, sakinleştirebilecek sözcükleri bulma isteğiyle konuşmaya başladı. Ancak Kiti dinlemiyor ve hiçbir şeye razı olmuyordu. Kiti'ye doğru eğildi ve vermek istemediği elini tuttu. Kiti'nin elini, saçlarını öptü, bir kez daha elini öptü, Kiti hep susuyordu. Ancak Levin iki eliyle onun yüzünü tutup "Kiti!" dediğinde birden kendine geldi, biraz daha ağladı ve barıştılar.

Ertesi gün birlikte gitmeye karar verildi. Levin, karısına onun sadece bir işe yaramak için gitmek istediğine inandığını söyledi, Marya Nikolayevna'nın ağabeyinin yanında olmasının uygunsuz bir yanı olmadığını kabul etti; ancak ruhunun derinlerinde karısından da, kendinden de hoşnutsuz bir şekilde gitti. Yalnız gitmesi gerektiğinde onu yalnız göndermeye izin vermediği için Kiti'den (yakın zamana kadar Kiti'nin onu sevebileceği mutluluğuna inanma cesaretini gösteremezken, şimdi Kiti'nin onu aşırı sevmesinden kendini mutsuz hissettiğini düşünmek ne kadar garipti!) ve kararında direnemediği için de kendisinden hoşnut değildi. Ruhunun derinlerinde ağabeyinin yanındaki kadını Kiti'nin umursamadığını kabul etmiyordu ve karşılaşılabilecek bütün çatışmaları düşünürken korkuya kapılıyordu. Artık bir tek karısının, onun Kiti'sinin bir sokak kadınıyla aynı odada bulunacak olması onu nefretten ve korkudan irkiltiyordu.

XVII

Nikolay Levin'in hasta yattığı taşra kentindeki otel, mükemmel yeni örneklere göre en iyi temizlik, rahatlık, hatta şıklık niyetleriyle yapılmış, ama ziyaretçileri yüzünden aşırı bir hızla modern mükemmellik iddiasındaki pis meyhanelere dönüşmüş ve bu iddiayla eski pis otellerden daha da kötü bir hale gelmiş olan taşra otellerinden biriydi. Otel çoktan bu hale gelmişti artık; girişte kapıcı gibi davranan, kirli üniforması sırtında, sigarası ağzında bir asker, dökme demirden yapılmış, dümdüz, iç karartıcı, çirkin bir merdiven, kirli bir frak giymiş laubali bir garson, masayı süsleyen toz içindeki balmumundan yapılmış çiçek demetiyle bir salon, her yerdeki kir, toz, özensizlik ve bu otelin bir tür yeni, çağdaş, kendini beğenmiş demiryolu telaşı Levinlerin üzerinde taptaze ev yaşamlarından sonra çok ağır bir etki yapmış, özellikle otelin bıraktığı yapay izlenim, onları bekleyen şeyle hiç uyuşmamıştı.

Fiyat olarak ne kadarlık bir oda istedikleri sorusu sorulduktan sonra her zaman olduğu gibi bir tane bile iyi odaları olmadığı anlaşılmıştı: İyi odalardan biri bir demiryolu müfettişi, diğeri Moskova'dan gelen bir avukat, üçüncüsü köyden gelen Prenses Astafyeva tarafından tutulmuştu. Bir tek kirli oda kalıyordu geriye, onun yanındaki başka bir odayı akşama kadar boşaltmaya söz vermişlerdi. Beklediği şey başına geldiği, özellikle de ağabeyinin ne durumda olduğunu düşünerek yüreğini heyecan kaplamışken, hemen ağabeyinin yanına koşmak yerine daha geldikleri anda karısını düşünmek zorunda kaldığı için Kiti'ye kızan Levin, onu kendilerine verilen odaya götürdü.

Kiti ürkek, suçlu bir şekilde Levin'e bakarak:

— Git, git! dedi.

Levin hiçbir şey demeden kapıdan çıktı ve aynı anda onun geldiğini öğrenmiş olan, ancak içeriye girmeye cesaret edemeyen Marya Nikolayevna'yla karşılaştı. Marya Nikolayevna, tam tamına Moskova'da gördüğü gibiydi: Aynı yünlü elbise, aynı çıplak kollar ve boyun, aynı iyilik dolu, ifadesiz, biraz tombullaşmış çiçek bozuğu yüz.

— E, nasıl? Nesi var?

— Çok kötü. Ayağa kalkamıyorlar. Hep sizi beklediler. O... Siz... eşinizle.

Levin, Marya Nikolayevna'yı şaşırtan şeyin ne olduğunu ilk anda anlamamıştı, ama Marya Nikolayevna ona hemen durumu açıkladı.

— Ben mutfağa gidiyorum, –dedi Marya Nikolayevna.– Sevinecekler. Onlar da duydular ve biliyorlar, yurtdışından da anımsıyorlar.

Onun, karısını kastettiğini anlamıştı Levin ve ne diyeceğini bilmiyordu.

— Gidelim, gidelim! –dedi Levin.

Ancak tam adım atmıştı ki, odasının kapısı açıldı ve Kiti başını uzatıp dışarı baktı. Levin utandığından ve kendini de, onu da bu zor duruma düşüren karısına kızdığından kıpkırmızı kesildi; ama Marya Nikolayevna daha da çok kızarmıştı. Kadın büzülmüş, nerdeyse ağlayacak kadar kızarmıştı ve ne diyeceğini, ne yapacağını bilemeyerek iki eliyle başörtüsünün uçlarını tutmuş, kırmızı parmaklarıyla büküp duruyordu.

İlk anda Levin, kendisine anlaşılmaz gelen Kiti'nin bu korkunç kadına yöneltiği bakışta açgözlü bir merak ifadesi gördü; ancak bu sadece bir an sürdü.

— E nasılmış? O nasıl? –diye kocasına ve sonra da Marya Nikolayevna'ya sordu.

Levin, bu sırada koridorda bacaklarını ata ata yürüyen adama öfkeyle bakarak:

— Ama koridorda konuşulmaz ki! –dedi.

Kiti kendini toparlamış olan Marya Nikolayevna'ya dönerek:

— E, o zaman içeri girin, –dedi; ama kocasının korku dolu yüzünü görüp,– ya da gidin, gidin, sonra beni çağırırsınız, –dedi ve odasına geri döndü. Levin ağabeyinin yanına gitti.

Ağabeyinde gördüğü ve hissettiği şeyi hiç beklemiyordu. Veremlilerin genellikle yaptıklarını duyduğu ve sonbaharda ağabeyinin ziyareti sırasında onu o kadar etkilemiş olan kendi kendini aldatma durumuyla karşılaşmayı bekliyordu. Yaklaşan ölümün fiziksel işaretlerini daha belirgin, hastayı aşırı derecede halsiz ve zayıf, ancak yine de hemen hemen aynı durumda bulmayı bekliyordu. Sevgili kardeşini kaybedeceği için duyduğu acıma duygusunun ve ölüm korkusunun aynısını, ama sadece biraz daha fazla olarak hissetmeyi bekliyordu. Buna hazırlanmıştı; ama çok farklı bir şey buldu.

Boyalı duvar panoları balgam içinde kalmış, ince bir bölmenin ardından konuşmalar duyulan küçük, pis bir odada, pisliğin boğucu kokusunu emmiş bir havada, duvardan uzaklaştırılmış bir karyolada battaniyeyle örtülü bir beden yatıyordu. Bu bedenin bir eli battaniyenin üstündeydi, elin parmakları, başından ortasına dek ince ve düz olan upuzun bir kol kemiğine anlaşılmaz bir şekilde bağlanmıştı. Başı yastığın üzerinde yan duruyordu. Levin, şakaklarında ter içinde kalmış seyrek saçlarını ve gergin, âdeta saydam alnını görüyordu.

"Bu korkunç beden Nikolay ağabeyimin olamaz," –diye düşündü Levin. Fakat yanına yaklaşıp, yüzünü görünce kuşkuya hiç yer kalmadı. Yüzündeki korkunç değişime karşın bu ölü bedenin canlı ağabeyinin bedeni olduğuna ilişkin korkunç gerçeği anlamak için Levin'in, kendisine doğru kalkmış bu canlı gözlere bakması, birbirine yapışmış bıyıkların altındaki ağzın hafifçe hareket ettiğini fark etmesi yetmişti.

Parlak gözler içeri giren kardeşine sitem edercesine sert sert baktı. Bu bakışla canlı iki insan arasında hemen canlı bir ilişki kuruldu. Levin, üzerine dikilmiş olan bakıştaki sitemi hemen hissetti ve kendi mutluluğundan pişmanlık duydu.

Konstantin elini tuttuğunda Nikolay gülümsedi. Zayıf, belli belirsiz bir gülümsemeydi bu. Gözlerin sert ifadesi bu gülümsemeye rağmen değişmemişti.

— Beni böyle bulacağını beklemiyordun, –dedi zorlukla.

— Evet... hayır, –dedi Levin sözcükleri birbirine karıştırarak.– Neden daha önce, yani düğünüm sırasında haber vermedin? Her yerde sorup soruşturdum seni.

Susup kalmamak için konuşmak gerekiyordu, ancak ne söyleyeceğini bilmiyordu, üstelik ağabeyi hiçbir yanıt vermiyor, sadece gözlerini ayırmadan bakıyordu, belli ki her sözcüğün anlamını çıkartmaya çalışıyordu. Levin ağabeyine karısının da onunla birlikte geldiğini söyledi. Nikolay memnuniyetini belirtti, ama bu haliyle onu korkutmaktan çekindiğini söyledi. Bir sessizlik oldu. Nikolay birden kımıldadı ve bir şeyler söylemeye başladı. Levin ağabeyinin yüz ifadesinden çok önemli bir şey söylemesini bekliyordu, ama Nikolay sağlığından söz etmeye başlamıştı. Doktoru suçluyor, Moskovalı ünlü bir doktor olmadığına üzülüyordu. Levin onun hâlâ umutlandığını anlamıştı.

Bir anlık sessizliği fırsat bilen Levin, bu kahredici duygudan bir an olsun kurtulmak için ayağa kalktı ve gidip karısını getireceğini söyledi.

— İyi, ben de burayı temizlemelerini söyleyeyim. Pislik içinde burası, çok da iğrenç kokuyor sanırım. Maşa! Temizle şuraları, –dedi zorlukla. Sonra soru sorar gibi kardeşine bakarak,– Temizler temizlemez de git, –diye ekledi.

Levin hiçbir şey söylemedi. Koridora çıkınca durdu. Karısını getireceğini söylemişti, ama şimdi hissettiklerinin bilincine varıp, tam tersine hastanın yanına gelmemesi için onu ikna etmeye karar verdi. "Niçin o da benim gibi üzülsün?" –diye düşündü.

Kiti ürkek bir yüzle:

— E, nesi var? Nasıl? –diye sordu.

— Ah, korkunç, korkunç! Sen niye geldin sanki? –dedi Levin.

Kiti ürkek ve acıklı bir şekilde kocasına bakarak birkaç saniye sustu; sonra yanına geldi ve iki eliyle birden kocasının dirseğini tuttu.

— Kostya! Beni ona götür, ikimiz birlikte olursak bizim için daha kolay olur. Sen sadece beni götür, lütfen beni onun yanına götür ve sen git, –dedi.– Seni görmek ama onu görmemek bana daha zor geliyor anlasana. Belki sana da, ona da bir faydam olur. Lütfen, izin ver! –diye sanki hayatının mutluluğu buna bağlıymış gibi kocasına yalvardı.

Levin razı olmak zorunda kaldı ve kendini toparlayıp, Marya Nikolayevna'yı da tamamen aklından çıkartmış olduğundan Kiti'yle birlikte tekrar ağabeyinin yanına gitti.

Kiti, hafif adımlarla ve sürekli kocasına bakarak, ona cesur ve merhametli yüzünü göstererek hastanın odasına girdi ve acele etmeden dönüp sessizce kapıyı kapattı. Hastanın yatağına doğru sessiz adımlarla hızlı hızlı yürüdü, hastayı başını çevirmek zorunda bırakmayacağı yana geçerek hemen onun iskelet halindeki iri elini kendi diri, genç elinin içine alıp sıktı ve yalnızca kadınlara özgü karşısındakini kızdırmayan ve merhametli, sakin bir canlılıkla konuşmaya başladı.

— Karşılaşmıştık, ama tanışmamıştık, Soden'de, –dedi Kiti.– Yengeniz olacağımı düşünmemişsinizdir herhalde.

Nikolay Levin Kiti içeri girince yüzünde parlayan bir gülümsemeyle:

— Beni tanıyamazdınız değil mi? –dedi.

— Yo, tanırdım. Bize haber vermekle ne kadar iyi yaptınız! Kostya'nın sizden söz etmediği, sizin için kaygılanmadığı gün olmadı.

Ancak hastanın canlılığı kısa sürdü.

Daha Kiti sözünü bitirmeden Nikolay Levin'in yüzünde ölmek üzere olan birinin yaşayan birine duyduğu kıskançlığın sert ve sitemli ifadesi tekrar belirdi.

Kiti hastanın dikkatli bakışlarından gözlerini kaçırıp odaya göz atarak:

— Korkarım, burası sizin için hiç iyi değil, –dedi.– Otel sahibinden başka bir oda istemek gerek, –dedi kocasına,– hem sonra bizimkine de yakın olmalı.

XVIII

Levin ağabeyine sakince bakamıyor, onun yanında doğal ve rahat davranamıyordu. Hastanın yanına girdiğinde elinde olmadan gözleri bulanıyor, dikkati dağılıyordu ve ağabeyinin içinde bulunduğu durumun ayrıntılarını görmüyor, ayırt edemiyordu. Burnuna korkunç bir koku çarpıyor, pislik, düzensizlik, içler acısı bir durum görüyor, inlemeleri duyuyor, yardım edilemeyeceğini hissediyordu. Hastanın durumunun tüm ayrıntılarını anlamak, bu bedenin orada, battaniyenin altında bükülerek mi, nasıl yattığını, bu bir deri bir kemik kalmış bacakların, butların, sırtın ne şekilde durduğunu, onları daha rahat ettirmek için daha başka türlü yatırma olanağı olup olmadığını, daha iyi olmasa bile en azından kötü olmayacak bir şeyler yapılıp yapılamayacağını düşünmek aklına gelmiyordu. Bütün bu ayrıntıları düşünmeye başladığı zaman sırtında buz gibi bir yel dolaşıyordu. Yaşamı uzatmak için, acıları hafifletmek için hiçbir şey yapılamayacağından kesinlikle emindi. Fakat hiçbir yardımın işe yaramayacağı düşüncesini kabul ettiği hasta tarafından hissediliyor ve bu düşünce hastayı sinirlendiriyordu. Bu yüzden Levin'in durumu daha da zorlaşıyordu. Hastanın odasında olmak onun için acı verici bir şeydi, olmamak ise daha da kötüydü. Türlü bahanelerle durmadan dışarı çıkıyor ve yalnız kalacak gücü kendinde bulamayarak tekrar içeri giriyordu.

Ancak Kiti hiç de böyle düşünmüyor, hissetmiyor ve böyle davranmıyordu. Hastayı görünce ona acımıştı. Bu acıma onun kadın ruhunda, kocasında yaptığı korku ve iğrenme duygusunu değil, harekete geçme, hastanın durumuyla ilgili bütün ayrıntıları öğrenme ve ona yardım etme isteğini yaratmıştı. Ona yardım etmesi gerektiğinden, bunu yapabileceğinden en ufak bir kuşkusu olmadığı için hemen işe girişmişti. Sadece düşüncesinin bile kocasını korkuya sürüklediği ayrıntılar hemen dikkatini çekmişti. Doktora, eczaneye adam yolladı, yanında getirdiği hizmetçi kıza ve Marya Nikolayevna'ya toz alma ve temizlik işlerini yaptırdı, bir şeyleri kendi eliyle yıkadı, battaniyenin altına bir şeyler koydu. Onun emriyle bir şeyler getiriyor, hastanın odasından da bir şeyler götürüyorlardı. Kendisi de koridorda karşılaştığı adamları hiç umursamadan birkaç kez kendi odalarına gidip geldi, çarşaf, yastık kılıfı, havlu, gömlek alıp getirdi.

Genel salonda mühendislere öğle yemeği servisi yapan uşak, Kiti'nin çağırtması üzerine birkaç kez öfkeli bir yüzle gitti ve emirleri yerine getirmemezlik edemedi, çünkü Kiti bu emirleri öyle tatlı bir ısrarla veriyordu ki, yapmaması olanaksızdı. Levin bunların hiçbirini doğru bulmuyordu; bundan hastaya bir yarar geleceğine inanmıyordu. En çok da hastanın öfkelenmesinden korkuyordu. Ancak hasta bu duruma karşı ilgisiz gibi görünse de kızmıyor, sadece utanıyordu, genel olaraksa Kiti'nin kendisiyle ilgili yaptıklarıyla ilgilenir gibiydi. Kiti tarafından yollandığı doktordan dönen Levin, kapıyı açıp, tam Kiti'nin emriyle çamaşırını değiştirdikleri sırada yakaladı hastayı. İri kürek kemikleri, kaburgaları ve köprücük kemikleri dışarı fırlamış iskelet halindeki uzun beyaz sırtı çıplaktı, Marya Nikolayevna'yla uşak gömleği giydirirken kola gelince takılıp kalmışlar, sarkan uzun eli bir türlü gömleğin koluna sokamıyorlardı. Levin'in arkasından kapıyı acele kapatan Kiti, o tarafa bakmıyordu; ama hasta inlemeye başlayınca o da hemen hastanın yanına gitti.

— Biraz çabuk olsanıza, –dedi.

— Siz gelmeyin, –dedi öfkeyle hasta,– ben kendim...

— Ne diyorsunuz? –diye sordu Marya Nikolayevna.

Ama Kiti duymuştu ve onun yanında çıplak olmaktan utandığını ve hoşlanmadığını anlamıştı.

Kolu düzeltirken:

— Ben bakmıyorum, bakmıyorum! –dedi.– Marya Nikolayevna, siz şu tarafa geçip düzeltin, –diye ekledi.

Kocasına dönüp:

— Lütfen gidip benim küçük çantamdaki ufak şişeyi getirir misin, –dedi,– biliyorsun, yan gözünde, bu arada burası da tamamen temizlenmiş olur.

Ufak şişeyle geri dönen Levin, hastayı yatağına yatırılmış ve çevresindeki her şeyi tamamen değiştirilmiş buldu. Ağır kokunun yerini Kiti'nin dudaklarını büzüp kırmızı yanaklarını şişirerek ince bir borudan üflediği parfümle karışık sirke kokusu almıştı. Hiçbir yerde toz görünmüyordu, karyolanın altına bir halı serilmişti. Masanın üstüne şişeler düzgün bir şekilde dizilmiş, çamaşırlar ve Kiti'nin broderie anglaise nakışı katlanıp konmuştu. Hastanın yatağının yanında duran öbür masanın üstünde içecek, mum ve toz ilaçlar vardı. Hasta yıkanmış ve taranmış olarak, temiz çarşaflarda, yükseltilmiş yastıklarda, sırtında anormal şekilde ince boynunun çevresini saran beyaz yakalı temiz bir gömlekle yatıyor ve yüzünde yeni bir umut ifadesiyle gözlerini ayırmadan Kiti'ye bakıyordu. Levin'in kulüpte bulup getirdiği doktor Nikolay Levin'i tedavi eden, hastanın memnun kalmadığı doktor değildi. Yeni doktor dinleme aletini aldı, hastayı dinledi, başını salladı, ilaç yazdı ve önce ilacı nasıl alacağını, sonra da beslenme düzenini bütün ayrıntısıyla anlattı. Çiğ ya da çok az haşlanmış yumurta ve belli bir sıcaklıkta taze sağılmış sütle maden suyu tavsiye etti. Doktor gittiğinde hasta, kardeşine bir şey söylemek istedi; fakat Levin sadece son sözleri duydu: "Senin Katya" sözlerinden ve Kiti'ye bakışlarından onun Kiti'yi övdüğünü anladı Levin. Onun seslendiği şekilde Katya diyerek yanına çağırdı Kiti'yi.

— Şimdi çok daha iyiyim, –dedi Nikolay Levin.– Siz yanımda olsaydınız, çoktan iyileşirdim. Ne kadar güzel! – Kiti'nin elini tuttu ve bu eli dudaklarına götürdü, ama kızın bundan hoşlanmayacağından korkarak vazgeçti, bıraktı ve okşamakla yetindi. Kiti onun elini iki eliyle tuttu ve sıktı.

— Şimdi beni sol tarafıma yatırın, siz de gidip uyuyun, – diye mırıldandı Nikolay Levin.

Hiç kimse onun söylediklerini duymamıştı, bir tek Kiti ne dediğini anlamıştı. Kiti anlıyordu, çünkü sürekli olarak hasta için neyin gerekli olduğunu düşünüyordu.

— Öbür yana, –dedi Kiti kocasına,– her zaman o yanında uyuyor. Döndürüver onu, uşak çağırmak hoş olmaz. Ben yapamıyorum. Siz yapabilir misiniz? –diye Marya Nikolayevna'ya sordu.

— Ben korkarım, –diye yanıtladı Marya Nikolayevna.

Kollarıyla bu korkunç bedene sarılmak, battaniyenin altından bilmek istemediği yerlerden tutmak Levin'e ne kadar korkunç gelse de, karısının etkisiyle, karısının çok iyi bildiği kararlı yüz ifadesini takındı ve kollarını uzatıp tuttu, ama kendisi o kadar güçlü bir insan olduğu halde, bu cılız kol ve bacakların bu kadar ağır oluşuna şaşırdı. O, bir deri bir kemik kalmış kocaman kolunu boynunda hissederek ağabeyini çevirirken, Kiti hemen hiç ses çıkarmadan yastığı döndürdü, vurarak kabarttı ve hastanın başını, yine şakağına yapışmış olan seyrek saçlarını düzeltti. Hasta kardeşinin elini avucunda tutuyordu. Levin, onun eliyle bir şey yapmak istediğini, elini bir yana doğru çektiğini hissediyordu. Levin öylece kalarak eli bıraktı. Evet, ağabeyi onun elini ağzına doğru çekmiş, öpüyordu. Levin hıçkırıklardan sarsılarak, hiçbir şey söyleyemeyecek halde kendini dışarı attı.

XIX

"Bilgelerden gizledin ve çocuklarla akılsızlara açtın."* Levin o akşam karısıyla konuşurken onun hakkında böyle düşünüyordu.

Levin'in İncil'den alınma bu sözü aklına getirmesinin nedeni kendini bilge sayması değildi. Kendini bilge saymıyordu, ama

* Matta İncili, Bap 11, ayet 25. Tamamı ve doğrusu şu şekildedir: "O zaman İsa cevap verdi ve dedi: Ey Baba, göğün ve yerin Rabbi, sana şükrederim ki, sen bu şeyleri hikmetlilerden ve akıllılardan gizledin ve onları çocuklara açtın." (ç.n.)

karısından ve Agafya Mihaylovna'dan daha akıllı olduğunu, ölüm konusunu düşündüğü zaman ruhunun bütün gücüyle düşündüğünü bilmemesine olanak yoktu. Bu konuda düşüncelerini okuduğu pek çok üstün zekâlı erkeğin de bunu düşündüğünü, ama karısının ve Agafya Mihaylovna'nın bu konuda bildiklerinin yüzde birini bile bilmediklerini de biliyordu. Bu iki kadın ne kadar farklı olurlarsa olsunlar Agafya Mihaylovna ve Nikolay ağabeyinin çağırdığı ve artık Levin'in de hoşuna giden adıyla Katya bu bakımdan birbirlerine çok benziyorlardı. İkisi de hayatın ve ölümün nasıl bir şey olduğunu kuşkusuz biliyorlardı ve Levin'in karşısına çıkan sorulara asla yanıt veremeseler, hatta bu soruları anlamasalar da ikisinin de bu olgunun önemiyle ilgili hiçbir kuşkusu yoktu ve bu konuya sadece kendi aralarında değil, aynı zamanda bu görüşü milyonlarca insanla da paylaşarak tamamen aynı şekilde bakıyorlardı. Ölümün nasıl bir şey olduğunu kesinlikle bildiklerinin kanıtı, ölmek üzere olan insanlara nasıl davranmak gerektiğini ikisinin de bir saniye bile kuşku duymadan bilmeleri ve onlardan korkmamalarıydı. Levin ve başkaları ise, ölümle ilgili pek çok şey söyleyebilseler de herhalde bir şey bilmiyorlardı, çünkü ölümden korkuyor ve insanlar ölürken ne yapmak gerektiğini kesinlikle bilmiyorlardı. Levin şimdi Nikolay ağabeyiyle yalnız olsaydı, ona korkuyla bakar, çok büyük bir korku içinde beklerdi, başka da ne yapacağını bilemezdi.

Üstelik Levin ne konuşacağını, nasıl bakacağını, nasıl yürüyeceğini de bilmiyordu. Hastaya başka şeylerden söz etmek ona göre kırıcı bir şeydi ve olanaksızdı; ölümden, karamsar şeylerden söz etmek de olmazdı. Susmak mümkün değildi. "Baksam, onu incelediğimi düşünmesinden korkarım; bakmasam, başka bir şey düşündüğümü sanabilir. Parmaklarımın ucunda yürüsem memnun olmayacak; sert bassam ben utanacağım." Kiti ise belli ki kendini düşünmüyordu, düşünmeye zamanı da yoktu; Kiti hastayı düşünüyordu, çünkü bir şey biliyordu ve yaptığı her iş yolunda gidiyordu. Kendisini, düğününü anlatıyor, gülümsüyor, acıyor, onu okşuyor, iyileşen vakalardan söz ediyor ve her şey yolunda gidiyordu; demek ki o biliyordu. Onun ve Agafya Mihaylovna'nın yaptıkları işlerin içgüdüsel, hayvansı, akıldışı olmadığının kanıtı, fiziksel bakımdan, acıların hafiflemesinden başka Agafya Mihaylovna'nın da, Kiti'nin de ölüm döşeğindeki biri için fiziksel bakımdan daha önemli bir şey, fiziksel koşullarla hiçbir ilgisi olmayan bir şey istiyor olmalarıydı. Agafya Mihaylovna ölen ihtiyardan söz ederken "Ne yapalım, Tanrıya şükür, ayini yapıldı kutsal yağ sürüldü, Tanrı herkese böyle ölüm nasip etsin," demişti. Katya da aynı şekilde çamaşırlarla, uzun süre yatmaktan hastada açılan yaralarla, içeceklerle uğraşmasının dışında, daha ilk gün hastayı ayine ve kutsal yağ sürülmesi gereğine inandırmayı başarmıştı.

Gece hastanın yanından kendi iki odalı dairelerine döndükten sonra Levin, ne yaptığını bilmeksizin başını eğmiş oturuyordu. Bırakın akşam yemeği yemeyi, yatma hazırlığı yapmayı, ne yapacaklarını düşünmeyi, karısıyla bile konuşamıyor, utanıyordu. Kiti ise tam tersine her zamankinden daha çalışkandı. Hatta her zamankinden daha canlıydı. Yemek getirmelerini söyledi, eşyaları açtı, yatakların yapılmasına bizzat yardım etti ve yataklara böcek ilacı serpmeyi bile unutmadı. Erkeklerde savaş öncesinde, hayatın tehlikeli ve karar anlarında, erkeğin kendi değerini ve geçmiş hayatının boş olmadığını, bu dakikalar için bir hazırlık olduğunu göstereceği anlarda ortaya çıkan bir uyanıklık ve zihin çabukluğu vardı Kiti'de.

Bütün işler hallolmuştu ve eşyaların tamamı çıkarılıp tertemiz, düzgün bir şekilde yerleştirildiğinde, odaları bir şekilde kendi evlerine, Kiti'nin odasına benzediğinde, yani yataklar yapıldığında, fırçalar, taraklar, aynalar yerlerine yerleştirilip, peçeteler serildiğinde daha saat on iki olmamıştı.

Levin yemek yemeyi, uyumayı, konuşmayı şimdi bile bağışlanmaz buluyor ve her hareketinin uygunsuz kaçacağını hissediyordu. Kiti ise saç fırçalarını ayırıyordu, ama bu işi yapışında uygunsuz kaçacak, yakışık almayacak hiçbir şey yoktu.

Ancak hiçbir şey yiyemediler, uzun süre uyuyamadılar, hatta uzun süre yataklarına yatmadılar.

Kiti geceliği sırtında, katlanır aynasının önünde oturmuş, sık bir tarakla yumuşak, hoş kokulu saçlarını tararken:

— Yarın bedenine kutsal yağ sürülmesi için onu ikna ettiğime çok seviniyorum, –dedi.– Bu töreni hiç görmedim, ama biliyorum, annem o sırada hastanın iyileşmesi için dualar okunduğunu söylemişti.

Levin, Kiti'nin tarağı ileri doğru her götürüşünde yuvarlak başının arkasında kapanan dar çizgiye bakarak:

— Yoksa iyileşebileceğini mi düşünüyorsun? –dedi.

— Doktora sordum: Üç günden fazla yaşayamayacağını söyledi. Ama bilmelerine olanak var mı? Yine de onu ikna ettiğime çok memnunum, –dedi saçlarının arasından kocasına yan yan bakarak. Din konusundan her söz edişinde yüzünde beliren özel, biraz da kurnaz ifadeyle– Her şey olabilir, –diye ekledi.

Daha nişanlıyken dinle ilgili yaptıkları konuşmadan sonra ikisi de bu konuyu hiç açmamışlardı, ama Kiti kilise ziyareti, dua gibi dini görevlerini, böyle gerektiği konusundaki huzur verici inançla her zaman yerine getiriyordu. Levin tam tersini söylese de, Kiti, onun kendisi gibi, hatta kendisinden daha da iyi bir Hıristiyan olduğuna ve bu konuda söylediği her şeyin broderie anglaise'le ilgili olarak söylediği "İyi insanlar delikleri örerler, o ise bile bile makasla delik açıyor," sözleri gibi gülünç erkekçe zirzopluklarından biri olduğuna kesinlikle inanıyordu.

— Evet, şu kadın, Marya İvanovna, bütün bunları yapamazdı, –dedi Levin.– Ve... İtiraf etmeliyim ki, geldiğine çok, pek çok sevindim. Öyle temiz bir insansın ki... –Kiti'nin elini tuttu, ama öpmedi (ölüm bu kadar yakınlarındayken karısının elini öpmek yakışıksız bir şey gibi görünmüştü), sadece Kiti'nin parlayan gözlerine bakarak suçlu bir ifadeyle elini sıktı.

— Yalnız olsaydın senin için çok acı verici olurdu, –dedi Kiti ve memnuniyetinden kızarmış olan yanaklarını örten ellerini yukarı kaldırıp, saç örgülerini ensesinde kıvırıp firketeyle tutturdu.– Hayır, –diye devam etti,– o bilemezdi... Neyse ki ben Soden'de çok şey öğrenmişim.

— Yoksa orada da böyle hastalar mı vardı?

— Daha kötüleri vardı.

— Bana en korkunç gelen şey, elimde olmadan onun gençlik halini gözümün önüne getirmem... Ne kadar yakışıklı bir delikanlı olduğuna inanmazsın, ama ben o zamanlar onu anlamıyordum.

— İnanırım, çok inanırım. Onunla dost *olabilirdik* gibi hissediyorum, –dedi ve söylediği şeyden ürktü, kocasına bir göz attı, gözlerinde yaşlar belirdi.

— Evet, *olabilirdiniz*, –dedi Levin kederle.– İşte tam da bu dünya için yaratılmamış denen insanlardan biridir o.

Kiti küçük saatine bakıp:

— Daha konuşacak çok günler var önümüzde, yatalım artık, –dedi.

XX
ÖLÜM

Ertesi gün hastaya ayin yapıp kutsal yağ sürdüler. Tören sırasında Nikolay Levin hararetle dua etti. Renkli bir peçeteyle örtülü küçük oyun masasının üzerine konulmuş ikonaya diktiği iri gözlerinde öyle hırslı bir yakarış ve umut vardı ki, Levin buna bakarken dehşete kapıldı. Levin bu hırslı yakarışın ve umudun ağabeyinin o kadar çok sevdiği hayattan ayrılışını daha da zorlaştıracağını biliyordu. Ağabeyini ve onun düşüncelerini biliyordu; ağabeyinin inançsızlığının nedeninin inançsız yaşamanın daha kolay gelmesi değil, dünyadaki olayların çağdaş bilimsel açıklamalarının adım adım inançların yerini alması olduğunu biliyordu, dolayısıyla şimdiki dönüşünün aynı düşünce yoluyla oluşmuş haklı bir dönüş değil, sadece delice bir iyileşme umuduyla dolu geçici, çıkarcı bir dönüş olduğunu da biliyordu. Levin aynı zamanda mucizevi iyileşmelerle ilgili duyduğu hikâyeleri anlatarak Kiti'nin bu umudu daha da artırdığını da biliyordu. Levin bunların hepsini biliyordu ve bu yalvaran, umut dolu gözlere, havaya güçlükle kalkan, derisi gerilmiş alnına haç işareti koyan bu bir deri bir kemik kalmış ellere, hastanın istediği hayatın artık içine sığamadığı bu kemikleri dışarı fırlamış omuzlara ve hırıldayan boş göğse bakmak ona korkunç bir acı veriyordu. Tören sırasında Levin de dua etti ve inançsız biri olarak bin kere yaptığı şeyi yaptı. Tanrı'ya seslenerek şöyle dedi: "Eğer varsan bu adamı iyileştir (aslında bu sözler binlerce kez yinelenmiştir), onu ve beni kurtar."

Kutsal yağ sürüldükten sonra hasta birden çok daha iyi oldu. Bir saat boyunca bir kez bile öksürmedi, gülümsedi, gözyaşları içinde teşekkür ederek Kiti'nin elini öptü ve iyi olduğunu, hiçbir yerinin ağrımadığını, kendisini iştahlı ve güçlü hissettiğini söyledi. Hatta çorba getirdiklerinde yattığı yerden kendi başına doğruldu, ayrıca köfte istedi. Ne kadar umutsuz durumda bulunursa bulunsun, ona bakınca iyileşemeyeceği apaçık ortada olursa olsun Levin ve Kiti, bu bir saat içinde yanılmış olabileceklerini düşünerek aynı mutlu ve ürkek heyecana kapıldılar.

— Daha iyi galiba. – Evet, çok daha iyi. – Hayret. – Hayret edilecek bir şey yok. – Yine de daha iyi, –diye fısıldayarak ve birbirlerine gülümseyerek konuşuyorlardı.

Bu aldatıcı durum uzun sürmedi. Hasta sakin bir uykuya daldı, ama yarım saat sonra öksürerek uyandı. Ve hem çevresindekilerde, hem de kendisinde bütün umutlar bir anda yok oldu. Çekilen acının gerçekliği Levin'de, Kiti'de ve hastanın kendisinde hiçbir kuşkuya, hatta önceki umutlarla ilgili anılara bile yer bırakmadan bütün umutları yıktı.

Yarım saat önce inandığı şeyi, sanki bunu anımsamaktan utanıyormuş gibi hiç aklına getirmeksizin soluk alabilmek için üzerinde küçük delikler açılmış bir kâğıtla ağzı kaplı olan iyot şisesini vermelerini istedi. Levin şişeyi ona verdi ve hasta, doktorun iyot solumanın mucizeler yarattığına ilişkin sözlerini doğrulamasını bekleyerek, vücuduna kutsal yağ sürülürkenki o hırslı bir umutla dolu bakışını bu kez kardeşine dikti.

Levin doktorun sözlerini gönülsüzce doğruladığı sırada ağabeyi çevresine bakınarak:

— E, Katya nerede? –diye hırıldadı.– Yok mu, o zaman söyleyebilirim... Bu komediyi onun için oynadım. O kadar sevimli ki, ama artık seninle benim kendimizi kandırmamız mümkün değil. Ben buna inanıyorum, –dedi ve şişeyi kemikli eliyle sıkarak şişenin ağzından iyot solumaya çalıştı.

Akşam saat sekizde, Marya Nikolayevna soluk soluğa yanlarına koştuğunda Levin karısıyla birlikte kendi odalarında çay içiyordu. Marya Nikolayevna'nın benzi atmıştı, dudakları titriyordu.

— Ölüyor! –dedi fısıltıyla.– Korkarım ölmek üzere.

İkisi birden hastanın yanına koştu. Nikolay Levin yatağında doğrulmuş, dirseğine dayanmış, uzun sırtını kamburlaştırmış, başını öne eğmiş oturuyordu.

Levin, bir sessizlikten sonra:

— Ne hissediyorsun? –diye sordu fısıltıyla.

Nikolay zorlukla, ama son derece anlaşılır bir şekilde sözcükleri âdeta içinden ağır ağır çekip çıkararak:

— Yola düzüldüğümü hissediyorum, –dedi.

Başını yukarı kaldırmadan, gözlerini kardeşinin yüzüne bakmayacak şekilde yukarı çevirmişti.– Katya, sen git! –diye ekledi.

Levin hemen ayağa kalktı ve buyurgan bir fısıltıyla Kiti'yi dışarı çıkmak zorunda bıraktı.

— Yola çıkıyorum, –dedi Nikolay yeniden.

— Neden öyle düşünüyorsun? –dedi Levin bir şey söylemiş olmak için.

— Çünkü gidiciyim, –diye yineledi Nikolay sanki bu sözü sevmiş gibi.– Sonum geldi.

Marya Nikolayevna hastanın yanına gitti.

— Yatsanız daha rahat edersiniz, –dedi.

— Yakında sakin sakin yatacağım, –diye mırıldandı hasta,– ölü olarak, –diye ekledi alaycı, öfkeli bir ifadeyle.– E, madem istiyorsunuz yatırın bari.

Levin ağabeyini sırtüstü yatırdı, yanına oturup soluk almadan yüzüne baktı. Ölüm döşeğindeki adam gözlerini kapatmış yatıyordu, ama alnındaki kaslar derin ve gergin bir şekilde düşünen birinin kasları gibi arada bir oynuyordu. O anda ağabeyinin içinde neler olup bittiğini Levin elinde olmadan onunla birlikte düşünüyordu, ama onu takip etmek için harcadığı tüm düşünme çabalarına karşın bu sakin ve sert yüzün ifadesinden, kaşının üstündeki kasların oynamasından Levin için karanlık kalan şeyin, ölüm döşeğindeki ağabeyi için açıklık kazanmakta olduğunu görüyordu.

— Evet, evet, öyle, –dedi ağabeyi dura dura, ağır ağır.– Durun. –Kısa bir süre yine sustu.– Öyle! –dedi birden sakin bir şekilde, sanki onun için her şey çözüme kavuşmuş gibi.– Aman Tanrım! –dedi ve derin bir iç çekti.

Marya Nikolayevna hastanın ayaklarını yokladı.

— Soğuyor, –diye fısıldadı.

Hasta, uzun, Levin'e göre çok uzun bir süre kımıldamadan yattı. Ama hâlâ sağdı ve arada bir içini çekiyordu. Levin düşünmekten artık yorulmuştu. Zihnini o kadar zorladığı halde *öyle* olan şeyin ne olduğunu anlayamadığını hissediyordu. Ölüm döşeğindeki bu adamdan uzun zamandır arkada kaldığını hissediyordu. Ölüm konusunu artık düşünemiyordu, ama şimdi artık gözlerini kapatmak, giydirmek, tabut ısmarlamak gibi yapması gereken şeyler olduğu düşüncesi ister istemez aklına geliyordu. Ve gariptir, kendisini son derece duygusuz hissediyordu, ne bir üzüntü, ne onu kaybetme duygusu vardı, hatta ağabeyine karşı acıma duygusu hiç yoktu. Şu anda içinde ağabeyiyle ilgili bir duygu varsa bu daha çok, şimdi ölüm döşeğindeki adamın sahip olduğu, ancak kendisinin sahip olamadığı bilgiyi kıskanmasıydı.

Hep sonun gelmesini bekleyerek uzun süre daha ağabeyinin başında oturdu. Ama son gelmiyordu. Kapı açıldı ve Kiti göründü. Onu durdurmak için Levin ayağa kalktı. Ama tam ayağa kalktığı sırada ölünün kımıldadığını duydu.

— Gitme, –dedi Nikolay ve elini uzattı. Levin elini ağabeyine uzattı ve çıkması için karısına öfkeyle öbür elini salladı.

Ölmek üzere olan ağabeyinin eli elinde yarım saat, bir saat, bir saat daha oturdu. Artık ölümü hiç düşünmüyordu. Kiti'nin ne yaptığını, yandaki odada kimin kaldığını, doktorun kendi evi olup olmadığını düşünüyordu. Yemek yemek ve uyumak istiyordu. Elini dikkatle ağabeyinin elinden kurtardı ve ayaklarını yokladı. Ayaklar soğuktu, ama hasta soluk alıyordu. Levin tekrar parmaklarının ucuna basarak çıkmak istedi, ama hasta yeniden kımıldadı ve:

— Gitme, –dedi.

***

Şafak sökmüştü; hastanın durumu aynıydı. Levin sessizce elini kurtarıp, hastaya bakmadan kendi odasına gidip uyudu. Uyandığında beklediği ölüm haberi yerine hastanın eski durumuna döndüğünü öğrendi. Hasta tekrar oturmaya, öksürmeye, yemek yemeye, konuşmaya başlamıştı. Ölümden konuşmayı bırakmış, tekrar iyileşme umudunu ifade etmeye koyulmuş, eskisinden daha sinirli, daha asık suratlı olmuştu. Hiç kimse, ne kardeşi, ne de Kiti onu sakinleştiremiyordu. Herkese kızıyor, herkese kötü sözler söylüyor, çektiği acılar için herkesi suçluyor ve Moskova'daki ünlü doktoru getirmelerini istiyordu. Kendini nasıl hissettiği sorulduğunda aynı öfke ve sitemle:

— Korkunç acı çekiyorum, dayanamıyorum! –diye yanıtlıyordu.

Hasta özellikle artık iyileşmesi olanaksız yatak yaraları yüzünden giderek daha fazla acı çekiyordu ve çevresindekilere her konuda, özellikle de ona Moskova'dan doktor getirmedikleri için sitem ederek daha fazla kızıyordu. Kiti her yolu deneyerek ona yardım etmeye, onu sakinleştirmeye çalışıyordu; ama hepsi boşunaydı ve Levin, Kiti'nin kendisi kabul etmese de gerek fiziksel, gerekse manevi olarak yorgun düştüğünü görüyordu. Kardeşini çağırdığı gece hayatla vedalaşmasıyla herkeste uyandırdığı ölüm duygusu yok olmuştu. Onun yakın bir zamanda kesin olarak öleceğini, artık yarı yarıya ölü olduğunu hepsi biliyordu. Hepsinin tek isteği onun bir an önce ölmesiydi ve hepsi de bunu gizleyerek ona ilaç şişesinden ilaç veriyor, ilaç ve doktor arıyor, onu, kendilerini ve birbirlerini kandırıyorlardı. Bunların hepsi çirkin, onur kırıcı ve alçakça bir yalandı. Ve gerek karakteri bakımından, gerekse ölmek üzere olan bu adamı hepsinden daha fazla sevdiği için Levin bu yalanı çok büyük acı çekerek hissediyordu.

Ölümden hemen önce olsa bile ağabeylerini barıştırma düşüncesiyle epeydir kafası meşgul olan Levin, ağabeyi Sergey İvanoviç'e mektup yazmıştı ve onun yanıtını alınca da bunu Nikolay ağabeyine okumuştu. Sergey İvanoviç gelemeyeceğini yazıyor, ancak dokunaklı sözlerle kardeşinden af diliyordu.

Hasta hiçbir şey söylemedi.

— Ona ne yazayım? –diye sordu Levin.– Umarım ona kızmıyorsundur?

— Yo, hiç kızmıyorum! –diye kızgınlıkla yanıtladı bu soruyu Nikolay.– Bana doktor göndermesini yaz ona.

Sıkıntılar içinde üç gün daha geçti; hasta hep aynı durumdaydı. Artık onu gören herkes, oteldeki uşaklar, otel sahibi, otel müşterilerinin tamamı, doktor, Marya İvanovna, Levin, Kiti, onun ölümünü istediklerini hissediyorlardı. Bir tek hasta bu duyguyu belirtmiyor, tam tersine doktor getirmedikleri için kızıyor, ilaç almaya devam ediyor ve yaşamdan söz ediyordu. Ancak afyonun ardı arkası kesilmez acılarını bir an olsun unutturduğu ender dakikalarda bazen yarı uyur yarı uyanık bir halde içinde herkesten daha kuvvetli hissettiği şeyi söylüyor, "Ah, şunun bir sonu gelse!" ya da "Ne zaman bitecek bu?" diyordu.

Acılar sürekli artıyor, üzerlerine düşen işi yapıyor ve onu ölüme hazırlıyordu. Acı çekmediği bir durum yoktu, kendini avutabildiği bir an yoktu, bedeninin ağrımayan, canını yakmayan yeri, uzvu yoktu. Bu bedenin anıları, izlenimleri, düşünceleri bile artık onda bedenin kendisinin uyandırdığı tiksintiyi uyandırıyordu. Başka insanların görünüşü, konuşmaları, kendi anıları onun için sadece acı veren şeylerdi. Çevresindekiler bunu hissediyor ve tamamen bilinçdışı olarak onun yanında rahat davranmaktan, rahat konuşmaktan, isteklerini dile getirmekten kaçınıyorlardı. Hastanın bütün hayatı bir tek acı ve bu acıdan kurtulma duygusunda toplanıyordu.

Görünüşe göre içinde, ölümü, isteklerinin yerine getirilmesi ve bir mutluluk olarak görmeye zorlayan bir değişim oluyordu. Acıyla ya da açlık, yorgunluk, susuzluk gibi bir yoksunlukla ortaya çıkan her bir istek, bedene zevk veren bir hareketle karşılanıyordu eskiden; oysa şimdi bu tür bir yoksunluk ve acı, böyle bir tatmin görmüyor, tatmin etme denemesi yeni bir acıya neden oluyordu. Bu yüzden tüm istekler tek bir istekte, bütün acılardan ve bu acıların kaynağı olan bedenden kurtulma isteğinde birleşiyordu. Ancak bu kurtulma isteğini belirtecek sözü yoktu, dolayısıyla bundan söz etmiyordu, alışkanlığına uyarak artık yerine getirilemeyecek isteklerinin yapılmasını talep ediyordu. Önceki gibi yatırmalarını istedikten hemen sonra "Beni öbür tarafa yatırın," diyordu. "Et suyu getirin. Et suyunu götürün. Bir şeyler anlatın, niye susuyorsunuz?" Konuşmaya başlanır başlanmaz da gözlerini kapatıyor ve yorgun, ilgisiz ve iğreniyormuş gibi bir ifade takınıyordu.

Kente geldiklerinin onuncu günü Kiti hastalandı. Baş ağrısı, kusma şikâyetleri vardı ve bütün bir sabah yataktan kalkamadı.

Doktor hastalığın yorgunluktan ve heyecandan olduğunu söyleyip, manevi sükûnet tavsiye etti.

Ama Kiti öğleden sonra kalktı ve her zaman olduğu gibi elişini alarak hastanın yanına gitti. Nikolay Levin, içeri girdiğinde Kiti'ye baktı ve Kiti hasta olduğunu söylediğinde küçümseyerek gülümsedi. Hasta o gün durmadan burnunu çekti ve acı acı inledi.

— Kendinizi nasıl hissediyorsunuz? –diye sordu Kiti hastaya.

— Daha kötü, –dedi zorlukla.– Çok ağrım var!

— Nereniz ağrıyor?

— Her yerim.

Marya Nikolayevna fısıltıyla:

— Bugün bitecek, göreceksiniz, –dediği halde, Levin'in fark ettiğine göre kulakları çok hassas olan hasta bu sözleri duymuş olmalıydı. Levin kadına sus diye işaret etti ve hastaya bir göz attı. Nikolay duyuyordu; ama bu sözler onun üzerinde hiçbir etki yapmamıştı. Bakışları yine aynı şekilde sitemli ve sertti.

Levin ardından koridora çıktığında Marya Nikolayevna'ya:

— Neden öyle düşünüyorsunuz? –diye sordu.

— Üstündekileri çekiştirmeye başladı, –dedi Marya Nikolayevna.

— Nasıl çekiştirmeye başladı?

Marya Nikolayevna yünlü elbisesinin plilerini çekiştirip düzelterek:

— İşte böyle, –dedi. Gerçekten de Levin o gün hastanın sürekli olarak üstündekileri çekiştirdiğini, bir şeyleri çekip çıkartmak istediğini fark etmişti.

Marya Nikolayevna'nın tahmini doğruydu. Hasta geceye doğru artık elini kaldıracak güçte değildi ve bakışlarının dikkatle bir noktaya dikilmiş ifadesini değiştirmeden önüne bakıyordu sadece. Hatta kardeşi ya da Kiti, onları daha iyi görebilmesi için üstüne eğildiklerinde bile aynı şekilde bakıyordu. Kiti son duayı okutmak için papaza adam yolladı.

Papaz duayı okuduğu sırada hasta hiçbir yaşam belirtisi göstermiyordu; gözleri kapalıydı. Levin, Kiti ve Marya Nikolayevna yatağın yanında dikiliyorlardı. Hasta gerinip, derin bir iç çektiği ve gözlerini açtığı sırada papaz henüz duayı bitirmemişti. Papaz duayı bitirdikten sonra hastanın soğuk alnına haçı koydu, sonra haçı boynundaki ayin atkısına sardı, iki dakika kadar hiçbir şey söylemeden durduktan sonra haçı soğumaya başlamış, kanı çekilmiş iri ellere değdirdi.

— Bitti, –dedi papaz ve gitmeye niyetlendi; ama ölünün birbirine yapışmış bıyıkları birden kımıldadı ve sessizlikte göğsünün derinlerinden gelen sert sesler açık seçik duyuldu:

— Daha değil... Biraz sonra.

Bir dakika sonra yüzü aydınlandı, bıyıklarının altında bir gülümseme belirdi ve çevresinde toplanmış olan kadınlar ölüye özenle çekidüzen vermeye giriştiler.

Ağabeyinin görünüşü ve ölümün yakınlığı Levin'in ruhunda, ağabeyinin onu ziyarete geldiği o sonbahar akşamında ölümün anlaşılmazlığı ve yakınlığıyla birlikte kaçınılmazlığı karşısında içini saran korkuyu yeniden uyandırmıştı. Bu duygu şimdi eskisinden daha güçlüydü; ölümün anlamını eskisine göre daha az anlayabilecek durumda hissediyordu kendini ve ölümün kaçınılmaz oluşu ona daha korkunç geliyordu; ama şimdi karısının yanında olması sayesinde bu duygu onu umutsuzluğa sürüklemiyordu, ölüme rağmen yaşamak ve sevmek gerektiğini hissediyordu. Sevginin onu umutsuzluktan kurtardığını ve bu sevginin umutsuzluk tehdidi altında daha güçlü, daha temiz bir sevgi olduğunu hissediyordu.

Ölümün çözümsüz kalan bir sırrı daha gözlerinin önünden gitmeden, sevmeye ve yaşamaya çağıran aynı derecede çözümsüz başka bir sır ortaya çıkmıştı.

Doktor, Kiti'nin tahminlerini doğruladı. Hasta değil, hamileydi.

XXI

Aleksey Aleksandroviç, Betsi ve Stepan Arkadyiç'in açıklamalarından kendisinden beklenen tek şeyin, karısını rahat bırakması, varlığıyla onu uğraştırmaması olduğunu ve bunu karısının istediğini anladığı andan itibaren kendini öyle perişan hissetmişti ki, hiçbir şeye tek başına karar veremiyordu, şimdi ne istediğini bilmiyordu ve işlerini büyük bir memnuniyetle yapanların ellerine bırakmış, her şeye razı oluyordu. Ancak Anna evinden gittiğinde ve İngiliz mürebbiye onunla mı, yoksa ayrı mı yemek yemesi gerektiğini sormak için adam yolladığında durumunu ilk kez açıkça anlamış ve dehşete kapılmıştı.

Bu durumda en zor olan, geçmişini hiçbir şekilde şimdiki durumuyla birleştirememesi, uzlaştıramamasıydı. Onu kuşkuya düşüren, şaşırtan karısıyla mutlu yaşadıkları geçmiş değildi. Bu geçmişten karısının ihanetini öğrenmeye geçişi acı verici bir şekilde yaşamış, geride bırakmıştı; bu zor bir durumdu, ama anlamıştı Aleksey Aleksandroviç. Eğer karısı o zaman, sadakatsizliğini açıkladıktan sonra evinden gitmiş olsaydı üzülür, mutsuz olurdu, ama şu anda kendini hissettiği bu çaresiz ve anlaşılmaz duruma düşmezdi. Daha yakın bir zaman önce karısını affetmesini, o duygusal hallerini, hasta karısına ve başka birinin bebeğine duyduğu sevgiyi şimdi olanla, yani sanki bütün bunların ödülüymüşçesine kendini yapayalnız, alay edilen, rezil olmuş, hiç kimse için gerekli olmayan ve herkesin hor gördüğü biri gibi hissetmesiyle hiçbir şekilde bağdaştıramıyordu.

Aleksey Aleksandroviç, karısının gidişinden sonraki ilk iki gün iş için gelenleri, özel kalem müdürünü kabul etmiş, komite toplantısına katılmış ve öğle yemeği için her zamanki gibi yemek odasına gitmişti. Bu iki gün içinde bütün gücünü kendisi de neden yaptığını bilmeden sadece sakin, hatta umursamaz bir görünüş takınmak için harcamıştı. Anna Arkadyevna'nın eşyalarının ve odalarının ne yapılacağı sorularını yanıtlarken, olup biteni beklenmedik bir olay olarak görmeyen ve olağan sayan bir adam gibi görünmek için çok büyük çaba harcamış ve amacına ulaşmıştı: Hiç kimse ondaki umutsuzluk belirtilerini fark edememişti. Ancak Anna'nın gidişinden iki gün sonra, Korney'in ona, Anna'nın ödemeyi unuttuğu bir moda mağazasının faturasını uzatıp, tezgâhtarın orada olduğunu bildirdiğinde Aleksey Aleksandroviç tezgâhtarı çağırmasını söylemişti.

— Sizi rahatsız etme cüretini gösterdiğim için bağışlayın ekselans. Ama eğer hanımefendiye başvurmamı emrederseniz, adreslerini lütfediniz.

Aleksey Aleksandroviç düşünceye daldı –tezgâhtara öyle gelmişti– ve birden geri dönüp masaya oturdu. Başını kollarının üzerine eğip uzun süre bu durumda kaldı, birkaç kez konuşmaya çalıştı ve durdu.

Efendisinin duygularını anlayan Korney, tezgâhtardan başka bir zaman gelmesini rica etti. Aleksey Aleksandroviç yalnız kalınca bu metin ve sakin adam rolünü daha fazla sürdürecek güçte olmadığını anladı. Bekleyen arabanın koşumlarının çözülmesini, hiç kimsenin kabul edilmemesini emretti ve öğle yemeğine de çıkmadı.

Bu tezgâhtarın da, Korney'in de, şu son iki gündür karşılaştığı istisnasız herkesin yüzünde de apaçık gördüğü küçümsemenin ve gerginliğin baskısına dayanamayacağını hissetti. Kendini insanların nefretinden koruyamadığını, bu nefretin onun kötü biri olmasından değil (o zaman daha iyi olmaya çalışırdı), utanç verici ve iğrenç bir şekilde mutsuz olmasından kaynaklandığını hissediyordu. Bunun için, sırf yüreği yaralı olduğu için ona karşı acımasız davranacaklarını biliyordu. Köpeklerin yaralı, acıdan ciyak ciyak bağıran başka bir köpeği boğduğu gibi insanların da onu öldüreceklerini hissediyordu. İnsanlardan kurtulmanın tek yolunun yaralarını onlardan gizlemek olduğunu biliyordu ve iki gündür bilinçsiz olarak bunu yapmaya çalışmıştı, ama kendisini artık bu denk olmayan savaşı sürdürecek güçte hissetmemişti.

Acısıyla tamamen yalnız olduğunu bilmesi umutsuzluğunu daha da artırıyordu. Yaşadığı her şeyi anlatabileceği, ona yüksek bir memur, bir sosyete üyesi olarak değil, acı çeken basit bir insan olarak acıyabilecek tek bir insan yoktu Petersburg'da. Sadece Petersburg'da değil, hiçbir yerde yoktu böyle bir insan.

Aleksey Aleksandroviç yetim büyümüştü. İki erkek kardeştiler. Babalarını anımsamıyorlardı, anneleri Aleksey Aleksandroviç on yaşındayken ölmüştü. Malları mülkleri azdı. Önemli bir memur ve bir zamanlar merhum imparatorun gözdesi olan Karenin amca yetiştirmişti onları.

Liseyi ve üniversiteyi madalyalarla bitiren Aleksey Aleksandroviç, amcasının yardımıyla hemen tanınmış bir memur olma yoluna adım atmış ve o günden beri kendisini sadece ve sadece memuriyette yükselmeye adamıştı. Aleksey Aleksandroviç ne lisede, ne üniversitede, ne de daha sonra memuriyette hiç kimseyle dostluk ilişkileri kuramamıştı. Ruhen ona en yakın kişi kardeşiydi, ama kardeşi dışişleri bakanlığında çalışıyor, sürekli yurtdışında yaşıyordu, Aleksey Aleksandroviç evlendikten kısa süre sonra da yurtdışında ölmüştü.

Aleksey Aleksandroviç'in valiliği sırasında, o ilin zenginlerinden bir hanımefendi olan Anna'nın halası, yaşça olmasa da vali olarak genç sayılan Aleksey Aleksandroviç'i yeğeniyle tanıştırdı ve onu öyle bir duruma düşürdü ki, ya evlenme teklif edecek ya da kentten gidecekti. Aleksey Aleksandroviç uzun süre kararsız kaldı. O zaman bu evlenme adımının yararına ne kadar gerekçe varsa, zararına da o kadar gerekçe vardı ve bağlı olduğu bir kuralı, kuşku duyduğu bir şeyden kaçınma kuralını değiştirmek zorunda bırakacak kesin bir neden de yoktu; ama Anna'nın halası bir tanıdığı aracılığıyla ona kızı lekelediği ve evlenme teklif etmenin artık namus borcu olduğu şeklinde bir telkinde bulundu. Aleksey Aleksandroviç teklifini yaptı ve nişanlıyken de, evlendikten sonra da gösterebildiği yakınlığı hep gösterdi.

Anna'ya duyduğu bağlılık, insanlarla yakın ilişkiler kurma konusunda içindeki son istekleri de yok etmişti. İşte şimdi tanıdıklarından hiçbiri ona yakın değildi. İlişki sayılan şeyler çoktu, ama dostça ilişki yoktu. Aleksey Aleksandroviç'in evine yemeğe çağırabileceği, onu ilgilendiren bir işe katılmasını, herhangi bir başvuru sahibinin kayırılmasını isteyebileceği, başkalarının ve hükümet üyelerinin hareketlerini samimi olarak tartışabileceği pek çok insan vardı; ama bu kişilerle ilişkileri dışına çıkılması olanaksız, gelenek ve göreneklerle katı bir şekilde belirlenmiş bir alan içinde kalmak zorundaydı. Üniversiteden bir arkadaşı vardı, daha sonra yakınlaştığı bu arkadaşıyla kişisel derdini konuşabilirdi; ancak bu arkadaşı da uzaktaki bir eğitim kurumunun başında bulunuyordu. Petersburg'da bulunanlar içinden daha yakın ve konuşulabilecek kişiler özel kalem müdürü ve doktordu.

Özel kalem müdürü Mihail Vasilyeviç Slüdin basit, zeki, iyi yürekli, dürüst bir adamdı ve Aleksey Aleksandroviç, onun kendisine karşı kişisel sempatisi olduğunu hissediyordu; ancak beş yıllık resmi memuriyet faaliyeti içini dökmek açısından aralarına bir engel koymuştu.

Aleksey Aleksandroviç belgeleri imzalamayı bitirdikten sonra Mihail Vasilyeviç'e göz atarak uzun süre susmuş ve birkaç kez denese de konuşmaya başlayamamıştı. Söyleyeceği tümceyi hazırlamıştı: "Başıma gelen felaketi duydunuz mu?" diyecekti. Ama her zamanki gibi, "Bu durumda bunu bana hazırlarsınız," diyerek bitirdi ve özel kalem müdürünü yolladı.

Diğeri de doktordu, o da Aleksey Aleksandroviç'e karşı iyi duygular besliyordu; fakat ikisinin de işinin başından aşkın olduğu ve hep telaş içinde bulundukları konusunda aralarında uzun zamandır sözsüz bir anlaşma vardı.

Aleksey Aleksandroviç kadın dostlarını ve bunların en birincisi olan Kontes Lidiya İvanovna'yı aklına getirmiyordu. Bütün kadınlar sadece kadın oldukları için ona korkunç ve itici geliyordu.

XXII

Aleksey Aleksandroviç Kontes Lidiya İvanovna'yı unutmuştu, ama kontes onu unutmamıştı. Umutsuzluk içinde, yapayalnız olduğu bu en zor anında kontes Aleksey Aleksandroviç'e gelmiş ve haber verilmesini beklemeden çalışma odasına girmişti. Lidiya İvanovna, başını kollarının üstüne indirmiş oturduğu o durumda buldu onu.

— J'ai forcé la consigne,* –dedi hızlı adımlarla içeri girerken. Heyecan ve hızlı hareket etmek yüzünden soluk soluğaydı.– Her şeyi duydum! Aleksey Aleksandroviç! Aziz dostum! –diye devam ediyordu Aleksey Aleksandroviç'in elini iki eliyle birden sımsıkı sıkarak ve hülyalı, güzel gözleriyle onun gözlerinin içine bakarak.

Aleksey Aleksandroviç kaşlarını çatarak yerinden doğruldu ve elini ellerinden çekip, bir sandalyeyi kontese doğru itti.

— Oturmaz mısınız kontes? Kimseyi kabul etmiyorum, çünkü hastayım, –dedi ve dudakları titremeye başladı.

Kontes Lidiya İvanovna gözlerini ondan ayırmadan:

— Dostum! –diye yineledi ve birden kaşları alnının üstünde bir üçgen oluşturarak iç taraflarından yukarı kalktı; çirkin sarı yüzü daha da çirkinleşti; ama Aleksey Aleksandroviç kontesin kendisine acıdığını ve ağlamaya hazır olduğunu hissetti. O da duygulandı, kontesin tombul elini tuttu ve öpmeye başladı.

Kontes Lidiya İvanovna arada bir heyecandan sesi kesilerek:

— Dostum! –diyordu.– Kendinizi üzüntüye kaptırmamalısınız. Derdiniz çok büyük, ama bir avuntu bulmak zorundasınız.

Aleksey Aleksandroviç kontesin elini bırakarak, ancak yaşlarla dolu gözlerine bakmaya devam ederek:

---

* Emri dinlemedim. (Fr.)

— Mahvoldum, öldüm bittim, ben insan değilim artık! -dedi.– Öyle korkunç bir durumdayım ki, hiçbir yerde, kendi içimde bile bir destek bulamıyorum.

— O desteği bulacaksınız, dostluğuma inanmanızı rica etsem de o desteği bende aramayınız, –dedi kontes iç çekerek ve Aleksey Aleksandroviç'in iyi bildiği hayranlık dolu bakışıyla,– Bizim desteğimiz sevgidir, Onun bize mirası olan sevgi. Onun yükü hafiftir. Size destek olacak ve yardım edecektir, –diye ekledi.

Bu sözlerde kontesin kendi yüce duygularından etkilendiği görülse de, Aleksey Aleksandroviç'e gereksiz gelen, ama Petersburg'da son zamanlarda yaygınlaşmış olan ve insanı coşturan yeni mistik ruh halinden izler olsa da bunu işitmek şimdi Aleksey Aleksandroviç'in hoşuna gitmişti.

— Ben zayıf, bitmiş biriyim. Hiçbir şeyi önceden göremedim, şimdi de hiçbir şey anlamıyorum.

— Aziz dostum, –diye yineledi Lidiya İvanovna.

— Şimdi elimde olmayanın yitirilmesi değil, o değil, –diye devam etti Aleksey Aleksandroviç.– Üzüldüğüm bu değil. İçinde bulunduğum bu durum yüzünden insanların önünde utanmaktan kendimi alamıyorum. Bu kötü bir şey, ama yapamıyorum, elimde değil.

Kontes Lidiya İvanovna gözlerini hayranlıkla yukarı kaldırarak:

— Benim ve herkesin hayranlık duyduğumuz o yüce bağışlamayı yapan siz değildiniz, sizin yüreğinizde yaşayan Oydu, -dedi,– dolayısıyla davranışınızdan utanç duyamazsınız.

Aleksey Aleksandroviç suratını astı ve ellerini büküp parmaklarını çıtırdatmaya başladı.

— Bütün ayrıntıları bilmek gerek, –dedi ince sesiyle.– İnsanın gücünün sınırları vardır kontes, ben de kendi sınırımı buldum. Bugün evle ilgili yeni, yalnız yaşamımdan kaynaklanan (*kaynaklanan* sözcüğünü üstüne basa basa söylemişti) işlerle ilgili emirler vermek zorunda kaldım. Hizmetçiler, mürebbiye, faturalar... Bu minicik ateş beni yaktı kavurdu, dayanacak gücüm kalmadı. Öğle yemeği sırasında... dün neredeyse yemekten kalkacaktım. Oğlumun bana bakmasına dayanamadım. Bütün bunların anlamını bana sormuyordu, ama sormak istiyordu ve ben bu bakışa dayanamadım. Bana bakmaya korkuyordu, ama bu kadar da değil...

Aleksey Aleksandroviç kendisine getirilen faturadan söz etmek istiyordu, ama sesi titremeye başladı ve durdu. Mavi kâğıda yazılmış bu şapka ve kurdele faturasını anımsayınca kendine acımadan edemiyordu.

— Anlıyorum dostum, –dedi Kontes Lidiya İvanovna.– Hepsini anlıyorum. Yardımı ve teselliyi bende bulamazsınız, ama ben yine de elimden gelirse size yardım etmek için geldim. Bütün bu küçük, insanı aşağılayan uğraşlardan keşke sizi kurtarabilsem... Anladığım kadarıyla bir kadının sözüne, emirlerine gerek var. Bu işi bana bırakır mısınız?

Aleksey Aleksandroviç hiçbir şey söylemeden, teşekkür eder gibi kontesin elini sıktı.

— Seryoja'yla ikimiz birlikte ilgileniriz. Pratik işlerde iyi sayılmam. Ama bu işleri üstlenirim, kâhyanız olurum. Bana teşekkür etmeyin. Bunu kendiliğimden yapmıyorum...

— Teşekkür etmemek elimde değil.

— Fakat dostum, sözünü ettiğiniz duyguya, bir Hıristiyanın en yüce özelliği olan utanma duygusuna kendinizi kaptırmayınız: *Kim kendini aşağılarsa, yükseltiyordur.* Ve bana teşekkür etmeyiniz. Ona teşekkür etmek ve Ondan yardım istemek gerekir. Huzuru, teselliyi, kurtuluşu ve sevgiyi bir tek Onda buluruz, –dedi kontes. Sonra gözlerini göğe kaldırıp, susmasından Aleksey Aleksandroviç'in anladığına göre, dua etmeye başladı.

Aleksey Aleksandroviç kontesi dinliyor ve eskiden tatsız saymasa da gereksiz gördüğü ifadeler şimdi doğal ve avutucu geliyordu. Aleksey Aleksandroviç bu yeni coşturucu ruhu sevmiyordu. O, dinle daha çok politik anlamda ilgilenen dindar bir insandı, bazı yeni yorumlara izin veren, dolayısıyla da tartışmaya ve analize kapıları açan yeni öğreti ise ilke olarak Aleksey Aleksandroviç'in hoşuna gitmiyordu. Bu yeni öğretiye karşı eskiden soğuk, hatta düşmanca bir tavır içindeydi ve bu öğretiyle ilgilenen Lidiya İvanovna'yla asla tartışmaz, onun çağrılarını hiçbir şey söylemeden geçiştirmeye çalışırdı. Şimdi ise ilk kez kontesin sözlerini zevkle dinliyor ve içinden de bu sözlere karşı çıkmıyordu.

Kontesin duası bittiğinde Aleksey Aleksandroviç:

— İşler için de, sözleriniz için de size çok teşekkür ederim, –dedi.

Kontes Lidiya İvanovna dostunun iki elini de bir kez daha sıktı.

Kısa bir süre sustuktan sonra yüzünde kalan yaşları da silip gülümseyerek:

— Şimdi işe girişiyorum. Seryoja'nın yanına gidiyorum. Ancak çok darda kalırsam size başvuracağım, –dedikten sonra ayağa kalktı ve odadan çıktı.

Kontes Lidiya İvanovna Seryoja'nın dairesine gitti ve korku içindeki çocuğun yanaklarına kendi gözyaşlarını akıtarak babasının bir aziz olduğunu, annesinin ise öldüğünü söyledi.

***

Kontes Lidiya İvanovna sözünü yerine getirmişti. Aleksey Aleksandroviç'in evinin düzeniyle ve yönetimiyle ilgili bütün işleri gerçekten de üzerine almıştı. Ancak pratik işlerde iyi olmadığını söylerken abartmamıştı. Yerine getirilemeyecek şeyler olduğu için bütün emirlerini değiştirmek gerekiyordu ve bu emirler şimdi Karenin'in evini kimseye fark ettirmeden yöneten ve efendisini giydirirken yapılması gerekenleri ona bildiren, Aleksey Aleksandroviç'in uşağı Korney tarafından değiştiriliyordu. Fakat Lidiya İvanovna'nın yardımının yine de çok büyük etkisi vardı: Aleksey Aleksandroviç'e olan sevgisini ve saygısını anlamasında ve özellikle de aklına gelince içinin rahatladığı bir konuda, Aleksey Aleksandroviç'i Hıristiyanlığa neredeyse döndürmüş olması, yani umursamaz ve tembel bir dindardan Hıristiyanlık öğretisinin son zamanlarda Petersburg'da yayılmış yeni bir açıklamasının ateşli ve katı bir yandaşı haline dönüştürmesi konusunda ona manevi destek veriyordu. Aleksey Aleksandroviç'in bu yeni öğretiye inanması kolay olmuştu. Lidiya İvanovna ve onun görüşünü paylaşan diğer insanlar gibi Aleksey Aleksandroviç de hayal gücünün derinliğinden, hayal gücü tarafından yaratılan düşüncelerin başka düşüncelerle ve gerçeklikle uygun düşürecek kadar gerçek olmasını sağlayan ruhsal yetenekten tamamen yoksundu. İnançsız insanlar için var olan ölümün onun için var olmadığına ve ölçüsüne kendi karar verdiği tam bir inanca sahip olduğuna göre, ruhunda hiçbir günahın yer alamayacağına ve burada, dünyada tam bir kurtuluş yaşayacağına ilişkin düşüncesinde olanaksız ve aykırı hiçbir şey görmüyordu.

Gerçi inancıyla ilgili bu düşüncenin hafifliğini ve yanlışlığını belli belirsiz hissediyordu Aleksey Aleksandroviç. Karısını affetmesinin yüce bir gücün eylemi olduğunu hiç düşünmeksizin bu içten gelen dolaysız duyguya kendini kaptırdığı zaman, şimdiki gibi, her an ruhunda İsa'nın yaşadığını ve resmi belgeleri imzalarken onun isteğini yerine getirdiğini düşündüğü zaman hissettiğinden daha büyük bir mutluluk hissettiğini biliyordu; ancak Aleksey Aleksandroviç için böyle düşünmek, içinde bulunduğu utanç verici durumda herkes tarafından hor görülen kendisinin, başkalarını hor görebileceği uyduruk da olsa bir yüksekliğe çıkması o kadar gerekliydi ki, bu sahte kurtuluşa gerçek bir kurtuluş gibi sıkı sıkı sarılmıştı.

XXIII

Kontes Lidiya İvanovna çok genç ve coşku dolu bir kızken, zengin, soylu, çok yumuşak başlı ve çok çapkın bir adamla evlenmişti. Evliliklerinin ikinci ayında kocası onu bırakmış ve genç kadının heyecanlı sevgi yeminlerine sadece alay ederek, hatta kontun iyi yürekliliğini bilen ve Lidiya'da hiçbir kusur görmeyen insanların hiç anlam veremedikleri bir düşmanlıkla karşılık vermişti. O zamandan beri boşanmamış olsalar da ayrı yaşıyorlardı ve kocası onunla karşılaştığında nedeni anlaşılamayan ve hiç değişmeyen alaycı davranışı gösteriyordu.

Kontes Lidiya İvanovna uzun zaman önce kocasına âşık olmaktan vazgeçmişti, ama o zamandan beri karşısına çıkan herhangi birine âşık olmaktan asla vazgeçmiyordu. Aynı anda erkek ya da kadın birkaç kişiye birden âşık oluyordu; hemen hemen insanların hepsine, özellikle de seçkin kişilere âşık oluyordu. Çar ailesiyle akrabalık kuran bütün yeni prenseslere ve prenslere âşıktı, bir metropolite, bir piskopos yardımcısına ve bir papaza âşıktı. Bir gazeteciye, üç Slav'a, Komissarov'a âşıktı; bir bakana, bir doktora, bir İngiliz misyonerine ve Karenin'e âşıktı. Kâh azalan, kâh artan bu aşklar, onun en yaygın ve en karmaşık saray ve sosyete ilişkilerini idare etmesine engel olmuyordu. Ancak Karenin'in başına gelen felaketin ardından onu özel koruyuculuğu altına aldığından, Karenin'in evinde, onu rahat ettirmeye özen göstererek çalıştığından beri bütün diğer aşkların gerçek olmadığını, bir tek Karenin'e gerçekten âşık olduğunu hissetmişti. Şimdi Karenin'e karşı hissettiği duygu, ona bütün önceki duygularından daha güçlü geliyordu. Hissettiklerini gözden geçirerek ve önceki duygularıyla karşılaştırarak hükümdarın hayatını kurtarmamış olsaydı Komissarov'a âşık olmayacağını, Slav sorunu diye bir sorun olmasaydı Ristiç-Kudjitskiy'e âşık olmayacağını, ama Karenin'i Karenin olduğu için, anlaşılmaz yüce ruhu için, sözcükleri ağır ağır vurgulayan sesinin ona sevimli gelen ince tınısı için, yorgun bakışları için, karakteri için ve damarları şişmiş yumuşak beyaz elleri için sevdiğini açıkça görüyordu. Onunla karşılaştığında sadece sevinmiyordu, aynı zamanda Karenin'in yüzünde kendi bıraktığı izlenimin işaretlerini arıyordu. Sadece konuşmalarıyla değil, tüm kişiliğiyle de onun hoşuna gitmek istiyordu. Artık Karenin için giyim kuşamına eskisinden daha fazla özen gösteriyordu. Evli olmasaydı ve Karenin de serbest olsaydı neler olurdu gibisinden hayaller kurarken buluyordu kendini. Karenin odaya girdiğinde heyecandan kıpkırmızı oluyor, Karenin ona hoş bir şey söylediği zaman heyecanlı gülümsemesine engel olamıyordu. Kontes Lidiya İvanovna birkaç gündür çok büyük bir heyecan içindeydi. Vronskiy'le Anna'nın Petersburg'da olduklarını öğrenmişti. Aleksey Aleksandroviç'i Anna'yla görüşmekten kurtarmak, hatta onu bu korkunç kadının onunla aynı kentte bulunduğunu ve her an onunla karşılaşabileceğini acı verici bir şekilde öğrenmekten kurtarmak gerekiyordu.

Lidiya İvanovna, Vronskiy ve Anna'ya verdiği adla söylersek bu *iğrenç insanların* ne yapmak niyetinde olduklarını tanıdıkları aracılığıyla öğreniyor ve bu günlerde dostunun onlarla karşılaşmaması için bütün hareketlerini yönetmeye çalışıyordu. Kontese bilgi veren ve Kontes Lidiya İvanovna aracılığıyla bir ayrıcalık elde etmeyi uman Vronskiy'in arkadaşı genç yaver, kontese Anna'yla Vronskiy'in işlerini bitirdiklerini ve ertesi gün gideceklerini söylemişti. Lidiya İvanovna artık yeniden rahat nefes almaya başlamıştı ki, ertesi sabah üzerindeki el yazısını görünce dehşete kapıldığı bir mektup getirdiler. Anna Karenina'nın yazısıydı. Zarf kalın bir kâğıttandı; uzun sarı kâğıdın üzerinde çok büyük bir marka vardı ve mektuptan güzel bir koku yayılıyordu.

— Kim getirdi?

— Bir otel görevlisi.

Kontes Lidiya İvanovna mektubu okumak için uzun süre oturamadı. Heyecandan mustarip olduğu nefes darlığı krizi tutmuştu. Rahatladığında Fransızca yazılmış aşağıdaki mektubu okudu:

"Madame la Comtesse,* – yüreğinizi dolduran Hıristiyanlık duyguları, bağışlanmaz bir şey olduğunu hissettiğim, size

* Kontes. (Fr.)

yazma cesaretini verdi bana. Oğlumdan ayrı olduğum için mutsuzum. Gitmeden önce onu bir kez görmeme izin vermeniz için yalvarıyorum. Kendimi size anımsattığım için bağışlayın beni. Aleksey Aleksandroviç'e değil, size başvurmamın tek nedeni, bu yüce gönüllü insana kendimi anımsatarak acı çektirmek istemeyişimdir. Onunla olan dostluğunuzu bildiğim için beni anlayacağınızı sanıyorum. Seryoja'yı bana gönderir misiniz, yoksa belli bir saatte ben mi eve geleyim ya da onu ev dışında ne zaman ve nerede görebileceğimi siz bana bildirir misiniz? Bu kararı verecek kişinin ne kadar yüce gönüllü bir insan olduğunu bildiğim için dileğimin geri çevrilmeyeceğini sanıyorum. Onu görme isteğimin ne kadar büyük olduğunu tasavvur edemezsiniz, dolayısıyla yardımınızın bende yaratacağı minnettarlığın büyüklüğünü de bilemezsiniz.

Anna"

Bu mektuptaki her şey, içeriği, yüce gönüllülük göndermesi, özellikle de laubali bulduğu tavrı Kontes Lidiya İvanovna'yı sinirlendirmişti.

— Yanıt verilmeyeceğini söyle, –dedi Kontes Lidiya İvanovna ve hemen kâğıt dosyasını açıp Aleksey Aleksandroviç'e, saat birde saraydaki kutlama töreninde onu görmek umudunda olduğunu yazdı.

"Önemli ve üzücü bir konu için sizinle konuşmam gerekiyor. Nerede buluşacağımıza orada karar veririz. Sizin için *çay* hazırlamalarını söyleyeceğim, benim evimde olması en iyisi. Mutlaka görüşmeliyiz. O, haçı yükler, ama taşıyacak gücü de verir," –diye de ekledi Aleksey Aleksandroviç'i önceden biraz hazırlamak için.

Kontes Lidiya İvanovna Aleksey Aleksandroviç'e günde genellikle ikişer üçer not yazardı. Kontes özel ilişkilerinde bulunmayan bir incelik ve gizemlilik taşıyan bu haberleşme sürecini seviyordu.

XXIV

Kutlama töreni sona ermek üzereydi. Gitmek üzere olanlar birbirleriyle karşılaşarak günün son haberlerini, yeni kazanılan nişanları ve önemli devlet memurlarının yer değişikliklerini konuşuyorlardı.

Sırmalı üniforma giymiş kır saçlı bir ihtiyar, kendisine atamalarla ilgili soru soran uzun boylu güzel nedimeye:

— Keşke Savunma Bakanlığı'na Kontes Marya Borisovna'yı, Genel Kurmay Başkanlığı'na da Prenses Vatkovskaya'yı atamış olsalardı, –dedi.

Nedime gülümseyerek:

— Beni de yaverliğe, –diye karşılık verdi.

— Sizin yeriniz hazır. Siz din işlerinde görevlisiniz. Yardımcınız da Karenin.

İhtiyar yanına gelen adamın elini sıkarak:

— Merhaba prens! –dedi.

— Karenin hakkında ne diyordunuz? –dedi prens.

— O ve Putyatov, Aleksandr Nevskiy nişanı aldılar.

— Daha önce aldığını sanıyordum.

İhtiyar, sırtında saray üniforması ve omzundan çaprazlama takılmış yeni kırmızı kurdelesi olduğu halde Devlet Konseyi'nin sözü geçen üyelerinden biriyle salonun kapısında duran Karenin'i sırmalı şapkasıyla göstererek:

— Hayır. Ona bakın, –dedi ve atletik yapılı bir mabeyincinin elini sıkmak için durarak,– mutluluktan bakır para gibi parlıyor, –diye ekledi.

— Yok canım, yaşlanmış, –dedi mabeyinci.

— Çok çalışmaktan. Şimdi sürekli proje hazırlıyor. Yakaladığı talihsizi projesinin bütün maddelerini anlatmadan bırakmıyor.

— Çökmüş mü? Il fait des passions.* Sanırım, Kontes Lidiya İvanovna onu şimdi karısından kıskanıyordur.

* Çok beğeniliyor. (Fr.)

— Daha neler! Lütfen Kontes Lidiya İvanovna hakkında kötü şeyler söylemeyin.

— Peki ama Karenin'e âşık olması kötü bir şey değil mi?

— Sahi Karenina burada mıymış?

— Burada, yani sarayda değil, ama Petersburg'da. Dün onlarla karşılaştım, Aleksey Vronskiy'le bras dessus, bras dessous* Morskaya'da dolaşıyorlardı.

— C'est un homme qui n'a pas...** –diye tam söze başlamıştı mabeyinci, ama yanlarından geçen çar ailesinden birine yol vermek ve selamlamak için durdu.

Onlar Aleksey Aleksandroviç hakkında kınayarak ve alay ederek hiç durmadan konuşurken, Aleksey Aleksandroviç de yolunu kesip yakaladığı Devlet Konseyi üyesini elinden kaçırmamak için bir an bile ara vermeden mali projesini madde madde anlatıyordu.

Karısının bırakıp gitmesiyle hemen hemen aynı zamanda Aleksey Aleksandroviç'in başına bir memur için en acı olay gelmiş, memuriyette yükselmesi durmuştu. Durduğunu herkes açık açık görüyordu, ama Aleksey Aleksandroviç kariyerinin sona erdiğinin henüz bilincinde değildi. Stremov'la çatışması mı, karısıyla yaşadığı talihsizlik mi ya da sadece Aleksey Aleksandroviç'in kendisi için belirlenmiş olan sınıra gelmiş olması mı, her nedense bu yıl memuriyet alanının sonuna geldiğini herkes biliyordu. Hâlâ önemli bir yerde bulunuyordu, pek çok komisyonun ve komitenin üyesiydi; ancak o, yapacağı her şeyi yapmış, kendisinden daha fazla şey beklenmeyen biriydi. Ne derse desin, ne önerirse önersin onu, sanki önerdiği şey çok önceden bilinen ve gereksiz bir şeymiş gibi dinliyorlardı.

Ancak Aleksey Aleksandroviç bunu hissetmiyordu ve tam tersine, hükümet çalışmalarına doğrudan katılmaktan uzaklaştırılmış biri olarak bu faaliyette başkalarının eksikliklerini

---

* Kol kola. (Fr.)

** Öyle bir adam ki... (Fr.)

ve hatalarını şimdi eskisinden daha açık görüyor, bu eksiklik ve hataları düzeltme yollarını göstermeyi görev sayıyordu. Yazılması onun kısmetine düşen ve tüm yönetim dallarıyla ilgili hiç kimseye gerekmeyecek sayısız rapordan yeni bir mahkemeyle ilgili olan birincisini karısından ayrıldıktan kısa bir süre sonra yazmaya başlamıştı.

Aleksey Aleksandroviç, bırakın memuriyet dünyasındaki umutsuz durumunu görmeyi ve bu duruma üzülmeyi, çalışmalarından her zamankinden daha fazla hoşnuttu.

"Evlenmemiş adam Rabbi nasıl hoşnut edeceğini düşünerek kaygı duyar, evli adam karısını nasıl hoşnut edeceğini düşünerek kaygı duyar," diyor Havari Pavlus. Artık bütün işlerinde Kutsal Kitap'a göre hareket eden Aleksey Aleksandroviç bu metni sık sık anımsıyordu. Karısı gittiğinden beri bu projeleriyle Rabbe eskisinden daha fazla hizmet ettiğini düşünüyordu.

Yanından ayrılmak isteyen Konsey üyesinin gözle görülür sabırsızlığı Aleksey Aleksandroviç'i rahatsız etmiyordu; Konsey üyesi, çar ailesinden birinin geçişinden yararlanarak yanından sıvışıp gidince açıklamayı kesti.

Aleksey Aleksandroviç tek başına kalınca düşüncelerini toplamaya çalışarak başını öne eğdi, sonra dalgın dalgın çevresine bakındı ve Kontes Lidiya İvanovna'yı bulacağını umduğu kapıya doğru yürüdü.

Aleksey Aleksandroviç, yanlarından geçmek zorunda olduğu taranmış, koku sıkılmış favorileriyle çok güçlü görünen mabeyinciye ve üniformasının içinde kıpkırmızı boynu gerilmiş prense bakarken "Hepsi de fiziksel olarak ne kadar güçlü ve sağlıklılar, –diye düşündü. Mabeyincinin baldırlarına bir kez daha yan yan bakarak,– Dünyadaki her şeyin kötü olduğunu söyleyenler haklı," –diye geçirdi içinden.

Acele etmeden yavaş adımlar atan Aleksey Aleksandroviç, kendisi hakkında konuşan bu bayları her zamanki yorgun ve kibirli görünüşüyle eğilerek selamladı ve kapıya bakarak gözleriyle Kontes Lidiya İvanovna'yı aradı.

Karenin kendisiyle aynı hizaya gelip soğuk bir hareketle başını eğdiğinde ihtiyar adam:

— A! Aleksey Aleksandroviç! –dedi ve Aleksey Aleksandroviç'in yeni nişanını göstererek,– Sizi kutlayamadım daha, –diye ekledi.

— Teşekkür ederim, –diye yanıtladı Aleksey Aleksandroviç.– Ne *güzel* bir gün, –diye devam etti, alışkanlığı üzere "güzel" sözcüğünü özellikle vurgulayarak.

Kendisiyle alay ediyorlardı, bunu biliyordu, ama onlardan düşmanlıktan başka bir şey de beklemiyordu zaten; alışmıştı artık buna.

Kapıdan girmekte olan Kontes Lidiya İvanovna'nın korsajından dışarı fırlayan sarı omuzlarını ve yanına çağıran dalgın bakışlı, güzel gözlerini gören Aleksey Aleksandroviç parlak beyaz dişlerini göstererek gülümsedi ve kontesin yanına gitti.

Lidiya İvanovna'nın tuvaleti, şu son zamanlardaki bütün tuvaletleri gibi çok büyük bir emeğe mal olmuştu. Giyim kuşamının amacı artık otuz yıl önce izlediği amacın tam tersiydi. O zamanlar rastgele bir şeyle süslenir, ne kadar çok süslenirse o kadar iyi olacağını düşünürdü. Şimdi tam tersine, yaşına ve bedenine o kadar uyumsuz şeylerle süsleniyordu ki, bir tek bu süslerin dış görünüşüyle çok korkunç bir çelişki oluşturmamasına özen gösteriyordu. Aleksey Aleksandroviç konusunda amacına ulaşıyordu ve ona çekici görünüyordu. Aleksey Aleksandroviç için kontes, çevresini sarmış olan düşmanlık ve alay denizinin ortasında biricik yakınlık ve sevgi adasıydı.

Sıra sıra alaycı bakışlar arasından geçerek bir bitkinin ışığa doğru uzaması gibi o da doğal bir biçimde kontesin sevgi dolu bakışına doğru gidiyordu.

Kontes gözleriyle nişanı göstererek:

— Kutlarım, –dedi.

Dudaklarında beliren sevinç gülümsemesine engel olmaya çalışarak, bunun onu sevindirmediğini söylercesine gözlerini kapatıp omuzlarını silkti. Kontes Lidiya İvanovna, hiçbir zaman itiraf etmese de bunun Karenin'in en büyük sevinçlerinden biri olduğunu çok iyi biliyordu.

— Meleğimiz nasıl? –diye sordu Kontes Lidiya İvanovna Seryoja'yı kastederek.

Aleksey Aleksandroviç kaşlarını kaldırarak ve gözlerini açarak:

— Ondan tam anlamıyla memnun olduğumu söyleyemem, –dedi.– Sitnikov da memnun değil. (Sitnikov, Seryoja'nın din dışı eğitimiyle görevlendirilen pedagogdu.) Size söylediğim gibi, her insanın ve her çocuğun ruhunu etkilemesi beklenen konulara karşı bir tür soğukluk var onda, –diyerek memuriyeti dışında kendisini ilgilendiren biricik konuyla, yani oğlunun eğitimiyle ilgili düşüncelerini açıklamaya başlamıştı Aleksey Aleksandroviç.

Aleksey Aleksandroviç, Lidiya İvanovna'nın yardımıyla yeniden hayata ve çalışmaya döndüğünde onun eline kalan oğlunun eğitimiyle ilgilenmenin kendi görevi olduğunu hissetmişti. Daha önce eğitim konularıyla hiç ilgilenmemiş olan Aleksey Aleksandroviç, bu konunun kuramsal olarak incelenmesine biraz zaman ayırdı. Birkaç tane antropoloji, pedagoji ve öğretim yöntemleri kitabı okuyan Aleksey Aleksandroviç, kendine bir eğitim planı yaptı ve Petersburg'un en iyi pedagogunu rehberlik etmesi için çağırıp işe girişti. Bu iş onun sürekli zamanını alıyordu.

— Evet, ama ya yüreği? Ben onda babasının yüreğini görüyorum ve böyle yüreği olan bir çocuk kötü olamaz, –dedi Kontes Lidiya İvanovna heyecanla.

— Evet, olabilir... Bana gelince, ben görevimi yapıyorum. Bütün yapabildiğim bu.

— Bana gelin, –dedi Kontes Lidiya İvanovna biraz sustuktan sonra,– sizin için üzücü bir meseleyi konuşmamız gerekiyor. Sizi bazı anılardan uzak tutmak için her şeyi verirdim, ama başkaları öyle düşünmüyor. *Ondan* bir mektup aldım. O, burada, Petersburg'da.

Aleksey Aleksadnroviç karısının sözü geçince irkildi, ancak yüzüne hemen o anda bu konudaki çaresizliğini ifade eden o ölü hareketsizliği gelip oturdu.

— Bunu bekliyordum, –dedi.

Kontes Lidiya İvanovna ona hayranlıkla baktı ve gözlerinde ruhunun yüceliği karşısında duyduğu hayranlığı ifade eden gözyaşları belirdi.

XXV

Aleksey Aleksandroviç, Kontes Lidiya İvanovna'nın eski porselenlerle doldurulmuş, duvarlarına portreler asılmış, küçük, rahat çalışma odasına girdiğinde ev sahibesi henüz ortada yoktu. Üstünü değiştiriyordu.

Yuvarlak bir masanın üzerine örtü örtülmüştü ve Çin çay takımıyla gümüşten yapılmış bir ispirtolu demlik duruyordu. Aleksey Aleksandroviç çalışma odasını süsleyen sayısız tanıdık portreye dalgın dalgın göz attı ve masaya ilişip, masanın üstünde duran İncil'i açtı. Kontesin ipek elbisesinin hışırtısıyla dikkati dağıldı.

Kontes Lidiya İvanovna heyecanlı bir gülümsemeyle masa ve divan arasından hızla geçerken:

— Evet, şimdi sakin sakin oturalım ve çayımızı içerken konuşalım, –dedi.

Kontes Lidiya İvanovna birkaç hazırlayıcı sözden sonra soluğu daralarak ve kıpkırmızı bir halde Aleksey Aleksandroviç'in eline mektubu verdi.

Mektubu okuyan Aleksey Aleksandroviç uzun süre bir şey demedi.

Sonra gözlerini yukarı kaldırıp ürkek bir şekilde:

— Onun bu isteğini reddetme hakkım olduğunu sanmıyorum, –dedi.

— Dostum! Siz hiç kimsede kötülük görmüyorsunuz!

— Tam tersine, her şeyin kötü olduğunu görüyorum. Ama adil olur mu bu?..

Yüzünde bir kararsızlık ve anlamadığı bir işte öğüt, destek ve kılavuz arayışı vardı.

— Hayır, –diye sözünü kesti Lidiya İvanovna.– Her şeyin bir sınırı var. Ahlaksızlığı anlarım, –kadınları ahlaksızlığa sürükleyen şeyi hiçbir zaman anlayamadığı için bunu tam olarak içtenlikle söylememişti,– ama bu acımasızlığı anlamıyorum. Hem de kime karşı? Size! Sizin bulunduğunuz bir kentte nasıl kalabilir? Yo, çok yaşayan çok şey öğrenirmiş. Ben de sizin yüceliğinizi ve onun alçaklığını anlamayı öğreniyorum.

Rolünden memnun görünen Aleksey Aleksandroviç:

— Peki, taşı kim atacak? Ben her şeyi bağışladım, dolayısıyla onu bu kadar gerek duyduğu bir şeyden, oğlunu sevmekten yoksun bırakamam...

— Ama sevgi bu mudur dostum? Samimi bir şey mi bu? Diyelim siz affettiniz, affediyorsunuz... ama bu meleğin ruhunu etkileme hakkına sahip miyiz? Seryoja onu öldü biliyor. Onun için dua ediyor ve Tanrı'dan onun günahlarını bağışlamasını diliyor... Hem böylesi daha iyi. Sonra ne düşünür?

Aleksey Aleksandroviç bu düşünceyi kabul ettiğini belli ederek:

— Ben bunu düşünmemiştim, –dedi.

Kontes Lidiya İvanovna elleriyle yüzünü örttü ve bir süre konuşmadı. Dua ediyordu.

Kısa bir süre dua ettikten sonra yüzünü açarak:

— Benim tavsiyemi soracak olursanız, ben size bunu yapmanızı tavsiye etmem. Nasıl acı çektiğinizi, bütün yaralarınızın nasıl açıldığını görmüyor muyum sanıyorsunuz? Ama hadi diyelim her zamanki gibi kendinizi unuttunuz. Bunun sonu neye varır? Sizin için yeni yeni acılara ve çocuk için de üzüntülere yol açmaz mı? Eğer o kadında insanca bir yan kalmışsa kendiliğinden istememeliydi bunu. Yo, benim hiç tereddütüm yok, size bir tavsiyede de bulunmuyorum, ama eğer bana izin verirseniz, ona bir mektup yazarım.

Aleksey Aleksandroviç razı oldu ve Kontes Lidiya İvanovna aşağıdaki Fransızca mektubu yazdı:

"Pek sayın hanımefendi,

Sizi anımsaması, oğlunuz için aziz olması gereken bir konuda ruhuna lanet duygusunu sokmadan yanıtlanması olanaksız sorulara yol açabilir, bu nedenle kocanızın isteğinizi reddetmesine Hıristiyalığın sevgi ruhuyla anlayış göstermenizi rica ediyorum. Tanrıdan size merhamet diliyorum.

Kontes *Lidiya*"

Bu mektup, Kontes Lidiya İvanovna'nın kendisinden bile sakladığı gizli amaca ulaşmasını sağladı. Mektup Anna'yı ruhunun en derin noktalarına kadar aşağılamıştı.

Aleksey Aleksandroviç, Lidiya İvanovna'dan çıkıp evine döndükten sonra o gün kendini her zamanki uğraşlarına veremedi ve inançlı, kurtuluşa erişmiş bir insanın daha önce hissettiği ruhsal huzuru bulamadı.

Kendisine karşı o kadar büyük bir suçu olan ve Kontes Lidiya İvanovna'nın haklı olarak söylediği gibi, karşısında bir aziz derecesinde bulunduğu karısını anımsamak onu rahatsız etmemeliydi; ama o rahat değildi: Okuduğu kitabı anlayamıyordu, karısıyla ilişkilerine, şimdiki görüşüne göre onunla ilgili olarak yaptığı hatalara ilişkin üzücü anıları kafasından atamıyordu. At yarışından dönerken Anna'nın ihanet itirafını kabul edişini (özellikle de karısından sadece görünüşü kurtaracak şekilde davranmasını istemesi, Vronskiy'i düelloya davet etmemesini) anımsamak ona pişmanlık gibi acı veriyordu. Aynı şekilde Anna'ya yazdığı mektubu anımsamak da ona acı veriyordu; özellikle hiç kimse için gerekli olmayan o bağışlaması ve başkasının çocuğuna gösterdiği ilgi yüreğini utançla ve pişmanlıkla yakıp kavuruyordu.

Şimdi onunla arasında geçen her şeyi yeniden gözden geçirirken ve uzun kararsızlıklardan sonra ona evlenme teklif ettiğinde kullandığı beceriksizce sözleri anımsarken de aynı utanç ve pişmanlığı hissediyordu.

"Ama benim suçum ne?" –diyordu kendi kendine. Ve bu soru hep başka bir soruyu doğuruyordu kafasında: Başka insanlar, şu Vronskiyler, Oblonskiyler, şu kalın baldırlı mabeyinciler başka şeyler mi hissediyor, başka türlü mü sevip, evleniyor? Elinde olmadan her zaman ve her yerde dikkatini çeken bu kanlı canlı, güçlü, kendilerinden kuşkuları olmayan insanlar sıra sıra gözünün önünden geçiyordu. Bu düşünceleri kendinden uzaklaştırıyor, bu dünyadaki geçici yaşam için değil, ebedi yaşam için yaşadığına, ruhunda barış ve sevgi olduğuna kendini inandırmaya çalışıyordu. Ama bu geçici, önemsiz yaşamda kendi düşüncesine göre bazı önemsiz hatalar yapmış olması, sanki inandığı o ebedi kurtuluş yokmuşçasına üzüyordu onu. Ancak bu ayartı uzun sürmüyordu ve anımsamak istemediği bir şeyi unutabilmesine yardımcı olan huzur ve yücelik kısa süre sonra Aleksey Aleksandroviç'in ruhunda yeniden ortaya çıkıyordu.

XXVI

Doğum gününden bir gün önce gezintiden yanakları al al ve neşeli bir halde dönen Seryoja, büzgülü kısa pardösüsünü tepesinden bakarak bu küçük adama gülümseyen, uzun boylu, yaşlı kapıcıya verirken:

— E, ne var ne yok Kapitonıç? –dedi.– Sargılı memur geldi mi bugün? Babam kabul etti mi?

— Kabul ettiler. Özel kalem müdürü çıkar çıkmaz, haber verdim, –dedi kapıcı neşeyle göz kırpıp.– Lütfen, ben çıkarayım.

İç odalara açılan kapının önünde duran Slav lala:

— Seryoja! Kendiniz çıkarın, –dedi.

Ama Seryoja lalanın zayıf sesini duyduğu halde önemsemedi. Kapıcının omuz kayışını eliyle tutmuş duruyor ve yüzüne bakıyordu.

— E, babam onun istediği şeyi yaptı mı?

Kapıcı doğrulayan bir baş işareti yaptı.

Aleksey Aleksandroviç'ten bir ricada bulunmak için yedi kez gelen sargılı memur, Seryoja'nın da, kapıcının da ilgisini çekiyordu. Seryoja bir keresinde ona holde rastlamış ve çocuklarıyla birlikte ölmekten başka yapacak bir şeyi kalmadığını söyleyerek kapıcıya geldiğini bildirmesi için acıklı bir şekilde ricalar edişini duymuştu.

O günden sonra Seryoja, memura bir kez daha holde rastlayınca onunla ilgilenmeye başlamıştı.

— E, çok sevindi mi? –diye sordu Seryoja.

— Hem de ne sevinmek! Buradan giderken nerdeyse zıplıyordu.

— Peki bir şey getirdiler mi? –diye sordu Seryoja bir an sustuktan sonra.

Kapıcı başını sallayarak fısıltıyla:

— Evet, efendim, kontesten gelen bir şey var.

Kapıcının sözünü ettiği şeyin Kontes Lidiya İvanovna'nın doğum günü armağanı olduğunu hemen anlamıştı Seryoja.

— Ne diyorsun? Nerede?

— Korney, babanıza götürdü. Çok güzel bir şey olmalı!

— Büyüklüğü ne kadar? Şu kadar var mı?

— Biraz daha küçük, ama güzel.

— Kitap mı?

Kapıcı, lalanın yaklaşan ayak seslerini duyarak ve kemerini tutan, eldiveni yarısına kadar çıkartılmış küçük eli dikkatle çekerek:

— Hayır, başka bir şey. Hadi gidin, Vasiliy Lukiç çağırıyor, –dedi ve göz kırparak başıyla onu gösterdi.

Seryoja, görevsever Vasiliy Lukiç'i her zaman yenen o neşeli ve sevecen gülümsemesiyle:

— Vasiliy Lukiç, hemen geliyorum! –diye yanıtladı.

Seryoja, Yazlık Bahçe'de gezerken Kontes Lidiya İvanovna'nın yeğeninden öğrendiği başka bir aile sevincini dostu kapıcıyla paylaşmadan edemeyecek kadar neşeli ve mutluydu. Bu sevinç, memurun sevinciyle ve armağan oyuncakların yarattığı kendi sevinciyle aynı zamana denk düşmesi yüzünden daha da önemli gelmişti ona. Seryoja'ya göre bugün, herkesin sevinmesi ve neşelenmesi gereken bir gündü.

— Babamın Aleksandr Nevskiy Nişanı aldığını biliyor musun?

— Nasıl bilmem? Kutlamaya gelenler oldu bile.

— E, nasıl, sevinçli mi?

— Çarın lütfuna sevinilmez mi! Hak etmiş demek ki, - dedi kapıcı sert ve ciddi bir şekilde.

Seryoja, kapıcının en küçük ayrıntısına kadar incelediği yüzüne, özellikle ağarmış favorilerinin arasında asılı duran, ona hep aşağıdan bakan Seryoja'dan başka hiç kimsenin görmediği çenesine bakarken düşünceye daldı.

— Peki, kızın sana gelmeyeli çok oldu mu?

Kapıcının kızı balerindi.

— İş günlerinde nasıl gelsin? Onların da dersleri var. Sizin de dersiniz var, efendim, hadi gidin.

Seryoja odaya girince dersinin başına oturmak yerine, gelen armağanın bir lokomotif olduğu yolundaki tahminini öğretmenine anlatmaya koyulmuştu.– Siz ne düşünüyorsunuz? –diye sordu Seryoja.

Ancak Vasiliy Lukiç'in düşündüğü tek şey, iki saat içinde gelecek olan öğretmen için Seryoja'yı dilbilgisi dersine hazırlaması gerektiğiydi.

Seryoja çalışma masasının başına oturup kitabını eline alarak:

— Vasiliy Lukiç, siz bana sadece Aleksandr Nevskiy'den daha büyük nişan var mıdır onu söyleyin? –diye sordu birden.– Babamın Aleksandr Nevskiy Nişanı aldığını biliyor musunuz?

Vasiliy Lukiç, Vladimir Nişanı'nın Aleksandr Nevskiy'den daha büyük olduğunu söyledi yanıt olarak.

— Daha mı yüksek?

— Hepsinden yüksek olanı ise Andrey Pervozvannıy.

— Ya Andrey'den daha yükseği?

— Bilmiyorum.

— Nasıl, siz de bilmiyor musunuz? –dedi Seryoja ve dirseklerine dayanarak derin düşüncelere daldı.

Düşünceleri çok karmaşık ve çeşitliydi. Babasının aynı anda hem Vladimir, hem de Andrey nişanları aldığını ve bu nedenle onun bugün derste çok daha iyi olacağını, kendisinin de büyüdüğünde bütün nişanları ve Andrey'den daha büyüğünü çıkardıklarında onu da alacağını hayal ediyordu. Daha büyüğü çıkar çıkmaz bu nişanı da hak edecekti. Daha da büyüğünü çıkaracaklar, hemen onu da alacaktı.

Bu düşünceler içinde vakit geçti. Öğretmen geldiğinde zaman, yer ve hal belirteçleriyle ilgili ders hazır değildi ve öğretmen memnun olmamakla kalmadı, üzüldü de. Öğretmenin üzülmesi Seryoja'ya dokundu. Dersini çalışmadığı için kendini suçlu hissediyordu; ama ne kadar çabalarsa çabalasın kesinlikle yapamıyordu bunu: Öğretmen anlatırken anladığını sanıyor, ama yalnız kalır kalmaz "birden" gibi kısacık ve anlaması kolay bir sözcüğün *hal belirteci* olduğunu kesinlikle anımsayamıyor ve anlayamıyordu. Fakat yine de öğretmenini üzdüğü için canı sıkıldı, onun gönlünü almak istedi.

Öğretmenin hiçbir şey söylemeden kitaba baktığı bir anı seçti:

— Mihail İvanıç, sizin isim gününüz ne zaman? –diye sordu ansızın.

— Dersinizi düşünseniz daha iyi olur, isim günlerinin akıllı bir kişi için hiçbir önemi yoktur. Tıpkı diğerleri gibi çalışılması gereken bir gün.

Seryoja, öğretmenine, onun seyrek sakalına, burnunun üzerinde bıraktığı izden daha aşağı inmiş gözlüğüne dikkatle baktı ve öğretmenin anlattıklarından hiçbirini duymayacak kadar derin düşüncelere daldı. Öğretmenin öyle söylediğini, ama o şekilde düşünmediğini anlıyordu, bunu o sözlerin söylendiği tondan çıkarıyordu. "Ama niçin en sıkıcı ve en gereksiz şeyleri hep aynı biçimde söylemek için hepsi ağız birliği etmiş? Neden beni kendinden uzaklaştırıyor, beni neden sevmiyor?" –diye kendi kendine üzüntüyle soruyor ve yanıtını bulamıyordu.

XXVII

Öğretmenden sonra babasının dersi vardı. Seryoja babası gelmeden masanın başına oturdu, çakısıyla oynayarak düşünmeye başladı. Gezintiye çıktığında annesini aramak Seryoja'nın en sevdiği uğraşlar arasındaydı. Genel olarak ölüme, Lidiya İvanovna'nın söylemesine, babasının da doğrulamasına karşın özellikle annesinin ölümüne inanmıyordu. Bu yüzden ona annesinin öldüğünü söylemelerinden sonra da gezinti sırasında annesini arıyordu. Her dolgunca, zarif, siyah saçlı kadın onun annesiydi. Böyle bir kadın görünce içinde soluğunu kesen, gözlerini yaşartan tatlı bir duygu yükseliyordu. Her an onun yanına gelmesini, yüzündeki tülü kaldırmasını bekliyordu. Yüzü tümüyle görünecek, gülümseyecek, ona sarılacak, kendisi de onun kokusunu duyacak, elinin yumuşaklığını hissedecek ve bir akşam ayaklarının dibine yattığında annesinin onu gıdıkladığı, onunsa kahkahalarla güldüğü ve annesinin yüzüklerle dolu beyaz elini ısırdığı zamanki gibi mutluluktan ağlamaya başlayacaktı. Sonra, dadısından annesinin ölmediğini rastlantıyla öğrendiğinde ve Lidiya İvanovna'yla babasının onun için annesinin öldüğünü, çünkü onun kötü bir insan olduğunu (onu sevdiği için buna asla inanamazdı) söylediklerinde aynı şekilde annesini arıyor ve bekliyordu. Bugün Yazlık Bahçe'de yüzü leylak rengi tülle örtülü bir hanım vardı. Kadın patikadan yanlarına doğru geldiği sırada onu izlemiş, bu kadının annesi olması umuduyla beklerken yüreği duracak gibi olmuştu. Kadın yanlarına gelmemiş, başka bir yere kaybolmuştu. Seryoja bugün annesine karşı içindeki sevgi kabarmasını her zamankinden daha güçlü hissediyordu ve şimdi babasını beklerken düşüncelere dalıp gitmiş, parlak gözleriyle önüne bakıp annesini düşünerek masanın kenarına çakısıyla çentikler açıyordu.

— Babanız geliyor! –diyerek onu dalgınlığından Vasiliy Lukiç uyandırdı.

Seryoja sıçrayıp ayağa kalktı, babasının yanına gitti ve elini öpüp, Aleksandr Nevskiy Nişanı almanın verdiği sevincin izlerini arayarak dikkatle yüzüne baktı.

Koltuğuna oturan Aleksey Aleksandroviç, Eski Ahit kitabını kendisine doğru çekip açarken:

— İyi gezdin mi? –diye sordu. Aleksey Aleksandroviç Seryoja'ya her Hıristiyanın kutsal tarihi iyi bilmesi gerektiğini defalarca söylemiş olmasına karşın, Eski Ahit dersinde kendisi de sık sık kitaba başvuruyordu, Seryoja da bunu fark etmişti.

Seryoja yasak olduğu halde sandalyeye yan oturup sandalyeyi sallayarak:

— Evet, çok eğlenceliydi babacığım, –dedi.– Nadenka'yı gördüm (Nadenka, Lidya İvanovna'nın yanına alıp yetiştirdiği yeğeniydi). Size yeni bir yıldız verdiklerini söyledi bana. Sevindiniz mi babacığım?

— Birincisi, sallanma lütfen, –dedi Aleksey Aleksandroviç.– İkincisi, ödül değil, emek değerlidir. Bunu anlamanı isterim. Bak eğer ödül almak için çalışıyor, okuyorsan, çalışmak sana zor gelir; ama işi severek çalıştığın zaman ödülü bu yaptığın işte bulursun, –dedi Aleksey Aleksandroviç, yüz on sekiz kâğıdın imzalanmasından ibaret olan bu sabahki sıkıcı işi yaparken kendini nasıl bir görev bilinciyle tuttuğunu anımsayarak.

Seryoja'nın tatlılıkla, neşeyle parlayan gözleri, babasının bakışları altında donuklaşıp yere çevrildi. Babasının ona karşı davranışlarında her zaman takındığı ve Seryoja'nın artık uymayı öğrendiği, çoktandır bildiği tavırdı bu. Babası onunla her zaman sanki kitaplarda olan, ama Seryoja'ya hiç benzemeyen bir tür hayali çocukla konuşurmuş gibi konuşurdu. Seryoja böyle hissediyordu. Seryoja da babasıyla birlikteyken hep bu kitap çocuğu gibi olmaya çalışıyordu.

— Bunu anlıyorsundur umarım, –dedi babası.

— Evet baba, –diye yanıtladı Seryoja o hayali çocuğu taklit ederek.

Ders İncil'den birkaç paragraf ezberlemekten ve Eski Ahit'in başlangıcını tekrarlamaktan ibaretti. Seryoja, İncil paragraflarını gayet iyi biliyordu, ama bunları okumaya başladığı anda babasının alnında, şakağına doğru çok sert bir şekilde bükülen kemiğe gözü takıldı, şaşırdı ve bir paragrafın sonunu aynı sözcükle başlayan başka bir paragrafın başına getirip koydu. Seryoja'nın tekrarladığı şeyi anlamadığı besbelliydi Aleksey Aleksandroviç'e göre. Bu da onu sinirlendirdi.

Aleksey Aleksandroviç suratını astı ve Seryoja'nın artık kaçıncı defadır dinlediği ve "birden" sözcüğünün hal belirteci olması türünden, çok açık bir şekilde anladığı için hiçbir zaman aklına getiremediği bir şeyi anlatmaya koyuldu. Seryoja ürkek ürkek babasına bakıyor, bir tek şey düşünüyordu: Arada sırada olduğu gibi, babası söylediği şeyi tekrarlatacak mıydı acaba? Bu düşünce onu hiçbir şey anlayamayacak kadar korkutuyordu. Fakat babası tekrarlatmadı ve Eski Ahit dersine geçti. Seryoja olayları güzel anlattı, ama bazı olayların ne gibi değişikliklere neden olduğu sorularına yanıt vermesi gerektiğinde, bu ders yüzünden daha önce cezalandırıldığı halde hiçbir şey bilmediği anlaşıldı. Hiçbir şey söyleyemediği, duraksadığı, masaya çentikler açtığı, sandalyede sallandığı yer Nuh Tufanı'ndan önceki peygamberleri anlatması gereken yerdi. Bunlardan, sağken göğe çekilen Hanok* dışında hiçbirini bilmiyordu. Önceden başka adları da anımsardı, ama Hanok bütün Eski Ahit içinde onun en sevdiği kişi olduğu ve gözlerini babasının saat zincirine ve yarısı ilikli yelek düğmesine dikmiş bakarken kendini kaptırdığı uzun bir düşünce dizisini Hanok'un sağ olarak göğe çıkarılmasına bağladığı için şimdi o adları tümden unutmuştu.

Ona sık sık sözünü ettikleri ölüme hiç inanmıyordu Seryoja. Sevdiklerinin ölebileceğine, özellikle de kendisinin öleceğine inanmıyordu. Bu, onun için hiç olmayacak ve anlaşılmaz bir şeydi. Fakat herkesin öleceğini söylüyorlardı; hatta sözüne güvendiği insanlara da soruyordu, onlar da bunu

---

* Tanrı tarafından ölümsüzleştirilerek göğe alındığına inanılan Yahudi peygamberi. (ç.n.)

doğruluyordu; dadısı da isteksiz olsa bile aynı şeyi söylüyordu. Ama Hanok ölmemişti, demek ki herkes ölmüyordu. "Peki neden Tanrı'nın önünde herkes aynı şeyi hak edemiyor ve canlıyken göğe çıkarılmıyor?" –diye düşünüyordu Seryoja. Kötü insanlar, yani Seryoja'nın sevmediği insanlar ölebilirlerdi, ama iyilerin hepsi Hanok gibi olabilirdi.

— E, bunlar hangi peygamberlerdir?

— Hanok, Hanos.

— Onu daha önce söyledin. Fena Seryoja, çok fena. Sen daha bir Hıristiyan için en gerekli şeyi öğrenmeye çalışmazken, –dedi babası ayağa kalkarak,– neyle ilgilenebilirsin? Senden hoşnut değilim, Pyotr İgnatyiç (baş pedagog) de senden hoşnut değil... Sana ceza vermek zorundayım.

Babası ve pedagog, ikisi de Seryoja'dan hoşnut değildi, gerçekten de çok kötü bir öğrenciydi. Ancak yeteneksiz bir çocuk olduğu asla söylenemezdi. Aksine, pedagogun Seryoja'ya örnek gösterdiği çocuklardan çok daha yetenekliydi. Babasına göre, kendisine öğretilen şeyi öğrenmek istemiyordu. Aslında bunu öğrenemezdi. Öğrenemezdi, çünkü ruhunda babasının ve pedagogun mecbur ettiklerinden daha zorunlu istekler vardı. Bu istekler birbiriyle çelişki içindeydi ve Seryoja da kendisini eğitenlerle açıkça mücadele ediyordu.

Dokuz yaşındaydı, daha çocuktu; ama kendi ruhunu tanıyordu, ruhu onun için değerliydi, gözkapağının gözü koruduğu gibi onu koruyordu ve elinde sevgi anahtarı olmayan hiç kimsenin ruhuna girmesine izin vermiyordu. Öğretmenleri okumak istemediği için ondan yakınıyordu, oysa onun ruhu öğrenme hırsıyla doluydu. Öğretmenlerinden değil, Kapitonıç'ten, dadısından, Nadenka'dan, Vasiliy Lukiç'ten öğreniyordu. Babasının ve pedagogun kendi değirmenlerinin çarkına akmasını bekledikleri su çoktan sızıp gitmiş, çalışmasını başka bir yerde sürdürüyordu.

Babası, Lidiya İvanovna'nın yeğeni Nadenka'ya gitmesine izin vermeyerek Seryoja'yı cezalandırdı; ancak bu ceza Seryoja'nın yararına oldu. Vasiliy Lukiç'in keyfi yerindeydi ve ona yel değirmenlerinin nasıl yapıldığını gösterdi. Bütün bir akşamı çalışmakla ve elleriyle kanatlarına tutunarak ya da kendini bağlayarak dönebileceği bir yel değirmeni yapma hayalleriyle geçirdi. Seryoja akşam boyunca annesini düşünmedi, ama yatağına yatınca birden onu anımsadı, annesinin ertesi gün, onun doğum gününde saklanmaktan vazgeçmesi ve yanına gelmesi için kendi sözleriyle dua etti.

— Vasiliy Lukiç, biliyor musunuz, fazladan ne için dua ettim?

— Daha iyi bir öğrenci olmak için mi?

— Hayır.

— Oyuncaklar için?

— Hayır. Bilemezsiniz. Çok güzel bir şey, ama gizli! Olunca size söylerim. Tahmin etmiyor musunuz?

— Hayır, etmiyorum. Siz söyleyin, –dedi Vasiliy Lukiç, çok ender yaptığı bir şey yapıp gülümseyerek.– Hadi yatın, mumu söndürüyorum.

— Ama ben dua ettiğim şeyi mum olmadan daha iyi görüyorum. Aman nerdeyse sırrımı ağzımdan kaçırıyordum! –dedi Seryoja ve neşeyle gülmeye başladı.

Mumu götürdüklerinde Seryoja annesini daha iyi işitiyor ve hissediyordu. Annesi başucunda duruyor, sevgi dolu bakışlarıyla onu okşuyordu. Ancak yel değirmenleri, çakı, her şey birbirine karıştı ve Seryoja uykuya daldı.

XXVIII

Anna'yla Vronskiy Petersburg'a geldikten sonra en iyi otellerden birine yerleşmişlerdi. Vronskiy alt kattaki ayrı bir dairede, Anna ise üst katta bebekle, sütanneyle ve hizmetçi kızla birlikte dört odadan oluşan büyük bir dairede kalıyordu.

Vronskiy daha ilk gün ağabeyine gitti. İşlerini halletmek için Moskova'dan gelen annesiyle karşılaştı orada. Annesi ve yengesi onu her zamanki gibi karşıladılar; yurtdışı gezisini sordular, ortak tanıdıklarından konuştular, ama onun Anna'yla ilişkisi konusunda tek bir söz etmediler. Ertesi sabah Vronskiy'e gelen ağabeyi ise Anna'yı sordu ve Aleksey Vronskiy, Karenina'yla ilişkisine evlilik gözüyle baktığını; boşanmanın gerçekleşeceğini umut ettiğini ve o zaman Anna'yla evleneceğini, o güne dek herhangi bir başka eş gibi Anna'yı kendi karısı saydığını ve bunu böylece annesine ve karısına anlatmasını ondan rica ettiğini ağabeyine açık açık söyledi.

— Eğer sosyete bunu onaylamayacak olursa benim için fark etmez, –dedi Vronskiy,– ama akrabalarım benimle akrabalık ilişkilerini sürdürmek istiyorlarsa, karımla da aynı ilişkiler içinde bulunmak zorundalar.

Küçük kardeşinin düşüncelerine her zaman saygı gösteren ağabey, sosyete bu konudaki kararını vermediği sürece onun haklı mı, haksız mı olduğunu kestiremiyordu; kendi adına buna karşı değildi ve Aleksey'le birlikte Anna'nın yanına gitti.

Vronskiy, herkesin yanında olduğu gibi ağabeyinin yanında da Anna'ya *siz* diye hitap ediyor ve onunla yakın bir arkadaşı gibi konuşuyordu, ancak ağabeyinin aralarındaki ilişkiyi bildiği göz önüne alınarak Anna'nın Vronskiy'in malikânesine gideceğinden söz ediliyordu.

Sosyetedeki deneyimine karşın Vronskiy, içinde bulunduğu yeni durum nedeniyle garip bir yanılgı içindeydi. Anna'yla ikisi için sosyetenin kapılarının kapandığını anlaması gerektiği düşünülebilirdi; ama şimdi Vronskiy'in kafasında sadece eskiden böyle olduğu, hızlı bir ilerlemenin gerçekleştiği (kendisi fark etmeden artık her türlü ilerlemenin yandaşı olmuştu) şimdilerde ise toplumun görüşünün değiştiği ve sosyeteye kabul edilip edilmeyecekleri konusunun henüz kararlaştırılmadığı yolunda belli belirsiz düşünceler doğmuştu. "Elbette ki, –diye düşünüyordu,– saray sosyetesi onu kabul etmeyecektir, ama yakınlarımız bunu gerektiği şekilde anlayabilir ve anlamak zorundalar."

Eğer durumunu değiştirmene kimsenin engel olmayacağını bilirsen, ayaklarını altına alarak hep aynı durumda birkaç saat oturabilirsin; ama insan bu şekilde ayakları altında oturmak zorunda olduğunu bilirse, bacaklarına kramplar girer, uzatmak istediği yere doğru bacakları çekilir ve gerilir. Vronskiy'in sosyete konusunda yaşadığı da tam olarak işte buydu. Kendileri için artık sosyetenin kapılarının kapalı olduğunu ruhunun en derinlerinde bildiği halde sosyetenin değişip değişmediğini ve onları kabul edip etmeyeceklerini anlamaya çalışıyordu. Ancak çok kısa bir süre sonra fark etti ki, sosyete şahsen ona açık olsa bile Anna için kapalıydı. Kedi-fare oyununda olduğu gibi kendisi için havaya kalkan eller, Anna'nın karşısında hemen iniyordu.

Vronskiy'in Petersburg sosyetesinden ilk gördüğü kadınlardan biri kuzini Betsi'ydi.

— Nihayet! –diye onu sevinçle karşıladı Betsi.– Hani Anna? Ne kadar sevindim! Nerede kalıyorsunuz? Harika yolculuğunuzdan sonra bizim Petersburg'un ne kadar korkunç geldiğini hayal edebiliyorum; Roma'daki balayınızı da gözümün önüne getirebiliyorum. Boşanma işi ne oldu? Her şeyi hallettiniz mi?

Vronskiy, boşanmanın henüz gerçekleşmediğini öğrendiğinde Betsi'nin hayranlık gösterisinin azaldığını fark etmişti.

— Beni taşlayacaklar, biliyorum, –dedi Betsi,– ama Anna'ya gideceğim; evet, mutlaka gideceğim. Çok kalacak mısınız burada?

Gerçekten de aynı gün Anna'ya gitti; ancak tavırları artık eskisi gibi değildi. Belli ki, cesaretiyle gurur duyuyordu ve Anna'nın onun gerçek bir dost olduğunu takdir etmesini istiyordu. En fazla on dakika kaldı, sosyete haberlerinden söz etti, çıkarken de şöyle dedi:

— Bana boşanmanın ne zaman olacağını söylemediniz. Diyelim ki, ben göreneğe falan aldırış etmiyorum, ama diğerleri, evlenmediğiniz sürece size soğuk davranacak. Şimdi bunu öyle kolay yapıyorlar ki. Ça se fait.* Cuma günü gelir misiniz? Yazık, bir daha görüşemeyeceğiz.

Vronskiy sosyeteden ne beklemesi gerektiğini Betsi'nin tavrından çıkarabilirdi; fakat o kendi ailesi içinde başka bir deneme daha yaptı. Annesinden umutlu değildi. İlk tanıştıkları sırada Anna'ya o kadar hayran olan annesinin oğlunun kariyerinin bozulmasına neden olduğu için artık Anna'ya karşı acımasız olduğunu biliyordu. Ama ağabeyinin karısı Varya'ya büyük umutlar bağlıyordu. Varya'nın taş atmayacağını, basitlik ve kararlılık içinde Anna'ya gideceğini ve onu kabul edeceğini sanıyordu.

Vronskiy, geldiğinin ertesi günü Varya'ya gitti ve onu yalnız yakalayıp isteğini açıkça söyledi.

Varya Vronskiy'i dinledikten sonra:

— Seni ne kadar sevdiğimi, senin için her şeyi yapmaya hazır olduğumu bilirsin Aleksey, ama sana ve Anna Arkadyevna'ya bir yararım olamayacağı için sustum, –dedi. "Anna Arkadyevna"yı özellikle üstüne basarak söylemişti.– Kınadığımı düşünme lütfen. Asla; belki onun yerinde olsam ben de aynı şeyi yapardım. Ayrıntılara girmiyorum, giremem de zaten, –dedi Varya, Vronskiy'in asılan yüzüne ürkek ürkek bakarak.– Ama her şeyin adını koymak gerek. Sen ona gitmemi, onu kabul etmemi ve böylece sosyetedeki itibarını tekrar kazandırmamı istiyorsun; ama anla beni, bunu *yapamam*. Kızlarım büyüyor ve ben kocam için sosyetede yaşamak zorundayım. Hadi Anna Arkadyevna'ya gittim diyelim, onu evime neden çağıramadığımı ya da ona başka bir gözle bakan insanlarla karşılaşmaması için böyle davrandığımı anlayacaktır, bu da onu incitecektir. Onu yükseltemem...

Vronskiy suratını daha da çok asarak:

— Onun, bağrınıza bastığınız yüzlerce kadından daha fazla düştüğünü sanmıyorum! –diyerek Varya'nın sözünü

---

* Olağan bir şey. (Fr.)

kesti ve yengesinin kararının değişmediğini anlayıp, başka bir şey söylemeden kalktı.

Varya ürkek bir gülümsemeyle Vronskiy'e bakarak:

— Aleksey! Bana kızma. Lütfen, suçum olmadığını anla, -dedi.

— Ben sana kızmıyorum, -dedi Vronskiy aynı asık suratla.- Ama çektiğim acı iki katına çıktı. Bunun dostluğumuzu bozmasına da canım sıkılıyor. Hadi bozulmasına değil de, zayıflamasına diyelim. Sen de beni anla, benim açımdan da başka türlü olamaz.

Bunu söyleyip Varya'nın yanından ayrıldı.

Vronskiy, bundan sonraki çabaların boş çabalar olduğunu ve Petersburg'da, kendisi için çok üzücü birtakım tatsızlıklarla ve hakaretlerle karşılaşmamak amacıyla sosyeteden eski tanıdıklarıyla her türlü ilişkiden kaçınarak yabancı bir kentteymiş gibi birkaç gün kalmak gerektiğini anlamıştı. Petersburg'daki durumun en önemli tatsızlıklarından biri, Aleksey Aleksandroviç'in ve adının her yerde var olmasıydı. Dönüp dolaşıp Aleksey Aleksandroviç'e gelmeyen bir konuşmaya başlamak olanaksızdı; onunla karşılaşmadan bir yere gidilemiyordu. En azından Vronskiy'e öyle geliyordu, parmağı yaralı olan bir adamın bu yaralı parmağı sanki kasıtlıymış gibi her yere çarpmasına benziyordu bu durum.

Petersburg'da olmanın Vronskiy'e daha da ağır gelmesinin bir nedeni de bütün bu süre içinde Anna'da bir tür yeni, hiç anlam veremediği bir ruh hali görmesiydi. Bir bakıyorsun sanki ona âşıktı, bir de bakıyorsun soğuk, sinirli ve ulaşılmaz bir hal almıştı. Bir derdi vardı ve ondan gizliyordu, Vronskiy'in yaşamını zehirleyen ve ince sezgisi yüzünden kendi açısından da çok daha üzücü olması gereken bu aşağılamaları sanki fark etmiyor gibiydi.

XXIX

Anna için Rusya'ya dönme amaçlarından biri, oğlunu görmekti. İtalya'dan yola çıktıkları günden beri bu buluşma düşüncesi onu sürekli olarak heyecanlandırıyordu. Petersburg'a yaklaştıkça bu buluşmanın sevinci ve önemi hayalinde gitgide daha çok büyüyordu. Buluşmayı nasıl düzenleyeceği sorusunu kendine sormuyordu. Onunla aynı kentte olacağına göre oğlunu görmek doğal ve basit geliyordu; fakat Petersburg'a gelince toplumun şimdiki durumu birden gözlerinin önüne apaçık serilmiş ve bu buluşmayı gerçekleştirmenin zor olduğunu anlamıştı.

İki gündür Petersburg'daydı. Oğlunu düşünmekten bir an bile vazgeçemiyordu, ama henüz onu görmemişti. Aleksey Aleksandroviç'le karşılaşabileceği eve gitmeye hakkı olmadığını hissediyordu. İçeri bırakmazlar ve kalbini kırabilirlerdi. Mektup yazmayı ve kocasıyla temasa geçmeyi düşünmek bile ona acı veriyordu: Kocasını aklına getirmediği zamanlar sakin olabiliyordu ancak. Ne zaman evden çıktığını ve nereye gittiğini öğrenip, oğlunu gezinti sırasında görmek ona yetmeyecekti: Bu buluşmaya ne kadar çok hazırlanmıştı, ona söylemesi gereken ne kadar çok şey vardı, ne kadar çok sarılmak, öpmek istiyordu onu. Seryoja'nın yaşlı dadısı yardım edebilir ve yol gösterebilirdi. Fakat dadı artık Aleksey Aleksandroviç'in evinde değildi. Bu kararsızlıklarla ve dadıyı arayarak iki gün geçmişti.

Aleksey Aleksandroviç'in Lidiya İvanovna'yla yakın ilişkisini öğrenen Anna, üçüncü gün kendisine büyük bir emeğe mal olan ve içinde oğlunu görme izninin kocasının yüce gönlüne bağlı olacağını bile bile belirttiği mektubu yazmaya karar verdi. Mektubu kocasına gösterecek olurlarsa, onun yüce gönüllü olma rolünü sürdürerek isteğini geri çevirmeyeceğini biliyordu.

Mektubu götüren otel görevlisi, çok sert ve Anna'nın hiç beklemediği bir yanıtla, yanıt verilmeyeceği bilgisiyle döndü. Anna, gönderdiği otel görevlisini çağırıp, ondan nasıl bekletildiğini, sonra da "Hiçbir yanıt verilmeyecek" dendiğini ayrıntısıyla duyduğu andaki aşağılanmayı daha önce hiçbir zaman hissetmemişti. Anna kendini aşağılanmış, hakarete uğramış hissediyordu, ama Kontes Lidiya İvanovna'nın da kendi açısından haklı olduğunu görüyordu. Tek başına katlanması gerektiği için üzüntüsü daha da artıyordu. Bunu Vronskiy'le paylaşamazdı, paylaşmak da istemiyordu. Anna, oğluyla buluşmasının, mutsuzluğunun en önemli nedeni olmasına karşın Vronskiy'e çok önemsiz bir şey olarak görüneceğini biliyordu. Vronskiy'in onun acılarını hiçbir zaman bütün derinliğiyle anlayamayacağını biliyordu; bu konudan söz edildiğinde Vronskiy'in takınacağı soğuk tavır yüzünden ondan nefret edeceğini de biliyordu. Dünyadaki her şeyden çok bundan korkuyor ve bu yüzden oğluyla ilgili her şeyi Vronskiy'den saklıyordu.

Bütün gün otelde oturup, oğluyla buluşma yolları aradı ve kocasına mektup yazmaya karar verdi. Lidiya İvanovna'nın mektubunu getirdikleri sırada bu mektubu yazmıştı. Kontesin sessiz kalması onu yatıştırmış ve yumuşatmıştı, fakat bu mektup, mektubun satır aralarında Anna'nın okudukları, onu öyle kızdırmış, mektuba yansıyan bu hınç, oğluna karşı doğal ve tutkulu sevgisiyle kıyaslandığında öyle rezil bir şey olarak görünmüştü ki, başkalarına kızdı ve kendini suçlamaktan vazgeçti.

"Bu soğukluk tam bir duygu sahteliği, – diyordu kendi kendine.– Onlara gereken sadece beni aşağılamak ve çocuğa eziyet etmek, ben de onlara boyun eğeceğim demek! Asla! O benden daha kötü. Ben hiç değilse yalan söylemiyorum." Hemen o anda ertesi gün, yani Seryoja'nın doğum gününde doğruca kocasının evine gitmeye, uşakların eline para sıkıştırıp akıllarını çelmeye, ne olursa olsun oğlunu görmeye ve zavallı çocuğu kuşattıkları bu çirkin aldatmacayı bozmaya karar verdi.

Bir arabaya atlayıp oyuncakçıya gitti, birkaç oyuncak aldı, ayrıntılı bir plan yaptı. Sabah erkenden, saat sekizde gidecekti, o saatte Aleksey Aleksandroviç daha kalkmamış olurdu herhalde. İçeri bırakmaları için kapıcıya ve uşağa vermek üzere elinde para bulunduracaktı ve yüzündeki tülü kaldırmadan Seryoja'nın vaftiz babası adına kutlamaya geldiğini, oyuncakları çocuğun yatağının yanına koymakla görevlendirildiğini söyleyecekti. Sadece oğluna söyleyeceklerini hazırlamadı. Ne kadar düşünürse düşünsün hiçbir şey bulamıyordu.

Anna ertesi sabah saat sekizde kiralık bir arabadan tek başına indi ve eski kocasının konağının kapısını çaldı.

Henüz üstünü tam giyinmemiş, sırtına paltosunu almış, ayaklarına galoşlarını geçirmiş olan Kapitonıç, kapının önünde dikilen yüzü tülle örtülü hanıma pencereden bakıp:

— Gidip bakın bakalım, ne istiyormuş, bir hanım var kapıda, –dedi.

Anna'nın tanımadığı kapıcı yardımcısı genç çocuk kapıyı açar açmaz Anna içeri girdi ve manşonundan üç rublelik kâğıt para çıkarıp çocuğun eline acele tutuşturdu.

— Seryoja... Sergey Alekseyiç, –dedi ve içeri doğru yürüyecek oldu. Elindeki paraya bakan kapıcı yardımcısı Anna'yı öbür cam kapının önünde durdurdu.

— Kimi istemiştiniz? –diye sordu.

Anna onun sözlerini duymuyor ve hiçbir şey söylemiyordu.

Meçhul kadının şaşkınlığını fark eden Kapitonıç, gelip kapıyı açtı ve ne istediğini sordu.

— Prens Skorodumov adına Sergey Alekseyiç'e geliyorum, –dedi Anna.

Kapıcı dikkatle bakarak:

— Henüz kalkmadılar, –dedi.

Anna dokuz yıl yaşadığı evin hiç değişmeyen holünün kendisini böylesine etkileyeceğini hiç beklemiyordu. Sevinçli ve üzüntülü anılar birbiri ardına aklına geldi ve neden burada olduğunu bir an için unuttu.

Kapitonıç, Anna'nın kürkünü alırken:

— Bekleyecek misiniz? –dedi.

Kapitonıç kürkü aldıktan sonra Anna'nın yüzüne baktı, onu tanıdı ve hiçbir şey demeden yerlere kadar eğilerek selam verdi.

— Buyurun efendim, –dedi.

Anna bir şey söylemek istiyordu, ama sesine hükmedemedi ve hiçbir şey diyemedi; yaşlı adama suçlu bir yalvarışla bakarak hızlı, hafif adımlarla merdivene yürüdü. Kapitonıç öne doğru eğilmiş, galoşları basamaklara takılarak Anna'nın arkasından koşuyor, ona yetişmeye çalışıyordu.

— Öğretmen odada, belki giyinik değildir. Ben haber vereyim.

Anna yaşlı adamın ne söylediğini anlamaksızın bildik merdivende yürümeye devam ediyordu.

— Buraya, sola lütfen. Kusura bakmayın, temiz değil. Artık eski oturma odasında kalıyorlar, –dedi kapıcı soluk soluğa.– Lütfen biraz bekleyin efendim, ben bir bakayım, –dedi ve Anna'nın önüne geçip, yüksek kapıyı açıp kapının ardında kayboldu. Anna durmuş bekliyordu.– Yeni uyanmışlar, –dedi kapıcı tekrar kapıdan çıkarak.

Kapıcı bunu söylediği anda da Anna bir çocuk esnemesi duydu. Bir tek bu esneme sesinden oğlunu tanıdı ve onu kanlı canlı gözünün önünde görür gibi oldu.

— Bırakın, bırakın, geçeyim! –dedi ve yüksek kapıdan içeri girdi. Kapının sağ tarafında bir karyola duruyordu ve karyolanın üzerinde sırtında düğmeleri açık geceliğiyle küçük bir çocuk oturuyor, küçük bedenini geriye doğru eğmiş gerinerek esnemesini tamamlıyordu. Dudakları birleştiği anda kaygısız, uykulu bir gülümseme oluşturdu ve bu gülümsemeyle birlikte çocuk tekrar yavaş ve tatlı bir şekilde geri devrildi.

Anna sessizce yanına giderek:

— Seryoja! –diye fısıldadı.

Ayrı kaldıkları sürede ve Anna'nın içindeki sevginin kabardığı şu son zamanlarda, onu en sevdiği dönem olan dört yaşında bir çocuk olarak hayal ediyordu. Bıraktığı andaki gibi bile değildi artık; hele dört yaşındaki çocuk halinden çok çok farklıydı, boyu uzamış, zayıflamıştı. Ne olmuş böyle! Yüzü ne kadar zayıflamış, saçları kısacık kesilmiş! Kolları ne kadar uzundu! Onu bırakıp gittiğinden beri ne kadar değişmişti! Ama başının biçimiyle, dudaklarıyla, yumuşak boynu ve geniş omuzlarıyla bu oydu.

Çocuğun tam kulağının dibinde:

— Seryoja! –diye yineledi Anna.

Seryoja dirseğine dayanarak tekrar doğruldu, sanki birini arıyormuş gibi, saçları karmakarışık kafasını iki yanına (bir o yana, bir bu yana) çevirdi ve gözlerini açtı. Birkaç saniye önünde kımıldamadan duran annesine sessizce ve soru sorar gibi baktı, sonra birden mutlulukla gülümsedi ve uyku akan gözlerini kapatıp yine kendini bıraktı, ama arkasına değil ona, onun kollarına.

Anna zor soluk alarak ve kollarını oğlunun yumuşacık vücuduna sararak:

— Seryoja! Sevgili oğlum! –dedi.

Çocuk, vücudunun çeşitli yerlerini annesinin kollarına sürebilmek için kollarının arasında kıvrılıp bükülerek:

— Anneciğim! –dedi. Hâlâ kapalı olan gözleriyle uykulu uykulu gülümseyerek, tombul elleriyle annesinin omzunun arkasında kalan karyolanın arkalığına yapıştı, onu sadece çocuklarda olan tatlı bir uyku kokusuna ve sıcaklığına boğarak kendini annesinin kucağına bıraktı ve yüzünü onun boynuna, omuzlarına sürmeye başladı.

Seryoja gözlerini açarak:

— Ben biliyordum, –dedi.– Bugün benim doğum günüm. Senin geleceğini biliyordum. Hemen kalkıyorum.

Ve bunu söylerken tekrar uykuya daldı.

Anna ona büyük bir istekle bakıyordu; yokluğunda ne kadar büyüdüğünü ve değiştiğini görüyordu. Yorganın altından dışarı çıkmış çıplak, artık büyümüş ayaklarını, süzülmüş yanaklarını, sık sık öptüğü ensesindeki bu kısa kesilmiş bukleleri hem tanıyor, hem de tanımıyordu. Bunların hepsine dokunuyor ve hiçbir şey söyleyemiyordu; gözyaşları boğazına düğümlenmişti.

Seryoja uykusu tamamen açıldıktan sonra:

— Niçin ağlıyorsun anneciğim? –dedi.– Anneciğim niçin ağlıyorsun? –diye bağırdı ağlamaklı bir sesle.

— Ben mi? Hayır ağlamayacağım... Sevinçten ağlıyorum. Seni ne kadar uzun zamandır görmedim. Ağlamayacağım, ağlamayacağım, –dedi gözyaşlarını tutmaya çalışıp, başını çevirerek. Kendini toparladıktan sonra kısa bir süre susup,– Hadi, giyinme zamanın geldi artık, –diye ekledi ve oğlunun elini bırakmaksızın karyolanın yanındaki elbiselerin hazır durduğu sandalyeye oturdu.

— Bensiz nasıl giyiniyorsun? Nasıl... –basit ve neşeli bir şekilde konuşmaya başlamak istiyordu, ama konuşamıyordu. Tekrar başını çevirdi.

— Soğuk suyla yıkanmıyorum, babam öyle söyledi. Peki Vasiliy Lukiç'i görmedin mi? Gelir şimdi. A, elbisemin üzerine oturmuşsun! –Ve Seryoja kahkahalarla güldü.

Anna oğluna bakıp gülümsedi.

Seryoja tekrar annesinin kollarına atılarak ve ona sarılarak:

— Anneciğim, canım! –diye bağırdı. Sanki ancak şimdi, annesinin gülümsemesini görünce olanları açıkça anlamıştı.– Buna gerek yok, –dedi annesinin başındaki şapkayı çıkararak. Ve annesi şapkasız kalınca sanki onu yeni görmüş gibi tekrar üzerine atılıp öpmeye başladı.

— Peki ama benim hakkımda ne düşündün? Öldüğümü düşünmedin mi?

— Hiçbir zaman inanmadım.

— İnanmadın mı canım?

Seryoja:

— Biliyordum, biliyordum! –diye bu sevdiği tümceyi yineliyordu. Annesinin onun saçlarını okşayan elini tutup, avucunun içini dudaklarına bastırdı ve öpmeye koyuldu.

XXX

Bu arada ilk başta bu hanımın kim olduğunu anlamayan ve konuşmalardan, kocasını terk edip giden ve onun gidişinden sonra eve geldiği için tanımadığı annenin ta kendisi olduğunu öğrenen Vasiliy Lukiç içeri girsin mi, girmesin mi, yoksa Aleksey Aleksandroviç'e haber mi versin, kararsız kalmıştı. Sonunda görevinin belirli bir saatte Seryoja'yı kaldırmak olduğuna, dolayısıyla içeride annesi mi, başka birisi mi oturuyor anlamasını gerektiren bir şey bulunmadığına, görevini yapması gerektiğine karar verip giyindi, gidip kapıyı açtı.

Fakat ana-oğulun kucaklaşmaları, sesleri ve söyledikleri şeyler niyetini değiştirmek zorunda bıraktı. Başını salladı ve derin bir iç çekip kapıyı kapattı. Öksürerek ve gözyaşlarını silerek, "On dakika daha bekleyeyim," –dedi kendi kendine.

Bu sırada evdeki hizmetçiler arasında büyük bir heyecan vardı. Hanımefendinin geldiğini, Kapitonıç'ın onu içeri aldığını, şimdi çocuk odasında olduğunu, bu arada beyefendinin her zaman saat dokuzda çocuk odasına gittiğini herkes biliyordu ve karıkocanın karşılaşmasının iyi olmayacağını, bu karşılaşmayı engellemek gerektiğini hepsi anlıyordu. Oda hizmetçisi Korney, kapıcı odasına inerek hanımefendiyi kimin, nasıl içeri bıraktığını sormuş, Kapitonıç'ın aldığını ve çocuk odasına götürdüğünü öğrenmiş, yaşlı adamı azarlıyordu. Kapıcı inatla susuyordu, ama Korney bu yüzden kovulması gerektiğini söyleyince Kapitonıç, onun üzerine atılmış ve Korney'in yüzünün önünde ellerini sallayıp:

— Evet, sen olsan içeri almazdın! On yıl çalıştım, iyilikten başka bir şey görmedim, evet sen olsan gider, "Lütfen, dışarı buyurun!" derdin. Sen ne ince politikacısın! Öylesin öyle! Beyden nasıl para sızdırıp da rakun kürkler giydiğini bir anımsasan!

— Ne olacak, asker! –dedi Korney küçümseyerek ve içeri giren dadıya döndü.– Siz ne dersiniz Marya Yefimovna, içeri sokmuş, hiç kimseye haber vermemiş, –dedi Korney.– Aleksey Aleksandroviç odasından çıkıp, çocuk odasına gidecek.

— Çok fena, çok fena! –diyordu dadı.– Korney Vasilyeviç, siz onu, beyefendiyi yani, bir şekilde oyalasanız, ben de hemen koşup hanımefendiyi dışarı çıkarayım. Fena, çok fena!

Dadı çocuk odasına girdiği sırada Seryoja annesine Nadenka'yla birlikte tepeden inerlerken nasıl düştüklerini ve üç takla attıklarını anlatıyordu. Anna oğlunun sesini dinliyor, yüzünü ve yüz ifadesindeki hareketi seyrediyor, elini hissediyordu, ama ne söylediğini anlamıyordu. Gitmesi, onu bırakması gerekiyordu. Sadece bunu düşünüyor, bunu hissediyordu. Kapıya yaklaşan ve öksüren Vasiliy Lukiç'in ayak seslerini de duyuyordu, dadının yaklaşan ayak seslerini de; ama taş kesilmiş gibi oturuyordu, ne konuşabiliyor, ne de kalkabiliyordu.

Dadı, Anna'nın yanına gelip ellerini ve omuzlarını öperek:

— Hanımım, canım! –dedi.– Bak işte Tanrı bizim doğum günü çocuğumuza bir sevinç getirmiş. Hiç değişmemişsiniz.

— Ah, dadı, sevgili dadı, evde olduğunuzu bilmiyordum, –dedi Anna bir an için kendine gelip.

— Burada kalmıyorum, kızımla oturuyorum, kutlamaya gelmiştim, Anna Arkadyevna, canım!

Dadı birden ağlamaya ve tekrar Anna'nın ellerini öpmeye başladı.

Bir eliyle annesinin, öbürüyle dadının elini tutan Seryoja, gözlerinden ışıklar saçıp gülümseyerek tombul, çıplak ayaklarıyla halının üstünde zıplıyordu. Sevgili dadısının annesine olan yakınlığı onu sevinçten deli etmişti.

— Anneciğim! Dadım sık sık bana geliyor, hem... –diye tam söze başlayacaktı ki, dadının annesine bir şey fısıldadığını, annesinin yüzünde birden bir korku ifadesinin ve ona hiç yakışmayan utanca benzer bir şeyin belirdiğini fark edip durdu.

Anna oğluna yaklaştı.

— Canım benim! –dedi.

Elveda diyemedi, ama yüzünün ifadesi bunu söylüyordu, Seryoja da anlamıştı.

— Canım, benim canım Kutik'im! –dedi ona küçüklüğünde seslendiği adla.– Beni unutmazsın, değil mi? Sen... –ancak daha fazla konuşamadı.

Ona söyleyebileceği ne kadar çok şey gelmişti aklına sonradan. O anda ise hiçbir şey yapamıyor, hiçbir şey söyleyemiyordu. Ama Seryoja, annesinin söylemek istediği her şeyi anlamıştı. Annesinin mutsuz olduğunu ve onu sevdiğini anlamıştı. Dadının fısıldadığı şeyi bile anlamıştı. "Her zaman saat dokuzda," dediğini duymuş ve babasından söz edildiğini, annesinin babasıyla karşılaşmasının mümkün olmadığını da anlamıştı. Bunu anlıyordu, ancak anlayamadığı bir şey vardı: Annesinin yüzünde neden bir korku ve utanç ifadesi belirmişti?.. Onun bir suçu yoktu, ama babasından korkuyor ve bir şeyden utanıyordu. Bu kuşkusuna açıklık getirebilecek bir soru sormak istiyordu, ama buna cesaret edemedi. Annesinin acı çektiğini gördü ve ona acıdı. Sessizce annesine sokulup, fısıltıyla:

— Daha gitme, –dedi.– Hemen gelmez.

Anna, söylediği şeyi düşünerek mi söylediğini anlamak için oğlunu kendinden uzaklaştırdı ve korku dolu yüz ifadesinde oğlunun sadece babasından söz etmediğini, sanki ona babası hakkında ne düşünmesi gerektiği sorusunu sorduğunu okudu.

— Seryoja, canım, –dedi,– onu sev, o iyi bir insan, benden daha iyi, hem ben ona karşı suçluyum. Büyüyünce anlarsın.

— Senden iyisi yok!.. –diye bağırdı Seryoja gözyaşları arasında ve annesini omzundan tutup, heyecandan titreyen kollarıyla onu kendi vücuduna bastırmaya başladı.

— Canım yavrum! –dedi Anna ve tıpkı onun gibi ince ince, çocukça ağlamaya başladı.

Bu sırada kapı açıldı, Vasiliy Lukiç içeri girdi. Öbür kapıda da ayak sesleri duyuldu ve dadı ürkek bir fısıltıyla:

— Geliyor, –diyerek Anna'ya şapkasını uzattı.

Seryoja kendini yatağa atmış, elleriyle yüzünü kapatarak hüngür hüngür ağlamaya başlamıştı. Anna, oğlunun ellerini yüzünden çekip, ıslak yüzünü bir kez daha öptü ve hızlı adımlarla kapıya yürüdü. Karşıdan Aleksey Aleksandroviç geliyordu. Aleksey Aleksandroviç onu görünce durdu ve başını eğdi.

Biraz önce Aleksey Aleksandroviç'in kendisinden daha iyi bir insan olduğunu söylemesine karşın, ona bütün bedenini de kapsayan hızlı bir bakış attığında iğrenme, öfke ve oğlundan dolayı kıskançlık duyguları kaplamıştı Anna'yı. Hızlı bir hareketle tülünü yüzüne indirdi ve adımlarını hızlandırıp koşarcasına odadan çıktı.

Bir gün önce oyuncakçıda sevgiyle ve hüzünle seçtiği oyuncakları çıkartmaya bile vakit bulamayıp, eve geri götürdü.

XXXI

Anna oğluyla buluşmayı ne kadar çok istemiş, bunu uzun uzun düşünmüş ve hazırlanmış olsa da, bu buluşmanın üzerinde bu kadar büyük bir etki bırakacağını beklemiyordu. Otelde tek başına kaldığı daireye döndükten sonra neden orada olduğunu uzun süre anlayamadı. "Evet, hepsi bitti ve yine yalnızım," –dedi kendi kendine ve şapkasını çıkartmadan şöminenin önünde duran koltuğa oturdu. Hareketsiz gözlerini iki pencerenin arasındaki masanın üstünde duran bronz saate dikip düşünmeye başladı.

Yurtdışından yanlarında getirdikleri Fransız hizmetçi kız gelip, üstünü değiştirmesini önerdi. Hizmetçiye şaşkın şaşkın baktı ve:

— Sonra, –dedi.

Uşak kahve getirmeyi önerdi.

— Sonra, –dedi Anna.

İtalyan sütanne, üstünü giydirdiği bebekle birlikte içeri girdi ve bebeği Anna'ya verdi. Tombul, iyi beslenmiş bebek, her zamanki gibi annesini görünce, iple bağlanıp sıkıştırılmış gibi boğum boğum olan kollarını aşağı indirdi ve dişsiz ağzıyla gülerek minik kollarını balık yüzgeci gibi oynatmaya, işlemeli minik eteğinin kolalı plilerini hışırdatmaya başladı. Gülümsememek, küçük kızı öpmemek, neşeli çığlıklar atıp bütün vücuduyla zıplayarak yakalaması için ona parmak uzatmamak elde değildi; öptüğünü sanarak ağzına aldığı dudakları ona uzatmamak olanaksızdı. Anna bunların hepsini yaptı, onu kucağına aldı, hoplattı, tazecik yanağını ve çıplak dirseklerini öptü; ancak bu bebeği görünce ona karşı hissettiği duyguların Seryoja'ya karşı hissettiğinin yanında sevgi bile olmadığını daha açık bir şekilde anladı. Bu küçük kızın her şeyi sevimliydi, ama nedense yüreğine işlemiyordu. Doymak bilmeyen bütün sevgisi, sevmediği bir adamdan da olsa ilk çocuğunda toplanmıştı; küçük kız ise en zor koşullarda doğmuştu ve ona ilk çocuğa gösterilen özenin yüzde biri bile gösterilmemişti. Ayrıca küçük kızın her şeyi şimdilik sadece beklentiydi, oysa Seryoja artık nerdeyse adam olmuştu, hem de sevilen bir adam; bu adamın içinde düşünceler, duygular çarpışıyordu; Seryoja'nın sözlerini ve düşüncelerini anımsayan Anna, onun kendisini anladığını, sevdiğini ve hakkında bir yargıya vardığını düşünüyordu. Sadece fiziksel olarak değil, ruhsal olarak da ondan sonsuza dek ayrılmıştı ve bunu düzeltmek mümkün değildi.

Bebeği sütanneye verip gönderdi ve içinde Seryoja'nın bu bebekle hemen hemen aynı yaştaki bir resminin olduğu madalyonunu açtı. Ayağa kalktı, şapkasını çıkarıp küçük masanın üstünden içinde oğlunun farklı yaşlardaki fotoğraflarının olduğu albümü aldı. Fotoğrafları birbiriyle karşılaştırmak istedi ve onları albümden çıkartmaya koyuldu. Hepsini çıkarttı. Bir tek sonuncu, en güzel fotoğraf kalmıştı. Seryoja üstünde beyaz bir gömlekle bir sandalyede ata biner gibi oturuyordu, kaşları çatıktı, dudakları gülümsüyordu. Bu onun en özel, en güzel yüz ifadesiydi. Beyaz ince parmaklı, bugün özellikle çok hızlı hareket eden küçük becerikli elleriyle resmi birkaç kez köşesinden tutup kaldırmaya çalıştı, ama resim her seferinde elinden kurtuluyor, onu çıkaramıyordu. Kâğıt keseceği masanın üstünde değildi ve yanda duran resmi (bu, Vronskiy'in yuvarlak şapkalı ve uzun saçlı olarak Roma'da çekilmiş bir fotoğrafıydı) çıkarıp, oğlunun resmini bununla iterek çıkarttı. "Evet, işte o!" –dedi Vronskiy'in fotoğrafına bakıp ve şimdiki üzüntüsünün nedeninin o olduğunu anımsadı birden. Bütün bir sabah onu bir kere bile aklına getirmemişti. Ama şimdi birden bu erkeksi, soylu, o kadar iyi tanıdığı ve sevdiği yüzü görünce, ona karşı içinde beklenmedik bir sevginin dolup taştığını hissetti.

Oğluyla ilgili her şeyi, ondan saklayanın kendisi olduğunu unutarak, "Nerede peki? Beni acılarımla nasıl tek başıma bırakıyor?" –diye düşündü birden sitemle. Hemen yanına gelmesini rica etmek için adam gönderdi; Vronskiy'in kendisine söyleyeceklerini, içini rahatlatacak sevgi sözlerini düşünerek yüreği duracakmış gibi bekliyordu. Gönderdiği adam, Vronskiy'in konuğu olduğu, ama hemen geleceği yanıtıyla geri dönmüştü, ayrıca Vronskiy ona, Petersburg'a gelmiş olan Prens Yaşvin'le birlikte gelip gelemeyeceğini sormasını da emretmişti. "Yalnız gelmiyor, oysa dün öğleden beri beni görmedi, –diye düşündü Anna,– ona her şeyi anlatabileceğim şekilde değil, Yaşvin'le birlikte geliyor." Bir anda aklına garip bir düşünce geldi: Yoksa artık kendisini sevmiyor muydu?

Son günlerin olaylarını gözden geçirirken bunların hepsinde bu korkunç düşüncenin kanıtını görüyormuş gibi geldi Anna'ya: Dün öğle yemeğini dışarıda yemesi, Petersburg'da ayrı dairelerde kalmalarında ısrar etmesi ve şimdi de baş başa buluşmaktan kaçınırcasına tek başına gelmemesi.

Vronskiy'in ona karşı ilgisizliğinden emin olduğunda içine düşeceği durumu gözünün önüne getiremeyen Anna, "Fakat bana bunu söylemek zorunda. Bunu bilmem gerekir. Bilirsem, ne yapacağımı da bilirim," –diyordu içinden. Vronskiy'in onu sevmediğini düşünüyor, kendini umutsuzluğa yakın bir durumda hissediyor ve bu yüzden de çok heyecanlanıyordu. Hizmetçi kızı çağırdı ve soyunma odasına gitti. Üstünü değiştirirken önceki günlere göre tuvaletiyle daha fazla ilgilendi, sanki onu sevmekten vazgeçen Vronskiy, üzerinde kendisine daha çok yakışan bir elbise ve bir saç tuvaletiyle görürse onu tekrar sevecekti.

Daha hazırlanmadan zil sesini duydu.

Konuk odasına girdiğinde Vronskiy değil, Yaşvin onu bakışlarıyla karşıladı. Vronskiy, masanın üzerinde unuttuğu Seryoja'nın resimlerine bakıyor ve Anna'ya bakmakta aceleci davranmıyordu.

Anna küçük elini utangaç Yaşvin'in (upuzun boyu ve kaba yüzüyle Yaşvin'in bu utangaçlığı çok tuhaf görünüyordu) kocaman avucuna bırakırken:

— Biz tanışıyoruz, –dedi.– Geçen yıl yarışlarda tanışmıştık. Verin onları, –dedi Anna hızlı bir hareketle Vronskiy'in elinden oğlunun fotoğraflarını alarak ve pırıl pırıl parlayan gözleriyle ona anlamlı bir şekilde bakarak.– Bu yıl yarışlar güzel miydi? Onun yerine Roma'da, Corso'daki yarışları seyrettim. Bununla birlikte siz yurtdışındaki yaşamı sevmezsiniz, –dedi tatlı tatlı gülümseyerek.– Az karşılaşmış olsak da, sizi ve bütün zevklerinizi biliyorum.

— Buna çok üzüldüm, çünkü benim zevklerim genellikle kötüdür, –dedi Yaşvin bıyığının sol yanını dişleyerek.

Bir süre konuştuktan sonra Vronskiy'in saate baktığını fark eden Yaşvin, Anna'ya Petersburg'da daha uzun zaman kalıp kalmayacağını sordu ve koca gövdesini doğrultup kasketini aldı.

Anna Vronskiy'e göz atıp, şaşkın bir halde:

— Galiba çok değil, –dedi.

Yaşvin ayağa kalkarak:

— Yani bir daha görüşmeyecek miyiz? –dedi ve Vronskiy'e dönerek,– Öğle yemeğini nerede yiyorsun? –diye sordu.

Anna, utangaçlığı yüzünden kendisine kızmış gibi kararlı bir biçimde, ama durumunu her yeni insanın önünde yeniden ortaya koyduğunda hep olduğu gibi kızararak:

— Yemeğe bana gelin, –dedi.– Buranın yemekleri güzel değil, ama hiç değilse onunla görüşmüş olursunuz. Aleksey, alaydaki arkadaşları içinde hiç kimseyi sizin kadar çok sevmez.

Yaşvin, Vronskiy'in onun Anna'dan çok hoşlandığını fark ettiği bir gülümsemeyle:

— Çok sevinirim, –dedi.

Yaşvin başını eğerek selam verdi ve çıktı, Vronskiy geride kalmıştı.

Anna ona:

— Sen de gidiyor musun? –dedi.

— Geç bile kaldım, –diye yanıtladı Vronskiy. Sonra Yaşvin'e seslendi.– Sen git! Ben şimdi yetişirim sana.

Anna Vronskiy'in elini tutmuş, gitmesine engel olmak için ne söyleyebileceğini düşünerek, gözlerini ayırmadan yüzüne bakıyordu.

— Dur, sana bir şey söylemem gerek, –dedi ve Vronskiy'in küt parmaklı elini tutup kendi boynuna bastırdı.– Onu yemeğe çağırmakla kötü mü yaptım?

Vronskiy düzgün dişlerini ortaya çıkaran sakin bir gülümsemeyle Anna'nın elini öperek:

— Çok iyi yaptın, –dedi.

Anna, onun elini iki elinin arasına alıp sıkarak:

— Aleksey, bana karşı değişmedin, değil mi? –dedi.– Aleksey burada sıkıldım. Ne zaman gideceğiz?

— Yakında, yakında. Burada yaşamanın benim için de ne kadar zor olduğuna inanmazsın, –dedi ve elini geri çekti.

Anna gücenerek:

— Tamam, hadi git, git! –dedi ve hızla ondan uzaklaştı.

XXXII

Vronskiy otele geri döndüğünde Anna henüz gelmemişti. Vronskiy'e söylendiğine göre, ondan kısa bir süre sonra Anna'ya bir hanım gelmiş ve ikisi birlikte çıkmışlardı. Nereye gittiğini söylemeden gitmesi, hâlâ ortada olmaması, sabah da ona hiçbir şey demeden bir yere daha gitmiş olması, bu sabah yüzündeki o garip heyecan ifadesiyle ve Yaşvin'in yanında oğlunun fotoğraflarını elinden neredeyse koparır gibi çekip alırken gösterdiği düşmanca tavır onu düşünmek zorunda bırakmıştı. Konuşup, duruma açıklık getirmek gerektiğine karar verdi. Onu konuk odasında bekliyordu. Fakat Anna yalnız dönmedi, yaşlı bir kız olan halası Prenses Oblonskaya'yı da yanında getirmişti. Sabah gelen ve Anna'nın birlikte alışverişe gittiği hanım oydu. Anna Vronskiy'in yüzündeki kaygılı ve soru soran ifadeyi fark etmiyor gibiydi; ona neşeyle sabah aldığı şeyleri anlatıyordu. Vronskiy Anna'da farklı bir şey olduğunu görüyordu: Vronskiy'in yüzünde ancak bir anlığına duran parlak gözlerinde büyük bir dikkat vardı, konuşmasında ve hareketlerinde de yakınlaşmalarının ilk zamanlarında Vronskiy'in aklını başından alan, şimdi ise kaygılandırıp korkutan sinirli çabukluk ve zarafet vardı.

Dört kişilik masa hazırlanmıştı. Prenses Betsi'den Anna'ya bir mesaj getiren Tuşkeviç geldiğinde küçük yemek odasına geçmek üzere herkes toplanmıştı. Prenses Betsi vedalaşmaya gelemediği için özür diliyordu; rahatsızdı, ama Anna'dan saat altı buçukla dokuz arasında kendisine gelmesini rica ediyordu. Anna'nın geldiğinde hiç kimseyle karşılaşmaması için önlemlerin alındığını gösteren bu zaman aralığı söylendiğinde Vronskiy, Anna'ya bir göz attı; ama Anna sanki bunu fark etmemişti.

Belli belirsiz gülümseyerek:

— Çok yazık, tam da altı buçukla dokuz saatleri arasında gitmem olanaksız, –dedi.

— Prenses çok üzülecek.

— Ben de öyle.

— Herhalde Patti'yi dinlemeye gidiyorsunuz? –dedi Tuşkeviç.

— Patti'yi mi? İyi bir fikir verdiniz. Loca bulabilsem giderdim.

— Ben bulabilirim, –diye atıldı Tuşkeviç.

— Size çok minnettar kalırdım, –dedi Anna.– Bizimle birlikte yemek yemek istemez misiniz?

Vronskiy belli belirsiz omuz silkti. Anna'nın ne yaptığını kesinlikle anlamıyordu. Bu yaşlı prensesi neden getirmişti, Tuşkeviç'i neden yemeğe alıkoyuyordu ve hepsinden daha şaşırtıcı olan da neden loca bulması için onu gönderiyordu? Patti'nin aboneler için verdiği, hepsi sosyeteden tanıdık kişilerin olacağı bir temsile onun durumunda biri gitmeyi düşünebilir miydi? Ciddi bir ifadeyle Anna'ya baktı, ama Anna ona meydan okuyan, neşeli de, umutsuz da olmayan, Vronskiy'in hiç anlam veremediği bir bakışla karşılık verdi. Yemek sırasında Anna saldırgan bir neşe içindeydi: Tuşkeviç'le ve Yaşvin'le âdeta cilveleşiyordu. Yemekten kalktıklarında Tuşkeviç loca bulmaya, Yaşvin de sigara içmeye gitti. Vronskiy de Yaşvin'le birlikte aşağıya, kendi dairesine indi. Biraz oturduktan sonra koşarak üst kata çıktı. Anna Paris'te diktirdiği, göğüs kısmı açık, kadifeyle süslü ipek bir elbise giymiş, başına yüzünü çerçeveleyerek parlak güzelliğini özellikle ortaya koyan beyaz, pahalı bir dantel koymuştu.

Vronskiy Anna'nın yüzüne bakmamaya çalışarak:

— Sahiden tiyatroya gidecek misiniz? –dedi.

Vronskiy yüzüne bakmadığı için yine kalbi kırılmış olan Anna:

— Niçin böyle korkarak soruyorsunuz? –dedi.– Neden gitmeyeyim?

Vronskiy'in sözlerini anlamıyor gibiydi.

— Elbette, hiçbir nedeni yok, –dedi Vronskiy kaşlarını çatarak.

Vronskiy'in sözlerindeki alaycılığı mahsus anlamazlıktan gelerek ve parfümlü, uzun eldivenini sakin sakin kıvırarak:

— Ben de aynı şeyi söylüyorum işte, –dedi Anna.

— Anna, Tanrı aşkına! Neyiniz var sizin? –dedi Vronskiy. Bir zamanlar kocasının söylediği sözleri tekrarlayarak onu uyarıyordu.

— Ne sorduğunuzu anlamıyorum.

— Gidemeyeceğinizi biliyorsunuz.

— Neden? Tek başıma gitmeyeceğim. Prenses Varvara üstünü değiştirmeye gitti, benimle gelecek.

Vronskiy şaşkın ve umutsuz bir şekilde omuz silkti.

— Fakat siz bilmiyor musunuz... –diye tam konuşmaya başlamıştı.

Anna neredeyse haykırarak:

— Bilmek istemiyorum! –dedi.– İstemiyorum. Yaptığımdan pişman mıyım? Hayır, hayır, hayır. Bir kez daha baştan başlasaydı yine aynı şey olurdu. Bizim için, benim için ve sizin için tek önemli şey, birbirimizi sevip sevmediğimiz. Düşünülecek başka bir şey yok. Burada neden ayrı oturuyoruz ve görüşmüyoruz? Ben neden gidemiyorum? –Sonra gözlerinde Vronskiy'in anlam veremediği farklı bir parıltıyla ona bir göz atıp, Rusça devam etti.– Ben seni seviyorum, sen de değişmediysen hiçbir şey umurumda olmaz. Niçin bana bakmıyorsun?

Vronskiy Anna'ya baktı. Yüzünün ve ona her zaman yakışan giyiminin güzelliğini gördü. Ama şimdi Vronskiy'i sinirlendiren tam da Anna'nın bu güzelliği ve zarafetiydi.

Vronskiy tekrar Fransızca olarak sesinde tatlı bir yakarış, ama bakışlarında soğuklukla:

— Benim duygularımın değişemeyeceğini biliyorsunuz, ama gitmemenizi rica ediyorum, size yalvarıyorum, –dedi.

Anna sözcükleri duymuyor ama bakışlardaki soğukluğu görüyordu, öfke içinde:

— Ben de sizden neden gitmemem gerektiğini açıklamanızı rica ediyorum, –dedi.

— Çünkü bu şeye neden olur... –derken durakladı Vronskiy.

— Hiçbir şey anlamıyorum. Yaşvin n'est pas compromettant,* Prenses Varvara ise başkalarından daha kötü değildir. Ha işte geldi o da.

XXXIII

Vronskiy, durumunu bile bile anlamak istemediği için Anna'ya karşı ilk kez öfkeye yakın bir kızgınlık hissediyordu. Bu duygu, bu kızgınlığın nedenini Anna'ya ifade edemediği

---

* Lekeleyemez. (Fr.)

için daha da güçlenmişti. Keşke aklından geçenleri ona açık açık söyleyebilse, "Bu kılıkta, herkesin tanıdığı bu prensesle tiyatroda görünmek, sadece kendi düşmüş kadın durumunu kabul etmek değil, aynı zamanda sosyeteye meydan okumak, yani sosyeteden ebediyen kopman demektir," diyebilseydi.

Bunu diyemiyordu. "Ama bunu nasıl anlayamaz, hem içinde neler oluyor?" –diyordu kendi kendine. Anna'ya karşı saygısı azalırken, onun güzelliğinin daha fazla bilincinde olduğunu hissediyordu.

Kendi dairesine asık bir suratla döndü ve uzun bacaklarını bir sandalyeye uzatmış, maden suyuyla karışık konyak içen Yaşvin'in yanına oturdu, kendisine de aynı içkiden ısmarladı.

Yaşvin, arkadaşının asık suratına bakıp:

— Lankovskiy'in Güçlü'sünden söz ediyordun. İyi bir at, almanı tavsiye ederim, –dedi.– Sağrısı düşük, ama bacaklarına ve kafasına gelince, daha iyisini bulamazsın.

— Sanırım alacağım, –diye yanıtladı Vronskiy.

Atlar hakkında konuşmak ilgisini çekiyordu, ama Anna'yı bir an bile aklından çıkaramıyor, elinde olmadan koridordaki ayak seslerine kulak kabartıyor ve şöminenin üstündeki saate arada bir göz atıyordu.

— Anna Arkadyevna, tiyatroya gittiklerini haber vermemi emretti.

Yaşvin, fışırdayan suya bir kadeh konyak daha katıp içti ve ceketini ilikleyerek ayağa kalktı.

Bıyık altından belli belirsiz gülümseyerek ve bu gülümsemeyle Vronskiy'in suratını asma nedenini anladığını, ama buna önem vermediğini göstererek:

— E, hadi gidelim, –dedi.

— Ben gelmeyeceğim, –dedi Vronskiy somurtarak.

— Benim gitmem gerek, söz verdim. Hadi, hoşça kal. Ya da gelecek olursan Krasinskiy'in koltuğunu al, –diye ekledi Yaşvin çıkarken.

— Hayır, benim işim var.

Yaşvin otelden çıkarken "Karın varsa derdin var, ama karın olmayan bir kadınla daha büyük derdin var demektir," diye düşündü.

Vronskiy yalnız kalınca sandalyeden kalktı, odada dolaşmaya başladı.

"Bugün ne vardı? Dördüncü abone temsili... Yegor, karısıyla oradadır, annem de herhalde. Bütün Petersburg orada demektir. Anna şimdi içeri girmiş, kürkünü çıkartmış ve sosyetenin gözü önüne çıkmıştır. Tuşkeviç, Yaşvin, Prenses Varvara... – diye gözünün önünde canlandırdı.– Peki ya ben? Korkuyor muyum, yoksa Anna'nın koruyuculuğunu Tuşkeviç'e mi teslim ettim? Nereden bakarsan bak aptalca, aptalca... Hem Anna beni neden bu duruma düşürüyor?" –dedi elini sallayıp.

Bu hareketle üzerinde maden suyunun ve konyak sürahisinin durduğu sehpaya çarptı, neredeyse devirecekti. Tutmak istedi, ama devirdi ve kızgınlıktan sehpaya bir tekme atıp zili çaldı.

İçeri giren uşağına:

— Benim yanımda çalışmak istiyorsan, işini unutma, – dedi.– Bu bir daha olmasın. Bunları toplamalıydın.

Uşak suçsuz olduğunu hissederek kendini haklı çıkarmaya çalışıyordu, ama beyine bir göz attıktan sonra yüz ifadesinden hemen susması gerektiğini anladı ve acele halıya eğilip, kırık kadehleri ve şişeleri toplamaya koyuldu.

— Bu senin işin değil, garson yollasınlar da o yapsın, sen de frakımı hazırla.

* * *

Vronskiy sekiz buçukta tiyatrodan içeri girdi. Temsil en hararetli yerindeydi. Yaşlı hademe Vronskiy'in kürkünü çıkarttı, onu tanıyıp "ekselans" diye hitap etti ve vestiyer numarası almamasını, sadece Fyodor diye seslenmesini söyledi. Aydınlık koridorda hademeden ve ellerinde kürkler, kapının önünde içeriyi dinlemekte olan iki uşak dışında kimse yoktu. Aralık bir kapıdan orkestranın dikkatli staccato eşliği ve müzikal bir tümceyi açık seçik söylemekte olan bir kadın sesi duyuluyordu. Bir hademenin sessizce dışarı süzüldüğü kapı açıldı ve sonuna yaklaşan müzik tümcesi Vronskiy'in kulağına açıkça geldi. Fakat kapı hemen kapandı ve Vronskiy, tümcenin ve kadansın sonunu duymadı, ancak kapının ardından gelen alkış seslerinden kadansın bittiğini anladı. Avizelerle ve bronz gaz aplikleriyle pırıl pırıl aydınlatılmış salona girdiğinde gürültü hâlâ devam ediyordu. Çıplak omuzları ve pırlanta mücevherleri pırıl pırıl parlayan kadın şarkıcı sahnede rampın üstünden oraya buraya atılmış buketleri eğilerek ve gülümseyerek, elinden tutan tenorun yardımıyla topladı ve rampın üstünden uzun kollarıyla bir armağan uzatan, pomatlı parlak saçları ortadan ikiye ayrılmış beyefendiye doğru yürüdü. Parterdeki bütün seyirciler, tıpkı localardakiler gibi yerlerinde duramıyor, öne doğru eğiliyor, bağırıyor, alkışlıyordu. Orkestra şefi üzerinde durduğu yükseltiden armağanın verilmesine yardım etti ve beyaz kravatını düzeltti. Vronskiy parterin ortasına geldi ve durup etrafa bakınmaya başladı. Bu tanıdık, alışılmış ortama, sahneye, bu gürültüye, tıklım tıklım dolu tiyatrodaki bütün o tanıdık, ilgi çekici olmayan, karmakarışık seyirci topluluğuna bugün her zamankinden daha az ilgi gösterdi.

Localarda her zamanki gibi aynı hanımlar, arkalarında aynı subaylarla oturuyordu; kim oldukları bilinmeyen aynı rengârenk giyimli kadınlar, aynı üniformalar, aynı redingotlar; galerideki kirli kalabalık aynıydı ve bütün bu kalabalığın içinde, localarda, ön sıralarda kırk tane *gerçek* erkek ve kadın vardı.

Vronskiy dikkatini hemen bu vahalara çevirdi ve onlarla temas kurdu.

O içeri girdiğinde perde sona ermişti, dolayısıyla ağabeyinin locasına uğramadan en ön sıraya kadar gitmiş ve rampın önünde dizlerini bükmüş, ayakkabısının ökçesiyle rampa hafif hafif vurmakta olan ve uzaktan onu görünce gülümseyerek çağıran Serpuhovskoy'un yanında durmuştu.

Vronskiy henüz Anna'yı görmemişti, ondan yana mahsus bakmıyordu. Ancak bakışların yönünden Anna'nın nerede olduğunu biliyordu. Fark ettirmeden etrafa bakıyordu, ama onu aramıyordu; daha kötü bir şey bekleyerek, gözleriyle Aleksey Aleksandroviç'i arıyordu. Şansına Aleksey Aleksandroviç bu kez tiyatroda değildi.

— Askerlikten ne kadar az şey kalmış sende! –dedi Serpuhovskoy.– Diplomat, artist gibi bir şey olmuşsun.

Vronskiy gülümseyerek ve dürbününü yavaş yavaş çıkararak:

— Evet, evime döner dönmez frakımı sırtıma geçirdim, –dedi.

— İşte bu konuda, itiraf edeyim, sana imreniyorum. Ben yurt dışından döndüğümde, bunu takınca, –diyerek yaver kordonuna dokundu,– özgürlüğüme acıyorum.

Serpuhovskoy uzun zamandır Vronskiy'in askerliğinden umudunu kesmişti, ama onu eskisi gibi seviyordu ve şimdi de ona karşı çok nazikti.

— Yazık, birinci perdeyi kaçırdın.

Vronskiy bir kulağıyla onu dinlerken, dürbününü alt kattaki koltuklardan localara çevirdi. Vronskiy, türbanlı bir hanımın ve dürbününün görüş alanına girdiğinde öfkeli öfkeli gözlerini kırpıştıran dazlak, yaşlı bir adamın yanında birden Anna'nın mağrur, yüzünü çevreleyen dantellerin arasında çok güzel görünen ve gülümseyen yüzünü gördü. Beşinci locada, Vronskiy'den yirmi adım kadar uzaktaydı. Önde oturuyor, hafifçe arkasına dönmüş, Yaşvin'e bir şey söylüyordu. Güzel ve geniş omuzlarının üzerinde başının duruşu, gözlerinin ve yüzünün bastırmaya çalıştığı heyecanını yansıtan ışıltısı Vronskiy'e Moskova'daki baloda gördüğü Anna'yı anımsattı tam olarak. Ama şimdi bu güzelliği son derece farklı hissediyordu. Anna'ya karşı hissettiği duyguda artık gizemli bir şey yoktu, bu nedenle Anna'nın güzelliği onu eskisinden daha güçlü bir şekilde kendine çekse de, kırıyordu aynı zamanda. Anna ondan yana bakmıyordu, ama Vronskiy onun kendisini gördüğünü hissediyordu.

Vronskiy dürbünü tekrar o tarafa çevirdiğinde Prenses Varvara'nın doğal olmayan, kıpkırmızı bir halde güldüğünü ve durmadan komşu locaya göz attığını fark etti; Anna ise kapattığı yelpazesini kırmızı kadifeye vurarak dikkatle bir yere bakıyordu, ama yan locada olanları görmüyor, belli ki görmek istemiyordu. Yaşvin'in yüzünde kumarda kaybettiği zamanlardaki ifade vardı. Kaşlarını çatmış, bıyığının sol yanını ağzına daha da çok sokuyor ve yan gözle komşu locaya bakıyordu.

Soldaki bu loca Kartasovların locasıydı. Vronskiy onları tanıyordu ve Anna'nın onlarla tanıştığını da biliyordu. Zayıf, ufak tefek bir kadın olan Kartasova, arkası Anna'ya dönük olarak locasında dikiliyor, kocasının tuttuğu pelerinini omzuna alıyordu. Yüzü soluk ve sinirliydi, heyecanlı heyecanlı bir şeyler söylüyordu. Şişman, dazlak kafalı Kartasov gözünü ayırmadan Anna'ya bakarak karısını sakinleştirmeye çalışıyordu. Kadın dışarı çıktığı sırada kocası, herhalde selam vermek isteğiyle gözleriyle Anna'nın bakışını arayarak çıkışını epey ağırdan aldı. Fakat Anna, görünüşe göre bu durumu fark etmemiş gibi yaparak geriye dönmüş, kırpık saçlı kafasını ona doğru eğmiş olan Yaşvin'e bir şey söylüyordu. Kartasov selam vermeden çıktı ve loca boşaldı.

Vronskiy, Kartasovlarla Anna arasında tam olarak ne geçtiğini anlamamış, ancak Anna'yı küçük düşüren bir şey olduğunu fark etmişti. Bunu gördüğü şeyden, daha da çok üstlendiği rolü sürdürmek için son gücünü topladığını bildiği Anna'nın yüzünden anlamıştı. Anna rahat görünme rolünü tam anlamıyla başarıyordu. Onu ve çevresini tanımayan, sosyeteye girip, başındaki dantel süsü ve güzelliğiyle kendini gösterdiği için diğer kadınların söylediği acıma, öfke ve şaşkınlık sözlerini duymayanlar bu kadının rahatlığına ve güzelliğine hayran olur, onun rezalet çarmıhına gerilmiş bir insanın duygularını hissettiğini akıllarına bile getirmezdi.

Bir şeyler olduğunu anlayan, ama tam olarak ne olduğunu bilmeyen Vronskiy canını acıtan bir kaygı içindeydi ve bir şeyler öğrenmek umuduyla ağabeyinin locasına gitti. Mahsus parterin, Anna'nın locasına ters düşen kapısını seçip çıkarken, iki tanıdığıyla sohbet eden eski alay komutanıyla karşılaştı. Vronskiy, Kareninlerin adının geçtiğini duyuyordu ve alay komutanının sohbet ettiği kişilere anlamlı anlamlı bakıp, Vronskiy'in adını yüksek sesle söylerken ne kadar acele ettiğini fark etmişti.

— A, Vronskiy! Ne zaman alaya geliyorsun? Ziyafet çekmeden bırakmayız seni. Sen bizim demirbaşımızsın, –dedi alay komutanı.

— Zamanım yok, çok yazık, bir dahaki sefere, –dedi Vronskiy ve merdivenlerden koşarak ağabeyinin locasına çıktı.

Vronskiy'in annesi yaşlı kontes, çelik rengi bukleleriyle ağabeyinin locasındaydı. Varya, Prenses Sorokina'yla birlikte birinci katın koridorunda rastlamıştı ona.

Varya, Prenses Sorokina'yı annesinin yanına götürdükten sonra elini kayınbiraderine uzattı ve hemen onu ilgilendiren konuda konuşmaya başladı. Vronskiy'in neredeyse hiç görmediği kadar heyecanlıydı.

— Bunu alçakça ve iğrenç buluyorum, Madame Kartasova'nın bu şekilde davranmaya hiç hakkı olmadığını düşünüyorum... –diye konuşmaya başlamıştı Varya.

— Peki ne oldu? Ben bir şey bilmiyorum.

— Nasıl, duymadın mı sen?

— Bilirsin, ben hep en son duyarım.

— Şu Kartasova kadar kötü bir yaratık var mıdır?

— Ne yaptı ki?

— Bana da kocam anlattı... Karenina'ya hakaret etmiş. Kocası locadan locaya Karenina'yla konuşmaya başlamış, Kartasova da rezalet çıkartmış. Dediklerine göre bağıra bağıra hakaret etmiş ve çıkıp gitmiş.

Prenses Sorokina locanın kapısından dışarı bakarak:

— Kont, anneniz sizi çağırıyor, –dedi.

— Ben de seni bekliyordum, –dedi annesi alaycı bir gülümsemeyle.– Hiç ortalıkta görünmüyorsun.

Vronskiy, annesinin sevincinden gülümsemesine engel olamadığını görüyordu.

— Merhaba, maman. Sizi görmeye geldim, –dedi soğuk bir şekilde.

— Niye gitmiyorsun faire la cour à madame Karenine?* – diye ekledi Prenses Sorokina yanından uzaklaştığında.– Elle fait sensation. On oublie la Patti pour elle.**

— Maman, bana bu konudan söz etmemenizi sizden rica etmiştim, –dedi Vronskiy suratını asarak.

— Herkesin söylediği şeyi söylüyorum.

Vronskiy karşılık vermedi ve Prenses Sorokina'ya birkaç şey söyleyip çıktı. Kapıda ağabeyiyle karşılaştı.

— A, Aleksey! –dedi ağabeyi.– Ne iğrenç! Budalalık, başka bir şey değil... Hemen onun yanına gitmek istiyorum. Gel birlikte gidelim.

Vronskiy onu dinlemiyor, hızlı adımlarla aşağı iniyordu: Bir şey yapması gerektiğini hissediyordu, ama ne olduğunu bilmiyordu. Kendisini ve onu böyle ikiyüzlü bir duruma düşürdüğü için Anna'ya karşı hissettiği kızgınlık, çektiği acılar nedeniyle duyduğu acımayla birleşip onu heyecanlandırıyordu. Aşağıya, partere indi ve dosdoğru Anna'nın locasına yöneldi. Locada Stremov ayakta duruyor, onunla konuşuyordu:

— Tenor kalmadı artık. Le moule en est brisé.***

Vronskiy eğilerek Anna'yı selamladı ve Stremov'la el sıkıştı.

— Galiba geç geldiniz ve en iyi aryayı dinlemediniz, –dedi Anna Vronskiy'in yüzüne bakıp. Bunu alaycı bir şekilde söylemiş gibi geldi Vronskiy'e.

Vronskiy Anna'ya sert sert bakarak:

— Ben pek anlamam, –dedi.

— Patti'nin çok yüksek sesle şarkı söylediğini düşünen Prens Yaşvin gibi, –dedi Anna gülümseyerek.

---

* Karenina'ya kur yapmaya. (Fr.)

** Sansasyon yaratıyor. Onun yüzünden Patti'yi unutuyorlar. (Fr.)

*** Kökleri kurudu. (Fr.)

Vronskiy'in yerden kaldırdığı program broşürünü uzun eldivenli küçük eline alıp:

— Teşekkür ederim, –dedi ve hemen o anda güzel yüzünde bir seyirme oldu. Ayağa kalkıp locanın arka tarafına gitti.

Bir sonraki perdede Anna'nın locasının boşaldığını fark eden Vronskiy, orkestranın cavatina sesleri arasında ve seyircilerin sus uyarıları altında parterden çıktı ve eve döndü.

Anna evdeydi. Vronskiy yanına geldiğinde tiyatrodaki kıyafetiyle duruyordu. Duvarın önündeki ilk koltukta oturmuş, önüne bakıyordu. Vronskiy'e şöyle bir baktı ve hemen eski halini aldı.

— Anna, –dedi Vronskiy.

Anna umutsuzluk gözyaşları ve sesinde öfkeyle ayağa kalkarak:

— Hepsi senin suçun, senin! –diye haykırdı.

— Gitme diye senden rica ettim, sana yalvardım, başına böyle bir tatsızlık geleceğini biliyordum...

— Tatsızlıkmış! –diye bağırdı Anna.– Korkunçtu! Ömrüm oldukça unutmayacağım bunu. Benimle yan yana oturmanın yüz kızartıcı bir şey olduğunu söyledi.

— Aptal bir kadının sözleri, –dedi Vronskiy,– ama niye riske girdin?..

— Senin bu sakinliğinden nefret ediyorum. Beni bu noktaya getirmemeliydin. Eğer beni sevseydin...

— Anna! Benim sevgimle bunun ne ilgisi var?

Anna korku içinde Vronskiy'in yüzüne bakarak:

— Evet, eğer beni, benim seni sevdiğim kadar sevmiş olsaydın, benim çektiğim kadar acı çekmiş olsaydın... –dedi.

Vronskiy ona acıyor, bir yandan da kızıyordu. Şu anda Anna'yı yatıştırabilecek tek şey olarak gördüğünden onu sevgisine inandırmaya çalışıyor, ancak sözleriyle olmasa da içinden sitem ediyordu.

Ona o kadar bayağı gelen, söylerken utandığı aşk yeminlerini Anna yutarcasına içine çekiyor ve yavaş yavaş sakinleşiyordu. Ertesi gün tamamen barışmış olarak köye gittiler.

Altıncı Bölüm

I

Darya Aleksandrovna yazı çocuklarla birlikte Pokrovskoye'de, kız kardeşi Kiti Levina'nın yanında geçiriyordu. Kendi çiftliğindeki ev yıkılmak üzereydi ve Levin'le karısı Darya Aleksandrovna'yı yazı onlarda geçirmeye ikna etmişlerdi. Stepan Arkadyiç bu düzeni çok beğenmişti. Yazı ailesiyle birlikte köyde geçirmenin onun için çok büyük bir mutluluk olacağını, bu mutluluğa işinin engel olmasına çok üzüldüğünü söylüyordu ve Moskova'da kalarak arada sırada bir-iki günlüğüne köye geliyordu. Bütün çocuklar ve mürebbiyeyle birlikte Oblonskiylerin dışında, *o haldeki* deneyimsiz kızına göz kulak olmayı görev sayan yaşlı prenses de o yaz Levinlerde konuktu. Ayrıca Kiti'nin yurtdışında arkadaş olduğu Varenka, Kiti evlendiğinde evine gelme sözünü tutmuş ve dostunun evine konuk olmuştu. Hepsi Levin'in karısının akrabaları ve dostlarıydı. Hepsini sevse de, kendi deyimiyle "Şçerbatskiy elementinin" bu akınıyla yok olan kendi Levin dünyasına ve düzenine biraz acıyordu. Onun akrabalarından bu yaz bir tek Sergey İvanoviç konuktu onlarda, ama o da Levin değil, Koznışev tarzında bir adamdı, böylece Levin ruhu büsbütün yok oluyordu.

Levin'in ne zamandır bomboş olan evinde şimdi o kadar çok insan vardı ki, hemen hemen bütün odalar doluydu ve hemen hemen her gün yaşlı prensesin masaya otururken herkesi yeni baştan sayması, on üçüncü kız ya da erkek torununu ayrı bir masaya oturtması gerekiyordu. Büyük bir gayret içinde ev işleriyle uğraşan Kiti'nin de konukların ve çocukların yazın açılan iştahlarını doyurmak için çok bol miktarda gereken tavuk, hindi ve ördek alma konusunda epey telaşı oluyordu.

Bütün aile öğle yemeğine oturmuştu. Dolli'nin çocukları, mürebbiye ve Varenka'yla birlikte mantar toplamaya gitmek için plan yapıyordu. Tüm konuklardan zekâsı ve bilgisi sayesinde neredeyse tapma derecesinde saygı gören Sergey İvanoviç, mantar konusundaki konuşmaya katılarak herkesi şaşırtmıştı.

Varenka'ya bakarak:

— Beni de yanınıza alın, –dedi.– Mantar toplamayı çok severim, çok güzel bir uğraş olarak görürüm.

Kıpkırmızı kesilen Varenka:

— Ne demek, çok seviniriz, –diye karşılık verdi. Kiti, Dolli'yle anlamlı anlamlı bakıştı. Bilgili ve zeki Sergey İvanoviç'in Varenka'yla birlikte mantar toplamaya gitme önerisi, son zamanlarda Kiti'yi çok meşgul eden bazı tahminleri doğruluyordu. Kiti baktığının fark edilmemesi için annesiyle konuşmaya başladı hemen. Öğle yemeğinden sonra Sergey İvanoviç bir fincan kahvesini almış, kardeşiyle daha önceden başladıkları konuşmayı sürdürerek ve mantar toplamaya gidecek çocukların çıkmaları gereken kapıya arada bir göz atarak konuk odasında, pencerenin yanında oturuyordu. Levin de ağabeyinin yanına, pencerenin kenarına ilişmişti.

Kiti kocasına bir şey söylemek için ilgisini çekmeyen bu konuşmanın bitmesini bekleyerek, yanında ayakta duruyordu.

Sergey İvanoviç Kiti'ye gülümseyerek ve kardeşiyle başladığı konuşmaya pek az ilgi göstererek:

— Evlendiğinden beri çok değişmişsin, hem de iyiye doğru bir değişim göstermişsin, –dedi.– Ama en inanılmaz konuları savunma tutkuna da bağlı kalmışsın.

Levin, karısının altına bir sandalye çekip ona anlamlı anlamlı bakarak:

— Katya senin ayakta durman iyi değil, –dedi.

Sergey İvanoviç koşarak içeriden çıkan çocukları görünce:

— Neyse, benim zamanım kalmadı, –diye ekledi.

Çocukların en önünde çorapları iyice yukarı çekilmiş olan Tanya, elindeki sepeti ve Sergey İvanoviç'in şapkasını sallayarak yan yan ona doğru koşuyordu.

Babasının güzel gözlerine çok benzeyen gözleri pırıl pırıl parlayan Tanya, Sergey İvanoviç'e doğru laubalice koşarak şapkasını uzattı ve bu laubaliliğini ürkek ve tatlı bir gülümsemeyle yumuşatarak şapkayı Sergey İvanoviç'e giydirecekmiş gibi yaptı.

Sergey İvanoviç'in gülümsemesinden izin verdiğini anlayıp, şapkayı özenle giydirirken:

— Varenka bekliyor, –dedi.

Varenka üstüne sarı basma elbise giymiş, başına beyaz eşarp bağlamış, kapıda dikiliyordu.

Kahvesini bitiren ve mendiliyle sigara tabakasını ceplerine koyan Sergey İvanoviç:

— Geliyorum, geliyorum Varvara Andreyevna, –dedi.

Sergey İvanoviç ayağa kalkar kalkmaz Kiti kocasına:

— Benim Varenka'mın şu güzelliğine bak! Ne dersin? –dedi. Bunu Sergey İvanoviç'in de duyabileceği bir şekilde söylemişti, herhalde duymasını istiyordu.– Ne kadar güzel, ne soylu bir güzellik! Varenka! –diye bağırdı Kiti.– Değirmen ormanına mı gideceksiniz? Biz de yanınıza geliriz.

Kapıdan acele acele çıkan yaşlı prenses:

— Durumunu kesinlikle unutuyorsun Kiti, –dedi.– Böyle bağırmamalısın.

Kiti'nin sesini ve annesinin onu azarladığını duyan Varenka hızlı, hafif adımlarla Kiti'nin yanına geldi. Hareketlerinin çabukluğu, canlanan yüzünü kaplayan kızıllık, içinde olağanüstü bir şeyler olduğunu gösteriyordu. Kiti, bu olağanüstü şeyin ne olduğunu biliyor ve Varenka'yı dikkatle izliyordu. Şimdi Varenka'yı çağırmasının tek nedeni, öğle yemeğinden sonra ormanda olacağını düşündüğü önemli olay için ona içinden hayır duası etmekti.

Varenka'yı öperek:

— Varenka, eğer bir şeyler gerçek olursa çok sevineceğim, –diye fısıldadı.

Utanan Varenka kendisine söylenen şeyi duymamış gibi yaparak Levin'e:

— Ya siz bizimle gelmeyecek misiniz? –dedi.

— Geleceğim, ama sadece harman yerine kadar, orada kalacağım.

— Nedir bu hevesin böyle? –dedi Kiti.

— Yeni yük arabalarına bakmam ve saymam gerekiyor, –dedi Levin.– Peki sen nerede olacaksın?

— Terasta.

II

Kadınların hepsi terasta toplanmıştı. Öğle yemeğinden sonra orada oturmayı genellikle severlerdi, ama bugün terasta işleri de vardı. Herkesin uğraştığı bebek zıbını dikilmesi ve kundak kuşağı örülmesi dışında Agafya Mihaylovna için yeni bir yöntemle, su katmadan reçel pişiriliyordu terasta. Evlerinde kullanılan bu yeni yöntemi Kiti getirmişti. Eskiden bu işle görevli olan Agafya Mihaylovna, Levinlerin evinde yapılan bir şeyin kötü olamayacağını varsayarak ve başka türlü olamayacağını ileri sürerek yine de çileğe ve frenk çileğine su koymuştu; bunu yaparken suçüstü yakalanmıştı, şimdi ahududu reçeli herkesin yanında pişiyordu ve Agafya Mihaylovna su katılmadan da reçelin güzel olacağına inandırılacaktı.

Üzgün yüzü sıcaktan yanmış, saçları birbirine karışmış, zayıf kolları dirseklerine dek sıvanmış olan Agafya Mihaylovna, mangalın üstündeki reçel tenceresini dairesel hareketlerle sallıyor ve bütün kalbiyle reçelin kaskatı kesilmesini ve pişmemesini dileyerek asık bir suratla ahududuya bakıyordu. Prenses, ahududu reçeli yapılmasında başdanışman olduğundan Agafya Mihaylovna'nın öfkesinin kendisini hedef aldığını hissederek başka bir işle uğraşıyor, ahududuyla ilgilenmiyormuş gibi yapıyor, şurdan burdan konuşuyordu, ama arada bir yan gözle mangala da bakıyordu.

Prenses başlamış konuşmayı sürdürerek:

— Hizmetçi kızlara ucuz elbiselik kumaşları her zaman kendim alırım, –diyordu. Agafya Mihaylovna'ya dönerek– Köpüğünü şimdi almak gerekmiyor mu canım? –diye ekliyor ve– bu işi sen yapmamalısın, çok sıcak, –diye Kiti'yi engelliyordu.

— Ben yaparım, –dedi Dolli ve ayağa kalkıp, bir kaşığı köpüklenen şekerin üzerinde dikkatle dolaştırmaya, arada bir de kaşığa yapışanları silkelemek için kan kırmızısı şurupla karışık haldeki alacalı, sarımsı pembemsi köpükle daha şimdiden kaplanmış olan bir tabağa kaşığı vurarak silkelemeye koyuldu. Çocukluğunda büyüklerin reçelin en güzel yerini, yani köpüğünü yememelerine şaşırdığını anımsayarak kendi çocukları için "Çayla birlikte nasıl da yalaya yalaya yerler!" –diye düşünüyordu.

Bu arada Dolli, insanlara hangi hediyeyi vermenin daha iyi olacağı konusunda başlamış olan ilginç bir konuşmayı sürdürüyordu:

— Stiva para vermenin çok daha iyi olduğunu söylüyor, ama...

Prenses ve Kiti bir ağızdan:

— Para nasıl verilir! Hediyeye değer verir onlar, –dediler.

— Örneğin ben geçen yıl bizim Matryona Semyonovna'ya poplin değil de, onun gibi bir şey almıştım, –dedi prenses.

— Anımsıyorum, sizin isim gününüzde onu giymişti.

— Deseni pek güzeldi; şöyle basit ve zarif bir şey. Onda olmasaydı, ben de kendime yapmak isterdim. Varenka'nınki gibi. Öyle güzel ve ucuz.

Şurubu kaşıktan akıtan Dolli:

— Olmuştur herhalde artık, –dedi.

— Damlatınca toplanıyorsa olmuş demektir. Biraz daha kaynatın Agafya Mihaylovna.

— Şu sinekler de! –dedi Agafya Mihaylovna öfkeli öfkeli.– Yine de değişen bir şey olmayacak, –diye ekledi.

Parmaklığın üzerine tünemiş, bir ahududu sapını çevirip gagalamaya başlayan serçeyi gören Kiti:

— Ah ne kadar sevimli, ürkütmeyin onu! –dedi birden.

— Evet, ama sen de mangaldan uzak dur, –dedi annesi.

Agafya Mihaylovna'nın anlamaması için her zamanki gibi Fransızca konuşarak:

— A propos de Varenka* –dedi.– Biliyor musunuz maman, ben bugün nedense bir çözüm bekliyorum. Nasıl bir çözüm olduğunu anlarsınız. Ne kadar güzel olurdu!

— Yalnız sen de yaman çöpçatanmışsın! –dedi Dolli.– Nasıl da dikkatli ve ustaca bir araya getiriyor onları...

— Maman, ne düşünüyorsunuz, söyleyin?

— Ne düşüneceğim? O (*o*'dan kastı Sergey İvanoviç'ti) istese her zaman Rusya'daki en iyi evliliği yapabilirdi; artık o kadar genç değil, ama şimdi de onunla evlenecek pek çok kız olduğunu biliyorum... Varenka çok iyi, ama o...

— Ama anneciğim, onun için de, öbürü için de daha iyisinin düşünülemeyeceğini anlasanıza. Birincisi Varenka çok güzel! –dedi Kiti bir parmağını bükerek.

— Doğru, kız onun çok hoşuna gidiyor, –diye onayladı Dolli.

— Sonra adam toplumda öyle bir yer işgal ediyor ki, karısının malına mülküne de, toplumdaki yerine de hiç ihtiyacı yok. Bir tek şeye, iyi, güzel, sakin bir kadına ihtiyacı var.

— Evet, onunla sakin yaşanabilir, –diye doğruladı Dolli.

— Üçüncüsü, kızın onu sevmesi. E, bu da var... Yani ne kadar iyi olurdu!.. Ormandan döndüklerinde her şeyin çö-

---

* Varenka konusunda. (Fr.)

zümlenmiş olmasını bekliyorum. Gözlerinden hemen anlarım. Ne kadar sevinirdim! Sen ne düşünüyorsun Dolli?

— Yalnız sen heyecanlanma. Heyecanlanmak sana hiç yaramaz, –dedi annesi.

— Ben heyecanlanmıyorum ki anneciğim. Bence bugün evlenme teklif edecek.

Dolli dalgın dalgın gülümseyerek ve Stepan Arkadyiç'le kendi geçmişini anımsayarak:

— Ah, bir erkeğin evlenme teklif etmesi ne tuhaftır... Bir tür engel vardır ve bu engel birden yıkılır, –dedi.

— Anneciğim, babam size nasıl evlenme teklif etti? –diye sordu aniden Kiti.

— Olağanüstü bir şey değildi, çok basitti, –diye yanıtladı prenses, ama bunu anımsayınca yüzü parlamıştı.

— Yo, anlatın ama nasıl oldu? Birbirinizle görüşmenize izin vermelerinden önce de onu seviyor muydunuz?

Kiti, bir kadının yaşamındaki bu en önemli konularla ilgili olarak şimdi annesiyle onun dengiymiş gibi konuşabilmekte ayrı bir güzellik buluyordu.

— Seviyordum elbette; köye, bize gelirdi.

— Ama kararı nasıl verdiniz? Evet anneciğim?

— Herhalde yeni bir şey bulduğunuzu sanıyorsunuz siz? Hep aynıdır: Gözlerle, gülümsemelerle karar verilmiştir...

— Bunu çok güzel söylediniz anneciğim! Aynen öyle, gözlerle ve gülümsemelerle, –diye onayladı Dolli.

— Peki hangi sözleri söylemişti?

— Kostya sana neler söylemişti?

— Tebeşirle yazmıştı o. Harika bir şeydi... Şimdi bana ne kadar uzak görünüyor! –dedi Kiti.

Üç kadın da aynı şeyi düşünmeye başladılar. Sessizliği ilk bozan Kiti oldu. Evlenmeden önceki son kışı ve Vronskiy'e âşık olmasını anımsadı.

— Bir şey var... Varenka'nın eski aşkı, –dedi Kiti düşüncelerin doğal bağlantısı içinde bu konuyu anımsayarak.– Bir şekilde

Sergey İvanoviç'e bunu söylemek, onu hazırlamak istiyorum. Erkeklerin hepsi, –diye ekledi,– bizim geçmişimize karşı korkunç derecede kıskançtır.

— Hepsi değil, –dedi Dolli.– Sen kendi kocana bakıp hüküm veriyorsun. O, hâlâ Vronskiy'i anımsayıp acı çekiyor. Doğru değil mi?

— Doğru, –diye yanıtladı Kiti gözleriyle dalgın dalgın gülümseyerek.

— Yalnız senin hangi geçmişin onu rahatsız edebilir, bilmiyorum, –diye bir anne olarak kızıyla ilgili gözlemini ortaya koydu anne prenses.– Vronskiy sana kur yapmışsa ne olmuş? Her genç kızın başına gelir bu.

Kiti kızararak:

— Bizim söz ettiğimiz bu değil, –dedi.

— Hayır, dur bakalım, –diye devam etti prenses,– daha sonra benim Vronskiy'le konuşmama sen kendin izin vermek istemedin. Anımsıyor musun?

— Ah, anneciğim! –dedi Kiti acı çekiyormuş gibi bir ifadeyle.

— Sizi tutamıyoruz artık... Senin ilişkilerin de olması gerekenden daha öteye gidemezdi; onu kendim çağırabilirdim. Neyse canım, heyecanlanmak sana yaramaz. Lütfen bunu unutma ve sakin ol.

— Ben son derece sakinim maman.

— Anna'nın gelmesi o zaman Kiti için ne kadar mutlu, Anna içinse ne kadar mutsuz bir sonuç doğurdu, –dedi Dolli. Kendi düşüncesine hayret ederek,– O zaman Anna ne kadar mutluydu, Kiti ise kendini mutsuz sayıyordu, –diye ekledi.– Nasıl tam tersi oldu! Sık sık Anna'yı düşünüyorum.

Kiti'nin Vronskiy'le değil, Levin'le evlenmesini hiç unutamayan prenses:

— Tam da düşünecek insanı bulmuşsun! İğrenç, kalpsiz, adi kadın, –dedi.

— Bu konuda konuşmaya ne kadar heveslisiniz, –dedi Kiti kızararak,– ben bu konuyu düşünmüyorum, düşünmek de istemiyorum... – Teras merdivenlerinde kocasının tanıdık ayak seslerine kulak kabartarak,– Düşünmek de istemiyorum, –diye tekrarladı.

Levin terasa girerken:

— Düşünmek istemediğin şey neymiş? –diye sordu.

Ama hiç kimse ona yanıt vermedi, o da soruyu yinelemedi.

Hepsine hoşnutsuz bir şekilde baktıktan sonra yanında konuşulmayacak bir şeyden söz ettiklerini anlayıp:

— Kadınlar saltanatınızı bozduğum için üzüldüm, –dedi.

Agafya Mihaylovna'nın duygularını, onun ahududu reçelini susuz kaynatmaktan ve genel olarak yabancı Şçerbatskiy etkisinden kaynaklanan hoşnutsuzluğunu paylaştığını hissetti bir an. Ancak gülümsedi ve Kiti'nin yanına gitti.

Kiti'ye şimdi herkesin hitap ederken takındığı bir yüz ifadesiyle bakarak:

— E, ne var, ne yok? –diye sordu.

— Yok bir şey, iyiyim, –dedi Kiti gülümseyerek,– sende ne var, ne yok?

— Bu arabalar normal arabaların üç katı yük taşıyor. Çocukları almaya gidecek miyiz? Atları koşmalarını söyledim.

— Yoksa Kiti'yi iki tarafı açık arabayla mı götürmek niyetindesin? –dedi prenses sitemle.

— Yavaş gideceğiz prenses.

Levin prensese hiçbir zaman damatların yaptığı gibi maman demiyordu, bu da prensesin hoşuna gitmiyordu. Fakat Levin prensesi çok sevmesine ve saymasına rağmen rahmetli annesine beslediği duyguları lekelemeyip, prensese bu şekilde hitap edemiyordu.

— Birlikte gidelim maman, –dedi Kiti.

— Bu deliliklere bakmak istemiyorum.

— Peki, ben yürüyerek giderim. Hem sağlığıma iyi gelir. – Kiti ayağa kalktı, kocasının yanına gidip elini tuttu.

— İyi gelir ama, her şey ölçüsünde olmalı, –dedi prenses.

Levin, Agafya Mihaylovna'ya gülümseyerek ve onu neşelendirmek isteğiyle:

— E, Agafya Mihaylovna, reçel hazır mı? –dedi.– Yeni yöntem iyi mi bari?

— Herhalde iyidir. Bizim usule göre fazla kaynadı.

Kocasının niyetini hemen anlayıp yaşlı kadına aynı duyguyla hitap eden Kiti:

— Bu daha iyi Agafya Mihaylovna, ekşimez, buzlarımız eridi, reçeli saklayacak soğuk yerimiz yok, –dedi. Agafya Mihaylovna'nın başörtüsünü düzelterek ve gülümseyerek,– Annem sizin turşunuz gibisini hiçbir yerde yemediğini söylüyor, –diye ekledi.

Agafya Mihaylovna Kiti'ye öfkeli öfkeli baktı.

— Beni avutmayın, küçük hanım. Onunla size bakıyorum, içim neşe doluyor, –dedi Agafya Mihaylovna ve bu kaba *onunla* ifadesi Kiti'ye dokundu.

— Mantar toplamaya birlikte gidelim, bize yerlerini gösterirsiniz. –Agafya Mihaylovna gülümsedi, "Size kızmak hoşuma giderdi, ama yapamam," der gibi başını salladı.

— Benim söylediğim gibi yapın lütfen, –dedi yaşlı prenses,– reçelin üstüne kâğıt koyun ve kâğıdı romla ıslatın, buz olmasa da asla küflenmez.

III

Kiti kocasıyla baş başa kalma fırsatı bulduğu için özellikle sevinçliydi, çünkü onun terasa gelip, ne konuştuklarını sorduğu ve sorusuna yanıt alamadığı anda her şeyi öylesine canlı bir şekilde yansıtan yüzünden bir üzüntü gölgesinin geçtiğini fark etmişti.

Diğerlerinden önce yürüyerek gittikleri ve evin görüş alanından çavdar başaklarının ve tanelerinin döküldüğü sert ve tozlu yola çıktıkları sırada Kiti kocasının koluna sıkıca yaslandı ve onun kolunu kendisine iyice bastırdı. Levin o bir anlık tatsız durumu artık unutmuştu ve karısının hamile olduğu düşüncesinin bir an bile aklından çıkmadığı şu anda onunla baş başayken, şehvetten tamamen arınmış, sevdiği kadına yakın olmanın kendisi için yeni ve sevinçli hazzını hissediyordu. Konuşacak bir şey yoktu, ama tıpkı bakışları gibi hamilelikte değişmiş olan sesini duymak istiyordu. Bakışlarında olduğu gibi sesinde de, dikkatlerini sürekli olarak sevdikleri tek bir iş üstünde toplayan insanlarınkine benzer bir yumuşaklık ve ciddiyet vardı.

— Yorulmuyorsun ya? Daha fazla dayan bana, –dedi Levin.

— Hayır, seninle yalnız kalma fırsatı bulduğuma çok seviniyorum ve onlarla birlikte olmak ne kadar hoşuma giderse gitsin, baş başa geçirdiğimiz kış akşamlarını da itiraf edeyim arıyorum.

— O iyiydi, ama bu daha da iyi. İkisi de iyi, –dedi Levin Kiti'nin kolunu sıkıca bastırarak.

— Sen geldiğinde ne konuşuyorduk biliyor musun?

— Reçel mi?

— Evet, reçelden de söz ediyorduk; ama sonra nasıl evlenme teklif edildiğinden konuştuk.

Levin, Kiti'nin söylediği sözcüklerden çok sesini dinleyerek, sürekli olarak şu anda ormandan geçen yolu düşünerek ve onun ayağının takılabileceği yerlerin çevresinden dolanarak:

— A! –dedi.

— Ve Sergey İvanoviç'le Varenka hakkında. Fark ettin mi?.. Ben bunu çok istiyorum, –diye devam etti Kiti.– Sen bu konuda ne düşünüyorsun? –Kocasının yüzüne bir göz attı.

— Ne düşüneceğimi bilmiyorum, –diye yanıtladı Levin gülümseyerek.– Sergey bu yönden bana çok garip gelir. Zaten anlatmıştım ya...

— Evet, ölen o kıza âşık olmuş...

— Bu, daha ben çocukkendi; anlatılanlardan biliyorum. Onun o zamanki halini anımsıyorum. Olağanüstü hoştu. Ama o zamandan beri onu kadınlarla birlikteyken gözlüyorum:

Nazik davranıyor, bazı kadınlardan hoşlanıyor, ama onun için bu kadınların kadın değil, sadece insan olduğunu hissediyorsun.

— Evet, ama şimdi Varenka'yla... Galiba bir şey var...

— Belki vardır... Ama onu tanımak gerek... Kendine özgü, eşi bulunmaz bir insandır. Sadece manevi bir yaşam sürer. Son derece saf ve yüce ruhlu biridir.

— Nasıl yani? Bu onu alçaltır mı?

— Hayır, ama sadece manevi bir yaşam sürmeye o kadar alışık ki, gerçekleri kabul edemez, Varenka ise bir gerçektir yine de.

Levin, düşüncesini doğru sözlerle ifade etmek için kendini zorlamadan cesurca söylemeye alışmıştı artık; karısının şimdiki gibi böyle sevgi dolu anlarda tek bir imadan onun ne demek istediğini anlayacağını biliyordu, anlamıştı da zaten.

— Evet, ama Varenka'da bendeki gibi bir gerçeklik yok; Sergey İvanoviç'in beni asla sevmeyeceğini biliyorum. Varenka tepeden tırnağa manevidir...

— Yo hayır, o seni çok seviyor, yakınlarımın seni sevmeleri her zaman hoşuma gider...

— Evet, bana karşı iyi, ama...

— Ama merhum Nikolenka'yla olduğu gibi değil... siz birbirinizi sevmiştiniz, –dedi Levin.– Neden konuşmuyoruz? –diye ekledi.– Bazen kendime sitem ediyorum, böyle giderse unutacaksın onu diyorum. Ah, ne müthiş, ne harika bir insandı... Evet, biz neden söz ediyorduk? –dedi Levin bir an sustuktan sonra.

— Yani sen onun âşık olamayacağını mı düşünüyorsun? –dedi Kiti kendi diline çevirerek.

— Âşık olamaz değil de, –dedi Levin gülümseyerek,– ama onda gerekli olan zayıflık yok... Onu her zaman kıskanmışımdır, böylesine mutlu olduğum şu anda bile kıskanıyorum.

— Âşık olamamasını mı kıskanıyorsun?

Levin gülümseyerek:

— Benden daha iyi olduğu için kıskanıyorum, –dedi.– Kendisi için yaşamıyor. Bütün yaşamı görevine adanmış. Bu yüzden de huzurlu ve mutlu olabiliyor.

Kiti alaycı, sevgi dolu bir gülümsemeyle:

— Ya sen? –dedi.

Düşüncelerinin onu gülümseten akışını hiçbir şekilde ifade edemezdi; ama çıkardığı son sonuç, ağabeyine hayran olan ve onun karşısında kendini küçük gören kocasının samimi olmadığıydı. Kiti, onun bu samimiyetsizliğinin ağabeyine olan sevgisinden, kendisi çok mutlu olduğu için duyduğu utançtan, özellikle de peşini bırakmayan daha iyi olma isteğinden kaynaklandığını biliyordu, onun bu yönünü seviyordu, bu yüzden gülümsüyordu.

— Ya sen? Sen neden mutsuzsun? –diye sordu Kiti aynı gülümsemeyle.

Kiti'nin, kocasının kendinden hoşnut olmadığına inanmaması Levin'i sevindiriyordu ve farkında olmadan onu neden inanmadığını açıklamaya çağırıyordu.

— Mutluyum, ama kendimden hoşnut değilim... – dedi Levin.

— Mutluysan nasıl hoşnutsuz olabilirsin ki?

— Yani sana nasıl anlatayım?.. Senin ayağının bir yere takılmaması dışında ruhen hiçbir şey istemiyorum. Ah, ama böyle de atlanmaz ki! –diyerek Kiti'nin patikadaki kuru bir dalın üstünden geçerken aşırı hızlı bir hareket yapması yüzünden sitem edip, konuşmasını yarıda kesti.– Ama kendimi yargıladığım ve başkalarıyla, özellikle de ağabeyimle karşılaştırdığım zaman kötü olduğumu hissediyorum.

— Ne bakımdan? –dedi Kiti. Yüzünde aynı gülümseme vardı.– Sen de başkaları için bir şey yapmıyor musun? Senin de çiftliğin, işlerin, kitabın yok mu?..

— Hayır, suçlu sensin, bunu özellikle şu anda hissediyorum, –dedi Levin Kiti'nin kolunu koltuğunun altına bastırıp,– yapmam gerekeni yapmıyorum. Kolayıma gelenleri yapıyorum.

Keşke bütün bu işleri seni sevdiğim kadar sevebilseydim... son zamanlarda işleri bana verilmiş ev ödevi gibi yapıyorum.

— E, babam için ne diyeceksin? –diye sordu Kiti.– Ne yani toplum yararına hiçbir şey yapmadığına göre o da kötü mü?

— O mu? Hayır. Ama babandaki sadeliği, açıklığı, iyiliği göz önüne almak gerek, bende bunlar var mı? Bir şey yapmıyorum ve üzülüyorum. Bunların hepsini sen yaptın. Sen yokken, *bu* da yokken, –dedi bakışıyla Kiti'nin karnını göstererek,– bütün gücümü işime harcıyordum; şimdi ise yapamıyorum ve utanıyorum; tam bir ev ödevi gibi yapıyorum işleri, daha doğrusu yapar gibi görünüyorum...

— Peki, şu anda Sergey İvanoviç'le yer değişmek ister miydin? –dedi Kiti.– Sadece onun yaptığı gibi bu toplum yararına iş yapar ve bu ev ödevini sever miydin?

— Elbette hayır, –dedi Levin.– Bununla birlikte o kadar mutluyum ki, hiçbir şey anlamıyorum. Sense onun bugün evlenme teklif edeceğini düşünüyorsun demek? –diye ekledi Levin kısa bir süre sustuktan sonra.

— Hem düşünüyorum, hem düşünmüyorum. Yalnız korkunç derecede istiyorum bunu. Dur bir dakika. –Kiti eğildi ve yolun kenarından bir papatya koparttı.– Hadi evlenme teklif edecek, etmeyecek diye say bakalım, –dedi çiçeği kocasına uzatarak.

Levin dar beyaz yaprakları kopararak:

— Edecek, etmeyecek, – diyordu.

Kiti kocasının parmaklarını heyecanla izlerken:

— Hayır, hayır! –diye elini tutarak durdurdu onu. –İki tane koparttın.

— Tamam, zaten bu küçük yaprak sayılmaz, –dedi Levin yeterince büyümemiş kısa bir yaprağı kopartarak.– İşte araba da yetişti bize.

— Yorulmadın mı Kiti? –diye bağırıyordu prenses.

— Hiç yorulmadım.

— Yorulduysan arabaya bin, tabii eğer atlar uysalsa ve yavaş gidecekse.

Ama arabaya binmeye değmezdi. Artık yaklaşmışlardı ve hepsi yürüyerek yola devam etti.

IV

Çevresini saran çocuklarla sevecen ve neşeli bir şekilde ilgilenen, beğendiği erkekle görüşme fırsatı çıktığı için de heyecanlı olan Varenka, siyah saçlarının üstünde beyaz başörtüsüyle çok çekiciydi. Sergey İvanoviç yanı sıra yürüyor ve gözünü ayırmadan hayranlıkla onu seyrediyordu. Varenka'ya bakarken ondan duyduğu bütün tatlı sözleri, onun hakkında bildiği her şeyi aklından geçiriyor ve Varenka'ya karşı hissettiği duygunun çok çok eskiden ve sadece bir kez, ilk gençliğinde hissettiği farklı bir şey olduğunu giderek daha fazla anlıyordu. Varenka'ya yakın olmanın verdiği sevinç her an artarak, bulduğu kökü ince, kenarları kıvrık kocaman bir akağaç mantarını onun sepetine koyarken tam gözlerinin içine bakacak noktaya gelmişti ki, sevinçli ve ürkek heyecanı nedeniyle Varenka'nın yüzünü kaplayan kırmızılığı fark edince kendisi de utandı ve hiçbir şey söylemeden ona gülümsedi. Ama bu gülümseme çok fazla şey söylüyordu.

"Eğer öyleyse, –dedi kendi kendine,– çocuk gibi bir anlık hevesle kendimi kaptırmamalı, etraflıca düşünmeli ve karar vermeliyim."

— Herkesten ayrı gideceğim mantar toplamaya, yoksa benim bulduklarım anlaşılmayacak, –dedi ve akağaçların beyaz gövdeleri arasında titrek kavak gövdelerinin grileştiği, fındık ağaççıklarının karardığı ormanın ortasında, yaşlı ve seyrek akağaçların arasındaki ipeksi, kısa otlu çayırlar üzerinde yürüyerek ormanın kenarından ayrıldı. Kırk adım kadar atan ve pembe-kırmızı tırtılsı çiçeklerle dolu bir çalının arkasına geçen Sergey İvanoviç, kimsenin onu görmediğini bilerek durdu. Çevresi son derece sessizdi. Yalnız altında durduğu akağaçların tepelerinde sinekler arı oğulu gibi hiç susmadan vızıldıyorlardı, arada bir de çocukların sesleri geliyordu. Birden ormanın kenarındaki yakın bir yerden Varenka'nın Grişa'yı çağıran kontralto sesi duyuldu ve Sergey İvanoviç'in yüzünde sevinçli bir gülümseme belirdi. Bu gülümsemeyi fark eden Sergey İvanoviç durumunu onaylamayarak başını salladı ve bir puro çıkarıp yakmaya çalıştı. Akağacın gövdesine sürttüğü kibriti uzun süre yakamadı. Beyaz ağaç kabuğunun yumuşak zarı fosfora yapışıyor ve ateş sönüyordu. Sonunda kibritlerden biri yandı ve puronun geniş bir örtü gibi dalgalanan kokulu dumanı akağacın aşağı sarkmış dallarının altındaki çalının üzerinde belirgin bir şekilde ileri ve yukarı doğru hareket etti. Duman şeridini gözleriyle izleyen Sergey İvanoviç, durumunu etraflıca düşünerek sakin adımlarla yürüyordu.

"Neden olmasın? –diye düşünüyordu.– Bu bir anlık bir parlama ya da tutkuysa, hissettiğim sadece bir meyilse, daha doğrusu bu karşılıklı bir meyilse (*karşılıklı* olduğunu söyleyebilirim), ancak bunun hayatımın yapısına tümüyle ters düştüğünü hissetsem, kendimi bu meyle kaptırıp yeteneğime ve görevime ihanet ettiğimi hissederdim... Ama böyle bir şey yok. Olumsuz diyebileceğim bir tek şey, Marie'yi kaybettikten sonra onun anısına sadık kalacağıma ilişkin olarak kendime verdiğim söz. Hissettiklerime karşı bir tek bunu söyleyebilirim... Bu önemli bir şey," –diyordu kendi kendine Sergey İvanoviç. Bununla birlikte bu düşüncenin onun için şahsen hiçbir öneme sahip olmadığını, sadece başka insanların gözünde onun romantik rolünü bozacağını hissediyordu. "Ama bundan başka ne kadar ararsam arayayım, bu hissettiklerim aleyhinde söylenecek bir şey bulamam. Sadece aklımla seçmiş olsaydım da daha iyisini bulamazdım." Tanıdığı kadınları ve kızları ne kadar aklından geçirirse geçirsin her şeyi, özellikle serinkanlılıkla düşündüğünde karısında görmek istediği bütün nitelikleri bu ölçüde bir arada toplamış bir kız anımsamıyordu. Varenka gençliğin tüm güzelliğine ve tazeliğine sahipti, ama çocuk değildi, eğer onu seviyorsa, bir kadının sevmesi gerektiği gibi bilinçli olarak seviyordu. Birincisi buydu. Diğeri, yüksek sosyete yaşamını sevmekten uzak olmak bir yana, üstelik sosyeteden nefret ediyordu, bununla birlikte sosyeteyi tanıyor ve iyi bir sosyete kadınının bilmesi gereken bütün usulleri biliyordu. Sergey İvanoviç için bu usulleri bilmeyen bir hayat arkadaşı düşünülemezdi. Üçüncüsü, Varenka dindardı ve örneğin Kiti gibi çocukça, nedenini bilmeden dindar ve iyi yürekli değildi; ama yaşamı dinsel inançlara dayanıyordu. Sergey İvanoviç karısından isteyeceği her şeyi onda, en önemsiz ayrıntısına dek buluyordu: Varenka yoksul ve yalnızdı, dolayısıyla bir yığın akrabasını ve onların etkilerini, Sergey İvanoviç'in Kiti'de gördüğü gibi kocasının evine getirmeyecek, her bakımdan kendisini kocasına borçlu hissedecekti. Sergey İvanoviç'in gelecekteki aile yaşantısı için her zaman istediği bir şeydi bu. Ve bütün bu nitelikleri kendinde birleştiren bu kız onu seviyordu. Sergey İvanoviç alçakgönüllü bir insandı, ama bunu görmemesi de olanaksızdı. O da kızı seviyordu. Aleyhte tek bir durum vardı: Sergey İvanoviç'in yaşı. Ama soyunda uzun ömürlüler vardı, saçının tek teli bile ağarmamıştı, hiç kimse ona kırk yaşında demezdi ve anımsadığına göre Varenka, elli yaşındaki insanların sadece Rusya'da yaşlı sayıldığını, Fransa'da ise elli yaşındaki birinin kendini dans la force de l'âge,* kırk yaşındaki birinin ise un jeune homme** saydığını söylemişti. Ama kendini bundan yirmi yıl önceki gibi ruhen genç hissettiğine göre yılların ne önemi vardı? Şimdi öbür taraftan yine ormanın kenarına çıkarken, güneşin eğik ışınlarının pırıl pırıl aydınlığı içinde elinde sepet, sırtında sarı elbisesiyle yaşlı bir akağacın yanından hafif adımlarla yürüyen Varenka'nın güzel endamını gördüğü o anda ve Varenka'nın bu görünüşünün, güzelliğiyle onu etkileyen, eğik güneş ışınları altında sararan yulaf tarlasının ve tarlanın ötesinde, uzaklardaki maviliğin içinde eriyen bir

---

* Hayatının en parlak devri. (Fr.)

** Genç adam. (Fr.)

sarılıkla benek benek olmuş yaşlı ormanın görünüşü birleştiğinde hissettiği duygu gençlik değil de neydi? Sevinçle yüreği hop etti. Duygulandı. Kararını verdiğini hissetti. Yerden mantar kopartmak için çömelmiş olan Varenka esnek bir hareketle kalktı ve etrafa baktı. Sergey İvanoviç purosunu atıp, kararlı adımlarla Varenka'nın yanına doğru yürüdü.

V

"Varvara Andreyevna, henüz daha çok gençken seveceğim ve karım demekten mutluluk duyacağım bir ideal kadın tipi oluşturmuştum kendime. Uzun bir yaşam sürdüm ve aradığımı şimdi ilk kez sizde buldum. Sizi seviyorum ve evlenme teklif ediyorum."

Sergey İvanoviç Varenka'dan on adım ötede olduğu sırada içinden bunu söylüyordu. Varenka diz çökmüş, kollarıyla mantarları Grişa'dan koruyarak küçük Maşa'yı çağırıyordu.

— Buraya, buraya! Küçükler! Çok var burada! –diyordu göğsünden gelen yumuşak sesiyle.

Sergey İvanoviç'in geldiğini görünce yerinden kalkmadı ve durumunu değiştirmedi; ama her şeyiyle onun yaklaştığını hissettiğini ve buna sevindiğini söylüyordu Sergey İvanoviç'e.

Beyaz başörtüsünün altından sakin sakin gülümseyen güzel yüzünü ona çevirerek:

— E, bir şeyler buldunuz mu? –diye sordu.

— Bir tane bile bulamadım, –dedi Sergey İvanoviç.– Ya siz?

Varenka çevresini sarmış olan çocuklarla ilgilenerek yanıt vermedi.

— Bir de şu, dalın yanındaki, –diye küçük Maşa'ya, pembe esnek şapkası, altındaki kuru bir ot tarafından enlemesine delinmiş küçük bir mantarı gösterdi. Maşa beyaz kısmını ikiye bölüp mantarı koparttığında Varenka ayağa kalktı. Sergey İvanoviç'le yan yana yürüyerek çocuklardan uzaklaşırken,– Bu bana çocukluğumu anımsatıyor, –diye ekledi.

Birkaç adım konuşmadan yürüdüler. Varenka onun konuşmak istediğini görüyordu; ne hakkında olduğunu tahmin ediyordu, sevinçten ve korkudan nerdeyse ölecekti. O kadar uzaklaşmışlardı ki, artık kimse onları duyamazdı, ama Sergey İvanoviç yine de konuşmaya henüz başlamamıştı. Varenka susmanın daha iyi olacağını düşündü. Konuşmak istedikleri şey, mantarlarla ilgili sözlerdense bir suskunluktan sonra daha kolay söylenebilirdi; ama Varenka susma isteğinin aksine, sanki ağzından kaçırmış gibi şöyle dedi:

— Demek hiçbir şey bulamadınız? Zaten ormanın ortasında her zaman daha az mantar bulunur.

Sergey İvanoviç iç çekti ve hiçbir şey söylemedi. Varenka'nın mantarlardan söz etmesine canı sıkılmıştı. Onu, çocukluğuyla ilgili olarak söylediği ilk sözlerine geri döndürmek istiyordu; ama sanki elinde olmayarak kısa bir süre sustuktan sonra Varenka'nın son sözleri üzerine bir yorum yaptı.

— Ben beyaz mantarları ayırt edemesem de, beyazların daha çok kenarlarda olduğunu duymuştum sadece.

Birkaç dakika daha geçmiş, çocuklardan daha da çok uzaklaşmışlardı ve tamamen yalnızdılar. Varenka'nın kalbi öyle atıyordu ki, kalbinin sesini duyuyor ve kızardığını, solgunlaştığını, sonra tekrar kızardığını hissediyordu.

Bayan Ştal'in yanındaki konumundan sonra Koznışev gibi bir adamın karısı olmak ona mutluluğun doruk noktası olarak görünüyordu. Ayrıca bu adama âşık olduğundan neredeyse emindi. Ve şimdi bu mesele çözümlenecekti. Korkuyordu. Sergey İvanoviç'in söyleyeceği şeyden de, söylemeyeceği şeyden de korkuyordu.

Ya şimdi konuşmalıydılar, ya da hiçbir zaman; bunu Sergey İvanoviç de hissediyordu. Varenka'nın bakışlarındaki, yanağının kızarıklığındaki, yere indirilmiş gözlerindeki her şey hastalıklı bir beklentinin işaretiydi. Sergey İvanoviç bunu gördü ve ona acıdı. Hatta şimdi bir şey söylememenin onu aşağılamış olmak anlamına geleceğini hissediyordu. Kararından yana bütün gerekçeleri aklından hızla geçiriyordu. Teklifini ifade etmek istediği sözcükleri de içinden tekrarlıyordu; fakat bu sözcüklerin yerine nasıl olduysa, birden aklına gelen bir düşünceyle:

— Beyaz mantarla akağaç mantarı arasında nasıl bir fark var? –diye sordu.

Yanıt verirken Varenka'nın dudakları heyecandan titriyordu:

— Şapkalarında hemen hemen hiç fark yoktur, ama kökleri farklıdır.

Ve bu sözler söylenir söylenmez meselenin bittiğini, söylenecek şeyin söylenmeyeceğini her ikisi de anladılar, bundan önce doruk noktasına çıkmış olan heyecanları azalmaya başladı.

— Akağaç mantarının kökü, esmer bir adamın iki gündür tıraş olmamış sakalını anımsatır, –dedi Sergey İvanoviç artık rahat rahat. Varenka gülümseyerek:

— Evet, doğru, –diye karşılık verdi ve ister istemez yürüyüş yönleri değişti. Çocukların yanına doğru yürüdüler. Varenka üzülmüş ve utanmıştı, bununla birlikte bir hafifleme duygusu da hissediyordu.

Eve döndükten sonra bütün gerekçeleri bir bir gözden geçiren Sergey İvanoviç, önceki kararının yanlış olduğuna hükmetti. Marie'nin anısına ihanet edememişti.

***

Bir çocuk kalabalığı sevinç çığlıklarıyla onları karşılamaya koştuğu sırada karısını korumak için önüne geçen Levin çocuklara sinirli sinirli:

— Yavaş çocuklar, yavaş! –diye bağırmaya başlamıştı.

Çocuklardan sonra Varenka'yla Sergey İvanoviç de ormandan çıkmıştı. Kiti'nin Varenka'ya soru sormasına gerek yoktu; her ikisinin sakin ve biraz utangaç yüz ifadelerinden planlarının gerçekleşmediğini anlamıştı Kiti.

Tekrar eve döndükleri sırada kocası ona:

— E, ne olmuş? –diye sordu.

Kiti, Levin'in onda sık sık ve memnuniyetle fark ettiği, babasını anımsatan bir gülümseme ve konuşma tarzıyla:

— Olmuyor, –dedi.

— Nasıl olmuyor?

Kocasının elini tutup ağzına götürerek ve kapalı dudaklarına değdirerek:

— İşte böyle, –dedi.– Bir piskoposun elini öper gibi.

— Hangisinin yüzünden olmuyor? –dedi Levin gülerek.

— İkisinin de. Ama bak eğer şöyle olsaydı...

— Köylüler geliyor...

— Hayır, görmediler.

VI

Çocukların çay saatinde büyükler balkonda oturmuşlar, herkes, özellikle de Sergey İvanoviç ve Varenka, olumsuz da olsa çok önemli bir şey olduğunu gayet iyi bildikleri halde hiçbir şey olmamış gibi sohbet ediyorlardı. İkisi de başarısız bir sınavdan sonra sınıfta kalan ya da kesin olarak okuldan atılan bir öğrencinin hissettiğine benzer bir duygu içindeydi. Oradakilerin hepsi de bir şey olduğunu hissederek ateşli ateşli başka konulardan konuşuyordu. Levin ve Kiti bu akşam kendilerini özellikle mutlu ve âşık hissediyorlardı. Aşklarıyla mutlu olmaları, aynı şeyi isteyip de başaramayanlara karşı tatsız bir imayı da içerdiği için utanıyorlardı.

Yaşlı prenses:

— Sözümü unutmayın, Alexandre gelmeyecek, –dedi.

Bu akşam Stepan Arkadyiç'in trenle gelmesi bekleniyordu ve yaşlı prens belki kendisinin de geleceğini yazmıştı.

— Nedenini biliyorum, –diye devam ediyordu prenses,– o, ilk zamanlar gençleri yalnız bırakmak gerektiğini söylüyor.

— Babam zaten yalnız bıraktı bizi. Onu görmedik, –dedi Kiti.– Hem biz genç miyiz? Yaşlandık artık.

— Yalnız o gelmeyecek olursa, ben de sizinle vedalaşırım çocuklar, –dedi prenses kederle iç çekip.

— Aman siz de anneciğim! –diye iki kız birden atıldı.

— Düşünsene, kim bilir ne haldedir? Zaten şimdi...

Ve yaşlı prensesin sesi hiç beklenmedik bir şekilde titremeye başladı. Kızlar susup bakıştılar. Bu bakışla "Maman her zaman üzülecek bir şey bulur," diyorlardı. Kızlarının yanında olmak prensesin ne kadar hoşuna gitse de, burada kendini gerekli hissetse de çok sevdikleri sonuncu kızlarını da evlendirdiklerinden ve aile yuvası boşaldığından beri kendisi için de, kocası için de üzüldüğünü kızlar bilmiyorlardı.

Kiti, gizemli bir görünüşle ve ciddi bir yüz ifadesiyle dikilen Agafya Mihaylovna'ya:

— Siz ne istemiştiniz Agafya Mihaylovna? –diye sordu birden.

— Akşam yemeğini soracaktım.

— Hah çok güzel, –dedi Dolli,– sen git yemek işini hallet, ben de gidip Grişa'ya dersini tekrarlatayım. Yoksa bugün de hiçbir şey yapmaz.

Levin yerinden fırlayıp:

— Bu benim dersim! Hayır Dolli, ben gideceğim, –dedi.

Artık liseye girmiş olan Grişa'nın yazın derslerini tekrarlaması gerekiyordu. Daha Moskova'dayken oğluyla birlikte Latince çalışan Darya Aleksandrovna, Levinlere geldikten sonra en zor aritmetik ve Latince konularını günde bir kez olsun onunla birlikte tekrarlama kuralını koymuştu kendisine. Levin bu işi onun yerine yapmayı önermişti; fakat Levin'in dersini bir kez dinledikten ve Moskova'da öğretmenin çalıştırdığı gibi olmadığını fark ettikten sonra Levin'i gücendirmemeye çalışarak ve utanarak, ona öğretmenin yaptığı gibi kitaba göre tekrarlamak gerektiğini ve bunu yine kendisinin yapmasının daha iyi olacağını söylemişti kesin bir dille. Levin, kaygısızlığı yüzünden Darya Aleksandrovna'nın hiç anlamadığı derslerle onun değil de annenin uğraşması yüzünden Stepan Arkadyiç'e de, çocukları bu kadar kötü yetiştirdikleri için öğretmenlere de kızmıştı; ancak baldızına dersleri onun istediği şekilde yapacağına söz vermişti. Böylece Grişa'yla çalışmaya artık kendi usulünce değil, kitaba göre, dolayısıyla isteksiz ve sık sık ders saatini unutarak devam ediyordu. Bugün de öyle olmuştu.

— Hayır, ben gidiyorum Dolli, sen otur, –dedi.– Her şeyi kitaptaki sıraya göre yapacağız. Ama Stiva geldiğinde ava gideriz, o zaman bırakırım.

Ve Levin Grişa'nın yanına gitti.

Varenka da Kiti'ye aynı şeyi söyledi. Levinlerin mutlu, rahat evinde bile yararlı olabiliyordu Varenka.

— Yemeği ben söyleyeceğim, siz oturun, –dedi Varenka ve Agafya Mihaylovna'nın yanına gitmek üzere kalktı.

— Evet, evet, herhalde piliç bulamadılar. O zaman bizimkiler ne güne duruyor... –dedi Kiti.

— Biz Agafya Mihaylovna'yla hallederiz.– Ve Varenka Agafya Mihaylovna'yla birlikte ortadan kayboldu.

— Ne sevimli kız! –dedi prenses.

— Sevimli değil, maman, eşi bulunmaz bir güzellik.

Sergey İvanoviç besbelli Varenka hakkındaki konuşmanın sürmesini istemeyerek:

— Demek Stepan Arkadyiç'i bugün bekliyorsunuz? –dedi.– Birbirine bu kadar az benzeyen iki bacanak bulmak zordur, –dedi ince bir gülümsemeyle.– Biri, balığın suda yaşadığı gibi sadece toplum içinde yaşayabilen hareketli biri; öbürü, yani bizim Kostya, canlı, hızlı, her konuda duyarlıdır, ama toplum içine girer girmez ya kalakalır, ya da sudan çıkmış balık gibi anlamsızca çırpınır durur.

Prenses Sergey İvanoviç'e:

— Evet, o çok havai, –dedi.– Sizden onunla konuşmanızı özellikle rica etmek istiyordum. Onun (Kiti'yi gösterdi) burada kalması olanaksız, mutlaka Moskova'ya gelmesi gerek. Doktor getirteceğini söylüyor...

Kiti bu meselede Sergey İvanoviç'i hakemlik etmeye çağırdığı için annesine kızarak:

— Maman, o hepsini yapacak, her şeye razı, –dedi.

Konuşmalarının ortasında iki yanı ağaçlı yolda at homurtusu ve araba tekerleklerinin çakıltaşlarının üzerinde çıkarttığı ses duyuldu. Daha Dolli kocasını karşılamaya çıkmak için ayağa kalkmamıştı ki, alt katta, Grişa'nın ders çalıştığı odanın penceresinden Levin dışarı atladı ve Grişa'yı da aşağı indirdi.

Levin balkonun altından:

— Stiva bu! –diye bağırdı.– Bitirmiştik Dolli, korkma! –diye ekledi ve küçük bir çocuk gibi arabayı karşılamaya koştu.

Grişa yolda zıplayarak:

— Is, ea, id, ejus, ejus, ejus* –diye bağırıyordu.

Yolun başında duran Levin:

— Biri daha var. Galiba babam! –diye bağırdı.– Kiti, o dik merdivenden gelme, öbür taraftan dolaş.

Ancak Levin arabadaki kişinin yaşlı prens olduğunu zannederek yanılmıştı. Arabanın yanına yaklaştığında Stepan Arkadyiç'in yanında prensi değil, arkasında uzun kurdeleleriyle bir İskoç beresi giymiş olan yakışıklı, topluca genç bir adam gördü. Bu, Petersburg ve Moskova'nın parlak gençlerinden, Stepan Arkadyiç'in tanıttığı şekilde söylersek "mükemmel bir delikanlı ve tutkulu bir avcı" olan Şçerbatskiylerin kuzeni Vasenka Veslovskiy'di.

Yaşlı prensin yerini alarak yarattığı hayal kırıklığından zerre kadar sıkılmayan Veslovskiy, daha önce tanıştıklarını anımsatarak Levin'le neşeli bir şekilde selamlaştı ve Grişa'yı tutup arabaya kaldırarak Stepan Arkadyiç'in yanında getirdiği pointer cinsi av köpeğinin üzerinden arabaya aldı.

Levin arabaya binmedi, arkasından yürüdü. Tanıdıkça daha çok sevdiği yaşlı prensin değil de, son derece yabancı ve gereksiz biri olan bu Vasenka Veslovskiy'in gelmesine biraz canı sıkılmıştı. Levin büyüklerden ve çocuklardan oluşan canlı bir kalabalığın toplandığı kapıya yaklaştığı sırada

---

* Erkek ve dişi o ve onun anlamında. (Lat.)

Vasenka Veslovskiy'in çok mültefit ve nazik bir tavırla Kiti'nin elini öptüğünü görünce, bu adam daha da yabancı ve gereksiz biri olarak görünmüştü.

Vasenka Veslovskiy Levin'in elini tekrar kuvvetlice sıkarak:

— Karınızla biz kuzeniz, çok eskiden beri tanışırız, –dedi.

Herkese merhaba demeye zor yetişen Stepan Arkadyiç Levin'e döndü:

— E, av hayvanı var mı bari? –dedi.– Onunla benim çok acımasız niyetlerimiz var. Nasıl, maman, onlar o zamandan beri Moskova'ya gelmedi. Pekâlâ Tanya, sana bir şey getirdim! Lütfen arabanın arkasından alıver, –diye her tarafa laf yetiştiriyordu. Karısının elini bir kez daha öperek ve onu avucunun içinde tutup öbür eliyle okşayarak,– Dolli'ciğim ne kadar gençleşmişsin, –dedi.

Bir dakika önce çok neşeli bir ruh hali içinde bulunan Levin, şimdi hepsine kaşlarını çatarak bakıyordu ve hiçbiri hoşuna gitmiyordu.

Stepan Arkadyiç'in karısına gösterdiği yapmacık nezakete bakarak "O dudaklarla dün kimi öpüyordu acaba?" –diye düşündü. Dolli'ye baktı, o da hoşuna gitmedi.

"Zaten kocasının sevgisine inanmıyor. Öyleyse neden bu kadar sevinçli? İğrenç!" –diye düşündü Levin.

Bir dakika önce kendisine o kadar sevimli görünen prensese baktı ve şu kurdeleli Vasenka'yı kendi evindeymiş gibi karşılamasını beğenmedi.

Hatta kapıya çıkmış olan Sergey İvanoviç bile Stepan Arkadyiç'i karşılarken gösterdiği yapmacık samimiyet yüzünden hoşuna gitmedi, oysa ki Levin, ağabeyinin Stepan Arkadyiç'i sevmediğini ve saygı duymadığını biliyordu.

Ve Varenka, o da bu beyefendiyle tanışırken takındığı sainte nitouche* görünümü yüzünden iğrenç geldi Levin'e. Oysa ki kızın o anda tek düşündüğü nasıl evlenebileceği konusuydu.

---

* Yalancı sofu. (Fr.)

Köye gelişini kendisi için de, herkes için de bayram gibi gören bu bayın neşeli tavrına kendini iyice kaptırdığı için en çok da Kiti'den iğreniyordu ve özellikle de Kiti'nin Vasenka'nın gülümsemesine farklı bir gülümsemeyle karşılık vermesi hoşuna gitmiyordu.

Bağıra çağıra konuşarak eve girdi herkes; ama onlar oturur oturmaz Levin geri dönüp dışarı çıktı.

Kiti kocasına bir şey olduğunu görmüştü. Onu bir dakika yalnız yakalayıp baş başa konuşmak istedi, ama Levin yazıhanede işleri olduğunu söyleyip hemen yanından uzaklaştı. Çoktandır çiftlik işleri onun için hiç bugünkü kadar önemli olmamıştı. "Oradaki herkese bayram, –diye düşünüyordu,– oysa burada bayramlık olmayan, beklemeye gelmeyecek ve yapılmadan yaşanması olanaksız işler var."

VII

Levin ancak akşam yemeğine çağırmak için adam gönderdiklerinde eve döndü. Kiti ve Agafya Mihaylovna merdivende dikilmiş, akşam yemeğine çıkaracakları şarabı konuşuyorlardı.

— Niye böyle fuss* yapıyorsunuz? Her zamankinden ikram edin.

Kiti arkasından yetişmeye çalışarak:

— Olmaz, Stiva içmez... Kostya, beklesene, neyin var senin? –dedi. Fakat Levin insafsız davranıp, onu beklemeyerek geniş adımlarla yemek odasına gitti, burada hemen Vasenka Veslovskiy ve Stepan Arkadyiç'in sürdürdükleri ateşli konuşmaya katıldı.

— E, ne yapıyoruz, yarın ava gidiyor muyuz? –dedi Stepan Arkadyiç.

Sandalyesinden kalkıp başka bir sandalyeye yanlamasına oturan ve şişman bacağını altına alan Veslovskiy:

* Telaş. (İng.)

— Gidelim lütfen, –dedi.

Levin, altına aldığı bacağına dikkatle bakarak, ancak Kiti'nin iyi bildiği ve kendisine hiç yakışmayan yapmacık bir kibarlıkla:

— Çok sevinirim, gidelim, –dedi.– Bu yıl daha önce ava çıktınız mı? Suçulluğu bulur muyuz bilmiyorum, ama büyük çulluk bol. Yalnız erken gitmek gerek. Yorgun değilsiniz ya? Sen yorulmadın mı Stiva?

— Ben mi yorulmuşum? Hiç yorulmadım daha. Hadi bütün gece uyumayalım! Gidip dolaşalım.

— Uyumayalım gerçekten! Ne harika olur! –diye onayladı Veslovskiy.

Dolli, artık hemen hemen her zaman kocasına karşı takındığı belli belirsiz bir alaycılıkla:

— Senin uyumayacağından, başkalarını da uyutmayacağından eminiz, –dedi.– Ama bence artık yatma zamanı... Ben gidiyorum, yemek yemeyeceğim...

Stepan Arkadyiç, akşam yemeğinin yendiği büyük masanın arkasında karısının olduğu tarafa geçerek:

— Gitme, biraz otur Dolli'ciğim, –dedi.– Sana daha anlatacaklarım var!

— Önemli bir şey yoktur herhalde.

— Biliyor musun, Veslovskiy, Anna'nın yanındaymış. Yine onlara gidecek. Zaten bizden topu topu yetmiş verst uzaktalar. Ben de gideceğim mutlaka. Veslovskiy buraya gel!

Vasenka, hanımların yanına geçip Kiti'nin yanına oturdu.

Darya Aleksandrovna Vasenka'ya:

— Ah, anlatın lütfen, Anna'nın yanında mıydınız? O nasıl? –dedi.

Levin masanın öbür ucunda kalmıştı, prensesle ve Varenka'yla ara vermeden konuşurken Stepan Arkadyiç, Dolli, Kiti ve Veslovskiy arasında hararetli ve gizemli bir konuşma olduğunu görüyordu. Levin, gizemli bir konuşmanın ötesinde, heyecanlı heyecanlı bir şey anlatan Vasenka'nın güzel yüzüne gözlerini ayırmadan bakan karısının yüzündeki ciddi ifadeyi de görüyordu.

Vasenka, Vronskiy ve Anna'yı anlatıyordu.

— Oturdukları yer çok güzel. Elbette yargılayacak değilim, ama evlerinde kendini bir aile içinde gibi hissediyorsun.

— Ne yapmak niyetindeler?

— Galiba kışın Moskova'ya gitmek istiyorlar.

— Hep birlikte onlara gitsek ne iyi olur! Sen ne zaman gidiyorsun? –diye Vasenka'ya sordu Stepan Arkadyiç.

— Temmuz ayını onların yanında geçireceğim.

— Peki sen gider misin? –diye karısına sordu Stepan Arkadyiç.

— Ne zamandır istiyordum, mutlaka gideceğim, –dedi Dolli.– Anna'ya acıyorum, onu tanırım. Harika bir kadındır. Sen gittikten sonra tek başıma giderim, böylece hiç kimseyi rahatsız etmemiş olurum. Hatta sen olmadan daha da iyi olur.

— Çok güzel, –dedi Stepan Arkadyiç.– Ya sen Kiti?

Kiti kıpkırmızı kesilip:

— Ben mi? Ben neden gideyim ki? –dedi. Sonra kocasına bir göz attı.

Veslovskiy Kiti'ye:

— Anna Arkadyevna'yla tanışıyor musunuz peki? –diye sordu.– Çok çekici bir kadındır.

Kiti daha da çok kızararak:

— Evet, –diye yanıtladı Veslovskiy'i ve ayağa kalkıp kocasının yanına gitti.

— Demek yarın ava gideceksin? –dedi Kiti.

Levin'in kıskançlığı, şu birkaç dakika içinde, özellikle Veslovskiy'le konuşurken Kiti'nin yanaklarını kaplayan kırmızılık yüzünden artık iyice artmıştı. Kiti'nin sözlerini dinlerken bu sözleri artık kendine göre anlıyordu. Sonradan anımsadığında ne kadar tuhafına giderse gitsin, Kiti eğer ava gidip gitmeyeceğini soruyorsa, bu yalnızca karısının çoktan âşık olduğunu düşündüğü Vasenka Veslovskiy'e bu zevki verip vermeyeceğini bilmek açısından ilgilendiriyormuş gibi geliyordu ona.

Kiti'nin sorusunu doğal olmayan, kendisine de itici gelen bir sesle:

— Evet, gideceğim, –diye yanıtladı.

— Gitmeyin, yarın evde kalsanız daha iyi olur, yoksa Dolli kocasını hiç göremeyecek, öbür gün gidersiniz, –dedi Kiti.

Kiti'nin sözlerinin anlamı şimdi Levin tarafından şöyle çevriliyordu: "Beni *ondan* ayırma. Sen gidersen git, benim için fark etmez, ama bana bu harika genç adamla aynı toplulukta olma zevkini ver."

— Ah, eğer istiyorsan yarın evde kalırız, –diye yanıtladı Levin özel bir kibarlıkla.

Bu arada Vasenka, varlığıyla neden olduğu sıkıntının zerre kadar farkında olmaksızın Kiti'nin arkasından masadan kalktı, gülümseyen, tatlı bir bakışla onu izleyerek peşinden gitti.

Levin bu bakışı görmüştü. Benzi atmış ve bir an soluk alamamıştı. "Benim karıma nasıl böyle bakabilir?" –diye köpürüyordu içinden.

Sandalyeye oturan ve yine alışkanlıkla bir bacağını bükerek altına alan Vasenka:

— Demek yarın? Gidelim lütfen, –dedi.

Levin'in kıskançlığı daha da arttı. Artık kendini karısının ve âşığının sırf onlara hayatın kolaylıklarını ve zevklerini sağlamak için gerek duydukları aldatılmış bir koca olarak görüyordu... Ama buna karşın Vasenka'ya gittiği avları, tüfeği, çizmeleriyle ilgili nazik ve konuksever bir şekilde sorular soruyor ve ertesi gün gitmeye razı oluyordu.

Levin'in şansına yaşlı prenses ayağa kalkıp, Kiti'ye gidip yatmasını öğütleyerek Levin'in bu acısına son verdi. Fakat burada da Levin için yeni bir acı ortaya çıktı. Vasenka ev sahibesiyle vedalaşırken onun elini tekrar öpmek istedi, ama Kiti kıpkırmızı olup daha sonra annesinden azar işitmesine neden olan saf bir kabalıkla elini geri çekerek:

— Bizde böyle şeyler hoş karşılanmaz, –dedi.

Kiti, bu tür davranışlara izin verdiği için Levin'in gözünde suçluydu ve bu tür davranışların hoşuna gitmediğini bu derece beceriksizce gösterdiği için daha da fazla suçluydu.

Akşam yemeğinin ardından içilen birkaç kadeh şaraptan sonra en tatlı ve en romantik ruh haline girmiş olan Stepan Arkadyiç:

— Bu ne uyuma hevesidir böyle! –dedi. Ihlamurların arkasından yükselen ayı göstererek,– Şuna bak Kiti, –dedi,– şu güzelliğe bak! Veslovskiy, işte tam serenat yapma zamanı. Biliyorsun, sesi güzeldir, yol boyu birlikte şarkı söyledik. İki tane yeni, çok güzel romans getirmiş yanında. Varvara Andreyevna'yla birlikte söyleyebilirler.

***

Herkes dağıldıktan sonra Veslovskiy'le Stepan Arkadyiç, daha uzun bir süre ağaçlı yolda dolaştılar. İkisinin yeni bir romansı birlikte söyleyen sesleri duyuluyordu.

Bu sesleri duyan Levin suratını asmış, karısının yatak odasındaki koltukta oturuyor ve ne olduğunu soran karısına inatla yanıt vermiyordu; sonunda Kiti ürkek ürkek gülümseyerek, "Yoksa Veslovskiy'le ilgili hoşuna gitmeyen bir şey mi var?" diye sorduğunda Levin birden parladı ve içindeki her şeyi ortaya döktü; söylediği şeyler gururunu kırdı, dolayısıyla onu daha da fazla sinirlendirdi.

Çatık kaşlarının altından ürkütücü bir şekilde parlayan gözleriyle karısının karşısında duruyor ve güçlü kollarını, kendisini tutmak için bütün gücüyle gererek göğsüne bastırıyordu. Kiti'ye dokunan bir acıyı da ortaya koymasa, yüzündeki ifadenin sert, hatta acımasız olduğu söylenebilirdi. Elmacık kemikleri titriyor, sesi kesiliyordu.

— Beni anla, ben kıskanmıyorum. Kıskançlık iğrenç bir sözcük. Kıskanamam ve inanamam ki... Hissettiğimi söyleyemiyorum, ama bu çok korkunç... Kıskanmıyorum, ama birisi çıkıp da böyle düşünmeye, sana bu gözle bakmaya cesaret edebildiği için kendimi hakarete uğramış, aşağılanmış hissediyorum...

Kiti, akşamki bütün konuşmaları ve davranışları, bunların bütün ayrıntılarını elinden geldiğince iyi niyetle anımsamaya çalışarak:

— Hangi gözle? –dedi.

Veslovskiy'in tam kendisinin peşinden masanın diğer ucuna geçtiği sırada bir şey olduğunu Kiti ruhunun derinlerinde fark ediyordu, ama bunu kendisine bile itiraf etmeye, hele bunu kocasına söylemeye, böylece onun acısını arttırmaya cesaret edemiyordu.

— Bu haldeyken benim çekici bir yanım olabilir mi?..

Levin kafasını tutarak:

— Ah! –diye bağırdı.– Bunu söylemeseydin!.. Demek çekici olsaydın...

Kiti canı yanıyormuş, ona acıyormuş gibi bir ifadeyle bakarak:

— Hayır, Kostya dur ama, dinle! –diyordu.– Pekâlâ, ne düşünebilirsin ki? Benim için başka biri yok, yok, yok!.. Hiç kimseyle görüşmememi mi istiyorsun yoksa?

İlk anda Levin'in kıskançlığı ona küçük düşürücü bir şey gibi gelmişti; en küçük ve en masum bir gönül eğlencesinin kendisine yasaklanmasına canı sıkılmıştı; ama şimdi kocasını çektiği acıdan kurtarmak için, onu rahatlatmak için bu saçmalıklardan değil, her şeyden seve seve vazgeçebilirdi.

Levin umutsuz bir fısıltıyla devam ediyordu:

— Durumumun korkunçluğunu ve gülünçlüğünü anla, üstelik benim evimde bulunduğu, laubaliliği ve ayağını altına alması dışında yakışıksız hiçbir şey yapmadığı halde. O, bunu çok güzel bir davranış olarak görüyor, dolayısıyla ben de ona karşı nazik olmalıyım.

Kiti, şimdi kocasının kendisine olan sevgisinin kıskançlık şeklinde ifadesini bulan gücüne ruhunun derinlerinden sevinerek:

— Ama Kostya abartıyorsun, –dedi.

— En korkuncu da sen her zamanki gibiyken ve şimdi benim için bu kadar kutsal biriyken, ikimiz bu kadar mutluyken birden bu pis herifin ortaya çıkması... Pis falan değil, neden sövüyorum ona? Benim onunla işim yok. Fakat benim de, senin de mutluluğumuz...

— Biliyor musun, bunun nedenini anlıyorum, –diye söze başladı Kiti.

— Neden peki neden?

— Akşam yemeğinde biz konuşurken nasıl baktığını gördüm.

— Evet, evet! –dedi Levin korku içinde.

Kiti ona ne konuştuklarını anlattı. Bunu anlatırken heyecandan soluğu kesiliyordu. Levin bir an sustu, Kiti'nin solgun, ürkek yüzüne baktı ve birden elleriyle başını tuttu.

— Katya, seni çok üzdüm! Canım, bağışla beni! Delilikti bu! Katya çok kabahatliyim. Böyle aptalca bir şey yüzünden bu kadar acı çekilebilir mi?

— Hayır, ben sana üzülüyorum.

— Bana mı? Bana mı? Ben neyim ki? Delinin biri!.. Hem de ne için üzdüm seni? Bir yabancının mutluluğumuzu bozabileceğini düşünmek çok korkunç bir şey.

— Elbette, bu da aşağılayıcı bir şey...

Levin Kiti'nin ellerini öperek:

— Hayır, tam tersine onun yaz boyunca bizde kalmasını sağlayacağım ve ona iltifatlar yağdıracağım, –dedi.– Göreceksin. Yarın... ha sahi, yarın gidiyoruz ya.

VIII

Ertesi gün, hanımlar henüz kalkmadan av arabaları, bir yük arabasıyla dört tekerlekli başka bir araba kapının önünde duruyordu. Laska da daha sabahtan ava gidileceğini anlayarak çığlıklar attıktan ve epeyce hoplayıp zıpladıktan sonra gözü avcıların hâlâ çıkmadıkları kapıda, heyecanlı ve gecikmeden dolayı kızgın bir halde yük arabasında arabacının yanında oturuyordu. İlk çıkan, kalın butlarının yarısına dek çıkan yeni, uzun çizmeleri, sırtında yeşil gömleği, belinde deri kokan yeni fişekliği, başında kurdeleli beresi ve İngiliz malı, kabzasız ve kayışsız yepyeni tüfeğiyle Vasenka Veslovskiy oldu. Laska ona doğru sıçradı, zıplayarak onu selamladı, kendi diliyle diğerlerinin hemen gelip gelmeyeceklerini sordu, ama yanıt alamayınca bekleme noktasına geri döndü ve başını yana çevirip, bir kulağını da dikip tekrar kımıldamadan durmaya başladı. Sonunda kapı gürültüyle açıldı, Stepan Arkadyiç'in benekli puanteri Krak, dönerek, havada kıvrılarak ok gibi dışarı fırladı, sonra elinde tüfeği ve ağzında sigarasıyla Stepan Arkadyiç çıktı. Patilerini karnına ve göğsüne koyan ve av çantasına takılan köpeğe "Dur Krak, dur!" –diye bağırıyordu. Stepan Arkadyiç, ayağına ham köseleden ayakkabı giymiş, dolak sarmış, yırtık bir pantolon ve kısa bir pardösü giymişti. Başında bir şapka kalıntısı vardı, ama yeni sistem tüfeği çok güzeldi, av çantası da, fişekliği de yıpranmış olmasına karşın en iyi cinstendi.

Vasenka Veslovskiy, gerçek bir avcı şıklığının yırtık pırtık giysiler içinde olmak, ama en iyi kalite bir av donanımına sahip olmak olduğunu önceden bilmiyordu. Bunu şimdi, bu pırtılar içinde şıklığıyla göz kamaştıran, besili ve neşeli bir beyefendi olarak görünen Stepan Arkadyiç'e bakınca anladı ve bir dahaki av partisine mutlaka bu şekilde gelmeye karar verdi.

— E, ev sahibimiz nerede? –diye sordu.

— Karısı genç, –dedi Stepan Arkadyiç gülümseyerek.

— Evet, hem de çok güzel.

— Giyinmişti. Herhalde tekrar karısının yanına gitmiştir.

Stepan Arkadyiç doğru tahmin etmişti. Levin, akşamki saçmalığından dolayı kendisini affedip etmediğini sormak, bir de daha dikkatli olmasını rica etmek için bir kez daha karısının yanına koşmuştu. En önemlisi çocuklardan uzak olmalıydı, her zaman ona çarpabilirlerdi. İki günlüğüne gittiği için ona kızmadığına ilişkin karısının bir kez daha onayını alması, sağlıklı olduğunu bilebilmesi için iki sözcük olsun yazıp, yarın sabah bir atlıyla mutlaka göndermesini bir kez daha rica etmesi gerekiyordu.

Kiti kocasından iki gün ayrı kalacağı için her zamanki gibi üzülüyordu, ama avcı çizmeleri ve beyaz gömleğiyle çok iri ve güçlü görünen canlı bedenini ve kendisinin anlayamadığı av heyecanının yüzüne verdiği ışıltıyı görünce onun sevinci yüzünden kendi üzüntüsünü unuttu ve kocasıyla neşe içinde vedalaştı.

Kapının önüne koşarak çıkarken:

— Kabahatliyim beyler! –dedi.– Kahvaltı koydular mı? Al at neden sağda? Neyse, fark etmez. Laska, bırak, git otur!

İğdiş edilmiş koçlarla ilgili soru sormak için kapıda onu bekleyen sığırtmaça dönerek:

— Genç sürüye katın, –dedi.– Kusura bakmayın, işte bir haydut daha geliyor.

Levin, elinde metresiyle kapıya doğru giden marangozu görünce oturduğu yük arabasından aşağı atladı.

— Dün yazıhaneye gelmedin, şimdi de beni yolumdan alıkoyuyorsun. Ne var?

— Emrederseniz bir dönemeç daha yapıp, üç basamak ekleyeceğim. Tam istediğiniz gibi, çok rahat olacak.

Levin canı sıkılarak:

— Sen beni dinlemiş olsaydın, –dedi.– Ben sana kirişleri koy, sonra basamakları yerine takarsın demiştim. Şimdi düzeltemiyorsun. Sözümü dinle, yenisini yap.

Mesele, inşaat halindeki ek binada marangozun yüksekliği hesaplamaksızın merdiveni ayrı keserek, basamaklar yerine yerleştirildiğinde hepsi eğik olacak şekilde yanlış yapmış olmasıydı. Marangoz şimdi merdiveni aynı şekilde bırakıp, üç basamak eklemek istiyordu.

— Çok daha iyi olacaktı.

— Peki üç basamak eklendiğinde merdiven nereye çıkacak?

Marangoz küçümseyen bir gülümsemeyle:

— Rica ederim efendim, tam sedirin olduğu yere çıkacak. Yani aşağıdan başlayacak, –dedi inandırıcı bir hareketle,– gidecek, gidecek, istediğimiz yere varacak.

— Üç basamak da uzunluğa eklenecek... O zaman nereye gidecek?

— Aşağıdan çıktığı gibi öyle gidecek, –diyordu marangoz inatla ve inandırıcı bir şekilde.

— Gidip tavana ve duvara dayanacak.

— Rica ederim. Aşağıdan çıkacak. Gidecek gidecek, istediğimiz yere varacak.

Levin tüfeğinin harbisini aldı ve yere, tozların üzerine merdivenin şeklini çizmeye koyuldu.

— Görüyor musun?

En sonunda besbelli ki meseleyi anlayınca birden gözleri parlayan marangoz:

— Nasıl emrederseniz, –dedi.– Herhalde yenisini kesmek gerekecek.

— Sen nasıl söyleniyorsa öyle yap! –diye bağırdı Levin yük arabasına binerken.– Gidelim! Köpekleri tut Filipp!

Bütün aile ve çiftlik sorunlarını arkasında bıraktığı şu anda Levin'in içini öyle güçlü bir yaşama sevinci ve umut doldurmuştu ki, canı konuşmak istemiyordu. Bundan başka avlanacağı yere yaklaşan her avcının hissettiği o yoğun heyecanı da duyuyordu. Şu anda onu ilgilendiren bir şeyler varsa, bunlar sadece Kolpenskiy Bataklığı'nda bir şey bulup bulamayacakları, Krak'la karşılaştırıldığında Laska'nın nasıl olduğu ve bugün iyi ateş edip edemeyeceği konularıydı. Ne yapmalı da yeni tanıdığı birinin önünde rezil olmamalı, Oblonskiy atışta onu geçmemeliydi? Bunlar da aklına geliyordu.

Oblonskiy de benzer bir duygu içindeydi ve o da suskundu. Ancak Vasenka Veslovskiy neşeyle hiç durmadan konuşuyordu. Şimdi onu dinlerken dün kendisine karşı ne kadar haksızlık ettiğini anımsamak Levin'i utandırıyordu. Vasenka gerçekten hoş, basit, iyi yürekli ve çok neşeli bir delikanlıydı. Levin onunla bekârken tanışmış olsaydı, yakın arkadaş olurdu. Vasenka'nın yaşamı bir bayram gibi görmesi ve o zarif laubaliliği bir ölçüde Levin'in hoşuna gitmeyen şeylerdi. Veslovskiy, sanki tırnaklarının uzun olması, şapkası ve diğer buna benzer şeyler yüzünden kesinlikle çok önemli biri olduğunu sanıyordu; ama bu durum, iyi yürekliliği ve dürüstlüğü nedeniyle bağışlanabilirdi. Aldığı iyi eğitim, Fransızcayı ve İngilizceyi mükemmel konuşması ve kendi dünyasından biri olması nedeniyle Levin onu beğeniyordu.

Sol yana koşulmuş olan Don bozkırlarından gelme at Vasenka'nın çok hoşuna gitmişti. Sürekli onu övüyordu.

— Bir bozkır atına binip bozkırda at koşturmak ne güzeldir, değil mi? –diyordu.

Bir bozkır atına atlayıp dolaşmayı, böyle bir şey yapmasa da gözünde vahşi, şiirsel bir şey olarak canlandırıyordu; ama saflığı, özellikle yakışıklılığı, tatlı gülümsemesi ve hareketlerindeki zarafetle birleşince çok çekici oluyordu. Mizacının Levin'e sevimli gelmesinden mi, yoksa Levin'in dünkü günahını bağışlatmak için hep iyi yanlarını aramaya çalışmasından mı, her nedense onunla bir arada olmak Levin'in hoşuna gitmişti.

Üç verst gittikten sonra Veslovskiy birden purolarının ve cüzdanının yanında olmadığını fark etti, onları kayıp mı etti, yoksa masanın üstünde mi unuttu bilmiyordu. Cüzdanında üç yüz yetmiş ruble vardı, dolayısıyla bu konuyu ciddiye almamak olanaksızdı.

— Biliyor musunuz ne yapacağım Levin, bu Don atına atlayıp eve gideceğim. Bu çok güzel bir şey olur. Ne dersiniz? –dedi arabadan inmeye hazırlanırken.

Levin, Vasenka'nın en az altı pud çektiğini hesaplayarak:

— Yo, siz neden gideceksiniz ki? –dedi.– Ben arabacıyı gönderirim.

Arabacı Don atıyla gitti, Levin ise geri kalan iki atı sürdü.

IX

— E, hangi yoldan gideceğiz? Güzelce bir anlat, –dedi Stepan Arkadyiç.

— Plan şöyle: Şimdi Gvozdev'e kadar gideceğiz. Gvozdev'in bu tarafında büyük suçulluğu sazlığı var, Gvozdev'in ardında ise hem suçulluğu, hem de büyük çulluk bulabileceğimiz harika sazlıklar var. Şu anda sıcak, akşama doğru varırız (yirmi verst uzaklıkta) ve biraz avlanırız; geceyi geçiririz, artık yarın da büyük sazlıklara gideriz.

— Yolda gerçekten hiçbir şey yok mu?

— Var, ama oyalanırız, hem hava da sıcak. İki tane çok güzel yer var, ama bir şey bulacağımızı sanmıyorum.

Levin bu iki yere kendisi uğramak istiyordu, fakat bunlar eve yakın yerlerdi, her zaman gidebilirdi ve üç kişinin ateş etmesi için küçük yerlerdi. Bu yüzden bir şey bulamayacaklarını söylemişti. Küçük sazlıkla aynı hizaya geldiklerinde Levin yanından geçip gitmek istemişti, ama Stepan Arkadyiç'in deneyimli avcı gözü yoldan görünen sazlığı hemen fark etti.

— Uğramayacak mıyız? –dedi sazlığı göstererek.

Vasenka Veslovskiy:

— Levin, lütfen, ne kadar güzel! –diye rica etmeye başladı, Levin'in de ister istemez kabul etti.

Daha durmamışlardı ki, köpekler birbirinin peşinden sazlığa doğru uçarcasına koştular.

— Krak! Laska!..

Köpekler geri geldi.

Levin, köpeklerden ürküp havalanan ve havada salınarak sazlığın üstünde acıklı acıklı ağlayan kızkuşlarından başka bir şey bulamayacaklarını düşünerek:

— Üçümüze dar gelir. Ben burada kalacağım, –dedi.

— Olmaz! Gidelim Levin, birlikte gidelim! –diye seslendi Veslovskiy.

— Gerçekten dar gelir. Laska, geri dön! Laska! Başka bir köpeğe gerek duymazsınız herhalde?

Levin arabanın yanında kalmıştı ve avcılara kıskançlıkla bakıyordu. Avcılar sazlığı boydan boya dolaştı. Bir sutavuğu ve içlerinden birini Vasenka'nın vurduğu kızkuşlarından başka bir şey yoktu sazlıkta.

— Sazlığı sizden esirgemediğimi görüyorsunuz işte, –dedi Levin,– sadece zaman kaybı oldu.

Vasenka Veslovskiy elinde tüfek ve kızkuşuyla beceriksizce arabaya tırmanırken:

— Yo, eğlenceliydi yine de. Siz görmediniz mi? –dedi.– Bunu nasıl da güzel vurdum ama! Doğru değil mi? E, asıl gideceğimiz yere yakında varır mıyız?

Atlar birden ileri fırladı, Levin başını birinin tüfeğinin namlusuna çarptı ve bir silah sesi duyuldu. Silah sesi aslında daha önce duyulmuştu, ama Levin'e öyle gelmişti. Mesele şuydu: Vasenka Veslovskiy horozları indirirken birinin tetiğine basmıştı. Saçmalar hiç kimseye zarar vermeden yere gitmişti. Stepan Arkadyiç başını salladı ve Veslovskiy'e sitemli sitemli güldü. Ancak Levin'in içinde onu azarlama isteği yoktu. Birincisi, her türlü sitem, bitmiş gitmiş bir tehlikeyle ve Levin'in alnında belirmiş bir şişle yapılmış gibi gelebilirdi; ikincisi ise, Veslovskiy ilk başta o kadar safça üzülmüş, daha sonra da ikisinin telaşına öyle iyi niyetli ve gönül alıcı bir şekilde gülmüştü ki, Levin'in de gülmemesi mümkün değildi.

Oldukça büyük ve dolaşması çok zaman alacak ikinci sazlığa yaklaştıkları sırada Levin, onları arabadan inmemeleri için ikna etmeye çalışıyordu. Ama Veslovskiy yine ona ricalar etti. Sazlık dar olduğundan Levin yine konuksever bir ev sahibi olarak arabada kaldı.

Daha gelir gelmez Krak doğruca sazlıktaki tümseklere koştu. Köpeğin ardından ilk Vasenka Veslovskiy gitti. Ve daha Stepan Arkadyiç yaklaşacak zaman bulamadan bir büyük suçulluğu havalandı. Veslovskiy isabet ettiremedi ve çulluk biçilmemiş çayıra doğru uçtu. Bu çulluk Veslovskiy'e bırakıldı. Krak onu bir kez daha buldu, durdu ve Veslovskiy kuşu vurup arabaya geri döndü.

— Şimdi siz gidin, atların başında ben duracağım, –dedi Veslovskiy.

Levin avcılara özgü bir kıskançlığa kapılmaya başlıyordu. Dizginleri Veslovskiy'e verdi ve sazlığa yürüdü.

Uzunca bir zamandır acı acı sesler çıkaran ve yapılan haksızlıktan yakınan Laska ileriye, dosdoğru Levin'in daha önceden bildiği, Krak'ın henüz uğramadığı, umut vaat eden bir tümseğe fırladı.

— Ne oluyor, onu neden durdurmuyorsun? –diye bağırdı Stepan Arkadyiç.

Levin köpeğinden memnun bir halde peşinden koşarak:

— Kuşları ürkütmez, –diye karşılık verdi.

Laska araştırmasını yaparken tanıdığı sazlık kümelerine yaklaştıkça daha ciddileşiyordu. Küçük bir bataklık kuşu sadece bir an dikkatini dağıttı. Saz kümelerinin önünde bir daire çizdi, bir başkasını çizmeye başladı, birden irkildi ve öylece kaldı.

Levin, yüreğinin daha hızlı atmaya başladığını ve gerilim içindeki işitme duygusunda birden sanki bir sürgü çekilmiş gibi bütün seslerin uzaklık ölçüsünü yitirip düzensiz, ama açık bir şekilde onu etkilemeye başladığını hissederek:

— Gel, gel, Stiva! –diye bağırdı. Stepan Arkadyiç'in ayak seslerini duydu, bunları atların uzaklardan gelen ayak sesleri sandı, üzerine basarak köklerini kırdığı bir saz kümesinin gevrek sesini büyük çulluğun uçuşu diye düşündü. Arkasında yakın bir yerde, ne olduğunu anlayamadığı bir de şapırtı duydu.

Ayağını basacağı yeri seçerek köpeğe doğru ilerliyordu.

— Tut!

Köpeğin altından kurtulup havalanan büyük çulluk değil, bir suçulluğuydu. Levin tüfeğini doğrulttu, ama tam nişan aldığı sırada arkasındaki şapırtı arttı, yaklaştı ve bu şapırtıya garip bir şeyler söyleyerek bağıran Veslovskiy'in sesi eklendi. Levin, Veslovskiy'in tüfeğini suçulluğunun arkasından doğrulttuğunu gördü, ama yine de ateş etti.

Levin atışının isabetsiz olduğundan emin, çevresine bakındı ve yük arabasını çeken atların yolda değil, artık sazlığın içinde olduğunu gördü.

Veslovskiy atışı görme isteğiyle sazlığa girmiş ve atlar bataklığa saplanmıştı.

Levin çamura saplanmış arabanın yanına giderek içinden:

— Hay şeytan götüresice! –dedi. Sonra Veslovskiy'e sert bir şekilde,– Neden geldiniz? –dedi ve arabacıya seslenip atları çamurdan çıkartmaya girişti.

Levin, hem ateş etmesine engel oldukları için, hem atlarını çamura sapladıkları için, en önemlisi de ne Stepan Arkadyiç, ne de Veslovskiy koşum işlerinden hiç anlamadıklarından atların çamurdan kurtarılmasında ve koşumlarının çözülmesinde kendisine ve arabacıya bir yardımları olmadığı için sinirlenmişti. Oranın tamamen kuru olduğuna onu inandırmaya çalışan Vasenka'ya tek söz etmeyen Levin, arabacıyla birlikte sessizce atları çamurdan çıkartmaya çalışıyordu. Ama sonra çalışmaktan kıpkırmızı kesilip, Veslovskiy'in yük arabasını çamurluğundan tutup, kıracak kadar büyük bir gayretle çektiğini görünce, dünkü duygularının etkisiyle Veslovskiy'e karşı son derece soğuk davrandığı için kendisine kızdı ve bu soğukluğunu aşırı nazik davranarak düzeltmeye çalıştı. Her şey yoluna girip, arabalar yola düzüldüğünde Levin, yemek çıkartmalarını söyledi.

Yeniden eski neşesine kavuşan Vasenka, ikinci pilici de yiyip bitirirken bir Fransız nüktesini tekrarlıyordu:

— Bon appétit-bonne conscience! Ce poulet va tomber jusqu'au fond de mes bottes.* E, başımıza gelen felaketler artık bitti; artık her şey yolunda gidecek. Yalnız işlediğim suç yüzünden ben arabacı yerinde oturmalıyım. Doğru değil mi? Ne dersiniz? –Levin arabayı sürmeyi arabacıya bırakmasını rica ettiği sırada elinden dizginleri bırakmaksızın,– Hayır, hayır, ben Automedon'um.** Bakın, sizi nasıl götüreceğim! Hayır, suçumu bağışlatmalıyım, hem burada rahatım yerinde, –dedi ve arabayı sürdü.

---

* İyi iştah vicdanın rahatlığına işarettir! Bu piliç tam ruhumun derinlerine gidiyor. (Fr.)

** Homeros'un İlyada'sında Akhilleus'un arabacısı. (ç.n.)

Levin atların, özellikle de tutmayı beceremediği soldaki al atın canını çıkaracağından biraz korkuyordu; ama elinde olmadan onun neşesine kendini kaptırmış, arabacı yerinde oturan Veslovskiy'in yol boyunca söylediği romansları ve anlattığı hikâyeleri, four in hand'in* İngiliz usulü nasıl sürüleceğini dinliyordu; yemekten sonra hepsi de çok neşeli bir halde Gvozdev Bataklığı'na vardılar.

X

Vasenka atları o kadar hızlı sürüyordu ki, havanın henüz sıcak olduğu çok erken bir saatte sazlığa vardılar.

Yolculuğun asıl hedefi olan sazlığa gelince Levin, elinde olmadan Vasenka'dan nasıl kurtulabileceğini ve engellenmeden nasıl dolaşabileceğini düşündü. Stepan Arkadyiç de besbelli aynı şeyi istiyordu ve Levin onun yüzünde avdan önce gerçek bir avcıda her zaman görülen kaygının, biraz da ona özgü iyi niyetli açıkgözlüğün ifadesini gördü.

Stepan Arkadyiç çayırların üstünde dolanan iki büyük kuşu göstererek:

— Nasıl dolaşalım? Bu sazlık harika, atmacaları da görüyorum, –dedi.– Atmacaların olduğu yerde mutlaka av kuşu da vardır.

Levin biraz karamsar bir ifadeyle çizmelerini ayağına çekip, tüfeğinin ateşleme kapsüllerini gözden geçirirken:

— Pekâlâ beyler, şu çayırlığı görüyor musunuz? –Nehrin sağ tarafına yayılmış olan çok büyük, yarısına dek biçilmiş ıslak çayırdaki koyu yeşil adacığı gösterdi.– Sazlık buradan, önümüzden başlıyor, daha koyu olan yeri görüyorsunuz. Oradan sağa, atların dolaştığı yere gidiyor; bu çayırlığın çevresinde ta şu kızılağaç korusuna ve değirmene kadar saz kümeleri ve büyük çulluk bulunur. Tam şurası, görüyor musun,

* Dört atlı araba. (İng.)

şu su birikintisinin olduğu yer. En iyi yer orasıdır. Orada bir kerede on yedi suçulluğu vurmuştum. Birer köpekle ikiye ayrılıp farklı yönlere gidelim ve değirmenin önünde buluşalım.

— Peki hangimiz sağdan, hangimiz soldan gidecek? –diye sordu Stepan Arkadyiç.– Sağ taraf daha geniş, siz ikiniz o tarafa gidin, ben de sola gideyim, –dedi ilgisizce.

— Harika! Biz ondan daha fazla avlarız! Hadi gidelim, gidelim! –diye tutturdu Vasenka.

Levin'in kabul etmemesi mümkün değildi ve ayrıldılar.

Sazlığa henüz girmişlerdi ki, iki köpek birlikte aramaya başladılar ve pas rengi suyla kaplı yere doğru gittiler. Levin, Laska'nın bu dikkatli ve belirli bir yol izlemeyen araştırma tarzını biliyordu; yeri de biliyor ve küçük bir suçulluğu sürüsü bekliyordu.

Levin, arkasından suları şapırdata şapırdata yürüyen ve Kolpenskiy Bataklığı'ndaki kazadan sonra tüfeğinin yönü ister istemez kendisini ilgilendiren arkadaşına kesilir gibi bir sesle:

— Veslovskiy yanımdan yürüyün, yanımdan! –dedi.

— Hayır, sizin yerinizi daraltmayayım, siz beni düşünmeyin.

Ama Levin elinde olmadan düşünüyor ve Kiti'nin onu yolcu ederken söylediği, "Bana bakın, sakın birbirinizi vurmayın," sözleri aklına geliyordu. Köpekler biri öbürünü geçerek, her biri kendi izini sürerek gittikçe yaklaşıyorlardı; suçulluğu beklentisi o kadar fazlaydı ki, Levin'in pas renkli sulardan çekerek çıkarttığı ökçesinin sesi suçulluğu sesi gibi geliyor ve tüfeğinin dipçiğine sıkı sıkı yapışıyordu.

Kulağının üstünden "Pat! Pat!" diye bir ses duyuldu. Vasenka sazlığın üstünde dönüp duran ve bu sırada menzil dışından avcılara doğru uçan bir ördek sürüsüne ateş etmişti. Daha Levin çevresine göz atacak zaman bulamadan bir suçulluğunun şapırtısını duydu, ikincisi, üçüncüsü ve sekiz tane kadar suçulluğu daha birbiri ardınca havalandı.

Stepan Arkadyiç çulluklardan birini tam zikzak uçuşa başlamaya niyetlendiği anda vurdu ve çulluk küçük bir top halinde sazlığa düştü. Oblonskiy acele etmeden daha alçaktan, saz kümesine doğru uçan başka bir çulluğa tüfeğini doğrulttu ve silah sesiyle birlikte bu çulluk da yere düştü; kuşun, sağlam kalan alt yüzü beyaz kanadını çırparak kesilmiş sazların arasında zıpladığı görülüyordu.

Levin pek memnun değildi, birinci çulluğa çok yakından ateş etmiş ve isabet ettirememişti; kuş havalanmak üzereyken tüfeğini doğrultmuş, ama bu sırada ayaklarının altından havalanan başka bir kuş dikkatini dağıtmış ve yine isabet ettirememişti.

Tüfekleri doldururlarken bir çulluk daha havalandı ve tüfeğini daha önce doldurmuş olan Veslovskiy, iki mermilik saçmayı daha suya boşalttı. Stepan Arkadyiç vurduğu çullukları aldı ve pırıl pırıl parlayan gözlerle Levin'e baktı.

Stepan Arkadyiç:

— Hadi artık ayrılalım, -dedi. Sonra sol bacağının üzerinde hafifçe topallayarak ve tüfeğini hazır tutarak köpeğine ıslık çaldı, bir tarafa doğru yürüdü. Levin ve Veslovskiy de diğer tarafa doğru gittiler.

İlk atışlarının başarısız olduğu her defa Levin böyle olurdu, kızar, canı sıkılır, gün boyunca kötü atışlar yapardı. Bugün de öyle oldu. Çok fazla çulluk vardı. Köpeklerin, avcıların ayaklarının altından sürekli olarak çulluklar havalanıyordu ve Levin kötü şansını düzeltebilirdi; ama ne kadar çok ateş ederse, atış menzili içinde olsun olmasın neşeyle ateş eden, hiçbir şey vuramayan ve bundan zerre kadar utanmayan Veslovskiy'in önünde o kadar çok mahcup oluyordu. Levin acele ediyor, sabırsızlanıyor, gittikçe daha çok kızıyor ve artık ateş ederken bir şey vurmayı beklemeyecek hale geliyordu. Galiba Laska da bunu anlıyordu. Tembel tembel aramaya başlamıştı kuşları ve avcılara sanki şaşarak ya da sitem ederek bakıyordu. Atışlar atışları izliyordu. Avcıların çevresini barut dumanı sarmıştı, av çantasının büyük, geniş filesinde ise topu topu üç tane küçük, hafif çulluk vardı. Bunlardan birini Veslovskiy vurmuştu, birini de ortaklaşa vurmuşlardı. Bu arada sazlığın öbür tarafında Stepan Arkadyiç'in sık olmasa da Levin'e göre hatırı sayılır atışları, hem de her atışın ardından gelen "Krak, Krak, aport!" bağırışı duyuluyordu.

Bu durum Levin'i daha da fazla heyecanlandırıyordu. Çulluklar saz kümesinin üstünde havada durmadan daireler çiziyordu. Her yandan kuşların ayaklarının çıkardığı şapırtı, havada ise hiç susmayan çığlıkları duyuluyordu; daha önce havalandırılmış ve zaten havada olan çulluklar avcıların önüne konuyorlardı. Şimdi iki atmacanın yerine onlarcası çığlık çığlığa sazlığın üstünde dönüp duruyordu.

Sazlığın yarısını geride bırakan Veslovskiy'le Levin, saz kümesine kadar dayanan uzun şeritler halinde bölünmüş ve bazı yerde basılarak ezilmiş, bazı yerlerde biçilmiş sıralar halinde göze çarpan köylülere ait çayırın olduğu yere varmışlardı. Bu çayırın yarısı biçilmişti.

Biçilmemiş çayırda biçilmiş çayırdakine göre kuş bulma umudu az olduğu halde Levin, Stepan Arkadyiç'e buluşma sözü vermişti ve yol arkadaşıyla birlikte biçilmiş ve biçilmemiş çayırlarda ötelere kadar dolaştı.

Koşumları çözülmüş bir arabanın yanında oturan köylülerden biri onlara:

— Hey, avcılar! –diye seslendi.– Gelin de bizimle bir şeyler yiyin, içki için!

Levin etrafa bakındı.

Kırmızı yüzlü, sakallı bir köylü neşe içinde beyaz dişlerini göstere göstere, geniş geniş gülerek ve güneşte parlayan, yeşile çalan bir şişeyi havaya kaldırarak:

— Gelin yahu, boş verin! –diye bağırdı.

— Qu'est ce qu'ils disent?* –diye sordu Veslovskiy.

Levin kurnazlık ederek ve Veslovskiy'in votkanın çekiciliğine kapılarak köylülerin yanına gideceğini umarak:

---

* Ne diyorlar? (Fr.)

— Votka içmeye çağırıyorlar. Herhalde çayırı bölüşmüşler. Ben olsam gidip içerdim, –dedi.

— Niçin ikram ediyorlar?

— Öylesine, eğleniyorlar. Sahi, yanlarına gidin. İlginizi çekebilir.

— Allons, c'est curieux.*

— Gidin, gidin, değirmenin yolunu bulursunuz! –diye bağırdı Levin ve dönüp baktığında Veslovskiy'in eğilmiş, yorgun ayakları sürçerek ve tüfeğini ileri doğru uzattığı elinde tutarak sazlıktan çıkıp, köylülere doğru yürüdüğünü memnuniyetle gördü.

— Sen de gel! –diye bağırdı köylü Levin'e.– Korkma! Böreğimizin tadına bak!

Levin'in canı votka içmeyi ve bir lokma ekmek yemeyi çok istedi. Halsiz düşmüştü, birbirine dolaşan ayaklarını bataklıktan zor çekip çıkardığını hissediyordu ve bir an kararsız kaldı. Ama köpeği gizlendiği yerden avını gözetliyordu. İşte o anda yorgunluğu kayboldu ve bataklıktan köpeğe doğru kolayca yürüdü. Ayaklarının altından bir çulluk havalandı; Levin ateş etti ve vurdu, köpek gözetlemeye devam ediyordu. "Tut!" Köpeğin hemen yanından bir başka çulluk havalandı. Levin ateş etti. Ama şanssız bir gündü; isabet ettirememişti ve vurduğu kuşu aramaya gittiğinde onu da bulamadı. Bütün çayırlığı dolaştı, aramadık yer bırakmadı, ama Laska onun kuşu vurduğuna inanmamış ve aramaya gönderdiğinde arar gibi yapıp, aramamıştı.

Levin'in başarısızlığının suçlusu olarak gördüğü Vasenka'nın yokluğunda da durum düzelmemişti. Burada da çok fazla çulluk vardı, ama Levin birbiri ardına isabetsiz atışlar yapıyordu.

Güneşin eğik ışınları henüz yakıcıydı; terden sırılsıklam olan giysisi bedenine yapışıyordu; içine su dolan sol çizmesi ağırlaşmış, şap şap diye ses çıkarıyordu; barut kalıntısı bulaşmış yüzünden ter damlıyordu; ağzında bir acılık,

---

* Gidelim, ilginç bir şey. (Fr.)

burnunda barut ve bataklık suyunun kokusu, kulaklarında çullukların hiç durmayan şapırtıları vardı; tüfeğin namlusuna dokunmak olanaksızdı, öylesine kızmıştı; yüreği hızlı hızlı, kısa kısa çarpıyordu; elleri heyecandan titriyor, yorgun ayakları tökezliyor ve tümseklere, çamurlara takılıyordu; ama o hâlâ yürüyor ve ateş ediyordu. Sonunda utanç verici isabetsiz bir atış yapınca tüfeğini ve şapkasını yere fırlattı.

"Yo hayır, kendimi toparlamalıyım!" –dedi kendi kendine. Tüfeğini ve şapkasını yerden aldı, Laska'yı çağırdı ve sazlıktan çıktı. Kuru bir yere gidip bir tümseğin üzerine oturdu, çizmesini çıkartıp içindeki suyu boşalttı, sonra sazlığa gidip pas tadındaki sudan içti, tüfeğin kızmış olan namlusunu ıslattı ve elini yüzünü yıkadı. Serinleyip ferahladıktan sonra kesinlikle sinirlenmemek niyetiyle tekrar bir çulluğun havalanıp konduğu yere yöneldi.

Sakin olmak istiyordu, ama yine aynı şey oldu. Daha kuşa nişan almadan parmağı tetiği çekivermişti. Her şey gitgide kötüleşiyordu.

Sazlıktan Stepan Arkadyiç'le buluşacakları kızılağaç koruluğuna doğru yürüdüğü sırada av çantasında sadece beş tane kuş vardı.

Stepan Arkadyiç'ten önce köpeğini gördü. Sazlığın pis kokulu çamurundan kapkara olmuş Krak, devrik bir kızılağaç kökünün altından fırladı ve muzaffer bir edayla Laska'yı kokladı. Krak'ın peşinden kızılağaçların gölgesinde Stepan Arkadyiç'in düzgün vücudu göründü. Kıpkırmızı olmuş, tere batmış, yakası açık bir halde, yine aynı şekilde aksayarak karşıdan geliyordu.

— E, ne var, ne yok? Ne çok ateş ettiniz! –dedi neşeyle gülümseyerek.

— Ya sen? –diye sordu Levin. Ama sormaya gerek yoktu, çünkü ağzına kadar dolu av çantasını zaten görüyordu.

— Fena sayılmaz.

On dört tane kuş vurmuştu.

Stepan Arkadyiç kazandığı zaferin etkisini yumuşatmaya çalışarak:

— Çok güzel bir sazlık! –dedi.– Sana herhalde Veslovskiy engel oldu. İki kişinin tek bir köpekle avlanması rahat olmaz.

XI

Stepan Arkadyiç'le Levin, Levin'in her zaman kaldığı köylünün evine geldiklerinde Veslovskiy çoktan buradaydı. Evin ortasına oturmuş, iki eliyle bir sıraya tutunmuştu ve ev sahibinin kardeşi olan asker, ayaklarından bataklık çamuruna bulanmış çizmelerini çekmeye çalışıyordu. Veslovskiy başkalarına da bulaşan neşesiyle kahkahalar atıyordu.

— Ben de biraz önce geldim. Ils ont été charmants.* Düşünsenize beni yedirdiler, içirdiler. Ne kadar güzel bir ekmek, harika! Délicieux!** Ya votka, daha lezzetlisini içmedim! Ve hiçbiri için para almak istemediler. Hep "Kusura bakmayın," deyip durdular.

En sonunda ıslak çizmeyi kapkara olmuş çorapla birlikte çıkaran asker:

— Niye para alsınlar? Size ikram etmişler. Votkalarını satılık mı sanıyorsunuz yoksa? –dedi.

Avcıların çizmelerinden ve yalanıp duran çamur içindeki köpeklerden kirlenen evin pisliğine, içeri dolmuş olan bataklık ve barut kokusuna, çatal ve bıçak olmamasına karşın avcılar doya doya çay içti ve ancak avda yenebilecek kadar zevkli bir akşam yemeği yediler. Yıkanıp temizlendikten sonra arabacıların beyler için yatak hazırladıkları süpürülmüş ot ambarına gittiler. Artık hava karardığı halde avcılardan hiçbiri uyumak istemiyordu.

Konuşma, silahlar, köpekler, önceki avlarla ilgili anılar ve hikâyeler arasında gidip geldikten sonra herkesi ilgilendiren

---

* Mükemmel insanlar. (Fr.)

** Nefis! (Fr.)

bir konuya gelip takıldı. Geceledikleri bu yerin ve ot kokusunun güzelliği, kırık arabanın (araba, ön kısmı çıkarıldığı için ona öyle gelmişti) güzelliğiyle, ona votka ikram eden köylülerin iyi yürekliliğiyle, her biri kendi sahibinin ayaklarının dibinde yatan köpeklerle ilgili olarak Vasenka'nın birkaç kez yinelediği hayranlık ifadeleri üzerine Oblonskiy, geçen yaz katıldığı Maltus'un av partisinin güzelliğini anlattı. Maltus, ünlü bir demiryolu zenginiydi. Stepan Arkadyiç, Maltus'un sazlıklar kiraladığını, bu sazlıklara nasıl güzel bakıldığını, avcıların arabalarla, dog-cartlarla* taşındığını, yemek için sazlıkta bir çadır kurulduğunu anlatıyordu.

Levin yattığı kuru ot yığınının üzerinde doğrularak:

— Seni anlamıyorum, –dedi.– Bu insanlar sana nasıl oluyor da iğrenç gelmiyor. Château-Lafite şarabıyla yemek yemenin çok hoş bir şey olmasını anlıyorum, ama bu gösteriş sana iğrenç gelmiyor mu? Bu adamların hepsi, eskiden bizim kesenekçilerin kazandığı gibi öyle çok para kazanıyorlar ki, bu kazancı elde ederken insanlarda nefret uyandırıyorlar, bu nefrete aldırış etmiyorlar, sonra da dürüst olmayan yollardan kazandıkları bu parayla kendilerinden daha önce nefret eden insanları satın alıyorlar.

— Son derece haklı! –dedi Vasenka Veslovskiy.– Son derece! Elbette Oblonskiy bunu bonhomie'den** yapıyor, diğerleri ise "E, Oblonskiy de gidiyor oraya..." diyorlar.

Oblonskiy:

— Hiç de değil, –dedi. Levin Oblonskiy'in bunu söylerken güldüğünü işitti.– Ben onun herhangi bir zengin tüccar ve asilzadeden daha namussuz olduğunu düşünmüyorum. Onlar da, bunlar da aynı şekilde emek vererek ve akıllarını kullanarak para kazanmışlardır.

— Ama hangi emekle? İmtiyaz anlaşması elde etmek ve bunu başkasına satmak, emek vermek mi oluyor acaba?

---

* İki tekerlekli hafif araba. (İng)

** Yürek temizliği. (Fr.)

— Elbette emek vermek oluyor. Şu anlamda emek, eğer o ve ona benzer başkaları olmasaydı, demiryollarımız da olmazdı.

— Ama bir köylünün ya da bilim adamının emeği gibi bir emek değil.

— Öyle diyelim, ama bu, demiryolu gibi bir sonuç vermesi anlamında bir emektir. Tabii sen demiryollarının da yararsız olduğunu düşünürsün.

— Hayır, o ayrı bir konu; demiryollarının yararlı olduğunu kabul etmeye hazırım. Ama harcanan emeğe uygun olmayan her kazanç, temiz olmayan kazançtır.

— İyi de uygunluğu kim belirleyecek?

Levin, dürüstle dürüst olmayan arasındaki çizgiyi açıkça belirleyemeyeceğini hissederek:

— Dürüst olmayan yollardan, kurnazlıkla para kazanmak, –dedi,– tıpkı bankerlerin sağladığı kazanç gibi, –diye devam etti.– Bu kötülüktür, keseneklerde olduğu gibi emek harcamadan çok büyük mal varlıkları elde etmek sadece biçim değiştirmiştir. Le roi est mort, vive le roi.* Keseneği kaldırır kaldırmaz aynı şekilde emeksiz kazanç yolu olan demiryolları, bankalar ortaya çıktı.

Stepan Arkadyiç, görünüşe bakılırsa ortaya attığı konunun doğruluğundan emin, dolayısıyla sakin ve telaşsız bir şekilde:

— Evet, bunların hepsi doğru ve zekice olabilir... –dedi ve kaşınarak kuru otları havalandıran köpeğe,– Yat, Krak! –diye bağırdı.– Ama namuslu emekle namuslu olmayan emek arasındaki çizgiyi tanımlamadın. İşi benden daha iyi bildiği halde, benim, daire başkanımdan daha fazla maaş almam namussuzluk mu şimdi?

— Bilmiyorum.

— Sana şöyle söyleyeceğim: Çiftlikteki emeğinin karşılığında sen diyelim beş bin ruble kazanırken, şu kaldığımız evin sahibi olan köylünün ne kadar çalışırsa çalışsın elli rubleden

* Kral öldü, yaşasın kral! (Fr.)

daha fazla para kazanamaması da aynen benim daire başkanından daha fazla maaş almam ve Maltus'un bir demiryolu ustasından daha fazla para kazanması kadar namussuzca bir şeydir. Aksine, toplumun bu insanlara karşı hiçbir dayanağı olmayan düşmanca bir tavır içinde olduklarını görüyorum ve bana, burada bir kıskançlık söz konusu gibi geliyor...

— Hayır, bu haksızlık, –dedi Veslovskiy,– kıskançlık olamaz, bu işte temiz olmayan bir şey var.

— Yo, izin verin, –diye devam etti Levin.– Benim beş bin, köylününse elli ruble almasının haksızlık olduğunu söylüyorsun. Doğru. Bu haksızlık, ben de bunu hissediyorum, ama...

Besbelli ki, bu konuyu hayatında ilk kez açık açık düşünen, bu yüzden de son derece samimi konuşan Vasenka Veslovskiy:

— Gerçekten de öyle, –dedi.– Biz hiçbir şey yapmadan yiyip içerken, ava giderken, o neden çalışıp dursun ki?

Stepan Arkadyiç sanki Levin'i kızdırmak istermiş gibi:

— Evet, hissediyorsun, ama çiftliğini ona vermiyorsun, –dedi.

Son zamanlarda iki bacanak arasında âdeta bir düşmanlık baş göstermişti: Sanki iki kız kardeşle evli olduklarından beri aralarında hangisinin hayatını daha iyi koşullarda kurduğu konusunda bir rekabet ortaya çıkmıştı ve bu düşmanlık, kişisel bir özellik kazanmaya başlayan konuşmada ifadesini bulmuştu.

— Vermiyorum, çünkü hiç kimse bunu benden istemiyor, isteseydim de vermem olanaksız, –diye yanıtladı Levin,– verecek kimse yok.

— Bu köylüye ver, geri çevirmez.

— Evet, ama nasıl vereceğim ona? Onunla birlikte gidip senet mi düzenleteyim?

— Bilmiyorum; ama eğer böyle bir hakkın olmadığına inanıyorsan...

— Hiç inanmıyorum. Tersine, verme hakkımın olmadığını, toprağıma karşı da, aileme karşı da görevlerim olduğunu hissediyorum.

— Hayır, ama izninle; eğer bu eşitsizliğin haksızlık olduğunu kabul ediyorsan, o zaman neden öyle davranmıyorsun?..

— Davranıyorum, sadece olumsuz bir şekilde, benim durumumla onun durumu arasındaki eşitsizliği daha da arttırmama anlamında öyle davranıyorum.

— Olmaz, bağışla beni, bu bir paradoks.

— Evet, bu yanıltıcı bir açıklama, –diye onayladı Veslovskiy.– A! Ev sahibi geldi, –dedi kapıyı gıcırdatarak ambara giren köylüye.– Ne o, sen daha uyumadın mı?

— Yo, ne uyuması! Beylerimiz uyuyor sanıyordum, ama konuştuklarını duydum. Bir kanca alacaktım buradan. –Köylü çıplak ayaklarıyla dikatlice yürürken,– Isırmaz ya? –diye sordu.

— Peki sen nerede uyuyacaksın?

— Biz gece atları otlatacağız.

Veslovskiy, şu anda ardına kadar açık olan ambar kapısının oluşturduğu büyük çerçeve içinden akşam kızıllığının zayıf ışığı altında görünen eve ve atları çözülmüş arabalara bakarak:

— Ah, ne gece! –dedi.– Dinleyin bakın, kadınlar şarkı söylüyor, doğrusu fena da sayılmaz. Şarkı söyleyen kim? –diye ev sahibine sordu.

— Şu yandaki kızlar.

— Gidelim, biraz dolaşalım! Nasıl olsa uyumuyoruz. Oblonskiy hadi gidelim!

— Keşke hem yatabilse, hem de gidebilse insan, –diye karşılık verdi Oblonskiy gerinerek.– Yatmak çok hoş.

Veslovskiy hemen ayağa kalkıp, çizmesini giyerek:

— Tamam, tek başıma giderim, –dedi.– Hoşça kalın beyler. Eğlenceliyse sizi de çağırırım. Siz bana av ikram ettiniz, ben de sizi unutmam.

Veslovskiy çıkıp, köylü onun ardından kapıyı kapattığında Oblonskiy:

— Çok iyi bir çocuk, değil mi? –dedi.

Biraz önceki konuşmanın konusunu düşünmeye devam eden Levin:

— Evet, iyi bir çocuk, –diye yanıtladı. Düşüncelerini ve duygularını becerebildiğince açık ifade ettiğini sanıyordu, oysa akıllı ve samimi insanlar olan Oblonskiy ve Veslovskiy, ikisi bir ağızdan onun yanıltmacalarla avunduğunu söylemişlerdi. Bu Levin'i rahatsız ediyordu.

— İşte böyle dostum. İki şeyden birini yapmak gerek: Ya şimdiki toplum düzeninin haklı olduğunu kabul etmek ve dolayısıyla haklarını savunmak; ya da benim yaptığım gibi haksız imtiyazlardan yararlandığını itiraf etmek ve bu imtiyazlardan memnuniyetle yararlanmak.

— Hayır, eğer bu haksız bir şey olsaydı sen bu nimetlerden memnuniyetle yararlanamazdın, en azından ben yararlanamazdım. Benim için asıl önemli olan, suçlu olmadığımı hissetme gerekliliğidir.

Düşünmekten yorulduğu anlaşılan Stepan Arkadyiç:

— Sahi biz de gitsek mi acaba? –dedi.– Nasılsa uyumayacağız. Hadi gel gidelim!

Levin yanıt vermiyordu. Konuşma sırasında söylediği sadece olumsuz anlamda haklı davrandığına ilişkin söz kafasını kurcalıyordu. "Sadece olumsuz anlamda mı haklı olabilir insan?" –diye soruyordu kendi kendine.

Stepan Arkadyiç yerinden hafifçe doğrularak:

— Şu taze kuru ot da amma kokuyor ha! –dedi.– Ne yapsam uyuyamayacağım. Vasenka orada bir işler çeviriyordur. Kahkahaları ve Vasenka'nın sesini duyuyor musun? Gidelim mi, ne dersin? Hadi gel gidelim!

— Hayır, ben gelmeyeceğim, –dedi Levin.

Stepan Arkadyiç karanlıkta kasketini ararken gülümseyerek:

— Bu da ilkelerin yüzünden mi acaba? –dedi.

— İlkelerim yüzünden değil, neden gideyim ki?

Stepan Arkadyiç kasketini bulup ayağa kalkarak:

— Biliyor musun, kendine kötülük ediyorsun? –dedi.

— Neden?

— Karına karşı kendini ne duruma soktuğunu görmüyor muyum? En önemli sorununuzun senin iki günlüğüne ava gidip gitmemen olduğunu duydum. Bunların hepsi bir şiir kadar güzel, ama koca bir ömür böyle geçmez. Erkek bağımsız olmalıdır, onun erkekçe ilgi alanları vardır. Erkek cesur olmalıdır, –dedi Oblonskiy ambarın kapısını açarken.

— Ne yani? Gidip kızlara kur mu yapayım? –diye sordu Levin.

— Eğlence varsa neden gitmeyesin ki? Ça ne tire pas à conséquence.* Bu yüzden karına bir kötülük gelmez, sen de eğlenmiş olursun. Asıl önemlisi, evinin kutsallığını koru. Evde bir şey olmamalı. Ama öyle kollarını kavuşturup oturmak da olmaz.

— Olabilir, –dedi Levin soğuk bir şekilde ve yan tarafa döndü.– Yarın sabah erkenden gitmemiz gerek, kimseyi uyandırmayacağım ve şafakta yola çıkacağım.

Geri gelen Veslovskiy'in sesi duyuldu:

— Messieurs, venez vite! Charmante!** Ben keşfettim. Charmante, gerçek bir Gretchen, tanıştık bile. Doğru söylüyorum, harika bir şey! –diye anlatıyordu. Sanki bu kız sırf onun için bu kadar güzel yaratılmış ve o da kendisi için bunu yapanlardan memnunmuş gibi onaylayıcı bir görünüş içindeydi.

Levin uyuyormuş gibi yaptı, Oblonskiy ise ayakkabılarını giydi, purosunu yakıp ambardan çıktı, kısa bir süre sonra da sesleri duyulmaz oldu.

Levin uzun zaman uyuyamadı. Atlarının ağızlarında ot çiğnediğini, sonra ev sahibiyle büyük oğlunun hazırlandıklarını ve atları otlatmaya götürdüklerini duydu; sonra askerin ev sahibinin küçük oğlu olan yeğeniyle birlikte ambarın öbür

---

* Bunun hiçbir sakıncası olmaz. (Fr.)

** Beyler, çabuk gelin! Nefis bir şey! (Fr.)

tarafında uyumak üzere yerleştiğini duydu; çocuğun incecik sesiyle kendisine korkunç ve çok büyük görünen köpekleri amcasına anlattığını duydu; sonra çocuk bu köpeklerin kimi yakalayacağını sorduğunu ve amcasının boğuk ve uykulu sesiyle ona ertesi gün avcıların sazlığa gideceğini ve tüfekleriyle ateş edeceklerini söylediğini, daha sonra çocuğun sorularından kurtulmak için "Hadi uyu Vaska, uyu yoksa karışmam," dediğini, az sonra amcanın horlamaya başladığını ve ortalığın sessizleştiğini duydu; sadece atların kişnemesi ve çullukların çığlıkları duyuluyordu. "Acaba sadece olumsuz anlamda mı? –diye yineledi kendi kendine.– E, ne olacak? Benim bir suçum yok." Sonra ertesi günü düşünmeye başladı.

"Yarın sabah erkenden giderim ve sinirlenmemeye çalışırım. Çulluklar sürüyle. Suçulluğu da var. Geri geldiğimde Kiti'nin notu da gelmiş olur. Evet, Stiva belki de haklı: Ben Kiti'ye karşı cesur değilim, korkağın biri oldum... Ama ne yapayım? İşte yine bir olumsuzluk!"

Uykusunun arasında Veslovskiy'in ve Stepan Arkadyiç'in kahkahalarını ve neşeli konuşmalarını duydu. Bir an gözlerini açtı: Ay doğmuştu ve ay ışığıyla pırıl pırıl aydınlanmış olan Veslovskiy'le Stepan Arkadyiç ardına kadar açılmış kapıda dikilmiş konuşuyorlardı. Stepan Arkadyiç kabuğundan yeni çıkarılmış taze fındıkla karşılaştırarak bir kızın körpeliğinden söz ediyor, Veslovskiy de o herkese bulaşan gülüşüyle galiba bir köylünün ona söylediği "Sen kendine bir an evvel bir karı bul!" sözlerini tekrarlıyordu. Levin uykunun arasında:

— Beyler, yarın ortalık aydınlanmadan! –dedi ve tekrar uykuya daldı.

XII

Gün ağarırken uyanan Levin, arkadaşlarını uyandırmayı denedi. Yüzükoyun yatmış ve çoraplı ayağını uzatmış olan Vasenka o kadar derin uyuyordu ki, yanıt almak olanaksızdı.

Oblonskiy uykunun arasında bu kadar erken gitmeyi reddetti. Ot yığınının kıyısında kıvrılmış uyuyan Laska bile isteksizce kalktı ve arka bacaklarını tembel tembel birbiri ardına uzatıp gerindi. Levin çizmesini giydi, tüfeğini alıp gıcırdayan ambar kapısını dikkatle açarak dışarı çıktı. Arabacılar arabaların yanında uyuyor, atlar pinekliyordu. Sadece bir tanesi yalaktaki yulafları soluğuyla dağıtarak tembel tembel yulaf yiyordu. Dışarıda hava henüz tam aydınlanmamıştı.

Evden çıkan yaşlı ev sahibi kadın ona çok yakından tanıdığı biriyle konuşur gibi samimi bir şekilde:

— Niye böyle erkenden kalktın kuzum? –dedi.

— Ava gidiyorum teyzeciğim. Buradan sazlığa geçebilir miyim?

— Avluların arkasından dosdoğru git, bizim harmanlarla kenevir tarlalarının oradan dolaş, bir patika var orada.

Yaşlı kadın güneş yanığı çıplak ayaklarını dikkatlice basarak Levin'i harman yerine kadar götürdü ve geçebilmesi için çiti kenara itip araladı.

— Böyle dosdoğru git, sazlığa varırsın. Bizim çocuklar akşam atları oraya götürdü.

Laska patikada önden neşeyle koşuyordu; Levin onun arkasında hızlı, hafif adımlarla durmadan gökyüzüne bakarak yürüyordu. Güneş doğmadan sazlığa varmak istiyordu. Ama güneş gecikmezdi. O çıktığında hâlâ ışık saçan ay şimdi sadece bir cıva parçası gibi parlıyordu; önceden görülmemesi olanaksız sabah yıldızını şimdi aramak gerekiyordu; daha önce uzak tarlalarda belli belirsiz olan lekeler şimdi apaçık görülüyordu. Bunlar çavdar tınazlarıydı. Çiçeklerini artık dökmüş olan kokulu yüksek kenevirlerin arasında güneş ışığı olmadan henüz görünmeyen çiy, Levin'in bacaklarını ve beline kadar gömleğini ıslatıyordu. Duru sabah sessizliğinde en hafif sesler bile duyuluyordu. Bir arı kurşun ıslığıyla Levin'in kulağının dibinden geçti. Levin dikkatle baktı, bir başkasını, sonra bir başkasını daha gördü. Hepsi de çitin arkasındaki kovandan gelip sazlık yönünde kenevirlerin üstünde gözden kayboldu. Patika doğruca sazlığa götürdü Levin'i. Kimi yerde daha yoğun, kimi yerde daha hafif bir sisin yükselmesinden sazlığı tanımak mümkündü, sazlar ve söğütler bu sisin içinde küçük adacıklar gibi sallanıyordu. Atları gece otlatmaya çıkan köylüler ve erkek çocuklar sazlığın ve yolun kıyısında kaftanlarına sarınıp yatmışlar, gün ağarmadan uyumuşlardı. Onlardan biraz ileride köstek vurulmuş üç at dolaşıyordu. İçlerinden biri köstеğini şangırdattı. Laska öne geçmek isteyerek ve çevresine bakınarak sahibinin yanından yürüyordu. Uyuyan köylülerin yanından geçip, ilk sazlıkla aynı hizaya gelince Levin tüfeğinin ateşleme kapsüllerini gözden geçirdi ve köpeğini salıverdi. Atlardan üç yaşında, besili, yanık renkli olanı köpeği görünce ürktü ve kuyruğunu kaldırıp burnundan kuvvetli bir soluk bıraktı. Diğer atlar da ürküp köstekli ayaklarını suda şapırdatarak ve koyu çamurdan çektikleri toynaklarıyla vantuz benzeri bir ses çıkararak sazlıktan çıkmaya çalıştılar. Laska durmuş, atlara alaycı, Levin'e ise soru sorar gibi bakıyordu. Levin Laska'yı okşadı ve işe başlayabileceğini işaret eden bir ıslık çaldı.

Laska ayaklarının altında sallanan bataklıkta neşeyle ve telaşla koşmaya başladı.

Koşarak sazlığa giren Laska, köklerin, bataklık otlarının, bataklık suyunun tanıdık kokuları ve at gübresinin yabancı kokusu arasında her yana yayılmış olan kuş kokusunu, onu diğer kokuların hepsinden daha çok heyecanlandıran kuş kokusunu hemen hissetti. Yosunların ve bataklık otlarının üstünde orada burada bu koku çok kuvvetliydi, ama kokunun ne tarafta arttığına, ne tarafta azaldığına karar vermek olanaksızdı. Yönünü bulmak için rüzgâr altına doğru ilerlemek gerekiyordu. Laska bacaklarının hareketini hissetmeksizin her sıçrayışında gerek olursa durabileceği bir hızla doğudan gelen esintiden uzaklaşarak sağ tarafa koştu ve sonra rüzgâra doğru döndü. Geniş burun deliklerinden içine havayı çekince *onların* sadece izlerinin değil, kendilerinin de burada, onun önünde, hem de bir tane değil, pek çok olduklarını hissetti. Laska hızını azalttı. Onlar buradaydı, ama tam olarak nerede olduklarını henüz saptayamamıştı. Tam bu yeri bulmak için bir daire çizmeye başlamıştı ki, birden sahibinin sesi yaptığı işten alıkoydu. Sahibi öbür tarafı göstererek "Laska! Buraya!" diye seslendi. Ona başladığı işi yapmasının daha iyi olacağını söylercesine durdu. Fakat sahibi içi suyla dolu, hiçbir şeyin olamayacağı bir saz kümesini göstererek emrini öfkeli bir sesle yineledi. Laska sahibinin sözünü dinledi, onu memnun etmek için arıyormuş gibi yaparak saz kümesini boydan boya dolaşıp, önceki yerine geri döndü ve onları hemen yine hissetti. Sahibinin ona engel olmadığı şu anda ne yapacağını biliyordu ve ayaklarının altına bakmadan, yüksek tümseklere takılarak ve suya düşerek, ama esnek, güçlü bacaklarıyla bunların üstesinden gelerek ona her şeyi açıklayacak olan dairesini çizmeye başladı. *Onların* kokusu giderek daha güçlü ve daha belirgin şekilde etkiliyordu onu. Birden içlerinden birinin burada, bu saz kümesinin ardında, beş adım önünde olduğunu çok açık bir şekilde anladı ve tüm vücudu taş kesilmiş gibi durdu. Kısa bacaklarının üstünden önündeki hiçbir şeyi göremiyordu, ama kokusundan onun en fazla beş adım ötesinde olduğunu biliyordu. Kuşu daha fazla hissederek ve beklemenin tadını çıkararak duruyordu. Dik kuyruğu gerilmişti ve sadece ucu titriyordu. Ağzı hafifçe açıktı, kulaklarını dikmişti. Bir kulağı biraz önce koşarken ters dönmüştü, ağır ağır ama dikkatli soluk alıyordu, daha da dikkatli bir şekilde başını çevirmeden, gözleriyle sahibine bakıyordu. Sahibi, Laska'nın alışık olduğu yüzüyle, ama her zaman korkunç olan gözleriyle tümseklere takılarak yürüyor ve Laska'ya alışılmadık şekilde sakin görünüyordu. Laska'ya sakin sakin yürüyormuş gibi geliyordu, oysa ki Levin koşuyordu.

Laska'nın sanki büyük adımlar atarak arka ayaklarını sürür gibi bütün vücudunu yere yapıştırıp, hafifçe ağzını açtığı özel arama şeklini fark eden Levin, onun suçullukların

yerini saptadığını anladı ve özellikle ilk kuşta başarılı olmak için içinden Tanrı'ya dua edip, Laska'ya doğru koştu. Laska'nın yanına yaklaşınca kendi boy yüksekliğinden önüne bakmaya başladı ve Laska'nın burnuyla gördüğünü o gözleriyle gördü. Saz kümelerinin arasındaki dar bir açıklıkta bir suçulluğu görünüyordu. Kuş, başını çevirmiş, çevredeki seslere kulak kabartıyordu. Kanatlarını biraz açıp tekrar topladıktan sonra kuyruğunu beceriksizce sallayıp bir köşeye saklandı.

Levin Laska'yı arkasından iterek:

— Tut, tut, –diye bağırdı.

"Ama gidemem ki, –diye düşünüyordu Laska.– Nereye gideyim? Buradan onları hissediyorum, ama eğer daha öteye gidecek olursam nerede olduklarını, ne olduklarını hiç anlayamam." Ama işte sahibi onu diziyle itmiş ve heyecanlı bir fısıltıyla "Tut, Laska'cığım, tut!" –demişti.

"Peki, mademki bunu istiyor, yaparım, ama artık günah benden gitti," –diye düşündü ve bacaklarının var gücüyle saz kümelerinin arasından ileri atıldı. Artık hiçbir şey hissetmiyordu, sadece hiçbir şey anlamadan görüyor ve duyuyordu.

İlk yerinden on adım ötede kalın bir çığlık ve kendine özgü belirgin bir kanat sesiyle bir suçulluğu havalandı. Silah sesinin ardından da beyaz göğsü vıcık vıcık çamurun içine pat diye düştü. Başka bir tanesi köpeğin kaldırmasını beklemedi ve Levin'in arkasından havalandı.

Levin arkasına döndüğünde kuş epeyce uzaklaşmıştı. Ama Levin'in atışı onu yakaladı. İkinci bir suçulluğu yirmi adım kadar uzağa uçtuktan sonra dikine yukarı doğru yükseldi ve fırlatılmış bir top gibi döne döne kuru bir yere pat diye düştü.

Levin sıcak ve yağlı suçulluğunu av çantasına atarak "İşte bu iyi olacak! –diye düşündü.– Ne dersin Laska'cığım, iyi olacak mı?"

Levin tüfeğini doldurup daha uzağa gittiğinde güneş, henüz bulutların arkasında görünmese de artık yükselmişti. Tüm parlaklığını yitirmiş olan ay gökyüzünde küçük, beyaz bir bulut gibi duruyordu; tek bir yıldız bile görünmüyordu artık. Daha önce çiyden gümüş gibi parlayan çamurlu yerler şimdi altın rengini almıştı. Su birikintileri kehribar rengindeydi. Otların maviliği sarıya çalan yeşile dönmüştü. Bataklık kuşları çiyden parlayan ve derenin kıyısına uzun gölgeler düşüren çalıların üstünde kaynaşıyordu. Bir atmaca uyanmış, başını bir yandan öbür yana çevirerek, bataklığa hoşnutsuz bir şekilde bakarak bir tınazın tepesinde oturuyordu. Alakargalar tarlada uçuyor, çıplak ayaklı bir oğlan atları, kaftanını üstünden atmış, kaşınmakta olan yaşlı adama doğru sürüyordu. Tüfekten çıkan duman, çayırın yeşili üzerinde süt gibi beyaz beyaz dağıldı.

Çocuklardan biri koşarak Levin'in yanına geldi.

— Amca, dün burada sürüyle ördek vardı! –diye Levin'e bağırdı ve uzaktan Levin'in arkasından yürüdü.

Yaptığı şeyi beğendiğini gösteren bu çocuğun gözlerinin önünde arka arkaya üç çulluk daha vurmak, Levin'in keyfini ikiye katlamıştı.

XIII

İlk hayvanı ve ilk kuşu kaçırmazsan avın şanslı geçeceğine ilişkin avcı sözü haklı çıkmıştı.

Levin otuz verst kadar yürüdükten sonra on dokuz tane esaslı av kuşu ve av çantasında artık yer kalmadığı için kemerine bağladığı bir ördekle yorgun, aç ve mutlu bir halde sabah saat onda kaldıkları yere geri döndü. Arkadaşları çoktan uyanmış, kahvaltılarını etmişlerdi.

Levin, uçarken sahip oldukları ağırbaşlı görünüşten eser kalmayan bükülmüş, kuruyup buruşmuş, kanları pıhtılaşmış, kafaları yana devrilmiş suçulluklarını ve büyük çullukları ikinci kez sayarken:

— Durun, durun, on dokuz tane olduğunu biliyorum, –dedi.

Sayı doğruydu ve Stepan Arkadyiç'in kıskanması Levin'in hoşuna gitti. Hoşuna giden bir şey daha vardı, gece kaldıkları yere geri döndüğünde Kiti'den bir not getiren haberciyi de orada görmüştü.

"Sağlığım da, keyfim de yerinde. Eğer benim için kaygılanıyorsan, eskisinden daha da rahat olabilirsin. Yeni bir koruyucum var, Marya Vlasyevna (ebe olan bu kadın, Levin'in aile yaşantısında yeni ve önemli bir kişiydi). Beni muayene etmeye geldi ve son derece sağlıklı buldu, senin gelişine dek onu alıkoyduk. Herkesin neşesi, sağlığı iyi, av güzel geçiyorsa sen de lütfen acele etme, bir gün daha kal."

Şanslı geçen bir avın ve karısından gelen notun yarattığı bu iki sevinç o kadar büyüktü ki, Levin daha sonra meydana gelen iki tatsızlığı çok önemsemedi. Bu tatsızlıklardan biri, bir gün önce çok çalışmış olan yandaki al atın yem yememesi ve keyifsiz olmasıydı. Arabacı atın çok zorlanmış olduğunu söylüyordu.

— Dün canını çıkarttılar hayvanın Konstantin Dmitriç, -dedi arabacı.– On verst boyunca gereksiz yere koşturulursa!

Keyfini ilk anda kaçıran, ama daha sonra düşününce çok güldüğü bir diğer tatsızlık, Kiti'nin bir haftada bitirilemeyecek kadar bol koydurduğu yolluktan geriye hiçbir şey kalmamış olmasıydı. Levin avdan yorgun ve karnı zil çalarak dönerken börekleri öyle bir hayal ediyordu ki, Laska'nın av kuşunu hissettiği gibi o da artık eve yaklaşırken böreklerin kokusunu ve tadını ağzının içinde hissediyordu, Filipp'e hemen börekleri getirmesini söylemişti. Sadece böreklerin değil, piliçlerin de tükendiği ortaya çıktı.

Stepan Arkadyiç gülerek ve Vasenka Veslovskiy'i göstererek:

— Ne iştah ama! –dedi.– Ben de pek iştahsızlık çekmem ya, bu şaşırtıcı bir şey...

Levin suratını asıp, Veslovskiy'e bakarak:

— E, ne yapalım! –dedi.– Filipp, o zaman bana sığır etinden getir.

— Sığır eti yendi, kemiklerini köpeklere verdim, –diye yanıtladı Filipp.

Levin o kadar kızdı ki:

— Bana da bir şeyler bıraksaydınız ya! –dedi öfkeyle ve ağlamak istedi. Vasenka'ya bakmamaya çalışarak Filipp'e:

— Öyleyse kuşların içini temizleyip ısırgan otuyla doldur, –dedi.– Benim için de biraz süt isteyiver bari.

Sütü içtikten sonra yabancı birine kızdığını belli eden sözler söylediği için utandı ve açlık yüzünden yaptığı hırçınlığa gülmeye başladı.

Akşam bir parti daha avlandılar, Veslovskiy birkaç kuş vurdu ve gece eve döndüler.

Dönüş yolu da aynen gelişteki gibi neşeliydi. Veslovskiy kâh şarkı söyledi, kâh ona votka ikram eden ve "Kusura bakma" diyen köylünün evindeki serüvenlerini, kâh halka oyunuyla, köylü kızıyla ve ona evli olup olmadığını soran ve evli olmadığını öğrenince "Başkalarının karılarına göz dikeceğine kendine bir karı bul," diyen köylüyle serüvenlerini anımsadı. Veslovskiy'i en çok da bu sözler güldürüyordu.

— Ben gezimizden müthiş memnunum. Ya siz, Levin?

Sadece evinde Vasenka Veslovskiy'e karşı hissettiği düşmanlığı hissetmediği, tersine ona karşı çok dostça bir yakınlık duyduğu için çok sevinen Levin içtenlikle:

— Çok memnunum, –dedi.

XIV

Ertesi gün saat onda Levin bütün çiftliği dolaştıktan sonra Vasenka'nın kaldığı odanın kapısını çaldı.

— Entrez,* –diye seslendi Veslovskiy Levin'e.– Kusuruma bakmayın, ablutions'umu** yeni bitirdim, –dedi üstünde iç çamaşırıyla karşısına dikilmiş gülümseyerek.

---

* Giriniz. (Fr.)

** Yıkanmalar. (Fr.)

— Rahatsız olmayın, lütfen. –Levin pencerenin yanına oturdu.– İyi uyudunuz mu?

— Ölü gibi. Bugün av için nasıl bir gün?

— İyi. Ne içersiniz, çay mı kahve mi?

— Ne onu, ne öbürünü. Kahvaltı edeceğim. Doğrusu utandım. Hanımlar herhalde kalkmıştır? Şimdi şöyle çıkıp bir dolaşmak çok iyi olur. Bana atları gösterir misiniz?

Bahçede dolaşarak at ahırına gittikten ve hatta birlikte paralel barda jimnastik yaptıktan sonra konuğuyla eve dönen Levin, yine onunla birlikte konuk salonuna girdi.

Veslovskiy semaverin başında oturan Kiti'nin yanına giderek:

— Çok güzel avlandık ve ne çok izlenimler edindik! – dedi.– Ne yazık ki, hanımlar bu zevkten yoksun!

"Ne yapıp edip evin hanımıyla bir şey konuşması gerekiyor," –dedi Levin kendi kendine. Konuğun Kiti'yle konuşurken takındığı muzaffer ifadede, gülümsemede yine bir şey varmış gibi geldi Levin'e...

Marya Vlasyevna ve Stepan Arkadyiç'le masanın öbür tarafında oturan prenses, Levin'i yanına çağırıp, Kiti'nin doğumu için Moskova'ya taşınmaları ve Moskova'daki evin hazırlanmasıyla ilgili olarak konuşmaya başladı. Düğün sırasında yapılan ve önemsizliğiyle, olayın yüceliğini aşağılayan her türlü hazırlık Levin'e ne kadar tatsız geldiyse, zamanı parmakla sayılan doğum hazırlıkları da ondan daha fazla aşağılayıcı geliyordu. Doğacak bebeğin kundaklanma usulüyle ilgili bu konuşmaları dinlememeye, başını çevirip bir türlü sonu gelmeyen gizemli örgüleri, Dolli'nin çok önem verdiği üçgen bezleri vs. görmemeye çalışıyordu sürekli olarak. Ona vaat edilen, ama olağanüstü bir şey olarak gördüğü için bir türlü inanamadığı oğlunun (oğlu olacağından emindi) doğumu, ona bir yandan öylesine muazzam, dolayısıyla öylesine inanılmaz bir mutluluk, diğer yandan da olacakların önceden hayal edilerek bilinmesi yüzünden öyle gizemli bir olay olarak görünüyordu ki, buna insanların kendi yaptıkları sıradan bir şey gibi hazırlanmak, Levin'e insanı çileden çıkaran ve küçük düşüren bir iş gibi geliyordu.

Ama prenses, onun duygularını anlamıyor, bu konuda düşünmek ve konuşmak istememesini vurdumduymazlık ve düşüncesizlikle açıklıyor, bu nedenle de Levin'e rahat vermiyordu. Stepan Arkadyiç'e ev bulma görevini vermiş, şimdi de Levin'i yanına çağırmıştı.

— Ben bir şey bilmiyorum prenses. İstediğiniz gibi yapın, –dedi Levin.

— Ne zaman taşınacağınıza karar vermeniz gerekiyor.

— Doğrusu bilmiyorum. Milyonlarca bebeğin Moskova'sız ve doktorsuz doğduğunu biliyorum... neden o zaman...

— Eğer öyleyse...

— Ama hayır, Kiti nasıl isterse.

— Bu konuda Kiti'yle konuşmak mümkün değil! Ne istiyorsun, onu korkutmamı mı? Bu ilkbahar Natalya Golitsına kötü bir doğum doktoru yüzünden öldü.

— Siz nasıl derseniz ben öyle yaparım, –dedi Levin suratını asarak.

Prenses anlatmaya başladı, ama Levin onu dinlemiyordu. Prensesle konuşmaları canını sıkmış olsa da suratının asılmasının nedeni bu konuşma değil, semaverin yanında gördüğü şeydi.

Kiti'ye doğru eğilmiş, güzel gülümsemesiyle ona bir şeyler anlatan Vasenka'ya ve heyecanlı, kıpkırmızı bir haldeki Kiti'ye bakarken "Hayır, bu olamaz," –diye düşünüyordu.

Vasenka'nın duruşunda, bakışında, gülümsemesinde pis bir şey vardı. Levin bu pis şeyi Kiti'nin duruşunda ve bakışında da görüyordu. Ve gözlerindeki ışık yine söndü. Yine dünkü gibi birdenbire, en ufak bir geçiş olmadan kendini mutluluğun, huzurun, onurun doruğundan umutsuzluğun, öfkenin ve aşağılanmanın uçurumuna atılmış hissetti. Yine herkes ve her şey iğrenç gelmeye başladı.

Tekrar bir göz atarak:

— Nasıl isterseniz öyle yapın prenses, –dedi.

Stepan Arkadyiç, besbelli ki sadece prensesle konuşmasını değil, kendisinin de fark ettiği Levin'in heyecanının nedenini ima ederek şaka yollu:

— Hükümdarlık tacı ağırdır! –dedi.– Bugün ne kadar geç kaldın Dolli!

Herkes Darya Aleksandrovna'yı karşılamak için ayağa kalkmıştı. Vasenka bir an yerinden kalkmış ve zamane gençlerine özgü, hanımlara karşı nezaketten yoksun bir hareketle hafifçe eğilerek selam verip, gülerek konuşmaya tekrar devam etmişti.

— Maşa canımı çıkarttı. Gece uyumadı, şimdi de çok huysuz, –dedi Dolli.

Vasenka'yla Kiti arasındaki konuşma yine dünkü konuda, yani Anna ve aşkın sosyete koşullarından üstün olup olamayacağı konusundaydı. Kiti bu konuşmadan hoşlanmıyordu, içeriğiyle, yürütülüş tarzıyla olduğu kadar, kocasının bundan nasıl etkileneceğini artık bildiği için de bu konuşma onu endişelendiriyordu. Ama konuşmaya son veremeyecek, hatta bu genç adamın gösterdiği ilginin kendisine verdiği hoşnutluğu gizleyemeyecek kadar saf ve masumdu. Bu konuşmayı kesmek istiyordu, ama nasıl yapacağını bilmiyordu. Ne yaparsa yapsın kocasının her şeyi fark edeceğini ve kötüye yoracağını biliyordu. Gerçekten de Kiti'nin Dolli'ye Maşa'yı sorduğu, Vasenka'nın da kendisi için sıkıcı olan bu konuşmanın bitmesini bekleyerek ilgisiz bir şekilde Dolli'ye bakmaya koyulduğu sırada Kiti'nin bu sorusu Levin'e yapmacık, iğrenç bir kurnazlık olarak görünmüştü.

— Ne dersiniz, bugün mantar toplamaya gidelim mi? –diye sordu Dolli.

— Gidelim lütfen, ben de geleceğim, –dedi Kiti ve kıpkırmızı oldu. Nezaket gereği Vasenka'ya gelip gelmeyeceğini sormak istiyordu, ama sormadı. Kocası kararlı adımlarla yanından geçtiği sırada suçlu bir görünüşle,– Sen nereye gidiyorsun

Kostya? –diye sordu. Bu suçlu ifade Levin'in bütün kuşkularını doğrulamıştı.

Levin karısına bakmadan:

— Ben yokken makinist gelmiş, daha onu görmedim, –dedi.

Aşağı inmiş, ama daha çalışma odasından çıkmamıştı ki, hiç dikkat etmeden hızlı hızlı yanına gelen karısının tanıdık ayak seslerini duydu.

— Ne istiyorsun? –dedi Levin soğuk bir şekilde.– İşimiz var.

Kiti Alman makiniste dönerek:

— Bağışlayın beni, kocama birkaç şey söylemem gerekiyor, –dedi.

Alman gitmeye niyetlendi, ama Levin ona:

— Siz rahatsız olmayın, –dedi.

— Tren üçte mi? –diye sordu Alman.– Geç kalmasam bari.

Levin ona yanıt vermedi ve karısıyla birlikte dışarı çıktı.

Fransızca olarak karısına:

— Evet, bana ne söyleyecektiniz? –dedi.

Karısının yüzüne bakmıyor ve şu hamile halinde, bütün yüzü seyirirken ve ezik, zavallı bir durumda görmek istemiyordu.

— Ben... Ben demek istiyorum ki, böyle yaşamak olanaksız, bu bir işkence... –dedi Kiti.

Levin öfkeli bir şekilde:

— Uşaklar burada, büfedeler, –dedi,– mesele çıkartmayın.

— Tamam, şu tarafa gidelim!

Holde durdular. Kiti yan odaya geçmek istiyordu. Ama orada da İngiliz mürebbiye, Tanya'ya ders veriyordu.

— O zaman bahçeye gidelim!

Bahçede yolu süpüren bir köylüyle karşılaştılar. Ve artık köylünün onu gözleri yaşlı, Levin'i ise heyecanlı bir yüzle göreceğini, bir felaketten kaçan insan görüntüsüne sahip olduklarını falan düşünmeden, konuşmaları ve birbirlerini ikna etmeleri, bir arada olmaları ve böylece her ikisinin de çektiği bu azaptan kurtulmaları gerektiğini hissederek hızlı adımlarla ileriye doğru yürüdüler.

Sonunda iki yanı ıhlamurlu yolun köşesindeki kuytu banka vardıklarında Kiti:

— Böyle yaşamak olanaksız! Bu bir işkence! Ben acı çekiyorum, sen acı çekiyorsun. Ne için? –dedi.

Kiti'nin karşısında o geceki gibi yumruklarını göğsüne bastırarak dikildiği pozu alıp:

— Sen bana bir tek şey söyle: Onun davranışlarında uygunsuz, pis, aşağılayıcı ve korkutucu bir şey yok muydu? –dedi Levin.

Kiti titreyen bir sesle:

— Vardı, –dedi.– Ama Kostya, benim bir suçum olmadığını görmüyor musun yoksa? Sabahtan beri öyle bir tavır almak istedim, ama bu insanlar... O niye geldi sanki? Biz ne kadar mutluyduk! –dedi. Bütün bedenini saran hıçkırıklar yüzünden zor soluk alıyordu.

Arkalarından hiçbir şey kovalamadığı, koşacak bir durum olmadığı, o bankta insanı sevindirecek bir şey bulamadıkları halde yüzleri aydınlanmış, sakinleşmiş olarak yanından geçip eve dönüşlerini hayretle izledi bahçıvan.

XV

Levin karısını üst kata çıkardıktan sonra evin Dolli'nin kullandığı bölümüne gitti. Darya Aleksandrovna bugün büyük bir üzüntü içindeydi. Odada dolaşıyor, köşede ayakta duran ve bağıra bağıra ağlayan küçük kıza öfkeyle çıkışıyor, başka ne ceza vereceğini bilemeyerek:

— Bütün gün köşede duracaksın, yemeğini tek başına yiyeceksin, tek bir bebeğini bile göremeyeceksin, sana elbise de dikmeyeceğim, –diyordu.

Levin'e dönerek:

— Yo, bu kötü bir kız! Nereden edindi bu pis huyları? –dedi.

Kendi sorununu danışmak isteyen Levin epey umursamaz bir tavırla:

— Ne yaptı peki? –dedi ve zamansız geldiği için de canı sıkıldı.

— Grişa'yla ahududu toplamaya gitmişler, orada da... yaptığı şeyi söylemeye bile dilim varmıyor. Miss Elliot'un olmayışına binlerce kez hayıflanıyorum. Bu ise hiçbir şeyle ilgilenmiyor, tam bir makine... Figurez vous, que'elle...*

Darya Aleksandrovna Maşa'nın kabahatini anlattı.

— Bu hiçbir şey kanıtlamaz, bunlar hiç de kötü huylar değil, sadece yaramazlık, –diye Dolli'yi teselli etti Levin.

— Sen bir şeye mi sinirlendin yoksa? Neden geldin? –diye sordu Dolli.– Bir şey mi oldu orada?

Levin, bu sorunun soruluş tarzından söylemeye niyetlendiği şeyi rahatça söyleyebileceğini anladı.

— Ben orada değildim, Kiti'yle bahçede yalnızdım. Tartıştık, hem de ikinci kez... Stiva'nın gelişinden beri.

Dolli, zeki ve anlayışlı gözlerle ona baktı.

— Elini vicdanına koy da söyle, Kiti'de değil de, bu beyefendide bir koca için hoş olmayan, hoş olmayan değil de korkunç, aşağılayıcı denebilecek bir eda yok mu?

— Yani sana nasıl söyleyeyim?.. Dur, dur o köşede! –dedi Dolli, annesinin yüzünde belli belirsiz bir gülümseme görünce dönmeye kalkan Maşa'ya.– Sosyetenin düşüncesi, onun bütün gençler gibi davrandığı şeklinde olurdu. Il fait la cour à une jeune et jolie femme,** sosyeteden bir kocanın da bundan koltukları kabarmalıdır.

— Evet, evet, –dedi Levin kaşlarını çatarak,– ama sen fark ettin, değil mi?

— Sadece ben değil, Stiva da fark etti. Çaydan hemen sonra bana şöyle dedi: Je crois que Veslovskiy fait un petit brin de cour à Kiti.***

---

* Düşünsenize, küçücük bir kız... (Fr.)

** O, genç ve güzel bir kadına kur yapıyor. (Fr.)

*** Sanırım, Veslovskiy Kiti'ye hafiften kur yapıyor. (Fr.)

— Pekâlâ çok güzel, şimdi içim rahatladı. Onu kovacağım, –dedi Levin.

Dolli korku içinde:

— Ne oluyorsun, aklını mı kaçırdın? –diye haykırdı. Ardından gülerek,– Ne yapıyorsun, Kostya aklını başına topla! –diye ekledi. Sonra Maşa'ya dönerek,– Hadi, şimdi Fanni'nin yanına gidebilirsin, –dedi.– Eğer istersen Stiva'ya söyleyeyim de onu buradan götürsün. Başka konuklarının geleceğini söyleyebilirsin. Zaten aramıza yakışmıyor.

— Hayır, hayır, kendim hallederim.

— Yoksa kavga mı edeceksin?..

Levin gerçekten de gözleri neşeyle parlayarak:

— Asla. Beni çok eğlendirecek, –dedi. Fanni'nin yanına gidemeyen ve annesinin karşısında onun bakışlarını yakalamaya çalışarak kararsız bir şekilde dikilen küçük suçluyla ilgili olarak da,– Hadi onu affet Dolli! Bir daha yapmaz, –dedi.

Dolli kızına baktı. Küçük kız hüngür hüngür ağlamaya başladı, yüzünü annesinin dizlerinin arasına gömdü ve Dolli, zayıf, sevecen elini kızının başına koydu.

"Bizimle ortak nesi var?" –diye düşündü Levin ve Veslovskiy'i aramaya gitti.

Holden geçerken istasyona gitmek üzere yaylı arabayı hazırlamalarını emretti.

— Dün yayı kırılmış, –diye karşılık verdi uşak.

— O zaman öbür arabayı hazırlasınlar, ama çabuk olun. Konuk nerede?

— Odalarına gittiler.

Levin, Vasenka'yı çantasından eşyalarını çıkartmış, yeni romansları yaymış, ata binmek için tozluklarını prova ederken buldu.

Levin'in yüzünde farklı bir şey mi vardı, yoksa Vasenka giriştiği ce petit brin de cour'un* bu ailede yersiz kaçtığını ken-

* Bu küçük flört. (Fr.)

diliğinden mi hissetmişti bilinmez, ama Levin'in içeri girmesine biraz (bir sosyete adamının yapabileceği kadar) bozuldu.

— Tozluklarla ata mı bineceksiniz?

Vasenka tombul ayağını sandalyenin üstüne koyup, tozluğun alt kopçasını takarak ve tatlı tatlı gülümseyerek:

— Evet, böyle çok daha temiz oluyor, –dedi.

Kuşkusuz iyi bir gençti Vasenka ve Levin, Vasenka'nın bakışlarındaki ürkekliği fark ettiği zaman ona acıdı, ev sahibi olarak da kendinden utandı.

Masanın üstünde o sabah jimnastik sırasında şişip kabarmış paralel barları düzeltmeye çalışırken birlikte kırdıkları bir sopa parçası duruyordu. Levin bu sopayı eline aldı ve nasıl başladığını bilmeden sopanın ucundaki kıymıkları kopartmaya başladı.

— İstiyordum ki... –Bir an sustu, ama birden Kiti'yi ve olanları anımsayıp kararlı bir şekilde Vasenka'nın gözlerinin içine bakarak,– Sizin için atları koşmalarını söyledim, –dedi.

— Nasıl yani? –diye şaşkınlıkla konuşmaya başladı Vasenka.– Nereye gidiyorum?

Levin sopanın ucundaki kıymıkları kopartarak asık bir suratla:

— İstasyona gideceksiniz, –dedi.

— Bir yere mi gidiyorsunuz, yoksa bir şey mi oldu?

— Evet oldu, konuk bekliyorum, –dedi Levin güçlü parmaklarıyla kıymıkları giderek daha hızlı kopartarak.– Aslında ne konuk bekliyorum, ne de bir şey oldu, ama sizden gitmenizi rica ediyorum. Kabalığımı istediğiniz şekilde yorumlayabilirsiniz.

Vasenka doğruldu.

Sonunda durumu anlayıp, ağırbaşlı bir edayla:

— *Sizin* açıklamanızı rica ediyorum, –dedi.

Levin, yüzündeki kasların titremesini saklamaya çalışarak, sakince ve tane tane:

— Size açıklayamam, –dedi.– İyisi mi siz de sormayın.

Kıymıkların hepsini koparttığı için sopanın uçlarından tuttu, iki parçaya ayırdı ve düşen parçayı çevik bir hareketle yakaladı.

Bu gerilmiş ellerin, o sabah jimnastik yaparken ellediği kasların, parlak gözlerin, sakin sesin ve titreyen yüz kaslarının görünüşü galiba Vasenka'yı sözcüklerden daha fazla ikna etmişti. Omuz silkip, küçümser gibi gülümsedi ve eğilerek selam verdi.

— Oblonskiy'i göremez miyim?

Omuz silkmesi ve gülümsemesi Levin'i kızdırmamıştı. "Yapacağı başka ne kaldı ki?" –diye düşündü Levin.

— Şimdi onu yanınıza yollarım.

Arkadaşından, evden kovulduğunu öğrenen Stepan Arkadyiç:

— Bu ne saçmalık! –dedi ve konuğun gitmesini beklerken bahçede dolaşan Levin'i bularak,– Mais c'est ridicule!* Seni hangi sinek ısırdı? Mais c'est du dernier ridicule!** Ne geldi aklına, yani eğer genç bir adam...

Ancak Levin'in ısırılan yeri anlaşılan hâlâ acıyordu, çünkü Stepan Arkadyiç, bu davranışın nedenini açıklamaya çalıştığında hemen onun sözünü kesti:

— Lütfen, nedenleri açıklama! Başka bir şey yapamam! Sana ve ona karşı çok mahcubum. Ama buradan gitmek onun için sorun olmayacak sanırım, oysa burada oluşu benim de, karımın da hoşumuza gitmiyor.

— Ama hakarete uğradı o! Et puis c'est ridicule.***

— Bense hem hakarete uğradım, hem acı çektim! Ayrıca benim hiçbir suçum yok, üzülecek bir şeyim de yok!

— Doğrusu, senden bunu beklemezdim! On peut être jaloux, mais à ce point, c'est du dernier ridicule!****

---

* Ama bu gülünç bir şey! (Fr.)

** Ama bu çok gülünç bir şey! (Fr.)

*** Hem sonra bu çok gülünç bir şey. (Fr.)

**** İnsan kıskanç olabilir, ama bu kadarı çok gülünç bir şey! (Fr.)

Levin hızla arkasını döndü, iki yanı ağaçlı yolun derinlerine doğru gitti ve tek başına bir aşağı bir yukarı dolaşmaya devam etti. Çok geçmeden arabanın gürültüsünü duydu ve ağaçların arasından Vasenka'nın İskoç beresi başında, kuru otların üstünde (ne yazık ki, arabada oturma yeri yoktu) sarsılarak yoldan geçtiğini gördü.

Uşak evden koşarak çıkıp arabayı durdurduğunda Levin "Ne oldu gene?" –diye düşündü. Levin'in tümden unuttuğu makinistti bu. Makinist selam vererek Veslovskiy'e bir şey söyledi, sonra arabaya bindi ve ikisi birlikte gitti.

Stepan Arkadyiç ve prenses Levin'in davranışına sinirlenmişti. O da kendini son derece ridicule* bulmakla kalmıyor, aynı zamanda tümden suçlu ve iki paralık olmuş hissediyordu; ama kendisinin ve karısının çektiği acıları anımsadığında ve başka nasıl davranabilirdim diye kendi kendisine sorduğunda aynı bu şekilde diye yanıt veriyordu.

Bütün bunlara karşın günün sonuna doğru, Levin'in bu davranışını bağışlamayan prenses dışındaki herkes, tıpkı aldığı cezayı çekmiş çocuklar ve ağır bir resmi kabulü atlatmış büyükler gibi olağanüstü bir şekilde canlanmış ve neşelenmişti. Öyle ki, akşam prenses yokken, Vasenka'nın kovulması artık eskiden olmuş bir şey gibi konuşuluyordu. Babasından olanları gülünç bir şekilde anlatma yeteneğini almış olan Dolli, bir konuk şerefine yeni kurdelelerini takıp konuk odasına tam girmişken birden külüstür bir arabanın gümbürtüsünü duyduğunu üçüncü ve dördüncü kez, her seferinde yeni gülünç ekler yaparak anlattığında Varenka'yı gülmekten yere düşürüyordu. Külüstür arabada kim vardı dersiniz? İskoç beresiyle, romanslarıyla, tozluklarıyla kuru otların üstünde oturan Vasenka'nın ta kendisi.

— Kapalı bir araba hazırlamalarını söyleseydin bari! Sonra "Durun!" diye bir ses duyuyorum. İnsafa geldiklerini

---

* Gülünç. (Fr.)

düşünüyorum. Bakıyorum, Vasenka'nın yanına şişman Alman'ı bindirip götürmüşler... Benim kurdeleler de böylece boşa gitmiş oluyor!..

XVI

Darya Aleksandrovna niyetini gerçekleştirdi ve Anna'ya gitti. Kız kardeşini kırdığını, kız kardeşinin kocasının hoşuna gitmeyen bir şey yaptığını düşünerek çok üzülüyordu; Vronskiy'le arasında hiçbir ilişki olmasını istemeyen Levin'in ne kadar haklı olduğunu anlıyordu; ama Anna'ya gitmeyi ve ona durumundaki değişikliğe karşın duygularının değişmediğini göstermeyi görev sayıyordu.

Darya Aleksandrovna, bu yolculukta Levinlere bağımlı olmamak için at kiralamak üzere köye bir adam yollamıştı; ancak Levin bunu öğrenince yanına gelip sitem etti.

— Yapacağın bu yolculuktan hoşlanmadığımı da nerden çıkarıyorsun? Eğer bu hoşuma gitmiyorsa, atları benden almaman hiç hoşuma gitmiyor, –dedi Levin.– Gitmek kararında olduğunu bana bir kere bile söylemedin. Köyden at kiralamaya gelince, birincisi bu benim açımdan hoş olmaz, asıl önemlisi de onlar tamam der, ama götürmezler. Bende de at var. Eğer beni kırmak istemiyorsan, benimkileri al.

Darya Aleksandrovna kabul etmek zorunda kaldı ve kararlaştırılan günde Levin baldızı için iş ve binek hayvanlarından çok güzel olmasa da, onu bir günde götürebilecek dört at ve bir de yolda değiştirmek üzere yedek at hazırladı. Yanlarından gidecek olan prenses ve ebe için de at gereken bir anda Levin için zor bir durumdu bu, ama konukseverlik gereği Darya Aleksandrovna'nın onun evindeyken at kiralamasına izin veremezdi, üstelik de bu yolculuk için Darya Aleksandrovna'dan istedikleri yirmi rublenin onun için ne kadar önemli olduğunu biliyordu; Darya Aleksandrovna'nın çok berbat bir durumdaki para sorunlarını Levinler kendi sorunları gibi görüyordu.

Darya Aleksandrovna Levin'in tavsiyesine uyarak gün ağarmadan yola çıktı. Yol güzeldi, araba rahattı, atlar neşeyle koşuyorlardı, arabacı yerinde arabacıdan başka uşak yerine Levin'in güvenlik amacıyla yolladığı kâtip oturuyordu. Darya Aleksandrovna uyukluyordu ve ancak atların değiştirileceği hana yaklaştıklarında uyandı.

Darya Aleksandrovna, Levin'in Sviyajskiy'e giderken durduğu zengin köylünün evinde çay içtikten ve köylü kadınlarla çocuklar, yaşlı adamla da onun pek övdüğü Kont Vronskiy hakkında sohbet ettikten sonra saat onda tekrar yola çıktı. Evde, çocuklarla uğraşmaktan zaman hiç aklına gelmezdi. Ama şimdi, bu dört saatlik yolda daha önce bastırılmış olan bütün düşünceler bir anda kafasına üşüşmüştü ve tüm hayatını, önceden hiç yapmadığı şekilde çok farklı yönlerden gözden geçiriyordu. Düşünceleri kendisinin de tuhafına gidiyordu. İlkin prensesin ve asıl Kiti'nin (ona daha fazla güveniyordu) bakmaya söz verdikleri, yine de merak ettiği çocukları düşündü. "Umarım Maşa yine yaramazlık yapmaz, Grişa'yı at tepmez, Lili'nin midesi daha çok bozulmaz." Ancak daha sonra bugünün sorunları yerini yakın geleceğin sorunlarına bırakmaya başladı. Bu kış Moskova'da yeni bir ev tutmaları, konuk salonundaki mobilyaları değiştirmeleri ve büyük kıza kürk yaptırmaları gerektiğini düşünmeye koyuldu. Sonra daha da uzak bir geleceğin sorunları gözünün önünde canlanmaya başladı: Çocukları nasıl adam edecekti. "Kızlar neyse de," diye düşünüyordu, "ya oğlanlar ne olacak?"

Grişa'yla şimdi güzel ilgileniyorum, ama şu anda boş olduğum, doğum falan yapmadığım için yapabiliyorum bunu. Stiva'ya elbette bel bağlanmaz. İyi insanların yardımıyla onları yetiştiririm, ama ya yine doğum yaparsam..." Ve aklına kadının çocuğunu acılar içinde doğurmak üzere lanetlendiğini söylemenin ne büyük haksızlık olduğu düşüncesi geldi. "Doğurmak bir şey değil, ama taşımak, asıl işkence," – diye düşündü son hamileliğini ve bu sonuncu bebeğin ölümünü gözünde canlandırıp. Handa genç bir kadınla yaptığı konuşmayı anımsadı. Çocuğun var mı sorusuna bu güzel genç kadın neşeyle şu yanıtı vermişti:

— Bir tane kız vardı, Tanrı beni kurtardı, geçen oruçta gömdüm.

— Çok üzülmüşsündür, değil mi? –diye sormuştu Darya Aleksandrovna.

— Neden üzüleyim? İhtiyarın o kadar çok torunu var ki. Dertten başka bir şey değil. Ne çalışabilirsin, ne iş yapabilirsin. Sadece ayak bağı.

Genç kadının iyilik dolu sevimli yüzüne rağmen bu yanıt Darya Aleksandrovna'ya çok iğrenç gelmişti, ama şimdi elinde olmadan bu sözleri anımsıyordu. Bu arsız sözlerde gerçeklik payı da vardı.

On beş yıllık evlilik hayatını gözden geçiren Darya Aleksandrovna "Evet, genel olarak hamilelik, bulantı, zihin uyuşukluğu, her şeye karşı ilgisizlik ve en önemlisi de çirkinleşmeyle geçiyor, –diye düşünüyordu.– Gencecik, güzel Kiti bile bozuldu, bense hamilelikte çirkinleşiyorum, bunu biliyorum. Doğum, sancılar, korkunç sancılar, o son dakika... sonra emzirme, o uykusuz geceler, o korkunç ağrılar..."

Darya Aleksandrovna hemen hemen her bebekte yaşadığı çatlayan meme uçlarının acısını yalnızca anımsamakla bile ürpermişti. "Sonra çocukların hastalıkları, o sonsuz korku; sonra çocukların yetiştirilmesi, kötü huyları (küçük Maşa'nın ahududu toplarken işlediği suçu anımsadı), öğrenimleri, Latince... Bunların hepsi ne kadar anlaşılmaz ve zor. Hepsinin üstüne bir de bu çocukların ölümü." Ve hayalinde tekrar ana yüreğini her zaman ezen, difteriden kaybettiği en son oğlunun ölümü, bebeğin gömülmesi, bu küçük pembe tabuta karşı herkesin aldırmazlığı ve üzerindeki sırmalı haçıyla pembe kapağını kapattıkları anda tabutun içinde görünen şakakları lüle lüle, soluk alnın, hayretle açılmış minik ağzın karşısında yüreğini parçalayan yapayalnız acısı canlandı.

"Ve bütün bunlar ne için? Bütün bunlardan ne olacak? Bir an rahat yüzü görmeden, kâh hamile olarak, kâh bebek emzirerek her zaman sinirli, hırçın, üzüntü içinde, başkalarını da üzen bir halde, kocamın hoşuna gitmeden bütün hayatımı geçireceğim ve mutsuz, kötü eğitilmiş ve yoksul çocuklar yetişecek. İşte olacağı bu. Şimdi de eğer yazı Levinlerde geçirmeseydik, nasıl geçinirdik bilmiyorum. Elbette Kostya ve Kiti, o kadar nazikler ki bize fark ettirmiyorlar; ama böyle devam edemez. Çocukları olacak, bize yardım edemeyecekler; şimdiden sıkışık durumdalar. Kendine hemen hemen hiçbir şey bırakmayan babam yardım edecek mi? Çocukları tek başıma yetiştiremem, başkalarının yardımı olmadan, bu aşağılayıcı duruma katlanmadan olmayacak. Hadi en şanslı olasılığı kabul ettik diyelim, bundan sonra çocuklar ölmeyecek ve bir şekilde onları büyüteceğim. En iyi olasılıkla sadece serseri, hayırsız çocuklar olmayacaklar. İşte bütün isteyebileceğim bu kadar. Hepsi hepsi bu kadarcık bir şey için o kadar eziyet, o kadar emek... Tüm hayatı mahvoluyor insanın!" Sonra genç köylü kadının söylediği şeyi tekrar anımsadı ve bunu anımsamaktan yine iğrendi; ancak bu sözlerde kaba bir gerçek payının da olduğunu görmemezlikten gelemezdi.

Darya Aleksandrovna, onu ürküten düşüncelerden uzaklaşmak için kâtibe:

— Daha çok var mı? –diye sordu.

— Bu köyden yedi verst çektiğini söylüyorlar.

Araba köyün içindeki sokaktan bir köprüye indi. Köprüde omuzlarında bağlanmış başak demetleriyle neşeli köylü kadınlarından oluşan bir kalabalık bağıra çağıra, keyifle sohbet ederek yürüyordu. Kadınlar arabaya merakla bakarak durdu. Kendisine çevrilmiş yüzlerin hepsi de Darya Aleksandrovna'ya sağlıklı, neşeli, yaşama sevinçleriyle onu alaya alan yüzler gibi geldi. Köylü kadınları geride bırakıp bir tepeye tırmandıktan sonra atların tırıs gidişiyle eski arabanın yumuşak yayları üzerinde tatlı tatlı sallanırken Darya Aleksandrovna "Herkes yaşıyor, hayatın tadını çıkarıyor, –diye düşündü,– bense dertleriyle beni öldüren bir dünyadan sanki hapishaneden kurtulmuş gibi çıkarak ancak şimdi bir an kendime gelebildim. Herkes yaşıyor, bu köylü kadınlar, kardeşim Natali, Varenka, yanına gittiğim Anna, bir tek ben hariç.

Oysa Anna'ya saldırıyorlar. Niye? Niye, ben ondan daha mı iyiyim? Hiç değilse sevdiğim bir kocam var. Sevmek istediğim şekilde değil, ama onu seviyorum, oysa Anna kocasını sevmiyordu. Anna'nın ne suçu var? O, yaşamak istiyor. Tanrı bu duyguyu ruhumuza koymuş. Büyük olasılıkla aynı şeyi ben de yapardım. O korkunç günlerde, Moskova'ya bana geldiğinde onu dinleyerek iyi mi yaptım, kötü mü hâlâ bilmiyorum. O zaman kocamı terk edip, hayata baştan başlamalıydım. Gerektiği gibi sevebilir ve sevilebilirdim. Şimdi daha mı iyi sanki? Ona saygı duymuyorum. Benim için gerekli, –diye kocasını düşündü,– ve ona katlanıyorum. Bu daha mı iyi? O zamanlar daha çok hoşa gidebilirdim, güzelliğim duruyordu hâlâ," –diye düşünmeye devam eden Darya Aleksandrovna aynaya bakma isteği duydu. Çantasında küçük bir yol aynası vardı ve onu almak istedi; ama arabacının ve sallanıp duran kâtibin omuzlarına bakınca, ikisinden biri dönüp arkasına bakarsa ayıp olacağını düşünerek aynaya bakmaktan vazgeçti.

Aynaya bakmasa bile, hâlâ geç olmadığını düşündü ve kendisine karşı son derece kibar davranmış Sergey İvanoviç'i, Stiva'nın arkadaşı, kızıl hastalığı sırasında çocuklara bakmasına yardım eden ve kendisine âşık olan iyi yürekli Turovtsın'ı anımsadı. Kocasının şakayla anlattığı gibi, onu kız kardeşlerin en güzeli olarak gören çok genç bir adam daha vardı. Ve Darya Aleksandrovna'nın hayalinde en tutkulu ve en olmayacak aşk hikâyeleri canlandı. "Anna çok iyi yaptı, onu asla kınamayacağım artık. Kendisi mutlu, bir başkasını mutlu ediyor ve benim gibi ezilmiş değil, doğrusu, her zamanki gibi taze, akıllı, herkese karşı açık yürekli," –diye düşündü Darya Aleksandrovna ve dudakları çapkın bir gülümsemeyle büzüldü.

Bu gülüşün nedeni, Anna'nın hikâyesini düşünürken onunla paralel olarak Darya Aleksandrovna'nın hayalinde kendisine âşık birkaç erkekten oluşan tek bir erkek yaratarak kendi aşk hikâyesini oluşturmasıydı. O da tıpkı Anna gibi her şeyi kocasına itiraf ediyordu. Bu itirafı duyan Stepan Arkadyiç'in hayreti de, şaşkınlığı da onu gülümsetti.

Darya Aleksandrovna bu hayallere kapılmış bir halde, ana yoldan Vozdvijenskoye'ye ayrılan sapağa yaklaşıyordu.

XVII

Arabacı arabayı durdurdu ve sağ tarafa, bir yük arabasının yanında köylülerin oturduğu çavdar tarlasına baktı. Kâtip arabadan atlayıp inmek istedi, ama sonra vazgeçti ve köylülerden birine işaret edip, yanına çağırarak emredercesine seslendi. Gelirken esen rüzgâr, durduklarında kesilmişti; atsinekleri, öfkeyle kendilerinden kurtulmaya çalışan terli atlara yapışıyordu. Yük arabasının yanından gelen bilenen bir tırpanın madeni sesi kesildi. Köylülerden biri kalktı ve arabaya doğru yürüdü.

Kâtip, çiğnenmiş kuru yolda çıplak ayaklarıyla ağır aksak adımlar atarak gelen köylüye:

— Amma da ağırsın be! Yürü biraz! –diye bağırdı.

Kambur sırtı terden kararmış, saçlarına bir hasır parçası bağlamış kıvırcık saçlı köylü adımlarını hızlandırıp, arabaya yaklaştı ve güneş yanığı eliyle arabanın çamurluğunu tuttu.

— Vozdvijenskoye'ye, beyin konağına mı? –dedi ve– Kontun konağına mı? –diye yineledi.– Sırtı çıkacaksın, sonra sola döneceksin. Dümdüz gidince karşına çıkacak. Kime gidiyorsunuz? Beye mi?

Köylüye Anna'yı sorup soramayacağını bilemeyen Darya Aleksandrovna:

— Evdeler mi babacığım? –diye sordu üstü kapalı olarak.

Köylü çıplak ayaklarıyla bastığı yerlere tekrar basarak ve tozun üstünde beş parmağının izini bırakarak:

— Evdeler herhalde, –dedi. Galiba gevezelik etmek istediği için,– Evdelerdir herhalde, –diye yineledi.– Dün konukları da gelmişti. Konuklar, hem de bir sürü... –başını çevirip yük arabasından kendisine bağırarak bir şey söyleyen delikanlıya,– Ne diyorsun? –dedi.– Aynen öyle! Biraz önce orak makinesine bakmak için hepsi atlı olarak buradan geçti. Şimdi evde olmalılar. Peki siz kimlerden oluyorsunuz?..

Arabacı arabaya binerek:

— Uzaktan geliyoruz. Demek uzak değil? –dedi.

Köylü elini arabanın çamurluğunun üzerinde gezdirerek:

— Dedim ya, şuracıkta. Çıkar çıkmaz... –dedi.

Sağlam yapılı delikanlı da yanlarına geldi.

— Ürün toplamak için işçi falan gerekiyor mu? –diye sordu.

— Bilmiyorum yavrucuğum.

Yolcuları bırakmaya pek hevesli olmayan ve biraz daha çene çalmak isteyen köylü:

— Demek ki, sola döneceksin karşına çıkıverecek, –dedi.

Arabacı atları dehledi, ama daha yeni sapmışlardı ki, köylü bağırdı:

— Dur! Hey, arkadaş! Dur! –diye iki ses birden bağırıyordu.

Arabacı durdu.

— Kendileri geliyor! İşte onlar! –diye bağırdı köylü. Yoldan gelmekte olan dördü atlı, ikisi iki tekerlekli üstü açık arabadakileri göstererek,– Gördün mü, geliyorlar! –dedi.

Atlı olanlar jokeyle Vronskiy, Veslovskiy'le Anna'ydı. Arabadakiler de Sviyajskiy'le Prenses Varvara'ydı. Gezmeye ve yeni gelen orak makinelerini görmeye çıkmışlardı.

Darya Aleksandrovna'nın arabası durduğunda atlılar yavaş yavaş yaklaştı. Önde Anna yanında Veslovskiy'le geliyordu. Anna, yelesi kesilmiş ve kısa kuyruklu, kısa boylu, sağlam yapılı İngiliz midillisini sakin bir âdetayla sürüyordu. Yüksek şapkasının altından görünen kıvırcık siyah saçlı güzel başı, toplu omuzları, siyah binici giysisinin içindeki ince beli ve sakin, zarif oturuşu Dolli'yi hayran bıraktı.

Anna'nın ata binmesi ilk bakışta uygunsuz gelmişti Dolli'ye. Darya Aleksandrovna'nın kafasında bir kadının ata binmesi, Anna'nın durumuna hiç uymayan bir genç kız hoppalığıyla birleşiyordu; ama ona yakından bakınca hemen ata binmesi düşüncesini kabul etti. Zarafetine karşın Anna'nın duruşundaki, giyimindeki ve hareketlerindeki her şey o kadar sade, o kadar rahat ve o kadar saygı uyandırıcıydı ki, ata binmesinden daha doğal bir şey olamazdı.

Anna'nın yanında, iyice ısınmış, gri bir süvari atının üstünde, şişman bacaklarını ileri uzatmış, görünüşe bakılırsa kendine hayran Vasenka Veslovskiy, başında kurdeleleri dalgalanan İskoç beresiyle oturuyordu ve Darya Aleksandrovna onu tanıyınca neşeli gülümsemesini tutamadı. Onların ardından Vronskiy geliyordu. Altında herhalde dörtnala koşmaktan ter içinde kalmış, koyu kestane rengi safkan bir at vardı. Hayvanı tutmak için dizginleri çekiyordu.

Vronskiy'in arkasından jokey giysili ufak tefek bir adam geliyordu. Prensesle Sviyajskiy, iri siyah bir atın çektiği yepyeni üstü açık arabayla atlıların peşinden geliyorlardı.

Dolli'nin eski arabanın bir köşesine yaslanmış ufak bedenini tanıdığında Anna'nın yüzü bir anda sevinçli bir gülümsemeyle aydınlandı. Bir çığlık attı, eyerin üstünde hafifçe kımıldadı ve atını dörtnala kaldırdı. Arabaya doğru gelip kimsenin yardımı olmadan yere atladı ve binici giysisinin eteğini tutarak Dolli'yi karşılamaya koştu.

Kâh yanağını Dolli'nin yüzüne bastırıp onu öperek, kâh kendinden uzaklaştırıp, yüzüne bakıp gülümseyerek:

— Sen olduğunu düşünüyordum ve buna cesaret edemiyordum. Bu ne büyük mutluluk! Ne kadar sevindiğimi tasavvur edemezsin! –dedi Anna.

Atından inen ve yanlarına doğru gelen Vronskiy'e bakarak:

— Ne büyük mutluluk Aleksey! –dedi.

Vronskiy gri yüksek şapkasını çıkartıp, Dolli'nin yanına geldi.

Sözlerine özel bir anlam vererek ve sağlam, beyaz dişlerini ortaya çıkaran bir gülümsemeyle:

— Gelişinize ne kadar sevindiğimizi bilemezsiniz, –dedi Vronskiy.

Vasenka Veslovskiy atından inmeden, beresini çıkartmış ve kurdeleleri başının üstünde neşeyle sallayıp konuğu selamlıyordu.

Üstü açık araba yaklaştığı sırada Dolli'nin soru soran bakışlarına karşılık Anna:

— Bu, Prenses Varvara, –dedi.

— A! –dedi Darya Aleksandrovna ve yüzü elinde olmaksızın bir hoşnutsuzluk ifadesi aldı.

Prenses Varvara kocasının halasıydı, onu çok eskiden tanıyor ve saygı duymuyordu. Prenses Varvara'nın hayatının tümünü zengin akrabalarının yanında dalkavukluk ederek geçirdiğini biliyordu; ama onun şimdi kendisi için yabancı biri olan Vronskiy'in evinde oturması kocasının akrabalığı nedeniyle Dolli'nin ağırına gitmişti. Anna Dolli'nin yüzündeki ifadeyi fark etti ve utandı, kıpkırmızı oldu, binici giysisinin eteğini bıraktı ve ayağı eteğe takıldı.

Darya Aleksandrovna duran arabanın yanına gidip, Prenses Varvara'yla soğuk bir şekilde selamlaştı. Sviyajskiy de tanıdıktı. Sviyajskiy, genç karısıyla birlikte tuhaf arkadaşının nasıl olduklarını sordu ve Darya Aleksandrovna'nın arabasının birbirine denk olmayan atlarına, yamalı çamurluklarına hızlı bir bakış atıp hanımlara kendi bindikleri iki tekerlekli arabayla gitmelerini önerdi.

— Ben de şu taşıt aracıyla giderim, –dedi.– At yumuşak başlı, Prenses de mükemmel sürüyor.

Yanlarına gelen Anna:

— Yo, siz eskisi gibi kalın, biz bu arabayla gideriz,– dedi ve Dolli'nin koluna girip götürdü.

Darya Aleksandrovna'nın gözleri, bu zarif, eşi benzeri görülmemiş arabanın, bu harika atların, çevresindeki zarif ve parlak yüzlerin üzerinde dolaşıp duruyordu. Ama onu hepsinden çok etkileyen, tanıdığı ve sevdiği Anna'da meydana gelen değişiklikti. Anna'yı önceden tanımayan ve özellikle de Darya Aleksandrovna'nın yol boyunca düşündüğü şeyleri düşünmeyen, daha az dikkatli başka bir kadın Anna'da farklı bir şey olduğunu göremezdi. Ama Dolli, aşkın sadece ilk anlarında kadınlarda görülen ve şu anda Anna'nın yüzünde de gördüğü o geçici güzelliğe hayran kalmıştı. Yüzündeki her şey, yanaklarındaki ve çenesindeki çukurların belirginliği, dudaklarının kıvrımı, âdeta tüm yüzünün çevresinde uçuşan gülümseme, gözlerinin parıltısı, hareketlerindeki zarafet ve çabukluk, sesinin dolgunluğu, sağ ayağıyla dörtnala kalkmayı öğretmek için midillisine binmek üzere ondan izin isteyen Veslovskiy'e tatlı-sert yanıt verirkenki tavrı bile son derece çekiciydi; galiba kendisi de bunu biliyor ve mutlu oluyordu.

İki kadın arabaya bindiklerinde bir anda ikisi de utandı. Anna, Dolli'nin kendisine yöneltti̇ği dikkatli, soru soran bakıştan utanmıştı; Dolli de Sviyajskiy'in taşıt aracı sözünden sonra Anna'nın onunla birlikte bindiği toz içindeki eski araba yüzünden utanmıştı. Arabacı Filipp ve kâtip de aynı duyguyu hissediyordu. Kâtip utancını gizlemek için hanımların binmesine yardım ederek koşturdu, ama arabacı Filipp kaşlarını çatıp gösterişe boyun eğmemeye en baştan kendini hazırladı. İki tekerlekli arabadaki siyah ata bakıp, içinden bu atın ancak bu arabayla gezinti için iyi olduğuna ve bu sıcakta, tek bir atla kırk verst gidemeyeceğine karar verip, alaycı bir şekilde gülümsedi.

Yük arabasının yanında ayağa kalkan köylüler konukların buluşmasına merakla ve keyifle bakıyor, yorum yapıyorlardı.

Kıvırcık saçını hasır parçasıyla bağlamış olan yaşlı köylü:

— Çok sevindiler, uzun zamandır görüşmemişler, –dedi.

— Gerasim Amca, şu siyah aygır bizim demetleri ne güzel çekerdi!

İçlerinden biri, kadın eyerine oturan Vasenka Veslovskiy'i göstererek:

— Baksanıza, pantolon giymiş bir kadın mı şu? –dedi.

— Yok canım, erkek. Görmüyor musun, ne kadar ustaca hoplatıyor atı!

— E, çocuklar, uyumayacak mıyız?

— Ne uykusu şimdi! –dedi yaşlı köylü yan gözle güneşe bakarak.– Baksana, ikindi vakti geçmiş! Hadi alın kancaları da yürüyün!

XVIII

Anna, Dolli'nin zayıf, yorgun, kırışıklarına toz dolmuş yüzüne bakıyor ve aklından geçen şeyi, Dolli'nin zayıfladığını söylemek istiyordu; ama kendisinin güzelleştiğini ve Dolli'nin bakışının da ona bunu söylediğini anımsayınca derin bir iç geçirdi ve kendinden söz etmeye başladı.

— Bana bakıyorsun, –dedi,– ve içinde bulunduğum durumda mutlu olabiliyor muyum diye düşünüyorsun. E, ne desem? İtiraf etmeye utanıyorum, ama ben... ben bağışlanmayacak şekilde mutluyum. Korkunç, tüyler ürpertici bir şeyin olduğu, birden uyandığın ve bu korkuların hiçbirinin olmadığı düş gibi büyülü bir şey geldi başıma. Uyandım. Çok sıkıntılı, korkunç bir şey geçirdim ve artık uzun zamandır, özellikle de buraya geldiğimizden bu yana öyle mutluyum ki! –dedi ürkek bir gülümsemeyle Dolli'ye soru sorar gibi bakarak.

Dolli gülümseyerek, elinde olmadan istediğinden daha soğuk bir şekilde:

— Ne kadar sevimdim! –dedi.– Senin adına çok sevindim. Neden bana hiç yazmadın?

— Neden mi?.. Cesaret edemediğimden... Durumumu unutuyorsun...

— Bana yazmaya mı cesaret edemedin? Keşke bilseydin nasıl... düşündüğümü...

Darya Aleksandrovna sabahki düşüncelerini söylemek istedi, ama nedense şimdi yeri değilmiş gibi geldi.

— Neyse, bunu sonra konuşuruz, –dedi ve lafı değiştirmek isteğiyle akasya ve leylaklardan oluşan canlı bir çitin arasından görünen kırmızı ve yeşil çatıları göstererek,– Şu binalar ne? –diye sordu.– Sanki küçük bir kasaba.

Fakat Anna ona yanıt vermedi.

— Yo, yo! Benim durumum hakkında ne düşünüyorsun, söyle? –diye sordu.

— Bana göre... –diye Darya Aleksandrovna tam söze başladığı sırada midilliyi sağ ayağından dörtnala kaldırmış olan Vasenka Veslovskiy, sırtında kısa ceketi, güderi kadın eyerinin üstünde ağır gövdesiyle zıplayarak dörtnala yanlarından geçiyordu.

Vasenka:

— Oluyor Anna Arkadyevna! –diye bağırıyordu.

Anna ona bakmadı bile; fakat Darya Aleksandrovna, bu uzun konuşmaya arabada başlamanın yersiz kaçacağını hissederek düşüncesini kısaca ifade etti.

— Hiçbir şey düşünmüyorum, –dedi,– ama seni her zaman sevdim, birini seversen eğer, olmasını istediğin gibi değil, olduğu gibi, her şeyiyle seversin.

Anna gözlerini arkadaşının yüzünden ayırıp kısarak (Dolli'nin bilmediği yeni bir alışkanlığıydı bu), bu sözlerin anlamını tam olarak kavramak isteğiyle düşünceye daldı. Galiba istediği şekilde kavradıktan sonra Dolli'ye baktı.

— Eğer günahın varsa, –dedi,– buraya geldiğin ve bu sözleri söylediğin için hepsi bağışlanmıştır.

Ve Dolli Anna'nın gözlerinin yaşlarla dolduğunu gördü. Hiçbir şey söylemeden Anna'nın elini tutup sıktı.

Bir anlık sessizlikten sonra:

— Söylesene nedir bu binalar? Ne kadar çok! –diye sorusunu yineledi.

— Onlar çalışanların evleri, hara ve at ahırı, –diye yanıtladı Anna.– Buradan da park başlıyor. Bunların hepsi ihmal edilmişti, ama Aleksey hepsini yeniden canlandırdı. Bu malikâneyi çok seviyor ve benim hiç beklemediğim bir şey yapıp, kendini çiftlik işlerine verdi. Zaten çok zengin bir yapısı var! Neye el atsa mükemmel yapıyor. Sıkılmak bir yana, canla başla uğraşıyor. Bildiğim kadarıyla idareli, olağanüstü bir patron oldu, hatta çiftlikle ilgili işlerde cimri bile sayılabilir. Ama sadece çiftlik işlerinde. On binlerce rublenin söz konusu olduğu yerlerde hesap yapmaz, –dedi Anna, kadınların genellikle sevdikleri erkeğin gizli, sadece onlar tarafından bilinen özelliklerinden söz ederkenki sevinçli ve kurnaz gülümsemesiyle.– Şu büyük binayı görüyor musun? O, yeni hastane binası. Sanıyorum, yüz binden daha fazlaya mal olacak. Bu onun *dada*'sı* şimdi. Biliyor musun bu nereden çıktı? Köylüler çayırı onlara daha ucuza bırakmasını rica etmişlerdi, kabul etmemişti. Ben de onu cimrilikle suçlamıştım. Elbette bundan değil, ama bir sürü şey bir araya gelince cimri olmadığını göstermek için bu hastaneyi yaptırmaya başladı. Aslında C'est une petitesse;** ama bu yüzden onu daha da çok seviyorum. İşte şimdi evi göreceksin. Dedesinden kalma ev, dış görünüşünde hiçbir değişiklik yapılmamış.

Bahçedeki yaşlı ağaçların farklı farklı yeşilleri arasından görünen sütunlu çok güzel eve elinde olmadan şaşkınlıkla bakan Dolli:

— Ne kadar güzel! –dedi.

— Güzel, değil mi? Üst kattan bakınca manzara harika.

İki işçinin bellenmiş bir çiçek tarhının çevresine işlenmemiş sünger taşı döşedikleri, çakıltaşıyla kaplanmış ve çiçeklikle

---

* Hobisi. (Fr.)

** Önemsiz bir şey. (Fr.)

bezenmiş avluya girip, üstü örtülü giriş kapısının önünde durdular.

Kapının önünden yeni götürülen binek atlarına bakan Anna:

— A, gelmişler bile! –dedi.– Şu at güzel değil mi? Bir midilli. Benim en sevdiğim at. Buraya getirin ve biraz şeker verin bana. Kont nerede? –diye sordu kapıdan dışarı fırlayan, gösterişli iki uşağa. Veslovskiy'le birlikte karşıdan gelen Vronskiy'i görünce,– Hah, orada! –dedi.

Vronskiy Anna'ya Fransızca:

— Prensesi nereye yerleştireceksiniz? –dedi. Yanıtı beklemeden Darya Aleksandrovna'yla bir kez daha selamlaştı ve bu kez elini öptü.– Balkonlu büyük odaya yerleştirirsiniz sanırım.

— Ah hayır, orası uzak! Köşedeki oda daha iyi, daha fazla görüşürüz. Hadi, gidelim, –dedi Anna uşağın getirdiği şekeri sevgili atına yedirerek.

Kapının önündeki merdivene çıkan Veslovskiy'e:

— Et vous oubliez votre devoir,* –dedi.

Veslovskiy parmaklarını yeleğinin cebine sokarken gülümseyerek:

— Pardon, j'en ai tout plein les poches,** –diye yanıtladı.

Şekeri alırken atın ıslattığı elini mendile silen Anna:

— Mais vous venez trop tard,*** –dedi. Anna Dolli'ye dönerek,– Ne kadar kalacaksın? Bir gün mü? Bu mümkün değil!

Hem çantasını arabadan alması gerektiği, hem de yüzünün çok tozlu olduğunu bildiği için kendini mahcup hisseden Dolli:

— Öyle söz verdim, hem de çocuklar...–dedi.

— Hayır, Dolli, şekerim... Neyse sonra bakarız. Gidelim, gidelim! –ve Anna Dolli'yi odasına götürdü.

Bu oda Vronskiy'in önerdiği oda değil, Anna'nın Dolli'den özür dileyerek verdiği odaydı. Ve özür dilemeyi gerektiren

---

* Görevinizi unutuyorsunuz. (Fr.)

** Bağışlayın ceplerim bununla doluydu. (Fr.)

*** Ama siz çok geç geldiniz. (Fr.)

bu oda, Dolli'nin daha önce hiçbir zaman kalmadığı ve ona yurtdışındaki en iyi otelleri anımsatan son derece lüks döşenmiş bir odaydı.

Üstünde binici eteğiyle bir an Dolli'nin yanına ilişen Anna:

— Öyle mutluyum ki canım! –dedi.– Bana seninkileri anlat. Stiva'yı şöyle bir gördüm. Ama çocukları o anlatamaz zaten. Benim sevgili Tanya'm nasıl? Koca kız olmuştur herhalde?

— Evet, kocaman oldu, –diye kısa bir yanıt verdi Darya Aleksandrovna ve çocuklarıyla ilgili bir soruya bu kadar soğuk bir yanıt vermesine kendisi de hayret etti.– Levinlerdeki hayatımız çok güzel, –diye ekledi.

— Beni küçümsemediğini bilseydim... –dedi Anna.– Hepiniz bize gelirdiniz. Stiva, Aleksey'in eski ve iyi arkadaşı zaten, –diye ekledi ve birden kıpkırmızı oldu.

— Evet, ama biz böyle iyiyiz... –diye yanıtladı Dolli utanarak.

— Sevinçten saçma sapan konuşuyorum. Ama, canım, seni gördüğüme çok sevindim! –dedi Anna Dolli'yi tekrar öperek.– Hakkımda ne düşündüğünü hâlâ söylemedin bana, oysa ben hepsini bilmek istiyorum. Ama beni olduğum gibi gördüğün için sevinçliyim. En önemlisi, benim bir şey kanıtlamak peşinde olduğumun düşünülmesini istemiyorum. Ben hiçbir şey kanıtlamak istemiyorum, sadece yaşamak istiyorum; kendimden başka hiç kimseye kötülük etmeden yaşamak. Buna hakkım var, değil mi? Neyse bu uzun uzun konuşulacak bir konu ve biz her şeyi güzelce konuşacağız daha. Şimdi ben üstümü değiştirmeye gidiyorum, sana hizmetçi kızı gönderirim.

XIX

Darya Aleksandrovna yalnız kalınca odasını bir ev kadınının gözüyle inceledi. Eve gelirken ve evin içinden geçerken, şimdi odasında gördüğü şeylerin hepsi, onda yalnızca İngiliz romanlarında okuduğu, ama Rusya'da ve köyde henüz hiç görmediği bir bolluk, moda düşkünlüğü ve yeni Avrupa tarzı lüks izlenimi uyandırmıştı. Yeni Fransız duvar kâğıtlarından odanın tamamını kaplayan halıya kadar her şey yeniydi. Yatak, şiltesiyle, özel bir karyola başıyla, ipek kılıflı küçük yastıklarıyla yaylı bir yataktı. Mermer lavabo, tuvalet, sehpalar, şöminenin üstündeki bronz saat, perdeler ve resimler... Bunların hepsi pahalı ve yeni şeylerdi.

Hizmetini görmeye gelen ve saç tuvaleti de, giyimi de Dolli'kinden daha çok modaya uygun olan şık hizmetçi kız da bütün bu oda gibi yeni ve pahalıydı. Kızın nezaketi, derli topluluğu ve hizmet etme hevesi Darya Aleksandrovna'nın hoşuna gitti, ama kızın yanında rahatsız oldu; bir talihsizlik eseri yanlışlıkla çantasına koyduğu yamalı gecelik yüzünden kızdan utandı. Evdeyken o kadar övündüğü yamalı ve dikilmiş yerler yüzünden şimdi utanıyordu. Altı gecelik için yirmi dört arşınlık altmış beş kapiklik keten kumaş gerektiğini, bunun garnitür ve dikiş dışında on beş rubleden fazla para anlamına geldiğini biliyordu ve gecelikler yamanarak bu on beş ruble tasarruf edilmiş oluyordu. Fakat hizmetçinin önünde utanmasa da, rahatsız olmuştu.

Darya Aleksandrovna, odaya eskiden tanıdığı Annuşka girince büyük bir rahatlama hissetti. Şık hizmetçi kız, hanımı tarafından çağrılmıştı ve Annuşka Darya Aleksandrovna'nın yanında kaldı.

Annuşka belli ki hanımefendinin gelişine çok sevinmişti, hiç susmadan konuşuyordu. Dolli, hanımının durumu, özellikle de kontun Anna Arkadyevna'ya karşı sevgisi ve bağlılığı konusunda kızın düşüncesini söylemek istediğini fark etmiş olsa da, kız konuşmaya başlar başlamaz onu hemen durduruyordu.

— Ben Anna Arkadyevna'yla büyüdüm, benim için herkesten daha değerlidir. Yargılamak bize düşmez. Galiba sevmek...

Darya Aleksandrovna hizmetçi kızın sözünü keserek:

— Mümkünse lütfen şunu yıkatıver, –dedi.

— Başüstüne efendim. Bizde öteberinin yıkanmasına iki kadın bakar özel olarak. Çamaşırlar ise hep makinede yıkanır. Kont her şeyle kendisi ilgilenir. Öyle bir koca ki...

Anna'nın yanına gelmesine ve gelişiyle Annuşka'nın gevezeliğine son vermesine Dolli memnun oldu.

Anna patiskadan çok sade bir elbise giymişti. Dolli bu basit elbiseyi dikkatle inceledi. Bu basitliğin ne demek olduğunu ve kaç paraya elde edildiğini biliyordu.

Anna Annuşka için:

— Eski bir tanıdık, –dedi.

Anna artık sıkılgan davranmıyordu. Son derece serbest ve rahattı. Dolli, gelişiyle onun üzerinde bıraktığı etkiden artık tamamen kurtulmuş olduğunu, duygularının ve mahrem düşüncelerinin bulunduğu bölümün kapısı sanki kilitliymiş gibi o yüzeysel, umursamaz tavrını takındığını görüyordu.

— E, kızın nasıl Anna? –diye sordu Dolli.

— Ani mi? (Küçük Anna'ya o böyle diyordu.) İyi. Çok düzeldi. Onu görmek ister misin? Gidelim de sana göstereyim onu. Dadılarla çok uğraştım, –diye anlatmaya başladı.– Bir İtalyan sütannemiz vardı. İyi, ama öyle de aptal ki! Göndermek istedik, ama çocuk ona öyle alıştı ki, hâlâ tutuyoruz.

Dolli, küçük kızın hangi adı taşıyacağını sormak için tam:

— Peki, nasıl bir çözüm buldunuz? –diye söze başlamıştı ki, birden Anna'nın yüzünün asıldığını fark edip sorunun anlamını değiştirdi.– Ne yaptınız, memeden kesebildiniz mi bebeği?

Ama Anna anlamıştı.

— Sormak istediğin bu değildi, öyle değil mi? Bebeğin soyadını sormak istiyordun. Bu konu Aleksey'i çok üzüyor. Bebeğin soyadı yok. Yani o bir Karenina, –dedi Anna. Gözlerini öyle kısmıştı ki, sadece aşağı inmiş kirpikleri görünüyordu. Birden yüzü aydınlandı ve– Neyse bunu sonra konuşuruz, –dedi.– Gidelim de sana onu göstereyim. Elle est très gentille.* Emekliyor artık.

* Çok sevimli. (Fr.)

Evin her yerinde Darya Aleksandrovna'yı etkilemiş olan lüks, çocuk odasında onu daha da fazla etkiledi. Burada İngiltere'den getirtilmiş çocuk arabaları, yürüteçler, çocuğun emeklemesi için özel olarak bilardo masası şeklinde yapılmış bir sedir, özel, yeni salıncaklar, banyolar vardı. Bunların hepsi İngiliz malı, sağlam, kaliteli, belli ki çok pahalı şeylerdi. Oda büyük, yüksek tavanlı ve aydınlıktı.

İçeri girdiklerinde küçük kız, sırtında bir tek gömlekle masanın başında küçük bir koltukta oturuyor ve küçük göğsüne döke saça et suyu içiyordu. Kıza yemeğini çocuk odasında hizmet eden bir Rus kızı yediriyordu ve galiba onunla birlikte kendisi de yiyordu. Sütanne de, dadı da ortada yoktu; yan odadaydılar ve aralarında anlaşabildikleri tek dil olan garip bir Fransızcayla konuşmaları geliyordu oradan.

Anna'nın sesini duyunca zarif, uzun boylu, suratı tatsız ve çirkin ifadeli bir İngiliz kadın sarı buklelerini sallayarak kapıya geldi ve Anna onu hiçbir şekilde suçlamadığı halde hemen kendini haklı çıkartmaya çalıştı. Anna'nın her sözüne İngiliz kadın arka arkaya acele acele "Yes, my lady,"* diyordu.

Kara kaşlı, kara saçlı, pembe yanaklı, sağlam, pembe vücudunun tüyleri ürpermiş olan küçük kız, yeni gördüğü bir yüze sert sert bakmasına karşın Darya Aleksandrovna'nın çok hoşuna gitti; hatta kızın sağlıklı görünüşüne imrendi. Küçük kızın emeklemesi de çok hoşuna gitti. Onun çocuklarından hiçbiri böyle emeklememişti. Bu küçük kız, halının üstüne bırakıp, gömleğinin eteğini de arkasına tıkıştırdıklarında çok şeker bir şey olmuştu. Küçük bir hayvan gibi, kapkara, iri, parlak gözleriyle çevresine bakarak, herhalde kendisini hayran hayran seyrettikleri için sevinerek, gülümseyerek ve ayaklarını yana açıp güçlü bir şekilde ellerine dayanıyor ve poposunu hızla öne doğru çekip, sonra minik ellerini tekrar ileri atıyordu.

---

* Evet, hanımefendi. (İng.)

Fakat çocuk odasının genel havası ve özellikle İngiliz dadı Darya Aleksandrovna'nın çok hoşuna gitmemişti. Darya Aleksandrovna, insanları iyi tanıyan Anna'nın kızı için böyle sevimsiz, insanda hiç saygı uyandırmayan bir İngiliz kadını tutabilmiş olmasını, sadece ve sadece Anna'nınki gibi böyle düzgün olmayan bir aileye iyi birinin gelmeyi kabul etmemesiyle açıkladı içinden. Ayrıca Darya Aleksandrovna, Anna, sütanne, dadı ve bebeğin bir arada vakit geçirmediklerini ve annenin ziyaretinin alışılmamış bir şey olduğunu duyduğu birkaç sözden hemen anlamıştı. Anna bebeğe oyuncağını vermek istemiş, ama oyuncağı bulamamıştı.

En şaşırtıcı olan da, küçük kızın kaç dişi olduğu sorusuna yanıt verirken Anna'nın yanılması ve son iki dişinden hiç haberinin olmamasıydı.

Anna çocuk odasından çıkarken, kapının yanında duran oyuncaklara takılmadan geçmek için elbisesinin eteğini kaldırarak:

— Burada fazlalık olduğumu hissetmek bazen ağırıma gidiyor, –dedi.– İlkinde böyle değildi.

— Ben tam tersini düşünmüştüm, –dedi Darya Aleksandrovna ürkek bir şekilde.

Anna uzakta bir yere dikkatle bakıyormuş gibi gözlerini kısarak:

— Ah, hayır! Biliyor musun, onu, yani Seryoja'yı gördüm, –dedi.– Neyse bunu sonra konuşuruz. İnanır mısın, birden önüne mükellef bir yemek konmuş ve hangisinden alacağını bilmeyen aç bir kadın gibiyim. Mükellef yemek, sen ve seninle, başka hiç kimseyle yapamayacağım konuşmalar oluyor; işte ben de önce hangi konudan başlayacağımı bilmiyorum. Mais je ne vous ferai grâce de rien.* Her şeyi anlatmam gerek. Evet, burada gördüğün topluluğun sana bir özetini yapmalıyım, –diye başladı konuşmaya.– Hanımlardan başlıyorum. Prenses

* Ama hiç gözünün yaşına bakmayacağım. (Fr.)

Varvara. Onu tanıyorsun, onunla ilgili senin düşünceni de, Stiva'nınkini de biliyorum. Stiva, onun hayatının bütün amacının Katerina Pavlovna haladan daha üstün olduğunu kanıtlamak olduğunu söylüyor; tamamen doğru, ama o iyi bir insan ve ben de ona çok minnettarım. Petersburg'da benim un chaperon'a* ihtiyaç duyduğum bir an oldu. O sırada o çıktı karşıma. Ama doğrusu, iyi bir insan. Durumumu çok kolaylaştırdı. Oradaki, yani Petersburg'daki durumumun zorluklarını tam olarak anlamadığını görüyorum, –diye ekledi. – Burada son derece rahat ve mutluyum. Neyse bunu da sonraya bırakalım. Şimdi sırayla devam etmeliyim. Sonra Sviyajskiy geliyor. Kendisi bölgenin başkanıdır ve çok dürüst bir adamdır, ama Aleksey'den beklediği bir şey var. Anlarsın işte, Aleksey köye yerleştiğimiz şu sırada mal varlığıyla büyük bir etkiye sahip olabilir. Sonra Tuşkeviç. Onu görmüştün, Betsi'nin yanındaydı. Şimdi ondan yüz çevirdiler, o da bize geldi. Aleksey'in söylediği gibi, görünmek istedikleri şekilde kabul edersen çok hoş olan insanlardan biri, Prenses Varvara'nın dediği gibi, et puis, il est comme il faut.** Sonra Veslovskiy... Onu tanıyorsun. Çok sevimli bir genç, –dedi ve dudakları çapkın bir gülümsemeyle büzüldü.– Şu Levin'in yabani davranışının aslı nedir? Veslovskiy, Aleksey'e anlatıyordu, inanamadık. Il est très gentil et naïf,*** – dedi yine aynı gülümsemeyle.– Erkeklere eğlence gerek, Aleksey'in de insanlara gereksinimi var, bu yüzden ben de bütün bu topluluğa değer veriyorum. Aleksey'in yeni bir şey istememesi için evimizde her şeyin canlı ve eğlenceli olması gerekiyor. Sonra kâhyayı göreceksin. Çok iyi bir Alman ve işini iyi biliyor. Aleksey ona çok değer verir. Sonra doktor, genç bir adam, tam bir nihilist değil, ama yemeği bıçakla yiyor... yalnız çok iyi bir doktor. Sonra mimar... Une petite cour.****

---

* Kadın arkadaş. (Fr.)

** Hem sonra dürüst bir adam. (Fr.)

*** Çok sevimli ve temiz kalplidir. (Fr.)

**** Küçük bir saray. (Fr.)

XX

Prenses Varvara'nın gölgede, bir gergefin arkasına oturmuş, Kont Aleksey Kirilloviç için koltuk yüzü işlediği büyük taş terasa Darya Aleksandrovna'yla birlikte çıkan Anna:

— İşte size Dolli'yi getirdim prenses, onu ne kadar çok görmek istiyordunuz, –dedi.– Öğle yemeğine dek hiçbir şey istemediğini söylüyor, ama siz yine de kahvaltı getirmelerini emredin, ben de gidip Aleksey'i bulup, herkesi buraya getireyim.

Prenses Varvara Dolli'yi sevecen, biraz da koruyucu bir tavırla karşıladı, sonra Anna'yı hep, onu yetiştirmiş olan kız kardeşi Katerina Pavlovna'dan daha çok sevdiğinden ve şimdi herkesin Anna'yı terk ettiği bu çok zor geçiş döneminde ona yardım etmeyi görev saydığından Anna'nın yanına geldiğini açıklamaya koyuldu.

— Kocası onu boşamayı kabul edecek, o zaman ben de tekrar kendi kuytu köşeme gideceğim, ama şimdi yararım dokunuyor ve benim için ne kadar zor olursa olsun, başkaları gibi davranmayıp görevimi yapıyorum. Çok şekersin! Gelmekle ne kadar iyi ettin! Onlar en iyi karıkocalar gibi yaşıyor; Tanrı yargılayacak onları, bizler değil. Ya Biryuzovskiy ve Avenyeva... Ya Nikandrov, Mamonova'yla Vasilyev, Liza Neptunova... Hiç kimse hiçbir şey dedi mi? Sonunda herkes onları kabul etti. Hem sonra c'est un intérieur si joli, si comme il faut. Tout-à-fait à l'anglaise. On se réunit le matin au breakfast et puis on se sépare.* Herkes yemeğe kadar istediğini yapıyor. Yemek saat yedide. Seni yollamakla Stiva çok iyi yapmış. Onlara destek olması gerekir. Biliyorsun, Vronskiy, annesi ve ağabeyi vasıtasıyla her şeyi yapabilir. Sonra çok iyilik yapıyorlar. Sana yaptırdığı hastaneden söz etmedi mi? Ce sera admirable,** her şey Paris'ten.

---

* Burası çok sevimli ve düzgün bir ev. Tam İngiliz usulü. Sabah kahvaltısında bir araya geliyoruz ve sonra ayrılıyoruz. (Fr.)

** Şahane bir şey olacak. (Fr.)

Konuşmaları, erkekleri bilardo salonunda bulan ve onlarla birlikte terasa geri gelen Anna tarafından kesildi. Yemeğe daha çok zaman vardı, hava çok güzeldi, dolayısıyla kalan iki saati geçirmek için çeşitli yollar önerildi. Vozdvijenskoye'de zaman geçirme yöntemleri çok fazlaydı ve bu yöntemler Pokrovskoye'dekilere benzemiyordu.

Veslovskiy güzel gülümsemesiyle:

— Une partie de lawn tennis,* –diye bir öneride bulundu.– Biz yine sizinle eş olalım Anna Arkadyevna.

— Olmaz, hava sıcak; bahçede dolaşmak ve sandalla gezmek, Darya Aleksandrovna'ya kıyıyı göstermek daha iyi olur, –diye önerdi Vronskiy.

— Ben hepsine uyarım, –dedi Sviyajskiy.

— Sanırım, gezmek hepsinden çok hoşuna gidecektir Dolli'nin, öyle değil mi? –dedi Anna.

Gezmeye karar verildi. Veslovskiy ve Tuşkeviç nehir hamamına gittiler ve sandalı hazır edip, orada beklemeye söz verdiler.

İki çift halinde, Sviyajskiy'le Anna ve Vronskiy'le Dolli dolaşmaya çıktılar. Dolli biraz utanmış ve içinde bulunduğu kendisi için son derece yeni olan bu ortamdan rahatsız olmuştu. Anna'nın davranışını soyut bir şekilde, kuramsal olarak sadece haklı görmüyor, takdir bile ediyordu. Dürüst bir hayatın tekdüzeliğinden usanan son derece namuslu kadınlarda genellikle görüldüğü gibi, yasak bir aşkı uzaktan uzağa hoş görmekle kalmıyor, hatta ona imreniyordu. Ayrıca Anna'yı bütün kalbiyle seviyordu. Ama aslında onu kendisi açısından yabancı insanların ve bu insanların Darya Aleksandrovna için yeni, etikete düşkün davranışlarının hâkim olduğu bir ortamda görünce rahatsız olmuştu. Özellikle yararlandığı olanaklar nedeniyle onların her kusurunu bağışlamış olan Prenses Varvara'yı görmek Darya Aleksandrovna'nın hoşuna gitmemişti.

---

* Tenis partisi. (Fr.)

Dolli, Anna'nın davranışını genel ve soyut anlamda onaylıyordu, ama uğrunda bu davranışın yapıldığı adamı görmek hoşuna gitmemişti. Ayrıca Vronskiy'den hiçbir zaman hoşlanmamıştı. Onu çok gururlu bulur ve zenginliğinden başka gurur duyabileceği başka bir şey göremezdi Vronskiy'de. Ama Vronskiy, burada, kendi evinde, Dolli'yi elinde olmadan eskisinden daha fazla etkilemişti ve Dolli, onun yanında rahat davranamıyordu. Vronskiy'in yanında da, yamalı gecelik yüzünden hizmetçinin yanında hissettiğine benzer bir duyguya kapılıyordu. Nasıl hizmetçi kızın yanında yamalar yüzünden utanmamış, fakat kendini rahatsız hissetmişse, Vronskiy'le de sürekli olarak utanç değil, ama kendi kendisinden bir rahatsızlık hissediyordu.

Kendini rahatsız hisseden Dolli bir konuşma konusu arıyordu. Vronskiy'in o gururla evinin ve bahçesinin övülmesinden hoşlanmayacağını düşünmesine karşın, konuşacak başka bir konu bulamayarak ona yine de evini çok beğendiğini söyledi.

— Evet, eski stilde yapılmış çok güzel bir bina, –dedi Vronskiy.

— Ana merdivenin önündeki avlu çok hoşuma gitti. Eskiden de böyle miydi?

— Oh hayır! –dedi Vronskiy ve yüzü sevinçten parladı.– Siz bir de avluyu bu yıl ilkbaharda görseydiniz!

Ve ilk başta dikkatli, ama sonra gitgide daha büyük bir şevkle Dolli'nin dikkatini evin ve bahçenin süsleriyle ilgili çeşitli ayrıntılara çekmeye başladı. Malikânesinin güzelleştirilmesi ve süslenmesi için çok emek harcayan Vronskiy'in yeni tanıştığı birinin karşısında bunlarla övünme gereği duyduğu ve Darya Aleksandrovna'nın övgülerine yürekten sevindiği görülüyordu.

Gerçekten sıkılmadığından emin olmak için Darya Aleksandrovna'nın yüzüne bakıp:

— Hastaneyi görmek isterseniz ve yorulmadıysanız, uzak değil, –dedi.– Gidebiliriz.

Vronskiy Anna'ya:

— Sen de gelir misin Anna? –diye sordu.

— Gideriz, değil mi? –diye Anna da Sviyajskiy'e sordu.– Mais il ne faut pas laisser le pauvre Veslovskiy et Tuşkeviç se morfondre là dans le bateau.* Onlara haber vermek için birini göndermek gerek, –dedi Anna ve Dolli'ye dönerek daha önce hastaneden söz ederkenki kurnaz gülümsemesiyle,– Evet, bu, onun buraya diktiği anıt işte, –diye ekledi.

— Ah, muazzam bir iş! –dedi Sviyajskiy. Ancak Vronskiy'e dalkavukluk ediyormuş gibi olmasın diye hafiften kınayan bir yorumu da hemen ekledi.– Ancak benim hayret ettiğim bir şey var kont, –dedi,– halkın sağlığıyla ilgili bu kadar çok şey yaparken, okullar konusunda ilgisiz kalıyorsunuz.

— C'est devenu tellement commun, les écoles,** –dedi Vronskiy.– Asıl neden bu değil, bu işe kendimi kaptırdım. –İki tarafı ağaçlı yoldan ayrılan bir yan yolu işaret ederek Darya Aleksandrovna'ya,– Hastaneye buradan gitmek gerekiyor, –dedi.

Hanımlar şemsiyelerini açtı ve yandaki yola çıktılar. Birkaç dönemeç geçtikten sonra küçük bir kapıdan çıkarlarken Darya Aleksandrovna, karşısında yüksek bir yerde girintili çıkıntılı bir biçimde, artık neredeyse bitmiş kırmızı büyük bir bina gördü. Henüz boyanmamış sac çatı güneşte gözleri kör edercesine parlıyordu. Bu bitmiş yapının yanına ağaçlarla çevrili başka bir bina daha yapılıyor, iskelelerdeki önlüklü işçiler tuğla duvar örüyor, teknelerden harç boşaltıyor ve malalarla düzeltiyorlardı.

— Ne kadar hızlı gidiyor işiniz! –dedi Sviyajskiy.– Son gelişimde çatı henüz yoktu.

— Sonbahara kadar her şey hazır olacak. İçerisi hemen hemen bitti gibi, –dedi Anna.

— Peki, bu yeni bina ne olacak?

— Burası doktor lojmanı ve eczane olacak, –diye yanıtladı Vronskiy ve kendisine doğru gelen kısa pardösülü mimarı görünce hanımlardan özür dileyip mimarın yanına gitti.

---

* Fakat zavallı Veslovskiy'in ve Tuşkeviç'in sandalda canları sıkılacak. (Fr.)

** Okullar son derece sıradan bir iş oldu. (Fr.)

İşçilerin kireç aldığı kuyunun açığından dolaşarak mimarın yanında durdu ve hararetli hararetli bir şey konuşmaya başladı.

Meselenin ne olduğunu soran Anna'ya:

— Alınlık hâlâ alçak duruyor, –diye yanıt verdi.

— Temeli yüksek tutmak gerektiğini söylemiştim ben, –dedi Anna.

— Evet, tabii daha iyi olurdu Anna Arkadyevna, –dedi mimar,– artık iş işten geçti.

Anna, mimarlıkla ilgili bilgilerine şaşırdığını söyleyen Sviyajskiy'e:

— Evet, bu konuya çok meraklıyım, –dedi.– Yeni binanın hastaneyle uyumlu olması gerekiyordu. Ama sonradan düşünüldü ve plansız başlandı.

Mimarla konuşmasını bitiren Vronskiy hanımların yanına geldi ve onları hastanenin içine götürdü.

Dış cephede henüz kornişlerin tamamlanmakta olmasına ve alt katın boyasının yapılmasına karşın, üst kat her şeyiyle neredeyse bitmişti. Dökme demirden yapılmış geniş merdivenden sahanlığa geçerek ilk büyük odaya girdiler. Duvarlar mermer görünüşünde alçıyla sıvanmış, tek parça halindeki büyük pencereler yerine yerleştirilmişti, sadece parke yer döşemesi henüz bitmemişti ve yerleştirecekleri kare parçayı rendeleyen marangozlar, önlerine düşmesin diye saçlarına bağladıkları bağları çıkarıp beyleri selamlamak için işlerini bıraktılar.

— Burası bekleme odası, –dedi Vronskiy.– Burada bir sehpa, bir masa, bir de dolap olacak, başka bir şey konmayacak.

— Şuraya geçelim. Pencereye çok yaklaşmayın, –dedi Anna. Boyanın kuruyup kurumadığını kontrol ederek,– Aleksey, boya kurumuş bile, –diye ekledi.

Bekleme odasından koridora geçtiler. Burada Vronskiy onlara yeni havalandırma sistemini gösterdi. Sonra mermer banyoları, görülmemiş yayları olan karyolaları gösterdi. Sonra birbiri arkasına koğuşları, ambarı, çamaşırhaneyi, yeni bir usulde yapılan ocakları, koridorda gerekli malzemeyi taşırken gürültü yapmayacak el arabalarını ve başka pek çok şey gösterdi. Bütün yeniliklerden haberdar bir insan olarak Sviyajskiy bunların hepsini beğendi. Dolli, daha önce görmediği şeylere şaşıp kaldı ve hepsini anlamak isteğiyle Vronskiy'e belirgin bir memnuniyet veren ayrıntılı sorular dordu.

— Evet, sanırım bu, Rusya'da son derece doğru yapılmış tek hastane olacak, –dedi Sviyajskiy.

— Peki doğumhaneniz olmayacak mı? –diye sordu Dolli.– Köyde çok gereklidir. Ben sık sık...

Vronskiy, tüm kibarlığına rağmen Dolli'nin sözünü kesti.

— Burası bir doğumevi değil, bulaşıcı hastalıklar dışında bütün hastalıklar için düşünülmüş bir hastanedir, –dedi.– Şuna bir bakın, –diyerek iyileşmiş hastalar için yeni getirtilmiş bir koltuğu Darya Aleksandrovna'ya doğru itti.– Bakın. –Koltuğa oturdu ve yürütmeye başladı.– Hastalıktan yeni kalkan biri yürüyemez, halsizdir ya da bacaklarından şikâyeti vardır, ama hava alması gerekir, bununla dolaşabilir...

Darya Aleksandrovna her şeyle ilgileniyordu, her şey çok hoşuna gitmişti, ama en çok hoşuna giden, bu doğal, saf merakıyla Vronskiy'in kendisi olmuştu. Arada bir onu dinlemeksizin yüzüne bakarak ve yüz ifadesini anlamaya çalışarak ve kendini Anna'nın yerine koyarak "Evet, çok sevimli, iyi bir adam," –diye düşünüyordu. Şu andaki canlılığı içinde Vronskiy o kadar hoşuna gitmişti ki, Anna'nın ona nasıl âşık olduğunu anlıyordu.

XXI

Vronskiy, Sviyajskiy'in yeni aygırı görmek istediği haraya gitmeyi öneren Anna'ya:

— Olmaz, sanırım prenses yoruldu, hem atlar onu ilgilendirmiyordur. Siz gidin, ben prensesi eve götüreyim, hem biraz konuşuruz, –dedi ve Dolli'ye dönerek,– eğer hoşunuza giderse tabii, –diye ekledi.

Darya Aleksandrovna biraz şaşırarak:

— Atlardan hiç anlamam, çok sevinirim, –dedi.

Vronskiy'in yüz ifadesinden kendisinden bir şey beklediğini görmüştü. Yanılmamıştı. Vronskiy, küçük kapıdan tekrar bahçeye girer girmez Anna'nın gittiği yana bakmış, onları duyamayacağından ve göremeyeceğinden emin olduktan sonra gülen gözlerle Dolli'ye bakarak konuşmaya başlamıştı:

— Sizinle ne konuşmak istediğimi tahmin ettiniz mi? Anna'nın dostu olduğunuz konusunda yanılmıyorum. –Şapkasını çıkarttı ve saçları dökülerek açılmaya başlayan başını mendiliyle sildi.

Darya Aleksandrovna hiçbir şey söylemedi, sadece korkuyla Vronskiy'in yüzüne baktı. Onunla yalnız kaldığında birdenbire korkuya kapılmıştı: Gülen gözler ve yüzündeki sert ifade korkutuyordu onu.

Vronskiy'in kendisiyle konuşmaya niyetlendiği konuyla ilgili çok çeşitli tahminler kafasında beliriyordu: "Çocukları da alıp yanlarına gelmemi, konukları olmamı isteyecek benden ve ben reddetmek zorunda kalacağım; ya da benden Moskova'da Anna için bir çevre oluşturmamı isteyecek... ya da Vasenka Veslovskiy'le ve onun Anna'ya karşı davranışlarıyla ilgili olmasın? Belki de Kiti'yle ilgilidir, kendisini suçlu hissettiğini söyleyecektir?" Bunların hepsinin sadece tatsız şeyler olduğunu hissetmekle kalmıyor, onun kendisiyle ne konuşmak istediği konusunda bir tahminde bulunamıyordu.

— Anna'nın üzerinde ne kadar büyük bir etkiye sahipsiniz, sizi çok seviyor, –dedi Vronskiy,– bana yardım edin.

Darya Aleksandrovna onun kâh tamamı, kâh bir kısmı ıhlamurların gölgesinde güneş ışığıyla aydınlanan, sonra üzerine tekrar gölge düşen canlı yüzüne soru soran, ürkek bakışlarını dikmiş, söyleyeceği şeyi bekliyordu, ama Vronskiy bastonuyla yerdeki çakılları iterek hiçbir şey söylemeden yanında yürüyordu.

— Anna'nın eski dostları arasında bize gelen tek kadın siz olduğunuza göre –Prenses Varvara'yı saymıyorum,– bunu durumumuzu normal saydığınız için değil, bu durumun tüm zorluklarını anlayarak Anna'yı eskisi gibi sevdiğiniz ve ona yardım etmek istediğiniz için yaptığınız şeklinde anlıyorum. Sizi doğru mu anlamışım? –diye sordu Darya Aleksandrovna'ya bir göz atarak.

Darya Aleksandrovna şemsiyesini kapatırken:

— Ah evet, –diye yanıtladı,– ama...

— Hayır, –diyerek Dolli'nin sözünü kesen Vronskiy, karşısındakini zor bir duruma düşürdüğünü elinde olmadan unutarak durdu, Darya Aleksandrovna'yı da durmak zorunda bıraktı.– Hiç kimse Anna'nın durumunun tüm zorluklarını benden daha fazla ve daha kuvvetli hissedemez. Beni yüreği olan bir adam olarak kabul etmek lütfunda bulunursanız, bunu anlarsınız. Bu durumun nedeni benim ve bu yüzden bunu hissediyorum.

Darya Aleksandrovna onun bu sözleri içtenlikle ve kesin bir dille söylemesine elinde olmadan hayranlık duyarak:

— Anlıyorum, –dedi.– Ama sırf bu duruma neden olduğunuzu hissettiğiniz için korkarım durumu abartıyorsunuz, –dedi.– Onun sosyetedeki durumunun zor olduğunu anlıyorum.

Vronskiy suratını asıp çabuk çabuk:

— Sosyetede olmak bir cehennem azabı! –dedi.– Onun iki hafta içinde Petersburg'da yaşadıklarından daha kötü bir manevi işkence düşünülemez... ve ben buna inanmanızı rica ediyorum.

— Evet, ama burada olduğunuz sürece ne Anna, ne de siz sosyeteye gerek duymazsınız...

— Sosyete! –dedi Vronskiy küçümseyerek.– Sosyeteye nasıl gerek duyabilirim?

— O zamana dek, belki de her zaman için mutlu ve huzurlu olursunuz. Anna'ya bakınca onun mutlu olduğunu, hem çok mutlu olduğunu görüyorum, bu arada bunu bana kendisi de söyledi zaten, –dedi Darya Aleksandrovna gülümseyerek; bunu söylerken de elinde olmadan Anna sahiden mutlu mu, değil mi diye bir kuşkuya kapılmıştı şimdi.

Ama Vronskiy'in bundan kuşkusu yok gibiydi.

— Evet, evet, –dedi Vronskiy.– Çektiği bütün acılardan sonra neşesinin yerine geldiğini, mutlu olduğunu biliyorum. Gerçekten mutlu. Ama ben?.. Bizi bekleyen şeyden korkuyorum... Özür dilerim, yürümek ister misiniz?

— Hayır, fark etmez.

— Öyleyse şuraya oturalım.

Darya Aleksandrovna ağaçlı yolun köşesindeki bahçe kanepesine oturdu. Vronskiy karşısında dikiliyordu.

— Onun mutlu olduğunu görüyorum, –diye yineledi Vronskiy ve Anna mutlu mu, değil mi kuşkusu Darya Aleksandrovna'yı daha da güçlü bir şekilde etkiledi.– Fakat bu böyle devam edebilir mi? İyi mi ettik, kötü mü, bu ayrı bir konu; ama ok yaydan çıktı artık, –dedi Vronskiy Rusçadan Fransızcaya geçerek,– ve hayatımız boyunca birbirimize bağlandık. Bizim için en kutsal aşk bağlarıyla bağlandık. Bir çocuğumuz var, başka çocuklarımız da olabilir. Ancak yasa ve içinde bulunduğumuz durumun tüm koşulları öyle ki, Anna'nın şimdi çektiği bütün acılardan ve hissettiklerinden sonra ruhen dinlenirken görmediği ve görmek istemediği binlerce sıkıntı ortaya çıkıyor. Bu da anlaşılır bir durum. Ama ben görmezlikten gelemem. Benim kızım, yasaya göre benim değil, Karenin'in kızı. Bu aldatmacayı istemiyorum! –dedi Vronskiy reddettiğini gösteren canlı bir hareketle ve çatık kaşlarıyla soru sorar gibi Darya Aleksandrovna'ya baktı.

Darya Aleksandrovna hiçbir şey söylemiyor, sadece ona bakıyordu. Vronskiy devam etti:

— Yarın bir oğlum olacak, benim oğlum, yasaya göre de bir Karenin olacak, ne benim malikânemin, ne malımın mülkümün varisi olacak ve biz yuvamızda ne kadar mutlu olursak olalım, kaç tane çocuğumuz olursa olsun onlarla benim aramda bağ bulunmayacak. Onlar Karenin olacak. Bu durumun ağırlığını ve korkunçluğunu anlayın! Bunu Anna'ya söylemeyi denedim. Bu konu kızdırıyor onu.

Anlamıyor ve ben *ona* her şeyi söyleyemiyorum. Şimdi bir de meseleye öbür yanından bakınız. Onun aşkıyla mutluyum, ama bir uğraş sahibi olmalıyım. Bu uğraşı buldum ve bundan gurur duyuyorum, saraydaki ve askerlikteki eski arkadaşlarımın uğraşlarından çok daha soylu buluyorum. Hem artık hiç kuşkum yok, bu uğraşı onlarınkine değişmem. Burada oturduğum yerden çalışıyorum, mutluyum, memnunum ve ikimiz de mutlu olmak için başka hiçbir şeye gerek duymuyoruz. Bu çalışmayı seviyorum. Cela n'est pas un pis-aller,* tersine...

Darya Aleksandrovna, açıklamasının burasında Vronskiy'in lafları karıştırdığını fark etmiş ve konuyla ilgisi olmayan bu sözleri iyi anlayamamıştı, ama Anna'yla konuşamadığı mahrem ilişkilerinden bir kez söz etmeye başlayınca her şeyi söylediğini ve köydeki çalışmasının da Anna'yla ilişkileri gibi bu mahrem düşünceler bölümünde yer aldığını hissediyordu.

— Devam ediyorum, –dedi kendini toparlayıp.– Asıl önemli konu ise çalışırken işimin benimle birlikte yok olup gitmeyeceğinden, arkamda varislerimin olacağından emin olmak istemem, oysa benim böyle bir şeyim yok. Kendisinin ve sevdiği kadının çocuklarının kendisine değil, onlardan nefret eden, onları tanımak istemeyen birine ait olacağını baştan bilen bir adamın durumunu gözünüzün önüne getiriniz. Korkunç bir şey!

Sustu, çok heyecanlandığı görülüyordu.

— Evet, elbette, bunu anlıyorum. Ama Anna ne yapabilir ki? –diye sordu Darya Aleksandrovna.

Vronskiy sakinleşmeye çalışarak:

— Evet, bu beni konuşmamın hedefine götürüyor, –dedi.– Anna yapabilir, bu ona bağlı... Evlat edinme konusunda çara dilekçe vermek için bile boşanmış olmak gerekiyor. Bu da Anna'ya bağlı. Kocası boşanmaya razı oldu. O zaman sizin kocanız bunu sağlamıştı. Şimdi de geri çevirmeyeceğini biliyorum. Sadece ona bir mektup yazmak yeterli olacak.

* Daha iyisi olmadığından da değil. (Fr.)

Anna isteğini belirtecek olursa, kendisinin reddetmeyeceğini o zaman açıkça söylemişti. Tabii, –dedi kaşlarını çatarak,– sadece bu kalpsiz insanların yapabilecekleri acımasızlıklardan biri bu. Anna'nın onu her anımsadığında ne acılar çektiğini biliyor ve Anna'yı tanıdığı için kendisine mektup yazmasını istiyor. Bunun Anna'ya acı vereceğini anlıyorum. Ama nedenler o kadar önemli ki, passer par dessus toutes ces finesses de sentiment* gerek. Il y va du bonheur et de l'existence d'Anne et de ses enfants.** Benim için de ağır, hem de çok ağır bir durum olsa da kendimden söz etmiyorum, –dedi kendisi için ağır olan bu durumu yaratan birini tehdit ediyormuş gibi bir ifadeyle.– İşte böyle prenses, cankurtaran simidi gibi arsızca size sarılıyorum. Kocasına mektup yazmak ve boşanmayı talep etmek için onu ikna etmeme yardımcı olunuz!

Darya Aleksandrovna, Aleksey Aleksandroviç'le son görüşmelerini canlı bir şekilde anımsayıp dalgın dalgın:

— Evet, elbette, –dedi.– Evet, elbette, –diye Anna'yı anımsayıp yineledi kararlı bir şekilde.

— Onun üzerindeki etkinizi kullanınız, mektup yazmasını sağlayınız. Bu konuda onunla konuşmak istemiyorum, konuşamam da zaten.

Darya Aleksandrovna birden nedense Anna'nın o tuhaf ve yeni gözlerini kısma alışkanlığını anımsayarak:

— Tamam, ben konuşacağım. Fakat kendisi nasıl oluyor da bunu akıl etmiyor? –dedi. Anna'nın özellikle konu hayatının mahrem yanlarına değindiği zaman gözlerini kıstığını anımsadı. "Sanki her şeyi görmemek için kendi hayatına gözlerini kısıyor," diye düşündü Dolli.– Kendim için de, onun için de Anna'yla mutlaka konuşacağım, –diye karşılık verdi Darya Aleksandrovna Vronskiy'in teşekkürlerine.

Kalktılar ve eve doğru yürüdüler.

---

* Bu ince duyguları bir yana bırakmak. (Fr.)

** Söz konusu olan Anna'nın ve çocuklarının mutluluğu ve geleceğidir. (Fr.)

XXII

Anna, Dolli'yi eve dönmüş bulunca Vronskiy'le yaptığı konuşmayı sorar gibi dikkatle gözlerinin içine baktı, ama sorusunu sözcüklere dökmedi.

— Galiba yemek zamanı gelmiş, –dedi Anna.– Henüz hiç görüşemedik. Akşam görüşeceğimizi umuyorum. Şimdi gidip giyinmem gerek. Sanırım sen de aynı şeyi yapacaksın. İnşaatta hepimiz kirlendik.

Dolli odasına gitti ve gülmeye başladı. En iyi elbisesi sırtında olduğundan üstünü değiştirmesi diye bir şey olamazdı; ama yemeğe hazırlandığını göstermek için hizmetçi kızdan elbisesini iyice temizlemesini rica etti, elbisenin manşetlerini ve fiyongunu değiştirdi, başına bir dantel taktı.

Yine son derece sade olan bugünkü üçüncü elbisesiyle yanına gelen Anna'ya gülümseyerek:

— İşte yapabildiğimin hepsi bu, –dedi.

Anna şıklığı yüzünden âdeta özür dileyerek:

— Evet, burada bizler çok resmiyiz, –dedi.– Aleksey gelişine çok memnun oldu, pek ender olarak bir şeyden memnun olur. Sana kesinlikle âşık oldu, –diye ekledi Anna.– Yorulmadın ya?

Yemeğe kadar konuşacak zaman yoktu. Konuk salonuna gidince Prenses Varvara'yı ve siyah redingotlarını giymiş erkekleri orada buldular. Mimar frak giymişti. Vronskiy konuğa doktoru ve kâhyayı takdim etti. Mimarı daha önce hastanede tanıştırmıştı.

Tıraşlı yuvarlak yüzü ve kolalı beyaz papyonuyla pırıl pırıl parlayan şişman başgarson, yemeğin hazır olduğunu bildirdi ve hanımlar ayağa kalktı. Vronskiy, Sviyajskiy'den Anna Arkadyevna'nın koluna girmesini rica etti, kendisi de Dolli'nin yanına geldi. Veslovskiy Prenses Varvara'ya Tuşkeviç'ten önce kolunu uzatmıştı, böylece Tuşkeviç kâhya ve doktorla tek yürüdü.

Yemek odası, yemek takımları, uşaklar, şarap ve yemek sadece evin yeni lüks havasına uymakla kalmıyor, aynı zamanda her şeyden daha lüks ve daha yeni görünüyordu. Darya Aleksandrovna, kendisi için yeni olan bu lüksü gözlemliyordu ve evinin idaresini üstlenmiş bir kadın olarak, gördüklerinin hepsi onun yaşam tarzının çok çok üstünde şeyler olduğu için bunların hiçbirini kendi evinde kullanma umudu olmasa da, her şeyi ayrıntısıyla anlamaya çalışmaktan ve bütün bunları kimin, ne şekilde yaptığını sormaktan kendini alamıyordu. Vasenka Veslovskiy, kendi kocası, Sviyajskiy ve hatta tanıdığı pek çok insan, bunu hiçbir zaman düşünmez ve her nazik ev sahibinin konuklarına evindeki bütün güzel şeylerin ona, yani ev sahibine hiçbir emeğe mal olmadığını, hepsinin kendi kendine olduğunu hissettirmek isteyişine bir söz üzerine inanırlardı. Darya Aleksandrovna ise kahvaltıda çocukların önüne koyduğu lapanın bile kendi kendine olmadığını, dolayısıyla böyle karmaşık ve mükemmel bir düzende birinin çok büyük özeninin bulunduğunu biliyordu. Aleksey Kirilloviç'in masaya bakışından, başıyla başgarsona işaret etmesinden, Darya Aleksandrovna'ya soğuk balık çorbasıyla sıcak çorba arasında bir seçim önermesinden her şeyin ev sahibinin çabalarıyla yapıldığını ve sürdürüldüğünü anlamıştı. Bütün bunlar Veslovskiy'le ne kadar bağlantılıysa, Anna'yla da en fazla o kadar bağlantılıydı. Anna, Sviyajskiy, prenses ve Veslovskiy, kendileri için hazırlanan şeylerden keyifle yararlanan birer konuktular.

Anna sadece konuşmaları yönlendiren bir ev sahibesiydi. Kâhya ve mimar gibi, son derece farklı bir dünyadan, bu alışılmamış lüks karşısında ürkmemeye çalışan ve genel konuşmaya uzun süre katılamayan insanların bulunduğu bu küçük sofrada bir ev sahibesi için bu çok zor konuşmayı Anna, Darya Aleksandrovna'nın fark ettiği gibi her zamanki nezaketiyle, doğallığıyla ve hatta zevkle yürütüyordu.

Konuşma, Tuşkeviç'le Veslovskiy'in yalnız başlarına yaptıkları sandal gezisinden söz açılarak başlamıştı ve Tuşkeviç,

Petersburg'da, Yat Kulübü'ndeki son yarışları anlatıyordu. Ama Anna konuşmaya ara verilmesini bekleyip suskunluktan kurtarmak için hemen mimara döndü ve Sviyajskiy'den söz ederek:

— Nikolay İvanıç buraya son gelişinden beri yeni binanın hızla yükselmesinden etkilenmiş, –dedi.– Ama ben de her gün gidiyorum ve her gün ne kadar hızlı ilerlediğine hayret ediyorum.

Mimar gülümseyerek (Kendi değerinin bilincinde olmakla birlikte saygılı ve sakin bir insandı):

— Ekselanslarıyla çalışmak güzel bir şey, –dedi.– İl yöneticileriyle işler öyle gitmiyor. Yığınla kâğıt yazmak yerine kont hazretlerine rapor veriyorum, görüşüp konuşuyoruz ve üç sözcükle hallediyoruz.

— Amerikan yöntemleri, –dedi Sviyajskiy gülümseyerek.

— Evet efendim, orada binalar akılcı bir şekilde yapılıyor...

Konuşma Birleşik Devletler'de egemenliğin kötüye kullanılmasına atlamıştı, ama Anna kâhyayı suskunluktan kurtarmak için hemen konuşmayı başka bir konuya atlattı.

Anna Darya Aleksandrovna'ya dönerek:

— Hiç orak makinesi gördün mü? –diye sordu.– Seninle karşılaştığımızda orak makinelerini görmeye gitmiştik. Ben de hayatımda ilk kez gördüm.

— Nasıl çalışıyor? –diye sordu Dolli.

— Tam tamına bir makas gibi. Bir levha ve bir sürü küçük makas. İşte böyle.

Anna yüzüklerle dolu güzel, beyaz ellerine bir bıçakla çatal aldı ve göstermeye koyuldu. Herhalde anlattıklarından hiçbir şey anlaşılmadığını fark etmişti; ama güzel konuştuğunu ve ellerinin güzel olduğunu bildiği için açıklamasını sürdürüyordu.

Veslovskiy gözlerini Anna'dan ayırmaksızın kur yaparak:

— Daha çok çakı gibi, –dedi.

Anna belli belirsiz gülümsedi, ama Veslovskiy'e bir karşılık vermedi.

Kâhyaya dönerek:

— Öyle değil mi, Karl Fyodorıç, makasa benzemiyor mu?

— O ja, –diye yanıtladı Alman.– Es ist ein ganz einfaches Ding,* –ve makinenin yapısını anlatmaya koyuldu.

— Yazık ki, ekinleri demet halinde bağlamıyor. Viyana Fuarı'nda telle bağlayan cinsini görmüştüm, –dedi Sviyajskiy.– Öylesi daha kazançlı olurdu.

— Es kommt drauf an... Der Preis vom Draht muss ausgerechnet werden.** –Ve sessizliğini bozan Alman, Vronskiy'e,– Das lässt sich ausrechnen, Erlaucht,*** –dedi. Alman, bütün hesaplarını yaptığı not defteriyle kurşun kalemi cebinden çıkarmak üzereyken yemek masasında oturduğunu anımsayıp, Vronskiy'in soğuk bakışını da fark edince vazgeçti.– Zu kompliziert, macht zu viel Klopot,**** –diye sözünü bitirdi.

Vasenka Veslovskiy Alman'la alay ederek:

— Wünscht man Dochots, so hat man auch Klopots,***** –dedi.– J'adore l'allemand,****** –diyerek yine aynı gülümsemeyle Anna'ya döndü.

Anna şaka yollu bir sertlikle Veslovskiy'e:

— Cessez,******* –dedi.

— Sizi kırlarda bulacağımızı sanıyorduk Vasiliy Semyonıç, –diyerek hastalıklı bir adam olan doktora döndü Anna,– orada mıydınız?

— Oradaydım, ama buharlaştım, –diye yanıtladı doktor karamsar şakacılığıyla.

— Şu halde güzel bir yürüyüş yaptınız.

— Şahane!

---

* Ah evet. Son derece basit. (Alm.)

** Şöyle ki... Tel fiyatını da hesaba katmak gerek. (Alm.)

*** Bu hesaplanabilir, ekselansları. (Alm.)

**** Çok karışık, çok uğraşmak gerekir. (Alm.)

***** Para kazanmak isteyen çok uğraşmalıdır. (Alm.)

****** Almancaya hayranım. (Fr.)

******* Kesiniz. (Fr.)

— Peki, yaşlı kadının sağlığı nasıl? Umarım tifo değildir?

— Tifo olmasına tifo değil, ama iyileşmiyor da.

— Çok yazık! –dedi Anna ve böylece evde çalışanlara da nezaket borcunu ödeyip kendi çevresine döndü.

Sviyajskiy şaka yaparak:

— Yine de sizin anlatımınıza göre bir makine yapmak zor olurdu Anna Arkadyevna, –dedi.

— Hayır, neden ama? –dedi Anna gülümseyerek. Gülümsemesi, makinenin yapısını anlatışında Sviyajskiy tarafından da fark edilen sevimli bir şey olduğunu bildiğini gösteriyordu. Anna'nın genç kızlara özgü bu yeni cilve yapma özelliği, Dolli'nin hoşuna gitmedi.

— Ama aslında Anna Arkadyevna'nın mimarlık konusundaki bilgileri müthiş, –dedi Tuşkeviç.

— Hem de nasıl, dün Anna Arkadyevna'nın "Süpürgelikleri planyaya vurun," dediğini duydum, –dedi Veslovskiy.– Doğru mu söylüyorum?

— O kadar çok şey görüp, o kadar çok şey duyduğuma göre bunda şaşılacak bir şey yok, –dedi Anna.– Oysa siz, herhalde bir evin neden yapıldığını bile bilmiyorsunuz, öyle değil mi?

Darya Aleksandrovna, Anna'nın kendisiyle Veslovskiy arasındaki bu cilveleşme havasından memnun olmadığını, ama elinde olmadan bu oyuna kendini kaptırdığını görüyordu.

Vronskiy bu durumda hiç de Levin gibi davranmıyordu. Görünüşe bakılırsa Veslovskiy'in gevezeliklerine hiç önem vermiyor, tam tersine bu şakaları teşvik ediyordu.

— Söyleyin bakalım Veslovskiy, taşları birbirine nasıl tutturuyorlar?

— Elbette ki çimentoyla.

— Bravo! Peki çimento nasıl bir şey?

— Bulamaç gibi bir şey... yo hayır macun gibi, –dedi Veslovskiy herkesi kahkahalara boğarak.

Karamsar bir sessizliğe gömülmüş olan doktor, mimar ve kâhya dışında sofradakiler arasında geçen konuşma, kâh kayarak, kâh takılarak ve birinin damarına basarak hiç durmadan devam ediyordu. Bir kez Darya Aleksandrovna'nın damarına basıldı ve çok sinirlendi, hatta kıpkırmızı kesildi, gereksiz ve tatsız bir şey söyleyip söylemediğini sonradan anımsamaya çalıştı. Sviyajskiy, Levin'in makinelerin Rus ekonomisine sadece zarar vereceğine ilişkin garip yargılarından söz ediyordu.

Vronskiy gülümseyerek:

— Bu Bay Levin'i tanıma zevkine sahip olamadım, -dedi.– Ama beğenmediği bu makineleri herhalde hiç görmemiştir. Görmüş ve denemişse de bunlar, yabancı değil, Rus malı makinelerdir. Bu durumda nasıl bir görüşü olabilir ki?

— Genel olarak alaturka görüşler, –dedi Veslovskiy Anna'ya gülümseyerek.

Kıpkırmızı olan Darya Aleksandrovna:

— Onun düşüncelerini savunamam, –dedi,– ama çok bilgili bir insan olduğunu söyleyebilirim, eğer burada olsaydı, size ne yanıt vereceğini bilirdi, ama ben bilemiyorum.

Sviyajskiy iyilik dolu bir gülümsemeyle:

— Ben onu çok severim, ikimiz iyi dostuz, –dedi.– Mais pardon, il est un petit peu toque:* Örneğin, yerel yönetimin de, sulh mahkemelerinin de gereksiz olduğunu ileri sürüp hiçbirine katılmak istemiyor.

Buz gibi sürahiden ayaklı ince bir bardağa su dolduran Vronskiy:

— Bu, biz Ruslara özgü bir umursamazlık, –dedi,– sahip olduğumuz hakların üzerimize yüklediği sorumlulukları hissetmeme ve dolayısıyla bu sorumlulukları reddetme umursamazlığı.

Vronskiy'in bu üstünlük taslayan tavrına sinirlenen Darya Aleksandrovna:

— Sorumluluklarını yerine getirmede onun kadar titizlenen birini daha tanımıyorum, –dedi.

---

* Kusura bakmayın ama biraz tuhaftır. (Fr.)

Bu konuşmayla besbelli ki damarına dokunulmuş olan Vronskiy:

— Ben tam tersine, gördüğünüz gibi, Nikolay İvanıç sayesinde (Sviyajskiy'i işaret etti) beni sulh yargıcı olarak seçerek verdikleri onura çok müteşekkirim, –diye devam etti.– Toplantıya gitmeyi, bir köylünün at davasını görüşmeyi, elimden gelen bütün işler kadar önemli bir görev sayarım. Beni yerel yönetime seçecek olurlarsa, bundan da onur duyarım. Büyük toprak sahibi olarak yararlandığım olanakların karşılığını ancak böyle ödeyebilirim. Büyük toprak sahipleri devlet içinde sahip olmaları gereken önemi ne yazık ki anlamıyorlar.

Onun kendi evinde, kendi sofrasında haklılığından emin bir rahatlık içinde olduğunu duymak Darya Aleksandrovna'nın tuhafına gitti. Tersini düşünen Levin'in de kendi evinde, kendi sofrasında düşüncelerinde aynı şekilde kararlı olduğunu anımsadı. Ama Darya Aleksandrovna Levin'i seviyordu, bu yüzden de ondan yanaydı.

— O zaman bir sonraki toplantı için size güvenebilir miyiz kont? –dedi Sviyajskiy.– Ama ayın sekizinde orada olabilmek için daha erken gitmeniz gerekecek. Keşke bana gelme onurunu bağışlasanız.

— Senin beau-frère'le düşüncem biraz uyuşuyor, –dedi Anna.– Yalnız ondan daha farklı, –diye ekledi gülümseyerek.– Korkarım, son zamanlarda bizde bu tür toplumsal görevlerin sayısı son derece fazla. Eskiden memurlar o kadar çoktu ki, her işe bir memur düşüyordu, şimdi de kamu görevlileri aynı şekilde. Aleksey altı aydır burada ve galiba beş veya altı farklı kamu kurumunun üyesi: vasilik, yargıçlık, yerel yönetim üyeliği, jüri üyeliği, bir atçılık derneğinin üyesi. Du train que cela va* bütün zamanı buna gidecek. Ve korkarım, bu kadar çok iş olunca sadece göstermelik kalacak. Sizin kaç yerde üyeliğiniz var Nikolay İvanıç? –diye Sviyajskiy'e sordu.– Herhalde yirmiden fazladır, değil mi?

---

* Böyle bir yaşam tarzı yüzünden. (Fr.)

Anna şakacı bir tavırla konuşuyordu, ama bu tavrında bir öfke hissediliyordu. Anna'yı ve Vronskiy'i dikkatle gözlemleyen Darya Aleksandrovna bunu hemen anladı. Bu konuşma sırasında Vronskiy'in yüzünün hemen ciddi ve inatçı bir ifade aldığını da fark etti. Bunu ve Prenses Varvara'nın konuyu değiştirmek için hemen Petersburglu tanıdıklarından söz etmeye başladığını fark eden ve Vronskiy'in bahçede çalışmalarından boşuna söz etmediğini anımsayan Dolli, Anna'yla Vronskiy arasındaki özel bir anlaşmazlığın bu toplumsal faaliyetler konusuyla ilgili olduğunu anladı.

Yemek, şarap, servis, hepsi çok güzeldi, ama hepsi de Darya Aleksandrovna'nın yadırgadığı ziyafetlerde ve balolarda gördükleriyle aynıydı, aynı kişiliksiz ve gergin karaktere sahipti; bu yüzden sıradan bir günde, küçük bir toplulukta bütün bunlar onun üzerinde hoş olmayan bir etki bırakmıştı.

Yemekten sonra terasta oturdular. Sonra lawn tennis oynadılar. Oyuncular iki gruba ayrılıp, titizlikle düzleştirilmiş kroket alanında, yaldızlı küçük direklere gerilmiş ağın iki tarafında yerlerini aldılar. Darya Aleksandrovna oynamayı denedi, ama oyunu uzun süre anlayamadı, anladığında ise o kadar yorulmuştu ki, Prenses Varvara'yla birlikte oturup sadece oynayanları izledi. Oyun eşi Tuşkeviç de yorulmuştu; fakat diğerleri uzun süre tenis oynamayı sürdürdüler. Sviyajskiy ve Vronskiy çok güzel ve çok ciddi oynuyordu. Kendilerine atılan topu acele etmeden ve geç kalmadan dikkatle izliyor, zıplamasını bekliyor ve topa raketle isabetli ve doğru bir şekilde vurarak ağın karşı tarafına gönderiyorlardı. Veslovskiy diğerlerinden daha kötü oynuyordu. Son derece hırslıydı, ama neşesiyle oyuncuları canlandırıyordu. Kahkahası ve çığlıkları susmak bilmiyordu. Hanımların izniyle diğer erkekler gibi o da redingotunu çıkartmıştı ve kırmızı terli yüzüyle gömleğinin beyaz kolları içindeki iriyarı güzel bedeni ve sert hareketleri belleklere kazınıyordu.

O gece Darya Aleksandrovna yatağa yatıp da gözlerini yumar yummaz kroket alanında oraya buraya koşup duran Vasenka Veslovskiy'i gördü.

Oyun sırasında Darya Aleksandrovna eğlenmemişti. Vasenka Veslovskiy'le Anna arasında bu sırada da devam eden cilveleşme ve büyüklerin, yanlarında çocuklar olmadan çocuk oyunu oynadıkları sıradaki yapmacık hali hoşuna gitmemişti. Ancak diğerlerinin keyfini kaçırmamak ve bir şekilde zaman geçirmek için biraz dinlendikten sonra oyuna yeniden katıldı ve eğleniyormuş gibi yaptı. Bu günün tamamı, ona hep bir tiyatroda kendisinden daha iyi oyuncularla birlikte oynuyormuş ve kötü oyunuyla her şeyi bozuyormuş gibi geldi.

Kalabilirse iki gün kalmak niyetiyle gelmişti. Fakat akşam, oyun sırasında ertesi gün gitmeye karar verdi. Yolda gelirken o kadar nefret ettiği üzücü analık kaygıları şimdi, çocuklar olmadan geçirdiği bir günden sonra artık bambaşka bir ışık içinde görünüyor ve onu kendisine çekiyordu.

Akşam çayından ve gece sandal gezisinden sonra Darya Aleksandrovna tek başına odasına gidip elbisesini çıkarttığında ve seyrek saçlarını gece için topladığında büyük bir rahatlık hissetti.

Anna'nın birazdan yanına geleceğini düşünmek bile hoşuna gitmedi. Düşünceleriyle baş başa kalmak istiyordu.

XXIII

Anna geceliğini giyip yanına geldiğinde Dolli yatmak niyetindeydi artık.

Gün boyunca Anna birkaç kez mahrem meselelerinden konuşmaya başlamış, ama her seferinde birkaç söz söyleyip durmuştu. "Daha sonra, baş başa kalınca hepsini konuşuruz. Sana söyleyecek ne kadar çok şeyim var," –demişti.

Şimdi baş başaydılar ve Anna, hangi konudan söz edeceğini bilmiyordu. Pencerenin önüne oturmuş, Dolli'ye bakıyor, bitmez tükenmez görünen mahrem konuşma konularını belleğinde seçip ayırıyor ve hiçbir şey bulamıyordu. O anda her şey artık söylenip bitmiş gibi geliyordu ona.

Ağır ağır iç çektikten sonra suçlu suçlu Dolli'ye bakarak:

— E, Kiti nasıl? –dedi.– Doğru söyle Dolli, Kiti bana kızmıyor ya?

— Kızmak mı? Hayır, –dedi Darya Aleksandrovna gülümseyerek.

— Nefret etmiyor, küçümsemiyor mu?

— Oh hayır! Ama bilirsin, böyle şeyler affedilmez.

Anna başını çevirip, açık pencereden dışarı bakarak:

— Evet, evet, –dedi.– Ama benim bir suçum yoktu. Peki kim suçluydu? Bu nasıl bir suçtu? Başka türlü olabilir miydi? Sen ne düşünüyorsun? Senin için Stiva'nın karısı olmamak gibi bir şey olabilir miydi?

— Doğrusu, bilmiyorum. Ama sen bana şunu bir söyle...

— Evet, evet, ama Kiti konusunu bitirmedik daha. Mutlu mu? Kocasının mükemmel bir adam olduğunu söylüyorlar.

— Mükemmel sözü az gelir. Ben daha iyi birini tanımıyorum.

— Ah, ne kadar memnun oldum! Çok sevindim! Mükemmel demek az gelir, –diye yineledi Anna.

Dolli gülümsedi.

— Ama sen bana kendinden söz et. Seninle uzun uzun konuşmak istediğim şeyler var. Biz konuştuk şeyle... –Dolli, Vronskiy'i nasıl adlandıracağını bilmiyordu. Ona kont demek de, Aleksey Kirilloviç demek de Dolli'yi rahatsız ediyordu.

— Aleksey'le konuştuğunuzu biliyorum, –dedi Anna.– Ama ben sana benimle ilgili, yaşantımla ilgili ne düşündüğünü açık açık sormak istiyordum.

— Bir anda nasıl anlatmalı, doğrusu bilmiyorum.

— Hayır, yine de söyle bana... Hayatımı görüyorsun. Ama yazın gelip gördüğünü, yalnız olmadığımızı da unutma... İlkbaharın ilk günlerinde geldik, burada baş başa yaşadık, sonra da yalnız yaşayacağız ve ben bundan daha iyisini istemiyorum. Ama düşünsene, ben onsuz tek başıma yaşıyorum, bu ise sonunda... Bütün bunlara bakınca bunun sık sık yineleneceğini, onun zamanının yarısını evin dışında geçireceğini görüyorum, –dedi Anna ayağa kalkıp Dolli'ye daha yakın bir yere oturarak.

İtiraz etmeye niyetlenen Dolli'nin sözünü keserek:

— Elbette, –dedi,– elbette onu zorla tutamam. Tutmayacağım da. Bugün yarışlar var, atları yarışacak ve o gidecek. Çok memnunum. Ama beni bir düşün, durumumu tasavvur et... Bu konuda ne denebilir ki! –Anna gülümsedi.– E, seninle ne konuştu bakalım?

— Benim de konuşmak istediğim bir konuyu konuştu ve dolayısıyla onun avukatlığını yapmak bana kolay gelecek: Bir olanak olup olmadığı konusunda... –Darya Aleksandrovna duraksadı,– senin durumunu düzeltmek, iyileştirmek için... Benim bu konuya nasıl baktığımı biliyorsun... Ama yine de eğer olanak varsa evlenmek gerekir...

— Yani boşanma mı? –dedi Anna.– Petersburg'da beni ziyarete gelen tek kadının Betsi Tverskaya olduğunu biliyor musun? Onu tanır mısın? Au fond c'est la femme la plus dépravée qui existe.* Kocasını en iğrenç şekilde aldatarak Tuşkeviç'le ilişki kurmuştu. Ve bu kadın bana durumum kurallara uygun olmadığı sürece beni tanımak istemediğini söyledi. Kıyasladığımı düşünme sakın... Seni tanırım canım. Ama elimde olmayarak anımsadım... E, Aleksey ne dedi sana? –diye yineledi Anna.

— Senin için ve kendisi için acı çektiğini söyledi. Belki de bunun bencillik olduğunu söyleyeceksin, ama ne kadar haklı ve soylu bir bencillik! Birincisi, kızının durumunu yasallaştırmak ve senin kocan olmak, senin üzerinde hak sahibi olmak istiyor.

— Benim durumumda hangi kadın, hangi köle, benden daha köle olabilir ki? –diye suratını asarak Dolli'nin sözünü kesti Anna.

— Onun asıl istediği ise... Senin acı çekmemen.

---

* Aslında çok ahlaksız bir kadındır. (Fr.)

— Bu mümkün değil! E, sonra?

— Ve son derece haklı olarak çocuklarınızın onun adını taşımasını istiyor.

Anna, Dolli'ye bakarak ve gözlerini kısarak:

— Hangi çocukların? –dedi.

— Ani ve yeni doğacak çocuklar...

— İçi rahat olabilir, benim başka çocuğum olmayacak.

— Olmayacağını nasıl söyleyebilirsin?..

— Olmayacak, çünkü ben istemiyorum.

Ve Anna tüm heyecanına karşın Dolli'nin yüzündeki saf merak, hayret ve korku ifadesini fark edip gülümsedi.

— Hastalığımdan sonra bana doktor söyledi...

Dolli gözlerini iri iri açıp:

— Olamaz! –dedi. Onun için bu durum, sonuçları açısından, ilk anda tam olarak anlayamadığı, sadece hissettiği, ama üzerinde uzun uzun düşünmeyi gerektirecek kadar büyük keşiflerden biriydi.

Daha önce ona anlaşılmaz gelen birer, ikişer çocuklu aileleri birden anlaşılır hale getiren bu keşif, onda o kadar çok düşünce ve çelişkili duygular uyandırmıştı ki, hiçbir şey söyleyemiyor, sadece iri iri açılmış gözleriyle şaşkınlık içinde Anna'ya bakıyordu. Daha bugün yolda gelirken hayal ettiği şeydi bu, ama şimdi bunun olabileceğini öğrenince korkuya kapılmıştı. Bunun, son derece karmaşık bir sorunun son derece basit çözümü olduğunu hissediyordu.

Kısa bir süre sustuktan sonra:

— N'est ce pas immoral?* –dedi sadece.

— Neden? Düşünsene, iki şeyden birini seçeceğim, ya hamile kalacağım, yani hasta olacağım ya da kocamın, kocam sayılır gene de, dostu, arkadaşı olacağım, –dedi Anna mahsus üstünkörü ve umursamaz bir tavırla.

---

* Ahlaka aykırı değil mi? (Fr.)

Darya Aleksandrovna kendisinin de daha önce ileri sürdüğü kanıtları Anna'dan dinleyerek ve bunlarda eski inandırıcılığı artık bulamayarak:

— Evet, evet, –diyordu.

Anna, sanki onun aklından geçenleri tahmin etmiş gibi:

— Senin için, başkaları için hâlâ bir kuşku olabilir; ama benim için... Anlasana ben bir eş değilim; bana âşık olduğu sürece sevecek beni. Peki ben onun bana olan aşkını nasıl sürdüreceğim? Bununla mı?

Beyaz ellerini karnının önünde birleştirip bir çember oluşturdu.

Heyecanlı anlarında olduğu gibi düşünceler ve anılar Darya Aleksandrovna'nın zihnine olağanüstü bir hızla doluşmuştu. "Ben, –diye düşünüyordu Darya Aleksandrovna,– Stiva'yı kendime çekecek bir şey yapmadım; benden başkalarına gitti ve ilk kez beni aldattığı kadın da her zaman güzel ve eğlenceli olduğu halde onu elinde tutamadı. Stiva onu bıraktı, başkasını buldu. Anna bu şekilde acaba Kont Vronskiy'i kendine çekecek ve elinde tutabilecek mi? Eğer kontun aradığı buysa, tuvaletleri ve davranışları daha çekici, daha eğlenceli kadınlar bulacaktır. Ve kolları ne kadar beyaz, ne kadar mükemmel olursa olsun, dolgun vücudu, şu siyah saçların içinden görünen ateşli yüzü ne kadar güzel olursa olsun kont, tıpkı benim iğrenç, zavallı ve sevimli kocamın aradığı ve bulduğu gibi, daha iyisini arayacaktır."

Dolli bir şey söylemedi, sadece içini çekti. Anna bir itiraz ifadesi olan bu iç çekişi fark edip, konuşmasını sürdürdü. Hiçbir yanıt verilemeyecek kadar güçlü kanıtlar vardı yedeğinde.

— Bunun kötü bir şey olduğunu mu söylüyorsun? Ama düşünmen gerek, –diye devam ediyordu Anna.– Benim durumumu unutuyorsun. Ben nasıl çocuk isteyebilirim? Çekeceğim acılardan söz etmiyorum, onlardan korkmuyorum. Bir düşün, benim çocuklarım ne olacak? Başkasının adını taşıyan mutsuz çocuklar. Sırf doğdukları için annelerinden, babalarından ve dünyaya gelişlerinden utanmak zorunda kalacaklar.

— İşte zaten bunun için boşanmak gerekiyor.

Fakat Anna onu dinlemiyordu. Doğruluğuna kendisini kimbilir kaç kez inandırdığı kanıtları sonuna dek saymak istiyordu.

— Dünyaya mutsuz insanlar getirmemek için kullanmayacaksam, bana niye akıl verilmiş o zaman?

Dolli'ye baktı, ama yanıtı beklemeden devam etti:

— Bu mutsuz çocuklara karşı kendimi her zaman suçlu hissederdim, –dedi.– Dünyaya gelmedikleri için en azından mutsuz olmazlar, oysa mutsuz olurlarsa bunun tek suçlusu ben olurum.

Bunlar Darya Aleksandrovna'nın kendi kendisine ileri sürdüğü gerekçelerin aynısıydı; ama şimdi dinliyor ve bunlara inanmıyordu. "İnsan, var olmayan çocuklara karşı nasıl suçlu olabilir?" –diye düşündü. Birden aklına şu düşünce geldi: Gözbebeği Grişa hiç doğmamış olsaydı, daha mı iyi olurdu? Bu düşünce ona o kadar vahşi, o kadar garip geldi ki, kafasında dönüp duran bu karmakarışık delice düşünceleri dağıtmak için başını salladı.

Yüzünde bir iğrenme ifadesiyle sadece:

— Hayır, bilmiyorum, bu iyi bir şey değil, –dedi.

Anna kendi gerekçelerinin bolluğuna, Dolli'ninkilerin azlığına karşın sanki yine de bunun iyi olmadığını bilerek:

— Evet, ama senin ne olduğunu ve benim ne olduğumu unutma... –diye ekledi.– Ayrıca en önemlisi, benim şimdi senin durumunda olmadığımı da unutma. Senin için sorun, başka çocuk sahibi olmayı isteyip istemediğin, oysa benim için sorun sadece çocuk sahibi olmayı isteyip istemediğim. Arada büyük bir fark var. Anlıyor musun, içinde bulunduğum durumda ben bunu isteyemem.

Darya Aleksandrovna itiraz etmedi. Birden Anna'dan artık çok uzak olduğunu, aralarında hiçbir zaman aynı düşüncede olamayacakları ve konuşmamanın daha iyi olacağı sorunlar bulunduğunu hissetti.

XXIV

— O zaman mümkünse durumunu düzene sokman gerekiyor, –dedi Dolli.

— Evet, mümkünse, –dedi Anna birden bambaşka, sakin ve üzgün bir sesle.

— Boşanmak mümkün değil mi yoksa? Bana söylediklerine göre kocan razıymış.

— Dolli! Bu konuda konuşmak istemiyorum.

Anna'nın yüzündeki acı ifadesini fark eden Darya Aleksandrovna hemen:

— Peki, konuşmayız, –dedi.– Yalnız son derece karamsar baktığını görüyorum.

— Ben mi? Hiç değil. Çok neşeli ve mutluyum. Gördün ya, je fais des passions.* Veslovskiy...

Darya Aleksandrovna konuyu değiştirme isteğiyle:

— Evet, gerçeği söylemek gerekirse Veslovskiy'in tavrı hoşuma gitmiyor, –dedi.

— Ah, hiç de değil! Aleksey'i eğlendiriyor bu, hepsi o; ama o küçük bir çocuk ve her şeyiyle benim elimde; anlarsın ya, onu istediğim yana çekiyorum. Aynen senin Grişa gibi... Dolli! –diye birden başka konuya geçti.– Karamsar baktığımı söylüyorsun. Anlayamazsın. Bu son derece korkunç bir şey. Aslında hiç bakmamaya çalışıyorum.

— Ama bence bakman gerekiyor. Yapılabilecek her şeyi yapmak gerekiyor.

— Yapılabilecek ne var? Hiçbir şey. Sen Aleksey'le evlenmem gerektiğini ve bunu düşünmediğimi söylüyorsun. Bunu düşünmediğimi! –diye yineledi ve yüzüne bir kırmızılık yayıldı. Ayağa kalktı, göğsünü ileri çıkardı, derin bir iç çekti ve arasıra durarak hafif yürüyüşüyle odada bir aşağı bir yukarı dolaşmaya başladı.– Düşünmüyorum ha? Hayır, dü-

* Aşk maceraları yaşıyorum. (Fr.)

şünmediğim ve bunun için kendime sitem etmediğim bir gün ve saat yok... çünkü bununla ilgili düşünceler beni delirtebilir. Delirtebilir, –diye yineledi.– Bunu düşündüğüm zamanlar morfinsiz uyuyamıyorum. Ama neyse. Sakin sakin konuşalım. Bana boşan diyorlar. Birincisi, *o*, beni boşamaz. O şu anda Kontes Lidiya İvanovna'nın etkisi altında.

Sandalyede dimdik oturan Darya Aleksandrovna dolaşmakta olan Anna'yı başını çevirerek acı çeken ve acıyan bir yüzle izliyordu.

— Denemek gerekir, –dedi sessizce.

Anna, herhalde binlerce kez aklına gelen ve ezberlediği bir düşünceyi belirterek:

— Denedim diyelim. Bu ne demek olacak? Bu, ondan nefret eden, ama yine de ona karşı kendini suçlu hisseden benim için –ben de onu gönlü yüce biri olarak görüyorum,– ona mektup yazmak, kendimi küçük düşürmem demek olacak... Hadi diyelim, kendimi zorlayıp bunu yaptım. Ya hakaretlerle dolu bir yanıt ya da onun rızasını alacağım. Tamam, rızasını aldım diyelim... –Anna bu sırada odanın öbür ucundaydı ve orada durup pencerenin perdesine bir şey yaptı.– Rızasını alacağım, ya oğ... oğlum? Onu bana vermezler. Terk ettiğim babasının yanında benden nefret ederek büyüyecek. Anla beni, iki kişiyi, Seryoja'yı ve Aleksey'i galiba eşit, ama ikisini de kendimden daha fazla seviyorum.

Anna odanın ortasına geldi ve Dolli'nin karşısında ellerini göğsüne bastırarak durdu. Beyaz geceliği içinde vücudu çok uzun ve geniş görünüyordu. Başını eğdi ve kaşlarını çatarak pırıl pırıl parlayan ıslak gözlerle sırtında yamalı geceliği, başında gece başlığıyla heyecandan tir tir titreyen ufak tefek, zayıf Dolli'ye baktı.

— Sadece bu iki varlığı seviyorum ve biri öbürüne izin vermiyor. Onları bir araya getiremiyorum, oysa benim için tek gerekli olan bu. Eğer bu olmuyorsa, o zaman hiç fark etmez. Hiç, hiç fark etmez. Bir şekilde sonu gelecek bunun. Bu yüzden bu konuda konuşamıyorum, konuşmayı sevmiyorum.

Dolayısıyla sen de beni kınama, beni hiçbir konuda yargılama. Sen o dürüstlüğünle benim çektiklerimi anlayamazsın.

Anna yaklaştı, Dolli'nin yanına oturdu ve suçlu bir ifadeyle Dolli'nin yüzüne bakarak elini tuttu.

— Ne düşünüyorsun? Benim hakkımda ne düşünüyorsun? Beni hor görme. Hor görülmeyi hak etmiyorum. Sadece mutsuzum. Mutsuz biri varsa o da benim, –dedi ve başını çevirip ağlamaya başladı.

Dolli yalnız kalınca Tanrı'ya dua edip yatağına yattı. Anna'yla konuşurken ona bütün kalbiyle acımıştı; fakat şimdi kendisini Anna'yla ilgili düşünmeye zorlayamıyordu. Evle ve çocuklarla ilgili anılar, farklı ve onun için yepyeni bir güzellikle, yepyeni bir parıltı içinde zihninde canlanıyordu. Onun bu dünyası şimdi öyle değerli, öyle sevimli görünüyordu ki, ne olursa olsun bir gün daha bu dünyanın dışında yaşamak istemiyordu, ertesi gün kesinlikle gitmeye karar verdi.

Bu arada çalışma odasına dönen Anna, bir kadeh alıp, içine büyük bölümü morfinden oluşan birkaç damla ilaç damlattı, bunu içtikten ve bir süre kımıldamadan oturduktan sonra sakin ve neşeli bir ruhla yatak odasına gitti.

Yatak odasına girdiğinde Vronskiy ona dikkatle baktı. Dolli'nin odasında bu kadar uzun kaldığı için onunla yaptığını bildiği konuşmanın izlerini arıyordu. Ancak Anna'nın heyecanlı, ölçülü ve bir şeyler gizleyen ifadesinde, alışmış olsa da onu hâlâ tutsak eden güzellikten, bu güzelliğin bilincinden ve Vronskiy'i etkileme isteğinden başka hiçbir şey bulamadı. Anna'ya ne konuştuklarını sormak istiyordu, ama onun kendiliğinden bir şeyler anlatacağını umut etti. Ancak Anna sadece şunu söyledi:

— Dolli'den hoşlandığına sevindim. Hoşlandın ondan, değil mi?

— Zaten onu eskiden beri tanırım. Çok iyi biridir bence, mais excessivement tere-à-tere.* Yine de geldiğine çok sevindim.

---

* Ama çok basit. (Fr.)

Anna'nın elini tuttu ve soru sorar gibi gözlerinin içine baktı. Anna bu bakışı başka bir anlama çekip gülümsedi.

***

Ertesi sabah ev sahiplerinin yalvarmalarına karşın Darya Aleksandrovna gitmeye hazırlandı. Sırtında hiç de yeni olmayan kaftanı, başında posta tatarlarınınkine benzer şapkasıyla Levin'in arabacısı, asık ve kararlı bir suratla birbirinden farklı atların koşulduğu, çamurlukları yamalı arabayı üstü kapalı, kumla kaplı girişe getirdi.

Prenses Varvara'yla ve erkeklerle vedalaşmak Darya Aleksandrovna'nın hoşuna gitmedi. Bir gün kaldıktan sonra o da, ev sahipleri de birbirlerine benzemediklerini ve görüşmemelerinin daha iyi olacağını açıkça hissediyorlardı. Bir tek Anna üzülmüştü. Şimdi, Dolli'nin gidişiyle birlikte bu görüşme sırasında içinde yükselen duyguları artık hiç kimsenin deşmeyeceğini biliyordu. Bu duyguların depreşmesi ona acı veriyordu, ama yine de bunun, ruhunun en iyi yanı olduğunu ve ruhunun bu yanının, sürdürdüğü bu yaşamın içinde hızla kabuk bağladığını biliyordu.

Kırlara çıkınca Darya Aleksandrovna hoş bir ferahlık hissetti ve tam yanındaki adamlara Vronskiy'in evinde kalmaktan hoşlanıp hoşlanmadıklarını sormaya niyetleniyordu ki, birden arabacı Filipp:

— Zenginliğine zenginler, ama atlara topu topu üç ölçek yulaf verdiler. Daha horozlar ötmeden yulaftan eser kalmamıştı. Üç ölçek nedir ki? Çerez misali. Şimdi hancılar yulafı kırk beş kapikten veriyorlar. Bizde gelen yabancıların atlarına yiyebildiği kadar yulaf verilir.

— Beyin elisıkı, –diye onayladı kâtip.

— E, atlarını beğendin mi? –diye sordu Dolli.

— Atlar, tek kelimeyle çok iyi. Yiyecek de iyi. Ama bana sıkıcı geldi, Darya Aleksandrovna, bilmiyorum, size de öyle geldi mi? –dedi iyilik dolu güzel yüzünü Darya Aleksandrovna'ya çevirip.

— Evet, bana da öyle geldi. Ne dersin, akşama varır mıyız?

— Varmamız gerekir.

Eve dönen, herkesi sağ salim ve çok hoş bulan Darya Aleksandrovna büyük bir heyecanla yolculuğunu, kendisini nasıl iyi karşıladıklarını, Vronskiylerin hayatının ne kadar lüks, zevklerinin ne kadar ince olduğunu, eğlencelerini anlatıyor ve hiç kimseye onların aleyhinde söz söyleme izni vermiyordu.

Oradayken hissettiği belli belirsiz hoşnutsuzluk ve rahatsızlığı unutarak son derece büyük bir içtenlikle:

— Ne kadar sevimli ve duygulu insanlar olduklarını anlamak için Anna'yı ve Vronskiy'i tanımak gerekir, ben Vronskiy'i şimdi daha yakından tanımış oldum, –diyordu.

XXV

Vronskiy ve Anna bütün bir yazı ve sonbaharın bir bölümünü hep aynı koşullarda, yine boşanma için hiçbir şey yapmadan köyde geçirdiler. Hiçbir yere gitmemek üzere aralarında karar vermişlerdi; ama özellikle konukların olmadığı sonbaharda uzun süre yalnız kalmaları halinde bu hayata katlanamayacaklarını ve hayatlarını değiştirmeleri gerekeceğini her ikisi de hissediyordu.

Hayat, daha iyisi istenemezmiş gibi görünüyordu: Gelirleri, sağlıkları tamdı, çocukları, ikisinin de uğraştığı işleri vardı. Konukları olmadığı zamanlar Anna yine aynı şekilde kendisiyle ilgileniyor ve roman olsun, moda olan ciddi kitaplar olsun bol bol kitap okuyordu. Abonesi olduğu yabancı gazetelerde ve dergilerde övgüyle söz edilen bütün kitapları ısmarlıyor ve okunan bir şeye ancak yalnızken gösterilebilecek bir dikkatle bu kitapları okuyordu. Bundan başka Vronskiy'in ilgilendiği bütün konuları kitaplardan ve bu konularda uzman dergilerden izliyordu. Öyle ki Vronskiy, tarım, mimarlık, hatta arada sırada at yetiştiriciliği ve sporla ilgili sorularını doğrudan

Anna'ya soruyordu. Anna'nın bilgisine, belleğinin gücüne şaşırıyor ve ilk başlarda kuşkuya kapılarak söylediklerini kanıtlamasını istiyordu; Anna da onun sorduğu soruyla ilgili yeri kitaplarda bulup gösteriyordu.

Hastane inşaatı da Anna'yı ilgilendiren bir konuydu. Sadece yardım etmekle kalmıyor, aynı zamanda pek çok şeyi kendisi düzenliyor, kendisi düşünüp buluyordu. Ama en önemli uğraş konusu yine de kendisiydi; Vronskiy için ne kadar değer taşıdığını, onun terk ettiği şeylerin yerini alıp alamayacağını düşünüyordu. Vronskiy Anna'nın yaşamının biricik amacı olan bu yalnızca beğenilmek değil, aynı zamanda ona hizmet etme isteğini takdir ediyordu, bununla birlikte Anna'nın onu sarmaya çalıştığı sevgi ağlarından da rahatsız oluyordu. Zaman geçtikçe kendini bu ağlarla sarılmış olarak daha sık gördükçe bunlardan kurtulmak değilse de özgürlüğüne engel olup olmayacaklarını daha fazla sınamak isteği duyuyordu. Giderek artan bu özgür olma isteği ve kurul toplantısı ya da bir yarış için kente gitmek zorunda olduğu her defa bir olay çıkmasa Vronskiy hayatından son derece memnun olabilirdi. Seçtiği rol, yani Rus aristokrasisinin çekirdeğini oluşturması gereken zengin toprak sahibi rolü, zevkine son derece uygun düşmenin ötesinde bu şekilde geçirdiği altı aydan sonra ona giderek artan bir hoşnutluk veriyordu. Onu gitgide daha fazla ilgilendiren ve içine sürükleyen işi de kusursuz bir şekilde yürüyordu. Hastanenin, makinelerin, İsviçre'den ısmarlanan ineklerin ve başka pek çok şeyin ona çok büyük paralara mal olmasına karşın, parasını çarçur etmeyip artırdığına inanıyordu. Eline geçecek gelir, kereste, buğday, yün satışı, toprağın kiraya verilmesi söz konusu olduğunda Vronskiy kaya gibi sağlamdı ve fiyatı yüksek tutmayı beceriyordu. Bu malikânesinde ve diğer malikânelerindeki çiftliklerin işlerinde en basit ve hiç riski olmayan yöntemleri kullanıyor, çiftlikteki ufak tefek işler konusunda son derece tutumlu ve hesaplı davranıyordu. Onu herhangi bir şey almaya iten ve ilk başta çok fazla para gerektiren, ama biraz düşündükten sonra aynı alışverişin daha ucuza yapılabileceği ve anında kazanç sağlanabilecek her türlü hesabı önüne süren Alman kâhyanın tüm kurnazlığına ve becerikliliğine karşın Vronskiy ona kanmıyordu. Kâhyayı dinliyor, ona sorular soruyor ve ancak ısmarlanan ya da kurulan şey çok yeni, Rusya'da henüz bilinmeyen, şaşkınlık uyandırabilecek bir şey olduğunda onun dediğini kabul ediyordu. Ayrıca büyük harcamalara ancak fazla para olduğunda izin veriyordu ve bu harcamayı yaparken en ufak ayrıntılarına kadar inip, parasının karşılığında en iyi olanı almak için ısrar ediyordu. Öyle ki, işlerini yönetme biçiminden parasını çarçur etmeyip arttırdığı anlaşılıyordu.

Vronskiy, Sviyajskiy, Koznışev ve Oblonskiy'in malikânelerinin, Levin'in de küçük bir parça toprağının bulunduğu Kaşino ilinde ekim ayında soylular meclisi seçimleri vardı.

Pek çok nedenle ve seçime katılan kişilere bakılınca bu seçimler toplumun dikkatini üzerine çekiyordu. Birçok kişi seçimlerden söz ediyor ve seçimlere hazırlanıyordu. Moskova'da, Petersburg'da ve yurtdışında oturan, seçimlere hiç katılmamış olanlar bu seçimlerde bir araya gelmişti.

Vronskiy seçimlere gitmek için uzun bir zaman önce Sviyajskiy'e söz vermişti.

Vozdvijenskoye'yi sık sık ziyaret eden Sviyajskiy seçimlerden önce Vronskiy'i almaya gelmişti.

Bundan bir gün önce Vronskiy'le Anna arasında bu olası yolculuk yüzünden neredeyse bir tartışma çıkmıştı. Köyde en sıkıcı, en ağır sonbahar günleriydi ve bir mücadeleye hazırlanan Vronskiy bu yüzden Anna'yla daha önce hiç konuşmadığı sert ve soğuk bir ifadeyle ona yolculuğa çıkacağını açıklamıştı. Ancak Anna, Vronskiy'i şaşırtarak bu haberi çok sakin bir şekilde karşılamış ve sadece ne zaman geri döneceğini sormuştu. Vronskiy bu sakinliğe bir anlam veremeyerek Anna'ya dikkatle bakmıştı. Anna onun bu bakışına karşılık gülümsemişti. Onun bu şekilde kendi kabuğuna çekilme yeteneğini biliyordu. Bunun ancak Vronskiy'e planlarından söz etmeksizin kendisiyle ilgili bir şey yapmaya karar verdiği zamanlarda olduğunu da biliyordu. Bundan korkuyordu; fakat olay çıkmasından öylesine kaçınmak istiyordu ki, Anna'nın sağduyusuna inanmış gibi göründü ve kısmen de içtenlikle buna inandı.

— Umarım, canın sıkılmaz.

— Umarım, –dedi Anna.– Dün Gautier'den bir sandık dolusu kitap geldi. Yo, sıkılmam.

"Bu tavrı takınmak istiyor, böylesi daha iyi, –diye düşündü Vronskiy,– yoksa yine aynı şey olacak."

Böylece Vronskiy, Anna'yı ayrıntılı bir açıklamaya zorlamadan seçimlere gitti. Bu, ilişkilerinin başından beri Anna'yla tam olarak anlaşmaya varmadan ilk ayrılışı oluyordu. Bir yandan bu durum onu huzursuz ediyor, bir yandan da bunun daha iyi olduğunu düşünüyordu. "İlk başta şimdiki gibi, anlaşılmamış, gizli kalmış bir şey olacak, ama sonra alışacaktır. Her durumda ona her şeyimi verebilirim, ama bir erkek olarak bağımsızlığımı vermem," –diye düşünüyordu.

XXVI

Eylülde Kiti'nin doğumu için Levin Moskova'ya taşındı. Kaşino ilinde malikânesi olan ve gelecek seçimlere büyük ilgi gösteren Sergey İvanoviç seçimlere gitmeye hazırlandığı sırada Levin Moskova'da işsiz güçsüz koca bir ay geçirmişti. Sergey İvanoviç, Seleznevskoye ilçesinde küçük bir toprak parçası bulunan kardeşini de kendisiyle birlikte gitmek için çağırdı. Ayrıca Levin'in Kaşino'da, yurtdışında oturan ablası için halledilmesi son derece gerekli olan bir vesayet ve alacak işi vardı.

Levin hâlâ kararsızdı, ama onun Moskova'da sıkıldığını gören ve gitmesini öğütleyen Kiti, kocası için kendisinden habersiz seksen rubleye mal olan, soyluların giydiği cinsten bir ceket ısmarlamıştı. Cekete ödenen bu seksen ruble Levin'i gitmeye teşvik eden başlıca neden oldu. Levin Kaşino'ya gitti.

Levin'in Kaşino'da her gün toplantıya giderek ve ablasının pek de yolunda gitmeyen işinin peşinde koşturarak geçirdiği altıncı gündü. Bütün başkanlar seçimlerle meşguldü ve vesayetle ilgili çok basit bir iş halledilemiyordu. Öbür iş, yani alacağın tahsili ise aynı engellerle karşılaşıyordu. Blokajın kaldırılmasıyla ilgili uzun koşuşturmalardan sonra para teslim edilmeye hazırdı; ancak çok lütufkâr bir insan olan noter, çeki veremiyordu, çünkü başkanın imzası gerekiyordu, yerine vekil bırakmamış olan başkan ise sürekli toplantıdaydı. Bütün bu koşuşturmalar, oradan oraya gidip gelmeler, başvuru sahibinin durumunun son derece tatsız olduğunu anlayan, ancak ona yardımcı olamayan çok iyi yürekli insanlarla konuşmalar, hiçbir sonuç vermeyen bütün bu gerginlikler Levin'de insanın düş görürken fiziksel güç kullanmak istediğinde hissettiği o can sıkıcı çaresizliğe benzer sıkıntılı bir duygu doğurmuştu. Çok iyi yürekli bir insan olan danışmanıyla konuşurken bunu sık sık hissediyordu. Bu danışman, Levin'i sıkıntıdan kurtarmak için görünüşe göre elinden gelen her şeyi yapıyor ve tüm zekâsını kullanıyordu. Kaç kez "Bir de şunu deneyin, şuraya ve şuraya gidin," diyen danışman, her şeyin önünü kesen o uğursuz engeli aşmak için eksiksiz bir plan yapıyor, ama hemen "Yine de oyalarlar; ama siz bir deneyin," diye de ekliyordu. Ve Levin deniyor, gidip gelip duruyordu. Herkes iyi ve nazikti, ama aşılan engelin sonunda tekrar büyüdüğü ve yolu tekrar tıkadığı ortaya çıkıyordu. Levin'i en çok kızdıran da kiminle mücadele ettiğini, işinin sonuçlanmamasından kimin çıkarı olacağını bir türlü anlayamamasıydı. Anlaşılan bunu hiç kimse bilmiyordu; danışman da bilmiyordu. Levin, bir istasyonda gişeye yaklaşmak için sıraya girmekten başka bir yol olmadığını anladığı gibi bunu da anlayabilseydi, kızmaz ve canı sıkılmazdı; fakat işle ilgili karşılaştığı engellerin neden ortaya çıktığını ona hiç kimse açıklayamıyordu.

Ancak Levin evlendiğinden beri çok değişmişti; sabırlı biri olmuştu ve bütün bunların neden böyle olduğunu anlamadığında kendi kendisine her şeyi bilmeden bir yargıda bulunamayacağını, herhalde böyle gerektiğini söylüyor ve kızmamaya gayret ediyordu.

Şimdi seçimlere katılırken de aynı şekilde bir yargıda bulunmamaya, tartışmamaya, saygı duyduğu dürüst ve iyi insanların bu kadar büyük bir ciddiyetle ve ilgiyle uğraştıkları bir işi elinden geldiğince anlamaya çalışıyordu. Evlendiğinden beri Levin'in önüne, eskiden dar bir çerçeveden baktığı için önemsiz görünen o kadar yeni, ciddi konular çıkmıştı ki, seçim meselesinde de ciddi bir anlam olduğunu düşünüyor ve arıyordu.

Sergey İvanoviç seçimlerde olması beklenen değişikliğin anlamını ve önemini ona açıklamıştı. Vesayet gibi (şu anda Levin'i üzen işin ta kendisi), soylulara ait çok büyük paralar gibi, kız ve erkek liseleri ve askeri lise gibi, yeni duruma uygun milli eğitim ve nihayet yerel yönetim gibi çok önemli toplumsal işleri yasaya göre elinde bulunduran soylular il başkanı Snetkov, eski tip soylu yapısında, çok büyük bir serveti yiyip bitirmiş, iyi niyetli, kendi çapında namuslu, ama yeni zamanın gereksinimlerini hiç anlamayan bir adamdı. Her konuda hep soyluların tarafını destekler, milli eğitimin yayılmasına açıkça karşı çıkar ve çok büyük bir önem taşıması gereken yerel yönetime sınıfsal bir karakter verirdi. Onun yerine çağdaş, becerikli, yepyeni birini geçirmek ve işi, soylulara soylu oldukları için değil, yerel yönetimin bir elementi olarak verilmiş olan tüm haklardan sadece alınabilecek olan özerklik çıkarlarını alacak şekle sokmak gerekiyordu. Her zaman her konuda başkalarından önde giden zengin Kaşino ilinde şimdi öyle bir güç toplanmıştı ki, burada yürütülen iş, diğer iller için, bütün Rusya için örnek olabilecekti. Bu nedenle çok önem taşıyan bir işti. Snetkov'un yerine ya Sviyajskiy'in, ya da daha iyisi, olağanüstü zeki bir insan, eski bir profesör ve Sergey İvanoviç'in yakın arkadaşı olan Nevedovskiy'in getirilmesi düşünülüyordu.

Toplantıyı, soylulara, görevlendirecekleri kişileri taraf tutmadan, ülke yararına yaptıkları hizmetlere göre seçmelerini dileyen ve Kaşino soylularının daha önceki seçimlerde olduğu gibi görevini kutsal bilerek yerine getireceğini ve hükümdarın büyük güvenini haklı çıkaracağını umduğunu belirten bir konuşma yapan vali açtı.

Vali konuşmasını bitirip salondan çıktı ve soylular da gürültülü, canlı, hatta biraz da heyecanla valinin peşinden gidip, kürkünü giydiği ve soylular il başkanıyla dostça konuştuğu sırada çevresini sardılar. Her şeyi anlamak isteyen, hiçbir şeyi kaçırmamaya çalışan Levin de orada kalabalığın içindeydi ve valinin "Lütfen Marya İvanovna'ya iletin, karım onun kimsesizler yurduna gitmesine çok üzülüyor," dediğini duyuyordu. Bunun ardından soylular neşe içinde kürklerini alıp, hep birden kilisenin yolunu tuttular.

Levin, kilisede diğerleriyle birlikte elini havaya kaldırarak ve başpiskoposun sözlerini yineleyerek valinin umut ettiği şeyleri yerine getirmeye ant içti. Kilisedeki ayin Levin'i her zaman etkilerdi ve "haçı öpüyorum" sözlerini söylediğinde ve aynı sözleri yineleyen bu genç ve yaşlı insan kalabalığına bir göz attığında aşırı derecede duygulandı.

İkinci ve üçüncü gün Sergey İvanoviç'in söylediğine göre soyluların paralarıyla, kız lisesiyle ilgili hiçbir önemi olmayan işler görüşülüyordu ve kendi işleri için koşuşturan Levin bu toplantıları izlemedi. Dördüncü gün il masasında il hesaplarının denetimi yapılıyordu. Yeni partiyle eski parti arasındaki ilk çatışma da burada çıktı. Hesapları denetlemekle görevlendirilen komisyon, meclis üyelerine hesapların tamam olduğu raporunu verdi. Soylular il başkanı gösterilen güven nedeniyle ayağa kalkıp gözleri yaşararak teşekkür etti. Soylular onu şiddetle alkışlıyor, elini sıkıyorlardı. Fakat bu sırada Sergey İvanoviç'in partisinden bir soylu, komisyonun, denetlemeyi soylular il başkanını aşağılamak saydığı için hesapları denetlemediğini duyduğunu söyledi. Komisyon üyelerinden biri ihtiyatsızlık ederek bunu doğruladı. O zaman çok genç görünen, ancak son derece kinayeli konuşan ufak tefek bir adam konuşmaya başlayarak soylular il başkanının paraların hesabını vermekten memnuniyet duyacağını ve komisyon üyelerinin gereksiz nezaketinin onu bu manevi zevkten yoksun bıraktığını söyledi. O zaman komisyon üyeleri raporlarını geri aldılar ve Sergey İvanoviç, hesapların komisyon üyeleri tarafından denetlendiğinin ya da denetlenmediğinin açıkça belirtilmesi gerektiğini mantık açısından kanıtlamaya girişerek bu ikilemi ayrıntılı bir şekilde ortaya koydu. Karşı partiden bir laf ebesi Sergey İvanoviç'e itiraz etti. Sonra Sviyajskiy, ondan sonra da tekrar kinayeli laflar eden adam konuştu. Tartışmalar uzun sürdü ve hiçbir sonuca ulaşmadı. Bu konunun bu kadar uzun süre tartışılmasına, özellikle Sergey İvanoviç'e paraların çalındığına inanıp inanmadığını sorduğunda onun:

— Yo hayır! Başkan namuslu bir adamdır. Ama soyluların işlerini bu şekilde çok eski, atadan kalma bir yöntemle yönetmelerine artık bir son vermek gerekiyordu, –dediği zaman Levin hayretler içinde kalmıştı.

Beşinci gün ilçe başkanı seçimleri vardı. Bu beşinci gün bazı ilçelerde epey fırtınalı geçti. Seleznev ilçesinde Sviyajskiy oybirliğiyle seçildi ve o gün evinde bir öğle yemeği verdi.

XXVII

Altıncı gün il seçimleri yapılacaktı. Büyük ve küçük salonlar farklı resmi ceketler giymiş soylularla doluydu. Çoğu sırf bugün için gelmişti. Kimi Kırım'dan, kimi Petersburg'dan, kimi yurtdışından gelmiş, çoktandır birbirini görmemiş tanışlar salonlarda buluşuyorlardı. Hükümdarın portresinin altındaki il masasının önünde tartışmalar sürüyordu.

Soylular hem büyük, hem de küçük salonda ayrı kamplar halinde gruplaşmışlardı ve bakışlarındaki düşmanlık ve kuşkuculuktan, yanlarına yabancı kişiler yaklaşınca konuşmayı kesmelerinden, bazılarının fısıldaşarak koridorun dibine kadar gitmelerinden her bir tarafın diğerinden gizleyecek sırları olduğu anlaşılıyordu. Dış görünüşe bakılırsa soylular kesin bir şekilde ikiye ayrılıyordu: eskiler ve yeniler. Eskiler çoğunlukla ya önü ilikli eski resmi soylu ceketleri ve şapka giymiş, kısa kılıç kuşanmışlar ya da askeri görevlerinden kalma kendi özel denizci, süvari, piyade ceketlerini giymişlerdi. Eski soyluların ceketleri eski modaya göre dikilmişti, omuzlarında püsküllü apoletler vardı; sanki bunları giyenler büyümüş de ceketler küçülmüş gibi bu ceketlerin bel kısımları dar ve boyları kısaydı. Gençler ise belleri düşük, omuzları geniş, önü açık soylu ceketleri, beyaz yelekler ya da Adalet Bakanlığı'nın işareti olan defne yaprağı işlenmiş siyah yakalı ceketler giymişlerdi. Orada burada kalabalığı süsleyen saray ceketleri de gençlerin üstündeydi.

Ancak gençlerin ve yaşlıların dağılımı eski ve yeni partilere göre değildi. Levin'in gözlemlerine göre gençlerden bazıları eski partidendi ve tersine en yaşlı soylulardan bazıları Sviyajskiy'le fısıldaşıyorlardı, belli ki yeni partinin ateşli yandaşlarıydılar.

Levin sigara içilen ve bir şeyler atıştırılan küçük salonda kendi grubunun yanında, konuşulanlara kulak vererek ve konuşulanları anlamak için zekâsını bütün gücüyle kullanarak dikiliyordu. Sergey İvanoviç, diğerlerinin çevresinde toplandıkları bir merkezdi. Sergey İvanoviç şu anda Sviyajskiy'i ve kendi partilerinden olan başka bir ilçenin soylular başkanı Hlyustov'u dinliyordu. Hlyustov, kendi ilçesinden üyelerle birlikte Snetkov'a gidip tekrar oylamaya katılmasını rica etmeye yanaşmıyordu. Sviyajskiy ise onu bu işe ikna etmeye çalışıyor, Sergey İvanoviç de bu planı onaylıyordu. Levin, muhalif partinin aleyhte oy vermek istediği birine gidip yeniden oylamaya katılmasını neden istediğini anlayamıyordu.

Biraz önce bir şeyler yiyip içmiş Stepan Arkadyiç, sırtında mabeyinci ceketi, çevresi şeritli, parfümlü patiska mendiliyle ağzını silerek yanlarına geldi.

Favorilerini düzelterek:

— Mevziyi ele geçiriyoruz Sergey İvanıç! –dedi.

Ve konuşmayı dinledikten sonra Sviyajskiy'in düşüncesini onayladı.

— Tek bir ilçe yeterli, Sviyajskiy ise belli ki muhalefette, - dedi. Levin'den başka herkes ne demek istediğini anlamıştı.

— E, Kostya, sen de galiba işin tadına vardın, ne dersin? - diye ekledi Levin'e dönerek ve koluna girdi. Levin işin tadına varmaktan mutlu olabilirdi, ancak konuyu anlayamamıştı ve konuşanların yanından birkaç adım geri çekilerek Stepan Arkadyiç'e, il başkanından neden böyle bir ricada bulunulduğunu anlamadığını söyledi.

— O sancta simplicitas!* -dedi Stepan Arkadyiç ve konuyu Levin'e kısa ve açık bir şekilde anlattı.

Eğer geçen seçimlerde olduğu gibi bütün ilçeler il başkanı Snetkov'u aday gösterirlerse oybirliğiyle seçilirdi. Buna gerek yoktu. Şimdi ise onu aday göstermeyi kabul eden sekiz ilçe vardı; iki ilçe aday göstermeyi reddedecek olursa Snetkov oylamaya katılmaktan vazgeçebilirdi. O zaman da eski parti kendi içinden başka birini seçebilir, böylece bütün hesaplar bozulurdu. Ama eğer sadece bir tek Sviyajskiy'in ilçesi Snetkov'un aday olmasını istemeyecek olursa, Snetkov oylamaya katılacaktı. Hatta karşı partiyi şaşırtacak şekilde ona oy verecekler ve bu taraftan bir aday gösterildiğinde karşı partiden bazıları da ona oy verebilecekti.

Tam olmasa da Levin anlamıştı ve hep birden konuşmaya, gürültü etmeye başlayıp, büyük salona doğru harekete geçtiklerinde hâlâ sormak istediği birkaç soru vardı.

— Ne var? Ne olmuş? Kim? - Vekâletname mi? Kime? Neye? - Tekzip mi ediyorlar? - Vekâletname değil. - Flerov'a izin vermiyorlar. - Ne var, sabıkası varsa ne olmuş? O zaman hiç kimseye izin verilmesin. Bu alçaklıktır. - Yasa! - Levin farklı farklı yönlerden bu sözleri duyuyordu, bir yere yetişecekmiş, bir şeyi kaçırmaktan korkuyormuş gibi acele eden herkesle

* Ah, kutsal saflık! (Lat.)

birlikte büyük salona yöneldi, soyluların arasında sıkışmış bir halde il başkanı, Sviyajskiy ve diğer at yetiştiricilerinin hararetli hararetli tartıştıkları il masasına yaklaştı.

XXVIII

Levin oldukça uzakta duruyordu. Yanında hırıltıyla, ağır ağır soluyan bir soylu ve ayakkabısının kalın tabanlarını gıcırdatan bir başkası açık seçik duymasına engel oluyorlardı. Uzaktan ancak başkanın yumuşak sesini, sonra kinayeli konuşan soylunun ciyaklayan sesini ve sonra Sviyajskiy'in sesini duyuyordu. Anlayabildiği kadarıyla yasa maddesinin önemini ve *tahkikat altında bulunan* sözlerinin anlamını tartışıyorlardı.

Masaya doğru yaklaşan Sergey İvanoviç'e yol vermek için kalabalık ikiye ayrıldı. Kinayeli konuşan soylunun konuşmasının bitmesini bekleyen Sergey İvanoviç, yasanın maddesini gözden geçirmenin yapılacak en doğru şey olacağını söyledi ve sekreterden maddeyi bulmasını rica etti. Maddede bir anlaşmazlık olması halinde oylamaya gitmek gerektiği söyleniyordu.

Sergey İvanoviç bu maddeyi okudu ve anlamını açıklamaya başladı, ancak tam o anda uzun boylu, şişman, sırtı hafifçe kambur, bıyıkları boyalı, yakası ensesine dayanmış kısa ceketli bir toprak sahibi sözünü kesti. Bu toprak sahibi masaya yaklaştı ve yüzüğüyle masaya vurup avaz avaz bağırmaya başladı:

— Oylayalım! Konuşacak bir şey yok! Oylamaya koyun!

O anda birkaç kişi birden konuşmaya başlayınca uzun boylu, yüzüklü soylu daha da çok sinirlenerek daha yüksek perdeden bağırmaya koyuldu. Ancak ne söylediğini anlamak olanaksızdı.

Sergey İvanoviç'in önerdiği şeyi söylüyordu; fakat belli ki, Sergey İvanoviç'ten de, partisinden de nefret ediyordu ve bu nefret duygusu bütün partiye bulaşmış, diğer tarafta da daha terbiyeli olsa bile aynı öfkeli itirazı uyandırmıştı. Çığlıklar yükseldi, bir an için her şey birbirine karıştı, öyle ki il başkanı düzenin sağlanması ricasında bulunmak zorunda kaldı.

— Oylayalım, oylayalım! Soylu olan anlar. Kanımızı döküyoruz... Hükümdarın güveni... İl başkanı hesap vermesin, o kâhya değil... Zaten mesele bu değil... Lütfen, oylamaya gidelim! Alçaklık!.. –her yandan öfkeli, kudurmuş gibi sesler duyuluyordu. Bakışlar ve yüzler, konuşmalardan daha da öfkeli, daha kudurmuş gibiydi. Bakışlar ve yüzler silinmez bir nefreti ifade ediyordu. Levin, meselenin ne olduğunu hiç anlamıyor ve Flerov'la ilgili düşünceyi oylamalı mı, yoksa oylamamalı mı sorusunun böylesine hırslı bir şekilde konuşulmasına hayret ediyordu. Sergey İvanoviç'in ona sonradan açıkladığı, il başkanının toplum yararı için devrilmesi gerektiği örneksemesini unutuyordu; başkanın devrilmesi için oy çoğunluğu gerekliydi; oy çoğunluğu için de Flerov'a oy verme hakkının tanınması gerekiyordu; Flerov'un oy verme yetkisine sahip olduğunu kabul ettirmek içinse yasa maddesinin ne anlama geldiğini açıklamak gerekiyordu.

— Bir oy işi tümden çözüme kavuşturabilir ve eğer topluma hizmet etmek istiyorsak ciddi ve mantıklı olmak gerekir, –diye sözünü bitirdi Sergey İvanoviç.

Ama Levin bunu unuttu ve saygı duyduğu bu iyi insanları bu kadar çirkin öfke içinde görmek çok canını sıktı. Bu sıkıntıdan kurtulmak için tartışmaların sonunu beklemeden büfenin çevresindeki garsonlardan başka hiç kimsenin olmadığı salona gitti. Levin, telaş içinde tabakları ve kadehleri silerek yerleştiren garsonları, onların sakin, ama canlı yüzlerini görünce sanki leş gibi kokan bir odadan temiz havaya çıkmış gibi ani bir rahatlama duygusu hissetti. Garsonlara keyifle bakarak bir aşağı bir yukarı yürümeye başladı. Favorileri kırlaşmış bir garsonun, kendisiyle alay eden diğer genç garsonlara, onları hor gördüğünü belli ederek peçetelerin nasıl katlanacağını göstermesi çok hoşuna gitti. Levin tam bu yaşlı garsonla konuşmaya niyetleniyordu ki, ildeki bütün soyluları adı ve baba adıyla tanıma özelliğine sahip, yaşlı bir adam olan soylular vasilik sekreteri onu bundan alıkoydu.

— Lütfen gelin Konstantin Dmitriç, –dedi sekreter,– ağabeyiniz sizi arıyor. Oylama yapılacak.

Levin salona girdi, beyaz küçük bir küre aldı ve Sviyajskiy'in sakalını avuçlayıp koklayarak ciddi ve alaycı bir yüzle önünde dikildiği masaya doğru ağabeyi Sergey İvanoviç'in peşinden yürüdü. Sergey İvanoviç elini sandığa soktu, küresini bir yere koydu ve yerini Levin'e bırakıp hemen yanında durdu. Levin yaklaştı, ama ne yapacağını tümden unutup, mahcup bir halde Sergey İvanoviç'e "Nereye koyacağım?" diye sordu. Sorusunun duyulmayacağını umarak yakınlarındakiler konuşurlarken sessizce sormuştu. Ancak konuşanlar susmuş ve Levin'in bu yakışık almayan sorusu duyulmuştu. Sergey İvanoviç suratını astı.

— Herkesin kendi inancına kalmış bir şey, –dedi sert bir şekilde.

Bazıları gülümsedi. Levin kıpkırmızı kesildi, elini örtünün altına soktu ve küre sağ elinde olduğu için sağ tarafa koydu. Koyduktan sonra sol elini sokması gerektiğini anımsadı, sol elini soktu, ama artık çok geçti, daha da çok utanarak hızlı hızlı en arka sıralara geçti.

— Yüz yirmi altı lehte oy! Doksan sekiz aleyhte! –diye sekreterin "r" harfini telaffuz edemeyen sesi duyuldu. Sonra bir kahkaha koptu: Sandıktan bir düğme ve iki de ceviz çıkmıştı. Soylu Flerov'un oy vermesi kabul edilmiş ve yeni parti kazanmıştı.

Ancak eski parti kendisini yenilmiş saymıyordu. Levin, insanların Snetkov'dan oylamaya katılmasını istediklerini duyuyor ve bir şeyler anlatan il başkanının çevresini bir kalabalığın sardığını görüyordu. Levin daha yakına gitti. Soylulara yanıt veren Snetkov, kendisine gösterilen güven ve sevgi konusunda konuşuyor, bu sevgiyi hak etmediğini, çünkü tüm yaptığının on iki hizmet yılını adadığı soylular meclisine bağlılıktan başka bir şey olmadığını söylüyordu. "Gücüm yettiğince, canla başla çalıştım, takdirinize değer veriyor ve teşekkür ediyorum," sözlerini birkaç kez yineledi ve birden gözyaşlarına boğularak salondan çıktı. Bu gözyaşları kendisine yapılan haksızlığı anladığı için mi, soylulara olan sevgisinden mi, yoksa çevresinin düşmanlarla sarılı olduğunu hissederek içinde bulunduğu durumun gerginliğinden mi kaynaklanıyordu bilinmez, ama heyecan başkalarına da bulaştı, soyluların çoğu duygulandı, Levin de Snetkov'a karşı bir yakınlık duydu.

İl başkanı kapıda Levin'le çarpıştı.

— Benim suçum, kusura bakmayın lütfen, –dedi tanımadığı birine söyler gibi; ama Levin'i tanıyınca ürkek bir şekilde gülümsedi. Levin'e başkan sanki bir şey söylemek istiyormuş, ama heyecandan söyleyemiyormuş gibi geldi. Yüzünün ve nişanlarla süslü ceketiyle şeritli beyaz pantolonu içindeki bedeninin ifadesi, telaşlı telaşlı yürümesi Levin'e, izlenen ve işinin bitik olduğunu gören bir hayvanı anımsattı. Başkanın yüzündeki bu ifade Levin'e çok dokunaklı geldi, çünkü daha dün vesayet meselesiyle ilgili olarak evine gitmiş ve onu ailesine düşkün iyi bir insan olarak tüm yüceliği içinde görmüştü. Aileden kalma eski mobilyalarla dolu büyük bir ev; çok şık ve çok temiz olmayan, ama belli ki sahiplerini değiştirmemiş eski toprak kölelerinden saygılı yaşlı uşaklar; başında dantelli başlığı, omzunda Türk şalıyla, kucağındaki güzel torununu, kızının kızını seven şişman, iyi yürekli karısı; okuldan gelen ve babasıyla selamlaşarak elini öpen, lise altıncı sınıf öğrencisi oğul; ev sahibinin etkileyici tatlı sözleri ve hareketleri. Bunların hepsi dün Levin'de ister istemez bir saygı ve yakınlık uyandırmıştı. Şimdi bu yaşlı adamın durumu Levin'e dokunaklı ve zavallı görünüyordu, ona hoş bir şeyler söylemek istiyordu.

— Demek ki, tekrar başkanımız oluyorsunuz, –dedi Levin.

Başkan ürkek ürkek çevresine bakarak:

— Sanmıyorum, –dedi.– Yoruldum, yaşlandım da artık. Benden daha çok hak eden, daha genç olanlar var, onlar yapsın.

Ve başkan yan kapıdan kayboldu.

En ciddi an gelmişti. Hemen seçimlere geçmek gerekiyordu. İki partinin başkanları beyaz ve siyah küreleri parmaklarıyla sayıyorlardı.

Flerov'la ilgili tartışmalar yeni partiye sadece Flerov'un bir oyunu kazandırmakla kalmamış, aynı zamanda eski partinin hileleriyle seçimlere katılma olanağından yoksun kalan üç soyluyu da seçimlere getirebilecek kadar zaman kazandırmıştı. Snetkov'un adamları içkiye düşkün olan iki soyluyu sarhoş etmiş, üçüncüsünün de üniformasını çalmışlardı.

Bunu öğrenen yeni parti, Flerov'la ilgili tartışmalar sırasında arabayla kendi adamlarını gönderip, üniforması çalınan soyluya üniforma temin edecek ve iki sarhoştan birini toplantıya getirecek zamanı bulmuştu.

Bu adamları bulmaya giden toprak sahibi, Sviyajskiy'in yanına yaklaşarak:

— Birini getirdim, kafasına su döktüm, –dedi.– Zararı yok, işe yarar.

Sviyajskiy başını sallayarak:

— Çok sarhoş değil ya, düşmesin bir de? –dedi.

— Hayır, iyi durumda. Yalnız burada da içki içirmeseler bari... Hiçbir şekilde içki vermemesini büfeciye tembih ettim.

XXIX

Sigara içilen ve bir şeyler yenen dar salon soylularla doluydu. Heyecan giderek artıyordu ve bütün yüzlerde belirgin bir huzursuzluk vardı. Bütün ayrıntıları ve oyların sayısını bilen liderler özellikle çok heyecanlıydı. Gelecek savaşın yöneticileriydi onlar. Geri kalanlar ise, bir savaş öncesinde sıra neferlerinin yaptığı gibi çarpışmaya hazır olsalar bile, o arada oyalanacak bir şey arıyorlardı. Bazıları ayakta ya da masaya ilişmiş olarak bir şeyler atıştırıyorlardı; diğerleri uzun odada sigara içerek bir aşağı bir yukarı dolaşıyor ve nicedir görmedikleri arkadaşlarıyla konuşuyorlardı.

Levin bir şey yemek istemiyordu, sigara da içmiyordu; yakınlarıyla, yani Sergey İvanoviç, Stepan Arkadyiç, Sviyajskiy ve diğerleriyle bir araya gelmek istemiyordu, çünkü saray yaveri üniforması giymiş olan Vronskiy, bunların hepsiyle ateşli bir sohbetin içinde bulunuyordu. Daha dün Levin onu seçimlerde görmüş ve karşılaşmaktan özenle kaçınmıştı. Pencereye doğru gitti, gruplara göz atarak ve çevresinde konuşulanlara kulak kabartarak oturdu. Üzgündü, çünkü gördüğü kadarıyla herkes canlı, seçimlerle ilgiliydi ve bir tek yanında oturan denizci üniforması giymiş, dudaklarını kıpırdatarak homurdanan çok yaşlı, dişsiz adamla kendisi çevrede olup bitenle ilgisizdi.

Ceketinin işlemeli yakasının üzerine düşen saçları pomatlı, sırtı hafifçe kamburumsu, orta boylu bir toprak sahibi, herhalde seçimler için giydiği yeni çizmelerinin topuklarını takırdatarak canlı bir şekilde konuşuyor:

— O ne anasının gözüdür! Ben ona söyledim, böyle olmaz dedim. Elbette! Üç yılda toplayamazdı, –diyordu. Sonra Levin'e hoşnutsuz bir şekilde göz atarak birden arkasını döndü.

Ufak tefek bir toprak sahibi incecik sesiyle:

— Evet, pis bir iş, ne derseniz deyin, –dedi.

Bu sözlerin ardından şişman bir generalin çevresini sarmış olan kalabalık bir toprak sahipleri grubu acele acele Levin'in yanına doğru geldi. Toprak sahipleri belli ki, konuştuklarının duyulmayacağı bir yer arıyorlardı.

— Nasıl cesaret eder de pantolonunu çalmalarını benim emrettiğimi söyler! Sanırım pantolonu satıp, parasını içkiye verdi. Kendisi de, prens unvanı da bana vız gelir. Böyle konuşamaz, alçaklıktır bu!

— Müsaade buyurun ama! Onlar da bir maddeye dayanıyor, –diye konuşuluyordu bir başka grupta,– karısının soylu olarak kaydedilmesi gerekiyordu.

— O maddenin de canı cehenneme! Samimi söylüyorum. Gerçekten soylu insanlar. Biraz da güvenmek gerek.

— Ekselansları gidelim, birer kadeh fine champagne* içelim.

Başka bir kalabalık bağıra çağıra konuşan bir soylunun peşinden gidiyordu: Sarhoş edilen üç soyludan biriydi bu.

Eski kurmay subay sınıfından albay üniformalı, kır bıyıklı bir toprak sahibi tatlı bir sesle:

— Marya Semyonovna'ya hep kiraya vermesini öğütlemişimdir, çünkü oradan para kazanmıyor, –diyordu. Bu, Levin'in Sviyajskiy'in evinde karşılaştığı toprak sahibinin ta kendisiydi. Toprak sahibi de Levin'e dikkatle baktı ve selamlaştılar.

— Sizi gördüğüme çok memnun oldum. Nasıl tanımam? Çok iyi anımsıyorum. Geçen yıl başkan Nikolay İvanoviç'in evinde karşılaşmıştık.

— E, çiftlik işleriniz nasıl gidiyor? –diye sordu Levin.

Toprak sahibi, Levin'in yanında durarak yüzünde uysal bir gülümsemeyle, ama aynı zamanda da bir huzur ifadesi ve bunun böyle olması gerektiği inancıyla:

— Hep aynı, zarar ediyorum, –diye yanıtladı.– Peki sizin yolunuz nasıl oldu da ile düştü? –diye sordu.– Coup d'état'mıza** katılmaya mı geldiniz? –dedi Fransızca sözcükleri sert, ama kötü bir telaffuzla söyleyerek.– Bütün Rusya bir araya toplanmış, mabeyinciler, neredeyse bakanlar bile gelmiş. –Sırtında mabeyinci üniforması ve beyaz pantolonuyla bir generalle yan yana yürüyen Stepan Arkadyiç'in heybetli vücudunu gösterdi.

— Soylu seçimlerinin önemini çok iyi anlayamadığımı size itiraf etmeliyim, –dedi Levin.

Toprak sahibi, Levin'in yüzüne baktı.

— Bunda anlamayacak ne var? Hiçbir anlamı yok. Çökmüş, sadece süredurum gücüyle hareketini sürdüren bir kurum. Şu üniformalara bir bakın, bunlar bile size bunun bir soylular toplantısı değil, sulh yargıçlarının ve daimi üyelerin toplantısı olduğunu gösterir.

---

* Konyak. (Fr.)

** Hükümet darbesi. (Fr.)

— O zaman siz neden geliyorsunuz? –diye sordu Levin.

— Yalnızca alışkanlıktan. Sonra ilişkileri sürdürmek gerektiği için. Bir tür manevi yükümlülük olarak. Hem sonra doğrusunu söylemek gerekirse, çıkarım da var. Damadım daimi üyeliğe seçilmek istiyor; zengin insanlar değiller, onu seçtirmek gerekiyor. Bütün bu insanlar niçin geliyor? –dedi il masasının arkasındaki kinayeli konuşan beyi göstererek.

— Soyluların yeni kuşağı bu.

— Yeni olmasına yeni. Ama soyluluk bu değil. Onlar toprak sahibi, bizler ise büyük çiftlik sahipleriyiz. Onlar soylu olarak kendi iplerini çekiyorlar.

— Evet, zaten ömrünü doldurmuş bir kurum olduğunu söylüyorsunuz.

— Ömrünü tamamlamış olmasına tamamlamış, ancak yine de daha saygılı davranılması gereken bir kurum. Snetkov'u alalım... Bizler iyi olsak da, olmasak da bin yıldır boy atmışız. Bilirsiniz, evinizin önüne bahçe yapmayı planlıyorsunuz ve burada yüzyıllık bir ağaç var... Biçimsiz de, yaşlı da olsa çiçek tarhları yapmak için ihtiyarı kesmezsiniz, tarhların yerini, ağaçtan da yararlanacak şekilde planlarsınız. Ağaç bir yılda yetişmiyor ki, –dedi ihtiyatlı bir şekilde ve hemen konuyu değiştirdi.– E, sizin çiftlik ne âlemde?

— Pek iyi değil. Yüzde beş.

— Evet, ama siz kendinizi hesaba katmıyorsunuz. Sizin emeğinizin de bir değeri var, öyle değil mi? Size kendimden söz edeyim. Ben çiftçilik yapmadan önce memuriyetten üç bin ruble alıyordum. Şimdi memuriyettekinden daha fazla çalışıyorum, aynı sizin gibi yüzde beş kazanıyorum, o da en fazlası. Emeklerim boşa gidiyor.

— O zaman neden bu işi yapıyorsunuz? Açıkça zarar ediyorsanız eğer?

— Yapıyorsun işte! Alışkanlık, öyle olması gerektiğini bilsen de yapıyorsun... Size başka bir şey daha söyleyeyim, –diye devam etti toprak sahibi pencereye dirseğini dayayarak,– oğlumun çiftçiliğe hiç hevesi yok. Galiba bilim adamı olacak. İşi sürdürecek kimse kalmayacak. Ama yine de yapıyorsun. Bu yıl meyve bahçesi yaptım.

— Evet, evet, –dedi Levin,– tamamen haklısınız. Ben de her zaman çiftliğimden gerçek bir kazanç elde etmediğimi hissederim, ama yapıyorsun... Toprağa karşı bir tür yükümlülük hissediyorsun.

— Size şunu da söyleyeyim, –diye devam etti toprak sahibi.– Komşulardan bir tüccar gelmişti bana. Çiftliği ve bahçeyi dolaştık. "Yo, dedi, Stepan Vasilyiç, her şeyiniz iyi de bahçeniz ihmal edilmiş." Oysa bahçem de iyidir. "Bana kalsa şu ıhlamuru keserdim. Yalnız yaşken kesmek gerekir. Binlerce ıhlamur ağacı var, her birinden iki tane iyi kaplamalık kabuk çıkar. Şimdi bu kaplamalık kabuklar iyi fiyata gidiyor, ben olsam keserdim.

Bu tür hesaplarla belli ki pek çok kez karşılaşmış olan Levin:

— O parayla da hayvan satın alır ya da yok pahasına toprak kapatır, onu da köylülere kiraya verirdi, –dedi gülümseyerek.– Malına mal katardı. Oysa siz ve ben, Tanrı izin verirse ancak elimizdekini koruruz ve çocuklarımıza bırakırız.

— Duyduğuma göre evlisiniz, değil mi? –dedi toprak sahibi.

— Evet, –diye yanıtladı Levin gururlu bir sevinçle.– Evet, bu tuhaf bir şey, –devam etti.– Biz hesapsız bir şekilde yaşıyoruz, sanki eski Vesta rahibeleri gibi bir ateşi korumakla görevlendirilmişiz.

Toprak sahibi ak bıyıklarının altından gülümsedi.

— Dostumuz Nikolay İvanıç olsun, artık çiftliğine yerleşmiş olan Kont Vronskiy olsun, bizim içimizden de tarım endüstrisini kurmak isteyenler var; ancak bu şimdiye dek, sermayeyi öldürmekten başka bir işe yaramadı.

Levin kendisini şaşırtan düşünceye geri dönerek:

— Ama biz neden tüccarlar gibi yapmıyoruz? Kaplamalık kabuk için bahçedeki ağaçları kesmiyoruz? –dedi.

— İşte sizin dediğiniz gibi ateşi korumak için. Hem soyluların işi de değil. Soyluların işi burada, seçimlerde değil, orada, kendi köşemizde yapılır. Neyi yapmak gerekir ya da gerekmez bizi uyaran bir sınıfsal içgüdümüz var zaten. Köylüler de öyledir, kaç kez onlara bakmışımdır: Köylünün iyisi olabildiğince fazla toprak kiralamaya çalışır. Toprak ne kadar kötü olursa olsun hep sürer. O da bir şey kazanmaz. Düpedüz zarar eder.

— Aynen bizim gibi, –dedi Levin.– Görüştüğümüze çok ama çok memnun oldum, –diye ekledi yanına gelen Sviyajskiy'i görünce.

— Sizin evden sonra ilk kez karşılaştık, –dedi toprak sahibi,– epey lafladık.

— Ne yaptınız, yeni düzenlere sövüp saydınız mı? –dedi Sviyajskiy gülümseyerek.

— Onsuz olmaz.

— İçinizi döktünüz.

XXX

Sviyajskiy Levin'in koluna girdi ve onunla birlikte arkadaşlarının yanına gitti.

Artık Vronskiy'i görmezden gelmek olanaksızdı. Vronskiy Sergey İvanoviç'le yan yana duruyor ve yanlarına yaklaşan Levin'e bakıyordu.

Levin'e elini uzatırken:

— Çok memnun oldum, –dedi.– Galiba Prenses Şçerbatskaya'nın evinde sizinle karşılaşma mutluluğuna erişmiştim.

— Evet, görüşmemizi çok iyi anımsıyorum, –dedi Levin ve kıpkırmızı kesilip hemen döndü, ağabeyiyle konuşmaya başladı.

Vronskiy hafifçe gülümseyip, görünüşe göre Levin'le konuşmak için hiçbir istek duymayarak Sviyajskiy'le konuşmaya devam etti; ancak Levin, ağabeyiyle konuşurken gözünü ayırmadan Vronskiy'e bakıyor ve yaptığı kabalığı düzeltmek için Vronskiy'le konuşacak bir konu bulmaya çalışıyordu.

Levin, Sviyajskiy ve Vronskiy'e bakarak:

— Şimdiki sorun nedir? –diye sordu.

— Snetkov, –diye yanıtladı Sviyajskiy.– Snetkov'un aday olmayı reddetmesi ya da kabul etmesi gerekiyor.

— Peki ne yaptı, kabul etti mi, etmedi mi?

— Mesele de bu zaten, ne kabul ediyor, ne de reddediyor, –dedi Vronskiy.

Levin, Vronskiy'e bakarak:

— Reddederse kim aday olacak? –diye sordu.

— Kim isterse, –dedi Sviyajskiy.

— Siz olacak mısınız? –diye sordu Levin.

Mahcup olan ve Sergey İvanoviç'in yanındaki kinayeli konuşan beye ürkek bir bakış atan Sviyajskiy:

— Tek ben değilim, –dedi.

Yine ipin ucunu kaçırdığını hisseden Levin:

— Başka kim olacak? Nevedovskiy mi? –dedi.

Fakat bu daha da kötü oldu. Nevedovskiy de, Sviyajskiy de adaydılar.

Kinayeli konuşan bey:

— Artık ben hiçbir şekilde adaylığımı koymayacağım, –dedi.

Bu, Nevedovskiy'in ta kendisiydi. Sviyajskiy Levin'i onunla tanıştırdı.

Stepan Arkadyiç Vronskiy'e göz kırparak:

— E, bu iş seni de sardı mı? –dedi.– Bu da yarış gibi bir şey. Bahse girilebilir.

— Evet, sarıyor, –dedi Vronskiy. Kaşlarını çatıp, güçlü çene kemiklerini sıkarak,– Bir kez sarınca da yapmak istiyorsun. Mücadele! –diye ekledi.

— Şu Sviyajskiy nasıl işadamı aklına sahip ama! Her şeyi açık açık ortaya koyuyor.

— Ah evet, –dedi Vronskiy dalgın dalgın.

Bir sessizlik oldu, Vronskiy sırf bir şeye bakması gerektiğinden Levin'e, Levin'in ayaklarına, üniformasına, sonra da yüzüne baktı ve kendisine dikilmiş karamsar bakışları fark edince bir şey söylemiş olmak için:

— Sürekli köyde oturan biri olarak nasıl oluyor da sulh yargıcı olmuyorsunuz? –dedi.– Sulh yargıcı ceketi giymemişsiniz.

İlk karşılaşmalarındaki kabalığını affettirmek için her an Vronskiy'le konuşma fırsatı çıkmasını bekleyen Levin somurtarak:

— Çünkü sulh yargıçlığının budalaca bir kurum olduğunu düşünüyorum, –dedi.

Vronskiy şaşırmış, ancak sakin bir şekilde:

— Ben tam tersi görüşteyim, –dedi.

— Bu bir oyuncak, –diye Vronskiy'in sözünü kesti Levin.– Sulh yargıçlarının bir gereği yok bize. Sekiz yılda bir kere bile işim düşmedi. Olunca da ters karar verdiler. Sulh yargıcı benden kırk verst uzakta. İki rublelik dava için on beş ruble verip, vekil göndermek zorunda kalıyorum.

Sonra bir köylünün değirmenden un çaldığını ve değirmenci bunu ona söylediğinde köylünün iftira davası açtığını anlattı. Bütün bu anlattıkları yersiz ve aptalcaydı, anlattığı sırada bunu kendisi de hissediyordu.

Stepan Arkadyiç en tatlı gülümsemesiyle:

— Ah böyle bir antikadır işte bu! –dedi.– Ama gidelim artık, galiba oylamaya geçiyorlar...

Hepsi dağıldı.

Kardeşinin patavatsızlığını fark etmiş olan Sergey İvanoviç:

— Bir insan her türlü politik sağduyudan nasıl bu derece yoksun olabilir, anlamıyorum, –dedi.– Biz Rusların sahip olmadığı şey işte bu. İl başkanı bizim düşmanımız ve sen onunla ami cochon* oluyorsun, ondan adaylığını koymasını rica ediyorsun. Kont Vronskiy'e gelince... Onu kendime arkadaş olarak seçmem; beni yemeğe çağırdı, ama gitmeyeceğim; ancak o bizden biri, neden onu kendimize düşman edelim? Sonra Nevedovskiy'e adaylığını koyup koymayacağını soruyorsun. Böyle bir şey yapılmaz.

---

* Senli benli. (Fr.)

— Ah, hiçbir şey anlamıyorum! Bunların hepsi önemsiz şeyler, –dedi Levin kaşlarını çatarak.

— Bunların önemsiz olduğunu söylüyorsun, ama bir şey yapmaya kalkışınca da her şeyi birbirine katıyorsun.

Levin sustu ve birlikte büyük salona girdiler.

İl başkanı havada kendisine karşı hazırlanan bir tuzak kokusu almasına ve bazılarının onu istememesine karşın, yine de adaylığını koymaya karar verdi. Salonda çıt çıkmıyordu, sekreter, Süvari Yüzbaşısı Mihail Stepanoviç Snetkov'un il başkanlığına aday olduğunu yüksek sesle açıkladı.

İlçe başkanları ellerinde oy kürelerinin olduğu küçük tabaklarla masalarından kalkıp, il masasına gittiler ve seçimler başladı.

Levin, başkanlık oylaması için ağabeyiyle birlikte masaya doğru giderken Stepan Arkadyiç ona:

— Sağdakine koy, –diye fısıldadı. Fakat Levin ona daha önce anlatılan bu planı bu kez de unuttu ve "sağdakine" diyen Stepan Arkadyiç'in yanılmış olmasından korktu. Aslında Snetkov düşmandı. Sandığa yaklaşırken küreyi sağ elinde tutuyordu, ama yanıldığını düşünüp tam sandığın önünde küreyi sol eline aldı ve belli ki sonra da sol tarafa koydu. Sandığın başında duran ve bir tek dirsek hareketinden kimin nereye oy verdiğini anlayan işin ehli bir adam, memnun olmayarak yüzünü ekşitti. Dikkatini arttırmasına gerek bile yoktu.

Ortalık sessizleşti ve kürelerin sayımı başladı. Sonra tek bir ses lehte ve aleyhte oyların sayısını açıkladı.

Başkan büyük bir çoğunlukla seçilmişti. Herkes gürültü etmeye başlayarak kapıya doğru hücum etti. Snetkov içeri girdi ve çevresini saran soylular onu kutladı.

— E, bitti mi artık? –diye sordu Levin Sergey İvanoviç'e.

Sergey İvanoviç'in arkasında duran Sviyajskiy gülümseyerek:

— Daha yeni başlıyor, –dedi.– Başka bir başkan adayı daha çok oy alabilir.

Levin bunu da unutmuştu yine. Burada bir incelik olduğunu ancak şimdi anımsamıştı, ama bunun ne olduğunu düşünmek sıkıcı geliyordu. Üzerine bir bezginlik çöktü ve bu kalabalığın içinden çıkmak istedi.

Hiç kimse ona dikkat etmediği, kendisi de hiç kimse için gerekli olmadığını düşündüğü için usulca yemek yenen küçük salona gitti ve garsonları tekrar görünce büyük bir ferahlama hissetti. Yaşlı garson ona bir şeyler yemesini önerdi, Levin kabul etti. Fasulyeli pirzola yedikten ve garsonla eski beyleri hakkında konuştuktan sonra Levin hiç hoşuna gitmeyen salona geri dönmek istemediği için salonun balkonuna çıktı.

Balkon, parmaklığa abanmış, aşağıda konuşulanların tek sözcüğünü kaçırmamaya çalışan şık giyimli hanımlarla doluydu. Hanımların çevresinde şık avukatlar, gözlüklü lise öğretmenleri ve subaylar oturuyor ya da ayakta duruyorlardı. Her yerde seçimlerden, başkanın ne kadar yorulduğundan ve tartışmaların güzel geçtiğinden söz ediliyordu; Levin, gruplardan birinde ağabeyinin övüldüğünü duydu. Hanımlardan biri bir avukata:

— Koznışev'i dinlediğime çok memnunum! – diyordu.– Aç kalmaya değer. Harika! Ne kadar açık ve anlaşılırdı her şey! Sizin mahkemenizde hiç kimse böyle konuşmuyor. Bir tek Maydel, ama o da bu kadar güzel konuşmaktan uzak.

Parmaklığın yanında boş bir yer bulan Levin, eğilerek aşağı bakmaya ve dinlemeye başladı.

Soyluların hepsi, kendi ilçelerine ait bölmelerle ayrılmış yerlerde oturuyordu. Salonun ortasında üniformalı bir adam ayakta duruyor ve tiz sesiyle bağırarak açıklama yapıyordu:

— Süvari Yüzbaşısı Yevgeniy İvanoviç Apuhtin, soylular il başkanlığına aday gösteriliyor!

Bir ölüm sessizliği oldu, zayıf ve yaşlı bir ses duyuldu:

— Kabul etmedi!

— Yedinci Dereceden Memur Pyotr Petroviç Bol aday gösteriliyor, –dedi aynı ses tekrar.

— Kabul etmedi! –diye genç, ciyak ciyak bir ses duyuldu.

Aynı şey tekrar başladı ve yine "kabul edilmedi". Bir saat kadar böyle devam etti. Levin dirseklerini parmaklığa dayamış bakıyor, dinliyordu. İlkin şaşıyor ve bunun ne anlama geldiğini anlamak istiyordu; sonra anlayamayacağına inanınca canı sıkıldı. Sonra bütün yüzlerde gördüğü heyecanı ve kızgınlığı anımsayınca üzüldü: Gitmeye karar verdi ve aşağı inmek üzere yürürken balkonun arkasındaki koridorda bir ileri bir geri dolaşan gözleri şiş, mahzun bir lise öğrencisiyle karşılaştı. Merdivende de karşısına bir çift çıktı: Ayakkabılarının topuklarına basa basa hızla koşan bir hanım ve zarif savcı yardımcısı.

Levin yana çekilip kadına yol verdiği sırada savcı yardımcısı:

— Geç kalmamanızı söylemiştim size, –dedi.

Levin artık çıkış kapısının merdivenine gelmiş, yelek cebinden vestiyer numarasını çıkartıyordu ki, sekreter onu yakaladı.– Buyurun Konstantin Dmitriç, oylama başladı.

Adaylığı o kadar kesin bir dille reddeden Nevedovskiy oylanıyordu.

Levin salonun kapısına doğru yürüdü. Kapı kapalıydı. Sekreter kapıyı tıklattı, kapı açıldı ve yüzleri kıpkırmızı olmuş iki toprak sahibi Levin'in yanından geçip dışarı çıktı.

Bu toprak sahiplerinden biri:

— Dayanacak gücüm kalmadı, –dedi.

Toprak sahibinin ardından il başkanının yüzü göründü. Yorgunluk ve korku yüzünden korkunç bir durumdaydı.

— Sana kimseyi dışarı bırakma demiştim! –diye bekçiye bağırdı.

— Ben birisini içeri alıyordum ekselansları!

— Tanrım! –diyen il başkanı ağır ağır iç çekip, beyaz pantolununun içindeki bacaklarını yorgun yorgun hareket ettirerek salonun ortasındaki büyük masaya yürüdü.

Planlandığı gibi oy çokluğuyla Nevedovskiy seçildi ve il başkanı oldu. Pek çokları neşeli, pek çokları hoşnut ve mutlu, pek çokları heyecan içinde, pek çokları da mutsuz ve hoşnutsuzdu. Eski il başkanı gizleyemediği bir üzüntü içindeydi. Nevedovskiy salondan çıktığı sırada kalabalık çevresini sarmıştı, tıpkı ilk gün seçimlerin açılışını yapan valinin ve seçimi kazandığında Snetkov'un peşinden gittikleri gibi onun da peşinden gidiyorlardı.

XXXI

Yeni seçilen il başkanı ve galip gelen partiden pek çok kişi o gün Vronskiy'in evinde yemek yedi.

Vronskiy seçimlere hem köyde sıkıldığı için, hem Anna'ya karşı özgürlük hakkını ortaya koyma gereği duyduğu için, hem Sviyajskiy'in yerel yönetim seçimlerinde Vronskiy için gösterdiği çabaların karşılığını ödemek için, en çok da bir soylu ve toprak sahibi olarak seçtiği konumun ona yüklediği görevlerin hepsini tam tamına yerine getirmek için gelmişti. Fakat seçim işinin onu böylesine ilgilendireceğini, bu kadar saracağını ve bu işi bu kadar iyi yapabileceğini hiç beklemiyordu. Soylular çevresinde son derece yeni biriydi, ama anlaşılan başarı kazanmıştı ve soylular arasında artık etki sahibi olduğunu düşünmekle hata etmiyordu. Etki kazanmasına yardım eden şeyler, zenginliği ve soyluluğu, Kaşino'da mali işlerle uğraşan ve gelişmekte olan bir banka kuran eski arkadaşı Şirkov'un ona verdiği çok güzel bir ev, Vronskiy'in köyden getirdiği mükemmel aşçısı, eski bir arkadaşı, hem de Vronskiy'in koruduğu eski bir arkadaşı olan valiyle dostluğu, en çok da soyluların çoğuna onun mağrur bir kişi olduğuna ilişkin düşüncelerini çok kısa bir sürede değiştirten, herkese karşı eşit ve sade davranışlarıydı. Kiti Şçerbatskaya ile evlenen, deli gibi bir öfkeyle à propos de bottes* bir yığın saçmalığı sıralamış olan şu kaçık adamdan başka tanıştığı her soylunun kendisine yakınlık duy-

* Bir neden yokken, durup dururken. (Fr.)

duğunu hissediyordu. Nevedovskiy'in başarısında kendisinin çok büyük etkisi olduğunu açıkça görüyordu, bunu başkaları da kabul ediyordu. Şimdi evinde, sofrasında Nevedovskiy'in seçilmesini kutlarken, kendi seçtirdiği adayın başarısının verdiği hoş bir duygu içindeydi. Seçimler onun için o kadar çekici olmuştu ki, eğer gelecek üç yıla kadar evli olursa, tıpkı jokeyinin ödül kazanmasından sonra yarışlara kendisinin katılmak istemesi gibi burada da aday olmayı düşünüyordu.

Şimdi jokeyin başarısı kutlanıyordu. Vronskiy masanın başındaydı, sağ yanında çarlık generali genç vali oturuyordu. Bu, herkes için seçimlerin resmi açılışını gerçekleştiren, bir konuşma yapan ve Vronskiy'in görüşüne göre pek çok insanda hem saygı, hem de dalkavukluk duygusu uyandıran ilin patronuydu; Vronskiy içinse karşısında utanan ve Vronskiy'in mettre à son aise'e* çalıştığı Maslov Katka'ydı (askeri okulda böyle bir takma adı vardı). Sol tarafında genç, inatçı ve alaycı yüzüyle Nevedovskiy oturuyordu. Vronskiy ona karşı basit ve saygılı bir davranış içindeydi.

Sviyajskiy başarısızlığını neşeyle karşılıyordu. Hatta bu onun için bir başarısızlık değildi, kendisinin de kadehini Nevedovskiy'e kaldırarak söylediği gibi soyluların izlemesi gereken yeni akımın ondan daha iyi bir temsilci bulması olanaksızdı. Sviyajskiy'in dediği gibi, bu yüzden her dürüst kişi bu başarının yanındaydı ve buna seviniyordu.

Stepan Arkadyiç de neşeli vakit geçirdiği ve herkes mutlu olduğu için sevinçliydi. Mükellef bir sofra başında seçimlerden bazı anlar anımsanıp konuşuluyordu. Sviyajskiy, eski başkanın ağlamaklı konuşmasını gülünç bir şekilde taklit etti ve Nevedovskiy'e dönerek ekselanslarının gözyaşından daha zor başka bir yolu, paraların denetlenmesi yolunu seçmesi gerektiğini belirtti. Başka bir şakacı soylu, eski il başkanının vereceği balo için uzun çoraplı garsonlar tutulduğunu ve

---

* Yüreklendirmek. (Fr.)

şimdi eğer yeni il başkanı uzun çoraplı garsonlarla bir balo vermezse, bu adamları geri göndermek gerekeceğini söyledi. Yemek sırasında Nevedovskiy'e sürekli olarak "il başkanımız" ve "ekselansları" diye hitap ediyorlardı.

Bunu yeni evli genç bir kadına "madame" derken ve kocasının adıyla hitap ederken duydukları keyifle söylüyorlardı. Nevedovskiy, sadece umursamıyormuş gibi değil, dahası bu unvanı küçümsüyormuş gibi bir görünüm yaratıyordu, ama mutlu olduğu ve hepsinin içinde bulundukları bu yeni, liberal ortama uygun düşmeyecek olan heyecanını tutmaya çalıştığı belliydi.

Yemek sırasında seçimlerin gidişiyle ilgilenen insanlara birkaç telgraf çekildi. Çok neşeli olan Stepan Arkadyiç de Darya Aleksandrovna'ya şu içerikte bir telgraf gönderdi: "Nevedovskiy on iki oyla seçildi. Kutluyorum. Haberi ilet." "Onları sevindirmek gerek," diye belirtip, telgrafı yüksek sesle yazdırıyordu. Darya Aleksandrovna ise acele telgrafı aldıktan sonra telgrafa ödenen bir ruble için sadece derin derin iç çekti ve bu işin yemeğin sonunda yapıldığını anladı. Stiva'nın yemeklerin sonunda "faire jouer le télégraphe"* gibi bir zayıflığı olduğunu biliyordu.

Mükemmel bir yemek ve Rus şarapçılarının değil, yabancı markaların şaraplarıyla birlikte her şey çok soylu, basit ve neşeliydi. Yirmi kişilik bu grup, aynı düşünceyi paylaşan, yeni, liberal ve aynı zamanda zeki ve namuslu insanlar arasından Sviyajskiy tarafından seçilmişti. Yeni il başkanının, valinin, banka müdürünün, "nazik ev sahibimizin" şerefine yine şakayla karışık olarak kadehler kaldırıldı.

Vronskiy memnundu. Taşrada böyle sevimli bir havayı hiç beklemiyordu.

Yemeğin sonunda daha da neşelendiler. Vali, Vronskiy'den kendisiyle tanışmak isteyen karısının düzenlediği *Kardeşler* yararına verilecek konsere gelmesini rica etti.

---

* Telgrafı kötüye kullanmak. (Fr.)

— Orada bir de balo yapılacak, güzeller güzelimizi de görürsünüz. Gerçekten görülmeye değer.

— Not in my line,* –diye yanıtladı bu ifadeyi kullanmayı seven Vronskiy, ancak gülümsedi ve geleceğine söz verdi.

Masadan kalkmadan önce, herkes sigarasını içerken Vronskiy'in uşağı tepsinin içinde bir mektupla yanına geldi.

Ciddi bir yüz ifadesiyle:

— Vozdvijenskoye'den ulakla geldi, –dedi.

Vronskiy kaşlarını çatmış, mektubu okurken konuklardan biri uşakla ilgili olarak Fransızca:

— Şaşılacak şey, savcı yardımcısı Sventitskiy'e ne kadar benziyor, –dedi.

Mektup Anna'dandı. Ne yazdığını daha okumadan biliyordu. Seçimlerin beş günde biteceğini tahmin ederek cuma günü dönmeye söz vermişti. Bugün cumartesiydi ve zamanında dönmediği için mektubun sitemlerle dolu olduğunu biliyordu. Dün akşam yolladığı mektup herhalde Anna'nın eline henüz geçmemişti.

Mektubun içeriği tam beklediği gibiydi, ama biçimi Vronskiy için beklenmedik ve özellikle tatsızdı. "Ani çok hasta, doktor zatürre olabileceğini söylüyor. Tek başıma ne yapacağımı bilemiyorum. Prenses Varvara destek değil, köstek oluyor. Seni evvelki gün ve dün bekledim, nerede olduğunu ve ne yaptığını öğrenmek için artık adam yolluyorum. Kendim gelmek istiyordum, ama bundan hoşlanmayacağını bildiğim için vazgeçtim. Bir yanıt ver, ne yapacağımı bileyim."

Çocuk hastaydı, ama Anna gelmek istiyordu. Kızı hastayken bu düşmanca tavır...

Seçimlerin bu masum neşesi ve geri dönmek zorunda olduğu karamsar ve zor aşk arasındaki karşıtlık Vronskiy'i şaşkınlığa düşürmüştü. Ancak gitmek gerekiyordu ve gece ilk trenle evine doğru yola çıktı.

---

* Bana göre değil. (İng.)

XXXII

Vronskiy'in seçimlere gitmek üzere yola çıkışından önce Anna, Vronskiy'in her gidişinde aralarında yinelenen sahnelerin onu kendine bağlamayıp soğutabileceğini düşünerek bu ayrılığı sakin karşılamak için her türlü çabayı gösterip, kendine hâkim olmaya karar vermişti. Ancak Vronskiy'in, gideceğini haber vermeye geldiğinde kendisine yönelttiği o soğuk ve sert bakış kalbini kırmış ve o daha gitmeden Anna'nın huzuru kaçmıştı.

Özgür davranma hakkını ifade eden bu bakışı daha sonra yalnızken tekrar tekrar düşünen Anna, her zaman olduğu gibi bundan bir tek sonuç çıkartmış, aşağılandığına karar vermişti. "İstediği zaman, istediği yere gitme hakkına sahip. Sadece çekip gitmek değil, beni bırakıp gitmek. Onun her şeye hakkı var, benimse hiçbir hakkım yok. Bunu bildiği için böyle davranmaması gerekirdi. Peki ama ne yaptı ki?.. Bana soğuk ve sert bir ifadeyle baktı. Elbette bu belirli olmayan, elle tutulmayan bir şey, ama daha önce böyle bir şey olmamıştı ve bu bakış pek çok anlama geliyor, –diye düşünüyordu.– Bu bakış, bir soğukluğun başladığı anlamına geliyor."

Aralarında bir soğukluk başladığına inanmış olsa da yapacak bir şey yoktu, Vronskiy'le ilişkilerini hiçbir şekilde değiştiremezdi. Aynen önceden olduğu gibi, sadece sevgisiyle ve çekiciliğiyle onu elinde tutabilirdi. Vronskiy'in kendisini sevmekten vazgeçmesi halinde ne olacağıyla ilgili korkunç düşüncelerden, önceden olduğu gibi gündüz işlerle, geceleri de morfinle kurtulabiliyordu. Aslında bir tek yol vardı: Ona engel olmak değil, –bunun için Vronskiy'in aşkından başka hiçbir şey istemiyordu,– onunla yakınlaşmak, Vronskiy'in onu bırakıp gidemeyeceği bir konumda olmak. Bu yol, boşanma ve evlenme yoluydu. Anna da bunu istemeye başlamış ve Vronskiy ya da Stiva ona bu konuyu ilk açtıklarında razı olmaya karar vermişti.

Vronskiy'in bulunmadığı beş günü bu düşüncelerle geçirdi. Gezintiler, Prenses Varvara'yla sohbetler, hastane inşaatını ziyaretler, ama asıl birbiri arkasına okuduğu kitaplar zamanını alıyordu. Ancak altıncı gün, arabacı onsuz döndüğünde Vronskiy'le, Vronskiy'in orada ne yaptığıyla ilgili düşüncelerden asla kurtulamayacağını hissetmişti. Tam bu sırada kızı hastalandı. Anna bebekle uğraşmaya başladı, fakat bu iş onu oyalamıyordu, üstelik hastalık tehlikeli değildi. Ne kadar çabalarsa çabalasın bu kızı sevemiyordu, seviyormuş gibi de yapamıyordu. Tek başına kalan Anna, o gün akşama doğru Vronskiy için o kadar büyük bir korku duydu ki, kente gitmeye karar verdi, ama iyice düşündükten sonra Vronskiy'in aldığı o çelişkili mektubu yazıp tekrar okumadan özel ulakla gönderdi. Ertesi gün Vronskiy'in mektubu eline geçti ve pişman oldu. Vronskiy'in giderken kendisine attığı o sert bakışın, kızın hastalığının tehlikeli olmadığını öğrenince bir kez daha yinelenmesini korku içinde bekliyordu. Ama Vronskiy'e mektup yazdığı için yine de memnundu. Şimdi Anna, Vronskiy'in kendisinden sıkıldığını, ona geri dönmek için üzülerek özgürlüğünü terk ettiğini kendi kendine itiraf ediyordu, buna rağmen onun gelecek olmasına seviniyordu. Bıksa da, sıkılsa da onunla birlikte burada olsun, yeter ki Anna onu görsün, her hareketini bilsindi.

Konuk odasında elinde Taine'in yeni kitabıyla lambanın altında oturuyor, dışarıda rüzgârın çıkarttığı seslere kulak kabartarak ve arabanın her an gelmesini bekleyerek okuyordu. Birkaç kez tekerlek sesi duyar gibi oldu, ama yanılmıştı; sonunda sadece tekerlek sesleri değil, arabacının bağırışı ve arabanın üstü kapalı girişte çıkarttığı boğuk ses de duyulmuştu. İskambil falı açan Prenses Varvara bile bunu doğruladı ve Anna kıpkırmızı kesilip ayağa kalktı, ama daha önce iki kez yaptığı gibi aşağı inmek yerine duruyordu. Birden Vronskiy'i aldattığı için utandı, ancak daha çok Vronskiy'in bu aldatmacayı nasıl karşılayacağı onu korkutuyordu. Aşağılanma duygusu artık geçmişti; tek korktuğu şey, Vronskiy'in hoşnutsuzluğunu dile getirmesiydi. Kızının iki gündür son derece iyi olduğunu anımsadı. Tam da mektubu yolladığında iyileştiği için kızına kızmıştı hatta. Sonra Vronskiy'i, onun elleriyle, gözleriyle burada olduğunu anımsadı. Sesini duydu. Ve her şeyi unutup sevinçle onu karşılamaya koştu.

Vronskiy, koşarak yanına gelen Anna'ya bakarak, ürkek bir şekilde:

— E, Ani nasıl? –dedi.

Sandalyeye oturmuştu ve bir uşak, ayağındaki kalın çizmeleri çekiyordu.

— Bir şeyi yok, daha iyi.

— Ya sen? –dedi Vronskiy silkinerek.

Anna iki eliyle onun elini tuttu ve gözlerini ondan ayırmadan kendi beline doğru çekti.

Vronskiy Anna'ya, Anna'nın saçlarına, onun için giydiğini bildiği elbisesine soğuk bir şekilde bakarak:

— Çok sevindim, –dedi.

Bunların hepsi hoşuna gidiyordu, ama artık kimbilir kaçıncı kez hoşuna gidiyordu! Ve Anna'nın o kadar korktuğu o taş gibi sert ifade yüzünde duruyordu.

Islak sakalını mendiliyle sildikten sonra Anna'nın elini öperek:

— Evet, çok sevindim. Ya sen iyi misin? –dedi.

"Fark etmez, –diye düşünüyordu Anna,– sadece burada olsun, burada olduğu zaman beni sevmemezlik edemez, buna cesaret edemez."

O yokken Anna'nın morfin kullandığından yakınan Prenses Varvara'nın yanında akşam mutlu ve neşeli geçti.

— Ne yapayım? Uyuyamadım... Düşünceler uyumama engel oldu. O yanımdayken hiç kullanmıyorum. Hemen hemen hiç.

Vronskiy seçimleri anlattı, Anna sorularıyla onu en çok neşelendiren konuda, kazandığı başarı konusunda konuşturmayı başardı. Anna da Vronskiy'e evde onu ilgilendiren her şeyi anlattı. Anna'nın verdiği haberlerin hepsi çok güzeldi.

Ama gece geç vakit yalnız kaldıklarında Anna, onu tekrar tamamen elde ettiğini görerek mektup yüzünden Vronskiy'in bakışının bıraktığı ağır izlenimi silmek istedi. Anna:

— İtiraf et, mektubu alınca canın sıkıldı ve bana inanmadın, değil mi? –dedi.

Bunu söyler söylemez Vronskiy'in şimdi ona bu kadar sevecen davranmasına karşın, mektup yüzünden kendisini bağışlamadığını anlamıştı.

— Evet, –dedi Vronskiy.– Mektup garipti. Hem Ani hasta, hem sen gelmek istiyordun.

— Hepsi de doğruydu.

— Benim de kuşkum yok zaten.

— Hayır, kuşkun var. Memnun değilsin, görüyorum.

— Bir an bile kuşku duymadım. Ben sadece senin sanki birtakım görevlerin olduğunu kabul etmek istemiyormuş gibi davranmandan memnun değilim.

— Konsere gitme görevleri...

— Ama bunu konuşmayalım, –dedi Vronskiy.

— Niye konuşmuyoruz? –dedi Anna.

— Ben yalnızca birtakım gerekli işlerle karşılaşılabileceğini söylemek istiyorum. Örneğin şimdi ev meselesi için benim Moskova'ya gitmem gerekecek... Ah Anna, niçin bu kadar sinirlisin? Sensiz yaşayamayacağımı bilmiyor musun?

— Eğer öyleyse, –dedi Anna birden değişen bir sesle,– bu, senin bu yaşantıdan sıkıldığın anlamına gelir... Evet, başkalarının yaptığı gibi bir günlüğüne gidip geleceksin...

— Anna, bu insafsızlıktır. Bütün hayatımı vermeye hazırım ben...

Fakat Anna onu dinlemiyordu.

— Sen Moskova'ya gidersen, ben de gelirim. Burada kalmam. Ya ayrılalım, ya birlikte yaşayalım.

— Benim tek isteğimin bu olduğunu biliyorsun zaten. Ama bunun için...

— Boşanmak mı gerekli? Ona yazacağım. Bu şekilde yaşayamayacağımı görüyorum... Ama seninle birlikte Moskova'ya gideceğim.

— Beni tehdit eder gibisin. Senden ayrı kalmamak en büyük isteğim, –dedi Vronskiy gülümseyerek.

Ancak bu tatlı sözleri söylerken gözlerinde sadece soğuk değil, üstüne varılan ve hırslandırılan bir insanın kin dolu bakışı parlıyordu.

Anna bu bakışı gördü ve anlamını doğru tahmin etti.

"Eğer öyleyse bu, felaket demektir!" diyordu Vronskiy'in bu bakışı. Bu, bir anlık bir izlenimdi, fakat Anna bu izlenimi bir daha hiç unutmadı.

Anna kocasına bir mektup yazarak ondan kendisini boşamasını rica etti ve kasım ayının sonunda Petersburg'a gitmesi gereken Prenses Varvara'nın ardından Vronskiy'le birlikte Moskova'ya gitti. Her gün Aleksey Aleksandroviç'in yanıtını ve onun ardından da boşanma kararını bekleyerek artık bir karıkoca gibi birlikte yaşamaya başladılar.

Yedinci Bölüm

I

Levinler üç aydır artık Moskova'da oturuyordu. Bu işleri iyi bilen insanların en doğru hesaplamalarına göre Kiti'nin doğum yapması gereken süre çoktan geçmişti; ama o hâlâ bebeği karnında taşıyordu ve iki ay öncesine göre şimdi zamanın daha yakın olduğu hiçbir şekilde belli olmuyordu. Gerek doktor, gerek ebe, gerek Dolli, gerekse Kiti'nin annesi, gerekse yaklaşan olayı korkuya kapılmadan düşünemeyen Levin sabırsızlık ve huzursuzluk duymaya başlamışlardı; bir tek Kiti kendisini son derece sakin ve mutlu hissediyordu.

Kiti, artık kendisi için kısmen gerçek olan doğacak bebeğe karşı içinde yeni bir sevgi duygusu oluştuğunu açıkça biliyor ve bu duyguya keyifle kulak veriyordu. Bebek artık Kiti'nin bir parçası değildi, bazen ondan bağımsız bir yaşam sürüyordu. Kiti bundan genellikle acı duyuyordu, bununla birlikte garip ve yeni bir sevinç duyarak gülmek istiyordu.

Sevdiği herkes yanındaydı ve herkes ona karşı o kadar iyiydi, öylesine gözünün içine bakıyordu ki, bu durumun yakında sona ereceğini bilmese ve hissetmese bundan daha iyi ve daha hoş bir yaşam istemediğini düşünürdü. Bu yaşamın güzelliğini bozan tek şey, kocasının artık onun sevdiği, o köydeki adam olmayışıydı.

Kiti, onun köydeki sakin, sevgi dolu ve konuksever tavrını seviyordu. Kentte ise hep huzursuz ve kuşku içinde, birisinin onu, en çok da karısını incitmesinden korkuyormuş gibiydi. Köyde, herhalde kendi yerinde olduğunu bilerek hiç acele etmez ve boş durmazdı. Burada, kentte bir şeyleri kaçıracakmış gibi hep acele ediyordu ve yapacak hiçbir işi yoktu. Kiti ona acıyordu. Kiti, başkalarının gözünde onun acınacak bir yanı olmadığını biliyordu; tam tersine Kiti, bir topluluk içinde ona insanların sevdikleri birine arada bir baktıkları şekilde, başkalarının üzerinde bıraktığı izlenimi anlamak için bir yabancının gözüyle görmeye çalışarak baktığında, onun bırakın zavallı biri olmayı, dürüstlüğüyle, kadınlara karşı biraz modası geçmiş utangaç nezaketiyle, güçlü görünüşü ve özellikle Kiti'ye göre etkileyici yüzüyle çok çekici biri olduğunu kendi kıskanç huyu açısından korkuyla görüyordu. Ancak Kiti, kocasını dışarıdan değil, içeriden görüyordu; onun burada gerçek Levin olmadığını görüyordu; yoksa onun durumunu tanımlayamazdı. Kentte yaşamayı beceremediği için bazen içinden ona sitem ediyordu; bazen de burada karısını hoşnut edecek bir yaşam kurmanın onun için gerçekten ne kadar zor bir şey olduğunu anlıyordu.

Sahiden Levin ne yapabilirdi? Kâğıt oynamayı sevmiyordu. Kulübe gitmiyordu. Oblonskiy gibi neşeli adamlarla vakit geçirmenin ne anlama geldiğini Kiti artık biliyordu. Bu, içki içmek ve içtikten sonra bir yerlere gitmek demekti... Bu durumlarda erkeklerin nereye gittiklerini korkuya kapılmaksızın düşünemiyordu. Ya sosyeteye katılmak? Ama Kiti bunun için onun genç kadınlarla yakınlık kurmaktan memnun olması gerektiğini biliyordu ve bunu istemesi mümkün değildi. Onunla, annesiyle ve kız kardeşleriyle evde oturmak? Ancak kız kardeşler arasında hep birbirinin aynı olan, yaşlı prensin "Alinler-Nadinler" diye isim taktığı bu konuşmalar Kiti'nin ne kadar hoşuna gitse ve onu eğlendirse de, bunun kocasına sıkıcı geleceğini biliyordu. Geriye yapacak ne kalıyordu? Kitabını yazmaya devam etmek mi? Bunu yapmayı da denemiş, ilk başta kitabı için notlar almak üzere kütüphaneye gitmişti; ama Kiti'ye söylediğine göre hiçbir şey yapmadan dolaştıkça zamanı daha da azalıyordu. Ayrıca burada kitabıyla ilgili olarak çok fazla konuştuğundan ve bu yüzden kitapla ilgili bütün düşünceleri birbirine girdiğinden ve ilginçliğini yitirdiğinden dert yanıyordu Kiti'ye.

Bu kent yaşamının tek kazancı, burada, kentte aralarında hiç tartışma olmamasıydı. Kentteki koşulların farklı olmasından mı, yoksa ikisinin de bu konuda daha dikkatli ve daha sağduyulu olmalarından mıdır, kente taşınırken o kadar çok korktukları kıskançlık kavgası olmamıştı Moskova'da.

Hatta bu konuda her ikisi için de çok büyük önem taşıyan bir olay olmuş, Kiti Vronskiy'le görüşmüştü.

Kiti'yi her zaman çok sevmiş olan vaftiz annesi, yaşlı Prenses Marya Borisovna, onu mutlaka görmek istemişti. Durumu nedeniyle hiçbir yere çıkmayan Kiti, babasıyla birlikte bu saygıdeğer hanımefendiyi ziyarete gitmiş ve orada Vronskiy'le karşılaşmıştı.

Kiti bu karşılaşmada, bir zamanlar o kadar iyi bildiği hatları sivil elbise içinde tanıdığında bir anlığına soluğu kesildiği, yüreğine kan hücum ettiği ve yüzüne parlak bir kırmızılık yayıldığı için kendi kendisine sitem edebilirdi ancak. Fakat bu sadece birkaç saniye sürdü. Kiti, Vronskiy'in yüzüne bakmaya, onunla eğer gerekirse tıpkı Prenses Marya Borisovna'yla konuştuğu gibi, asıl önemlisi de bu anda görünmez varlığını âdeta üzerinde hissettiği kocası tarafından ses tonuna ve gülümsemesine kadar her şeyinin onaylanacağı bir konuşmaya tamamen hazır olduğunda babası, Vronskiy'le mahsus yüksek sesle başlattığı konuşmasını henüz tamamlamamıştı bile.

Kiti Vronskiy'le birkaç kelime konuştu, hatta onun "parlamentomuz" diye adlandırdığı seçimlerle ilgili şakasına sakin sakin gülümsedi. (Şakayı anladığını göstermek için gülümsemesi gerekiyordu.) Ama hemen Prenses Marya Borisovna'ya döndü ve Vronskiy vedalaşmak için ayağa kalkana dek bir kez bile ona bakmadı; o anda Vronskiy'e baktı, ama eğilerek selam veren bir adama bakmamak saygısızca bir davranış olacağı için bunu yapmıştı.

Vronskiy'le karşılaşmalarından hiç söz etmediği için babasına minnettardı; fakat ziyaretten sonra, her zamanki yürüyüşlerini yaparken babasının özel bir şefkat göstermesinden kızının bu davranışından hoşnut olduğunu anlamıştı. Kendisi de davranışından hoşnuttu. Vronskiy'e karşı bir zamanlar hissettiği duyguyla ilgili bütün anılarını ruhunun derinlerinde bir yere hapsetme, ona karşı tamamen ilgisiz ve sakin görünmenin dışında, üstelik öyle olma gücünü bulacağını hiç beklemiyordu.

Prenses Marya Borisovna'nın evinde Vronskiy'e rastladığını söylediğinde Levin ondan çok daha fazla kızarmıştı. Bunu kocasına söylemek Kiti'ye çok zor gelmişti, ama Levin soru sormadığı, yalnızca kaşlarını çatıp ona baktığı için görüşmenin ayrıntıları hakkında konuşmaya devam etmek daha da zor olmuştu.

— Senin orada olmamana çok üzüldüm, –dedi Kiti.– Demek istediğim odada olman değil... sen varken o kadar doğal olamazdım... Şu anda çok çok daha fazla kızarıyorum, –diyordu Kiti kıpkırmızı olarak.– Ama bunu bir delikten göremediğine üzülüyorum.

Kiti'nin dürüst gözleri, kendisinden hoşnut olduğunu söylüyordu Levin'e. Kiti kıpkırmızı kesilmiş olsa da, Levin'in o anda içi rahatladı ve sadece karısının sormasını istediği soruları sormaya koyuldu. Kiti'nin ilk anda elinde olmadan kızardığına, ama daha sonra ilk karşılaştığı biriymiş gibi sakin ve rahat davrandığına kadar bütün ayrıntıları öğrendiğinde Levin çok neşelendi ve buna çok sevindiğini, artık seçimlerde yaptığı gibi aptalca davranmayacağını, Vronskiy'le ilk karşılaştığında olabildiğince samimi davranmaya çalışacağını söyledi.

— Neredeyse karşılaşmanın bile çok zor geldiği bir düşmanın varlığını düşünmek çok acı verici bir şey, –dedi Levin.– Çok sevindim, çok sevindim.

II

Levin saat on birde, evden çıkmadan önce karısının yanına gittiğinde Kiti:

— Lütfen Bol'lere uğra, –dedi.– Öğle yemeğini kulüpte yiyeceğini biliyorum, babam seni kaydettirmiş. Peki sabah ne yapacaksın?

— Bir tek Katavasov'a uğrayacağım, –diye yanıtladı Levin.

— Neden bu kadar erken bir saatte?

— Katavasov beni Metrov'la tanıştırmaya söz vermişti. Çalışmamla ilgili olarak onunla konuşmak istiyordum, Petersburg'lu ünlü bir bilim adamıdır kendisi, –dedi Levin.

— Hani şu makalesini o kadar çok övdüğün adam mı? Peki sonra ne yapacaksın? –dedi Kiti.

— Kız kardeşimin davası için belki bir kez daha mahkemeye uğrarım.

— Konsere gidecek misin? –diye sordu Kiti.

— Yalnız başıma gidip de ne yapayım!

— Hayır, git; şu yeni şeyleri çalacaklar... Onlar seni ne kadar çok ilgilendiriyordu. Ben olsam mutlaka giderdim.

Levin saatine bakarak:

— Pekâlâ, her durumda öğle yemeğinden önce eve uğrayacağım, –dedi.

— Doğrudan Kontes Bol'e uğramak için redingotunu giy.

— Bu mutlaka gerekli mi?

— Ah, kesinlikle gerekli! Adam bize geldi. Hem niye bu kadar zoruna gidiyor? Uğrayacaksın, beş dakika oturup havadan sudan konuşacaksın, sonra kalkıp gideceksin.

— Sen inanmıyorsun, ama bu işleri o kadar unutmuşum ki, ziyarete gitmeye utanıyorum. Nasıl bir şey bu? Yabancı bir adam geliyor, oturuyor, boş boş oturup duruyor, onları rahatsız ediyor, kendisi sinirleniyor ve kalkıp gidiyor.

Kiti gülmeye başladı.

— Yoksa bekârken ziyaretlere mi gidiyordun? –dedi.

— Gidiyordum, ama hep utanıyordum, şimdiyse o kadar unutmuşum ki, bu ziyareti yapacağıma iki gün yemek yemesem daha iyi. Öyle utanıyorum ki! Bana hep kızacaklarmış, işin gücün yok, neden geldin diye soracaklarmış gibi geliyor.

Kocasının yüzüne gülerek bakan Kiti:

— Hayır kızmazlar. Bunun için sana garanti veririm, -dedi ve kocasının elini tuttu.– Haydi güle güle... Uğra lütfen.

Levin tam karısının elini öpüp gitmek üzereydi ki, Kiti onu durdurdu.

— Kostya, elimde topu topu elli ruble kaldığını biliyorsun.

Levin, yüzünde Kiti'nin tanıdığı hoşnutsuzluk ifadesiyle:

— E, ne yapalım, gider bankadan çekerim. Ne kadar gerekiyor? –diye sordu.

— Yo, dur. –Kiti, kocasının elini tuttu.– Konuşalım biraz, bu konu beni rahatsız ediyor. Bana göre gereksiz bir harcama yapmıyorum, ama para çabucak bitiyor. Yanlış yaptığımız bir şey var.

Levin öksürerek ve yan gözle karısına bakarak:

— Hiç de değil, –dedi.

Kiti bu öksürüğü iyi biliyordu. Bu, onun karısıyla değil, kendisiyle ilgili çok büyük hoşnutsuzluk duyduğuna işaretti. Gerçekten hoşnut değildi, ama paranın çok gitmesi yüzünden değil, bu işte bir aksaklık olduğunu bile bile konuyu unutmak istediğinin kendisine hatırlatılmasından hoşnut değildi.

— Sokolov'a buğdayı satmasını ve değirmen için avans almasını söyledim. Neyse, paramız olacak.

— Hayır, ama benim korkum genellikle çok...

— Hiç değil, hiç, –diye yineliyordu Levin.– Haydi hoşça kal canım.

— Yo, annemin sözünü dinlediğim için doğrusu bazen üzülüyorum. Köyde kalsaydık ne kadar iyi olurdu! Hem emdiğiniz sütü burnunuzdan getirdim, hem de para harcıyoruz burada...

— Hiç değil, hiç değil. Evlendiğimden beri bir kez bile şimdikinden farklı olsa daha iyi olurdu dediğim olmadı...

Kiti kocasının gözlerinin içine bakarak:

— Gerçekten mi? –dedi.

Levin bunu düşünmeden, sadece karısını rahatlatmak için söylemişti. Ama karısının gözlerine baktığında bu dürüst ve sevimli gözlerin soru sorar gibi üzerine dikildiğini görünce söylediği şeyi bütün içtenliğiyle yinelemişti. "Onu kesinlikle ihmal ediyorum," –diye düşündü. Ve çok yakında onları bekleyen şeyi anımsadı.

Karısının iki elini birden avucunun içine alıp:

— Yakın mı? Kendini nasıl hissediyorsun? –diye fısıldadı.

— O kadar çok düşündüm ki, artık hiçbir şey düşünmüyor ve bilmiyorum.

— Korkmuyor musun?

Kiti küçümseyen bir edayla güldü.

— Zerre kadar korkum yok, –dedi.

— Bir şey olursa ben Katavasov'un yanında olacağım.

— Hayır, hiçbir şey olmayacak, bunu düşünme. Babamla birlikte bulvara gezmeye gideceğim. Dolli'ye uğrayacağız. Öğle yemeğinden önce seni bekliyorum. Ah, evet! Dolli'nin durumunun kesinlikle dayanılmaz olduğunu biliyor musun? Gırtlağına kadar borçlu, parası yok. Dün annemle ve Arseniy'le (ablası Lvova'nın kocasını bu adla çağırırdı) konuştuk ve onunla seni Stiva'nın üzerine salmaya karar verdik. Kesinlikle dayanılmaz bir durum. Bu konuyu babamla konuşmak olanaksız... Ama eğer sen ve Arseniy...

— İyi de biz ne yapabiliriz ki? –dedi Levin.

— Sen yine de Arseniy'e git, onunla konuş; ne karar verdiğimizi o sana söyleyecek.

— Tamam, Arseniy'in söylediği her şeyi peşinen kabul ederim. Bu durumda ona da uğrayacağım. Hem konsere gidecek olursam da Natali'yle giderim. Haydi hoşça kal.

Şu anda kentteki evinin işlerini yürüten, daha bekârlığından kalma yaşlı uşağı Kuzma, Levin'i kapıda durdurdu.

— Krasavçik (köyden getirilen ve okun soluna koşulan attı bu) yeni nallandı, ama yine de topallıyor, –dedi Kuzma.– Ne yapmamı emredersiniz?

Köyden getirilen atlar Moskova'daki ilk günlerinde Levin'i ilgilendiriyordu. Bu işi olabildiğince iyi ve ucuz bir şekilde halletmek istiyordu; fakat kendi atlarının kiralık arabadan daha pahalıya mal olduğu ortaya çıkmış ve her şeye rağmen bir araba kiralanmıştı.

— Baytarı çağırt, belki bir yeri yaralanmıştır.

— Peki ya Katerina Aleksandrovna için ne yapacağız? – diye sordu Kuzma.

Vozdvijenskoye'den Sivtsev Vrajek'e gitmek için ağır bir arabaya bir çift güçlü at koşmak, bu arabayı çeyrek verst erimiş karların arasından geçirmek ve orada dört saat bekletmek, bunun için beş ruble ödemek artık Levin'i Moskova'daki hayatının ilk zamanlarındaki kadar şaşırtmıyordu. Bu durum artık ona doğal görünüyordu.

— Bizim araba için bir çift at getirmesini söyle arabacıya, –dedi Levin.

— Başüstüne, efendim.

Köyde o kadar çok özel uğraş ve dikkat gerektiren bir güçlüğü kentteki koşullar sayesinde basit ve kolay yoldan halleden Levin kapının önündeki merdivene çıktı, bir araba çağırıp bindi ve Nikitskaya'ya gitti. Yolda artık para meselesini değil, sosyolojiyle uğraşan Petersburglu bilim adamıyla nasıl tanışacağını ve kitabı hakkında onunla neler konuşacağını düşünüyordu.

Köyde yaşayan birine tuhaf gelen, verimsiz, ancak her yandan kendisinden beklenen kaçınılmaz harcamalar Levin'i yalnızca Moskova'daki ilk günlerinde şaşırtmıştı. Ama artık bunlara alışmıştı. Bu konuda onun da başına sarhoşların başına geldiği söylenen şey gelmişti: İlk kadeh kılçık gibi boğazına takılmış, ikincisinde biraz alışmış, üçüncüden sonrası ise boğazından yağ gibi süzülmüştü. Levin, uşağa ve kapıcıya üniforma satın almak için ilk yüz rublelik banknotu bozdurduğunda, hiç kimseye bir yararı olmayan, ancak üniformasız da olabileceğini ima ettiği zaman prensesin ve Kiti'nin şaşkınlıklarına bakınca kesinlikle gerekli olduğunu düşündüğü bu üniformaların parasının yazın tuttuğu iki işçinin alacağı paraya, yani Paskalya haftasından perhiz öncesi son güne kadar yaklaşık üç yüz iş gününe ve sabahın köründen akşamın geç vaktine kadar her gün ağır bir çalışmaya mal olacağını ister istemez hesaplamış ve bu yüz rublelik banknot daha da çok boğazına takılmıştı. Ancak akrabalara verilecek öğle yemeği için yirmi sekiz rubleye mal olan erzak alımı amacıyla bozdurulan ikinci yüz rublelik banknot, Levin'e yirmi sekiz rublenin, ter dökerek ve inleyerek biçilen, demetlenen, dövülen, savrulan, elenip çuvallara doldurulan dokuz ölçeklik yulaf demek olduğunu anımsatmış olsa da, bu sonraki yüz ruble yine de daha kolay gitmişti. Bozdurulan banknotlar artık uzun bir zamandır bu tür düşünceler uyandırmıyor ve yağ gibi akıp gidiyordu. Paranın kazanılması için harcanan emek, bu parayla satın alınan şeylerin verdiği memnuniyete uygun düşüyor mu, düşmüyor mu? Bu düşünce artık uzun zamandır yitirilmişti. Belirli kalitedeki bir tahılın daha aşağısına satılamayacağı belirli bir fiyatı olduğuna ilişkin ekonomi hesabı da unutulmuştu. Fiyatını o kadar uzun süre aynı tuttuğu çavdar bundan bir ay önce verilen fiyattan ölçeği elli kapik daha ucuza satılmıştı. Hatta bu şekilde harcama yaparak bütün bir yıl borç almadan yaşanamayacağı hesabı da artık hiçbir önem taşımıyordu. Tek istenen, ertesi gün sığır eti alabilecek durumda olduklarını bilmek için nereden geldiğini sormadıkları paranın bankada olmasıydı. Bu hesap şimdiye dek hep korunmuştu: Bankada her zaman parası vardı. Ama şimdi bankadaki parası bitmişti ve nereden para alabileceğini doğru dürüst bilmiyordu. Kiti para konusunu anımsatınca bir an bozulmuştu; ancak bunu düşünecek zamanı yoktu. Katavasov'u ve Metrov'la tanışacağını düşünerek gidiyordu.

III

Levin, evlendiğinden beri görüşmediği, üniversiteden eski arkadaşı Profesör Katavasov'la bu gelişinde tekrar yakınlaşmıştı. Katavasov, dünya görüşünün açıklığı ve basitliğiyle Levin'in hoşuna gidiyordu. Levin, Katavasov'un dünya görüşündeki açıklığın yapısının kısırlığından kaynaklandığını, Katavasov ise Levin'in düşüncelerindeki tutarsızlığın, aklındaki disiplin eksikliğinden kaynaklandığını düşünüyordu; ancak Katavasov'daki açıklık Levin'in, Levin'deki disiplinsiz düşünce bolluğu Katavasov'un hoşuna gidiyordu ve birbirleriyle görüşüp tartışmayı seviyorlardı.

Levin Katavasov'a çalışmasından bazı yerler okumuş, bunlar Katavasov'un hoşuna gitmişti. Bir gün önce bir konferansta Levin'le karşılaşan Katavasov, ona, Levin'in bir makalesini okuyup çok beğendiği ünlü Metrov'un Moskova'da bulunduğunu ve Levin'in çalışmasından kendisine söz edince çok ilgilendiğini, ertesi gün saat on birde kendisini ziyarete geleceğini ve Levin'le tanışmaktan çok memnun olacağını söylemişti.

Levin'i küçük konuk odasında karşılayan Katavasov:

— Kesinlikle düzeliyorsunuz azizim, bunu görmek hoş bir şey, –dedi.– Zil sesini duyduğumda "olamaz, bu kadar dakik olması mümkün değil," diye düşünmüştüm. E, Karadağlılar nasılmış ama? Savaşçı bir soy.

— Ne olmuş ki? –diye sordu Levin.

Katavasov kısa sözcüklerle Levin'e son haberleri aktardı ve çalışma odasına giderek onu kısa boylu, tıknaz, dış görünüşü çok hoş bir adamla tanıştırdı. Metrov'du bu. Kısa bir süre politika ve Petersburg'un yüksek çevrelerinde son olayların nasıl değerlendirildiği üzerine konuştular. Metrov, güvenilir bir kaynaktan öğrendiği, bu konuda sözde hükümdar ve bakanlardan biri tarafından söylenmiş olan sözleri aktardı. Katavasov ise aynı şekilde güvenilir bir kaynaktan hükümdarın bambaşka bir şey söylediğini duymuştu. Levin, hem o sözlerin, hem de diğerlerinin söylenebileceği bir durumu gözünde canlandırmaya çalıştı ve bu konudaki konuşma sona erdi.

— İşçinin toprakla ilişkisinde içinde bulunduğu doğal koşullar konusunda yazdığı kitabı neredeyse bitirmek üzere olan işte bu arkadaş, –dedi Katavasov.– Ben uzman değilim, ama onun insanlığı zoolojik yasalar dışında bir şey olarak ele almayıp, tersine insanlığı içinde bulunduğu ortama bağımlı görmesi ve gelişmenin yasalarını bu bağımlılıkta araması bir doğa bilimci olarak benim hoşuma gitti.

— Bu çok ilginç, –dedi Metrov.

Levin kıpkırmızı kesilerek:

— Ben aslında bir tarım kitabı yazmaya başlamıştım, ama tarımın en önemli aracı olan işçiyle ilgilenince elimde olmadan hiç beklenmedik sonuçlara ulaştım.

Sonra Levin, sanki zemini ayağıyla yoklar gibi dikkatli adımlarla görüşünü açıklamaya koyuldu. Metrov'un herkesçe kabul edilen ekonomi politik öğretisine karşı bir makale yazdığını biliyordu, ama bu yeni görüşlerine karşı onun ne derece yakınlık gösterebileceğini bilmiyor ve bilim adamının zeki ve sakin yüzünden bunu tahmin de edemiyordu.

— Rus işçisinin kendine has özelliklerini nasıl görüyorsunuz? –dedi Metrov.– Deyim yerindeyse onun zoolojik özelliklerinde mi, yoksa içinde yaşadığı koşullarda mı?

Levin, bu konuda kendisinin kabul etmediği bir görüş beyan edildiğini görüyordu; ancak Rus işçisinin, toprak konusunda diğer halklardan son derece farklı bir görüşe sahip olduğu şeklindeki düşüncesini açıklamaya devam etti. Bunu kanıtlamak için de kendi düşüncesine göre Rus halkının bu görüşünün, doğudaki çok büyük ve boş alanlara yerleşme görevinin bilincinde olmasından kaynaklandığını eklemekte acele etti.

Metrov Levin'in sözünü keserek:

— Halkın ortak görevi konusunda sonuç çıkarırken kolayca yanılgıya düşülebilir, –dedi.– İşçinin durumu daima onun toprağa ve sermayeye karşı tavrına bağımlı olacaktır.

Levin'in sözlerini tamamlamasına izin vermeyen Metrov kendi öğretisinin özelliğini açıklamaya başladı.

Levin, Metrov'un öğretisinin özelliğini anlama konusunda pek çaba harcamadığı için bir şey anlamadı: Metrov'un da ekonomistlerin öğretisini çürüttüğü makalesine karşın tıpkı diğerleri gibi, Rus işçisinin durumuna sadece sermaye, ücret ve rant açısından baktığını görüyordu. Gerçi Metrov, Rusya'nın en büyük bölümü olan doğusunda rantın henüz sıfır olduğunu, ücretlerin seksen milyonluk Rus halkının onda dokuzu için sadece boğazına yetecek kadar olduğunu ve en ilkel araçlar dışında sermayeden henüz söz edilemeyeceğini kabul etmek zorunda kalıyordu, ama ekonomistlerle çoğu konuda uzlaşmasa da her bir işçiyi sadece bu açıdan ele alıyordu ve ücret konusunda Levin'e açıkladığı yeni bir teorisi vardı.

Levin isteksiz isteksiz dinliyor, önceleri karşı çıkıyordu. Metrov'un daha sonraki açıklamalarını gereksiz kılacak olan düşüncesini söylemek için sözünü kesmek istiyordu. Ama daha sonra her birinin meseleye, karşısındakini asla anlayamayacak bir şekilde baktıklarına inanıp, daha fazla itiraz etmedi ve dinlemekle yetindi. Metrov'un anlattıkları artık ona hiç ilginç gelmese de, onu dinlemekten az da olsa zevk alıyordu. Böyle bir bilim adamının bu derece hevesli bir şekilde, büyük bir dikkatle ve Levin'in bilgisine güvenle, zaman zaman meselenin bütün bir yönüne bir tek gönderme yaparak düşüncelerini açıklaması Levin'in gururunu okşuyordu. Bütün tanıdıklarıyla defalarca konuşmuş olan Metrov'un, karşılaştığı her yeni kişiyle bu konuyu büyük bir hevesle konuştuğunu, ayrıca onu ilgilendiren, henüz kendisi için de açıklık kazanmamış bir konuyu herkesle konuşmaktan zevk aldığını bilmeyen Levin, bunu kendi üstünlüğü olarak görüyordu.

Metrov açıklamasını bitirir bitirmez saatine bir göz atan Katavasov:

— Bu arada geç kalıyoruz, –dedi.

Levin'in sorusuna:

— Evet, Svintiç'in ellinci yıldönümü için Amatörler Derneği'nde bugün bir toplantı var, –dedi.– Pyotr İvanıç'la gitmeyi düşünüyorduk. Onun zooloji konusundaki yapıtları üzerine bir konuşma yapmaya söz vermiştim. Birlikte gidelim, çok ilginç olur.

— Evet, gerçekten de gitme zamanı geldi, –dedi Metrov.– Birlikte gidelim, oradan da eğer sizin için uygunsa bana geçeriz. Yapıtınızı dinlemeyi çok isterim.

— Yo, olmaz. Henüz bitmedi kitabım. Ama toplantıya memnuniyetle gelirim.

Öbür odada frakını giyen Katavasov:

— Duydunuz mu azizim? –diye seslendi.– Ben ayrı bir rapor verdim.

Ve üniversite sorunuyla ilgili bir konuşma başladı.

Üniversite sorunu bu kış Moskova'daki çok önemli bir olaydı. Kuruldaki üç yaşlı profesör, gençlerin görüşünü kabul etmemişlerdi; gençler görüşlerini ayrı bir raporla bildirmişlerdi. Bu görüş bazılarına göre korkunç, bazılarına göre de çok basit ve haklı bir görüştü, böylece profesörler iki gruba ayrılmıştı.

Katavasov'un da aralarında olduğu bazıları karşı grupta alçakça bir ihbarcılık ve ihanet, diğerleri ise çocukça davranış ve otoritelere saygısızlık görüyordu. Levin, üniversitede olmasa da Moskova'da bulunduğu sırada söylenenleri birkaç kez duyduğu ve üzerinde konuştuğu bu konuda kafasında oluşturduğu bir düşünceye sahipti; üçü eski üniversite binasına gidinceye kadar yolda da süren konuşmaya katılıyordu.

Toplantı başlamıştı... Ardında Katavasov ve Metrov'un bulundukları çuhayla kaplı masanın önünde altı kişi oturuyordu ve içlerinden biri el yazılı bir kâğıda doğru iyice eğilerek bir şey okuyordu. Levin masanın çevresindeki boş sandalyelerden birine oturdu ve yanında oturan öğrenciye fısıltıyla okunan şeyin ne olduğunu sordu. Öğrenci, Levin'e hoşnutsuzca bir göz atarak:

— Biyografi, –dedi.

Levin bilim adamının biyografisiyle ilgilenmese de ister istemez dinliyor ve ünlü bilim adamının yaşamıyla ilgili ilginç ve yeni bir şeyler öğreniyordu.

Okuma bittiğinde başkan, bilim adamına teşekkür etti, bu jübile için ozan Ment'in gönderdiği şiiri okudu ve birkaç sözcükle ozana teşekkürlerini sundu. Daha sonra Katavasov, jübilesi yapılan bilim adamının bilimsel çalışmalarıyla ilgili olarak yazdığı bir notu ortalığı çınlatan yüksek bir sesle okudu.

Katavasov sözünü bitirdiğinde Levin saate baktı, saatin iki olduğunu gördü ve konser zamanına kadar Metrov'a yapıtını okuyamayacağını, zaten artık bunu istemediğini düşündü. Okumalar sırasında önceki konuşmalarını da aklından geçirmişti. Metrov'un düşüncelerinin bir önemi olsa da, kendi düşüncelerinin de önemli olduğunu şimdi açıkça anlamıştı; bu düşünceler ancak her biri kendi seçtiği yolda tek başına işlediğinde açıklık kazanabilir ve bir sonuca ulaşabilir bir araya getirilmelerinden hiçbir şey çıkmazdı. Metrov'un davetini reddetmeye karar veren Levin, toplantının sonunda Metrov'un yanına gitti. Metrov Levin'i politik bir haber konusunda konuştuğu başkanla tanıştırdı. Bu arada Metrov Levin'e anlattığı şeyleri başkana da anlattı, Levin ise o sabah yaptığı yorumları tekrar yaptı, ama değişiklik olsun diye hemen o anda aklına gelen yeni bir düşüncesinden de söz etti. Bundan sonra üniversite sorunu konusundaki konuşma tekrar başladı. Levin, konuşulanların tümünü daha önce dinlemiş olduğundan Metrov'a davetine katılamayacağı için üzüntülerini belirtip, başını eğerek selam verdi ve arabaya binip Lvov'un evine gitti.

IV

Kiti'nin ablası Natali'yle evli olan Lvov, tüm yaşamını büyük kentlerde ve eğitimini yaptığı, diplomat olarak çalıştığı yurtdışında geçirmişti.

Geçen yıl diplomatik görevini bırakmıştı. Bunun nedeni herhangi bir sorun olması değildi, hiçbir zaman hiç kimseyle sorunu olmamıştı. İki küçük oğluna en iyi eğitimi verebilmek için Moskova'da Saray Bakanlığı'nda bir göreve geçmişti.

Alışkanlıklarının ve görüşlerinin son derece zıt olmasına ve Lvov'un Levin'den yaşça büyük olmasına karşın bu kış birçok kez bir araya gelmişler ve birbirlerini sevmişlerdi.

Lvov evdeydi ve Levin, geldiğini haber verdirmeden odasına girdi.

Lvov, sırtında beli kemerli bir ev ceketi, ayağında güderi ayakkabıları bir koltuğa oturmuş, mavi camlı pince-nez'ini takmış, yarısına kadar kül haline gelmiş bir puroyu güzel eliyle dikkatlice uzakta tutarak sehpanın üzerindeki kitabı okuyordu.

Gümüş rengi parlak, kıvırcık saçların daha da soylu bir ifade verdiği güzel, ince ve henüz genç görünen yüzü, Levin'i görünce bir gülümsemeyle aydınlandı.

— Harika! Ben de size birini yollamak istiyordum. E, Kiti nasıl? Buraya buyurun, daha rahattır... –Ayağa kalktı ve sallanır koltuğu öne doğru itti.– "Journal de St.-Pétersbourg" daki son genelgeyi okudunuz mu? Bence çok güzel, –dedi hafif Fransız aksanıyla.

Levin, Petersburg'da konuşulanlarla ilgili Katavasov'dan duyduklarını anlattı ve biraz politikadan söz ettikten sonra Metrov'la nasıl tanıştığını, toplantıya gittiklerini anlattı. Bu konu Lvov'u çok ilgilendirmişti.

— Size imreniyorum, bu ilginç bilim dünyasına girebiliyorsunuz, –dedi Lvov. Her zamanki gibi daha kolayına gelen Fransızcaya geçti hemen.– Aslında benim hiç zamanım olmuyor. Hem işim, hem de çocuklarla uğraşmak beni bundan yoksun bırakıyor; hem sonra eğitimimin son derece yetersiz olduğunu söylemeye de utanmam.

Levin gülümseyerek ve Lvov'un asla alçakgönüllü görünmek ya da olmak için değil, son derece samimi olarak söylediği bu kendini küçük gören düşüncesi üzerine her zaman olduğu gibi duygulanarak:

— Bunu hiç sanmam, –dedi.

— Ah, hem de nasıl! Artık eğitimimin çok az olduğunu hissediyorum. Çocukların eğitimi için belleğimi büyük ölçüde tazelemem, düpedüz yeniden okumam, öğrenmem gerekiyor. Çünkü öğretmenlerin bulunması yeterli olmuyor, nasıl sizin çiftlikte işçiler ve onları kontrol eden bir gözetici varsa, çocuklar için de bir gözetmen gerekiyor. Bakın ne okuyorum? –diyerek sehpada duran Buslayev'in dilbilgisi kitabını gösterdi.– Mişa'dan bunu öğrenmesi bekleniyor ve öyle zor ki bu kitap ... Pekâlâ şunu açıklar mısınız bana? Burada diyor ki...

Levin, bunu anlamanın olanaksız olduğunu, ezberlemek gerektiğini söylemeye niyetlendi; ama Lvov onunla aynı fikirde değildi.

— Bakın işte siz buna gülüyorsunuz!

— Tersine, çocuklarımın eğitimi için ileride ne yapmam gerektiğini her zaman size bakarak öğrendiğimi bilemezsiniz.

— Yok canım, sizin öğreneceğiniz ne var ki, –dedi Lvov.

— Benim bildiğim tek bir şey var: Ben sizinkilerden daha iyi eğitilmiş çocuklar görmedim, sizinkilerden daha iyi çocuklar da istemem, –dedi Levin.

Lvov sevincini belli etmemek için kendine hâkim olmak istiyordu, ama yüzü bir gülümsemeyle aydınlandı.

— Yeter ki benden daha iyi olsunlar. İşte tek istediğim bu, –diye söze başladı Lvov.– Bizimkiler gibi, hayatımız yurtdışında geçtiği için ihmal edilmiş olan çocuklarla daha ne kadar çok uğraşmak gerektiğini bilemezsiniz.

— Bunların hepsini telafi edersiniz. Onlar çok yetenekli çocuklar. Asıl önemli olan ahlaki eğitim. Çocuklarınıza bakarak benim öğrendiğim de bu işte.

— Ahlaki eğitimden söz ediyorsunuz. Bunun ne kadar zor olduğunu tasavvur edemezsiniz! Siz işin bir yanını hallediyorsunuz, başkaları ortaya çıkıyor, yeniden mücadele başlıyor.

Anımsarsınız, sizinle konuşmuştuk, eğer dinden destek almazsa hiçbir baba bir tek kendi gücüyle çocuklarını yetiştiremezdi.

Levin'i her zaman ilgilendirmiş olan bu konuşma, dışarı çıkmak üzere giyinmiş güzel Natalya Aleksandrovna'nın odaya girişiyle kesildi.

— A, burada olduğunuzu bilmiyordum, –dedi Natalya Aleksandrovna. Anlaşılan çoktandır bildiği ve artık can sıkıcı hale gelen bu konuşmayı yarıda kestiği için üzülmek bir yana hatta sevinmişti.– E, Kiti nasıl? Bugün öğle yemeğinde sizde olacağım. Ha Arseniy, –diyerek kocasına döndü,– arabayı sen alırsın...

Karıkoca arasında o gün ne yapacakları üzerine bir konuşma başladı. Kocanın göreviyle ilgili birini karşılaması, karısının ise konsere ve güneydoğu komitesinin toplantısına gitmesi gerektiği için karar verilmesi ve ayrıntılı olarak düşünülmesi gereken pek çok şey vardı. Levin, kendilerinden biri olarak bu planlara katılmak zorundaydı. Levin'in Natali'yle birlikte konsere ve toplantıya gitmesine, oradan arabanın Arseniy'i almak üzere büroya yollanmasına, Arseniy'in karısını alıp Kiti'ye götürmesine karar verildi; ya da Arseniy işlerini bitiremezse arabayı gönderecekti, Levin de Natali'yle gidecekti.

Lvov karısına:

— Levin beni şımartıyor, –dedi.– Beni çocuklarımızın mükemmel olduğuna inandırıyor, oysa ben onların ne kadar çok kusurları olduğunu biliyorum.

— Arseniy aşırıya kaçıyor, her zaman söylüyorum, –dedi karısı.– Mükemmellik ararsan hiçbir zaman memnun olmazsın. Babam doğru söylüyor, bizi yetiştirirlerken bir tek aşırılık olmuştu: Bizi tavan arasına atmışlardı, kendileri ise birinci katta oturuyorlardı; şimdi tam tersine ana babalar eski eşya odasında, çocuklarsa birinci katta oturuyor. Ana babalar şimdi yaşamasalar da olur, her şey çocuklar için.

Lvov, karısının koluna dokunarak güzel gülümsemesiyle:

— Bu daha iyiyse ne çıkar? –dedi.– Seni tanımayan biri de öz değil, üvey anne olduğunu sanır.

Natali, kocasının kâğıt keseceğini yerine koyarken:

— Hayır, aşırılık hiçbir şekilde iyi değil, –dedi sakin bir biçimde.

İçeri giren, Levin'e eğilerek selam verip, besbelli bir şey sormak için babalarının yanına giden yakışıklı erkek çocuklarına Lvov:

— Hah işte, gelin bakalım mükemmel çocuklar, –dedi.

Çocuklarla konuşmak, babalarına ne dediklerini duymak istiyordu, ama Natali onunla konuşmaya başlamıştı ve tam o sırada odaya Lvov'un iş arkadaşı Mahotin girdi. Mahotin, gelecek kişiyi karşılamak için Lvov'la birlikte gitmek üzere saray üniformasını giymişti. Hertsegovina, Prenses Korzinskaya, Duma ve Apraksina'nın ani ölümüyle ilgili bitmek bilmeyen bir konuşma başlamıştı.

Levin bu arada kendisine verilen görevi unutmuştu. Ancak hole çıkarken anımsadı.

Karısını ve onu uğurlamak için merdivende dikilen Lvov'a:

— Ah, Kiti bana Oblonskiy'le ilgili bir şey konuşmamı söylemişti, –dedi.

Lvov kızararak ve gülümseyerek:

— Evet, evet, maman, biz les beaux–frères'i* onun üzerine saldırtmak istiyor, –dedi.– Hem sonra, neden ben?

Sırtında köpek derisinden peleriniyle konuşmanın bitmesini bekleyen Natali:

— O zaman ben saldırayım ona, –dedi.– Hadi gidelim.

V

Sabah konserinde çok ilginç iki parça çalındı.

Birisi "Bozkırda Bir Kral Lear" fantezisi, diğeri Bach'ın anısına adanmış bir kuartetti. Her iki parça da yeniydi ve yeni bir ruha sahipti. Levin bu parçalarla ilgili bir düşünce oluşturmak

* Bacanaklar. (Fr.)

istiyordu. Baldızını koltuğuna kadar götürdükten sonra sütunun yanında durup olabildiğince dikkatli ve özenli dinlemeye karar verdi. Her zaman müzikal dikkatini tatsız bir şekilde dağıtan beyaz boyunbağlı orkestra şefinin ellerini sallamasına, konser için şapkalarının kurdelelerini özene bezene kulaklarının üzerinden bağlamış kadınlara ve hiçbir şeyle ilgilenmeyen ya da müzik dışında çok çeşitli şeylerle ilgilenen bütün bu insanlara bakarken dikkatinin dağılmamasına, müziğin etkisinin bozulmamasına gayret ediyordu. Müzik erbaplarıyla ve gevezelerle karşılaşmamaya çalışıyor, önüne bakarak dikiliyor ve dinliyordu.

Fakat Kral Lear fantezisini dinledikçe kendini belirli bir düşünce oluşturma olanağından daha da uzaklaşmış hissediyordu. Bir duygunun müzikal ifadesi hemen başlıyor, sanki toplanıyormuş gibi oluyor, ama bir anda yeni müziksel ifadelerin yeni başlangıç kırıntıları, zaman zaman da bestecinin kaprisinden başka bir şey olmayan, birbiriyle bağlantısız, son derece karmaşık sesler halinde dağılıveriyordu. Ancak bu müzikal ifade kırıntıları arada bir güzel bile olsa, son derece beklenmedik bir anda ortaya çıktığı, dinleyenleri hazırlıksız yakaladığı için kulağa hoş gelmiyordu. Neşe, keder, umutsuzluk, sevecenlik, zafer sevinci hiçbir nedene dayanmayan, sanki bir delinin duygularıydı. Ve tıpkı bir delinin duyguları gibi bu duygular da beklenmedik bir anda geçip gidiyordu.

Levin konser boyunca kendini dans edenlere bakan bir sağır gibi hissediyordu. Parça sona erdiğinde son derece şaşkın bir haldeydi, dikkatini vermek, ama karşılığında bir ödül alamamak yüzünden büyük bir yorgunluk hissediyordu. Her yandan şiddetli alkış sesleri geliyordu. Herkes ayağa kalkmış, dolaşmaya, konuşmaya başlamıştı. Düştüğü şaşkınlığın nedenlerini başkalarının izlenimlerine bakarak anlama isteğiyle dolaşmaya, müzikten anlayan birilerini aramaya koyuldu ve müzik erbaplarından birinin, arkadaşı Pestsov'la konuştuğunu görünce sevindi.

Pestsov'un kalın bas sesi:

— Şaşırtıcı! –dedi.– Merhaba Konstantin Dmitriç. Kordeliya'nın yaklaştığını hissettiğiniz, kadının, das ewig Weibliche,* kaderle mücadeleye girdiği yer, özellikle canlı, çok belirgin ve nasıl demeli, çok zengin. Öyle değil mi?

Levin, fantezinin bozkırda Kral Lear'i anlattığını tamamen unutup çekine çekine:

— Yani burada Kordeliya'nın ne işi var? –diye sordu.

Pestsov, elinde tuttuğu atlasla kaplı programa parmaklarıyla vurarak ve onu Levin'e uzatarak:

— Kordeliya var... işte! –dedi.

Levin fantezinin adını ancak şimdi anımsamıştı ve programın arkasına basılmış olan Shakespeare'in şiirinin Rusça çevirisini acele acele okudu.

Pestsov, konuştuğu kişi gittiği ve konuşacak kimse kalmadığı için Levin'e:

— Bu olmadan izlemek olanaksız, –dedi.

Antraktta Levin'le Pestsov arasında müzikte Wagner eğiliminin üstünlükleri ve eksiklikleri konusunda bir tartışma oldu. Levin, Wagner'in ve onu izleyenlerin hepsinin hatasının müziği başka bir sanatın alanına sokmak olduğunu, aynı şekilde şiirin de resmin yapması gereken bir şeyi yapıp, insanları çizgilerle betimlediğinde hataya düştüğünü ileri sürüyordu ve bu tür hatalara örnek olarak da yaptığı kaide üzerindeki bir şair heykelinin çevresine ayaklanmış şiir kahramanlarının hayaletlerini mermerden oymayı akıl etmiş bir yontucuyu gösteriyordu. "Yontucunun yaptığı bu hayaletler, o kadar az hayalete benziyordu ki, hatta bunlar bir merdivene tutunuyorlardı," –dedi Levin. Bu tümce hoşuna gitti, ama daha önce bu tümceyi Pestsov'a söyleyip söylemediğini anımsayamadı ve söyledikten sonra utandı.

Pestsov ise sanatın tek olduğunu ve ancak tüm türlerin bir araya gelmesi halinde en yüksek örneklerine ulaşabileceğini ileri sürüyordu.

---

* Ölümsüz dişilik. (Alm.)

Konserin ikinci bölümünü Levin artık dinleyemedi. Pestsov yanında durup, bu parçayı gereksiz, yapmacık sadeliği yüzünden eleştirerek ve resimde pre-Raphaelite'lerin basitliğiyle kıyaslayarak neredeyse hiç durmadan konuştu. Çıkışta Levin, daha pek çok tanıdığıyla karşılaştı ve onlarla hem politikadan, hem müzikten, hem de ortak tanıdıklarından söz etti; ziyaretine gideceğini tümden unuttuğu Kont Bol'le de karşılaştı bu arada.

Bundan söz edince Lvov ona:

— E, o zaman hemen gidin, –dedi.– Belki sizi kabul etmezler, daha sonra da toplantıya beni almaya gelirsiniz. Beni orada bulursunuz.

VI

Levin Kontes Bol'ün evinin holüne girerken:

— Konuk kabul etmiyorlar mı? –dedi.

Kapıcı, Levin'in kürkünü sırtından kararlı bir şekilde alarak:

— Kabul ediyorlar, buyurun, –dedi.

Levin derin bir iç geçirerek eldiveninin tekini çıkartıp şapkasını düzeltirken "Ne sıkıntı, –diye düşünüyordu.– Niye geldim sanki? Onlarla konuşacak neyim var benim?"

Birinci konuk odasından geçerken Levin kapıda kaygılı ve sert bir suratla uşağa emir veren Kontes Bol'le karşılaştı. Kontes, Levin'i görünce gülümsedi ve onu içeriden seslerin duyulduğu bir sonraki küçük odaya buyur etti. Bu odada kontesin iki kızı ve Levin'in tanıdığı Moskovalı bir albay koltuklarda oturuyorlardı. Levin yanlarına gitti, selamlaştı ve şapkasını dizinin üstünde tutarak divanın yanındaki bir sandalyeye oturdu.

— Karınızın sağlığı nasıl? Konsere gittiniz mi? Biz gidemedik. Annem cenaze törenine gitmek zorundaydı.

— Evet, duydum... Ne kadar ani bir ölüm, –dedi Levin.

Kontes geldi, divana oturdu ve o da karısıyla konseri sordu.

Levin yanıt verdi ve bir kez daha Apraksina'nın ani ölümünden söz etti.

— Zaten sağlığı her zaman bozuktu.

— Dün operaya gittiniz mi?

— Evet, gittim.

— Lucca* çok iyiydi.

— Evet, çok iyiydi, –dedi Levin ve hakkında ne düşünecekleri hiç umurunda olmadığı için başladı bu kadın şarkıcının özellikleriyle ilgili olarak yüzlerce kez duyduğu şeyleri anlatmaya. Kontes Bol dinliyormuş gibi yapıyordu. Sonra, Levin epeyce konuştuktan sonra sustuğunda o ana kadar sessiz kalan albay konuşmaya başladı. Albay da operadan ve eğitimden söz ediyordu. Sonunda Tyurin'de hazırlanmakta olan folle journée'den** söz eden albay gülmeye başladı, kalkıp gitti. Levin de kalktı, ama kontesin yüz ifadesinden kendisinin henüz gitme zamanının gelmediğini anladı. Birkaç dakika daha kalması gerekiyordu. Oturdu.

Ancak sürekli olarak bunun ne kadar aptalca bir şey olduğunu düşündüğü için konuşacak bir konu bulamıyor ve susuyordu.

— Konferansa gitmeyecek misiniz? Çok ilginç olduğunu söylüyorlar, –diye söze başladı kontes.

— Hayır, belle-soeur'üme*** uğrayıp onu alacağıma söz verdim, –dedi Levin.

Bir sessizlik oldu. Anne kızlarıyla bir kez daha bakıştı.

Levin, "E, galiba şimdi tam zamanı," –diye düşündü ve kalktı. Hanımlar Levin'in elini sıktılar ve karısına mille choses**** götürmesini rica ettiler.

Kapıcı, kürkünü uzatırken:

---

* Pauline Lucca (1841-1908), Rusya'da sahneye çıkmış çok ünlü bir sopranodur. (ç.n.)

** Çılgın gün. (Fr.)

*** Baldız. (Fr.)

**** Binlerce selam. (Fr.)

— Nerede kalıyorsunuz? –diye sordu ve güzel ciltli, büyük bir deftere hemen adresi yazdı.

Bunları herkesin yaptığını söyleyip kendini avutan Levin, "Elbette benim için fark etmez, ama yine de utanç verici, korkunç derecede aptalca bir şey," –diye düşündü ve birlikte eve dönmek için baldızını bulması gereken komite toplantısına yollandı.

Komite toplantısı çok kalabalıktı ve hemen hemen bütün sosyete oradaydı. Levin, herkesin çok ilginç olduğunu söylediği raporun okunmasına yetişti. Raporun okunması bittiğinde sosyete bir araya geldi ve Levin, bu akşam onu ünlü raporun okunacağı Tarım Derneği'ne mutlaka gelmesi için çağıran Sviyajskiy'le de, at yarışlarından biraz önce gelmiş olan Stepan Arkadyiç'le de, daha pek çok tanıdığıyla da karşılaştı ve toplantıyla, yeni bir oyunla, bir mahkemeyle ilgili çeşitli yorumlar dinledi, kendisi de bu konularda konuştu. Ama galiba hissetmeye başladığı yorgunluk yüzünden mahkeme hakkında konuşurken hata yaptı ve bu hatayı daha sonra birkaç kez canı sıkılarak anımsadı. Levin, Rusya'da yargılanan bir yabancının alacağı cezadan ve onu sınır dışı etmenin ne kadar yanlış olacağından söz ederken dün bir tanıdığından duyduğu şeyleri tekrarlamıştı.

— Bence onu sınır dışı etmek, turna balığını suya bırakarak cezalandırmakla aynı şeydir, –dedi Levin. Bir tanıdığından işittiği ve kendi düşüncesi gibi dile getirdiği bu düşüncenin Krılov'un bir hayvan masalından alınma olduğunu ve tanıdığının bu düşünceyi bir gazete yazısından aktardığını daha sonra anımsadı.

Baldızıyla birlikte eve dönüp, Kiti'yi neşeli ve mutlu bulunca da Levin kulübe gitti.

VII

Levin kulübe tam zamanında geldi. Konuklar ve üyeler de onunla aynı anda geliyordu. Levin çok uzun zamandır, üniversiteden mezun olduğunda Moskova'da yaşadığı ve sosyeteye girdiği günlerden beri kulübe gelmemişti. Kulübü, kulüp binasının dış ayrıntılarını anımsamış, ama o zamanlar kulüpte hissettiklerini tamamen unutmuştu. Ama yarım daire şeklindeki geniş avluya girip arabadan indikten sonra merdiveni çıkar çıkmaz ve omuz kayışı takmış olan kapıcı ona kapıyı sessizce açıp eğilerek selamlar selamlamaz; galoşlarını aşağıda çıkartmanın onları yukarıya kadar taşımaktan daha kolay olduğunu düşünen üyelerin galoşlarını ve kürklerini kapıcı odasında görür görmez; geldiğini haber veren gizemli zil sesini duyar duymaz ve yumuşacık halı döşeli merdivenden çıkarken sahanlıktaki heykeli, yukarıdaki kapıda acele etmeden ama geç de kalmadan kapıyı açıp, konuğa bir göz atan, kulüp üniforması içindeki kocamış, tanıdık üçüncü kapıcıyı görür görmez kulübün çok eskiden bıraktığı izlenim, dinlenme, rahatlık ve nezaket duygusu Levin'i sarmıştı.

Kulübün, şapkayı çıkarıp kapıcı odasında bırakma kuralını unutmuş olan Levin'e kapıcı:

— Şapkanızı lütfeder misiniz efendim? –dedi.– Uzun zamandır gelmiyordunuz. Prens hazretleri dün sizi kaydettirdiler. Prens Stepan Arkadyiç henüz gelmediler.

Kapıcı sadece Levin'i değil, onun ilişkili olduğu herkesi ve akrabalarını da tanıyordu, Levin'in yakını olan kişilerin adlarını bir çırpıda saydı.

Paravanalarla bölünmüş ilk salonu ve meyve büfesinin bulunduğu sağdaki bölmeli odayı geçen Levin, ağır ağır yürüyen yaşlı bir adamı geçip, kalabalık ve gürültülü yemek salonuna girdi.

Hemen hemen hepsi dolu olan masaların yanından konuklara göz atarak geçti. Kâh orada, kâh burada yaşlısı, genci, çok az tanıdığı, yakından tanıdığı çeşit çeşit insan gözüne çarptı. Bir tane bile öfkeli ve kaygılı yüz yoktu. Herkes sıkıntılarını ve kaygılarını sanki şapkasıyla birlikte kapıcı odasında bırakmış, hayatın maddi nimetlerinden acele etmeden faydalanmaya hazırlanıyor gibiydi. Sviyajskiy, Şçerbatskiy, Nevedovskiy, yaşlı prens, Vronskiy ve Sergey İvanoviç de buradaydı.

Yaşlı prens gülümseyip Levin'e elini uzatarak omzunun üstünden:

— A! Niye geç kaldın? –dedi. Yeleğinin iliklerinden birine soktuğu peçeteyi düzelterek,– Kiti nasıl? –diye ekledi.

— Bir şeyi yok, iyi; onlar üçü evde yemek yiyecekler.

— Ha, Alinler-Nadinler meselesi. Yalnız bizim burada yer yok. Şu masaya gidip bir an evvel yer tut, –dedi prens ve başını çevirip lota balığından yapılmış çorbayla dolu tabağı dikkatlice aldı.

Biraz ileriden tatlı bir ses:

— Levin, buraya gel! –diye bağırdı. Turovtsın'dı bu. Genç bir askerle birlikte oturuyordu ve yanlarında kapatılmış iki sandalye vardı. Levin sevinçle onun yanına gitti. Eğlence düşkünü Turovtsın'ı oldu bitti severdi Levin, Kiti'ye evlenme teklif edişiyle ilgili anıların da onunla bağlantısı vardı. Ama şimdi, kafasını çok yoran konuşmalardan sonra Turovtsın'ın iyilik dolu görüntüsü Levin'in çok hoşuna gitmişti.

— Burayı size ve Oblonskiy'e ayırdık. Oblonskiy birazdan gelecek.

Gözleri neşe saçarak durmadan gülen, dimdik duran asker Petersburglu Gagin'di. Turovtsın onları tanıştırdı.

— Oblonskiy ezelden beri geç kalır.

— Hah işte geldi.

Oblonskiy hemen yanlarına gelerek:

— Yeni mi geldin? –dedi.– Aferin. Votka içtin mi? Hadi gel gidelim.

Levin kalktı, votkaların ve çok çeşitli mezelerin durduğu büyük masaya doğru Oblonskiy'le birlikte gitti. Yirmi çeşit meze içinden zevke göre bir seçim yapılabilirdi, ama Stepan Arkadyiç özel bir şey istedi ve ayakta bekleyen üniformalı garsonlardan biri istenen mezeyi hemen getirdi. Birer kadeh içki içip masaya geri döndüler.

Hemen, daha balık çorbalarını içerken Gagin'e bir şişe şampanya getirdiler, o da dört kadehe koymalarını emretti. Levin ikram edilen içkiyi geri çevirmedi ve başka bir şişe daha söyledi. Acıkmıştı, büyük bir keyifle yiyip içti, arkadaşlarının neşeli ve basit konuşmalarına daha da büyük bir keyifle katıldı. Gagin sesini alçaltmış, yeni bir Petersburg fıkrası anlatıyordu. Edepsizce ve aptalca bir fıkra olmasına karşın o kadar komikti ki, Levin, çevredekiler dönüp ona bakacak kadar yüksek sesle kahkahalar atıyordu.

— Bu tıpkı "Buna dayanamam işte!" fıkrası gibi bir şey. O fıkrayı biliyor musun? –diye sordu Stepan Arkadyiç.– Ah, çok güzeldir! Bir şişe daha getir, –dedi garsona ve anlatmaya koyuldu.

İncecik iki kadehte köpük köpük şampanya getiren yaşlı garson, Stepan Arkadyiç'in sözünü kesti ve Stepan Arkadyiç'le Levin'e dönerek:

— Pyotr İlyiç Vinovskiy kabulünü rica ediyorlar, –dedi. Stepan Arkadyiç kadehi eline aldı ve masanın öbür ucundaki saçları dökülmüş, kızıl bıyıklı bir adamla bakıştıktan sonra gülümseyerek başıyla selam verdi.

— Bu kim? –diye sordu Levin.

— Bir kez bizde görmüştün onu, anımsıyor musun? İyi bir delikanlıdır.

Levin de Stepan Arkadyiç gibi yaptı ve kadehi eline aldı.

Stepan Arkadyiç'in fıkrası da çok komikti. Levin aynı şekilde beğenilen bir fıkra anlattı. Sonra konu atlara, bugünkü koşulara ve Vronskiy'in atı Atlas'ın nasıl fiyakalı bir şekilde birincilik ödülünü kazandığına geldi. Levin yemeğin nasıl bittiğini fark etmemişti.

Yemeğin sonunda Stepan Arkadyiç sandalyesinin arkalığından eğilerek ve uzun boylu bir süvari albayıyla birlikte kendisine doğru gelen Vronskiy'e elini uzatarak:

— Ah! İşte onlar! –dedi.

Vronskiy'in yüzünde de kulüpte herkesin yüzünde olan neşeli iyilik parlıyordu. Stepan Arkadyiç'in omzuna neşeyle dirseklerini dayadı, ona bir şeyler fısıldadı ve aynı neşeli gülümsemeyle elini Levin'e uzattı.

— Karşılaştığımıza çok sevindim, –dedi Vronskiy.– O zaman seçimlerde sizi aradım, ama bana gittiğinizi söylediler, –dedi Levin'e.

— Evet, aynı gün döndüm. Biz de tam sizin attan söz ediyorduk. Kutlarım sizi, –dedi Levin.– Çok hızlı bir yarış çıkarmış.

— Sizin de atlarınız var.

— Yo, babamın vardı; ama anımsıyor ve biliyorum.

— Sen nerede yemek yedin? –diye sordu Stepan Arkadyiç.

— Biz ikinci masadaydık, sütunların arkasında.

— Onu kutluyorduk, –dedi uzun boylu albay.– İkinci kez imparatorluk ödülü kazanıyor; atlardaki şansı keşke kâğıt oyunlarında bende olsa.

— Pekâlâ, altın gibi değerli zamanı neden kaybetmeli? Ben cehenneme gidiyorum, –dedi albay ve masadan uzaklaştı.

Vronskiy Turovtsın'a:

— Bu Yaşvin, –dedi ve onların yanında boşalan yere oturdu. İkram edilen kadehi içtikten sonra bir şişe daha getirtti. Ya kulübün bıraktığı izlenimin ya da içtiği içkinin etkisiyle Levin, Vronskiy'le en iyi hayvan cinsi üzerine sohbet etti ve bu adama karşı hiçbir düşmanlık hissetmediği için çok sevindi. Hatta bu arada karısından Prenses Marya Borisovna'nın evinde karşılaştıklarını duyduğunu da Vronskiy'e söyledi.

— Ah, Prenses Marya Borisovna, ne harikadır! –dedi Stepan Arkadyiç ve onunla ilgili olarak herkesi güldüren bir fıkra anlattı. Özellikle Vronskiy o kadar tatlı kahkahalar atıyordu ki, Levin kendini onunla tamamen barışmış hissetti.

Stepan Arkadyiç ayağa kalkıp gülümseyerek:

— E, bitirdik mi? –dedi.– Hadi gidelim!

VIII

Masadan kalkan Levin, yürüyüşünün gayet düzgün olduğunu, kollarını rahatça salladığını hissederek Gagin'le birlikte yüksek tavanlı odalardan geçip bilardo salonuna gitti. Büyük salondan geçerken kayınpederine rastladı.

— E, nasıl? Bizim Aylaklık Tapınağı hoşuna gidiyor mu? –dedi prens Levin'in elini tutup.– Gel dolaşalım.

— Ben de dolaşmak, etrafa bakınmak istiyordum. Çok ilginç.

— Evet, sana ilginç geliyor. Ama benim ilgimi çeken şey, seninkinden farklı. Şu ihtiyarlara bakıyorsun –dedi karşılarından gelen yumuşak çizmeler içindeki ayaklarını zar zor hareket ettiren dudağı sarkmış, kamburu çıkmış bir üyeyi göstererek,– ve onların bu şekilde şlyupik olarak doğduklarını sanıyorsun.

— Şlyupik mi?

— Bu adı bilmezsin sen. Bizim kulübün terimlerindendir. Yumurtayı nasıl yuvarladıklarını bilirsin, çok fazla yuvarladıkları zaman şlyupik olur. İşte biz de öyleyiz, kulübe gide gele şlyupik oluyoruz. Evet, sen gülüyorsun ama biz ne zaman şlyupik olacağımızı görüyoruz artık. Prens Çeçenskiy'i tanır mısın? –diye sordu prens ve Levin, onun yüz ifadesinden komik bir şey anlatmaya hazırlandığını anladı.

— Hayır, tanımıyorum.

— Hadi canım, nasıl tanımazsın! Prens Çeçenskiy ünlü biridir. Neyse fark etmez. İşte bu adam her zaman bilardo oynar. Bundan üç yıl kadar önce henüz şlyupik değildi ve övünür dururdu. Kendisi başkalarına şlyupik derdi. Bir gün geliyor, bizim kapıcı... Vasiliy'i tanır mısın? Hani şu şişman olan. Tam bir hazırcevap. Prens Çeçenskiy soruyor ona: "E, Vasiliy, kim kim geldi? Şlyupikler geldi mi?" Vasiliy de ona "Siz üçüncüsünüz," diyor. Evet, birader, tam tamına böyle!

Levin, prensle birlikte karşılaştıkları tanıdıklarıyla konuşarak ve selamlaşarak bütün odaları, masaların olduğu ve her zamanki partnerlerin küçük bir oyun çevirdikleri büyük odayı, satranç oynanan ve Sergey İvanoviç'in de oturmuş, birisiyle konuştuğu divanlı odayı, bir köşesindeki divanın yanında Gagin'in katıldığı, şampanyalı, neşeli bir partinin yapıldığı bilardo odasını dolaştılar; Yaşvin'in oturduğu masanın başında bir kalabalığın toplandığı cehennem odasına da göz attılar. Dergilerin birini bırakıp öbürünü alan, kızgın suratlı genç bir adamın ve okumaya gömülmüş dazlak kafalı bir generalin abajurlu lambaların altında oturduğu karanlık okuma salonuna gürültü etmemeye çalışarak girdiler. Prensin akıl odası dediği odaya da girdiler. Bu odada üç beyefendi ateşli ateşli son politik haberleri konuşuyordu.

Prensin oyun arkadaşlarından biri onu burada bulunca:

— Buyurun prens, hazırız, –dedi ve prens gitti. Levin biraz oturdu, konuşulanları dinledi; ama sabahki konuşmaları anımsayınca birden korkunç şekilde içi sıkıldı. Hemen kalktı ve birlikte neşeli zaman geçirdiği Oblonskiy'le Turovtsın'ı aramaya gitti.

Turovtsın bilardo odasında elinde bir içki kupasıyla yüksek bir divanda oturuyordu, Stepan Arkadyiç'le Vronskiy de odanın öbür ucunda kapının yanında bir şey konuşuyorlardı.

— Canı sıkılmıyor, ama durumunun bu belirsizliği, kararsızlığı, –sözleri çalındı Levin'in kulağına ve hemen uzaklaşmak istedi; fakat Stepan Arkadyiç ona sesleniyordu.

— Levin! –dedi Stepan Arkadyiç ve Levin, onun gözlerinde yaş değil, içki içtiğinde ya da duygulandığında hep olduğu gibi bir ıslaklık fark etti. Bugün her ikisi de vardı.– Gitme Levin, –dedi ve hiç bırakmak istemediği besbelli, Levin'in kolunu dirseğinden sımsıkı tuttu.

Stepan Arkadyiç Vronskiy'e:

— Bu benim en samimi, belki de en iyi dostumdur, –dedi.– Sen de benim için daha yakın ve değerli bir insansın. İkiniz de iyi insanlar olduğunuz için dost olmanızı, yakınlaşmanızı istiyorum ve bunun olması gerektiğini biliyorum.

Vronskiy elini uzatırken, güzel bir espri yaparak:

— E, bize kalan tek şey öpüşmek o zaman, –dedi.

Uzatılan eli hızla tuttu ve kuvvetlice sıktı.

Levin Vronskiy'in elini sıkarken:

— Ben, çok, çok sevindim, –dedi.

Stepan Arkadyiç:

— Garson! Bir şişe şampanya, –diye seslendi.

— Ben de çok sevindim, –dedi Vronskiy.

Ancak Stepan Arkadyiç'in isteğine ve her ikisinin de karşılıklı olarak istemelerine karşın konuşacak bir şeyleri yoktu ve bunu hissediyorlardı.

Stepan Arkadyiç Vronskiy'e:

— Levin'in Anna'yla tanışmadığını biliyor musun? –dedi.– Onu mutlaka Anna'ya götürmek istiyorum. Gidelim Levin!

— Gerçekten mi? –dedi Vronskiy.– Anna buna çok sevinecek. Şimdi eve giderdim, –diye ekledi,– ama Yaşvin beni kaygılandırıyor, o bitirene dek ben de burada kalmak istiyorum.

— Durumu kötü mü yoksa?

— Sürekli kaybediyor ve onu sadece ben durdurabiliyorum.

— O zaman piramide ne dersiniz? Levin, oynar mısın? Pekâlâ çok güzel, –dedi Stepan Arkadyiç. Markacıya dönerek,– Piramidi hazırla, –dedi.

Topları üçgen şeklinde dizmiş ve oyalanmak için kırmızı topu yuvarlamakta olan markacı:

— Çoktan hazır, –diye yanıt verdi.

— Eh, hadi bakalım.

Bilardo partisinden sonra Vronskiy ve Levin, Gagin'in masasına oturdular, Levin de Stepan Arkadyiç'in tavsiyesiyle aslara para koymaya başladı. Vronskiy kâh sürekli olarak yanına gelen tanıdıklarıyla çevrili bir halde masada oturuyor, kâh Yaşvin'i yoklamak için cehennem odasına gidiyordu. Levin sabahki zihin yorgunluğundan sonra hoş bir rahatlama duyuyordu. Vronskiy'le arasındaki düşmanlığın sona ermesine seviniyordu, huzur, nezaket ve hoşnutluk duygusu onu hiç terk etmiyordu.

Oyun bittiğinde Stepan Arkadyiç Levin'in koluna girdi.

— Hadi Anna'ya gidelim o zaman. Şimdi gidelim mi? Ne dersin? Evdedir. Seni ona götüreceğime çok önce söz vermiştim. Akşam nereye gitmek niyetindesin?

— Gideceğim özel bir yer yok. Sviyajskiy'e Tarım Derneği'ne gitme sözü vermiştim. Gidelim istersen, –dedi Levin.

— Harika, gidelim! Öğren bakalım, arabam gelmiş mi? –dedi Stepan Arkadyiç bir garsona dönerek.

Levin masaya gitti, aslara para koyarak kaybettiği kırk rubleyi ödedi, kapıda duran ve gizemli bir şekilde ödenecek kulüp masraflarını bilen yaşlı garsona bu masrafları ödedi ve kollarını her zamankinden fazla sallayarak çıkış kapısına doğru, bütün salonlardan geçerek yürüdü.

IX

— Oblonskiy'in arabası, –diye öfkeli kalın bir sesle bağırdı kapıcı. Araba yanaştı, ikisi de bindiler. Arabanın kulübün kapısından çıktığı ilk anda Levin kulübün bıraktığı huzur, hoşnutluk ve çevredeki insanların kesinlikle nazik davranışlarının etkisini duymaya devam ediyordu; fakat araba caddeye çıkar çıkmaz ve düzgün olmayan yolda arabanın sarsıntısını hisseder hissetmez, karşıdan gelen arabacının öfkeli bağırışını duyar duymaz, solgun ışıkta meyhanenin ve küçük bir dükkânın kırmızı tabelasını görür görmez bu izlenim bozuldu ve davranışlarını düşünmeye başladı, Anna'ya gitmekle iyi mi, yoksa kötü mü yaptığını kendisine sordu. Kiti ne diyecekti? Ama Stepan Arkadyiç ona düşünme fırsatı vermedi ve sanki içine doğmuş gibi bu kuşkularını dağıttı.

— Onunla tanışacağın için ne kadar seviniyorum, –dedi.– Biliyorsun, Dolli bunu uzun zamandır istiyordu. Lvov da ona gitti, halen de gidiyor. Gerçi benim kız kardeşim, ama onun olağanüstü bir kadın olduğunu cesaretle söyleyebilirim. Sen de göreceksin. Durumu çok zor, özellikle de şimdi.

— Neden özellikle şimdi?

— Boşanma konusunda kocasıyla görüşmelerimiz sürüyor. O da boşanmayı kabul ediyor; ancak oğluyla ilgili bir zorluk var ve çok önce bitmesi gereken bu iş üç aydır uzayıp gidiyor. Boşanır boşanmaz Vronskiy'le evlenecek. Hiç kimsenin inanmadığı ve insanların mutluluğuna engel olan şu eski "Yeşaya bayram et" ilahisiyle dönüp durma geleneği ne kadar aptalca! –dedi Stepan Arkadyiç.– İşte o zaman onların durumları da benimki gibi, seninki gibi açıklık kazanmış olacak.

— Zorluk nerede? –dedi Levin.

— Ah, bu uzun ve sıkıcı bir hikâye! Bizde her şey çok belirsiz. Ama mesele şu ki, Anna bu boşanmayı bekleyerek burada, herkesin onu da Vronskiy'i de tanıdığı Moskova'da üç aydır yaşıyor; hiçbir yere çıkmıyor, Dolli'den başka hiçbir kadın arkadaşını görmüyor, çünkü ona acıdıkları için gelmelerini istemiyor; şu aptal Prenses Varvara bile durumunu uygunsuz bularak çekip gitti. Başka bir kadın bu durumda kendisinde güç bulamazdı. Onun hayatını nasıl kurduğunu, ne kadar sakin, ne kadar ağırbaşlı olduğunu sen de göreceksin. Sola, ara sokağa, kilisenin karşısına! –diye bağırdı Stepan Arkadyiç arabanın penceresine doğru eğilerek. Eksi on iki derecelik soğuğa rağmen zaten önü açık olan kürkünü daha da açarak,– Öf, ne kadar sıcak! –dedi.

— Ama bir kızı var zaten; onunla ilgileniyordur herhalde? –dedi Levin.

— Sen galiba her kadını sadece bir dişi olarak, une couveuse* olarak görüyorsun, –dedi Stepan Arkadyiç.– Mutlaka çocuğuyla ilgileniyordur. Yo, öyle sanıyorum ki, onu çok iyi yetiştiriyor, ama kızla ilgili bir şey duyulmuyor. Birincisi, Anna yazdığı kitapla uğraşıyor. Alay eder gibi gülümsediğini görüyorum, ama boşuna gülümsüyorsun. Bir çocuk kitabı yazıyor ve bundan hiç kimseye söz etmiyor, ama bana okudu,

* Kuluçka makinesi. (Fr.)

ben de müsveddeleri Vorkuyev'e verdim... bilirsin hani şu yayıncı... kendisi de yazar sanıyorum. Bu işten anlar, o da bunun harika bir şey olduğunu söylüyor. Yalnız sen onu bir kadın yazar olarak mı düşünüyorsun? Hiç değil. Her şeyden önce yürekli bir kadındır, sen de göreceksin. Şu anda yanında küçük bir İngiliz kızı ve kızın da koskoca bir ailesi var.

— Hayırseverlik işi falan mı yani?

— Şu anda her şeyi kötü yönünden görmek istiyorsun. Hayırseverlik değil, samimi, yürekten yaptığı bir şey. Onların, yani Vronskiy'in işinin ustası bir İngiliz at terbiyecisi var, ama sarhoşun teki. Kendini iyice içkiye kaptırdı, delirium tremens* ve ailesini sokağa attı. Anna onları gördü, yardım etti, bu işe kendini kaptırdı, şimdi bütün aile onun eline bakıyor; ama bunu öyle tepeden bakarak, para vererek yapmıyor, oğlanlara liseye girebilmeleri için Rusça dersi veriyor, küçük kızı da yanına aldı. Onu da göreceksin zaten.

Araba avluya girdi ve Stepan Arkadyiç, önünde bir kızağın durduğu giriş kapısının zilini kuvvetlice çaldı.

Stepan Arkadyiç, kapıyı açan uşağa evde kimse olup olmadığını sormadan hole girdi. Levin de onun ardından iyi mi yoksa kötü mü yaptığından gitgide daha fazla kuşkuya kapılarak yürüyordu.

Levin aynaya bir göz atıp kıpkırmızı olduğunu fark etti; ancak sarhoş olmadığından emindi ve Stepan Arkadyiç'in arkasından halı kaplı merdivenden yukarı çıktı. Üst katta Stepan Arkadyiç, kendisine ailenin bir yakını gibi eğilerek selam veren uşağa Anna Arkadyevna'nın yanında kimin olduğunu sordu ve Bay Vorkuyev'in olduğu yanıtını aldı.

— Neredeler?

— Çalışma odasında.

Koyu renk ahşap duvarlı küçük yemek odasından geçen Stepan Arkadyiç'le Levin yumuşacık halının üstünden yürü-

---

* Alkoliklerde görülen titremeli sayıklama. (Lat.)

yerek sadece koyu renk büyük bir abajurlu lambayla aydınlanan loş çalışma odasına girdiler. Duvarda yansıtıcılı başka bir lamba yanıyordu ve Levin'in ister istemez dikkatini çeken büyük boy bir kadın portresini aydınlatıyordu. Bu, Anna'nın İtalya'da Mihaylov tarafından yapılan portresiydi. Stepan Arkadyiç'in bir sarmaşığın sarıldığı kafesli bölmenin arkasına geçtiği ve konuşan erkek sesinin sustuğu sırada Levin, parlak ışığın içinde çerçeveden âdeta dışarı taşan portreye bakıyor ve gözünü ondan alamıyordu. Nerede olduğunu bile unutmuştu, konuşulanları duymuyor, gözlerini bu eşsiz portreden ayıramıyordu. Bu bir tablo değil, siyah kıvırcık saçlı, omuzları ve kolları çıplak, üstü incecik bir tüyle kaplı dudaklarında dalgın bir yarım gülümseme, Levin'i şaşkına çevirmiş gözleriyle muzaffer ve sevecen bir şekilde ona bakan çok güzel canlı bir kadındı. Canlı olmadığının tek kanıtı, canlı bir kadından daha güzel olmasıydı.

Birden yanında, kendisine hitap eden bir ses duydu:

— Çok sevindim, –Portresini hayranlıkla seyrettiği kadının sesiydi. Anna kafesli bölmenin arkasından karşısına çıktı ve Levin çalışma odasının loşluğu içinde portredeki kadını, farklı mavi tonlarında koyu renk bir elbiseyle, portredeki durumda ve o ifadeyle değil ama ressam tarafından portrede yakalanmış olan güzelliğin doruk noktasında gördü. Gerçekte daha az göz kamaştırıcıydı, ama canlısında portresinde olmayan yeni, çekici bir şey vardı.

X

Anna, Levin'i görmekten duyduğu sevinci saklamayarak onu karşılamak için ayağa kalkmıştı. Küçük ve hareketli elini ona uzattığı ve Vorkuyev'le tanıştırdığı, oracıkta işinin başında oturan, öğrencim dediği kızıl saçlı küçük, güzel kızı gösterdiği sıradaki rahatlığında Levin'in iyi bildiği ve hoşlandığı her zaman sakin ve doğal bir büyük sosyete kadınının edası vardı.

— Çok, çok sevindim, –dedi Anna bir kez daha ve onun ağzından çıkan bu basit sözler nedense Levin için özel bir önem kazandı.– Sizi uzun zamandır tanıyor ve seviyorum, hem Stiva'yla arkadaşlığınızdan, hem de karınızdan dolayı... onu çok kısa bir süre gördüm, ama bende çok güzel bir çiçek, evet bir çiçek izlenimi bıraktı. Hem de yakında anne olacak!

Arada bir bakışlarını Levin'den kardeşine çevirerek rahat ve acele etmeden konuşuyordu. Levin, iyi bir izlenim bıraktığını ve sanki onu çocukluğundan beri tanıyormuş gibi Anna'nın yanında kendini hemen rahat, basit ve hoş hissetti.

Stepan Arkadyiç'in sigara içip içemeyeceği sorusuna Anna:

— Biz İvan Petroviç'le sırf bunun için Aleksey'in çalışma odasına geçtik, –dedi. Sonra sigara içip içmediğini sormak yerine Levin'e bakıp, bağa sigaralığı kendine doğru çekti ve içinden zıvanalı bir sigara aldı.

— Bugün nasılsın? –diye sordu kardeşi.

— Fena sayılmaz. Sinirlerim her zamanki gibi.

Stepan Arkadyiç Levin'in portreye baktığını fark edip:

— Olağanüstü güzel, değil mi? –dedi.

— Daha güzel bir portre görmedim.

— Olağanüstü benziyor, değil mi? –dedi Vorkuyev.

Levin gözünü portreden ayırıp gerçeğine baktı. Levin'in bakışını üzerinde hissettiği anda Anna'nın yüzü farklı bir ışıkla aydınlandı. Levin kızardı ve utancını gizlemek için Darya Aleksandrovna'yı göreli çok olup olmadığını sormaya niyetlendi, ama Anna aynı anda konuşmaya başlamıştı:

— Biz de İvan Petroviç'le biraz önce Vaşçenko'nun son tablolarından konuşuyorduk. Onları gördünüz mü?

— Evet, gördüm, –diye yanıtladı Levin.

— Özür dilerim, sözünüzü kestim, bir şey söylemek istiyordunuz...

Levin, Dolli'yi göreli çok olup olmadığını sordu.

— Dün bendeydi, Grişa'dan dolayı okula kızmıştı. Latince öğretmeni galiba ona haksızlık ediyormuş.

Levin, Anna'nın açtığı konuya döndü ve:

— Evet, tabloları gördüm. Çok hoşuma gitmedi, –dedi.

Levin, artık o sabahki gibi, derme çatma bir yaklaşımla konuşmuyordu. Anna'yla konuşmasındaki her sözcük özel bir anlam kazanıyordu. Anna'yla konuşmak hoştu, onu dinlemek daha da hoştu.

Anna sadece doğal ve zekice değil, hem kendi düşüncelerine, hem de karşısındakinin düşüncelerine değer vererek zekice ve içinden geldiği gibi konuşuyordu.

Konu, sanatın yeni yönelimine, İncil'in bir Fransız ressam tarafından yeniden resimlendirilmesine geldi. Vorkuyev ressamı kabalığa varan bir gerçekçilikle suçluyordu. Levin, Fransızların sanatta anlaşılırlığı herkesten daha ileri götürdüklerini ve bu yüzden gerçekçiliğe dönüşte özel bir yarar gördüklerini, yalan söylememeyi şiir saydıklarını söyledi.

Levin'in daha önce söylediği hiçbir akıllıca söz ona bunun kadar memnuniyet vermemişti. Bu düşünceyi beğenen Anna'nın yüzü bir anda aydınlandı. Gülmeye başladı.

— Aslına çok benzeyen bir portre gördüğünde insan nasıl gülerse, ben de öyle gülüyorum, –dedi.– Söylediğiniz şey, şimdiki Fransız sanatını, resmini, hatta edebiyatını, Zola'yı, Daudet'yi karakterize ediyor. Ancak belki de bu her zaman böyle oluyor, uydurma, hayali figürlerden kendi conseption'larını* kuruyorlar, ama daha sonra bütün combinaison'lar** yapılmış oluyor, hayali figürler bıkkınlık getiriyor ve başlıyorlar daha doğal, daha doğru figürler yaratmaya.

— İşte bu çok doğru! –dedi Vorkuyev.

Anna kardeşine:

— Kulüpteydiniz demek? –diye sordu.

Kendinden geçen ve Anna'nın şimdi bir anda tamamen değişmiş olan hareketli güzel yüzüne gözlerini ayırmadan

---

* Kavram, anlayış. (Fr.)

** Düzenleme. (Fr.)

bakan Levin, "Evet, evet, işte kadın bu!" –diye düşünüyordu. Levin, Anna'nın kardeşine doğru eğilmiş ne söylediğini duymuyordu, ama yüz ifadesindeki değişiklikten etkilenmişti. Daha önce o sakinliği içinde son derece güzel olan yüzü birden tuhaf bir merak, öfke ve gurur ifadesi almıştı. Ama bu ancak bir dakika sürdü. Bir şey anımsamaya çalışıyormuş gibi gözlerini kısmıştı.

— Bununla birlikte bu konu hiç kimseyi ilgilendirmez, –dedi ve İngiliz kıza dönerek:

— Please, order the tea in the drawing-room,* –dedi.

Küçük kız kalktı ve dışarı çıktı.

— E, ne oldu, kız sınavı geçti mi? –diye sordu Stepan Arkadyiç.

— Mükemmel. Çok yetenekli bir kız ve çok iyi huylu.

— Bu gidişle onu kendi kızından daha çok seveceksin.

— İşte bir erkek konuşuyor. Sevginin azı çoğu olmaz. Kızımı bir türlü seviyorum, onu da başka türlü.

— Anna Arkadyevna'ya, Rus çocuklarının eğitimi için bu İngiliz kızına harcadığı enerjinin yüzde birini bile harcasa çok büyük, çok yararlı bir iş yapmış olacağını söylüyorum, –dedi Vorkuyev.

— Evet, bu istediğiniz şeyi yapamadım. Kont Aleksey Kirillıç beni köydeki okulla ilgilenmem için çok teşvik etti. (*Kont Aleksey Kirillıç* derken Levin'e, anlayış göstermesini rica eden çekingen bir şekilde baktı, Levin de elinde olmadan ona saygılı ve onaylayan bir bakışla karşılık verdi.) Birkaç kez okula gittim. Çok iyi çocuklardı, ama bu işe kendimi veremedim. Enerjiden söz ediyorsunuz. Enerjinin temelinde sevgi vardır. Sevgi ise hiçbir yerden alınmaz, ısmarlanmaz. Kendim de nedenini bilmiyorum, ama işte bu küçük kızı sevdim.

Tekrar Levin'e baktı. Gülümsemesi de, bakışı da Levin'e, onun sadece kendisine hitap ettiğini, Levin'in düşüncesinin

---

* Lütfen konuk odasına çay servisi yapmalarını söyleyin. (İng.)

onun için değerli olduğunu, bununla birlikte birbirlerini anladıklarını en başından beri bildiğini söylüyordu.

— Bunu çok iyi anlıyorum, –diye yanıtladı Levin.– Okula ve genel olarak benzer kurumlara yüreğini koymak olanaksızdır ve yardım kurumlarının her zaman bu kadar az sonuç vermesinin nedeni de budur sanıyorum.

Anna bir an sustu, sonra gülümsedi.

— Evet, evet, –diye onayladı.– Ben asla yapamazdım. Sevimsiz küçük kızlarla dolu koca bir yurdu sevmek için je n'ai pas le coeur assez large.* Cela ne m'a jamais réussi.** Bundan kendilerine position sociale*** yaratan o kadar çok kadın var ki. –Anna, görünüşte kardeşine, ama besbelli ki sadece Levin'e hitap ederek, kederli ve saf bir ifadeyle,– Hele de şimdi, bir şeyle uğraşmaya bu kadar çok gerek duyduğum bir sırada yapamam, –dedi. Ve birden kaşlarını çatıp (Levin, kendisinden söz ettiği için kaşlarını çattığını anlamıştı), konuyu değiştirdi.– Sizin için, –dedi Levin'e dönerek,– kötü bir yurttaş dediklerini biliyordum ve becerebildiğim kadarıyla sizi savunuyordum.

— Beni nasıl savunuyordunuz?

— Saldırılara göre. Bu arada çay içmek istemez misiniz? –Ayağa kalktı ve maroken ciltli bir kitabı eline aldı.

— Onu bana verin Anna Arkadyevna, –dedi Vorkuyev kitabı göstererek.– Buna gerçekten değer.

— Ah hayır, henüz tamam değil.

Stepan Arkadyiç, Levin'i göstererek kız kardeşine:

— Ona söz ettim, –dedi.

— Boşuna etmişsin. Benim yazdıklarım, Liza Mertsalova'nın hapishanelerden alıp bana sattığı nakışlı küçük sepetlere benziyor. Liza Mertsalova bir dernekte hapishaneler kolunun başında bulunuyordu, –dedi Levin'e dönerek.– Ve bu talihsiz insanlar sabırdan mucizeler yaratıyorlardı.

---

* Benim yüreğim o kadar geniş değil. (Fr.)

** Bunu asla yapamazdım. (Fr.)

*** Sosyal durum. (Fr.)

Levin, böylesine alışılmadık bir şekilde hoşuna giden bu kadında yeni bir özellik daha görüyordu. Akıl, zarafet, güzellik dışında doğruluk da vardı onda. Durumunun zorluğunu Levin'den saklamak gibi bir niyeti yoktu. Bunu söyledikten sonra derin bir soluk aldı ve birden sert bir ifadeye bürünen yüzü âdeta taş kesildi. Yüzündeki bu ifadeyle eskisinden daha da güzeldi; fakat bu ifade yeniydi; portrede ressamın yakaladığı mutlulukla ışıldayan ve çevresine mutluluk saçan ifadelerin dışında bir şeydi. Anna, kardeşinin elini tutup onunla birlikte yüksek kapıdan geçerken Levin bir portreye, bir Anna'nın kendisine baktı ve ona karşı içinde hayret uyandıran bir şefkat ve merhamet hissetti.

Anna, Levin ve Vorkuyev'den konuk odasına geçmelerini rica etti, kendisi ise kardeşiyle konuşmak için orada kaldı. "Boşanmayla mı, Vronskiy'le ve Vronskiy'in kulüpte ne yaptığıyla mı, benimle mi ilgili?" diye düşünüyordu Levin. Anna'nın Stepan Arkadyiç'le ne konuştuğu konusu onu o kadar heyecanlandırmıştı ki, Anna Arkadyevna'nın yazdığı çocuk romanıyla ilgili olarak Vorkuyev'in kendisine anlattığı üstün özellikleri hemen hemen hiç dinlemiyordu.

Bu hoş, içeriği dolu dolu konuşma çay içilirken de devam ediyordu. Konuşacak konu bulmaya çalıştıkları tek bir an olmadığı gibi, tersine söylemek istediklerini söyleyecek vakit kalmayacağını ve başkasının söylediğini dinlerken seve seve kendilerini tuttuklarını hissediyorlardı. Sadece onun değil, Vorkuyev'in ve Stepan Arkadyiç'in de konuştukları her şeyin Anna'nın dikkati ve yorumları sayesinde ayrı bir anlam kazandığını düşünüyordu Levin.

Levin bu ilginç konuşmayı izlerken Anna'ya, Anna'nın güzelliğine, zekâsına, bilgisine, aynı zamanda basitliğine ve açık yürekliliğine hayran oluyordu. Levin dinliyor, konuşuyor ve duygularını tahmin etmeye çalışarak sürekli onu, onun iç dünyasını düşünüyordu. Ve eskiden Anna'yı o kadar sert bir şekilde kınamış olan Levin, şimdi tuhaf bir düşünce akışı yüzünden onu haklı buluyor, aynı zamanda ona acıyor ve Vronskiy'in onu tam olarak anlamamasından korkuyordu. Saat on birde Stepan Arkadyiç gitmek üzere ayağa kalktığında (Vorkuyev daha önce gitmişti), Levin daha yeni gelmiş gibi hissediyordu kendini. Levin de üzülerek kalktı.

Anna Levin'in elini tutarak ve çekici bakışıyla gözlerinin içine bakarak:

— Güle güle, –dedi.– Çok sevindim, que la glace est rompue.*

Levin'in elini bıraktı ve gözlerini süzdü.

— Karınıza onu eskisi gibi sevdiğimi ve eğer durumum yüzünden beni bağışlayamıyorsa, ondan hiçbir zaman beni bağışlamasını istemediğimi iletiniz. Bağışlamak için, benim çektiğimi çekmek gerekir, bundan Tanrı korusun onu.

— Mutlaka, evet mutlaka iletirim, –dedi Levin kızararak.

XI

Levin, Stepan Arkadyiç'le buz gibi havaya çıkarken "Ne harika, ne sevimli ve ne zavallı bir kadın," –diye düşünüyordu.

Levin'in son derece etkilendiğini gören Stepan Arkadyiç:

— E, ne diyorsun? Ben ne söylemiştim sana? –dedi.

— Evet, –diye yanıtladı Levin dalgın bir şekilde,– olağanüstü bir kadın! Sadece akıllı değil, ayrıca şaşırtıcı derecede samimi. Ona çok acıyorum!

Stepan Arkadyiç arabanın kapısını açarken:

— Tanrı izin verirse, yakında her şey yoluna girecek, –dedi.– Ha şöyle, bir daha da peşin yargıda bulunma. Hoşça kal, yollarımız ayrı.

Levin, Anna'yı, onunla yaptığı bütün o çok basit konuşmaları düşünmeyi sürdürerek, bunun yanı sıra Anna'nın yü-

* Buzların çözüldüğüne. (Fr.)

zündeki ifadenin bütün ayrıntılarını anımsayarak, içinde bulunduğu durumu gitgide daha iyi anlayarak ve ona acıyarak eve geldi.

Evde Kuzma, Levin'e Katerina Aleksandrovna'nın iyi olduğunu, ablalarının biraz önce gittiklerini bildirdi ve iki mektup uzattı. Levin, daha sonra oyalanmamak için hemen oracıkta, antrede mektupları okudu. Biri kâhya Sokolov'dandı. Sokolov buğdayı satmanın olanaksız olduğunu, ancak beş buçuk ruble verdiklerini, başka yerden de para bulamadığını yazıyordu. Diğer mektup kız kardeşindendi. İşinin hâlâ halledilmemesi yüzünden ona sitem ediyordu.

"E, ne yapalım, daha fazla vermiyorlarsa beş buçuğa satalım o zaman," –diye daha önce kendisine o kadar zor görünen ilk sorunu alışılmamış bir kolaylıkla hemen çözümleyiverdi Levin. İkinci mektupla ilgili olarak "Şaşılacak şey, burası insanın ne kadar çok zamanını alıyor," –diye düşündü. Kız kardeşinin kendisinden rica ettiği işi hâlâ yapamadığı için ona karşı kendini suçlu hissediyordu. "Bugün mahkemeye yine uğrayamadım, ama gerçekten zamanım yoktu." Bu işi ertesi gün mutlaka yapmaya karar verip, karısının yanına gitti. Levin karısının yanına giderken o günü hızlı bir şekilde baştan sona aklından geçirdi. Günün tüm olayları konuşmalardı: Levin'in dinlediği konuşmalar ve katıldığı konuşmalar. Bu konuşmaların hepsi, onun köyde tek başınayken asla ilgilenmeyeceği, burada ise çok ilgi çeken konulardaydı. Bütün konuşmalar iyiydi; sadece iki yerde çok iyi değildi. Biri turna balığıyla ilgili söylediği söz, öbürü de Anna'ya karşı hissettiği sevecen acımada *doğru olmayan* bir şeyin olmasıydı.

Levin karısını mahzun ve canı sıkkın buldu. Üç kız kardeşin yemeği çok neşeli geçmiş, ama sonra uzun süre Levin'i beklemişler, beklemekten hepsi de sıkılınca ablaları evlerine gitmiş, o da yalnız kalmıştı.

Kiti kocasının kuşku uyandıracak kadar çok parlayan gözlerinin içine bakarak:

— E, sen neler yaptın? –diye sordu. Fakat, her şeyi anlatmasına engel olmamak için dikkatini belli etmedi ve akşamı nasıl geçirdiğine ilişkin olarak anlattıklarını onaylayan bir gülümsemeyle dinledi.

— Neyse, Vronskiy'le karşılaştığıma çok sevindim, -dedi Levin.– Onun yanında kendimi çok rahat, çok sade hissettim. Artık onunla görüşmemeye çalışacağım, ama bu rahatsız durum sona erdi, –dedi ve *artık görüşmemeye çalışarak* hemen Anna'ya gittiğini anımsayıp kızardı.– Halkın içki içtiğinden söz ediyoruz; bilmiyorum kim daha fazla içiyor, halk mı, yoksa bizim tabaka mı; halk en azından bayramlarda içiyor, oysa...

Fakat halkın nasıl içki içtiğiyle ilgili bir yorum Kiti'yi ilgilendirmiyordu. Kocasının yüzünün kızardığını görüyor ve bunun nedenini bilmek istiyordu.

— Peki, daha sonra nereye gittin?

— Stiva Anna Arkadyevna'ya gidelim diye yalvarıp yakardı.

Bunu söyledikten sonra Levin daha da çok kızardı ve Anna'ya giderek iyi mi, yoksa kötü mü yaptığı konusundaki kuşkuları kesin olarak ortadan kalktı. Bunu yapmaması gerektiğini biliyordu artık.

Anna'nın adını duyunca Kiti'nin gözleri faltaşı gibi açılıp parlamıştı, ama Kiti kendine hâkim olmaya çalışarak heyecanını gizledi ve kocasını da buna inandırdı.

— A! –dedi yalnızca.

— Gittim diye kızmayacaksın herhalde. Stiva rica etti, Dolli de istiyormuş bunu, –diye devam etti Levin.

— Ah hayır, –dedi Kiti, ama Levin onun gözlerinde hiç de iyi bir şeyler vaat etmeyen kendine hâkim olma çabasını gördü.

Levin, Anna'yı, Anna'nın uğraşlarını ve söylemesini istediği şeyi anlatırken:

— Çok sevimli, çok ama çok zavallı, iyi bir kadın, – dedi.

— Evet, tabii, çok zavallı, –dedi Kiti Levin sözünü bitirdiğinde.– Kimden mektup aldın?

Kimden mektup aldığını söyledi ve karısının sakin tavrına inanıp soyunmaya gitti.

Geri döndüğünde Kiti'yi aynı koltukta buldu. Yanına yaklaştığında Kiti ona baktı ve hıçkıra hıçkıra ağlamaya başladı.

— Neyin var? Neyin var? –diye soruyordu, *neyi olduğunu* bildiği halde.

— Sen bu aşağılık kadına âşık olmuşsun, seni büyülemiş. Gözlerinden okudum. Evet, evet! Bundan başka ne çıkabilirdi zaten? Kulübe gittin, içtin, içtin, oyun oynadın, sonra da gittin... kime? Hayır, gidelim buradan... Ben yarın gideceğim.

Levin karısını uzun süre sakinleştiremedi. Sonunda acıma duygusunun içkiyle birleşince kafasını karıştırdığını ve kendini Anna'nın kurnaz etkisine kaptırdığını, artık Anna'dan uzak duracağını itiraf ettikten sonra onu yatıştırabildi. Hepsinden daha samimi olarak itiraf ettiği bir şey, Moskova'da bu kadar uzun süre sadece konuşmalar, yemek ve içmek için yaşayınca kafasının karışmış olmasıydı. Gecenin üçüne kadar konuştular. Ancak saat üçte artık uyuyabilecek kadar barışmışlardı.

XII

Anna konukları uğurladıktan sonra oturmayıp, odada bir aşağı bir yukarı dolaşmaya başladı. Levin'de kendisine karşı aşk duyguları uyandırmak için bütün bir akşam yapabileceği her şeyi farkında olmadan (şu son zamanlarda bütün genç erkeklere karşı böyle davranıyordu) yapmış olsa da, bir akşamlığına evli ve namuslu bir adama karşı ne kadar olabilirse o ölçüde bunu başardığını bilse de, Levin'i çok beğenmiş olsa da (erkeklerin bakış açısından bakınca Vronskiy'le Levin arasında keskin bir fark olmasına rağmen o, bir kadın olarak her ikisinde Kiti'nin hem Vronskiy'e, hem de Levin'e âşık olmasına yol açan ortak noktayı görmüştü), Levin odadan çıkar çıkmaz Anna onu düşünmekten vazgeçmişti.

Tek, bir tek düşünce çeşitli şekillerde sırnaşıkça peşine takılmış bırakmıyordu. "Eğer başkalarını, örneğin bu evcimen, karısına âşık adamı bu kadar etkiliyorsam, o zaman *o* neden bana karşı bu kadar soğuk davranıyor?.. soğuk da denemez, beni seviyor, bunu biliyorum. Ancak şimdi bizi ayıran yeni bir şey var. Bütün gece neden yoktu? Stiva'ya Yaşvin'i bırakamayacağını ve onu kumar oynarken izlemek zorunda olduğunu söylemiş. Yaşvin çocuk mu? Hadi diyelim ki bu doğru. O asla yalan söylemez. Ama bu doğruda başka bir şey var. Bana kendisinin başka görevleri olduğunu gösterme fırsatı çıkması onu sevindiriyor. Bunu biliyorum, kabul de ediyorum. Ama bana bunu kanıtlamasının nedeni ne? Bana olan aşkının özgürlüğüne engel olmaması gerektiğini kanıtlamak istiyor. Ama benim için kanıta gerek yok, bana sadece aşk gerekli. Burada, Moskova'daki bu hayatımın ne kadar zor olduğunu anlamalıydı. Ben yaşıyor muyum? Yaşamıyorum, geciktikçe geciken bir çözüm bekliyorum. İşte yine yanıt yok! Stiva da Aleksey Aleksandroviç'e gidemeyeceğini söylüyor. Ben de bir daha mektup yazamam. Hiçbir şey yapamıyorum, hiçbir şeye başlayamıyorum, hiçbir şeyi değiştiremiyorum, kendimi tutuyorum, İngiliz'in ailesi, yazmak, okumak gibi eğlenceler uydurarak bekliyorum, ama bunların hepsi birer aldatmaca, hepsi de birer morfin. Bana acıması gerekirdi," –diyor, kendisine acıdığı için gözlerine yaşlar dolduğunu hissediyordu.

Vronskiy'in hızlı hızlı kapı çalışını duydu ve hemen gözyaşlarını sildi. Sadece gözyaşlarını silmekle kalmadı, lambanın yanına oturdu ve sakin görünmeye çalışarak bir kitap açtı. Söz verdiği zamanda dönmediği için mutsuz olduğunu ona göstermesi gerekiyordu. Sadece mutsuz olduğunu gösterecekti, Vronskiy'e üzüntüsünü, en önemlisi de kendi kendisine acıdığını hiçbir şekilde göstermemeliydi. Anna kendisine acıyabilirdi, ama o acımamalıydı. Kavga etmek istemiyordu, onun kavga etmek istediğini söyleyerek sitem ediyordu, ama kendisi de elinde olmadan kavga edecek bir konuma geliyordu.

Vronskiy canlı ve neşeli bir tavırla yanına gelerek:

— E, sıkılmadın ya? –dedi.– Ne korkunç bir tutku şu kumar!

— Hayır sıkılmadım, sıkılmamayı öğreneli çok oldu. Stiva ve Levin vardı.

Anna'nın yanına oturarak:

— Evet, sana gelmek istiyorlardı. E, Levin'den hoşlandın mı? –dedi.

— Çok. Biraz önce gittiler. Yaşvin ne yaptı?

— On yedi bin kârdaydı. Onu kaldırmak için seslendim. Tam kalkmıştı, ama yine masaya döndü ve şimdi zarara geçti.

Anna birden gözlerini ona doğru kaldırıp:

— O zaman sen niye kaldın? –diye sordu. Yüzünün ifadesi soğuk ve intikam almak ister gibiydi.– Yaşvin'i alıp götürmek için kalacağını söylemişsin Stiva'ya. Oysa onu orada bırakmışsın.

Vronskiy'in yüzünde de kavgaya hazır olduğunu gösteren o soğuk ifade belirdi.

— Birincisi, sana iletmesi için ona bir şey söylemedim, ikincisi hiçbir zaman yalan söylemem. Asıl önemli olan da kalmak istedim ve kaldım, –dedi Vronskiy kaşlarını çatarak. Bir an sustuktan sonra ona doğru eğilerek,– Anna, niye, niye? –dedi ve Anna'nın elini avucuna koyacağını umarak elini açtı.

Anna bu şefkat çağrısına sevindi. Ancak sanki mücadele koşulları boyun eğmesine engel oluyormuş gibi içindeki tuhaf bir kötülük gücü kendini duygularına bırakmasına izin vermiyordu.

— Elbette, kalmak istedin ve kaldın. Sen istediğin her şeyi yaparsın. Ama bunu bana niye söylüyorsun? Niçin? –diyordu gitgide daha çok sinirlenerek.– Senin haklarını tanımayan biri mi var? Ama sen haklı çıkmak istiyorsun, haklı çık o zaman.

Vronskiy'in eli kapandı, geri çekildi ve yüzü öncekinden daha inatçı bir ifade aldı.

Anna Vronskiy'in yüzüne dikkatle bakıp, onu sinirlendiren bu yüz ifadesinin adını bularak:

— Bu senin için bir inat meselesi, -dedi,- evet bir inat meselesi. Senin için sorun, bana karşı galip gelip gelmeyeceğin, benim içinse... -Yine kendisine acıdı, neredeyse ağlayacaktı.- Benim için sorunun ne olduğunu keşke bilseydin! Şimdi olduğu gibi, bana karşı düşmanca, evet düşmanca davrandığında ne hissettiğimi, bunun benim için ne demek olduğunu keşke bilseydin! Bu anlarda bir felaketin eşiğinde olduğumu, kendimden ne kadar korktuğumu keşke bilseydin! -Ve Anna hıçkırıklarını gizlemek için başını çevirdi.

Vronskiy Anna'nın yüzündeki umutsuzluk ifadesinden korkuya kapılarak tekrar ona doğru eğildi, elini tutarak öptü ve:

— İyi de biz neden söz ediyoruz? -dedi.- Neden? Evin dışında eğlence mi arıyorum ben? Kadınların olduğu topluluklardan kaçmıyor muyum ben?

— Elbette öyle olacak! -dedi Anna.

Anna'nın umutsuzluğundan duygulanan Vronskiy:

— Söyle o zaman, rahatlaman için ne yapmalıyım? Senin mutlu olman için her şeyi yapmaya hazırım, -dedi.- Seni şu anki gibi bir üzüntüden kurtarmak için yapmamam gereken nedir Anna?

— Hiçbir şey, hiçbir şey! Ben de bilmiyorum: Yalnız kalmaktan mı, sinirlerimin bozukluğu mu?.. Neyse, bunu konuşmayalım. -dedi Anna ve zaferin yine de kendi tarafında olduğunu gizlemeye çalışarak,- Yarış nasıldı, bana anlatmadın? -diye ekledi.

Vronskiy akşam yemeği hazırlamalarını söyledi ve yarışların ayrıntılarını anlatmaya koyuldu; ancak Vronskiy'in tavrında, giderek daha soğuyan bakışlarında kazandığı zafer nedeniyle onu affetmediğini, mücadele ettiği inatçılığının tekrar ortaya çıktığını görüyordu Anna. Vronskiy ona karşı eskisinden daha soğuktu, sanki boyun eğdiği için pişmanlık duyuyordu. Anna kendisine zafer kazandıran "korkunç bir felaketin eşiğindeyim, kendimden korkuyorum," sözlerini anımsayınca bunun tehlikeli bir silah olduğunu ve bir daha bunu kullanamayacağını anladı. Onları birbirine bağlayan aşkın yanı sıra Anna'nın, ne Vronskiy'in yüreğinden, ne de kendi yüreğinden söküp atamadığı kötü bir kavgacı ruhun aralarına girip yerleştiğini hissediyordu.

XIII

İnsanoğlunun alışamayacağı koşul yoktur, hele de çevresindeki herkesin aynı koşullarda yaşadığını görüyorsa. Levin, bugün yaşadığı koşullarda, amaçsız ve anlamsız, üstelik aşırı para harcadığı bir yaşam sürerek, sarhoşluk ettikten (kulüpte yaptığı şeye başka bir ad veremiyordu), bir zamanlar karısının âşık olduğu adamla biçimsiz dostluk ilişkilerinden, düşmüş demekten başka bir ad verilemeyecek bir kadını daha da biçimsiz bir şekilde ziyaret ettikten ve bu kadına gönlünü kaptırdıktan ve karısını üzdükten sonra rahat rahat yatıp uyuyabileceğine bundan üç ay önce dünyada inanmazdı. Ama yorgunluğun, uykusuzluğun ve içtiği içkinin etkisiyle rahat ve derin bir uykuya dalmıştı.

Saat beşte açılan bir kapının gıcırtısıyla uyandı. Yerinden fırladı ve çevresine bakındı. Kiti, yatakta, yanında değildi. Ama paravananın arkasında hareket eden bir ışık vardı ve Kiti'nin ayak seslerini duyuyordu.

Uyku sersemliğiyle:

— Ne var?.. Ne var?.. –dedi.– Kiti! Ne oldu?

Kiti elinde şamdanla paravananın arkasından çıkarak:

— Bir şey yok. Biraz rahatsızlandım da, –dedi çok sevimli ve anlamlı bir gülümsemeyle.

Levin korku içinde:

— Ne oldu? Başladı mı, başladı mı yoksa? Adam yollamak gerek, –dedi ve telaşla giyinmeye koyuldu.

Kiti gülümseyerek ve Levin'in elini tutarak:

— Hayır, hayır, –dedi.– Galiba önemli bir şey değil. Sadece biraz sancım oldu. Ama şimdi geçti.

Sonra karyolanın yanına gelerek mumu söndürdü, yattı ve sesi kesildi. Kiti'nin soluğunu tutarcasına sessiz kalması ve en çok da paravananın ardından çıkarken ona "Bir şey yok" derkenki tatlı ve heyecanlı ifadesi Levin'i de kuşkulandırdığı halde o kadar çok uykusu vardı ki hemen uykuya daldı. Ancak sonradan soluklarının sessizliğini anımsadı ve bir kadının yaşamındaki en yüce olayı bekleyerek yanında kımıldamadan yattığı sırada Kiti'nin o aziz ve sevimli ruhunda olan biten her şeyi anladı. Saat yedide Kiti'nin elinin omzuna dokunmasıyla ve sakin fısıltısıyla uyandı. Kiti, sanki onu uyandırmaya kıyamamakla onunla konuşmak isteği arasında bocalıyordu.

— Kostya, korkma. Bir şey yok. Ama galiba... Lizaveta Petrovna'ya haber yollamak gerek.

Mum tekrar yanmıştı. Kiti yatakta oturuyordu ve elinde son günlerde ördüğü örgüyü tutuyordu.

Kocasının korku içindeki yüzünü görünce:

— Lütfen, korkma, bir şey yok. Ben hiç korkmuyorum, - dedi ve elini tutup önce göğsüne, sonra da dudaklarına bastırdı.

Levin hemen yataktan fırladı, şaşkın bir halde, gözlerini Kiti'den ayırmaksızın ropdöşambrını giymiş, sürekli Kiti'ye bakarak duruyordu. Gitmeliydi, ama bir türlü Kiti'nin bakışından kendini alamıyordu. Kiti'nin yüzünü mü sevmemişti, yüz ifadesini, bakışlarını mı tanımamıştı, bilmiyordu ama onu hiç böyle görmemişti. Şimdi Kiti'nin bu hali karşısında dün onu ne kadar üzdüğünü anımsayınca kendisinin ne kadar iğrenç ve korkunç biri olduğunu düşündü. Kiti'nin gecelik başlığının altından taşan yumuşacık saçlarla çevrili kızarmış yüzü sevinçle ve kararlılıkla parlıyordu.

Kiti'nin genel karakterinde doğal olmayan ve gizli pek az şey bulunsa da Levin, şimdi karşısında bir anda bütün örtülerinin kalktığı ve ruhunun özünün gözlerinde parladığı şu anda ortaya çıkan şeyden etkilenmişti yine de. Levin'in âşık olduğu Kiti, bu basitlik ve çıplaklık içinde daha da açık görünüyordu. Kiti ona gülümseyerek bakıyordu; ama birden kaşları oynadı, başını yukarı kaldırdı, hemen Levin'in yanına gelip elini tuttu ve sıcak soluğuyla sararak bütün bedeniyle ona yaslandı. Kiti acı çekiyordu ve sanki çektiği acılar yüzünden ona şikâyet ediyordu. İlk anda Levin'e her zamanki alışkanlığıyla kendisi suçluymuş gibi geldi. Ama Kiti'nin bakışında bırakın ona sitem etmeyi, çektiği acılar yüzünden onu sevdiğini söyleyen bir tatlılık vardı. Levin, cezalandırmak için bu acıların suçlusunu ararken elinde olmadan "Ben değilsem bunun suçlusu kim?" diye düşündü; ancak suçlu yoktu. Kiti acı çekiyordu, şikâyet ediyordu ve bu acılara seviniyor, onları seviyordu. Levin Kiti'nin ruhunda çok güzel bir şey geçtiğini görüyordu, ama bunun ne olduğunu anlayamıyordu. Bu, onun anlayışının üstünde bir şeydi.

— Anneme haber gönderdim. Sen de bir an önce Lizaveta Petrovna'ya git... Kostya!.. Önemli değil, geçti.

Kiti kocasının yanından uzaklaşıp zile bastı.

— Hadi git şimdi, Paşa geliyor. Benim bir şeyim yok.

Ve Levin, Kiti'nin gece odaya getirdiği örgüyü eline alıp tekrar örmeye başladığını hayretle gördü.

Levin bir kapıdan çıkarken öbür kapıdan hizmetçi kızın içeri girdiğini duyuyordu. Kapının önünde duruyor ve Kiti'nin kıza nasıl ayrıntılı emirler verdiğini, onunla birlikte karyolanın yerini değiştirmeye koyulduğunu işitiyordu.

Levin giyindi ve henüz ortalıkta kiralık araba olmadığı için kendi atlarının koşulmasını beklerken tekrar yatak odasına koştu, ama sanki ayaklarının ucunda koşmuyordu da kanatlanmış gibi gidiyordu. İki hizmetçi kız yatak odasında kaygılı kaygılı bir şeyin yerini değiştiriyorlardı. Kiti dolaşıyor, bir yandan ilmekleri hızlı hızlı atarak örgü örerken, bir yandan da emirler veriyordu.

— Şimdi doktora gidiyorum. Lizaveta Petrovna'ya adam gitmiş, ama ben de uğrayacağım. Bir şey lazım mı? Dolli'ye de uğrayayım mı?

Kiti besbelli ki söylediklerini dinlemeden Levin'e baktı.

Kiti kaşlarını çatarak ve ona elini sallayarak çabuk çabuk:

— Evet, evet. Git, git, –dedi.

Yatak odasından acıklı, ama anında kesilen bir inleme duyduğunda artık konuk odasına geçmişti Levin. Durdu ve uzun süre ne olduğunu anlayamadı.

"Evet, bu o," –dedi kendi kendine ve başını ellerinin arasına alıp aşağı koştu.

— Tanrım, merhamet et! Bağışla, yardım et! –birden, beklenmedik bir anda dilinin ucuna gelen bu sözleri tekrarlayıp duruyordu. Ve inançsız bir insan olan Levin bu sözleri sadece ağzıyla tekrarlamıyordu. Şimdi, şu anda sadece kuşkularının değil, içinde var olduğunu bildiği, akıl yoluyla inanmanın olanaksız olduğu düşüncesi de Tanrı'ya seslenmesine hiç engel olmuyordu. Bunların hepsi şimdi toz gibi ruhundan uçup gitmişti. Şu anda ruhunun ve sevgisinin ellerinde olduğu varlığa değil de kime seslenecekti?

Araba henüz hazır değildi, ama içinde büyük bir fiziksel güç ve yapacağı işler konusunda büyük bir dikkat hissederek, bir dakika bile kaybetmemek için arabayı beklemeden yaya olarak yola çıktı ve Kuzma'ya da kendisine yetişmesini emretti.

Köşede hızla gelen bir gece arabasıyla karşılaştı. Küçük kızakta pelerinli kadife paltosuyla, başında örtüsüyle Lizaveta Petrovna oturuyordu. Lizaveta Petrovna'nın şimdi son derece ciddi, hatta sert bir ifade taşıyan küçük, beyaz yüzünü heyecan içinde tanıyıp "Çok şükür Tanrım, çok şükür!" –diye mırıldandı. Arabacıya durmamasını söyleyerek gerisin geri arabanın yanından koşmaya başladı.

— İki saat oldu demek. Daha fazla olmasın? –diye sordu Lizaveta Petrovna. – Siz Pyotr Dmitriç'i bulun, yalnız acele ettirmeyin onu. Eczaneden de afyon alın.

Levin kendi arabasının kapıdan çıktığını görünce:

— Demek her şey yolunda diye düşünüyorsunuz? Tanrım, merhamet et, yardım et! –dedi. Kızağa, Kuzma'nın yanına sıçrayıp, doktorun evine gitmesini emretti.

XIV

Doktor henüz kalkmamıştı ve uşak, "Geç yattılar ve uyandırmamı söylemediler, ama birazdan kalkarlar," demişti. Uşak lamba camlarını siliyor ve bu işle çok meşgul görünüyordu. Uşağın camlara gösterdiği bu dikkat ve Levin'in içinde olup bitenlere karşı ilgisizliği ilk başta Levin'i şaşırtmıştı, ama hemen kendini toparladı ve hiç kimsenin onun duygularını bilmediğini, bilmek zorunda olmadığını, daha da önemlisi, bu umursamazlık duvarını yıkmak ve amacına ulaşmak için sakin sakin, düşüne düşüne ve kararlı bir şekilde hareket etmek gerektiğini anladı. Fiziksel gücünün ve yapacağı işler konusundaki dikkatinin giderek arttığını hisseden Levin, "Acele etmemeliyim ve hiçbir şeyi gözden kaçırmamalıyım," –diyordu kendi kendine.

Levin doktorun henüz kalkmadığını öğrenince aklına gelen çeşitli planlardan şu plan üzerinde durdu: Kuzma bir notla başka bir doktora, kendisi de afyon almak için eczaneye gidecek, eğer geri döndüğünde doktor hâlâ kalkmamışsa ya uşağa rüşvet vererek ya da zorla kandıracak, uşak kabul etmezse ne olursa olsun doktoru kendisi uyandıracaktı.

Eczanede çok zayıf bir eczacı kalfası, uşağın lamba camlarını silerken kendisine gösterdiği ilgisizlikle orada beklemekte olan bir arabacı için birtakım tozları kapsüllere koyuyordu ve Levin'e afyon vermedi. Levin, telaşlanmamaya ve sinirlenmemeye çalışarak doktorun, ebenin adlarını verip, afyonun ne için gerektiğini açıklayarak kalfayı inandırmaya çalıştı. Kalfa, versin mi, vermesin mi diye birine Almanca akıl danıştı ve bölmenin ardından onay aldıktan sonra eline küçük bir şişeyle bir huni aldı, büyük şişeden küçüğe yavaş yavaş doldurdu, küçük bir etiket yapıştırdı, Levin'in bunu yapmamasını rica etmesine rağmen etiketin üzerini yazdı ve şişeyi paketlemek istedi. Levin artık buna dayanamadı; kalfanın elinden şişeyi kararlı bir şekilde çekip aldı ve büyük cam kapıya doğru koştu.

Doktor hâlâ kalkmamıştı ve şimdi de halı silmekle uğraşan uşak onu uyandırmayı kabul etmedi. Levin telaşlanmaksızın cebinden bir on rublelik çıkarttı ve sözcükleri tane tane söyleyerek, ancak zaman kaybetmeden parayı uşağın eline tutuşturdu ve Pyotr Dmitriç'in (daha önce o kadar önemsiz biri olan Pyotr Dmitriç şu anda Levin'e ne büyük ve önemli geliyordu!) ne zaman çağrılırsa gelmeye söz verdiğini, o yüzden şimdi uyandırılsa da kızmayacağını söyledi.

Uşak razı oldu, üst kata çıktı ve Levin'i bekleme odasına buyur etti.

Levin, kapının ardında doktorun öksürdüğünü, gidip geldiğini, elini yüzünü yıkadığını ve bir şeyler söylediğini duydu. Üç dakika geçmişti; Levin'e bir saatten çok zaman geçmiş gibi geldi. Daha fazla bekleyemedi.

Açık kapıdan içeri yalvaran bir sesle:

— Pyotr Dmitriç, Pyotr Dmitriç! –diye seslendi.– Tanrı aşkına bağışlayın beni. Olduğunuz gibi kabul edin beni. İki saatten fazla oldu.

— Şimdi, şimdi! –diye yanıt verdi ses ve Levin, doktorun bunu gülümseyerek söylediğini duyunca hayretler içinde kaldı.

— Bir dakikacık...

— Şimdi.

Doktor çizmelerini giyerken iki dakika, elbisesini giyerken ve saçlarını tararken de iki dakika daha geçti.

Tam Levin tekrar acıklı bir sesle:

— Pyotr Dmitriç! –diye konuşmaya başlayacaktı ki, doktor giyinmiş ve saçlarını taramış olarak çıktı. "Bu adamlarda vicdan yok, –diye düşündü Levin.– Biz burda ölürken, o saçını tarıyor!"

Doktor, Levin'e elini uzatarak ve sanki sakinliğiyle onu kızdırmak istercesine:

— Günaydın! –dedi.– Telaşlanmayın. Ne vardı efendim?

Levin, olabildiğince açıklayıcı olmaya çalışarak ve hemen onunla gelmesi için doktora yaptığı ricalarla, kendi anlattıklarını sürekli keserek karısının durumuyla ilgili bütün gereksiz ayrıntıları anlatmaya koyuldu.

— Ama o kadar acele etmeyin. Bu konuda bilginiz olmadığı belli. Bana gerek yok herhalde, ama söz vermiştim, belki gelirim. Ama aceleye gerek yok. Oturun lütfen, kahve içmez misiniz?

Levin, kendisiyle alay edip etmediğini soran bakışlarla doktora baktı. Ancak doktor alay etmeyi aklından bile geçirmemişti.

— Biliyorum efendim, biliyorum, –dedi doktor gülümseyerek,– ben de aile babasıyım; ama biz erkekler bu dakikalarda en acınacak insanlar oluruz. Benim bir hastam var, böyle zamanlarda kocası hep at ahırına kaçar.

— Ne dersiniz Pyotr Dmitriç? Sizce her şey yolunda gidecek mi?

— Bütün veriler iyi bir sonuçtan yana görünüyor.

Levin kahve getiren uşağa öfkeyle bakarak:

— O zaman hemen gelecek misiniz? –dedi.

— Bir saat sonra.

— Yo, Tanrı aşkına!

— O halde izin verin de kahvemi içeyim.

Doktor kahvesini eline aldı. İkisi de kısa bir süre sustular.

Doktor ağzındaki ekmeği çiğnerken:

— Türklere de çok kararlı saldırıyorlar, –dedi.– Dünkü telgrafı okudunuz mu?

Levin ayağa fırlayarak:

— Hayır, dayanamıyorum! –dedi.– Öyleyse on beş dakika sonra bizde olur musunuz?

— Yarım saat sonra.

— Şeref sözü mü?

Levin eve döndüğünde prensesle karşılaştı ve ikisi birlikte yatak odasının kapısına gittiler. Prensesin gözlerinde yaşlar vardı ve elleri titriyordu. Levin'i görünce sarılıp ağlamaya başladı.

Prenses, pırıl pırıl ve düşünceli bir yüzle karşılarına çıkan Lizaveta Petrovna'nın kolundan tutarak:

— E, nasıl durumu, Lizaveta Petrovna, şekerim? –dedi.

— İyi gidiyor, –dedi Lizaveta Petrovna.– Onu yatmaya ikna etseniz. Daha kolay olacak.

Uyandığından ve neler olup bittiğini anladığından beri Levin, düşünceye dalmadan, hiçbir önyargıda bulunmadan, bütün düşüncelerine ve duygularına kilit vurarak, karısını üzmeden, tam tersine onu sakinleştirerek, cesaretini arttırarak, yapması gereken şeyleri yapmaya hazırlamıştı kendini. Başlayan bu şeyin genellikle ne kadar sürdüğü sorularına aldığı yanıtlara bakarak nasıl sonuçlanacağını düşünmeye bile izin vermeyen Levin, hayalinde kendini beş saat sabretmeye, yüreğini sağlam tutmaya hazırlamıştı ve bunu başarabileceğini sanıyordu. Ama doktordan döndüğünde ve karısının çektiği acıları tekrar gördüğünde "Tanrım, bağışla, yardım et," sözlerini giderek daha sık tekrarlamaya, iç çekmeye, başını yukarı kaldırmaya başlamıştı; buna katlanamayacağından, ağlayacağından ya da kaçacağından korkmuştu. Öylesine büyük bir acı içindeydi. Oysa sadece bir saat geçmişti.

Ancak bu bir saatten sonra bir, iki, üç saat, kendisine en uzun dayanma süresi olarak koyduğu beş saat de geçmişti ve durum aynıydı; hâlâ sabrediyordu, çünkü her an sabrının son sınırına dayandığını ve yüreğinin neredeyse acıdan yarılacağını düşünerek sabretmekten başka yapacak bir şey yoktu.

Ama dakikalar geçiyor, saatler saatleri kovalıyor, acıları ve korkuları arttıkça artıyordu.

İnsanın onlar olmadan hiçbir şey düşünemeyeceği tüm alışılmış yaşam koşulları Levin için artık yoktu. Zaman kavramını yitirmişti. Kiti'nin onu yanına çağırdığı ve kâh olağanüstü bir güçle sıktığı, kâh geri ittiği terli elini tuttuğu dakikalar Levin'e saatler gibi, saatler de dakikalar gibi geliyordu. Lizaveta Petrovna ondan paravananın arkasındaki mumu yakmasını rica ettiğinde şaşırmış ve akşamın beşi olduğunu anlamıştı.

Şu anda sabahın onu deselerdi bundan daha az şaşırmazdı. O sırada nerede olduğunu, tıpkı ne zaman ne olduğunu bildiği kadar az biliyordu. Kiti'nin alev alev yanan, kâh şaşıran ve acı çeken, kâh gülümseyen ve teselli eden yüzünü görüyordu. Bukleleri açılmış kır saçlarıyla ve dudaklarını ısırarak inatla yuttuğu gözyaşları içinde kıpkırmızı ve gergin bir haldeki yaşlı prensesi görüyordu. Dolli'yi, kalın purolar içen doktoru, katı, kararlı ve rahatlatıcı yüzüyle Lizaveta Petrovna'yı ve asık bir suratla salonda dolaşıp duran yaşlı prensi görüyordu. Ama onlar nasıl girip çıkıyorlardı, neredeydiler bilmiyordu. Prenses kâh doktorla yatak odasında, kâh üzeri örtülü bir masanın birden ortaya çıkıverdiği çalışma odasındaydı; bazen de prenses değil, Dolli orada oluyordu. Levin kendisini bir yere gönderdiklerini sonradan anımsadı. Bir kez masa ve divan getirmeye göndermişlerdi. Bunun Kiti için gerekli olduğunu düşünerek canla başla yapmış, kendisine yatacak yer hazırladığını sonradan öğrenmişti. Sonra onu çalışma odasına, doktora bir şey sormaya gönderdiler. Doktor yanıt verdi ve sonra meclisteki karışıklıkları anlatmaya başladı. Daha sonra onu prensesin yatak odasından çerçevesi gümüş yaldızlı bir ikonayı getirmek için yolladılar. Prensesin yaşlı oda hizmetçisiyle birlikte ikonayı almak için küçük bir dolabın üstüne çıktı, kandili düşürüp kırdı ve prensesin oda hizmetçisi hem karısı, hem de kandil için onu teselli etti, ikonayı getirdi ve Kiti'nin başucuna, yastığın arkasına özenle yerleştirdi. Ama bütün bunların nerede, ne zaman ve niçin olduğunu bilmiyordu. Prensesin neden onun elini tuttuğunu ve merhametle yüzüne bakarak sakin olmasını istediğini de, Dolli'nin neden onu bir şeyler yemek için ikna ettiğini ve odadan çıkarttığını da, hatta doktorun neden ona ciddi bir ifadeyle ve acıyarak baktığını, bir ilaç içirdiğini de anlamıyordu.

Bildiği ve hissettiği tek şey, bu olanların, bundan bir yıl önce bir taşra kentindeki otelde, Nikolay ağabeyi ölüm döşeğindeyken olanlara benzediğiydi. Ama o acı bir şeydi, bu ise sevinçli. Ancak o acı da, bu sevinç de aynı şekilde hayatın tüm olağan koşullarının dışındaydı, her ikisi de bu olağan hayatın içinde sanki arasından daha yüksek bir şeyin görüldüğü bir yarıktı. Bu olan da aynı şekilde zor ve acı vericiydi, bu yüce şeyi izlerken insan ruhu aynı şekilde daha önce hiç anlamadığı ve aklının erişemediği bir yüksekliğe tırmanıyordu.

Bu kadar uzun süreli ve tam gibi görünen bir yabancılaşmaya karşın Tanrı'ya tıpkı çocukluk ve ilk gençlik yıllarındaki gibi saf ve basit bir şekilde seslendiğini hissederek hiç durmadan kendi kendine "Tanrım, bağışla ve yardım et," diye tekrarlıyordu.

Bütün bu süre boyunca Levin iki farklı ruh hali içinde bulunuyordu. Biri, Kiti'den uzakta, birbiri arkasına kalın purolar içen ve bunları tepeleme dolu küllüğün kenarında söndüren doktorla, Dolli'yle ve prensle birlikte, yemekten, politikadan, Marya Petrovna'nın hastalığından söz edildiğinde ve Levin'in olan biteni bir an için tamamen unuttuğu, kendisini uykudan uyanmış gibi hissettiği ruh hali, diğeri ise Kiti'nin yanında, onun başucunda, hissettiği acıma duygusu yüzünden yüreğinin paramparça olmak istediği, yine de parçalanmadığı ve hiç durmadan Tanrı'ya dua ettiği ruh hali. Yatak odasından gelen bir çığlığın onu böyle bir unutma anından her çıkardığında ilk anda düştüğü tuhaf hataya düşüyordu; çığlığı duyup her ayağa fırladığında kendini temize çıkartmak için koşup gidiyor, giderken kendisinin bir suçu olmadığını anımsıyor ve Kiti'yi korumak, ona yardım etmek istiyordu. Ama ona bakarken yine yardımın olanaksız olduğunu görüyor ve dehşete kapılıp "Tanrım, bağışla ve yardım et," diyordu. Ve zaman ilerledikçe her iki ruh hali de güçleniyor, Kiti'nin yanında olmadığı zamanlar onu tümden unutarak daha sakin oluyor, Kiti'nin çektiği acılar ve bu acılar karşısındaki çaresizlik duygusu daha da çok canını yakıyordu. Ayağa fırlıyor, bir yerlere koşup gitmek istiyor ve Kiti'nin yanına koşuyordu.

Kiti'nin onu tekrar tekrar yanına çağırdığı zamanlar nerdeyse onu suçluyordu. Ancak Kiti'nin uysal, gülümseyen yüzünü görünce ve "Seni çok üzdüm," dediğini duyunca Tanrı'yı suçluyordu, fakat Tanrı'yı anımsayıp hemen bağışlanmayı diliyordu.

XV

Vakit geç mi, erken mi bilmiyordu. Mumlar artık yanıp bitmişti. Dolli biraz önce çalışma odasındaydı ve doktora biraz uzanmasını teklif etmişti. Levin oturuyor, doktorun şarlatan bir manyetizmacı hakkında anlattığı hikâyeleri dinliyor ve purosunun külüne bakıyordu. Dinlenme dönemiydi ve Levin dalıp gitmişti. Olanları şu anda tamamen unutmuştu. Doktorun hikâyesini dinliyor ve anlıyordu da. Birden daha önce duyduğu hiçbir çığlığa benzemeyen bir çığlık duyuldu. Çığlık öyle korkunçtu ki, Levin yerinden bile kalkamadı, ama soluğunu tutarak soru sorar gibi, korku içinde doktora baktı. Doktor başını yana eğdi, kulak kabarttı ve onaylar gibi gülümsedi. Her şey o kadar olağanüstüydü ki, Levin'i artık hiçbir şey şaşırtmıyordu. "Herhalde böyle olması gerekiyor," –diye düşündü ve oturmaya devam etti. Bu kimin çığlığıydı? Fırlayıp kalktı, ayaklarının ucuna basarak yatak odasına koştu, Lizaveta Petrovna'nın, prensesin yanlarından geçti ve yatağın başucundaki yerini aldı. Çığlık kesilmişti, ama şimdi değişen bir şey vardı. Görmediği, anlamadığı, görmek ve anlamak istemediği bir şey. Ama bunu Lizaveta Petrovna'nın yüzünde görüyordu: Lizaveta Petrovna'nın yüzü, çenesi biraz titrese ve gözleri dikkatle Kiti'ye dikilmiş olsa da sert, solgun ve hep aynı şekilde kararlıydı. Kiti'nin bir tutam saçının yapıştığı terli, kırmızı ve yorgun yüzü Levin'e doğru dönmüş, onun bakışını arıyordu. Havaya kaldırdığı elleri onun ellerini istiyordu. Kiti terli elleriyle kocasının soğuk ellerini tutup yüzüne bastırmaya başladı.

— Gitme, gitme! Korkmuyorum, korkmuyorum! –diyordu hızlı hızlı.– Anneciğim, küpelerimi çıkarır mısınız? Beni rahatsız ediyor. Sen korkmuyor musun? Birazdan, birazdan, Lizaveta Petrovna...

Hızlı hızlı konuşuyor ve gülümsemek istiyordu. Ama birden yüzü çirkinleşti, Levin'i iterek kendinden uzaklaştırdı.

— Hayır, bu korkunç bir şey! Ölüyorum, ölüyorum! Git, git! –diye bağırdı ve o hiçbir çığlığa benzemeyen çığlık tekrar duyuldu.

Levin elleriyle başını tuttu ve koşarak odadan çıktı.

Onun arkasından Dolli:

— Bir şey yok, bir şey yok, her şey yolunda! –diyordu.

Ancak onlar ne derlerse desinler, Levin artık her şeyin mahvolduğunu biliyordu. Yan odada, başını kapıya dayamış dikiliyor, birisinin daha önce hiç duymadığı ciyak ciyak bağırmalarını, inlemelerini dinliyordu ve bu seslerin daha önce Kiti olan kişiden geldiğini biliyordu. Artık çoktandır bebeği istediği falan yoktu. Bu bebekten nefret ediyordu. Hatta şimdi Kiti'nin yaşamasını da istemiyordu, sadece bu korkunç acıların sona ermesini istiyordu.

Levin içeri giren doktorun eline yapışarak:

— Doktor! Bu nedir? Nedir? Tanrım! –dedi.

— Bitiyor, –dedi doktor. Bunu söylediği sırada doktorun yüzü o kadar ciddiydi ki, Levin bu *bitiyor*'u* ölüyor anlamında algıladı.

Kendini kaybederek yatak odasına koştu. İlk gördüğü Lizaveta Petrovna'nın yüzü oldu. Lizaveta Petrovna'nın yüzü daha da asılmış, sert bir ifade almıştı. Kiti'nin yüzü yoktu. Daha önce yüzünün olduğu yerde görünüş bakımından da, oradan çıkan ses bakımından da korkunç bir şey vardı. Yüreğinin parça parça olduğunu hissederek başını karyolanın ahşabına dayadı. Korkunç çığlık kesilmiyordu, daha da korkunçlaşıyordu ve sanki dehşetin son sınırına ulaşarak birden kesildi. Levin kulaklarına inanamıyordu, ama kuşku duymak olanaksızdı: Çığlık kesilmişti ve hafif bir koşuşturma sesi, bir

---

* Rusçada "konçayetsya" sözcüğü, bitmek anlamına geldiği gibi ölmek anlamı da taşır. (ç.n.)

hışırtı, hızlı soluk sesleri duyuluyordu. Kiti'nin kesik kesik, canlı ve tatlı, mutlu sesi usulca "Bitti," dedi.

Levin başını kaldırdı. Kiti, olağanüstü güzel ve sakin bir halde bitkin kollarını battaniyenin üzerine bırakmış, hiçbir şey söylemeden Levin'e bakıyor, gülümsemek istiyor, ama gülümseyemiyordu.

Ve Levin, şu son yirmi iki saattir içinde yaşadığı o gizemli ve korkunç, buraya ait olmayan dünyadan bir anda çıkıp önceki, alıştığı, ancak kendisinin dayanabileceği kadar yeni bir mutluluk ışığıyla parlayan dünyaya geçtiğini hissetti. Gerilen tellerin hepsi kopmuştu. Hiç beklemediği hıçkırıklar ve sevinç gözyaşları, bütün bedenini sarsarak içinden öyle bir güçle yükselmişti ki, bu hıçkırık ve gözyaşları konuşmasına uzun süre engel oldu.

Yatağın önünde diz çökmüş, karısının elini dudaklarına götürüyor, öpüyordu ve bu el, onun öpücüklerine parmaklarının zayıf bir hareketiyle karşılık veriyordu. Bu arada yatağın ayakucunda Lizaveta Petrovna'nın becerikli ellerinde, daha önce hiç olmayan, kendisine verilen hakla ve önemle yaşayacak ve kendisine benzeyen döller yetiştirecek bir insanın hayatı kandildeki alev gibi sallanıyordu.

— Yaşıyor! Yaşıyor! Hem de oğlan! İçiniz rahat olsun! – Levin, titreyen eliyle bebeğin sırtına şap şap vuran Lizaveta Petrovna'nın sesini duyuyordu.

— Anne, doğru mu? –dedi Kiti'nin sesi.

Prensesin hıçkırıkları yanıt verdi yalnızca.

Ve sessizlikte, odada konuşan alçak seslerden çok farklı bir ses, annenin sorusuna kesin bir yanıt gibi duyuldu. Bu, nereden geldiği anlaşılmayan yeni bir insanın cesur, haddini bilmez ve hiçbir şeyi umursamayan çığlığıydı.

Daha önce Levin'e, Kiti'nin öldüğünü ve onun da Kiti'yle birlikte öldüğünü, çocuklarının melek olduğunu ve Tanrı'nın karşısında durduklarını söylemiş olsalardı, hiç şaşırmazdı; ama şimdi gerçekler dünyasına geri döndükten sonra Kiti'nin hayatta ve sağlıklı olduğunu, çılgın yaygaralar koparan yaratığın ise kendi oğlu olduğunu anlamak için çok büyük çaba harcıyordu. Kiti yaşıyordu, acıları dinmişti. Levin de sözlerle anlatılamayacak kadar mutluydu. İşte bunu biliyordu ve bunu bildiği için de son derece mutluydu. Ya bebek? Nereden, niçin gelmişti, kimdi?.. Bunu hiçbir şekilde anlayamıyor ve bu düşünceye alışamıyordu. Bu, uzun bir süre alışamayacağı gereksiz bir şey, bir fazlalık gibi geliyordu ona.

XVI

Saat onda yaşlı prens, Sergey İvanoviç ve Stepan Arkadyiç, Levin'in evinde oturmuş, biraz loğusadan söz ettikten sonra başka şeylerden konuşuyorlardı. Levin onları dinliyor ve bu konuşmalar sırasında elinde olmadan geçmişi, bu sabaha kadar olanları anımsayarak dün, bu olaydan önceki halini aklına getiriyordu. O zamandan bu yana sanki yüz yıl geçmişti. Kendini konuştuğu insanları gücendirmemek için özene bezene indiği o erişilmez yükseklikte hissediyordu. Konuşuyordu ve sürekli olarak karısını, karısının şu anki durumunun ayrıntılarını ve varlık düşüncesine kendini alıştırmaya çalıştığı oğlunu düşünüyordu. Evlendikten sonra onun için yeni ve bilinmeyen bir anlam kazanmış olan kadın dünyası şimdi zihninde öylesine yükselmişti ki, bu dünyayı hayaline sığdıramıyordu. Dünkü öğle yemeğiyle ilgili konuşmayı dinliyordu ve "Kiti ne yapıyor, uyudu mu acaba? Sağlığı nasıl? Ne düşünüyor? Oğlum Dmitriy ağlıyor mu?" diye düşünüyordu. Ve konuşmanın ortasında, bir tümcenin tam ortasındayken yerinden fırladı ve odadan çıktı.

— Birini yolla da, Kiti'nin yanına gidip gidemeyeceğimi haber versin bana, –dedi prens.

— Olur, hemen, –diye yanıtladı Levin ve hiç beklemeden Kiti'nin yanına gitti.

Kiti uyumuyordu, vaftiz töreni üzerine planlar yaparak sessizce annesiyle konuşuyordu.

Üstüne başına çekidüzen verilmiş, saçları taranmış, başında mavi süsü olan şık bir başlıkla ellerini battaniyenin üzerine uzatmış, sırtüstü yatıyordu, Levin'in bakışıyla karşılaşınca onu bakışlarıyla yanına çağırdı. Kiti'nin zaten parlak olan bakışları, Levin ona yaklaştıkça daha da parlıyordu. Yüzünde ölülerin yüzünde görülen, bu dünyaya ait olandan öte dünyaya ait olana geçişin aynısı vardı; ama ölülerde veda söz konusuydu, burada ise kavuşma. Doğum anında hissettiğine benzer bir heyecan kapladı yine Levin'in yüreğini. Kiti kocasının elini tuttu ve uyuyup uyumadığını sordu. Levin yanıt veremedi ve zayıflık gösterebileceğini düşünerek başını çevirdi.

— Ben kestirdim biraz Kostya! –dedi Kiti.– Şimdi kendimi çok iyi hissediyorum.

Kocasına baktı, ama birden yüzündeki ifade değişti.

Bebeğin ağladığını duyunca:

— Bana verin onu, –dedi Kiti.– Verin Lizaveta Petrovna, hem babası da görsün.

Lizaveta Petrovna kırmızı, tuhaf, kıpırdayan bir şeyi kaldırıp getirirken:

— Tamam, babası da görsün. Durun ama önce üstümüze bir çekidüzen verelim, –dedi ve bu kıpırdanan kırmızı şeyi yatağın üstüne koyup bebeğin kundağını açtı, tek parmağıyla kaldırıp döndürerek ve pudra serperek tekrar kundakladı.

Levin, bu minicik, acınacak yaratığa bakarken ona karşı içinde babalık duygusunun birtakım işaretlerini bulmak için boşuna çaba harcıyordu. Bebeğe karşı tek hissettiği tiksintiydi. Ama bebeği soydukları ve ipincecik kolları, miniminnacık parmakları, hatta diğer parmaklarından farklı bir başparmağı da olan safran sarısı ayakları ortaya çıktığı zaman, yumuşak birer yayı andıran bu iki yana açılmış küçük kolları Lizaveta Petrovna'nın keten bir giysinin içine hapsederek sıkıştırdığını gördüğü zaman Levin, bu minik yaratığa öyle acıdı, ona zarar vermesinden öyle korktu ki, ebenin elini tuttu.

Lizaveta Petrovna gülmeye başladı:

— Korkmayın, korkmayın!

Bebek giydirilip kaskatı bir oyuncak bebek haline getirildiğinde Lizaveta Petrovna, onu yaptığı işten gurur duyarcasına salladı ve Levin'in, oğlunu bütün güzelliğiyle görebilmesi için geri çekildi.

Kiti de yandan yandan, gözlerini ayırmadan oraya bakıyordu.

— Verin, verin! –dedi ve hatta yerinden doğrulmaya kalktı.

— Ne yapıyorsunuz, Katerina Aleksandrovna, böyle hareketler yapamazsınız! Biraz bekleyin, ben getireceğim. Önce nasıl bir delikanlı olduğumuzu babamıza gösterelim!

Ve Lizaveta Petrovna, kıpırdayan ve başını kundağın kenarına saklayan bu tuhaf, kırmızı yaratığı tek eliyle Levin'e doğru kaldırdı (öbür elinin parmaklarıyla bebeğin sallanan boynuna destek oluyordu). Ama bu küçük yaratığın burnu da, şehla gözleri de, şapırdayan dudakları da vardı.

— Çok güzel bebek! –dedi Lizaveta Petrovna.

Levin üzüntüyle iç geçirdi. Bu çok güzel bebek ona sadece tiksinti ve acıma duygusu veriyordu. Hiç de onun beklediği duygu değildi bu.

Lizaveta Petrovna, bebeği, annenin henüz emzirmeye alışkın olmayan memesine yerleştirdiği sırada Levin başını öbür tarafa çevirdi.

Birden bir gülüş, Levin'i başını kaldırmak zorunda bıraktı. Gülen Kiti'ydi. Bebek memeyi almıştı.

— Tamam, yeter, yeter! –diyordu Lizaveta Petrovna, ama Kiti bebeği bırakmıyordu. Bebek Kiti'nin kucağında uyudu.

Kiti Levin'in görebileceği şekilde bebeği ona doğru çevirerek:

— Bak bakalım şimdi, –dedi. Minicik, yaşlı görünüşlü bu yüz birden daha da kırıştı ve bebek hapşırdı.

Levin gülümseyerek ve duygulu gözyaşlarını tutamayarak karısını öptü ve karanlık odadan çıktı.

Bu küçük varlığa karşı hissettiği şey, hiç de beklediği gibi değildi. Bu duyguda neşeli ve sevinçli hiçbir şey yoktu; tersine yeni, acı veren bir korkuydu. İnsanın zayıf olduğu yeni bir alanın bilincine varmasıydı. Ve bu bilinç ilk zamanlar o kadar acı verici, bu çaresiz varlığın canı yanmasın diye duyulan korku o kadar güçlüydü ki, bebek hapşırdığında Levin'in hissettiği anlamsız sevinç ve hatta gurur duygusu bu korkunun arkasında fark edilmeden kalmıştı.

XVII

Stepan Arkadyiç'in işleri kötü durumdaydı.

Korunun üçte ikisinin satışından gelen para çoktan harcanıp bitmişti ve son üçte birin karşılığı paranın da neredeyse tamamını yüzde on eksiğine bir tüccardan peşin olarak almıştı. Tüccar artık para vermiyordu, üstelik Darya Aleksandrovna bu kış ilk kez kendi mülkü üzerindeki haklarını açıklayıp, korunun son kalan üçte biri için para alındığına ilişkin sözleşmeyi imzalamayı reddetmişti. Bütün maaşı evin masraflarına ve geri çevrilemeyecek küçük borçların ödenmesine gidiyordu. Hiç para yoktu.

Stepan Arkadyiç'e göre bu hoş olmayan, rahatsız edici bir şeydi ve böyle devam etmemeliydi. Ona göre bunun nedeni, son derece az maaş almasıydı. İşgal ettiği mevki, belli ki beş yıl önce çok iyiydi, ama artık öyle değildi. Banka müdürü Petrov on iki bin ruble alıyordu; bir şirketin yönetim kurulu üyesi Sventitskiy on yedi bin ruble alıyordu; bir banka kuran Mitin ise elli bin ruble almıştı. "Besbelli ben uyumuşum ve beni unutmuşlar," –diye düşünüyordu Stepan Arkadyiç kendi kendine. Sağa sola kulak kabartmaya, bakınmaya başlamış, kışa doğru çok iyi bir işi gözüne kestirmiş ve önce Moskova'dan teyzeler, amcalar, arkadaşlar vasıtasıyla bu iş için atağa geçmiş, daha sonra işin tam kıvamına geldiği ilkbaharda ise kendisi Petersburg'a gitmişti. Günümüzün bin ila elli bin ruble yıllık maaşlı, eskininse rüşvet alınabilen rahat işlerine göre daha yüksek bir görevdi bu; güney demiryollarının ve banka kuruluşlarının karşılıklı kredi dengesini sağlayan birleşik bir acentenin komisyon üyeliği işiydi. Bu iş, bu türden bütün işler gibi tek bir insanda bir arada bulunması zor olan çok fazla bilgiyi ve çalışkanlığı gerektiriyordu. Bu niteliklerin ikisine birden sahip olan bir insan bulunmadığına göre, bu mevkiyi dürüst olmayan birindense dürüst birinin işgal etmesi yine de daha iyi bir şeydi. Stepan Arkadyiç ise sadece dürüst değil, aynı zamanda dürüst adam, dürüst yazar, dürüst dergi, dürüst kuruluş, dürüst bir eğilim denildiğinde bu sözcüğün Moskova'da sahip olduğu ve bu dürüst adamın ya da dürüst kuruluşun dürüst olmanın ötesinde, gerektiğinde hükümeti bile iğneleyebilecek bir yeteneğe sahip olduğu şeklinde belirtilebilecek özel anlamı taşıyan biriydi. Stepan Arkadyiç Moskova'da bu sözcüğün geçerli olduğu çevrelerde dolaşıyor, buralarda dürüst bir insan olarak kabul görüyordu, bu yüzden bu iş üzerinde başkalarına oranla daha fazla hakka sahipti.

Bu iş yılda yediyle on bin ruble arasında para kazandırıyordu ve Oblonskiy devlet memurluğunu bırakmadan burada çalışabilirdi. İş, iki bakanlığa, bir kadına ve iki Yahudi'ye bağlıydı; bu insanların hepsi daha önce durumdan haberdar edildikleri halde Stepan Arkadyiç'in Petersburg'a gidip onları görmesi gerekiyordu. Bundan başka Stepan Arkadyiç kız kardeşi Anna'ya Karenin'den kesin boşanma yanıtını almaya söz vermişti. Ve yalvara yakara Dolli'den elli ruble alıp Petersburg'a gitti.

Stepan Arkadyiç, Karenin'in çalışma odasında oturmuş, onun Rus maliyesinin içinde bulunduğu kötü durumun nedenleri üzerine hazırladığı bir tasarıyı dinleyerek kendi işiyle ve Anna'yla ilgili konuşmaya başlayabilmek için Karenin'in konuşmasını bitireceği anı bekliyordu.

Aleksey Aleksandroviç, artık gözüne takmadan hiçbir şey okuyamadığı pince-nez'ini çıkartıp eski kayınbiraderine ne düşündüğünü sorar gibi baktığında Stepan Arkadyiç:

— Evet bu çok doğru, –dedi,– ayrıntılar açısından çok doğru ama yine de zamanımızın ilkesi özgürlüktür.

Aleksey Aleksandroviç dinleyicisine en önemli sözlerin söylendiği yeri bir kez daha okumak için pince-nez'ini tekrar takarak ve "kapsayan" sözcüğünün üstüne basarak:

— Evet, ama ben özgürlük ilkesini kapsayan başka bir ilke ileri sürüyorum, –dedi.

Aleksey Aleksandroviç, kenarlarda geniş boşluklar bırakılarak güzel bir el yazısıyla yazılmış müsveddelerini tekrar eline alıp ikna edici yeri bir kez daha okudu.

— Korumacılık sistemini tek tek insanların çıkarları için değil, kamunun yararı için, hem alt, hem de üst sınıflar için aynı ölçüde istiyorum, –diyordu pince-nez'inin üstünden Oblonskiy'e bakarak.– Ama *onlar* bunu anlayamıyor, *onlar* sadece kişisel çıkarlarıyla ilgileniyor ve tümcelerle oyalanıyorlar.

Stepan Arkadyiç, Karenin'in *onlar*'ın, yani onun tasarılarını kabul etmek istemeyenlerin ve Rusya'daki bütün kötülüklerin nedeni olanların ne yaptıklarından ve ne düşündüklerinden söz etmeye başladığında artık konuşmanın sonuna geldiğini biliyordu; bu yüzden de özgürlük ilkesini savunmaktan seve seve vazgeçmiş ve Karenin'in her dediğini tam olarak kabul etmişti. Aleksey Aleksandroviç müsveddesinin sayfalarını dalgın dalgın çevirerek sustu.

— Ah, ben de tam senden eğer Pomorskiy'le görüşürsen yeni açılan güney demiryolunun karşılıklı kredi dengesini sağlayan birleşik acentenin komisyon üyeliğine geçmeyi çok istediğim konusunda ona bir iki kelimecik söylemeni rica edecektim, –dedi Stepan Arkadyiç.

Stepan Arkadyiç'e bu işin adı o kadar yakın geliyordu ve artık o kadar alışmıştı ki, hata yapmadan bir çırpıda söylüyordu.

Aleksey Aleksandroviç, bu yeni komisyonun görevinin ne olduğunu sordu ve düşünmeye başladı. Bu komisyonun çalışmasında onun tasarılarına ters düşen bir şey olup olmadığını düşünüyordu. Ancak bu yeni kuruluşun faaliyet alanı çok karmaşık ve Aleksey Aleksandroviç'in tasarıları da çok büyük bir alanı kapsadığı için bunu bir anda düşünemedi ve pince-nez'ini çıkartarak:

— Elbette, ona söyleyebilirim; ama sen bu işi tam olarak neden istiyorsun?

— Maaş daha iyi, dokuz bin rubleye kadar çıkıyor, benim para durumum ise...

— Dokuz bin, –diye yineledi Aleksey Aleksandroviç ve kaşlarını çattı. Bu yüksek rakam, ona Stepan Arkadyiç'in olası işinin kendisinin her zaman tasarruf eğiliminde olan tasarılarının ana fikrine bu bakımdan ters düştüğünü anımsatıyordu.

— Bu konudaki bir raporda da belirttiğim gibi, zamanımızda bu çok yüksek maaşların yöneticilerimizin yanlış ekonomik assiette'inin* bir işareti olduğunu düşünüyorum.

— Peki sen nasıl olsun istiyorsun? –dedi Stepan Arkadyiç.– Diyelim ki, bir banka müdürü on bin ruble alıyor, demek bu parayı hak ediyor. Ya da bir mühendis yirmi bin alıyor. Sen ne dersen de önemli bir iş yapıyorlar!

— Ben maaşın bir malın fiyatı olduğunu düşünürüm, maaşlar da arz ve talep yasasına bağlı olmalıdır. Eğer maaşların belirlenmesi işi bu yasaya uymuyorsa, örneğin her ikisi de aynı bilgi ve yeteneklere sahip iki mühendisin okuldan mezun olduklarını görüyorum, biri kırk bin alıyor, diğeri ise iki binle yetiniyor; ya da şirketler, hiçbir özel uzmanlık bilgisi olmayan hukukçuları, subayları çok yüksek maaşla banka müdürlüklerine yerleştiriyorlar. Ben maaşların arz ve talep yasasına göre değil, düpedüz adam kayırmaya göre belirlendiği sonucunu çıkarıyorum. Hem burada başlı başına önemli bir şey olan ve devlet hizmetine zararlı bir şekilde yansıyan bir kötüye kullanma da vardır. Bence...

Stepan Arkadyiç hemen eniştesinin sözünü kesti.

---

* Duruş. (Fr.)

— Evet, ama yeni, kesinlikle yararlı bir kuruluşun açıldığını da kabul et. Ne dersen de, önemli bir iş! Asıl değer verdikleri şey, işin dürüstçe yürütülmesi, –dedi Stepan Arkadyiç "dürüstçe" sözcüğünün üzerine basarak.

Dürüst sıfatının Moskova'daki anlamı Aleksey Aleksandroviç için anlaşılır bir şey değildi.

— Dürüstlük yalnızca olumsuz bir özelliktir, –dedi.

— Ama sen Pomorskiy'e birkaç kelimecik edersen, –dedi Stepan Arkadyiç,– bana yine de büyük bir lütufta bulunmuş olacaksın. Hani şöyle laf arasında...

— Ama bu iş daha çok Bolgarinov'un elinde galiba, –dedi Aleksey Aleksandroviç.

— Bolgarinov, kendi adına buna tamamen razı, –dedi Stepan Arkadyiç kızararak.

Bolgarinov'un adı geçince Stepan Arkadyiç kızarmıştı, çünkü aynı gün sabah Yahudi Bolgarinov'a gitmiş ve bu ziyaret onda tatsız bir izlenim bırakmıştı. Stepan Arkadyiç çalışmak istediği işin yeni, önemli ve dürüst bir iş olduğunu kesinlikle biliyordu; ama bu sabah Bolgarinov'un onu bekleme odasında başka ziyaretçilerle birlikte belli ki kasıtlı olarak iki saat bekletmesi birden canını sıkmıştı.

Canını sıkan şey, Rürik'in soyundan gelen Prens Oblonskiy'in bir çıfıtın bekleme odasında iki saat beklemiş olması ya da hayatında ilk kez atalarını örnek almayarak hükümete hizmet etmeyip, yeni bir alana adım atmış olması da olsa canının çok sıkıldığı bir gerçekti. Bolgarinov'da beklediği bu iki saat içinde odada hızlı hızlı dolaşırken, favorilerini düzeltirken, diğer ziyaretçilerle konuşurken ve çıfıtın bekleme odasında nasıl beklediğini anlatacak bir söz oyunu düşünürken bu duygusunu başkalarından, hatta kendinden bile büyük bir özenle saklıyordu.

Ama bütün bu süre içinde kendini rahatsız hissetmiş ve canı sıkılmıştı, bunun nedeni, "Çıfıt'a işim düştü, çıfıt çarşısına döndüm," sözcük oyunundan hiçbir şey çıkmamış olması mı, yoksa başka bir şey mi kendisi de bilmiyordu. Sonunda Bolgarinov son derece nazik bir şekilde, onu küçük düşürdüğü için belli ki sevinerek Oblonskiy'i kabul ettiğinde ve ricasını hemen hemen geri çevirdiğinde Stepan Arkadyiç, bunu olabildiğince çabuk unutmaya çalışmıştı. İşte şimdi bunu anımsar anımsamaz da kızarmıştı.

XVIII

Stepan Arkadyiç kısa bir süre sustuktan ve bu tatsız anıdan kendini kurtardıktan sonra:

— Şimdi benim bir işim daha var, ne olduğunu biliyorsun. Anna'yla ilgili, –dedi.

Oblonskiy, Anna'nın adını söyler söylemez Aleksey Aleksandroviç'in yüzü tamamen değişti, önceki canlılığın yerini yorgun ve ölgün bir ifade aldı.

Koltuğunda kımıldanarak ve pince-nez'ini kapatarak:

— Benden tam olarak ne istiyorsunuz? –dedi.

— Bir karar, herhangi bir karar Aleksey Aleksandroviç. Şimdi ben sana ("küçük düşürülmüş bir koca olarak değil" demek istiyordu Stepan Arkadyiç, ama işi bozmaktan korkarak sözünü değiştirmişti), bir devlet adamı olarak değil (bu da pek uygun düşmemişti), sadece bir insan olarak, iyi yürekli bir insan ve bir Hıristiyan olarak başvuruyorum. Ona acımalısın, –dedi.

— Yani, tam olarak ne istiyorsunuz? –dedi Karenin sessizce.

— Evet, ona acımalısın. Onu benim kadar görmüş olsaydın, ki ben bütün kışı onunla geçirdim, ona acırdın. Durumu korkunç, tam anlamıyla korkunç.

Aleksey Aleksandroviç, daha tiz, neredeyse ciyak ciyak bir sesle:

— Bana öyle geliyor ki, Anna Arkadyevna istediği her şeye sahip, –dedi.

— Ah, Aleksey Aleksandroviç, Tanrı aşkına karşılıklı suçlamalar yapmayalım! Olanlar geçmişte kaldı, onun ne istediğini ve ne beklediğini sen de biliyorsun: Boşanma.

— Ama oğlumun bana bırakılmasını talep ettiğim takdirde Anna Arkadyevna'nın boşanmak istemediğini sanıyordum ben. Ona göre yanıt verdim ve bu meselenin bu şekilde kapanacağını düşünüyordum. Zaten de kapanmış sayıyorum, – dedi Aleksey Aleksandroviç tiz sesiyle.

Stepan Arkadyiç eniştesinin dizine dokunarak:

— Tanrı aşkına, sinirlenme, –dedi.– Mesele kapanmadı. Meseleyi şu şekilde özetlememe izin verirsen: Ayrıldığınız zaman sen büyüklük gösterdin, olabildiğince yüce gönüllü davrandın; ona her şeyi, özgürlüğünü, hatta boşanma sözünü verdin. Bunu takdir etti. Hayır, tersini düşünme. Takdir etmişti. O derece ki, o ilk anlarda, sana karşı kendini suçlu hissederek her şeyi enine boyuna düşünmemişti ve düşünemezdi de zaten. Her şeyden vazgeçmişti. Ama gerçekler ve zaman, içinde bulunduğu durumun ne kadar acı verici, ne kadar çaresiz olduğunu gösterdi.

Aleksey Aleksandroviç kaşlarını kaldırarak:

— Anna Arkadyevna'nın hayatı beni ilgilendirmez, –diye Stepan Arkadyiç'in sözünü kesti.

— İzninle buna inanmayacağım, –diye yavaşça itiraz etti Stepan Arkadyiç.– Durumu hem çok acı verici, hem de hiç kimseye yararı olmayan bir durum. Bunu hak ettiğini söyleyeceksin. Bunu biliyor ve senden bir şey istemiyor; hiçbir şey istemeye yüzü olmadığını açık açık söylüyor. Ama ben ve biz, yani bütün yakınları, onu sevenler senden rica ediyoruz, sana yalvarıyoruz. Niye acı çeksin? Bunun kime bir hayrı dokunur?

— İzninizle, siz galiba beni suçlu durumuna düşürüyorsunuz, –dedi Aleksey Aleksandroviç.

— Yo hayır, hayır, hiç değil, beni anla, –dedi Stepan Arkadyiç, sanki dokununca eniştesinin yumuşayacağından eminmiş gibi onun eline tekrar dokunarak.– Ben sadece şunu söylüyorum: Onun durumu içler acısı ve bu durumu sen hafifletebilirsin, hiçbir şey de kaybetmezsin. Ben her şeyi öyle ayarlarım ki, sen fark etmezsin bile. Zaten söz vermiştin.

Benzi atmış olan Aleksey Aleksandroviç titreyen dudaklarıyla:

— Söz önceden verilmişti. Oğlumla ilgili durumun da konuyu hallettiğini sanıyordum. Ayrıca Anna Arkadyevna'nın yeterince yüce gönüllü olduğunu umuyordum... –dedi.

— Her şeyi senin yüce gönüllülüğüne bırakıyor. Bir tek şey istiyor ve bir tek şey için, içinde bulunduğu bu çaresiz durumdan kurtarılmak için yalvarıyor. Artık oğlunu istemiyor. Aleksey Aleksandroviç, sen iyi bir insansın. Bir an için kendini onun yerine koy. Onun için boşanma, bir ölüm kalım sorunu. Daha önce söz vermemiş olsaydın, durumunu kabul eder, köyde yaşardı. Ama söz verdin, sana mektup yazdı ve Moskova'ya taşındı. Her karşılaşmanın yüreğine bıçak gibi saplandığı Moskova'da altı aydır her gün çözüm bekleyerek yaşıyor. Bu durum, ölüme mahkûm birini, belki öleceksin, belki bağışlanacaksın diye aylarca boynunda ilmekle bekletmekten farksız. Ona merhamet et, sonra her şeyi yoluna koymayı ben üzerime alıyorum... Vos scrupules...*

Aleksey Aleksandroviç, iğreniyormuş gibi bir tavırla:

— Benim sözünü ettiğim o değil, o değil... –diye Stepan Arkadyiç'in sözünü kesti.– Ama belki de söz verme hakkına sahip olmadığım bir şeye söz verdim.

— Bu durumda verdiğin sözden vaz mı geçiyorsun?

— Yapılabilecek bir şeyi yapmayı hiçbir zaman reddetmedim, ama söz verdiğim şeyin ne derece mümkün olduğunu enine boyuna düşünmek için zaman istiyorum.

Oblonskiy ayağa fırlayarak:

— Hayır, Aleksey Aleksandroviç! –dedi.– Buna inanmak istemiyorum! O, bir kadının düşebileceği en zavallı duruma düşmüşken sen böyle bir şeyi reddedemezsin...

---

* Sizin kuruntularınız... (Fr.)

— Söz verdiğim şey artık ne kadar olabilirse. Vous professez d'être un libre penseur.* Ama ben, dindar biri olarak böyle önemli bir konuda Hıristiyan yasasına aykırı davranamam.

— Ama Hıristiyan toplumlarında ve bildiğim kadarıyla bizde de boşanmaya izin verilir, –dedi Stepan Arkadyiç.– Boşanmaya bizim kilisemiz tarafından da izin verilir. Hem görüyoruz ki...

— İzin verilir, ama bu anlamda değil.

Oblonskiy bir an sustuktan sonra:

— Aleksey Aleksandroviç, seni tanıyamıyorum, –dedi.– Her şeyi bağışlayan (bunu takdir eden biz değil miydik?) ve tam bir Hıristiyan duygusuyla hareket ederek her türlü fedakârlığı yapmaya hazır olan sen değil miydin? Gömleğinizi aldıklarında kaftanınızı da verin diyen sen değil miydin? Şimdi ise...

Aleksey Aleksandroviç, birden benzi atmış bir halde, çeneleri titreyerek ayağa kalkıp, incecik bir sesle:

— Rica ediyorum, –dedi,– sizden bu konuşmaya son vermenizi rica ediyorum.

Stepan Arkadyiç mahcup bir şekilde gülümseyerek ve elini uzatarak:

— Ah hayır! Seni üzdümse bağışla, bağışla beni, –dedi.– Ama ben yine de bir elçiyim, sadece bana verilen görevi yerine getirdim.

Aleksey Aleksandroviç elini uzattı, biraz düşündü ve:

— Ayrıntılı olarak düşünmeli ve akıl danışmalıyım, –dedi ve biraz düşünüp,– öbür gün size kesin yanıtımı veririm, –diye ekledi.

XIX

Stepan Arkadyiç tam kalkmaya niyetlendiği sırada Korney gelip:

— Sergey Alekseyiç! –diye haber verdi.

Stepan Arkadyiç tam:

* Siz serbest düşünceli biri olduğunuzu açıkça söylüyorsunuz. (Fr.)

— Sergey Alekseyiç de kim? –diyecekti ki, birden anımsadı.

— Ah, Seryoja! –dedi. "Sergey Alekseyiç deyince daire başkanı falan sandım. Anna benden onu görmemi de istemişti," –diye anımsadı.

Anna'nın onu gönderirken ve "Ne olursa olsun onu gör. Nerede, yanında kim var ayrıntılı olarak öğren. Hem Stiva... keşke mümkün olsa da! Ne dersin olabilir mi?" derken yüzünün aldığı ürkek ve acınası ifadeyi de anımsadı. Stepan Arkadyiç, bu "keşke mümkün olsa"nın keşke oğlunun ona verileceği şekilde bir boşanma mümkün olsa anlamına geldiğini anlamıştı. Şimdi Stepan Arkadyiç bunu düşünmenin bile gereksiz olduğunu görüyordu, ama yine de yeğenini gördüğüne sevinmişti.

Aleksey Aleksandroviç, oğluna annesinden hiç söz etmediklerini kayınbiraderine anımsattı ve ondan da Seryoja'ya annesi hakkında tek söz etmemesini istedi.

— Tedbirsizliğimiz sonucu annesiyle yaptığı görüşmeden sonra Seryoja çok hastalandı, –dedi Aleksey Aleksandroviç.– Hatta hayatından endişe ettik. Ama akıllı bir tedavi ve yazın deniz banyoları sağlığını düzeltti, doktorun tavsiyesi üzerine onu okula da gönderdim. Gerçekten de arkadaşlarının onun üzerinde olumlu etkisi oldu, şu anda son derece sağlıklı bir durumda, dersleri de iyi.

Stepan Arkadyiç, canlı adımlarla, utanıp sıkılmadan içeri giren mavi kısa ceketli, uzun pantolonlu, geniş omuzlu, yakışıklı çocuğa bakarak gülümsedi ve:

— Vay vay, ne yaman delikanlı olmuş! Sahiden de Seryoja değil, koskocaman Sergey Alekseyiç! –dedi.– Çocuk sağlıklı ve neşeli görünüyordu. Dayısıyla bir yabancıyla selamlaşır gibi eğilerek selamlaştı, ama onu tanıyınca kızardı ve sanki kalbi kırılmış, bir şeye kızmış gibi hemen başını öbür tarafa çevirdi. Çocuk babasının yanına gitti ve ona okulda aldığı notların listesini uzattı.

— Pekâlâ iyi sayılır, –dedi babası,– gidebilirsin.

Stepan Arkadyiç:

— Biraz zayıflamış ve boy atmış, çocukluktan çıkmış, delikanlı olmuş; bunu severim, –dedi.– Peki beni anımsıyor musun?

Çocuk hemen babasına bir göz attı.

— Anımsıyorum, mon oncle,* –diye yanıtladı dayısına bakıp ve bakışlarını tekrar yere indirdi.

Dayısı çocuğu yanına çağırıp elini tuttu.

Konuşmak isteyerek, ancak ne diyeceğini bilemeyerek:

— E, ne var ne yok, nasılsın? –dedi.

Çocuk kızararak ve yanıt vermeksizin elini dayısının elinden dikkatle geri çekti. Stepan Arkadyiç elini bırakır bırakmaz da babasına soru dolu bakışlarla bakıp, özgürlüğüne kavuşmuş bir kuş gibi hızlı adımlarla odadan çıktı.

Seryoja'nın annesini son kez görüşünden bu yana bir yıl geçmişti. O zamandan beri bir daha annesiyle ilgili bir şey duymamıştı. Aynı yıl okula verilmiş, arkadaşlarla tanışmış ve onları sevmişti. Annesiyle görüştükten sonra hastalanmasına neden olan hayaller ve anılar artık onu ilgilendirmiyordu. Bu hayaller ve anılar aklına geldiğinde, bunları bir delikanlıya değil, ancak kızlara özgü utanç verici şeyler sayarak büyük bir çabayla kafasından uzaklaştırıyordu. Babasıyla annesi arasında ayrılmalarına yol açan bir tartışma olduğunu, babasıyla kalmasına karar verildiğini biliyordu ve bu düşünceye alışmaya çalışıyordu.

Annesine benzeyen dayısını görmek hoşuna gitmemişti, çünkü bu durum onda utanç verici saydığı anıları canlandırmıştı. Çalışma odasının kapısında beklerken duyduğu bazı sözlerden, özellikle babasının ve dayısının yüz ifadelerinden aralarında annesiyle ilgili bir konuşma geçtiğini tahmin etmesiyle hoşnutsuzluğu daha da artmıştı. Birlikte yaşadığı ve bağımlı olduğu babasını suçlu durumuna düşürmemek, son

* Dayım. (Fr.)

derece aşağılayıcı bir şey olarak gördüğü duygusallığa kapılmamak için Seryoja, huzurunu bozmaya gelen dayısına bakmamaya, dayısının aklına getirdiği şeyleri düşünmemeye çalışıyordu.

Ancak çocuğun arkasından dışarı çıkan Stepan Arkadyiç, merdivende onu görüp de yanına çağırınca ve okulda ders aralarında nasıl zaman geçirdiğini sorunca Seryoja, babası yanında olmadığı için onunla konuştu.

— Şimdi tren oyunu oynuyoruz, –dedi dayısının sorusunu yanıtlayarak.– Nasıl oynanıyor biliyor musunuz? İki kişi bir sıraya oturuyor. Bunlar yolcu oluyorlar. Birisi de aynı sıranın üstünde ayakta duruyor. Hepsi de sıraya ya elleriyle tutunuyorlar ya da kemerleriyle bağlanıyorlar ve bütün salonlardan geçiyorlar. Önlerine çıkan kapılar açılıyor. Ama kondüktör olmak çok zor iş!

— Ayakta duran mı kondüktör oluyor? –diye sordu Stepan Arkadyiç gülümseyerek.

— Evet, bu işte hem cesur, hem de becerikli olmak gerekiyor, özellikle de ansızın durduğunda ya da biri yere düştüğünde.

Stepan Arkadyiç, annesininkileri andıran, artık pek çocukça ve tamamen masum olmayan canlı gözlere hüzünle bakarak:

— Evet, şakaya gelmez, –dedi ve Anna'dan söz etmemek konusunda Aleksey Aleksandroviç'e söz verdiği halde dayanamadı.

— Peki anneni anımsıyor musun? –diye sordu birden.

Seryoja hemen:

— Hayır, anımsamıyorum, –dedi ve kıpkırmızı olup bakışlarını yere indirdi. Dayısı bundan sonra ağzından tek bir söz alamadı.

Slav eğitmeni, yarım saat sonra öğrencisini merdivende buldu ve kızgın mı, yoksa ağlıyor mu uzun süre anlayamadı.

— Yoksa düştünüz de bir yeriniz mi acıdı? –dedi eğitmen.– Bunun tehlikeli bir oyun olduğunu söylemiştim. Müdüre de söylemeli.

— Bir yerim acımış olsa bunu hiç kimse fark etmezdi. Bu kesin.

— O zaman neyiniz var?

— Bırakın beni! Anımsıyorum, anımsamıyorum... Ona ne? Niye anımsayayım? Beni rahat bırakın! –dedi. Ama artık eğitmenine değil, bütün dünyaya sesleniyordu.

XX

Stepan Arkadyiç, her zaman olduğu gibi Petersburg'da vaktini boşa harcamadı. Petersburg'da yapacağı işlerin, yani kız kardeşinin boşanması ve geçmek istediği iş dışında her zamanki gibi, kendi deyimiyle Moskova'nın pis kokusundan kurtulması da gerekiyordu.

Cafés chantant'larına ve atlı tramvaylarına karşın Moskova yine de durgun bir bataklıktı. Bunu her zaman hissederdi Stepan Arkadyiç. Moskova'da, hem de ailesiyle bir arada yaşayınca moralinin bozulduğunu hissederdi. Uzun süre hiçbir yere gitmeden Moskova'da yaşayınca içinde bulunduğu kötü durumdan, karısının sitemlerinden, çocukların sağlık ve eğitimlerinden, memuriyetinin küçük ayrıntılarından rahatsız olmaya başlardı; hatta borçlarının olması da onu rahatsız ederdi. Ama sadece Petersburg'a gitmek ve burada kendi düşüp kalktığı çevrede, insanların Moskova'daki gibi sürünmediği, gerçekten yaşadığı bir çevrede bir süre yaşamak ona yeterdi ve bütün düşünceleri anında kaybolur, ateşi gören mum gibi erir giderdi.

Ya karısı?.. Daha bugün Prens Çeçenskiy'le konuşmuştu. Prens Çeçenskiy'in karısı ve bir ailesi, sarayda çalışan yetişkin oğulları ve bir de yasal olmayan diğer ailesi ve bu aileden çocukları vardı. Birinci ailesi de iyi bir aile olduğu halde Prens Çeçenskiy ikinci ailesinin yanında kendini daha mutlu hissediyordu. Büyük oğlunu ikinci ailesine götürüyordu ve Stepan Arkadyiç'e bunu oğlu için yararlı ve gelişmesine yardım edecek bir şey olarak gördüğünü anlatıyordu. Moskova'da olsa buna ne derlerdi?

Ya çocuklar? Petersburg'da çocuklar babalarının yaşamasına engel olmuyordu. Çocuklar eğitim kurumlarında eğitiliyordu ve Moskova'da yaygın olan, çocuklara hayatın bütün lüksünü, ana babalara ise sadece çalışmayı ve tasalanmayı uygun gören vahşice anlayışa –Lvov, buna örnekti– burada yer yoktu. Buradakiler insanın kendisi için, eğitimli birinin nasıl yaşaması gerekiyorsa o şekilde yaşamak zorunda olduğunu anlıyorlardı.

Ya memuriyet? Burada devlet memuriyeti de Moskova'daki gibi beraberinde sürüklediğin inatçı, çaresiz bir yük değildi; burada memuriyet yapmanın kazançlı bir yanı vardı. Bir karşılaşma, çalışma, isabetli bir söz, çeşitli hünerler gösterme yeteneği ve insan, bir gün önce Stepan Arkadyiç'in karşılaştığı ve şu anda en yüksek unvan sahiplerinden biri olan Bryantsev gibi bir anda yükseliverirdi. Bu memuriyetin kazançlı bir yanı da vardı.

Petersburg'da özellikle parasal konulara bakış da Stepan Arkadyiç'in üzerinde yatıştırıcı bir etki yapıyordu. Sürdüğü o train'e* bakılırsa en azından elli bin ruble harcayan Bartyanskiy bu konuda dün ona harika bir laf etmişti.

Öğle yemeğinden önce sohbet ederlerken Stepan Arkadyiç Bartyanskiy'e şöyle demişti:

— Sen Mordvinskiy'le yakınsın galiba; bana bir iyilik yapabilir, benim için ona bir kelimecik edebilirsin. Benim geçmek istediğim bir iş var. Bir acente üyeliği...

— Nasıl olsa aklımda kalmaz ya neyse... İyi de Yahudilerle bu demiryolu işlerine girme hevesine nasıl kapıldın?.. Ne dersen de, iğrenç bir iş!

Stepan Arkadyiç, ona bunun hayati bir mesele olduğunu söylemedi; Bartyanskiy bunu anlayamazdı.

---

* Burada, yaşam tarzı. (Fr.)

— Para lazım, yaşayacak param yok.

— Yaşıyorsun ya.

— Yaşıyorum, ama borçla.

— Ne diyorsun? Borcun çok mu? –dedi Bartyanskiy acıyarak.

— Çok fazla, yirmi bin kadar.

Bartyanskiy neşeli bir kahkaha attı.

— Oh, oh, şanslı adam! –dedi.– Benim borcum bir buçuk milyon ruble ve elimde avucumda hiçbir şey yok, ama gördüğün gibi hâlâ yaşayabiliyorum!

Stepan Arkadyiç bunun doğru olduğunu yalnız sözle değil, gözleriyle de görüyordu. Jivahov'un üç yüz bin ruble borcu vardı ve tek kapiği yoktu, o da yaşıyordu, hem de ne yaşamak! Kont Krivtsov'a herkes artık mahvolmuş gözüyle bakıyordu, oysa o iki metres birden tutmuştu. Petrovskiy beş milyonu yiyip bitirmişti ve hâlâ aynı şekilde yaşamaya devam ediyordu, hatta mali işleri yönetiyor ve yirmi bin ruble maaş alıyordu. Ancak Petersburg Stepan Arkadyiç'in üzerinde fiziksel bakımdan da hoş bir etki yapıyordu ayrıca. Onu gençleştiriyordu. Moskova'da saçlarında ara sıra beyazlar görür, öğle yemeğinden sonra uyuyakalır, gerinir, merdivenleri adım adım, ağır ağır soluk alarak çıkar, genç kadınların yanında canı sıkılır, balolarda dans etmezdi. Petersburg'da ise her zaman on yaş genç hissederdi kendini.

Petersburg'da, yurtdışından daha yeni gelmiş olan altmışlık Prens Pyotr Oblonskiy'in dün söylediği şeyi hissediyordu.

— Biz burada yaşamayı beceremiyoruz, –diyordu Pyotr Oblonskiy.– İnanır mısın, yazı Baden'de geçirdim; doğrusu kendimi son derece genç hissediyordum. Genç bir hanım görüyordum ve düşüncelerim anında... Biraz yemek yiyorsun, hafif bir şeyler içiyorsun, güçleniyor, canlanıyorsun. Rusya'ya geldim, karımın yanına, köye gitmem gerekti, inanmazsın, iki hafta sonra ropdöşambrımı bir giydim, öğle yemeği için üstümü değiştirmekten vazgeçtim. Genç kadınları düşünmek nerde! Yaşlı bir adam olup çıktım. Sadece ruhumu kurtarmak kaldı geriye. Paris'e gittim, tekrar düzeldim.

Stepan Arkadyiç, Pyotr Oblonskiy'in hissettiği farkı aynen hissediyordu. Moskova'da kendini öyle bir bırakıyordu ki, aslında bu kentte uzun süre yaşayacak olsa iyiyi, doğruyu bulmaya, ruhunu kurtarmaya kadar vardırabilirdi işi; Petersburg'da ise kendisini tekrar doğru düzgün bir insan olarak hissediyordu.

Prenses Betsi Tverskaya ve Stepan Arkadyiç arasında çok eskiye dayanan ve son derece tuhaf bir ilişki vardı. Stepan Arkadyiç, prensese her zaman şakayla karışık kur yapardı ve yine şakayla karışık en edepsizce şeyleri söyler, onun en çok bundan hoşlandığını bilirdi. Stepan Arkadyiç, Karenin'le konuştuğunun ertesi günü Prenses Betsi'ye uğramıştı ve kendini o kadar genç hissediyordu ki, bu şakayla karışık iltifatlarında ve attığı palavralarda sonradan içinden nasıl çıkacağını bilemeyecek kadar ileri gitmişti, bunun nedeni de Betsi'den bırakın hoşlanmayı ondan iğrenmesiydi. Aralarında böyle bir ilişki kurulmuştu, çünkü Betsi ondan çok hoşlanıyordu. Öyle ki, Prenses Myagkaya'nın gelişiyle ikisinin bu baş başa durumlarının son bulmasına Stepan Arkadyiç çok sevindi.

Prenses, Stepan Arkadyiç'i görünce:

— A, siz de buradasınız demek, –dedi.– E, zavallı kız kardeşiniz nasıl? Bana öyle bakmayın, –diye ekledi.– Herkesin, ondan yüz bin kere kötü olanların ona saldırmalarından beri Anna'nın çok iyi davrandığını düşünüyorum. Anna Petersburg'dayken bana haber vermediği için Vronskiy'i bağışlayamıyorum. Yanına giderdim ve her yerde onunla dolaşırdım. Lütfen, ona sevgilerimi iletin. Hadi, onu anlatın bana.

Prenses Myagkaya'nın "kız kardeşinizi anlatın" sözlerini yüreğinin saflığı yüzünden ciddiye alan Stepan Arkadyiç:

— Evet, durumu çok zor, –diye tam anlatmaya başlamıştı ki, Prenses Myagkaya her zamanki alışkanlığıyla Stepan Arkadyiç'in sözünü kesti ve kendisi anlatmaya koyuldu.

— O, benden başka herkesin yaptığı, ama sakladığı şeyi yaptı; ama kimseyi kandırmak istemedi ve çok da iyi yaptı. Sizin şu yarım akıllı eniştenizi bırakmakla daha da iyi yaptı. Bağışlayın beni. Herkes onun ne kadar akıllı bir adam olduğunu söyler, bir tek ben aptal olduğunu söylerdim. Şimdi, Lidiya İvanovna'yla ve Landau'yla sıkı fıkı olunca herkes onun yarım akıllı olduğunu söylüyor, ben herkesle aynı fikirde olmadığıma sevinirdim, ama bu kez sevinemiyorum.

— Bunun ne demek olduğunu lütfen açıklar mısınız bana? –dedi Stepan Arkadyiç.– Dün kız kardeşimin meselesi için ona gittim ve kesin yanıt istedim. Bana yanıt vermedi ve düşüneceğini söyledi, bu sabah ise yanıt yerine bu akşam Kontes Lidiya İvanovna'nın evine çağrıldım.

— Tabii, öyledir, öyle! –dedi Prenses Myagkaya sevinçle.– Landau'nun bu konuda ne diyeceğini soracaklar.

— Landau'ya mı? Neden? Kim bu Landau?

— Nasıl, Jules Landau'yu, le fameux Jules Landau, le clairvoyant* tanımıyor musunuz? O da yarım akıllının biri, ama kardeşinizin geleceği ona bağlı. Bakın işte taşrada neler oluyor, sizin bir şeyden haberiniz yok. Biliyor musunuz, Landau Paris'te bir mağazada commis** olarak çalışıyormuş ve bir gün doktora gitmiş. Doktorun bekleme odasında uyuyakalmış, uyurken de bütün hastalara tavsiyelerde bulunmaya başlamış. Hem de ne şaşırtıcı tavsiyeler. Sonra, hani şu hasta olan Yuriy Meledinskiy'in karısı bu Landau'yu duymuş ve onu alıp kocasına getirmiş. Şimdi Landau, adamı tedavi ediyor. Bence hiçbir yararı olmadı, çünkü yine bitkin bir durumda, ama onlar Landau'ya inanıyorlar ve yanlarında gezdiriyorlar. Alıp Rusya'ya getirdiler. Burada herkes başına üşüştü ve hepsini tedavi etmeye başladı. Kontes Bezzubova'yı iyileştirdi, kontes onu o kadar çok sevdi ki, evlat edindi.

---

* Jules Landau, ünlü kâhin Jules Landau. (Fr.)

** Tezgâhtar. (Fr.)

— Nasıl evlat edindi?

— Basbayağı evlat edindi işte. Artık adı Landau değil, Kont Bezzubov. Ama mesele bu değil, Lidiya'ya gelince, ki ben onu çok severim, ama kafası yerinde değildir, o da pek tabii ki bu Landau'nun üzerine atıldı ve ne onun, ne de Aleksey Aleksandroviç'in hiçbir sorunu Landau'suz çözümlenmiyor, bu yüzden de kız kardeşinizin kaderi artık bu Landau'nun, diğer adıyla Kont Bezzubov'un elinde bulunuyor.

XXI

Stepan Arkadyiç, çok güzel bir öğle yemeğinden ve Bartyanskiy'in evinde içtiği çok miktarda konyaktan sonra zamanın belirtilmiş olmasına karşılık biraz gecikerek Kontes Lidiya İvanovna'nın evine geldi.

Stepan Arkadyiç, Aleksey Aleksandroviç'in tanıdık paltosuna ve kopçalı tuhaf, gösterişsiz bir paltoya göz atarak kapıcıya:

— Kontesin yanında başka kim var? Fransız burada mı? – diye sordu.

— Aleksey Aleksandroviç Karenin ve Kont Bezzubov, – diye sert bir ifadeyle yanıtladı kapıcı.

"Prenses Myagkaya doğru tahmin etmiş, –diye düşündü Stepan Arkadyiç merdivenden çıkarken.– Tuhaf! Ama onunla sıkı fıkı olsam iyi olurdu. Çok büyük etkisi var. Pomorskiy'e bir kelimecik söylese bizim iş oldu demektir."

Dışarısı henüz tamamen aydınlıktı, ama Lidiya İvanovna'nın perdeleri indirilmiş küçük konuk odasında lambalar yanıyordu.

Lambanın altındaki yuvarlak masanın yanında kontes ve Aleksey Aleksandroviç oturmuş, usulca bir şey konuşuyorlardı. Kısa boylu, kalçası kadını andıran, bacakları dizlerinden içe dönük, çok güzel parlak gözleri ve redingotunun yakasına yayılmış uzun saçları olan çok solgun, yakışıklı, zayıfça bir adam, öbür uçta ayakta duruyor ve portrelerle dolu duvara bakıyordu. Stepan Arkadyiç ev sahibesiyle ve Aleksey Aleksandroviç'le selamlaştıktan sonra tanımadığı bu adama elinde olmadan bir kez daha baktı.

Kontes, Oblonskiy'i şaşırtan bir yumuşaklık ve özenle adama:

— Monsieur Landau! –diye seslendi ve onları tanıştırdı.

Landau hızla etrafına bakındı, yanlarına geldi ve gülümseyip, hareketsiz ve terli elini Stepan Arkadyiç'in uzattığı eline bıraktı ve hemen geri gidip tekrar portrelere bakmaya koyuldu. Kontes ve Aleksey Aleksandroviç anlamlı anlamlı bakıştılar.

Kontes Lidiya İvanovna, Stepan Arkadyiç'e Karenin'in yanındaki yeri göstererek:

— Sizi gördüğüme çok sevindim, özellikle de bugün, – dedi.

Kontes önce Fransız'a, hemen sonra da Aleksey Aleksandroviç'e bakıp, alçak sesle:

— Onu size Landau olarak tanıştırdım, –dedi,– ama herhalde siz de biliyorsunuzdur, aslında Kont Bezzubov'dur kendisi. Yalnız o bu unvanı sevmiyor.

— Evet, duydum, –diye karşılık verdi Stepan Arkadyiç,– onun Kontes Bezzubova'yı tamamen iyileştirdiğini söylüyorlar.

Kontes, Aleksey Aleksandroviç'e dönerek:

— Kontes bugün bana uğramıştı, öyle acınacak bir halde ki! –dedi.– Bu ayrılık onu çok üzüyor. Korkunç bir darbe onun için!

— Peki gerçekten de gidiyor mu? –diye sordu Aleksey Aleksandroviç.

— Evet, Paris'e gidiyor. Dün bir ses duymuş, –dedi Kontes Lidiya İvanovna Stepan Arkadyiç'e bakarak.

Stepan Arkadyiç, ne olduğu ya da ne olması gerektiği konusunda henüz ipucunu yakalayamadığı bu toplulukta elinden geldiğince dikkatli olması gerektiğini hissederek:

— Ah, bir ses! –diye yineledi.

Çok kısa bir sessizlik oldu ve bu sessizlikten sonra Kontes Lidiya İvanovna, asıl konuşma konusuna girercesine ince bir gülümsemeyle Obolonskiy'e şöyle dedi:

— Sizi uzun zamandır tanırım ve yakından tanımak beni çok sevindirdi. Les amis de nos amis sont nos amis.* Ancak dost olmak için dostunun ruhsal durumuna girip iyice düşünmek gerekir, oysa korkarım, Aleksey Aleksandroviç'e karşı siz bunu yapmıyorsunuz. Neden söz ettiğimi anlıyorsunuzdur, –dedi kontes, çok güzel ve hülyalı gözlerini kaldırarak.

Oblonskiy meseleyi pek iyi anlamadığı ve bu yüzden ayrıntıya girmek istemediği için:

— Aleksey Aleksandroviç'in durumunu bir dereceye kadar anlıyorum kontes, –dedi.

Kontes Lidiya İvanovna bir yandan da ayağa kalkıp Landau'nun yanına doğru giden Aleksey Aleksandroviç'i sevdalı bakışlarıyla izleyerek:

— Değişiklik dış durumunda değil, –dedi,– yüreği değişti, ona yeni bir yürek verildi ve korkarım, onun içindeki bu değişikliği siz tam olarak anlayamadınız.

Stepan Arkadyiç, kontesin bakışına tatlı bir bakışla karşılık vererek ve kontesin iki bakandan hangisine ricada bulunabileceğini anlamak için bakanlardan hangisiyle daha yakın ilişkide olduğunu düşünerek:

— Yani bu değişikliği genel çizgileriyle gözümde canlandırabiliyorum. Biz her zaman dosttuk, şimdi de... –dedi.

— Onun içinde meydana gelen bu değişiklik, yakınlarına olan sevgisini zayıflatamaz; tam tersine, içinde meydana gelen bu değişiklik sevgisini artıracaktır. Ama korkarım siz beni anlamıyorsunuz. Çay içmek ister misiniz? –dedi kontes elinde bir tepsiyle çay ikram eden uşağı gözleriyle göstererek.

— Pek anlamıyorum kontes. Elbette, onun başına gelen felaket...

* Dostlarımızın dostları bizim de dostlarımızdır. (Fr.)

Kontes Stepan Arkadyiç'e sevgiyle bakarak:

— Evet, yüreği yeni bir yürek olduğunda, mutlulukla dolduğunda en yüksek mutluluğa dönüşen bir felaket, –dedi.

"Sanırım, mümkünse ikisine de söylemesini rica edeceğim," –diye düşünüyordu Stepan Arkadyiç.

— Ah, elbette kontes, –dedi Stepan Arkadyiç,– ama ben bu değişiklikler mahrem şeyler olduğunu, hiç kimsenin, hatta en samimi birinin bile söylemek istemeyeceğini düşünüyorum.

— Tam aksine! Konuşmalı ve birbirimize yardımcı olmalıyız.

Oblonskiy yumuşacık bir gülümsemeyle:

— Evet, bundan kuşku yok, ama inançlar arasında böyle bir fark oluyor ve bir de... –dedi.

— Kutsal gerçek konusunda ayrılık olamaz.

— A evet, elbette, ama... –ve şaşıran Stepan Arkadyiç sustu. Konunun din olduğunu anlamıştı.

Aleksey Aleksandroviç Lidiya İvanovna'nın yanına gelerek anlamlı bir fısıltıyla:

— Sanırım, uyumak üzere, –dedi.

Stepan Arkadyiç çevresine bakındı. Landau pencerenin yanında, koltuğun kollarına ve arkalığına dayanmış, başı öne düşmüş bir halde oturuyordu. Üzerine çevrilen bakışları fark edip, başını kaldırdı ve saf, çocukça gülümsedi.

Lidiya İvanovna:

— Onunla ilgilenmeyin, –dedi ve hafif bir hareketle Aleksey Aleksandroviç'e doğru bir sandalyeyi sürdü.– Ben fark ediyordum... –diye tam söze başlamıştı ki, odaya elinde mektupla bir uşak girdi. Lidiya İvanovna mektuba hızlı hızlı göz gezdirdi ve özür dileyip, büyük bir çabuklukla yanıt yazıp verdikten sonra masaya geri döndü.– Ben fark ediyordum zaten, –diye sürdürdü başladığı konuşmayı,– Moskovalılar, özellikle de erkekler dine karşı en ilgisiz insanlardır.

— Ah, hayır, kontes, bence Moskovalılar en katı dindar ününe sahiptir, –diye karşılık verdi Stepan Arkadyiç.

Aleksey Aleksandroviç yorgun bir gülümsemeyle Stepan Arkadyiç'e dönerek:

— Evet, anladığım kadarıyla, siz de ne yazık ki o ilgisizlerdensiniz, –dedi.

— İnsan nasıl ilgisiz olabilir ki? –dedi Lidiya İvanovna.

Stepan Arkadyiç en yatıştırıcı gülümsemesiyle:

— Bu konuda ilgisiz değilim, ama bekleme durumundayım, –dedi.– Benim için bu konuların zamanının geldiğini düşünmüyorum.

Aleksey Aleksandroviç ve Lidiya İvanovna bakıştılar.

— Bizim için zamanın gelip gelmediğini asla bilemeyiz, –dedi Aleksey Aleksandroviç sert bir şekilde.– Hazır mıyız, değil miyiz, düşünmemeliyiz: İnsanın günahlarının affı onun yorumlarına göre değildir; günahların affı, bazen emek verenlere değil, Saul* gibi hazırlıksız olanlara gelir.

Bu sırada Fransız'ın hareketlerini izlemekte olan Lidiya İvanovna:

— Hayır, galiba henüz değil, –dedi.

Landau ayağa kalkıp yanlarına geldi.

— Dinlememe izin verir misiniz? –diye sordu.

Lidiya İvanovna Fransız'a tatlı tatlı bakarak:

— Ah evet, sizi rahatsız etmek istemedim, –dedi, – gelin, bizimle oturun.

— Işıktan yoksun kalmamak için gerekli olan tek şey gözlerini kapatmamaktır, –diye devam ediyordu Aleksey Aleksandroviç.

Lidiya İvanovna mutlu bir gülümsemeyle:

— Ah, onun her zaman içimizde var olduğunu hissederek yaşadığımız mutluluğu bir bilseniz! –dedi.

Dinin yüceliğini kabul ederek vicdanına aykırı davrandığını hisseden, ama bununla birlikte Pomorskiy'e söyleyeceği tek kelimeyle ona istediği işi sağlayabilecek olan kişinin karşısında

* İsrail'in ilk kralı. (ç.n.)

serbest fikirli biri olduğunu itiraf etmeye cesaret edemeyen Stepan Arkadyiç:

— Ama insan kendini bazen bu yüksekliğe çıkamayacak biri gibi hissedebilir, –dedi.

— Yani, günahları ona engel olur mu demek istiyorsunuz? –dedi Lidiya İvanovna.– Ama bu yanlış bir düşünce. İnananlar için günah yoktur, günahın bedeli ödenmiştir. Pardon, –diye ekledi, başka bir notla tekrar içeri giren uşağa bakarak. Notu okudu ve yanıtını sözlü verdi.– Yarın, Grandüşes'in evinde dersiniz. – İnançlı insan için günah yoktur, –diye konuşmasını sürdürdü Lidiya İvanovna.

Soru-cevap şeklindeki din kitabından bir tümceyi anımsayan Stepan Arkadyiç, bağımsızlığını artık sadece gülümsemeyle savunarak:

— Evet, ama amelsiz iman ölüdür, –dedi.

Aleksey Aleksandroviç, daha önce pek çok kez konuştukları belli olan bu konuda Lidiya İvanovna'ya biraz kinayeli olarak:

— İşte buyrun, havari Yakup'un Mektubu'ndan, –dedi.– Bu bölümün yanlış yorumu ne kadar zarar vermiştir! Hiçbir şey insanı imandan bu yorum kadar uzaklaştırmaz. "Benim bir amelim yok, ben inanamam," o zaman bu söz hiçbir yerde söylenmemiştir. Ama tersi söylenmiştir.

Kontes Lidiya İvanovna tiksinti ve küçümsemeyle:

— Tanrı için çalışmak, amelle, oruçla ruhunu kurtarmak, bizim keşişlerin barbarca anlayışlarıdır... O zaman böyle bir şey hiçbir yerde söylenmemiştir, –dedi. Sarayda girdikleri yeni çevreden utanıp sıkılan genç nedimelere cesaret verdiği gülümsemesiyle Oblonskiy'e bakarak,– Bu çok daha basit ve kolaydır, –diye ekledi.

Aleksey Aleksandroviç, onun bu sözlerini bakışıyla onayladı ve:

— Biz, bizim için acı çeken İsa tarafından kurtarıldık. Biz imanla kurtulduk, –dedi.

— Vous comprenez l'anglais?* –diye sordu Lidiya İvanovna ve olumlu yanıt alınca ayağa kalkıp, raftaki kitapları karıştırmaya başladı.

Soran bakışlarını Aleksey Aleksandroviç'e çevirip:

— "Safe and Happy"** mi, yoksa "Under the wing"*** mi okuyayım? –dedi. Kitabı bulduktan sonra yerine geçip oturdu ve sayfalarını açtı.– Çok kısa bir şey. Burada imanı kazanma yolu ile dünyada her şeyden yüce olan ve ruhu dolduran mutluluk anlatılıyor. İmanlı insan mutsuz olamaz, çünkü yalnız değildir. Siz de göreceksiniz. –Tam okumaya hazırlandığında uşak tekrar içeri girmişti.– Borozdina mı? Yarın saat ikide deyin. – Evet, –dedi parmağını kitapta kaldığı sayfaya koyup, derin bir iç geçirdikten sonra hülyalı, çok güzel gözleriyle önüne bakıp. – İşte gerçek iman böyle hareket eder. Mari Sanina'yı tanır mısınız? Başına gelen felaketi bilir misiniz? Biricik çocuğunu kaybetmişti. Umutsuzluk içindeydi. Sonra ne oldu? Bu dostu buldu ve çocuğunun ölümü için şimdi Tanrı'ya teşekkür ediyor. İşte imanın verdiği mutluluk budur!

Kitap okunmasına ve bunun biraz aklını başına toplama olanağı vermesine sevinen Stepan Arkadyiç:

— Ah evet, bu çok... –dedi. "Hayır, bugün hiçbir ricada bulunmamak belli ki daha iyi olacak, –diye düşünüyordu,– bir yanlışlık yapmadan şuradan bir kurtulsam."

Kontes Lidiya İvanovna Landau'ya dönerek:

— İngilizce bilmiyorsunuz, canınız sıkılacak, ama kısacık bir şey, –dedi.

Landau aynı gülümsemeyle:

— A, anlarım, –dedi ve gözlerini kapattı.

Aleksey Aleksandroviç'le Lidiya İvanovna anlamlı anlamlı bakıştılar ve okuma başladı.

---

* İngilizce anlar mısınız? (Fr.)

** "Kurtarılmış ve Mutlu" (İng.)

*** "Kanat Altında" (İng.)

XXII

Stepan Arkadyiç duyduğu tuhaf ve kendisi için yeni sözlerden son derece şaşırdığını hissediyordu. Petersburg'daki hayatın karmaşıklığı, onu Moskova'nın durgunluğundan çıkararak genellikle uyarıcı bir etki yapardı üzerinde; ancak kendisine yakın ve tanıdık çevrelerdeki karmaşıklıkları sever ve anlayabilirdi; bu yabancı ortamda şaşırmış, afallamıştı ve her şeyi tam olarak kavrayamıyordu. Kontes Lidiya İvanovna'yı dinleyen ve Landau'nun güzel, saf ya da kurnaz –hangisi olduğunu bilmiyordu– gözlerini üzerine hisseden Stepan Arkadyiç, başında büyük bir ağırlık duymaya başlıyordu.

Çok çeşitli düşünceler kafasının içinde birbirine karışmıştı. "Mari Sanina çocuğu öldüğü için seviniyor... Şimdi bir sigara içsem ne iyi olurdu... Ruhunu kurtarmak için sadece iman etmek gerekir, keşişler bunun nasıl yapılacağını bilmiyorlar, ama Kontes Lidiya İvanovna biliyor... Kafamdaki bu ağırlığın nedeni ne? Konyaktan mı yoksa bütün bunların çok tuhaf olmasından mı? Yine de şu ana kadar galiba yakışık almayacak bir şey yapmadım. Ama kontesten ricada bulunmak olanaksız yine de. Bunların insanı dua etmeye zorladıklarını söylüyorlar. Beni zorlamazlar umarım. Bu çok aptalca bir şey olur. Saçma sapan bir şey okuyor, ama okuması iyi. Landau-Bezzubov. Neden Bezzubov?" Stepan Arkadyiç birden alt çenesinin esnemek için zaptedilmez bir şekilde açılmaya başladığını hissetti. Esnemesini gizlemek için favorilerini düzeltti ve silkindi. Ama bunun ardından uyuduğunu ve horlamak üzere olduğunu hissetti. Kontes Lidiya İvanovna'nın "Uyuyor," diyen sesini duyduğu anda kendine geldi.

Stepan Arkadyiç, kendini suç işlemiş ve suçüstü yakalanmış gibi hissederek korku içinde gözlerini açtı. Ama "uyuyor" sözlerinin onunla değil, Landau'yla ilgili olduğunu görünce hemen sakinleşti. Fransız, aynı Stepan Arkadyiç gibi uyuyakalmıştı. Ancak Stepan Arkadyiç'in uyuması, ona göre, kontesle Aleksey Aleksandroviç'i gücendirebilirdi (bununla birlikte artık her şey garip geldiğinden bunu da pek dert etmiyordu), Landau'nun uyuması ise onları, özellikle de Kontes Lidiya İvanovna'yı aşırı derecede sevindirmişti.

Lidiya İvanovna, gürültü etmemek için ipek elbisesinin plilerini dikkatle tutarak ve heyecan içinde Karenin'e Aleksey Aleksandroviç değil "mon ami" diye seslenerek:

— Mon ami, donnez lui la main. Vous voyez?* –dedi ve– Şişşt! Kimseyi kabul etmiyorum, –diye tekrar içeri giren uşağı uyardı.

Fransız başını koltuğun arkalığına dayamış uyuyor ya da uyur gibi yapıyordu ve dizine koyduğu terli eli bir şey yakalamaya çalışıyormuş gibi zayıf hareketlerle kımıldıyordu. Aleksey Aleksandroviç ayağa kalktı, dikkatli olmak istediği halde masaya takıldı, Fransız'ın yanına gitti ve elini onun elinin içine koydu. Stepan Arkadyiç de kalkmış, eğer uyuyorsa kendini uyandırmak isteğiyle gözlerini iri iri açarak bir ona, bir öbürüne bakıyordu. Bütün bunlar gerçekti. Stepan Arkadyiç kafasının içinde giderek daha kötü bir şey olduğunu hissediyordu.

Fransız gözlerini açmadan:

— Que la personne qui est arrivée la dernière, celle qui demande, qu'elle sorte! Qu'elle sorte!** –dedi.

— Vous m'excuserez, mais vous voyez... Revenez vers dix heures, encore mieux demain.***

— Qu'elle sorte! –diye sabırsızca yineledi Fransız.

— C'est moi, n'est ce pas?****

Ve olumlu yanıt alan Stepan Arkadyiç, Lidiya İvanovna'dan ricada bulunmak istediğini de, kız kardeşinin meselesini de unutup bir an önce oradan kurtulmak niyetiyle ayaklarının

---

* Dostum, ona elinizi verin. Görüyor musunuz? (Fr.)

** Son gelen, soru soran kişi dışarı çıksın! Dışarı çıksın! (Fr.)

*** Kusura bakmayın, ama görüyorsunuz... Saat ona doğru, en iyisi yarın gelin. (Fr.)

**** Bu, benim, değil mi? (Fr.)

ucuna basarak dışarı çıktı, bulaşıcı hastalık olan bir evden kaçar gibi kendini sokağa attı ve bir an evvel kendine gelebilmek için arabacıyla uzun uzun sohbet edip şakalaştı.

Stepan Arkadyiç, son perdesine yetiştiği Fransız Tiyatrosu'nda ve daha sonra şampanya içtiği Tatar lokantasında alışkın olduğu havada birazcık soluklandı. Ama o akşam yine de keyfi yerine gelmedi.

Stepan Arkadyiç, Petersburg'da yanında kaldığı Pyotr Oblonskiy'in evine döndüğünde Betsi'den gelmiş bir not buldu. Betsi, başladıkları konuşmayı bitirmeyi çok istediğini yazıyor ve ertesi gün gelmesini rica ediyordu. Bu notu okuyup, yüzünü buruşturduğu sırada aşağıdan ağır bir şey taşıyan insanların ayak sesleri duyuldu.

Stepan Arkadyiç bakmak için dışarı çıktı. Bu, "gençleşmiş" olan Pyotr Oblonskiy'di. O kadar sarhoştu ki, merdivenleri çıkamıyordu; ama Stepan Arkadyiç'i görünce ayaklarını yere bastırmalarını emretti ve ona tutunup, birlikte Stepan Arkadyiç'in odasına gittiler. Pyotr Oblonskiy akşamı nasıl geçirdiğini anlatmaya koyuldu ve hemen oracıkta sızıp kaldı.

Stepan Arkadyiç ender olarak başına gelen bir moral bozukluğu içindeydi ve uzun zaman uyuyamadı. Ne hatırlarsa hatırlasın hepsi iğrenç şeylerdi, ama hepsinden daha iğrenci, Kontes Lidiya İvanovna'nın evinde geçirdiği o akşamın kendisine hatırlattığı utanç verici bir şeydi.

Ertesi gün Aleksey Aleksandroviç'ten Anna'dan boşanma konusunda ret yanıtı aldı ve bu kararın gerçek ya da numaradan uykusunda Fransız'ın söylediği sözlere dayandığını anladı.

XXIII

Aile hayatında herhangi bir girişimde bulunmak için ya eşler arasında tam bir geçimsizlik ya da sevgiye dayalı bir anlaşma gereklidir. Eşler arasındaki ilişkilerin belirli olmadığı ve ortada ne bir geçimsizliğin, ne de anlaşmanın bulunmadığı zaman ise hiçbir işe girişilemez.

Pek çok aile sırf aralarında ne tam bir geçimsizlik, ne de bir anlaşma olmadığı için eşlerin her ikisinin de nefret ettiği eski yerlerinde yıllarca kalır.

Güneşin artık ilkbahar güneşi gibi değil, yaz güneşi gibi parladığı, bulvarlardaki ağaçların çoktan yapraklar içinde kaldığı, yaprakların artık tozla kaplandığı sıcak ve tozlu Moskova'daki hayat, Vronskiy için de, Anna için de çekilmez hale gelmişti; ama çok önceden karar verdikleri halde son zamanlarda aralarında bir anlaşma bulunmaması yüzünden Vozdvijenskoye'ye gitmeyerek her ikisinin de bıkıp usandıkları Moskova'da oturmaya devam ediyorlardı.

Onları ayıran sinirli halin görünürde hiçbir nedeni yoktu ve bütün açıklama denemeleri bu durumu ortadan kaldırmadığı gibi daha da büyütüyordu. Bu, Anna açısından Vronskiy'in kendisine olan aşkının azaldığı temeline dayanan bir iç sinirlilik hali, Vronskiy açısından da onun Anna için kendini soktuğu ve Anna'nın da hafifletmek yerine daha da ağırlaştırdığı zor durumdan duyduğu pişmanlıktı. Ne biri, ne de öbürü neden sinirlendiğini söylemiyordu, ama birbirlerini haksız sayıyor ve her fırsatta bunu birbirlerine kanıtlamaya çalışıyorlardı.

Anna için Vronskiy bütün alışkanlıklarıyla, düşünceleriyle, istekleriyle, tüm ruhsal ve fiziksel yapısıyla tek bir şeydi, kadınlara duyduğu sevgiydi ve Anna'nın duygularına göre bir tek onun üzerinde yoğunlaşması gereken bu sevgi azalmıştı; dolayısıyla, Anna'nın düşüncesine göre Vronskiy, bu sevginin bir kısmını başka bir kadın ya da kadınlara vermiş olmalıydı ve Anna kıskanıyordu. Onu başka herhangi bir kadından değil, sevgisinin azalması yüzünden kıskanıyordu. Elinde henüz bir kıskançlık konusu olmadığı için bu konuyu arıyordu. En ufak bir ima üzerine kıskançlığını bir konudan diğerine geçiriyordu. Kâh bekârlığındaki ilişkileri sayesinde kolayca bir araya gelebileceği şu kaba saba kadınlardan kıskanıyordu onu; kâh karşılaşabileceği sosyete kadınlarından, kâh Vronskiy'in onunla ilişkisini kesip evlenmek isteyeceği hayali bir kızdan kıskanıyordu. Bu sonuncu kıskançlık konusu onu en fazla üzeniydi. Bunun nedeni ise Vronskiy'in açık yürekli konuştuğu bir anda dikkatsizlik ederek annesinin kendisini Prenses Sorokina'yla evlenmeye ikna etmeye çalışacak kadar az anladığını Anna'ya söylemiş olmasıydı.

Vronskiy'i kıskanan Anna ona kızıyor ve kızgınlığına durmadan bahaneler arıyordu. İçinde bulunduğu durumda kendisine ağır gelen her şeyde Vronskiy'i suçluyordu. Moskova'da gökle yer arasında yaşadığı acı bekleyişin, Aleksey Aleksandroviç'in gösterdiği kararsızlığın, yalnızlığa itilmesinin bütün suçunu Vronskiy'e yüklüyordu. Vronskiy sevseydi, durumunun zorluğunu anlar ve onu bu durumdan kurtarırdı. Köyde değil, Moskova'da oturmasının suçlusu da Vronskiy'di. Vronskiy, Anna'nın istediği gibi köyde bir köşeye çekilip yaşayamıyordu. Sosyete içinde olması gerekiyordu, zorluklarını anlamak istemediği bu korkunç duruma da onu Vronskiy sokmuştu. Oğlundan sonsuza dek ayrılmasının suçlusu da yine oydu.

Aralarında gönül okşayıcı davranışların olduğu ender anlar bile Anna'yı rahatlatmıyordu: Vronskiy'in bu tatlı davranışlarında artık daha önce olmayan ve onu sinirlendiren bir rahatlık, bir güven belirtisi görüyordu.

Artık hava kararmaya yüz tutmuştu. Anna, gittiği bekârlar yemeğinden Vronskiy'in dönmesini tek başına beklerken Vronskiy'in çalışma odasında (bu odaya yolun gürültüsü daha az geliyordu) bir aşağı bir yukarı dolaşıyor ve dünkü kavgada söyledikleri sözleri bütün ayrıntılarıyla yeniden aklından geçiriyordu. Aklından çıkmayan aşağılayıcı sözlerden geriye, bu sözlerin nedenine doğru gide gide sonunda konuşmanın başlangıcına kadar gelmişti. Kavganın son derece masum, ikisinin de yüreğine yakın olmayan bir konuşmadan çıktığına uzun süre inanamadı. Ama gerçekten de böyle olmuştu. Her şey, Vronskiy'in kız liselerini gereksiz sayarak bu liselerle alay etmesinden, Anna'nın ise bunlardan yana olmasından çıkmıştı. Vronskiy, genel anlamda kadınların eğitimine saygı göstermemiş ve Anna'nın koruması altındaki İngiliz kızı Hannah'nın fizik bilmesine hiç gerek olmadığını söylemişti.

Bu sözler Anna'yı sinirlendirmişti. Bunu uğraşlarıyla ilgili küçümseyici bir ima olarak görmüştü. Düşünmüş taşınmış, Vronskiy'in kendisine verdiği acının öcünü alacak bir söz söylemişti.

— Beni, benim duygularımı, seven bir insan gibi anlamanızı beklemiyorum, tek beklediğim nezaketti, –demişti.

Gerçekten de Vronskiy sinirden kıpkırmızı olmuş, ağzından kötü bir şey çıkmıştı. Anna, ona ne yanıt verdiğini anımsamıyordu, ama o da besbelli ki Anna'yı üzmek için buna karşılık hemen:

— Bu kıza düşkünlüğünüz beni ilgilendirmiyor. Bu doğru, çünkü bu düşkünlüğün doğal olmadığını görüyorum, – sözlerini yapıştırmıştı.

Acılarla dolu bir hayata katlanabilmek için kendisine o kadar güçlükle kurduğu bir dünyayı Vronskiy'in bu kadar acımasızca yıkması, onu rol yapmakla, doğal olmamakla suçlarken yaptığı bu haksızlık Anna'yı çileden çıkartmıştı.

— Sadece kaba ve maddi şeylerden anladığınız ve bunları doğal bulduğunuz için size acıyorum, –demiş ve odadan çıkmıştı.

Dün akşam Vronskiy, Anna'nın yanına geldiğinde bu kavgadan söz etmemişlerdi, ama her ikisi de kavganın bitmediğini, şimdilik yatıştığını hissediyorlardı.

Vronskiy bugün bütün gün evde değildi ve Anna kendini öyle yalnız hissediyor, Vronskiy'le kavgalı olmak onu o kadar üzüyordu ki, her şeyi unutmak, affetmek, onunla barışmak, kendini suçlamak, onu haklı çıkartmak istiyordu.

"Ben suçluyum. Sinirliyim, anlamsız şekilde kıskancım. Onunla barışırım, köye gideriz, orada sakinleşirim," –diyordu içinden.

Birden kendisini en çok üzen "Doğal değil," sözünü anımsadı. Onu üzen, bu sözden çok Vronskiy'in ona acı çektirme isteğiydi.

"Ne demek istediğini biliyorum; kendi kızını sevmeyip başkasının çocuğunu sevmek doğal değil demek istedi. Çocuk sevgisinden, onun uğruna vazgeçtiğim Seryoja'ya olan sevgimden ne anlar o? Beni üzmek istemesine ne demeli! Hayır, başka bir kadını seviyor, başka türlü olamaz."

Kendisini rahatlatmak isterken artık defalarca geçtiği bu daireyi yeniden çizdiğini ve eski sinirli haline geri döndüğünü görünce kendisinden korktu. "Yoksa yapamaz mıyım? Suçu üzerime alamaz mıyım? –dedi kendi kendine ve tekrar baştan başladı.– O doğru sözlü, dürüst bir insan, beni seviyor. Ben de onu seviyorum, şu günlerde boşanma kararı da çıkar. Başka ne gerekiyor? Huzur, güven gerekiyor. Suçu üzerime alacağım. Evet, suçlu olmasam da o gelir gelmez suçlu olduğumu söyleyeceğim ve buradan gideceğiz."

Daha fazla düşünmemek ve sinirlenmemek için zile bastı, köye götüreceği eşyaları koymak için sandıkları getirmelerini emretti.

Saat onda Vronskiy geldi.

XXIV

Anna Vronskiy'i karşılarken yüzünde suçlu ve uysal bir ifadeyle:

— Eğlendin mi bari? –diye sordu.

Anna'nın iyi anlarından birinde olduğunu bir bakışta anlayan Vronskiy:

— Her zamanki gibi, –diye yanıtladı. Bu değişimlere artık alışmıştı ve bugün kendisi de çok keyifli olduğu için çok sevinmişti.

Antredeki sandıkları görünce:

— Neler görüyorum! Bu çok iyi işte! –dedi.

— Evet, gitmemiz gerek. Arabayla gezmeye çıktım, o kadar hoştu ki, köye gitmek istedim. Seni tutan bir şey de yok herhalde?

— Tek isteğim bu. Hemen gelirim, konuşuruz, yalnız önce üstümü değişeyim. Çay getirmelerini söylesene.

Sonra kendi çalışma odasına geçti.

Vronskiy'in âdeta şımarıklık etmeyi bıraktığında bir çocuğa söyler gibi "Bu çok iyi işte" demesinde aşağılayıcı bir şey vardı; Anna'nın suçlu tavrıyla onun kendinden emin tavrı arasındaki çelişki daha da aşağılayıcıydı ve Anna içinde kavga etme isteğinin yükseldiğini hissetti bir an; ancak kendine hâkim olmaya çalışıp bu isteğini bastırdı, Vronskiy'i aynı neşeli haliyle karşıladı.

Vronskiy yanına geldiğinde ona önceden hazırladığı sözlerin bir kısmını yineleyerek günü nasıl geçirdiğini ve yolculuk planlarını anlattı.

— Biliyor musun, neredeyse bir ilham gibi aklıma geliverdi, –diyordu. – Boşanmayı neden burada bekleyelim? Köyde olsak farklı bir şey mi olacak? Daha fazla bekleyemiyorum. Boşanmayla ilgili umutlanmak, bu konuda bir şey duymak istemiyorum. Bundan böyle hayatım üzerinde etkili olmamasına karar verdim bunun. Sen de aynı fikirde misin?

Vronskiy Anna'nın heyecanlı yüzüne endişeyle bakıp:

— A, evet! –dedi.

Anna kısa bir süre sustuktan sonra:

— Ne yaptınız yemekte, kimler vardı? –diye sordu.

Vronskiy konukların adlarını saydı.

— Yemek mükemmeldi, kayık yarışları da, diğer her şey de oldukça iyiydi, ama bu Moskova'da ridicule* olmadan olmuyor. İsveç Kralı'nın yüzme öğretmeni olan bir hanım vardı ve sanatını sergiliyordu.

— Nasıl? Yüzdü mü yani? –diye sordu Anna kaşlarını çatarak.

* Gülünç bir şey. (Fr.)

— Üstünde kırmızı, bir tür costume de natation* olan yaşlı, çirkin bir şey. E, ne zaman gidiyoruz?

Anna soruya yanıt vermeden:

— Ne aptalca bir fantezi! –dedi.– Farklı bir yüzme tarzı var mıydı bari?

— Kesinlikle farklı bir şeyi yoktu. Ben de zaten korkunç derecede aptalca diyorum. Ne zaman gitmeyi düşünüyorsun?

Anna aklına gelen kötü bir düşünceyi uzaklaştırmak istercesine başını salladı.

— Ne zaman mı gideceğiz? Ne kadar erken gidersek o kadar iyi. Yarına yetişemeyiz. Öbür gün.

— Evet... yo, dur bir dakika. Öbür gün pazar, benim maman'a gitmem gerekiyor, –dedi Vronskiy ve annesinin adını eder etmez, dikkatli ve kuşkucu bir bakışın üzerine dikildiğini hissettiği için şaşırdı. Onun bu şaşkınlığı, Anna'ya göre kafasındaki kuşkuları kanıtlamıştı. Anna kıpkırmızı kesildi ve Vronskiy'in yanından uzaklaştı. Artık Anna'nın gözünün önünde canlanan İsveç Kralı'nın yüzme öğretmeni kadın değil, Moskova yakınlarında bir köyde Kontes Vronskaya'yla birlikte oturan Prenses Sorokina'ydı.

— Yarın gidemez misin? –dedi Anna.

— Hayır, gidemem! Oraya gidip halledeceğim işle ilgili vekâletname de, para da yarın elime geçmez, –diye yanıtladı Vronskiy.

— O zaman hiç gitmeyelim.

— Ama neden?

— Daha geç olursa gitmem. Ya pazartesi günü ya da hiçbir zaman!

— Neden ama? –dedi Vronskiy şaşırmış gibi bir ifadeyle.– Bunun hiç anlamı yok!

— Benimle ilgili hiçbir şey seni ilgilendirmediği için senin açından bir anlamı yoktur. Benim hayatımı anlamak istemi-

* Yüzme giysisi. (Fr.)

yorsun. Burada beni ilgilendiren tek şey Hannah. Sen, bunun rol yapmak olduğunu söylüyorsun. Dün de kızımı sevmediğimi, bu İngiliz kızını seviyor gibi yaptığımı ve bunun doğal olmadığını söylüyordun; burada benim için hangi hayatın doğal olabileceğini bilmek isterim!

Bir an aklı başına geldi ve verdiği karara uymadığı için dehşete kapıldı. Ama kendisini mahvedeceğini bilse de dayanamadı, ona haksız olduğunu göstermeden duramadı, Vronskiy'e boyun eğmedi.

— Ben hiçbir zaman öyle demedim; aniden ortaya çıkan bu sevgiyi paylaşmadığımı söyledim.

— Doğru sözlülüğünle övünürsün, neden doğru söylemiyorsun?

Vronskiy sakin sakin, içinde kabaran öfkeyi bastırmaya çalışarak:

— Ben hiçbir zaman övünmem, hiçbir zaman da yalan söylemem, –dedi.– Çok yazık, eğer sen saygı duymuyorsan...

— Saygıyı, sevginin olması gereken yerdeki boşluğu saklamak için uydurmuşlar. Yok eğer artık beni sevmiyorsan en iyi, en dürüst yol bunu söylemektir.

Vronskiy sandalyeden kalkarak:

— Yo, artık dayanılmaz hale geliyor bu durum! –diye bağırdı. Ve Anna'nın önünde dikilip ağır ağır şöyle dedi.– Neden benim sabrımı sınıyorsun? –Bunu, sanki daha pek çok şey söyleyebilirmiş gibi söylemişti, ama kendini tuttu.– Sabrın da bir sınırı var.

Anna Vronskiy'in yüzündeki, özellikle de sert, tehditkâr bakışlarındaki apaçık nefret ifadesine korkuyla bakarak:

— Ne demek istiyorsunuz? –diye bağırdı.

Vronskiy tam:

— Demek istediğim şu... –diye konuşmaya başlamıştı, ama durdu.– Ben de sizin benden ne istediğinizi sormalıyım.

Vronskiy'in sözünü yarım bırakarak ne demek istediğini anlamış olan Anna:

— Ben ne isteyebilirim? Düşündüğünüz gibi beni terk etmemenizden başka ne isteyebilirim? –dedi.– Ama ben bunu istemiyorum, bu ikinci sırada kalıyor. Ben sevgi istiyorum, oysa sevgi yok. Demek ki her şey bitti!

Anna kapıya yöneldi.

Vronskiy çatık kaşlarını düzeltmeden, ama Anna'yı kolundan tutup durdurarak:

— Dur! Dur! –dedi.– Mesele nedir? Ben yolculuğu üç gün erteleyelim dedim, bunun üzerine sen bana yalan söylediğimi, dürüst olmadığımı söyledin.

— Evet, tekrarlıyorum, benim için her şeyini feda ettiğini söyleyip başıma kakan bir adam, –dedi Anna bir önceki kavgadan anımsadığı sözleri tekrarlayarak,– namussuz bir adamdan daha kötüdür, kalpsiz biridir.

— Hayır, sabrın da bir sınırı var! –diye bağırdı Vronskiy ve hemen Anna'nın kolunu bıraktı.

Anna, "Benden nefret ediyor, bu çok belli," –diye düşündü ve hiçbir şey söylemeden, etrafına bakmadan kararsız adımlarla odadan çıktı.

Odasına girerken içinden "Başka bir kadını seviyor, bu iyice belli oldu, –diyordu.– Ben sevgi istiyorum, ama sevgi yok. Demek ki her şey bitti, –diye Vronskiy'e söylediği sözleri tekrarlıyordu,– ve bitirmek gerekiyor bu işi."

"Ama nasıl?" –diye kendi kendisine sordu ve aynanın önündeki koltuğa oturdu.

Şimdi nereye gidecekti, yanında büyüdüğü halasına mı, Dolli'ye mi, yoksa tek başına yurtdışına mı? O şu anda çalışma odasında tek başına ne yapıyordu? Bu son kavgaları mıydı, yoksa hâlâ barışabilirler miydi? Şimdi Petersburg'daki eski tanıdıkları onun hakkında neler söyleyecekti, Aleksey Aleksandroviç bu konuya nasıl bakacaktı? Bunlar ve ayrıldıktan sonra neler olacağına ilişkin daha pek çok düşünce aklına geliyordu, ama o tüm ruhuyla kendini bu düşüncelere veremiyordu. Ruhunda sadece onu ilgilendiren belirsiz bir düşünce vardı, ama bunun ne olduğunu bilemiyordu. Bir kez daha Aleksey Aleksandroviç'i anımsayınca aklına doğumdan sonra geçirdiği hastalık ve o sırada peşini bırakmayan o duygu geldi. "Neden ölmedim?" O zaman söylediği bu sözleri ve o zamanki duygularını anımsadı. Ve birden ruhundaki şeyi anladı. Evet, her şeyi çözümleyecek olan tek düşünceydi bu. "Evet, ölmek!.."

"Aleksey Aleksandroviç'in ve Seryoja'nın yaşadığı utanç ve rezalet de, benim korkunç utancım da ölümle birlikte bitecektir. Ölürsem o da pişman olacak, acıyacak, sevecek, benim yüzümden acı çekecektir." Dudaklarında kendisine acıyan, öylece kalmış bir gülümsemeyle koltukta oturuyor, sol elindeki yüzükleri çıkarıp tekrar takıyor, ölümünden sonra Vronskiy'in hissedeceklerini canlı bir şekilde her açıdan gözlerinin önüne getirmeye çalışıyordu.

Vronskiy'in yaklaşan ayak sesleri Anna'nın dikkatini dağıttı. Yüzüklerini toplamakla meşgulmüş gibi yaparak Vronskiy'e bakmadı.

Vronskiy Anna'nın yanına geldi, elini tutup, usulca:

— Anna, eğer istiyorsan öbür gün gidelim. Her şeye razıyım, –dedi.

Anna bir şey söylemiyordu.

— Ne diyorsun? –diye sordu Vronskiy.

— Kendin bilirsin, –dedi Anna ve aynı anda da daha fazla kendini tutamayarak hıçkıra hıçkıra ağlamaya başladı.

— At başından beni, at! –diyordu hıçkırıklar arasında.– Ben yarın gideceğim... Bir şey daha yapacağım. Ben kimim? Ahlaksız bir kadın. Senin boynuna bağlanmış bir taş. Sana acı çektirmek istemiyorum, istemiyorum! Seni kurtaracağım. Beni sevmiyorsun, başkasını seviyorsun!

Vronskiy onu yatıştırmak için yalvarıyor, kıskanması için hiçbir neden olmadığına, onu sevmekten hiçbir zaman vazgeçmediğine ve vazgeçmeyeceğine, eskisinden daha fazla sevdiğine inandırmak için dil döküyordu.

Anna'nın ellerini öperek:

— Anna, kendini ve beni neden bu kadar üzüyorsun? –diyordu. Yüzünde şimdi bir şefkat ifadesi vardı ve Anna'ya Vronskiy'in sesindeki gözyaşlarını kulağıyla duyuyormuş ve elinde bu gözyaşlarının ıslaklığını hissediyormuş gibi geliyordu. Anna'nın iflah olmaz kıskançlığı bir anda iflah olmaz, tutkulu bir şefkate yerini bırakmıştı; Vronskiy'e sarılıyor, onun başını, boynunu, ellerini öpücüklere boğuyordu.

XXV

Tamamen barıştıklarını hisseden Anna, sabahtan heyecanla yol hazırlığına girişti. Bir gün önce biri diğeri için isteğinden vazgeçtiğinden pazartesi mi yoksa salı mı gideceklerine karar verememiş olsalar da Anna, artık kendini bir gün erken veya bir gün geç gitmeleri konusunda son derece kayıtsız hissederek var gücüyle gidiş hazırlığı yapıyordu.

Vronskiy giyinmiş, her zamankinden daha erken bir vakitte yanına geldiği sırada Anna odasında açık bir sandığın başında dikilmiş, eşyaları ayırıyordu.

— Birazdan anneme gideceğim, annem parayı bana Yegorov aracılığıyla gönderebilir. Yarın da yola çıkmaya hazır olurum, –dedi Vronskiy.

Anna'nın keyfi ne kadar yerinde olursa olsun, Vronskiy'in annesinin yazlığına gideceğini anımsatması, ona batmıştı.

— Hayır, ben hazırlanamam ki, –dedi Anna ve hemen aklından "Demek ki, işleri benim istediğim şekilde düzene koyması mümkünmüş," –diye geçirdi.– Hayır, sen nasıl istiyorsan öyle yap. Yemek odasına git, hemen geliyorum, yalnız şu gereksiz şeyleri ayırmam gerekiyor, –dedi Annuşka'nın kucağındaki çul çaput yığınına bir şey daha ekleyerek.

Anna yemek odasına girdiğinde Vronskiy bifteğini yiyordu.

Anna Vronskiy'in yanına geçip, kahvesinin başına otururken:

— Bu odalardan ne kadar bıktığıma inanmazsın, –dedi.– Bu chambres garnies'den* daha korkunç bir şey yoktur. Yüzlerinde bir ifade yok, ruhları yok. Şu saat, perdeler, asıl duvar kâğıtları, hepsi de korkunç. Vozdvijenskoye vaat edilmiş topraklar gibi geliyor bana. Atları daha yollamadın mı?

— Hayır, onlar bizden sonra gidecek. Bir yere mi gidiyorsun?

— Wilson'a gitmek istiyordum. Kadıncağıza birkaç elbise götüreceğim de. Demek yarın kesin olarak gidiyoruz, –dedi neşeli bir sesle; fakat birdenbire yüzü değişti.

Vronskiy'in uşağı Petersburg'dan gelen bir telgrafın makbuzunu istemeye gelmişti. Vronskiy'in telgraf almasında özel bir durum yoktu, ama sanki ondan bir şey saklıyormuş gibi, makbuzun çalışma odasında olduğunu söyledi ve hemen Anna'ya dönerek:

— Yarın bütün işleri mutlaka bitirmiş olacağım, –dedi.

Anna onu dinlemeksizin:

— Telgraf kimden? –diye sordu.

— Stiva'dan, –diye isteksiz bir şekilde yanıtladı.

— Neden bana göstermedin? Stiva'yla benim aramda gizli ne olabilir?

Vronskiy uşağı geri çağırdı ve telgrafı getirmesini söyledi.

— Göstermek istemedim, çünkü Stiva'nın her şeyi telgrafla bildirmek gibi bir tutkusu var; ortada çözümlenen bir şey yoksa telgraf çekmeye ne gerek var?

— Boşanma konusunda mı?

— Evet, ama "Henüz hiçbir şey elde edemedim. Bu günlerde kesin yanıtını göndereceğine söz verdi," diye yazıyor. Al işte oku.

Anna titreyen elleriyle telgrafı aldı ve Vronskiy'in söylediği şeyi okudu. Sonuna bir de not eklenmişti: Umut az, ama elimden gelen, gelmeyen her şeyi yapacağım.

---

* Mobilyalı odalar. (Fr.)

Anna kıpkırmızı olup:

— Ne zaman boşanacağımın, hatta boşanıp boşanmayacağımın benim için hiç önemi olmadığını dün söylemiştim, -dedi.- Benden saklamaya hiç gerek yoktu. - "Kadınlarla yazışmalarını da bu şekilde benden saklayabilir ve saklıyordur da," -diye düşündü.

— Yaşvin de bu sabah Voytov'la birlikte gelmek istiyordu, -dedi Vronskiy, - galiba Pevtsov'un elindeki avucundaki her şeyi, hatta ödeyebileceğinden daha fazlasını kazanmış, neredeyse altmış bin ruble.

Vronskiy'in bu şekilde göz göre göre lafı değiştirmesiyle ne kadar huysuz bir kadın olduğunu ona göstermeye çalışmasına sinirlenen Anna:

— Hayır, -dedi,- bu haberin benden gizlenmesini gerektirecek kadar beni ilgilendirdiğini niye düşünüyorsun? Bu konuyu düşünmek istemediğimi söylemiştim, senin de aynen benim gibi bununla çok az ilgilenmeni isterdim.

— Ben ilgileniyorum, çünkü açıklığı seviyorum, -dedi Vronskiy.

Anna Vronskiy'in sözlerine değil, ama serinkanlılıkla konuşmasına giderek daha fazla sinirlenerek:

— Biçimde değil, sevgide açıklık, -dedi.- Bunu ne için istiyorsun?

Vronskiy yüzünü buruşturarak, "Tanrım, yine sevgiden söz ediyor," -diye düşündü.

— Ne için olduğunu biliyorsun: Senin için ve doğacak çocuklarımız için, -dedi Vronskiy.

— Çocuğumuz olmayacak.

— Çok yazık, -dedi Vronskiy.

Vronskiy'in "*senin için* ve çocuklar için" dediğini tümden unutan ya da duymayan Anna:

— Bu sana çocuklar için gerekiyor, ama beni düşünmüyorsun, öyle değil mi? -dedi.

Çocuk sahibi olabilme konusu uzun zamandır aralarında tartıştıkları ve Anna'yı sinirlendiren bir konuydu. Vronskiy'in çocuk sahibi olma isteğini Anna kendisine, Vronskiy'in onun güzelliğine değer vermemesi olarak açıklıyordu.

Vronskiy sanki canı yanıyormuş gibi yüzünü buruşturarak:

— Ah, dedim ya, senin için. En çok senin için, –diye yineledi,– çünkü senin bu sinirinin büyük ölçüde durumunun belirsizliğinden ileri geldiğine inanıyorum.

Anna Vronskiy'in sözlerini dinlemeksizin, ancak onun gözlerinin içinden kendisini sinirlendirerek bakan soğuk ve zalim yargıca korku içinde bakarak, "Evet, işte şimdi rol yapmayı bıraktı ve bana karşı soğuk nefreti iyice ortaya çıktı," –diye düşündü.

— Neden bu değil, –dedi Anna,– hem ben tamamen senin hâkimiyetinde bulunmamın, senin deyiminle sinirimin nasıl nedeni olabileceğini anlamıyorum doğrusu. Burada nasıl bir belirsizlik söz konusu acaba? Tam tersine.

Vronskiy düşüncesini ısrarla söylemek istediğinden:

— Ne yazık ki, anlamak istemiyorsun, –diye Anna'nın sözünü kesti,– belirsizlik, benim özgür olduğumu sanmandan ibaret.

— Bu konuda tamamen rahat olabilirsin, –dedi Anna ve Vronskiy'e arkasını dönüp kahvesini içmeye koyuldu.

Anna serçeparmağını açarak fincanı kaldırdı ve ağzına götürdü. Birkaç yudum içtikten sonra Vronskiy'e baktı ve yüz ifadesinden elinin de, hareketinin de, dudaklarının çıkarttığı sesin de onun hoşuna gitmediğini anladı.

Titreyen eliyle fincanı bırakırken:

— Senin annenin ne düşündüğü ve seni kiminle evlendirmek istediği benim hiç umurumda değil, –dedi.

— Ama bizim konuştuğumuz konu bu değil ki.

— Hayır, tam da bu konu. İnan ki, yaşlı ya da genç, annen ya da başka biri olsun kalpsiz bir kadın benim hiç ilgimi çekmiyor ve onu tanımak istemiyorum.

— Anna, annemden saygısızca söz etmemeni rica ederim senden.

— Oğlunun mutluluğunun ve şerefinin nerede olduğunu yüreğiyle sezemeyen bir kadının yüreği yoktur.

Vronskiy sesini yükselterek ve Anna'ya sert sert bakarak:

— Ricamı tekrarlıyorum: Benim saygı duyduğum annemden saygısızca söz etme, –dedi.

Anna yanıt vermedi. Gözlerini Vronskiy'e, onun yüzüne, ellerine dikmiş, bir gün önceki barışma sahnesini ve Vronskiy'in ateşli okşamalarını bütün ayrıntısıyla anımsıyordu.

"Bu okşamalar da tıpkı başka kadınlara da bol keseden dağıttığı, dağıtacağı ve dağıtmak isteyeceği okşamalar!" – diye düşünüyordu.

Anna Vronskiy'e nefretle bakarak:

— Sen anneni sevmiyorsun. Bunların hepsi laftan ibaret! – dedi.

— Eğer öyleyse, o zaman gereken şey...

— Gereken şey karar vermek ve ben de kararımı verdim, –dedi Anna. Tam gitmeye niyetlenmişti ki, odaya Yaşvin girdi. Anna Yaşvin'le selamlaştı ve orada kaldı.

Ruhunda fırtınaların estiği, hayatının korkunç sonuçlar verebilecek bir yol ayrımında olduğunu hissettiği bir sırada, her şeyi er ya da geç öğrenecek bir yabancının karşısında neden rol yapmak gereği duyduğunu bilmiyordu; ama içindeki fırtınayı hemen yatıştırıp oturdu ve konukla konuşmaya başladı.

— E, işleriniz nasıl? Paranızı aldınız mı? –diye sordu Yaşvin'e.

Yaşvin gözlerini kısıp Vronskiy'e bakarak ve herhalde kavga ettiklerini tahmin ederek:

— Eh, fena sayılmaz; galiba hepsini alamayacağım, çarşamba günü de gitmem gerekiyor. Siz ne zaman gidiyorsunuz? –dedi.

— Sanırım öbür gün, –dedi Vronskiy.

— Epeydir niyetleniyordunuz zaten.

Anna barışma olasılığını aklına getirmemesini söyleyen bir bakışla Vronskiy'in doğruca gözlerinin içine bakarak:

— Ama artık kesin karar verildi, –dedi.

— Bu talihsiz Pevtsov'a hiç acımadınız mı? –diye Yaşvin'le konuşmaya devam etti Anna.

— Acıyıp acımadığımı hiç sormadım kendime Anna Arkadyevna. Bütün servetim burada, –diye yan cebini gösterdi,– ve şu anda zengin biriyim; bugün kulübe gideceğim ve belki de oradan yoksul bir adam olarak çıkacağım. Karşıma oturan da sırtımdaki gömleğe kadar almak ister, ben de onunkini. Bir mücadeleye gireceğiz, işin zevki de bu işte.

— Ya evli olsaydınız, –dedi Anna,– karınız nasıl karşılardı?

Yaşvin gülmeye başladı.

— Herhalde bu yüzden evlenmedim, hiçbir zaman da niyetlenmedim.

Vronskiy konuşmaya katılarak:

— Ya Helsingfors? –dedi ve gülümseyen Anna'ya baktı.

Anna'nın yüzü, Vronskiy'in bakışıyla karşılaşınca bir anda soğuk ve sert bir ifade aldı, sanki ona "Unutmadım. Değişen bir şey yok," diyordu.

Anna Yaşvin'e.

— Yoksa hiç âşık olmadınız mı? –diye sordu.

— Tanrım, hem de kaç kere! Ama bilirsiniz, bazıları oyun masasına otururlar, rendez-vous* vakti gelince her zaman kalkabilirler. Oysa ben gönül işleriyle uğraşabilirim, ama akşam oyuna geç kalmamak koşuluyla. Ben de düzenimi böyle kurmuşum.

— Hayır, ben onu sormuyorum, gerçek aşktan söz ediyorum. –Anna, *Helsingfors* demek istiyordu; ama Vronskiy'in söylediği bu sözü tekrarlamak istememişti.

Bir aygır satın almış olan Voytov geldi; Anna ayağa kalkıp odadan çıktı.

Vronskiy evden çıkmadan önce Anna'nın yanına gitti. Anna masanın üzerinde bir şey arıyormuş gibi davranmak istiyordu, ama bu şekilde rol yapmaktan utanıp soğuk bakışlarını doğruca Vronskiy'in yüzüne dikti.

---

* Buluşma. (Fr.)

— Ne istiyorsunuz? –diye Vronskiy'e Fransızca olarak sordu.

Vronskiy, sözcüklerden daha açık bir şekilde "Açıklama yapacak zamanım yok, hem zaten ne işe yarar?" diyen bir tavırla:

— Gambetta'nın sertifikasını almaya geldim, onu sattım da, –dedi.

"Ona karşı hiçbir suçum yok, –diye düşünüyordu Vronskiy.– Eğer kendisini cezalandırmak istiyorsa, tant pis pour elle."* Fakat çıkarken sanki Anna bir şey söylemiş gibi geldi ve yüreği birden Anna'ya duyduğu merhametle burkuldu.

— Bir şey mi var Anna? –diye sordu.

— Yok bir şey, –diye yanıtladı Anna aynı soğuk ve sakin tavırla.

"Bir şey yoksa, o zaman tant pis," –diye düşündü, tekrar soğukluk hissedip, arkasını döndü ve gitti. Dışarı çıkarken aynada Anna'nın dudakları titreyen solgun yüzünü gördü. Durmak ve ona yatıştırıcı bir söz söylemek istedi, ama ne diyeceğini bulmadan önce ayakları onu odadan çıkartmıştı. Bütün günü evin dışında geçirdi ve akşam geç vakit geldiğinde hizmetçi kız, Anna Arkadyevna'nın başının ağrıdığını ve yanına kimsenin girmemesini rica ettiğini söyledi.

XXVI

Daha önce hiçbir zaman bütün bir günü kavgalı geçirmemişlerdi. İlk kez bugün öyle olmuştu. Tam bir soğumanın açık itirafıydı bu. Yoksa atın sertifikasını almak için odaya girdiği sırada baktığı gibi bakabilir miydi ona? Ona bakmak, yüreğinin umutsuzluktan parçalandığını görmek, umursamaz ve sakin bir yüzle hiçbir şey söylemeden geçip gitmek mümkün müydü? Ondan sadece soğumamıştı, başka bir kadını sevdiği için nefret ediyordu üstelik, bu apaçık ortadaydı.

* Onun için daha da kötü. (Fr.)

Vronskiy'in söylediği bütün zalimce sözleri anımsayan Anna, onun kendisine söylemek istediği ve söyleyebileceği başka sözleri de düşünüyor, giderek daha çok sinirleniyordu. "Sizi tutmuyorum, –diyebilirdi Vronskiy.– İstediğiniz yere gidebilirsiniz. Herhalde ona geri dönmek için kocanızdan boşanmak istemediniz. Geri dönün. Eğer para gerekiyorsa ben size veririm. Kaç ruble istiyorsunuz?"

Anna, hayalinde kaba bir adamın söyleyebileceği en acımasızca sözlerin hepsini Vronskiy'e söyletiyor ve sanki bu sözleri gerçekten söylemiş gibi onu bağışlamıyordu.

"Doğru sözlü ve dürüst biri olarak daha dün aşkı üzerine yemin etmiyor muydu? Kim bilir kaçıncı kez boşuna mı umutsuzluğa kapıldım ben?" – diyordu kendi kendine.

Anna, Wilson'lara yaptığı, iki saatini alan ziyaret dışında bütün günü her şey bitti mi, yoksa barışma umudu var mı, hemen gitmeli mi, yoksa bir kez daha onu görmeli mi kuşkuları içinde geçirdi. Bütün gün onu bekledi ve akşam odasına giderken, Vronskiy'e başının ağrıdığını söylemelerini emredip, içinden "Eğer hizmetçinin sözlerine rağmen gelirse, beni hâlâ seviyor demektir. Gelmezse, her şey bitti demektir ve o zaman ben de ne yapacağıma karar veririm!.." diye geçirdi.

Akşam Vronskiy'in arabasının durduğunu, kapının zilini çaldığını, ayak seslerini ve hizmetçiyle konuştuğunu duydu: Vronskiy kendisine söylenen şeye inanmış, daha fazlasını öğrenmek istememiş ve kendi odasına gitmişti. Demek ki, her şey bitmişti.

Vronskiy'in kalbinde kendisi için yeniden bir sevgi uyandırmanın, onu cezalandırmanın ve Anna'nın yüreğine yerleşmiş olan kötü ruhun Vronskiy'le yaptığı savaşta zafer kazanmanın tek yolu olan ölüm, apaçık ve canlı bir şekilde gözünün önüne gelmişti.

Artık hiçbir şey, Vozdvijenskoye'ye gitmek ya da gitmemek, kocasından boşanmak ya da boşanmamak hiç fark etmezdi. Hepsi de gereksizdi. Gerekli olan tek şey, onu cezalandırmaktı.

Her zaman içtiği kadar afyonu bardağa koyduğu ve ölmek için şişenin tamamının yeteceğini düşündüğü sırada bu, ona o kadar kolay ve basit göründü ki, Vronskiy'in iş işten geçtikten sonra nasıl acı çekeceğini, pişman olacağını ve onun bıraktığı anılarla yanıp tutuşacağını tekrar zevkle düşünmeye başladı. Yatağında gözleri açık bir halde, bitmekte olan tek bir mumun ışığında tavandaki kabartmalı korniş̧le paravanadan düşen ve tavanın bir kısmını kaplayan gölgeye bakarak yatıyor ve kendisi artık hayatta olmadığı, onun için sadece bir anı olduğunda Vronskiy'in neler hissedeceğini gözünün önünde canlandırıyordu. "Bu acımasızca sözleri ona nasıl söyleyebildim? –diyecekti.– Ona hiçbir şey demeden odadan nasıl çıkabildim? Ama artık o yok. Sonsuza dek yanımızdan ayrıldı. O, orada..." Paravananın gölgesi birden sarsılmaya, tüm kornişle, tüm tavanı kaplamaya başladı, diğer taraftan üzerine başka gölgeler atıldı; bir an gölgeler kaçıştı, ama sonra yeni bir hızla harekete geçti, sallandı, birbirine karıştı ve ortalık kapkaranlık oldu. "Ölüm!" –diye düşündü Anna. Ve üzerine öyle büyük bir korku çöktü ki, uzun süre nerede olduğunu anlayamadı, titreyen elleriyle uzun süre kibriti bulamadı, dibine kadar yanıp biten mumun yerine başka bir mum yakamadı. "Hayır, yaşamak her şeydir! Aslında ben onu seviyorum. Aslında o da beni seviyor! Böyle bir şey oldu ve geçecek, " –diyor ve hayata dönüş sevincinin yanaklarına akıttığı gözyaşlarını hissediyordu. Kapıldığı korkudan kurtulmak için hemen Vronskiy'in çalışma odasına gitti.

Vronskiy çalışma odasında derin bir uykuya dalmıştı. Anna onun yanına yaklaştı, yüzünü yukarıdan aydınlatarak uzun zaman ona baktı. Şu anda, uyurken Anna, Vronskiy'i o kadar çok seviyordu ki, onu görünce sevgi gözyaşlarını tutamadı; fakat uyanacak olursa kendisinin haklı olduğunu bilen, soğuk bakışıyla ona bakacağını ve onun da Vronskiy'e aşkını söylemeden önce kendisine karşı ne kadar suçlu olduğunu ona göstermesi gerektiğini biliyordu. Anna Vronskiy'i uyandırmadan odasına döndü ve ikinci doz afyonu içtikten sonra sabaha karşı bilinçaltının çalışmaya ara vermediği sıkıntılı, bölük pörçük bir uykuya daldı.

Daha Vronskiy'le ilişkisinden önce düşlerinde birkaç kez yinelenen korkunç bir karabasan sabah tekrar düşüne girip onu uyandırdı. Sakalı karmakarışık yaşlı bir adam, bir demirin üzerine eğilmiş, anlamsız Fransızca sözler mırıldanarak bir şey yapıyordu ve Anna, bu karabasanı her görüşünde olduğu gibi, (ki, karabasanın korkunç yanı buydu), bu adamın ona dikkat etmediğini, ama Anna'nın üzerinde bu demir parçasıyla korkunç bir şey yaptığını hissediyordu. Soğuk terler içinde uyandı.

Kalktığında bir gün öncesini sislerin içindeymiş gibi anımsadı.

"Kavga etmiştik. Artık kim bilir kaç kez olan bir şeydi. Ben başımın ağrıdığını söyledim ve o gelmedi. Yarın gideceğiz, onu görmem ve yol hazırlıkları yapmam gerek," –dedi kendi kendine. Vronskiy'in çalışma odasında olduğunu öğrenip, yanına gitti. Konuk odasından geçerken kapıda bir arabanın durduğunu duydu ve pencereden bakıp, içinden leylak renkli şapka giymiş olan ve kapıyı çalan uşağa birtakım emirler veren bir kızın başını çıkarttığı arabayı gördü. Antredeki konuşmalardan sonra birisi yukarı çıktı ve konuk odasının yanındaki odadan Vronskiy'in ayak sesleri duyuldu. Vronskiy hızlı adımlarla merdivenden indi. Anna tekrar pencereye gitti. İşte o, başı açık olarak kapının önündeki merdivenlerden iniyor ve arabanın yanına gidiyordu. Leylak rengi şapkalı kız Vronskiy'e bir paket verdi. Vronskiy gülümseyerek ona bir şey söyledi. Araba hareket etti; Vronskiy merdivenleri hızla koşarak geri çıktı.

Anna'nın ruhundaki her şeyi kaplamış olan sis birden dağıldı. Dünkü duygular yaralı yüreğini yeni bir acıyla sıkıştırıyordu. Onunla birlikte onun evinde bütün bir gün kalacak kadar kendini nasıl alçaltabildiğini şimdi anlayamıyordu. Kararını açıklamak için Vronskiy'in çalışma odasına gitti.

Vronskiy Anna'nın karamsar ve ciddi yüz ifadesini görmek ve anlamak istemeyerek:

— Gelen Sorokina'yla kızıydı. Bana maman'dan para ve belge getirdi. Dün alamamıştım. Başın nasıl, iyi mi? –dedi sakin bir şekilde.

Anna odanın ortasında durmuş, hiçbir şey söylemeden gözlerini ona dikmişti. Vronskiy Anna'ya baktı, bir an kaşlarını çattı ve elindeki mektubu okumaya devam etti. Anna döndü, ağır adımlarla odadan çıktı. Vronskiy hâlâ onu döndürebilirdi, ama Anna kapıya varmıştı ve Vronskiy hiçbir şey söylemiyordu, sadece çevrilen bir sayfanın hışırtısı duyuldu.

Anna tam kapıdayken Vronskiy:

— Sahi, aklıma gelmişken, yarın kesin olarak gidiyoruz, değil mi? –dedi.

— Siz gidiyorsunuz, ben değil, –dedi Anna Vronskiy'e dönerek.

— Anna, bu şekilde yaşamak mümkün değil...

— Siz gidiyorsunuz, ben değil, –diye tekrarladı Anna.

— Çekilmez oldu bu durum!

— Siz... siz buna pişman olacaksınız, –dedi Anna ve çıktı.

Vronskiy, bu sözleri söylerken Anna'nın yüzünün aldığı umutsuz ifadeden ürkerek ayağa fırladı ve arkasından koşmak istedi, fakat kendini toparlayıp tekrar oturdu, dişlerini sıkıp, suratını astı. Bu terbiyesizce bulduğu tehdit onu sinirlendirmişti. "Her yolu denedim, geriye tek bir şey kalıyor, aldırış etmemek," –diye düşündü, vekâletnameye imza alması gerektiğinden bir kez daha kente, annesine gitmek üzere hazırlanmaya koyuldu.

Anna çalışma odasında ve yemek odasında Vronskiy'in ayak seslerini duyuyordu. Vronskiy konuk odasında durdu. Ama Anna'nın odasından yana dönmedi, sadece kendisi yokken Voytov'a aygırın teslim edilmesi talimatını verdi. Anna daha sonra arabanın kapıya yanaştığını, kapının açıldığını ve onun tekrar çıktığını duydu. Ama işte tekrar sahanlığa girmişti ve birisi koşarak yukarı çıkıyordu. Vronskiy'in unuttuğu eldivenleri almaya giden uşaktı koşan. Anna pencereye yaklaştı ve bakmadan eldivenleri aldığını, eliyle arabacının sırtına dokunup ona bir şey söylediğini gördü. Sonra pencereye bakmadan arabaya bindi, ayak ayak üstüne atıp her zamanki duruşunu aldı ve eldivenini giyerken köşede gözden kayboldu.

XXVII

Anna, pencerenin önünde dikilirken "Gitti! Her şey bitti!" –dedi kendi kendine; bunun yanıtı olarak sönen mumun neden olduğu karanlığın ve o korkunç düşün bıraktığı izlenimler tek bir izlenim halinde birleşerek yüreğini buz gibi bir korkuyla doldurdu.

"Hayır, olamaz bu!" –diye haykırdı ve odanın öbür ucuna giderek zili kuvvetlice çaldı. Yalnız kalmaktan o kadar korkmuştu ki, uşağın gelişini beklemeden kendisi onu karşılamaya gitti.

— Kontun nereye gittiğini öğrenin, –dedi Anna.

Uşak, kontun at ahırına gittiğini söyledi.

— Kont hazretleri, eğer dışarı çıkmak isterseniz arabanın hemen geri döneceğini haber vermemi emrettiler.

— Tamam. Durun. Hemen bir not yazacağım. Notu verip Mihail'i ahıra gönderin. Hemen.

Oturdu ve şunu yazdı:

"Benim suçum. Eve dön, konuşmamız gerek. Tanrı aşkına, gel, korkuyorum."

Notu zarfa koyup mühürledi ve uşağa verdi.

Artık yalnız kalmaktan korkuyordu ve uşağın peşinden dışarı çıkıp çocuk odasına gitti. Karmakarışık düşünceler içinde çocuk odasında görmeyi umduğu Seryoja'nın yerine kırmızı yanaklı, kara, kıvırcık saçlı, tombul kızını görünce aklına gelen ilk düşünce "Bu ne, bu o değil, Seryoja değil!

Nerede onun mavi gözleri, sevimli ve çekingen gülümsemesi?" oldu. Masada oturan küçük kız elindeki mantar tıpayı ısrarlı ve güçlü hareketlerle masaya vuruyor ve iki frenküzümünü andıran kapkara gözleriyle ona boş boş bakıyordu. Anna, İngiliz dadının sorusuna tamamen düzeldiği ve ertesi gün köye gidecekleri yanıtını verdikten sonra kızın yanına oturup, şişe tıpasını onun önünde döndürmeye başladı. Ama çocuğun gürültülü, çın çın öten kahkahası ve kaşlarını oynatarak yaptığı bir hareket ona o kadar canlı bir şekilde Vronskiy'i anımsattı ki, hıçkırıklarını tutarak hemen ayağa kalktı ve dışarı çıktı. "Yoksa her şey bitti mi? Hayır, olamaz, –diye düşünüyordu.– Geri dönecek. Ama o gülümsemeyi, kızla konuştuktan sonraki canlılığını bana nasıl açıklayacak? Ama açıklamasa da ona inanacağım. İnanmazsam bana yapacak tek şey kalıyor, ben de onu yapmak istemiyorum."

Saate baktı. On iki dakika olmuştu. Notumu almıştır ve geri dönüyordur. Uzun sürmez, on dakika daha... Ya gelmezse ne olacak? Hayır, bu olamaz. Beni ağlamış gözlerle görmemeli. Gidip yüzümü yıkayayım. Evet, evet, saçımı taramış mıydım ben?" –diye sordu kendi kendine. Ama anımsayamadı. Eliyle başını yokladı. "Evet, taramışım, ama ne zaman taradığımı kesinlikle anımsamıyorum." Eline de inanmadı ve gerçekten saçını taramış mı, taramamış mı diye boy aynasına bakmaya gitti. Saçlarını taramıştı ve bunu ne zaman yaptığını anımsayamıyordu. Aynada tuhaf bir şekilde parlayan ve korku dolu gözlerini ona dikmiş kızarmış yüze bakarken "Bu kim?" –diye düşünüyordu. Birden anlayarak, "Evet, bu benim," –dedi ve kendisini tepeden tırnağa gözden geçirirken bir anda Vronskiy'in öpücüklerini hissedip, irkilerek omuzlarını oynattı. Sonra elini dudaklarına götürdü ve öptü.

"Ne oluyor, deliriyorum galiba," –diye düşündü ve Annuşka'nın topladığı yatak odasına gitti.

Hizmetçi kızın önünde durmuş, ne söyleyeceğini kendisi de bilmeksizin kızın yüzüne bakarak:

— Annuşka, –dedi.

Hizmetçi, sanki anlamış gibi:

— Darya Aleksandrovna'ya gitmek istiyordunuz, –dedi.

— Darya Aleksandrovna'ya mı? Evet, gideceğim.

"Buradan oraya gidiş on beş dakika, on beş dakika da dönüş. Yoldadır, birazdan gelir. – Saatini çıkartıp baktı.– Beni bu halde bırakıp nasıl gidebildi? Benimle barışmadan nasıl yaşayabilir?" Pencereye gitti ve caddeye bakmaya başladı. Hesabına göre Vronskiy şu sıralarda dönebilirdi. Ama hesap yanlış olabilirdi ve Anna Vronskiy'in ne zaman gittiğini tekrar anımsamaya, dakikaları hesaplamaya koyuldu.

Saatini ayarlamak için büyük saate doğru gittiği sırada birisinin geldiğini duydu. Pencereden bakınca Vronskiy'in arabasını gördü. Fakat merdivenden çıkan kimse yoktu ve aşağıdan sesler geliyordu. Bu, gönderdiği adamdı, arabayla geri dönmüştü. Anna adamın yanına gitti.

— Kont hazretlerine yetişemedim. Kendileri Nijegorod Garı'na gitmişler.

Yazdığı notu ona geri veren kırmızı yanaklı, neşeli Mihail'e:

— Ne istiyorsun? Ne var? –dedi Anna.

"Ah evet, notu almadı ki," –diye anımsadı.

— Bu notu al, köye, Kontes Vronskaya'ya git, evini biliyor musun? Hemen yanıtı getir, –dedi Anna haberciye.

"Peki ben ne yapacağım?" –diye düşündü. Evet, Dolli'ye gidecektim doğru, yoksa aklımı kaçıracağım. Evet, telgraf da çekebilirim." Ve şu telgrafı yazdı:

"Sizinle konuşmam gerekiyor, hemen gelin."

Telgrafı yollayıp, giyinmeye gitti. Üstünü giyindikten ve şapkasını taktıktan sonra biraz şişmanlamış olan sakin Annuşka'nın gözlerinin içine tekrar baktı. Bu küçük, iyilik dolu, gri gözlerde açık bir merhamet okunuyordu.

Çaresizlik içinde kendini bir koltuğa bırakan Anna hıçkırıklar arasında:

— Annuşka canım, ben ne yapayım? –dedi.

— Bu kadar canınızı sıkmayın Anna Arkadyevna! Olur böyle şeyler. Biraz çıkıp dolaşın, açılırsınız, –dedi hizmetçi kız.

Anna kendini toparlayıp ayağa kalkarak:

— Evet, gideyim, –dedi.– Ben yokken telgraf gelecek olursa Darya Aleksandrovna'nın evine yollayın... Yo hayır, ben hemen dönerim.

Yüreğindeki korkunç çarpıntıya korku içinde kulak vererek:

"Evet, düşünmemeliyim, bir şeyler yapmalıyım, dolaşmalıyım, en önemlisi bu evden uzaklaşmalıyım," –dedi ve hemen dışarı çıkıp arabaya bindi.

— Nereye emredersiniz? –diye sordu Pyotr arabacı yerine oturmadan önce.

— Znamenka'ya, Oblonskiylere.

XXVIII

Hava açıktı. Bütün sabah ince ince sağanak yağmur yağmış ve biraz önce hava açmıştı. Sac çatılar, kaldırımlardaki döşeme taşları, yoldaki çakıltaşları, arabaların tekerlek ve meşinleri, bakır ve sac kısımları, her şey, her şey mayıs güneşinde pırıl pırıl parlıyordu. Saat üçtü ve caddelerin en canlı zamanıydı.

Kır atların hızlı gidişiyle esnek yaylarının üzerinde çok az sarsılan rahat arabanın bir köşesine oturan Anna, tekerleklerin hiç susmayan gürültüsü ve tertemiz havada çabucak değişen görüntüler arasında son günlerin olaylarını hızla aklından geçirirken durumunun evde düşündüğünden tamamen farklı olduğunu gördü. Ölüm düşüncesi artık o kadar korkunç ve açık gelmiyor, ölümün kendisi de kaçınılmaz görünmüyordu. Şimdi o kadar küçük bir duruma düştüğü için kendi kendisine sitem ediyordu. "Beni bağışlaması için ona yalvarıyorum. Ona boyun eğdim. Benim suçum olduğunu kabul ettim. Neden? Onsuz yaşayamaz mıyım yoksa?" Onsuz nasıl yaşayacağı sorusuna yanıt vermeksizin tabelaları okumaya başladı. "Büro ve Depo. Diş Doktoru. Evet, Dolli'ye her şeyi anlatacağım. O, Vronskiy'i sevmez. Ayıp olacak, üzüleceğim ama ona anlatacağım. Dolli beni sever, ben de onun tavsiyesine uyacağım. Vronskiy'e boyun eğmeyeceğim; bana akıl öğretmesine izin vermeyeceğim. Filippov, francala. Dediklerine göre Petersburg'a hamur yolluyorlarmış. Moskova'nın suyu o kadar güzel yani. Mıtişçen köyünün su kuyuları ve gözlemeleri." Çok çok eskiden, daha on yedi yaşındayken halasıyla birlikte Troitsa Manastırı'na gittiklerini anımsadı. "Üstelik at sırtında. O elleri kırmızı kız ben miydim? O zamanlar bana o kadar güzel ve erişilmez gelen şeylerin pek çoğu önemini yitirdi, o zaman elimde olanlarsa şimdi sonsuza dek erişilmez hale geldi. Bu kadar küçülebileceğime o zamanlar inanabilir miydim? Notumu alınca ne kadar gururlanmış ve memnun olmuştur kim bilir! Ama ben ona göstereceğim... Bu boya da ne kadar kötü kokuyor. Neden insanlar sürekli bir şey boyuyor ve inşaat yapıyorlar? Modeller ve şapkalar," –diye okudu. Bir adam eğilerek selam verdi Anna'ya. Bu, Annuşka'nın kocasıydı. Vronskiy'in "Bizim asalaklar, –sözünü anımsadı.– Bizim mi? Neden bizim? Geçmişi kökünden söküp atamamak ne korkunç bir şey. Koparıp atmak olanaksız, ama anısını saklamak mümkün. Ben de saklayacağım." O anda Aleksey Aleksandroviç'le olan geçmişini, onu nasıl belleğinden silip attığını anımsadı. "Dolli, benim ikinci kocayı da bıraktığımı ve bu yüzden de haksız olduğumu düşünecek herhalde. Ben haklı olmak istiyor muyum sanki? Yapamam!" –diye mırıldandı ve içinden ağlamak geldi. Ama hemen o anda da şu iki kızın böyle neye gülümseyebileceklerini düşünmeye koyuldu. "Belki aşkla ilgilidir? Bunun ne kadar sıkıntılı, ne kadar alçakça bir şey olduğunu bilmiyorlar... Bulvar ve çocuklar. Üç oğlan koşarak atçılık oynuyorlar. Seryoja!

Her şeyi kaybediyorum ve onu geri getiremiyorum. Evet, Vronskiy dönmezse her şeyi kaybedeceğim. Belki de treni kaçırmıştır ve dönmüştür artık. Yine aşağılanmak istiyorsun! – dedi kendi kendine.– Hayır, Dolli'ye gideceğim ve mutsuz olduğumu, kabahatin bende olduğunu, ama yine de mutsuz olduğumu söyleyeceğim, bana yardım etmesini isteyeceğim. Bu atlar, içinde kendimi bu kadar tiksinç hissettiğim bu araba, her şey onun; ama artık bunları görmeyeceğim."

Anna Dolli'ye söyleyeceği sözleri düşünerek ve yüreğindekileri bile bile deşerek merdivenleri çıktı.

— Kimse var mı? –diye sordu antrede.

— Katerina Aleksandrovna Levina, –diye yanıtladı uşak.

"Kiti! Vronskiy'in âşık olduğu Kiti! –diye düşündü Anna,– Sevgiyle andığı Kiti. Onunla evlenmediğine üzülüyordur. Oysa beni nefretle anıyor ve benimle ilişki kurduğuna üzülüyordur."

Anna geldiği sırada kız kardeşler emzirme konusunda konuşuyorlardı. Dolli, o anda gelip, konuşmalarına engel olan konuğu tek başına karşılamaya çıktı.

— Daha gitmedin demek? Ben de sana gelmek istiyordum, –dedi Dolli,– bugün Stiva'dan bir mektup aldım.

Anna Kiti'yi görmek için sağa sola bakınırken:

— Biz de telgraf aldık, –diye karşılık verdi.

— Stiva, Aleksey Aleksandroviç'in tam olarak ne istediğini anlayamadığını, ama bir yanıt almadan dönmeyeceğini yazıyor.

— Yanında biri var sanıyordum. Mektubu okuyabilir miyim?

Dolli utanarak:

— Evet, Kiti var, –dedi,– çocuk odasında kaldı. Kiti çok hasta.

— Duydum. Mektubu okuyabilir miyim?

— Hemen getiriyorum. Ama Aleksey Aleksandroviç reddetmiyor; aksine Stiva umutlu, –dedi Dolli kapıda durarak.

— Benim umudum yok, hem istemiyorum da, –dedi Anna.

"Ne oluyor, Kiti benimle görüşmeyi kendisini küçük düşüren bir şey mi sayıyor yoksa? –diye düşündü Anna tek başına kalınca.– Belki de haklıdır. Ama bu doğru bile olsa Vronskiy'e âşık olmuş biri olarak bunu bana göstermek ona düşmez. Tek bir namuslu kadının bile şu durumumla beni kabul edemeyeceğini biliyorum. İlk andan beri her şeyi onun için feda ettiğimi biliyorum! Ve işte ödülü! Of, ondan nasıl nefret ediyorum! Peki buraya niçin geldim? Benim için daha kötü, daha zor olacak. –Öbür odadan kız kardeşlerin konuşmalarını duydu.– Şimdi Dolli'ye ne diyeceğim? Mutsuzluğumla Kiti'yi sevindireyim mi, onun kanatlarının altına mı sığınayım? Hayır, Dolli de bir şey anlamayacaktır. Hem benim ona söyleyecek bir şeyim yok. Kiti'yi görmek, herkesten ve her şeyden ne kadar nefret ettiğimi, artık hiçbir şeyin umurumda olmadığını ona göstermek ilginç olabilirdi."

Dolli elinde mektupla odaya girdi. Anna okudu ve bir şey demeden geri verdi.

— Bunların hepsini biliyordum, –dedi Anna.– Ve beni zerre kadar ilgilendirmiyor.

— İyi ama neden? Aksine ben umutluyum, –dedi Dolli merakla Anna'ya bakarak. Onu daha önce hiç bu derece yadırganacak kadar sinirli bir durumda görmemişti.– Ne zaman gideceksin? –diye sordu.

Anna gözlerini kısarak önüne baktı ve Dolli'ye yanıt vermedi.

Kapıya bakarak ve kıpkırmızı kesilerek:

— Kiti niye benden saklanıyor? –dedi.

Dolli yalan söylemeyi pek beceremeyerek:

— A, ne saçma söz o! Bebeği emziriyor, pek beceremiyor da ona tavsiyelerde bulunuyordum... Çok sevindi. Şimdi gelir, –dedi.– Ha işte geldi.

Kiti, Anna'nın geldiğini öğrenince yanına çıkmak istememişti; ama Dolli onu ikna etmişti. Kiti gücünü toplayıp çıktı ve kıpkırmızı kesilerek Anna'nın yanına gelip elini uzattı.

Titreyen bir sesle:

— Çok sevindim, –dedi.

Kiti, içinde bu kötü kadına duyduğu düşmanlıkla ona karşı hoşgörülü olma isteği arasında devam eden savaş yüzünden şaşkındı; ama Anna'nın güzel, sevimli yüzünü görür görmez düşmanlığı bir anda yok oldu.

— Benimle görüşmek istemeseniz de şaşırmazdım. Her şeye alıştım. Hasta mıydınız? Evet, değişmişsiniz, –dedi Anna.

Kiti Anna'nın kendisine düşmanca baktığını hissediyordu. Bu düşmanlığı, daha önce kendisine kol kanat germiş olan Anna'nın şimdi onun karşısında hissettiği can sıkıcı durumla açıklıyor ve Anna'ya acıyordu.

Hastalıktan, bebekten, Stiva'dan konuştular, ama görünüşe bakılırsa hiçbir şey Anna'yı ilgilendirmiyordu.

Ayağa kalkarak:

— Seninle vedalaşmak için uğramıştım, –dedi Anna.

— Ne zaman gidiyorsunuz?

Ama Anna yine yanıt vermeksizin Kiti'ye döndü:

— Evet, sizi gördüğüme çok sevindim, –dedi gülümseyerek.– Sizinle ilgili her taraftan, kocanızdan bile o kadar çok şey duydum ki. Bana geldi ve ondan çok hoşlandım, –diye Anna çok açık bir kötü niyetle ekledi.– Kocanız nerede?

Kiti kızararak:

— Köye gitti, –dedi.

— Ona benden selam söyleyin, mutlaka söyleyin.

Kiti Anna'nın gözlerinin içine merhametle bakarak:

— Mutlaka! –diye safça tekrarladı.

— Hadi hoşça kal Dolli! –Ve Anna, Dolli'yi öpüp, Kiti'nin elini sıktıktan sonra hemen çıktı.

Kiti ablasıyla yalnız kalınca:

— Hep aynı, her zaman çekici. Çok güzel! –dedi.– Ama acınacak bir şey var onda! Çok acınacak bir şey!

— Hayır, bugün onda özel bir şey var, –dedi Dolli.– Antrede onu uğurladığım sırada ağlamak istiyormuş gibi geldi bana.

XXIX

Anna, evden çıktığından daha kötü bir durumda bindi arabaya. Önceki üzüntülerine şimdi Kiti'yle karşılaştığında açıkça hissettiği aşağılanma ve istenmeme duygusu da eklenmişti.

— Nereye emredersiniz? Eve mi? –diye sordu Pyotr.

Artık nereye gittiğini bile düşünmeksizin:

— Evet, eve, –dedi.

Yoldan geçen iki yayaya bakarak "Nasıl da garip, anlaşılmaz ve ilginç bir şeye bakar gibi bakıyorlar bana. Biri, diğerine bu kadar hararetle ne anlatıyor olabilir? –diye düşünüyordu.– Hissettiğin şeyi başkasına anlatmak mümkün mü acaba? Dolli'ye anlatmak istiyordum, ama anlatmadığım iyi oldu. Benim mutsuz olmama nasıl da sevinirdi! Bunu saklardı; ama asıl beni kıskanmasına neden olan zevkler yüzünden cezalandırıldığım için sevinç duyardı. Kiti, daha da çok sevinirdi. Onun içini biliyorum! Kocasına karşı her zamankinden daha güler yüzlü olduğumu biliyor. Beni kıskanıyor ve benden nefret ediyor. Dahası hor görüyor. Onun gözünde ben ahlaksız bir kadınım. Eğer ben ahlaksız bir kadın olsaydım, onun kocasını kendime âşık edebilirdim... eğer isteseydim. Evet, istedim de. İşte hayatından memnun biri, –diye geçirdi aklından karşı yönden gelen arabada Anna'yı tanıdık zannederek dazlak kafasındaki parlak şapkasını hafifçe kaldıran ve sonra yanıldığını anlayan şişman, kırmızı yanaklı adam için.– Beni tanıdığını sandı. Oysa beni dünyada herhangi birinin tanıdığı kadar az tanıyor. Ben de kendimi tanımıyorum. Fransızların dediği gibi, isteklerimi biliyorum. İşte bunlar da şu pis dondurmadan istiyorlar, –diye düşünüyordu kafasındaki dondurma fıçısını yere indiren ve terli yüzünü havlusunun ucuyla silen dondurmacıyı durduran iki küçük oğlana bakarak.– Hepimizin canı tatlı, lezzetli şeyler ister. Şeker yoksa pis dondurma. Kiti de aynı öyle: Vronskiy olmazsa Levin. Bir de beni kıskanıyor. Benden nefret ediyor. İkimiz de birbirimizden nefret ediyoruz. Ben Kiti'den, Kiti benden. İşte bu gerçek. Tyutkin, coiffeur... Je me fais coiffer par Tyutkin...* Geldiğinde bunu ona söyleyeceğim, –diye düşündü ve gülümsedi. Fakat aynı anda artık komik bir şey anlatacak kimse olmadığını anımsadı.– Evet, ne komik, ne de neşeli bir şey var. Her şey iğrenç. Akşam ayinini haber veren çanlar çalıyor, şu tüccar da ne kadar düzgün haç çıkarıyor öyle, sanki bir şeyi düşürmekten korkuyor. Bu kiliseler ne için, bu çan ve bu yalan? Öfkeyle birbirine küfreden şu arabacılar gibi hepimizin birbirinden nefret ettiğini saklamak için sadece. Yaşvin, o beni gömleksiz bırakmak istiyor, ben de onu diyordu. İşte gerçek bu!"

Kendi durumunu düşünmekten bile alıkoyacak kadar kafasını meşgul eden bu düşüncelerle kendini evinin önünde buldu. Bir notla bir telgraf gönderdiğini ancak onu karşılamaya çıkan kapıcıyı görünce anımsadı.

— Yanıt var mı? –diye sordu.

— Hemen bakıyorum, –diye yanıtladı kapıcı ve yazı masasının üzerine bir göz atıp, dört köşe ince telgraf zarfını alıp ona uzattı. "Saat ondan önce gelemem. Vronskiy," –diye okudu Anna.

— Giden adam dönmedi mi?

— Hayır, dönmedi, –diye yanıtladı kapıcı.

"Öyleyse ben de yapacağımı bilirim, –dedi Anna, içinde kabaran belirsiz öfkeyi ve öç alma gereksinimini hissederek koşa koşa üst kata çıktı.– Ben giderim onun yanına. Sonsuza dek bırakıp gitmeden önce ona her şeyi söyleyeceğim. Bu adamdan nefret ettiğim kadar hiç kimseden nefret etmedim hayatta! –diye düşündü. Askıda Vronskiy'in şapkasını görünce tiksinerek irkildi. Vronskiy'in telgrafının kendi

---

* Berber. Saçlarımı Tyutkin'de yaptırıyorum... (Fr.)

gönderdiği telgrafa yanıt olduğunu ve notunu henüz almadığını düşünmüyordu. Vronskiy'i şimdi annesiyle ve Sorokina'yla sakin sakin sohbet ederken ve onun çektiği acılara sevinirken gözünün önünde canlandırıyordu. Nereye gideceğini henüz bilmeden, "Evet, bir an önce gitmeliyim," –dedi kendi kendine. Bu korkunç evde hissettiği duygulardan bir an önce uzaklaşmak istiyordu. Bu evdeki hizmetçiler, duvarlar, eşyalar, her şey, içinde bir tiksinti, bir öfke uyandırıyor, onu ağırlığıyla eziyordu.

"Evet, istasyona gitmeliyim, eğer orada yoksa o zaman oraya gider, onu suçüstü yakalarım." Anna gazetelerdeki tren tarifelerine baktı. Akşam saat sekizi iki dakika geçe kalkıyordu tren. "Evet, yetişirim." Arabaya yeni atların koşulmasını söyledi ve birkaç gün yetecek kadar eşyayı yol çantasına yerleştirdi. Buraya bir daha dönmeyeceğini biliyordu. Aklına gelen planlar arasından birine, istasyonda ya da kontesin malikânesinde olacaklardan sonra Nijegorod demiryolundan devam ederek ilk kente kadar gitmeye ve orada kalmaya belli belirsiz bir karar vermişti.

Öğle yemeği masanın üzerinde duruyordu; yanına gitti, ekmeği ve peyniri kokladı, bütün yiyecek kokularının kendisine iğrenç geldiğinden emin olarak arabayı getirmelerini söyledi ve çıktı. Evin gölgesi artık tüm caddeye düşmüştü ve açık, güneşin sıcaklığını henüz koruyan bir akşam vardı. Eşyalarını eline almış onu uğurlayan Annuşka da, eşyaları arabaya yerleştiren Pyotr da, görünüşüne bakılırsa halinden memnun olmayan arabacı da ona iğrenç geliyor, sözleriyle ve hareketleriyle onu sinirlendiriyorlardı.

— Sana ihtiyacım yok Pyotr.

— Ama bilet işi?

— Pekâlâ, nasıl istersen, benim için fark etmez, –dedi Anna sıkıntıyla.

Pyotr arabacının yanına sıçrayıp çıktı ve ellerini beline koyup, arabacıya istasyona gitmesini söyledi.

XXX

Araba hareket eder etmez ve yolun küçük taşları üzerinde sarsılarak gürültüyle ilerlemeye başlar başlamaz Anna, "İşte yine o kız! Yine her şeyi anlıyorum," –dedi ve izlenimler yine birbirinin yerini almaya başladı.

"Evet, son olarak iyi düşündüğüm ne vardı? –diye anımsamaya çalıştı.– Tyutkin, coiffeur müydü? Hayır, o değildi. Evet, Yaşvin'in söylediği şey: Var olma mücadelesi ve nefret, insanları birleştiren tek şeydir. –Herhalde kent dışına eğlenmeye giden bir arabadaki dört kişilik gruba hayalinden seslenerek,– Hayır, boşuna gidiyorsunuz, –dedi.– Hem yanınızda götürdüğünüz köpeğin de size bir yardımı olmaz. Kendinizden kaçamazsınız." Pyotr'un başını çevirdiği tarafa göz atınca bir polisin çeke çeke bir yere götürdüğü sarhoşluktan kafası sallanan, yarı ölü haldeki bir fabrika işçisini gördü. "İşte bu adam daha çabuk bulmuş yolunu, –diye düşündü.– Kont Vronskiy'le biz çok şey beklediğimiz halde bu zevki bulamadık." Anna, her şeyi görebildiği bu parlak ışığı ilk kez Vronskiy'le arasındaki, daha önce düşünmekten kaçındığı ilişkilere çevirdi. "Bende aradığı neydi? Aşktan çok kendini beğenmişlik duygularını tatmin etmek." İlişkilerinin ilk zamanlarında söylediği sözleri, uysal bir av köpeğini andıran yüz ifadesini anımsadı. Şimdi her şey bunu kanıtlıyordu. "Evet, kibirli bir başarının gururu vardı. Elbette aşk da vardı, ama başarı gururunun payı daha büyüktü. Benimle övünüyordu. Şimdi bu da geçti. Gurur duyacağı bir şey kalmadı. Gurur duyacak değil, utanacak bir şey var artık. Benden alabileceği her şeyi aldı, onun için artık gerekli değilim. Benden sıkıldı ve bana karşı onursuz davranmamaya çalışıyor. Dün benim boşanmamı ve evlenmeyi, kendi gemilerini yakmak için istediğini ağzından kaçırdı. Beni seviyor, ama nasıl? The zest is gone.* –Kiralık

---

* Tadı kaçtı. (İng.)

bir ata binmiş kırmızı yanaklı bir tezgâhtara bakarak,– Şu adam da herkesin kendine bakmasını istiyor, kendinden çok memnun, –diye düşündü.– Evet, bende eski tadı bulamıyor. Onu bırakıp gitsem için için sevinecektir."

Bu bir tahmin değildi, Anna yaşamın ve insan ilişkilerinin anlamını önünde açığa çıkarmış olan keskin ışıkta bunu açıkça görüyordu.

"Benim sevgim gitgide daha tutkulu ve bencil bir sevgiye dönüşüyor, onunki ise gün geçtikçe sönüyor ve bu yüzden uzaklaşıyoruz birbirimizden, –diye düşünmeye devam etti Anna.– Buna bir çare bulmak da olanaksız. Benim her şeyim o ve onun giderek daha fazla kendini bana vermesini istiyorum. Oysa onun gitgide daha fazla istediği şey ise benden uzaklaşmak. İlişkimiz başlamadan önce birbirimize doğru yürüyorduk, sonrasında ise karşı konulmaz bir şekilde farklı yönlere gidiyoruz. Ve bu durumu değiştirmek mümkün değil. Bana anlamsız bir kıskançlığım olduğunu söylüyor; ama doğru değil bu. Ben kıskanç değilim, mutsuzum. Ama... –Ağzını açtı ve birden aklına gelen bir düşünceyle içinde uyanan heyecan yüzünden arabada oturduğu yeri değiştirdi.– Keşke sadece onun okşamalarını tutkuyla seven bir metresten başka bir şey olabilseydim; ama olamıyorum ve başka bir şey olmak da istemiyorum. Bu isteğimle de onda tiksinti yaratıyorum, o da bende öfke. Başka türlü olamaz. Beni aldatmaya kalkışmadığını, Sorokina'da gözü olmadığını, Kiti'ye âşık olmadığını, beni aldatmayacağını bilmiyor muyum? Bunların hepsini biliyorum, ama bunları bilmek beni rahatlatmıyor. Beni sevmeden, *görev* olarak bana karşı iyi davranacak, şefkat gösterecekse bu, benim istediğim şey olamaz, üstelik bana öfkelenmesinden bin kat daha kötüdür! Cehennem demektir! Ama şu anda olan da bu işte! Çoktandır beni sevmiyor. Aşkın bittiği yerde ise nefret başlar. Bu sokakları hiç bilmiyorum. Tepeler, bütün bu evler, evler... Ve evlerdeki bütün insanlar, insanlar... Ne kadar çok sayıları, saymakla bitmez, hem hepsi birbirlerinden nefret eder. Diyelim ki, mutlu olmak için ne istediğimi buldum. Ne olacak? Boşanıyorum, Aleksey Aleksandroviç Seryoja'yı bana veriyor ve Vronskiy'le evleniyorum." Aleksey Aleksandroviç'i anımsayınca onu uysal, cansız, donuk gözleriyle, bembeyaz ellerindeki mavi damarlarıyla, vurgulamaları ve parmaklarını çıtırdatmasıyla hemen olağanüstü bir canlılıkla gözünün önüne getirdi ve aralarında olan, aynı şekilde aşk diye adlandırılan duyguyu anımsayınca tiksinerek irkildi. "Tamam, boşanacağım ve Vronskiy'in karısı olacağım. Kiti o zaman bana bugün baktığı gibi bakmaktan vazgeçecek mi? Hayır. Ya Seryoja, iki kocamla ilgili soru sormaktan ya da bunu düşünmekten vazgeçecek mi? Vronskiy'le aramda nasıl yeni bir duygu yaratabilirim? Artık mutluluğu bir yana bırakalım, sırf bu acılar olmayabilir mi? Hayır, hayır! –diye yanıt verdi kendisine artık en ufak bir kararsızlık duymaksızın.– Mümkün değil! Hayat tarafından birbirimizden ayrılıyoruz, ben onu mutsuz ediyorum, o da beni. Ne onu, ne de beni değiştirmek mümkün değil. Bütün denemeler yapıldı, vida yerinden çıktı. Evet, çocuğuyla bir dilenci kadın. Ona acıdığımı düşünüyor. Sırf birbirimizden nefret etmek, bu yüzden de kendimize ve başkalarına acı çektirmek için getirilmedik mi dünyaya? Lise öğrencileri gidiyor, gülüyorlar. Ya Seryoja? –diye anımsadı.– Onu sevdiğimi sanıyordum, şefkatim beni duygulandırıyordu. Oysa o yanımda olmadan yaşadım, onu başka birinin aşkıyla değiştim ve bu aşktan mutlu olduğum sürece de bu değişiklikten hiç yakınmadım." Aşk diye adlandırdığı şeyi tiksintiyle anımsadı. Şimdi kendisinin ve tüm insanların hayatını açıkça görebilmesine sevindi. Nijegorod İstasyonu'nun alçak binasının önüne geldikleri ve hamalların ona doğru koştukları sırada Anna "Benim için de, Pyotr için de, arabacı Fyodor için de, şu ilanların davet ettikleri Volga boyunda yaşayan insanlar için de bu böyle, her yerde, her zaman," –diye düşündü.

— Obiralovka'ya mı bilet almamı emredersiniz? –dedi Pyotr.

Anna nereye ve niçin gittiğini tümden unutmuştu ve sorulan soruyu ancak çok büyük bir çaba harcayarak anlayabildi.

Para çantasını Fyodor'a uzatarak:

— Evet, –dedi ve kırmızı küçük çantasını eline alıp arabadan indi.

Kalabalığın arasında birinci mevkinin bekleme salonuna doğru yürürken durumunun bütün ayrıntılarını ve aralarında gidip geldiği kararları biraz biraz anımsıyordu. Yine kâh umut, kâh umutsuzluk, yorgun düşmüş, korkunç şekilde çarpan yüreğinin yaralarını eski hassas noktalarında deşmeye başlamıştı. Treni beklemek için yıldız şeklindeki kanepeye oturmuş, girip çıkanlara tiksintiyle bakan (hepsi ona iğrenç geliyordu) Anna, kâh istasyona nasıl gideceğini, ona bir not yazacağını, notta ne yazacağını, kâh Vronskiy'in şu anda annesine (onun çektiği acıları anlamayarak) kendi durumundan nasıl yakındığını, odaya nasıl gireceğini ve Vronskiy'e ne diyeceğini düşünüyordu. Bazen de hayatın daha mutlu olabileceğini ve Vronskiy'i ne büyük acılarla sevip ondan nefret ettiğini, yüreğinin ne korkunç çarpıntılar içinde olduğunu düşünüyordu.

XXXI

Zil sesi duyuldu, çirkin, küstah, aceleci, bununla birlikte bıraktıkları izlenim konusunda dikkatli birtakım genç adamlar geçti; Pyotr da üniforması ve potinleri, küt, hayvansı suratıyla salondan geçip, vagona kadar götürmek üzere Anna'nın yanına geldi. Anna, peronda yanlarından geçerken gürültücü erkekler sustular ve birisi diğerine Anna'yla ilgili bir şey, tabii ki, iğrenç bir şey fısıldadı. Yüksek basamağı çıktı ve kompartımanda bir zamanlar beyaz olan kirli, yaylı koltuğa oturdu. Torba şeklindeki çantası yayların üzerinde hopladı ve yayıldı. Pyotr, suratında aptalca bir gülümsemeyle pencerenin önünde veda işareti olarak şeritli şapkasını hafifçe havaya kaldırdı, küstah kondüktör kapıyı çarpıp, sürgüsünü çekti. Eteğinin arkası yastıkla kabartılmış çirkin bir kadınla (Anna bu kadını zihninde soydu ve çirkinliğinden korkuya kapıldı) küçük bir kız doğal olmayan bir şekilde gülerek aşağı doğru koştular.

— Katerina Andreyevna'da, her şey onda, ma tante!* – diye bağırdı küçük kız.

Anna, "Kız da bozulmuş, kırıtıp duruyor," –diye düşündü. Hiç kimseyi görmemek için hemen kalktı ve boş vagonda karşı pencerenin önüne oturdu. Birbirine karışmış saçları kasketinin altından dışarı fırlamış, kir içinde çirkin bir köylü vagonun tekerleklerine doğru eğilerek pencerenin yanından geçti. "Bu çirkin köylüde tanıdık bir şey var," –diye geçti Anna'nın aklından. Gördüğü düşü anımsayıp korkudan titreyerek karşı kapıya doğru gitti. Kondüktör, bir karıkocaya yol vermek için kapıyı açıyordu.

— Dışarı çıkmak mı istiyorsunuz?

Anna yanıt vermiyordu. Kondüktör ve içeri girenler tülün altında Anna'nın yüzündeki korkuyu fark etmediler. Köşesine dönüp oturdu. Çift de Anna'nın elbisesine dikkatle, ama gizlice bakarak karşı tarafa oturdu. Adam da, kadın da Anna'ya iğrenç göründü. Koca sigara içmesine izin verip vermeyeceğini sordu. Besbelli ki, maksat sigara içmek değil, onunla konuşmaktı. Onayını aldıktan sonra sigara içmesinden daha da az gerekli bir konuda karısıyla Fransızca konuşmaya başladı. Sırf Anna'ya duyurmak için yapmacık tavırlarla aptalca şeylerden söz ediyorlardı. Anna, birbirlerinden ne kadar bıktıklarını ve nefret ettiklerini açıkça görüyordu. Zaten bu kadar zavallı bir adamdan nefret etmemek olanaksızdı.

İkinci zil, onun arkasından da taşınan bagajın sesi, gürültü, bir çığlık ve bir kahkaha duyuldu. Anna'ya göre hiç kimsenin sevinip neşeleneceği bir şeyi olmadığı o kadar açıktı ki, bu kahkaha onu canını yakacak kadar sinirlendirdi ve duymamak için kulaklarını tıkamak istedi. Nihayet üçüncü zil çaldı, düdük sesi, lokomotifin gıcırtısı duyuldu, katar hareket etti

---

* Teyze! (Fr.)

ve adam haç çıkarttı. Anna, adama öfkeyle bakıp "Bununla ne demek istediğini ona sormak ilginç olurdu," –diye düşündü. Kadının yanındaki pencereden peronda duran ve sanki geri geri kayıyorlarmış gibi görünen uğurlayıcılara bakıyordu. Anna'nın bindiği vagon rayların birleşme yerlerinde düzgün şekilde sarsılarak peronun, taş duvarın, başka vagonların yanından geçti; tekerlekler daha düzgün ve yağlanmış gibi, hafif bir tıngırtıyla rayların üzerinde ilerlemeye başladı, pencere parlak akşam güneşiyle aydınlandı ve hafif bir esinti perdeyi oynatmaya başladı. Anna vagon komşularını unutmuştu, trenin sarsıntısıyla hafif hafif sallanırken temiz havayı içine çekerek tekrar düşünmeye başladı.

"Evet, nerede kalmıştım? Hayatın işkence olmadığı bir durum düşünemediğim, hepimizin acı çekmek için yaratıldığımız ve bunu hepimizin bildiği, hepimizin kendimizi aldatacak çareler uydurduğu konusunda kalmıştım. Peki gerçeği gördüğünde ne yapmak gerekiyor?"

Kadın söylediği sözden memnun, dudaklarını büzerek:

— Kendisini rahatsız eden şeyden kurtulması için akıl verilmiş insana, –dedi Fransızca.

Bu sözler, sanki Anna'nın düşüncesine yanıt veriyordu.

"Rahatsız eden şeyden kurtulmak," –diye tekrarladı Anna. Kırmızı yanaklı kocaya ve zayıf karısına bakınca bu hastalıklı kadının kendisini anlaşılmaz bir kadın olarak gördüğünü ve kocanın karısını aldattığını, kadının kendisiyle ilgili bu düşüncesini desteklediğini anladı. Anna üzerlerine ışık tutarak âdeta karıkocanın hikâyesini, ruhlarının tüm köşe bucağını görüyordu. Ama ilginç bir şey yoktu ve kendi düşüncesini sürdürdü.

"Evet, beni çok rahatsız ediyor ve kurtulmak için de akıl verilmiş; demek ki kurtulmak gerekiyor. İnsanın artık bakacak bir şeyi yoksa, bütün bunlara bakmaktan iğreniyorsa o zaman mumu neden söndürmesin? Ama nasıl? Bu kondüktör koridorda neden koştu, öbür vagondaki gençler neden bağırıyorlar? Neden konuşuyorlar, neden gülüyorlar? Hepsi yalan, hepsi aldatmaca, hepsi kötü!.."

Tren istasyona geldiğinde Anna diğer yolcuların kalabalığı arasında dışarı çıktı ve cüzamlılardan kaçar gibi onlardan uzaklaşarak peronda durdu, buraya neden geldiğini ve ne yapmak niyetinde olduğunu anımsamaya çalıştı. Önceden olabilecek görünen şeyleri, özellikle de onu rahat bırakmayan bu çirkin insanların gürültülü kalabalığı içinde düşünmek ne kadar zordu şimdi. Kâh hamallar ona hizmetlerini sunmak için yanına koşuyor, kâh genç adamlar topuklarını peronun tahtalarına vurarak ve bağıra çağıra konuşarak onu süzüyor, kâh karşısına çıkanlar ne yana gideceklerini şaşırıyordu. Eğer yanıt yoksa daha uzağa gitmek istediğini anımsayıp hamallardan birini durdurdu ve Kont Vronskiy'e mektup götüren bir arabacının burada olup olmadığını sordu.

— Kont Vronskiy mi? Onlardan birileri biraz önce buradaydı. Prenses Sorokina'yla kızını karşılıyorlardı. Arabacı nasıl biriydi?

Anna hamalla konuştuğu sırada kırmızı yanaklı, neşeli, arabacı Mihail, sırtında çok şık mavi ceketi ve köstekğiyle, belli ki görevini yerine getirmiş olmaktan gurur duyarak Anna'nın yanına geldi ve bir not uzattı. Anna zarfı açtı ve daha okumadan yüreği sıkıştı.

"Notun elime geçmemesine çok üzüldüm. Saat onda geleceğim," –diye yazmıştı Vronskiy özensiz bir yazıyla.

Anna öfkeli bir gülüşle kendi kendine "Demek öyle! Bunu bekliyordum!" –dedi.

Mihail'e:

— Tamam, sen eve git, –dedi Anna yavaşça. Alçak sesle konuşuyordu, çünkü hızla çarpan yüreği soluk almasını engelliyordu. Vronskiy'i ve kendini değil, ona acı çektiren kişiyi tehdit ederek "Hayır, beni üzmene izin vermeyeceğim," –diye geçirdi içinden ve peronda, istasyon binası boyunca yürüdü.

Peronda yürüyen iki hizmetçi kız, başlarını çevirip bakarak Anna'nın giysisi hakkında yüksek sesle yorum yaptılar: Anna'nın elbisesindeki dantel için "gerçek" dediler. Genç adamlar onu rahat bırakmıyordu. Yine yüzüne bakarak ve gülerek, doğal olmayan bir sesle bağırarak yanından geçtiler. İstasyon şefi, yanından geçerken trene binip binmeyeceğini sordu. Kvas satıcısı çocuk gözlerini ondan ayırmıyordu. Anna peronun ucuna doğru yürürken "Tanrım, nereye gideyim?" diye düşünüyordu. Peronun ucunda durdu. Gözlüklü bir beyefendiyi karşılayan ve yüksek sesle gülüp konuşan kadın ve çocuklar, onlarla aynı hizaya gelince Anna'ya bakarak sustular. Anna adımlarını hızlandırdı ve bu insanlardan uzaklaşarak peronun kenarına gitti. Bir yük treni geliyordu. Peron sarsıldı ve Anna'ya yine trende gidiyormuş gibi geldi.

Birden Vronskiy'le ilk karşılaştığı gün ezilen adamı anımsayıp ne yapması gerektiğini anladı. Su pompasından raylara inen basamakları hızlı ve hafif adımlarla inip, hemen önünden geçen trenin yanında durdu. Vagonların altına, vidalara ve zincirlere, ağır ağır geçmekte olan birinci vagonun yüksek demir tekerleklerine baktı, gözüyle ön ve arka tekerleklerin ortasını, bu orta noktanın tam önüne geleceği anı saptamaya çalıştı.

Vagonun, traverslerin üzerine dökülmüş olan kömürle karışık kuma düşen gölgesine bakarak kendi kendine "Oraya! –dedi,– oraya, tam ortaya, hem onu cezalandıracağım, hem herkesten ve kendimden kurtulacağım."

Orta noktası onunla aynı hizaya gelmiş olan birinci vagonun altına düşmek istiyordu. Ama kolundan çıkartmaya çalıştığı kırmızı çantası onu oyaladı ve geç kaldı, vagonun ortası onu geride bırakmıştı. Sonraki vagonu beklemek gerekiyordu. Yüzmek için suya girmeye hazırlanırken hissettiğine benzer bir duyguya kapıldı ve haç çıkarttı. Alışılmış haç işareti, ruhunda bir dizi genç kızlık ve çocukluk anılarını canlandırdı, her şeyi örten karanlık bir anda parçalandı ve hayat geçmişte kalmış tüm aydınlık sevinçleriyle bir an gözünün önüne geldi. Ama yaklaşan ikinci vagonun tekerleklerinden gözlerini ayırmıyordu. Ve tekerleklerin ortası tam onunla aynı hizaya geldiği anda kırmızı çantayı elinden attı, başını omuzlarının arasına sokup vagonun altına, ellerinin üzerine düştü, aynı anda kalkmaya hazırlanıyormuş gibi hafif bir hareketle dizlerinin üstünde doğruldu. O anda da yaptığı şeyden korkuya kapıldı. "Ben neredeyim? Ne yapıyorum? Neden?" Kalkmak, kendini geriye atmak istedi; ama çok büyük, acımasız bir şey başına çarptı ve sırtından sürükledi. Mücadele etmenin olanaksız olduğunu hissederek "Tanrım, bütün günahlarımı bağışla!" –dedi. Bir şeyler mırıldanan ufak tefek bir köylü, bir demirin üstünde çalışıyordu. Ve Anna'nın okuduğu kaygılarla, aldatmalarla, dertlerle, kötülüklerle dolu kitabı aydınlatan mum, her zamankinden daha parlak ışıldayarak daha önce karanlıkta kalan her şeyi aydınlattı, çıtırdamaya başladı, sönmeye yüz tuttu ve sonsuza dek söndü.

Sekizinci Bölüm

I

Hemen hemen iki ay geçmişti. Artık sıcak yaz mevsiminin ortalarıydı, Sergey İvanoviç, Moskova'dan gitmeye daha yeni hazırlanıyordu.

Bu arada Sergey İvanoviç'in hayatında özel olaylar olmuştu. Altı yıllık emeğin ürünü olan ve "Avrupa ve Rusya'da Devletin Temelleri ve Biçimleri Üzerine Bir İnceleme Denemesi" adını taşıyan kitabı bir yıl kadar önce bitmişti. Bu kitabın bazı bölümleri ve girişi süreli yayınlarda yer almıştı ve diğer kısımları da Sergey İvanoviç tarafından kendi çevresinden insanlara okunmuştu, dolayısıyla bu yapıttaki düşünceler halk açısından artık yeni bir haber olamazdı; ama Sergey İvanoviç yine de kitabının ortaya çıkışıyla birlikte toplum üzerinde ciddi bir etki yapacağını, bilimde bir devrim olmasa bile her türlü durumda bilim dünyasında güçlü bir dalga yaratacağını umuyordu.

Kitap, titiz bir şekilde gözden geçirildikten sonra geçen yıl yayımlanmış ve kitapçılara gönderilmişti.

Sergey İvanoviç, hiç kimseye kitabıyla ilgili soru sormadan, dostlarının, kitabın nasıl gittiği sorularına isteksiz ve yapmacık bir ilgisizlikle yanıt vererek, satışının nasıl olduğunu kitapçılara bile sormadan kitabının toplumda ve yazın alanında uyandırdığı ilk izlenimi gözlerini dört açarak ve büyük bir dikkatle izliyordu. Ancak bir hafta, iki, üç hafta geçmişti ve toplumda fark edilir hiçbir tepki yoktu; dostları, uzmanlar ve bilim adamları ara sıra belli ki nezaketlerinden kitap hakkında konuşuyorlardı. Geri kalan tanıdıkları, bilimsel içerikli bir kitapla ilgilenmedikleri için kitaptan hiç söz etmiyorlardı. Şimdi özellikle başka bir konuyla uğraşan toplumda da aşırı bir ilgisizlik vardı. Yazın alanında da bir ay boyunca kitapla ilgili tek söz edilmemişti.

Sergey İvanoviç, eleştiri yazılması için gerekli olan zamanı ayrıntılarına dek hesaplıyordu ama bir ay, iki ay geçmişti, aynı suskunluk devam ediyordu.

Yalnızca "Kuzey Böceği" dergisinde, sesini kaybetmiş olan şarkıcı Drabanti hakkında yazılmış alaycı bir fıkrada Koznışev'in kitabından, bu kitabın artık uzunca bir süredir herkes tarafından kınandığını ve herkesin alay konusu olduğunu gösteren aşağılayıcı birkaç söz edilmişti.

Nihayet üç ay sonra ciddi bir dergide bir eleştiri yazısı çıktı. Sergey İvanoviç makalenin yazarını da tanıyordu. Bir kez Golubtsov'un evinde rastlamıştı ona.

Makalenin yazarı, çok genç ve hasta bir fıkra yazarıydı, çok ateşli, ama son derece az eğitimli ve özel ilişkilerinde çekingen biriydi.

Sergey İvanoviç yazarı aşırı derecede küçümsemesine karşın makaleyi büyük bir saygıyla okumaya girişti. Makale korkunçtu.

Görünüşe göre yazar, kitabın tümünü anlaşılması olanaksız bir şekilde anlamıştı. Ancak kitaptan öyle ustaca alıntılar yapmıştı ki, kitabı okumayanlar için (galiba hemen hemen hiç kimse kitabı okumamıştı) bütün kitabın ağdalı laf, üstelik yerinde kullanılmayan ağdalı laf kalabalığı olduğu (soru işaretleri bunu gösteriyordu) ve kitabın yazarının kara cahil bir adam olduğu son derece açıktı. Bunların hepsi o kadar orijinal bir şekilde yapılmıştı ki, Sergey İvanoviç de bu orijinalliği reddedemiyordu; fakat korkunç olan da buydu.

Sergey İvanoviç, eleştirmenin ileri sürdüğü kanıtların doğruluğunu kontrol ederken tam bir iyi niyet görtermiş olsa da, alay edilen eksikler ve yanlışların üzerinde bir an bile durmadı. Bütün bunların kasıtlı olarak alındığı son derece açıktı, ama Sergey İvanoviç elinde olmadan makale yazarıyla karşılaşmasını ve konuşmasını en küçük ayrıntısına dek anımsamaya çalıştı.

Sergey İvanoviç, "Bir şekilde adamın canını sıkmış olabilir miyim?" –diye kendi kendine soruyordu.

Görüşmeleri sırasında bu genç adamın cahilliğini ortaya koyan bir sözcüğü düzelttiğini anımsayan Sergey İvanoviç makalenin yazılma nedeninin açıklamasını böylece buldu.

Bu makaleden sonra kitapla ilgili olarak hem yazılı, hem sözlü bir ölüm sessizliği oldu ve Sergey İvanoviç, o kadar sevgi ve emekle yarattığı altı yıllık yapıtının iz bırakmadan geçip gittiğini gördü.

Kitabı bitirdikten sonra zamanının büyük bölümünü alacak başka bir masa başı çalışması daha olmadığından Sergey İvanoviç için durum daha da zordu.

Sergey İvanoviç zeki, kültürlü, sağlıklı, çalışkan biriydi ve enerjisini nereye harcayacağını bilmiyordu. Salonlarda, kongrelerde, toplantılarda, komitelerde, konuşulabilen her yerde yaptığı konuşmalar zamanının büyük bölümünü alıyordu; ama çok uzun zamandır kentte yaşayan biri olarak, deneyimsiz kardeşinin Moskova'ya geldiğinde yaptığı gibi tüm zamanını konuşarak harcamıyordu; pek çok boş vakti ve zihin gücü kalıyordu.

Şansına, kitabının başarısızlığı nedeniyle onun için en zor olan bu dönemde başka bir dinden olanlar, Amerikalı dostlar, Samara'daki kıtlık, sergi, spiritizma konularının yerini, daha önce toplumda ancak hafif hafif dumanı tüten Slav davası almıştı ve eskiden de bu davanın destekçilerinden biri olan Sergey İvanoviç kendini tümden bu işe vermişti.

Bu sırada Sergey İvanoviç'in görüştüğü insanlar arasında Slav sorunundan ve Sırp savaşından başka ne bir şey konuşuluyor, ne de yazılıyordu. İşsiz güçsüz kalabalık genellikle zaman geçirmek için yaptığı her şeyi, şimdi Slavlar yararına yapıyordu. Balolar, konserler, yemekler, konuşmalar, hanımların kıyafetleri, içki, meyhaneler Slavlara duyulan merhameti gösteriyordu.

Sergey İvanoviç, bu vesileyle konuşan ve yazanların pek çoğuyla ayrıntılarda hemfikir değildi. Slav sorununun her zaman biri öbürünün yerini alarak toplum için bir uğraş konusu olan moda eğlencelerden olduğunu görüyordu; kendi çıkarlarını düşünen ya da ün kazanmak amacıyla bu işle uğraşanların sayısının ne kadar çok olduğunu da görüyordu. Gazetelerin pek çok gereksiz ve abartılı şey yayımlamalarının tek amacının da dikkati kendi üzerlerine çekmek ve diğerlerinin sesini bastırmak olduğu görüşündeydi. Toplumdaki bu genel tırmanışta başarısızların ve küskünlerin, yani ordusuz başkomutanların, bakanlığı olmayan bakanların, gazetesiz gazetecilerin, üyesiz parti başkanlarının herkesten daha öne fırladıklarını ve daha yüksek sesle bağırdıklarını görüyordu. Pek çok düşüncesiz ve komik şeyin olduğunu görüyordu; ancak toplumun bütün sınıflarını bir araya getiren, kesin ve giderek artan, yakınlık duyulmaması olanaksız heyecanı da görüyor ve kabul ediyordu. Din kardeşlerinin ve Slav kardeşlerinin kıyıma uğraması, mazlumlara karşı merhamet, zalimlere karşı hiddet uyandırıyordu. Yüce bir dava uğrunda savaşan Sırpların ve Karadağlıların kahramanlığı da halk arasında kardeşlerine artık sözle değil, işle yardım etme isteği uyandırmıştı.

Ancak bundan başka Sergey İvanoviç'i sevindiren bir başka şey de toplumsal düşüncenin ortaya çıkmasıydı. Toplum kendi düşüncesini açıkça ifade etmişti. Sergey İvanoviç'in deyimiyle halkın ruhu ifadesini bulmuştu. Bu işle uğraştıkça bunun, çok büyük boyutlara ulaşacak, bir dönem yaratacak bir iş olduğunu daha açık şekilde görüyordu.

Kendisini tümüyle bu yüce davaya hizmet etmeye adamış ve kitabını düşünmeyi unutmuştu.

Gönderilen mektuplara ve taleplere yanıt vermeye yetişemeyecek kadar zamanı doluydu artık.

Bütün ilkbahar boyunca ve yazın bir kısmında çalıştıktan sonra ancak temmuz ayında köye, kardeşinin yanına gitmeye hazırlandı.

İki haftalığına dinlenmek ve azizler azizi halkın arasında, köyün sessizliğinde kendisiyle bütün başkent ve kent sakinlerinin tamamen emin oldukları halk ruhunun yükselişini görerek keyfini çıkartmak için gidiyordu. Levin'e verdiği, evine gidip onu ziyaret etme sözünü çoktandır yerine getirmeye niyetlenen Katavasov da onunla birlikteydi.

II

Katavasov'la Sergey İvanoviç, bugün kalabalıkla daha da canlanan Kursk demiryolu istasyonuna gelip, arabadan inerek arkadan eşyalarla gelen uşağa baktıkları sırada gönüllüler de dört arabayla geldi. Hanımlar onları çiçeklerle karşıladı ve arkalarından akıp gelen kalabalığın eşliğinde istasyona girdiler.

Gönüllüleri karşılayan hanımlardan biri salondan çıkarak Sergey İvanoviç'e:

— Siz de uğurlamaya mı geldiniz? –diye Fransızca sordu.

— Hayır, ben kendim gidiyorum Prenses. Dinlenmek için kardeşimin yanına gidiyorum. Her zaman uğurlamaya geliyor musunuz böyle? –dedi Sergey İvanoviç belli belirsiz bir gülümsemeyle.

— Nasıl gelmem? –diye karşılık verdi prenses.– Bizden gidenlerin sekiz yüzü bulduğu doğru değil mi? Malvinskiy bana inanmadı.

— Sekiz yüzden fazla. Doğrudan Moskova'dan gitmeyenleri de sayacak olursak bini geçmiştir, –dedi Sergey İvanoviç.

— Bakın işte. Ben demiştim! –dedi hanım sevinç içinde.– Şimdiden bir milyon civarında bağış toplandığı da doğru mu?

— Daha fazladır Prenses.

— Peki bugünkü telgraf nedir? Türkler yine yenilmiş.

— Evet, okudum, –diye yanıtladı Sergey İvanıç. Türklerin üç gündür üst üste bütün mevzilerde yenilip geri çekildiklerini, ertesi gün de sonucu belirleyecek bir çarpışmanın beklendiğini doğrulayan son telgraftan söz ediyorlardı.

— Ah, evet, çok iyi bir delikanlı da gönüllü yazılmak istemiş. Neden zorluk çıkarttıklarını bilmiyorum. Sizden rica etmek istedim, onu tanıyorum, lütfen bir not yazar mısınız? Kontes Lidiya İvanovna tarafından gönderilmiş.

Sergey İvanoviç, gönüllü yazılmak isteyen delikanlı hakkında prensesten bildiği ayrıntıları sorup öğrendikten sonra birinci mevkiye geçerek bu işin bağlı olduğu kişiye bir not yazdı ve prensese verdi.

Tekrar bulup notu verdiğinde prenses, muzaffer bir eda ve çok anlamlı bir gülümsemeyle:

— Biliyor musunuz, Kont Vronskiy de bu trenle gidiyor?.. hani şu ünlü... –dedi.

— Gideceğini duymuştum, ama ne zaman olduğunu bilmiyordum. Bu trenle mi gidiyor?

— Gördüm onu. Burada şimdi; bir tek annesi gelmiş yolcu etmeye. Yine de yapabileceği en iyi şey bu.

— Ah evet, elbette.

Onlar konuşurken kalabalık yanlarından geçip yemek masasına doğru akın etti. Onlar da ilerlediler ve elinde kadehiyle gönüllülere bağıra bağıra nutuk atan bir beyefendinin sesini duydular. "Dinin, insanlığın, kardeşlerimizin hizmetinde olmak, –diyordu bu beyefendi sesini gitgide daha da çok yükselterek.– Moskova anamız, bu yüce davada sizi kutsuyor. *Jivio!*"* –diye bitirdi sözlerini bağıran, ağlamaklı bir sesle.

Herkes *jivio* diye bağırdı ve salona yeni bir kalabalık akın etti. Bu kalabalık neredeyse prensesi yere düşürecekti.

---

* Sırpça "Yaşasın" demek. (ç.n.)

Kalabalığın içinde ansızın beliren Stepan Arkadyiç sevinçli bir gülümsemeyle pırıl pırıl parlayarak:

— A! Prenses, gördünüz mü? –dedi.– Nasıl güzel ve sıcak bir konuşma yaptı, değil mi? Bravo! –Sergey İvanoviç'i kolundan hafifçe iterek tatlı, saygılı ve dikkatli bir gülümsemeyle,– Siz de Sergey İvanıç! Siz de içinizden gelen birkaç yüreklendirici söz söyleseydiniz, çok güzel yaparsınız bunu, –diye ekledi.

— Yo, ben birazdan gideceğim.

— Nereye?

— Köye, kardeşimin yanına, –diye yanıtladı Sergey İvanoviç.

— O zaman karımı da göreceksiniz. Ona mektup yazdım, ama siz daha önce göreceksiniz onu; lütfen beni gördüğünüzü söyleyin ve all right* deyin. O anlar. Ha bu arada komisyon üyeliğine atandığımı da ona söyleyiniz lütfen... birleşik şey komisyonu... Her neyse o anlar! –Özür diler gibi bir tavırla prensese dönerek,– Bilirsiniz işte, les petites misères de la vie humaine,** –dedi.– Myagkaya da, Liza değil, Bibiş, bin tüfek ve on iki hemşire yolluyor. Söylemiş miydim size?

— Evet, duydum, –diye isteksiz bir yanıt verdi Koznışev.

— Yazık ki, gidiyorsunuz, –dedi Stepan Arkadyiç.– Yarın iki gönüllü için, Petersburg'dan Dimer-Bartnyanskiy ve bizim Grişa Veslovskiy için yemek vereceğiz. İkisi de gidiyorlar. Veslovskiy bu yakınlarda evlenmişti. Aferin ama! Doğru değil mi, Prenses? –dedi hanıma dönerek.

Prenses yanıt vermeden Koznışev'e baktı. Ancak Sergey İvanıç ve prensesin sanki onun yanından uzaklaşmak istiyormuş gibi davranmaları Stepan Arkadyiç'i zerre kadar şaşırtmadı. Gülümseyerek kâh prensesin şapkasındaki tüye, kâh aklına bir şey gelmiş gibi çevresine bakıyordu. Elinde bağış kutusuyla yaklaşan bir hanımı görünce onu yanına çağırdı ve kutuya beş rublelik bir banknot attı.

---

* Her şey yolunda. (İng.)

** İnsan hayatının küçük tatsızlıkları. (Fr.)

— Cebimde para varken bu kutuları görünce içim rahat etmiyor, –dedi.– Bugünkü telgrafa ne diyorsunuz? Aferin Karadağlılara!

Prenses, ona Vronskiy'in bu trenle gittiğini söyleyince:

— Ne diyorsunuz? –diye bağırdı. Stepan Arkadyiç'in yüzü bir an hüzünlendi, ama bir dakika sonra her bir ayağının üstünde hafifçe yaylanarak ve favorilerini düzelterek Vronskiy'in olduğu odaya girdiğinde kız kardeşinin cesedinin başındaki umutsuz hıçkırıklarını tamamen unutmuş, Vronskiy'i artık sadece bir kahraman ve eski bir dost olarak görüyordu.

Oblonskiy yanlarından uzaklaşır uzaklaşmaz prenses, Sergey İvanoviç'e:

— Bütün kusurlarına karşın ona hakkını vermemek elde değil, –dedi.– İşte tam anlamıyla bir Rus, bir Slav tabiatı! Yalnız korkarım, onu görmek Vronskiy için hoş olmayacak. Ne derseniz deyin, bu adamın yazgısı dokunuyor bana. Yolda konuşun onunla, –dedi prenses.

— Fırsat olursa konuşurum belki.

— Onu hiçbir zaman sevmedim. Ama bu davranışı pek çok şeyi bağışlatıyor. Sadece kendisi gitmiyor, kendi hesabına bir bölük götürüyor.

— Evet, duydum.

Zil çaldı. Herkes kapılara üşüştü.

Prenses, sırtında uzun paltosu, başında geniş kenarlı siyah şapkasıyla annesinin kolunda yürüyen Vronskiy'i göstererek:

— İşte o! –dedi. Oblonskiy hararetli hararetli bir şeyler söyleyerek Vronskiy'in yanında yürüyordu.

Vronskiy suratını asmış, Stepan Arkadyiç'in söylediklerini duymuyormuş gibi önüne bakıyordu.

Herhalde Oblonskiy'in işareti üzerine prensesle Sergey İvanoviç'in durdukları yana baktı ve hiçbir şey demeden hafifçe şapkasını kaldırdı. Yaşlanmış ve acı ifade eden yüzü taşlaşmış gibi görünüyordu.

Perona çıkan Vronskiy hiçbir şey demeden annesine yol verip, vagonun içinde gözden kayboldu.

Peronda *Tanrı çarı korusun* sesleri, daha sonra *Hurra!* ve *Jivio!* çığlıkları duyuldu. Gönüllülerden uzun boylu, göğsü içine çökmüş çok genç bir adam keçe şapkasını ve bir çiçek buketini başının üstünde sallayarak fark edilecek bir şekilde selam veriyordu. Onun ardından iki subay ve koca sakallı, şapkası yağ içinde yaşlıca bir adam başlarını dışarı çıkartmış aynı şekilde selam veriyorlardı.

III

Prensesle vedalaşan Sergey İvanıç, yanına gelen Katavasov'la birlikte tıklım tıklım dolu vagona girdi ve tren hareket etti.

Tsaritsıno İstasyonu'nda tren "Slavsya" (Şanlı ol) marşını söyleyen genç insanlardan oluşan düzenli bir koro tarafından karşılandı. Gönüllüler yine başlarını pencereden dışarı çıkarıp selam veriyorlardı, ama Sergey İvanoviç onlara önem vermiyordu; gönüllülerle o kadar çok ilgilenmişti ki, artık genel gönüllü tipini biliyordu ve bu da onu ilgilendirmiyordu. Bilimsel çalışmaları yüzünden gönüllüleri gözlemleme fırsatı olmayan Katavasov ise onlarla çok ilgileniyor ve Sergey İvanoviç'e gönüllülerle ilgili sorular soruyordu. Sergey İvanoviç, gönüllülerle konuşmak için ikinci mevkiye geçmesini öğütledi Katavasov'a. Bir sonraki istasyonda Katavasov bu öğüdü yerine getirdi.

İlk durak yerinde ikinci mevkiye geçip gönüllülerle tanıştı. Gönüllüler, yüksek sesle konuşarak ve belli ki, yolcuların ve içeri giren Katavasov'un dikkatinin üzerlerine çevrili olduğunu bilerek vagonun bir köşesinde oturuyorlardı. Uzun boylu, göğsü içeri çökük delikanlı hepsinden daha yüksek sesle konuşuyordu. Görünüşüne bakılırsa sarhoştu ve okulda başından geçen bir olayı anlatıyordu. Bu delikanlının karşısında artık genç sayılmayacak, Avusturya muhafız üniforması giymiş bir subay oturuyordu. Anlatıcıyı gülümseyerek dinliyor ve arada bir onu durduruyordu. Topçu üniformalı olan üçüncüsü onların yanında bir bavulun üstünde oturuyordu. Dördüncü gönüllü uyuyordu.

Delikanlıyla konuşmaya başlayan Katavasov, onun daha yirmi iki yaşına varmadan büyük bir serveti yiyip bitirmiş zengin bir Moskovalı tüccar olduğunu öğrendi. Hanım evladı, şımarık ve zayıf biri olduğu için Katavasov'un hoşuna gitmedi; delikanlı hele şimdi içkili haldeyken bir kahramanlık yapacağına herhalde iyice inanmıştı ve çok tatsız bir şekilde övünüp duruyordu.

Emekli bir subay olan diğer gönüllü de Katavasov'un üzerinde hoş olmayan bir izlenim bıraktı. Galiba her işi denemiş bir adamdı. Demiryolunda çalışmış, kâhyalık yapmış, fabrika işletmişti, bütün bunlardan bilimsel sözcükleri hiç gerek yokken ve yeri değilken kullanarak söz ediyordu.

Topçu olan üçüncü gönüllü, tersine Katavasov'un çok hoşuna gitmişti. Emekli subayın bilgisi, tüccarın kahramanca fedakârlığı önünde eğilen ve kendisiyle ilgili hiçbir şey anlatmayan alçakgönüllü, sessiz bir adamdı. Katavasov onu Sırbistan'a gitmeye teşvik eden şeyi sorduğunda alçakgönüllülükle şu yanıtı verdi:

— E, ne yapayım, herkes gidiyor. Sırplara da yardım etmek gerek. Yazık.

— Evet, özellikle de siz topçuların sayısı az orada, –dedi Katavasov.

— Ben topçu olarak uzun süre görev yapmadım; belki piyade ya da süvari yaparlar beni.

Topçunun yaşına bakıp onun önemli bir rütbede olduğunu düşünen Katavasov:

— En çok topçuya gerek duyulurken nasıl piyade yaparlar? –dedi.

— Topçu olarak hizmetim fazla değil, askeri okuldan sonra emekli oldum, –dedi ve sınavı neden veremediğini açıklamaya koyuldu.

Bunların hepsi birlikte Katavasov'un üzerinde tatsız bir izlenim bıraktı ve gönüllüler istasyonda içki içmek için inince Katavasov, edindiği olumsuz izlenimi birisiyle konuşup doğruluğundan emin olmak istedi. Asker paltosu giymiş yaşlı bir yolcu, Katavasov'un gönüllülerle konuşmasına sürekli olarak kulak misafiri olmuştu. Onunla baş başa kalan Katavasov düşüncesini söylemek ve bu arada ihtiyarın düşüncesini öğrenmek isteğiyle üstü kapalı bir şekilde:

— Oraya giden bu insanların durumları birbirinden ne kadar farklı, –dedi.

İhtiyarcık iki savaşa katılmış bir askerdi. Bir askerin nasıl olması gerektiğini biliyordu ve bu bayların görünüşlerinden, konuşmalarından, içkiye bu derece sarılmalarından onları kötü asker olarak görüyordu. Yaşlı adam bir taşra kentinde oturuyordu ve oturduğu kentte hiç kimsenin işçi olarak yanına almadığı sarhoş ve hırsız bir askerin nasıl gönüllü yazıldığını anlatmaya can atıyordu. Fakat toplumun şimdi içinde bulunduğu ruh halinde genel kanıya ters düşen bir düşünce ileri sürmenin, özellikle de gönüllüleri kınamanın tehlikeli olduğunu deneyimleriyle bildiğinden o da Katavasov'u dikkatle gözlüyordu.

Gözleriyle gülerek:

— Ne yapalım, orada insanlara gerek var, –dedi. Son savaş haberinden söz açtılar ve son habere göre Türkler bütün mevzilerde yenilmiş olduklarına göre, yarın kiminle çarpışma beklendiği konusundaki şaşkınlıklarını birbirlerinden gizlediler. Böylece ikisi de kendi düşüncesini söylemeden ayrıldılar.

Katavasov kendi vagonuna giderek elinde olmadan yalan söyleyip, Sergey İvanoviç'e gönüllülerle ilgili izlenimlerini hepsi de mükemmel çocuklarmış gibi anlattı.

Kentteki büyük istasyonda gönüllüleri yine marşlar ve haykırışlar karşıladı, yine kadın ve erkek bağış toplayıcılar ortaya çıktı, yine il hanımları gönüllülere çiçekler verip peşlerinden büfeye gittiler; ama bunların hepsi artık Moskova'dakinden çok daha zayıf ve azdı.

IV

Tren il merkezinde beklediği sırada Sergey İvanoviç büfeye gitmedi, peronda bir aşağı bir yukarı dolaşmaya başladı.

Vronskiy'in olduğu bölümün yanından ilk geçişinde pencerenin perdesinin kapalı olduğunu fark etti. Ama ikinci kez geçerken pencerede yaşlı kontesi gördü. Kontes, Koznışev'i yanına çağırdı.

— Ben de gidiyorum, onu Kursk'a kadar geçireceğim, -dedi kontes.

Sergey İvanoviç pencerenin önünde durup içeri göz atarak:

— Evet, duydum, –dedi. Vronskiy'in içeride olmadığını fark edip,– Onun adına ne güzel bir davranış! –diye ekledi.

— Evet, başına gelen felaketten sonra ne yapabilirdi?

— Ne korkunç bir olay! –dedi Sergey İvanoviç.

— Ah, neler çektim ben! Gelsenize... –Sergey İvanoviç içeri girip kontesin yanına, koltuğa oturduğu sırada– Ah, neler çektim! –diye yineledi kontes.– Tasavvur edemezsiniz! Altı hafta hiç kimseyle konuşmadı ve ancak ben yalvardığımda yemek yedi. Bir an bile yalnız bırakmak olanaksızdı. Kendini öldürebileceği her şeyi toplayıp ortadan kaldırdık; alt katta oturuyorduk, ancak hiçbir şeyi önceden bilemezdik. Biliyorsunuzdur, daha önce de yine onun yüzünden kendini vurmuştu, –dedi kontes ve bunu anımsayınca yaşlı kadının kaşları çatıldı.– Evet, böyle bir kadının ölmesi gerektiği biçimde öldü. Ölümün bile aşağılık, rezil olanını seçti.

Sergey İvanoviç iç çekerek:

— Yargılamak bize düşmez Kontes, –dedi.– Ama bunun sizin için ne kadar zor bir şey olduğunu anlıyorum.

— Ah, hiç sormayın! Malikânemde oturuyordum, oğlum da bendeydi. Bir not getirdiler. Yanıt yazıp gönderdi. Onun o sırada istasyonda olduğunu hiç bilmiyorduk. Akşam odama gittiğimde hizmetçim Meri, istasyonda bir kadının kendini trenin altına attığını söyledi. Beynimden vurulmuş gibi oldum! Kim olduğunu anlamıştım. İlk söylediğim şey, sakın ona söylemeyin oldu. Ama söylemişlerdi bile. Kontun arabacısı oradaymış ve her şeyi görmüş. Odasına koştuğumda kendinde değildi, onu o halde görmek korkunçtu. Tek söz etmedi ve dörtnala oraya gitti. Artık orada ne olduğunu bilmiyorum, ama eve getirdiklerinde ölü gibiydi. Onu tanıyamadım. Prostration complète,* dedi doktor. Ardından deliliğe benzer bir şey başladı.

Kontes, elini sallayıp:

— Ah ne söylesem boş! –dedi.– Korkunç bir dönemdi! Yo, siz ne derseniz deyin, kötü bir kadındı. Bu kadar delicesine bir tutkunun ne gereği vardı! Hep özel bir şey gösterme arzusu. Gösterdi işte. Kendini mahvetti, iki güzel insanı, kocasını da benim bahtsız oğlumu da mahvetti.

— Ya kocası? –diye sordu Sergey İvanoviç.

— Anna'nın kızını yanına aldı. Alyoşa ilk zamanlar her şeye razı oldu. Ama öz kızını yabancı bir adama vermiş olmak şimdi onu çok üzüyor. Ama sözünü geri alamaz. Karenin cenaze törenine geldi. Ancak onu Alyoşa'yla karşılaştırmamaya gayret ettik. Koca olarak onun için yine de daha kolay. Anna onun elini kolunu çözmüş oldu. Ama benim zavallı oğlum kendini tümden ona vermişti. Her şeyi, mesleğini, beni terk etti, ama o, bütün bunlara karşın yine de ona acımadı, oğlumu bilerek büsbütün öldürdü. Yo, ne derseniz deyin, onun ölümü, dinsiz, aşağılık bir kadının ölümüdür. Tanrı beni bağışlasın, ama oğlum gözlerimin önünde mahvolurken onu nefret etmeden anmak elimde değil.

— Oğlunuz şimdi nasıl?

— Tanrı bize yardım etti de bu Sırp savaşı çıktı. Ben yaşlı bir insanım ve bu işlerden hiç anlamam, ama bunu ona Tanrı gönderdi. Bir anne olarak benim için elbette korkunç bir şey;

---

* Tam bitkinlik durumu. (Fr.)

en önemlisi de diyorlar ki, ce n'est pas très bien vu à Petersbourg.* Ama yapacak başka bir şey yok! Onu ayağa kaldırabilecek biricik şeydi bu. Arkadaşı Yaşvin bütün parasını kumarda kaybetmiş, Sırbistan'a gitmeye karar vermişti. Oğluma uğradı ve onu ikna etti. Şimdi bu iş onu meşgul ediyor. Lütfen onunla konuşun, oyalansın istiyorum. Öyle üzgün ki. Şu tersliğe bakın, bir de diş ağrısı tuttu. Sizi gördüğüne çok sevinecek. Lütfen onunla konuşun, öbür tarafta dolaşıyor.

Sergey İvanoviç çok sevindiğini söyledi ve trenin öbür tarafına geçti.

V

Vronskiy uzun paltosu ve gözlerine kadar indirdiği şapkasıyla elleri ceplerinde, perona yığılmış çuvallardan düşen eğik akşam gölgelerinin içinde yirmi adımda bir hızla dönerek kafesteki bir hayvan gibi dolaşıyordu. Sergey İvanoviç, yanına yaklaştığı sırada Vronskiy'in onu gördüğünü, ama görmezden geldiğini düşündü. Sergey İvanoviç umursamadı. Vronskiy'le ilişkilerini her türlü kişisel hesabının üstünde görüyordu.

O anda Sergey İvanoviç'in gözünde Vronskiy, yüce bir dava açısından önemli bir kişiydi ve Koznışev, onu teşvik etmeyi ve yüreklendirmeyi görev sayıyordu. Vronskiy'in yanına gitti.

Vronskiy durdu, baktı, tanıdı ve Sergey İvanoviç'e doğru birkaç adım atıp kuvvetlice elini sıktı.

— Belki de benimle görüşmek istemezdiniz, –dedi Sergey İvanoviç,– ama size bir yararım olamaz mı acaba?

— Kiminle görüşürsem görüşeyim beni sizinle görüşmek kadar az üzecek bir şey olamaz, –dedi Vronskiy.– Bağışlayın beni. Hayatımda hoşa gidecek hiçbir şey yok.

Sergey İvanoviç Vronskiy'in acı içindeki yüzüne dikkatle bakarak:

---

* Petersburg'da bu konuya pek hoş bakmıyorlar. (Fr.)

— Anlıyorum. Ben de size yardımlarımı önermek istemiştim, –dedi.– Sizin için Ristiç'e, Milan'a mektup yazmamı ister misiniz?

Vronskiy zor anlamış gibi:

— Ah hayır! Sizin için uygunsa birlikte yürüyelim. Vagonların içi çok boğucu. Mektup mu? Hayır, teşekkür ederim; ölmek için tavsiye mektubuna gerek yok. Hele Türklere karşı... –dedi sadece dudaklarıyla gülümseyip. Gözleri öfkeli, acı dolu ifadesini sürdürüyordu.

— Evet, ama yine de sizinle görüşmeye önceden hazırlanmış birisiyle belki daha kolay ilişki kurabilirsiniz. Yine de siz nasıl isterseniz. Kararınızı duymak beni çok sevindirdi. Gönüllülere artık o kadar çok yükleniliyor ki, sizin gibi biri toplumun gözünde onların değerini yükseltecektir.

— Bir insan olarak, –dedi Vronskiy,– hayatın benim için hiçbir değerinin olmaması en iyi özelliğimdir. Kılıcımı çala çala düşman savunmasına girip öldürmeye ya da ölmeye yetecek kadar fiziksel enerjim var, bunu biliyorum. Benim için gerekli olmaktan çok nefret edilecek hale gelmiş olan hayatımı uğrunda verecek bir şey olmasına seviniyorum. Birilerinin işine yarasın bari. –İstediği yüz ifadesiyle konuşmasına engel olan, durmak bilmez diş ağrısı yüzünden sabırsız bir hareketle elmacık kemiğini oynattı.

Duygulandığını hisseden Sergey İvanoviç:

— Yeniden doğacaksınız, bunu size şimdiden söylüyorum, –dedi.– İnsanın kardeşlerini boyunduruktan kurtarması, ölmeye de yaşamaya da değer bir amaçtır. Tanrı size hem dış, hem iç dünyanızda başarı versin, –diye ekledi ve elini uzattı.

Vronskiy Sergey İvanoviç'in uzattığı eli kuvvetlice sıktı.

— Evet, bir silah olarak herhangi bir işe yarayabilirim. Ama insan olarak bir yıkıntıyım, –diye mırıldandı ağır ağır.

Ağzını tükürükle dolduran sağlam dişindeki sızı konuşmasına engel oluyordu. Rayların üstünde ağır ağır, yağ gibi kayan özel yakıt vagonunun tekerleklerine dikkatle bakarak sustu.

Birden ortaya çıkan, bir sızı değil, her yanını acıtan bambaşka bir iç rahatsızlık ona bir an için dişinin ağrısını unutturdu. Başına gelen felaketten sonra hiç karşılaşmadığı bir tanıdığıyla yaptığı ilk konuşmanın etkisiyle yakıt vagonuna ve raylara bakarken birden *onu*, yani deli gibi işçilerin kaldığı koğuşa koştuğunda ondan artakalan şeyleri, yabancıların ortasında, koğuşta bir masanın üstüne hayasızca uzatılmış, biraz önce hayat dolu olan kanlar içindeki cesedi, ağır saç örgüleriyle ve şakaklarındaki bukleleriyle geriye atılmış, sağlam kalmış başını, yarı açık kırmızı ağzıyla güzel yüzünde, dudaklarında, açık kalmış gözlerinde donup kalmış tuhaf, acınacak, sanki bir kavga sırasında Vronskiy'e söylediği o korkunç sözü, pişman olacağı sözünü söyleyen tüyler ürpertici ifadeyi anımsamıştı.

Onu son anında aklında kaldığı gibi acımasız ve intikam peşinde bir kadın olarak değil, ilk kez yine bir istasyonda gördüğü gibi, gizemli, çok güzel, sevgi dolu, mutluluk arayan ve mutluluk veren bir kadın olarak anımsamaya çalışıyordu. Onunla en güzel anlarını anımsamaya çalışıyordu, ama bu anlar sonsuza dek bozulmuş, zehirlenmişti. Onu sadece pişmanlığı yüzünden yaptığı ve başarılı olduğu, hiç kimsenin bir işine yaramayan, ama hiçbir zaman silinmeyecek bu tehditle anımsıyordu. Dişinin ağrısını artık hissetmiyordu ve hıçkırıklar yüzünü çarpıtmıştı.

Çuval yığınlarının yanından hiçbir şey söylemeden iki kez geçen ve kendini toparlayan Vronskiy Sergey İvanoviç'e sakin bir şekilde:

— Dünkü telgraftan başka telgraf almadınız mı? Evet, üçüncü kez bozguna uğratılmışlar, ama yarın sonucu belirleyecek bir çarpışma bekleniyor, –dedi.

Milan'ın kral ilan edilmesi ve bu olayın getireceği çok büyük sonuçlar hakkında biraz daha konuşup, ikinci zilden sonra kendi vagonlarına döndüler.

VI

Sergey İvanoviç, Moskova'dan ne zaman ayrılabileceğini bilmediğinden onları istasyondan aldırmak üzere bir araba göndermesi için kardeşine telgraf çekmemişti. Katavasov ve Sergey İvanoviç istasyondan kiraladıkları bir faytonla Araplar gibi toz içinde, öğlenin on ikisinde Pokrovskoye'deki evin ana girişine geldiklerinde Levin evde değildi. Balkonda babasıyla ve ablasıyla oturan Kiti, kayınbiraderini tanıdı ve aşağıya, onu karşılamaya koştu.

Sergey İvanoviç'e elini ve alnını uzatarak:

— Haber vermemekle ne kadar ayıp ettiniz, –dedi.

— Gayet rahat geldik, sizi de rahatsız etmemiş olduk, – diye yanıtladı Sergey İvanoviç.– O kadar tozluyum ki, dokunmaya korkuyorum. Öyle meşguldüm ki, işlerden ne zaman kurtulacağımı bilmiyordum. Siz yine eskisi gibi, –dedi gülümseyerek,– sakin koyunuzda, akıntılardan uzak sakin mutluluğun tadını çıkarıyorsunuz. İşte arkadaşımız Fyodor Vasilyiç de sonunda geldi.

Katavasov her zamanki şakacılığıyla elini uzatarak ve kapkara yüzünde pırıl pırıl parlayan dişleriyle gülümseyerek:

— Yalnız ben zenci değilim, yıkanırsam adama benzeyeceğim, –dedi.

— Kostya çok sevinecek. Köye gitmişti. Gelme vakti.

— Her zaman çiftlikle uğraşır. Tam anlamıyla sakin bir koy, –dedi Katavasov.– Oysa kentte bizim gözümüz Sırp savaşından başka bir şey görmüyor. E, arkadaşım ne düşünüyor bu konuda? Herhalde başkaları gibi düşünmüyordur.

Kiti Sergey İvanoviç'e biraz mahcup bir göz atarak:

— O da öyle, herkes gibi düşünüyor, –dedi.– Ona haber vermek için birini göndereyim. Babam da bizde konuk. Yurtdışından yeni geldi.

Kiti, Levin'e adam gönderilmesi, toza batmış konukların yıkanmaları için birine çalışma odasında, diğerine Dolli'nin büyük odasında yer gösterilmesi ve konuklara yemek hazırlanması için emirleri verdikten sonra hamileliği sırasında yoksun kaldığı hızlı hareket etme hakkını kullanarak balkona koştu.

— Sergey İvanoviç ve Profesör Katavasov, –dedi Kiti.

— Of, bu sıcakta da hiç çekilmez! –dedi prens.

Babasının yüzündeki alaycı ifadeyi fark eden Kiti, sanki bir şey sorarmış gibi gülümseyerek:

— Hayır baba, çok sevimli biri ve Kostya onu çok seviyor, –dedi.

— Tamam, ben bir şey demedim.

— Sen onların yanına gidip ilgileniver canım, –dedi Kiti ablasına.– Stiva'yı istasyonda görmüşler, iyiymiş. Ben de Mitya'nın yanına koşuyorum. Ne fena, çay saatinden beri emzirmedim. Şimdi uyanmıştır ve ciyak ciyak bağırıyordur herhalde. –Sütünün geldiğini hissederek hızlı adımlarla çocuk odasına gitti.

Gerçekten de yaptığı tahmin değildi (bebeğiyle arasındaki bağ henüz kopmamıştı), göğüslerinin süt dolmasından bebeğinin karnının acıktığını kesin olarak biliyordu.

Daha çocuk odasına gitmeden bebeğin ağladığını biliyordu. Bebek gerçekten de ağlıyordu. Kiti, bebeğin sesini duyup adımlarını hızlandırdı. Ama o hızlandıkça bebek daha yüksek sesle ağlıyordu. Sesi güzel, sağlıklıydı, sadece karnı aç ve sabırsızdı.

Kiti bir sandalyeye oturup, emzirmek için hazırlık yaparak acele acele:

— Çoktan beri mi ağlıyor dadı? –diye sordu.– Hemen bana verin onu. Ah, dadı, eliniz ne kadar ağır, hadi ama başlığını sonra bağlarsınız!

Bebek ağlamaktan çatlıyordu.

Neredeyse her an çocuk odasında olan Agafya Mihaylovna:

— Ama olmaz ki annesi, –dedi.– Ona bir çekidüzen vermek gerek. Agu, agu! –diye anneye aldırmaksızın bebekle ilgileniyordu.

Dadı bebeği annesine getirdi, Agafya Mihaylovna da şefkatten gevşemiş yüzüyle dadının arkasından geliyordu.

Agafya Mihaylovna bebeğin ağlamasını bastıran bir sesle:

— Tanıyor, tanıyor, –diye bağırıyordu.– İnanın Katerina Aleksandrovna, tanıdı beni!

Fakat Kiti Agafya Mihaylovna'nın sözlerini dinlemiyordu. Onun sabırsızlığı da, bebeğinki gibi artıyordu.

Sabırsızlık yüzünden emzirme işi uzun süre yoluna koyulamadı. Bebek memeyi gerektiği şekilde alamıyor ve sinirleniyordu.

Nihayet soluk soluğa umutsuz bir çığlıktan, biraz hava yuttuktan sonra işler yoluna girdi, anne de, bebek de aynı anda kendilerini rahatlamış hissedip, ikisi de sakinleşti.

Bebeği eliyle yoklayan Kiti fısıltıyla:

— Yalnız zavallıcık ter içinde kaldı, –dedi. Öne doğru kaymış başlığının altından kurnazca kendine bakıyormuş gibi gelen bebeğin gözlerine, düzgün bir şekilde inip kalkan minik yanaklarına ve havada daireler çizdiği kırmızı eline yan yan bakarak,– Neden onun sizi tanıdığını düşünüyorsunuz? –diye ekledi.

Agafya Mihaylovna'nın ısrarla aynı şeyi söylemesi üzerine Kiti:

— Olamaz! Tanıyacak olsa beni tanırdı, –dedi ve gülümsedi.

Kiti gülümsüyordu, çünkü bebeğin tanıyamayacağını söylediği halde onun Agafya Mihaylovna'yı tanımakla kalmayıp, her şeyi bilip anladığını, hem de hiç kimsenin bilmediği kadar çok şey bilip anladığını bütün yüreğiyle biliyordu; bir anne olarak kendisi de ancak bebeğinin sayesinde her şeyi tanıyor ve anlamaya başlıyordu.

Agafya Mihaylovna için, dadısı için, dedesi için, hatta babası için Mitya sadece maddi bakım bekleyen canlı bir varlıktı; ama annesi için aralarında epeydir bir manevi ilişkiler tarihinin olduğu manevi bir varlıktı.

— Uyanınca kendi gözünüzle göreceksiniz. Ben şöyle yapıyorum, nasıl da gülüyor kuzucuğum. Pırıl pırıl bir gün gibi yüzü ışıyıveriyor, – diyordu Agafya Mihaylovna.

— Tamam, tamam, uyanınca görürüz, –diye fısıldadı Kiti.– Hadi gidin artık da uyusun.

VII

Agafya Mihaylovna parmaklarının ucuna basarak dışarı çıktı; dadı perdeyi indirdi, bebek karyolasının cibinliğinin altındaki karasinekle çerçevenin camına çarpan eşekarısını kovaladı ve anneyle bebeğin başının üstünde solmuş bir akağaç dalını sallayarak oturdu.

— Sıcak da ne sıcak ama! Tanrı birkaç damla yağmur verseydi bari, –dedi.

Kiti bebeği hafif hafif sallayarak ve Mitya'nın gözlerini bir açıp bir kapayarak hâlâ gevşek bir şekilde salladığı, bileğinden sanki iple sıkılmış gibi tombul elini şefkatle indirerek:

— Evet, evet, şişşt... –demekle yetindi. Bu minik el Kiti'yi şaşırtıyordu: Bu minicik eli öpmek istiyordu, ama bebeği uyandırmamak için bunu yapmaktan çekiniyordu. El nihayet hareket etmekten vazgeçti ve gözler kapandı. Ancak arada bir işine devam eden bebek kıvrık, uzun kirpiklerini kaldırarak odanın loşluğu içinde kapkara görünen ıslak gözleriyle annesine bakıyordu. Dadı ağaç dalını sallamayı bırakmış, uyukluyordu. Yukarıdan yaşlı prensin sesi ve Katavasov'un kahkahası geliyordu.

"Galiba bensiz başladılar konuşmaya, –diye düşündü Kiti,– ama Kostya'nın olmaması can sıkıcı yine de. Herhalde yine arı kovanlarına gitti. Sık sık oraya gitmesine üzülsem de, bir yandan da seviniyorum. Bu iş onu oyalıyor. Artık ilkbahardaki halinden daha neşeli, daha iyi oldu.

Yoksa o kadar karamsar ve o kadar sıkıntılıydı ki, onun için çok kaygılanıyordum. Ah ne gülünç adamdır o!" –diye fısıldadı gülümseyerek.

Kocasını üzen şeyi biliyordu. Onu üzen şey, inançsız olmasıydı. Eğer Kiti'ye, kocasının inançsız kalması halinde öbür dünyada çok acı çekeceğini düşünüp düşünmediğini sorsalar, çok acı çekeceğini kabul etmek zorunda kalsa da kocasının inançsızlığı onu mutsuz etmezdi; inançsız biri için kurtuluşun söz konusu olmadığını kabul eden ve kocasının ruhunu dünyadaki her şeyden çok seven Kiti, onun inançsız bir adam olduğunu gülümseyerek düşünüyor ve içinden onun gülünç bir adam olduğunu söylüyordu.

"Bütün bir yıl neden felsefe okuyup duruyor? –diye düşünüyordu.– Eğer her şey bu kitaplarda yazılıysa, o zaman bunları anlayabilir. Orada yazılanlar doğru değilse, o zaman niye okumalı onları? İnanmak istediğini kendisi söylüyor. Öyleyse neden inanmıyor? Yoksa fazla düşündüğünden mi? Yalnızlık yüzünden çok düşünüyor. Hep yalnız, hep yalnız. Her zaman bizimle konuşamıyor. Konukların, özellikle de Katavasov'un gelişine sevineceğini sanıyorum. Katavasov'la konuşmayı sever," –diye düşündü ve hemen Katavasov'u tek başına mı, yoksa Sergey İvanıç'la aynı odada mı yatırmanın daha uygun olacağını düşünmeye koyuldu. O anda birden onu heyecandan irkilten, hatta Mitya'yı bile rahatsız eden, bu yüzden gözlerini açıp sert sert annesine bakmasına yol açan düşünce aklına geldi. "Çamaşırcı kadın çamaşırları henüz getirmedi galiba, konuk çarşaflarımızın hepsi de kullanıldı. Eğer ben emir vermezsem, Agafya Mihaylovna Sergey İvanıç'ın yatağına kullanılmış çarşafları serer," –ve bir tek bu düşünce bile Kiti'nin yüzüne kan sıçramasına neden oldu.

"Evet, söyleyeyim, –diye karar verdi ve önceki düşüncelerine geri dönerek henüz sonuna kadar düşünmediği önemli manevi bir şey olduğunu anımsadı, bunun ne olduğunu anımsamaya çalıştı. "Evet, Kostya'nın inançsız biri olduğu konusuydu," –diye gülümseyerek anımsadı tekrar.

"E, inançsız olsun! Madam Ştal gibi ya da o zamanlar benim yurtdışındayken olmak istediğim gibi olmaktansa, her zaman böyle kalsın daha iyi. Hayır, yapmacık bir şey yapmaz o."

Kocasının geçenlerde yaptığı bir iyilik Kiti'nin gözlerinin önünde canlandı. Bundan iki hafta önce Stepan Arkadyiç'ten Dolli'ye pişmanlık dolu bir mektup gelmişti. Stepan Arkadyiç Dolli'ye onurunu kurtarması, borçlarını ödeyebilmek amacıyla malikânesini satması için yalvarıyordu. Dolli umutsuzluk içindeydi, kocasından nefret ediyor, ona acıyordu ve boşanmaya, isteklerini reddetmeye karar veriyordu, ama konu, malikânenin bir kısmının satışına razı olmasıyla kapandı. Bundan sonra Kiti, kocasının mahcubiyetini, kafasını kurcalayan meseleyi kim bilir kaç kez beceriksizce açmaya çalışmasını ve sonunda kalbini kırmadan Dolli'ye yardım etmenin biricik yolunu düşünüp, daha önce Kiti'nin de aklına gelmeyen bir şeyi, malikânenin Kiti'ye ait kısmını ablasına vermesini önermesini elinde olmadan şefkatli bir gülümsemeyle anımsadı.

"Nasıl inançsız biri olabilir? Ondaki yürekle, bir kimseyi, hatta bir bebeği bile incitme korkusuyla! Başkaları için her şeyi yapar, kendisi için hiçbir şey istemez. Sergey İvanoviç, Kostya'nın görevinin onun kâhyalığını yapmak olduğunu sanıyor. Ablası da öyle. Şimdi Dolli de çocuklarıyla birlikte onun koruması altında. Bir de sanki onlara hizmet etmek zorundaymış gibi her gün her gün kapısına gelen köylüler."

Mitya'yı dadısına verirken dudağını onun minik yanağına değdirip, "Evet, sadece baban gibi, sadece onun gibi ol," –dedi.

VIII

Levin yaşam ve ölüm konularına, sevgili ağabeyini ölüm döşeğinde gördüğü andan beri ilk kez, yirmi yaşından otuz dört yaşına kadarki dönemde ona hiç fark ettirmeden çocukluk ve ilk gençliğindeki inançlarının yerini almış olan, kendi deyimiyle yeni düşünceler arasından baktı ve ölümden çok, nereden geldiği, ne için geldiği ve ne olduğu hakkında en ufak bir bilgiye sahip olmadığı yaşamdan korkuya kapıldı. Organizma, organizmanın yıkılışı, maddenin yok olmaması, enerjinin korunması yasası, gelişme. Bunlar eski inancının yerini almış olan sözcüklerdi. Bu sözcükler ve bunlarla ilgili kavramlar zihinsel amaçlar açısından çok güzeldi, ancak yaşam için verdikleri bir şey yoktu. Levin sırtındaki sıcacık kürkü çıkarıp, incecik bir elbiseyle değiştirmiş ve ayaza ilk çıktığında yine de çıplak olduğuna ve korkunç acılar içinde öleceğine düşünceleriyle değil, tüm varlığıyla inanan bir adamın durumunda hissetti birden kendini.

Levin ilk andan itibaren ne yaptığını bilmese ve eskisi gibi yaşamaya devam etse de, bu bilgisizliği yüzünden duyduğu korkudan kurtulamamıştı.

Ayrıca inançlarım diye adlandırdığı şeyin sadece bilgisizlik değil, aynı zamanda kendisi için gerekli olan şeylerin bilinemeyeceği bir düşünce ambarı olduğunu belli belirsiz hissediyordu.

Evlilik, yeni tanıdığı sevinçler ve yükümlülükler ilk zamanlar bu düşünceleri tamamen bastırmıştı; fakat son zamanlarda, karısının doğum yapmasından sonra, Moskova'da işsiz güçsüz yaşadığı sırada çözüm bekleyen bir sorun Levin'in karşısına her geçen gün daha sık, daha ısrarlı bir şekilde çıkmaya başlamıştı.

Onun için sorun şuydu: "Eğer yaşamımla ilgili sorulara Hıristiyanlığın verdiği yanıtları kabul etmiyorsam, o zaman hangi yanıtları kabul edeceğim?" Ve tüm inançları arasından bırakın herhangi bir yanıt, yanıta benzer bir şey bile bulamıyordu.

Oyuncakçı ya da silah dükkânında yiyecek arayan bir adamın durumundaydı.

Şimdi elinde olmadan, bilinçsiz bir şekilde her kitapta, her konuşmada, her insanda bu sorularla ilgili bir tutum ve çözüm arıyordu.

Bunu yaparken onu en çok şaşırtıp altüst eden şey, çevresinde bulunan ve yaşıtı olan insanların çoğunun tıpkı onun gibi eski inançlarını, yine onun gibi yeni düşüncelerle değiştirip, bunda hiçbir kötülük görmemesi, son derece memnun ve rahat olmasıydı. Asıl sorudan başka iki soru daha vardı Levin'in canını sıkan: Bu insanlar samimi miydi? Rol yapmıyorlar mıydı? Ya da bilimin onu ilgilendiren sorulara verdiği yanıtları bu insanlar Levin'den daha açık bir şekilde mi anlıyorlardı? Bu insanların düşüncelerini de, bu yanıtların belirtildiği kitapları da özenle inceliyordu.

Bu konular onu ilgilendirmeye başladığından bu yana bulduğu bir şey, delikanlılığıyla ve üniversite çevresiyle ilgili anılarına dayanarak dinin artık zamanını doldurduğunu ve var olmadığını düşünerek hata yapmış olmasıydı. Yaşamları iyi, kendisine yakın insanların hepsi inançlıydı. Yaşlı prens de, o kadar sevdiği Lvov da, Sergey İvanoviç de, kadınların hepsi de inançlıydılar, karısı da onun ilk çocukluk yıllarında inandığı şekilde inanıyordu, Rus halkının yüzde doksan dokuzu, yaşamlarıyla onda çok büyük saygı uyandıran koskoca bir halk da inanıyordu.

Çok sayıda kitap okuyarak bulduğu diğer bir şey de, onunla aynı görüşü paylaşan insanların, bu düşüncelerin altında başka bir şey aramadıklarına ve kendisinin yanıtını bulmadan yaşayamayacağını hissettiği sorulara hiçbir açıklama getirmeden olduğu gibi kabul ettiklerine, örneğin organizmaların evrimi, ruhun mekanik yönden açıklanması gibi onu hiç ilgilendirmeyen bambaşka sorulara yanıt aramaya çalıştıklarını görmesiydi.

Bundan başka, karısının doğumu sırasında kendi açısından olağanüstü bir olay gelmişti başına. İnançsız biri olarak dua etmeye başlamış, dua ettiği anda da inanmıştı. Fakat o an geride kalmış ve o zamanki bu ruhsal durumunu hayatında hiçbir yere koyamamıştı.

O zaman gerçeği bildiğini, şimdi ise yanıldığını kabul edemiyordu; çünkü bu konuyu sakin sakin düşünmeye başladığı anda her şey darmadağınık oluyordu; o anki ruhsal durumuna değer verdiği, bunu bir zayıflık olarak kabul ederse o dakikaları lekelemiş olacağı için de o zaman yanıldığını kabul edemiyordu. Kendi kendisiyle canını yakan bir çelişki içindeydi ve bu çelişkiden kurtulmak için bütün manevi güçlerini zorluyordu.

IX

Bu düşünceler onu bazen az, bazen çok üzüyor, canını sıkıyordu, ama hiçbir zaman da peşini bırakmıyordu. Okuyor, düşünüyordu ve ne kadar çok okur, ne kadar çok düşünürse izlediği amaçtan kendini o kadar uzaklaşmış hissediyordu.

Son zamanlarda Moskova'da ve köyde, aradığı yanıtı materyalistlerde bulamayacağından emin olunca Platon'u, Spinoza'yı, Kant'ı, Schelling'i, Hegel'i ve Schopenhauer'i, hayatı materyalist olmayan bir açıdan açıklayan filozofları tekrar tekrar okudu.

Bu düşünceler, özellikle de materyalist öğretiyi çürüten kanıtları okuduğu ya da bunları kendisi akıl ettiği zaman ona yararlı görünüyordu; ama sorunların çözümünü okur okumaz ya da düşünür düşünmez hep aynı şey tekrarlanıyordu. *Ruh, irade, özgürlük, öz* gibi belirsiz sözcüklerin tanımlarını izleyerek, filozofların ona kurduğu ya da onun kendi kendisine kurduğu söz tuzaklarına bile bile düşerek bir şeyler anlar gibi oluyordu. Ancak yapay düşünce akışını unutması ve hayatın içinden çıkıp, belirli bir ipucunu izleyerek düşündüğünde kendisine doyurucu gelen şeye geri dönmesi yetiyordu ve bütün bu yapay bina birden iskambil kâğıtlarından yapılmış ev gibi çöküyordu. Böylece bu binanın, hayatta akıldan daha önemli bir şeye bağlı olmaksızın birtakım sözcüklerin yerlerinin değiştirilmesiyle kurulmuş bir bina olduğu ortaya çıkıyordu.

Bir ara Schopenhauer okurken *irade* sözcüğünün yerine *aşk* sözcüğünü koydu ve bu yeni felsefe, iki gün kadar, ondan uzaklaşmadığı sürece kendisini avuttu; ama daha sonra hayatın içinden ona baktığında bu yeni felsefe de aynı şekilde yıkıldı ve incecik, insanı ısıtmayan bir elbise olduğu anlaşıldı.

Ağabeyi Sergey İvanoviç ona Homyakov'un* ilahiyat yapıtlarını okumasını tavsiye etti. Levin, Homyakov'un yapıtlarının ikinci cildini okudu ve yapıtın tartışmalı, cafcaflı ve esprili üslubu ilk başta itici gelmiş olsa da, kiliseyle ilgili öğretisine hayran kaldı. Onu en başta hayran bırakan düşünce, tanrısal gerçekleri anlama yeteneğinin insana değil, sevgiyle birleşen insanların hepsine birden, yani kiliseye verildiğine ilişkin düşünceydi. Var olan, şimdi yaşayan, insanların tüm inançlarını oluşturan, Tanrı'nın başında bulunduğu ve dolayısıyla kutsal ve yanılmaz olan bir kiliseye inanmanın ve bu kiliseden hareketle Tanrı, yaratılış, günah, kurtuluş inançlarını kabul etmenin, uzaklardaki gizemli bir Tanrı'dan, yaratılıştan vs. başlamaktan daha kolay olduğu düşüncesi onu sevindirmişti. Ancak daha sonra biri Katolik, diğeri Ortodoks iki yazarın kilise tarihlerini okuyarak, özünde yanılmaz olan her iki kiliseden her birinin diğerini reddettiğini görünce Homyakov'un kilise öğretisinde de hayal kırıklığına uğradı ve bu bina da tıpkı felsefe binaları gibi yerle bir oldu.

Bütün ilkbahar boyunca kendinde değildi, korkunç anlar yaşamıştı.

"Ne olduğumu, neden burada olduğumu bilmeden yaşayamam. Bunu bilemiyorum, öyleyse yaşayamam," –diyordu Levin kendi kendine.

"Sonsuz bir zamanda, maddenin sonsuzluğu içinde, sonsuz bir boşlukta bir kabarcık-organizma çıkıyor ve bu kabarcık, bir süre kabarcık olarak kalıp patlıyor. İşte bu kabarcık benim."

Acı veren bir yalandı bu, ama insan aklının bu yönde yaptığı yüzlerce yıllık çalışmanın tek kesin sonucuydu.

Bu, insan düşüncesinin hemen hemen bütün dallardaki tüm arayışlarının dayandığı son inançtı. Bu hâkim olan inançtı ve Levin, diğer bütün açıklamaların içinden, ne zaman ve nasıl olduğunu bilmeden yine de daha açık bularak bunu benimsemişti.

---

* A.S. Homyakov (1804-1860) panslavist eğilimli Rus filozof, ilahiyatçı, edebiyat eleştirmeni, yazar ve şair. (ç.n.)

Ancak bu, yalnızca bir yalan değildi, bu, kötü bir gücün, kötü, iğrenç ve boyun eğilmesi olanaksız bir gücün acımasız alayıydı. Bu güçten kurtulmak gerekiyordu. Kurtuluş herkesin kendi elindeydi. Kötülüğe olan bu bağımlılığı sona erdirmek gerekiyordu. Bunun tek çaresi vardı: Ölüm.

Mutlu bir aile babası ve sağlıklı bir insan olan Levin, intihara birkaç kez öyle yaklaştı ki, kendini asmamak için ipi sakladı, vurmamak için silahla dolaşmaktan korktu.

Ama Levin kendini vurmadı, asmadı da, yaşamaya devam etti.

X

Levin ne olduğunu, ne için yaşadığını düşündüğü zaman yanıt bulamıyor ve umutsuzluğa kapılıyordu; ama kendi kendisine bu soruyu sormaktan vazgeçtiği zaman sanki ne olduğunu da, ne için yaşadığını da anlıyordu, çünkü kararlı ve kesin hareket ediyor, yaşıyordu; hatta şu son zamanlarda eskisinden çok daha katı ve kararlı bir şekilde yaşıyordu.

Haziranın başında köye geldikten sonra her zamanki işlerine geri dönmüştü. Çiftlik işleri, köylülerle ve komşularla ilişkiler, evle ilgili işler, ablasının ve ağabeyinin onun eline bakan işleri, karısıyla, akrabalarıyla ilişkileri, bebeğin bakımı, bu ilkbahardan beri uğraşmaya başladığı yeni merakı arıcılık Levin'in tüm zamanını alıyordu.

Bunların onu meşgul etmesinin nedeni, daha önce yaptığı gibi bu işleri kendisi açısından genel görüşlerle haklı göstermesi değildi; tam tersine şimdi bir yandan toplumun yararı için daha önce yaptığı girişimlerin başarısızlıklarından hayal kırıklığına uğramış, öte yandan kafasındaki düşüncelerle ve her taraftan üzerine yığılmış çok fazla işle aşırı derecede meşgul bir durumda toplum yararıyla ilgili her türlü düşünceyi tamamen bir kenara bırakmıştı ve sırf daha önce yaptığını yapmak zorunda olduğunu, başka türlü yapamayacağını düşündüğü için bu işlerle uğraşıyordu.

Eskiden (bu hemen hemen çocukluğundan itibaren başlamış ve olgunluk çağına kadar giderek artmıştı) herkes için, insanlık için, Rusya için, bütün köy için iyilik sayılabilecek bir iş yapmaya çalıştığında bununla ilgili düşüncelerin hoşuna gittiğini, ama işin kendisinin her zaman kötü olduğunu, bu işin gerekli olduğuna tam olarak inanmadığını fark eder, ve ilk başta o kadar büyük görünen iş giderek küçülür küçülür, bir hiç olurdu; şimdi, evlendikten sonra hayatına giderek daha fazla sınır koyduğu bir sırada, yaptığı işi düşününce hiç sevinç duymasa da bu işin gerekli olduğuna inanıyor, eskiye göre çok daha iyi yürüdüğünü ve giderek büyüdüğünü görüyordu.

Şimdi sanki iradesine karşı gelerek toprağa bir pulluk gibi daha derinden, çıkan toprağı yana devirmeksizin içinden çıkamayacağı kadar derinden gömülüyordu.

Ailesinin de babalarının ve dedelerinin yaşamaya alıştıkları gibi, yani aynı kültür koşullarında yaşaması ve çocuklarını yetiştirmesi gerekliydi kuşkusuz. Canı yemek istediğinde yemek yemesi gibi gerekli bir şeydi bu; yemek yemek için nasıl yemek yapmak gerekiyorsa, bunun için de Pokrovskoye'deki ekonomi makinesini gelir getirecek şekilde çalıştırmak gerekiyordu. Aldığı borcu geri vermek ne kadar gerekliyse, tıpkı Levin'in yaptığı ve diktiği her şey için dedesine teşekkür ettiği gibi, oğlunun da başına geçtikten sonra babasına teşekkür edeceği şekilde atalarından kalan toprağı elinde tutması aynı şekilde kesin olarak gerekliydi. Bunun için de toprağı kiraya vermemek, kendi elleriyle işlemek, hayvan beslemek, tarlaları gübrelemek, ağaç dikmek gerekiyordu.

Kucağına aldığın çocuğu yere atmak nasıl olanaksızsa, Sergey İvanoviç'in, ablasının, öğüt almaya gelen ve buna alışmış olan köylülerin işlerini yapmamak da aynı şekilde olanaksızdı. Yanlarına çağırdığı baldızını ve çocuklarını, karısıyla çocuğunu rahat ettirmesi gerekiyor, günün küçük bir bölümünü olsun onlarla geçirmeden edemiyordu.

Bütün bunlar avcılıkla ve yeni arıcılık merakıyla birlikte Levin'in, kendisi için hiçbir anlamı olmadığını düşündüğü hayatının tamamını dolduruyordu.

Ama Levin, *ne* yapması gerektiğini kesin olarak biliyordu, aynı şekilde bütün bunları *nasıl* yapması gerektiğini ve hangi işin diğerlerinden daha önemli olduğunu da tam olarak biliyordu.

Olabildiğince ucuza işçi kiralaması gerektiğini biliyordu; ama hak ettiklerinden daha az parayı peşin peşin vererek onları köle durumuna düşürmek, çok kazançlı olsa da gerekli değildi. Hallerine acıdığı halde yem kıtlığında köylülere saman satabilirdi; ama hanı ve meyhaneyi gelir getirmelerine karşın kapatmak gerekiyordu. Ağaç kesmenin cezası olabildiğince sert olmalıydı, ama köylünün hayvanları onun tarlasına girdi diye ceza kesilemezdi, bu durum bekçileri sinirlendirse ve korkuyu ortadan kaldırsa da tarlaya giren bu hayvanları alıkoymak olanaksızdı.

Tefeciye ayda yüzde on faiz ödeyen Pyotr'u kurtarmak için ona borç para vermeliydi; vergilerini ödemeyen köylülerin vergilerini indiremez, vadesini uzatamazdı. Otlak biçilmediği ve otlar boşa gittiği için kâhyaya göz yumamazdı; ama yeni bir korunun yetiştiği seksen desyatinalık bir yerdeki otları da biçtiremezdi. Her ne kadar acısa da babası öldü diye iş zamanı evine giden köylüyü bağışlayamazdı. Bu işçinin işe gelmediği, ücretin daha yüksek olduğu aylar için hesabı daha düşük ücretten kesilmeliydi; ama hiçbir şekilde gerekli olmayan yaşlı hizmetkârlara aylıklarını vermeden de duramazdı.

Levin eve dönerken, en önce rahatsız olan karısının yanına gitmesi gerektiğini de biliyordu; üç saattir onu bekleyen köylüler biraz daha bekleyebilirdi; arı oğulunun yerleştirilmesinden büyük bir keyif almasına karşın bu zevkten yoksun kalması ve oğulu yerleştirme işini yaşlı köylüye bırakıp, kovanlığa kadar gelip onu bulan köylülerle konuşmaya gitmesi gerekiyordu.

İyi mi yapıyor, kötü mü bilmiyordu ve şimdi kendini haklı çıkartmak bir yana, bu konuda konuşmaktan ve düşünmekten kaçınıyordu.

Düşünceler onu kuşkuya düşürüyor, neyin gerekli olduğunu, neyin olmadığını görmesini engelliyordu. Düşünmeyip yaşadığı zamansa içinde iki olası davranıştan hangisinin iyi, hangisinin kötü olduğuna karar veren yanılmaz bir yargıcın varlığını sürekli hissediyordu; davranması gerektiği gibi davranmadığında da bunu hemen hissediyordu.

Böylece ne olduğunu ve bu dünyada ne için yaşadığını bilmeden ve bilebilme olasılığı görmeden, bu bilgisizlik yüzünden kendini öldürmekten korkacak kadar acı çekerek, ama bununla birlikte yaşamda kendi özel, kesin yolunu açarak yaşıyordu.

XI

Sergey İvanoviç'in Pokrovskoye'ye geldiği gün Levin'in en sıkıntılı günlerinden biriydi.

Halk arasında, hayatta başka hiçbir koşulda görülmeyecek kadar alışılmamış yoğunlukta, fedakârca bir çalışmanın yapıldığı en sıkı iş dönemiydi. Eğer bu nitelikleri gösteren insanlar, bu çalışmayı kendileri değerlendirebilseler, eğer bu yoğunluk her yıl tekrarlanmasa, sonuçları da bu kadar basit olmasaydı, bu fedakârca çalışma daha fazla takdir görebilirdi.

Çavdarı ve yulafı biçip taşımak, çayırı biçmek, dinlenmeye bırakılmış toprakları sürmek, ekini dövmek, kışlık ekini ekmek basit ve sıradan görünebilir; oysa bütün bunları yapmak için yaşlısından gencine bütün köylülerin bu üç-dört hafta boyunca kvas, soğan ve kara ekmek yiyerek, harman döverek, geceleri demetleri taşıyarak ve uykuya günde en fazla iki-üç saat ayırarak hiç durmaksızın her zamankinin üç katı fazla çalışmaları gerekir. Ve Rusya'nın her yerinde her yıl bu yapılır.

Hayatının büyük kısmını köyde, halkla yakın ilişki içinde geçiren Levin, iş zamanında halkın bu ortak heyecanının kendisine de bulaştığını hissederdi hep.

Sabahtan atına binip ilk çavdar biçimini ve yulafın taşınıp yığılmasını görmeye gitti, karısıyla baldızının kalkış saatine doğru eve geri dönüp onlarla birlikte kahve içti ve yürüyerek yeni harman makinesinin tohum hazırlamak üzere çalıştırılacağı çiftliğe gitti.

Levin gün boyunca kâhya ve köylülerle, evde de karısıyla, Dolli'yle, Dolli'nin çocuklarıyla, kayınpederiyle konuşurken bu sırada çiftlik işlerinden başka kendisini ilgilendiren tek bir şeyi düşünüyor ve her şeyde "Ben neyim? Neredeyim? Neden buradayım?" sorularıyla bir ilişki arıyordu.

Soyulmuş taze kavak sırıklarına tutturularak henüz yaprakları dökülmemiş hoş kokulu fındık ağacı dallarıyla daha yeni örülmüş saz damlı samanlığın serin gölgesinde duran Levin, kâh harman yerinin kuru ve geniz yakan tozlarının yükselip oynaştığı açık kapıdan harman yerinin kızgın güneşle pırıl pırıl parlayan otlarına, samanlıktan biraz önce getirilmiş taze samana, kâh ıslık çalarak çatının altına uçan ve kanatlarını titreterek kapının açıklığında duran alaca başlı, ak göğüslü kırlangıçlara, kâh karanlık ve tozlu samanlıkta didinip duran insanlara bakıyor ve tuhaf şeyler düşünüyordu.

"Bütün bunlar neden oluyor? –diye düşünüyordu.– Ben neden burada dikiliyor, onları çalıştırıyorum? Neden hepsi bu kadar didiniyor, benim yanımda ne kadar gayretli olduklarını göstermeye çalışıyorlar? Şu benim tanıdığım yaşlı Matryona neden bu kadar çabalıyor? (Yangında üstüne kiriş düştüğünde onu ben iyileştirmiştim), –diye düşünüyordu tırmıkla ekinleri toplarken güneş yanığı çıplak ayaklarıyla harman yerinin eğri büğrü, sert toprağına dikkatle basan zayıf bir köylü kadına bakarak.– O zaman iyileşmişti, ama bugün yarın olmasa da on yıl sonra onu toprağa verecekler, ne ondan, ne de şu becerikli, yumuşak hareketlerle harman savuran kırmızı etekli fiyakalı kızdan geriye hiçbir şey kalmayacak. Onu da gömecekler ve şu alaca iğdişin de sonu çok yakın, –diye düşündü karnını güçlükle taşıyan, şişmiş burun deliklerinden sık sık soluk veren ve hareket eden eğik çarkın üstünde yürüyen ata bakarak.– Onu da gömecekler, makineye ekinleri veren, kıvırcık sakalına saman çöpleri dolmuş, yırtık gömleğinden beyaz omzu görünen Fyodor'u da gömecekler. Oysa o, ekin demetlerini çözüyor, komutlar veriyor, kadınlara bağırıyor, hızlı bir hareketle kayışı düzeltiyor. En önemlisi, sadece onları değil, beni de gömecekler ve hiçbir şey kalmayacak. Niye?"

Bunları düşünüyor ve bu arada bir saatte ne kadar ekin dövüldüğünü hesaplamak için saatine bakıyordu. Bir günde ne kadar iş vereceğini bu hesaba göre belirleyeceği için bunu bilmesi gerekiyordu.

"Neredeyse bir saat oluyor, oysa ancak üçüncü tınaza başladılar," –diye düşündü Levin, makineye ekinleri veren köylünün yanına gitti ve makinenin gürültüsü yüzünden bağırarak makineye daha az ekin vermesini söyledi.

— Çok fazla veriyorsun Fyodor! Görüyorsun, tıkanıyor, o yüzden iyi çalışmıyor. Bir kararda ver!

Terli suratına yapışan tozlar yüzünden kapkara olan Fyodor bağırarak bir şey dedi, ama yine de Levin'in istediğini yapmadı.

Levin silindire yaklaşarak Fyodor'u kenara itti ve kendisi işe girişti.

Köylülerin artık az bir zaman kalan öğle yemeği saatine kadar çalıştıktan sonra Fyodor'la birlikte samanlıktan çıktı ve tohumluk için harmana hazır, düzgün, sarı bir çavdar yığınının yanında durup onunla konuşmaya başladı.

Fyodor, Levin'in daha önce ortaklık esasına göre toprağını kiraya verdiği uzak bir köydendi. Şimdi bu toprak bir kapıcıya kiraya verilmişti.

Levin Fyodor'la bu toprak hakkında konuşuyordu ve aynı köyden zengin, iyi bir insan olan Platon'un gelecek yıl bu toprağı kiralayıp kiralamayacağını soruyordu.

Köylü ter içindeki koynundan içeri girmiş başakları çıkarırken:

— Fiyatı yüksek, Platon'u kurtarmaz Konstantin Dmitriç, –diye karşılık verdi.

— E, Kirillov'u nasıl kurtarıyor?

— Mityuha'yı (kapıcıyı küçümseyerek bu şekilde adlandırıyordu köylü) nasıl kurtarmaz Konstantin Dmitriç? O insanın canına okur, yine de parasını alır. Hıristiyana acımaz. Ama Fokanıç Dayı (yaşlı Platon'u böyle adlandırıyordu) insanın derisini yüzer mi? Kendisi borca girer, ama yine de insanın yakasına yapışmaz. Öyle bir adamdır.

— İyi de, niye alacağını bıraksın ki?

— Öyledir işte, çeşit çeşit insan vardır; bir insan vardır, sadece kendisi için yaşar, alın Mityuha'yı, o yalnız kendi işkembesini doldurur tıka basa, ama Fokanıç, özü sözü doğru bir ihtiyardır. O, ruhu için yaşar. Tanrı'yı anımsar.

Levin neredeyse bağırarak:

— Tanrı'yı nasıl anımsar? Ruhu için nasıl yaşar? –dedi.

— Nasıl olduğu belli işte, dürüst yaşayarak, Tanrı'nın yolundan ayrılmayarak. İnsanlar çeşit çeşittir. İşte sizi alalım, siz de kimseyi kırmazsınız...

Levin heyecandan soluğu kesilerek:

— Evet, evet, hoşça kal! –dedi ve geri dönüp bastonunu aldı, hızlı hızlı evine doğru yürüdü. Fokanıç'ın ruhu için, dürüstçe, Tanrı'nın yolundan ayrılmadan yaşadığına ilişkin olarak köylünün söylediği sözlerde yığınla belirsiz, ama önemli düşünce âdeta kilitli olduğu yerden kurtulmuştu, hepsi tek bir hedefe doğru hızla akarak ve ışığıyla Levin'in gözlerini kamaştırarak kafasının içinde dönmeye başlamıştı.

XII

Levin, düşüncelerinden çok (bu düşünceleri henüz çözümleyebilmiş değildi) daha önce hiç yaşamadığı bir ruh haline kulak vererek şosede geniş adımlarla yürüyordu.

Köylünün söylediği sözler, Levin'in ruhunda bir an olsun peşini bırakmayan dağınık, parça parça ve güçsüz düşünceleri ansızın değiştiren ve tek bir arı oğulu halinde birleştiren bir elektrik kıvılcımı etkisi yapmıştı. Bu düşünceler toprağı kiraya vermekten söz ettiği sırada da kendisi farkında olmadan kafasını kurcalıyordu.

Ruhunda yeni bir şey hissediyordu ve bu yeni şeyi, henüz ne olduğunu bilmeksizin keyifle yokluyordu.

"Kendi çıkarın için değil, Tanrı için. Hangi Tanrı için? Fyodor'un söylediğinden daha anlamsız bir şey söylenebilir mi? İnsanın kendi çıkarları için yaşamaması gerektiğini, yani bizim anladığımız, bizi kendine çeken, canımızın istediği şey için değil, anlaşılmaz, hiç kimsenin ne anlayabildiği, ne de tanımlayabildiği Tanrı için yaşamak gerektiğini söyledi Fyodor. E, ne demek bu? Fyodor'un bu anlamsız sözlerini anlamadım mı ben? Yoksa anlayıp bunların doğruluğundan kuşkuya mı kapıldım? Onları aptalca, belirsiz, yanlış mı buldum?

Hayır, tıpkı onun anladığı gibi anladım, hayatta herhangi bir şeyi anladığımdan daha açık ve tam olarak anladım ve bundan hayatta asla kuşkum olmadı, olamaz da. Hem bir tek ben değil, herkes, bütün dünya bir tek bunu tam olarak anlıyor ve bir tek bundan kuşku duymuyor, her zaman hemfikir oluyor.

Fyodor, kapıcı Kirillov'un işkembesini doldurmak için yaşadığını söylüyor. Anlaşılır ve akıllıca bir şey. Hepimiz akıllı varlıklar olarak midemizi doldurmaktan başka bir şey için yaşayamayız. Ve birden aynı Fyodor, midesini doldurmak için yaşamanın kötü olduğunu, gerçek için, Tanrı için yaşamak gerektiğini söylüyor ve ben onun ne demek istediğini anlıyorum! Ben de, bundan yüzyıllar önce yaşamış ve halen yaşayan milyonlarca insan da, köylüler, ruh yoksulları ve bu konuda düşünüp yazan, kendi anlaşılmaz dilleriyle aynı şeyi söyleyen bilgeler, hepimiz tek bir noktada, ne için yaşamak gerektiği ve neyin iyi olduğu noktasında uzlaşıyoruz. Ben bütün bu insanlarla birlikte tek bir kuşku götürmez, kesin, açık bilgiye sahibim. Bu bilgi akılla açıklanamaz, aklın dışında bir şeydir, ne nedenleri, ne de sonuçları vardır.

Eğer iyiliğin bir nedeni varsa, o artık iyilik değildir; eğer iyiliğin bir sonucu, yani ödülü varsa yine iyilik değildir. Demek ki iyilik, neden ve sonuç zincirinin dışındadır.

Bunu ben de biliyorum, hepimiz de biliyoruz.

Oysa ben bir mucize arıyordum, beni inandırabilecek bir mucize görmediğim için hayıflanıyordum. Al işte tek olabilecek, her zaman var olan, beni her yandan sarmış biricik mucize ve ben onu fark etmemişim!

Bundan daha büyük bir mucize nasıl olabilir?"

Levin, yakıcı sıcağı da, yorgunluğu da fark etmeksizin ve uzun zamandır çektiği acının dindiğini hissederek tozlu yolda yürürken, "Hepsinin çözümünü buldum mu, acılarım artık dinecek mi?" –diye düşünüyordu. Bu duygu o kadar sevindiriciydi ki, akıl almaz bir şey gibi geliyordu ona. Heyecandan soluğu kesiliyordu, daha fazla yürüyecek gücü kalmamıştı, yoldan ormana saptı ve kavakların gölgesine, biçilmemiş otların üstüne oturdu. Ter içindeki başından şapkasını çıkarttı ve dirseğine dayanarak sulu, geniş yapraklı orman otlarının üzerine uzandı.

Önündeki basılmamış otlara dikkatle bakarak, bir otun gövdesine tırmanan ve tırmanışı keçiayağı otunun yaprağınca engellenen yeşil bir böceğin hareketlerini izleyerek, "Evet, aklımı başıma toplamalı ve enine boyuna düşünmeliyim, –diye geçirdi içinden. Böceğe engel olmaması için keçiayağı yaprağını geri çekerek ve böceğin üzerinden geçmesi için başka bir otu eğerek,– Her şey en başa döndü, –dedi kendi kendine.– Beni sevindiren nedir? Ne keşfettim?

Eskiden benim vücudumda, şu otun ve şu böceğin (bak işte öbür otu istemedi, kanatlarını açtı ve uçtu) vücudunda fiziksel, kimyasal, fizyolojik yasalara göre bir madde alışverişi olduğunu söylerdim. Ama kavaklarla, bulutlarla, parça

parça sislerle birlikte hepimizde bir gelişme oluyor. Gelişme nereden geliyor, nereye doğru gidiyor? Sonsuz bir gelişme ve mücadele mi?.. Sonsuzlukta bir yön, bir mücadele olabilir mi sanki? Ve en çok bu yolda kafa yorduğum halde hayatın anlamını, heyecanlarımın ve isteklerimin anlamını yine de kavrayamadığım için hayret ederdim. Oysa içimdeki heyecanların anlamı, hep onlara uygun yaşayacak ve bir köylü bana Tanrı için, ruhun için yaşamalı dediğinde şaşıracak ve sevinecek kadar açıkmış.

Ben hiçbir şey keşfetmedim. Yalnızca neyi bildiğimi öğrendim. Hayatın bana sadece geçmişte değil, şimdi de verdiği gücü anladım. Aldatmacadan kurtuldum, efendimi tanıdım."

Umutsuz şekilde hasta olan sevgili ağabeyini gördüğünde ölüm düşüncesinin ortaya çıktığı şu son iki yıl boyunca düşüncelerinin tüm akışını kısaca aklından geçirdi.

Her insan için ve kendisi için gelecekte acılardan, ölümden ve sonsuza dek unutulmaktan başka hiçbir şey olmadığını ilk kez o zaman açıkça anlamıştı, bu şekilde yaşanamayacağına, ya hayatı bir şeytanın kötü bir alayı olarak görünmeyecek biçimde açıklamak ya da kendini vurmak gerektiğine karar vermişti.

Fakat ne onu, ne öbürünü yapmamış, yaşamaya, düşünmeye ve hissetmeye devam etmiş, hatta tam o sırada evlenmiş, pek çok sevinçler yaşamış, hayatının ne önem taşıdığını düşünmediği zaman mutlu olmuştu.

Peki bu ne anlama geliyordu? Bu, onun iyi yaşadığı, ama kötü düşündüğü anlamına geliyordu.

Farkında olmadan annesinin sütüyle birlikte emdiği manevi gerçeklerle yaşamıştı, ama düşünürken bu gerçekleri kabul etmek bir yana, onları ısrarla görmezlikten gelmişti.

Ancak içinde yetiştirildiği inançlar sayesinde yaşabileceğini şimdi anlamıştı.

"Bu inançlara sahip olmasaydım, kendi çıkarlarım için değil, Tanrı için yaşamam gerektiğini bilmeseydim nasıl biri olur, hayatımı nasıl geçirirdim? Hırsızlık yapar, yalan söyler, adam öldürürdüm. Hayatımın en büyük sevinçlerini oluşturan şeylerin hiçbiri benim için var olmazdı." Hayalini çalıştırmak için büyük bir çaba harcasa da, ne için olduğunu bilmeden yaşasaydı nasıl hayvan gibi bir yaratık olacağını bir türlü gözünün önünde canlandıramıyordu.

"Soruma yanıt arıyordum. Oysa sorumun yanıtını bana düşüncelerim veremedi, düşüncelerim, sorumla karşılaştırılamayacak durumda. Yanıtı bana hayatın kendisi verdi, neyin iyi, neyin kötü olduğu benim bilgim içindeydi. Bu bilgiyi ben kazanmadım, herkesle birlikte bana da bu bilgi verilmişti, *verilmişti*, çünkü ben onu hiçbir yerden alamazdım.

Nereden aldım onu? Çevremdekileri sevmem ve öldürmemem gerektiği sonucuna aklımla mı vardım? Bana bunu çocukluğumda söylemişlerdi, ben de sevinçle inanmıştım, çünkü bana söyledikleri şey benim ruhumda vardı zaten. Peki bunu kim ortaya çıkarttı? Akıl değil. Akıl, var olma savaşını ve isteklerimin yerine getirilmesine engel olan herkesi öldürmeyi gerektiren yasayı ortaya çıkarttı. Bu aklın sonucudur. Oysa başkasını sevmek akıllıca bir şey olmadığına göre, bunu akıl bulmuş olamaz."

Yüzükoyun döndü ve otları kırmadan düğüm şeklinde bağlamaya çalışarak, "Evet, gurur," –dedi kendi kendine.

"Hem sadece aklın gururu da değil, aptallığı aynı zamanda. Ama asıl önemlisi, aklın düzenbazlığı, evet özellikle bu, özellikle aklın hilekârlığı," –diye tekrarladı.

XIII

Levin'in aklına yakınlarda Dolli ve çocuklar arasında geçen bir sahne geldi. Yalnız kalan çocuklar mumların üstünde ahududu kızartmaya ve ağızlarına süt fışkırtmaya başlamışlardı. Suçüstü yakalayan anneleri, Levin'in yanında onlara kırdıkları şeylerin büyüklere ne kadar büyük bir emeğe mal olduğunu, bu emeğin onlar için verildiğini, fincanları kırarlarsa çay içecek kap, sütü dökerlerse yiyecek bir şey bulamayacaklarını ve açlıktan öleceklerini anlatmaya koyuldu.

Çocukların bu sözleri dinledikleri sırada takındıkları sakin ve bezgin güvensizlik Levin'i şaşırtmıştı. Tek üzüldükleri şey, ilginç bir oyunun bitmiş olmasıydı ve annelerinin söylediği sözlerin tekine bile inanmıyorlardı. İnanamazdılar zaten, çünkü kullandıkları şeylerin hacmini gözlerinde canlandıramaz, dolayısıyla kırdıkları şeylerin yaşamalarını sağlayan nesneler olduğunu tasavvur edemezlerdi.

"Bunların hepsi kendiliğinden olan şeyler, –diye düşünürlerdi çocuklar,– bunda ilginç ve önemli bir yan yok, çünkü her zaman böyle olmuştur. Her zaman da böyle olacaktır. Bu konuda bizim düşüneceğimiz bir şey yok, önümüze hazır gelmiştir; oysa bizim canımız kendimize ait, yeni bir şey bulmak istiyor. İşte biz de fincana ahududu koyup mumun üstünde kızartmayı, sütü fıskiye gibi birbirimizin ağzına fışkırtmayı bulduk. Eğlenceli, yeni bir şey, hem fincandan içmekten de kötü değil."

"Doğa güçlerinin önemini ve insan hayatının anlamını akıl yoluyla ararken bizim yaptığımız ve benim yaptığım da aynı şey değil mi?" –diye düşünmeye devam ediyordu Levin.

"Bütün felsefe teorileri de insana özgü olmayan tuhaf bir düşünce yoluyla, insanın uzun zamandır bildiği ve aynı zamanda onsuz yaşayamayacağının da tam olarak farkında olduğu bilgiye ulaştırırken aynı şeyi yapmıyorlar mı? Her filozofun ileri sürdüğü teorinin gelişiminde, onun da tıpkı köylü Fyodor gibi, hayatın asıl anlamını hiçbir kuşkuya yer bırakmayacak, hem de Fyodor'unkinden birazcık bile daha açık olmayacak şekilde önceden bildiği ve sadece kuşkulu bir akıl yoluyla herkesin bildiği bir şeye geri dönmek istediği apaçık görülmüyor mu?

Hadi çocukları tabak çanaklarını almaları ya da yapmaları, sütü sağmaları vs. için yalnız başlarına bıraktık diyelim. Yaramazlık yaparlar mıydı o zaman? Açlıktan ölürlerdi. Hadi tek Tanrı ve yaratıcı kavramı olmaksızın ya da iyiliğin ne olduğunu, ahlaki kötülüğün açıklamasını bilmeden tutkularımızla ve düşüncelerimizle bizi de baş başa bıraktık diyelim!

Bu kavramlar olmadan bir şey kurun bakalım!

Biz sadece yıkıyoruz, çünkü manevi olarak doymuş durumdayız. Hele de çocuklar!

Benim ruhuma tek huzur veren, köylüyle ortak sevindirici bilgim nereden geldi? O bilgiyi ben nereden aldım?

Ben, Tanrı kavramına uygun yetişmiş bir Hıristiyan olarak bütün hayatımı Hıristiyanlığın bana verdiği manevi iyiliklerle doldurup, bu iyiliklerle yaşayan ben, çocuklar gibi onları anlamayarak yıkıyorum, yani yaşamamı sağlayan şeyi yıkmak istiyorum. Ancak çocukların üşüdükleri ve aç kaldıkları anda olduğu gibi hayatımın önemli bir anı gelip çatınca ona gidiyorum, hem de rahatlık yüzünden yaptığım çocukça şımarıklıkların bağışlanacağını, çocukça yaramazlıkları yüzünden annelerinin azarladığı çocuklardan daha az hissediyorum.

Evet, bildiğim şeyi aklımla bilmiyorum, bu bana verilmiş, açıklanmış olduğu için, bunu yüreğimle, kilisenin öğrettiği en önemli şeye inanarak biliyorum."

"Kilise mi? Kilise mi?" –diye yineledi Levin, öbür tarafa döndü ve dirseğine dayanıp, uzaklara, öbür yandan nehre inen bir sürüye bakmaya koyuldu.

Kendisini deneyerek ve şu anki huzurunu bozabilecek şeyleri düşünerek "Ama kilisenin öğrettiklerinin hepsine inanabilir miyim? –diye aklından geçirdi. Mahsus ona her zaman garip ve ayartıcı gelmiş olan kilise öğretilerini anımsamaya çalıştı.– Yaratılış? Peki ben varoluşu neyle açıklardım? Varoluşla mı? Hiçbir şeyle mi? Şeytan ve günahla mı? Peki kötülüğü neyle açıklarım?.. Kurtarıcıyla mı?..

Ancak ben hiçbir şey, hiçbir şey bilmiyorum ve herkesle birlikte bana söylenmiş olanın dışında bir şey bilemem."

Şimdi ona kilise inançlarının arasında en önemli şeyi, Tanrı inancını, insanın biricik görevi olan iyilik inancını bozabilecek tek bir şey yokmuş gibi geliyordu.

Her bir kilise inancının altına, insanın çıkarları yerine gerçeğe hizmet etmesi inancı konabilirdi. Bu inançların her biri, kilise inancını yıkmadığı gibi, milyonlarca birbirinden farklı insanla, bilge ve meczup, çocuk ve yaşlı, herkesle, köylüyle, Lvov'la, Kiti'yle, dilencilerle ve hükümdarlarla birlikte her birimizin bir ve aynı şeyi kesin olarak anlayabilmemizden, yaşamaya değer görüp, değerini bildiğimiz tek manevi hayatı düzene sokabilmemizden ibaret olan ve yeryüzünde sürekli ortaya çıkan en önemli mucizenin gerçekleşmesi için gereklidir aynı zamanda.

Sırtüstü yatarak şimdi yukarıya, bulutsuz gökyüzüne bakıyordu. "Bunun yuvarlak bir kubbe değil, sonsuz bir boşluk olduğunu bilmiyor muyum? Ama gözümü ne kadar kıssam da, bütün dikkatimle baksam da onu yuvarlak ve sınırlı görmemek elimde değil, sonsuz bir boşluk olduğunu bildiğim halde kesinlikle mavi bir kubbe olarak görmekte kuşkuya yer bırakmayacak şekilde haklıyım, onun ötesini görmeye çalıştığım zamankinden daha haklıyım."

Levin düşünmeyi bırakıp, kendi aralarında sevinçli ve kaygılı bir şeyler konuşan gizemli seslere kulak verdi yalnızca.

Mutluluğuna inanmaktan korkarak "İnanç bu mu yoksa? –diye düşündü. İçinden yükselen hıçkırıkları yutarak ve gözlerine dolan yaşları iki eliyle silerek,– Tanrım, sana şükürler olsun!" –dedi.

XIV

Levin ileri doğru baktı ve sürüyü, daha sonra da Kuzgun adlı atın koşulu olduğu kendisine ait arabayı ve sürünün yanına gidip çobanla konuşan arabacıyı gördü; sonra tekerleklerin sesini, besili atın gürültülü soluklarını yakınında duydu; fakat kendi düşüncelerine o kadar dalmıştı ki, arabacının neden geldiğini bile düşünmedi.

Bunu ancak arabacı iyice yanına yaklaşıp seslenince akıl etti.

— Hanım yolladı. Ağabeyiniz ve bir bey daha geldiler.

Levin arabaya binip dizginleri eline aldı.

Uykudan yeni uyanmış gibi uzun süre kendini toplayamadı. Apış arasında ve boynunda dizginlerin sürtündüğü yerler köpük içinde kalmış besili ata baktı, yanında oturan arabacı İvan'a baktı ve ağabeyinin beklediğini, karısının herhalde onun uzun süre kayıplara karışmasından huzursuz olduğunu anımsadı ve ağabeyiyle birlikte gelen konuğun kim olduğunu tahmin etmeye çalıştı. Ağabeyi de, karısı da, bilinmeyen konuk da şimdi ona eskisinden farklı görünüyordu. Artık bütün insanlarla ilişkileri başka olacakmış gibi geliyordu.

"Ağabeyimle aramızda her zaman olan soğukluk da, tartışma da artık olmayacak; Kiti'yle hiçbir zaman kavga etmeyeceğim; her kim ise konuğa karşı da nazik ve iyi olacağım; insanlarla, İvan'la her şey farklı olacak."

Sabırsızlıktan hızlı hızlı soluyan ve daha hızlı yürümek isteyen besili atın dizginlerini gererek tutan Levin, yanında oturan ve işsiz kalan ellerini ne yapacağını bilmeyerek sürekli gömleğini çekiştiren İvan'a göz atıyor, onunla konuşmaya başlamak için bir bahane arıyordu. İvan'ın sırt kolanını boşu boşuna yukarıdan sıktığını söylemek istiyordu, ama bu sitem ediyormuş gibi gelebilirdi, oysa ki o sevgi dolu bir konuşma yapmak istiyordu. Aklına da başka bir şey gelmiyordu.

Levin'in elindeki dizgini düzelten arabacı:

— Sağa alın beyim, şurada kütük var, –dedi.

Arabacının bu müdahalesine bozulan Levin:

— Lütfen dokunma ve bana akıl öğretme! –dedi. Her zaman olduğu gibi işine karışılması canını sıkmış, ruhsal durumunun onu hemen değiştirebileceği tahmininin gerçekle temas edince ne kadar yanlış bir tahmin olduğunu üzüntüyle hissetmişti.

Eve varmaya çeyrek verst kala Levin, karşıdan kendilerine doğru koşan Grişa'yla Tanya'yı gördü.

— Kostya Amca! Annem de geliyor, dedem de, Sergey İvanıç de ve biri daha, –dediler arabaya binerken.

— Kim peki?

Tanya arabanın içinde ayağa kalkarak ve Katavasov'u taklit ederek:

— Çok korkunç biri! Elleriyle işte böyle yapıyor, –dedi.

Tanya'nın tarifi birisini anımsattığı için Levin gülerek:

— Peki yaşlı mı, genç mi? –diye sordu.

"Aman, yeter ki can sıkıcı biri olmasın!" –diye içinden geçirdi Levin.

Levin dönemeci dönüp, karşıdan gelenleri görünce aynen Tanya'nın taklidini yaptığı gibi kollarını sallaya sallaya yürüyen hasır şapkalı Katavasov'u tanıdı.

Felsefeyle ilgili düşünceleri, bu konuyla hiç ilgilenmemiş olan doğa bilimcilerden alan Katavasov, felsefe üzerine konuşmayı çok severdi; Levin son zamanlarda Moskova'da da onunla çok tartışmıştı.

Katavasov'un görünüşe göre kendisinin galip geldiğini düşündüğü böylesi konuşmalardan biri, onu görünce Levin'in ilk aklına gelen şey oldu.

"Hayır, artık tartışmayacağım ve düşüncelerimi asla patavatsızca söylemeyeceğim," –diye düşündü.

Arabadan inerek ağabeyiyle ve Katavasov'la selamlaştıktan sonra karısını sordu.

— Mitya'yı Kolok'a (bu, evin yakınında bir koruydu) götürdü. Evin içi çok sıcak da, Mitya'nın orada daha rahat edeceğini düşündü, –dedi Dolli.

Levin koruyu tehlikeli bulduğu için her zaman karısına bebeği koruya götürmemesini söylüyordu ve bu haber hoşuna gitmedi.

Prens gülümseyerek:

— Bebeği oradan oraya taşıyor, –dedi.– Buzhaneye götürmesini söyledim ona.

— Arılığa gelmek istiyordu. Senin orada olduğunu sanıyordu. Biz de oraya gidiyoruz, –dedi Dolli.

Sergey İvanoviç diğerlerinden geride kalarak ve kardeşiyle aynı hizada yürüyerek:

— E, sen neler yapıyorsun? –dedi.

— Önemli bir şey yok. Her zamanki gibi çiftlikle uğraşıyorum, –diye yanıtladı Levin.– Sen ne yapıyorsun, çok kalacak mısın? Ne kadar uzun zamandır bekliyorduk seni.

— İki hafta kadar. Moskova'da çok işim var.

Bunları söylerken iki kardeş göz göze geldi ve Levin, ağabeyiyle her zaman, özellikle de şimdi daha güçlü hissettiği dostça, asıl önemlisi de basit ilişkiler içinde olma isteğine karşın ona bakarken rahatsız olduğunu hissetti. Bakışlarını kaçırdı ve ne diyeceğini bilemedi.

Sergey İvanoviç'in hoşuna gidebilecek ve dikkatini, Moskova'daki çalışmalarından söz ederken ima ettiği Sırp savaşı ve Slav sorunundan uzaklaştırabilecek konuları bir bir aklından geçiren Levin, Sergey İvanoviç'in kitabından söz açtı.

— E, kitabınla ilgili eleştiri yazıları çıktı mı? –diye sordu Levin.

Sergey İvanoviç sorunun kasıtlı olduğunu anlayarak gülümsedi.

— O konuyla hiç kimse ilgilenmiyor, ben de başkalarından daha az ilgileniyorum, –dedi Sergey İvanoviç. Kavak ağaçlarının tepesinde görünen beyaz bulutları şemsiyesiyle göstererek,– Bakın Darya Aleksandrovna, yağmur yağacak, –diye ekledi.

Ve iki kardeş arasında Levin'in o kadar kaçınmaya çalıştığı, birbirine karşı düşmanca olmasa da soğuk bir ilişkinin yeniden kurulması için bu sözler yetti.

Levin Katavasov'un yanına gitti.

— Gelmekle ne kadar iyi ettiniz, –dedi Katavasov'a.

— Epeydir niyetleniyordum. Biraz gevezelik ederiz sizinle. Spencer'i okudunuz mu?

— Hayır, daha bitirmedim, –dedi Levin.– Zaten benim için artık gerekli de değil.

— Nasıl? Bu ilginç işte. Neden?

— Yani beni ilgilendiren sorunların çözümünü onda ve ona benzer şeylerde bulamayacağıma kesin olarak inandım. Artık...

Ama Katavasov'un sakin ve neşeli yüz ifadesi onu birden şaşırttı ve bu konuşmasıyla kendi kendisinin keyfini kaçırdığına o kadar üzüldü ki, verdiği kararı anımsayıp sustu.

— Sonra konuşuruz, –diye ekledi.– Arılığa gideceksek, bu taraftan, şu patikadan gideceğiz, –dedi herkese dönerek.

Dar patikadan yürüyerek bir yanı ortasında koyu yeşil yüksek çöpleme otlarının boy attığı, parlak inek buğdayı çiçekleriyle baştanbaşa kaplı henüz biçilmemiş bir çayırlığa çıktıktan sonra Levin, konuklarını genç kavak ağaçlarının koyu gölgesindeki bir sıraya ve arılardan korkan ziyaretçiler için düşünülüp hazırlanmış ağaç kütüklerine oturttu, kendisi ise çocuklara ve büyüklere ekmek, salatalık ve taze bal getirmek için çevresi çitle çevrili yere gitti.

Olabildiğince yavaş hareket etmeye çalışarak ve sağında solunda giderek daha çok uçuşan arılara kulak kabartarak patikadan yürüyüp kulübeye kadar gitti. Tam kulübenin girişinde arılardan biri Levin'in sakalının arasına girip vızıldamaya başladı, ama Levin arıyı dikkatlice sakalının arasından çıkarttı. Gölgelik giriş bölümüne girerek duvardaki küçük bir kazığa asılı olan file koruyucuyu alıp başına geçirdi, ellerini ceplerine sokup, etrafı çitle çevrili arılığa girdi. Burada, biçilmiş yerin ortasında her birinin bir tarihçesi olan ve Levin'in hepsini bildiği eski kovanlar, çit boyunca da bu yılki oğulların konulduğu yeni kovanlar hasır iplerle kazıklara bağlanmış olarak düzgün sıralar halinde duruyordu. Kovan ağızlarının önünde dönüp duran ve aynı yerde birbiriyle itişen, oynayan balarıları ve erkek arılar göz kamaştırıyordu, onların arasında da işçi arılar, balözü almak için hep aynı yöne, ormanda çiçek açmış olan ıhlamur ağacına ve sonra balözüyle geriye, kovanlara doğru uçuyorlardı.

Kâh işiyle meşgul, hızla uçan bir balarısının, kâh vızıldayarak aylak aylak dolaşan bir erkek arının, kâh mallarını düşmandan koruyan, heyecanlı, her an can yakmaya hazır nöbetçi arıların farklı farklı sesleri hiç durmadan kulaklarda uğulduyordu.

Çitin öbür tarafında yaşlı bir adam bir fıçı çemberi yontuyor ve Levin'i görmüyordu. Levin ona seslenmeden arılığın ortasında duruyordu.

Keyfini bu derece kaçırmış olan gerçeğin etkisinden çıkıp kendine gelebilmek için yalnız kalma fırsatı bulduğuna sevinmişti.

Daha şimdiden İvan'a kızdığını, ağabeyine karşı soğuk davrandığını ve Katavasov'la patavatsızca konuştuğunu anımsadı.

"Bu sadece bir anlık bir ruh hali miydi, iz bırakmadan geçip gidecek mi yoksa?" –diye düşündü.

Ancak aynı anda o ruh haline geri dönüp, içinde yeni ve önemli bir şey olduğunu sevinçle hissetti. Gerçek, yakaladığı ruhsal huzuru sadece bir süreliğine üstünü örterek gizlemişti; ama bu huzur olduğu gibi içinde duruyordu.

Tıpkı şimdi çevresinde dönüp duran, tehdit eden ve dikkatini dağıtan arıların onu tam bir fiziksel huzurdan mahrum etmeleri, onlardan kaçarak büzülmek zorunda bırakmaları gibi, arabaya bindiği andan itibaren etrafını saran tasalar da onu manevi özgürlüğünden mahrum etmişti; ama bu ancak onların arasında olduğu sürece devam etmişti. Arılara karşın bedensel gücü de, yeni bilincine vardığı manevi gücü de tamdı.

XV

Dolli salatalıkları ve balı çocuklara dağıttıktan sonra:

— Biliyor musun Kostya, Sergey İvanoviç buraya gelirken kiminle yolculuk etmiş? –dedi.– Vronskiy'le! Sırbistan'a gidiyormuş.

— Hem tek başına da değil, kendi hesabına bir süvari bölüğü götürüyor! –dedi Katavasov.

— Ona bu yakışır, –dedi Levin. Sergey İvanoviç'e bakıp,– Hâlâ gönüllüler gidiyor mu? –diye ekledi.

Sergey İvanoviç yanıt vermeden, içinde bir parça petekli bal bulunan bir tastan cıvık bala yapışmış, henüz canlı bir arıyı kör bir bıçakla dikkatlice çıkartmaya çalışıyordu.

Katavasov bir salatalığı gürültüyle ısırarak:

— Hem de nasıl! Dün istasyonun halini bir görseydiniz! –dedi.

Yaşlı prens, herhalde Levin yokken başlamış bir konuşmayı sürdürerek:

— Peki, buna ne anlam vermeliyiz? İsa aşkına bana açıklayınız Sergey İvanoviç, bütün bu gönüllüler nereye gidiyor, kiminle savaşıyor? –diye sordu.

Sergey İvanoviç, baldan rengi kararmış, çaresizce bacaklarını oynatan arıyı sonunda kurtarıp bıçaktan, sağlam bir kavak yaprağının üstüne hafifçe sıyırarak koyarken sakin sakin gülümseyerek:

— Türklerle, –diye yanıtladı.

— Peki Türklere savaş ilan eden kim? İvan İvanıç Ragozov ve Madam Ştal'le Kontes Lidiya İvanovna mı?

— Hiç kimse savaş ilan etmedi, ama insanlar, yakınlarının acılarını paylaşıyor, onlara yardım etmek istiyorlar, –dedi Sergey İvanoviç.

Levin kayınpederinden yana çıkarak:

— Ama prensin sözünü ettiği yardım değil, savaş, –dedi.– Prens, hükümetin izni olmadan insanların tek başlarına savaşa katılamayacaklarını söylüyor.

Dolli bir eşekarısını eliyle kovarak:

— Kostya, baksana, bir balarısı! Bizi sahiden sokacaklar! –dedi.

— Balarısı değil, eşekarısı, –dedi Levin.

Katavasov Levin'i tartışmaya sokmak için gülümseyerek:

— Peki efendim, sizin teoriniz nedir? –dedi.– Neden tek tek kişilerin hakkı yokmuş?

— Benim teorim şöyle: Savaş bir yandan o kadar hayvanca, zalimce ve korkunç bir iştir ki, bırakın Hıristiyanı tek bir insan bile savaşı başlatma sorumluluğunu tek başına üzerine alamaz, bu sorumluluğu ancak buna zorlanan ve savaşa girmesi kaçınılmaz olan bir hükümet üstlenebilir. Öte yandan hem bilim, hem de sağduyu devlet işlerinde, özellikle de savaş işinde yurttaşların kendi kişisel iradelerinden vazgeçmeleri gerektiğini söyler.

Sergey İvanoviç ve Katavasov kafalarındaki hazır itirazlarla aynı anda konuşmaya başladılar.

— Mesele şu ki, azizim, –dedi Katavasov,– hükümetin yurttaşların iradesini yerine getirmediği durumlar olabilir ve o zaman toplum kendi iradesini açıklar.

Ancak belli ki, Sergey İvanoviç bu itirazı onaylamıyordu. Katavasov'un sözleri üzerine kaşlarını çattı ve farklı bir şey söyledi:

— Meseleyi böyle ortaya koyman doğru değil. Burada söz konusu olan savaş açılması değil, düpedüz insanca, Hıristiyanca bir duygunun ifade edilmesi. Kardeşlerimizi, aynı kanı taşıyan, aynı dine inanan insanları öldürüyorlar. Hadi kardeşlerimizi, din kardeşlerimizi de değil, sadece çocukları, kadınları ve yaşlıları alalım; insan çileden çıkıyor ve Ruslar bu dehşete son vermek için yardıma koşuyor. Düşünsene, yolda yürüyorsun ve sarhoşun birinin bir kadını ya da çocuğu dövdüğünü görüyorsun; sanırım, bu adama karşı savaş ilan edilip edilmediğini sormazdın, üzerine atılır, saldırıya uğrayanı korurdun.

— Ama öldürmezdim, –dedi Levin.

— Hayır, öldürürdün.

— Bilmiyorum. Böyle bir şey görmüş olsam, o an içimden gelen duyguya göre davranırdım; ama önceden bir şey söyleyemem. Slavların zulüm görmelerinde bu şekilde içten gelen bir duygu yoktur, olamaz da.

— Belki senin için yoktur. Ama başkaları için var, –dedi Sergey İvanoviç hoşnutsuz bir şekilde kaşlarını çatarak.– Halk arasında "günahkâr Müslümanların" boyunduruğu altında çile çeken Hıristiyanları anlatan söylentiler canlılığını koruyor. Halk, kardeşlerinin acılarına kulak vermiş ve konuşmaya başlamıştır.

— Belki, –diye kaçamak bir karşılık verdi Levin,– ama ben görmüyorum; ben de halktan biriyim ve bunu hissetmiyorum.

— Ben de, –dedi prens.– Yurtdışındayken, gazeteleri okuyordum ve itiraf edeyim, Bulgar dehşetinden önce neden bütün Rusların böyle birdenbire Slav kardeşlerini sevdiğini, benimse onlara karşı neden hiç sevgi duymadığımı asla anlayamıyordum. Çok üzülüyordum, ben bir canavar mıyım, yoksa Karlsbad mı beni böyle etkiliyor diye düşünüyordum. Ama buraya gelince içim rahatladı. Bakıyorum da Slav kardeşleriyle değil, sadece Rusya'yla ilgilenen benden başkaları da var. Konstantin örneğin.

— Kişisel düşünceler burada hiçbir anlam ifade etmez, –dedi Sergey İvanıç,– tüm Rusya'nın, bir halkın iradesini beyan ettiği bir anda hiçbir kişisel düşüncenin yeri olmaz.

— Bağışlayın beni ama ben böyle bir şey görmüyorum. Halk da hiçbir şey bilmiyor, –dedi prens.

Dolli konuşulanlara kulak kabartarak:

— Hayır, baba... nasıl hiçbir şey bilmiyor? Ya pazar gün kilisede olan? –dedi. Çocuklara gülümseyerek bakan yaşlı köylüye dönüp,– Lütfen bir havlu ver, –dedi.– Artık olanaksız herkesin...

— Pazar gün kilisede olan ne? Papaza okumasını buyurdular. O da okudu. Hiçbir şey anlamadılar, her vaazda olduğu gibi iç çekip durdular, –diye devam etti prens.– Sonra onlara kilisede hayırlı bir iş için para toplanacağını söylediler. Onlar da birer kapik çıkarıp verdiler. Ama ne için verdiklerini kendileri de bilmiyordu.

— Halk bilmemezlik edemez; alınyazısı bilinci halkta her zaman vardır ve şimdiki gibi anlarda da bu bilinç açıklık kazanır, –dedi Sergey İvanoviç arıcı ihtiyara bakarak.

Sakalına kır düşmüş, gür saçları gümüş rengini almış olan yakışıklı ihtiyar, elinde içi bal dolu bir tas tutarak, beylere sakin ve sevecen bir şekilde tepeden bakıyor, hiçbir şey anlamaksızın ve anlamak istemeksizin kımıldamadan dikiliyordu.

Sergey İvanoviç'in sözleri üzerine başını ciddi ciddi sallayarak:

— Bu söz doğru, –dedi.

Levin:

— Evet, ona sorun işte. Hiçbir şey bilmiyor ve düşünmüyor, –dedi.– Savaşı duydun mu Mihaylıç? –diye ihtiyara sordu Levin.– Ya kilisede okudukları şeyi? Sen ne düşünüyorsun? Hıristiyanlar için gidip savaşmamız gerekiyor mu?

— Biz ne düşünelim ki? İmparator Aleksandr Nikolayeviç bizden daha etraflı düşünmüştür, her işi bizden iyi düşünür. – İhtiyar Darya Aleksandrovna'ya elindeki ekmek kabuğunu bitirmekte olan Grişa'yı göstererek,– Biraz daha ekmek getireyim mi? Delikanlı biraz daha ister mi? –diye sordu.

— Sormama gerek yok, –dedi Sergey İvanoviç,– doğru bir davaya hizmet etmek için her şeyini bırakan, Rusya'nın her köşesinden kalkıp gelen, düşüncelerini ve amaçlarını doğruca ve açıkça belirten yüzlerce, yüzlerce insan gördük ve görüyoruz. Yarım kapiklerini getirip veriyorlar ya da kendileri gidiyorlar ve bunu neden yaptıklarını açıkça söylüyorlar. Bu ne demektir?

Kızmaya başlayan Levin:

— Bence, seksen milyonluk bir halkın içinde toplumsal konumunu kaybetmiş, Pugaçov çetesine katılmaya, Hive'ye, Sırbistan'a gitmeye daima hazır, şimdiki gibi yüzlerce değil, on binlerce pervasız insan her zaman bulunur demektir.

Sergey İvanoviç, sanki elinde kalan son varlığını koruyormuş gibi bir sinirle:

— Sana yüzlerce pervasız insandan değil, halkın en iyi temsilcilerinden söz ediyorum! –dedi.– Ya bağışlara ne demeli? Halkın tümü bu konuda kendi iradesini açıkça ifade ediyor artık.

— Bu "halk" sözcüğü çok belirsiz, –dedi Levin.– Bucak kâtipleri, öğretmenler ve bin köylüden belki biri neyin söz konusu olduğunu biliyordur. Geri kalan seksen milyon, Mihaylıç gibi, bırak iradesini belirtmeyi, hangi konuda iradesini ifade etmesi gerektiği üzerine en küçük bir fikre bile sahip değildir. Bunun halkın iradesi olduğunu söylemeye nasıl hakkımız olabilir?

XVI

Tartışma sanatında deneyimli olan Sergey İvanoviç itiraz etmeden konuşmayı hemen başka bir alana kaydırdı.

— Evet, eğer halkın ruhunu aritmetik yoluyla öğrenmek istiyorsan, o zaman elbette bunu yapmak çok zor. Ülkemizde oylama yapılmıyor ve halkın iradesini ifade etmediği için yapılamaz da; fakat bunun için başka yollar var. Bu havadan hissedilir, yüreklerden hissedilir. Durgun halk denizinin içinde hareket eden ve önyargısız her insanın anladığı sualtı akıntılarından söz etmiyorum; dar anlamda topluma bir göz at. Eskiden birbirlerine düşman olan aydınlar dünyasının çeşitli partilerinin hepsi tek vücut oldu. Her türlü düşmanlık sona erdi, bütün toplumsal organlar hep aynı şeyi söylüyor, hepsi onları kapsamış olan ve aynı doğrultuda sürükleyen doğal gücü hissediyor.

— Evet, bütün gazeteler aynı şeyi yazıyor, –dedi prens.– Bu doğru. O derece aynı ki, fırtına öncesindeki kurbağalar gibiler. Onların yüzünden hiçbir şey duyulmuyor.

Sergey İvanoviç kardeşine:

— Kurbağa olsunlar ya da olmasınlar, ben gazete çıkartmıyorum, onları savunmak da istemiyorum; ama aydınlar dünyasındaki bir düşünce birliğinden söz ediyorum, –dedi.

Levin yanıt vermek istedi, ancak yaşlı prens sözünü kesmişti.

— Bu düşünce birliğiyle ilgili daha başka bir şey de söylenebilir, –dedi prens.– Damadım Stepan Arkadyiç'i tanırsınız. Şimdi bir komisyon üyeliğine ve tam anımsamıyorum bir şeye daha atanıyor. Bu komisyonda yapılacak bir iş yok, – ne var Dolli, sır değil ya! – ama maaş sekiz bin ruble. Ona bu iş yararlı bir iş midir diye sormayı deneyin, size en yararlı iş olduğunu kanıtlayacaktır. O dürüst bir insandır, ama insan sekiz bin rublenin yararına inanmadan edemez.

Sergey İvanoviç prensin konuşmasının yersiz olduğunu düşünerek hoşnutsuzlukla:

— Ha evet, işi aldığını Darya Aleksandrovna'ya iletmemi istemişti, –dedi.

— Gazetelerin düşünce birliği de böyle bir şey işte. Bunu bana söylemişlerdi, savaş çıkar çıkmaz gazetelerin geliri iki kat artarmış. Halkın ve Slavların yazgısını... ve bütün bunları nasıl göz önüne almasınlar?

— Gazetelerin çoğunu sevmem, ama bu kadarı da haksızlık, –dedi Sergey İvanoviç.

— Ben olsam sadece bir koşul koyardım, –diye devam etti prens.– Alphonse Karr, Prusya savaşı öncesinde bunu çok güzel yazmıştı. "Savaşı gerekli mi görüyorsunuz? Tamam. Savaşı övenleri özel, öncü bir birliğe, hücuma kalkacak, herkesten ileri mevzide olacak bir birliğe verin!"

Tanıdığı yazı işleri müdürlerini bu seçilmişler birliğinde gözünün önüne getiren Katavasov yüksek sesle gülmeye başlayarak:

— Yazı işleri müdürleri çok yakışır, –dedi.

— Ama kaçar onlar, –dedi Dolli,– sadece ayakbağı olurlar.

— Kaçacak olurlarsa arkalarından topa tutarsın ya da peşlerine kamçılı Kazaklar takarsın, –dedi prens.

— Bu bir şaka, ama kötü bir şaka, bağışlayın beni prens, –dedi Sergey İvanoviç.

Levin tam:

— Bunun şaka olduğunu düşünmüyorum, bu... –diye konuşmaya başlıyordu ki, Sergey İvanoviç kardeşinin sözünü kesti.

— Toplumun her bir üyesi üzerine düşeni yapmaya çağrılmıştır, –dedi Sergey İvanoviç.– Düşünce adamları da toplumun düşüncesini ifade ederek kendi işlerini yapıyor. Düşünce birliği de, toplumsal düşüncenin tam olarak ifade edilmesi de basının yaptığı bir hizmet ve aynı zamanda sevindirici bir olaydır. Yirmi yıl önce olsaydı susardık, oysa şimdi tek bir insan gibi ayağa kalkmaya ve ezilen kardeşleri uğrunda kendini feda etmeye hazır olan Rus halkının sesi duyuluyor; bu büyük bir adım ve güç göstergesidir.

— Ama sadece kendini feda etmek değil ki bu, aynı zamanda Türkleri öldürmek, –dedi Levin çekinerek ve elinde olmadan konuşmayı kendisini o kadar çok meşgul eden düşüncelere bağlayarak,– Halk, kendi ruhu için fedakârlık eder ve etmeye de hazırdır, ama cinayet işlemek için değil, –diye ekledi.

— Nasıl ruhu için? Bu, bir doğa bilimci için zor bir ifade. Nasıl bir şey bu ruh? –dedi Katavasov gülümseyerek.

— Ah, siz bilirsiniz işte!

Katavasov gürültülü bir kahkaha atarak:

— Yemin ederim zerre kadar bilmiyorum! –dedi.

Sergey İvanoviç, kendi adına karşı çıkarak, İncil'in Levin'i her zaman en çok şaşırtmış olan yerini çok anlaşılır bir şeymiş gibi tekrarladı:

— "Ben barış değil, kılıç getirdim,"* diyor İsa.

Yanlarında dikilen ihtiyar arıcı, rastlantıyla kendisine atılan bir bakışa karşılık olarak:

— Doğrudur, –diye tekrarladı.

— Hayır azizim, yenildiniz, tam anlamıyla yenildiniz! – diye neşeyle bağırdı Katavasov.

Levin, yenildiğine değil, kendini tutamadığına ve tartışmaya girdiğine kızarak kıpkırmızı kesildi.

"Hayır, onlarla tartışmam olanaksız, –diye düşündü,– üzerlerinde hiçbir şeyin işlemeyeceği bir zırh var, bense çırılçıplağım."

---

* Matta İncili, Bap 10, ayet 34 "Yeryüzüne selamet getirmeye geldim sanmayın; ben selamet değil, fakat kılıç getirmeye geldim." (ç.n.)

Ağabeyini ve Katavasov'u inandırmanın olanaksız olduğunu görüyordu, ama onlarla uzlaşma olasılığını daha da az görüyordu. Onların savundukları şey, tam da Levin'i neredeyse mahveden aklın gururuydu. Onlarca insanın, bu arada ağabeyinin de, büyük kentlere gelen yüzlerce gönüllü palavracının kendilerine anlattıklarına dayanarak gazetelerle birlikte halkın iradesini ve düşüncesini, intikam ve cinayet şeklinde belirtilen bir düşünceyi ifade ettiklerini söyleme hakkına sahip olduklarını kabul edemezdi Levin. Bunu kabul edemezdi, çünkü ne içinde yaşadığı halkta bu düşüncelerin ifadesini görüyordu, ne de bu düşünceleri kendi kafasında buluyordu (kendisini Rus halkını oluşturan insanlardan biri dışında başka biri de sayamazdı). Asıl önemli neden ise halkla birlikte kendisinin de toplum yararının nerede olduğunu bilmemesi, bilememesi, toplum yararını sağlamanın ancak her insana açık olan iyilik yasasının çok sıkı bir şekilde yerine getirilmesiyle mümkün olabileceğini, bu yüzden insanın savaş isteyemeyeceğini ve hangi ortak amaçla olursa olsun savaş propagandası yapamayacağını kesinlikle biliyordu. Levin, Mihaylıç'la ve Varyagların* çağrılmasıyla ilgili bir söylencede düşüncesini dile getirmiş olan halkla birlikte şöyle diyordu: "Bize prenslik ediniz, bize hükmediniz. Tam olarak boyun eğeceğimize seve seve söz veriyoruz. Bütün çalışmaları, bütün hakaretleri, bütün fedakârlıkları üzerimize alıyoruz; ama biz hüküm ve karar vermeyelim." Oysa şimdi halk, Sergey İvanıç'ın söylediğine göre, bu kadar yüksek bir fiyatla satın alınmış bir haktan vazgeçiyordu.

Levin, eğer kamuoyu yanılmaz bir yargıçsa neden devrim ve komünün de Slavlar yararına yapılan hareket gibi yasal olmadığını da söylemek istiyordu daha. Ama bunların hepsi hiçbir şeyi çözümleyemeyecek düşüncelerdi. Kesinlikle görü-

* Varyaglar, ticaret ve yağmacılık yapmak üzere silahlı birlikler oluşturan, genellikle Rusya'ya yerleşen ve prenslerin birliklerinde hizmet eden İskandinavya kökenli bir halk. (ç.n.)

lebilecek tek bir şey vardı, o da şu anda tartışmanın Sergey İvanoviç'i sinirlendirdiği, bu nedenle de kötü bir şey olduğuydu; Levin sustu ve konukların dikkatini yağmur bulutlarının toplanmasına ve yağmur başlamadan eve gitmenin daha iyi olacağına çekti.

XVII

Prens ve Sergey İvanıç arabaya binip gittiler; geri kalan grup, adımlarını hızlandırıp yürüyerek eve döndüler.

Fakat bir beyaz, bir siyah olan yağmur bulutu o kadar hızlı ilerliyordu ki, yağmura yakalanmadan eve varmak için adımları daha da hızlandırmak gerekiyordu. Alçak ve isli duman kadar kara olan öndeki bulutlar olağanüstü bir hızla gökyüzünde koşuyordu. Eve daha iki yüz adım kadar vardı, ama rüzgâr çıkmıştı ve her an bir sağanak beklenebilirdi.

Çocuklar hem korkulu, hem sevinçli çığlıklar atarak önden koşuyordu. Darya Aleksandrovna bacaklarına yapışan eteğiyle büyük bir zorlukla mücadele ederek artık yürümüyor, çocukları gözden kaybetmeden koşuyordu. Erkekler şapkalarını tutarak geniş adımlarla yürüyordu. Tam ana giriş kapısının merdivenine gelmişlerdi ki, büyük bir yağmur damlası demir oluğa çarparak dağıldı. Çocuklar, onların arkasından da büyükler neşeyle konuşarak çatının altına koştu.

Levin, elinde şallar ve battaniyelerle onları antrede karşılayan Agafya Mihaylovna'ya:

— Katerina Aleksandrovna nerede? –diye sordu.

— Sizinle olduğunu sanıyorduk, –dedi Agafya Mihaylovna.

— Ya Mitya?

— Kolok Korusu'nda olmalı, dadı da onlarla birlikte.

Levin battaniyeleri kaptı ve Kolok'a koştu.

Bu kısacık zaman aralığında bulutlar o kadar hızlı ilerleyip güneşin önüne geçmişti ki, güneş tutulması olmuş gibi ortalık kararmıştı. Rüzgâr ısrarla, sanki kendini kabul ettirmek istercesine Levin'i durduruyor, ıhlamurların yapraklarını, çiçeklerini kopararak, akağaçların beyaz dallarını çirkin ve garip bir biçimde cascavlak bırakarak her şeyi, akasyaları, çiçekleri, dulavratotlarını, çayırları ve ağaçların tepelerini aynı tarafa eğiyordu. Bahçede çalışan kızlar çığlık çığlığa uşak evinin çatısının altına koştu. Sağanak yağmurun beyaz perdesi, uzaktaki ormanın tamamını ve yakındaki tarlanın yarısını kaplamış, hızla Kolok'a doğru ilerliyordu. Küçük damlalar halinde dağılan yağmurun nemi havada hissediliyordu.

Levin başını öne eğmiş, battaniyeleri elinden çekip almaya çalışan rüzgârla boğuşarak koruya doğru koşuyordu. Tam meşenin arkasında ağaran bir şey gördüğü anda birden her şey alev aldı, toprak yanmaya başladı ve sanki tepesindeki gökkubbe çatırdadı. Kamaşan gözlerini açan Levin, şimdi onu korudan ayıran yoğun yağmur perdesinin arasından en önce ormanın ortasındaki bildik meşe ağacının tuhaf bir şekilde durumunu değiştirmiş olan yeşil tepesini dehşetle gördü. Levin, "Yoksa yıldırım mı düştü?" –diye düşünecek zamanı ancak bulmuştu ki, meşe ağacının tepesi hareketini gitgide hızlandırarak öbür ağaçların arkasında kayboldu ve Levin, ağaçların üstüne düşen büyük bir ağacın çatırtısını duydu.

Yıldırımın ışığı, gökgürültüsü ve bir anda bedenini saran ürperti Levin için tek bir korku duygusunda birleşmişti.

— Tanrım! Tanrım, umarım onların üstüne düşmemiştir! –dedi.

Biraz önce düşen meşenin altında kalıp ölmesinler diye ettiği duanın ne kadar anlamsız olduğunu o anda düşünmüş olsa da, bu anlamsız duadan daha iyi bir şey yapamayacağını bilerek duasını yineledi.

Genellikle gittikleri yere kadar koştu, ama onları orada bulamadı.

Korunun öbür ucunda, yaşlı bir ıhlamur ağacının altındaydılar ve Levin'e sesleniyorlardı. Koyu renk elbiseleri içinde (bu elbiseler önceden açık renkti) bir şeyin üzerine eğilerek ayakta duruyorlardı. Bunlar Kiti ve dadıydı. Levin koşarak yanlarına geldiğinde yağmur artık dinmiş, ortalık aydınlanmaya başlamıştı. Dadının elbisesinin alt tarafı kuruydu, ama Kiti'nin elbisesi tepeden tırnağa sırılsıklam olmuş, üstüne yapışmıştı. Yağmur dindiği halde fırtına çıktığında aldıkları pozda duruyorlardı hâlâ. İkisi de yeşil şemsiyeli bir bebek arabasının üstüne eğilmiş, dikiliyorlardı.

İçi su dolmuş, ayağından çıkmak üzere olan botuyla sulara şapır şupur basarak onlara doğru koşan Levin:

— Sağ mısınız? Bir yerinize bir şey olmadı ya? Tanrıya şükür! –dedi.

Kiti'nin pembe, ıslak yüzü ona doğru döndü ve şekli değişmiş olan şapkasının altından çekingen çekingen gülümsedi.

— Hiç utanmıyorsun da! Böyle bir dikkatsizliği nasıl yaparsın anlamıyorum! –diye karısına sinirli bir şekilde çıkıştı.

— Yemin ederim bir suçum yok. Tam gitmek istediğimiz sırada Mitya ağlamaya başladı. Altını değiştirmemiz gerekti. Biz daha bitiremeden... –diye özür dilemeye koyulmuştu Kiti.

Mitya'ya bir şey olmamıştı, kupkuruydu ve uyumaya devam ediyordu.

— Neyse Tanrıya şükür! Ne dediğimi bilmiyorum!

Islak bezleri topladılar; dadı bebeği arabadan çıkarıp kucağına aldı. Levin, sinirlendiği için utanarak karısının yanında yürüyor, dadıya fark ettirmeden usulca karısının elini sıkıyordu.

XVIII

Levin, aklının sanki sadece dış tarafıyla katıldığı çok çeşitli konuşmalarla geçen gün boyunca, içinde olması gereken değişiklikle ilgili hayal kırıklığına uğramış olmasına karşın yüreğinin dopdolu olduğunu sevinçle hissetmeye devam ediyordu.

Yağmurdan sonra çıkıp dolaşmak için ortalık çok ıslaktı; üstelik yağmur bulutları da ufuktan kaybolmamış, bir orada, bir burada göğün kenarlarında gürüldeyerek, ortalığı karartarak dolaşıyorlardı. Günün geri kalan kısmını herkes evde geçirdi.

Daha sonra herhangi bir tartışmaya girmediler, tam tersine öğle yemeğinden sonra herkes çok keyifliydi.

Katavasov başta kendisiyle ilk kez karşılaşan herkesin çok hoşuna giden ilginç şakalarıyla hanımları güldürdü, ama daha sonra Sergey İvanoviç'in isteği üzerine dişi ve erkek karasineklerin karakterlerinin, hatta fizyonomilerinin farkıyla ve hayatlarıyla ilgili çok ilginç gözlemlerini anlattı. Sergey İvanoviç de neşeliydi ve çay içilirken kardeşinin söz açması üzerine doğu sorununun geleceğiyle ilgili görüşlerini açıkladı, öyle basit ve güzel anlatıyordu ki, herkes onu can kulağıyla dinledi.

Bir tek Kiti sonuna dek dinleyemedi. Mitya'yı yıkayacakları için Kiti'yi çağırmışlardı.

Kiti'nin gidişinden birkaç dakika sonra da Levin'i çocuk odasına, Kiti'nin yanına çağırdılar.

Levin, çayını bırakıp, ilginç bir konuşmanın tamamını dinleyemediği için üzülerek, bu arada sadece önemli olaylarda böyle yaptıkları için kendisini neden çağırdıklarını merak ederek çocuk odasına gitti.

Sergey İvanoviç'in sonuna dek dinleyemediği, kırk milyonluk Slav dünyasının Rusya'yla birlikte tarihte yeni bir dönemi başlatmak zorunda olduğuna ilişkin planının yeni bir şey olarak onu çok igilendirmesine, kendisini neden çağırdıkları konusundaki merak ve huzursuzluğun onu kaygılandırmasına karşın, salondan çıkıp tek başına kalır kalmaz hemen sabahki düşüncelerini anımsadı. Slav unsurunun dünya tarihindeki önemiyle ilgili bütün bu düşünceler, ruhunda olanlarla karşılaştırıldığında o kadar önemsiz göründü ki, hepsini bir anda unutup sabah içinde bulunduğu ruhsal duruma geçti.

Düşüncelerinin birbiri arkasına akışını daha önceki gibi aklına getirmiyordu artık (buna gerek duymuyordu). Hemen kendisine yol gösteren, bu düşüncelerle bağlantılı duyguya döndü ve ruhunda bu duyguyu eskisinden daha güçlü, daha belirgin buldu. Bu duyguyu bulmak amacıyla düşünce akışını yeniden kurmak gerektiğinde önceki uydurma tesellilere gerek yoktu artık. Şimdi tam tersine sevinç ve huzur duygusu eskisinden daha canlıydı, düşünceleri ise bu duyguya yetişemiyordu.

Terastan yürüdü, artık hafiften kararan gökyüzünde belirmiş olan iki yıldıza baktı ve birden aklından şunlar geçti: "Evet, göğe bakarken gördüğüm kubbenin bir yalan olmadığını düşünürdüm ve bunu yaparken bir şeyi eksik düşünüyor, bir şeyi kendimden saklıyordum. Ama bu şey ne olursa olsun karşı gelinemez. Düşündüğümde her şey anlaşılacaktır!"

Çocuk odasına girerken, kendinden sakladığı şeyin nasıl bir şey olduğunu anımsadı. Bu, eğer Tanrı'nın varlığının başlıca kanıtı, onun iyilik diye ilham ettiği şeyse o zaman neden bu ilham sadece Hıristiyan kilisesiyle sınırlı kalıyor düşüncesiydi. Aynı şekilde iyiliği öğütleyen ve yerine getiren Budistlerin, Müslümanların inançlarıyla bu ilham arasında nasıl bir ilişki vardı?

Bu soruya bir yanıtı varmış gibi geldi; ancak bu yanıtı daha kendi kendisine ifade edemeden çocuk odasına girmişti.

Kiti, kollarını sıvamış, bebeğin bulunduğu küvetin yanında duruyordu, kocasının ayak seslerini işitip ona doğru yüzünü çevirdikten sonra gülümseyerek yanına çağırdı. Bir eliyle suyun içinde sırtüstü duran ve minik ayaklarıyla tepinen tombul bebeğin başının altından tutuyor, öbür eliyle de kaslarını eşit aralıklarla sıkarak bebeğin üstüne süngerle su akıtıyordu.

Kocası yanına geldiğinde:

— Şuna baksana! –dedi.– Agafya Mihaylovna haklı. Tanıyor.

Söz konusu olan şey, Mitya'nın o gün bütün yakınlarını artık kuşkuya yer bırakmayacak şekilde tanıdığının anlaşılmasıydı.

Levin küvetin yanına yaklaşır yaklaşmaz hemen bir deneme yaptılar ve deneme tam anlamıyla başarılı oldu. Bunun için özel olarak çağırılmış olan aşçı kadın bebeğin üstüne eğildi. Mitya suratını astı ve başını olumsuz bir şekilde çevirdi. Kiti, ona doğru eğildi, bebeğin yüzü bir gülümsemeyle aydınlandı, minik elleriyle süngere yapıştı, dudaklarıyla öyle mutlu ve garip bir ses çıkardı ki, sadece Kiti ve dadı değil, Levin de hiç beklemediği bir hayranlığa kapıldı.

Bebeği tek elle küvetten çıkardılar, su dökerek duruladılar, havluya sardılar, kuruladılar ve keskin bir çığlıktan sonra annesine verdiler.

Kiti meme emen bebeğiyle birlikte her zamanki yerine oturduktan sonra kocasına:

— Neyse, onu sevmeye başladığına sevindim, –dedi.– Hem de çok sevindim. Artık üzülmeye başlıyordum. Ona karşı hiçbir şey hissetmediğini söylüyordun.

— Ben bir şey hissetmediğimi mi söyledim? Sadece hayal kırıklığına uğradım dedim.

— Nasıl, o mu seni hayal kırıklığına uğratıyordu?

— Hayal kırıklığım onunla değil, kendi duygularımla ilgili; ben daha fazla şey bekliyordum. Sürpriz gibi bir şey, içimde yeni ve hoş bir duygunun doğacağını bekliyordum. Onun yerine birden bir tiksinme, bir acıma...

Kiti, Mitya'yı yıkamak için çıkarttığı yüzüklerini incecik parmaklarına takarken bebeğin üstünden bakarak kocasını dikkatle dinliyordu.

— Ama asıl önemlisi, korku ve acıma duygusunun sevinç duygusundan çok daha fazla olmasıydı. Bugün, fırtına sırasında yaşadığım korkudan sonra onu ne kadar sevdiğimi anladım.

Kiti'nin yüzü bir gülümsemeyle aydınlandı.

— Çok mu korktun? –dedi Kiti.– Ben de çok korktum, ama şimdi geçip gittikten sonra bana daha korkunç geliyor. Meşe ağacına bakmaya gideceğim. Katavasov ne kadar sevimli biri! Aslında genel olarak çok hoş bir gün geçirdik. Hem sen, Sergey İvanıç'a karşı istediğin zaman ne kadar iyi oluyorsun. Hadi, onların yanına git. Burası banyodan sonra sıcak ve buharlı olur hep...

XIX

Çocuk odasından çıkan ve tek başına kalan Levin, içinde anlaşılmaz bir şeyler olan düşüncesini hemen yine anımsadı. Seslerin geldiği konuk odasına gitmek yerine terasta durdu ve dirseklerini parmaklığa dayayıp gökyüzüne bakmaya başladı.

Hava artık iyice kararmıştı, gözlerini çevirdiği güney tarafında bulut kalmamıştı. Bulutlar karşı yöndeydi. O tarafta bir şimşek çaktı ve uzaklardan bir gök gürültüsü duyuldu. Levin, bahçedeki ıhlamur ağaçlarından eşit aralıklarla düşen damlaların sesine kulak verdi ve bildiği üçgen şeklindeki yıldız kümesine, bu kümenin ortasından geçen dallı budaklı Samanyolu'na baktı. Her şimşek çakışında yalnızca Samanyolu değil, parlak yıldızlar da kayboluyordu, ama şimşek söner sönmez sanki dikkatli bir el fırlatıp atmış gibi aynı yerlerde yeniden ortaya çıkıyorlardı.

Levin kuşkularının çözümünün, bunu henüz bilmese de ruhunda hazır bulunduğunu sezerek "İyi ama beni kuşkuya düşüren ne?" –dedi kendi kendine.

"Evet, Tanrı'nın açık ve kesin tek belirtisi, vahiy yoluyla dünyaya bildirilen, benim hem içimde hissettiğim, hem de itiraf etmek konusunda kendiliğimden katılmadığım, ama kilise adı verilen tek bir inananlar topluluğu halinde diğer insanlarla istesem de istemesem de bir araya geldiğim iyilik yasalarıdır. Peki ama ya Yahudiler, Müslümanlar, Konfüsyüsçüler, Budistler kimdir? –diye kendisine tehlikeli görünen soruyu sordu.– Yüz milyonlarca insan, hayata anlam veren bu en büyük nimetten yoksun mu yoksa? –Düşünceye daldı, ama hemen kendi kendisini düzeltti.– "İyi de ben neyi soruyorum? –dedi kendi kendine.– İnsanlığın tüm farklı inançlarının Tanrı'yla ilişkisini soruyorum. Bütün bu dumanlı noktalarıyla tüm dünya için Tanrı'nın genel anlamda ortaya çıkışını soruyorum. Ben ne yapıyorum? Akılla anlaşılmayan bir bilgi şahsen bana, benim yüreğime hiçbir kuşkuya yer bırakmayacak şekilde verildi, bense ısrarla bu bilgiyi akıl ve sözlerle ifade etmek istiyorum.

Yerini akçaağacın en yüksek dalına doğru değiştirmiş olan parlak bir gezegene bakarak yıldızların yer değiştirmediğini bilmiyor muyum ben? –diye kendi kendisine sordu.– Ama yıldızların hareketine bakarken dünyanın döndüğünü gözümün önüne getiremiyorum ve haklı olarak yıldızların yer değiştirdiğini söylüyorum. Astronomlar, dünyanın tüm karmaşık ve değişik hareketlerini hesaba kattıklarında bir şey anlayabilmiş ve hesaplayabilmişler midir acaba? Gök cisimlerinin uzaklıklarıyla, ağırlıklarıyla, hareketleriyle ve yörünge değiştirmeleriyle ilgili eşsiz sonuçların tamamı, bu gök cisimlerinin hareketsiz duran bir dünyanın çevresindeki gözle görülür hareketlerine, şu anda benim önümde gerçekleşen ve yüzyıllardır milyonlarca insanın da aynı şekilde önünde gerçekleşen, her zaman aynı olmuş ve olacak, her zaman inandırıcı şu harekete dayanmaktadır. Astronomların görülen gökyüzünün bir meridyene ve bir ufka göre gözlemlenmesine dayanmaksızın çıkarttıkları sonuçlar nasıl boş ve güvenilmez olursa, benim çıkarttığım, herkes için her zaman aynı olmuş ve olacak, bana Hıristiyanlık tarafından sunulmuş ve her zaman ruhumda doğrulanabilecek iyilik kavramına dayanmayan sonuçlar da aynı şekilde boş ve güvenilmez olacaktır. Diğer inançlar ve bu inançların Tanrı'yla ilişkileri konusunda ise karar verme hakkına ve olanağına sahip değilim."

Aynı yoldan konuk odasına giden Kiti'nin sesi duyuldu ansızın:

Kiti yıldızların ışığında kocasının yüzüne dikkatle bakarak:

— A, sen gitmedin mi? Ne oldu, bir şeye canın sıkılmadı ya? –dedi.

Eğer yıldızları gizleyen bir şimşek Levin'i aydınlatmasaydı Kiti onun yüzüne çok dikkat etmezdi. Şimşeğin ışığında Levin'in yüzüne baktı, sakin ve sevinçli olduğunu görüp gülümsedi.

"O anlıyor, –diye düşündü Levin,– ne düşündüğümü biliyor. Ona söylesem mi acaba? Evet, söyleyeceğim." Ancak tam söyleyeceği anda Kiti de konuşmaya başlamıştı.

— Bak ne diyeceğim Kostya! Bir iyilik yap, –dedi Kiti,– köşe odaya gidip bak bakalım Sergey İvanoviç'in her şeyini hazır etmişler mi? Benim gitmem hoş olmaz. Yeni lavaboyu koymuşlar mı?

Levin doğrulup karısını öperken:

— Olur, mutlaka gidip bakarım, –dedi.

Kiti onun önüne geçip gittiğinde Levin, "Hayır, söylemem gerekmez, –diye düşündü.– Bu, benim için biricik gerekli, önemli ve sözlerle ifade edilmez bir sır.

Bu yeni duygu beni değiştirmedi, mutlu etmedi, hayal ettiğim gibi birden aydınlatmadı, tıpkı oğluma karşı hissettiğim duygu gibi. Hiçbir sürpriz olmadı. İnanç ya da değil, ne olduğunu bilmiyorum, ama bu duygu aynı şekilde fark ettirmeden içime girdi ve yerleşti.

Her zamanki gibi arabacı İvan'a kızacağım, her zamanki gibi tartışacağım, yerli yersiz düşüncelerimi söyleyeceğim, ruhumun en gizli köşesiyle başkaları, hatta karım arasında bir duvar olacak, her zamanki gibi kendi korkularım yüzünden onu suçlayacak ve bundan pişmanlık duyacağım, neden dua ettiğimi akıl yoluyla anlamayacak ve dua edeceğim, ama hayatım, tüm hayatım, başıma gelebilecek her şeyden bağımsız olarak hayatımın her dakikası, eskiden olduğu gibi anlamsız olmamakla kalmayacak, bu hayata katabilecek güçte olduğum iyiliğin kesin anlamına sahip olacak."

Hasan Âli Yücel Klasikler Dizisi

1. J. Austen, GURUR VE ÖNYARGI, Çev. H. Koç
2. Novalis, GECEYE ÖVGÜLER, Çev. A. Cemal
3. O. Wilde, MUTLU PRENS -Bütün Masallar, Bütün Öyküler-, Çev. R. Hakmen - F. Özgüven
4. H. C. Andersen, SEÇME MASALLAR, Çev. M. Alpar
5. KEREM İLE ASLI, Haz. Çev. İ. Öztürk
6. H. James, YÜREK BURGUSU, Çev. N. Aytür
7. R. M. Rilke, DUINO AĞITLARI, Çev. Z. Aksu Yılmazer
8. H. de Balzac, MODESTE MIGNON, Çev. O.Rifat - S. Rifat
9. F. G. Lorca, KANLI DÜĞÜN, Çev. R. Hakmen
10. Şeyh Galib, HÜSN Ü AŞK, Çev. A. Gölpınarlı
11. J. W. von Goethe, YARAT EY SANATÇI, Çev. A. Cemal
12. Platon, GORGİAS, Çev. M. Rifat - S. Rifat
13. E. A. Poe, DEDEKTİF (AUGUSTE DUPIN) ÖYKÜLERİ, Çev. M. Fuat - Y. Salman - D. Hakyemez
14. G. Flaubert, ERMİŞ ANTONIUS VE ŞEYTAN, Çev. S. Eyüboğlu
15. G. Flaubert, YERLEŞİK DÜŞÜNCELER SÖZLÜĞÜ, Çev. S. Rifat - E. Gökteke
16. C. Baudelaire, PARİS SIKINTISI, Çev. T. Yücel
17. Iuvenalis, YERGİLER, Çev. Ç. Dürüşken - Alova
18. YUNUS EMRE, HAYATI VE BÜTÜN ŞİİRLERİ, Haz. A. Gölpınarlı
19. E. Dickinson, SEÇME ŞİİRLER, Çev. S. Özpalabıyıklar
20. A. Dumas, fils, KAMELYALI KADIN, Çev. T. Yücel
21. Ömer Hayyam, DÖRTLÜKLER, Çev. S. Eyüboğlu
22. A. Schopenhauer, YAŞAM BİLGELİĞİ ÜZERİNE AFORİZMALAR, Çev. M. Tüzel
23. M. de Montaigne, DENEMELER, Çev. S. Eyüboğlu
24. Platon, DEVLET, Çev. S. Eyüboğlu - M. A. Cimcoz
25. F. Rabelais, GARGANTUA, Çev. S. Eyüboğlu - V. Günyol - A. Erhat
26. İ. A. Gonçarov, OBLOMOV, Çev. S. Eyüboğlu - E. Güney
27. T. More, UTOPIA, Çev. S. Eyüboğlu - V. Günyol - M. Urgan
28. Herodotos, TARİH, Çev. M. Ökmen

29. S. Kierkegaard, KAYGI KAVRAMI, Çev. T. Armaner
30. Platon, ŞÖLEN - DOSTLUK, Çev. S. Eyüboğlu - A. Erhat
31. A. S. Puşkin, YÜZBAŞININ KIZI -Bütün Romanlar, Bütün Öyküler-, Çev. A. Behramoğlu
32. A. S. Puşkin, SEVİYORDUM SİZİ, Çev. A. Behramoğlu
33. G. Flaubert, MADAME BOVARY, Çev. N. Ataç - S. E. Siyavuşgil
34. İ. S. Turgenyev, BABALAR VE OĞULLAR, Çev. E. Altay
35. A. P. Çehov, KÖPEĞİYLE DOLAŞAN KADIN, Çev. E. Altay
36. A. P. Çehov, BÜYÜK OYUNLAR, Çev. A. Behramoğlu
37. Molière, CİMRİ, Çev. S. Eyüboğlu
38. W. Shakespeare, MACBETH, Çev. S. Eyüboğlu
39. W. Shakespeare, ANTONIUS VE KLEOPATRA, Çev. S. Eyüboğlu
40. N. V. Gogol, AKŞAM TOPLANTILARI, Çev. E. Altay
41. Narayana, HİTOPADEŞA, Çev. K. Kaya
42. Feridüddin Attâr, MANTIK AL-TAYR, Çev. A. Gölpınarlı
43. Yamamoto, HAGAKURE: SAKLI YAPRAKLAR, Çev. H. C. Erkin
44. Aristophanes, EŞEKARILARI, KADINLAR SAVAŞI VE DİĞER OYUNLAR, Çev. S. Eyüboğlu - A. Erhat
45. F. M. Dostoyevski, SUÇ VE CEZA, Çev. M. Beyhan
46. M. de Unamuno, SİS, Çev. Y. Ersoy Canpolat
47. H. Ibsen, BRAND - PEER GYNT, Çev. S. B. Göknil - Z. İpşiroğlu
48. N. V. Gogol, BİR DELİNİN ANI DEFTERİ, Çev. M. Beyhan
49. J. J. Rousseau, TOPLUM SÖZLEŞMESİ, Çev. V. Günyol
50. A. Smith, MİLLETLERİN ZENGİNLİĞİ, Çev. H. Derin
51. J. de La Fontaine, MASALLAR, Çev. S. Eyüboğlu
52. J. Swift, GULLIVER'İN GEZİLERİ, Çev. İ. Şahinbaş
53. H. de Balzac, URSULE MIROUËT, Çev. S. Rifat - S. Rifat
54. Mevlânâ, RUBAİLER, Çev. H. Â. Yücel
55. Seneca, MEDEA, Çev. Ç. Dürüşken
56. W. Shakespeare, JULIUS CAESAR, Çev. S. Eyüboğlu
57. J. J. Rousseau, BİLİMLER VE SANAT ÜSTÜNE SÖYLEV, Çev. S. Eyüboğlu
58. M. Wollstonecraft, KADIN HAKLARININ GEREKÇELENDİRİLMESİ, Çev. D. Hakyemez
59. H. James, KISA ROMANLAR, UZUN ÖYKÜLER, Çev. N. Aytür - Ü. Aytür
60. Mirze Elekber Sabir, HOPHOPNAME (Seçmeler), Çev. İ. Öztürk
61. F. M. Dostoyevski, KARAMAZOV KARDEŞLER, Çev. N. Y. Taluy
62. Şudraka, TOPRAK ARABACIK (Mriççhakatika), Çev. K. Kaya
63. J. J. Rousseau, DİLLERİN KÖKENİ ÜSTÜNE DENEME, Çev. Ö. Albayrak
64. D. Diderot, AKTÖRLÜK ÜZERİNE AYKIRI DÜŞÜNCELER, Çev. S. E. Siyavuşgil
65. J. P. Eckermann, YAŞAMININ SON YILLARINDA GOETHE İLE KONUŞMALAR, Çev. M. Kahraman
66. Seneca, PHAEDRA, Çev. Ç. Dürüşken

67. M. de Unamuno, ABEL SANCHEZ -Tutkulu Bir Aşk Hikâyesi- TULA TEYZE, Çev. Y. Ersoy Canpolat
68. W. Shakespeare, PERICLES, Çev. H. Koç
69. L. N. Tolstoy, SANAT NEDİR, Çev. M. Beyhan
70. W. Shakespeare, III. RICHARD, Çev. Ö. Nutku
71. Mevlânâ, DÎVÂN-I KEBİR, Çev. A. Gölpınarlı
72. T. De Quincey, BİR İNGİLİZ AFYON TİRYAKİSİNİN İTİRAFLARI, Çev. B. Boran
73. W. Shakespeare, ATİNALI TIMON, Çev. S. Eyüboğlu
74. J. Austen, AKIL VE TUTKU, Çev. H. Koç
75. A. Rimbaud, ILLUMINATIONS, Çev. C. Alkor
76. M. de Cervantes Saavedra, YÜCE SULTAN, Çev. Y. Ersoy Canpolat
77. D. Ricardo, SİYASAL İKTİSADIN VE VERGİLENDİRMENİN İLKELERİ, Çev. B. Zeren
78. W. Shakespeare, HAMLET, Çev. S. Eyüboğlu
79. F. M. Dostoyevski, EZİLENLER, Çev. N. Y. Taluy
80. A. Dumas, BİNBİR HAYALET, Çev. A. Özgüner
81. H. de Balzac, EVDE KALMIŞ KIZ, Çev. Y. Avunç
82. E.T.A. Hoffman, SEÇME MASALLAR, Çev. İ. Kantemir
83. N. Machiavelli, HÜKÜMDAR, Çev. N. Adabağ
84. M. Twain, SEÇME ÖYKÜLER, Çev. Y. Salman
85. L. N. Tolstoy, HACI MURAT, Çev. M. Beyhan
86. G. Galilei, İKİ BÜYÜK DÜNYA SİSTEMİ ÜZERİNE DİYALOG, Çev. R. Aşçıoğlu
87. F. M. Dostoyevski, ÖLÜLER EVİNDEN ANILAR, Çev. N. Y. Taluy
88. F. Bacon, SEÇME AFORİZMALAR, Çev. C. C. Çevik
89. W. Blake, MASUMİYET VE TECRÜBE ŞARKILARI, Çev. S. Özpalabıyıklar
90. F. M. Dostoyevski, YERALTINDAN NOTLAR, Çev. N. Y. Taluy
91. Prokopios, BİZANS'IN GİZLİ TARİHİ, Çev. O. Duru
92. W. Shakespeare, OTHELLO, Çev. Ö. Nutku
93. G. de Villehardouin - H. de Valenciennes, IV. HAÇLI SEFERİ KRONİKLERİ, Çev. A. Berktay
94. UPANİSHADLAR, Çev. K. Kaya
95. M. E. Han Galib, GALİB DÎVÂNI, Çev. C. Soydan
96. J. Swift, ALÇAKGÖNÜLLÜ BİR ÖNERİ, Çev. D. Hakyemez
97. Sappho, FRAGMANLAR, Çev. Alova
98. W. Shakespeare, KURU GÜRÜLTÜ, Çev. S. Sanlı
99. V. B. Ibañez, MAHŞERİN DÖRT ATLISI, Çev. N. G. Işık
100. H. James, GÜVERCİNİN KANATLARI, Çev. R. Hakmen
101. G. de Maupassant, GEZGİN SATICI, Çev. B. Onaran
102. Seneca, TROIALI KADINLAR, Çev. Ç. Dürüşken
103. H. de Balzac, BİR HAVVA KIZI, Çev. B. Kuzucuoğlu
104. W. Shakespeare, KRAL LEAR, Çev. Ö. Nutku
105. M. Shikibu, MURASAKİ SHİKİBU'NUN GÜNLÜĞÜ, Çev. E. Esen

106. J. J. Rousseau, EMILE, Çev. Y. Avunç
107. A. Dumas, ÜÇ SİLAHŞOR, Çev. V. Yalçıntoklu
108. İ. S. Turgenyev, RUDİN - İLK AŞK - İLKBAHAR SELLERİ, Çev. E. Altay
109. L. N. Tolstoy, SİVASTOPOL, Çev. M. Beyhan
110. J. W. von Goethe, YAŞAMIMDAN ŞİİR VE HAKİKAT, Çev. M. Kahraman
111. L. N. Tolstoy, DİRİLİŞ, Çev. A. Hacıhasanoğlu
112. H. de Balzac, SUYU BULANDIRAN KIZ, Çev. Y. Avunç
113. A. Daudet, PAZARTESİ HİKÂYELERİ, Çev. S. E. Siyavuşgil
114. W. Shakespeare, SONELER, Çev. T. S. Halman
115. K. Mansfield, KATIKSIZ MUTLULUK, Çev. Oya Dalgıç
116. Ephesoslu Hipponaks, BÜTÜN FRAGMANLAR, Çev. Alova
117. F. Nietzsche, ECCE HOMO, Çev. M. Tüzel
118. N. V. Gogol, MÜFETTİŞ, Çev. K. Karasulu
119. Nizamü'l-Mülk, SİYASETNAME, Çev. M. T. Ayar
120. H. de Balzac, TILSIMLI DERİ, Çev. V. Yalçıntoklu
121. F. M. Dostoyevski, STEPANÇİKOVO KÖYÜ, Çev. N. Y. Taluy
122. G. Sand, THÉRÈSE VE LAURENT, Çev. V. Yalçıntoklu
123. W. Shakespeare, ROMEO VE JULIET, Çev. Ö. Nutku
124. F. Nietzsche, TRAGEDYANIN DOĞUŞU, Çev. M. Tüzel
125. Ovidius, AŞK SANATI, Çev. Ç. Dürüşken
126. P. J. Proudhon, MÜLKİYET NEDİR?, Çev. D. Çetinkasap
127. H. de Balzac, PIERRETTE, Çev. Y. Avunç
128. L. N. Tolstoy, KAFKAS TUTSAĞI, Çev. M. Beyhan
129. N. Copernicus, GÖKSEL KÜRELERİN DEVİNİMLERİ ÜZERİNE, Çev. C. C. Çevik
130. N. V. Gogol, TARAS BULBA VE MİRGOROD ÖYKÜLERİ, Çev. Ergin Altay
131. W. Shakespeare, ON İKİNCİ GECE, Çev. S. Sanlı
132. A. Daudet, SAPHO, Çev. T. Yücel
133. F. M. Dostoyevski, ÖTEKİ, Çev. T. Akgün
134. F. Nietzsche, PUTLARIN ALACAKARANLIĞI, Çev. M. Tüzel
135. É. Zola, GERMINAL, Çev. B. Onaran
136. J. O. y Gasset, KİTLELERİN AYAKLANMASI, Çev. N. G. Işık
137. Euripides, BAKKHALAR, Çev. S. Eyüboğlu
138. W. Shakespeare, YETER Kİ SONU İYİ BİTSİN, Çev. Ö. Nutku
139. N. V. Gogol, ÖLÜ CANLAR, Çev. M. Beyhan
140. Plutarkhos, LYKURGOS'UN HAYATI, Çev. S. Eyüboğlu - V. Günyol
141. W. Shakespeare, YANLIŞLIKLAR KOMEDYASI, Çev. Ö. Nutku
142. H. von Kleist, DÜELLO -Bütün Öyküler- Çev. İ. Kantemir
143. L. de Vega, OLMEDO ŞÖVALYESİ, Çev. Y. Ersoy Canpolat
144. F. M. Dostoyevski, EV SAHİBESİ, Çev. T. Akgün
145. W. Shakespeare, KRAL JOHN'UN YAŞAMI VE ÖLÜMÜ, Çev. H. Çalışkan

146. H. de Balzac, LOUIS LAMBERT, Çev. O. Rifat - S. Rifat
147. Mahmûd-ı Şebüsterî, GÜLŞEN-İ RÂZ, Çev. A. Gölpınarlı
148. Molière, KADINLAR MEKTEBİ, Çev. B. Tuncel
149. Catullus, BÜTÜN ŞİİRLERİ, Çev. Ç. Dürüşken - Alova
150. Somadeva, MASAL IRMAKLARININ OKYANUSU, Çev. K. Kaya
151. Hafız-ı Şirazî, HAFIZ DÎVÂNI, Çev. A. Gölpınarlı
152. Euripides, YAKARICILAR, Çev. S. Sandalcı
153. W. Shakespeare-J. Fletcher, CARDENIO, Çev. Ö. Nutku
154. Molière, GEORGE DANDIN, Çev. S. Kuray
155. J. W. von Goethe, GENÇ WERTHER'İN ACILARI, Çev. M. Kahraman
156. F. Nietzsche, BÖYLE SÖYLEDİ ZERDÜŞT, Çev. M. Tüzel
157. W. Shakespeare, KISASA KISAS, Çev. Ö. Nutku
158. J. O. y Gasset, SİSTEM OLARAK TARİH, Çev. N. G. Işık
159. C. de la Barca, HAYAT BİR RÜYADIR, Çev. B. Sabuncu
160. F. Nietzsche, DİONYSOS DİTHYRAMBOSLARI, Çev. A. Cemal
161. L. N. Tolstoy, ANNA KARENİNA, Çev. A. Hacıhasanoğlu
162. G. de Maupassant, GÜZEL DOST, Çev. A. Özgüner
163. Euripides, RESOS, Çev. S. Sandalcı
164. Sophokles, KRAL OİDİPUS, Çev. B. Tuncel
165. F. M. Dostoyevski, BUDALA, Çev. E. Altay
166. W. Shakespeare, KRAL VIII. HENRY, Çev. H. Çalışkan
167. D. Diderot, KÖRLER ÜZERİNE MEKTUP - SAĞIRLAR ÜZERİNE MEKTUP, Çev. A. Cemgil - D. Cemgil
168. T. Paine, AKIL ÇAĞI, Çev. A. İ. Dalgıç
169. W. Shakespeare, VENEDİK TACİRİ, Çev. Ö. Nutku
170. G. Eliot, SILAS MARNER, Çev. F. Kâhya
171. H. de Balzac, MUTLAK PEŞİNDE, Çev. S. Rifat - O. Rifat - S. Rifat
172. W. Shakespeare, BİR YAZ GECESİ RÜYASI, Çev. Ö. Nutku
173. A. de Musset, MARIANNE'İN KALBİ, Çev. B. Tuncel - S. Eyüboğlu
174. F. M. Dostoyevski, ECİNNİLER, Çev. M. Beyhan
175. A. S. Puşkin, BORİS GODUNOV, Çev. Ö. Özer
176. W. Shakespeare, HIRÇIN KIZ, Çev. Ö. Nutku
177. İ. S. Turgenyev, DUMAN, Çev. E. Altay
178. Sophokles, ELEKTRA, Çev. A. Erhat
179. J. Austen, NORTHANGER MANASTIRI, Çev. H. Koç
180. D. Defoe, ROBINSON CRUSOE, Çev. F. Kâhya
181. W. Shakespeare - J. Fletcher, İKİ SOYLU AKRABA, Çev. Ö. Nutku
182. Platon, SOKRATES'İN SAVUNMASI, Çev. A. Çokona
183. L. N. Tolstoy, İNSAN NEYLE YAŞAR? , Çev. K. Karasulu
184. N. V. Gogol, EVLENME - KUMARBAZLAR, Çev. K. Karasulu
185-1. F. Nietzsche, İNSANCA, PEK İNSANCA, Çev. M. Tüzel
185-2. F. Nietzsche, KARIŞIK KANILAR VE ÖZDEYİŞLER, Çev. M. Tüzel
185-3. F. Nietzsche, GEZGİN VE GÖLGESİ, Çev. M. Tüzel
186. A. P. Çehov, AYI -Dokuz Kısa Oyun-, Çev. T. Akgün

187. J. M. Keynes, PARA ÜZERİNE BİR İNCELEME, Çev. C. Gerçek
188. H. Fielding, JOSEPH ANDREWS, Çev. F. B. Aydar
189. C. Brontë, PROFESÖR, Çev. G. Varım
190. Kalidasa, MALAVİKA VE AGNİMİTRA, Çev. H. D. Can
191. W. Shakespeare, NASIL HOŞUNUZA GİDERSE, Çev. Ö. Nutku
192. Aiskhylos, ZİNCİRE VURULMUŞ PROMETHEUS, Çev. S. Eyüboğlu - A. Erhat
193. E. Rostand, CYRANO DE BERGERAC, Çev. S. E. Siyavuşgil
194. É. Zola, YAŞAMA SEVİNCİ, Çev. B. Onaran
195. F. M. Dostoyevski, KUMARBAZ, Çev. K. Karasulu
196. S. Kierkegaard, FELSEFE PARÇALARI YA DA BİR PARÇA FELSEFE, Çev. D. Şahiner
197. Cicero, YÜKÜMLÜLÜKLER ÜZERİNE, Çev. C. C. Çevik
198. D. Diderot, RAMEAU'NUN YEĞENİ, Çev. A. Cemgil
199. W. Shakespeare, KRAL V. HENRY, Çev. H. Çalışkan
200. L. N. Tolstoy, KREUTZER SONAT, Çev. A. Hacıhasanoğlu
201. S. Kierkegaard, BAŞTAN ÇIKARICININ GÜNLÜĞÜ, Çev. N. Beier
202. Aisopos, MASALLAR, Çev. İ. Çokona
203. W. Shakespeare, CYMBELINE, Çev. Ö. Nutku
204. Aristoteles, ATİNALILARIN DEVLETİ, Çev. A. Çokona
205. V. Hugo, BİR İDAM MAHKÛMUNUN SON GÜNÜ, Çev. V. Yalçıntoklu
206. D. Diderot, FELSEFE KONUŞMALARI, Çev. A. Cemgil
207. W. Shakespeare, VERONALI İKİ SOYLU DELİKANLI, Çev. Ö. Nutku
208. Molière, İNSANDAN KAÇAN, Çev. B. Tuncel
209. L. N. Tolstoy, ÜÇ ÖLÜM, Çev. G. Ç. Kızılırmak
210. Stendhal, KIRMIZI VE SİYAH, Çev. B. Onaran
211. Feridüddin Attâr, İLÂHİNAME, Çev. A. Gölpınarlı
212. D. Diderot, KADERCİ JACQUES VE EFENDİSİ, Çev. A. Cemgil
213. V. Hugo, NOTRE DAME'IN KAMBURU, Çev. V. Yalçıntoklu
214. W. Shakespeare, CORIOLANUS'UN TRAGEDYASI, Çev. Ö. Nutku
215. Euripides, MEDEA, Çev. A. Çokona
216. W. Shakespeare, TROILUS VE CRESSIDA, Çev. S. Eyüboğlu - M. Urgan
217. H. Bergson, GÜLME, Çev. D. Çetinkasap
218. W. Shakespeare, KIŞ MASALI, Çev. Ö. Nutku
219. Homeros, İLYADA, Çev. A. Erhat - A. Kadir
220. Homeros, ODYSSEİA, Çev. A. Erhat - A. Kadir
221. W. Shakespeare, KRAL IV. HENRY - I, Çev. H. Çalışkan
222. W. Shakespeare, KRAL IV. HENRY - II, Çev. H. Çalışkan
223. L. N. Tolstoy, İVAN İLYİÇ'İN ÖLÜMÜ, Çev. M. Beyhan
224. W. Shakespeare, AŞKIN EMEĞİ BOŞUNA, Çev. Ö. Nutku
225. W. Shakespeare, AŞK VE ANLATI ŞİİRLERİ, Çev. T. S. Halman
226. C. Goldoni, SEVGİLİLER, Çev. N. Adabağ - L. Tecer
227. F. M. Dostoyevski, BEYAZ GECELER, Çev. B. Zeren
228. Sophokles, ANTİGONE, Çev. A. Çokona